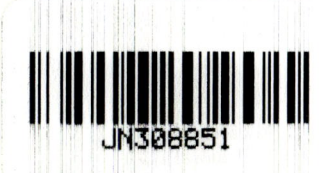

A User-Friendly Timeline

of

Modern Japanese History

(*with furigana*)

1868 — 1945

Edited by the Editorial Division of
Yoshikawa Kōbunkan

誰でも読める日本近代史年表　ふりがな付き

2008年(平成20) 8月10日　第1刷発行
2013年(平成25) 4月1日　第2刷発行

編　者　吉川弘文館編集部
発行者　前田求恭
発行所　株式会社 吉川弘文館
東京都文京区本郷7丁目2番8号
郵便番号　113-0033
電話　03-3813-9151(代表)
振替口座　00100-5-244
http: //www.yoshikawa-k.co.jp/

印刷　株式会社 東京印書館
製本　誠製本株式会社
装幀　山崎　登

ISBN978 4 642 01445 8

索　　引

1　この索引は，本年表に記載された人名および典籍・史料名と重要事項について採録し，読みの五十音順に配列したものである．

2　数字は，西暦年・月・日を示す．

3　索引語が『国史大辞典』に立項するものには★印を付した．なお，同辞典の項目が別名で立項する場合およびその関連項目が立項する場合についても，〘　〙内に★印を付してそれを示した．

4　人名索引語には，小見出しをたてた．

5　世界欄の項目は原則として対象外とした．

あ

★アーサー
没　1877.12.9
★愛郷塾　1931.4.15
★愛国勤労党　1930.2.11
★愛国公党　1874.1.12　1889.12.19
★愛国社　1875.2.22　1878.4.29
1878.9.11　1879.3.27　1879.11.7
1880.3.15
★『愛国志林』　1880.3.13
★『愛国新誌』　1880.8.14
★『愛国新聞』　1890.5.5
★愛国婦人会　1901.2.24
★相沢三郎
刑死　1936.7.3
★愛沢寧堅
没　1929.3.4
★相田二郎
没　1945.6.22
★愛知紡績所　1881.12.-
★『会津資料叢書』　1920.10.-
★『会津日報』　1905.5.1
★会津小鉄
没　1885.3.19
★『会津藩庁記録』　1918.この年
★饗庭篁村
没　1922.6.20
★青木繁
没　1911.3.24
★青木周蔵
没　1914.2.16
★青木宣純
没　1923.12.12
★『青森新聞』　1879.3.6
★青山学院　1883.9.-
★青山景通
没　1891.2.11
★青山胤通
没　1917.12.23
★青山延光
没　1871.9.29
★赤井景韶
没　1885.7.27
★『赤い鳥』　1918.7.-
★赤坂喰違の変　1874.1.14
★明石博高
没　1910.この年
★明石元二郎
没　1919.10.26
★『赤旗』　1928.2.1
★赤旗事件　1908.6.22
★赤松則良
没　1920.9.23
★赤松連城
没　1919.7.20
★秋田清
没　1944.12.3
★『秋田魁新報』　1889.2.15
★秋田事件　1881.6.8
『秋田時事』　1916.この年
★『秋田時事新聞』　1916.この年
★『秋田新報』　1887.9.-
★秋田静臥
没　1900.3.14
★『秋田叢書』　1928.この年
『秋田日報』　1887.9.-
★秋月左都夫
没　1945.6.25
★秋月種樹
没　1904.10.17
★秋月種殷
没　1874.3.18
★秋月の乱　1876.10.27
★『安芸津新報』　1889.6.1
★彰仁親王
没　1903.2.18
★秋元志朝
没　1876.7.26
★秋山真之
没　1918.2.4
★秋山好古
没　1930.11.4
★秋良貞温
没　1890.10.16
★芥川賞（第1回）　1935.9.-
★芥川竜之介
自殺　1927.7.24
『安愚楽鍋』　1871.4.-
『あけぼの』　1875.6.2
★『赤穂義士史料』　1931.この年
★浅井忠
没　1907.12.19
★浅田宗伯
没　1804.3.16
★浅田信興
没　1927.4.27
★浅田正文
没　1912.4.18
★浅野研真
没　1939.7.10
★浅野総一郎
没　1930.11.9
★浅野長勲
没　1937.2.1
★浅野長訓
没　1872.7.26
★旭玉山
没　1923.8.10
★朝彦親王
没　1891.10.25
★『朝日新聞』　1879.1.25
★朝比奈知泉
没　1939.5.22
★朝日平吾
没　1921.9.28
★朝吹英二
没　1918.1.31
★浅間丸事件　1940.1.21
あじあ号　1934.11.1
足尾鉱毒事件調査委員会
1897.3.24
足尾鉱毒地救助演説会
1901.11.20
★足尾銅山　1890.1.-　1897.3.3
1907.2.4　1921.3.14　1972.11.1
★足尾銅山鉱毒事件　1891.12.18
★『足利時代史』　1923.4.-
★『馬酔木』　1903.6.5
★アストン
没　1911.11.22
★『吾妻新誌』　1883.4.13
★『あづま新聞』　1890.12.13
★麻生太吉
没　1933.12.8
★麻生久
没　1940.9.6
★仇討　1873.2.7
★安達憲忠
没　1930.12.2
★足立康
没　1941.12.29
★安達幸之助
殺害　1869.9.4
★安達清風
没　1884.9.15
★足立文太郎
没　1945.4.1
★熱海事件　1932.10.30

★「新しき村」 1918.11.14
★渥美契縁
　没 1906.4.16
★アトキンソン
　没 1929.12.10
★跡部良弼
　没 1868.12.20
★跡見花蹊
　没 1926.1.10
★阿南惟幾
　自刃 1945.8.15
★姉小路局
　没 1880.8.9
アプト式線路〔★アプト式鉄道〕
　1893.4.1
★安部井磐根
　没 1916.11.9
★安部磯雄
　自宅で右翼に襲われ負傷
　1938.3.3
　没 1949.2.10
★阿部市郎兵衛（7代）
　没 1904.この年
★阿部宇之八
　没 1924.11.14
★阿部亀治
　没 1928.1.2
阿部定事件 1936.5.18
★阿倍貞行
　没 1885.6.23
★阿部重孝
　没 1939.6.5
★阿部真造
　没 1888.3.21
★阿部泰蔵
　没 1924.10.22
★阿部内閣 1939.8.30 1940.1.14
★阿部彦太郎
　没 1904.5.5
★阿部正外
　没 1887.4.20
★阿部守太郎
　没 1913.9.6
★甘粕事件 1923.9.16
★天田愚庵
　没 1904.1.17
★『アマティ日本奥州国伊達政宗記并使節紀行』 1901.この年
★『海人の刈藻』 1871.この年
★天野為之
　没 1938.3.26
★天野八郎
　獄死 1868.11.8
★雨宮敬次郎
　没 1911.1.20
雨宮製糸場〔★雨宮製糸争議〕
　1886.6.12
アメリカ大リーグ 1931.10.29
　1934.11.2
★天羽声明 1934.4.17
★荒井郁之助
　没 1909.7.19
★荒井賢太郎
　没 1938.1.29
★新井章吾
　没 1906.10.16
★新井日薩
　没 1888.8.29
★荒尾成章
　没 1903.9.21
★荒尾精
　没 1896.10.30
★荒木寛畝
　没 1915.6.2
★荒木古童（初代）
　没 1908.1.17
★荒木古童（3代）
　没 1935.5.2
★荒木古童（4代）
　没 1943.7.1
★荒木十畝
　没 1944.9.11
★荒木寅三郎
　没 1942.1.28
★『アララギ』 1908.10.-
★有坂成章
　没 1915.1.11
★有島武郎
　心中自殺 1923.6.9
有栖川宮熾仁親王〔★熾仁親王〕
　没 1895.1.15
★有地品之允
　没 1919.1.17
★有馬四郎助
　没 1934.2.4
★有松英義
　没 1927.10.24
★有馬正文
　没 1944.10.15
★有馬良橘
　没 1944.5.1
★有村連
　没 1895.10.2
★有吉明
　没 1937.6.25
★有賀長雄
　没 1921.6.17
★アレクセーエフ
　没 1909.この年
★アレン
　没 1932.12.11
★粟津高明
　没 1880.10.29
★『阿波藩民政資料』 1914.この年
★安駉寿
　処刑 1900.5.27
★鞍山製鉄所 1918.5.15
★安重根
　処刑 1910.3.26
★安藤太郎
　没 1924.10.27
★安藤輝三
　刑死 1936.7.12
★安藤信正
　襲撃され負傷 1862.1.15
　没 1871.10.8
★アンベール
　没 1900.9.19
★『アンベール幕末日本図絵』
　1870.この年

い

★飯島魁
　没 1921.3.14
★イーストレイク
　没 1905.2.18
★飯田事件 1884.12.6
★飯田武郷
　没 1900.8.26
★飯塚啓
　没 1938.12.10
★飯野吉三郎
　没 1944.2.3
★イービ
　没 1925.12.21
★伊井蓉峰
　没 1932.8.15
★『家の光』 1925.5.1
★威海衛 1895.2.2

医学所〔★西洋医学所〕
1868.6.26
医学校〔★西洋医学所〕
1869.12.17
★伊木三猿斎
没　1886.3.20
★『「いき」の構造』　1930.11.-
英吉利法律学校〔★中央大学〕
1885.9.10
育英舎　1870.11.-
★生田春月
没　1930.5.19
★生田長江
没　1936.1.11
★郁達夫
没　1945.9.17
★井口阿くり
没　1931.3.26
★生野銀山　1889.4.-　1542.3.-
★違警罪即決例　1885.9.24
★池貝喜四郎
没　1933.3.28
★池貝庄太郎
没　1934.7.28
★池貝鉄工所　1906.6.1
★池上雪枝
没　1891.この年
★池田菊苗
没　1936.5.3
★池田謙斎
没　1918.4.30
★池田謙三
没　1923.11.29
★池田泰真
没　1903.3.7
★池田種徳
没　1874.9.12
★池田伴親
没　1907.3.15
★池田長発
没　1879.9.12
★池田茂政
没　1899.12.12
★池田慶徳
没　1877.8.2
★池野成一郎
没　1943.10.4
★池辺吉十郎
没　1877.10.26
★池辺三山
没　1912.2.28
★池辺義象
没　1923.3.6
★『異国叢書』　1927.この年
★『異国漂流奇譚集』　1927.この年
★伊佐幸琢（5代）
没　1890.10.18
★伊沢修二
没　1917.5.3
★伊沢蘭奢
没　1928.6.8
★石井菊次郎
没　1945.この年
★石井十次
没　1914.1.31
★石井・ランシング協定
1917.11.2
★石井亮一
没　1937.6.13
★石川光明
没　1913.7.30
石川自彊組合　1926.10.9
★石川舜台
没　1931.12.31
★石河正竜
没　1895.10.16
★石川啄木
没　1912.4.13
★石川千代松
没　1935.1.17
★石川藤八
没　1914.1.19
★石川半山
没　1925.11.12
★石川総管
没　1899.6.23
★石川幹明
没　1943.7.25
★石川理紀之助
没　1915.9.8
★違式詿違条例　1872.11.8
★石黒忠悳
没　1941.4.26
★石坂周造
没　1903.5.22
★石坂昌孝
没　1907.1.13
★石田貫之助
没　1934.10.8
★伊地知正治
没　1886.5.23
★石塚英蔵
没　1942.7.28
★石塚重平
没　1907.8.12
★石橋忍月
没　1926.2.1
★石橋政方
没　1916.12.26
★石橋和訓
没　1928.5.3
★医師法　1906.5.2
★石光真清
没　1942.4.15
★石本新六
没　1912.4.2
★石本巳四雄
没　1940.2.4
★『石山本願寺日記』　1930.この年
★伊集院五郎
没　1921.1.13
★伊集院彦吉
没　1924.4.26
意匠法　1899.3.2
★石渡繁胤
没　1941.8.18
★『維新以来町村沿革』
1883.この年
★『維新史』　1939.3.-
★『維新史料』　1887.9.-
★『維新史料綱要』　1937.1.-
★『維新土佐勤王史』　1912.この年
★『維新農民蜂起譚』　1930.この年
★伊豆長八
没　1889.10.8
★泉鏡花
没　1939.9.7
夷隅事件　1884.11.3
★出雲路通次郎
没　1939.11.26
伊勢勝製靴工場　1870.3.15
★井関盛良
没　1890.2.11
★『伊勢新聞』　1878.1.17
★磯野小右衛門
没　1903.6.11
★磯部浅一
刑死　1937.8.19
「板垣君遭難実記」　1891.2.5
★板垣退助

遊説中に襲われる　1882.4.6
没　1919.7.16
★板倉勝静
没　1889.4.6
★伊谷以知二郎
没　1937.3.30
板舟権賠償問題に関する疑獄事件　1928.8.11
★市川栄之助
没　1872.1.25
★市川猿之助（初代）
没　1922.2.6
市川厚一
癌の人工発生に成功
1916.3.18
★市川小団次（5代）
没　1922.5.6
★市川斎宮
没　1899.8.26
★市川左団次（初代）
没　1904.8.7
★市川左団次（2代）
没　1940.2.23
★市川三左衛門
没　1869.4.3
★市川正一
没　1945.3.15
★市川団十郎（9代）
没　1903.9.13
★市川団蔵（6代）
没　1871.10.22
★市川団蔵（7代）
没　1911.9.11
★市川中車（7代）
没　1936.7.12
★一木喜徳郎
没　1944.12.17
★市島謙吉
没　1944.4.21
一年現役兵条例　1919.11.27
一年志願兵及一年現役兵服務特例　1926.7.21
一年志願兵条例〔★一年志願兵〕
1919.11.27
★『一年有半』　1901.この年
★一戸直蔵
没　1920.11.27
★一戸兵衛
没　1931.9.2
★市村羽左衛門（13代）　→尾上菊五郎（5代）
★市村羽左衛門（14代）
没　1893.3.18
★市村羽左衛門（15代）
没　1945.5.6
★一力健次郎
没　1929.11.5
★一竜斎貞山（2代）
没　1874.この年
★一竜斎貞山（3代）
没　1889.3.21
★一竜斎貞山（5代）
没　1935.1.7
★一竜斎貞山（6代）
没　1945.3.10
★一進会　1910.9.12
★一世一元の制　1868.9.8
★一夕会　1929.5.19
★一灯園　1905.4.-
★伊東貫斎
没　1893.7.28
★伊藤欽亮
没　1928.4.28
★伊藤圭介
没　1901.1.20
★伊東玄朴
没　1871.1.2
★伊藤小左衛門
没　1879.5.21
★伊藤左千夫
没　1913.7.30
★伊藤慎蔵
没　1880.6.17
★伊東祐亨
没　1914.1.16
★伊藤整一
没　1945.4.7
★伊藤大八
没　1927.9.10
★伊藤痴遊
没　1938.9.25
伊藤忠　1914.12.29
★伊藤忠兵衛（初代）
没　1903.7.8
★伊藤長七
没　1930.4.19
★伊藤篤太郎
没　1941.3.21
★伊藤雋吉
没　1921.4.10
★伊藤内閣（第1次）　1885.12.22
伊藤内閣（第2次）　1892.8.3
伊藤内閣（第3次）　1898.1.12
伊藤内閣（第4次）　1900.10.19
★伊藤野枝
謀殺　1923.9.16
★伊藤博邦
没　1931.6.9
★伊藤博文
暗殺　1909.10.26
★伊東巳代治
没　1934.2.19
★伊藤六郎兵衛
没　1894.3.30
緯度観測所　1899.9.22
★『伊那』　1938.11.-
★稲垣示
没　1902.8.9
★稲垣満次郎
没　1908.11.25
稲田騒動　1870.5.13
★稲葉正邦
没　1898.7.15
★稲葉正巳
没　1879.9.16
★乾新兵衛
没　1934.11.4
★犬養毅
政友会総裁に就任
1929.10.12
暗殺　1932.5.15
★犬養内閣　1931.12.13　1932.5.16
★井上円了
没　1919.6.6
★井上馨
没　1915.9.1
★井上角五郎
没　1938.9.23
★井上剣花坊
没　1934.9.11
★井上毅
没　1895.3.17
★井上十吉
没　1929.4.7
★井上準之助
暗殺　1932.2.9
★井上省三
没　1886.12.10
★井上哲次郎
没　1944.11.9

★井上伝
没　1869. 4. 26
★井上伝蔵
没　1918. 6. 23
★井上友一
没　1919. 6. 12
★井上勝
没　1910. 8. 2
★井上通泰
没　1941. 8. 15
★井上八千代（２代）
没　1868. 3. 1
★井上八千代（３代）
没　1938. 9. 7
★井上良馨
没　1929. 3. 22
★井上頼圀
没　1914. 7. 4
★伊能穎則
没　1877. 7. 11
★井口在屋
没　1923. 3. 25
★猪熊浅麻呂
没　1945. 5. 1
★猪俣津南雄
没　1942. 1. 19
★伊庭貞剛
没　1926. 10. 23
★伊庭想太郎
没　1903. 9. -
★伊庭孝
没　1937. 2. 25
★伊庭八郎
戦死　1869. 5. 12
★『いはらき』　1891. 7. 5
★『茨城新聞』　1942. 2. 1
★『茨城新報』　1872. 10. -
★伊原青々園
没　1941. 7. 26
★井深梶之助
没　1940. 6. 24
★飯降伊蔵
没　1907. 6. 9
★今泉嘉一郎
没　1941. 6. 29
★今泉雄作
没　1931. 1. 28
★今北洪川
没　1892. 1. 16
★今西竜
没　1932. 5. 20
★今西林三郎
没　1924. 8. 27
★今村紫紅
没　1916. 2. 2
★今村長賀
没　1910. 12. 27
移民保護規則〔★移民〕
1894. 4. 13
「妹山背山」　1906. 2. 17
★『伊予史談』　1915. 5. -
『伊予新報』　1941. 12. 1
★入沢恭平
没　1874. 1. 10
★入沢宗寿
没　1945. 5. 12
★入沢達吉
没　1938. 11. 5
★『いろは新聞』　1879. 12. 4
★岩井勝次郎
没　1935. 12. 21
★岩井半四郎（８代）
没　1882. 2. 19
★岩川友太郎
没　1933. 5. 2
★『岩倉公実記』　1906. 9. -
岩倉使節団〔★岩倉遣外使節〕
1871. 11. 12　1871. 11. 12
★岩倉具定
没　1910. 4. 1
★岩倉具視
武市熊吉らに襲われ負傷
1874. 1. 14
没　1883. 7. 20
★岩崎小弥太
没　1945. 12. 2
★岩崎俊弥
没　1930. 10. 16
★岩崎弥太郎
没　1885. 2. 7
★岩崎弥之助
没　1908. 3. 25
★岩佐純
没　1912. 1. 5
★岩下清周
没　1928. 3. 19
★岩下壮一
没　1940. 12. 3
★岩下方平
没　1900. 8. 15
★岩田好算
没　1878. 7. -
★岩田富美夫
没　1943. 7. 6
★岩田義道
没　1932. 11. 3
★『岩手公報』　1889. 11. -
★『岩手日報』　1897. 4. 1
★『岩手毎日新聞』　1899. 2. 22
★岩永マキ
没　1920. 1. 27
★岩永裕吉
没　1939. 9. 2
★岩波書店　1913. 8. 5
★岩波文庫　1927. 7. 10
★岩野泡鳴
没　1920. 5. 9
★岩村高俊
没　1906. 1. 4
★岩村透
没　1917. 8. 17
★岩村通俊
没　1915. 3. 13
★巌本善治
没　1942. 10. 5
★巌谷一六
没　1905. 7. 11
★巌谷小波
没　1933. 9. 5
★岩谷松平
没　1920. 3. 10
★イング
没　1920. 6. 4
★尹始炳
没　1931. この年
★院内銀山　1607. この年　1885. 1. 20
★『因伯時報』　1892. 2. 6
★インパール作戦　1944. 1. 7　1944. 7. 4
尹奉吉
白川義則上海派遣軍司令官を爆殺　1932. 4. 29

う

ウィッテ〔★ビッテ〕
没　1915. 3. 13
★ウィリアムズ, S. W.
没　1884. 2. 16
★ウィリアムズ, C. M.
没　1910. 12. 2

★ウィリス
没　1894.2.14
★右院　1871.7.29
★ウィン
没　1931.2.8
★ウィンクラー
没　1930.この年
★ウィンチェスター
没　1883.7.18
★ウィーン万国博覧会　1873.5.1
★植木枝盛
没　1892.1.23
★上真行
没　1937.2.28
★上杉慎吉
没　1929.4.7
★上杉斉憲
没　1889.5.20
★ウエスト
没　1908.1.10
★ウェストン
没　1940.3.27
★上田万年
没　1937.10.26
★上田貞次郎
没　1940.5.8
★上田敏
没　1916.7.9
★上野岩太郎
没　1925.10.27
★上野景範
没　1888.4.11
上野倶楽部　1910.この年
★上野公園　1876.5.9　1924.1.26
★上野戦争　1868.5.15
上野動物園　1882.3.20　1924.1.26
上野博物館　1882.3.20
★上野彦馬
長崎に撮影所を創設
1862.11.-
没　1904.5.22
★上野理一
没　1919.12.31
★上原勇作
没　1933.11.8
★上原六四郎
没　1913.4.1
★植松考昭
没　1912.9.14
★植松茂岳
没　1876.3.20
★植村澄三郎
没　1941.1.16
★植村正久
没　1925.1.8
★ウェルクマイスター
没　1936.8.16
ヴェルサイユ講和条約〔★ベルサイユ条約〕　1919.10.27
★ウェルニッヒ
没　1896.5.19
★魚住源次兵衛
没　1880.9.16
★養鸕徹定
没　1891.3.15
宇垣軍縮〔★陸軍軍縮問題〕
1925.5.1
★『浮雲』　1887.この年
★『羽後民情録』　1874.この年
★鵜崎鷺城
没　1934.10.28
★『宇佐史談』　1934.この年
★氏家直国
没　1902.7.7
★潮田千勢子
没　1903.7.4
★宇治紫文（2代）
没　1879.9.13
牛島満
没　1945.6.23
★牛場卓蔵
没　1922.3.5
★宇田川文海
没　1930.1.6
★哥沢芝金（初代）
没　1874.8.27
★哥沢芝金（3代）
没　1911.5.27
★歌沢寅右衛門（2代）
没　1875.10.13
★歌沢寅右衛門（4代）
没　1943.3.7
★宇田成一
没　1926.7.17
★宇田友猪
没　1930.11.12
★内田五観
没　1882.3.29
★内田嘉吉
没　1933.1.3
★内田銀蔵
没　1919.7.20
★内田康哉
没　1936.3.12
★内田定槌
没　1942.6.2
★内田政風
没　1893.10.18
★内田良平
没　1937.7.26
★内田魯庵
没　1929.6.29
★内村鑑三
教育勅語への拝礼を拒否
1891.1.9
没　1930.3.28
★内山愚童
刑死　1911.1.24
★内山七郎右衛門
没　1881.8.18
★宇都宮三郎
没　1902.7.23
★宇都宮太郎
没　1922.2.15
★宇都宮正顕
没　1885.3.-
★宇都宮默霖
没　1897.9.15
★内海忠勝
没　1905.1.20
★『うとう』　1933.この年
★海上胤平
没　1916.3.29
★宇野円三郎
没　1911.7.20
★梅ケ谷藤太郎（初代）
没　1928.6.15
★梅ケ谷藤太郎（2代）
没　1927.9.2
★梅謙次郎
没　1910.8.26
★梅沢孫太郎
没　1881.5.20
★梅津・何応欽協定　1935.6.10
★梅若実（初代）
没　1909.1.19
★浦上教徒事件　1868.閏4.17
★浦田長民
没　1893.10.2
★瓜生岩

　没　1897.4.19
★瓜生外吉
　没　1937.11.11
★瓜生寅
　没　1913.2.23
★雲照
　没　1909.4.13
海野勝珉
　没　1915.10.6

え

★エアトン
　没　1908.11.8
英学塾　1868.4.-
映画法　1939.4.5
★営業税　1914.1.5
営業税法　1896.3.28
★『英語青年』　1898.4.-
★『穎才新誌』　1877.3.-
★英照皇太后
　没　1897.1.11
英仏露ロンドン宣言
　1915.10.19
★永楽和全
　没　1896.5.6
★『絵入自由新聞』　1882.9.1
★『絵入朝野新聞』　1883.1.22
★江木鰐水
　没　1881.10.8
★江木千之
　没　1932.8.23
★江木翼
　没　1932.9.18
★『駅逓志稿』　1882.この年
亦楽会　1913.12.19
★『L'Echo du Japon』〔エコ＝デュ＝ジャポン〕　1870.この年
『エコノミスト』　1943.2.-
蝦夷地七重村開墾条約書〔★七重村租借事件〕　1869.2.19
★江田国通
　戦死　1877.3.4
★えた・非人称廃止　1871.8.28
★越後鉄道疑獄　1929.11.29
★『越前若狭古文書選』
　1933.この年
粤漢作戦　1944.4.17
★エッケルト
　没　1916.7.6
★エッゲルト
　没　1893.3.1
★『益軒十訓』　1893.この年
『越佐新聞』　1907.4.1
★『越佐毎日新聞』　1881.6.9
★『越中史料』　1909.9.-
★江藤新平
　佐賀で挙兵　1874.2.1
　刑死　1874.4.13
『江戸会雑誌』　1889.8.26
★『江戸会誌』　1889.8.26
★江戸開城　1868.3.13　1868.4.11
★エドキンズ
　没　1905.4.-
★『江戸時代史』　1943.7.-
★江戸城　1868.10.13
★『江戸叢書』　1916.この年
NHK〔★日本放送協会〕
　1926.8.6
★榎本武揚
　五稜郭開城　1869.5.18
　没　1908.10.26
★江原素六
　没　1922.5.20
★海老名弾正
　没　1937.5.22
★『愛媛合同新聞』　1941.12.1
『愛媛新聞』　1877.4.28
★江見鋭馬
　没　1871.8.15
★江見水蔭
　没　1934.11.3
★衛門内侍
　没　1910.5.7
★エリオット
　没　1931.3.16
★エルメレンス
　没　1880.2.11
★『遠近新聞』　1868.閏4.-
★演劇改良会　1886.8.-
★円城寺清
　没　1908.10.21
★エンソー
　没　1910.7.13
★エンデ
　没　1907.8.10
★遠藤清子
　没　1920.12.18
★遠藤允信
　没　1899.4.20
★遠藤七郎
　没　1892.1.-
★遠藤利貞
　没　1915.4.20
★遠藤芳樹
　没　1908.9.11
★『役の行者』　1917.この年
円本時代〔★円本〕　1926.12.-
★遠洋航路補助法　1909.3.25

お

★及川平治
　没　1939.1.1
★オイレンブルグ
　没　1881.6.2
★奥羽越列藩同盟　1868.5.3
★『奥羽新聞』　1903.1.1
★『奥羽日日新聞』　1903.1.1
★王国維
　没　1927.6.2
★王克敏
　没　1945.12.25
★王子製紙　1933.5.18　1969.3.6
欧州定期航路　1896.3.15
★汪兆銘
　ハノイへ脱出　1938.12.20
　名古屋で死去　1944.11.10
★『近江新報』　1890.2.11
★『嚶鳴雑誌』　1879.10.25
★嚶鳴社　1873.9.-
鴨緑江橋梁　1911.11.1
★大井憲太郎
　没　1922.10.15
★大石誠之助
　刑死　1911.1.24
★大石正己
　没　1935.7.12
★『大分新聞』　1889.6.1
★『大内氏実録』　1885.3.-
★大内青巒
　没　1918.2.16
★大浦兼武
　没　1918.9.30
★大浦慶
　没　1884.4.17
★大江卓
　没　1921.9.12
★大岡育造
　没　1928.1.26

★大音青山
没　1886.4.19
★大川平三郎
没　1936.12.30
★大木遠吉
没　1926.2.14
★大木喬任
没　1899.9.26
★正親町公董
没　1879.12.27
★正親町実正
没　1923.6.25
★正親町三条実愛
没　1909.10.20
★大国隆正
没　1871.8.17
★大久保忠寛
没　1888.7.31
★大久保利通
暗殺　1878.5.14
★『大久保利通日記』　1927.この年
★『大久保利通文書』　1927.この年
★大熊氏広
没　1934.3.20
★大隈言道
没　1868.7.29
★大隈重信
没　1922.1.10
★『大隈重信関係文書』
1932.この年
★大隈内閣（第1次）　1898.6.30
大隈内閣（第2次）　1914.4.16
★大倉喜八郎
没　1928.4.22
★大倉集古館　1917.8.15
★大蔵省　1870.7.10　1949.5.31
★『大蔵省沿革志』　1880.1.-
★『大蔵省銀行局年報』　1873.7.-
大蔵省検査局　1880.3.5
★『大蔵省年報』　1876.この年
★大河内正質
没　1901.6.2
★『大阪朝日新聞』　1918.8.25
★『大阪絵入新聞』　1879.4.5
★大阪会議　1875.2.11
大阪為替会社設立　1869.8.-
★『大阪銀行通信録』　1897.11.-
★大阪事件　1885.11.23
★『大阪市史』　1911.この年
★『大阪時事新報』　1905.3.15
大阪市電従業員組合　1940.7.7
★『大阪週報』　1899.10.-
大阪商業会議所　1891.1.12
★『大坂商業習慣録』　1883.この年
★『大阪商業史料集成』
1934.この年
『大阪商業新報』　1900.10.-
★大阪商船会社　1882.12.25
大阪書籍　1909.9.27
★『大阪新聞』　1872.3.-
★『大阪新聞』　1877.8.3
★『大阪新報』　1877.12.18
★『大阪新報』　1900.10.-
大阪地下鉄（梅田—心斎橋間）
開業　1933.5.3
大阪通商会社　1869.8.-
大阪帝国大学〔★大阪大学〕
1931.4.30
大阪鉄道会社　1888.3.1
★『大阪日報』　1876.2.20　1888.11.20
『大阪府日報』　1871.10.28
大阪府立図書館　1904.2.25
大阪兵学寮　1870.11.4
★『大阪平民新聞』　1907.6.1
★『大阪編年史料』　1901.この年
★大阪紡績会社　1882.5.3
★『大阪毎日新聞』　1888.11.20　1943.1.1
大阪洋学所　1870.10.24
★大迫貞清
没　1896.4.27
★大沢謙二
没　1927.1.10
★大沢善助
没　1934.10.10
★大下藤次郎
没　1911.10.10
★大島宇吉
没　1940.12.31
★大島貞益
没　1914.10.19
★大島高任
没　1901.3.29
★大島友之允
没　1882.8.9
★大島久直
没　1928.9.27
★大島道太郎
没　1921.10.5
★大島義昌
没　1926.4.10
★大須賀乙字
没　1920.1.20
★大杉栄
謀殺　1923.9.16
★大洲鉄然
没　1902.4.25
オーストリア＝ハンガリーと修
好通商航海条約　1869.9.14
★大角岑生
没　1941.2.5
★大瀬甚太郎
没　1944.5.29
★大田垣蓮月
没　1875.12.10
★太田黒伴雄
没　1876.10.24
★大竹貫一
没　1944.9.22
★大谷嘉兵衛
没　1933.2.3
★大谷喜久蔵
没　1923.11.26
★大谷光瑩
没　1923.2.8
★大谷光演
没　1943.2.6
★大谷幸蔵
没　1887.4.6
★大谷光尊
没　1903.1.18
★大谷広次（5代）
没　1873.2.1
大塚金之助
治安維持法違反で検挙
1933.1.10
★大塚保治
没　1931.3.2
★大槻如電
没　1931.1.12
★大槻磐渓
没　1878.6.13
★大槻文彦
没　1928.2.17
★大津事件　1891.5.11
★大津淳一郎
没　1932.1.29
★大手拓次
没　1934.4.18
★大鳥圭介
没　1911.6.15

★鴻雪爪
没　1904.6.18
大西愛治郎
不敬事件により検挙
1928.4.3
★大西滝治郎
自刃　1945.8.16
★大西祝
没　1900.11.2
★大沼枕山
没　1891.10.1
★大野規周
没　1886.10.6
★大橋一蔵
没　1889.2.13
★大橋佐平
没　1901.11.3
★大橋慎
没　1872.6.2
★大橋新太郎
没　1944.5.5
★大庭二郎
没　1935.2.11
★大庭雪斎
没　1873.3.28
★大林芳五郎
没　1916.1.24
★大原重徳
没　1879.4.1
★大原社会問題研究所　1919.2.9
★大原孫三郎
没　1943.1.18
★大前田英五郎
没　1874.2.26
★大町桂月
没　1925.6.10
★大村純熙
没　1882.1.12
★大村西崖
没　1927.3.7
★大村益次郎
暗殺　1869.11.5
★大本教　1892.2.3　1920.8.5
1936.3.13
★大本教事件（第1次）
1921.2.12
大本教事件（第2次）
1935.12.8
★『大森介墟古物編』　1879.12.-
★大森金五郎
没　1937.1.13
★大森房吉
没　1923.11.8
★大森義太郎
没　1940.7.28
★大矢透
没　1928.3.16
大山勇夫〔★大山中尉殺害事件〕
中国保安隊に射殺される
1937.8.9
★大山巌
没　1916.12.10
★大山綱良
刑死　1877.9.30
★オールコック
没　1897.11.2
★大和田建樹
没　1910.10.1
★丘浅次郎
没　1944.5.2
★岡市之助
没　1916.7.20
★岡内重俊
没　1915.9.19
★岡鬼太郎
没　1943.10.29
★岡倉天心
没　1913.9.2
★岡倉由三郎
没　1936.10.31
★岡崎邦輔
没　1936.7.22
★岡崎雪声
没　1921.4.16
★岡沢精
没　1908.12.12
★小笠原長行
没　1891.1.22
★小笠原長幹
没　1935.2.9
★緒方惟準
没　1909.7.21
★岡田三郎助
没　1939.9.23
★岡田佐平治
没　1878.3.3
★岡田信一郎
東京府美術館を設計
1926.5.1
没　1932.4.4
★岡田内閣　1934.7.8
★緒方正規
没　1919.7.30
★岡田嘉子
樺太国境からソ連に亡命
1938.1.3
★岡田良一郎
没　1915.1.1
★岡田良平
没　1934.5.23
★岡野敬次郎
没　1925.12.22
★岡谷繁実
没　1920.12.9
★岡橋治助
没　1913.11.2
★岡部長職
没　1925.12.27
★岡松甕谷
没　1895.2.18
★岡実
没　1939.11.20
★岡村金太郎
没　1935.8.21
★岡村柿紅
没　1925.5.6
★岡村司
没　1922.3.23
★岡本かの子
没　1939.2.18
★岡本綺堂
没　1939.3.1
★岡本健三郎
没　1885.12.26
★岡本黄石
没　1898.4.12
★岡本則録
没　1931.2.17
★岡本保孝
没　1878.4.5
★岡本柳之助
没　1912.5.14
★岡鹿門
没　1914.2.28
★小川芋銭
没　1938.12.17
★小川一真
没　1929.9.6
★小川郷太郎
没　1945.4.1

★小河滋次郎
没　1925.4.2
★小川松民
没　1891.5.30
★小川琢治
没　1941.11.15
★小川平吉
没　1942.2.2
★小川義綏
没　1912.12.19
★荻江露友（4代）
没　1884.6.30
★沖牙太郎
没　1906.5.29
★荻窪会談　1940.7.19
★沖禎介
銃殺　1904.4.21
★沖縄県　1879.4.4
沖縄県令　1879.4.4
★荻野吟子
没　1913.6.23
荻野式避妊法　1924.6.1
★沖野忠雄
没　1921.3.26
★荻野独園
没　1895.8.10
★大給恒
没　1910.1.6
★荻原守衛
没　1910.4.22
★奥繁三郎
没　1924.9.8
★奥田正香
没　1921.1.31
★奥田義人
没　1917.8.21
★奥野昌綱
没　1910.12.2
★奥宮健之
刑死　1911.1.24
★奥原晴湖
没　1913.7.28
★小熊秀雄
没　1940.11.20
★奥村五百子
没　1907.2.7
★奥保鞏
没　1930.7.19
★奥好義
没　1933.3.6
★小倉進平
没　1944.2.8
★小栗忠順
刑死　1868.閏4.6
★小栗風葉
没　1926.1.15
★尾崎紅葉
没　1903.10.30
★尾崎三良
没　1918.10.13
★尾崎忠治
没　1905.10.16
★尾崎放哉
没　1926.4.7
★尾崎秀実
刑死　1944.11.7
★尾崎行雄
不敬罪容疑で起訴　1942.4.24
★長田秋濤
没　1915.12.25
★小山内薫
没　1928.12.25
★小沢武雄
没　1926.1.29
★押川春浪
没　1914.11.16
★押川方義
没　1928.1.10
★押小路甫子
没　1884.9.2
★オズーフ
没　1906.6.27
★尾高惇忠
没　1901.1.2
★愛宕通旭
自刃　1871.12.3
★小田切万寿之助
没　1934.9.12
★織田純一郎
没　1919.2.3
★織田万
没　1945.5.25
★小樽高商事件　1925.10.15
★落合謙太郎
没　1926.6.4
★落合直亮
没　1894.12.11
★落合直澄
没　1891.1.6
★落合直文
没　1903.12.16
★「オッペケペ節」　1888.この秋
鬼熊事件　1926.8.20
★小野梓
没　1886.1.11
★尾上菊五郎（5代）
没　1903.2.18
★尾上松緑（梅鶴）
没　1873.5.-
★尾上梅幸（6代）
没　1934.11.8
★尾上松助（3代）
没　1881.7.2
★尾上松助（4代）
没　1928.9.5
★尾上松助（5代）
没　1937.8.9
★尾上松之助
没　1926.9.11
★小野鵞堂
没　1922.12.6
★小野金六
没　1923.3.11
★小野晃嗣
没　1942.3.24
★小野広胖
没　1898.10.29
★小野湖山
没　1910.4.10
★小野太三郎
没　1912.4.5
★小野塚喜平次
没　1944.11.26
★小幡篤次郎
没　1905.4.16
★小原鉄心
没　1872.4.15
『おふでさき』　1869.1.-
★お美代の方
没　1872.この年
★小柳津勝五郎
没　1913.3.5
「和蘭政典」　1868.この年
★織物消費税　1914.1.5
オリンピック（第5回）初参加
〔★オリンピック大会〕
1912.7.6
音楽挺身隊　1941.9.18
★音楽取調掛　1879.10.7　1887.10.5
恩給局〔★恩給制度〕　1884.1.4

★恩賜賞　1910.10.12
恩赦令〔★恩赦〕　1912.9.26
★『温知叢書』　1891.この年

か

★『懐往事談』　1894.4.-
★『海外雑誌』　1873.2.-
★『開化新聞』　1871.12.-
★『開化問答』　1874.この年
海関税則〔★関税制度〕
1871.7.29
海軍機関学校〔★海軍諸学校〕
1881.8.3
海軍局　1868.11.2
海軍軍備制限条約　1922.2.6
海軍軍法会議法　1921.4.26
海軍軍令部条例〔★軍令部〕
1893.5.20
海軍刑法〔★陸軍刑法〕
1881.12.28
1888.12.19
★海軍航空隊　1916.3.18
海軍参謀部条例　1889.3.9
海軍参謀本部条例　1888.5.14
海軍志願兵徴募規則
1883.12.18
海軍所　1866.7.19　1870.4.4
★海軍省　1872.2.28
海軍省官制改正　1893.5.20
海軍条例　1871.9.8　1886.4.26
海軍操練所〔★海軍兵学寮〕
1864.5.21　1869.9.18
★海軍大学校　1888.8.28
海軍提督府　1876.8.31
海軍部　1871.7.28
★海軍兵学寮　1870.11.4
★『海軍歴史』　1888.この年
★海軍労働組合連盟　1924.3.15
★会計検査院　1880.3.5
会計検査院官制　1886.4.17
会計検査院法　1889.5.10
★戒厳令　1882.8.5　1923.9.2
戒厳令布告　1936.2.27
★『外交志稿』　1884.この年
「外交政略論」　1800.3.-
★外国為替管理法　1933.3.29
外国為替取引制限　1932.7.1
★『開国起原』　1893.この年
★『開国五十年史』　1907.この年
★『開国始末』　1888.3.-
外国米管理令　1918.4.25
★『海事史料叢書』　1929.この年
★貝島太助
没　1916.11.1
会社職員給与臨時措置令
1939.10.18
怪写真事件〔★朴烈事件〕
1926.3.25
★『会社全書』　1872.10.-
★『会社弁』　1871.6.-
★開成学校　1873.4.10
改正教育令　1880.12.28
改正憲法私案要綱　1945.12.28
改正出版条例　1883.6.29
開成所〔★蕃書調所〕
1868.9.12　1869.12.17
1870.10.24
改正所得税法　1899.2.13
開成所理化学施設　1868.7.1
改正治安維持法　1941.3.10
改正帝国鉄道会計法　1909.3.22
改正府県制　1943.3.20
★『改造』　1919.4.-
改造社　1944.7.10　1955.2.-
★開拓使　1871.8.7　1882.2.8
開拓使仮学校　1872.4.15
開拓使官有物の払下げ
1881.7.21
★開拓使官有物払下げ事件
1881.7.26
★『開拓使事業報告』　1885.11.-
★『開拓使日誌』　1869.9.-頃
★『海潮音』　1905.10.-
★改定律例　1873.6.13
★『海南新誌』　1877.8.25
★『海南新聞』　1877.4.28　1888.1.10
1941.12.1
★『海表叢書』　1927.11.-
★『解放』　1919.6.-
★『海保青陵経済談』　1929.この年
外務省情報部　1921.8.13
★『外務省日誌』　1870.1.-
外務省臨時調査部　1917.2.12
海陸軍刑律　1872.2.18
★『海陸新聞』　1868.5.-
★ガウランド
没　1922.6.10
★臥雲辰致
没　1900.6.29
★海江田信義
没　1906.10.27
★『科学史研究』　1941.12.29
★価格等統制令　1939.10.18
★『加賀能登郷土図書叢刊』
1931.この年
★各務鎌吉
没　1939.5.27
★香川敬三
没　1915.3.18
★『香川新報』　1889.4.10　1941.2.11
★『香川叢書』　1939.10.-
★賀川豊彦
反戦発言により拘引
1940.8.25
没　1960.4.23
★『香川日日新聞』　1941.2.11　1946.2.11
★『我観』　1923.10.15
★書上順四郎
没　1912.3.25
学位令　1887.5.21　1898.12.10
★学芸自由同盟　1933.7.10
★『学芸志林』　1877.8.-
★賀来惟熊
没　1880.2.25
★学習院　1847.3.9　1877.10.17
★『鶴城叢書』　1930.この年
★革新倶楽部　1922.11.8　1925.5.14
★学制　1872.8.2　1879.9.29
廓清会〔★廃娼制度〕　1911.7.8
学生思想問題調査委員会
1931.7.1
学生自治協議会　1928.5.4
★学生社会科学連合会　1929.11.7
学生自由擁護連盟　1926.6.5
学生連合会（FS）　1922.11.7
★学童疎開　1944.8.-
学徒勤労令〔★学徒勤労動員〕
1944.8.23
学徒戦時動員体制確立要綱
1943.6.25
学徒兵入隊　1943.10.2
学農社　1875.7.-
学農社農学校　1875.7.-
★『革命評論』　1906.9.5
★『学問のすゝめ』　1872.2.-
★カクラン
没　1901.5.24
学齢　1875.1.8
★過激社会運動取締法案

1922.3.24
★『花月新誌』 1877.1.4
★影山庄平
没 1945.8.25
★『鹿児島朝日新聞』 1914.2.- 1946.2.11
鹿児島高等農林学校 1908.4.1
『鹿児島実業新聞』 1914.2.-
★『鹿児島新聞』 1882.2.10 1946.2.11
★賀古鶴所
没 1931.1.1
★『籠釣瓶花街酔醒』 1888.5.1
★笠井順八
没 1919.12.31
★笠井信一
没 1929.7.25
★葛西善蔵
没 1928.7.23
★笠原研寿
没 1883.7.16
★笠原白翁
没 1880.8.23
★笠松謙吾
没 1872.2.18
★『火山灰地』 1937.この年
★梶井基次郎
没 1932.3.24
★『我自刊我書』 1880.この年
★梶田半古
没 1917.4.23
★梶常吉
没 1883.9.20
★カジノ＝フォーリー 1929.7.10
下士兵卒家族救助令 1904.4.4
★鹿島則文
没 1901.10.10
★鹿島房次郎
没 1932.7.29
★鹿島万平
没 1891.12.29
★柏井園
没 1920.6.25
★柏木貨一郎
没 1898.9.6
★柏木義円
没 1938.1.8
★柏木忠俊
没 1878.11.29
★梶原仲治
没 1939.1.6
★春日潜庵
没 1878.3.23
瓦斯事業法 1923.4.10
★粕谷義三
没 1930.5.4
★河川法 1896.4.8
★華族 1869.6.17
華族学校 1877.10.17
華族女学校〔★学習院〕
1885.11.13
華族世襲財産法 1886.4.29
★華族令 1884.7.7 1907.5.8
★片岡健吉
没 1903.10.31
★片岡鉄兵
没 1944.12.25
片岡直輝
没 1927.4.13
★片岡直温
没 1934.5.21
★片岡仁左衛門（9代）
没 1871.11.22
★片岡仁左衛門（10代）
没 1895.4.15
★片岡仁左衛門（11代）
没 1934.10.16
★片上伸
没 1928.3.5
★片桐省介
没 1873.2.19
★片倉兼太郎（初代）
没 1917.2.13
★片倉兼太郎（2代）
没 1934.1.8
★片平信明
没 1898.10.6
★片山国嘉
没 1931.11.3
★片山潜
社会党を結成 1911.10.25
没 1933.11.5
★片山東熊
没 1917.10.24
ガダルカナル島〔★ガダルカナルの戦〕 1942.12.31 1943.2.1
★華中鉄道 1939.4.30
★勝海舟
没 1899.1.19
★香月経五郎
刑死 1874.4.13
学校教員品行検定規則
1881.7.21
★『各国新聞紙』 1868.閏4.-
各国連合予議会 1882.1.25
★勝田孫弥
没 1941.8.21
活動写真興行取締規則〔★映画〕
1917.7.14
★活版工組合 1899.11.3
活版工同志懇話会 1898.3.20
1899.11.3
活版伝習所 1869.6.-
★カッペレッティ
工部美術学校教師に招く
1876.8.29
没 1887.この年
★葛城彦一
没 1880.1.23
★桂誉重
没 1871.9.15
★桂田富士郎
風土病の病源虫を発見
1904.8.13
没 1946.4.5
桂・タフト覚書〔★桂・タフト協定〕 1905.7.29
★桂太郎
没 1913.10.10
★桂内閣（第1次） 1901.6.2
桂内閣（第2次） 1908.7.14
桂内閣（第3次） 1912.12.21
★桂久武
没 1877.9.24
★桂文治（6代）
没 1911.2.17
★桂文治（7代）
没 1928.9.18
★桂文楽（4代）
没 1894.1.28
★桂三木助（2代）
没 1943.12.1
『家庭』 1931.3.6
★『家庭雑誌』 1892.9.15
★『家庭雑誌』 1903.4.-
★『家庭叢談』 1877.4.28
★加藤織平
没 1885.5.18
★加藤九郎
没 1890.1.21
★加藤素毛
没 1879.5.12

★加藤高明
　没　1926.1.28
★加藤高明内閣　1924.6.11
★加藤恒忠
　没　1923.3.26
★加藤時次郎
　没　1930.5.30
★加藤友三郎
　没　1923.8.24
★加藤友三郎内閣　1922.6.12
★加藤寛治
　没　1939.2.9
★加藤弘之
　初の博士号を授与　1888.5.7
　没　1916.2.9
★加藤政之助
　没　1941.8.2
★加藤正義
　没　1923.12.24
★門野幾之進
　没　1938.11.18
★上遠野富之助
　没　1928.5.26
★『カトリック大辞典』
　　1940.この年
★金井延
　没　1933.8.13
★金井之恭
　没　1907.5.13
★仮名垣魯文
　没　1894.11.8
★『神奈川日日新聞』　1940.8.1
★金田徳光
　没　1919.1.4
「かなのくわい」　1883.7.1
★金森通倫
　没　1945.3.2
★金谷範三
　没　1933.6.6
★『かなよみ』　1877.5.-
★『蟹工船』　1929.5.-　1929.9.-
★金子堅太郎
　没　1942.5.16
★金子直吉
　没　1944.2.27
金子文子〔★朴烈事件〕
　大逆罪容疑で起訴される
　　1925.10.20
　死刑宣告　1926.3.25
★兼松房治郎
　没　1913.2.6
★狩野亨吉
　没　1942.12.22
★加能作次郎
　没　1941.8.5
★嘉納治五郎
　柔道道場開設　1882.6.5
　没　1938.5.4
★嘉納治郎作
　没　1885.9.15
★加納夏雄
　没　1898.2.3
★加納久宜
　没　1919.3.2
★狩野芳崖
　没　1888.11.5
★鹿子木孟郎
　没　1941.4.3
★何礼之
　没　1923.3.2
★加波山事件　1884.9.23
★樺山資雄
　没　1878.7.13
★樺山資紀
　没　1922.2.8
★樺山資英
　没　1941.3.19
★『歌舞音楽略史』　1888.この年
★歌舞伎座　1889.11.21　1951.1.3
株式相場大暴落　1916.12.13
貨幣制度調査会規則〔★貨幣制度調査会〕　1893.10.16
貨幣法　1897.3.29
★『火鞭』　1905.9.-
華北交通〔★華北交通会社〕
　　1939.4.17
★『河北新報』　1897.1.17
★鎌田栄吉
　没　1934.2.6
★神尾光臣
　没　1927.2.6
★『上方』　1931.1.-
★神野金之助
　没　1922.2.20
★神の国運動　1930.1.-
★上村彦之丞
　没　1916.8.8
★上山満之進
　没　1938.7.30
★神谷与平治
　没　1905.10.17
★嘉村礒多
　没　1933.11.30
★亀井茲監
　没　1885.3.23
★亀井至一
　没　1905.5.28
★亀戸事件　1923.9.4
★加屋霽堅
　没　1876.10.24
★『我楽多文庫』　1885.5.-
★カラハン
　没　1937.12.16
樺太開拓使〔★開拓使〕
　　1870.2.13
　　1871.8.7
★樺太工業　1933.5.18
★樺太・千島交換条約　1875.5.7
樺太庁官制〔★樺太庁〕
　　1907.3.15
★『樺太日日新聞』　1907.9.1
『樺太日報』　1907.9.1
ガラ紡機〔★臥雲紡績機〕
　　1876.9.-
家禄税　1873.12.27
★河合栄治郎
　没　1944.2.15
★川合清丸
　没　1917.6.24
川井訓導事件　1924.9.5
★河井荃廬
　没　1945.3.10
★河合武雄
　没　1942.3.21
★河井継之助
　陣没　1868.8.16
★河合屏山
　没　1876.8.14
★河合操
　没　1941.10.11
★川合義虎
　没　1923.9.4
★川勝鉄弥
　没　1915.6.11
★川上音二郎
　没　1911.11.11
★河上彦斎
　刑死　1871.12.4
★川上善兵衛
　没　1944.5.21

★川上操六
没　1899.5.11
★川上冬崖
没　1881.5.3
★川上俊彦
没　1935.9.12
★河上肇
治安維持法違反で検挙
1933.1.10
★川上眉山
没　1908.6.15
★川北朝鄰
没　1919.2.22
★河口慧海
没　1945.2.24
★川崎紫山
没　1943.5.12
★川崎正蔵
没　1912.12.2
★川崎造船所　1878.4.-　1887.7.6
1896.10.1
★川崎卓吉
没　1936.3.27
★河崎董
没　1871.4.27
★川崎千虎
没　1902.11.27
★川崎八右衛門
没　1907.1.13
★川路聖謨
切腹　1868.3.15
★川路利良
没　1879.10.13
★河島醇
没　1911.4.28
★川島甚兵衛
没　1910.5.5
★川島義之
没　1945.9.8
★川尻宝岑
没　1910.8.10
★河瀬秀治
没　1928.4.2
★川田甕江
没　1896.2.2
★河田景与
没　1897.10.12
★河竹新七（3代）
没　1901.1.10
★河竹黙阿弥
没　1893.1.22
★川田小一郎
没　1896.1.7
★河田嗣郎
没　1942.5.21
★河津祐之
没　1894.7.12
★川面凡児
没　1929.2.23
★川手文治郎
生神金光大神の神号を称える
1868.9.24
没　1883.10.10
★河鍋暁斎
没　1889.4.26
★川之辺一朝
没　1910.9.5
★川端玉章
没　1913.2.14
★川端茅舎
没　1941.7.17
★川原茂輔
没　1929.5.19
★河東碧梧桐
没　1937.2.1
川俣事件〔★足尾銅山鉱毒事件〕
1900.2.13
★川村迂叟
没　1885.6.4
★川村景明
没　1926.4.28
★川村清雄
没　1934.5.16
★川村純義
没　1904.8.12
★川本幸民
没　1871.6.1
簡易生命保険法　1916.7.10
★寛永寺　1868.5.15
感化院　1900.3.10
漢学所　1868.9.18
★感化法　1900.3.10
監軍部条例〔★監軍本部・教育総監〕　1885.5.18
★監軍本部　1878.12.13
監軍本部条例　1885.5.18
★韓圭卨
没　1930.この年
癌研究会　1908.4.2
癌研究会癌研究所　1934.5.20
★漢口事件　1927.4.3
監獄〔★刑務所〕　1903.3.20
1922.10.14
韓国銀行〔★朝鮮銀行〕
1909.10.29
韓国中央銀行　1905.7.1
韓国駐箚軍司令部条例
1906.8.1
韓国統監府〔★統監府〕
1906.2.1
★『官国幣社特殊神事調』
1941.この年
★監獄法　1908.3.28
看護婦規則　1915.6.30
★関西大学　1886.11.4
★関西鉄道会社　1888.3.1
★関西美術院　1906.3.2
関西法律学校　1886.11.4
★漢城条約　1885.1.9
★関税自主権　1878.7.25
関税審議会　1929.7.19
★関税定率法　1897.3.29　1910.4.15
★観世清久
没　1939.3.21
★神田孝平
没　1898.7.5
★神田乃武
没　1923.12.30
★神田伯山（初代）
没　1873.3.31
★神田伯山（2代）
没　1921.4.27
★神田伯山（3代）
没　1932.1.30
★神田鐳蔵
没　1934.12.8
関東関西普選期成労働大連盟
1920.2.6
関東軍司令部条例〔★関東軍〕
1919.4.12
★関東軍特種演習（関特演）
1941.7.2
★間島事件　1930.5.30
★関東大震災　1923.9.1
★『関東中心足利時代之研究』
1926.6.-
関東庁官制〔★関東庁〕
1919.4.12
関東都督府官制〔★関東都督府〕
1906.8.1

★管野スガ
刑死　1911.1.25
★菅野八郎
没　1888.1.2
観音崎灯台　1869.1.1
★『官報』　1883.7.2
★菅政友
没　1897.10.22
関門トンネル〔★関門海底トンネル〕　1942.6.11
関門を廃止　1869.1.20
★『函右日報』　1879.6.1
官吏恩給法　1890.6.21
官吏恩給令　1884.1.4
官吏懲戒例　1876.4.14
★官吏服務紀律　1887.7.30
『官令日報』　1887.3.11

き

★『偽悪醜日本人』　1891.この年
★キオソーネ
没　1898.4.21
★議会解散請願運動全国協議会　1926.10.19
企画院官制〔★企画院〕　1937.10.25
★企画院事件　1941.4.8
起業公債証書発行条例〔★起業公債〕　1878.5.1
★企業整備令　1942.5.13
★菊池恭三
没　1942.12.28
★菊池九郎
没　1926.1.1
★菊池大麓
没　1917.8.19
★菊池武夫
美濃部達吉議員の天皇機関説を攻撃　1935.2.18
★菊池容斎
没　1878.6.16
★紀元節　1873.3.7
「紀元節」　1888.2.3
紀元2600年式典〔★紀元二千六百年奉祝典〕　1940.11.10
紀元2600年奉祝展　1940.10.1
★木越安綱
没　1932.3.26
★岸光景
没　1922.5.3
★岸沢式佐（６代）
没　1898.2.26
★岸沢式佐（７・８代）
没　1944.9.18
★議事所　1869.2.5
★岸清一
没　1933.10.29
★岸田吟香
没　1905.6.7
★岸田俊子
没　1901.5.25
★岸田劉生
没　1929.12.20
★岸竹堂
没　1897.7.27
★岸上鎌吉
没　1929.11.22
★岸本吉右衛門
没　1924.10.28
★岸本五兵衛（初代）
没　1927.この年
★岸本五兵衛（２代）
没　1915.1.19
★岸本辰雄
没　1912.4.4
★岸良兼養
没　1883.11.15
軌制調査　1916.4.10
貴族院多額納税議員選挙（第１回）　1890.6.10
貴族院調査委員会　1924.10.10
貴族院伯子男爵議員互選選挙第１回　1890.7.10
貴族院令　1909.4.13
貴族院令改正　1925.5.5
★キダー，M. E.
没　1910.6.25
★キダー，A. H.
没　1913.11.23
★北一輝
死刑宣告　1937.8.14
刑死　1937.8.19
★北浦定政
没　1871.1.7
★北尾次郎
没　1907.9.7
★北垣国道
没　1916.1.16
★北風正造
没　1895.12.5
北樺太利権協約　1925.12.14
★喜田貞吉
休職処分　1911.2.4
没　1939.7.3
★北里研究所　1915.12.11
★北里柴三郎
ジフテリアおよび破傷風の血清療法を発見　1890.12.4
ペスト菌を発見　1894.8.25
没　1931.6.13
北支那開発株式会社法〔★北支那開発会社〕　1938.4.30
北ドイツ連邦との修好通商航海条約　1869.1.10
★城多虎雄
没　1887.2.20
北日本国語教育連盟　1934.11.3
★『北野誌』　1909.この年
★『北野文叢・北野藁草』　1910.この年
★北畠治房
没　1921.5.2
★北原稲雄
没　1881.10.2
★北原白秋
没　1942.11.2
★喜多又蔵
没　1932.1.31
★北村兼子
没　1931.7.26
北村サヨ
天照皇大神宮教開教　1945.8.12
★北村透谷
自殺　1894.5.16
★『貴重図書影本刊行会叢書』　1930.この年
★吉川霊華
没　1929.3.25
切符制　1938.3.1
★木戸孝允
台湾出兵に反対して辞表す　1874.4.18
没　1877.5.26
★『木戸孝允日記』　1868.4.1
『畿内申報』　1882.1.-
★杵屋勝三郎（２代）
没　1896.2.5
★杵屋勝三郎（３代）

没　1903.9.11
★稀音家浄観（初代）
没　1917.7.28
★杵屋正次郎（３代）
没　1896.10.31
★杵屋正次郎（４代）
没　1940.2.12
★杵屋六左衛門（11代）
没　1877.8.7
★杵屋六左衛門（12代）
没　1912.8.31
★杵屋六左衛門（13代）
没　1940.3.23
★木下尚江
没　1937.11.5
★木下杢太郎
没　1945.10.15
★木下利玄
没　1925.2.15
★木原楯臣
没　1868.7.8
★『吉備群書集成』　1921.この年
★『岐阜合同新聞』　1942.1.5
★『岐阜日日新聞』　1881.2.19
★義兵運動　1907.8.1
★基本国策要綱　1940.7.26
★「君が代」　1869.10.-　1880.10.25
1891.7.11　1893.8.12
「君死に給ふこと勿れ」
1904.9.-
★木村曙
没　1890.10.19
★木村芥舟
没　1901.12.9
★木村久寿弥太
没　1935.11.23
★木村九蔵
没　1898.1.29
★木村熊二
没　1927.2.28
★木村清四郎
没　1934.9.24
★木村泰賢
没　1930.5.16
★木村鷹太郎
没　1931.7.18
★木村栄
緯度変化に関するZ項を発見
1902.2.4
没　1943.9.26
★木村正辞
没　1913.4.11
機務六箇条　1886.9.-
９・18ストップ令　1939.10.18
★救護法　1929.4.2
★九州改進党　1882.3.12　1885.5.8
★『九州三侯遣欧使節行記』
1942.この年
『九州実業新聞』　1910.8.1
★『九州新聞』　1910.8.1　1942.4.1
九州帝国大学〔★九州大学〕
1910.12.22
★九州鉄道会社　1888.6.27
九州同志連合会　1890.4.15
★『九州日日新聞』　1888.10.9
1942.4.1
★『九州日報』　1898.5.10　1942.8.10
★宮中某重大事件　1920.12.-
★『旧幕府』　1897.4.-
義勇兵役法　1945.6.23
★ギューリック
没　1923.9.18
★魚允中
没　1896.2.17
「教育議」　1879.9.-
★『教育時論』　1885.4.15
教育総監部条例　1898.1.22〔★教育総監〕　1898.1.22
教育勅語謄本　1891.11.17
教育ニ関スル勅語〔★教育勅語〕
1890.10.30
教育の世紀社　1923.8.3
★教育令　1880.12.28　1885.8.12
★教学局　1937.7.21
★「教学聖旨」　1879.8.-
★教科書疑獄事件　1902.12.17
教科書編成掛　1872.10.17
教科用図書検定条例　1886.5.10
狂言座　1914.2.26
凶歳租税延納規則　1877.9.1
★『崎陽雑報』　1868.8.-
★『崎陽茶話』　1868.この年
共産主義グループ　1925.8.-
共産党事件（第１次）　1923.6.5
共産党シンパ事件　1930.5.20
★共産党リンチ事件　1933.12.23
梟示刑　1879.1.4
★『強者の権利の競争』
1893.この年
★恭親王奕訢
没　1898.4.10
行政裁判法　1890.6.30
行政執行法　1900.6.2
教則三条〔★三条教則〕
1872.4.28
教則取調掛　1880.3.9
★共存同衆　1874.9.20
★行地会　1924.4.-
★協調会　1919.12.22
★共同運輸会社　1883.1.1
★教導職　1872.4.25
★教導隊　1870.4.24
教導団　1871.5.25
京都学連事件〔★学連事件〕
1926.1.15
★『京都御所東山御文庫記録』
1903.この年
★『京都市史』　1939.この年
★『京都守護職始末』　1911.この年
京都市立芸術大学　1909.4.1
★『京都新聞』　1871.この年
★『京都新聞』　1942.4.1
★『京都叢書』　1914.この年
京都帝国大学〔★京都大学〕
1897.6.22
京都哲学会　1916.2.27
★『京都日日新聞』　1942.4.1
『京都の歴史』　1939.この年
★『京都日出新聞』　1897.7.1　1942.4.1
★教部省　1872.3.14　1872.10.25
★刑部省　1871.7.9
暁民会　1920.5.-
暁民共産党〔★暁民共産党事件〕
1921.8.-
★清浦奎吾
没　1942.11.5
★清浦内閣　1924.1.7　1924.6.7
共立女学校　1872.2.-
共立女子学園　1886.3.22
共立女子職業学校　1886.3.22
★『教林雑誌』　1874.1.-
「共和演説事件」〔★尾崎行雄不敬事件〕　1898.8.21
★漁業法　1901.4.13
玉音放送〔★八・一五事件〕
1945.8.15
極東社会主義者会議　1920.10.-
極東選手権競技大会　1913.1.31
1917.5.8
★極東平和友の会　1933.8.25

★極東民族会議　1922.1.21
★清沢洌
　没　1945.5.21
★清沢満之
　没　1903.6.6
★清野勉
　没　1904.3.10
★清藤幸七郎
　没　1931.1.4
★清水六兵衛（3代）
　没　1883.6.4
★清水六兵衛（4代）
　没　1920.この年
★清元梅吉（初代）
　没　1907.2.1
★清元梅吉（2代）
　没　1911.5.14
★清元延寿太夫（4代）
　没　1904.3.16
★清元延寿太夫（5代）
　没　1943.5.22
★『切支丹大名記』　1930.この年
★『基督教の起源』　1908.この年
★桐竹紋十郎（初代）
　没　1910.8.15
★桐野利秋
　戦死　1877.9.24
★桐生悠々
　没　1941.9.10
★ギロチン社事件　1924.9.1
★宜湾朝保
　没　1876.8.6
★金允植
　没　1920.1.22
金解禁に関する省令〔★金解禁〕
　1929.11.21
金貨幣・金地金輸出取締令
　1917.9.12
錦輝館　1899.6.1
緊急学徒勤労動員方策要綱
　1944.1.18
緊急物価対策要綱　1943.4.16
★金銀複本位制　1878.5.27
★『キング』　1925.1.-
★キングスレイ館　1897.3.1
★金鶏学院　1927.1.1
★銀行合併法　1896.4.20
銀行恐慌　1901.4.16
銀行局〔★大蔵省銀行局〕
　1916.4.10
銀行券金兌換停止令
　1931.12.17
★『銀行雑誌』　1877.12.-
★『銀行雑誌』　1888.10.-
★『銀行雑誌』　1913.4.-
★金弘集
　没　1896.2.11
★銀行集会所　1877.7.2
★『銀行通信録』　1885.12.-
★銀行法　1927.3.30
★金鴻陸
　処刑　1898.10.10
金札引換公債証書発行条例〔★金札引換公債〕　1873.3.30
★『近事画報』　1903.9.1
★金鵄勲章　1890.2.11
金鵄勲章年金令　1894.10.3
★『近時政論考』　1891.6.-
★『近事評論』　1876.6.3
★錦州爆撃事件　1931.10.8
★『近世漢学者伝記著作大事典』
　1943.この年
★『近世地方経済史料』
　1931.この年
★『近世社会経済学説大系』
　1935.3.-
★『近世社会経済叢書』
　1926.この年
★『近世先哲叢談』　1880.この年
★『近世日本国民史』　1918.12.-
★『近世の日本』　1919.この年
★『近世藩法資料集成』
　1942.この年
★『近世風俗見聞集』　1912.この年
★『近世法制史料叢書』
　1938.この年
金属類回収令　1941.8.30
★近代劇協会　1912.10.26
★『近代思想』　1912.10.-
★『近代日鮮関係の研究』
　1940.この年
★金原明善
　没　1923.1.14
★金炳始
　没　1898.9.16
★金本位制　1878.5.27　1897.3.29
　1917.9.12
★金融恐慌　1927.3.14
金輸出解禁〔★金解禁〕
　1930.1.11
金輸出再禁止　1931.12.13
勤労挺身隊　1943.9.23
勤労奉仕　1941.11.22
★金禄公債証書　1878.7.-
金禄公債証書発行条例
　1876.8.5

く

★クーパー
　没　1885.10.29
★クーラン
　没　1925.この年
★陸羯南
　没　1907.9.2
★九鬼周造
　没　1941.5.6
★九鬼隆一
　没　1931.8.18
★日下部三之介
　没　1925.1.2
★日下部鳴鶴
　没　1922.1.27
★日柳燕石
　没　1868.8.25
★草間時福
　没　1932.1.5
★クザン
　没　1911.9.18
★櫛田民蔵
　没　1934.11.5
★串田万蔵
　没　1939.9.5
★『九条家国事記録』　1921.この年
★九条武子
　没　1928.2.7
★九条尚忠
　没　1871.8.21
★『九条尚忠文書』　1916.この年
★九条道孝
　没　1906.2.21
屑糸紡績所　1876.3.-
★楠瀬喜多
　没　1920.10.18
★楠瀬幸彦
　没　1927.10.13
★楠本碩水
　没　1916.12.23
★楠本端山
　没　1883.3.18

★楠本正隆
没　1902.2.7
★『久世家文書』　1919.この年
★久世通章
没　1939.4.14
区町村会法　1880.4.8　1884.5.7
★久津見蕨村
没　1925.8.7
★工藤吉郎兵衛
没　1945.11.18
★工藤他山
没　1889.2.27
★グナイスト
没　1895.7.22
★国木田独歩
没　1908.6.23
★国沢新九郎
没　1877.3.12
★国友重章
没　1909.7.16
★久原躬弦
没　1919.11.21
★久保田米僊
没　1906.5.19
★久保天随
没　1934.6.1
★『熊野新報』　1896.11.1
★『熊本日日新聞』　1942.4.1
★熊本バンド　1876.1.30
★『熊本評論』　1907.6.20
★熊本洋学校　1871.9.1
★久米邦武
「神道は祭天の古俗」を『史海』に寄稿　1892.1.-
没　1931.2.24
★久米桂一郎
没　1934.7.29
★雲井竜雄
刑死　1870.12.28
★『天衣紛上野初花』　1881.3.-
★クラーク，W.S.
没　1886.3.9
★クラーク，E.W.
没　1907.この年
倉敷絹織　1926.6.24
★倉田白羊
没　1938.11.29
★倉田百三
没　1943.2.12
★倉知鉄吉
没　1944.12.22
★グラバー
没　1911.12.16
★グラント
来日　1879.7.3
没　1885.7.23
★グリーン
没　1913.9.15
★栗田寛
没　1899.1.25
★栗野慎一郎
没　1937.11.15
★栗原信充
没　1870.10.28
★栗原亮一
没　1911.3.13
★グリフィス
没　1928.2.5
★栗本鋤雲
没　1897.3.6
★厨川白村
没　1923.9.2
★来島恒喜
没　1889.10.18
車税規則〔★車税〕　1875.2.20
★呉秀三
没　1932.3.26
★グロ
没　1870.2.8
★黒岩涙香
没　1920.10.6
★黒川真頼
没　1906.8.29
★黒川良安
没　1890.9.28
★黒木為楨
没　1923.2.3
★黒沢鷹次郎
没　1919.1.27
★黒島伝治
没　1943.10.17
★黒田一葦
没　1885.12.13
★黒田清隆
没　1900.8.25
★黒田清綱
没　1917.3.23
★黒田清輝
没　1924.7.15
★黒田長溥
没　1887.3.7
黒田保久二
山本宣治代議士を刺殺　1929.3.5
★クロパトキン
桂首相らと会談　1903.6.12
「クロポトキンの社会思想の研究」　1920.1.10
★桑田熊蔵
没　1932.12.10
★桑田立斎
没　1868.7.27
★桑原隲蔵
没　1931.5.24
★軍機保護法　1899.7.15
★郡区町村編制法　1878.7.22
★軍事救護法　1917.7.20
軍事研究団　1923.5.10
軍事公債条例〔★軍事公債〕　1894.8.16
軍事参議院条例　1903.12.28
軍事参議官条例〔★軍事参議官〕　1887.6.2
★郡司成忠
千島探検へ出発　1893.3.20
没　1924.8.15
軍事保護院官制〔★軍事保護院〕　1939.7.15
★軍需会社法　1943.10.31
軍需金融等特別措置法　1945.2.16
★軍需工業動員法　1918.4.17
軍需充足会社令　1945.1.27
軍人援護会　1938.11.5
軍人恩給法　1890.6.21
★「軍人訓誡」　1878.8.-
★軍人勅諭　1882.1.4
★郡制　1890.5.17
郡制廃止法案〔★郡制廃止問題〕　1907.2.19
軍備充実4ヵ年計画　1939.12.20
★軍備縮小同志会　1921.9.17
軍備制限大演説会　1921.3.11
軍部大臣武官制廃止建議案〔★軍部大臣現役武官制〕　1922.3.25
★群馬事件　1884.5.13
★『群馬新誌』　1878.10.25
★『群馬日報』　1887.3.11

訓盲唖院　1880.1.5
訓盲院　1880.1.5
『訓蒙窮理図解』　1868.7.-
軍用資源秘密保護法　1939.3.25
★軍用自動車補助法　1918.3.25
★軍令　1907.9.12
★軍令部　1933.9.27

け

★慶応義塾　1868.4.-
★『慶元イギリス書翰』　1929.8.-
★『経国美談』　1883.この年
「経国美談」　1891.2.5
『経済往来』〔★日本評論〕
1935.10.-
経済恐慌　1889.この年
★『経済史』　1898.この年
★『経済史研究』　1929.11.-
経済調査会官制〔★経済調査会〕
1916.4.25
『経済毎日』　1943.2.-
★刑事訴訟法　1890.10.7
★警視庁　1881.1.14
★芸術座　1913.7.8　1919.1.5
京城医学専門学校　1916.4.1
京城専修学校　1916.4.1
★京城帝国大学　1924.5.2
★『京城日報』　1906.9.1
★京仁鉄道　1899.5.15
★慶親王奕劻
没　1916.この年
★『系図綜覧』　1915.この年
★『経世評論』　1888.12.7
★『芸備日日新聞』　1888.7.1
『芸備日報』　1888.7.1
★京釜鉄道　1903.12.28　1905.1.1
京釜鉄道合同条約　1898.9.8
★『芸文』　1910.4.1
軽便鉄道法　1910.4.21
★刑法　1880.7.17　1907.4.24
刑法施行法　1908.3.28
★警防団　1939.1.25
★刑務所　1922.10.14
★啓明会　1919.8.4
芸名統制　1940.3.28
★経綸学盟　1923.1.-
★ケーベル
帝国大学哲学科教師に就任
1893.6.10
没　1923.6.14
★ケーリ
没　1932.7.23
★結核予防会　1939.5.22
決戦教育措置　1945.3.18
★決戦非常措置要綱　1944.2.25
1945.1.25
★血盟団事件　1932.2.9
★ケプロン
没　1885.2.22
ケラー
横浜着　1937.4.15
県　1869.7.17
検閲制度改正期成同盟〔★検閲制度〕　1927.7.13
遣韓使　1873.10.14
研究老壮会　1918.10.9
★元勲内閣　1892.8.3
★『元寇史料集』　1935.3.-
★健康保険法　1922.4.22
★建国祭（第１回）　1926.2.11
原子爆弾投下（広島）〔★原爆投下〕　1945.8.6
原子爆弾投下（長崎）　1945.8.9
元帥府条例〔★元帥府〕
1898.1.20
★憲政会　1916.10.10
★『憲政公論』　1921.4.-
★憲政党　1898.6.22　1900.9.13
★『憲政党党報』　1898.8.5
憲政党分裂　1898.10.29
★憲政本党　1898.11.3
憲政擁護国民大会　1924.2.1
憲政擁護大会（第一回）〔★憲政擁護運動〕　1912.12.19
憲政擁護大会（第２回）
1913.1.24
★建設者同盟　1919.2.21
★『現代日本教会史論』　1906.7.-
『現代日本文学全集』　1926.12.-
県知事　1871.10.28
県治条例　1871.11.27　1875.11.30
憲兵条例　1881.3.11
★『憲法義解』　1889.6.1
★『憲法雑誌』　1889.2.17
★『憲法撮要』　1923.この年
憲法私案　1887.4.30
憲法草案甲乙両案　1887.4～５月
憲法草案要綱　1945.12.27
★憲法問題調査委員会
1945.10.25
★硯友社　1885.2.-
★玄洋社　1881.2.-
『原理日本』〔★原理日本社〕
1925.11.5
★県令　1871.11.2
★元老院　1875.4.14　1875.7.5
1890.10.20
★言論出版集会結社等臨時取締法
1941.12.19

こ

★小池国三
没　1925.3.1
★小池張造
没　1921.2.25
★小泉策太郎
没　1937.7.28
★古泉千樫
没　1927.8.11
★小泉八雲
没　1904.9.26
★小磯内閣　1944.7.22　1945.4.5
★五・一五事件　1932.5.15
★肥塚竜
没　1920.12.2
★『古逸叢書』　1884.この年
★小出粲
没　1908.4.15
★小出楢重
没　1931.2.13
★小出光教
没　1876.10.18
★小岩井農場　1891.1.-
★興亜院　1938.12.16
★興亜奉公日　1939.9.1　1942.1.8
★庚寅倶楽部　1890.5.14
★洪英植
没　1884.この年
★黄海海戦　1894.9.17　1904.8.10
★航海奨励法　1896.3.24
★皇学所　1868.12.14
★『皇学叢書』　1927.この年
工学寮〔★工部大学校〕
1871.8.14
★甲賀源吾
戦死　1869.3.25
工学校〔★工部大学校〕
1873.7.30

★江華島事件　1875.9.20
★公議所　1869.3.7
★『公議所日誌』　1869.3.-
皇居〔★宮城〕　1868.10.13
★工業組合法　1931.4.2
鉱業抵当法　1905.3.13
鉱業法　1905.3.8
工業労働者最低年齢法
1923.3.30
航空機製造事業法　1938.3.30
★黄興
没　1916.10.31
★『考古学雑誌』　1910.9.-
考古学会　1895.4.28
★『考古画譜』　1882.この年
★『江湖新聞』　1868.閏4.3
★『江湖新聞』　1890.2.1　1891.1.1
★『江湖新報』　1876.8.-　1880.11.15
か
★『考古説略』　1879.6.-
★『好古類纂』　1900.この年
工作機械製造事業法　1938.3.30
鉱山監督署　1892.3.8
★鉱山心得書　1872.3.27
★貢士　1868.2.11
甲子園球場　1924.8.1
★公式令　1907.2.1
公私経済緊縮委員会　1929.8.9
皇室財産令〔★皇室財産〕
1910.12.24
皇室成年式令　1909.2.11
★皇室典範　1889.2.11　1947.1.16
★光州学生事件　1929.11.3
豪州航路　1896.3.15
公衆電話機　1900.9.11
★黄遵憲
没　1905.2.23
★『交詢雑誌』　1880.2.5
★交詢社　1880.1.25
★高陞号事件　1894.7.25
工場事業場管理令　1938.5.4
工場就業時間制限令　1943.6.16
工場抵当法　1905.3.13
★『工場統計表』　1909.この年以降
公娼廃止〔★廃娼運動〕
1891.9.12
1946.1.21
★工場払下概則　1880.11.5
★工場法　1911.3.29　1916.1.22
1916.9.1
工場法改正　1923.3.30　1929.3.28
甲申事変〔★甲申の変〕
1884.12.4
★郷誠之助
没　1942.1.19
★高宗
没　1919.1.21
皇太子成婚式　1900.5.10
★『高知自由新聞』　1882.5.30
★『高知新聞』　1873.7.30　1904.9.1
耕地整理法　1899.3.22
★興中公司　1935.12.20
★神津仙三郎
没　1897.8.18
★皇典講究所　1890.11.22
高等学校令〔★学校令〕
1894.6.25
★講道館　1882.6.5
高等教育会議規則　1896.12.18
高等師範学校〔★師範学校〕
1886.4.29
★高等女学校　1895.1.29
高等女学校令〔★学校令〕
1899.2.8
★幸徳秋水
刑死　1911.1.24
鉱毒調査委員会　1902.3.17
★広如
没　1871.8.19
鴻池銀行〔★三和銀行〕
1897.3.1
★河野敏鎌
没　1895.4.24
★幸野楳嶺
没　1895.2.2
★河野広中
没　1923.12.29
★河野広躰
没　1941.1.24
「降伏後における米国の初期の対日方針」　1945.9.22
★降伏文書　1945.9.2
★工部省　1870.閏10.20
★『工部省沿革報告』　1889.4.-
★工部大学校　1878.4.15
★『鉱夫待遇事例』　1908.この年
『甲府日日新聞』　1881.1.4
★『広文庫』　1916.この年
★公文式　1886.2.26　1907.2.1
『公文通誌』〔★朝野新聞〕
1874.9.24
神戸銀行　1936.12.12
★『The Kobe Chronicle』〔コウベ＝クロニクル〕　1891.10.-
神戸ゴルフ倶楽部　1903.5.24
★神戸事件　1868.1.11
★『神戸新聞』　1876.6.-
★『神戸新聞』　1889.7.-
★『神戸新聞』　1898.2.11
★『神戸又新日報』　1884.4.17
★『攪眠新誌』　1877.2.21
★神鞭知常
没　1905.6.21
★『孝明天皇紀』　1896.12.-　1967.この年
★康有為
没　1927.3.21
★向陽社　1881.2.-
講和条件付帯議定書　1902.6.14
講和問題同志連合会　1905.7.19
★ゴーストップ事件　1933.6.17
★コーツ
没　1934.10.22
★ゴーブル
没　1898.5.1
★『湖海新報』　1876.3.-
★古賀謹一郎
没　1884.10.31
★五箇条の誓文　1868.3.14
五月一日茶話会　1905.5.1
★小金井良精
没　1944.10.16
★古賀春江
没　1933.9.10
★古賀峯一
戦死　1944.3.-
★『古簡集影』　1924.この年
★『古経題跋』　1869.この年
★国維会　1932.1.17
黒衣同盟　1923.6.25
国学院〔★国学院大学〕
1890.11.22
★『国学院雑誌』　1894.11.-
★『国学者伝記集成』　1904.この年
★『国学大系』　1943.8.-
★国技館　1909.6.2
★『国語国文』　1931.10.1
『国語国文の研究』　1931.10.1
★『国語と国文学』　1924.5.-
★国際劇場　1937.7.3

国債引受シンジケート　1910.2.1
★国際婦人デー　1923.3.8
国際文化研究所　1928.10.-
★国際連盟脱退　1933.3.27
★国策研究会　1937.2.4
★『国史学』　1929.11.-
★『国史眼』　1890.12.-
★『国史紀事本末』　1871.この年
★『国史辞典』　1940.2.11
★『国史大辞典』　1908.この年
★『国史の研究』　1908.この年
「黒社」（ブラック社）　1925.6.17
★『国書逸文』　1940.この年
★『国書解題』　1897.この年
★国勢院　1920.5.15
国勢院官制廃止　1922.11.1
★国勢調査　1902.12.2
国勢調査（第1回）　1920.10.1
国勢調査（第2回）　1925.10.1
国籍法　1899.3.16　1984.5.25
★『国体新論』　1875.この年　1881.11.22
★『国体の本義』　1937.5.-
国体明徴〔★天皇機関説問題〕　1935.4.6
国体明徴決議案〔★天皇機関説問題〕　1935.3.23
国体明徴声明（第1次）〔★天皇機関説問題〕　1935.8.3
国体明徴声明（第2次）〔★天皇機関説問題〕　1935.10.15
★『国体論及び純正社会主義』　1906.5.-
国定教科書〔★教科書〕　1903.4.13
★国分青厓　没　1944.3.5
「国防に要する兵力」　1907.4.19
『国防の本義とその強化の提唱』　1934.10.1
★国防保安法　1941.3.7
国宝保存法〔★文化財保護法〕　1929.3.28
★小久保喜七　没　1939.12.14
★『国本』　1921.1.1　1924.3.-
★国本社　1924.3.-
★国民学校　1941.3.1
国民学校学童給食　1944.3.3
国民学校規程　1941.3.31
★国民協会　1892.6.22
国民勤労動員令　1945.3.6
国民勤労報国協力令　1941.11.22
★国民健康保険法　1938.4.1
国民職業能力申告令　1944.2.19
国民新劇場　1940.11.1
★『国民新聞』　1890.2.1
★国民精神作興に関する詔書　1923.11.10
国民精神総動員強化方策〔★国民精神総動員運動〕　1939.2.9
国民精神総動員実施要綱〔★国民精神総動員運動〕　1937.8.24
国民精神総動員中央連盟〔★国民精神総動員運動〕　1937.10.12
★国民精神文化研究所　1932.8.23
★国民政府　1929.6.3
国民体力法　1940.4.8
国民徴用令　1939.7.8　1943.7.21　→国家総動員法
国民貯蓄運動　1938.4.19
国民党分裂　1913.1.21
★国民同盟　1932.12.22
★国民同盟会　1900.9.24　1902.4.27
★『国民之友』　1887.2.15
国民服令　1940.11.2
★国立銀行条例　1872.11.15　1876.8.1　1883.5.5
国立銀行成規　1872.11.15
国立公園法〔★国立公園〕　1931.4.1
国立畜産試験場　1916.4.6
★黒竜会　1901.2.3
★国領五一郎　没　1943.3.19
護憲全国記者大会〔★憲政擁護運動〕　1924.2.5
護憲デモ〔★憲政擁護運動〕　1924.2.17
★『心の花』　1898.2.-
★古今亭志ん生（2代）　没　1889.11.24
★古今亭志ん生（3代）　没　1918.5.10
★古今亭志ん生（4代）　没　1926.1.29
★古在由直　没　1934.6.18
★小坂鉱山　1884.8.19
★小崎弘道　没　1938.2.26
★小作条例期成同盟会　1899.6.-
★小作制度調査会　1924.4.5
小作制度調査会官制　1923.5.8
小作調査会官制　1926.5.25
★小作調停法　1924.7.22
★小作料統制令　1939.12.6
★『五山詩僧伝』　1912.この年
『古事記及日本書紀の研究』　1940.2.10
★『古事記及び日本書紀の新研究』　1919.この年
★『高志路』　1935.1.17
★児島惟謙　没　1908.7.1
★小島文治郎　刑死　1870.9.7
★小島竜太郎　没　1913.1.5
★古社寺保存法　1897.6.10
★呉昌碩　没　1927.11.6
★『古事類苑』　1896.この年
★御真影　1891.11.17
★小杉榲邨　没　1910.3.29
戸籍調査　1872.1.29
★戸籍法　1871.4.5　1984.5.25
★五姓田芳柳　没　1892.2.1
★五姓田義松　没　1915.9.4
五節〔★五節会〕　1873.1.4
★五代友厚　没　1885.9.25
★児玉一造　没　1930.1.30
★児玉花外　没　1943.9.20
★児玉源太郎　没　1906.7.23
★戸長　1872.4.9
★呉長慶　没　1884.この年

★『国華』　1889.10.-
★国会開設運動　1880.この年
国会開設の意見書　1881.3.-
「国会議院規則」　1873.1.-〜5.-
「国会議院手続取調」　1872.8.-
★国会期成同盟　1880.3.17　1880.11.10
「国会論」　1879.7.28
「国会ヲ開設スルノ允可ヲ上願スル書」　1880.4.17
★『国家学会雑誌』　1887.3.15
国家教育社　1890.5.30
★『国家経済会報告』　1890.11.12
★国家社会党　1905.8.25
★国家総動員法　1938.4.1　1941.3.3
→国民徴用令
国家総動員法案　1938.2.19
1938.3.16
国際活映株式会社（国活）
1919.12.6
「国教論」　1884.8.-
国憲按〔★日本国憲按〕
1880.12.28
★『国憲編纂起原』　1881.5.-
★『古典保存会覆製書』
1923.この年
★後藤伊左衛門
没　1915.1.10
★後藤一乗
没　1876.10.17
★後藤象二郎
没　1897.8.4
★後藤恕作
没　1929.この年
★後藤新平
没　1929.4.13
★五島清太郎
没　1935.7.20
★後藤宙外
没　1938.6.12
★小藤文次郎
没　1935.3.8
後藤隆之助事務所　1933.10.1
★載仁親王
没　1945.5.20
★小中村清矩
没　1895.10.11
★『後奈良天皇宸記』　1942.この年
★近衛篤麿
没　1904.1.1
★『近衛家書類』　1919.この年
★近衛三原則　1938.12.22
★近衛上奏文　1945.2.14
近衛条例　1872.3.9
近衛声明（第1次）〔★国民政府対手とせず声明〕
1938.1.16
近衛声明（第2次）〔★東亜新秩序〕　1938.11.3
近衛声明（第3次）〔★近衛三原則〕　1938.12.22
★近衛忠煕
没　1898.3.18
★近衛内閣（第1次）　1937.6.4
1939.1.4
近衛内閣（第2次）　1940.7.22
近衛内閣（第3次）　1941.7.16
1941.10.16
★近衛文麿
自殺　1945.12.16
★近衛兵　1872.3.9
★『此花新聞』　1882.1.-
★呉佩孚
没　1939.12.4
★小橋一太
没　1939.10.2
★小橋勝之助
没　1893.3.12
★小林清親
没　1915.11.28
★小林樟雄
没　1920.4.9
★小林多喜二
没　1933.2.20
★小林虎三郎
没　1877.8.24
★『古物学』　1877.この年
古物商取締法　1895.3.6
★五榜の掲示　1868.3.15
★小堀鞆音
没　1931.10.1
★駒田好洋
没　1935.8.11
★小松三省
没　1900.12.27
★小松帯刀
没　1870.7.20
★小松原英太郎
没　1919.12.26
★駒場農学校　1878.1.24
五万石騒動〔★群馬県群馬郡村々一揆〕　1869.8.3
★小宮山綏介
没　1896.2.24
伍民会　1923.10.-
コミンテルン第3回大会
1921.6.22
コム=アカデミー事件〔★人民戦線事件〕　1936.7.10
★小村・ウェーバー覚書
1896.5.14
★小村寿太郎
没　1911.11.26
小村・ローゼン会談　1903.10.3
★小室重弘
没　1908.6.13
★小室信夫
没　1898.6.5
★小室信介
没　1885.8.25
★小室翠雲
没　1945.3.30
★米騒動　1889.10.13　1897.8.-
1918.7.23　1918.8.3
★『古文書時代鑑』　1925.この年
★子安峻
没　1898.1.15
★小山健三
没　1923.12.19
★小山正太郎
没　1916.1.7
★小山益太
没　1924.7.1
★五稜郭　1868.12.15
コレラ一揆　1879.この年
金光教　1868.9.24
混成酒税法　1896.3.28
★権田直助
没　1887.6.8
★ゴンチャローフ
没　1891.9.27
★近藤勇
刑死　1868.4.25
★権藤震二
没　1920.1.21
★権藤成卿
没　1937.7.9
★近藤虎五郎
没　1922.7.17
★近藤真琴
没　1886.9.4

★近藤基樹
没　1930.3.8
★近藤芳樹
没　1880.2.29
★近藤廉平
没　1921.2.9
★コンドル
没　1920.6.21
『今日新聞』〔★都新聞〕
1889.2.1
★厳如
没　1894.1.15

さ

★崔益鉉
没　1906.11.17
★西園寺公望
没　1940.11.24
★西園寺内閣（第1次）　1906.1.7
1908.7.4
西園寺内閣（第2次）
1911.8.30
在学徴集延期臨時特例
1943.10.2
在華日本紡績同業会　1925.6.18
★『在韓苦心録』　1932.この年
在郷軍人団〔★帝国在郷軍人会〕
1907.4.9
★西郷孤月
没　1912.8.31
★最高戦争指導会議　1944.8.5
★西郷隆盛
自刃　1877.9.24
★『西郷隆盛文書』　1923.この年
★西郷従道
没　1902.7.18
★『西国立志編』　1870.10.-
1871.この年
★税所敦子
没　1900.2.4
★税所篤
没　1910.6.21
★済生会　1911.2.11
★財政経済3原則　1937.6.4
★『埼玉史談』　1929.9.-
★『埼玉新聞』　1873.1.-
★『埼玉叢書』　1929.この年
★『埼玉平民雑誌』　1890.12.-
★斎藤宇一郎
没　1926.5.10
★斎藤月岑
没　1878.3.6
★斎藤高行
没　1894.6.12
★斎藤恒三
没　1937.2.5
★斎藤利行
没　1881.5.26
★斎藤内閣　1932.5.26　1934.7.3
★斎藤秀三郎
没　1929.11.9
★斎藤博
没　1939.2.26
★斎藤実
暗殺　1936.2.26
★斎藤万吉
没　1914.9.2
★斎藤弥九郎（初代）
没　1871.10.24
★斎藤弥九郎（2代）
没　1888.8.5
斎藤与蔵
中国保安隊に射殺される
1937.8.9
★斎藤緑雨
没　1904.4.13
★済南事件　1928.5.3
在日朝鮮人連盟〔★在日本朝鮮人連盟〕　1945.10.15
★財閥解体　1945.11.6
裁判所官制　1886.5.5
★裁判所構成法　1890.2.10
★『采風新聞』　1875.11.22
在米日本資産凍結　1941.7.25
★済物浦条約　1882.8.30
★サイル
没　1890.10.5
★左院　1871.7.29
★佐伯祐三
没　1928.8.16
★阪井久良伎
没　1945.4.3
★堺事件　1868.2.15
★『堺市史』　1931.3.-
★酒井忠義
没　1873.2.5
★酒井忠邦
没　1879.3.25
★堺利彦
没　1933.1.23
★境野黄洋
没　1933.11.11
★酒井雄三郎
没　1900.12.9
★榊原鍵吉
没　1894.9.11
★榊原芳野
没　1881.12.2
★坂口昂
没　1928.1.28
★坂崎紫瀾
没　1913.2.17
★坂三郎
没　1921.12.22
★『佐賀新聞』　1884.8.1
『酒田商業新報』　1892.5.-
★『酒田新聞』　1892.5.-
★阪谷芳郎
没　1941.11.14
★阪谷朗廬
没　1881.1.15
★沙河の会戦　1904.10.10
★佐賀の乱　1874.2.1
★『佐賀藩海軍史』　1917.5.30
★坂本嘉治馬
没　1938.8.23
★坂本金弥
没　1923.10.22
★坂本孝三郎
没　1935.3.4
★坂元雪鳥
没　1938.2.5
★坂本直寛
没　1911.9.6
★酒屋会議　1882.5.10
★相楽総三
刑死　1868.3.3
★相良知安
没　1906.6.10
★『魁新聞』　1880.8.20
★崎村常雄
没　1878.5.7
★『作州百姓一揆叢書』
1925.この年
★佐久間左馬太
没　1915.8.5
★佐久間勉
没　1910.4.15
★佐久間貞一

没　1898.11.6
★桜井錠二
没　1939.1.28
★桜井ちか
没　1928.12.19
★桜会　1930.9.-
★桜田治助（3代）
没　1877.8.7
★桜田門事件　1932.1.8
★桜間伴馬
没　1917.6.24
酒匂常明
自殺　1909.7.11
★佐々木月樵
没　1926.3.6
★佐佐木高行
没　1910.3.2
★佐々木太郎
没　1888.11.27
★佐々木東洋
没　1918.10.9
★佐々木弘綱
没　1891.6.25
★佐々木安五郎
没　1934.1.1
「細雪」　1943.3.15
★指原安三
没　1903.3.9
★佐双左仲
没　1905.10.9
★佐田介石
没　1882.12.9
★佐竹義尭
没　1884.10.23
★貞愛親王
没　1923.2.4
★佐田白茅
没　1907.10.4
★佐々友房
没　1906.9.28
★薩埵正邦
没　1897.6.14
★『薩藩海軍史』　1928.12.-
★札幌農学校　1872.4.15　1876.8.14
★『薩摩辞書』　1869.この年
★サトウ
没　1929.8.26
砂糖供給組合　1928.12.29
★佐藤清臣
没　1910.3.17
★佐藤賢了〔★黙れ事件〕
衆院で「だまれ」とどなり問題化　1938.3.3
★佐藤繁彦
没　1934.4.16
★佐藤昌介
没　1939.6.5
★佐藤尚中
没　1882.7.23
★佐藤進
没　1921.7.25
★『茶道全集』　1936.この年
★佐藤惣之助
没　1942.5.15
★佐藤泰然
没　1872.4.10
★佐藤鉄太郎
没　1942.3.4
★佐藤誠実
没　1908.3.11
★佐藤北江
没　1914.10.30
★佐藤三喜蔵
刑死　1870.2.4
佐渡金山〔★佐渡金銀山〕
1889.4.-
『讃岐実業新聞』　1914.11.23
★『讃岐日報』　1889.3.20
★『讃岐日報』　1914.11.23
★佐野常民
没　1902.12.7
★佐野経彦
没　1906.10.16
★佐野増蔵
没　1882.3.13
★佐羽吉右衛門
没　1868.10.20
★佐分利貞男
没　1929.11.29
砂防法　1897.3.30
★サボリ
没　1874.4.10
★サマーズ
没　1891.10.26
★鮫島尚信
没　1880.12.4
左右大臣〔★左大臣，★右大臣〕
1871.8.10
★沢田吾一
没　1931.3.12
★沢田正二郎
没　1929.3.4
★沢宣嘉
没　1873.9.27
★沢辺正修
没　1886.6.19
★沢辺琢磨
没　1913.6.25
沢村栄治
没　1944.12.2
★沢村田之助（3代）
没　1878.7.7
★沢村田之助（4代）
没　1899.4.3
★沢柳事件　1913.7.12　1914.1.14
★沢柳政太郎
没　1927.12.24
★沢山保羅
没　1887.3.27
★三・一五事件　1928.3.15
三・一独立運動〔三・一運動〕
1919.3.1
★『山陰隔日新報』　1883.6.28
1885.11.6
★『山陰新聞』　1882.5.1　1942.1.1
★『山陰同盟日本海新聞』
1939.10.1　1941.1.21
三栄組　1906.3.1
★三月事件　1931.3.-
産業組合中央会　1909.12.13
産業組合中央金庫法〔★産業組合中央金庫〕　1923.4.6
産業組合法　1900.3.7
★『産業経済新聞』　1942.11.1
産業合理化審議会　1929.11.21
産業報国倶楽部〔★産業報国運動〕
1939.7.24
産業報国連盟〔★産業報国運動〕
1938.7.30
★産業労働調査所　1924.3.1
★参軍　1888.5.14
斬刑　1879.1.4
★珊瑚海海戦　1942.5.7
★三国干渉　1895.4.23
三国同盟交渉〔★日独伊三国同盟〕
1939.8.25
★参事院　1881.10.21
サンジカリズム研究会〔★サンディカリズム〕　1913.7.-
蚕糸業組合法　1931.3.30

★蚕糸業法　1911.3.29
三四倶楽部　1901.2.4
★『纂輯御系図』 1877.12.-
★『三十三年の夢』 1902.8.-
蚕種検査規則　1897.3.24
★蚕種検査法　1897.3.24
★三条実美
没　1891.2.18
★『三条実美公年譜』 1901.10.-
★三笑亭可楽（4代）
没　1869.9.10
★三笑亭可楽（6代）
没　1924.8.18
★三笑亭可楽（7代）
没　1944.4.12
★三条西季知
没　1880.8.24
★三職七科の制　1868.1.17
★三職八局の制　1868.2.3
★三新法　1878.7.22
★『三酔人経綸問答』 1887.5.-
★『三正綜覧』 1880.この年
三省堂　1881.4.8
三大学野球リーグ　1914.10.29
「三大事件建白書」〔★三大事件建白運動〕 1887.10.-
★『三太郎の日記』 1914.この年
『サンデー毎日』 1943.2.-
山東懸案解決に関する条約〔★山東還付条約〕　1922.2.4
★山東出兵（第1次）　1927.5.28
山東出兵（第2次）　1928.4.19
山東出兵（第3次）　1928.5.8
散髪　1871.8.9
三反主義　1932.1.19
★参謀本部　1878.12.5
参謀本部条例　1886.3.18　1889.3.9
★讒謗律　1875.6.28
★三遊亭円生（3代）
没　1881.8.16
★三遊亭円生（4代）
没　1904.1.27
★三遊亭円生（5代）
没　1940.1.23
★三遊亭円朝（初代）
没　1900.8.11
★三遊亭円朝（2代）
没　1924.11.2
★『山陽新報』 1879.1.4
★参与官　1924.8.12
★三陸大津波　1896.6.15
★三和銀行　1933.12.9　2000.7.5
→鴻池銀行

し

四・一六事件　1929.4.16
★シーボルト，H. Ph. von
没　1908.8.11
★シーボルト，A. G. G. von
没　1911.1.23
★シーメンス事件　1914.1.23
1914.5.29
★ジェーンズ
没　1909.3.27
★『史苑』 1928.10.-
★『史淵』 1929.11.-
★塩沢昌貞
没　1945.7.7
塩専売法〔★塩専売制度〕
1905.1.1
★塩野義三郎（初代）
没　1931.12.28
糸価安定施設法〔★糸価安定問題〕
1937.3.30
★『史海』 1891.5.-
歯科医師法　1906.5.2
★志賀潔
赤痢の病源体（細菌）を発見
1897.12.25
★『史学』 1921.11.-
★史学会　1889.11.1
『史学会雑誌』 1889.11.1
1889.12.-　→史学雑誌
視学官　1886.2.27
★『史学研究』 1929.10.-
★『史学研究法』 1903.この年
★『史学雑誌』 1889.12.-　→史学会雑誌
★志賀重昂
没　1927.4.6
★志賀泰山
没　1934.2.5
★私学校　1874.6.-
自家用酒税法　1896.3.28
★『しがらみ草紙』 1889.10.
★『史観』 1931.11.-
士官学校事件〔★十一月事件〕
1934.11.20
★『式逸』 1895.この年
「私擬憲法案」 1881.4.25
★敷田年治
没　1902.1.30
時局匡救決議案〔★高橋財政〕
1932.6.13
★重野謙次郎
没　1930.11.5
★滋野七郎
没　1886.3.16
★重野安繹
没　1910.12.6
重光メッセージ　1944.4.8
★重宗芳水
没　1917.12.30
『四国民報』 1941.2.11
「ジゴマ」 1912.10.20
★自作農創設維持補助規則
1926.5.21
★『時事小言』 1881.9.-
★『時事新報』 1882.3.1
★時事通信社　1888.1.4
★『事実文編』 1874.この頃
★宍戸璣
没　1901.10.1
★宍野半
没　1884.5.13
★四条隆謌
没　1898.11.23
★地震研究所　1925.11.14
★『静岡県史料』 1932.この年
★『静岡新報』 1895.1.4
★『静岡大務新聞』 1884.2.10
★『静岡民友新聞』 1891.10.20
★市制・町村制　1888.4.25
★『市政日誌』 1868.5.19
★『史籍集覧』
1881.この年より明治18年にかけて
★『史蹟名勝天然紀念物』
1914.9.-
★私設鉄道条例　1887.5.18
私設鉄道法　1900.3.16
★『死線を越えて』 1920.10.-
★『思想』 1921.10.1
思想研究班　1929.12.26
★思想犯保護観察法　1936.5.29
1945.10.15
思想問題講習会　1928.8.1
★士族　1869.6.25　1869.12.2
1872.1.29

★志田順
没　1936.7.19
★信太意舒
没　1892.4.18
★『史談会速記録』　1892.9.-
師団司令部条例　1888.5.14
★『七一雑報』　1875.12.27
七官両局の制　1868.閏4.21
『(自治機関）公民之友』
1904.2.10
七・七禁令　1940.7.6
★『自治新誌』　1889.2.-
★七生社　1925.2.11
★『七年史』　1904.4.-
★自治農民協議会　1932.4.-
★七博士意見書　1903.6.10
質屋取締法　1895.3.13
市町村義務教育費国庫負担法
1918.3.27
★『市町村制史稿』　1907.この年
市町村立小学校教育費国庫補助
法　1900.3.16
市町村立小学校教員年功加俸国
庫補助法　1896.3.24
★『史徴墨宝』　1887.11.-
七里ヶ浜遭難事件　1910.1.23
★実川延若（初代）
没　1885.9.18
★後川文蔵
没　1931.12.22
★実業学校令　1899.2.7
実業教育費国庫補助法
1894.6.12
★実業同志会　1923.4.23
★『実業の日本』　1897.6.10
★『拾島状況録』　1895.この年
★幣原内閣　1945.10.9
市電　1906.3.11
★児童虐待防止法　1933.4.1
自動写真（シネマトグラフ）
1897.2.15
自動車製造事業法　1936.5.29
★品川硝子製造所　1876.4.4
★品川弥二郎
没　1900.2.26
支那共和国　1913.10.6
★『支那経済年報』　1935.この年
支那事変処理根本方針
1938.1.11
支那事変処理要綱　1940.11.13
★「支那事変対処要綱」　1937.10.1
★『支那省別全誌』　1917.この年
★『信濃』　1932.1.-
信濃自由大学　1921.11.1
★『信濃史料叢書』　1913.6.-
★『信濃日報』　1880.8.31　1881.6.7
★『信濃日報』　1894.9.25
★『信濃毎日新聞』　1881.6.7
『信濃毎日新報』　1881.6.7
★支那派遣軍　1939.9.23
★『東雲新聞』　1888.1.15
★篠原国幹
戦死　1877.3.4
★信夫恕軒
没　1910.12.11
『信夫新聞』〔★福島新聞〕
1878.1.14
★『志濃夫廼舎歌集』　1878.この年
芝浦製作所〔★東京芝浦電気会社〕
1893.11.17　1904.6.25
★柴五郎
没　1945.12.13
★柴四朗
没　1922.9.25
★柴田承桂
没　1910.8.2
★柴田是真
没　1891.7.13
★柴田花守
没　1890.7.11
★斯波貞吉
没　1939.10.14
★柴山良助
自刃　1868.1.9
★支払猶予令　1923.9.7
★司馬凌海
没　1879.3.11
★師範学校　1872.5.29
★師範学校令　1886.4.10
★渋沢栄一
没　1931.11.11
★渋沢喜作
没　1912.8.30
★渋谷天外（初代）
没　1916.12.18
★シベリア出兵　1918.8.2　1920.3.2
シベリア撤兵　1921.1.24
シベリア派遣軍　1920.7.15
★侍補　1877.8.29
司法官赤化問題　1932.11.12
司法記念日　1928.10.1
★司法省　1871.7.9
★『司法省日誌』　1873.1.-
資本逃避防止法　1932.7.1
★島木赤彦
没　1926.3.27
★島木健作
没　1945.8.17
★島崎藤村
没　1943.8.22
★島崎正樹
没　1886.1.29
★島地黙雷
没　1911.2.3
★島田一良
没　1878.7.27
★島田翰
没　1914.9.16
★島田篁村
没　1898.8.27
★島田三郎
没　1923.11.14
★島津源蔵（初代）
没　1894.12.8
★島津忠寛
没　1896.6.20
★島津忠義
没　1897.12.26
★島津久治
没　1872.1.4
★島津久光
没　1887.12.6
★島津久芳
没　1885.12.8
★島津保次郎
没　1945.9.18
★島中雄三
没　1940.9.16
★『島根新聞』　1942.1.1
★『島根新聞誌』　1873.3.12
★島村鼎甫
没　1881.2.25
★島村速雄
没　1923.1.8
★島村抱月
没　1918.11.5
★島村光津
没　1904.2.13
★島本仲道
没　1893.1.2

★島義勇
刑死　1874.4.13
★志摩利右衛門
没　1884.1.14
★清水卯三郎
没　1910.1.20
★清水喜助
没　1881.8.9
★清水トンネル　1931.9.1
★清水次郎長
没　1893.6.12
★清水誠
没　1899.2.8
★『斯民』　1906.4.-
事務章程　1875.11.30　1878.7.25
『紫溟新報』　1888.10.9
★下岡忠治
没　1925.11.22
★下岡蓮杖
没　1914.3.3
★下国安芸
没　1881.6.4
★下瀬雅允
没　1911.9.6
★下曾根金三郎
没　1874.6.5
★下田歌子
没　1936.10.8
★『下野史談』　1919.3.-
★『下野新聞』　1884.3.7
下関講和会談　1895.3.20
『下関実業日報』　1905.5.5
下関条約〔★日清講和条約〕
1895.4.17
★下橋敬長
没　1924.7.4
★下村観山
没　1930.5.10
★下村善太郎
没　1893.6.4
★下山順一郎
没　1912.2.12
★シモンズ
没　1889.2.19
★『社会』　1899.1.31
★『社会運動の状況』
1945.この年以降
社会科学研究会　1923.10.-
1923.11.29
★『社会経済史学』　1931.5.-
★『社会雑誌』　1897.4.17
★社会事業法　1938.4.1
『社会主義』　1920.9.-
★社会主義協会　1900.1.28
1904.11.16
社会主義金曜講演会　1907.9.6
★『社会主義研究』　1906.3.-
★『社会主義研究』　1919.4.-
★『社会主義研究』　1924.5.-
★社会主義研究会　1898.10.18
1900.1.28
★『社会主義神髄』　1903.7.-
社会主義同志会　1907.8.31
社会主義婦人講演会（第1回）
1904.1.23
★『社会新聞』　1907.6.2
★社会政策学会　1896.4.26
『社会政策原理』　1938.10.5
★社会政策審議会　1929.7.19
★社会大衆党　1932.7.24　1940.7.6
「車会党規則」　1882.12.7
★『社会平権論』　1881.この年
★社会民衆党　1926.12.5
★社会民主党　1901.5.18
★『社会問題研究』　1919.1.-
★社会問題研究会　1897.4.3
★社格　1871.5.14
★釈宗演
没　1919.11.1
借地借家調停法　1922.4.12
★借地法・借家法　1921.4.8
借金党〔★困民党〕　1885.2.2
★シャノアーヌ
没　1915.1.29
★謝花昇
没　1908.10.29
★『The Japan Advertiser』〔ジャパン＝アドバタイザー〕
1890.11.1
★『The Japan Times』〔ジャパン＝タイムズ〕　1865.7.19
1897.3.22
★『The Japan Mail』〔ジャパン＝メイル〕　1869.12.21
★シャンド
没　1930.4.12
★上海事変　1932.1.28
★上海停戦協定　1932.5.5
上海紡績　1895.12.3
★十一谷義三郎
没　1937.4.2
★集会および政社法　1890.7.25
集会および政社法改正
1893.4.14
★集会条例　1880.4.5　1882.6.3
★自由学園　1921.4.15
★十月事件　1931.10.17
『週刊毎日』　1943.2.-
★集議院　1869.8.14　1870.5.28
1871.8.20　1873.6.25
衆議院議員倶楽部　1940.12.20
1941.9.2
★衆議院議員選挙法　1902.4.5
1919.5.23　1945.12.17
衆議院議員選挙法改正
1900.3.29
衆議院議員選挙法改正案
1912.2.24
衆議院議員選挙法改正期成同盟会　1899.1.9
衆議院議員総選挙（第1回）
1890.7.1
集議院建白規則　1872.7.25
宗教制度調査会　1926.5.13
宗教法人令　1945.12.28
★自由劇場　1909.2.-
修史館〔★史料編纂所〕
1877.1.26
1886.1.9
修史局〔★史料編纂所〕
1875.4.14
1877.1.18
★『自由思想』　1909.5.25
★『自由新誌』　1882.5.1
★『自由新聞』　1882.6.25
★自由党　1891.3.19
自由党結成盟約　1880.12.15
★『自由党史』　1910.3.22
自由党大会　1884.10.29
★『自由党党報』　1895.9.11
★『自由之理』　1872.2.-
★『自由平等経綸』　1891.3.1
★自由法曹団　1921.8.20
銃砲取締規則　1872.1.29
宗門人別帳〔★宗門人別改帳〕
1871.10.3
重要産業五ヵ年計画要綱
1937.5.29
★重要産業団体令　1941.8.30
1945.7.4

重要産業統制団体懇談会
1940.8.29
★重要産業統制法　1931.4.1
1936.5.28
★重要輸出品工業組合法
1925.3.30
重要輸出品同業組合法
1897.4.12
重要輸出品取締法　1936.5.28
「粛軍に関する意見書」
1935.7.11
★粛親王善耆
没　1922.2.17
授産局　1876.8.10
酒精および酒精含有飲料税法
1901.3.30
酒造税則〔★酒造税〕
1880.9.27
酒造税法　1896.3.28　1918.3.23
★シュタイシェン
没　1929.7.26
★シュタイン
没　1890.9.23
★守脱
没　1884.2.10
★恤救規則　1874.12.8
出版事業令　1943.2.18
★出版条例　1869.5.13
出版法改正　1934.5.2
種痘規則〔★種痘〕　1885.11.9
種痘法　1909.4.14
★シュトライト
没　1930.7.31
★シュピンナー
没　1918.8.31
★シュミーデル
没　1924.この年
酒類税則　1875.2.20
★シュルツェ
没　1925.この年
★春秋座　1931.1.1　1931.5.22
★『順天時報』　1901.この年
★『殉難録稿』　1893.この年
★ショイベ
没　1923.3.-
ショウ
来日　1933.2.27
★『荘園志料』　1933.この年
★蔣介石
田中義一首相と会談
1927.11.5
国民政府の中国統一に協力要
請　1927.11.5
『小学国史』　1940.4.-
★小学校　1869.2.5　1941.3.1
小学校規則　1869.5.21
小学校教育費国庫補助法
1899.10.20
小学校教員心得　1881.6.18
小学校教員免許状授与方心得
1881.1.31
★小学校教則綱領　1881.5.4
★小学校教則大綱　1891.11.17
小学校祝日大祭日儀式規程
1891.6.17
小学校令〔★学校令〕
1886.4.10　1890.10.7
1903.4.13　1907.3.21
小学校令改正　1926.4.22
省官制　1886.2.27
娼妓取締規則　1900.10.2
商業会議所条例　1890.9.12
商業会議所法　1902.3.25
商業学校通則　1884.1.11
★松旭斎天一
没　1912.6.14
★松旭斎天勝
没　1944.11.11
★賞勲局　1890.9.20
★昭憲皇太后
没　1914.4.11
『省諐録』　→せいけんろく
★『松香私志』　1902.9.8
★商工省　1925.3.31
★招魂社　1879.6.4
★庄司乙吉
没　1944.11.30
★『商事慣例類集』　1883.7.-
★荘清次郎
没　1926.12.25
「情勢の推移に伴ふ帝国国策要綱」
1941.7.2
★『小説神髄』　1885.9.-
★城泉太郎
没　1936.1.8
★正倉院　1884.5.6
正倉院御物特別展　1940.11.5
★尚泰
琉球藩主とし華族に列する
1872.9.14
没　1901.8.19
★荘田平五郎
没　1922.4.30
★上智大学　1913.5.31
★城常太郎
没　1905.7.26
★「焦土外交」　1932.8.25
商標法　1899.3.2
昌平学校　1868.6.29　1869.6.15
昌平黌　1868.6.29
★『昌平叢書』　1909.この年
★商法　1890.4.26　1950.5.10
情報委員会官制〔★内閣情報局〕
1936.7.1
商法および商法施行条例施行期
限法　1890.12.27
商法改正　1938.4.5
情報局官制　1940.12.6
消防組規則　1894.2.10
★商法講習所　1875.9.-
★商法司　1868.閏4.25
★『上毛及上毛人』　1914.4.-
庄屋〔★名主・庄屋〕　1872.4.9
★条約改正　1879.11.19　1880.7.6
1899.7.17
条約改正案　1891.3.24
条約改正案調査委員会
1892.4.5
「条約改正意見書」　1887.8.-
★条約改正会議（第1回）
1886.5.1
★条約改正会議（延期）
1887.7.29
★『条約改正関係大日本外交文書』
1941.この年
条約改正交渉　1894.4.2
条約改正準備委員会官制
1908.10.9
★『笑耶論』　1869.この年
常用漢字　1923.5.9
『松陽新報』　1942.1.1
★『将来之日本』　1886.10.-
★松林伯円（2代）
没　1905.2.8
松隈内閣〔★松方内閣〕
1896.9.18
★昭和会　1935.12.23
★昭和恐慌　1930.この年
昭和銀行　1927.10.29
★昭和研究会　1933.10.1

昭和新山　1944.6.23
昭和製鋼所　1929.7.4
★昭和電工　1939.6.1
★『女学世界』　1901.1.-
諸学校通則　1886.4.10
★『職員録』　1886.12.27
職業紹介所〔★公共職業安定所〕　1911.11.15
★『続日本紀考証』　1870.この年
殖民協会　1893.3.11
★『殖民協会報告』　1893.4.-
食糧管理法〔★食糧管理制度〕　1942.2.21
★『女工哀史』　1925.7.-
「女工と結核」　1913.10.25
女子英学塾〔★津田塾大学〕　1900.9.14
女子学生連盟　1924.12.4
女子高等師範学校　1890.3.25
女子師範学校　1874.3.13
女子挺身勤労令　1944.8.23
★女子挺身隊　1944.6.6
女子美術学校　1901.4.1
★徐世昌
　没　1939.6.6
★職工組合期成同志会　1916.8.26
★『職工事情』　1903.この年
職工争奪防止規則　1883.4.-
所得税法　1887.3.23　1918.3.23
★白石正一郎
　没　1880.8.31
★白石直治
　没　1919.2.17
★白石元治郎
　没　1945.12.24
★白井光太郎
　没　1932.5.30
★『白樺』　1910.4.-
★白川義則
　没　1932.5.26
★白河鯉洋
　没　1919.12.25
★白瀬矗
　南極探検隊，開南丸で東京芝浦を出港　1910.11.29
　帰国　1910.11.29
★白鳥庫吉
　没　1942.3.30
★白根専一
　没　1898.6.14
私立学校令　1899.8.3
★慈隆
　没　1872.11.24
★『史料綜覧』　1923.この年
★『史料大観』　1898.この年
★『史料大成』　1934.この年
★『史料通信叢誌』　1893.10.-
史料編纂掛　1895.4.1
★史料編纂所　1895.4.1　1929.7.9
★『史林』　1916.1.-
★『新愛知』　1888.7.5
★『新岩手日報』　1938.1.1
新演伎座　1942.3.1
★新海竹太郎
　没　1927.3.12
★『新楽劇論』　1904.11.-
★新貨条例　1871.5.10
★『宸翰英華』　1944.12.-
神官職制〔★神職〕　1871.5.14
★神祇官　1871.8.8
★『新紀元』　1905.11.10
★神祇省　1871.8.8　1872.3.14
★『神祇志料』　1871.6.-
新旧公債証書発行条例　1873.3.25
★新協劇団　1934.9.12　1940.8.19　1946.1.19
★神宮皇学館　1882.4.30
★『神宮遷宮記』　1930.3.-
★『新群書類従』　1906.この年
★『人権新説』　1882.10.-
★『新興科学の旗のもとに』　1928.10.1
★新興教育研究所　1930.8.19
★『清光緒朝中日交渉史料』　1932.この年
★新興仏教青年同盟　1930.4-.
人口問題研究所　1939.8.25
★『新公論』　1904.2.-
★新国劇　1917.4.18　1987.9.7
壬午事変〔★壬午の変〕　1882.7.23
震災手形善後処理法〔★震災手形〕　1927.3.30
震災手形損失補償公債法〔★震災手形〕　1927.3.30
★震災予防調査会　1892.6.27
★『新思潮』　1907.10.-
新紙幣発行　1871.12.27
★『新社会』　1915.9.-
★『神社覈録』　1902.この年
人種差別撤廃期成同盟会〔★人種差別撤廃問題〕　1919.2.5
★真珠湾攻撃　1941.12.8
『尋常小学国語読本』　1918.4.-
『尋常小学修身書』　1918.4.-
★新城新蔵
　没　1938.8.1
新商法　1899.3.9
★新人会　1918.12.-　1928.4.17
壬申地券　1872.7.4
★新正倶楽部　1925.5.30
★『真政大意』　1870.7.-　1881.11.22
★『真善美日本人』　1891.3.-
★『新撰洋学年表』　1927.この年
新選旅団　1877.5.29
★『新体詩抄』　1882.8.-
『神代史の研究』　1940.2.10
仁丹　1905.2.11
★『新潮』　1904.5.-
新築地劇団〔★築地小劇場〕　1929.3.25　1940.8.19
新党倶楽部　1928.8.1　1929.7.5
★『新日本』　1911.4.-
★新日本国民同盟　1932.5.29
★『新日本史』　1891.7.3
新日本同盟　1925.3.29
★『新日本之青年』　1887.4.-
新日本婦人同盟　1945.11.3
★新日本文学会　1945.12.30
★新橋演舞場　1925.4.1
★『新百家説林』　1907.この年
★神風連の乱　1876.10.24
★新婦人協会　1920.3.28　1922.5.15
神仏判然令〔★神仏分離令〕　1868.3.28
『信府日報』　1894.9.25
★『新聞経歴談』　1875.この年
『新聞雑誌』　1871.5.-　1875.6.2
　→東京曙新聞
新聞紙印行条例　1869.2.8
★『新聞紙実歴』　1894.この年
新聞紙条目　1873.10.19
★新聞紙条例　1875.6.28　1883.4.16　1887.12.29
★新聞紙法　1909.5.6
★『新聞集成明治編年史』　1934.この年
親兵〔★御親兵〕　1872.3.9
★神兵隊事件　1933.7.11

★神保小虎
　没　1924.1.18
★進歩党　1896.3.1
★『進歩党党報』　1897.5.1
★新見正興
　没　1869.10.18
★『人民』　1902.2.1
★人民戦線事件　1937.12.15
　　1938.2.1
★『臣民の道』　1941.3.31
神武天皇即位紀元　1872.11.15
神武天皇即位日　1873.1.4
　　1873.3.7
★新門辰五郎
　没　1875.9.19
『新約聖書』〔★聖書〕
　　1880.4.19
★信友会　1917.4.15
★『真理一斑』　1884.10.-
★人力車　1869.この年
★新律綱領　1870.12.20
新律提綱　1870.10.9　1870.12.20
★森林法　1897.4.12
★『人類学雑誌』　1912.この年
★人類学会　1884.11.16
新労働農民党〔★労農党〕
　　1928.12.22

す

★綏遠事件　1936.11.14
水産社　1881.12.17
★『吹塵録』　1887.この年
水豊発電所〔★水豊ダム〕
　　1941.9.28
水利組合法　1908.4.13
スウェーデン＝ノルウェーとの修好通商航海条約　1868.9.27
★枢密院　1888.4.30
★枢密院弾劾決議　1927.5.7
★末岡精一
　没　1894.1.21
★末次信正
　没　1944.12.29
★末永純一郎
　没　1913.12.31
★末広鉄腸
　没　1896.2.5
★末松謙澄
　没　1920.10.5
★須貝快天
　没　1929.7.11
★菅運吉
　没　1877.8.10
図画取調掛　1887.10.5
★菅沼貞風
　没　1889.7.6
★菅野序遊（4代）
　没　1919.9.23
★スキー　1911.1.12
スキー競技会　1912.1.21
★杉浦重剛
　没　1924.2.13
★杉贋阿弥
　没　1917.5.13
★杉亨二
　没　1917.12.4
★杉田玄端
　没　1889.7.19
★杉田仙十郎
　没　1893.1.10
★杉田定一
　没　1929.3.23
★杉孫七郎
　没　1920.5.3
★杉村楚人冠
　没　1945.10.3
★杉村濬
　没　1906.5.21
★杉村陽太郎
　没　1939.3.24
杉本良吉
　樺太国境からソ連に亡命
　　1938.1.3
杉山彬
　清国兵に殺害される
　　1900.6.11
★杉山茂丸
　没　1935.7.19
★杉山元
　自刃　1945.9.12
★スクリーバ
　没　1905.1.3
★助郷　1872.1.10
★スコット
　没　1922.この年
★『豆州内浦漁民史料』
　　1937.この年
★鈴江言一
　没　1945.3.15
★鈴木梅四郎
　没　1940.4.15
★鈴木梅太郎
　没　1943.9.20
★鈴木浦八
　没　1918.10.30
★鈴木貫太郎内閣　1945.4.7
　　1945.8.15
★鈴木喜三郎
　政友会総裁に就任　1932.5.20
　没　1940.6.24
★鈴木久五郎
　没　1943.8.16
★鈴木久太夫
　没　1891.4.9
★鈴木券太郎
　没　1939.3.14
★鈴木鼓村
　没　1931.3.12
★鈴木三郎助
　没　1931.3.29
★鈴木三蔵
　没　1915.6.25
★鈴木重義
　没　1903.1.31
★鈴木舎定
　没　1884.1.1
★鈴木昌司
　没　1895.4.30
★鈴木商店　1902.10.-　1927.4.4
★鈴木泉三郎
　没　1924.10.6
★鈴木荘六
　没　1940.2.20
★薄田泣菫
　没　1945.10.9
★鈴木天眼
　没　1926.12.10
★鈴木藤三郎
　没　1913.9.4
★鈴木徳次郎
　没　1881.3.26
★鈴木文太郎
　没　1921.1.9
★鈴木馬左也
　没　1922.12.25
★鈴木雅之
　没　1871.4.21
★鈴木三重吉
　没　1936.6.26

★スタウト
没　1912.2.16
スティムソン＝ドクトリン〔★スチムソン＝ドクトリン〕　1932.1.7
★角藤定憲
没　1907.1.20
★ストレイト
没　1918.12.1
★『スバル』　1909.1.-
スペイン風邪　1919.前年からこの春にかけて
スペインとの修好通商航海条約　1868.9.28
★スミス
没　1882.10.21
★住友銀行　1895.9.18　1912.2.23　1999.10.14　2000.4.21
★住友金属工業　1935.9.17
★住友合資会社　1921.2.26
住友伸銅鋼管　1926.9.1
墨ぬり教科書　1945.9.20
★『寸鉄』　1891.11.21

せ

★正院　1871.7.29　1877.1.18
政界革新普選同盟会　1920.11.4
正貨現送再開　1926.10.15
生活学校　1940.2.6
生活綴方運動〔★生活綴方教育運動〕　1940.2.6
★『静寛院宮御日記』　1868.1.-
請願令　1917.4.5
★『聖教雑誌』　1881.7.20
★『盛京時報』　1906.10.-
★政教社　1888.4,3
★『政教新論』　1886.4.-
★『省諐録』　1871.この年
生産増強勤労緊急対策要綱　1943.1.20
★『姓氏家系大辞典』　1936.この年
政治的・民事的・宗教的自由に対する制限撤廃の覚書　1945.10.4
政治犯処罰令　1919.4.15
政治問題研究会〔★政治研究会〕　1923.12.18
★盛宣懐
没　1916.4.27
★聖戦貫徹議員連盟　1940.3.25
★『政戦録』　1925.この年
★西太后
没　1908.11.15
★『政体書』　1868.閏4.21
★生長の家　1930.3.1
★製鉄業奨励法　1917.7.25
製鉄業奨励法改正　1926.3.31
製鉄所官制　1896.3.30
★『西哲夢物語』　1887.10.-
★『青鞜』　1911.9.-
★青鞜社　1911.6.1
★政党内閣　1898.6.30
★成都事件　1936.8.24
★制度取調局　1884.3.17
★『西南記伝』　1908.この年
★西南戦争　1877.2.15　1877.9.24
青年学校教員養成所令　1935.4.1
青年学校令　1935.4.1
青年訓練所令　1926.4.20
西武鉄道　1915.4.15　1922.8.15
税法整理施行　1926.3.27
★『性法略』　1871.この年
★舎密局　1868.7.1　1870.5.26
★清宮秀堅
没　1879.10.20
★政務次官　1924.8.12
政務部　1891.8.12
★『政友』　1900.10.15
政友会〔★立憲政友会〕　1924.1.16　1926.12.14　1939.4.30
★政友倶楽部　1913.2.23　1913.12.19
★政友本党　1924.1.29　1926.12.14
★『政理叢談』　1882.2.20
★『政論』　1888.6.1
世界宗教平和会議日本委員会　1930.6.3
★『世界之日本』　1896.7.25
★『世界婦人』　1907.1.1
★『世界文化』　1935.2.1
『世界文化』グループ　1937.11.8
★瀬川如皐（3代）
没　1881.6.28
★関口隆吉
没　1889.5.17
★関口開
没　1884.4.12
★関沢明清
没　1897.1.9
★関沢房清
没　1878.7.8
赤色ギャング事件　1932.10.6
★関信三
没　1880.4.-
★尺振八
没　1886.11.28
★関直彦
没　1934.4.21
★関根正二
没　1919.6.16
★関根正直
没　1932.5.26
★関根矢作
没　1896.7.30
★関野貞
没　1935.7.29
★関一
没　1935.1.26
★瀬木博尚
没　1939.1.22
★関谷清景
没　1896.1.9
★関保之助
没　1945.5.25
★関矢孫左衛門
没　1917.6.21
石油業法　1934.3.28
石油専売法　1943.3.12
★赤瀾会　1921.4.24
★世古恪太郎
没　1876.9.22
★セシーユ
没　1873.10.9
摂政令　1909.2.11
絶対防衛線〔★絶対国防圏〕　1943.9.30
★妹尾三郎平
獄死　1872.3.8
★セルギー
没　1945.8.10
★『前衛』　1922.1.-
★『前衛』　1928.1.-
★旃崖奕堂
没　1879.8.24
★『戦旗』　1928.5.-
★宣教使　1869.7.8
選挙革正会　1928.1.27
選挙干渉弾劾決議案　1892.5.14

選挙粛正中央連盟〔★選挙粛正問題〕 1935.6.18
選挙法改正全国各市連合会 1899.11.20
★千家尊福 没 1918.1.3
戦後恐慌 1920.3.15
全国学生軍事教練反対同盟 1924.11.12
全国記者同志会 1913.1.17
★全国購買組合連合会 1923.4.19
全国戸籍表 1878.8.24
★全国産業団体連合会（全産連） 1931.4.21
全国三税廃止大会 1914.1.14
全国借家人組合総連盟 1928.9.15
全国小学校女教員会 1924.5.30
全国商業会議所連合会（第１回） 1892.9.25
★全国水平社 1922.3.3 1940.11.2
全国青年連合大会 1918.5.5
★全国大衆党 1930.7.20
全国地方銀行協会 1936.9.25
全国中等学校優勝野球大会 1915.8.18 1927.8.13 1942.7.12
全国都市対抗野球大会 1927.8.3
全国農事大会（第１回）〔★全国農事会〕 1894.12.1
★全国農民組合（全農） 1928.5.27
全国婦人同盟 1927.10.2
全国普選断行同盟 1921.11.12
全国普選連合会 1920.1.31
★仙石貢 没 1931.10.30
★『全国民事慣例類集』 1880.7.-
全国有志大懇親会 1886.10.24 1887.5.15
★全国労働組合同盟（全労） 1930.6.1
★戦時教育令 1945.5.22
★戦時緊急措置法 1945.6.22
★戦時船舶管理令 1917.9.29
戦時大本営条例改正 1903.12.28
戦時大本営条例 1893.5.22
戦時農業団令〔★全国農業会〕 1945.7.7
★戦時民事特別法 1942.2.24
専修学校 1880.9.16
★専修大学 1880.9.16
★千住製絨所 1879.9.27
漸次立憲政体樹立の詔書〔★立憲政体漸次樹立の詔〕 1875.4.14
★戦時利得税法 1918.3.23
★前進座 1931.5.22
前進座演劇映画研究所 1937.6.23
全水青年同盟 1923.11.1
戦争終結の詔書〔★終戦の詔書〕 1945.8.15
★『戦藻録』 1941.10.16
★『仙台郷土研究』 1931.1.-
★『仙台市史』 1908.この年
★『仙台叢書』 1893.この年
★『仙台叢書』 1922.この年
★『仙台叢書』 1936.この年
★『仙台文庫叢書』 1894.この年
全日本愛国者協同闘争協議会 1931.3.9
★全日本海員組合 1945.10.5
★全日本科学技術団体連合会 1940.8.8
全日本学生社会科学連合会 1924.9.14
全日本学生自由擁護同盟 1926.6.5
全日本教員組合 1945.12.1
★全日本商権擁護連盟 1933.10.27
全日本無産青年同盟 1926.8.1 1928.4.10
★全日本労働総同盟（全総） 1936.1.15
★『善の研究』 1911.この年
専売特許条例 1885.4.18
専門学校令 1903.3.27
染料医薬品製造奨励法 1915.6.21
戦力増強企業整備要綱 1943.6.1

そ

★『贈位功臣言行録』 1916.4.-
★『贈位諸賢事略』 1911.3.-
★『贈位諸賢伝』 1927.7.-
創価教育学会 1930.11.18
★宋教仁 没 1913.3.22
早慶対抗野球試合（第１回） 1903.11.21
倉庫業法 1935.4.6
★創氏改名 1939.12.26
★宗重正 没 1902.5.25
★『総社或問』 1868.5.4
奏授〔★位階〕 1869.7.11
雑炊食堂 1944.2.-
造船所 1878.4.-
★造船奨励法 1896.3.24
相続税法 1905.1.1
★左右田喜一郎 没 1927.8.11
★宋哲元 没 1940.4.4
草土社 1915.10.17
★奏任 1869.7.11
★造幣局 1869.2.5
★造兵司 744.4.21 1870.2.2
★宋秉畯 没 1925.1.30
『蒼氓』 1935.9.-
★『草莽雑誌』 1876.3.12
★総力戦研究所 1940.10.1
★副島種臣 没 1905.1.31
★添田唖蟬坊 没 1944.2.8
★添田寿一 没 1929.7.4
★ソーパー 没 1937.2.5
★曾我祐準 没 1935.11.30
★『俗楽旋律考』 1895.この年
★『続再夢紀事』 1890.この年
★『続々群書類従』 1903.この年
★『祖国』 1928.10.1
★『租税問答』 1872.この年
★卒 1869.12.2 1872.1.29
★曾禰荒助 没 1910.9.13
★『その妹』 1915.3.-
「その前夜」 1915.4.26
★園田孝吉

没　1923.9.1
★『鼠璞十種』　1916.この年
★ゾルゲ
刑死　1944.11.7
★ゾルゲ事件　1941.10.15
★ソロモン海戦（第1次）
1942.8.8
ソロモン海戦（第2次）
1942.8.8
ソロモン海戦（第3次）
1942.11.14
★『尊経閣叢刊』　1926.この年
★『存採叢書』　1880.この年
★『尊攘紀事』　1882.この年
★『尊攘堂書類雑記』　1919.この年
★孫文
病没　1925.3.12

た

★ダールマン
没　1930.6.22
★ダイアー
没　1918.9.25
第一高等中学校　1886.4.29
第一国立銀行　1873.6.11
★大院君
没　1898.2.22
太陰暦〔★暦法〕　1872.11.9
★大学　1869.12.17
大学規則　1870.2.-
大学自由擁護連盟　1933.7.1
大学東校　1869.12.17
大学南校〔★東京大学〕
1869.12.17
大学分局　1869.6.15
★大学令　1918.12.6　1920.2.5
大学校　1869.6.15　1869.12.17
大学校官制　1869.7.8
対華二一箇条の要求〔★二十一箇条要求〕　1915.5.9　1915.1.18
1915.5.25
★『大化改新の研究』　1938.5.-
★大逆事件　1910.5.25　1910.12.10
1911.1.18　1911.1.-
★大教院　1872.11.-
★大教宣布　1870.1.3
★大工原銀太郎
没　1934.3.9
★『大言海』　1932.この年
代言人規則　1876.2.22
第五高等中学校　1887.4.18
★『対支回顧録』　1936.4.-
第四高等中学校　1887.4.18
対支政策綱領　1927.7.7
対支非干渉運動全国同盟〔★対支非干渉運動〕　1927.5.31
対支非干渉同盟準備会〔★対支非干渉運動〕　1927.4.28
対支問題国民大会　1913.9.7
大赦令　1912.9.26　1952.4.28
待詔院〔★待詔局〕　1869.8.14
★待詔局　1869.3.12
★大正琴　1914.この年
★『大正新修大蔵経』　1924.この年
★大正赤心団　1918.4.-
★大正天皇
没　1926.12.25
大正天皇大喪　1927.2.7
★大詔奉戴日　1942.1.8
★退職積立金及び退職手当法
1936.6.3
★大審院　1875.4.14
★『大神宮叢書』　1932.この年
★大成会　1890.8.20
★『泰西勧善訓蒙』　1871.8.-
★「泰西国法論」　1868.この春
★『大西新聞』　1873.1.30
★大政翼賛会　1940.10.12　1941.4.2
★大戦景気　1915.12.4
体操伝習所　1878.10.24
対中国新借款団　1919.5.26
対中国新四国借款団　1920.5.11
★大東亜会議　1943.11.5
★大東亜省　1942.9.1
大東亜省官制　1942.11.1
大東亜戦争〔★太平洋戦争〕
1941.12.12
大東亜戦争国庫債券　1942.1.8
★大同協和会　1889.4.30
★大同倶楽部　1889.4.30
★大同倶楽部　1905.12.23
★大同団結運動　1886.10.24
★大道長安
没　1908.6.15
★『大東日報』　1882.4.4
大東文化協会　1923.2.11
対南方施策要綱　1941.6.6
第二高等中学校　1887.4.18
第二次北支処理要綱　1936.8.11
★『大日本維新史料』　1938.この年
大日本映画協会　1935.11.8
大日本映画製作　1942.1.10
大日本音楽会　1884.7.-
『大日本外交文書』〔★日本外交文書〕　1936.6.-
★『大日本外国貿易年表』
1882.この年以降毎年
★『大日本貨幣史』　1876.この年
★大日本教育会　1883.9.9
1896.12.20
★大日本協会　1893.10.1　1893.12.29
1897.5.-
★『大日本金石史』　1921.この年
★『大日本憲政史』　1927.この年
★大日本言論報国会　1945.8.27
★『大日本国語辞典』　1915.10.-
★大日本国粋会　1919.10.10
★大日本国防婦人会　1932.10.24
大日本国会期成有志公会
1880.11.10
★『大日本古文書』　1901.7.-
大日本産業組合中央会
1905.3.1
★大日本産業報国会　1940.11.23
1945.9.30
★大日本蚕糸会　1892.2.25
★『大日本史』　1906.2.-
★大日本地主協会　1925.10.4
大日本傷痍軍人会　1936.12.2
★『大日本史料』　1901.2.-
★大日本水産会　1881.12.17
大日本相撲協会　1925.12.28
★大日本生産党　1931.6.28
★大日本政治会　1945.3.30
大日本青少年団　1941.1.16
★『大日本政戦記録史』　1930.6.-
大日本戦時宗教報国会
1944.9.30
★『大日本租税志』　1882.この年
大日本大朝鮮両国盟約
1894.8.26
★『大日本地誌大系』　1914.この年
★『大日本地名辞書』　1900.3.-
★『大日本帝国議会誌』　1926.12.-
★大日本帝国憲法　1889.2.11
1890.11.29
★大日本農会　1881.4.5
★『大日本農史』　1890.この年
★大日本農民組合　1938.2.6　1940.8.15

大日本婦人衛生会　1887.9.10
大日本婦人会　1942.2.2
大日本仏教会　1941.3.24
大日本仏教青年会　1892.1.6
★『大日本仏教全書』　1912.この年
★大日本武徳会　1895.4.17
★大日本紡績連合会　1918.1.1
大日本報徳社　1875.11.12
『大日本名所図会』　1918.この年
大日本翼賛壮年団　1942.1.16
大日本立正交成会　1938.3.5
★大日本連合女子青年団
1918.4.13　1927.4.29
★大日本連合青年団　1925.4.15
★大日本連合婦人会　1931.3.6
★大日本労働協会　1899.6.-
★大日本労働至誠会　1902.5.12
大日本労働至誠会足尾支部
1906.12.5
全日本労働総同盟分裂
1939.7.24
大日本労働総同盟友愛会〔★日本労働総同盟〕　1919.8.30
大日本労働同志会　1904.4.-
★ダイバース
没　1912.4.8
第八高等学校　1908.4.1
大貧院　1871.4.-
「対米英蘭戦争終末促進に関する腹案」　1941.11.15
★大本営　1894.6.5　1894.9.13
1904.2.11　1937.11.20
1945.9.13
大本営令　1937.11.18
★対満事務局　1934.12.26
★『太陽』　1895.1.-
「太陽のない街」　1929.6.-
太陽暦〔★暦法〕　1872.11.9
1872.12.3
★大陸打通作戦　1944.1.24
1944.4.17
★『大礼記録』　1919.3.31
大礼使官制　1915.4.12
★大連　1906.9.1
★大連会議　1921.8.26　1927.8.14
★対露同志会　1903.8.9
台湾沖航空戦　1944.10.12
★台湾銀行　1899.7.5
台湾銀行法　1897.4.1
★台湾出兵　1874.4.19　1874.5.4
台湾征討　1874.2.6
★台湾総督府　1897.10.21
台湾総督府官制　1919.8.20
台湾総督府条例　1895.8.6
1896.3.31
台湾地籍規則　1898.7.17
台湾土地調査規則　1898.7.17
★『台湾日日新報』　1898.5.1
★タウト
来日　1933.5.3
没　1938.12.24
★田岡嶺雲
没　1912.9.7
★高井鴻山
没　1883.2.6
★高尾平兵衛
没　1923.6.26
★高木兼寛
没　1920.4.13
★高木正年
没　1934.12.31
★高木仙右衛門
没　1899.4.13
★高木壬太郎
没　1921.1.27
★高楠順次郎
没　1945.6.28
★高倉徳太郎
没　1934.4.3
★高崎正風
没　1912.2.28
★高砂浦五郎（初代）
没　1900.4.4
★高砂浦五郎（２代）
没　1914.7.4
★高島嘉右衛門
没　1914.11.14
★高島炭坑　1883.9.24
「高島炭坑の惨状」〔★高島炭坑事件〕　1888.6.18
★高島鞆之助
没　1916.1.11
★高瀬真卿
没　1924.11.17
★高田快清
没　1875.3.12
田方検見規則　1870.7.-
★高田早苗
没　1938.12.3
★高田事件　1883.3.20
★高田慎吾
没　1927.7.5
★『高田新聞』　1883.4.1
★高田実
没　1916.9.24
★鷹司輔煕
没　1878.7.9
★鷹司政通
没　1868.10.16
★高野房太郎
没　1904.3.12
★高橋健自
没　1929.10.19
★高橋健三
没　1898.7.22
★高橋健三
没　1905.4.5
★高橋是清
暗殺　1936.2.26
★高橋五郎
没　1935.9.7
★高橋正作
没　1894.10.28
★高橋箒庵
没　1937.12.12
★高橋竹之介
没　1909.11.7
★高橋泥舟
没　1903.2.13
★高橋内閣　1921.11.13
★高橋光威
没　1932.4.9
★高橋由一
没　1894.7.6
★高畠式部
没　1881.5.28
★高畠素之
没　1928.12.23
★熾仁親王
没　1886.1.24
★高平小五郎
没　1926.11.28
★高平・ルート協定　1908.11.30
★高松豊吉
没　1937.9.27
★高松凌雲
没　1916.10.12
★高峰譲吉
アドレナリンの特許取得
1901.7.15

タカジアスターゼの特許を取得　1909.4.24
没　1922.7.22
★高嶺秀夫
没　1910.2.22
★高村光雲
没　1934.10.10
★高村太平
没　1877.2.17
★高安月郊
没　1944.2.26
高柳健次郎
テレビジョンの公開実験　1928.11.28
★高山甚太郎
没　1914.10.23
★高山長五郎
没　1886.12.10
★高山樗牛
没　1902.12.24
★宝山左衛門（2代）
没　1910.12.20
★宝山左衛門（3代）
没　1914.2.11
宝塚音楽歌劇学校　1913.7.15
宝塚少女歌劇養成会　1914.4.1
★兌換銀行券条例　1884.5.26
★滝和亭
没　1901.9.28
★滝川事件　1933.4.22
★滝精一
没　1945.5.17
★滝善三郎
切腹　1868.2.9
★滝田樗陰
没　1925.10.27
★滝本金蔵
没　1899.2.9
★滝本誠一
没　1932.8.20
★滝廉太郎
没　1903.6.29
★拓殖局　1917.7.31
★拓殖務省　1897.9.1
拓務省官制　1929.6.10
拓殖務省官制　1896.3.31
択善会〔★銀行集会所〕　1877.7.2
★田口卯吉
没　1905.4.13
★田口運蔵
没　1933.12.26
★田口和美
没　1904.2.3
★ダグラス
没　1913.3.13
★武井柯亭
没　1895.5.23
★竹内久一
没　1916.9.23
★竹内栖鳳
没　1942.8.23
★竹内綱
没　1922.1.9
★竹崎順子
没　1905.3.7
★竹添進一郎
没　1917.3.31
★武田成章
没　1880.1.28
★武田範之
没　1911.6.23
★武市熊吉
刑死　1874.7.9
★武富時敏
没　1938.12.22
★竹内玄同
没　1880.1.12
★竹橋騒動　1878.8.23
★竹久夢二
没　1934.9.1
★威仁親王
没　1913.7.10
★武部小四郎
刑死　1877.5.3
★建部遯吾
没　1945.2.18
★竹本綾之助
没　1942.1.31
★竹本大隅太夫（3代）
没　1913.7.31
★竹本摂津大掾
没　1917.10.9
★竹本長門太夫（4代）
没　1890.10.23
★武谷祐之
没　1894.2.1
タゴール
来日　1916.5.29
★田崎草雲
没　1898.9.1
★田沢義鋪
没　1944.11.24
★田島直之
没　1888.11.-
★太政官　1880.3.3
★太政官札　1868.5.15
太政官制　1885.12.22
★『太政官日誌』　1868.2.23
★『太政類典』　1873.この年
★田尻稲次郎
没　1923.8.15
★田代栄助
没　1885.5.17
★田添鉄二
没　1908.3.19
★多田鼎
没　1937.12.7
★『忠義公史料』　1888.この年以降
★立作太郎
没　1943.5.13
★橘曙覧
没　1868.8.28
★橘耕斎
没　1885.5.31
★橘樸
没　1945.10.25
★立花寛治
没　1929.2.5
★立原道造
没　1939.3.29
★太刀山峰右衛門
没　1941.4.3
「脱亜論」　1885.3.16
立川文庫〔★たちかわぶんこ〕　1911.10.-
★田附政次郎
没　1933.4.26
脱籍無産者復籍規則　1870.9.4
★辰野金吾
没　1919.3.25
★辰丸事件　1908.2.5
★建川美次
没　1945.9.9
★伊達邦成
没　1904.11.29
★伊達邦直
没　1891.1.12
★伊達千広
没　1877.5.18

★伊達宗紀
没　1889.11.25
★伊達宗城
没　1892.12.20
★『伊達宗城在京日記』
1916.この年
★楯山登
没　1926.5.22
★田所輝明
没　1934.11.19
★田中阿歌麿
没　1944.12.1
★田中市兵衛
没　1910.7.25
★田中王堂
没　1932.5.7
★田中義一
没　1929.9.29
★田中義一内閣　1927.4.20
1929.7.2
★田中国重
没　1941.2.29
★田中源太郎
没　1922.4.3
★田中静壱
自刃　1945.8.24
★田中正造
明治天皇に足尾銅山鉱毒事件を直訴　1901.12.10
没　1913.9.4
★田中正平
没　1945.10.16
★田中萃一郎
没　1923.8.13
田中製作所　1893.11.17
★田中太郎
没　1932.6.5
★田中智学
没　1939.11.17
★田中長兵衛（初代）
没　1901.11.7
★田中長兵衛（２代）
没　1924.3.9
★田中伝左衛門（９代）
没　1909.11.11
★田中久重（初代）
没　1881.11.7
★田中久重（２代）
没　1905.2.22
★田中宏
没　1933.1.27
★田中不二麻呂
没　1909.2.1
★田中平八
没　1884.6.8
★田中穂積
没　1944.8.22
★田中光顕
没　1939.3.28
★田中有美
没　1933.2.20
★田中芳男
没　1916.6.22
★田中義成
没　1919.11.4
★田中頼庸
没　1897.4.10
★棚橋絢子
没　1939.9.21
★田辺有栄
没　1911.9.14
★田辺朔郎
没　1944.9.5
★田辺太一
没　1915.9.16
★田辺安太郎
没　1930.1.26
★谷口靄山
没　1899.12.30
★谷口尚真
没　1941.10.30
★谷干城
没　1911.5.13
★谷村計介
戦死　1877.3.4
★谷森善臣
没　1911.11.16
★『種蒔く人』　1921.2.-
★田能村直入
没　1907.1.21
★頼母木桂吉
没　1940.2.19
★田原坂の戦い　1877.3.20
★田保橋潔
没　1945.2.26
★玉楮象谷
没　1869.2.1
★玉木文之進
自刃　1876.11.6
★玉錦三右衛門
没　1938.12.4
★玉乃世履
没　1886.8.8
★玉松操
没　1872.2.15
★玉虫左太夫
没　1869.4.9
★田丸節郎
没　1944.8.5
★田丸卓郎
没　1932.9.22
★田宮如雲
没　1871.4.19
★田村顕允
没　1913.11.20
★田村駒治郎
没　1931.3.31
★田村俊子
没　1945.4.16
★田村直臣
没　1934.1.7
★田村成義
没　1920.11.8
★田村又吉
没　1912.11.14
★田母野秀顕
没　1883.11.29
★田山花袋
没　1930.5.13
★樽井藤吉
没　1922.10.25
★俵孫一
没　1944.6.17
★段祺瑞
没　1936.11.-
塘沽停戦協定〘★塘沽協定〙
1933.5.31
丹後地震〘★奥丹後地方大震災〙
1927.3.7
★『丹後史料叢書』　1927.この年
男子普通選挙実現　1925.3.29
弾正原事件　1882.11.28
★弾正台　1869.5.22　1871.7.9
ダンスホール取締令
1928.11.10
★『淡窓詩話』　1883.この年
★団琢磨
暗殺　1932.3.5
★弾直樹
没　1889.7.9

★丹那トンネル　1918.4.1
1933.6.19　1934.12.1

ち

治安維持の為にする罰則に関する件　1923.9.7
★治安維持法　1925.3.7　1945.10.15
治安維持法改正案　1928.6.29
1934.3.16
治安維持法改正法案　1925.8.5
★治安警察法　1900.3.10　1907.2.12
治安警察法改正　1922.4.20
1926.4.9
★チェンバレン
没　1935.2.15
★親子内親王
没　1877.9.2
★近角常観
没　1941.12.3
★近松秋江
没　1944.4.23
★畜産試験場　1916.4.6
『筑紫新報』　1880.4.17
筑前共愛会　1879.12.8
地券渡方規則　1872.2.24
★治罪法　1880.7.17
★千島艦事件　1892.11.30
★地租　1871.12.27
★地租改正　1875.8.30
地租改正局　1872.7.25
★地租改正事務局　1875.3.24
★地租改正条例　1873.7.28
1874.5.12　1884.3.15
地租軽減の詔書　1877.1.4
★地租条例　1884.3.15
地租条例改正　1898.12.30
地租条例改正案　1902.12.16
1903.5.19
地租増徴反対同盟会〔★地租増徴問題〕　1898.12.10
地租増徴期成同盟会〔★地租増徴問題〕　1898.12.13
地租特別修正許可　1880.5.20
地代家賃統制令　1939.10.18
★秩父事件　1884.10.31
★遅塚麗水
没　1942.8.23
秩禄公債証書発行条例
1874.3.28
秩禄奉還　1873.12.27
★千葉亀雄
没　1935.10.4
★知藩事　1869.6.17
知藩事家禄の制　1869.6.25
地方改良事業講習会（第１回）
1909.7.12
★地方官会議　1875.4.14
地方官会議（第１回）
1875.6.20
地方官会議（第２回）
1878.4.10
地方官会議（第３回）　1880.2.5
地方官官制　1886.7.20
地方官官制改正　1926.6.4
地方行政協議会令　1943.7.1
地方税規則　1878.7.22
★地方鉄道法　1919.4.10
チャップリン
来日　1932.5.14
★チャハル事件　1935.6.5
『中越新聞』　1888.7.16
★中央教化団体連合会　1924.1.15
1929.9.10
★中央倶楽部　1910.3.1
★『中央公論』　1899.この年
中央公論社　1944.7.10
★『中央史壇』　1920.5.-
中央職業紹介所　1920.6.16
★中央大学　1885.9.10
中央本線（東京一万世橋間）開業　1919.3.1
中央本線電化　1931.4.1
★中央融和事業協会（中融）
1925.9.22
★『中外』　1917.10.-
★『中外英字新聞研究録』
1894.11.-
★『中外商業新報』　1889.1.27
★『中外新聞』　1868.2.24
★『中外評論』　1876.8.-　1876.8.-
『中外物価新報』　1889.1.27
中華滙業銀行　1918.1.19
中学校通則　1884.1.26
中学校令〔★学校令〕
1886.4.10　1899.2.7　1919.2.7
★中華民国　1913.10.6　1930.10.29
★中華民国維新政府　1938.3.28
「中間景気」　1921.6.-
★『中京新報』　1906.11.3
忠犬ハチ公　1935.3.8
★『中国』　1908.6.21
中国興業会社　1913.8.11
★『中国新聞』　1908.6.21
中国に関する九ヵ国条約
1922.2.6
中国の関税に関する条約
1922.2.6
★『中国民報』　1892.7.30
仲裁裁判条約　1908.5.5
中小学規則　1870.2.-
★中正会　1913.12.19
中正倶楽部　1925.5.14
★『中世に於ける社寺と社会との関係』　1926.11.-
中等学校令　1943.1.21
★中日実業株式会社　1913.8.11
『中和新聞』　1941.1.1
★張勲
没　1923.9.12
★『徴古文書』　1896.この年
★張作霖爆殺事件　1928.6.4
★長沙事件　1923.6.1
★長三洲
没　1895.3.13
★長州藩脱隊騒動　1870.1.26
★朝鮮　1910.8.29
★『朝鮮王朝実録』　1935.この年
朝鮮疑獄事件　1929.6.24
朝鮮貴族令　1910.8.29
★朝鮮教育令　1911.8.24
★朝鮮共産党　1925.4.17
朝鮮銀行法　1911.3.29
朝鮮戸籍令　1922.12.18
★『朝鮮史』　1932.この年
★『朝鮮史料叢刊』　1932.この年
★朝鮮総督府　1910.8.29
朝鮮総督府官制　1910.9.30
1919.8.20
★『朝鮮総督府施政年報』
1910.この年
朝鮮総督府臨時土地調査局官制
1910.9.30
朝鮮駐劄憲兵条例　1910.9.12
★朝鮮独立宣言　1919.3.1
★『朝鮮日報』　1920.3.5
★超然
没　1868.2.29
徴発令　1882.8.5
★徴兵令　1873.1.10　1879.10.27

1883.12.28　1904.9.28　1927.4.1
★『朝野新聞』 1874.9.24　1878.5.15
★『勅語衍義』 1891.この年
勅授〔★位階〕 1869.7.11
直接選挙制〔★選挙制度〕
1899.3.16
★勅任　1869.7.11
著作権法　1899.3.4
賃金臨時措置令　1939.10.18
★鎮守府　1876.8.31　1889.7.1
鎮守府艦隊条例　1899.6.7
★『鎮将府日誌』 1868.8.-
★『珍書同好会刊行書』
1915.この年
★鎮台　1871.4.23　1871.8.20
1873.1.9　1873.1.9
鎮台条例　1872.3.12　1885.5.18
1888.5.14
★『鎮台日誌』 1868.6.-
★珍田捨己
没　1929.1.16
★陳天華
没　1905.12.8
★陳独秀
没　1942.この年
★珍品問題　1921.3.15

つ

通行税　1914.1.5
★通州事件　1937.7.29
★通商司　1869.2.22
通商章程　1871.7.29
★『通俗経済文庫』 1916.この年
★塚田攻
没　1942.12.18
★塚原渋柿園
没　1917.7.5
★塚本明毅
没　1885.2.5
築地海軍操練所　1870.11.4
★築地小劇場　1940.11.1
★月成勲
没　1935.12.16
★『筑紫史談』 1914.4.-
九十九商会〔★三菱会社〕
1870.10.9
★津崎矩子
没　1873.8.23
★辻維岳
没　1894.1.4
★辻潤
没　1944.11.24
★辻新次
没　1915.11.30
★辻善之助
史料編纂所長　1929.7.9
対馬丸撃沈　1944.8.22
★辻本満丸
没　1940.4.24
★津田出
没　1905.6.2
★津田梅子〔むめ〕
アメリカへ出発　1871.11.12
没　1929.8.16
★津田三蔵
謀殺未遂罪の無期徒刑と判決
1891.5.27
没　1891.9.30
★津田塾大学　1900.9.14
★津田仙
没　1908.4.24
★津田真道
没　1903.9.3
★津田米次郎
没　1915.11.12
★『土』 1912.この年
★土田杏村
没　1934.4.25
★土田麦僊
没　1936.6.10
★土御門晴雄
没　1869.10.6
★土屋邦敬
没　1878.9.1
★都筑馨六
没　1923.7.6
★堤磯右衛門
没　1891.1.28
★綱島梁川
没　1907.9.14
★角田喜右作
没　1910.6.25
★角田真平
没　1919.3.20
★角田忠行
没　1918.12.15
★津波古政正
没　1877.8.31
★坪井九馬三
没　1936.1.21
★坪井玄道
没　1922.11.2
★坪井正五郎
没　1913.5.26
★坪内逍遙
没　1935.2.28
★『壺坂霊験記』 1879.10.-
★『梅雨小袖昔八丈』 1873.6.-
★鶴賀新内（４代）
没　1883.1.26
★鶴賀新内（６代）
没　1907.6.24
★鶴賀新内（７代）
没　1911.5.21
★鶴賀鶴吉（３代）
没　1920.11.1
★鶴沢友次郎（５代）
没　1895.8.4
★鶴田皓
没　1888.4.16
『鶴八鶴次郎』 1935.9.-
★鶴原定吉
没　1914.12.2

て

★鄭永昌
没　1931.10.4
丁亥倶楽部　1887.10.3
★鄭家屯事件　1916.8.13
定期航空郵便　1925.4.20
Ｄ51型蒸気機関車　1936.12.12
★鄭孝胥
没　1938.3.28
帝国学士院規程〔★日本学士院〕
1906.6.13
帝国議会開会（第１回）〔★帝国議会〕 1890.11.29
帝国議会議事堂　1891.1.20
1925.9.18
帝国議会召集（第１回）〔★帝国議会〕 1890.11.25
帝国教育会〔★大日本教育会〕
1896.12.20
帝国京都博物館陳列館
1897.5.1
帝国銀行〔★第一銀行〕
1943.3.27
「帝国軍の用兵綱領」 1907.4.19

帝国芸術院官制　1937.6.24
★帝国劇場　1911.3.1
帝国劇場付属技芸学校
1908.9.15
★帝国公道会　1914.6.7
★「帝国国策遂行要領」　1941.9.6
1941.11.5
★「帝国国防方針」　1907.4.19
★帝国在郷軍人会　1910.11.3
帝国在郷軍人会令　1936.9.25
帝国蚕糸　1915.3.20
帝国蚕糸（第2次）　1920.9.25
帝国女優養成所　1908.9.15
帝国大学〔★東京大学〕
1897.6.22
帝国大学令　1886.3.1
帝国図書館　1897.4.27　1906.3.20
★帝国農会　1910.11.15
帝国博物館　1900.6.26
帝国婦人協会　1898.11.-
★『帝国文学』　1895.1.-
★『帝国文庫』　1893.この年
★帝国ホテル　1890.11.20
★『帝室制度史』　1938.3.-
帝室博物館〔★東京国立博物館〕
1900.6.26
★丁汝昌
自殺　1895.2.12
★帝人事件　1934.4.18
帝国美術院第1回美術展覧会（帝展）〔★文部省美術展覧会〕
1919.10.14
★帝都復興院　1923.9.27
帝都復興審議会　1923.9.21
帝都復興に関する詔書
1923.9.12
★デーニツ
没　1912.3.12
★デービス
没　1910.11.4
★出口なお
没　1918.11.6
★手島精一
没　1918.1.23
★手塚岸衛
没　1936.10.7
哲学会　1884.1.26
哲学館〔★東洋大学〕
1887.9.16
★哲学館事件　1902.12.13
★手塚律蔵
没　1878.11.29
鉄鋼協議会　1925.12.23
★鉄工組合　1897.12.1
鉄鋼統制会　1941.4.26
鉄鋼連盟　1938.4.5
★鉄道院　1908.12.5
鉄道営業法　1900.3.16
鉄道開業　1872.9.12
鉄道開通　1874.5.11　1877.3.19
鉄道軍事供用令　1904.1.25
鉄道国有建議書　1898.5.30
鉄道国有調査会規則　1899.2.23
★鉄道国有法　1906.3.31
★鉄道省　1920.5.15
『鉄道唱歌』　1900.5.10
★鉄道抵当法　1905.3.13
鉄道特別会計　1909.3.22
鉄道敷設権譲受契約　1897.5.8
★鉄道敷設法　1892.6.21
★デットリング
没　1913.この年
★デニソン
没　1914.7.3
★デニング
没　1913.12.5
出歯亀事件　1908.3.22
★デビソン
没　1928.この年
★デフォレスト
没　1911.5.8
★デュ＝ブスケ
没　1882.6.18
★寺内内閣　1916.10.9
★寺内正毅
没　1919.11.3
★寺尾亨
没　1925.9.15
★寺尾寿
没　1923.8.6
★寺門静軒
没　1868.3.24
★寺崎広業
没　1919.2.21
★寺島宗則
没　1893.6.7
★寺田寅彦
没　1935.12.31
★寺野精一
没　1923.1.8
電気館　1903.10.1
電気事業法　1911.3.30
★田健治郎
没　1930.11.16
★『田健治郎日記』　1906.1.1
★天璋院
没　1883.11.12
電信開通〔★電信電話事業〕
1869.12.25　1872.4.22
1875.3.25
★天津条約　1885.4.18
電信条例　1885.5.7
★電信法　1900.3.14
★伝染病研究所　1892.11.30
★伝染病予防法　1897.4.1
★田租改革建議　1870.6.-
「田租改正建議」　1872.5.-
★『天地人』　1898.1.2
★天中軒雲月（初代）
没　1942.この年
★天長節　1868.8.26　1873.1.4
★天皇機関説　1935.3.4
天皇機関説排撃運動〔★天皇機関説問題〕　1935.2.18
田畑勝手作〔★田畑勝手作許可〕
1871.9.7
田畑地価修正法　1898.12.30
★『電報新聞』　1903.11.23
★伝馬所　1872.1.10
天満紡績会社　1887.3.28
★天理教　1908.11.28
天理研究会ほんみち　1928.4.3
電力管理法　1938.4.6
電力調整令　1939.10.18
★電力連盟　1932.4.19
電話交換〔★電信電話事業〕
1890.12.16

と

★土居光華
没　1918.12.11
★土肥春曙
没　1915.3.2
★『独逸学協会雑誌』　1883.10.15
★『独逸語学雑誌』　1898.10.-
ドイツに宣戦布告　1914.8.23
★土井利忠
没　1868.12.3
★土居通夫

没　1917.9.9
★『東亜』　1898.4.-
東亜繊維工業会　1942.10.14
★『東亜先覚志士記伝』
1933.この年
★東亜同文会　1898.11.2
★東亜同文書院　1900.5.1
★『東亜日報』　1920.4.1
★『東奥日報』　1888.12.6
★道契
没　1876.7.23
★『東海暁鐘新聞』　1891.11.22
★『東海経済新報』　1880.8.-
★『東海新聞』　1882.9.14
★『東海新聞』　1894.11.20
★東海道線　1889.7.1
灯火管制　1945.8.20
灯火管制規則　1938.4.4
★統監府　1905.1.21
★東儀鉄笛
没　1925.2.4
★東京　1868.7.17
★『東京曙新聞』　1875.6.2　→新聞雑誌
東京医学校　1877.4.12
東京英学校　1883.9.-
★『東京絵入新聞』　1876.3.2
東京英和学校　1883.9.-
東京駅　1914.3.-
★東京音楽学校　1887.10.5
東京外国語大学　1897.4.27
東京開市　1868.11.19
東京開成学校〔★東京大学〕
1877.4.12
東京学士会院〔★日本学士院〕
1879.1.15
★『東京学士会院雑誌』　1879.6.-
★東京瓦斯会社　1885.8.28
東京瓦斯局　1885.8.28
★『東京仮名書新聞』　1873.1.-
東京株式取引所〔★株式取引所〕
1878.6.1
東京気象台　1875.6.1
★『東京経済雑誌』　1879.1.29
東京警視庁　1874.1.15　1877.1.11
★東京劇場　1945.9.1
東京工業学校　1881.5.26
★東京交通労働組合　1940.7.7
★『東京公論』　1889.1.3
『東京さきがけ』　1878.12.17
東京左翼劇場〔★左翼劇場〕
1928.4.21
東京市会汚職事件〔★東京市疑獄〕
1900.11.15
★『東京市史稿』　1911.12.-
東京市政刷新同盟　1926.5.3
★東京市政調査会　1922.2.24
東京市築地魚市場　1923.12.1
東京市電値上げ反対市民大会
〔★東京市電値上げ反対焼打ち事件〕　1906.3.11
東京市道路工事疑獄事件
1920.11.22
★東京芝浦電気　1939.7.1
東京師範学校　1886.4.29
東京修身学社　1876.4.7
東京女医学校　1900.12.5
東京城　1868.10.13
東京商科大学〔★一橋大学〕
1920.4.1
東京商業会議所〔★商業会議所〕
1891.1.12
東京招魂社　1869.6.29
東京商船学校　1882.4.1
東京松竹楽劇部　1928.10.12
東京商法会議所〔★商業会議所〕
1878.3.12
東京女学校　1872.2.-
東京女子医科大学　1900.12.5
★東京女子大学　1918.4.30
東京書籍　1909.9.27
東京職工学校〔★東京工業大学〕
1881.5.26
★東京神学社　1904.11.3
★『東京新誌』　1876.3.-
★『東京新繁昌記』　1874.4.-
★『東京新聞』　1878.12.17
★『東京新聞』　1942.10.1
『東京人類学雑誌』〔★人類学雑誌〕
1912.この年
東京専門学校〔★早稲田大学〕
1882.10.21
★東京大学　1877.4.12
東京大学職制　1881.6.15
東京大学予備門　1886.4.29
東京大空襲　1945.5.25～26
東京大正博覧会　1914.3.20
★『The Tokio Times』　1877.1.6
東京地下鉄道　1920.8.29
東京地質学会　1893.5.-
東京朝鮮労働同盟会　1922.11.-
東京帝国大学　1897.6.22
東京帝室博物館　1882.3.20
東京帝大セツルメント
1923.12.14　1924.6.10　1938.2.3
東京電灯会社　1886.7.5
東京天文台〔★天文台〕
1888.6.4
★『東京独立雑誌』　1898.6.10
東京図書館　1897.4.27
東京都制　1943.6.1
★『東京日日新聞』　1872.2.21
1882.1.-　1943.1.1
★東京馬車鉄道　1882.6.25
★東京美術学校　1887.10.5
1898.3.29
『東京平仮名絵入新聞』
1876.3.2
東京フィルハーモニー会
1915.5.23
★『東京風俗志』　1899.10.-
東京府会　1879.3.20
東京府庁舎　1894.7.29
東京物理学講習所　1881.9.11
東京府美術館　1926.5.1
東京法学社　1880.9.12
東京放送局（JOAK）　1925.3.1
★東京無産党　1929.12.25
東京盲唖学校　1909.4.7
東京盲学校　1909.4.7
『東京横浜毎日新聞』
1879.11.18　1882.1.-　1886.5.1
『東京輿論新誌』　1880.11.6
東京理科大学　1881.9.11
東京聾唖学校　1909.4.7
東京労働講習所　1920.11.5
東京六大学野球リーグ
1925.9.20
★登極令　1909.2.11
★『統計集誌』　1880.11.-
★『東湖遺稿』　1877.この年
★同交会　1926.1.15
★東郷平八郎
没　1934.5.30
同志社英学校　1875.11.29
同志社事件　1937.3.16
★同志社大学　1875.11.29
★同潤会　1924.5.23
★唐紹儀
没　1938.9.30

★東条琴台
　没　1878.9.26
★東条内閣　1941.10.18　1943.4.20
　1944.7.18
★唐人お吉
　没　1890.3.27
★統帥権干犯問題　1930.4.25
★『東陲民権史』　1903.7.-
統制会社令　1943.10.18
★『当世書生気質』　1885.6.-
★東征大総督　1868.2.9
★桃中軒雲右衛門
　没　1916.11.7
★藤堂高猷
　没　1895.2.9
『党報』　1895.9.11
★東方会　1936.5.25　1940.10.22
★東方会議　1921.5.16　1927.6.27
東邦協会　1891.5.-
★『東邦協会報告』　1891.5.-
★『東北数学雑誌』　1911.8.-
東北地方，冷害・大凶作
　1934.この年
東北帝国大学〔★東北大学〕
　1907.6.22
★『東北日報』　1888.9.10
★『東北評論』　1905.6.-
『東北民声』　1898.この秋
同盟進工組　1889.6.-
★同盟通信社　1935.11.7
★頭山満
　没　1944.10.5
東洋オリンピック（第１回）
　1913.1.31
★『東洋学芸雑誌』　1881.10.-
『東洋画報』　1903.9.1
★東洋議政会　1882.2.12
★『東洋経済新報』　1895.11.15
★東洋社会党　1882.5.25
★『東洋自由新聞』　1881.3.18
★東洋自由党　1892.11.6　1893.12.-
★『東洋新報』　1882.3.1
★東洋大学　1887.9.16
東洋拓殖株式会社法　1908.8.27
★『東洋の理想』　1903.この年
★『東洋美術大観』　1900.この年
★東洋紡績株式会社　1914.6.26
★『東洋民権百家伝』　1883.8.-
★東洋レーヨン　1926.1.12
★東流斎馬琴（４代）
　没　1928.12.27
★『唐令拾遺』　1933.この年
★登録税法　1896.3.28
遠江国報徳社　1875.11.12
『(校正再刻) とがのぞき規則』
　〔★科除規則〕　1869.この年
「時の記念日」　1920.6.10
★時山直八
　戦死　1868.5.13
★常磐津兼太夫（７代）
　没　1944.8.18
★常磐津小文字太夫（６代）
　没　1872.11.13
★常磐津文字太夫（５代）
　没　1869.2.29
★常磐津文字太夫（６代）
　没　1930.2.15
★常磐津文字兵衛（初代）
　没　1905.1.6
★常磐津文字兵衛（２代）
　没　1924.10.29
★常磐津林中
　没　1906.5.6
「徳育涵養ノ義ニ付建議」
　1890.2.26
★徳川昭武
　没　1910.7.3
★徳川家達
　没　1940.6.5
★『徳川加除封録』　1891.この年
★『徳川禁令考』　1878.この年
★『徳川時代裁判事例』
　1936.この年
★『徳川時代商業叢書』
　1913.この年
★『徳川時代民事慣例集』
　1934.この年
★『徳川十五代史』　1892.この年
★『徳川制度史料』　1927.この年
★『徳川幕府県治要略』
　1915.この年
★徳川茂承
　没　1906.8.20
★徳川茂徳
　没　1884.3.6
★徳川慶篤
　没　1868.4.5
★徳川慶勝
　没　1883.8.1
★徳川慶喜
　没　1913.11.22
★『徳川慶喜公伝』　1918.この年
★『徳川理財会要』　1883.この年
★『徳川礼典録』　1881.5月頃
★『読史備要』　1933.この年
★『徳島日日新聞』　1889.1.4
★『特選神名牒』　1925.10.-
★徳大寺公純
　没　1883.11.5
★徳大寺実則
　没　1919.6.4
★徳田秋声
　没　1943.11.18
★徳田寛豊
　没　1892.5.25
★徳冨蘆花
　没　1927.9.18
★得能良介
　没　1883.12.27
★特別高等警察部　1932.6.29 →
　特高警察
★土倉庄三郎
　没　1917.7.19
★『独立評論』　1903.1.-
独立労働協会　1926.1.20
「トコトンヤレ節」　1868.3.-
★床次竹二郎
　没　1935.9.8
土佐開成商社〔★三菱会社〕
　1870.10.9
★戸坂潤
　獄死　1945.8.9
★『土佐史壇』　1917.9.23
都市計画法　1919.4.5
都市疎開実施要綱　1943.12.21
★利光鶴松
　没　1945.7.4
図書刊行規定　1869.1.27
図書館令　1899.11.11
★年寄　1872.4.9
★戸田忠恕
　没　1868.5.26
★戸田忠至
　没　1883.3.30
土地永代売買禁　1872.2.15
★土地収用法　1889.7.31
土地収用令　1911.4.17
土地台帳規則　1889.3.23
★栃内曾次郎
　没　1932.7.12

★土地復権同志会　1902.4.6
★戸塚静海
没　1876.1.29
★戸塚文卿
没　1939.8.17
特許法　1899.3.2
特高警察　1911.8.21　→特別高等警察部
★『鳥取新報』　1885.11.6
★鳥羽・伏見の戦　1868.1.3
★戸張孤雁
没　1927.12.9
★『都鄙新聞』　1868.5.-
★土肥原・秦徳純協定　1935.6.27
★富松正安
没　1886.10.5
泊事件〔★横浜事件〕
1943.5.26
★富井政章
没　1935.9.14
富岡製糸所　1893.9.10　1898.2.10
★富岡製糸場　1872.10.-
★富岡鉄斎
没　1924.12.31
★『富岡日記』　1907.この年
★戸水寛人
対露建議書を政府に提出
1903.6.10
没　1935.1.20
★冨田溪仙
没　1936.7.6
★富田幸次郎
没　1938.3.23
★富田甚平
没　1927.3.3
★富田高慶
没　1890.1.5
★富田鉄之助
没　1916.2.27
★富永有隣
没　1900.12.20
★富本豊前太夫（3代）
没　1876.5.2
★富本豊前太夫（4代）
没　1889.9.7
★富本豊前太夫（5代）
没　1880.8.23
★富本豊前太夫（8代）
没　1933.8.3
都民食堂　1944.2.-
★トムソン
没　1915.10.29
★留岡幸助
没　1934.2.5
『灯新聞』　1887.4.1
★友田恭助
没　1937.10.6
★戸谷敏之
没　1945.9.-
★鳥谷部春汀
没　1908.12.21
★外山亀太郎
没　1918.3.29
★外山脩造
没　1916.1.13
★『富山日報』　1888.7.16
★外山正一
没　1900.3.8
★外山光輔
自刃　1871.12.3
★『土陽雑誌』　1877.8.25　1888.1.10
★『土陽新聞』　1881.12.14　1888.1.10
豊川鉄道争議　1935.8.25
★豊川良平
没　1920.6.12
★豊沢団平（2代）
没　1898.4.1
★豊沢団平（3代）
没　1921.5.5
★豊竹呂昇
没　1930.6.7
★豊田佐吉
動力織機の特許取得
1898.8.1
没　1930.10.30
豊田式織機株式会社　1907.2.9
★トラウトマン和平工作
1937.11.5
★虎の門事件　1923.12.27
★鳥居素川
没　1928.3.10
★鳥居耀蔵
没　1873.10.3
★鳥尾小弥太
没　1905.4.13
★鳥潟右一
没　1923.6.5
取引所法　1893.3.4
★度量衡法　1891.3.24
度量衡法改正　1921.4.12
★登呂遺跡　1943.7.-　1947.7.10
★ドンクル＝キュルシウス
没　1879.11.27
★頓成
没　1887.11.19
★屯田兵　1875.1.12
屯田兵条例　1885.5.5

な

『内外商事週報』　1908.4.-
★『内外新聞』　1868.閏4.-
★『内外新報』　1868.4.10
内閣官制〔★内閣制度〕
1889.12.24
内閣議決書　1891.8.12
内閣規約　1891.8.12
内閣顧問臨時設置制　1943.3.18
★内閣情報局　1936.7.1
内閣情報部　1940.12.6
内閣情報部官制　1937.9.25
★内閣審議会　1935.5.11
★内閣制度　1885.12.22
内閣弾劾国民大会　1914.2.10
★内閣調査局　1935.5.11
★内国勧業博覧会（第1回）
1877.8.21
内国勧業博覧会（第2回）
1881.3.1
内国勧業博覧会（第3回）
1890.4.1
内国勧業博覧会（第4回）
1895.4.1
内国勧業博覧会（第5回）
1903.3.1
★内藤耻叟
没　1903.6.7
★内藤虎次郎
没　1934.6.26
★内藤鳴雪
没　1926.2.20
★内藤魯一
没　1911.6.29
★内務省　1873.11.10　1947.12.31
★『内務省日誌』　1875.2.-
★『内務省年報』　1875.7.-
★ナウマン
没　1927.この年
直江津線開通　1893.4.1
★直木三十五

没　1934.2.24
★直木賞（第1回）　1935.9.-
★中井敬所
没　1909.9.30
永井繁
アメリカへ出発　1871.11.12
★中井太一郎
没　1913.5.21
★永井尚志
没　1891.7.1
★長井長義
没　1929.2.20
★中井弘
没　1894.10.10
★永井柳太郎
没　1944.12.4
★中江丑吉
没　1942.8.3
★中江兆民
フランスへ留学　1871.11.12
没　1901.12.13
★長岡外史
没　1933.4.21
★永岡鶴蔵
没　1914.2.10
『長岡日報』　1907.4.1
★永岡久茂
獄死　1877.1.12
★仲尾次政隆
没　1871.7.8
★中川小十郎
没　1944.10.7
★『The Nagasaki Express』〔ナガサキ＝エクスプレス〕
1869.12.14
★『長崎警衛記録』　1932.この年
長崎清国水兵事件〔★清国水兵暴行事件〕　1886.8.13
★長崎造船所　1887.6.7
★『長崎談叢』　1928.5.-
★中里介山
没　1944.4.28
★長沢別天
没　1899.11.22
★中沢弁次郎
没　1945.11.28
★中沢臨川
没　1920.8.9
中支那振興株式会社法
1938.4.30
長島愛生園　1930.11.20
★中島敦
没　1942.12.4
★中島勝義
没　1932.7.15
★中島久万吉
「足利尊氏論」問題化により商相辞任　1934.2.7
★永島段右衛門
没　1891.1.11
★中島信行
没　1899.3.26
★中島力造
没　1918.12.21
★仲小路廉
没　1924.1.17
★長瀬富郎
没　1911.10.26
★永田一二
没　1897.1.28
★中田重治
没　1939.9.24
★永田鉄山
陸軍省軍務局長に就任
1934.3.5
斬殺　1935.8.12
長塚節
没　1915.2.8
★中西牛郎
没　1930.この年
★中西梅花
没　1898.9.3
★長沼守敬
没　1942.7.18
★中根雪江
没　1877.10.3
長野県教員赤化事件　1933.2.4
★中野梧一
没　1883.9.19
中ノ郷アパート　1926.8.6
★中野二郎三郎
没　1918.9.4
★『長野新聞』　1899.4.3
★中野正剛
逮捕　1943.10.21
自殺　1943.10.27
中野騒動〔★長野県旧中野県管内一揆〕　1870.12.19
『長野日日新聞』　1880.8.31
★中野半左衛門
没　1874.2.13
★中野武営
没　1918.10.8
★中橋徳五郎
没　1934.3.25
★中浜哲
没　1926.4.15
★中浜万次郎
没　1898.11.12
★中林梧竹
没　1913.8.4
★長原孝太郎
没　1930.12.1
★中原中也
没　1937.10.22
★中御門経之
没　1891.8.27
★中上川彦次郎
没　1901.10.7
★那珂通世
没　1908.3.2
★永見伝三郎
没　1899.8.27
★中牟田倉之助
没　1916.3.30
★中村歌右衛門（5代）
没　1940.9.12
★中村翫右衛門（2代）
没　1919.4.27
★中村勘三郎（13代）
没　1895.10.29
★中村鴈治郎（初代）
没　1935.2.1
★中村義上
没　1939.この年
★中村吉蔵
没　1941.12.24
★中村精男
没　1930.1.3
★中村啓次郎
没　1937.5.22
★中村憲吉
没　1934.5.5
★中村是公
没　1927.3.1
★中村雀右衛門（初代）
没　1871.8.18
★中村雀右衛門（2代）
没　1895.7.20
★中村雀右衛門（3代）

没　1927.11.15
中村震太郎
興安嶺で殺害される
1931.6.27
★中村善右衛門
没　1880.8.13
★中村宗十郎
没　1889.10.8
★中村大尉事件　1931.6.27
★中村太八郎
没　1935.10.17
★中村彝
没　1924.12.24
★中村時蔵（初代）
没　1919.5.17
★中村時蔵（２代）
没　1909.9.18
★中村富十郎（３代）
没　1901.2.21
★中村直三
没　1882.8.13
★中村仲蔵（大阪系４代）
没　1881.2.13
★中村仲蔵（江戸系３代）
没　1886.12.24
★中村仲蔵（江戸系４代）
没　1916.1.31
★中村梅玉（２代）
没　1921.6.8
★中村春二
没　1924.2.21
★中村福助（成駒屋系３代）
没　1888.5.5
★中村福助（成駒屋系５代）
没　1933.8.11
★中村不折
没　1943.6.6
★中村正直
没　1891.6.7
★中村弥六
没　1929.7.7
★中村雄次郎
没　1928.10.20
★中山績子
没　1875.2.12
★中山忠能
没　1888.6.12
★『中山忠能日記』　1916.この年
★『中山忠能履歴資料』（日本史籍協会叢書本）　1932.この年
★中山みき
没　1887.2.18
★中山元成
没　1892.6.3
★中山慶子
没　1907.10.5
★長与専斎
没　1902.9.8
★長与又郎
没　1941.8.16
★南雲忠一
戦死　1944.7.8
★名倉太郎馬
没　1911.1.8
★名古屋事件　1884.10.-
★『名古屋市史』　1915.3.-
名古屋商業会議所　1891.1.12
★『名古屋新聞』　1871.12.-
★『名古屋新聞』　1906.11.3
名古屋帝国大学〔★名古屋大学〕
1939.3.31
★納言　1871.8.10
★夏目漱石
没　1916.12.9
★『浪花新聞』　1875.12.14
★『浪華新聞』　1886.8.10
★『浪速叢書』　1926.この年
★『浪花名所図会』　1919.この年
名主〔★名主・庄屋〕　1872.4.9
★鍋島直大
没　1921.6.7
★鍋島直正
没　1871.1.18
★『鍋島直正公伝』　1920.8.-
★鍋島直彬
没　1915.6.14
★ナホッド
没　1933.この年
★濤川惣助
没　1910.2.9
★並河成資
没　1937.10.14
★並河靖之
没　1927.5.28
★名村泰蔵
没　1907.9.6
★『寧楽遺文』　1943.この年
奈良女子高等師範学校
1908.4.1
『奈良新聞』　1941.1.1
★奈良専二
没　1892.5.4
★『奈良日日新聞』　1941.1.1
★奈良原繁
没　1918.8.13
★成島柳北
没　1884.11.30
★成瀬仁蔵
没　1919.3.4
★成瀬正肥
没　1903.2.4
★名和靖
没　1926.8.30
★『南紀徳川史』　1899.4.-
★南京虐殺事件　1937.12.13
★南京事件　1927.3.24
南京同文書院　1900.5.1
★『南狩遺文』　1870.閏10.-
★南条文雄
没　1927.11.9
★『南島探験』　1894.この年
★難波大助
刑死　1924.11.15
★『南部叢書』　1927.この年
南部仏印進駐　1941.6.25
1941.7.28
★『南北朝時代史』　1918.11.4
★南北朝正閏問題　1911.2.4
1911.7.21
★南洋庁　1922.3.31
『南予時事新聞』　1941.12.1

に

★『新潟新聞』　1877.4.7　1941.8.1
★『新潟日々新聞』　1882.7.29
★『新潟日日新聞』　1941.8.1
『新潟毎日新聞』　1941.8.1
★新島襄
没　1890.1.23
★新美南吉
没　1943.3.22
★ニール
没　1868.この年
★新納中三
没　1889.12.10
★二科会　1914.10.1
二官六省の制〔★太政官〕
1869.7.8
★尼港事件　1920.3.12

★ニコライ
没　1912.2.16
★ニコライ堂　1891.3.8
★西周
没　1897.1.31
西ガ谷騒動　1885.この年
★西川伊三郎（3代）
没　1872.この年
★西川喜洲（初代）
没　1931.12.29
★西川鯉三郎（初代）
没　1899.2.25
★西川光二郎
没　1940.10.22
★西川春洞
没　1915.8.10
★西川甚五郎（11代）
没　1905.この年
★西河通徹
没　1929.9.29
★西川伝右衛門（10代）
没　1924.この年
★西川藤吉
没　1909.6.22
★西寛二郎
没　1912.2.28
★西毅一
没　1904.3.28
★西晋一郎
没　1943.11.13
★西田幾多郎
没　1945.6.7
★西田税
死刑宣告　1937.8.14
刑死　1937.8.19
★『廿世紀之怪物帝国主義』
1901.4.-
★『西日本新聞』　1942.8.10
★西ノ海嘉治郎（初代）
没　1908.11.30
★西ノ海嘉治郎（2代）
没　1931.1.27
★西ノ海嘉治郎（3代）
没　1933.7.28
★西原借款　1917.1.20　1918.9.28
★西村勝二
没　1907.1.31
★西村五雲
没　1938.9.16
★西村茂樹
没　1902.8.18
★西村真次
没　1943.5.27
★西村天囚
没　1924.7.29
★西山志澄
没　1911.5.23
『二十六世紀』　1896.11.14
★二条斉敬
没　1878.12.5
★西義一
没　1941.4.15
★西四辻公業
没　1899.10.7
★西・ローゼン協定　1898.4.25
日印新通商条約　1933.9.23
日印通商条約廃棄　1933.4.10
★日英通商航海条約　1894.7.16
日英同盟協約〔★日英同盟〕
1902.1.30
日英同盟協約（第2回）
1905.8.12
日英同盟協約（第3回）
1911.7.13
日英同盟修正案　1901.12.7
日英博覧会　1910.5.14
日英米仏四ヵ国条約
1921.12.13
★日鑑
没　1869.12.8
日銀震災手形割引損失補償令
〔★震災手形〕　1923.9.27
★日独伊三国同盟　1940.9.27
日独共同声明　1943.9.15
★日独防共協定　1936.11.25
★『日々新聞』　1868.閏4.18
日比同盟条約調印　1943.10.14
日・仏印軍事細目協定
1940.9.22
★日仏協約　1907.6.10
★『日米』　1899.4.3
日米英海軍軍縮会議　1927.6.20
★日米交渉　1941.4.16
★日米紳士協約　1908.2.18
日米紳士協約（第1号）
1907.11.16
日米新通商航海条約　1911.2.21
日米船鉄交換契約（第1次）
〔★日米船鉄交換問題〕
1918.3.25
★日米通商航海条約　1894.11.22
日米通商条約失効　1940.1.26
日米和親通商航海条約
1889.2.20
日満華共同宣言　1940.11.30
★日満議定書　1932.9.15
日蘭印会商〔★日蘭会商〕
1940.9.13　1941.6.17
日露協商基礎条項　1903.8.12
★日露協約（第1回）　1907.7.30
日露協約（第2回）　1910.7.4
日露協約（第3回）　1912.7.8
日露協約（第4回）　1916.7.3
〔★ポーツマス条約〕
日露講和第1回会議　1905.8.10
★日露戦争　1904.2.10
★『日露戦争実記』　1904.2.10
日露通商航海条約　1895.6.8
★日華関税協定　1930.5.6
★日華基本条約　1940.11.30
日華協定　1943.1.9
日華共同声明書および議定書
1929.3.28
日華公文　1918.9.24
★日活　1912.9.10
日華通商条約　1928.7.19
日華郵便約定　1922.12.8
日華陸軍共同防敵軍事協定〔★日華協同防敵軍事協定〕
1918.5.16
★『日韓合邦秘史』　1930.この年
★日韓議定書　1904.2.23
★日韓協約（第1次）　1904.8.22
日韓協約（第2次）　1905.11.17
日韓協約（第3次）　1907.7.24
日韓条約　1910.8.22
★日清汽船会社　1907.3.25
★『日新記聞』　1872.5.-
日清休戦条約　1895.3.30
★日清講和条約　1895.4.17
★日清修好条規　1871.7.29
日清条約　1905.12.22
★『日新真事誌』　1872.3.17
★日清戦争　1894.8.1
★『日清戦争実記』　1894.8.25
★日清通商航海条約　1896.7.21
日清両国間互換条款・互換憑単
〔★日清互換条款〕
1874.10.31
★日ソ基本条約　1925.1.20

日ソ漁業条約〔★日ソ漁業問題〕
1928.1.23
日ソ国交回復交渉　1924.5.15
★日ソ国交樹立　1925.1.20
★日ソ中立条約　1941.4.13
日ソ長春会議〔★長春会議〕
1922.9.4
日ソ停戦協定　1938.8.10
★新田邦光
没　1902.11.25
★日中戦争　1937.7.7
日中提携の三原則　1935.10.7
★日朝修好条規　1876.2.26
日朝修好条規付録　1876.8.24
★日糖疑獄事件　1909.4.11
★『日布時事』 1906.この年
★新渡戸稲造
没　1933.10.15
★新渡戸伝
没　1871.9.27
★蜷川式胤
没　1882.8.21
★二・二六事件　1936.2.26
二・二六事件判決　1936.7.5
★『二宮翁夜話』 1884.この年
★二宮熊次郎
没　1916.12.17
★二〇三高地　1904.11.26
★『日本』 1889.2.11　1896.11.14
★『日本医学史』 1904.この年
★日本医学会（第1回）　1890.4.1
★『日本偉人言行資料』
1915.この年
日本移動演劇連盟　1941.6.9
日本エスペラント協会
1906.6.12
★『日本及日本人』 1907.1.1　→日本人
★日本海員組合　1921.5.7
★日本海海戦　1905.5.27
★『日本開化小史』 1877.9.-
★『日本外交文書』 1936.6.-
★『日本海新聞』 1941.1.21
★『日本改造法案大綱』 1923.5.-
★『日本海防史料叢書』
1932.この年
★『日本科学古典全書』 1942.3.-
★日本学士院　1879.1.15
★日本学術振興会　1932.12.28
日本学生基督教青年同盟
1897.1.16
★『日本歌謡史』 1926.この年
★『日本歌謡集成』 1928.この年
★『日本画論大観』 1927.この年
★日本勧業銀行　1897.6.7
日本勧業銀行法　1896.4.20
日本救世軍〔★救世軍〕
1895.9.22
★『日本教育史資料』 1890.この年
★『日本教育史資料書』 1937.3.-
「日本教育制度に対する管理政策」
1945.10.22
★『日本教育文庫』 1910.5.-
日本教育令案　1878.5.14
日本教育労働者組合　1930.11.-
日本共産主義者団　1937.12.5
★日本共産青年同盟　1923.4.5
★日本共産党　1922.7.15　1924.3.-
1925.1.-　1926.12.4　1931.1.10
1935.3.4
★『日本切支丹宗門史』
1869.この年
日本基督一致教会　1877.10.3
★日本基督教会　1877.10.3
日本基督教女子青年会（YWCA）
〔★キリスト教女子青年会〕
1905.10.17
日本基督教青年会同盟（YMCA）
〔★キリスト教青年会〕
1903.7.-
★日本基督教団　1941.6.24
★日本基督教婦人矯風会
1893.4.3
★日本基督教連盟　1923.11.13
日本銀行条例　1882.6.27
日本銀行法　1942.2.24
日本訓盲点字　1890.12.23
★『日本経済史』 1920.この年
★『日本経済史辞典』 1940.この年
★『日本経済叢書』 1914.6.-
★『日本経済大典』 1928.この年
★日本経済連盟会　1922.8.1
★『日本芸林叢書』 1927.この年
日本劇場　1933.12.24
日本結核予防協会　1913.2.11
★「日本憲法見込案」 1881.5.-
★日本鋼管株式会社　1912.6.8
★日本交響楽協会　1925.3.-
★日本興業銀行　1902.3.27
★日本工業倶楽部　1917.3.10
★『日本工業史』 1898.この年
★『日本鉱業発達史』 1932.この年
★日本航空　1923.7.10
★『日本交通史料集成』
1938.この年
★日本弘道会　1887.9.11
日本講道会　1887.9.11
★日本坑法　1873.7.20
★「日本国国憲案」 1881.8.-
★『日本国志』 1887.この年
★日本国郵便蒸気船会社
1872.8.10
★日本国家社会党　1932.5.29
★『日本古典全集』 1925.この年
★『日本財政経済史料』
1922.この年
日本作曲家協会　1920.3.31
★日本産業　1937.12.27
★『日本産業資料大系』 1926.6.-
★『日本史籍協会叢書』
1915.この年
★『日本思想闘諍史料』
1930.この年
★『日本史の研究』 1922.5.-
★『日本資本主義社会の機構』
1934.この年
★『日本資本主義発達史』
1930.この年
★『日本資本主義発達史講座』
1932.5.-
★『日本資本主義分析』
1934.この年
★『日本社会事彙』 1890.この年
★日本社会主義同盟　1920.12.9
★日本社会党　1906.1.28　1907.2.17
★日本社会党　1945.11.2
★日本自由党　1945.11.9
★『日本主義』 1897.5.-
日本出版配給　1941.5.5
★日本出版文化協会　1940.12.19
★『日本儒林叢書』 1927.この年
★日本商工会議所　1928.4.10
★日本諸学振興委員会　1936.9.8
日本職業野球連盟　1936.2.5
日本女子大学校〔★日本女子大学〕
1901.4.20
日本書籍　1909.9.27
『日本人』 1888.4,3　→日本及日本人
日本新聞連盟　1941.5.28

★日本進歩党　1945.11.16
日本人民反戦同盟　1939.12.25
★『日本随筆全集』 1927.この年
★『日本随筆大成』 1927.この年
★『日本図会全集』 1928.この年
日本相撲協会　1925.12.28
★日本製鋼所　1907.11.1
★日本製鉄　1934.1.29　1950.4.1
日本製鉄株式会社法　1933.4.6
日本精糖　1895.12.22
日本青年館　1921.9.2
日本政府郵便蒸気船会社
1872.8.10
★日本赤十字社　1877.5.1　1887.5.20
日本赤十字社条例　1901.12.2
★日本石油会社　1888.5.10
★『日本戦史』 1893.この年
日本船主協会　1920.9.18
日本船主同盟会　1920.9.18
「日本率先活動大写真」
1899.6.20
日本・タイ国間同盟条約
1941.12.21
★日本大衆党　1928.12.20
★『日本地誌提要』 1874.この年
★『日本中世史』 1906.この年
日本帝国電信条例　1874.9.22
★『日本帝国統計年鑑』
1882.この年以降
日本鉄道上野―青森間全線開通
1891.9.1
★日本鉄道会社　1881.11.11
★日本鉄道矯正会　1898.4.5
★『日本鉄道史』 1921.8.31
★日本電気　1899.7.17
日本同志者懇親会　1883.2.2
★『日本道徳論』 1887.4.-
★日本農民組合　1922.4.9
★日本農民組合　1931.1.26
★『日本農民史料聚粋』
1941.この年
★日本農民党　1926.10.17
★『日本農民の疲弊及其救治策』
1893.5.-
★『日本之下層社会』 1899.4.-
「日本の共産主義者へのてがみ」
1936.2.10
日本の花嫁事件　1894.7.4
★『日本の労働運動』 1901.5.-
★日本発送電　1939.4.1
日本発送電株式会社法
1938.4.6
★日本美術院　1898.10.15
日本美術院再興記念展覧会
1914.10.15
★日本美術協会　1887.12.4
★『日本評論』 1890.3.8
★『日本評論』 1935.10.-
日本・ビルマ同盟条約
1943.8.1
★『日本風景論』 1894.この年
★日本フェビアン協会　1924.4.27
日本婦人団体連盟　1937.9.28
★『日本仏教史』 1944.この年
日本プロレタリア芸術連盟（プロ芸） 1926.11.14
★日本プロレタリア作家同盟（ナルプ） 1929.1.22
★日本プロレタリア文化連盟（コップ） 1931.11.12
日本プロレタリア文芸連盟（プロ連） 1925.12.6
★『日本文学全書』 1890.この年
★『日本文学大系』 1925.この年
★日本文学報国会　1942.5.26
1945.8.30
★『日本文化史序説』 1932.この年
★『日本文庫』 1891.この年
★日本平民党　1906.1.14
★日本ペンクラブ　1935.11.26
『日本訪書志』 1897.この年
★日本放送協会　1926.8.6
日本法律学校　1890.9.21
★日本民俗学会　1912.5.5
日本民族学会〔★日本民族学協会〕
1934.10.-
★日本無産党　1937.2.21
日本綿布輸出組合　1906.2.19
★日本郵船会社　1885.9.29
1893.11.7
★『日本立憲政党新聞』 1882.2.1
★『日本林制史資料』 1930.この年
★『日本倫理彙編』 1901.この年
日本労働協会　1892.11.-
★日本労働組合会議　1932.9.25
★日本労働組合全国協議会
1928.12.25
★日本労働組合全国評議会
1934.11.18
★日本労働組合総連合　1922.9.30
★日本労働組合同盟　1926.12.4
★日本労働組合評議会　1928.4.10
★日本労働倶楽部　1931.6.25
日本労働劇団　1920.5.10
日本労働者大懇親会（第1回）
1901.4.3
★日本労働総同盟　1912.8.1
1921.10.1
日本労働総同盟中央委員会
1940.7.8
日本労働総同盟友愛会
1921.10.1
★『日本労働年鑑』 1920.この年
★日本労農党　1926.12.9
ニュース映画　1899.6.1
★仁礼景範
没　1900.11.22
★『二六新報』 1893.10.26　1900.4.29

ぬ

★布引丸事件　1899.7.21
★沼津兵学校　1868.12.8
★沼間守一
没　1890.5.17

ね

★根津嘉一郎
没　1940.1.4
★根津一
没　1927.2.18
★ネフスキー
没　1937.11.24
★根本正
没　1933.1.5
★念仏重兵衛
没　1869.8.9

の

農会法　1899.6.9
農学校通則　1883.4.11
農業警察令　1921.10.15
農工銀行法〔★農工銀行〕
1896.4.20
農工銀行補助法　1896.4.20
★農事試験場　1893.4.11
★『農事通信月報』 1878.1.1
★農商工高等会議（第1回）

1896.10.19
農商工高等会議（第２回）
1897.3.1
農商工高等会議（第３回）
1898.10.20
★農商務省　1881.4.7　1925.3.31
★『農商務省沿革略志』　1892.4.7
★『農商務統計表』　1886.この年
★農村負債整理組合法　1933.3.29
★農地改革（第１次）　1945.12.29
農地改革に関する覚書
1945.12.9
★農地制度改革同盟　1939.11.29
★農地調整法　1938.4.2
★濃尾大地震　1891.10.28
農民文学懇話会　1938.11.7
★『農務顛末』　1888.6.30
農林省官制　1925.3.31
★ノーマン
没　1941.6.19
★乃木希典
自刃　1912.9.13
★野口雨情
没　1945.1.27
★野口援太郎
没　1941.1.11
★野口遵
没　1944.1.15
★野口英世
没　1928.5.21
★野口幽谷
没　1898.6.26
★野沢吉兵衛（４代）
没　1881.12.30
★野沢吉兵衛（５代）
没　1911.2.22
★野沢吉兵衛（６代）
没　1924.6.4
★野沢吉兵衛（７代）
没　1942.5.23
★野沢喜八郎（６代）
没　1885.6.21
★野沢喜八郎（７代）
没　1922.1.3
★野沢喜八郎（８代）
没　1932.11.30
★能勢直陳
没　1894.8.12
★野田卯太郎
没　1927.2.23
★野田醤油争議　1927.9.16
★ノックス
没　1912.4.25
★野津鎮雄
没　1880.7.22
★野津道貫
没　1908.10.18
★野中至
富士山頂で気象観測を開始
1895.10.1
★野中四郎
没　1936.2.29
★野中助継
切腹　1868.5.27
★野間清治
没　1938.10.16
★野村宗十郎
没　1925.4.23
野村騒動〔★愛媛県宇和郡奥野郷一揆〕　1870.3.20
★野村徳七
没　1945.1.15
★野村文夫
没　1891.10.27
★野村素介
没　1927.12.23
★野村靖
没　1909.1.24
★野村竜太郎
没　1943.9.18
★野本恭八郎
没　1936.12.4
★ノモンハン事件　1939.5.11
ノモンハン事件停戦協定
1939.9.15
★ノルマントン号事件
1886.10.24
★野呂栄太郎
治安維持法違反で検挙
1933.11.28
没　1934.2.19
★野呂景義
没　1923.9.8

は

★パークス
門前通縄手で襲われる
1868.2.30
没　1885.3.22
バーチェット
「広島における大惨状」を打電
1945.9.3
バーンズ回答文　1945.8.12
肺結核予防令　1904.2.4
肺結核療養所設置及び国庫補助に関する法律　1914.3.31
★陪審法　1923.4.18
陪審法施行　1928.10.1
★梅亭金鵞
没　1893.6.30
廃刀　1871.8.9
★廃刀令　1876.3.28
★排日土地法　1921.1.3
★廃藩置県　1871.7.14
★廃仏毀釈　1868.3.28
★売文社　1910.12.24
癈兵院〔★癈兵〕　1906.4.7
癈兵院条例　1906.4.7
癈兵院法　1906.4.7
★灰屋三郎助
没　1874.6.23
★俳優座　1944.2.10
★ハウス
没　1901.12.18
★『破戒』　1906.3.-
★垪和為昌
没　1914.11.21
★芳賀矢一
没　1927.2.6
★『馬関物価日報』　1880.1.7
1905.5.5
★萩野由之
没　1924.1.31
★萩の乱　1876.10.28
★萩原恭次郎
没　1938.11.19
★萩原朔太郎
没　1942.5.11
★博愛社　1877.5.1　1887.5.20
博士会　1898.12.10
★「爆弾三勇士」　1932.2.22
白熱電燈　1887.1.22
★「幕府衰亡論」　1891.4.-
★博物館　1875.3.30
★博文館　1887.6.15
★『幕末維新外交史料集成』
1942.この年
★『幕末明治新聞全集』　1934.10.-
博覧会事務局　1875.3.30

★『函館毎日新聞』　1898.5.22
★箱田六輔
　　没　1888.1.19
★『波山始末』　1899.この年
★パジェス
　　没　1886.11.-
★樋口五葉
　　没　1921.2.24
★橋田邦彦
　　没　1945.9.14
★橋本雅邦
　　没　1908.1.13
★橋本関雪
　　没　1945.2.26
★橋本実梁
　　没　1885.9.16
★橋本進吉
　　没　1945.1.30
★橋本増治郎
　　没　1944.1.18
★長谷川昭道
　　没　1897.1.30
★長谷川勘兵衛（14代）
　　没　1929.10.1
★長谷川敬
　　没　1886.1.30
★長谷川時雨
　　没　1941.8.22
★長谷川宗右衛門
　　没　1870.9.24
★長谷川泰
　　没　1912.3.11
★長谷川天渓
　　没　1940.8.30
★長谷川利行
　　没　1940.10.12
★長谷川芳之助
　　没　1912.8.12
★長谷川好道
　　没　1924.1.27
★長谷場純孝
　　没　1914.3.15
★長谷部恕連
　　没　1873.11.17
★秦逸三
　　没　1944.5.25
★畑英太郎
　　没　1930.5.31
★羽田恭輔
　　没　1914.3.30
★畠山義信
　　没　1894.この年
★秦佐八郎
　　606号（サルバルサン）を創製
　　　1910.4.19
　　没　1938.11.22
★秦瀬兵衛
　　没　1872.8.17
★羽田野敬雄
　　没　1882.6.1
★波多野鶴吉
　　没　1918.2.23
★波多野伝三郎
　　没　1907.2.13
　『はたの友』　1938.11.-
　葉煙草専売法　1896.3.28
　　　1898.1.1
★バチェラー
　　没　1944.4.2
★蜂須賀斉裕
　　没　1868.1.13
★蜂須賀茂韶
　　没　1918.2.10
　八八艦隊建造予算　1920.8.1
　八六艦隊編成〔★海軍拡張問題〕
　　　1918.3.12
　白虹事件〔★大阪朝日新聞筆禍事
　　　件〕　1918.9.28
★八甲田山遭難事件　1902.1.23
★八田達也
　　没　1916.6.4
★八田知紀
　　没　1873.9.2
★服部宇之吉
　　没　1939.7.11
★服部兼三郎
　　没　1920.6.3
★服部金太郎
　　没　1934.3.1
★服部誠一
　　没　1908.8.15
★鳩山和夫
　　没　1911.10.3
★鳩山春子
　　没　1938.7.12
★花井卓蔵
　　没　1931.12.3
★花岡事件　1945.6.30
★花沢伊左衛門（3代）
　　没　1882.この頃
★花房義質
　　没　1917.7.9
★花柳寿輔（初代）
　　没　1903.1.28
★埴原正直
　　没　1934.12.20
★羽田正見
　　没　1893.6.10
★馬場鍈一
　　没　1937.12.21
★馬場財政　1936.3.9
★馬場辰猪
　　没　1888.11.1
★巴布扎布
　　没　1916.10.8
　バボージャブ軍　1916.8.14
　　　1916.9.2
★浜尾新
　　没　1925.9.25
★浜岡光哲
　　没　1936.12.6
★浜口雄幸
　　没　1931.8.26
★浜口内閣　1929.7.2
★浜田国松
　　没　1939.9.6
★浜田耕作
　　没　1938.7.25
★浜田彦蔵
　　没　1897.12.12
★浜村蔵六（4代）
　　没　1895.2.24
★浜村蔵六（5代）
　　没　1909.11.25
★早川純三郎
　　没　1930.1.25
★早川千吉郎
　　没　1922.10.13
★林桜園
　　没　1870.10.12
★林遠里
　　没　1906.1.30
★林鶴梁
　　没　1878.1.16
★林包明
　　没　1920.6.17
★林権助
　　没　1939.6.27
★林銑十郎
　　没　1943.2.4

★林田亀太郎
　没　1927.12.1
★林董
　没　1913.7.10
★林鶴一
　没　1935.10.4
★林洞海
　没　1895.2.2
★林友幸
　没　1907.11.8
★林内閣　1937.2.2
★林広守
　没　1896.4.5
★林正明
　没　1885.3.21
★林有造
　没　1921.12.29
★早矢仕有的
　没　1901.2.28
★葉山嘉樹
　没　1945.10.18
★速水御舟
　没　1935.3.20
★速水堅曹
　没　1913.1.18
★早速整爾
　没　1926.9.13
★バラー，J.H.
　没　1920.1.29
★バラー，J.C.
　没　1920.11.15
★原勝郎
　没　1924.1.14
★「腹切り問答」　1937.1.21
★『原敬日記』　1875.この年
★原善三郎
　没　1899.2.6
★原敬
　暗殺　1921.11.4
★原田二郎
　没　1930.5.5
★原田助
　没　1940.2.21
★原忠順
　没　1894.10.28
★原田豊吉
　没　1894.12.1
★原田直次郎
　没　1899.12.26
★原胤昭
　没　1942.2.23
★ハラタマ
　没　1888.1.19
★原坦山
　没　1892.7.27
★原内閣　1918.9.29
★原嘉道
　没　1944.8.7
★原亮三郎
　没　1919.12.8
★原六郎
　没　1933.11.14
パリ講和会議〔★ベルサイユ条約〕
　　1919.1.13
★ハリス
　没　1878.2.25
★パリ万国博覧会　1865.7.2
　　1867.1.11　1878.5.1
パリ不戦条約〔★不戦条約〕
　　1928.8.27
★ハリマン
　没　1909.9.9
★春木義彰
　没　1904.12.17
★バルチック艦隊　1905.5.27
★ハルデス
　没　1871.4.10
★ハル＝ノート　1941.11.26
バルマセダ
　自殺　1891.1.7
ハレー彗星　1910.5.19
★ハワイ移民　1868.4.25
ハワイ渡航条約　1886.1.28
ハワイとの修好通商条約
　　1871.7.4
★『布哇報知』　1912.12.7
万国赤十字条約　1886.6.5
★『万国叢話』　1875.6.-
万国郵便為替約定　1885.3.21
万国郵便連合条約　1877.6.1
万歳事件〔★三・一運動〕
　　1919.3.1
★『藩債輯録』　1877.この頃
★伴貞懿
　戦死　1868.5.15
判授〔★位階〕　1869.7.11
★『万象録』　1912.5.-
★『磐水存響』　1912.この年
★『藩制一覧』　1928.この年
『反省雑誌』　1899.この年
★版籍奉還　1868.11.-　1869.1.20
　　1869.6.17
★繁田満義
　没　1920.2.25
★藩治職制　1868.10.28
反帝国主義民族独立支持同盟日本支部〔★反帝同盟〕
　　1929.11.7
★坂東彦三郎（4代）
　没　1873.11.14
★坂東彦三郎（5代）
　没　1877.10.13
★坂東彦三郎（6代）
　没　1938.12.28
★坂東三津五郎（6代）
　没　1873.9.11
バンドリ騒動〔★富山県新川郡一揆〕　1869.10.12
★判任　1869.7.11
★パンの会　1908.12.12
★坂野兼通
　没　1931.8.12
★パンペリー
　没　1923.8.10
★バン＝ボールクンバーク
　没　1888.8.1
★蛮勇演説　1891.12.22
★バン＝リード
　没　1873.2.-

ひ

★ピアソン
　没　1899.11.28
ビアード
　東京市復興建設顧問として来日　1923.10.6
★日置益
　没　1926.10.22
★東久世通禧
　没　1912.1.4
★東久邇宮内閣　1945.8.17
　　1945.10.5
★『光』　1905.11.20
★樋口一葉
　没　1896.11.23
★樋口勘次郎
　没　1917.12.13
★樋口武
　没　1870.6.14

★ビゴー
没　1927.10.10
★備荒儲蓄法　1880.6.15
★ピゴット
没　1925.3.12
★『肥後藩国事史料』　1913.この年
★『肥後文献叢書』　1909.この年
★土方歳三
戦死　1869.5.11
★土方久徴
没　1942.8.25
★土方久元
没　1918.11.4
★菱田春草
没　1911.9.16
★『美術研究』　1932.1.-
美術文化協会第1回展
1940.4.11
『非常時と国民の覚悟』
1933.7.8
★非常特別税法　1904.4.1　1905.1.1
1906.3.2
非常特別税法廃止　1913.4.8
非条約改正委員会　1889.8.15
★『秘書類纂』　1933.この年
★『肥前史談』　1927.12.-
『肥前史談会講演集』　1927.12.-
★比田井天来
没　1939.1.4
★日高凉台
没　1868.9.17
★『斐太後風土記』　1873.この年
★常陸山谷右衛門
没　1922.6.19
★『ひだびと』　1935.1.-
★ビッケル
没　1917.5.11
★『美的生活論』　1901.8.-
★一橋大学　1875.9.-
「人の一生」　1921.5.2
ひとのみち教団　1936.9.28　→
PL教団
★人見一太郎
没　1924.9.29
人見絹枝
第2回国際女子陸上競技大会
で個人総合優勝　1926.8.29
ヒトラー
自殺　1945.4.30
日野熊蔵
代々木練兵場で飛行に初成功
1910.12.14
『日出新聞』　1897.7.1
★日比翁助
没　1931.2.22
★日比谷公園　1903.6.1
日比谷公園音楽堂　1905.8.1
日比谷公会堂　1929.10.20
★日比谷平左衛門
没　1921.1.9
★日比谷焼打ち事件　1905.9.5
ひめゆり隊〔★ひめゆり部隊〕
1945.6.-
★『百一新論』　1874.3.-
★「百学連環」　1870.11.-
★百武兼行
没　1884.12.21
★『百万塔』　1892.この年
★『百家随筆』　1917.この年
★『百家説林』　1905.この年
★『日向古文書集成』　1938.この年
ヒュウザン会（第1回展）〔★フュウザン会〕　1912.10.15
標準時子午線　1886.7.13
★兵部省　1872.2.28
★『評論新聞』　1875.3.-
★平井希昌
没　1896.2.12
★平出修
没　1914.3.17
★平岩愃保
没　1933.7.26
★平岡浩太郎
没　1906.10.24
★平尾在脩
没　1911.1.25
★平生釟三郎
没　1945.11.27
『平仮名絵入新聞』　1876.3.2
★平賀譲
没　1943.2.17
★平子鐸嶺
没　1911.5.10
★平沢計七
没　1923.9.4
★平瀬作五郎
没　1925.1.4
★平田鉄胤
没　1880.10.25
★平田東助
没　1925.4.14
★平田安吉
没　1896.7.19
★平沼専蔵
没　1913.4.6
★平沼内閣　1939.1.5　1939.8.28
★平沼淑郎
没　1938.8.14
★平野富二
没　1892.12.3
★平林初之輔
没　1931.6.15
★平福百穂
没　1933.10.30
★平松時厚
没　1911.8.22
★平山清次
没　1943.4.8
★平山周
没　1940.4.21
★平山信
没　1945.6.2
★平山省斎
没　1890.5.23
★平山成信
没　1929.9.25
★広岡宇一郎
没　1941.4.8
★広川晴軒
没　1884.1.14
★広沢真臣
暗殺　1871.1.9
広島高等師範学校　1902.3.28
★広瀬久兵衛
没　1871.9.29
★広瀬元恭
没　1870.10.27
★広瀬宰平
没　1914.1.31
★広瀬武夫
戦死　1904.3.27
★広田亀次
没　1896.10.3
★広田憲寛
没　1888.9.9
★広田内閣　1936.3.9
★広津柳浪
没　1928.10.15
★琵琶湖疏水　1890.4.9
★『備後史談』　1925.1.-

★閔妃
　暗殺　1895.10.8
★閔妃殺害事件　1895.10.8
★『貧乏物語』　1917.3.-
貧民研究会　1898.4.27

ふ

『The Far East』　1870.5.-
『ファシズム批判』　1938.10.5
★ファビウス
　没　1888.3.24
★ファン＝ボイチャウ
　没　1940.10.29
フィリピン共和国独立宣言
　1943.10.14
★『諷歌新聞』　1868.4.-
★ブース
　没　1912.8.20
★フェスカ
　没　1917.10.31
★フェノロサ
　東京大学文学部教授に任じられる　1878.8.10
　京阪地方の古社寺歴訪
　1884.6.25
　没　1908.9.21
★フォスター
　没　1917.11.15
★フォルカド
　没　1885.9.12
★フォンタネージ
　工部美術学校教師に招かる
　1876.8.29
　没　1882.4.17
不穏文書臨時取締法　1936.6.15
★深井英五
　没　1945.10.21
★深川工作分局　1884.7.19
★深田康算
　没　1928.11.12
★溥儀
　執政に就任　1932.3.1
　皇帝となり帝政を開始
　1934.3.1
　来日　1935.4.6
　退位　1945.8.17
★『福音新報』　1891.3.20
★『福岡県史資料』　1932.この年
★福岡孝弟
　没　1919.3.7
★『福岡日日新聞』　1880.4.17
　1942.8.10
★福沢桃介
　没　1938.2.15
★福沢諭吉
　没　1901.2.3
★福島事件　1882.12.1
★『福島自由新聞』　1882.7.25
★『福島新聞』　1878.1.14
★『福島民報』　1892.8.1
★『福島民友新聞』　1898.この秋
★福島安正
　単騎シベリア横断　1892.2.11
　没　1919.2.19
★福住正兄
　没　1892.5.20
★福田行誡
　没　1888.4.25
★福田徳三
　没　1930.5.8
★福田英子
　没　1927.5.2
★福田雅太郎
　没　1932.6.1
★福田理軒
　没　1889.3.19
★福地源一郎
　没　1906.1.4
★『伏敵編』　1891.11.-
★福羽逸人
　没　1921.5.19
★福羽美静
　没　1907.8.14
★福原有信
　没　1924.3.30
★福村周義
　没　1877.8.16
★福本イズム　1926.2.-
★福本日南
　没　1921.9.2
『福陵新報』〔★九州日報〕
　1898.5.10
★『武家時代之研究』　1923.1.-
府県会規制　1878.7.22
府県官職制　1878.7.25
府県施政順序規則　1869.2.5
府県職制　1875.11.30　1878.7.25
★『府県史料』　1874.11.10
府県制〔★都道府県制〕
　1890.5.17　1899.3.16
府県税戸数割規則　1921.10.11
★『府県制度資料』　1941.この年
★『府県地租改正紀要』　1882.2.21
★『府県統計書』　1884.9.3以降
府県奉職規則　1871.11.27
★『布告全書』　1872.この年
釜山港居留地借入約書
　1877.1.30
★藤井真信
　没　1935.1.31
★藤井武
　没　1930.7.14
★藤井斉
　没　1932.2.5
★藤岡市助
　没　1918.3.5
★藤岡作太郎
　没　1910.2.3
★富士瓦斯紡績争議　1920.7.14
★富士川游
　没　1940.11.6
★藤川勇造
　没　1935.6.15
★藤沢浅二郎
　没　1917.2.3
★藤沢幾之輔
　没　1940.4.3
★藤沢南岳
　没　1920.1.31
★藤沢利喜太郎
　没　1933.12.23
★藤島武二
　没　1943.3.19
★富士製紙　1933.5.18
★藤田組　1893.12.-
藤田四郎
　社会党を結成　1911.10.25
★藤田伝三郎
　没　1912.3.30
★藤田豊八
　没　1929.7.15
★藤田茂吉
　没　1892.8.19
★『武士道』　1900.この年
★『武士道全書』　1942.この年
★藤浪鑑
　没　1934.11.18
★藤浪与兵衛（初代）
　没　1906.10.14

★藤浪与兵衛（２代）
没　1921.2.15
★富士紡績　1896.2.26
★藤間勘右衛門（２代）
没　1925.1.23
★藤間勘十郎（亀三勘十郎）
没　1877.12.6
★藤間勘十郎（６代）
没　1935.3.10
★富士松加賀太夫（５代）
没　1892.12.10
★富士松加賀太夫（７代）
没　1930.10.4
★富士松加賀太夫（８代）
没　1934.4.19
★富士松薩摩掾（２代）
没　1939.10.25
★富士松薩摩掾（３代）
没　1942.この年
★藤村操
華厳滝に投身自殺　1903.5.22
★藤本清兵衛（初代）
没　1891.10.31
★藤本善右衛門
没　1890.6.18
★藤本荘太郎
没　1902.7.28
★藤山常一
没　1936.1.4
★藤山雷太
没　1938.12.19
婦人矯風会　1886.12.6
★『婦人公論』　1916.1.-
婦人参政権獲得期成同盟会
1924.12.13
婦人参政同盟　1923.2.2
婦人慈善舞踏会　1884.6.12
婦人セツルメント　1930.10.-
★ブスケ
没　1936.1.15
伏石事件〔★香川県伏石小作争議〕
1924.11.30
★婦選獲得同盟　1924.12.13
普選期成・治警法撤廃関東労働連盟　1920.2.5
舞台協会　1913.7.8
★布田惟暉
没　1873.4.3
★『布達全書』　1872.この年
★二葉亭四迷
没　1909.5.10
府知事　1871.10.28
★プチャーチン
没　1883.10.16
『普通新聞』〔★徳島日日新聞〕
1889.1.4
普通選挙期成学生・労働者大会
1919.2.15
普通選挙期成関西労働連盟
1919.12.15
普通選挙期成大会　1919.2.9
★普通選挙期成同盟会　1899.10.2
普通選挙市民大会　1919.2.9
普通選挙全国同志会　1906.2.11
普通選挙同盟会　1897.7.-
1911.5.30
★普通選挙法　1925.3.29
普通選挙法案　1902.2.12　1911.3.11
★仏学塾　1874.10.5
復興局疑獄事件　1924.8.20
★『復古記』　1930.この年
★ブッセ
没　1907.9.13
★プティジャン
没　1884.10.7
不動産登記法　1899.2.24
★「蒲団」　1907.9.-
★船津伝次平
没　1898.6.15
★フュレ
没　1900.1.15
★ブラウン，S.R.
没　1880.6.19
★ブラウン，N.
没　1886.1.1
★ブラジル移民　1908.4.28
★『伯剌西爾時報』　1917.8.31
★ブラック
没　1880.6.11
仏蘭西学舎　1874.10.5
★ブラント
没　1920.この年
★プリューイン
没　1883.2.26
★ブリュネ
没　1911.8.12
★ブリンクリ
没　1912.10.28
★古市公威
没　1934.1.28
★古河勇
没　1899.1.15
★古河市兵衛
没　1903.4.5
★古河太四郎
没　1907.12.26
★古川躬行
没　1883.5.6
★古沢滋
没　1911.12.24
★古荘嘉門
没　1915.5.11
★古田大次郎
没　1925.10.15
★ブルック
没　1906.12.14
★古橋源六郎
没　1909.11.13
★古橋暉児
没　1892.12.24
★フルベッキ
没　1898.3.10
プレス＝コードに関する覚書
〔★プレス＝コード〕
1945.9.19
★『フロイス九州三侯遣欧使節行記』
1942.この年
★フローレンツ
没　1939.2.9
プロテスタント教会　1872.2.2
★プロレタリア科学研究所
1929.10.13
★『文化』　1934.1.-
文化学院　1943.4.12
★『文学界』　1893.1.-
★『文学界』　1933.10.-
★文学座　1937.9.6
文学者愛国大会　1941.12.24
★『文学に現はれたる我が国民思想の研究』　1916.この年
★文化勲章　1937.2.11
★『文科大学史誌叢書』
1897.この年
文官分限委員会官制　1932.9.24
文官分限令改正法　1932.9.24
文官試験規則　1893.10.31
文官試験試補及見習規則
1887.7.25
★文官任用令　1893.10.31　1913.8.1
文官任用令改正　1899.3.28

文教審議会　1937.5.26
文芸活動写真会（第1回）
1912.3.2
★文芸協会　1913.7.8
★『文芸倶楽部』　1895.1.-
★『文芸春秋』　1923.1.-
★『文芸戦線』　1924.6.-
★『文庫』　1895.8.-
★『文章世界』　1906.3.-
文展〔★文部省美術展覧会〕
1907.10.25
★『文明源流叢書』　1913.この年
★『文明東漸史』　1884.9.-
★『文明論之概略』　1875.8.-

へ

★兵役法　1927.4.1　1943.3.2
1943.11.1
兵役法施行規則　1944.10.18
兵役法施行令　1939.11.11
1941.11.15
★『米欧回覧実記』　1878.10.-
米価調節調査会官制　1915.10.7
米価調節令　1915.1.25
米価二重価格制　1941.8.12
★米穀自治管理法　1936.5.28
★米穀調査会　1929.5.22
★米穀統制法　1933.3.29
米穀配給統制法　1939.4.12
★米穀法　1921.4.4
米穀輸入税減免令　1918.10.30
米穀輸入税免除令　1925.1.26
兵事課　1883.1.23
米商会所条例　1876.8.1
★平頂山事件　1932.9.16
米麦品種改良奨励規則
1916.3.30
★平民協会　1907.12.23
平民講演会　1913.7.-
★平民社　1903.11.15　1905.10.9
★『平民新聞』　1903.11.15
★『平民新聞』　1907.1.15
平和記念東京博覧会　1922.3.10
北京議定書〔★北清事変最終議定書〕　1901.9.7
★ベックマン
没　1902.10.22
★別子銅山　1691.5.9　1907.6.4
別子銅山四阪島精錬所
1908.8.27
別子銅山新居浜精練所
1894.7.19
★ベッテルハイム
没　1870.2.9
★別府晋介
戦死　1877.9.24
★ヘボン
没　1911.9.21
★ベリ
没　1936.2.9
ペルーとの和親貿易航海仮条約
1873.8.21
★ペルス＝ライケン
没　1889.5.2
★ベルツ
東京医学校（のち東京大学医学部）教授に着任　1876.6.-
没　1913.8.31
★『ベルツの日記』　1931.この年
★ベルニ
没　1908.5.2
★ベルリオーズ
没　1929.12.30
弁護士法　1893.3.4
★辺見十郎太
戦死　1877.9.24

ほ

★ボアソナード
司法省法学校教師となる
1874.4.-
没　1910.6.27
★保安条例　1887.12.25
貿易規則　1876.8.24
『貿易新報』　1906.12.3
貿易調整および通商擁護法
1934.4.7
防援会　1923.6.-
★『法学協会雑誌』　1884.3.-
★『法規分類大全』　1891.この年
★防空法　1937.4.5
防穀令賠償問題〔★防穀令事件〕
1891.12.7　1893.5.19
★『報四叢談』　1874.8.-
★宝生九郎
没　1917.3.9
★宝生新
没　1944.6.10
法制局　1885.12.23
★『法制史の研究』　1919.この年
★『法制史論集』　1926.この年
法制審議会官制　1929.5.13
★法政大学　1880.9.12
★『紡績職工事情調査概要報告書』
1898.この年
★紡績連合会　1882.10.-
★『房総叢書』　1940.この年
『報知新聞』　1894.12.26
★『防長回天史』　1920.8.-
★『防長史学』　1930.この年
★『防長史談会雑誌』　1909.この年
★『防長新聞』　1884.7.15
★法典調査会　1893.3.25
奉天会戦〔★奉天の会戦〕
1905.3.1
「法典編纂ニ関スル意見書」
1889.5.-
★豊島沖海戦　1894.7.25
★法道寺善
没　1868.9.16
★奉答文事件　1903.12.10
邦文タイプライター　1915.6.12
★防務会議　1914.6.23
方面委員令　1936.11.14
暴利行為等取締規則　1940.6.11
★『法律新聞』　1900.9.-
★暴利取締令　1917.9.1　1923.9.7
法隆寺壁画保存委員会
1939.6.8
★暴力行為等処罰に関する法律
1926.4.10
★ボース
東京で東条首相と会談
1943.6.14
死去　1945.8.18
ポーツマス条約　1905.9.5
★ボードイン
没　1885.6.7
★朴泳孝
没　1939.9.20
★『北越新報』　1907.4.1
★北清事変最終議定書（北京議定書）　1901.9.7
★『北辰新聞』　1890.4.-
★『北湊新聞』　1872.3.-
『北斗新聞』〔★青森新聞〕
1877.3.-
北米航路　1896.3.15

★『北門新報』　1891.4.21
★『北門叢書』　1943.この年
★『北陸公論』　1889.4.5
★朴烈
　大逆罪容疑で起訴される
　　1925.10.20
　死刑宣告　1926.3.25
★朴烈事件　1925.10.20
保甲条例　1898.8.31
★『保古飛呂比』　1907.この年
★星恂太郎
　没　1876.7.27
★星亨
　暗殺　1901.6.21
★星野長太郎
　没　1908.11.27
★星野恒
　没　1917.9.10
★戊申倶楽部　1908.7.25
★戊申詔書　1908.10.13
★戊辰戦争　1868.1.3
戊辰戦争終結　1869.5.18
保善社　1912.1.1
★細井和喜蔵
　没　1925.8.18
★細川潤次郎
　没　1923.7.20
★細川護久
　没　1893.8.30
★『北海タイムス』　1901.9.3
★北海道　1869.8.15
★北海道旧土人保護法　1899.3.2
北海道国有未開地処分法
　　1897.3.30
北海道事業管理局　1886.1.26
★北海道拓殖銀行　1900.2.16
北海道炭礦鉄道会社
　　1889.11.18
北海道庁　1886.1.26
北海道帝国大学〔★北海道大学〕
　　1918.4.1
北海道土地払下規則　1886.6.25
　　1897.3.30
北海道七重村租借地回収〔★七重村租借事件〕　1870.12.10
★『北国新聞』　1893.8.5
★ポツダム宣言　1945.8.9
ポツダム宣言受諾　1945.8.14
ポツダム命令　1945.9.20
北方教育社　1929.6.-
★穂積陳重
　没　1926.4.7
★穂積八束
　没　1912.10.5
★『不如帰』　1900.この年
★『ホトトギス』　1897.1.-
★ホブソン
　没　1873.2.16
★ホフマン
　没　1878.1.19
★堀内為左衛門
　没　1933.1.31
★堀江帰一
　没　1927.12.9
★堀越安平
　没　1885.8.25
★堀真五郎
　没　1913.10.25
★堀達之助
　没　1894.1.3
★堀直虎
　没　1868.1.17
★堀基
　没　1912.4.8
★ホルバート
　没　1937.5.-
幌内炭坑　1907.4.28
本渓湖煤礦有限公司〔★本渓湖煤鉄公司〕　1910.5.22
★本郷房太郎
　没　1931.3.20
★本庄繁
　自刃　1945.11.20
★本庄陸男
　没　1939.7.23
★本荘宗秀
　没　1873.11.20
★本多精一
　没　1920.1.10
★本多日生
　没　1931.3.16
★本多庸一
　没　1912.3.26
ボンベイ航路　1893.11.7
★ポンペ＝ファン＝メールデルフォールト
　没　1908.10.3
★『本邦鉱業の趨勢』　1906.この年
★『本邦小作慣行』　1926.12.-
★本間棗軒
　没　1872.2.8

ま

★マーティン
　没　1916.12.17
★マードック
　没　1921.10.30
★マイエット
　没　1920.1.9
『毎朝新報』　1908.4.-
★『毎日新聞』　1886.5.1
★『毎日新聞』　1943.1.1
★『まいにちひらかなしんぶんし』
　　1873.2.-
★前島密
　没　1919.4.27
★前田慧雲
　没　1930.4.29
★前田利定
　没　1944.10.2
★前田斉泰
　没　1884.1.16
★前田正名
　没　1921.8.11
★前田正之
　没　1892.7.23
★前田慶寧
　没　1874.5.18
前畑秀子
　第11回オリンピックで金メダル　1936.8.1
★前原一誠
　逮捕　1876.10.28
　刑死　1876.12.3
マカロフ
　戦死　1904.4.13
★牧口常三郎
　没　1944.11.18
★牧田環
　没　1943.7.6
★牧野権六郎
　没　1869.6.28
★牧野省三
　没　1929.7.25
★牧野信一
　没　1936.3.24
★牧野信之助
　没　1939.9.25
★『牧野伸顕日記』　1921.3.13

★マキム
　没　1936.4.4
★槙村正直
　没　1896.4.21
★マクシモービッチ
　没　1891.2.16
★マクドナルド，D.
　没　1905.1.3
★マクドナルド，C.M.
　没　1915.9.10
★マクネア
　没　1915.11.21
枕崎台風　1945.9.17
★馬越恭平
　没　1933.4.20
★正岡子規
　没　1902.9.19
★正木直彦
　没　1940.3.2
★増野徳民
　没　1877.5.20
★真清水蔵六（初代）
　没　1877.6.16
★真清水蔵六（２代）
　没　1936.6.13
★益田孝
　没　1938.12.28
★桝本卯平
　没　1931.4.10
「マダムと女房」　1931.8.1
★町田経宇
　没　1939.1.10
★町田久成
　没　1897.9.15
★松居松翁
　没　1933.7.14
★松井須磨子
　自殺　1919.1.5
★松井直吉
　没　1911.2.1
★松井等
　没　1937.5.12
★松井康直
　没　1904.7.5
★松浦武四郎
　没　1888.2.10
★松岡明義
　没　1890.6.22
★松岡映丘
　没　1938.3.2
★松岡好一
　没　1921.6.29
★松岡荒村
　没　1904.7.23
★松岡磐吉
　没　1871.この年
★松岡寿
　没　1944.4.28
★松岡調
　没　1904.12.17
★松岡康毅
　没　1923.9.1
★松尾臣善
　没　1916.4.8
★松尾多勢
　没　1894.6.10
★マッカーサー
　厚木到着　1945.8.30
　日本管理方式（間接統治・自由主義助長など）につき声明　1945.9.9
　五大改革指令　1945.10.11
松方デフレ　1885.この年
★松方内閣（第２次）　1896.9.18
★松方正義
　没　1924.7.2
★松崎渋右衛門
　没　1869.9.8
★松沢求策
　没　1887.6.25
松島遊廓移転に関する疑獄事件〔★松島遊廓疑獄〕　1926.2.28　1926.11.7
★松平容保
　没　1893.12.5
★松平左近
　没　1868.8.10
★松平定敬
　没　1908.7.21
★松平定安
　没　1882.12.1
★松平太郎
　没　1909.5.24
★松平直哉
　没　1897.12.31
★松平斉民
　没　1891.3.24
★松平信庸
　没　1918.3.5
★松平正直
　没　1915.4.20
★松平茂昭
　没　1890.7.25
★松平慶永
　没　1890.6.2
★松平頼聡
　没　1903.10.17
★松田源治
　没　1936.2.1
★松田正久
　没　1914.3.4
★松田道之
　没　1882.7.6
★松永和風（３代）
　没　1916.10.15
★松野勇雄
　没　1893.8.6
★松野礀
　没　1908.5.14
★松原佐久
　没　1910.5.31
★松前徳広
　没　1868.11.29
★松村介石
　没　1939.11.29
★松村任三
　没　1928.5.4
★松村友松
　没　1880.11.7
★松村文次郎
　没　1913.9.23
★松村雄之進
　没　1921.2.22
★松室致
　没　1931.2.16
★松本剛吉
　没　1929.3.5
★『松本剛吉政治日誌』　1912.7.31
★松本重太郎
　没　1913.6.20
★松本順
　没　1907.3.12
★松本荘一郎
　没　1903.3.19
★松本長
　没　1935.11.29
★松本白華
　没　1926.2.5
★松本楓湖
　没　1923.6.22

松本楼　1903.6.1
★松森胤保
没　1892.4.3
★松山高吉
没　1935.1.4
★松山忠二郎
没　1942.8.16
★松浦詮
没　1908.4.13
★万里小路博房
没　1884.2.22
★真名井純一
没　1902.7.16
★間部詮勝
没　1884.11.28
★マリアナ沖海戦　1944.6.19
★マリア＝ルス号事件　1872.7.1
★丸尾文六
没　1896.5.1
丸善石油　1933.11.8
★圓中文助
没　1923.9.1
★『団団珍聞』　1877.3.-
★丸山教　1873.10.15　1885.この年
★丸山作楽
没　1899.8.19
★丸山定夫
没　1945.8.16
★丸山名政
没　1922.11.21
★マレー
没　1905.3.6
★マレー沖海戦　1941.12.10
★『満洲経済年報』　1933.この年
満洲興業銀行　1936.12.7
★満洲国　1932.3.1　1932.9.15
満洲国解体　1945.8.17
満洲国協和会〔★協和会〕
1932.7.25
満洲国承認　1932.6.14
★満洲事変　1931.9.18
満州事変終結　1933.5.31
満洲重工業開発　1937.12.27
★『満洲日日新聞』　1907.11.3
★『満洲評論』　1931.8.15
満洲文芸家協会　1941.7.27
★マンスフェルト
没　1912.10.17
★『満鮮地理歴史研究報告』
1915.この年
★『満鉄調査月報』　1931.9.-
★満鉄調査部　1907.4.23
★万宝山事件　1931.7.2
「満蒙処理方針要綱」　1932.3.12
「満蒙問題解決案」　1931.10.2
「満蒙問題解決策案」　1931.9.22
★『万葉集古義』　1840.6.-　1880.この年

み

★三池炭坑　1883.9.21
★三浦乾也
没　1889.10.7
★三浦梧楼
没　1926.1.28
★三浦周行
没　1931.9.6
★三ヶ島葭子
没　1927.3.26
★三上於菟吉
没　1944.2.7
★三上参次
没　1939.6.7
★『未刊随筆百種』　1927.この年
★御巫清直
没　1894.7.4
★三木清
没　1945.9.26
★三木竹二
没　1908.1.10
御木徳一
刑事事件で検挙　1936.9.28
★三崎亀之助
没　1906.3.16
★三島中洲
没　1919.5.12
★三島通庸
没　1888.10.23
★三島弥太郎
没　1919.3.7
★水谷民彦
没　1891.9.22
★水野忠敬
没　1907.8.17
★水野忠徳
没　1868.7.9
★水野年方
没　1908.4.7
★水野寅次郎
没　1909.6.23
★水野直
没　1929.4.30
★水野広徳
没　1945.10.18
★三瀦謙三
没　1894.12.29
★水町袈裟六
没　1934.7.10
ミズーリ号　1945.9.2
未成年者喫煙禁止法　1900.3.7
★三瀬周三
没　1877.10.19
★『三十輻』　1917.この年
★三田演説会　1874.6.27
★『三田学会雑誌』　1909.2.-
★三谷隆正
没　1944.2.17
★『三田文学』　1910.5.-
美田村顕教
没　1931.1.10
★三井銀行　1876.7.1
★三井鉱山株式会社　1911.12.16
三井鉱山芝浦製作所　1904.6.25
★三井合名会社　1909.10.11
三井船舶　1942.12.26
★三井高保
没　1922.1.4
★三井高喜
没　1894.3.11
★三井高福
没　1885.12.20
★三井八郎次郎
没　1919.9.30
★三井物産会社　1876.7.29
三井報恩会　1934.3.27
★満川亀太郎
没　1936.5.12
★箕作佳吉
没　1909.9.16
★箕作元八
没　1919.8.9
★箕作秋坪
没　1886.12.3
★箕作麟祥
初の博士号を授与　1888.5.7
没　1897.11.29
三越呉服店　1904.12.6　1914.10.1
★満谷国四郎
没　1936.7.12

★ミッドウェー海戦　1942.6.5
★ミットフォード
　没　1916.8.17
★光永星郎
　没　1945.2.20
★三菱銀行　1919.8.15　1995.3.28
三菱合資会社　1893.12.15
三菱合資会社銀行部　1895.9.7
三菱社　1893.12.15
★三菱重工業　1934.4.11
三菱商会　1870.10.9
★三菱商事　1918.5.1
三菱商船学校　1882.4.1
三菱石油　1931.2.11
三菱造船　1934.4.11
三菱造船所　1887.6.7
★三矢協定　1925.6.11
★『水戸藩史料』　1915.11.-
★南方熊楠
　没　1941.12.29
★水上滝太郎
　没　1940.3.23
南太平洋海戦〔★ソロモン海戦〕
　1942.10.26
★三並良
　没　1940.10.27
★南満洲鉄道株式会社〔満鉄〕
　1906.11.26
南満洲鉄道株式会社に関する勅令　1906.6.8
★嶺田楓江
　没　1883.12.28
★箕浦勝人
　没　1929.8.30
★箕浦元章
　切腹　1868.2.23
★美濃部達吉
　不敬罪で起訴される
　1935.4.9
　貴族院議員を辞任　1935.9.18
★三野村利左衛門
　没　1877.2.21
★御法川直三郎
　没　1930.9.11
★壬生基修
　没　1906.3.6
★御堀耕助
　没　1871.5.13
★美馬君田
　没　1874.7.27
★宮川経輝
　没　1936.2.2
★宮城長五郎
　没　1942.6.25
★三宅艮斎
　没　1868.7.3
★三宅雪嶺
　没　1945.11.26
★三宅恒方
　没　1921.2.2
★三宅友信
　没　1886.8.8
★三宅米吉
　没　1929.11.11
★『都新聞』　1889.2.1
『みやこ新聞』　1889.2.1
★都太夫一中（10代）
　没　1928.2.6
★『都の花』　1888.10.-
★宮崎湖処子
　没　1922.8.9
★宮崎車之助
　没　1876.10.28
★『宮崎新報』　1888.2.15
★宮崎民蔵
　没　1928.8.15
★宮崎滔天
　没　1922.12.6
★宮崎八郎
　没　1877.4.6
★宮崎道三郎
　没　1928.4.18
★宮崎夢柳
　没　1889.7.23
★宮沢賢治
　没　1933.9.21
★宮下太吉
　刑死　1911.1.24
★宮島幹之助
　没　1944.12.11
★宮原二郎
　没　1918.1.15
★宮部襄
　没　1923.9.5
★『深山自由新聞』　1882.1.9
★宮本小一
　没　1916.10.16
★ミュラー
　没　1893.9.13
★苗字　1870.9.19
★『明星』　1900.4.-
★明珍恒男
　没　1940.3.18
★三好監物
　切腹　1868.8.15
★三吉正一
　没　1906.3.24
★三好退蔵
　没　1908.8.18
ミルクキャラメル　1913.6.10
★ミルン
　没　1913.7.31
★三輪田真佐子
　没　1927.5.3
★三輪田元綱
　没　1879.1.14
★『民間雑誌』　1874.2.-
★『民間雑誌』　1877.4.28
★民事訴訟法　1890.4.21
★民人同盟会　1919.2.21
★『民政』　1927.6.-
★民政党〔★立憲民政党〕
　1940.8.15
★民撰議院設立建白書　1874.1.17
★民撰議院論争　1874.2.3
『民俗学』　1929.7.-
民俗学会　1929.7.-
★民部官　1869.4.8
★民部省　1870.7.10　1871.7.27
★『民報』　1905.11.-
★民法　1896.4.27　1898.6.21
民法および商法施行延期法
　1892.11.24
民法・商法施行延期法案
　1892.5.27
★民法典論争　1889.5.-
民法編纂局　1880.6.1
★『民約訳解』　1882.3.10
★民友社　1887.2.-

む

★椋木潜
　没　1912.1.31
★『武蔵野』　1918.7.7
武蔵野鉄道　1915.4.15
★『無産階級』　1922.4.-
★『無産者新聞』　1925.8.-　1925.9.20
★無産政党組織準備協議会（第1回）　1925.8.10

★無産大衆党　1928.7.22
★霧社事件　1930.10.27
★牟田口元学
没　1920.1.13
ムッソリーニ
銃殺　1945.4.27
★『陸奥日報』　1889.3.22
★陸奥宗光
没　1897.8.24
★武藤金吉
没　1928.4.22
★武藤幸逸
没　1914.8.20
★武藤山治
没　1934.3.10
★武藤信義
没　1933.7.28
無名会　1913.7.8
★村井吉兵衛
没　1926.1.2
★村井弦斎
没　1927.7.30
★村井知至
没　1944.2.16
★村岡良弼
没　1917.1.4
★村垣範正
没　1880.3.15
★村上英俊
没　1890.1.10
★村上華岳
没　1939.11.11
★村上格一
没　1927.11.15
★村上鬼城
没　1938.9.17
★村上俊吉
没　1916.5.6
★村上専精
没　1929.10.31
★村上忠順
没　1884.11.23
★村上浪六
没　1944.2.1
★村田氏寿
没　1899.5.8
★村田銃　1880.3.30
★村田新八
戦死　1877.9.24
★村田経芳
没　1921.2.9
★村田峰次郎
没　1945.12.29
★村田若狭
没　1874.この年
★村中孝次
刑死　1937.8.19
★村野常右衛門
没　1927.7.30
★村松愛蔵
没　1939.4.11
★村松亀一郎
没　1928.9.22
★村松文三
没　1874.1.-
★村山竜平
没　1933.11.24
無隣庵会議　1903.4.21
★『牟婁新報』　1900.4.22
室戸台風〔★関西地方大風水害〕
1934.9.21

め

★『明治以降教育制度発達史』
1938.5.-
★『明治貨政考要』　1887.5.-
★『明治憲政経済史論』
1919.この年
★『明治工業史』　1925.6.-
★『明治財政史』　1904.この年
★明治一四年の政変　1881.10.11
★『明治史要』　1876.この年
★『明治職官沿革表』　1886.この年
★『明治初年農民騒擾録』
1931.この年
明治神宮造営局　1915.5.1
★『明治政史』　1892.6.-
★『明治前期勧農事蹟輯録』
1939.3.-
★『明治前期財政経済史料集成』
1931.この年
★明治大学　1880.12.8
★『明治大正財政史』　1936.5.-
★明治天皇
没　1912.7.29
明治天皇大喪　1912.9.13
明治二三年恐慌〔★恐慌〕
1889.この年
★『明治日報』　1881.7.1
明治美術会〔★太平洋画会〕
1889.6.16
明治文化研究会　1924.11.-
★『明治文化全集』　1927.この年
明治法律学校　1880.12.8
明法寮　1871.9.27
★『明六雑誌』　1874.2.-　1874.4.-
1875.11.-
★明六社　1873.8.-　1874.2.-
★メーソン
没　1923.9.1
★メーデー　1905.5.1　1920.5.2
メートル法条約　1886.4.20
★目賀田種太郎
没　1926.9.10
メキシコとの修好通商条約
1888.11.30
目黒蒲田電鉄　1922.9.2
★『めさまし草』　1896.1.-
★『めさまし新聞』　1887.4.1
★『めさまし新聞』　1893.11.15
★メッケル
陸軍大学校教官に任じる
1885.3.18
没　1906.7.5
綿業中央協議会　1935.8.23
綿糸配給統制規則　1938.3.1
綿糸輸出海関税免除法
1894.5.26
★メンデンホール
没　1924.3.22

も

盲唖院　1878.5.24
★『毛利十一代史』　1907.この年
★毛利敬親
没　1871.3.28
★毛利元徳
没　1896.12.23
★モース
横浜に来着　1877.6.17
大森貝塚発掘に着手
1877.9.16
没　1925.12.20
★モーニケ
没　1887.1.26
★茂木惣兵衛（初代）
没　1894.8.21
★茂木惣兵衛（２代）

没　1912.10.29
★茂木惣兵衛（3代）
没　1935.4.16
木造船建造緊急方策要綱
1943.1.20
★物集高見
没　1928.6.23
★物集高世
没　1883.1.2
★望月圭介
没　1941.1.1
★望月小太郎
没　1927.5.19
★望月太左衛門（6代）
没　1874.5.7
★望月太左衛門（7代）
没　1938.5.19
★望月太左衛門（8代）
没　1926.5.26
★モッセ
没　1925.5.30
★本居豊穎
没　1913.2.15
★本居長世
没　1945.10.14
★本木昌造
製鉄所取締に就任　1860.11.-
没　1875.9.3
★元田作之進
没　1928.4.16
★元田永孚
没　1891.1.22
★元田肇
没　1938.10.1
★本野一郎
没　1918.9.17
★本野盛亨
没　1909.12.10
★本山彦一
没　1932.12.30
★元良勇次郎
没　1912.12.13
★『Monumenta Nipponica』〔モヌメンタ＝ニッポニカ〕
1938.この年
★物部長穂
没　1941.9.9
★桃井春蔵
没　1885.12.8
★モラエス
没　1929.6.30
★森有礼
暗殺　1889.2.12
★森鷗外
没　1922.7.9
★森岡昌純
没　1898.3.27
★森槐南
没　1911.3.7
★森川源三郎
没　1926.6.7
★森寛斎
没　1894.6.2
★森久保作蔵
没　1926.11.4
★森広蔵
没　1944.1.12
森下南陽堂　1905.2.11
★森下博
没　1943.3.20
★森春濤
没　1889.11.21
★守田勘弥（12代）
没　1897.8.21
★守田勘弥（13代）
没　1932.6.16
★森田茂
没　1932.11.30
★森田思軒
没　1897.11.14
★森田恒友
没　1933.4.8
★森立之
没　1885.12.6
★森近運平
刑死　1911.1.24
★森恪
没　1932.12.11
★森永太一郎
キャンデー・ケーキの製造を開始　1899.8.15
没　1937.1.24
★森矗昶
没　1941.3.1
★森松次郎
没　1902.2.26
★森村市左衛門
没　1919.9.11
★森本六爾
没　1936.1.22
★森山茂
没　1919.2.6
★森山多吉郎
没　1871.3.15
★森山芳平
没　1915.2.27
★モレル
没　1871.11.5
★諸井恒平
没　1941.2.14
★師岡正胤
没　1899.1.23
★諸戸清六
没　1906.11.12
★『モンタヌス日本誌』
1925.この年
★文部省　1871.7.18　1872.10.25
★『文部省雑誌』　1873.4.-
★文部省思想局　1937.7.21
★『文部省日誌』　1872.8.-
★『文部省年報』　1875.この年
★モンブラン
没　1893.この年

や

★矢板武
没　1922.3.12
★八木重吉
没　1927.10.26
★八木奘三郎
没　1942.6.17
★『訳司統譜』　1897.この年
★矢嶋楫子
没　1925.6.16
★八代国治
没　1924.4.1
★八代六郎
没　1930.6.30
★安井息軒
没　1876.9.23
★安井てつ
没　1945.12.2
★安岡雄吉
没　1920.11.1
★安川敬一郎
没　1934.11.30
★安川雄之助
没　1944.2.13
★靖国神社　1879.6.4　1891.11.5

★安田銀行　1879.11.22　1923.11.1
★安田善次郎
暗殺　1921.9.28
★安田保善社　1945.10.15
★安成貞雄
没　1924.7.23
★矢田部良吉
没　1899.8.8
★矢内原忠雄
辞表提出し東京帝大を退官
1937.11.24
★箭内亘
没　1926.2.10
柳川一蝶斎（3代）
没　1909.2.17
★柳河春三
没　1870.2.20
★柳川春葉
没　1918.1.9
★柳川秀勝
没　1908.2.6
★柳川平助
没　1945.1.22
★柳沢保恵
没　1936.5.25
★柳沢保申
没　1893.10.2
★柳楢悦
没　1891.1.15
★柳原前光
没　1894.9.2
★柳原愛子
没　1943.10.16
★柳瀬正夢
没　1945.5.25
★矢野勘三郎
没　1894.6.4
★矢野二郎
没　1906.6.17
★矢野玄道
没　1887.5.19
★矢野文雄
没　1931.6.18
★八幡製鉄所　1899.4.7
★矢吹慶輝
没　1939.6.10
★山内豊信
没　1872.6.21
★山内豊範
没　1886.7.11
★山岡鉄舟
没　1888.7.19
★山尾庸三
没　1917.12.21
★山県有朋
「帝国国防方針案」を上奏
1906.10.-
没　1922.2.1
★山県伊三郎
没　1927.9.24
★『山形新聞』　1876.9.1
★『山形新報』　1887.7.17
★山県内閣（第1次）　1889.12.24
山県内閣（第2次）　1898.11.8
★山県・ロバノフ協定　1896.6.9
★山川健次郎
没　1931.6.26
山川捨松
アメリカへ出発　1871.11.12
★山岸荷葉
没　1945.3.10
★山極勝三郎
癌の人工発生に成功
1916.3.18
没　1930.3.2
★山際七司
没　1891.6.9
★山口吉郎兵衛（2代）
没　1871.この年
★山口吉郎兵衛（3代）
没　1887.この年
★山口孤剣
没　1920.9.2
★山口尚芳
没　1894.6.12
★山口素臣
没　1904.8.7
★山座円次郎
没　1914.5.28
★山崎覚次郎
没　1945.6.28
★山崎楽堂
没　1944.10.29
★山崎直方
没　1929.7.26
★山崎弁栄
没　1920.12.4
★山路愛山
没　1917.3.15
★山下亀三郎
没　1944.12.13
★山下源太郎
没　1931.2.18
★山下千代雄
没　1929.2.4
★山下奉文
死刑を宣告される　1945.12.7
★山科言縄
没　1916.11.6
★山城屋和助
自殺　1872.11.29
★山田顕義
没　1892.11.11
★山田武甫
没　1893.2.23
★山田美妙
没　1910.10.24
★山田方谷
没　1877.6.26
★山地元治
没　1897.10.3
★『大和志』　1934.10.-
★『大和志料』　1914.12.-
★『大和新聞』　1891.3.-
『養徳新聞』　1891.3.-
★『やまと新聞』　1886.10.7　1906.この年
★大和同志会　1912.8.20
『大和日報』　1941.1.1
★山中献
没　1885.5.25
★山中貞雄
没　1938.9.17
★山中新十郎
秋田藩に建白書を提出
1836.この年
没　1877.9.9
★山中成太郎
没　1895.8.26
山梨軍縮〔★陸軍軍縮問題〕
1922.8.11
★『山梨日日新聞』　1881.1.4
★山梨半造
没　1944.7.2
★山内梅三郎
没　1879.11.11
★山之内一次
没　1932.12.21
★山内量平
没　1918.11.11

山手線　1909.12.16
山手線環状運転　1925.11.1
★山辺丈夫
没　1920.5.14
★山葉寅楠
没　1916.8.6
★山村登久
没　1876.11.23
★山村友五郎（２代）
没　1895.12.21
★山村暮鳥
没　1924.12.8
★山室軍平
没　1940.3.13
★山本五十六
戦死　1943.4.18
★山本覚馬
没　1892.12.28
★山本竟山
没　1934.1.24
★山本懸蔵
没　1939.3.10
★山本権兵衛
没　1933.12.8
★山本条太郎
没　1936.3.25
★山本信次郎
没　1942.2.28
★山本宣治
刺殺　1929.3.5
★山本滝之助
没　1931.10.26
★山本悌二郎
没　1937.12.14
★山本東次郎（初代）
没　1902.11.28
★山本東次郎（２代）
没　1935.9.1
★山本内閣（第１次）　1913.2.20
1914.3.24
山本内閣（第２次）　1923.9.2
★山本信哉
没　1944.12.18
★山本秀煌
没　1943.11.21
★山本芳翠
没　1906.11.15
★山本幸彦
没　1913.5.23
山屋他人
没　1940.9.10
★山脇房子
没　1935.11.19
『八幡滝本坊蔵帳』　1931.この年

ゆ

★湯浅倉平
没　1940.2.24
★湯浅治郎
没　1932.6.7
★湯浅半月
没　1943.2.4
★唯物論研究会　1932.10.23
1938.2.13
★友愛会　1912.8.1　1917.4.6
友愛会磐城連合会　1916.4.2
友愛会東京印刷工組合
1917.10.15
友愛会婦人部　1916.6.-
★『友愛新報』　1912.11.3
有一館　1884.8.10
★ユーイング
没　1935.1.7
★結城礼一郎
没　1939.10.17
有限会社法　1938.4.5
有史閣　1877.この年
★又新会　1908.12.21
★猶存社　1919.8.1
夕張炭坑〔★石狩炭田〕
1907.3.2　1920.6.14
有斐閣　1877.この年
郵便開設　1871.1.24
郵便検閲　1945.10.1
★郵便条例　1883.1.1
★郵便貯金法　1905.2.16
郵便年金法　1926.3.30
『郵便報知新聞』〔★報知新聞〕
1872.6.10　1894.12.26
★『有朋堂文庫』　1912.この年
★湯川寛吉
没　1931.8.23
★湯川秀樹
中間子論を発表　1935.2.-
★行秀
没　1887.3.5
輸出組合法　1925.3.30
★『輸出重要品要覧』　1896.この年
★湯本武比古
没　1925.9.27
★湯本義憲
没　1918.11.15
★由利公正
没　1909.4.28

よ

★「夜明け前」　1929.4.-
養育院　1872.11.-
八日会　1921.4.24
★『幼学綱要』　1882.12.3
★『鷹山公世紀』　1906.9.-
洋式灯台　1869.1.1
★楊守敬
没　1915.1.9
★陽其二
没　1906.9.24
★幼稚園　1876.11.14
★『洋々社談』　1875.4.9
予戒令　1892.1.28
★翼賛議員同盟　1941.9.2
★翼賛政治会　1942.5.20
★翼賛政治体制協議会　1942.2.23
★横井小楠
暗殺　1869.1.5
★横井時雄
没　1927.9.13
★横井時冬
没　1906.4.18
★横井時敬
没　1927.11.1
★横川省三
銃殺　1904.4.21
横須賀海軍航空隊　1916.3.18
『横須賀日日新聞』　1940.8.1
★横瀬夜雨
没　1934.2.14
★横田国臣
没　1923.2.22
★横田千之助
没　1925.2.4
★横田秀雄
没　1938.11.16
横浜生糸改会社　1873.6.1
★横浜事件　1944.1.29
★横浜正金銀行　1880.2.28
1912.2.10
『横浜新報』　1906.12.3
★『横浜新報もしほ草』

1868.閏4.11
★『横浜貿易新報』　1906.12.3
★『横浜毎朝新報』　1908.4.-
★『横浜毎日新聞』　1870.12.8
1879.11.18
横浜連合生糸荷預所　1881.9.15
★横山源之助
没　1915.6.3
★横山正太郎
自殺　1870.7.27
★横山隆興
没　1916.4.11
★横山俊彦
刑死　1876.12.3
★横山又次郎
没　1942.1.20
★横山由清
没　1879.12.2
★与謝野晶子
没　1942.5.29
★与謝野鉄幹
没　1935.3.26
★吉井源太
没　1908.1.10
★吉井友実
没　1891.4.22
★吉江喬松
没　1940.3.26
★吉雄圭斎
没　1894.3.15
★芳川顕正
没　1920.1.10
★吉川治郎左衛門
没　1924.7.8
★吉川泰二郎
没　1895.11.21
★吉川守圀
没　1939.8.14
★吉沢検校（２代）
没　1872.9.19
吉田石松
再審請求を開始　1935.3.21
★吉田栄三（初代）
没　1945.12.9
★吉田清成
没　1891.8.3
★吉田辰五郎（３代）
没　1890.この年
★吉田玉造（初代）
没　1905.1.12
★吉田玉造（３代）
没　1926.9.9
★吉田東伍
没　1918.1.22
★吉田奈良丸（初代）
没　1915.この年
★吉富簡一
没　1914.1.18
★芳野金陵
没　1878.8.5
★吉野作造
没　1933.3.18
★吉原重俊
没　1887.12.19
★能久親王
没　1895.10.28
★吉満義彦
没　1945.10.23
★芳村伊三郎（５代）
没　1882.11.24
★芳村伊三郎（６代）
没　1902.5.10
★芳村伊三郎（７代）
没　1920.8.20
★吉村甚兵衛
没　1886.11.26
★芳村正秉
没　1915.1.21
★依田学海
没　1909.1.27
★『輿地誌略』
1870.この年より明治10年にかけて
★ヨッフェ
没　1927.11.17
★米内内閣　1940.1.16　1940.7.16
★米井源治郎
没　1919.7.20
★米田庄太郎
没　1944.12.18
★『世のうはさ』　1870.4.-
★『読売新聞』　1874.11.2
読売争議（第１次）〔★読売新聞社争議〕　1945.10.23
寄留　1871.7.22
★依仁親王
没　1922.6.27
★『万朝報』　1892.11.1
★万鉄五郎
没　1927.5.1
★四・一六事件　1929.4.16

ら

★ラーネッド
没　1943.3.19
★ライマン
没　1920.8.30
★ラインシュ
没　1923.この年
『楽翁公伝』　1937.この年
★ラグーザ
没　1927.3.13
★ラグーザ玉
没　1939.4.6
★楽善会　1875.5.22
★ラゲ
没　1929.11.3
ラジオ＝コードに関する覚書
1945.9.19
★羅振玉
没　1940.6.19
臘虎膃肭獣猟法　1895.3.6
★『羅府新報』　1903.4.-
ラモント
満鉄外債を協議　1927.10.3
満鉄外債見送り通告
1927.10.3
★ランバス
没　1921.9.26

り

リーチ
来日　1909.4.-
★理化学研究所　1917.3.20
理学所　1870.5.26　1870.10.24
理科大学　1910.12.22
★リカルテ
没　1945.7.31
★李完用
没　1926.2.11
★リギンズ
没　1912.1.7
陸海軍将校分限令　1888.12.25
陸軍軍備縮小建議案〔★陸軍軍縮問題〕　1922.3.25
陸軍軍法会議法　1921.4.26
★陸軍刑法　1881.12.28　1888.12.19
陸軍現役将校学校配属令

1925.4.13
陸軍国旗（白地紅白光線章）
1870.5.15
陸軍参謀局条例　1874.6.18
陸軍参謀本部条例　1888.5.14
★陸軍士官学校　1887.6.15
★陸軍所　1866.11.19　1870.4.4
★陸軍省　1872.2.28
★『陸軍省沿革史』　1905.11.-
陸軍省参謀局　1878.12.5
陸軍省整備局　1926.10.1
★『陸軍省大日記』　1868.この年
★『陸軍省日誌』　1872.この年
陸軍条例　1871.7.28
陸軍戦時編制概則　1881.5.19
陸軍操練所　1869.10.20
陸軍部　1871.7.28
★陸軍兵学寮　1870.11.4
★陸軍幼年学校　1887.6.15
★『陸軍歴史』　1889.この年末
★『六合雑誌』　1880.10.11
★『六合新聞』　1869.3.20
★李鴻章
没　1901.11.7
★リサール
没　1896.12.30
★『理財稽蹟』　1878.1.-
★『理財新報』　1878.5.27
★理想団　1901.7.20
★立憲改進党　1882.3.14
1884.12.17
★『立憲改進党党報』　1892.12.20
★立憲革新党　1894.5.3
★立憲国民党　1910.3.13　1922.9.1
★『立憲自由新聞』　1891.1.1
★立憲自由党　1890.9.15　1891.2.24
「立憲政体に関する意見書」
1873.11.-
『立憲政体略』　1868.7.-
★立憲政党　1883.3.15
★立憲政友会　1900.8.25　1900.9.15
★立憲帝政党　1882.3.18　1883.9.24
★立憲同志会　1913.2.7　1913.12.23
★立憲民政党　1927.6.1
「立国憲議」　1872.4.-
★立志社　1874.4.10
★リッター
没　1874.12.25
立儲令　1909.2.11
★リットン調査団　1932.2.29
1932.10.2
★『律令の研究』　1931.9.-
★リデル
没　1932.2.3
★李奉昌
没　1932.10.10
★『柳営婦女伝叢』　1917.この年
★『立会略則』　1871.9.-
★『琉球史料叢書』　1940.この年
★『琉球新報』　1893.9.15
琉球藩〔★琉球〕　1879.4.4
竜池会〔★日本美術協会〕
1887.12.4
凌雲閣　1890.11.13
★李容九
没　1912.5.22
★梁啓超
没　1929.1.19
遼東半島還付条約〔★三国干渉〕
1895.11.8
遼東半島還付の詔書　1895.5.10
★『陵墓要覧』　1915.12.-
★遼陽の会戦　1904.8.26
旅行鑑札　1871.7.22
旅順開城規約　1905.1.2
旅順降伏〔★旅順の戦〕
1905.1.1
旅順総攻撃〔★旅順の戦〕
1904.8.19　1904.10.26
1904.11.26
旅順鎮守府条例　1906.9.25
★臨時外交調査委員会　1917.6.6
1922.9.18
臨時外米管理部　1918.4.25
★臨時教育会議　1917.9.21
臨時教員養成所　1902.3.28
臨時経済更生部　1932.9.27
★臨時産業合理局　1930.6.2
臨時産業調査会　1920.2.21
★臨時資金調整法　1937.9.10
臨時事件費支弁に関する法律
1905.1.1
臨時修史局　1886.1.9
★臨時製鉄事業調査委員会
1893.4.22
臨時制度整理局官制　1911.12.9
臨時米穀配給統制規則
1940.8.20
臨時利得税法　1935.3.30
「隣邦兵備略」　1880.11.30

る

ルーミス
没　1920.8.27
★ル＝ジャンドル
没　1899.9.1

れ

★レイ
没　1898.この年
★黎元洪
没　1928.6.3
★冷泉雅二郎
没　1902.9.4
★『令知会雑誌』　1884.4.29
レイテ沖海戦〔★比島沖海戦〕
1944.10.24
レイテ地上作戦　1944.12.19
★黎明会　1918.12.23
★レースレル
没　1894.12.2
★『歴史科学』　1932.この年
★『歴史学研究』　1932.12.-
★歴史学研究会　1932.12.-
★『歴史地理』　1899.10.5
★『歴史と地理』　1917.11.-
★『歴代顕官録』　1925.この年
★『列侯深秘録』　1914.この年
★『列聖全集』　1915.この年
レーニン号　1923.9.13
★レビッソーン
没　1883.3.4
レプセ
来日　1925.9.21
レルヒ少佐
初めてスキーを指導〔★スキー〕
1911.1.12
連合国軍総司令部（GHQ）指令
第1号発表　1945.9.2

ろ

★労学会　1918.9.-
★『労働』　1920.1.-
『労働及産業』〔★友愛新報〕
1920.1.-
★労働組合期成会　1897.7.4
★労働組合全国同盟　1929.9.9

労働組合同盟会　1920.5.16
★労働組合法　1945.12.22
労働組合法案　1925.8.5
1931.3.17
★『労働者』　1926.12.-
★労働者募集取締令　1924.12.29
労働者問題研究会　1916.2.23
★『労働新聞』　1925.1.17
★『労働新聞』　1925.6.20
★『労働新聞』　1928.12.5
★『労働世界』　1897.12.1
★労働争議調停法　1926.4.9
労働争議調停法案　1925.8.5
労働争議調停法改正案
1931.3.17
労働代表官選反対全国労働者大会　1919.9.20
★労働農民党　1926.3.5　1926.12.12
1928.4.10
労働立法促進委員会　1928.12.5
★『労農』　1927.12.-
★労農大衆党　1929.1.17
★労農党　1929.11.1　1930.8.29
労農無産協議会　1936.5.4
1937.2.21
ローズヴェルト，Th.〔★ルーズベルト〕
没　1919.1.6
ローズヴェルト，F.D.〔★ルーズベルト〕
没　1945.4.12
★ローゼン
没　1922.1.2
★羅馬字会　1885.1.17
★六郷新三郎（5代）
没　1887.7.31
★六郷新三郎（6代）
没　1927.1.6
六大都市行政監督特例
1926.6.24
★鹿鳴館　1883.11.28　1887.1.22
★ロケニュ
没　1885.1.18
★盧溝橋事件　1937.7.7
盧溝橋事件現地停戦協定
1937.7.11
★『玫瑰花冠記録』　1869.この年
★魯迅
没　1936.10.19
ロス
来日　1935.9.6
★ロッシュ
没　1901.6.26
『羅馬書の研究』　1923.9.-
★ロンドン海軍軍縮会議
1930.1.21
ロンドン海軍軍縮会議（第2次）
1935.12.9
★ロンドン海軍軍縮条約
1930.4.22
ロンドン海軍軍縮条約諮詢案
1930.10.1

わ

★ワーグナー
没　1892.11.8
★ワーグマン
没　1891.2.8
★ワイコフ
没　1911.1.27
★和井内貞行
没　1922.5.16
★隈板内閣　1898.6.30
★若江秋蘭
没　1881.10.11
★若尾幾造（初代）
没　1896.10.10
★若尾幾造（2代）
没　1928.4.29
★若尾逸平
没　1913.9.7
★若槻内閣（第1次）　1926.1.30
1927.4.17
若槻内閣（第2次）　1931.4.14
★『若菜集』　1897.8.-
★「吾輩は猫である」　1905.この年
★若松賤子
没　1896.2.10
★若柳寿童
没　1917.7.22
★『和歌山新聞』　1872.11.5
★『和歌山新聞』　1878.6.2
★『和歌山新聞』　1940.3.1
★『和歌山新報』　1892.8.1
★若山儀一
没　1891.9.3
★若山牧水
没　1928.9.17
★脇坂安宅
没　1874.1.10
★脇水鉄五郎
没　1942.8.10
★鷲津宣光
没　1882.10.5
★鷲尾隆聚
没　1912.3.4
★ワシントン会議　1921.11.12　1922.2.2
★ワシントン海軍軍縮条約
1936.12.31
『早稲田叢書』　1903.この年
早稲田騒動〔★早稲田大学騒動〕
1917.8.31
★早稲田大学　1882.10.21　1902.9.2
★『早稲田文学』　1891.10.-
★和田一真
没　1882.12.4
★和田巌
没　1923.2.14
★和田英
没　1929.9.26
★和田垣謙三
没　1919.7.18
★和田久太郎
没　1928.2.10
★渡瀬庄三郎
没　1929.3.8
★和田維四郎
没　1920.12.20
★和田篤太郎
没　1899.2.24
★和田豊治
没　1924.3.4
★渡辺重石丸
没　1915.10.19
★渡辺海旭
没　1933.1.26
★渡辺霞亭
没　1926.4.7
★渡辺驥
没　1896.6.21
★渡辺国武
没　1919.5.11
★渡辺洪基
没　1901.5.24
★渡辺錠太郎
暗殺　1936.2.26
★渡辺台水
没　1893.10.15
★渡辺千秋

没　1921.8.27
★渡辺千冬
没　1940.4.18
★渡辺昇
没　1913.11.10
★渡辺政之輔
南葛労働協会を結成
1922.10.-
自殺　1928.10.6
★渡辺廉吉
没　1925.2.14
★和田英松
没　1937.8.20
★和衷協同の詔書　1893.2.10
笑の王国　1933.4.1
★『妾の半生涯』　1904.この年
★『我等』　1919.2.-

誰でも読める

ふりがな付き

日本近代史年表

吉川弘文館編集部編

吉川弘文館

はしがき

個々《ここ》の歴史事象《れきしじしょう》の起《お》こった時期《じき》を確認《かくにん》し、通読《つうどく》することによって時代《じだい》の大《おお》きな流《なが》れを理解《りかい》することができる年表《ねんぴょう》は、歴史《れきし》を考《かんが》える場合《ばあい》の必携《ひっけい》の道具《どうぐ》といえます。小社《しょうしゃ》は先《さき》に、『国史大辞典《こくしだいじてん》』を補完《ほかん》する年表《ねんぴょう》として『日本史総合年表《にほんしそうごうねんぴょう》』（二〇〇一年《ねん》）を発刊《はっかん》しましたが、幸《さいわ》い幅広《はばひろ》い読者《どくしゃ》のご支持《しじ》を得《え》ることができ、二〇〇五年《ねん》には増補《ぞうほ》を加《くわ》えた第《だい》二版《はん》を刊行《かんこう》しました。

こうした読者《どくしゃ》のご支持《しじ》と同時《どうじ》に、漢字《かんじ》で表記《ひょうき》された日本史《にほんし》の用語《ようご》には読《よ》みにくいものが多《おお》い、読《よ》み方《かた》がわからなければ辞書《じしょ》をひくこともできず内容《ないよう》が理解《りかい》できない、年表《ねんぴょう》の漢字《かんじ》にふりがなを施《ほどこ》してほしい、とのご意見《いけん》が少《すく》なからず寄《よ》せられております。日本語《にほんご》表記《ひょうき》における漢字《かんじ》の読《よ》み方《かた》が複雑《ふくざつ》なことは日常生活《にちじょうせいかつ》でもしばしば実感《じっかん》するところですが、日本史《にほんし》年表《ねんぴょう》の場合《ばあい》、ふだん見慣《みな》れない日本史《にほんし》の用語《ようご》が加《くわ》わり、複雑《ふくざつ》さを増《ま》しています。

そうした多《おお》くの読者《どくしゃ》のご要望《ようぼう》にこたえ、これまでに『日本史総合年表《にほんしそうごうねんぴょう》〔第《だい》二版《はん》〕』の古代《こだい》―近世《きんせい》の部分《ぶぶん》の内容《ないよう》をそのまま収録《しゅうろく》し、記事《きじ》に網羅的《もうらてき》にふりがなを施《ほどこ》した『誰《だれ》でも読《よ》める日本古代史年表《にほんこだいしねんぴょう》』『誰《だれ》でも読《よ》める日本中世史《にほんちゅうせいし》年表《ねんぴょう》』『誰《だれ》でも読《よ》める日本近世史年表《にほんきんせいしねんぴょう》』を刊行《かんこう》し、引《ひ》き続《つづ》き、今回《こんかい》、その近代編《きんだいへん》ともいうべき『誰《だれ》でも読《よ》める日本近代史年表《にほんきんだいしねんぴょう》』を編集《へんしゅう》・刊行《かんこう》することとしました。

ところで、ふだん何気《なにげ》なく黙読《もくどく》している日本史《にほんし》の用語《ようご》も、いざ声《こえ》に出《だ》して正確《せいかく》に読《よ》もうとすると、いろいろ疑《ぎ》問《もん》が生《しょう》じます。たとえば年号《ねんごう》では、複数《ふくすう》の読《よ》みが伝《つた》えられているものが多《おお》くあります。そのいずれが正《ただ》しい読《よ》み方《かた》か。こうした用語《ようご》について、厳密《げんみつ》に当時《とうじ》の読《よ》みを決定《けってい》することは実《じつ》に困難《こんなん》なことです。そこで、本年表《ほんねんぴょう》では、『国史大辞典《こくしだいじてん》』との関連《かんれん》を考《かんが》え、おおむね同辞典《どうじてん》の項目《こうもく》の読《よ》みによってふりがなを施《ほどこ》すこととしました。同書《どうしょ》の項目《こうもく》にない語句《ごく》は、一般《いっぱん》の慣用《かんよう》や辞書《じしょ》などを参考《さんこう》にし、穏当《おんとう》と思《おも》われる読《よ》みを採用《さいよう》しました。したがって、本年《ほんねん》表《ぴょう》が施《ほどこ》した読《よ》みを、唯一絶対《ゆいいつぜったい》の読《よ》みとするものではありません。

本書《ほんしょ》が、既刊《きかん》の『誰《だれ》でも読《よ》める日本古代史年表《にほんこだいしねんぴょう》』『誰《だれ》でも読《よ》める日本中世史年表《にほんちゅうせいしねんぴょう》』『誰《だれ》でも読《よ》める日本近世史年表《にほんきんせいしねんぴょう》』および続刊《ぞっかん》の『誰《だれ》でも読《よ》める日本現代史年表《にほんげんだいしねんぴょう》』とともに、読者《どくしゃ》の皆《みな》さまの日本史理解《にほんしりかい》の一助《いちじょ》となることを願《ねが》ってやみません。

二〇〇八年《ねん》六月《がつ》

吉川弘文館《よしかわこうぶんかん》 編集部《へんしゅうぶ》

凡《はん》例《れい》

一　本年表《ほんねんぴょう》は、原則《げんそく》として『日本史総合年表《にほんしそうごうねんぴょう》〔第《だい》二版《はん》〕』の内容《ないよう》をそのまま収録《しゅうろく》して縦組《たてぐ》みに再編《さいへん》し、記事《きじ》などにふりがなを施《ほどこ》したものである。収録《しゅうろく》の範囲《はんい》は一八六八年《ねん》（明治元《めいじがん》）より一九四五年《ねん》（昭和《しょうわ》二十）までとした。

二　ふりがなは、記事本文《きじほんもん》および年号《ねんごう》・重職人名《じゅうしょくじんめい》・外国帝王名《がいこくていおうめい》などの漢字《かんじ》に施《ほどこ》した。漢字《かんじ》の読《よ》みは、『国史大辞典《こくしだいじてん》』の項目《こうもく》として立《た》てられている語句《ごく》は、おおむねその読《よ》みによった。その他《た》の語句《ごく》は一般《いっぱん》の慣用《かんよう》や辞書《じしょ》などを参考《さんこう》にし、穏当《おんとう》と思《おも》われる読《よ》みによった。ただし、本年表《ほんねんぴょう》の読《よ》み以外《いがい》の読《よ》みを排除《はいじょ》するものではない。

三　一項目《こうもく》の記述《きじゅつ》の末尾《まつび》は「。」とし、項目内《こうもくない》の句点《くてん》は「・」とした。

四　日本《にほん》・中国《ちゅうごく》の年号欄《ねんごうらん》に掲《かか》げた数字《すうじ》のうち○で囲《かこ》んだものは閏月《うるうづき》を示《しめ》す。
陰暦による日付けも正月《しょうがつ》は原則《げんそく》として「1（月《がつ》）」と表記《ひょうき》した。

五　西暦欄《せいれきらん》の◀▶は、その年《とし》の記事《きじ》がそれぞれ後《うしろ》・前《まえ》の頁《ページ》にもあることを示《しめ》す。

六　外国《がいこく》の年号欄《ねんごうらん》の元年《がんねん》は、「元」の表示《ひょうじ》を省略《しょうりゃく》した。称元法《しょうげんほう》については、琉球《りゅうきゅう》は『球陽《きゅうよう》』、朝鮮《ちょうせん》は『朝鮮王朝実録《ちょうせんおうちょうじつろく》』によった。

七　明治《めいじ》五年《ねん》（一八七二）以前《いぜん》は、年ごとに各月《かくつき》の大小《だいしょう》、朔日《さくじつ》の干支《かんし》、朔日《さくじつ》の西暦《せいれき》（グレゴリオ暦《れき》）による日付《ひづ》けを記載《きさい》した（内田正男《うちだまさお》編著《へんちょ》『日本暦日原典《にほんれきじつげんてん》〔第《だい》四版《はん》〕』〔雄山閣出版《ゆうざんかくしゅっぱん》、一九九二年《ねん》〕によった）。

八　明治《めいじ》五年《ねん》（一八七二）以前《いぜん》は、和暦《われき》による日付《ひづ》けにはグレゴリオ暦《れき》による日付《ひづ》けを（　）内《ない》に注記《ちゅうき》した。

九 「年号《ねんごう》・干支《かんし》」欄《らん》には改元《かいげん》の月日《がっぴ》および閏月《うるうづき》を加《くわ》えた。

一〇 【死没《しぼつ》】欄《らん》を設《もう》け、その年《とし》の主要《しゅよう》な死没者《しぼつしゃ》を月日順《がっぴじゅん》にまとめ、没年齢《ぼつねんれい》（かぞえ年齢《ねんれい》。欧米人《おうべいじん》は満年齢《まんねんれい》）・備考《びこう》を（ ）内《ない》に注記《ちゅうき》した。

一一 内容《ないよう》の理解《りかい》を助《たす》けるために図版《ずはん》を掲載《けいさい》した。当該記事《とうがいきじ》の上《うえ》の西暦欄《せいれきらん》に「図1」のように図版番号《ずはんばんごう》を示《しめ》した。

一二 巻末《かんまつ》に付録《ふろく》（七曜表《しちようひょう》）・索引《さくいん》を付《ふ》した。

一三 本年表編集《ほんねんぴょうへんしゅう》にあたっては、全般《ぜんぱん》にわたり鳥海靖氏《とりうみやすしし》（東京大学名誉教授《とうきょうだいがくめいよきょうじゅ》）のご指導《しどう》をいただいた。

函 写真＝旧開智学校（長野県松本市）（旧開智学校管理事務所提供）

誰でも読める日本近代史年表

ふりがな付き

西暦　一八六八 ◀

年号・干支　明治《めいじ》元　9・8　戊辰《つちのえたつ》　④　*改元前は慶応四年

天皇　(明治《めいじ》)

総裁　前年12・9　有栖川宮熾仁《ありすがわのみやたるひと》

記事

【政治・経済】

1・3(*1・27*) 鳥羽《とば》・伏見《ふしみ》の戦《たたかい》(戊辰戦争開始《ぼしんせんそうかいし》)、旧幕府軍敗退《きゅうばくふぐんはいたい》。**1・6**(*1・30*) 徳《とく》川慶喜《がわよしのぶ》、大坂城《おおさかじょう》を脱出《だっしゅつ》(八日《か》、大坂《おおさか》を出帆《しゅっぱん》・一二日《にち》、江戸到着《えどとうちゃく》)。**1・7**(*1・31*) 新政府《しんせいふ》、徳川慶喜征討令《とくがわよしのぶせいとうれい》を発《はっ》する。**1・10**(*2・3*) 新政府《しんせいふ》、徳川慶喜以下《とくがわよしのぶいか》二七名《めい》の官位《かんい》を奪《うば》い、旧幕府領地《きゅうばくふりょうち》を直轄《ちょっかつ》とする。**1・11**(*2・4*) 岡山藩兵《おかやまはんぺい》、神戸《こうべ》で外国《がいこく》人《じん》と衝突《しょうとつ》(神戸事件《こうべじけん》)。**1・15**(*2・8*) 新政府《しんせいふ》、各国公使《かっこくこうし》に王政復古《おうせいふっこ》を通達《つうたつ》。天皇《てんのう》元服《げんぷく》・大礼《たいれい》につき大赦《たいしゃ》。**1・17**(*2・10*) 新政府《しんせいふ》、三職七科《さんしょくしちか》の制《せい》を定《さだ》める。新政府《しんせいふ》、外国《がいこく》と和親《わしん》を結《むす》ぶ旨《むね》を布告《ふこく》。**1・19**(*2・12*) 仏公使《ふっこうし》ロッシュ、徳川慶喜《とくがわよしのぶ》に再挙《さいきょ》を勧《すす》めるが、慶喜拒絶《よしのぶきょぜつ》。**1・20**(*2・13*) 新政府《しんせいふ》、幕府締結《ばくふていけつ》の条約遵守《じょうやくじゅんしゅ》を各国《かっこく》に通告《つうこく》。**1・23**(*2・16*) 新政府《しんせいふ》、暗殺《あんさつ》を禁止《きんし》。**1・25**(*2・18*) 英《えい》・米《べい》・蘭《らん》・仏《ふつ》・伊《い》・普《ふ》の六国《こく》、局《きょく》外中立《がいちゅうりつ》を宣言《せんげん》。新政府《しんせいふ》、役人《やくにん》の贈収賄《ぞうしゅうわい》を禁止《きんし》。**2・3**(*2・25*) 天皇《てんのう》、親征《しんせい》の詔《みことのり》を発布《はっぷ》。職制《しょくせい》を改《あらた》め、三職八局《さんしょくはっきょく》の制《せい》を定《さだ》める。**2・9**(*3・2*) 総裁有栖川宮《そうさいありすがわのみや》熾仁親王《たるひとしんのう》を東征大総督《とうせいだいそうとく》とする。**2・11**(*3・4*) 貢士《こうし》の制《せい》を制定《せいてい》。京坂《けいはん》の富商《ふしょう》に親《しん》征経費《せいけいひ》一〇万両《りょう》を供給《きょうきゅう》させる。**2・12**(*3・5*) 慶喜《よしのぶ》、江戸城《えどじょう》を出《で》て上野寛永寺《うえのかんえいじ》(大慈院《だいじいん》)に屏居《へいきょ》。**2・15**(*3・8*) 高知藩兵《こうちはんぺい》、堺港上陸《さかいこうじょうりく》の仏軍艦船員《ふつぐんかんせんいん》一〇余人《よにん》を殺《さつ》傷《しょう》(堺事件《さかいじけん》)。**2・30**(*3・23*) 英公使《えいこうし》パークス、参内《さんだい》の途次《とじ》、京都新門前通縄手《きょうとしんもんぜんどおりなわて》で襲《おそ》われる。**3・3**(*3・26*) 東山道先鋒総督府《とうさんどうせんぽうそうとくふ》、先鋒嚮導隊《せんぽうきょうどうたい》(赤報隊《せきほうたい》)浪士相楽総《ろうしさがらそう》三《ぞう》らを偽官軍《にせかんぐん》として捕《とら》え処刑《しょけい》。**3・6**(*3・29*) 大総督府《だいそうとくふ》、三月《がつ》一五日《にち》の江戸城総《えどじょうそう》攻撃《こうげき》を命《めい》じる。**3・13**(*4・5*) 旧幕府陸軍総裁勝海舟《きゅうばくふりくぐんそうさいかつかいしゅう》、大総督府参謀西郷隆盛《だいそうとくふさんぼうさいごうたかもり》と会談《かいだん》、翌《よく》一四日《か》、再度会談《さいどかいだん》し江戸開城《えどかいじょう》に合意《ごうい》。**3・14**(*4・6*) 天皇《てんのう》、紫宸殿《ししんでん》で五

琉球　21　尚泰王《しょうたいおう》

朝鮮　5　高宗《こうそう》

清　7　同治《どうち》　④　(穆宗《ぼくそう》)

1868（明治元）

西暦	
年号・干支	
天皇	
総裁	④・21
記事	箇条《かじょう》を誓約《せいやく》（五箇条《ごかじょう》の誓文《せいもん》）。**3・15**（*4・7*）旧幕府《きゅうばくふ》の高札《こうさつ》を撤去《てっきょ》し、新《あら》たに禁《きん》令《れい》五条《じょう》を定《さだ》めて掲示《けいじ》（五榜《ごぼう》の掲示《けいじ》）。**4・11**（*5・3*）江戸《えど》城開城《じょうかいじょう》・徳川慶喜《とくがわよしのぶ》、水《み》戸《と》に退隠《たいいん》。**閏《うるう》4・21**（*6・11*）政体書《せいたいしょ》を公布《こうふ》（二七日《にち》、頒布《はんぷ》）。官制《かんせい》を改正《かいせい》し、太政《だじょう》官《かん》に議政《ぎせい》・行政《ぎょうせい》・神祇《じんぎ》・会計《かいけい》など七官《かん》を置《お》く（七官両局《しちかんりょうきょく》の制《せい》）。**閏《うるう》4・25**（*6・15*）会《かい》計官《けいかん》に商法司《しょうほうし》を置《お》く。**5・3**（*6・22*）奥羽《おうう》二五藩《はん》、仙台《せんだい》で同盟《どうめい》・ついで会津《あいづ》・庄《しょう》内《ない》・長岡《ながおか》など八藩《はん》も加盟《かめい》（奥羽越列藩同盟《おううえつれっぱんどうめい》）。**5・15**（*7・4*）新政府軍《しんせいふぐん》、上野《うえの》の彰義《しょうぎ》隊《たい》を攻撃《こうげき》（上野戦争《うえのせんそう》）。新紙幣《しんしへい》（太政官札《だじょうかんさつ》五種《しゅ》）を発行《はっこう》。**5・24**（*7・13*）徳川宗家《とくがわそうけ》を嗣《つ》いだ家達《いえさと》を駿府藩《すんぷはん》（七〇万石《ごく》）に封《ほう》ずる。**7・15**（*9・1*）大阪《おおさか》を開港場《かいこうじょう》とする。**7・17**（*9・3*）江戸《えど》を東京《とうきょう》と改称《かいしょう》。**8・19**（*10・4*）榎本武揚《えのもとたけあき》、旧幕府軍艦《きゅうばくふぐんかん》八艦《かん》を奪《うば》い品川《しながわ》を脱走《だっそう》。**8・23**（*10・8*）官軍《かんぐん》、会津若松城《あいづわかまつじょう》を攻撃《こうげき》（九月《がつ》二二日《にち》、会津藩降伏《あいづはんこうふく》）。**8・27**（*10・12*）天皇《てんのう》、即位式《そくいしき》をあげる。**9・8**（*10・23*）明治《めいじ》と改元《かいげん》・一世一元《いっせいいちげん》の制《せい》を定《さだ》める。**9・20**（*11・4*）天皇《てんのう》、京都《きょうと》を出発《しゅっぱつ》し東京《とうきょう》に向《むか》う。**9・27**（*11・11*）新《しん》政府《せいふ》、スウェーデン＝ノルウェーとの修好通商航海条約《しゅうこうつうしょうこうかいじょうやく》に調印《ちょういん》（明治《めいじ》三年《ねん》一月《がつ》七日《か》、批准《ひじゅん》）。**9・28**（*11・12*）スペインとの修好通商航海条約《しゅうこうつうしょうこうかいじょうやく》に調印《ちょういん》。**10・13**（*11・26*）天皇《てんのう》、東京《とうきょう》に到着《とうちゃく》・江戸城《えどじょう》を皇居《こうきょ》と定《さだ》め、東京城《とうきょうじょう》と改称《かいしょう》（一二月《がつ》八日《か》、京都《きょうと》へ還幸《かんこう》・二二日《にち》、京都着《きょうとちゃく》）。**10・28**（*12・11*）藩治職制《はんちしょくせい》を定《さだ》める。**11・2**（*12・15*）海軍局設置《かいぐんきょくせっち》。**11・13**（*12・26*）火刑《かけい》・磔刑《たっけい》を禁止《きんし》。**11・19**（*69・1・1*）東《とう》京開市《きょうかいし》、新潟開港《にいがたかいこう》。**11・ー** 姫路藩主《ひめじはんしゅ》、版籍奉還《はんせきほうかん》を上申《じょうしん》。**12・15**（*69・1・27*）榎本《えのもと》武揚《たけあき》ら、蝦夷地《えぞち》を平定《へいてい》・総裁以下《そうさいいか》の諸司《しょし》を置《お》き、五稜郭《ごりょうかく》を本営《ほんえい》とする。**12・19**（*69・1・31*）対馬藩家老樋口鉄四郎《つしまはんかろうひぐちてつしろう》らを朝鮮国《ちょうせんこく》に差遣《さけん》し、新政府成立通告書《しんせいふせいりつつうこくしょ》を提出《ていしゅつ》す
琉球	
朝鮮	
清	

西暦	年号・干支	天皇	総裁
一八六八 ◀ ▶	明治 元 9・8 戊《つちのえ》辰《たつ》 ④	(明治)	

記事

るが朝鮮受理《ちょうせんじゅり》せず。12・28(69・2・9)米《べい》・英《えい》・仏《ふつ》・蘭《らん》・独《どく》・伊《い》の六ヵ国公使《こくこうし》、局外中《きょくがいちゅう》立解除《りっかいじょ》を宣言《せんげん》。

【社会・文化】

1・21(2・14)官吏《かんり》の休日《きゅうじつ》を一・六の日《ひ》とする。1・− 親子内親王《ちかこないしんのう》、『静寛院宮御《せいかんいんのみやご》日記《にっき》』を記《しる》す(〜明治《めいじ》六年《ねん》一二月《がつ》)。2・22(3・15)京都《きょうと》に学校掛《がっこうがかり》を置《お》く。2・23(3・16)『太政官日誌《だじょうかんにっし》』創刊《そうかん》。2・24(3・17)日本人《にほんじん》による初《はつ》の新聞《しんぶん》『中外新聞《ちゅうがいしんぶん》』(柳河春三《やながわしゅんさん》ら)創刊《そうかん》(明治《めいじ》三年《ねん》三月《がつ》廃刊《はいかん》)。3・28(4・20)神仏混淆《しんぶつこんこう》を禁《きん》じる(神仏判《しんぶつはん》然令《ぜんれい》)・以後《いご》、廃仏毀釈運動《はいぶつきしゃくうんどう》起《お》こる。3・− 東征官軍《とうせいかんぐん》、「宮《みや》さま宮《みや》さま……」(品川《しながわ》弥二郎《やじろう》作詞《さくし》)に合《あ》わせ進軍《しんぐん》、都風流《みやこふうりゅう》「トコトンヤレ節《ぶし》」として流行《りゅうこう》。この春《はる》 シモン=フィセリング講述《こうじゅつ》、津田真道《つだまみち》訳《やく》『泰西国法論《たいせいこくほうろん》』刊《かん》。4・1(4・23)木戸孝允《きどたかよし》、『木戸孝允日記《きどたかよしにっき》』を記《しる》す(〜明治《めいじ》一〇年《ねん》五月《がつ》六日《か》)。4・10(5・2)海軍会社《かいぐんがいしゃ》『内外新《ないがいしん》報《ぽう》』創刊《そうかん》。4・25(5・17)米人《べいじん》バン=リード、邦人《ほうじん》一四一人《にん》を雇《やと》い、横浜《よこはま》よりハワイへ送《おく》る(最初《さいしょ》のハワイ移民《いみん》)。4・− 福沢諭吉《ふくざわゆきち》、英学塾《えいがくじゅく》を芝新銭座《しばしんせんざ》に移《うつ》し、慶応《けいおう》義塾《ぎじゅく》と改称《かいしょう》。井上文雄《いのうえふみお》、大神御牧《おおがみまき》『諷歌新聞《ふうかしんぶん》』発行《はっこう》。閏《うるう》4・3(5・24)『江湖新《こうこしん》聞《ぶん》』(福地桜痴《ふくちおうち》ら)創刊《そうかん》(〜明治元年《めいじがんねん》五月《がつ》二二日《にち》)。閏《うるう》4・11(6・1)『横浜新報《よこはましんぽう》もしほ草《ぐさ》』(バン=リード、岸田吟香《きしだぎんこう》協力《きょうりょく》)創刊《そうかん》(〜明治《めいじ》三年《ねん》三月《がつ》)。閏《うるう》4・17(6・7)長崎《ながさき》で浦上《うらかみ》キリシタンを弾圧《だんあつ》・信徒《しんと》四一〇名《めい》を三四藩《はん》に御預《おあずけ》とする(浦上教徒《うらかみきょうと》事件《じけん》)。閏《うるう》4・18(6・8)博聞会社《はくぶんがいしゃ》『日々新聞《にちにちしんぶん》』創刊《そうかん》。閏《うるう》4・28(6・18)無官許書籍《むかんきょしょせき》の刊行《かんこう》を禁止《きんし》。閏《うるう》4・− 遠近新聞社《えんきんしんぶんしゃ》『遠近新聞《えんきんしんぶん》』創刊《そうかん》。ウイセヒ編輯《へんしゅう》、ハルトリー発行《はっこう》『各国新聞紙《かっこくしんぶんし》』刊《かん》。知新館《ちしんかん》『内外新聞《ないがいしんぶん》』発行《はっこう》。5・4(6・23)猿渡容盛《さわたりひろもり》『総社《そうしゃ》

琉球	朝鮮	清
尚泰王 21	高宗 5	④ 同治 7

1868(明治元)

西暦	
年号・干支	
天皇	
総裁	
記事	或問《わくもん》』成稿《せいこう》。**5・10**(*6・29*) 嘉永以降《かえいいこう》の国事殉難者《こくじじゅんなんしゃ》を京都《きょうと》東山《ひがしやま》に祀《まつ》る。**5・15**(*7・4*) 上野《うえの》寛永寺《かんえいじ》火災《かさい》。**5・19**(*7・8*) 江戸《えど》鎮台《ちんだい》『市政日誌《しせいにっし》』発行《はっこう》。**5・-** 『海陸新聞《かいりくしんぶん》』創刊《そうかん》。村上勘兵衛《むらかみかんべえ》『都鄙新聞《とひしんぶん》』発行《はっこう》。**6・8**(*7・27*) 無官許新聞紙類《むかんきょしんぶんしるい》の刊行《かんこう》を禁止《きんし》。**6・26**(*8・14*) 新政府《しんせいふ》、旧幕府医学所《きゅうばくふいがくしょ》を復興《ふっこう》。**6・29**(*8・17*) 昌平黌《しょうへいこう》を復興《ふっこう》し、昌平学校《しょうへいがっこう》を設置《せっち》。**6・-** 『鎮台日誌《ちんだいにっし》』発行《はっこう》。**7・1**(*8・18*) 開成所理化学施設《かいせいしょりかがくしせつ》を大阪《おおさか》に移《うつ》し、舎密局《せいみきょく》を設置《せっち》。**7・-** 福沢諭吉《ふくざわゆきち》『訓蒙窮理図解《くんもうきゅうりずかい》』刊《かん》。加藤弘之《かとうひろゆき》『立憲政体略《りっけんせいたいりゃく》』刊《かん》。**8・26**(*10・11*) 天長節《てんちょうせつ》を定《さだ》める。**8・-** 『崎陽雑報《きようざつぽう》』創刊《そうかん》。『鎮将府日誌《ちんしょうふにっし》』発行《はっこう》。**9・12**(*10・27*) 開成所《かいせいしょ》を復興《ふっこう》。**9・18**(*11・2*) 京都《きょうと》に漢学所開講《かんがくしょかいこう》。**9・24**(*11・8*) 金光教《こんこうきょう》祖《そ》川手文治郎《かわてぶんじろう》、生神金光大神《いきがみこんこうだいじん》の神号《しんごう》を称《とな》える。**12・8**(*69・1・20*) 静《しず》岡藩《おかはん》、沼津兵学校《ぬまづへいがっこう》を創立《そうりつ》(頭取西周《とうどりにしあまね》)。**12・14**(*69・1・26*) 京都《きょうと》に皇学所開講《こうがくしょかいこう》。**この年《とし》** 上野《こうずけ》・下野《しもつけ》・岩代《いわしろ》・磐城《いわき》・越後《えちご》・近江《おうみ》などの各地《かくち》で農民騒擾《のうみんそうじょう》。『崎陽茶話《きようさわ》』刊《かん》(著《ちょ》者良厳《しゃりょうごん》か)。神田孝平《かんだたかひら》訳《やく》「和蘭政典《オランダせいてん》」(一八四八年《ねん》のオランダ憲法《けんぽう》の全訳《ぜんやく》)刊《かん》。『陸《りく》軍省大日記《ぐんしょうだいにっき》』(～昭和《しょうわ》二〇年《ねん》・昭和《しょうわ》一七年後半以降《ねんこうはんいこう》の大部分《だいぶぶん》は現存《げんそん》せず)。 【死没】 **1・9**(*2・2*) 柴山良助《しばやまりょうすけ》(35、志士《しし》)。**1・13**(*2・6*) 蜂須賀斉裕《はちすかなりひろ》(48、阿波徳島藩主《あわとくしまはんしゅ》)。**1・17**(*2・10*) 堀直虎《ほりなおとら》(33、信濃須坂藩主《しなのすざかはんしゅ》)。**2・9**(*3・2*) 滝善三郎《たきぜんざぶろう》(32、神戸事件責《こうべじけんせき》任者《にんしゃ》)。**2・23**(*3・16*) 箕浦元章《みのうらもとあき》(25、土佐高知藩士《とさこうちはんし》)。**2・29**(*3・22*) 超然《ちょうねん》(77、浄《じょう》土真宗学匠《どしんしゅうがくしょう》)。**3・1**(*3・24*) 井上八千代《いのうえやちよ》(二代《だい》)(78、日本舞踊家元《にほんぶようえもと》)。**3・3**(*3・26*) 相楽総三《さがらそうぞう》(30、志士《しし》)。**3・15**(*4・7*) 川路聖謨《かわじとしあきら》(68、勘定奉行《かんじょうぶぎょう》)。**3・24**(*4・16*) 寺《てら》門静軒《かどせいけん》(73、儒者《じゅしゃ》)。**4・5**(*4・27*) 徳川慶篤《とくがわよしあつ》(37、常陸水戸藩主《ひたちみとはんしゅ》)。**4・25**(*5・17*) 近《こん》
琉球	
朝鮮	
清	

西暦	一八六八 ▶
年号・干支	明治 元 9・8 ④ 戊辰《つちのえたつ》
天皇	(明治)
総裁	
記事	藤勇《どういさみ》(35、新選組局長《しんせんぐみきょくちょう》)。閏《うるう》**4・6**(5・27) 小栗忠順《おぐりただまさ》(42、勘定奉行《かんじょうぶぎょう》)。**5・13**(7・2) 時山直八《ときやまなおはち》(31、長門萩藩士《ながとはぎはんし》)。**5・15**(7・4) 伴貞懿《ばんさだよし》(30、彰義隊主唱者《しょうぎたいしゅしょうしゃ》)。**5・26**(7・15) 戸田忠恕《とだただゆき》(22、下野宇都宮藩主《しもつけうつのみやはんしゅ》)。**5・27**(7・16) 野中助継《のなかすけつぐ》(41、土佐高知《とさこうち》藩士《はんし》)。**7・3**(8・20) 三宅艮斎《みやけごんさい》(52、外科医《げかい》)。**7・8**(8・25) 木原楯臣《きはらたておみ》(63、有識故《ゆうしょくこ》実家《じっか》)。**7・9**(8・26) 水野忠徳《みずのただのり》(54、箱館奉行《はこだてぶぎょう》)。**7・27**(9・13) 桑田立斎《くわたりつさい》(58、蘭方《らんぽう》医《い》)。**7・29**(9・15) 大隈言道《おおくまことみち》(71、歌人《かじん》)。**8・10**(9・25) 松平左近《まつだいらさこん》(60、尊王家《そんのうか》)。**8・15**(9・30) 三好監物《みよしけんもつ》(54、陸奥仙台藩士《むつせんだいはんし》)。**8・16**(10・1) 河井継之助《かわいつぐのすけ》(42、越後長《えちごなが》岡藩士《おかはんし》)。**8・25**(10・10) 日柳燕石《くさなぎえんせき》(52、勤皇博徒《きんのうばくと》)。**8・28**(10・13) 橘曙覧《たちばなあけみ》(57、歌《か》人《じん》)。**9・16**(10・31) 法道寺善《ほうどうじよし》(49、和算家《わさんか》)。**9・17**(11・1) 日高涼台《ひだかりょうだい》(72、蘭方医《らんぽうい》)。**10・16**(11・29) 鷹司政通《たかつかさまさみち》(80、公家《くげ》)。**10・20**(12・3) 佐羽吉右衛門《さばきちえもん》(63、桐生絹商《きりゅうきぬしょう》)。**11・8**(12・21) 天野八郎《あまのはちろう》(38、彰義隊士《しょうぎたいし》)。**11・29**(69・1・11) 松前徳広《まつまえのりひろ》(25、蝦夷島松《えぞがしままつ》前藩主《まえはんしゅ》)。**12・3**(69・1・15) 土井利忠《どいとしただ》(58、越前大野藩主《えちぜんおおのはんしゅ》)。**12・20**(69・2・1) 跡部《あとべ》良弼《よしすけ》(旗本《はたもと》)。 《月の大小/朔日の干支・グレゴリオ暦》 一庚戌(1・25)・二己卯(2・23)・三己酉(3・24)・四己卯(4・23)・閏四戊申(5・22)・五丁丑(6・20)・六丁未(7・20)・七丙子(8・18)・八乙巳(9・16)・九乙亥(10・16)・一〇甲辰(11・14)・一一甲戌(12・14)・一二甲辰(69・1・13)(太字は大の月) 〖世界〗 **1・5** 清《しん》、東捻軍《とうねんぐん》、江蘇《こうそ》・安徽《あんき》で敗《やぶ》れる。**2・29** イギリス、第《だい》一次《じ》ディズレーリ内《ない》閣成立《かくせいりつ》。**5・11** フランス、出版法成立《しゅっぱんほうせいりつ》、新聞発行《しんぶんはっこう》の自由《じゆう》を認《みと》める。**7・28** アメ
琉球	尚泰王 **21**
朝鮮	高宗 **5**
清	④ 同治 **7**

西暦	◀一八六九	
年号・干支	二 己巳《つちのとみ》	
天皇		
大臣		
記事	【政治・経済】 1・5(2・15) 参与横井小楠《さんよよこいしょうなん》、旧尊攘派志士《きゅうそんじょうはしし》により暗殺《あんさつ》される。 1・10(2・20) 北《きた》ドイツ連邦《れんぽう》との修好通商航海条約《しゅうこうつうしょうこうかいじょうやく》に調印《ちょういん》(九月《がつ》一一日《にち》、批准《ひじゅん》)。 1・20(3・2) 山口《やまぐち》・鹿児島《かごしま》・佐賀《さが》・高知《こうち》の四藩主《はんしゅ》、連署《れんしょ》して版籍奉還《はんせきほうかん》を上表《じょうひょう》。 2・5(3・17) 造幣局設置《ぞうへいきょくせっち》。府《ふ》・藩《はん》・県《けん》に令《れい》し議事所《ぎじしょ》を設《もう》けさせる。 2・19(3・31) 蝦夷島総裁榎本武揚《えぞとうそうさいえのもとたけあき》、プロシア人《じん》ガルトネルと蝦夷地七重村開墾条約書《えぞちななえむらかいこんじょうやくしょ》を結《むす》び、同村近傍《どうそんきんぼう》を九九カ年貸与《ねんたいよ》。 2・22(4・3) 外国官《がいこくかん》に通商司《つうしょうし》を置《お》き、貿易事務《ぼうえきじむ》を管理《かんり》させる。 2・24(4・5) 東幸中《とうこうちゅう》は太政官《だじょうかん》を東京《とうきょう》に移《うつ》し、留守官《るすかん》を京都《きょうと》に置《お》く旨《むね》を達《たっ》す。 3・7(4・18) 公議所《こうぎしょ》を東京旧姫路藩邸《とうきょうきゅうひめじはんてい》に開設《かいせつ》・同年《どうねん》三〜四月《がつ》、税制改革《ぜいせいかいかく》(神田孝平《かんだたかひら》)・廃刀随意《はいとうずいい》(森有礼《もりありのり》)・連坐制廃止《れんざせいはいし》(森有礼《もりありのり》)・えた非人《ひにん》の称廃止《しょうはいし》(加藤弘之《かとうひろゆき》)・人身売買《じんしんばいばい》禁止《きんし》(津田真道《つだまみち》)など提案《ていあん》されるがいずれも不成立《ふせいりつ》・七月《がつ》、公議所廃止《こうぎしょはいし》。天皇《てんのう》、東京《とうきょう》に向《むか》う(二八日《にち》、東京着《とうきょうちゃく》)。 3・12(4・23) 天皇《てんのう》、伊勢神宮《いせじんぐう》に参拝《さんぱい》。待詔局《たいしょうきょく》を東京城《とうきょうじょう》に設置《せっち》。 3・― 東京参集《とうきょうさんしゅう》の召命《しょうめい》に応《おう》じ、諸侯相《しょこうあい》つぎ上京《じょうきょう》。 4・8(5・19) 民部官《みんぶかん》を置《お》き、府《ふ》・県事務《けんじむ》を総管《そうかん》させる。府《ふ》・県《けん》の私兵編成《しへいへんせい》を禁《きん》じる。 4・27(6・7) 府《ふ》・藩《はん》・県《けん》に元治元年《げんじがんねん》から五年間《ねんかん》の租税平均額《そぜいへいきんがく》と諸経費《しょけいひ》を上申《じょうしん》させる。	リカ、憲法修正第《けんぽうしゅうせいだい》一四条《じょう》(公民権《こうみんけん》)成立《せいりつ》。 8・16 清《しん》、西捻軍《せいねんぐん》、山東《さんとう》で敗《やぶ》れ、捻軍《ねんぐん》の運動鎮圧《うんどうちんあつ》。 10・10 キューバ、スペインからの独立運動《どくりつうんどう》(第《だい》一次《じ》)が始《はじ》まる(〜一八七八年《ねん》)。 12・9 イギリス、第《だい》一次《じ》グラッドストン内閣成立《ないかくせいりつ》。 この年《とし》 ニール没《ぼっ》(英国駐日代理公使《えいこくちゅうにちだいりこうし》)。
琉球	22	
朝鮮	6	
清	8	

西暦	一八六九 ◀ ▶
年号・干支	明治 二 己巳《つちのとのみ》
天皇	(明治)
大臣	7・8 右大臣三条実美《さんじょうさねとみ》
記事	**5・11**(*6・20*)海陸《かいりく》の新政府軍《しんせいふぐん》、箱館《はこだて》および五稜郭《ごりょうかく》を攻撃《こうげき》。**5・13**(*6・22*)議政《ぎせい》官《かん》を廃《はい》し、輔相《ほしょう》・議定《ぎじょう》・参与《さんよ》を行政官《ぎょうせいかん》に置《お》く・初《はじ》めて官吏公選《かんりこうせん》の法《ほう》を実施《じっし》し、三等官以上《とうかんいじょう》の投票《とうひょう》で輔相以下《ほしょういか》を選出《せんしゅつ》。**5・18**(*6・27*)榎本武揚《えのもとたけあき》ら、五稜郭開城《ごりょうかくかいじょう》(戊辰戦争終結《ぼしんせんそうしゅうけつ》)。**5・21**(*6・30*)上局会議《じょうきょくかいぎ》を開《ひら》き、知藩事選任《ちはんじせんにん》・蝦夷地開拓《えぞちかいたく》などを諮詢《しじゅん》(~二五日《にち》)。**5・22**(*7・1*)弾正台設置《だんじょうだいせっち》。**5・-** 南部義籌《なんぶよしかず》、大学頭山内豊信《だいがくのかみやまうちとよしげ》に「修国語論《しゅうこくごろん》」(ローマ字採用《じさいよう》の主張《しゅちょう》)を建議《けんぎ》。**6・2**(*7・10*)鳥羽《とば》・伏見《ふしみ》の戦《たたかい》以降《いこう》の軍功《ぐんこう》を賞《しょう》し、賞典禄《しょうてんろく》・賞金《しょうきん》を賜《たま》う。**6・17**(*7・25*)公卿《くぎょう》・諸侯《しょこう》の称《しょう》を廃《はい》し華族《かぞく》とする・諸藩主《しょはんしゅ》の版籍奉還《はんせきほうかん》を許《ゆる》し、各知藩事《かくちはんじ》に任命《にんめい》(~六月《がつ》二五日《にち》)。**6・24**(*8・1*)ロシア兵《へい》、樺太函泊《からふとはこどまり》を占拠《せんきょ》し兵営陣地《へいえいじんち》を構築《こうちく》。**6・25**(*8・2*)知藩事家《ちはんじか》禄《ろく》の制《せい》を定《さだ》め、現石《げんこく》一〇分《ぶん》の一を給《きゅう》し、一門以下平士以上《いちもんいかへいしいじょう》を士族《しぞく》と称《しょう》する。**7・8**(*8・15*)官制《かんせい》を改定《かいてい》し、神祇《じんぎ》・太政《だじょう》の二官《かん》、民部《みんぶ》・大蔵《おおくら》・兵部《ひょうぶ》・刑部《ぎょうぶ》・宮内《くない》・外務《がいむ》の六省《しょう》および待詔院《たいしょういん》・集議院《しゅうぎいん》・開拓使《かいたくし》などを置《お》く(二官六省《にかんろくしょう》の制《せい》)。大学校官制《だいがっこうかんせい》を定《さだ》める・宣教使《せんきょうし》を設置《せっち》。**7・11**(*8・18*)官吏《かんり》を勅授《ちょくじゅ》(四位以上《いいじょう》)・奏授《そうじゅ》(六位以上《いいじょう》)・判授《はんじゅ》(七位以下《いいか》)とする(七月《がつ》二七日《にち》、勅任《ちょくにん》・奏任《そうにん》・判任《はんにん》と改《あらた》める)。**7・17**(*8・24*)京都《きょうと》・東京《とうきょう》・大阪《おおさか》の三府以外《ぶいがい》の府《ふ》を県《けん》に改《あらた》める。**7・24**(*8・31*)三井三郎助《みついさぶろうすけ》ら六人《にん》を通商司為替会社及《つうしょうしかわせがいしゃおよ》び貸付方総頭取《かしつけかたそうとうどり》に任命《にんめい》。**8・1**(*9・6*)英公使《えいこうし》パークス、外務大輔寺島宗則《がいむだゆうてらしまむねのり》に樺太経営《からふとけいえい》の必要《ひつよう》を説《と》く。**8・11**(*9・16*)民部《みんぶ》・大蔵《おおくら》の両省《りょうしょう》を合併《がっぺい》し、民部省《みんぶしょう》を大蔵省内《おおくらしょうない》に移転《いてん》する。**8・14**(*9・19*)待詔院《たいしょういん》を廃止《はいし》し、その事務《じむ》を集議院《しゅうぎいん》に移《うつ》す。**8・15**(*9・20*)蝦夷地《えぞち》を北海道《ほっかいどう》と改称《かいしょう》。**8・-** 大阪通商《おおさかつうしょう》会社《がいしゃ》・為替会社設立《かわせがいしゃせつりつ》。**9・4**(*10・8*)大村益次郎《おおむらますじろう》、京都木屋町《きょうときやまち》で襲撃《しゅうげき》され重傷《じゅうしょう》
琉球	22 尚泰王
朝鮮	6 高宗
清	8 同治

1869（明治 2 ）

西暦	
年号・干支	
天皇	
大臣	
記事	(一一月《がつ》五日《か》没《ぼつ》)。 9・14(10・18) オーストリア＝ハンガリーと修好通商航海条約《しゅうこうつうしょうこうかいじょうやく》調印《ちょういん》(明治《めいじ》四年《ねん》一二月《がつ》三日《か》、批准《ひじゅん》)。 9・26(10・30) 王政復古《おうせいふっこ》の功《こう》を賞《しょう》し、三《さん》条実美《じょうさねとみ》以下《いか》三三人《にん》に禄《ろく》を給《きゅう》し位《くらい》を進《すす》む。 9・28(11・1) 徳川慶喜《とくがわよしのぶ》の謹慎《きんしん》を解《と》く。 11・12(12・14) 鉄道借款《てつどうしゃっかん》一〇〇万ポンドを英国人《えいこくじん》レイと契約《けいやく》(翌年《よくねん》、イギリスで九《く》分利付外国公債《ぶりつきがいこくこうさい》を募集《ぼしゅう》)。 12・1(70・1・2) 長崎駐在《ながさきちゅうざい》の各国領事《かっこくりょうじ》、浦上《うらかみ》キリシタン処分《しょぶん》に抗議《こうぎ》。 12・2(70・1・3) 中下大夫以下《ちゅうかたいふいか》の称《しょう》を廃《はい》して士族《しぞく》・卒《そつ》と改《あらた》め、禄制《ろくせい》を定《さだ》める。 12・5(70・1・6) 府《ふ》・藩《はん》・県製造紙幣《けんせいぞうしへい》の通用《つうよう》を禁止《きんし》。 12・25(70・1・26) 東京《とうきょう》―横浜間《よこはまかん》で電信開通《でんしんかいつう》。 【社会・文化】 1・1(2・11) 観音崎灯台点火《かんのんざきとうだいてんか》(洋式灯台《ようしきとうだい》の初《はじ》め)。 1・20(3・2) 箱根関《はこねのせき》など諸道《しょどう》の関門《かんもん》を廃止《はいし》。 1・27(3・9) 図書刊行規定《としょかんこうきてい》を制定《せいてい》し、図書開版《としょかいはん》の際《さい》は官許《かんきょ》を受《う》け、製本《せいほん》一部《ぶ》を納入《のうにゅう》することとする。 1・― 天理教祖中山《てんりきょうそなかやま》みき、『おふでさき』を書《か》き始《はじ》める(～明治《めいじ》一五年《ねん》)。 2・5(3・17) 府県施政順序規則《ふけんしせいじゅんじょきそく》を定《さだ》め、小学校《しょうがっこう》の設置《せっち》を奨励《しょうれい》。 2・8(3・20) 新聞紙印行条例《しんぶんしいんこうじょうれい》を制定《せいてい》。 2・19(3・31) 東京府《とうきょうふ》、風俗矯《ふうぞくきょう》正《せい》の町触《まちぶれ》を出《だ》し、売淫《ばいいん》・春画《しゅんが》・男女混浴《だんじょこんよく》などを禁止《きんし》。 3・20(5・1) 諸宗同徳会盟《しょしゅうどうとくかいめい》、耶蘇教禁制《やそきょうきんせい》を建白《けんぱく》。瑞穂屋《みずほや》『六合新聞《りくごうしんぶん》』創刊《そうかん》。 3・― 明治政府《めいじせいふ》『公議所日誌《こうぎしょにっし》』創刊《そうかん》。 5・13(6・22) 書籍出版准許事務《しょせきしゅっぱんじゅんきょじむ》を昌平《しょうへい》・開成両校《かいせいりょうこう》に移《うつ》し、校中《こうちゅう》に取調所《とりしらべしょ》を設《もう》け、出版条例《しゅっぱんじょうれい》を頒布《はんぷ》。 5・21(6・30) 京都府《きょうとふ》で小学校規則《しょうがっこうきそく》を定《さだ》める・上京《かみぎょう》第《だい》二十七番組小学校創立《ばんくみしょうがっこうそうりつ》(同年末《どうねんまつ》までに六四校開校《こうかいこう》)。 6・15(7・23) 昌平学校《しょうへいがっこう》を大学校《だいがっこう》とし、開成《かいせい》・医学両校《いがくりょうこう》を大学分局《だいがくぶんきょく》とする。 6・29(8・6) 東京九段《とうきょうくだん》に東京《とうきょう》
琉球	
朝鮮	
清	

西暦	年号・干支	天皇	大臣
▶一八六九	明治 二 己巳《つちのとのみ》	(明治)	(右大臣三条実美)

記事

招魂社《しょうこんしゃ》を建立《こんりゅう》し、鳥羽《とば》・伏見《ふしみ》の戦《たたかい》より箱館戦争《はこだてせんそう》までの戦死者《せんししゃ》を合祀《ごうし》する。**6・-** 本木昌造《もときしょうぞう》、長崎《ながさき》に活版伝習所《かっぱんでんしゅうじょ》を設立《せつりつ》。**8・3**(9・8) 高崎藩領農民《たかさきはんりょうのうみん》、岩鼻県《いわはなけん》との租税平等《そぜいびょうどう》を要求《ようきゅう》して騒擾《そうじょう》(~明治《めいじ》四年《ねん》一〇月《がつ》、五万石騒動《ごまんごくそうどう》)。**9・18**(10・22) 東京築地《とうきょうつきじ》に海軍操練所《かいぐんそうれんじょ》を設立《せつりつ》。**九月頃《がつごろ》** 札幌《さっぽろ》、開拓使《かいたくし》『開拓使日誌《かいたくしにっし》』創刊《そうかん》。**10・12**(11・15) 越中国新川郡一帯《えっちゅうのくににいかわぐんいったい》で農民騒動《のうみんそうどう》(~一一月《がつ》三日《か》、バンドリ騒動《そうどう》)。**10・20**(11・23) 芝新銭座《しばしんせんざ》に陸軍操練所《りくぐんそうれんじょ》設立《せつりつ》。**10・-** 英国人《えいこくじん》フェントン、鹿児島藩《かごしまはん》の依頼《いらい》で天皇礼式《てんのうれいしき》曲《きょく》「君《きみ》が代《よ》」を作曲《さっきょく》。**12・14**(70・1・15) 大垣藩《おおがきはん》で農民暴動《のうみんぼうどう》(~二四日《か》)。ブラガ『The Nagasaki Express』創刊《そうかん》。**12・17**(70・1・18) 大学校《だいがっこう》を大学《だいがく》、開成所《かいせいしょ》を大学《だいがく》南校《なんこう》、医学校《いがっこう》を大学東校《だいがくとうこう》と改称《かいしょう》。**12・21**(70・1・22) レイ『The Japan Mail』発刊《はっかん》。**この年** 和泉要助《いずみようすけ》、人力車《じんりきしゃ》を創案《そうあん》(翌明治《よくめいじ》三年《ねん》三月《がつ》、東京府《とうきょうふ》、人力車渡世《じんりきしゃとせい》を許可《きょか》)。高橋新吉《たかはししんきち》・前田正穀《まえだまさよし》共編《きょうへん》『薩摩辞書《さつまじしょ》』刊《かん》。養鸕徹定《うかいてつじょう》、『笑耶論《しょうやろん》』を著《あらわ》す。ファン＝デ＝ロス＝アンヘレス編《へん》『玫瑰花冠記録《ロザリヨきろく》』開板《かいはん》。養鸕徹定《うかいてつじょう》『古経題跋《こきょうだいばつ》』刊《かん》。

【死没】

1・5(2・15) 横井小楠《よこいしょうなん》(61、儒学者《じゅがくしゃ》)。**2・1**(3・13) 玉楮象谷《たまかじぞうこく》(64、漆芸家《しつげいか》)。**2・29**(4・10) 常磐津文字太夫《ときわづもじたゆう》(五代《だい》)(48、常磐津節家元《ときわづぶしいえもと》)。**3・25**(5・6) 甲賀源吾《こうがげんご》(31、軍艦艦長《かんぐんかんちょう》)。**4・3**(5・14) 市川三左衛門《いちかわさんざえもん》(54、常陸水戸藩士《ひたちみとはんし》)。**4・9**(5・9) 玉虫《たまむし》左太夫《さだゆう》(47、陸奥仙台藩士《むつせんだいはんし》)。**4・26**(6・6) 井上伝《いのうえでん》(82、久留米絣始祖《くるめがすりしそ》)。**5・11**(6・20) 土方歳三《ひじかたとしぞう》(35、新選組副長《しんせんぐみふくちょう》)。**5・12**(6・21) 伊庭八郎《いばはちろう》(27、剣客《けんかく》)。**6・28**(8・5) 牧野権六郎《まきのごんろくろう》(51、備前岡山藩士《びぜんおかやまはんし》)。**8・9**(9・14) 念仏重兵衛《ねんぶつじゅうべえ》(53、茶商《ちゃしょう》)。**9・4**(10・8) 安達幸之助《あだちこうのすけ》(46、蘭学《らんがく》)。**9・8**(10・12) 松崎渋右衛門《まつざきじゅうえもん》(43、讃岐高松藩士《さぬきたかまつはんし》)。**9・**

琉球	朝鮮	清
尚泰王 22	高宗 6	同治 8

西暦

年号・干支

天皇

大臣

記事

10（*10*・*14*）三笑亭可楽《さんしょうていからく》（四代《だい》）（落語家《らくごか》）。**10**・**6**（*11*・*9*）土御門晴雄《つちみかどはるお》（43、陰陽家《おんみょうか》）。**10**・**18**（*11*・*21*）新見正興《しんみまさおき》（48、幕府官僚《ばくふかんりょう》）。**11**・**5**（*12*・*7*）大村益次郎《おおむらますじろう》（45、政治家《せいじか》）。**12**・**8**（*70*・*1*・*9*）日鑑《にちかん》（64、日蓮宗学僧《にちれんしゅうがくそう》）。

《月の大小／朔日の干支・グレゴリオ暦》

一癸酉（2・11）・**二**癸卯（3・13）・**三**癸酉（4・12）・四癸卯（5・12）・五壬申（6・10）・六辛丑（7・9）・七辛未（8・8）・八庚子（9・6）・**九**己巳（10・5）・一〇己亥（11・4）・一一戊辰（12・3）・**一二**戊戌（70・1・2）（太字は大の月）

〖世界〗

4・**20** 上海《シャンハイ》に共同租界会審衙門設立《きょうどうそかいかいしんがもんせつりつ》。**5**・**10** アメリカ、最初《さいしょ》の大陸横断鉄道完成《たいりくおうだんてつどうかんせい》。**7**・**26** アイルランド国教会廃止法《こっきょうかいはいしほう》、英議会《えいぎかい》で成立《せいりつ》。**8**・**9** ドイツ、アイゼナハで社会民主労働党結成《しゃかいみんしゅろうどうとうけっせい》。**11**・**17** スエズ運河開通《うんがかいつう》。**11**・**19** カナダ、ルパート土地《とち》法成立《ほうせいりつ》。**12**・**8** ヴァチカン公会議開催《こうかいぎかいさい》（～一八七〇年《ねん》一〇月《がつ》二〇日《か》）。**12**・**28** アメリカ、フィラデルフィアで労働騎士団結成《ろうどうきしだんけっせい》。**この年《とし》** ロシア、ペテルブルグで秘密《ひみつ》サークル「チャイコフスキー」結成《けっせい》（～一八七四年《ねん》）。プティジャン『（校正再刻《こうせいさいこく》）とがのぞき規則《きそく》』出版《しゅっぱん》（上海《シャンハイ》か）。レオン＝パジェス『日本切支丹宗門史《にほんキリシタンしゅうもんし》』刊《かん》（パリ）。

琉球

朝鮮

清

西暦	一八七〇 ◀
年号・干支	明治 三 庚午《かのえうま》 ⑩
天皇	(明治)
大臣	(右大臣三条実美)
記事	【政治・経済】**1・26**(*2・26*) 山口藩諸隊脱隊兵《やまぐちはんしょたいだつたいへい》、藩庁《はんちょう》を囲《かこ》む(長州藩脱隊騒動《ちょうしゅうはんだつたいそうどう》)。**2・2**(*3・3*) 兵部省《ひょうぶしょう》に造兵司《ぞうへいし》を置《お》く。**2・11**(*3・12*) 木戸孝允《きどたかよし》ら、脱隊騒動《だったいそうどう》を鎮圧《ちんあつ》。**2・13**(*3・14*) 樺太開拓使《からふとかいたくし》を置《お》く。**2・20**(*3・21*) 各藩常備兵《かくはんじょうびへい》の編制規則《へんせいきそく》を定《さだ》め、全国一律《ぜんこくいちりつ》とする。**2・22**(*3・23*) 府《ふ》・藩《はん》・県《けん》に令《れい》し、歳入《さいにゅう》および物産《ぶっさん》を抵当《ていとう》として外国《がいこく》に起《き》債《さい》することを禁《きん》じる。**4・4**(*5・4*) 海軍所《かいぐんしょ》を東京《とうきょう》に、陸軍所《りくぐんしょ》を大阪《おおさか》に設置《せっち》。**4・24**(*5・24*) 教導隊《きょうどうたい》を編成《へんせい》。**5・13**(*6・11*) 徳島藩士《とくしまはんし》、家老稲田氏所管《かろういなだししょかん》の洲本城《すもとじょう》を襲撃《しゅうげき》(稲田騒動《いなだそうどう》)。**5・15**(*6・13*) 陸軍国旗《りくぐんこっき》(白地紅白光線章《しろじこうはくこうせんしょう》)を定《さだ》める。**5・28**(*6・26*) 集議院開院《しゅうぎいんかいいん》、藩制《はんせい》を諮問《しもん》。**5・-** 府《ふ》・藩《はん》・県《けん》に管下《かんか》の石高《こくだか》・戸口《ここう》を調査《ちょうさ》・提出《ていしゅつ》させる。**6・1**(*6・29*) 政府《せいふ》、オリエンタルバンクに委任《いにん》、英《えい》で一〇〇万ポンドの外債発行《がいさいはっこう》を決定《けってい》(鉄道建設費《てつどうけんせつひ》など)。**6・29**(*7・27*) 外務大丞《がいむだいじょう》柳原前光《やなぎわらさきみつ》を清国《しんこく》と通《つう》商商議《しょうしょうぎ》のため差遣《さけん》(九月《がつ》四日《か》、天津着《てんしんちゃく》)。**6・-** 神田孝平《かんだたかひら》、田租改革建議《でんそかいかくけんぎ》を提出《ていしゅつ》。**7・10**(*8・6*) 盛岡藩知事《もりおかはんちじ》の辞職《じしょく》を聴《ゆる》し、藩《はん》を廃《はい》して盛岡県《もりおかけん》を置《お》く。民部《みんぶ》・大蔵《おおくら》両省《りょうしょう》を分離《ぶんり》。**7・24**(*8・20*) 田方《たかた》は米納《べいのう》、畑方《はたかた》は石代金納《こくだいきんのう》とする。**7・28**(*8・24*) 普仏戦争《ふふつせんそう》に対《たい》し、局外中立《きょくがいちゅうりつ》を布告《ふこく》。**7・-** 田方検見規則制定《たかたけんみきそくせいてい》。**8・2**(*8・28*) 山県有朋《やまがたありとも》・西郷従道《さいごうつぐみち》、欧州《おうしゅう》より帰国《きこく》・山県《やまがた》、以後軍制改革《いごぐんせいかいかく》にあたる。**8・-** 制度局《せいどきょく》、民法取調《みんぽうとりしらべ》を開始《かいし》。**9・10**(*10・4*) 藩制改革《はんせいかいかく》を布告《ふこく》し、職制《しょくせい》・海陸軍費《かいりくぐんひ》・家禄《かろく》・官禄《かんろく》などの大本《たいほん》を示《しめ》す。**9・18**(*10・12*) 外務権少丞吉岡弘毅《がいむごんしょうじょうよしおかひろたけ》らを朝鮮《ちょうせん》に差遣《さけん》(一一月《がつ》三日《か》、釜山着《ふざんちゃく》)。**9・19**(*10・13*) 平民《へいみん》に苗字《みょうじ》使用《しよう》を許《ゆる》す。**9・28**(*10・22*) 諸藩常備兵員《しょはんじょうびへいいん》を現石《げんこく》一万石《ごく》に付《つき》六〇人《にん》と定《さだ》める。**10・2**(*10・26*) 常備兵員《じょうびへいいん》の制《せい》を定《さだ》め、
琉球	尚泰王 **23**
朝鮮	高宗 **7**
清	⑩ 同治 **9**

1870（明治3）

西暦	
年号・干支	
天皇	
大臣	
記事	海軍《かいぐん》は英国式《えいこくしき》、陸軍《りくぐん》は仏国式《ふっこくしき》を採用《さいよう》。**10・9**（*11・2*）新律提綱《しんりつていこう》成《な》り上奏《じょうそう》（一二日《にち》、施行《しこう》）。岩崎弥太郎《いわさきやたろう》、土佐開成商社《とさかいせいしょうしゃ》（一〇月《がつ》一九日《にち》、九十九《つくも》商会《しょうかい》と改称《かいしょう》、のち三菱商会《みつびししょうかい》）を創立《そうりつ》。**10・17**（*11・10*）外務卿《がいむきょう》沢宣嘉《さわのぶよし》、英《えい》・仏公使《ふっこうし》に両国《りょうこく》の横浜駐屯《よこはまちゅうとん》軍隊《ぐんたい》の撤退《てったい》を求《もと》める。閏《うるう》**10・20**（*12・12*）工部省《こうぶしょう》を置《お》き、民部省《みんぶしょう》から鉱山《こうざん》・製鉄所《せいてつじょ》・灯明台《とうみょうだい》・鉄道《てつどう》・伝信《でんしん》の五掛《がかり》を移管《いかん》。**11・13**（*71・1・3*）府《ふ》・藩《はん》・県《けん》に徴兵規則《ちょうへいきそく》を頒《わか》ち、一万石《ごく》に付《つき》五人《にん》を徴集《ちょうしゅう》。**11・28**（*71・1・18*）大楽源太郎《だいらくげんたろう》ら山口藩脱隊士《やまぐちはんだつたいし》の鎮圧《ちんあつ》のため、河野敏鎌《こうのとがま》を日田県《ひたけん》（大分《おおいた》）に派遣《はけん》。**12・10**（*71・1・30*）ガルトネルに開墾費《かいこんひ》六万二五〇〇ドルを与《あた》え、北海道七重村《ほっかいどうななえむら》の租借地《そしゃくち》を回収《かいしゅう》。**12・20**（*71・2・9*）新律《しんりつ》提綱《ていこう》を新律綱領《しんりつこうりょう》と改称《かいしょう》し、公布《こうふ》。**12・22**（*71・2・11*）各藩《かくはん》常備兵《じょうびへい》編制定則《へんせいていそく》を公布《こうふ》。勅使《ちょくし》岩倉具視《いわくらともみ》、鹿児島《かごしま》に至《いた》り、島津久光《しまづひさみつ》に勅書《ちょくしょ》を伝達《でんたつ》し上京《じょうきょう》を促《うなが》す（四年《ねん》一月《がつ》九日《か》、山口《やまぐち》に至《いた》り毛利敬親《もうりたかちか》にも勅書《ちょくしょ》を伝達《でんたつ》）。**12・26**（*71・2・15*）米沢藩士《よねざわはんし》雲井《くもい》竜雄《たつお》ら一二人《にん》、政府《せいふ》顚覆《てんぷく》の陰謀《いんぼう》により処刑《しょけい》。 【社会・文化】 **1・3**（*2・3*）大教宣布《たいきょうせんぷ》の詔《みことのり》を下《くだ》す。**1・-**『外務省日誌《がいむしょうにっし》』刊《かん》。**2・-**大学規則《だいがくきそく》・中小学規則《ちゅうしょうがくきそく》を定《さだ》める。**3・3**（*4・3*）長崎高島炭坑夫《ながさきたかしまたんこうふ》、賃下《ちんさ》げで暴動《ぼうどう》・いったん鎮静《ちんせい》、六月《がつ》再《ふたた》び暴動《ぼうどう》。**3・15**（*4・15*）西村勝三《にしむらかつぞう》、東京築地《とうきょうつきじ》に伊勢勝製靴工場《いせかつせいかこうじょう》設《せつ》立《りつ》。**3・20**（*4・20*）宇和島藩領奥野郷《うわじまはんりょうおくのごう》で農民騒動《のうみんそうどう》（野村騒動《のむらそうどう》）。**4・23**（*5・23*）宣《せん》教使《きょうし》心得書《こころえしょ》を定《さだ》め、皇道主義《こうどうしゅぎ》に基《もと》づく国民教化運動《こくみんきょうかうんどう》を開始《かいし》。**5・26**（*6・24*）舎《せい》密局《みきょく》を理学所《りがくしょ》（校《こう》）と改《あらた》める。**5・-**『The Far East』創刊《そうかん》（〜明治《めいじ》八年《ねん》八月《がつ》）。**6・8**（*7・6*）東京府下《とうきょうふか》に小学校《しょうがっこう》六校《こう》を開設《かいせつ》する旨《むね》を布達《ふたつ》。**7・12**（*8・8*）国学《こくがく》・洋《よう》
琉球	
朝鮮	
清	

西暦	年号・干支	天皇	大臣
一八七〇 ▶ 図1 ↓79年	明治 三 庚午《かのえうま》 ⑩	(明治)	(右大臣三条実美)

記事

学両派《がくりょうは》の対立《たいりつ》により大学本校《だいがくほんこう》を閉鎖《へいさ》。 **7・27**(*8・23*) 大学南校《だいがくなんこう》に外国人教師《がいこくじんきょうし》を聘《へい》用《よう》し、諸藩《しょはん》に石高《こくだか》に応《おう》じた数《かず》の貢進生《こうしんせい》を入学《にゅうがく》させる。 **7・-** 加藤弘之《かとうひろゆき》『真政大意《しんせいたいい》』刊《かん》。 **9・4**(*9・28*) 東京府下《とうきょうふか》に中学校開設《ちゅうがっこうかいせつ》。 脱籍無産者復籍規則《だっせきむさんしゃふくせききそく》制定《せいてい》。 **10・24**(*11・17*) 大阪洋学所《おおさかようがくしょ》を開成所《かいせいしょ》と改称《かいしょう》し、理学所《りがくしょ》を開成所《かいせいしょ》の分局《ぶんきょく》とする。 **10・-** スマイルズ著《ちょ》・中村正直《なかむらまさなお》訳《やく》『西国立志編《さいごくりっしへん》』、静岡《しずおか》で刊行《かんこう》(~明治《めいじ》四年《ねん》)。 **閏10・-** 山中《やまなか》信古《のぶひさ》編《へん》『南狩遺文《なんしゅいぶん》』成《な》る。 **11・4**(*12・25*) 築地《つきじ》海軍操練所《かいぐんそうれんじょ》を海軍兵学寮《かいぐんへいがくりょう》に、大阪《おおさか》兵《へい》学寮《がくりょう》を陸軍兵学寮《りくぐんへいがくりょう》に改称《かいしょう》。 **11・17**(*71・1・7*) 日田県《ひたけん》(大分《おおいた》)で農民《のうみん》約《やく》七〇〇〇人《にん》、地役人廃止《じやくにんはいし》・雑税免除《ざつぜいめんじょ》などを要求《ようきゅう》して暴動《ぼうどう》(~二一日《にち》)。 **11・25**(*71・1・15*) 松代藩《まつしろはん》農民《のうみん》、藩札《はんさつ》の額面通用《がくめんつうよう》などを要求《ようきゅう》して騒擾《そうじょう》(~二七日《にち》)。 **11・-** 西周《にしあまね》「百学連環《ひやくがくれんかん》」、私塾育英舎《しじゅくいくえいしゃ》での特別講義《とくべつこうぎ》。 **12・8**(*71・1・28*) 子安峻《こやすたかし》ら、『横浜毎日新聞《よこはままいにちしんぶん》』を創刊《そうかん》(日本最初《にほんさいしょ》の日刊新聞《にっかんしんぶん》)。 **12・19**(*71・2・8*) 中野県《なかのけん》(長野《ながの》)で世直《よなお》し騒動《そうどう》(中野騒動《なかのそうどう》)。 **この年《とし》** セール＝レビ『L'Echo du Japon』創刊《そうかん》。 村尾元融《むらおげんゆう》『続日本紀考証《しょくにほんぎこうしょう》』刊《かん》。 内田正雄《うちだまさお》・西村茂樹《にしむらしげき》編《へん》『輿地誌略《よちしりゃく》』刊《かん》(~明治《めいじ》一〇年《ねん》)。

【死没】 **2・4**(*3・5*) 佐藤三喜蔵《さとうみきぞう》(52、高崎五万石騒動指導者《たかさきごまんごくそうどうしどうしゃ》)。 **2・20**(*3・21*) 柳河春三《やながわしゅんさん》(39、洋学者《ようがくしゃ》)。 **6・14**(*7・12*) 樋口武《ひぐちたけし》(56、志士《しし》)。 **7・20**(*8・16*) 小松帯刀《こまつたてわき》(36、政《せい》府官僚《ふかんりょう》)。 **7・27**(*8・23*) 横山正太《よこやましょうた》郎《ろう》(28、森有礼《もりありのり》の兄《あに》)。 **9・7**(*10・1*) 小島文治《こじまぶんじ》郎《ろう》(46、高崎五万石騒動指導者《たかさきごまんごくそうどうしどうしゃ》)。 **9・24**(*10・18*) 長谷川宗右衛門《はせがわそうえもん》(68、讃岐高松藩士《さぬきたかまつはんし》)。 **10・12**(*11・5*) 林桜園《はやしおうえん》(74、肥後熊本藩士《ひごくまもとはんし》)。 **10・27**(*11・20*) 広瀬元恭《ひろせげんきょう》(50、蘭方医《らんぽうい》)。 **10・28**(*11・21*) 栗原信充《くりはらのぶみつ》(77、故実家《こじつか》)。 **12・26**(*71・2・15*) 雲井竜雄《くもいたつお》(27、出羽米沢藩《でわよねざわはん》

琉球	朝鮮	清
尚泰王 23	高宗 7	⑩ 同治 9

西暦	
年号・干支	
天皇	
大臣	
記事	士《し》)。 《月の大小／朔日の干支・グレゴリオ暦》 一戊辰(2・1)・二丁酉(3・2)・三丁卯(4・1)・四丁酉(5・1)・五丙寅(5・30)・六丙申(6・29)・七乙丑(7・28)・八乙未(8・27)・九甲子(9・25)・一〇甲午(10・25)・閏一〇癸亥(11・23)・一一壬辰(12・22)・一二壬戌(71・1・21)(太字は大の月) 〖世界〗 **2・8** グロ没《ぼつ》(77、フランス外交官《がいこうかん》)。 **2・9** ベッテルハイム没《ぼつ》(58、キリスト教宣教《きょうせんきょう》師《し》)。 **4・27** ベネズエラ、グスマン＝ブランコの独裁始《どくさいはじ》まる(～一八八八年《ねん》)。 **4・-** ロニー『世《よ》のうはさ』刊《かん》(パリ)。 **5・31** アメリカで、クー＝クラックス＝クラン法《ほう》制定《せいてい》。 **6・21** 天津《てんしん》でフランス領事館《りょうじかん》・教会《きょうかい》などが焼《や》かれ、領事《りょうじ》ら虐殺《ぎゃくさつ》される。 **7・19** フランス、プロイセンに宣戦《せんせん》(普仏戦争《ふふつせんそう》)。 **8・1** アイルランド土地法制定《とちほうせいてい》。 **8・9** イギリス、初等教育法制定《しょとうきょういくほうせいてい》。 **9・2** フランス、ナポレオン三世《せい》、セダンでプロイセン軍《ぐん》に敗《やぶ》れ、投降《とうこう》して捕虜《ほりょ》となる。 **9・4** フランス、第《だい》三共和制始《きょうわせいはじ》まる。 **10・2** イタリア王国《おうこく》、教皇領《きょうこうりょう》(ローマ)を占領《せんりょう》し、イタリア統一《とういつ》を完成《かんせい》。 **11・8** カシュガル＝ハン国王《こくおう》ヤクブ＝ベク、トルファンを占領《せんりょう》。 **この年《とし》** エーメ＝アンベール『幕末日本図絵《ばくまつにほんずえ》』刊《かん》(パリ)。 **この年以降《としいこう》** シュリーマン、トロヤ・ミケーネ遺跡《いせき》を発掘《はっくつ》。
琉球	
朝鮮	
清	

西暦	一八七一 ◀
年号・干支	明治 四 辛未《かのとひつじ》
天皇	(明治)
大臣	(右大臣三条実美) 7・29 (太政大臣三条実美《さんじょうさねとみ》)
記事	【政治・経済】 1・5(2・23) 寺社《じしゃ》の所領《しょりょう》を没収《ぼっしゅう》、府《ふ》・藩《はん》・県《けん》の管轄《かんかつ》とする。 2・13(4・2) 鹿児《かご》島《しま》・山口《やまぐち》・高知《こうち》三藩《ばん》の兵《へい》一万を徴集《ちょうしゅう》し、親兵《しんぺい》を編成《へんせい》。 3・7(4・26) 華族《かぞく》外山光輔《とやまみつすけ》ら、謀反《むほん》の罪《つみ》により逮捕《たいほ》。 3・13(5・2) 巡察使《じゅんさつし》四条隆謌《しじょうたかうた》、久留米藩《くるめはん》に派兵《はへい》し、大参事《だいさんじ》水野正名《みずのまさな》らを逮捕《たいほ》。 3・14(5・3) 華族愛宕通旭《かぞくおたぎみちてる》、謀反《むほん》の罪《つみ》により逮捕《たいほ》。 4・5(5・23) 戸籍法《こせきほう》制定《せいてい》。 4・23(6・10) 鎮台《ちんだい》を東山道《とうさんどう》(本営石巻《ほんえいいしのまき》)・西海道《さいかいどう》(本営小《ほんえいこ》倉《くら》)に設置《せっち》。 5・1(6・18) 参議《さんぎ》副島種臣《そえじまたねおみ》を樺太《からふと》境界協議《きょうかいきょうぎ》のため、ロシアへ派遣《はけん》することを決定《けってい》。 5・8(6・25) 田方《たかた》正米納困難《しょうまいのうこんなん》の村《むら》に対《たい》し石代納《こくだいのう》を許可《きょか》。 5・10(6・27) 新貨条例《しんかじょうれい》を制定《せいてい》(円《えん》・銭《せん》・厘《りん》の新貨幣《しんかへい》、一〇進《しん》一位法《いほう》)。 5・25(7・12) 兵《ひょう》部省《ぶしょう》に教導団《きょうどうだん》を設置《せっち》。 6・25(8・11) 西郷隆盛《さいごうたかもり》を参議《さんぎ》に任《にん》じる(木戸孝允《きどたかよし》再任《さいにん》、大久保利通《おおくぼとしみち》以下《いか》各参議《かくさんぎ》辞職《じしょく》)。 7・4(8・19) ハワイとの修好通商条約《しゅうこうつうしょうじょうやく》に調印《ちょういん》(同日《どうじつ》、批准《ひじゅん》実施《じっし》)。 7・9(8・24) 刑部省《ぎょうぶしょう》・弾正台《だんじょうだい》を廃《はい》して司法省《しほうしょう》を設置《せっち》。西《さい》郷隆盛《ごうたかもり》・大久保利通《おおくぼとしみち》ら木戸孝允邸《きどたかよしてい》に会合《かいごう》、廃藩置県《はいはんちけん》の手順《てじゅん》を論議《ろんぎ》。 7・14(8・29) 天皇《てんのう》、五六藩知事《はんちじ》を集《あつ》め、廃藩置県《はいはんちけん》の詔書《しょうしょ》を示《しめ》す。大隈重信《おおくましげのぶ》・板垣退助《いたがきたいすけ》を参議《さんぎ》に任《にん》じる。 7・18(9・2) 文部省《もんぶしょう》を設置《せっち》。 7・27(9・11) 民部省《みんぶしょう》を廃止《はいし》。 7・28(9・12) 陸軍条例《りくぐんじょうれい》を制定《せいてい》。兵部省《ひょうぶしょう》に陸軍部《りくぐんぶ》を設置《せっち》(九月《がつ》八日《か》、海軍部設置《かいぐんぶせっち》)。 7・29(9・13) 日清修好条規《にっしんしゅうこうじょうき》・通商章程《つうしょうしょうてい》・海関税則調印《かいかんぜいそくちょういん》(明治《めいじ》六年《ねん》四月《がつ》三〇日《にち》、批准《ひじゅん》)。 太政官制《だじょうかんかんせい》を改《あらた》め、正院《せいいん》・左院《さいん》・右院《ういん》を設置《せっち》。 8・7(9・21) 樺太開拓使《からふとかいたくし》を開拓使《かいたくし》へ合併《がっぺい》。 8・10(9・24) 納言《なごん》を廃止《はいし》、左右大臣《さゆうだいじん》を設置《せっち》。 8・20(10・4) 東京《とうきょう》・大阪《おおさか》・鎮西《ちんぜい》(熊本《くまもと》)・東北《とうほく》(仙台《せんだい》)に四鎮台《ちんだい》を設置《せっち》。集議院《しゅうぎいん》を左院《さいん》の所属《しょぞく》とする。 9・7(10・
琉球	尚泰王 24
朝鮮	高宗 8
清	同治 10

西暦	図2 ↓79年
年号・干支	
天皇	
太政大臣	
記事	20）田畑勝手作《でんばたかってさく》を許可《きょか》。9・8（10・21）海軍条例《かいぐんじょうれい》を制定《せいてい》。9・27（11・9）司法省《しほうしょう》、法律家養成《ほうりつかようせい》のため明法寮《めいほうりょう》を設立《せつりつ》。10・3（11・15）宗門人別帳《しゅうもんにんべつちょう》を廃止《はいし》。10・8（11・20）欧米各国派遣《おうべいかっこくはけん》のため、岩倉具視《いわくらともみ》を特命全権大使《とくめいぜんけんたいし》、木戸孝允《きどたかよし》・大久保利通《おおくぼとしみち》・伊藤博文《いとうひろぶみ》・山口尚芳《やまぐちなおよし》を副使《ふくし》とする。10・12（11・24）大蔵省兌換証券《おおくらしょうだかんしょうけん》の発行《はっこう》を定《さだ》める。10・23（12・5）東京府《とうきょうふ》に邏卒《らそつ》三〇〇〇人《にん》を置《お》く。10・28（12・10）府県官制《ふけんかんせい》を定《さだ》め、府《ふ》知事《ちじ》・県知事《けんちじ》を設置《せっち》。11・2（12・13）県知事《けんちじ》を県令《けんれい》と改称《かいしょう》。11・12（12・23）特命全権大使《とくめいぜんけんたいし》岩倉具視《いわくらともみ》ら、横浜《よこはま》出発《しゅっぱつ》、留学生《りゅうがくせい》多数《たすう》同行《どうこう》。11・13（12・24）全国《ぜんこく》の県《けん》を改廃《かいはい》（一一月《がつ》二二日《にち》、三府《ぶ》七二県《けん》となる）。11・27（72・1・7）府県奉職規則《ふけんほうしょくきそく》を廃止《はいし》、県《けん》治条例《ちじょうれい》を定《さだ》める。12・18（72・1・27）在官者以外《ざいかんしゃいがい》の華士族《かしぞく》・卒《そつ》に、農《のう》・工《こう》・商業《しょうぎょう》を営《いとな》むことを許可《きょか》。12・20（72・1・29）士族《しぞく》・卒《そつ》で農《のう》・商業《しょうぎょう》に帰《き》する者《もの》に、五年分《ねんぶん》の禄高《ろくだか》を給《きゅう》する制《せい》を廃止《はいし》。12・27（72・2・5）新紙幣発行《しんしへいはっこう》を布告《ふこく》。東京府市街地《とうきょうふしがいち》に地券《ちけん》を発行《はっこう》し地租《ちそ》を課《か》することを布告《ふこく》。 【社会・文化】 1・24（3・14）東京《とうきょう》・京都《きょうと》・大阪間《おおさかかん》に郵便《ゆうびん》の開設《かいせつ》を決定《けってい》（三月一日《がつついたち》、第《だい》一便《びん》）。4・－ 仮名垣魯文《かながきろぶん》『安愚楽鍋《あぐらなべ》』刊《かん》。大阪府《おおさかふ》、大貧院《たいひんいん》を創設《そうせつ》。5・14（7・1）神社《じんじゃ》は国家《こっか》の宗祀《そうし》であることを宣《せん》し、社格《しゃかく》・神官職制《しんかんしょくせい》を制定《せいてい》。5・－ 日新堂《にっしんどう》『新聞雑誌《しんぶんざっし》』創刊《そうかん》（木戸孝允発案《きどたかよしはつあん》）。6・－ 福地源一郎《ふくちげんいちろう》『会社弁《かいしゃべん》』刊《かん》。栗田寛《くりたひろし》『神祇志料《じんぎしりょう》』成稿《せいこう》。7・22（9・6）寄留《きりゅう》・旅行鑑札《りょこうかんさつ》を廃止《はいし》。8・8（9・22）神祇官《じんぎかん》を改《あらた》め神祇省《じんぎしょう》とし、太政官《だじょうかん》のもとに置《お》く。8・9（9・23）散髪《さんぱつ》・廃刀《はいとう》を許可《きょか》。8・14（9・28）工部省《こうぶしょう》に工学寮《こうがくりょう》を設置《せっち》。8・23（10・7）華族《かぞく》・士族《しぞく》・平民間《へいみんかん》の結婚《けっこん》を許可《きょか》。8・28（10・12）えた・非人《ひにん》
琉球	
朝鮮	
清	

西暦	年号・干支	天皇	太政大臣
一八七一 ◀▶	明治 四 辛未《かのとひつじ》	(明治)	(三条実美)

記事

の称《しょう》を廃止《はいし》。**8・―** 箕作麟祥《みつくりりんしょう》訳《やく》『泰西勧善訓蒙《たいせいかんぜんくんもう》』(ボンヌの小学校用道徳書《しょうがっこうようどうとくしょ》の訳《やく》)前編刊《ぜんぺんかん》(後編《こうへん》、明治《めいじ》六年《ねん》九月刊《がつかん》)。**9・1**(*10・14*) 熊本洋学校開校《くまもとようがっこうかいこう》(御雇《おやとい》 教師《きょうし》に米《べい》人《じん》ジェーンズ)。**9・9**(*10・22*) 正午《しょうご》の号砲《ごうほう》(ドン)開始《かいし》。**9・25**(*11・7*) 学制改革《がくせいかいかく》のため、東校《とうこう》・南校《なんこう》を閉鎖《へいさ》(一〇月《がつ》、再開《さいかい》)。**9・―** 渋沢栄一《しぶさわえいいち》『立会略則《りゅうかいりゃくそく》』刊《かん》。**10・13**(*11・25*) 姫路《ひめじ》・生野《いくの》両県《りょうけん》で大規模暴動《だいきぼぼうどう》。**10・28**(*12・10*)『大阪府日報《おおさかふにっぽう》』創刊《そうかん》。**10・―** この頃《ころ》、府《ふ》・県庁支援《けんちょうしえん》の新聞《しんぶん》が次々創刊《つぎつぎそうかん》。**11・12**(*12・23*) 津田《つだ》むめ(梅子《うめこ》)・永井繁《ながいしげ》・山川捨松《やまかわすてまつ》ら五人《にん》、女子留学生《じょしりゅうがくせい》としてアメリカへ出発《しゅっぱつ》(岩倉使節団《いわくらしせつだん》と同船《どうせん》)。中江兆民《なかえちょうみん》、アメリカ経由《けいゆ》でフランスへ留学《りゅうがく》(岩倉使節団《いわくらしせつだん》と同船《どうせん》)。**12・2**(*72・1・11*) 文部省《もんぶしょう》、箕作麟祥《みつくりりんしょう》ら一一名《めい》を学制取調掛《がくせいとりしらべがかり》に任命《にんめい》。**12・―** 吉本次郎兵衛《よしもとじろうべえ》『開化新聞《かいかしんぶん》』創刊《そうかん》。文明社《ぶんめいしゃ》『名古屋新聞《なごやしんぶん》』創刊《そうかん》。**この年** 現在《げんざい》の岡山《おかやま》・島根《しまね》などの諸県《しょけん》の住民《じゅうみん》、旧藩主《きゅうはんしゅ》の東京移住《とうきょういじゅう》に反対《はんたい》し騒擾《そうじょう》をおこす。大田垣蓮月《おおたがきれんげつ》『海人《あま》の刈藻《かるも》』成《な》る。『京《きょう》都新聞《としんぶん》』創刊《そうかん》(『京都新報《きょうとしんぽう》』改題《かいだい》)。佐久間象山《さくましょうざん》『省諐録《せいけんろく》』刊《かん》。シモン＝フィセリング講述《こうじゅつ》、神田孝平《かんだたかひら》訳《やく》『性法略《せいほうりゃく》』刊《かん》。青山延光《あおやまのぶみつ》『国史紀事本末《こくしきじほんまつ》』刊《かん》(～明治《めいじ》九年《ねん》)。

【死没】

1・2(*2・20*) 伊東玄朴《いとうげんぼく》(72、蘭方医《らんぽうい》)。**1・7**(*2・25*) 北浦定政《きたうらさだまさ》(55、歴史家《れきしか》)。**1・9**(*2・27*) 広沢真臣《ひろさわさねおみ》(39、政治家《せいじか》)。**1・18**(*3・8*) 鍋島直正《なべしまなおまさ》(58、肥前佐賀藩主《ひぜんさがはんしゅ》)。**3・15**(*5・4*) 森山多吉郎《もりやまたきちろう》(52、英学《えいがく》)。**3・28**(*5・17*) 毛利敬親《もうりたかちか》(53、長門萩藩主《ながとはぎはんしゅ》)。**4・19**(*6・6*) 田宮如雲《たみやじょうん》(64、尾張名古屋藩士《おわりなごやはんし》)。**4・21**(*6・8*) 鈴木雅之《すずきまさゆき》(35、国学《こくがく》)。**4・27**(*6・14*) 河崎董《かわさきただす》(49、兵《へい》・砲術家《ほうじゅつか》)。**5・13**(*6・30*) 御堀耕助《みほりこうすけ》(31、志士《しし》)。**6・1**(*7・18*) 川本幸民《かわもとこうみん》(62、蘭方医学《らんぽういがく》)。**7・8**(*8・23*) 仲尾次政隆《なかおしせいりゅう》(62、浄土真宗布教《じょうどしんしゅうふきょう》

琉球	朝鮮	清
尚泰王 24	高宗 8	同治 10

西暦	
年号・干支	
天皇	
太政大臣	
記事	者《しゃ》)。**8・15**(*9・29*) 江見鋭馬《えみえいま》(38、勤王家《きんのうか》)。**8・17**(*10・1*) 大国隆正《おおくにたかまさ》(80、国学《こくがく》)。**8・18**(*10・2*) 中村雀右衛門《なかむらじゃくえもん》(初代《しょだい》)(66、歌舞伎役者《かぶきやくしゃ》)。**8・19**(*10・3*) 広如《こうにょ》(74、浄土《じょうど》真宗僧《しんしゅうそう》)。**8・21**(*10・5*) 九条尚忠《くじょうひさただ》(74、公家《くげ》)。**9・15**(*10・28*) 桂誉重《かつらたかしげ》(55、国学《こくがく》)。**9・27**(*11・9*) 新渡戸伝《にとべつとう》(79、陸奥《むつ》三本木《さんぼんぎ》開発者《かいはつしゃ》)。**9・29**(*11・11*) 青山延光《あおやまのぶみつ》(65、儒《じゅ》学者《がくしゃ》)。広瀬久兵衛《ひろせきゅうべえ》(82、豪商《ごうしょう》)。**10・8**(*11・20*) 安藤信正《あんどうのぶまさ》(53、老中《ろうじゅう》)。**10・22**(*12・4*) 市川団蔵《いちかわだんぞう》(六代《だい》)(72、歌舞伎役者《かぶきやくしゃ》)。**10・24**(*12・6*) 斎藤弥九郎《さいとうやくろう》(初代《しょだい》)(74、剣術家《けんじゅつか》)。**11・5**(*12・16*) モレル(29、英国鉄道《えいこくてつどう》技術者《ぎじゅつしゃ》)。**11・22**(*72・1・2*) 片岡仁左衛門《かたおかにざえもん》(九代《だい》)(33、歌舞伎役者《かぶきやくしゃ》)。**12・3**(*72・1・12*) 愛宕通旭《おたぎみちてる》(26、公家《くげ》)。外山光輔《とやまみつすけ》(29、公家《くげ》)。**12・4**(*72・1・13*) 河上彦斎《かわかみげんさい》(38、志士《しし》)。**この年** 山口吉郎兵衛《やまぐちきちろうべえ》(二代《だい》)(53、実業家《じつぎょうか》)。松岡磐吉《まつおかばんきち》(幕臣《ばくしん》)。 《月の大小／朔日の干支・グレゴリオ暦》 一辛卯(2・19)・**二**辛酉(3・21)・三辛卯(4・20)・**四**庚申(5・19)・**五**庚寅(6・18)・**六**庚申(7・18)・七乙丑(8・16)・八乙未(9・15)・九戊子(10・14)・一〇戊午(11・13)・一一丁亥(12・12)・**一二**丙辰(72・1・10)(太字は大の月) 〘世界〙 **1・18** ヴィルヘルム一世《せい》即位《そくい》・ドイツ帝国成立《ていこくせいりつ》。**1・28** フランス、ドイツに降伏《こうふく》、休戦協定締結《きゅうせんきょうていていけつ》。**3・18** パリで民衆《みんしゅう》の蜂起《ほうき》。**3・22** ビスマルク、ドイツ帝国初代《ていこくしょだい》宰相《さいしょう》に就任《しゅうにん》。**3・28** パリ＝コミューン成立《せいりつ》(五月《がつ》二一日《にち》、フランス政府軍《せいふぐん》パリ進《しん》軍《ぐん》、五月《がつ》二八日《にち》、コミューン崩壊《ほうかい》)。**4・10** ハルデス没《ぼつ》(56、オランダ海軍機関士官《かいぐんきかんしかん》)。**4・16** ドイツ、帝国憲法発布《ていこくけんぽうはっぷ》。**4・30** アメリカ、アパッチ戦争開始《せんそうかいし》。**5・10** ドイ
琉球	
朝鮮	
清	

西暦	年号・干支	天皇	太政大臣	記事	琉球	朝鮮	清
一八七一 ▶	明治 四 辛未《かのとひつじ》	(明治)	(三条実美)	ツ・フランス間《かん》でフランクフルト講和条約調印《こうわじょうやくちょういん》。**6・3** 上海《シャンハイ》―ロンドン間《かん》の海底電線開通《かいていでんせんかいつう》。**6・11** アメリカ軍艦《ぐんかん》、朝鮮《ちょうせん》の開国《かいこく》を求《もと》めて江華島占領《こうかとうせんりょう》、米朝交戦《べいちょうこうせん》。**6・29** イギリス議会《ぎかい》で労働組合法案通過《ろうどうくみあいほうあんつうか》。**7・4** ロシア、イリを占領《せんりょう》。**7・-** イタリア、ローマ遷都《せんと》。**8・31** ティエール、フランス大統領《だいとうりょう》に就任《しゅうにん》。**11・27** 台湾《たいわん》山岳民《さんがくみん》、琉球《りゅうきゅう》の漂流民《ひょうりゅうみん》六六名中《めいちゅう》五四名《めい》を殺害《さつがい》。**この年**《とし》 アメリカ人《じん》ジャーナリストのスタンリー、イギリス人宣教師《じんせんきょうし》・探険家《たんけんか》のリビングストンをアフリカで発見《はっけん》。ドイツで文化闘争《ぶんかとうそう》はじまる。南《みなみ》アフリカのダイヤモンド鉱業都市《こうぎょうとし》キンバリー建設《けんせつ》。	尚泰王 **24**	高宗 **8**	同治 **10**
一八七二 ◀	五 壬申《みずのえさる》			**【政治・経済】** **1・8**(*2・16*) 陸軍始《りくぐんはじめ》。天皇《てんのう》、日比谷陸軍操練所《ひびやりくぐんそうれんじょ》で行軍式《こうぐんしき》を閲《えつ》す。**1・10**(*2・18*) 東海道各駅《とうかいどうかくえき》の伝馬所《てんましょ》・助郷《すけごう》を廃止《はいし》。**1・25**(*3・4*) 特命全権大使岩倉具視《とくめいぜんけんたいしいわくらともみ》、アメリカ大統領《だいとうりょう》グラントと会見《かいけん》。**1・29**(*3・8*) 政府《せいふ》、初《はじ》めて全国《ぜんこく》の戸籍調査《こせきちょうさ》を実施《じっし》。卒《そつ》の身分《みぶん》を士族《しぞく》に編入《へんにゅう》。銃砲取締規則《てっぽうとりしまりきそく》を定《さだ》める。**2・15**(*3・23*) 土地永代売買《とちえいたいばいばい》を解禁《かいきん》。**2・18**(*3・26*) 海陸軍刑律《かいりくぐんけいりつ》を定《さだ》める。**2・24**(*4・1*) 地券渡方規則《ちけんわたしかたきそく》を定《さだ》める(売買《ばいばい》・譲渡《じょうと》の土地《とち》に地券《ちけん》を発行《はっこう》)。**2・28**(*4・5*) 兵部省《ひょうぶしょう》を廃《はい》し、陸軍省《りくぐんしょう》・海軍省《かいぐんしょう》を設置《せっち》。**3・9**(*4・16*) 親兵《しんぺい》を廃止《はいし》、近衛兵《このえへい》を設置《せっち》し近衛条例《このえじょうれい》を定《さだ》める。**3・12**(*4・19*) 鎮台条例《ちんだいじょうれい》を定《さだ》める。**3・13**(*4・20*) 天皇《てんのう》、東校《とうこう》に行幸《ぎょうこう》。**3・14**(*4・21*) 神祇省《じんぎしょう》を廃《はい》し、教部省《きょうぶしょう》を設置《せっち》。**3・27**(*5・4*) 鉱山心得書《こうざんこころえしょ》を定《さだ》める(すべての鉱物《こうぶつ》とその開採権《かいさいけん》の政府所有《せいふしょゆう》を規定《きてい》)。**4・9**(*5・15*) 庄屋《しょうや》・名主《なぬし》・年寄《としより》などを廃《はい》し、	**25**	**9**	**11**

西暦	
年号・干支	
天皇	
太政大臣	
記事	戸長《こちょう》を設置《せっち》。**4・22**(*5・28*) 京都《きょうと》―大阪間《おおさかかん》に電信開通《でんしんかいつう》。**4・-** 左院少議官議制課《さいんしょうぎかんぎせいか》長宮島誠一郎《ちょうみやじませいいちろう》、「立国憲議《りっこくけんぎ》」を左院議長《さいんぎちょう》後藤象二郎《ごとうしょうじろう》に提出《ていしゅつ》。**5・7**(*6・12*) 品《しな》川《がわ》―横浜間《よこはまかん》の鉄道仮開業《てつどうかりかいぎょう》。**5・19**(*6・24*) 左院《さいん》、「下議院《かぎいん》ヲ設《もう》クルノ議《ぎ》」を正院《せいいん》に提出《ていしゅつ》(正院《せいいん》、五月《がつ》二二日《にち》認《みと》める)。**5・23**(*6・28*) 天皇《てんのう》、中国《ちゅうごく》・九州地方《きゅうしゅうちほう》の巡幸《じゅんこう》に出発《しゅっぱつ》。**5・-** 陸奥宗光《むつむねみつ》、「田租改正建議《でんそかいせいけんぎ》」提出《ていしゅつ》。**6・19**(*7・24*) 特命全権大使岩《とくめいぜんけんたいしいわ》倉具視《くらともみ》、対米条約改正交渉《たいべいじょうやくかいせいこうしょう》の中止《ちゅうし》を国務長官《こくむちょうかん》フィシュに通告《つうこく》。**7・1**(*8・4*) 外務卿《がいむきょう》副島種臣《そえじまたねおみ》、清国人苦力虐待《しんこくじんクーリーぎゃくたい》に関《かん》しペルー国船《こくせん》マリア=ルス号《ごう》の取調《とりしらべ》を命《めい》じる(マリア=ルス号事件《ごうじけん》)。**7・4**(*8・7*) 全国一般《ぜんこくいっぱん》の土地《とち》に地券《ちけん》を交付《こうふ》(壬申地《じんしんち》券《けん》)。**7・19**(*8・22*) 参議西郷隆盛《さんぎさいごうたかもり》を陸軍元帥《りくぐんげんすい》・近衛都督《このえととく》に任《にん》じる。**7・25**(*8・28*) 集《しゅう》議院建白規則《ぎいんけんぱくきそく》を制定《せいてい》。大蔵省租税寮《おおくらしょうそぜいりょう》に地租改正局《ちそかいせいきょく》を設置《せっち》。**8・10**(*9・12*) 日本《にほん》政府郵便蒸気船会社設立《せいふゆうびんじょうきせんがいしゃせつりつ》(一一月《がつ》三日《か》、日本国郵便蒸気船会社《にほんこくゆうびんじょうきせんがいしゃ》と改称《かいしょう》)。**8・12**(*9・14*) 田畑貢租米《たはたこうそまい》をすべて金納《きんのう》とすることを許可《きょか》。**8・18**(*9・20*) 外務大丞花《がいむだいじょうはな》房義質《ぶさよしもと》らを朝鮮《ちょうせん》に差遣《さけん》(九月《がつ》一六日《にち》、草梁倭館《そうりょうわかん》を接収《せっしゅう》)。**8・-** 左院《さいん》、「国会議院《こっかいぎいん》手続取調《てつづきとりしらべ》」を作成《さくせい》。**9・12**(*10・14*) 新橋《しんばし》―横浜間鉄道開業式《よこはまかんてつどうかいぎょうしき》(九月《がつ》一三日《にち》、営業《えいぎょう》開始《かいし》)。**9・13**(*10・15*) マリア=ルス号乗組《ごうのりくみ》の苦力《クーリー》二二九人《にん》を清国《しんこく》に引渡《ひきわた》す。**9・14**(*10・16*) 琉球正使尚健参朝《りゅうきゅうせいししょうけんさんちょう》・国王尚泰《こくおうしょうたい》を琉球藩主《りゅうきゅうはんしゅ》とし華族《かぞく》に列《れっ》する。**9・24**(*10・26*) 租税未納者《そぜいみのうしゃ》の身代限処分《しんだいかぎりしょぶん》を定《さだ》める。**10・25**(*11・25*) 教部省《きょうぶしょう》を文部省《もんぶしょう》と合併《がっぺい》。**10・-** 官営富岡製糸場開業《かんえいとみおかせいしじょうかいぎょう》。**11・5**(*12・5*) 岩倉大使《いわくらたいし》、イギリス、ヴィクトリア女王《じょうおう》に謁見《えつけん》。**11・8**(*12・8*) 違式詿違条例《いしきかいいじょうれい》を定《さだ》める(同月《どうげつ》一三日《にち》、東京《とうきょう》府下施行《ふかしこう》)。**11・15**(*12・15*) 神武天皇即位《じんむてんのうそくい》の年《とし》を紀元《きげん》とし、即位日《そくいび》(一月《がつ》二九日《にち》)を
琉球	
朝鮮	
清	

西暦	一八七二 ◀▶
年号・干支	明治 五 壬申《みずのえさる》
天皇	(明治)
太政大臣	(三条実美)
記事	祝日《しゅくじつ》とすることを定《さだ》める。国立銀行条例《こくりつぎんこうじょうれい》・同成規《どうせいき》を定《さだ》め、銀行《ぎんこう》の設立《せつりつ》を許可《きょか》。**11・26**(*12・26*) 岩倉大使《いわくらたいし》、フランス大統領《だいとうりょう》と会見《かいけん》。**11・28**(*12・28*) 徴兵《ちょうへい》の詔書《しょうしょ》・太政《だじょう》官告諭《かんこくゆ》。**12・3**(*73・1・1*) この日《ひ》を明治《めいじ》六年《ねん》一月一日《がっついたち》とする。 【社会・文化】 **2・2**(*3・10*) 押川方義《おしかわまさよし》ら、横浜《よこはま》に日本最初《にほんさいしょ》のプロテスタント教会《きょうかい》(日本基督公会《にほんキリストこうかい》)を設立《せつりつ》。**2・21**(*3・29*) 日報社《にっぽうしゃ》『東京日日新聞《とうきょうにちにちしんぶん》』創刊《そうかん》。**2・―** 福沢諭吉《ふくざわゆきち》『学問《がくもん》のすゝめ』初編刊《しょへんかん》。ミル著《ちょ》・中村正直訳《なかむらまさなおやく》『自由之理《じゆうのことわり》』刊《かん》。南校構内《なんこうこうない》に共立女学校設立《きょうりつじょがっこうせつりつ》(一一月《がつ》、東京女学校《とうきょうじょがっこう》となる)。**3・17**(*4・24*) イギリス人《じん》ジョン=レディー=ブラック『日新真事誌《にっしんしんじし》』創刊《そうかん》。**3・―** 『大阪新聞《おおさかしんぶん》』創刊《そうかん》。新潟活版調所《にいがたかっぱんしらべしょ》『北湊新聞《ほくそうしんぶん》』創刊《そうかん》。**4・4**(*5・10*) 新潟県蒲原郡《にいがたけんかんばらぐん》の農民《のうみん》、信濃川分水工事《しなのがわぶんすいこうじ》の過重負担《かじゅうふたん》に反対《はんたい》して擾乱《じょうらん》。**4・15**(*5・21*) 開拓使仮学校《かいたくしかりがっこう》(札幌農学校《さっぽろのうがっこう》の前身《ぜんしん》)、東京《とうきょう》に開校《かいこう》。**4・25**(*5・31*) 教《きょう》部省《ぶしょう》、教導職《きょうどうしょく》を設置《せっち》。僧侶《そうりょ》の肉食《にくじき》・妻帯《さいたい》・蓄髪《ちくはつ》などを許可《きょか》。**4・28**(*6・3*) 教《きょう》部省《ぶしょう》、国民教化《こくみんきょうか》の基本大綱《きほんたいこう》として教則三条《きょうそくさんじょう》を教導職《きょうどうしょく》に示《しめ》す。**5・29**(*7・4*) 文部省《もんぶしょう》、東京《とうきょう》に師範学校《しはんがっこう》を設立《せつりつ》。**5・―** 日新社《にっしんしゃ》『日新記聞《にっしんきぶん》』発行《はっこう》。**6・10**(*7・15*) 『郵《ゆう》便報知新聞《びんほうちしんぶん》』創刊《そうかん》。**8・2**(*9・4*) 文部省《もんぶしょう》、学制《がくせい》を頒布《はんぷ》。**8・8**(*9・10*) 山梨県巨《やまなしけんこ》摩郡《まぐん》の農民《のうみん》、大小切税法廃止《だいしょうぎりぜいほうはいし》に反対《はんたい》し騒擾《そうじょう》。**8・―** 文部省《もんぶしょう》『文部省日誌《もんぶしょうにっし》』創刊《そうかん》。**10・2**(*11・2*) 人身売買《じんしんばいばい》を禁止《きんし》、年季奉公《ねんきぼうこう》を制限《せいげん》・廃止《はいし》。**10・17**(*11・17*) 文部省《もんぶしょう》、教科書編成掛《きょうかしょへんせいがかり》を設置《せっち》。**10・―** 新報義社《しんぽうぎしゃ》『茨城新報《いばらきしんぽう》』創刊《そうかん》。大蔵省紙幣寮編《おおくらしょうしへいりょうへん》『会社全書《かいしゃぜんしょ》』初編成《しょへんな》る、追録《ついろく》は明治《めいじ》八年《ねん》に及《およ》ぶ。日本《にほん》アジア協会《きょうかい》『アジア協会会報《きょうかいかいほう》』創《そう》刊《かん》。**11・5**(*12・5*) 岩崎嘉兵衛《いわさきかへえ》ほか『和歌山新聞《わかやましんぶん》』創刊《そうかん》。**11・9**(*12・9*) 太陰暦《たいいんれき》を廃《はい》
琉球	尚泰王 25
朝鮮	高宗 9
清	同治 11

西暦	図3 ↓79年
年号・干支	
天皇	
太政大臣	

記事

止《し》し、太陽暦《たいようれき》を採用《さいよう》するとの詔《みことのり》(明治《めいじ》五年《ねん》一二月《がつ》三日《か》を明治《めいじ》六年《ねん》一月一日《がついたち》とする)。**11・16**(*12・16*) 長崎県高島炭坑《ながさきけんたかしまたんこう》で坑夫《こうふ》二〇〇人暴動《にんぼうどう》。**11・-** 人教宣布《たいきょうせんぶ》の組織《そしき》として大教院設立《だいきょういんせつりつ》。東京府《とうきょうふ》、車善七《くるまぜんしち》に命《めい》じ乞食《こじき》二四〇人《にん》を旧金沢藩邸空長屋《きゅうかなざわはんていあきながや》に収容《しゅうよう》(市養育院《しよういくいん》の初《はじ》め)。**この年《とし》** 汾陽光遠《かわみなみつとお》『租税問答《そぜいもんどう》』成《な》るか。太政官外史局《だじょうかんがいしきょく》編《へん》『布告全書《ふこくぜんしょ》』創刊《そうかん》。『布達全書《ふたつぜんしょ》』創刊《そうかん》。『陸軍省日誌《りくぐんしょうにっし》』(~明治《めいじ》一五年《ねん》)。

【死没】

1・4(*2・12*) 島津久治《しまづひさはる》(32、薩摩鹿児島藩家老《さつまかごしまはんかろう》)。**1・25**(*3・4*) 市川栄之助《いちかわえいのすけ》(42、キリスト教徒《きょうと》)。**2・8**(*3・16*) 本間棗軒《ほんまそうけん》(69、漢蘭折衷医《かんらんせっちゅうい》)。**2・15**(*3・23*) 玉松操《たままつみさお》(63、国学《こくがく》)。**2・18**(*3・26*) 笠松謙吾《かさまつけんご》(35、勤王活動家《きんのうかつどうか》)。**3・8**(*4・15*) 妹尾三郎平《せのおさぶろべい》(36、尊王家《そんのうか》)。**4・10**(*5・16*) 佐藤泰然《さとうたいぜん》(69、蘭方医《らんぽうい》)。**4・15**(*5・21*) 小原鉄心《おはらてっしん》(56、美濃大垣藩士《みのおおがきはんし》)。**6・2**(*7・7*) 大橋慎《おおはししん》(38、土佐高知藩陪臣《とさこうちはんばいしん》)。**6・21**(*7・26*) 山内豊信《やまうちとよしげ》(46、土佐高知藩主《とさこうちはんしゅ》)。**7・26**(*8・29*) 浅野長訓《あさのながみち》(61、安芸広島藩主《あきひろしまはんしゅ》)。**8・17**(*9・19*) 秦瀬兵衛《はたせべえ》(85、慈善家《じぜんか》)。**9・19**(*10・21*) 吉沢検校《よしざわけんぎょう》(二代《だい》)(65、箏曲家《そうきょくか》)。**11・13**(*12・13*) 常磐津小文字太夫《ときわづこもじだゆう》(六代《だい》)(32、常磐津節家元《ときわづぶしいえもと》)。**11・24**(*12・24*) 慈隆《じりゅう》(58、天台宗僧《てんだいしゅうそう》)。**11・29**(*12・29*) 山城屋和助《やましろやわすけ》(37、商人《しょうにん》)。**この年《とし》** お美《み》代《よ》の方《かた》(徳川家斉側室《とくがわいえなりそくしつ》)。西川伊三郎《にしかわいさぶろう》(三代《だい》)(人形遣《にんぎょうつか》い)。

《月の大小/朔日の干支・グレゴリオ暦》

一丙戌(2・9)・二乙卯(3・9)・三乙酉(4・8)・**四**甲寅(5・7)・**五**甲申(6・6)・六甲寅(7・6)・**七**癸未(8・4)・**八**癸丑(9・3)・九癸未(10・3)・一〇壬子(11・1)・一一壬午(12・1)・一二辛亥(12・30)(太字は大の月)

琉球	
朝鮮	
清	

西暦	年号・干支	天皇	太政大臣	記事	琉球	朝鮮	清
一八七二 ▶	明治 五 壬申《みずのえさる》	（明治）	（三条実美）	〔世界〕 4・30 上海《シャンハイ》で『申報《しんぽう》』創刊《そうかん》。 6・8 ヤクブ＝ベク、ロシアと協定締結《きょうていていけつ》。 9・6 露《ろ》・独《どく》・仏《ふつ》の三皇帝《こうてい》、近東状勢《きんとうじょうせい》について協議《きょうぎ》。	尚泰王 25	高宗 9	同治 11
一八七三 ◀	六 癸酉《みずのとのとり》			【政治・経済】 1・4 五節《ごせち》を廃《はい》し、神武天皇即位日《じんむてんのうそくいび》・天長節《てんちょうせつ》を祝日《しゅくじつ》と定《さだ》める。 1・9 名古屋《なごや》・広島《ひろしま》に鎮台《ちんだい》を設置《せっち》、六鎮台《ちんだい》とする。 1・10 徴兵令《ちょうへいれい》および付録《ふろく》を制定《せいてい》。 1・―～5・― この頃《ころ》、左院《さいん》、「国会議院規則《こっかいぎいんきそく》」を起草《きそう》。 3・7 神武天皇即位日《じんむてんのうそくいび》を紀元節《きげんせつ》と称《しょう》す。 3・25 藩債処分《はんさいしょぶん》のため新旧公債証書発行条例《しんきゅうこうさいしょうしょはっこうじょうれい》を制定《せいてい》。 3・30 太政官《だじょうかん》・民部省札回収《みんぶしょうさつかいしゅう》のため金札引換公債証書発行条例《きんさつひきかえこうさいしょうしょはっこうじょうれい》を制定《せいてい》。 5・2 太政官職制《だじょうかんしょくせい》を改正《かいせい》（正院《せいいん》の権限拡大《けんげんかくだい》）。 5・7 大蔵大輔井上馨《おおくらだゆういのうえかおる》・同省三等出仕渋沢栄一《どうしょうとうしゅっししぶさわえいいち》、財政改革《ざいせいかいかく》を建議《けんぎ》（五月《がつ》一四日《か》、両者免官《りょうしゃめんかん》）。 5・26 遣米欧副使大久保利通《けんべいおうふくしおおくぼとしみち》、帰国《きこく》。 6・1 横浜生糸改会社《よこはまきいとあらためがいしゃ》開業《かいぎょう》。 6・4 人民礼拝用《じんみんれいはいよう》の天皇《てんのう》の写真下賜《しゃしんかし》を求《もと》める奈良県令四条隆平《ならけんれいしじょうたかとし》の願出《ねがいいで》を許可《きょか》（府県《ふけん》への写真下賜《しゃしんかし》の最初《さいしょ》）。 6・8 石高《こくだか》を廃《はい》し反別《たんべつ》に改《あらた》める。 6・9 歳入出見込会計表《さいにゅうしゅつみこみかいけいひょう》を公表《こうひょう》。 6・11 第一国立銀行設立《だいいちこくりつぎんこうせつりつ》（七月《がつ》二〇日《か》、営業開始《えいぎょうかいし》）。 6・13 改定律例《かいていりつれい》を頒布《はんぷ》（七月一日《がつついたち》、施行《しこう》）。 6・25 集議院《しゅうぎいん》を廃止《はいし》（事務《じむ》を左院《さいん》へ移《うつ》す）。 7・20 日本坑法《にほんこうほう》を公布《こうふ》（九月一日《がつついたち》、施行《しこう》）。 7・23 遣米欧副使木戸孝允《けんべいおうふくしきどたかよし》、帰国《きこく》。 7・28 地租改正条例《ちそかいせいじょうれい》を制定《せいてい》・公布《こうふ》。 8・17 閣議《かくぎ》、西郷隆盛《さいごうたかもり》の朝鮮派遣《ちょうせんはけん》を内定《ないてい》。 8・21 ペルーとの和親貿易航海仮条約《わしんぼうえきこうかいかりじょうやく》に調印《ちょういん》（明治《めいじ》八年《ねん》五月《がつ》一七日《にち》、批准《ひじゅん》）。 9・13 遣米欧大使岩倉具視《けんべいおうたいしいわくらともみ》、帰国《きこく》。 10・14 閣議《かくぎ》、遣韓使《けんかんし》を議《ぎ》するも決《けっ》せず（一五日《にち》、	26	10	⑥ 12

西暦	
年号・干支	
天皇	
太政大臣	
記事	派遣《はけん》決定《けってい》)。祝祭日《しゅくさいじつ》を定《さだ》め、休日《きゅうじつ》とする(元始祭《げんしさい》・新嘗祭《にいなめさい》など計《けい》八日《にち》)。**10・24** 天皇《てんのう》、岩倉《いわくら》の上奏《じょうそう》をいれ遣韓使《けんかんし》派遣《はけん》を中止《ちゅうし》する。**10・25** 板垣退助《いたがきたいすけ》・副島種臣《そえじまたねおみ》・江藤新平《えとうしんぺい》・後藤象二郎《ごとうしょうじろう》ら参議《さんぎ》を辞職《じしょく》。**11・10** 内務省《ないむしょう》を設置《せっち》(同《どう》二九日《にち》、大久保利通《おおくぼとしみち》を初代内務卿《しょだいないむきょう》に任《にん》じる)。**11・-** 大久保利通《おおくぼとしみち》「立憲政体《りっけんせいたい》に関《かん》する意見書《いけんしょ》」を起草《きそう》(「君民共治《くんみんきょうち》」の実現《じつげん》を主張《しゅちょう》)。**12・25** 島津久光《しまづひさみつ》を内閣顧問《ないかくこもん》に任《にん》じる。**12・27** 秩禄奉還《ちつろくほうかん》の法《ほう》を定《さだ》める。陸海軍資《りくかいぐんし》のため家禄税《かろくぜい》を設《もう》ける。 【社会・文化】 **1・22** 尼僧《にそう》の蓄髪《ちくはつ》・肉食《にくじき》・婚姻《こんいん》・帰俗《きぞく》を許可《きょか》。**1・-** 文運社《ぶんうんしゃ》『埼玉新聞《さいたましんぶん》』創刊《そうかん》。司法省《しほうしょう》記録課《きろくか》『司法省日誌《しほうしょうにっし》』刊《かん》。『東京仮名書新聞《とうきょうかながきしんぶん》』創刊《そうかん》。**2・7** 復讐《ふくしゅう》(仇討《あだうち》)を禁止《きんし》。**2・24** キリスト教禁制高札《きょうきんせいこうさつ》の除去《じょきょ》を決定《けってい》。**2・-** 翰林堂《かんりんどう》『海外雑誌《かいがいざっし》』創刊《そうかん》。けいもうしゃ『まいにちひらかなしんぶんし』創刊《そうかん》。**3・12** 新聞社《しんぶんしゃ》『島根新聞誌《しまねしんぶんし》』創刊《そうかん》。**4・10** 第《だい》一大学区《だいがくく》第《だい》一番中学《ばんちゅうがく》を開成学校《かいせいがっこう》と改称《かいしょう》。**4・-** 師範学校付属小学校《しはんがっこうふぞくしょうがっこう》、授業開始《じゅぎょうかいし》。文部省《もんぶしょう》『文部省雑誌《もんぶしょうざっし》』創刊《そうかん》。**5・1** ウィーン万国博覧会開場《ばんこくはくらんかいかいじょう》(〜一一月《がつ》二日《か》)・日本出品《にほんしゅっぴん》の美術工芸品好評《びじゅつこうげいひんこうひょう》。**5・26** 北条県《ほうじょうけん》(美作《みまさか》)で徴兵令《ちょうへいれい》・部落解放《ぶらくかいほう》に反対《はんたい》する騒擾《そうじょう》。**6・-** 河竹黙阿弥作《かわたけもくあみさく》『梅雨小袖昔八丈《つゆこそでむかしはちじょう》』、東京中村座《とうきょうなかむらざ》で初演《しょえん》。**7・30** 工部省工学寮《こうぶしょうこうがくりょう》に工学校設立《こうがっこうせつりつ》。民立共立社《みんりつきょうりつしゃ》『高知新聞《こうちしんぶん》』創刊《そうかん》。**7・-** 大蔵省《おおくらしょう》『大蔵省銀行局年報《おおくらしょうぎんこうきょくねんぽう》』刊《かん》。**8・-** 森有礼《もりありのり》、西村茂樹《にしむらしげき》に学術結社《がくじゅつけっしゃ》の結成《けっせい》を提案《ていあん》(明六社《めいろくしゃ》の始《はじ》まり)。**9・-** 沼間守一《ぬまもりかず》、法律講習会《ほうりつこうしゅうかい》を開《ひら》く(嚶鳴社《おうめいしゃ》の初《はじ》め)。**10・15** 伊藤六郎兵衛《いとうろくろべえ》、神奈川県登戸《かながわけんのぼりと》で丸山教開教《まるやまきょうかいきょう》。**10・19** 新聞紙条目《しんぶんしじょうもく》を制定《せいてい》。**この年** 徴兵令《ちょうへいれい》反対《はんたい》などの農民騒擾多発《のうみんそうじょうたはつ》。太政官記録局《だじょうかんきろくきょく》『太政類典《だじょうるいてん》』成《な》る。富田礼彦《とみたのりひこ》『斐太後《ひだご》
琉球	
朝鮮	
清	

西暦	一八七三 ▶
年号・干支	明治 六 癸酉《みずのととり》
天皇	（明治）
太政大臣	（三条実美）

記事

風土記《ふどき》』成《な》る。

【死没】

2・1 大谷広次《おおたにひろじ》（五代《だい》）（41、歌舞伎役者《かぶきやくしゃ》）。**2・5** 酒井忠義《さかいただあき》（61、若狭小浜藩主《わかさおばまはんしゅ》）。**2・19** 片桐省介《かたぎりせいすけ》（37、勤王家《きんのうか》）。**3・28** 大庭雪斎《おおばせっさい》（69、肥前佐賀藩医《ひぜんさがはんい》）。**3・31** 神田伯山《かんだはくざん》（初代《しょだい》）（講釈師《こうしゃくし》）。**4・3** 布田惟暉《ふたこれてる》（73、開発功労者《かいはつこうろうしゃ》）。**5・-** 尾上松緑《おのえしょうろく》（梅鶴《ばいかく》）（歌舞伎役者《かぶきやくしゃ》）。**8・23** 津崎矩子《つざきのりこ》（88、近衛家老女《このえけろうじょ》）。**9・2** 八田知紀《はったとものり》（75、歌人《かじん》）。**9・11** 坂東三津五郎《ばんどうみつごろう》（六代《だい》）（28、歌舞伎役者《かぶきやくしゃ》）。**9・27** 沢宣嘉《さわのぶよし》（39、政治家《せいじか》）。**10・3** 鳥居耀蔵《とりいようぞう》（78、幕臣《ばくしん》）。**11・14** 坂東彦三郎《ばんどうひこさぶろう》（四代《だい》）（74、歌舞伎役者《かぶきやくしゃ》）。**11・17** 長谷部恕連《はせべよしつら》（56、岐阜県令《ぎふけんれい》）。**11・20** 本荘宗秀《ほんじょうむねひで》（65、老中《ろうじゅう》）。

〖世界〗

1・30 サマーズ・南貞助《みなみていすけ》『大西新聞《たいせいしんぶん》』創刊《そうかん》（ロンドン）。**2・12** スペイン、共和制《きょうわせい》を宣言《せんげん》。**2・16** ホブソン没《ぼつ》（57、英国《えいこく》のプロテスタント中国医療宣教師《ちゅうごくいりょうせんきょうし》）。**2・-** バン=リード没《ぼつ》（38、オランダ系《けい》アメリカ商人《しょうにん》）。**3・26** スマトラ、アチェー戦争始《せんそうはじ》まる（～一九一二年《ねん》）。**10・9** セシーユ没《ぼつ》（85、フランス東《ひがし》インド派遣海軍司令官《はけんかいぐんしれいかん》）。**10・22** 独《どく》・墺《おう》・露《ろ》三帝協商成立《さんていきょうしょうせいりつ》。**11・20** フランス軍《ぐん》、ベトナムのハノイを占領《せんりょう》。**11・24** 朝鮮《ちょうせん》、王妃閔氏《おうひびんし》、政権奪取《せいけんだっしゅ》。**12・6** ヤクーブ=ベク、トルキスタンを支配《しはい》し、エミール=ハンの称号《しょうごう》を受《う》ける。**この年** 大不況始《だいふきょうはじ》まる。

琉球	尚泰王 26
朝鮮	高宗 10
清	⑥ 同治 12

西暦	◀ 一八七四
年号・干支	七 甲戌《きのえいぬ》
天皇	
太政大臣	
記事	【政治・経済】 1・12 板垣退助《いたがきたいすけ》・副島種臣《そえじまたねおみ》・後藤象二郎《ごとうしょうじろう》・江藤新平《えとうしんぺい》ら、愛国公党結成《あいこくこうとうけっせい》。 1・14 右大《うだい》臣《じん》岩倉具視《いわくらともみ》、高知県士族《こうちけんしぞく》武市熊吉《たけちくまきち》らに襲《おそ》われ負傷《ふしょう》(赤坂喰違《あかさかくいちがい》の変《へん》、七月《がつ》九日《か》、犯《はん》人斬罪《にんざんざい》)。 1・15 東京警視庁《とうきょうけいしちょう》を設置《せっち》。 1・17 板垣退助《いたがきたいすけ》・江藤新平《えとうしんぺい》・後藤象二郎《ごとうしょうじろう》・副《そえ》島種臣《じまたねおみ》ら八名《めい》、民撰議院設立建白書《みんせんぎいんせつりつけんぱくしょ》を左院《さいん》に提出《ていしゅつ》(一月《がつ》一八日《にち》、『日新真事誌《にっしんしんじし》』に公表《こうひょう》)。 2・1 江藤新平《えとうしんぺい》ら、佐賀《さが》で挙兵《きょへい》(佐賀《さが》の乱《らん》・三月一日《がっついたち》、平定《へいてい》)。 2・3 加《か》藤弘之《とうひろゆき》、民撰議院設立《みんせんぎいんせつりつ》の尚早論《しょうそうろん》を『日新真事誌《にっしんしんじし》』に発表《はっぴょう》(民撰議院論争《みんせんぎいんろんそう》はじまる)。 2・6 政府《せいふ》、台湾征討《たいわんせいとう》を決定《けってい》。 3・28 秩禄公債証書発行条例《ちつろくこうさいしょうしょはっこうじょうれい》を定《さだ》める。 4・4 西《さい》郷従道《ごうつぐみち》を台湾蕃地事務都督《たいわんばんちじむととく》とし、出兵《しゅっぺい》を命《めい》じる。 4・10 板垣退助《いたがきたいすけ》ら、立志社結成《りっししゃけっせい》。 4・13 イギリス公使《こうし》、清国《しんこく》が日本《にほん》の台湾出兵《たいわんしゅっぺい》を侵略《しんりゃく》と見《み》なすならば英人《えいじん》・英船舶《えいせんぱく》の参加《さんか》を禁止《きんし》する旨《むね》を通告《つうこく》。 4・18 参議兼文部卿木戸孝允《さんぎけんもんぶきょうきどたかよし》、台湾出兵《たいわんしゅっぺい》に不満《ふまん》をもち辞表提出《じひょうていしゅつ》(五月《がつ》一三日《にち》、免官《めんかん》)。 4・19 政府《せいふ》、台湾出兵中止《たいわんしゅっぺいちゅうし》を決定《けってい》、西郷《さいごう》従道《つぐみち》に出発延期《しゅっぱつえんき》を命《めい》じる。 5・2 地方官会議《ちほうかんかいぎ》の開催《かいさい》を勅《ちょく》し、議院憲法《ぎいんけんぽう》・規則《きそく》を定《さだ》める。 5・4 大久保利通《おおくぼとしみち》・大隈重信《おおくましげのぶ》、長崎《ながさき》で西郷従道《さいごうつぐみち》と会見《かいけん》し台湾出兵実施《たいわんしゅっぺいじっし》を決《けっ》定《てい》(五月《がつ》一七日《にち》、西郷出発《さいごうしゅっぱつ》・同《どう》二二日《にち》、台湾上陸《たいわんじょうりく》・一二月《がつ》三日《か》、撤兵開始《てっぺいかいし》)。 5・10 左院《さいん》に国憲編纂《こっけんへんさん》を命《めい》じる。 5・11 大阪《おおさか》—神戸間《こうべかん》の鉄道開通《てつどうかいつう》。 5・12 地租改正条《ちそかいせいじょう》例第《れいだい》八章追加《しょうついか》(改正後《かいせいご》の地価《ちか》、五年間据置《ねんかんすえお》き)。 5・23 島津久光《しまづひさみつ》、守旧《しゅきゅう》の立場《たちば》から建言書提出《けんげんしょていしゅつ》、大久保《おおくぼ》の罷免《ひめん》を要求《ようきゅう》(六月《がつ》六日《か》撤回《てっかい》)。 6・18 陸軍参謀局条例《りくぐんさんぼうきょくじょうれい》を定《さだ》める。 6・23 黒田清隆《くろだきよたか》を北海道屯田憲兵事務総理《ほっかいどうとんでんけんぺいじむそうり》に任《にん》じる。 6・― 西郷隆盛《さいごうたかもり》、鹿児島《かごしま》に私学校設立《しがっこうせつりつ》。 8・1 参議大久保利通《さんぎおおくぼとしみち》を全権弁理大臣《ぜんけんべんりだいじん》とし、台湾問題交渉《たいわんもんだいこうしょう》
琉球	27
朝鮮	11
清	徳宗《とくそう》 13

西暦	年号・干支	天皇	太政大臣
一八七四 ▶	明治 七 甲戌《きのえいぬ》	(明治)	(三条実美)

記事

のため清国派遣《しんこくはけん》を決定《けってい》(同《どう》六日《か》、東京出発《とうきょうしゅっぱつ》・九月《がつ》一四日《か》、交渉開始《こうしょうかいし》)。**8・15** 立《りつ》志社総代林有造《ししゃそうだいはやしゆうぞう》、台湾征討《たいわんせいとう》の義勇兵編成願《ぎゆうへいへんせいねがい》を高知県《こうちけん》に提出《ていしゅつ》。**9・22** 日本帝国電《にほんていこくでん》信条例《しんじようれい》を制定《せいてい》(一二月《がつ》一日《ついたち》、施行《しこう》)。**10・13** 大蔵省《おおくらしょう》、会計年度《かいけいねんど》を七月《がつ》～翌年《よくねん》六月《がつ》に改《あらた》める(明治《めいじ》八年度《ねんど》から実施《じっし》)。**10・25** イギリス駐清公使《ちゅうしんこうし》ウェード、台湾問題《たいわんもんだい》調停案《ちょうていあん》を大久保全権《おおくぼぜんけん》に提示《ていじ》。**10・31** 台湾問題《たいわんもんだい》につき日清両国間互換条款《にっしんりょうこくかんごかんじょうかん》・互換《ごかん》憑単《ひょうたん》に調印《ちょういん》(一一月《がつ》一七日《にち》、布告《ふこく》)。**11・5** 家禄《かろく》・賞典禄《しょうてんろく》一〇〇石以上《こくいじょう》の士族《しぞく》に奉還《ほうかん》を許可《きょか》。

【社会・文化】
1・- 敬愛社《きょうあいしゃ》『教林雑誌《きょうりんざつし》』創刊《そうかん》。**2・-** 明六社《めいろくしゃ》、制規《せいき》を定《さだ》め発足《ほっそく》(社長森有礼《しゃちょうもりありのり》、四月《がつ》、『明六雑誌《めいろくざつし》』創刊《そうかん》)。慶応義塾 出版社《けいおうぎじゅくしゅっぱんしゃ》『民間雑誌《みんかんざつし》』創刊《そうかん》。**3・13** 女子師範学校《じょししはんがっこう》を設立《せつりつ》。**3・29** 愛知《あいち》・広島《ひろしま》・新潟《にいがた》・宮城《みやぎ》に外国語学校設置《がいこくごがっこうせっち》。**3・-** 西周《にしあまね》『百一新論《ひゃくいちしんろん》』刊《かん》。**4・-** フランス人法律顧問《じんほうりつこもん》ボアソナードを司法省法学校教師《しほうしょうほうがっこうきょうし》とする。明六《めいろく》社《しゃ》『明六雑誌《めいろくざつし》』創刊《そうかん》。服部誠一《はっとりせいいち》『東京新繁昌記《とうきょうしんはんじょうき》』刊《かん》(～明治《めいじ》九年《ねん》四月《がつ》)。**6・27** 第《だい》一回三田演説会開催《かいみたえんぜつかいかいさい》。**8・16** 酒田県《さかたけん》で農民《のうみん》一万人《にん》が暴動《ぼうどう》(ワッパ騒動《そうどう》)。**8・-** 大内《おおうち》青巒編集《せいらんへんしゅう》『報四叢談《ほうしそうだん》』創刊《そうかん》。**9・20** 小野梓《おのあずさ》ら、共存同衆結成《きょうぞんどうしゅうけっせい》。**9・24** 『朝野新《ちょうやしん》聞《ぶん》』創刊《そうかん》(『公文通誌《こうぶんつうし》』改題《かいだい》)。**10・5** 中江兆民《なかえちょうみん》、仏蘭西学舎設立《フランスがくしゃせつりつ》(のち仏学塾《ふつがくじゅく》と改《かい》称《しょう》)。**11・2** 日新社《にっしんしゃ》『読売新聞《よみうりしんぶん》』創刊《そうかん》。**11・10** 太政官正院歴史課編集《だじょうかんせいいんれきしかへんしゅう》『府県史料《ふけんしりょう》』、太政官達《だじょうかんたつし》により編集開始《へんしゅうかいし》。**12・8** 恤救規則《じゅっきゅうきそく》を制定《せいてい》。**この年《とし》** 諸県《しょけん》で地租改正《ちそかいせい》反対《はんたい》などの農民騒擾多発《のうみんそうじょうたはつ》。菅原源八《すがわらげんぱち》『羽後民情録《うごみんじょうろく》』成《な》る。塚本明毅《つかもとあきたけ》ら『日本地誌《にほんちし》提要《ていよう》』刊《かん》(～明治《めいじ》一二年《ねん》)。小川為治《おがわためじ》『開化問答《かいかもんどう》』刊《かん》(～明治《めいじ》八年《ねん》)。**この頃《ころ》** 五弓久《ごきゅうひさ》

琉球	尚泰王 27
朝鮮	高宗 11
清	徳宗 同治 13

西暦	
年号・干支	
天皇	
太政大臣	
記事	文編《ぶみへん》『事実文編《じじつぶんぺん》』脱稿《だっこう》。 【死没】 1・10 入沢恭平《いりざわきょうへい》（44、陸軍軍医《りくぐんぐんい》）。脇坂安宅《わきさかやすおり》（66、播磨竜野藩主《はりまたつのはんしゅ》）。1・- 村松文三《むらまつぶんぞう》（47、志士《しし》）。2・13 中野半左衛門《なかのはんざえもん》（71、豪農《ごうのう》）。2・26 大前田英五郎《おおまえだえいごろう》（82、俠客《きょうかく》）。3・18 秋月種殷《あきづきたねとみ》（58、日向高鍋藩主《ひゅうがたかなべはんしゅ》）。4・10 サボリ（79、小笠原島入植者《おがさわらとうにゅうしょくしゃ》）。4・13 江藤新平《えとうしんぺい》（41、政治家《せいじか》）。香月経五郎《かつきけいごろう》（26、佐賀《さが》の乱主謀者《らんしゅぼうしゃ》）。島義勇《しまよしたけ》（53、佐賀《さが》の乱主謀者《らんしゅぼうしゃ》）。5・7 望月太左衛門《もちづきたざえもん》（六代《だい》）（45、歌舞伎囃子方《かぶきはやしかた》）。5・18 前田慶寧《まえだよしやす》（45、加賀金沢藩主《かがかなざわはんしゅ》）。6・5 下曾根金三郎《しもそねきんざぶろう》（69、砲術家《ほうじゅつか》・洋式兵学《ようしきへいがく》）。6・23 灰屋三郎助《はいやさぶろうすけ》（65、商人《しょうにん》）。7・9 武市熊吉《たけちくまきち》（35、赤坂食違《あかさかくいちがい》の変首謀者《へんしゅぼうしゃ》）。7・27 美馬君田《みまくんでん》（63、尊王家《そんのうか》）。8・27 哥沢芝金《うたざわしばきん》（初代《しょだい》）（47、哥沢開祖《うたざわかいそ》）。9・12 池田種徳《いけだたねのり》（44、安芸広島藩士《あきひろしまはんし》）。12・25 リッター（御雇外国人教師《おやといがいこくじんきょうし》）。この年《とし》 一竜斎貞山《いちりゅうさいていざん》（二代《だい》）（36、講釈師《こうしゃくし》）。村田若狭《むらたわかさ》（肥前《ひぜん》佐賀藩家老《さがはんかろう》）。 【世界】 1・13 ロシア、徴兵制施行《ちょうへいせいしこう》。1・- スペイン、クーデターにより共和制崩壊《きょうわせいほうかい》。2・2 ヤクーブ＝ベク、イギリスと通商条約締結《つうしょうじょうやくていけつ》。2・21 イギリスで第二次《だいじ》ディズレーリ保守党内閣成立《ほしゅとうないかくせいりつ》。3・15 フランス、ベトナムと第二次《だいじ》サイゴン条約《じょうやく》を結《むす》び、保護国《ほごこく》とする。6・26 清《しん》、ペルーと中国人労働者虐待調査協定締結《ちゅうごくじんろうどうしゃぎゃくたいちょうさきょうていていけつ》。10・9 万国郵便連合条約調印《ばんこくゆうびんれんごうじょうやくちょういん》。12・31 スペイン、王政復活《おうせいふっかつ》。この年《とし》 シャム（タイ）、ラーマ五世《せい》（チュラロンコン国王《こくおう》）、国政改革着手《こくせいかいかくちゃくしゅ》。
琉球	
朝鮮	
清	

項目	内容
西暦	◀ 一八七五
年号・干支	明治 八 乙亥《きのとのい》
天皇	(明治)
太政大臣	(三条実美)
記事	【政治・経済】 **1・12** 東北《とうほく》三県《けん》(宮城《みやぎ》・青森《あおもり》・酒田《さかた》)の士族《しぞく》を募《つの》り、北海道屯田兵《ほっかいどうとんでんへい》とする。 **2・11** 大《おお》久保利通《くぼとしみち》・木戸孝允《きどたかよし》・板垣退助《いたがきたいすけ》、大阪《おおさか》で会談《かいだん》、政治改革《せいじかいかく》などで意見一致《いけんいっち》(大阪会議《おおさかかいぎ》)。 **2・20** 旧幕府制定《きゅうばくふせいてい》の雑税《ざつぜい》を廃止《はいし》、酒類税則《しゅるいぜいそく》・車税規則《くるまぜいきそく》を制定《せいてい》。 **2・22** 片岡健吉《かたおかけんきち》ら、大阪《おおさか》で愛国社結成《あいこくしゃけっせい》。 **3・8** 木戸孝允《きどたかよし》を参議《さんぎ》に任《にん》じる(同《どう》一二日《にち》、板垣《いたがき》も参議《さんぎ》に任《にん》じる)。 **3・24** 地租改正事務局《ちそかいせいじむきょく》を設置《せっち》(内務《ないむ》・大蔵両省《おおくらりょうしょう》の管轄《かんかつ》)。 **3・25** 東京《とうきょう》—青《あお》森間《もりかん》の電信全通《でんしんぜんつう》。 **4・14** 漸次立憲政体樹立《ぜんじりっけんせいたいじゅりつ》の詔書発布《しょうしょはっぷ》、元老院《げんろういん》・大審院《たいしんいん》・地方官会《ちほうかんかい》議設置《ぎせっち》。太政官正院《だじょうかんせいいん》の歴史課《れきしか》を修史局《しゅうしきょく》と改《あらた》める。 **5・7** ロシアとの樺太《からふと》・千《ち》島交換条約《しまこうかんじょうやく》・付属公文書《ふぞくこうぶんしょ》ペテルブルグで調印《ちょういん》(八月《がつ》二二日《にち》、批准《ひじゅん》)。 **5・24** 大審《たいしん》院《いん》・諸裁判所《しょさいばんしょ》の職制章程《しょくせいしょうてい》を定《さだ》める。 **6・20** 第《だい》一回《かい》地方官会議《ちほうかんかいぎ》開催《かいさい》(〜七月《がつ》一七日《にち》)。 **6・28** 讒謗律《ざんぼうりつ》・新聞紙条例《しんぶんしじょうれい》を制定《せいてい》。 **7・5** 元老院開院式《げんろういんかいいんしき》。 **7・7** 官吏《かんり》が政務《せいむ》に関《かん》する事項《じこう》を新聞紙等《しんぶんしとう》に発表《はっぴょう》することを禁《きん》じる。 **7・14** 内務大丞松田道之《ないむだいじょうまつだみちゆき》、琉球《りゅうきゅう》藩《はん》に清国朝貢禁止《しんこくちょうこうきんし》などを口達《こうたつ》。 **8・30** 地租改正《ちそかいせい》は明治《めいじ》九年末《ねんまつ》を期限《きげん》として完了《かんりょう》すべき旨《むね》、府県《ふけん》に達《たっ》す。 **9・3** 出版条例改正《しゅっぱんじょうれいかいせい》(罰則《ばっそく》など)。 **9・7** 家禄《かろく》・賞典禄《しょうてんろく》を金禄《きんろく》に改《あらた》める。 **9・20** 軍艦雲揚《ぐんかんうんよう》、江華島砲台《こうかとうほうだい》と戦闘《せんとう》(江華島事件《こうかとうじけん》)。 **10・19** 左《さ》大臣島津久光《だいじんしまづひさみつ》、太政大臣三条実美《だじょうだいじんさんじょうさねとみ》を弾劾上奏《だんがいじょうそう》する。 **10・27** 左大臣島津久光《さだいじんしまづひさみつ》・参《さん》議板垣退助《ぎいたがきたいすけ》、免官《めんかん》。 **11・30** 県治条例《けんちじょうれい》を廃《はい》し、府県職制《ふけんしょくせい》・事務章程《じむしょうてい》を定《さだ》める。 【社会・文化】 **1・8** 学齢《がくれい》を満《まん》六歳《さい》から満《まん》一四歳《さい》までと定《さだ》める。 **2・13** 平民《へいみん》も必《かなら》ず姓《せい》を称《しょう》することを布告《ふこく》。 **2・-** 内務省《ないむしょう》『内務省日誌《ないむしょうにっし》』創刊《そうかん》。 **3・30** 博覧会事務局《はくらんかいじむきょく》を博物館《はくぶつかん》と
琉球	尚泰王 28
朝鮮	高宗 12
清	光緒《こうしょ》(1.1)

1875（明治8）

西暦	
年号・干支	
天皇	
太政大臣	
記事	改称《かいしょう》、内務省《ないむしょう》の所管《しょかん》とする。**3・-** 集思社《しゅうししゃ》『評論新聞《ひょうろんしんぶん》』創刊《そうかん》。**4・9** 洋々社《ようようしゃ》『洋《よう》々社談《ようしゃだん》』創刊《そうかん》。**5・22** 中村正直《なかむらまさなお》ら、盲人保護教導《もうじんほごきょうどう》のために楽善会《らくぜんかい》を結成《けっせい》。**6・1** 東《とう》京気象台設立《きょうきしょうだいせつりつ》。**6・2** 日新堂《にっしんどう》『東京曙新聞《とうきょうあけぼのしんぶん》』創刊《そうかん》（『新聞雑誌《しんぶんざっし》』『あけほの』改題《かいだい》）。**6・-** 吉田賢輔《よしだけんすけ》編集《へんしゅう》『万国叢話《ばんこくそうわ》』創刊《そうかん》。**7・-** 津田仙《つだせん》、東京《とうきょう》に学農社設立《がくのうしゃせつりつ》（九年《ねん》一月《がつ》、学農社農学校開校《がくのうしゃのうがっこうかいこう》）。内務省《ないむしょう》『内務省年報《ないむしょうねんぽう》』刊《かん》（～明治《めいじ》一四年《ねん》六月《がつ》）。**8・-** 福沢諭吉《ふくざわゆきち》『文明論之概略《ぶんめいろんのがいりゃく》』刊行《かんこう》。**9・-** 森有礼《もりありのり》、商法講習所《しょうほうこうしゅうじょ》を開設《かいせつ》（一橋大学《ひとつばしだいがく》の前身《ぜんしん》）。**11・12** 岡田良一郎《おかだりょういちろう》ら、遠江国報徳社《とおとうみのくにほうとくしゃ》を設立《せつりつ》（大日本報徳社《だいにほんほうとくしゃ》の前身《ぜんしん》）。**11・22** 采風社《さいふうしゃ》『采風新聞《さいふうしんぶん》』創刊《そうかん》。**11・27** 信教《しんきょう》の自由《じゆう》を口達《こうたつ》。**11・29** 新島襄《にいじまじょう》ら、同志社英学校《どうししゃえいがっこう》を設立《せつりつ》（同志社大学《どうししゃだいがく》の前身《ぜんしん》）。**11・-** 『明六雑誌《めいろくざっし》』終刊《しゅうかん》。**12・14** 『浪花新聞《なにわしんぶん》』創刊《そうかん》。**12・27** 神戸雑報社《こうべざっぽうしゃ》『七一雑報《しちいちざっぽう》』創刊《そうかん》。**この年** 福岡《ふくおか》・島根《しまね》など諸県《しょけん》で農民騒擾約《のうみんそうじょうやく》一五件《けん》。加藤弘之《かとうひろゆき》『国体新論《こくたいしんろん》』刊行《かんこう》。末広鉄腸《すえひろてっちょう》、『新聞経歴談《しんぶんけいれきだん》』を著《あらわ》す（～明治《めいじ》二〇年代《ねんだい》）。原敬《はらたかし》、『原敬日記《はらけいにっき》』を記《しる》す（～大正《たいしょう》一〇年《ねん》一〇月《がつ》二五日《にち》）。文部省大臣官房《もんぶしょうだいじんかんぼう》『文部《もんぶ》省年報《しょうねんぽう》』創刊《そうかん》。 【死没】 **2・12** 中山績子《なかやまいさこ》（81、女官《にょかん》）。**3・12** 高田快清《たかだかいせい》（68、尾張犬山藩士《おわりいぬやまはんし》）。**9・3** 本木昌造《もときしょうぞう》（52、活版印刷者《かっぱんいんさつしゃ》）。**9・19** 新門辰五郎《しんもんたつごろう》（76、俠客《きょうかく》）。**10・13** 歌沢寅《うたざわとら》右《え》衛門《もん》（二代《だい》）（63、歌沢家元《うたざわいえもと》）。**12・10** 大田垣蓮月《おおたがきれんげつ》（85、歌人《かじん》）。 〘世界〙 **1・12** 清《しん》、同治帝没《どうちていぼつ》、西太后《せいたいごう》、摂政《せっしょう》として再《ふたた》び実権掌握《じっけんしょうあく》。**1・30** アメリカ、ハワイと互恵通商条約締結《ごけいつうしょうじょうやくていけつ》。**2・25** フランス第《だい》三共和国憲法成立《きょうわこくけんぽうせいりつ》。**5・22～27** ド
琉球	
朝鮮	
清	

西暦	年号・干支	天皇	太政大臣	記事	琉球	朝鮮	清
一八七五 ▶	明治 八 乙亥《きのとのい》	(明治)	(三条実美)	イツ社会主義《しゃかいしゅぎ》労働者党《ろうどうしゃとう》を結成《けっせい》、ゴータ綱領《こうりょう》を採択《さいたく》。**5・-** インド、デカンで農民《のうみん》暴動《ぼうどう》。**6・28** エジプトのイスマーイール、混合裁判所《こんごうさいばんしょ》を設置《せっち》。**7・-** ボスニア・ヘルツェゴヴィナでトルコに対《たい》する反乱《はんらん》。**8・28** 清《しん》、イギリスに公使《こうし》を派遣《はけん》。**11・25** イギリス、スエズ運河《うんが》会社株《がいしゃかぶ》を買収《ばいしゅう》。**12・11** 清《しん》、アメリカに公使《こうし》派遣《はけん》。**この年** 李《り》鴻章《こうしょう》、鴨緑江《おうりょくこう》北岸《ほくがん》の封禁《ふうきん》中立《ちゅうりつ》地帯《ちたい》を支配《しはい》。	尚泰王 28	高宗 12	光緒(1.1)
一八七六 ◀	丙子《ひのえね》 九			【政治・経済】 **2・22** 代言人《だいげんにん》規則《きそく》を定《さだ》める(四月一日《がつついたち》、施行《しこう》)。**2・26** 日朝《にっちょう》修好《しゅうこう》条規《じょうき》に調印《ちょういん》(三月《がつ》二二日《にち》、批准《ひじゅん》)。**3・28** 木戸孝允《きどたかよし》の参議《さんぎ》を免《めん》じ、内閣《ないかく》顧問《こもん》に任《にん》じる。軍人《ぐんじん》・警察官《けいさつかん》・官吏《かんり》制服《せいふく》着用《ちゃくよう》などの場合《ばあい》を除《のぞ》き、帯刀《たいとう》を禁止《きんし》(廃刀令《はいとうれい》)。**3・-** 群馬県《ぐんまけん》緑野郡《みどのぐん》新町駅《しんまちえき》に屑糸《くずいと》紡績所《ぼうせきじょ》設立《せつりつ》。**4・4** 工部省《こうぶしょう》、品川《しながわ》硝子《ガラス》製造所《せいぞうじょ》を設置《せっち》。**4・14** 官吏《かんり》懲戒例《ちょうかいれい》を定《さだ》める。**4・18** 足柄《あしがら》以下《いか》一〇県《けん》を廃合《はいごう》。**6・2** 天皇《てんのう》、奥羽《おうう》巡幸《じゅんこう》に出発《しゅっぱつ》(七月《がつ》二一日《にち》帰京《ききょう》)。**6・-** ドイツ人《じん》医学者《いがくしゃ》ベルツ、東京《とうきょう》医学校《いがっこう》(のち東京大学《とうきょうだいがく》医学部《いがくぶ》)教授《きょうじゅ》に着任《ちゃくにん》。**7・1** 三井《みつい》銀行《ぎんこう》開業《かいぎょう》(日本《にほん》最初《さいしょ》の私立《しりつ》銀行《ぎんこう》)。**7・5** 国家《こっか》安寧《あんねい》妨害《ぼうがい》記事《きじ》掲載《けいさい》の新聞《しんぶん》・雑誌《ざっし》を発行《はっこう》禁止《きんし》・停止《ていし》とする旨《むね》を布告《ふこく》。**7・29** 三井《みつい》物産《ぶっさん》会社《がいしゃ》設立《せつりつ》。**8・1** 国立《こくりつ》銀行《ぎんこう》条例《じょうれい》を改正《かいせい》。米商《べいしょう》会所《かいしょ》条例《じょうれい》を定《さだ》める(九月《がつ》二二日《にち》東京《とうきょう》、九月《がつ》二九日《にち》大阪《おおさか》、各《かく》施行《しこう》)。**8・5** 金禄《きんろく》公債《こうさい》証書《しょうしょ》発行《はっこう》条例《じょうれい》を定《さだ》め、家禄《かろく》・賞典禄《しょうてんろく》を廃止《はいし》し、公債《こうさい》証書《しょうしょ》を発行《はっこう》(明治《めいじ》一〇年《ねん》より実施《じっし》)。**8・10** 内務省《ないむしょう》、授産局《じゅさんきょく》を設置《せっち》。**8・21** 筑摩《ちくま》以下《いか》一四県《けん》を廃合《はいごう》(三府《ぶ》三五県《けん》となる)。**8・24** 日朝《にっちょう》修好《しゅうこう》条規《じょうき》付録《ふろく》・貿易《ぼうえき》規則《きそく》に調印《ちょういん》。**8・31** 海軍《かいぐん》提督府《ていとくふ》を廃止《はいし》、東海《とうかい》・西海《さいかい》鎮守府《ちんじゅふ》を設置《せっち》する旨《むね》を	29	13	⑤ 2

西暦	
年号・干支	
天皇	
太政大臣	
記事	達《たつ》す。**9・6** 元老院《げんろういん》に国憲草案《こっけんそうあん》を命《めい》じる。**9・-** 臥雲辰致《がうんたっち》、ガラ紡機《ぼうき》を完成《かんせい》(明治《めいじ》一〇年《ねん》、第《だい》一回内国勧業博《かいないこくかんぎょうはく》に出品《しゅっぴん》)。**10・17** 各国公使《かっこくこうし》に小笠原管治《おがさわらかんち》の旨《むね》を通告《つうこく》。**10・24** 熊本《くまもと》に神風連《じんぷうれん》の乱起《らんお》こる。**10・27** 秋月《あきづき》の乱起《らんお》こる。**10・28** 萩《はぎ》の乱起《らんお》こる(一一月《がつ》五日《か》、前原一誠《まえばらいっせい》逮捕《たいほ》、一二月《がつ》三日《か》、斬罪《ざんざい》)。**12・27** 大久保利通《おおくぼとしみち》、地租軽減《ちそけいげん》を建議《けんぎ》。 【社会・文化】 **1・30** 熊本洋学校生徒《くまもとようがっこうせいと》浮田和民《うきたかずたみ》・徳富蘇峰《とくとみそほう》ら三五名《めい》、奉教趣意書《ほうきょうしゅいしょ》に署名《しょめい》(熊本《くまもと》バンド)。**2・20** 就将社《しゅうしょうしゃ》『大阪日報《おおさかにっぽう》』創刊《そうかん》。**3・2** 絵入新聞社《えいりしんぶんしゃ》『東京絵入新聞《とうきょうえいりしんぶん》』創刊《そうかん》(『平仮名絵入新聞《ひらがなえいりしんぶん》』『東京平仮名絵入新聞《とうきょうひらがなえいりしんぶん》』を経《へ》て改題《かいだい》)。**3・12** 自主社《じしゅしゃ》『草莽雑誌《そうもうざっし》』創刊《そうかん》。**3・-** 参同社《さんどうしゃ》『湖海新報《こかいしんぽう》』創刊《そうかん》。九春社《きゅうしゅんしゃ》『東京新誌《とうきょうしんし》』創刊《そうかん》。**4・1** 官庁《かんちょう》、日曜全休《にちようぜんきゅう》・土曜半休制《どようはんきゅうせい》を実施《じっし》。**4・7** 西村茂樹《にしむらしげき》ら、東京修身学社結成《とうきょうしゅうしんがくしゃけっせい》。**5・6** 和歌山県《わかやまけん》で地租改正《ちそかいせい》に伴《ともな》う新地価《しんちか》に反対《はんたい》する農民騒擾《のうみんそうじょう》。**5・9** 上野公園開園《うえのこうえんかいえん》。**6・3** 共同社《きょうどうしゃ》『近事評論《きんじひょうろん》』創刊《そうかん》。**6・-** 港新聞社《みなとしんぶんしゃ》『神戸新聞《こうべしんぶん》』創刊《そうかん》。**8・14** 札幌学校開校《さっぽろがっこうかいこう》(九月《がつ》八日《か》、札幌農学校《さっぽろのうがっこう》と改称《かいしょう》)。**8・29** イタリアの画家《がか》フォンタネージ・建築家《けんちくか》カッペレッティを工部美術学校教師《こうぶびじゅつがっこうきょうし》に招《まね》く。**8・-** 集思社《しゅうししゃ》『中外評論《ちゅうがいひょうろん》』発刊《はっかん》。参同社《さんどうしゃ》『江湖新報《こうこしんぽう》』創刊《そうかん》。**9・1** 鳴時社《めいじしゃ》『山形新聞《やまがたしんぶん》』創刊《そうかん》。**9・13** 慶応義塾出版局《けいおうぎじゅくしゅっぱんきょく》『家庭叢談《かていそうだん》』創刊《そうかん》。**11・14** 東京女子師範学校《とうきょうじょししはんがっこう》に幼稚園開設《ようちえんかいせつ》。**11・30** 茨城県真壁郡《いばらきけんまかべぐん》で農民一揆《のうみんいっき》。**12・19** 三重県飯野郡《みえけんいいのぐん》で農民一揆《のうみんいっき》。**この年《とし》** 鳥取《とっとり》・長野《ながの》・岡山《おかやま》その他諸府県《たしょふけん》で、地租《ちそ》・地価《ちか》をめぐり農民騒擾《のうみんそうじょう》二六件発生《けんはっせい》。大蔵省《おおくらしょう》『大蔵省年報《おおくらしょうねんぽう》』創刊《そうかん》。大蔵省《おおくらしょう》編《へん》、吉田賢輔編述《よしだけんすけへんじゅつ》『大日本貨幣史《だいにほんかへいし》』刊《かん》(~明治《めいじ》一六年《ねん》)。修史局編《しゅうしきょくへん》『明治史要《めいじしよう》』刊《かん》
琉球	
朝鮮	
清	

西暦	年号・干支	天皇	太政大臣	記事	琉球	朝鮮	清
▶一八七六	明治 九 丙子《ひのえね》	(明治)	(三条実美)	(～明治《めいじ》一九年《ねん》)。 【死没】 **1・29** 戸塚静海《とつかせいかい》(78、蘭方医《らんぽうい》)。**3・20** 植松茂岳《うえまつしげおか》(83、国学《こくがく》)。**5・2** 富本豊前太夫《とみもとぶぜんだゆう》(三代《だい》)(72、富本節太夫《とみもとぶしたゆう》)。**7・23** 道契《どうかい》(61、真言宗僧《しんごんしゅうそう》)。**7・26** 秋元志朝《あきもとゆきとも》(57、上野館《こうずけたて》林藩主《ばやしはんしゅ》)。**7・27** 星恂太郎《ほしじゅんたろう》(37、洋式軍隊指導者《ようしきぐんたいしどうしゃ》)。**8・6** 宜湾朝保《ぎわんちょうほ》(54、琉球政《りゅうきゅうせい》治家《じか》)。**8・14** 河合屛山《かわいへいざん》(74、播磨姫路藩家老《はりまひめじはんかろう》)。**9・22** 世古恪太郎《せこかくたろう》(53、勤王家《きんのうか》)。**9・23** 安井息軒《やすいそっけん》(78、儒学《じゅがく》)。**10・17** 後藤一乗《ごとういちじょう》(86、装剣金工家《そうけんきんこうか》)。**10・18** 小出光教《こいでみつのり》(57、神風連《じんぷうれん》の乱《らん》指導者《しどうしゃ》)。太田黒伴雄《おおたぐろともお》(42、神風連《じんぷうれん》の乱《らん》指導者《しどうしゃ》)。**10・24** 加屋霽堅《かやはるかた》(41、神風連《じんぷうれん》の乱指導者《らんしどうしゃ》)。算学《さんがく》・暦学《れきがく》)。**10・28** 宮崎車之助《みやざきしゃのすけ》(38、秋月《あきづき》の乱一党《らんいっとう》)。**11・6** 玉木文之進《たまきぶんのしん》(67、長門萩藩士《ながとはぎはんし》)。**11・23** 山村登久《やまむらとく》(日本舞踊家《にほんぶようか》)。**12・3** 横山俊彦《よこやまとしひこ》(27、萩《はぎ》の乱主謀者《らんしゅぼうしゃ》)。前原一誠《まえばらいっせい》(47、政治家《せいじか》)。 〖世界〗 **4・4** エジプト、外資利払《がいしりばら》い停止《ていし》(五月《がつ》七日《か》、債務整理委員会設立《さいむせいりいいんかいせつりつ》、一一月《がつ》一八日《にち》、事実上《じじつじょう》の英仏二元管理《えいふつにげんかんり》)。**4・-** ブルガリア、大規模《だいきぼ》な反《はん》トルコ蜂起《ほうき》。朝鮮《ちょうせん》の修《しゅう》信使金綺秀一行《しんしきんきしゅういっこう》、開国後初訪日《かいこくごはつほうにち》。**5・10** アメリカのフィラデルフィアで万国博覧《ばんこくはくらん》会《かい》・日本出品《にほんしゅっぴん》(～一一月《がつ》一〇日《か》)。**5・30** 青年《せいねん》トルコ党《とう》のクーデタ、ミドハト＝パシャら政権掌握《せいけんしょうあく》。**6・25** アメリカ、スー族《ぞく》の反乱《はんらん》により、カスター軍全滅《ぐんぜんめつ》。**7・1** 上海《シャンハイ》—呉淞口間《ウースンこうかん》、鉄道開通《てつどうかいつう》。**8・30** トルコ(オスマン帝国《ていこく》)、ムラト五世《せい》を廃《はい》し、ハミト二世《せい》を擁立《ようりつ》(一二月《がつ》、ミドハト＝パシャ大宰相《だいさいしょう》となる)。**9・30** 清《しん》、日本《にほん》に公使《こうし》を派遣《はけん》。**11・26** メキシコでディアス、クーデタで権力掌握《けんりょくしょうあく》(一八七七	尚泰王 **29**	高宗 **13**	⑤ 光緒 **2**

西暦		◀ 一八七七
年号・干支		一〇 丁丑《ひのとのうし》
天皇		
太政大臣		
記事	年《ねん》、大統領《だいとうりょう》となり独裁政治開始《どくさいせいじかいし》)。**12・23** トルコ帝国憲法《ていこくけんぽう》(ミドハト憲法《けんぽう》)公布《こうふ》。**この年《とし》** ロシアでナロードニキ、秘密結社第《ひみつけっしゃだい》二次《じ》「土地《とち》と自由《じゆう》」結成《けっせい》。アメリカ人《じん》ベル、電話《でんわ》を発明《はつめい》。	**【政治・経済】** **1・4** 地租軽減《ちそけいげん》の詔書《しょうしょ》(地価《ちか》の一〇〇分《ぶん》の二・五賦課《ふか》)。**1・11** 教部省《きょうぶしょう》、東京警視庁《とうきょうけいしちょう》を廃《はい》し、事務《じむ》を内務省《ないむしょう》に移管《いかん》。**1・18** 太政官官制《だじょうかんかんせい》を改正《かいせい》し、正院《せいいん》および修史局《しゅうしきょく》を廃止《はいし》。**1・24** 天皇《てんのう》、関西行幸《かんさいぎょうこう》に出発《しゅっぱつ》。**1・30** 朝鮮《ちょうせん》との釜山港居留地借入約書《ふざんこうきょりゅうちかりいれやくしょ》に調印《ちょういん》。鹿児島私学校生徒《かごしましがっこうせいと》、陸軍火薬局《りくぐんかやくきょく》・磯海軍造船所付属火薬庫《いそかいぐんぞうせんじょふぞくかやくこ》を襲《おそ》い弾薬《だんやく》を奪《うば》う。**2・1** 兵役忌避《へいえききひ》のため四肢《しし》を毀傷《きしょう》する者多《ものおお》く、地方官《ちほうかん》に説諭《せつゆ》を命《めい》じる。**2・15** 陸軍大将西郷隆盛《りくぐんたいしょうさいごうたかもり》、兵《へい》を率《ひき》い鹿児島《かごしま》を出発《しゅっぱつ》(西南戦争開始《せいなんせんそうかいし》)。**2・19** 西南戦争《せいなんせんそう》に関《かん》する流言《りゅうげん》などの新聞掲載《しんぶんけいさい》を禁《きん》じる。**2・21** 熊本県士族池部吉十郎《くまもとけんしぞくいけべきちじゅうろう》ら、西郷軍《さいごうぐん》に呼応《こおう》し挙兵《きょへい》。**2・22** 西郷軍《さいごうぐん》、熊本城《くまもとじょう》を包囲《ほうい》。**3・8** 勅使柳原前光《ちょくしやなぎわらさきみつ》、鹿児島到着《かごしまとうちゃく》・島津久光《しまづひさみつ》・忠義《ただよし》に勅書《ちょくしょ》を授《さず》ける。**3・19** 京都《きょうと》―大阪間《おおさかかん》の鉄道開通《てつどうかいつう》。**3・20** 政府軍《せいふぐん》、田原坂《たばるざか》の戦《たたかい》で西郷軍《さいごうぐん》を撃破《げきは》。**3・28** 福岡県士族越智彦四郎《ふくおかけんしぞくおちひころう》ら、福岡城《ふくおかじょう》を襲撃《しゅうげき》。**4・1** 大分県士族《おおいたけんしぞく》ら、県庁《けんちょう》などを襲撃《しゅうげき》。**4・14** 黒田清隆《くろだきよたか》率《ひき》いる政府軍《せいふぐん》、熊本城《くまもとじょう》に入《はい》る。**5・21** 第十五国立銀行開業《だいじゅうごこくりつぎんこうかいぎょう》。**5・29** 各県《かくけん》から巡査《じゅんさ》を募集《ぼしゅう》し、新選旅団《しんせんりょだん》を編成《へんせい》(司令長官《しれいちょうかん》に嘉彰親王《よしあきしんのう》)。**6・12** 政府《せいふ》、立志社片岡健吉《りっししゃかたおかけんきち》らの国会開設《こっかいかいせつ》の建白書《けんぱくしょ》を却下《きゃっか》。**7・2** 渋沢栄一《しぶさわえいいち》ら、択善会《たくぜんかい》を設立《せつりつ》(銀行集会所《ぎんこうしゅうかいじょ》の前身《ぜんしん》)。**8・8** 高知県士族林有造《こうちけんしぞくはやしゆうぞう》ら、武器購入計画《ぶきこうにゅうけいかく》が発覚《はっかく》、東京《とうきょう》で逮捕《たいほ》。**8・**
琉球		(尚泰王 30)
朝鮮		14
清		3

項目	内容
西暦	一八七七 ◀ ▶
年号・干支	明治一〇 丁丑《ひのとのうし》
天皇	(明治)
太政大臣	(三条実美)
記事	29 侍補《じほ》を設置《せっち》。 9・1 西郷隆盛《さいごうたかもり》ら、鹿児島《かごしま》に入《はい》る。 凶歳租税延納規則《きょうさいそぜいえんのうきそく》を定《さだ》める。 9・24 西郷隆盛《さいごうたかもり》ら、城山《しろやま》で自刃《じじん》し西南戦争《せいなんせんそう》終結《しゅうけつ》。 11・22 地租金《ちそきん》の半額米代納《はんがくべいだいのう》を許《きょ》可《か》。 12・27 西南戦争費補塡《せいなんせんそうひほてん》として、予備紙幣《よびしへい》二七〇〇万円《えん》を発行《はっこう》。 【社会・文化】 1・4 朝野新聞社内花月社《ちょうやしんぶんしゃないかげつしゃ》『花月新誌《かげつしんし》』創刊《そうかん》。 1・6 ハウス『The Tokio Times』創刊《そうかん》。 1・26 太政官《だじょうかん》に修史館《しゅうしかん》を設置《せっち》。 2・21 進取社《しんしゅしゃ》『攪眠新誌《こうみんしんし》』創刊《そうかん》。 2・28 熊《くま》本県阿蘇谷《もとけんあそだに》の農民《のうみん》、大規模暴動《だいきぼぼうどう》。 3・- 日新堂《にっしんどう》『北斗新聞《ほくとしんぶん》』創刊《そうかん》。 製紙分社《せいしぶんしゃ》『穎才新《えいさいしん》誌《し》』創刊《そうかん》。 団団社《まるまるしゃ》『団団珍聞《まるまるちんぶん》』創刊《そうかん》。 4・7 隆文社《りゅうぶんしゃ》『新潟新聞《にいがたしんぶん》』創刊《そうかん》。 4・12 東京《とうきょう》開成学校《かいせいがっこう》・東京医学校《とうきょういがっこう》を合併《がっぺい》し、東京大学《とうきょうだいがく》と改称《かいしょう》。 4・28 愛香社《あいこうしゃ》『海南新聞《かいなんしんぶん》』発《はっ》行《こう》(『愛媛新聞《えひめしんぶん》』改題《かいだい》)。 『民間雑誌《みんかんざっし》』再刊《さいかん》(『家庭叢談《かていそうだん》』改題《かいだい》)。 5・1 元老院議官《げんろういんぎかん》佐野《さの》常民《つねたみ》ら、博愛社設立《はくあいしゃせつりつ》(後《のち》の日本赤十字社《にほんせきじゅうじしゃ》)。 5・- 仮名垣魯文《かながきろぶん》ら編集《へんしゅう》『かなよみ』創《そう》刊《かん》。 6・1 万国郵便連合条約《ばんこくゆうびんれんごうじょうやく》に加入調印《かにゅうちょういん》。 6・17 アメリカ人《じん》モース、横浜《よこはま》に来《らい》着《ちゃく》(のち東京大学理学部教授《とうきょうだいがくりがくぶきょうじゅ》に就任《しゅうにん》)。 8・3 『大阪新聞《おおさかしんぶん》』創刊《そうかん》。 8・21 第《だい》一回《かい》内国勧業博覧会《ないこくかんぎょうはくらんかい》、東京上野公園《とうきょううえのこうえん》で開場《かいじょう》(〜一一月《がつ》三〇日《にち》)。 8・25 高陽社《こうようしゃ》『海南《かいなん》新誌《しんし》』『土陽雑誌《どようざっし》』創刊《そうかん》。 8・- コレラが上海《シャンハイ》から長崎《ながさき》・横浜《よこはま》に伝播《でんぱ》、全国《ぜんこく》に蔓延《まんえん》。 東京大学法理文学部《とうきょうだいがくほうりぶんがくぶ》『学芸志林《がくげいしりん》』創刊《そうかん》。 9・16 モース、大森貝塚発掘《おおもりかいづかはっくつ》に着手《ちゃくしゅ》。 9・- 田口卯吉《たぐちうきち》『日本開化小史《にほんかいかしょうし》』第《だい》一巻刊行《かんかんこう》。 10・3 日本基督一致教会設立《にほんキリストいっちきょうかいせつりつ》(日本基督教《にほんキリストきょう》会《かい》の前身《ぜんしん》)。 10・17 華族学校開業式《かぞくがっこうかいぎょうしき》、天皇臨席《てんのうりんせき》し学習院《がくしゅういん》の称号《しょうごう》を与《あた》える。 12・18 大阪新報社《おおさかしんぽうしゃ》『大阪新報《おおさかしんぽう》』創刊《そうかん》。 12・- 大蔵省銀行課《おおくらしょうぎんこうか》『銀行雑誌《ぎんこうざっし》』創刊《そうかん》。 横山由清《よこやまよしきよ》・黒《くろ》川真頼《かわまより》『纂輯御系図《さんしゅうごけいず》』刊《かん》。 **この年《とし》** 熊本県《くまもとけん》をはじめ諸県《しょけん》で農民騒擾《のうみんそうじょう》約四七件《けん》発生《はっせい》。
琉球	(尚泰王 30)
朝鮮	高宗 14
清	光緒 3

1877（明治10）

西暦	
年号・干支	
天皇	
太政大臣	
記事	有史閣創業《ゆうしかくそうぎょう》（有斐閣《ゆうひかく》の前身《ぜんしん》）。柴田承桂《しばたしょうけい》訳《やく》、久保吉人《くぼよしと》校正《こうせい》『古物学《こぶつがく》』刊《かん》。藤田東湖《ふじたとうこ》『東湖遺稿《とうこいこう》』刊《かん》（～明治《めいじ》一一年《ねん》五月《がつ》）。**この頃《ころ》** 大蔵省国債局《おおくらしょうこくさいきょく》『藩債輯録《はんさいしゅうろく》』成《な》るか（明《めい》治《じ》一四・一五年《ねん》に増訂追録《ぞうていついろく》されたか）。 【死没】 **1・12** 永岡久茂《ながおかひさしげ》（38、反政府志士《はんせいふしし》）。**2・17** 高村太平《たかむらたへい》（64、勤王家《きんのうか》）。**2・21** 三野村利《みのむらり》左衛門《ざえもん》（57、実業家《じつぎょうか》）。**3・4** 谷村計介《たにむらけいすけ》（25、軍人《ぐんじん》）。江田国通《えだくにみち》（30、軍人《ぐんじん》）。篠原国《しのはらくに》幹《もと》（42、陸軍少将《りくぐんしょうしょう》）。**3・12** 国沢新九郎《くにさわしんくろう》（31、洋画家《ようがか》）。**4・6** 宮崎八郎《みやざきはちろう》（27、自由民《じゆうみん》権運動家《けんうんどうか》）。**5・3** 武部小四郎《たけべこしろう》（32、筑前福岡藩士《ちくぜんふくおかはんし》）。**5・18** 伊達千広《だてちひろ》（76、紀伊和歌山《きいわかやま》藩士《はんし》）。**5・20** 増野徳民《ましのとくみん》（37、志士《しし》）。**5・26** 木戸孝允《きどたかよし》（45、政治家《せいじか》）。**6・16** 真清水《ましみず》蔵六《ぞうろく》（初代《しょだい》）（56、陶家《とうか》）。**6・26** 山田方谷《やまだほうこく》（73、儒学《じゅがく》）。**7・11** 伊能穎則《いのうひでのり》（73、歌人《かじん》）。**8・2** 池田慶徳《いけだよしのり》（41、因幡鳥取藩主《いなばとっとりはんしゅ》）。**8・7** 杵屋六左衛門《きねやろくざえもん》（一一代《だい》）（63、長唄三味線方《ながうたしゃみせんかた》）。桜田治助《さくらだじすけ》（三代《だい》）（76、歌舞伎狂言作者《かぶききょうげんさくしゃ》）。**8・10** 菅運吉《すがうんきち》（61、実業家《じつぎょうか》）。**8・16** 福村《ふくむら》周義《ちかよし》（42、軍人《ぐんじん》）。**8・24** 小林虎三郎《こばやしとらさぶろう》（50、越後長岡藩士《えちごながおかはんし》）。**8・31** 津波古政正《つはこせいせい》（62、琉球政治家《りゆうきゆうせいじか》）。**9・2** 親子内親王《ちかこないしんのう》（32、徳川家茂妻《とくがわいえもちつま》）。**9・9** 山中新十郎《やまなかしんじゅうろう》（60、商《しょう》人《にん》）。**9・24** 西郷隆盛《さいごうたかもり》（51、陸軍大将《りくぐんたいしょう》）。桂久武《かつらひさたけ》（48、薩摩鹿児島藩士《さつまかごしまはんし》）。辺見十郎《へんみじゅうろう》太《た》（29、陸軍軍人《りくぐんぐんじん》）。別府晋介《べっぷしんすけ》（31、西郷軍先鋒隊長《さいごうぐんせんぽうたいちょう》）。桐野利秋《きりのとしあき》（40、陸軍少将《りくぐんしょうしょう》）。村《むら》田新八《たしんぱち》（42、鹿児島藩士《かごしまはんし》）。**9・30** 大山綱良《おおやまつなよし》（53、鹿児島県令《かごしまけんれい》）。**10・3** 中根雪江《なかねせっこう》（71、福井藩士《ふくいはんし》）。**10・13** 坂東彦三郎《ばんどうひこさぶろう》（五代《だい》）（46、歌舞伎役者《かぶきやくしゃ》）。**10・19** 三瀬周三《みせしゅうぞう》（39、蘭方《らんぽう》医《い》）。**10・26** 池辺吉十郎《いけべきちじゅうろう》（40、志士《しし》）。**12・6** 藤間勘十郎《ふじまかんじゅうろう》（亀三勘十郎《かめぞうかんじゅうろう》）（日本舞踊《にほんぶよう》家《か》）。**12・9** アーサー（35、宣教師《せんきょうし》）。
琉球	
朝鮮	
清	

西暦	一八七七 ▶	一八七八 ◀
年号・干支	明治一〇 丁丑《ひのとのうし》	一一 戊寅《つちのえとら》
天皇	(明治)	
太政大臣	(三条実美)	
記事	〘世界〙 1・1 ヴィクトリア女王《じょおう》、インド皇帝《こうてい》を宣言《せんげん》。 2・5 トルコのハミト二世《せい》、大宰《だいさい》相《しょう》ミドハト＝パシャを罷免《ひめん》。 3・18 第《だい》一回《かい》トルコ議会開会《ぎかいかいかい》。 4・12 イギリス、南《みなみ》アフリカのトランスバールを併合《へいごう》。 4・24 ロシア、トルコ宣戦布告《せんせんふこく》(露土戦争《ろとせんそう》)。 4・26 清軍《しんぐん》、トルファン・トクスンを攻略《こうりゃく》、ヤクーブ＝ベク、敗走《はいそう》。 5・21 ルーマニア、トルコから独立宣言《どくりつせんげん》。 5・- ヤクーブ＝ベク、コルラで自殺《じさつ》。 7・- アメリカ、鉄道《てつどう》ストライキが広《ひろ》がり、軍隊出動《ぐんたいしゅつどう》。 10・14 フランス下院《かいん》の総選挙《そうせんきょ》で共和党《きょうわとう》が大勝《たいしょう》。 12・17 清軍《しんぐん》、カシュガルを占領《せんりょう》。 12・26 アメリカ、社会主義労働党《しゃかいしゅぎろうどうとう》結成《けっせい》。 **この年**《とし》 エジソン、蓄音機《ちくおんき》を発明《はつめい》。	【政治・経済】 2・7 外務卿《がいむきょう》寺島宗則《てらしまむねのり》、関税自主権回復《かんぜいじしゅけんかいふく》を目的《もくてき》とした条約改正方針《じょうやくかいせいほうしん》を決定《けってい》(五月《がつ》、交渉開始《こうしょうかいし》)。 3・12 東京商法会議所設立《とうきょうしょうほうかいぎしょせつりつ》を許《ゆる》す。 4・10 第《だい》二回《かい》地方官会議開会《ちほうかんかいぎかいかい》(議長《ぎちょう》伊藤博文《いとうひろぶみ》、三新法《さんしんぼう》を審議《しんぎ》、五月《がつ》三日《か》閉会《へいかい》)。 4・29 立志社員杉田定一《りっししゃいんすぎたていいち》・植木枝盛《うえきえもり》ら、愛国社再興趣意書《あいこくしゃさいこうしゅいしょ》を携《たずさ》えて地方遊説《ちほうゆうぜい》に出発《しゅっぱつ》。 4・- 川崎正蔵《かわさきしょうぞう》、築地《つきじ》に造船所設立《ぞうせんじょせつりつ》(後《のち》の川崎造船所《かわさきぞうせんじょ》)。 5・1 起業公債証書発行条例《きぎょうこうさいしょうしょはっこうじょうれい》を制定《せいてい》。 5・14 参《さん》議兼内務卿《ぎけんないむきょう》大久保利通《おおくぼとしみち》、東京紀尾井町《とうきょうきおいちょう》で石川県士族島田一良《いしかわけんしぞくしまだいちろう》らにより暗殺《あんさつ》される(七月《がつ》二七日《にち》、犯人斬刑《はんにんざんけい》)。 5・15 参議《さんぎ》伊藤博文《いとうひろぶみ》の工部卿《こうぶきょう》を免《めん》じ、内務卿《ないむきょう》に任《にん》じる。 5・27 貿易銀《ぼうえきぎん》の一般通用《いっぱんつうよう》を許可《きょか》(事実上《じじつじょう》、金本位制《きんほんいせい》から金銀複本位制《きんぎんふくほんいせい》となる)。 6・1 東京株式取引所開業《とうきょうかぶしきとりひきじょかいぎょう》。 6・8 第一国立銀行釜山支店開業《だいいちこくりつぎんこうふざんしてんかいぎょう》(銀行海外《ぎんこうかいがい》
琉球	(尚泰王 30)	(尚泰王 31)
朝鮮	高宗 14	15
清	光緒 3	4

西暦	
年号・干支	
天皇	
太政大臣	
記事	進出《しんしゅつ》の最初《さいしょ》)。 **6・10** 元老院幹事《げんろういんかんじ》陸奥宗光《むつむねみつ》を逮捕《たいほ》(林有造《はやしゆうぞう》らとの挙兵計画嫌疑《きょへいけいかくけんぎ》)。 **7・12** 太政官《だじょうかん》、結社《けっしゃ》・集会《しゅうかい》を警察官《けいさつかん》に監視《かんし》させ、民心煽動《みんしんせんどう》・国家安寧妨害《こっかあんねいぼうがい》と認《みと》める時《とき》は禁止《きんし》させるよう内務省《ないむしょう》・府県《ふけん》に命《めい》じる。 **7・22** 郡区町村編制法《ぐんくちょうそんへんせいほう》・府県会規《ふけんかいき》制《そく》・地方税規則《ちほうぜいきそく》(三新法《さんしんぽう》)を定《さだ》める。 **7・25** 日本《にほん》に関税自主権《かんぜいじしゅけん》を認《みと》める約書《やくしょ》に、アメリカと調印《ちょういん》(明治《めいじ》一一年《ねん》四月《がつ》八日《か》、批准《ひじゅん》するも実施《じっし》に至《いた》らず)。 府県職制《ふけんしょくせい》・事務《じむ》章程《しょうてい》を廃《はい》し、府県官職制《ふけんかんしょくせい》を定《さだ》める。 **7・27** 高島炭坑夫《たかしまたんこうふ》二〇〇〇余人《よにん》、賃上《ちんあ》げを要求《ようきゅう》、翌《よく》二八日《にち》、暴動化《ぼうどうか》。 **7・29** 元老院議員《げんろういんぎいん》井上馨《いのうえかおる》を参議兼工部卿《さんぎけんこうぶきょう》に任《にん》じる。 **7・-** 金禄公債証書《きんろくこうさいしょうしょ》の発行《はっこう》を開始《かいし》。 **8・23** 東京竹橋《とうきょうたけばし》の近衛砲兵隊兵卒《このえほうへいたいへいそつ》、暴動《ぼうどう》、翌《よく》日《じつ》、鎮定《ちんてい》(竹橋騒動《たけばしそうどう》)。 **8・24** 全国戸籍表《ぜんこくこせきひょう》(明治《めいじ》九年《ねん》一月《がっ》一日《ついたち》調査《ちょうさ》)を発表《はっぴょう》(戸数《こすう》七二九万三二一〇、人口《じんこう》三四三三万八四〇四人《にん》)。 **8・-** 陸軍卿《りくぐんきょう》山県有朋《やまがたありとも》、「軍人《ぐんじん》訓誡《くんかい》」を発表《はっぴょう》(一〇月《がつ》一二日《にち》、頒布《はんぷ》)。 **9・11** 愛国社再興第《あいこくしゃさいこうだい》一回大会《かいたいかい》、大阪《おおさか》で開催《かいさい》(事務所《じむしょ》を大阪《おおさか》に設置《せっち》、毎年《まいねん》三月《がつ》・九月《がつ》の大会開催《たいかいかいさい》などを決定《けってい》)。 **12・5** 陸軍省参《りくぐんしょうさん》謀局《ぼうきょく》を廃《はい》し、参謀本部《さんぼうほんぶ》を設置《せっち》、その条例《じょうれい》を制定《せいてい》。 **12・13** 監軍本部《かんぐんほんぶ》を設置《せっち》、その条例《じょうれい》を制定《せいてい》。 【社会・文化】 **1・1** 内務省勧農局《ないむしょうかんのうきょく》『農事通信月報《のうじつうしんげっぽう》』創刊《そうかん》。 **1・14** 『福島新聞《ふくしましんぶん》』創刊《そうかん》(『信夫新聞《しのぶしんぶん》』改題《かいだい》)。 **1・17** 伊勢新聞社《いせしんぶんしゃ》『伊勢新聞《いせしんぶん》』創刊《そうかん》。 **1・24** 内務省所管農学校《ないむしょうしょかんのうがっこう》、東京駒場《とうきょうこまば》に新校舎落成《しんこうしゃらくせい》、開校式《かいこうしき》(駒場農学校《こまばのうがっこう》)。 **1・-** 小菅揆一《こすげきいち》編《へん》『理財稽蹟《りざいけいせき》』を松方正義《まつかたまさよし》に進呈《しんてい》。 **2・14** 大阪《おおさか》・長崎《ながさき》・宮崎《みやざき》の官立師範学校《かんりつしはんがっこう》を廃《はい》す。 **4・15** 工部大学校開校式《こうぶだいがっこうかいこうしき》。 **5・1** パリ万国博覧会開会《ばんこくはくらんかいかいかい》、日本《にほん》も参加《さんか》(一一月《がつ》一〇日《か》、閉会《へいかい》)。 **5・14** 文部省《もんぶしょう》、日本教《にほんきょう》
琉球	
朝鮮	
清	

西暦	年号・干支	天皇	太政大臣
一八七八 ▶	明治一一 戊寅《つちのえとら》	(明治)	(三条実美)

記事

育令案《いくれいあん》を上奏《じょうそう》。**5・15** 島田一良《しまだいちろう》らの斬姦状《ざんかんじょう》を掲載《けいさい》した『朝野新聞《ちょうやしんぶん》』、九日間《かかん》の発《はっ》行停止《こうていし》。**5・23** 「学制《がくせい》」で定《さだ》めた小学校教則等《しょうがっこうきょうそくとう》を廃《はい》す。**5・24** 京都《きょうと》で盲唖院開業《もうあいんかいぎょう》式《しき》。**5・27** 日報社《にっぽうしゃ》『理財新報《りざいしんぽう》』創刊《そうかん》。**6・2** 中村喜与三郎《なかむらきよさぶろう》『和歌山新聞《わかやましんぶん》』創刊《そうかん》。**8・10** フェノロサを東京大学文学部《とうきょうだいがくぶんがくぶ》教授《きょうじゅ》に任《にん》じる。**9・10** 公立学校開設認可《こうりつがっこうかいせつにんか》の権限《けんげん》を地方官《ちほうかん》へ委譲《いじょう》。**10・24** 文部省《もんぶしょう》、体操伝習所《たいそうでんしゅうじょ》を東京大学《とうきょうだいがく》に設置《せっち》。**10・25** 愛知県《あいちけん》春日井郡《かすがいぐん》の農民《のうみん》、地租軽減《ちそけいげん》を要求《ようきゅう》し紛争《ふんそう》。広聞社《こうぶんしゃ》『群馬新誌《ぐんましんし》』創刊《そうかん》。**10・―** 久米邦《くめくに》武《たけ》編修《へんしゅう》『米欧回覧実記《べいおうかいらんじっき》』刊《かん》。**12・17** 東京新聞社《とうきょうしんぶんしゃ》『東京新聞《とうきょうしんぶん》』創刊《そうかん》(『東京《とうきょう》さきがけ』改題《かいだい》)。**この年《とし》** 橘曙覧《たちばなあけみ》作《さく》、井手今滋《いでいましげ》編《へん》『志濃夫廼舎歌集《しのぶのやかしゅう》』刊《かん》。菊池駿助《きくちしゅんすけ》編《へん》『徳《とく》川禁令考《がわきんれいこう》』刊《かん》(～明治《めいじ》一七年《ねん》)。

【死没】

1・16 林鶴梁《はやしかくりょう》(73、儒学者《じゅがくしゃ》)。**3・3** 岡田佐平治《おかださへいじ》(67、報徳運動家《ほうとくうんどうか》)。**3・6** 斎藤月《さいとうげっ》岑《しん》(75、文人《ぶんじん》)。**3・23** 春日潜庵《かすがせんあん》(68、志士《しし》)。**4・5** 岡本保孝《おかもとやすたか》(82、国学《こくがく》)。**5・7** 崎《さき》村常雄《むらつねお》(33、自由民権家《じゆうみんけんか》)。**5・14** 大久保利通《おおくぼとしみち》(49、政治家《せいじか》)。**6・13** 大槻磐渓《おおつきばんけい》(78、蘭《らん》学《がく》)。**6・16** 菊池容斎《きくちようさい》(91、日本画家《にほんがか》)。**7・7** 沢村田之助《さわむらたのすけ》(三代《だい》)(34、歌舞伎役者《かぶきやくしゃ》)。**7・8** 関沢房清《せきざわふさきよ》(71、加賀金沢藩士《かがかなざわはんし》)。**7・9** 鷹司輔熙《たかつかさすけひろ》(72、公家《くげ》)。**7・13** 樺山資《かばやますけ》雄《お》(78、国学《こくがく》)。**7・27** 島田一良《しまだいちろう》(31、大久保利通暗殺者《おおくぼとしみちあんさつしゃ》)。**7・―** 岩田好算《いわたこうざん》(67、和算家《わさんか》)。**8・5** 芳野金陵《よしのきんりょう》(77、儒学《じゅがく》)。**9・1** 土屋邦敬《つちやくによし》(48、農事改良家《のうじかいりょうか》)。**9・26** 東条琴台《とうじょうきんだい》(84、儒学者《じゅがくしゃ》)。**11・29** 柏木忠俊《かしわぎただとし》(55、地方官《ちほうかん》)。手塚律蔵《てづかりつぞう》(57、蘭《らん》・英学《えいがく》)。**12・5** 二《に》条斉敬《じょうなりゆき》(63、政治家《せいじか》)。

〖世界〗

琉球	朝鮮	清
(尚泰王 31)	高宗 15	光緒 4

西暦		一八七九 ◀
年号・干支		一二 己卯《つちのとう》
天皇		
太政大臣		
記事	1・19 ホフマン没《ぼつ》(72、オランダの中国《ちゅうごく》・日本学者《にほんがくしゃ》)。 2・8 イギリス、ジンゴイズムを背景《はいけい》に、イスタンブールへの艦隊派遣決定《かんたいはけんけってい》。 2・13 トルコのハミト二世《せい》、議《ぎ》会閉鎖《かいへいさ》・憲法停止《けんぽうていし》、専制政治《せんせいせいじ》を復活《ふっかつ》。 2・25 ハリス没《ぼつ》(73、米国初代《べいこくしょだい》の駐日総領事《ちゅうにちそうりょうじ》)。 3・3 ロシア、トルコとサン＝ステファノ条約調印《じょうやくちょういん》。 3・20 フランスのサラガール＝ウィーズ社《しゃ》、コロンビアからパナマ運河建設権獲得《うんがけんせつけんかくとく》。 6・4 イギリス、キプロス島統治権《とうとうちけん》についてトルコと密約《みつやく》。 6・13 ベルリン会議開会《かいぎかいかい》、ビスマルクの仲介《ちゅうかい》で英《えい》・仏《ふつ》・独《どく》・墺《おう》・伊《い》・露《ろ》・土《と》の代表参集《だいひょうさんしゅう》(七月《がつ》一三日《にち》、ベルリン条約《じょうやく》)。 8・15 エジプトで「ヨーロッパ内閣《ないかく》」成立《せいりつ》(英人《えいじん》・仏人《ふつじん》が蔵相《ぞうしょう》・公共事業相《こうきょうじぎょうしょう》となる)。 10・19 ドイツ議会《ぎかい》、社会主義者《しゃかいしゅぎしゃ》鎮圧法案《ちんあつほうあん》を可決《かけつ》(二一日《にち》、公布施行《こうふしこう》)。 11・20 第二次《だいじ》アフガン戦争起《せんそうお》こる。 **この年《とし》** 清国《しんこく》、モンゴルでの自国商人活動制限《じこくしょうにんかつどうせいげん》を廃《はい》す。	【政治・経済】 2・7 大蔵省《おおくらしょう》、明治《めいじ》八年歳入歳出決算報告書《ねんさいにゅうさいしゅつけっさんほうこくしょ》を公示《こうじ》(決算報告《けっさんほうこく》の最初《さいしょ》)。 3・20 東京府会開会《とうきょうふかいかいかい》(府県会《ふけんかい》の最初《さいしょ》、三月以降《がついこう》、全国《ぜんこく》で府県会開《ふけんかいひら》く)。 3・27 愛国社第二回大会《あいこくしゃだいにかいたいかい》、大阪《おおさか》で開催《かいさい》(四月《がつ》二日《か》、閉会《へいかい》)。 3・31 内務大書記官松田道之《ないむだいしょきかんまつだみちゆき》、熊本鎮台《くまもとちんだい》二個中隊《こちゅうたい》を率《ひき》いて首里城《しゅりじょう》を接収《せっしゅう》。 4・4 琉球藩《りゅうきゅうはん》を廃《はい》し沖縄県《おきなわけん》を置《お》く旨《むね》を布告《ふこく》・翌五日《よくか》、鍋島直彬《なべしまなおよし》を沖縄県令《おきなわけんれい》に任《にん》じる。 5・9 官吏《かんり》の職務外《しょくむがい》での政談演説《せいだんえんぜつ》を禁《きん》じる。 6・27 大蔵卿大隈重信《おおくらきょうおおくましげのぶ》、地租再検延期《ちそさいけんえんき》・儲蓄備荒法設定《ちょちくびこうほうせってい》・紙幣償却増額《しへいしょうきゃくぞうがく》などの財政策《ざいせいさく》を建議《けんぎ》。 7・3 アメリカ前大統領《ぜんだいとうりょう》グラント夫妻来日《ふさいらいにち》(七月《がつ》四日《か》天皇《てんのう》・皇后《こうごう》と会見《かいけん》、九月《がつ》三日《か》離日《りにち》)。 7・28 福沢諭吉《ふくざわゆきち》、『郵便報知新聞《ゆうびんほうちしんぶん》』に「国会論《こっかいろん》」を掲載《けいさい》し、
琉球		(尚泰王 32)
朝鮮		16
清		③ 5

西暦 一八七九 ◀ ▶

年号・干支 明治一二 己卯《つちのとのう》

天皇 (明治)

太政大臣 (三条実美)

記事

すみやかな国会開設《こっかいかいせつ》を主張《しゅちょう》(〜八月《がつ》一四日、藤田茂吉《ふじたもきち》・箕浦勝人《みのうらかつんど》の名《な》で)。**8・10** 天《てん》皇《のう》、グラントと琉球問題《りゅうきゅうもんだい》などについて会談《かいだん》。**9・27** 千住製絨所開業《せんじゅせいじゅうしょかいぎょう》。**10・26** 岡《おか》山県《やまけん》両備作《りょうびさく》三国懇親会《さんごくこんしんかい》で国会開設建言《こっかいかいせつけんげん》を可決《かけつ》(明治《めいじ》一三年《ねん》一月《がつ》、元老院《げんろういん》に提出《ていしゅつ》)。**10・27** 徴兵令《ちょうへいれい》を改正《かいせい》(免役年限《めんえきねんげん》の延長《えんちょう》、範囲《はんい》の縮小《しゅくしょう》)。**10・-** 内務省勧農局《ないむしょうかんのうきょく》、猪苗代湖《いなわしろこ》疎水事業《そすいじぎょう》に着工《ちゃっこう》。**11・7** 愛国社第《あいこくしゃだい》三回大会《かいたいかい》、大阪《おおさか》で開催《かいさい》(〜一三日《にち》、国《こっ》会開設上奏《かいかいせつじょうそう》の署名《しょめい》を集《あつ》めることを可決《かけつ》)。**11・19** 外務卿井上馨《がいむきょういのうえかおる》、駐英公使森有《ちゅうえいこうしもりあり》礼《のり》に条約改正方針《じょうやくかいせいほうしん》を訓令《くんれい》。**11・22** 安田銀行設立《やすだぎんこうせつりつ》を許可《きょか》(明治《めいじ》一三年《ねん》一月一日《がつついたち》、開《かい》業《ぎょう》)。**12・8** 頭山満《とうやまみつる》・箱田六輔《はこたろくすけ》ら、筑前共愛会《ちくぜんきょうあいかい》を結成《けっせい》。**12・-** 各参議《かくさんぎ》に立憲政体《りっけんせいたい》に関《かん》する意見書提出《いけんしょていしゅつ》を命《めい》じる(明治《めいじ》一四年《ねん》五月《がつ》までに、山県《やまがた》・黒田《くろだ》・山田《やまだ》・井上《いのうえ》・伊《い》藤《とう》・大隈《おおくま》・大木《おおき》の七参議《さんぎ》が提出《ていしゅつ》)。

【社会・文化】

1・4 梟示刑《きょうじけい》を廃《はい》し、斬刑《ざんけい》に改《あらた》める。山陽新報社《さんようしんぽうしゃ》『山陽新報《さんようしんぽう》』創刊《そうかん》(岡山《おかやま》)。**1・15** 東京学士会院設立《とうきょうがくしかいいんせつりつ》(後《のち》の日本学士院《にほんがくしいん》)。**1・25** 朝日新聞社《あさひしんぶんしゃ》『朝日新聞《あさひしんぶん》』創刊《そうかん》(大阪《おおさか》)。**1・29** 経済雑誌社《けいざいざっししゃ》『東京経済雑誌《とうきょうけいざいざっし》』創刊《そうかん》。**3・6** 真文社《しんぶんしゃ》『青森新聞《あおもりしんぶん》』創刊《そうかん》。**3・14** 松《まつ》山《やま》にコレラ発生《はっせい》、以後全国《いごぜんこく》に広《ひろ》がる。**4・5** 大阪絵入新聞社《おおさかえいりしんぶんしゃ》『大阪絵入新聞《おおさかえいりしんぶん》』創刊《そうかん》。**6・1** 参同社《さんどうしゃ》『函右日報《かんゆうにっぽう》』創刊《そうかん》。**6・4** 招魂社《しょうこんしゃ》を靖国神社《やすくにじんじゃ》と改称《かいしょう》、別格官幣社《べっかくかんぺいしゃ》とする。**6・-** ヘンリー＝ホン＝シーボルト『考古説略《こうこせつりゃく》』刊《かん》。東京学士会院《とうきょうがくしかいいん》『東京《とうきょう》学士会院雑誌《がくしかいいんざっし》』刊《かん》。**8・-** 天皇《てんのう》、「教学聖旨《きょうがくせいし》」(元田永孚起草《もとだながざねきそう》)を内示《ないじ》。**9・29** 学制《がくせい》を廃《はい》し、教育令《きょういくれい》を制定《せいてい》。**9・-** 伊藤博文《いとうひろぶみ》、「教育議《きょういくぎ》」を天皇《てんのう》に提出《ていしゅつ》し、「教学聖《きょうがくせい》旨《し》」を批判《ひはん》。**10・7** 文部省《もんぶしょう》、音楽取調掛設置《おんがくとりしらべがかりせっち》(伊沢修二《いさわしゅうじ》を音楽取調御用掛《おんがくとりしらべごようがかり》に

琉球 (尚泰王 32)

朝鮮 高宗 16

清 ③ 光緒 5

西暦	
年号・干支	
天皇	
太政大臣	
記事	任《にん》じる)。**10・25** 求友社《きゅうゆうしゃ》『嚶鳴雑誌《おうめいざっし》』創刊《そうかん》。**10・-** 『壺坂霊験記《つぼさかれいげんき》』、大阪大江橋席《おおさかおおえばしせき》で初《しょ》演《えん》。**11・18** 嚶鳴社《おうめいしゃ》沼間守一《ぬまもりかず》、『横浜毎日新聞《よこはままいにちしんぶん》』を買収《ばいしゅう》、『東京横浜毎日新聞《とうきょうよこはままいにちしんぶん》』と改《かい》題《だい》。**12・4** 京文社《きょうぶんしゃ》『いろは新聞《しんぶん》』創刊《そうかん》。**12・-** モース著《ちょ》・矢田部良吉口訳《やたべりょうきちこうやく》・寺内章《てらうちしょう》明筆記《めいひっき》『大森介墟古物編《おおもりかいきょこぶつへん》』刊《かん》。**この年《とし》** コレラ大流行《だいりゅうこう》、患者《かんじゃ》一六万二六三七人《にん》・死者《ししゃ》一〇万五七八四人《にん》、各地《かくち》で消毒《しょうどく》・患者《かんじゃ》の避難病院《ひなんびょういん》への強制隔離《きょうせいかくり》に反対《はんたい》の騒動発《そうどうはっ》生《せい》(コレラ一揆《いっき》)。 【死没】 **1・14** 三輪田元綱《みわたもとつな》(52、志士《しし》)。**3・11** 司馬凌海《しばりょうかい》(41、洋方医《ようほうい》)。**3・25** 酒井忠邦《さかいただくに》(26、播磨姫路藩主《はりまひめじはんしゅ》)。**4・1** 大原重徳《おおはらしげとみ》(79、公家《くげ》)。**5・12** 加藤素毛《かとうそもう》(55、俳人《はいじん》)。**5・21** 伊《い》藤小左衛門《とうこざえもん》(62、企業家《きぎょうか》)。**8・24** 旃崖奕堂《せんがいえきどう》(75、総持寺住持《そうじじじゅうじ》)。**9・12** 池田長発《いけだながおき》(43、幕臣《ばくしん》)。**9・13** 宇治紫文《うじしぶん》(二代《だい》)(59、一中節家元《いっちゅうぶしいえもと》)。**9・16** 稲葉正巳《いなばまさみ》(65、安房館山藩《あわたてやまはん》主《しゅ》)。**10・13** 川路利良《かわじとしよし》(46、官僚《かんりょう》)。**10・20** 清宮秀堅《せいみやひでかた》(71、国学《こくがく》)。**11・11** 山内梅三《やまのうちうめさぶ》郎《ろう》(31、長州藩士《ちょうしゅうはんし》)。**12・2** 横山由清《よこやまよしきよ》(54、法制史家《ほうせいしか》)。**12・27** 正親町公董《おおぎまちきんただ》(41、公家《くげ》)。 〔世界〕 **1・10** 南《みなみ》アフリカでズールー戦争《せんそう》(七月《がつ》四日《か》、ズールー族敗北《ぞくはいぼく》、九月一日《がっついたち》、講和《こうわ》条約調印《じょうやくちょういん》)。**2・18** エジプト、ヌーバール首相《しゅしょう》らを監禁《かんきん》、「エジプト内閣《ないかく》」崩壊《ほうかい》。**4・5** チリ、ペルー・ボリビアと太平洋戦争《たいへいようせんそう》(〜一八八四年《ねん》)。**5・20** 清《しん》、日本《にほん》の琉《りゅう》球処分《きゅうしょぶん》に対《たい》し抗議《こうぎ》。**6・26** エジプト、イスマーイール＝パシャ廃位《はいい》。**7・3** 琉《りゅう》球《きゅう》、清《しん》に援助《えんじょ》を要請《ようせい》。**7・12** ドイツ帝国議会《ていこくぎかい》、保護関税法案《ほごかんぜいほうあん》を可決《かけつ》。**8・-** ロシア、「土地《とち》と自由《じゆう》」派《は》分裂《ぶんれつ》、「人民《じんみん》の意志《いし》」派《は》結成《けっせい》。**9・3** アフガニスタン、対《たい》イギ
琉球	
朝鮮	
清	

▶一八七九

明治一二
己卯《つちのとのう》

(明治)

(三条実美)

リス反乱《はんらん》が起《お》こる。**10・2** ロシア・清《しん》、イリ返還条約《へんかんじょうやく》に調印《ちょういん》。**10・7** ドイツ・オーストリア同盟成立《どうめいせいりつ》。**10・21** アイルランド土地同盟結成《とちどうめいけっせい》。**11・27** ドンクル＝キュルシウス没《ぼっ》(66、最後《さいご》の長崎《ながさき》オランダ商館長《しょうかんちょう》)。**この年《とし》** エジソン、電球《でんきゅう》を発明《はつめい》。アルゼンチン、パンパ地方南部《ちほうなんぶ》の先住民《せんじゅうみん》の掃討《そうとう》始《はじ》まる。

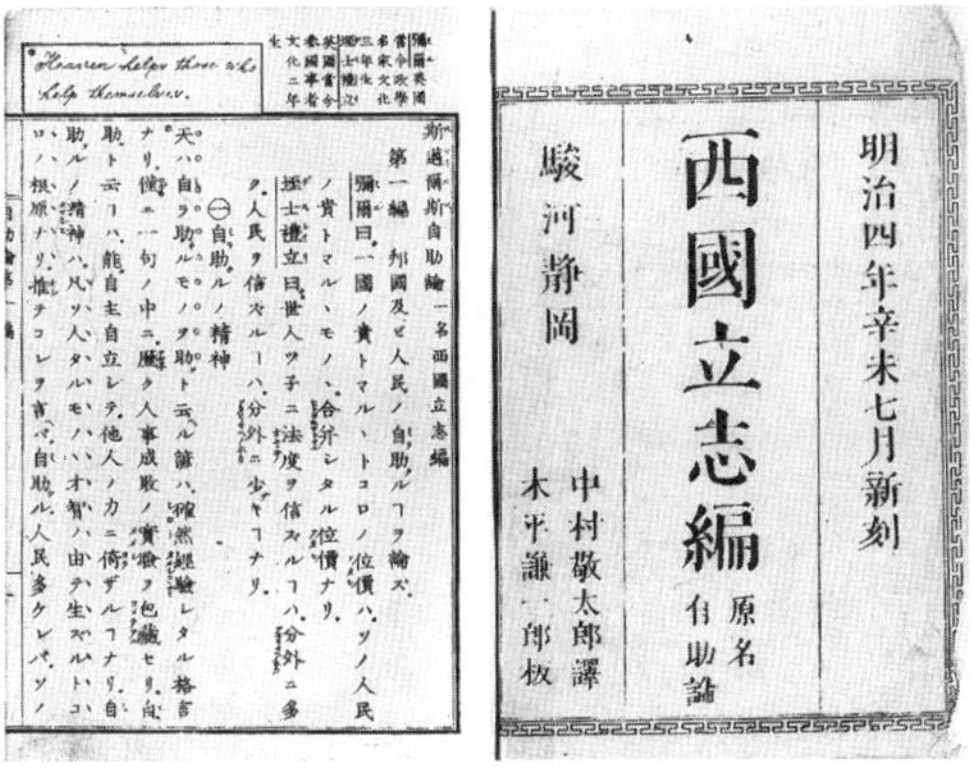
明治四年辛未七月新刻
西國立志編 原名自助論
駿河静岡
中村敬太郎譯
木平謙一郎板

Heaven helps those who help themselves.

斯邁爾斯自助論 一名西國立志編
第一編 邦國及ヒ人民ノ自助クルコヲ論ズ
彌爾曰、一國ノ貴トマル、トコロノ位價ハ、ソノ人民ノ貴トマル、モノ、合併シタル位價ナリ。
極士禮立曰、世人ツ子ニ法度ヲ信ズルコハ、分外ニ多ク、人民ヲ信ズルコハ、分外ニ少キコナリ。
㈠自助クルノ精神
天ハ自ラ助クルモノヲ助クト云ヘル諺ハ、確然經驗シタル格言ナリ。僅ニ一句ノ中ニ、歴ク人事成敗ノ實験ヲ包藏セリ。自ラ助クト云コハ、能ク自主自立シテ、他人ノ力ニ倚ラザルコナリ。自ラ助クルノ精神ハ、凡ソ人タルモノ、才智ノ由テ生ズルトコロノ根原ナリ。推テコレヲ言ヘバ、自ラ助クル人民多ケレバ、ソノ

図1(→一八七〇年)
西国立志編

図2(→一八七一年)
安愚楽鍋

(尚泰王 32)

高宗 16

③ 光緒 5

1879（明治12）

西暦	
年号・干支	
天皇	
太政大臣	
記事	
琉球	
朝鮮	
清	

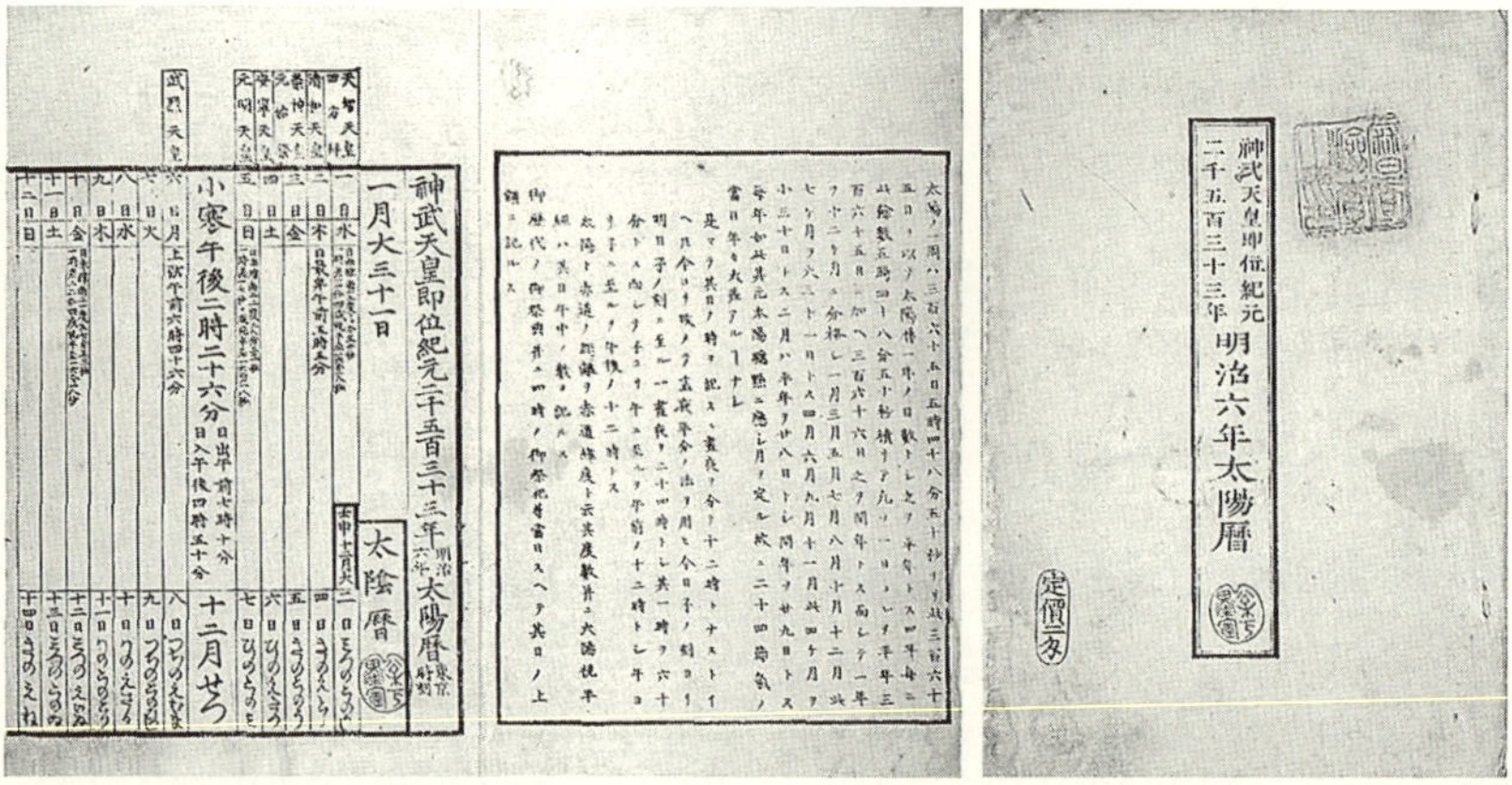

図 3 (→1872年)
明治六年太陽暦

西暦	年号・干支	太政大臣	記事	朝鮮	清
一八八〇 ◀	明治一三 庚辰《かのえたつ》	(三条実美)	【政治・経済】 2・5 第《だい》三回《かい》地方官会議開会《ちほうかんかいぎかいかい》(議長《ぎちょう》河野敏鎌《こうのとがま》、区町村会法《くちょうそんかいほう》・備荒儲蓄法《びこうちょちくほう》などを審議《しんぎ》・二月《がつ》二八日《にち》、閉会《へいかい》)。2・22 府県会議員《ふけんかいぎいん》一〇四人《にん》、東京《とうきょう》で国会開設問題《こっかいかいせつもんだい》について討議《とうぎ》(二四日《か》、建白書提出《けんぱくしょていしゅつ》を決定《けってい》)。2・28 横浜正金銀行開業《よこはましょうきんぎんこうかいぎょう》。参議《さんぎ》の各省《かくしょう》卿兼任《きょうけんにん》を廃《はい》し、内閣《ないかく》と各《かく》省《しょう》を分離《ぶんり》。2・- 筑前共愛会本部《ちくぜんきょうあいかいほんぶ》、「大日本国憲大略見込書《だいにほんこっけんたいりゃくみこみしょ》」を起草《きそう》。3・3 太政官《だじょうかん》に法《ほう》制《せい》・会計《かいけい》・軍事《ぐんじ》・内務《ないむ》・司法《しほう》・外務《がいむ》の六部《ぶ》を設置《せっち》し、参議《さんぎ》の分担《ぶんたん》を定《さだ》める。3・5 太政官《だじょうかん》に会《かい》計検査院《けいけんさいん》を設置《せっち》し、大蔵省検査局《おおくらしょうけんさきょく》を廃止《はいし》。3・15 愛国社第《あいこくしゃだい》四回大会《かいたいかい》、大阪《おおさか》で開催《かいさい》(〜四月《がつ》九日《か》)。3・17 国会期成同盟《こっかいきせいどうめい》を結成《けっせい》。3・30 陸軍省《りくぐんしょう》、村田銃《むらたじゅう》の採用《さいよう》を決定《けってい》。4・5 集会《しゅうかい》条例《じょうれい》を制定《せいてい》(政治《せいじ》集会《しゅうかい》・結社《けっしゃ》の事前許可制《じぜんきょかせい》、臨検警察官《りんけんけいさつかん》の集会解散権《しゅうかいかいさんけん》、軍人《ぐんじん》・教員《きょういん》・生徒《せいと》の集会参加禁止《しゅうかいさんかきんし》など)。4・8 区町村会法《くちょうそんかいほう》を頒布《はんぷ》。4・17 片岡健吉《かたおかけんきち》・河野広中《こうのひろなか》、「国会《こっかい》ヲ開《かい》設《せつ》スルノ允可《いんか》ヲ上願《じょうがん》スル書《しょ》」を太政官《だじょうかん》に提出《ていしゅつ》するも受理《じゅり》されず。5・1 参議《さんぎ》大隈重信《おおくましげのぶ》、外債《がいさい》五〇〇〇万円募集《えんぼしゅう》による不換紙幣償却案《ふかんしへいしょうきゃくあん》を閣議《かくぎ》に提出《ていしゅつ》(一四日《か》、閣議紛糾《かくぎふんきゅう》・六月《がつ》三日《か》、中止決定《ちゅうしけってい》)。5・20 地租特別修正許可《ちそとくべつしゅうせいきょか》の布告《ふこく》。6・1 元老院《げんろういん》に民法編纂局《みんぽうへんさんきょく》を設置《せっち》。6・15 備荒儲蓄法《びこうちょちくほう》を公布《こうふ》(明治《めいじ》一四年《ねん》一月一日《がつついたち》、施行《しこう》)。7・6 外務卿《がいむきょう》井上馨《いのうえかおる》、条約改正《じょうやくかいせい》案《あん》をアメリカ・清公使《しんこうし》を除《のぞ》く各国公使《かっこくこうし》に交付《こうふ》。7・17 刑法《けいほう》・治罪法《ちざいほう》を布告《ふこく》(明治《めいじ》一五年《ねん》一月一《がつつい》日《たち》、施行《しこう》)。9・27 酒造税則《しゅぞうぜいそく》を布告《ふこく》(一〇月一日《がつついたち》、施行《しこう》)。10・21 駐清公使宍戸璣《ちゅうしんこうししどたまき》、清《しん》と琉《りゅう》球分割《きゅうぶんかつ》・最恵国待遇《さいけいこくたいぐう》に関《かん》する条約案《じょうやくあん》を議定《ぎてい》(一一月《がつ》一七日《にち》、清《しん》は調印《ちょういん》しないことを表明《ひょうめい》)。11・5 工場払下概則《こうじょうはらいさげがいそく》を布達《ふたつ》(一七年《ねん》一〇月《がつ》三日《か》、廃止《はいし》)。11・10 国会期成同盟第《こっかいきせいどうめいだい》二回大会《かいたいかい》、東京《とうきょう》で開催《かいさい》、大日本国会期成有志公会《だいにほんこっかいきせいゆうしこうかい》と改称《かいしょう》。11・30 参謀本部長《さんぼうほんぶちょう》山県有朋《やまがたありとも》、「隣邦兵備《りんぽうへいび》略《りゃく》」を天皇《てんのう》に提出《ていしゅつ》。12・15 沼間守一《ぬまもりかず》・河野広中《こうのひろなか》・植木枝盛《うえきえもり》ら、自由党結成盟約《じゆうとうけっせいめいやく》四ヵ条《じょう》を定《さだ》	高宗 17	光緒 6

西暦

年号・干支

太政大臣

記事

める。12・28 教育令《きょういくれい》を改正《かいせい》(改正教育令《かいせいきょういくれい》)。元老院《げんろういん》、国憲按《こっけんあん》を天皇《てんのう》に提出《ていしゅつ》。12・- 福沢諭《ふくざわゆ》吉《きち》・井上馨《いのうえかおる》・大隈重信《おおくましげのぶ》・伊藤博文《いとうひろぶみ》の四者会談《しゃかいだん》、井上《いのうえ》ら福沢《ふくざわ》に政府機関紙《せいふきかんし》の発行《はっこう》を依頼《いらい》(明治《めいじ》一四年《ねん》一月《がつ》、井上《いのうえ》から国会開設《こっかいかいせつ》の決意《けつい》を打《う》ち明《あ》けられ、福沢承諾《ふくざわしょうだく》、明治《めいじ》一四年《ねん》の政変《せいへん》で実現《じつげん》せず)。**この年**《とし》 民権派《みんけんは》による国会開設運動《こっかいかいせつうんどう》、各地《かくち》で高《たか》まる。

【社会・文化】

1・5 訓盲院《くんもういん》、業務開始《ぎょうむかいし》(二月《がつ》一三日《にち》、授業開始《じゅぎょうかいし》・明治《めいじ》一七年《ねん》一一月《がつ》、訓盲唖院《くんもうあいん》となる)。**1・7** 松野武左衛門《まつのぶざえもん》『馬関物価日報《ばかんぶっかにっぽう》』刊《かん》。**1・25** 福沢諭吉《ふくざわゆきち》ら慶応義塾《けいおうぎじゅく》出身者《しゅっしんしゃ》で組織《そしき》の交詢社《こうじゅんしゃ》、発会式《はっかいしき》。**1・-** 大隈重信命《おおくましげのぶめい》、大蔵省編《おおくらしょうへん》『大蔵省沿革志《おおくらしょうえんかくし》』上梓《じょうし》。**2・5** 交詢社《こうじゅんしゃ》『交詢雑誌《こうじゅんざっし》』創刊《そうかん》。**3・9** 文部省《もんぶしょう》、教則取調掛《きょうそくとりしらべがかり》を設置《せっち》し、公私立学校教則《こうしりつがっこうきょうそく》・教科書《きょうかしょ》の内容《ないよう》を調査《ちょうさ》(掛長西村茂樹《かかりちょうにしむらしげき》)。**3・13** 愛国舎《あいこくしゃ》『愛国志林《あいこくしりん》』発行《はっこう》。**4・17** 福岡日日新聞社《ふくおかにちにちしんぶんしゃ》『福岡日日新聞《ふくおかにちにちしんぶん》』創刊《そうかん》(『筑紫新報《ちくししんぽう》』改題《かいだい》)。**4・19** 『新約聖書《しんやくせいしょ》』翻訳完成祝賀会《ほんやくかんせいしゅくがかい》を新栄教会《しんえいきょうかい》で開催《かいさい》。**7・-** 編輯責任者生田精《へんしゅうせきにんしゃいくたくわし》、司法省《しほうしょう》『全国民事慣例類集《ぜんこくみんじかんれいるいしゅう》』刊《かん》。**8・14** 愛国舎《あいこくしゃ》『愛国新誌《あいこくしんし》』発行《はっこう》。**8・20** 魁社《さきがけしゃ》『魁新聞《さきがけしんぶん》』創刊《そうかん》。**8・30** 文部省《もんぶしょう》、不適当《ふてきとう》と認《みと》めた小学校教科書《しょうがっこうきょうかしょ》の使用《しよう》を禁止《きんし》。**8・31** 信濃日報社《しなのにっぽうしゃ》『信濃日報《しなのにっぽう》』創刊《そうかん》(『長野日日新聞《ながのにちにちしんぶん》』改題《かいだい》)。**8・-** 東海社《とうかいしゃ》『東海経済新報《とうかいけいざいしんぽう》』創刊《そうかん》。**9・12** 東京法学社開校《とうきょうほうがくしゃかいこう》(法政大学《ほうせいだいがく》の前身《ぜんしん》)。**9・16** 専修学校設立《せんしゅうがっこうせつりつ》(後《のち》の専修大学《せんしゅうだいがく》)。**10・11** 小崎弘道《ざきひろみち》ら『六合雑誌《りくごうざっし》』刊《かん》。**10・15** 群馬県榛名山麓《ぐんまけんはるなさんろく》八〇余《よ》ヵ村《そん》で農民騒擾《のうみんそうじょう》。**10・25** 宮内省式部寮《くないしょうしきぶりょう》雅楽課《ががくか》、「君《きみ》が代《よ》」を作曲《さっきょく》。**11・4** 高島炭坑《たかしまたんこう》の坑夫数百人《こうふすうひゃくにん》、賃上《ちんあ》げを要求《ようきゅう》して暴動《ぼうどう》。**11・6** 輿論社《よろんしゃ》『東京輿論新誌《とうきょうよろんしんし》』創刊《そうかん》。**11・15か** 四通社《しつうしゃ》『江湖新報《こうこしんぽう》』創刊《そうかん》。**11・-** 東京統計協会《とうきょうとうけいきょうかい》『統計集誌《とうけいしゅうし》』創刊《そうかん》。**12・8** 明治法律学校設立《めいじほうりつがっこうせつりつ》(後《のち》の明治大学《めいじだいがく》)。**12・18** 文部省《もんぶしょう》、国家安寧妨害《こっかあんねいぼうがい》・風俗紊乱《ふうぞくびんらん》をまねく書籍《しょせき》を学校教科書《がっこうきょうかしょ》に採用《さいよう》しないよう府県《ふけん》に指示《しじ》。**この年**《とし》 松村操《まつむらみさお》

朝鮮

清

西暦　一八八〇 ▶

年号・干支　明治一三　庚辰《かのえたつ》

太政大臣　(三条実美)

記事

『近世先哲叢談《きんせいせんてつそうだん》』刊《かん》。内務省地理局編纂《ないむしょうちりきょくへんさん》『三正綜覧《さんせいそうらん》』初版出版《しょはんしゅっぱん》。近藤圭造編《こんどうけいぞうへん》『存採叢書《そんさいそうしょ》』刊《かん》(〜明治《めいじ》二一年《ねん》)。甫喜山景雄編《ほきやまかげおへん》『我自刊我書《がじかんがしょ》』刊《かん》(〜明治《めいじ》一七年《ねん》)。鹿持雅澄《かもちまさずみ》『万葉集古義《まんようしゅうこぎ》』刊《かん》(〜明治《めいじ》二三年《ねん》)。

【死没】

1・12 竹内玄同《たけのうちげんどう》(76、蘭方医《らんぽうい》)。**1・23** 葛城彦一《かつらぎひこいち》(63、志士《しし》)。**1・28** 武田成章《たけだなりあき》(54、陸軍軍人《りくぐんぐんじん》)。**2・11** エルメレンス(38、大阪医学校教師《おおさかいがっこうきょうし》)。**2・25** 賀来惟熊《かくこれくま》(85、鋳砲家《ちゅうほうか》)。**2・29** 近藤芳樹《こんどうよしき》(80、国学《こくがく》)。**3・15** 村垣範正《むらがきのりまさ》(68、幕臣《ばくしん》)。**4・-** 関信三《せきしんぞう》(38、幼稚園教育《ようちえんきょういく》)。**6・11** ブラック(53、ジャーナリスト)。**6・17** 伊藤慎蔵《いとうしんぞう》(56、洋学《ようがく》)。**6・19** ブラウン(70、改革派教会宣教師《かいかくはきょうかいせんきょうし》)。**7・22** 野津鎮雄《のづしずお》(46、陸軍軍人《りくぐんぐんじん》)。**8・9** 姉小路局《あねがこうじのつぼね》(86、大奥女中《おおおくじょちゅう》)。**8・13** 中村善右衛門《なかむらぜんえもん》(71、養蚕改良家《ようさんかいりょうか》)。**8・23** 笠原白翁《かさはらはくおう》(72、蘭方医《らんぽうい》)。富本豊前太夫《とみもとぶぜんだゆう》(五代《だい》)(20、富本節家元《とみもとぶしいえもと》)。**8・24** 三条西季知《さんじょうにしすえとも》(70、公家《くげ》)。**8・31** 白石正一郎《しらいししょういちろう》(69、志士《しし》)。**9・16** 魚住源次兵衛《うおすみげんじべえ》(64、勤王党首領《きんのうとうしゅりょう》)。**10・25** 平田鉄胤《ひらたかねたね》(82、国学《こくがく》)。**10・29** 粟津高明《あわづたかあきら》(43、牧師《ぼくし》)。**11・7** 松村友松《まつむらともまつ》(57、殖産家《しょくさんか》)。**12・4** 鮫島尚信《さめしまなおのぶ》(36、外交官《がいこうかん》)。

〘世界〙

1・6 エジプト、ムカーバラ法《ほう》を廃止《はいし》。**4・5** エジプトの債務《さいむ》に関《かん》する国際清算委員会《こくさいせいさんいいんかい》の成立《せいりつ》を承認《しょうにん》。**4・19** ボヘミア、ターフェ内閣《ないかく》、言語令《げんごれい》を布告《ふこく》。**4・28** イギリス、第《だい》二次《じ》グラッドストン自由党内閣成立《じゆうとうないかくせいりつ》。**5・-** 朝鮮《ちょうせん》、元山《げんさん》を開港《かいこう》。**7・-** アフガニスタン、イギリスの保護領《ほごりょう》となる(〜一九一九年《ねん》)。**8・11** 朝鮮《ちょうせん》の修信使金弘集《しゅうしんしきんこうしゅう》ら、不平等条約改正《ふびょうどうじょうやくかいせい》を交渉《こうしょう》するも、日本《にほん》は拒否《きょひ》。**10・20** 琉球使臣《りゅうきゅうししん》、北京《ペキン》で抗議《こうぎ》の自殺《じさつ》。**11・17** 清《しん》・アメリカ、移民《いみん》・通商《つうしょう》についての条約《じょうやく》に調印《ちょういん》。

朝鮮　高宗 **17**

清　光緒 **6**

西暦	一八八一 ◀
年号・干支	一四 辛巳《かのとのみ》
太政大臣	
記事	【政治・経済】 1・14 警視庁《けいしちょう》を東京《とうきょう》に再置《さいち》。 1・- 参議大隈重信《さんぎおおくましげのぶ》・伊藤博文《いとうひろぶみ》・井上馨《いのうえかおる》ら、熱海《あたみ》で国会開設《こっかいかいせつ》問題《もんだい》・憲法《けんぽう》などを協議《きょうぎ》。 2・- 福岡《ふくおか》の向陽社《こうようしゃ》、玄洋社《げんようしゃ》と改称《かいしょう》。 3・11 憲兵条例《けんぺいじょうれい》を定《さだ》める(まず東京《とうきょう》に一隊《たい》を設置《せっち》し、他府県《たふけん》は追《お》って設置《せっち》)。内務省勧農局《ないむしょうかんのうきょく》、農談会《のうだんかい》を東京《とうきょう》の浅草本願寺《あさくさほんがんじ》で開催《かいさい》。 3・- 参議大隈重信《さんぎおおくましげのぶ》、国会開設《こっかいかいせつ》の意見書《いけんしょ》を左大臣有栖川宮熾仁親王《さだいじんありすがわのみやたるひとしんのう》に提出《ていしゅつ》(イギリス流《りゅう》の政党政治実現《せいとうせいじじつげん》、明治《めいじ》一六年《ねん》、国会開設《こっかいかいせつ》などを主張《しゅちょう》)。 4・5 大日本農会《だいにほんのうかい》設立《せつりつ》(農商務省発足後《のうしょうむしょうほっそくご》、同農務局《どうのうむきょく》の外郭団体《がいかくだんたい》となる)。 4・7 農商務省《のうしょうむしょう》を設置《せっち》(初代卿《しょだいきょう》河野敏鎌《こうのとがま》)。 4・25 交詢社《こうじゅんしゃ》、「私擬憲法案《しぎけんぽうあん》」を『交詢雑誌《こうじゅんざっし》』に発表《はっぴょう》。 5・19 陸軍戦時編制概則《りくぐんせんじへんせいがいそく》を定《さだ》める(軍団《ぐんだん》・師団《しだん》・独立師団《どくりつしだん》などの編制《へんせい》、諸官《しょかん》の職務《しょくむ》を規定《きてい》)。 5・- 立志社《りっししゃ》、「日本憲《にほんりん》法見込案《ぼうみこみあん》」を起草《きそう》。 6・8 秋田立志会《あきたりっしかい》の武力蜂起《ぶりょくほうき》・政府転覆計画発覚《せいふてんぷくけいかくはっかく》(秋田事件《あきたじけん》)。 7・5 右大臣岩倉具視《うだいじんいわくらともみ》、憲法起草《けんぽうきそう》に関《かん》する意見書《いけんしょ》(井上毅《いのうえこわし》起草《きそう》)を太政大臣《だじょうだいじん》・左大臣《さだいじん》に提出《ていしゅつ》。参議《さんぎ》伊藤博文《いとうひろぶみ》、大隈重信《おおくましげのぶ》と会見《かいけん》し大隈意見書《おおくまいけんしょ》を非難《ひなん》。 7・21 参議兼開拓長官黒田清隆《さんぎけんかいたくちょうかんくろだきよたか》、開拓使官有物《かいたくしかんゆうぶつ》の払下《はらいさ》げを太政大臣《だじょうだいじん》に申請《しんせい》(七月《がつ》三〇日《にち》、勅裁《ちょくさい》・八月一日《がつついたち》、政府認可《せいふにんか》)。 7・26 『東京横浜毎日新聞《とうきょうよこはままいにちしんぶん》』、社説《しゃせつ》「関西貿易商会《かんさいぼうえきしょうかい》ノ近状《きんじょう》」(～二八日《にち》)で開拓使払下《かいたくしはらいさ》げ問題《もんだい》を暴露《ばくろ》(開拓使官有物払下《かいたくしかんゆうぶつはらいさ》げ事件《じけん》)。 7・30 天皇《てんのう》、山形《やまがた》・秋田《あきた》・北海道巡幸《ほっかいどうじゅんこう》に出発《しゅっぱつ》(～一〇月《がつ》一一日《にち》)。 8・25 福地源一郎《ふくちげんいちろう》・沼間守一《ぬまもりかず》・肥塚竜《こいづかりゅう》ら、東京新富座《とうきょうしんとみざ》で開拓使払下《かいたくしはらいさ》げ反対《はんたい》の演説会《えんぜつかい》を開催《かいさい》。 8・- 植木枝盛《うえきえもり》、「日本国国憲案《にほんこくこっけんあん》」を起草《きそう》。 9・15 横浜連合生糸荷預所開業《よこはまれんごうきいとにあずかりしょかいぎょう》。 9・23 末広重恭《すえひろしげやす》・肥塚竜《こいづかりゅう》ら、板垣退助《いたがきたいすけ》を迎《むか》え、東京上野精養軒《とうきょううえのせいようけん》で懇談会開催《こんだんかいかいさい》。 10・1 国会期成同盟《こっかいきせいどうめい》出席《しゅっせき》のため上京《じょうきょう》した有志会合《ゆうしかいごう》で、期成同盟《きせいどうめい》と合体《がったい》した自由党組織《じゆうとうそしき》を決議《けつぎ》。 10・11 御前会議《ごぜんかいぎ》で、立憲政体《りっけんせいたい》に関《かん》する方針《ほうしん》、開拓使官有物払下《かいたくしかんゆうぶつはらいさ》げ中止《ちゅうし》、大隈重信《おおくましげのぶ》の参議罷免《さんぎひめん》な
朝鮮	18
清	7

西暦　一八八一 ◀ ▶

年号・干支　明治一四　辛巳《かのとのみ》

太政大臣　(三条実美)

記事

どを決定《けってい》(明治《めいじ》一四年《ねん》の政変《せいへん》)。**10・12**「明治《めいじ》二三年《ねん》ヲ期《き》シ議員《ぎいん》ヲ召《め》シ国会《こっかい》ヲ開《ひら》」く旨《むね》の詔勅《しょうちょく》を発《はっ》す。**10・13** 矢野文雄《やのふみお》・犬養毅《いぬかいつよし》・尾崎行雄《おざきゆきお》ら、大隈罷免《おおくまひめん》に反対《はんたい》し辞任《じにん》(以後《いご》、河野敏鎌《こうのとがま》・前島密《まえじまひそか》らも辞任《じにん》)。**10・18** 自由党結成会議《じゆうとうけっせいかいぎ》、東京浅草井生村楼《とうきょうあさくさいぶむらろう》で開会《かいかい》(一一月九日《がつか》、板垣退助《いたがきたいすけ》総理《そうり》就任《しゅうにん》を受諾《じゅだく》)。**10・21** 松方正義《まつかたまさよし》を参議兼大蔵卿《さんぎけんおおくらきょう》に任《にん》じる(参議《さんぎ》と諸省卿《しょしょうきょう》兼任《けんにん》の制《せい》を復《ふく》す)。太政官《だじょうかん》に参事院《さんじいん》を設置《せっち》。**11・1** 植木枝盛《うえきえもり》、酒税増税《しゅぜいぞうぜい》に反対《はんたい》して明治《めいじ》一五年《ねん》五月《がつ》一日《ついたち》に大阪《おおさか》で酒屋会議《さかやかいぎ》を開《ひら》く旨《むね》の檄文《げきぶん》を発表《はっぴょう》。**11・11** 日本鉄道会社設立《にほんてつどうがいしゃせつりつ》(資本金《しほんきん》二〇〇〇万円《えん》、社長吉井友実《しゃちょうよしいともざね》)。**12・17** 水産社設立《すいさんしゃせつりつ》(東京本郷春木町《とうきょうほんごうはるきちょう》・翌年《よくねん》一月《がつ》、大日本水産会設立《だいにほんすいさんかいせつりつ》)。**12・28** 陸軍刑法《りくぐんけいほう》・海軍刑法《かいぐんけいほう》を定《さだ》める(翌年《よくねん》一月一日《がつついたち》、施行《しこう》)。**12・-** 官営愛知紡績所開業《かんえいあいちぼうせきじょかいぎょう》。

この年《とし》 民権結社設立《みんけんけっしゃせつりつ》・憲法案《けんぽうあん》(私擬憲法《しぎけんぽう》)起草《きそう》が活発化《かっぱつか》。

【社会・文化】

1・4 又新社《ゆうしんしゃ》『山梨日日新聞《やまなしにちにちしんぶん》』創刊《そうかん》(『甲府日日新聞《こうふにちにちしんぶん》』改題《かいだい》)。**1・26** 東京神田松枝町《とうきょうかんだまつがえちょう》より出火《しゅっか》、日本橋《にほんばし》・本所《ほんじょ》・深川《ふかがわ》の三区《く》に延焼《えんしょう》(明治最大《めいじさいだい》の火災《かさい》)。**1・31** 小学校教員免許状授与方心得《しょうがっこうきょういんめんきょじょうじゅよかたこころえ》を定《さだ》める。**2・19** 共進社《きょうしんしゃ》『岐阜日日新聞《ぎふにちにちしんぶん》』創刊《そうかん》。**3・1** 第《だい》二回内国勧業博覧会《かいないこくかんぎょうはくらんかい》、上野公園《うえのこうえん》で開催《かいさい》(〜六月《がつ》三〇日《にち》)。**3・18** 東洋自由新聞社《とうようじゆうしんぶんしゃ》『東洋自由新聞《とうようじゆうしんぶん》』創刊《そうかん》。**3・-** 河竹黙阿弥《かわたけもくあみ》『天衣紛上野初花《くもにまごううえののはつはな》』、新富座《しんとみざ》で初演《しょえん》。**4・8** 三省堂創業《さんせいどうそうぎょう》。**4・16** 芝公園《しばこうえん》に能楽堂完成《のうがくどうかんせい》、舞台開《ぶたいびら》き。**5・4** 小学校教則綱領《しょうがっこうきょうそくこうりょう》を定《さだ》める(初等《しょとう》・中等《ちゅうとう》・高等科《こうとうか》に区分《くぶん》、修身重視《しゅうしんじゅうし》)。**5・26** 東京職工学校設立《とうきょうしょっこうがっこうせつりつ》(明治《めいじ》二三年《ねん》、東京工業学校《とうきょうこうぎょうがっこう》と改称《かいしょう》)。**5・-** 宮島誠一郎編《みやじませいいちろうへん》『国憲編纂起原《こっけんへんさんきげん》』成《な》る。**五月頃《がつごろ》** 伊達宗城《だてむねなり》・松平慶永《まつだいらよしなが》・池田茂政《いけだもちまさ》ら編纂《へんさん》『徳川礼典録《とくがわれいてんろく》』成《な》る。**6・7** 信濃新聞社《しなのしんぶんしゃ》『信濃毎日新聞《しなのまいにちしんぶん》』創刊《そうかん》(『信濃日報《しなのにっぽう》』『信濃毎日新報《しなのまいにちしんぽう》』合併改題《がっぺいかいだい》)。**6・9** 越佐新聞社《えっさしんぶんしゃ》『越佐毎日新聞《えっさまいにちしんぶん》』創刊《そうかん》。**6・15** 東京大学職制《とうきょうだいがくしょくせい》を改《あらた》める(総理《そうり》を設置《せっち》し、法《ほう》・理《り》・文《ぶん》の三学部《がくぶ》と医《い》

朝鮮　高宗 18

清　光緒 7

西暦

年号・干支

太政大臣

記事

学部《がくぶ》を統括《とうかつ》・七月《がつ》六日《か》、加藤弘之《かとうひろゆき》を総理《そうり》に任《にん》じる）。**6・18** 小学校教員心得《しょうがっこうきょういんこころえ》を定《さだ》める。**6・20** 文部省《もんぶしょう》、教育会設立《きょういくかいせつりつ》の際《さい》は伺《うかが》い出《だ》させ、開催状況《かいさいじょうきょう》を報告《ほうこく》するように府県《ふけん》に指示《しじ》。**7・1** 忠愛社《ちゅうあいしゃ》『明治日報《めいじにっぽう》』創刊《そうかん》。**7・20** 京都全能社《きょうとぜんのうしゃ》『聖教雑誌《せいきょうざっし》』創刊《そうかん》。**7・21** 学校教員品行検定規則《がっこうきょういんひんこうけんていきそく》を定《さだ》める。**8・3** 海軍機関学校設置《かいぐんきかんがっこうせっち》。**8・-** 開拓使払下《かいたくしはらいさ》げを批判《ひはん》した新聞《しんぶん》・雑誌《ざっし》を発行停止《はっこうていし》とする。**9・11** 東京物理学講習所《とうきょうぶつりがくこうしゅうじょ》を設立《せつりつ》（後《のち》の東京理科大学《とうきょうりかだいがく》）。**9・-** 福沢諭吉《ふくざわゆきち》『時事小言《じじしょうげん》』刊《かん》。**10・-** 東洋学芸社《とうようがくげいしゃ》『東洋学芸雑誌《とうようがくげいざっし》』創刊《そうかん》。**11・22** 内務省《ないむしょう》、加藤弘之《かとうひろゆき》の絶版届《ぜっぱんとどけ》により、『真政大意《しんせいたいい》』『国体新論《こくたいしんろん》』を販売禁止《はんばいきんし》。**12・14** 土陽新聞社《どようしんぶんしゃ》『土陽新聞《どようしんぶん》』創刊《そうかん》。**12・28** 文部省《もんぶしょう》、学校施設《がっこうしせつ》を各種集会《かくしゅしゅうかい》に使用《しよう》することを禁《きん》じる。**この年**《とし》 ハーバート＝スペンサー著《ちょ》・松島剛訳《まつしまごうやく》『社会平権論《しゃかいびょうけんろん》』刊《かん》（～明治《めいじ》一六年《ねん》）。近藤瓶城編《こんどうへいじょうへん》『史籍集覧《しせきしゅうらん》』刊《かん》（～明治《めいじ》一八年《ねん》）。

【死没】**1・15** 阪谷朗盧《さかたにろうろ》（60、儒学《じゅがく》）。**2・13** 中村仲蔵《なかむらなかぞう》（大阪系《おおさかけい》四代《だい》）（65、歌舞伎役者《かぶきやくしゃ》）。**2・25** 島村鼎甫《しまむらていほ》（52、医学《いがく》）。**3・26** 鈴木徳次郎《すずきとくじろう》（55、人力車発明者《じんりきしゃはつめいしゃ》）。**5・3** 川上冬崖《かわかみとうがい》（55、洋画家《ようがか》）。**5・20** 梅沢孫太郎《うめざわまごたろう》（65、常陸水戸藩士《ひたちみとはんし》）。**5・26** 斎藤利行《さいとうとしゆき》（60、官僚《かんりょう》）。**5・28** 高畠式部《たかばたけしきぶ》（97、歌人《かじん》）。**6・4** 下国安芸《しもぐにあき》（73、蝦夷松前藩士《えぞまつまえはんし》）。**6・28** 瀬川如皐《せがわじょこう》（三代《だい》）（76、歌舞伎狂言役者《かぶききょうげんやくしゃ》）。**8・9** 清水喜助《しみずきすけ》（67、建設業者《けんせつぎょうしゃ》）。**8・16** 三遊亭円生《さんゆうていえんしょう》（三代《だい》）（43、落語家《らくごか》）。**8・18** 内山七郎右衛門《うちやましちろうえもん》（75、経世家《けいせいか》）。**10・2** 北原稲雄《きたはらいなお》（57、国学《こくがく》）。**10・8** 江木鰐水《えぎがくすい》（72、儒学《じゅがく》）。**10・11** 若江秋蘭《わかえしゅうらん》（47、漢学《かんがく》）。**11・7** 田中久重《たなかひさしげ》（初代《しょだい》）（83、発明家《はつめいか》）。**12・2** 榊原芳野《さかきばらよしの》（50、国学《こくがく》）。**12・30** 野沢吉兵衛《のざわきちべえ》（四代《だい》）（52、浄瑠璃三味線方《じょうるりしゃみせんかた》）。

〖世界〗

2・7 フェルディナン＝レセップス、パナマ運河建設工事開始《うんがけんせつこうじかいし》。**2・24** 清《しん》・ロシア、イリ条《じょう》

朝鮮

清

西暦	年号・干支	太政大臣	記事	朝鮮	清
▶一八八一	明治一四 辛巳《かのとのみ》	(三条実美)	約《やく》を改訂調印《かいていちょういん》(ペテルブルグ条約《じょうやく》)。**3・13** ロシアのアレクサンドル二世《せい》、「人民《じんみん》の意志《いし》」派《は》テロリストに暗殺《あんさつ》される。**3・25** 慶尚道《けいしょうどう》の儒者《じゅしゃ》李晩孫《りばんそん》、「嶺南万人疏《れいなんばんじんそ》」を呈《てい》し、これを機《き》に朝鮮《ちょうせん》で排日論昂揚《はいにちろんこうよう》。**5・12** フランス・テュニジア、バルドー条約《じょうやく》に調印《ちょういん》・フランス、テュニジアを保護領《ほごりょう》とする。**5・24** 朝鮮《ちょうせん》、朴定陽《ぼくていよう》らの紳士遊覧団《しんしゆうらんだん》、政治文物視察《せいじぶんぶつしさつ》のため訪日《ほうにち》。**6・2** オイレンブルグ没《ぼつ》(65、プロシア全権使節《ぜんけんしせつ》)。**6・8** イギリスで民主連盟結成《みんしゅれんめいけっせい》(のちの社会民主連盟《しゃかいみんしゅれんめい》)。**6・18** ビスマルクの主導下《しゅどうか》に、ドイツ・オーストリア・ロシア三帝《さんてい》同盟成立《どうめいせいりつ》。**6・-** スーダン、マフディー運動《うんどう》が盛《さか》んとなる。**7・2** アメリカ大統領《だいとうりょう》ガーフィールド、狙撃《そげき》され重傷《じゅうしょう》(九月《がつ》一九日《にち》死去《しきょ》)。**8・22** イギリス、第《だい》二次《じ》アイルランド土地《とち》法《ほう》が議会《ぎかい》を通過《つうか》。**9・9** エジプト、軍人《ぐんじん》アラービー指揮下《しきか》の軍隊《ぐんたい》、英仏批判《えいふつひはん》・憲法要求《けんぽうようきゅう》の蜂起勃発《ほうきぼっぱつ》(アラービー＝パシャの反乱《はんらん》)。**10・5** 広東《カントン》で生糸労働者《きいとろうどうしゃ》の騒擾《そうじょう》。**12・1** 天津《てんしん》—上海《シャンハイ》間《かん》の電信完成《でんしんかんせい》。**この年《とし》** スウェーデン社会民主協会設立《しゃかいみんしゅきょうかいせつりつ》。	高宗 18	光緒 7
◀一八八二	一五 壬午《みずのえうま》		【政治・経済】 **1・4** 軍人勅諭《ぐんじんちょくゆ》を陸軍卿大山巌《りくぐんきょうおおやまいわお》に授《さず》ける。**1・25** 条約改正《じょうやくかいせい》に関《かん》する第《だい》一回各国連合《かいかっこくれんごう》予《よ》議会《ぎかい》を外務省《がいむしょう》で開催《かいさい》(議長井上外務卿《ぎちょういのうえがいむきょう》・七月《がつ》二七日《にち》、閉会《へいかい》)。**2・8** 開拓使《かいたくし》を廃《はい》し、札幌《さっぽろ》・函館《はこだて》・根室《ねむろ》の三県《けん》を設置《せっち》。**2・12** 矢野文雄《やのふみお》・尾崎行雄《おざきゆきお》・犬養毅《いぬかいつよし》ら、東洋議政会結成《とうようぎせいかいけっせい》。**3・3** 憲法調査《けんぽうちょうさ》のため、伊藤博文《いとうひろぶみ》らにヨーロッパ出張《しゅっちょう》を命《めい》じる(三月《がつ》一四日《か》出発《しゅっぱつ》、翌年《よくねん》八月《がつ》三日《か》帰国《きこく》)。**3・12** 熊本《くまもと》で九州改進党結成《きゅうしゅうかいしんとうけっせい》。**3・14** 河野敏鎌《こうのとがま》・前島密《まえじまひそか》・小野梓《おのあずさ》ら、「立憲改進党趣意書《りっけんかいしんとうしゅいしょ》」を発表《はっぴょう》(四月《がつ》一六日《にち》、結党式《けっとうしき》・大隈重信《おおくましげのぶ》を総理《そうり》とする)。**3・18** 福地源一郎《ふくちげんいちろう》・水野《みずの》寅次郎《とらじろう》・丸山作楽《まるやまさくら》ら、立憲帝政党結党《りっけんていせいとうけっとう》、党議綱領《とうぎこうりょう》を発表《はっぴょう》。**4・6** 自由党総理板垣退助《じゆうとうそうりいたがきたいすけ》、岐《ぎ》	19	8

西暦	
年号・干支	
太政大臣	
記事	阜《ふ》で遊説中《ゆうぜいちゅう》に襲《おそ》われ負傷《ふしょう》。**4・26** 大阪府知事《おおさかふちじ》、五月一日開催予定《がっついたちかいさいよてい》の酒屋会議禁止《さかやかいぎきんし》を告示《こくじ》。**5・3** 渋沢栄一《しぶさわえいいち》ら、大阪紡績会社設立《おおさかぼうせきがいしゃせつりつ》。**5・10** 京都中村楼《きょうとなかむらろう》で酒屋会議《さかやかいぎ》(六月《がつ》二六日《にち》、元老院《げんろういん》に酒税減額建白書《しゅぜいげんがくけんぱくしょ》を提出《ていしゅつ》)。**5・12** 福島県会《ふくしまけんかい》、県令三島通庸《けんれいみしまみちつね》の道路工事強行《どうろこうじきょうこう》に反対《はんたい》して地方議案《ちほうぎあん》を否決《ひけつ》。**5・25** 樽井藤吉《たるいとうきち》ら、長崎県島原《ながさきけんしまばら》で東洋社会党結成《とうようしゃかいとうけっせい》(七月七日《がつか》、結社禁止《けっしゃきんし》、解散《かいさん》)。**6・3** 集会条例《しゅうかいじょうれい》を改正《かいせい》(地方長官《ちほうちょうかん》に一年以内《ねんいない》の演説禁止権《えんぜつきんしけん》を、内務卿《ないむきょう》に結社集会禁止権《けっしゃしゅうかいきんしけん》を与《あた》え、支社《ししゃ》の設置《せっち》・他社《たしゃ》との連絡《れんらく》を禁止《きんし》)。**6・25** 東京馬車鉄道《とうきょうばしゃてつどう》、新橋《しんばし》—日本橋《にほんばし》間《かん》に開通《かいつう》。**6・27** 日本銀行条例《にほんぎんこうじょうれい》を定《さだ》める。**7・23** 漢城《かんじょう》(現《げん》ソウル)で朝鮮兵反乱《ちょうせんへいはんらん》、日本公使館《にほんこうしかん》を襲撃《しゅうげき》(壬午事変《じんごじへん》)。**8・5** 戒厳令《かいげんれい》を定《さだ》める。徴発令《ちょうはつれい》を定《さだ》める(戦時《せんじ》・事変《じへん》に際《さい》する軍需賦課《ぐんじゅふか》・徴発法《ちょうはつほう》を規定《きてい》)。**8・16** 花房義質公使《はなぶさよしもとこうし》、二個《こ》中隊《ちゅうたい》を率《ひき》い漢城《かんじょう》に入《はい》る(二〇日《か》、朝鮮国王《ちょうせんこくおう》に謁見《えっけん》)。**8・28** 伊藤博文《いとうひろぶみ》、ポツダムでドイツ皇帝《こうてい》ヴィルヘルム一世《せい》に謁見《えっけん》・皇帝《こうてい》、日本《にほん》の急進的《きゅうしんてき》すぎる改革《かいかく》に懸念《けねん》を表明《ひょうめい》。**8・30** 朝鮮《ちょうせん》と済物浦条約《さいもっぽじょうやく》に調印《ちょういん》。**9・9** 『東京横浜毎日新聞《とうきょうよこはままいにちしんぶん》』、板垣《いたがき》の外遊《がいゆう》を非難《ひなん》。**10・24** 『自由新聞《じゆうしんぶん》』、改進党《かいしんとう》と三菱会社《みつびしがいしゃ》の関係《かんけい》について攻撃《こうげき》。**10・1** 紡績連合会設立《ぼうせきれんごうかいせつりつ》(官営愛知紡績所所長岡田令高《かんえいあいちぼうせきじょしょちょうおかだれいこう》の提唱《ていしょう》)。**11・11** 板垣退助《いたがきたいすけ》・後藤象二郎《ごとうしょうじろう》、渡欧《とおう》(明治《めいじ》一六年《ねん》六月《がつ》二二日《にち》、帰国《きこく》)。**11・24** 地方長官《ちほうちょうかん》に軍備拡張《ぐんびかくちょう》・増税《ぞうぜい》に就《つ》き勅諭《ちょくゆ》を下《くだ》す。**11・28** 会津自由党員《あいづじゆうとういん》をふくむ南会津郡農民《みなみあいづぐんのうみん》ら数《すう》千人《にん》、警官隊《けいかんたい》と衝突《しょうとつ》(弾正原事件《だんじょうがはらじけん》)。**12・1** 福島県自由党幹部河野広中《ふくしまけんじゆうとうかんぶこうのひろなか》ら、政府転覆《せいふてんぷく》の盟約作成容疑《めいやくさくせいようぎ》で逮捕《たいほ》(福島事件《ふくしまじけん》)。**12・7** 右大臣岩倉具視《うだいじんいわくらともみ》、府県会中止《ふけんかいちゅうし》の意見書《いけんしょ》を提出《ていしゅつ》。奥宮健之《おくのみやけんし》ら、「車会党《しゃかいとう》規則《きそく》」を発表《はっぴょう》(明治《めいじ》一六年《ねん》九月《がつ》二四日《か》、結社禁止《けっしゃきんし》)。**12・12** 請願規則《せいがんきそく》を定《さだ》める。**12・25** 大阪商船会社設立《おおさかしょうせんがいしゃせつりつ》を許可《きょか》(明治《めいじ》一七年《ねん》五月一日《がっついたち》、開業《かいぎょう》)。**12・28** 府県会議員《ふけんかいぎいん》の会議事項《かいぎじこう》についての連合集会《れんごうしゅうかい》・往復通信《おうふくつうしん》を禁《きん》じる。
朝鮮	
清	

西暦	一八八二 ◀▶
年号・干支	明治一五 壬午《みずのえうま》
太政大臣	(三条実美)
記事	【社会・文化】 **1・9** 公道社《こうどうしゃ》『深山自由新聞《みやまじゆうしんぶん》』創刊《そうかん》。 **1・-** 『東京日日新聞《とうきようにちにちしんぶん》』と『東京横浜毎日新聞《とうきようよこはままいにちしんぶん》』との間《あいだ》で主権論争《しゆけんろんそう》。此花新聞申報社《このはなしんぶんしんぽうしゃ》『此花新聞《このはなしんぶん》』創刊《そうかん》(『畿内申報《きないしんぽう》』改題《かいだい》)。 **2・1** 立憲政党《りつけんせいとう》『日本立憲政党新聞《にほんりつけんせいとうしんぶん》』創刊《そうかん》。 **2・10** 『鹿児島新聞《かごしましんぶん》』創刊《そうかん》。 **2・20** 仏学塾《ふつがくじゆく》『政理叢談《せいりそうだん》』創刊《そうかん》。 **2・21** 松方正義《まつかたまさよし》『府県地租改正紀要《ふけんちそかいせいきよう》』成《な》る。 **3・1** 慶応義塾《けいおうぎじゆく》出版社《しゆつぱんしゃ》『時事新報《じじしんぽう》』創刊《そうかん》。共行社《きようこうしゃ》『東洋新報《とうようしんぽう》』刊《かん》。 **3・10** ルソー著《ちよ》・中江兆民訳《なかえちようみんやく》『民約訳解《みんやくやつかい》』、雑誌《ざつし》『政理叢談《せいりそうだん》』に連載《れんさい》(〜明治《めいじ》一六年《ねん》九月《がつ》五日《か》)。 **3・20** 上野博物館開館《うえのはくぶつかんかいかん》(後《のち》の東京帝室博物館《とうきようていしつはくぶつかん》)・上野公園内《うえのこうえんない》の動物園開園《どうぶつえんかいえん》。 **4・1** 東京商船学校《とうきようしようせんがつこう》三菱商船学校《みつびししようせんがつこう》、官立《かんりつ》(農商務省所管《のうしようむしようしよかん》、明治《めいじ》一八年《ねん》一二月逓信省《がつていしんしよう》に移管《いかん》)となり、東京商船学校《とうきようしようせんがつこう》と改称《かいしよう》。 **4・4** 大東日報社仮局《だいとうにつぽうしゃかりきよく》『大東日報《だいとうにつぽう》』創刊《そうかん》。 **4・14** 群馬県《ぐんまけん》、県下《けんか》の遊廓《ゆうかく》を明治《めいじ》二一年《ねん》六月限《がつかぎ》り廃止《はいし》すべき旨《むね》を布達《ふたつ》(のちに延期《えんき》)。 **4・30** 神宮神官子弟《じんぐうしんかんしてい》の皇学研修《こうがくけんしゆう》のため、神宮皇学館設立《じんぐうこうがくかんせつりつ》。 **5・1** 山陰新聞社《さんいんしんぶんしゃ》『山陰新聞《さんいんしんぶん》』創刊《そうかん》。共詢社《きようじゆんしゃ》『自由新誌《じゆうしんし》』創刊《そうかん》。 **5・15** 神道事務局《しんとうじむきよく》より神道諸派《しんとうしよは》が独立《どくりつ》。 **5・29** 東京芝《とうきようしば》・神田《かんだ》にコレラ発生《はつせい》、晩秋《ばんしゆう》にかけて流行《りゆうこう》、死者《ししゃ》五〇〇〇人《にん》を超《こ》す。 **5・30** 高知自由新聞社《こうちじゆうしんぶんしゃ》『高知自由新聞《こうちじゆうしんぶん》』創刊《そうかん》。 **6・5** 嘉納治五郎《かのうじごろう》、東京下谷《とうきようしたや》に柔道道場《じゆうどうどうじよう》開設《かいせつ》(講道館《こうどうかん》のおこり)。 **6・25** 自由党《じゆうとう》、板垣退助《いたがきたいすけ》ら『自由新聞《じゆうしんぶん》』創刊《そうかん》。 **7・25** 無名館《むめいかん》『福島自由新聞《ふくしまじゆうしんぶん》』創刊《そうかん》。 **7・29** 日新社《につしんしゃ》『新潟日々新聞《にいがたにちにちしんぶん》』創刊《そうかん》。 **8・-** 外山正一《とやままさかず》・矢田部良吉《やたべりようきち》・井上哲治郎《いのうえてつじろう》『新体詩抄《しんたいししよう》』刊《かん》。 **9・1** 絵入自由新聞社《えいりじゆうしんぶんしゃ》『絵入自由新聞《えいりじゆうしんぶん》』創刊《そうかん》。 **9・14** 東海新聞社《とうかいしんぶんしゃ》『東海新聞《とうかいしんぶん》』創刊《そうかん》。 **10・21** 東京専門学校開校《とうきようせんもんがつこうかいこう》(後《のち》の早稲田大学《わせだだいがく》)。 **10・-** 加藤弘之《かとうひろゆき》『人権新説《じんけんしんせつ》』刊《かん》。 **12・3** 天皇《てんのう》、『幼学綱要《ようがくこうよう》』を地方長官《ちほうちようかん》らに下付《かふ》。 **この年** 青江秀《あおえしゆう》『駅逓志稿《えきていしこう》』刊《かん》。岡千仭《おかせんじん》『尊攘紀事《そんじようきじ》』発行《はつこう》。野中準《のなかじゆん》ら撰述《せんじゆつ》『大日本租税志《だいにほんそぜいし》』刊《かん》(〜明治《めいじ》一八年《ねん》)。黒川真頼《くろかわまより》『考古画譜《こうこがふ》』刊《かん》(〜明治《めいじ》三四年《ねん》)。政府《せいふ》『日本帝国統計年鑑《にほんていこくとうけいねんかん》』創刊《そうかん》。 **この年以降毎年《としいこうまいとし》** 大《おお》
朝鮮	高宗 19
清	光緒 8

西暦

年号・干支

太政大臣

記事

蔵省《くらしょう》『大日本外国貿易年表《だいにほんがいこくぼうえきねんぴょう》』刊《かん》。

【死没】

1・12 大村純熙《おおむらすみひろ》（58、肥前大村藩主《ひぜんおおむらはんしゅ》）。2・19 岩井半四郎《いわいはんしろう》（八代《だい》）（54、歌舞伎役者《かぶきやくしゃ》）。3・13 佐野増蔵《さのますぞう》（73、因幡鳥取藩役人《いなばとっとりはんやくにん》）。3・29 内田五観《うちだいつみ》（78、和算家《わさんか》）。6・1 羽田野敬雄《はたのたかお》（85、国学《こくがく》）。6・18 デュ＝ブスケ（45、御雇外国人《おやといがいこくじん》）。7・6 松田道之《まつだみちゆき》（44、官僚《かんりょう》）。7・23 佐藤尚中《さとうしょうちゅう》（56、順天堂《じゅんてんどう》二代《だい》目《め》）。8・9 大島友之允《おおしまとものじょう》（57、対馬府中藩士《つしまふちゅうはんし》）。8・13 中村直三《なかむらなおぞう》（64、明治三老農《めいじさんろうのう》）。8・21 蜷川式胤《にながわのりたね》（48、考古家《こうこか》）。10・5 鷲津宣光《わしづのぶみつ》（58、漢学《かんがく》）。11・24 芳村伊三郎《よしむらいさぶろう》（五代《だい》）（51、長唄唄方《ながうたうたかた》）。12・1 松平定安《まつだいらさだやす》（48、出雲松江藩主《いずもまつえはんしゅ》）。12・4 和田一真《わだいっしん》（69、装剣金工家《そうけんきんこうか》）。12・9 佐田介石《さだかいせき》（65、国粋主義者《こくすいしゅぎしゃ》）。**この頃《ころ》** 花沢伊左衛門《はなざわいざえもん》（三代《だい》）（浄瑠璃三味線方《じょうるりしゃみせんかた》）。

〖世界〗

1・8 イギリス・フランス、エジプトへの積極干渉《せっきょくかんしょう》を通告《つうこく》した「ガンベッタ覚書《おぼえがき》」を発表《はっぴょう》。1・- アメリカでスタンダード石油《せきゆ》トラスト成立《せいりつ》。2・2 エジプト国民党内閣成立《こくみんとうないかくせいりつ》（七日《か》、憲法制定《けんぽうせいてい》）。4・17 フォンタネージ没《ぼつ》（64、イタリアの画家《がか》）。4・25 フランス軍《ぐん》、ハノイを占領《せんりょう》。5・6 アメリカ、中国人移民制限法案《ちゅうごくじんいみんせいげんほうあん》、議会《ぎかい》を通過《つうか》。5・20 ビスマルクの主導下《しゅどうか》、ドイツ・オーストリア・イタリアの三国同盟成立《さんごくどうめいせいりつ》。5・22 朝鮮《ちょうせん》・アメリカ、修好通商条約《しゅうこうつうしょうじょうやく》に調印《ちょういん》（六月《がつ》六日《か》、朝鮮《ちょうせん》・イギリス間《かん》、六月《がつ》三〇日《にち》、朝鮮《ちょうせん》・ドイツ間《かん》で修好条約調印《しゅうこうじょうやくちょういん》）。5・25 イギリス政府《せいふ》、エジプト国民党政府解任《こくみんとうせいふかいにん》を要求《ようきゅう》する最後通牒《さいごつうちょう》。7・11 イギリス艦隊《かんたい》、アレクサンドリアを砲撃《ほうげき》。7・23 朝鮮《ちょうせん》、壬午事変《じんごじへん》おこる。7・26 上海英米租界《シャンハイえいべいそかい》の電灯公司《でんとうコンス》、送電開始《そうでんかいし》。8・10 清《しん》、軍艦《ぐんかん》を朝鮮仁川《ちょうせんじんせん》に派遣《はけん》。9・1 オーストリアの民族主義者《みんぞくしゅぎしゃ》ら、「リンツ綱領《こうりょう》」発表《はっぴょう》。9・13 エジプト、アラービー＝パシャ軍《ぐん》イギリス軍《ぐん》に敗北《はいぼく》（一四

朝鮮

清

西暦	年号・干支	太政大臣	記事	朝鮮	清
一八八二 ▶	明治一五 壬午《みずのえうま》	(三条実美)	日《か》、アラービー降伏《こうふく》)。**9・-** 仁川《じんせん》を開港《かいこう》。**10・1** 清《しん》・朝鮮《ちょうせん》、商民水陸貿易章程《しょうみんすいりくぼうえきしょうてい》に調印《ちょういん》。**10・9** 袁世凱《えんせいがい》、清軍《しんぐん》を漢城《かんじょう》に駐屯《ちゅうとん》させる。**10・21** スミス没《ぼつ》(68、米国務相《べいこくむしょう》・日本外務省法《にほんがいむしょうほう》律顧問《りつこもん》)。	高宗 19	光緒 8
一八八三 ◀	一六 癸未《みずのとひつじ》		【政治・経済】**1・1** 郵便条例《ゆうびんじょうれい》を施行《しこう》。共同運輸会社開業《きょうどううんゆがいしゃかいぎょう》。**1・23** 府県《ふけん》に兵事課《へいじか》を設置《せっち》。**2・2** 鳩山《はとやま》和夫《かずお》ら全国《ぜんこく》の改進党系府県会議員《かいしんとうけいふけんかいぎいん》、日本同志者懇親会《にほんどうししゃこんしんかい》を開催《かいさい》(三日《か》、禁止命令《きんしめいれい》)。**2・21** 郡《ぐん》区長《くちょう》の給料《きゅうりょう》・旅費《りょひ》を、明治《めいじ》一六年度《ねんど》より国庫支弁《こっこしべん》と定《さだ》める。**3・15** 大阪《おおさか》の立憲政党《りっけんせいとう》、集《しゅう》会条例《かいじょうれい》の拘束《こうそく》を脱《だつ》するために解党《かいとう》を決議《けつぎ》。**3・20** 北陸地方《ほくりくちほう》の自由党員赤井景韶《じゆうとういんあかいかげあき》ら二六人《にん》、大臣暗殺《だいじんあんさつ》・内乱陰謀容疑《ないらんいんぼうようぎ》で逮捕《たいほ》(高田事件《たかだじけん》)。**4・16** 新聞紙条例《しんぶんしじょうれい》を改正《かいせい》(言論取締《げんろんとりしまり》を一層強《いっそうきょう》化《か》)。**4・23** 自由党大会《じゆうとうたいかい》で改進党攻撃《かいしんとうこうげき》を決議《けつぎ》(五〜六月《がつ》、偽党撲滅演説会《ぎとうぼくめつえんぜつかい》を開催《かいさい》)。**4・-** 紡《ぼう》績連合会《せきれんごうかい》、職工争奪防止規則《しょっこうそうだつぼうしきそく》を定《さだ》める。**5・5** 国立銀行条例《こくりつぎんこうじょうれい》を改正《かいせい》(各銀行発行紙幣《かくぎんこうはっこうしへい》の償《しょう》却《きゃく》を命《めい》じ、営業期間《えいぎょうきかん》を免許後《めんきょご》二〇年《ねん》とし、満期後《まんきご》、私立銀行《しりつぎんこう》として継続《けいぞく》を許可《きょか》)。**5・22** 各庁《かくちょう》の達《たつし》・告示《こくじ》は『官報《かんぽう》』登載《とうさい》をもって公式《こうしき》とする。**6・29** 改正出版条例《かいせいしゅっぱんじょうれい》を定《さだ》める(発行《はっこう》一〇日《か》前《まえ》に内容届出《ないようとどけで》などを規定《きてい》)。**7・28** 日本鉄道会社《にほんてつどうがいしゃ》、上野《うえの》―熊谷間仮開業《くまがやかんかりかいぎょう》(明治《めいじ》一七年《ねん》五月一日《がつついたち》、高崎《たかさき》まで開通《かいつう》)。**8・3** 伊藤博文《いとうひろぶみ》ら、憲法調査《けんぽうちょうさ》を終《お》え帰国《きこく》。**9・24** 立憲帝政《りっけんていせい》党《とう》、解散《かいさん》を公告《こうこく》。**11・16** 自由党臨時大会《じゆうとうりんじたいかい》、東京《とうきょう》で開催《かいさい》・一〇万円《えん》の資金募集《しきんぼしゅう》を決議《けつぎ》。**12・11** イギリス外相《がいしょう》、条約改正《じょうやくかいせい》に関《かん》する覚書《おぼえがき》を森有礼公使《もりありのりこうし》に送《おく》る(内地開放《ないちかいほう》を条件《じょうけん》に関税《かんぜい》自主権《じしゅけん》を認《みと》めるなど)。**12・12** 山県有朋《やまがたありとも》を内務卿《ないむきょう》に任《にん》じる。**12・18** 海軍志願兵徴募規則《かいぐんしがんへいちょうぼきそく》を定《さだ》める。**12・28** 徴兵令《ちょうへいれい》を改正《かいせい》(兵役年数《へいえきねんすう》を現役《げんえき》三年《ねん》・予備役《よびえき》四年《ねん》・後備役《こうびえき》五年《ねん》の計《けい》一二年《ねん》に	20	9

西暦	
年号・干支	
太政大臣	

記事

延長《えんちょう》、志願兵制創設《しがんへいせいそうせつ》、代人料制廃止《だいにんりょうせいはいし》など)。

【社会・文化】

1・22 朝野新聞社《ちょうやしんぶんしゃ》『絵入朝野新聞《えいりちょうやしんぶん》』創刊《そうかん》。4・1 高田新聞社《たかだしんぶんしゃ》『高田新聞《たかだしんぶん》』創刊《そうかん》。4・11 文部省《もんぶしょう》、農学校通則《のうがっこうつうそく》を定《さだ》める。4・13 九春社《きゅうしゅんしゃ》『吾妻新誌《あずましんし》』創刊《そうかん》。6・28 山陰隔日新報社《さんいんかくじつしんぽうしゃ》『山陰隔日新報《さんいんかくじつしんぽう》』創刊《そうかん》。7・1 かな文字運動団体《もじうんどうだんたい》、合同《ごうどう》して「かなのくわい」結成《りっせい》。7・2 『官報《かんぽう》』創刊《そうかん》。7・31 文部省《もんぶしょう》、教科書採択《きょうかしょさいたく》の許可制《きょかせい》を実施《じっし》。7・- 太政官商法編纂局《だじょうかんしょうほうへんさんきょく》『商事慣例類集《しょうじかんれいるいしゅう》』第《だい》一編刊《べんかん》(~明治《めいじ》一七年《ねん》)。8・- 小室信介《こむろしんすけ》編《へん》『東洋民権百家伝《とうようみんけんひゃっかでん》』初帙成《しょちつな》る(翌年第《よくねんだい》二・三帙成《ちつな》り、以後中絶《いごちゅうぜつ》)。9・9 大日本教育会創立《だいにほんきょういくかいそうりつ》。9・21 三池炭坑《みいけたんこう》で就労中《しゅうろうちゅう》の囚徒《しゅうと》が暴動《ぼうどう》。9・24 高島炭坑坑夫暴動《たかしまたんこうこうふぼうどう》(死者《ししゃ》七人《にん》)。9・- 東京英学校《とうきょうえいがっこう》、東京英和学校《とうきょうえいわがっこう》と改称《かいしょう》・開校《かいこう》(後《のち》の青山学院《あおやまがくいん》)。10・15 独逸学協会《ドイツがくきょうかい》『独逸学協会雑誌《ドイツがくきょうかいざっし》』創刊《そうかん》。11・28 鹿鳴館《ろくめいかん》、東京麴町内山下町《とうきょうこうじまちうちやましたちょう》に完成《かんせい》し開館式《かいかんしき》。**この年《とし》** 太政官参事院《だじょうかんさんじいん》、『維新以来町村沿革《いしんいらいちょうそんえんかく》』を編集《へんしゅう》。遠藤芳樹《えんどうよしき》、『大坂商業習慣録《おおさかしょうぎょうしゅうかんろく》』を編纂《へんさん》。広瀬淡窓《ひろせたんそう》著《ちょ》、広瀬青邨《ひろせせいそん》編《へん》『淡窓詩話《たんそうしわ》』刊《かん》。大蔵省記録局《おおくらしょうきろくきょく》『徳川理財会要《とくがわりざいかいよう》』成《な》る。矢野竜渓《やのりゅうけい》『経国美談《けいこくびだん》』前篇刊《ぜんぺんかん》(~明治《めいじ》一七年《ねん》)。

【死没】

1・2 物集高世《もずめたかよ》(67、国学《こくがく》)。1・26 鶴賀新内《つるがしんない》(四代《だい》)(60、新内節語《しんないぶしかた》り手《て》)。2・6 高井鴻山《たかいこうざん》(78、豪農《ごうのう》)。3・18 楠本端山《くすもとたんざん》(56、儒学《じゅがく》)。3・30 戸田忠至《とだただゆき》(75、下野高徳藩主《しもつけたかとくはんしゅ》)。5・6 古川躬行《ふるかわみゆき》(74、国学《こくがく》)。6・4 清水六兵衛《きよみずろくべえ》(三代《だい》)(62、陶家《とうか》)。7・16 笠原研寿《かさはらけんじゅ》(32、仏教学《ぶっきょうがく》)。7・20 岩倉具視《いわくらともみ》(59、政治家《せいじか》)。8・1 徳川慶勝《とくがわよしかつ》(60、尾張名古屋藩主《おわりなごやはんしゅ》)。9・19 中野梧一《なかのごいち》(42、実業家《じつぎょうか》)。9・20 梶常吉《かじつねきち》(81、七宝職人《しっぽうしょくにん》)。10・10 川手文治郎《かわてぶんじろう》(70、金光教教祖《こんこうきょうきょうそ》)。11・5 徳大寺公純《とくだいじきんいと》(63、公家《くげ》)。11・12 天璋院《てんしょういん》(48、徳川家定御台所《とくがわいえさだみだいどころ》)。11・15 岸良兼養《きしらけんよう》(47、司法官《しほうかん》)。11・29 田《た》

朝鮮	
清	

西暦	年号・干支	太政大臣	記事	朝鮮	清
一八八三 ▶	明治一六 癸未《みずのとひつじ》	（三条実美）	母野秀顕《ものひであき》（35、自由民権家《じゆうみんけんか》）。12・27 得能良介《とくのうりょうすけ》（59、大蔵省技監《おおくらしょうぎかん》）。12・28 嶺田楓江《みねたふうこう》（67、民間《みんかん》教育家《きょういくか》）。 〖世界〗 2・26 プリューイン没《ぼつ》（68、駐日米弁理公使《ちゅうにちべいべんりこうし》）。3・4 レビッソーン没《ぼつ》（長崎《ながさき》オランダ商館長《しょうかんちょう》）。3・27 フランス軍《ぐん》、ベトナムのナムディン占領《せんりょう》。3・30 ベトナム国王《こくおう》、清《しん》に派兵《はへい》を要請《ようせい》。4・8 劉永福《りゅうえいふく》の黒旗軍《こっきぐん》、再《ふたた》びベトナムに出動《しゅつどう》。5・19 黒旗軍《こっきぐん》、ハノイ付近《ふきん》でフランス軍《ぐん》を破《やぶ》る。7・18 ウィンチェスター没《ぼつ》（63、イギリスの外交官《がいこうかん》）。8・12 清《しん》・ロシア、コブド境《きょう》界協定調印《かいきょうていちょういん》。8・25 フランス・ベトナム、フエ条約調印《じょうやくちょういん》（一一月《がつ》二九日《にち》、破棄《はき》）。9・25 プレハーノフら、労働解放団《ろうどうかいほうだん》をジュネーブで結成《けっせい》。10・16 プチャーチン没《ぼつ》（ロシア海軍元帥《かいぐんげんすい》）。11・5 スーダンのマフディ軍《ぐん》、イギリス軍人《ぐんじん》ヒックス率《ひき》いるエジプト軍《ぐん》を破《やぶ》る。12・24 清《しん》軍《ぐん》、ベトナムに出兵《しゅっぺい》。	高宗 20	光緒 9
一八八四 ◀	一七 甲申《きのえさる》		【政治・経済】 1・4 太政官《だじょうかん》、恩給局《おんきゅうきょく》を設置《せっち》、官吏恩給令《かんりおんきゅうれい》を定《さだ》める。2・16 陸軍卿大山巌《りくぐんきょうおおやまいわお》、川上操六《かわかみそうろく》・桂太郎《かつらたろう》らと共《とも》にヨーロッパ兵制視察《へいせいしさつ》に出発《しゅっぱつ》（明治《めいじ》一八年《ねん》一月《がつ》二五日《にち》、帰国《きこく》）。2・24 第《だい》一国立銀行《いちこくりつぎんこう》、朝鮮政府《ちょうせんせいふ》と開港場海関税取扱《かいこうじょうかいかんぜいとりあつかい》に関《かん》する約定《やくじょう》に調印《ちょういん》。3・15 太政官《だじょうかん》、地《ち》租改正条例《そかいせいじょうれい》を廃《はい》し、地租条例《ちそじょうれい》を定《さだ》める。3・17 宮中《きゅうちゅう》に制度取調局《せいどとりしらべきょく》を設置《せっち》、伊藤博文《いとうひろぶみ》を長官《ちょうかん》に任じる（三月《がつ》二一日《にち》、宮内卿《くないきょう》にも就任《しゅうにん》）。5・7 区町村会法《くちょうそんかいほう》を改正《かいせい》（会期《かいき》・議員《ぎいん》数《すう》・任期《にんき》などの規則《きそく》は地方長官《ちほうちょうかん》が定《さだ》め、区戸長《くこちょう》が議案発議権《ぎあんはつぎけん》を持《も》つことなどを規定《きてい》）。5・13 群馬県自由党員《ぐんまけんじゆうとういん》、農民数《のうみんすう》千人《にん》を集《あつ》め、一六日未明《にちみめい》より高利貸《こうりがし》・警察署《けいさつしょ》などを襲撃《しゅうげき》（群馬《ぐんま》	21	10

西暦	
年号・干支	
太政大臣	
記事	事件《じけん》)。 **5・26** 兌換銀行券条例《だかんぎんこうけんじょうれい》を定《さだ》める(日本銀行《にほんぎんこう》に銀兌換券《ぎんだかんけん》を発行《はっこう》させる)。 **7・19** 深川《ふかがわ》工作分局《こうさくぶんきょく》セメント工場《こうじょう》払下《はらいさ》げ交付《こうふ》。 **8・10** 自由党《じゆうとう》、有一館《ゆういっかん》を開館《かいかん》。 **8・19** 工部省所管《こうぶしょうしょかん》の小坂鉱山《こさかこうざん》を久原庄三郎《くはらしょうざぶろう》(藤田組《ふじたぐみ》)に払下《はらいさ》げ許可《きょか》。 **9・23** 茨城《いばらき》・福島《ふくしま》の自由党員《じゆうとういん》ら一六人《にん》、加波山《かばさん》に集結《しゅうけつ》、二四日《か》、警官《けいかん》と衝突《しょうとつ》(加波山事件《かばさんじけん》)。 **10・28** 会計年度《かいけいねんど》を改正《かいせい》(明治《めいじ》一九年《ねん》以降《いこう》四月一日《がっついたち》より起算《きさん》)。 **10・29** 自由党大会《じゆうとうたいかい》を大阪《おおさか》で開催《かいさい》、解党《かいとう》を決議《けつぎ》。 **10・31** 自由党員《じゆうとういん》をふくむ埼玉県秩父地方《さいたまけんちちぶちほう》の農民数《のうみんすう》千人《にん》、郡役所《ぐんやくしょ》・高利貸《こうりがし》などを襲撃《しゅうげき》(秩父事件《ちちぶじけん》)。 **10・-** 名古屋《なごや》の自由党員《じゆうとういん》を挙兵資金《きょへいしきん》のための強盗殺人容疑《ごうとうさつじんようぎ》で逮捕《たいほ》(名古屋事件《なごやじけん》)。 **11・3** 千葉県《ちばけん》の以文会《いぶんかい》指導者《しどうしゃ》一二名《めい》、国事犯容疑《こくじはんようぎ》で拘留《こうりゅう》される(夷隅事件《いすみじけん》)。 **12・6** 愛知《あいち》・長野《ながの》の自由党員《じゆうとういん》らによる挙兵計画発覚《きょへいけいかくはっかく》(飯田事件《いいだじけん》)。 **12・4** 朝鮮《ちょうせん》の漢城《かんじょう》(現《げん》ソウル)で開化派《かいかは》のクーデタ起《お》こり、竹添進一郎公使《たけぞえしんいちろうこうし》、日本兵《にほんへい》とともに王宮《おうきゅう》に入《はい》る、六日《か》、清軍《しんぐん》、王宮《おうきゅう》に進《すす》み日本兵敗退《にほんへいはいたい》(甲申事変《こうしんじへん》)。 **12・17** 立憲改進党総理《りっけんかいしんとうそうり》大隈重信《おおくましげのぶ》・副総理《ふくそうり》河野敏鎌《こうのとがま》、脱党《だっとう》。 **12・27** 太政官《だじょうかん》、前田正名《まえだまさな》の「興業意見《こうぎょういけん》」(在来諸産業《ざいらいしょさんぎょう》の調査《ちょうさ》に基《もと》づいた殖産興業政策実施案《しょくさんこうぎょうせいさくじっしあん》)を裁可《さいか》。 【社会・文化】 **1・11** 文部省《もんぶしょう》、商業学校通則《しょうぎょうがっこうつうそく》を定《さだ》める。 **1・26** 井上哲次郎《いのうえてつじろう》・井上円了《いのうええんりょう》・有賀長雄《あるがながお》・三宅雪嶺《みやけせつれい》ら、哲学会《てつがくかい》を結成《けっせい》。文部省《もんぶしょう》、中学校通則《ちゅうがっこうつうそく》を定《さだ》める(「忠孝彝倫《ちゅうこういりん》の道《みち》」に基《もと》づき、中流人士《ちゅうりゅうじんし》・上級校進学者育成《じょうきゅうこうしんがくしゃいくせい》を中学校《ちゅうがっこう》の目的《もくてき》とする)。 **2・10** 静岡大務新聞社《しずおかたいむしんぶんしゃ》『静岡大務新聞《しずおかたいむしんぶん》』創刊《そうかん》。 **2・15** 文部省《もんぶしょう》、学齢未満幼児《がくれいみまんようじ》の小学校入学《しょうがっこうにゅうがく》を禁《きん》じ、幼稚園設立《ようちえんせつりつ》を勧奨《かんしょう》。 **3・7** 旭香社《きょくこうしゃ》『下野新聞《しもつけしんぶん》』創刊《そうかん》。 **3・-** 法学協会《ほうがくきょうかい》『法学協会雑誌《ほうがくきょうかいざっし》』創刊《そうかん》。 **4・17** 五州社《ごしゅうしゃ》『神戸又新日報《こうべゆうしんにっぽう》』創刊《そうかん》。 **4・29** 令知会《れいちかい》『令知会雑誌《れいちかいざっし》』創刊《そうかん》。 **5・6** 奈良正倉院《ならしょうそういん》を宮内省《くないしょう》に移管《いかん》。 **6・12** 鹿鳴館《ろくめいかん》で第《だい》一回婦人慈善舞踏会開催《かいふじんじぜんぶとうかいかいさい》(七月頃《がっころ》より、舞踏練習会開始《ぶとうれんしゅうかいかいし》)。 **6・25** 岡倉天心《おかくらてんしん》・フェノ
朝鮮	
清	

西暦 一八八四 ▶

年号・干支 明治一七 甲申《きのえさる》

太政大臣 (三条実美)

記事

ロサに京阪地方《けいはんちほう》の古社寺歴訪《こしゃじれきほう》を命《めい》じる。7・7 華族令《かぞくれい》を定《さだ》める(公《こう》・侯《こう》・伯《はく》・子《し》・男《だん》の五爵《しゃく》を設《もう》け、戸籍《こせき》・身分《みぶん》は宮内省管掌《くないしょうかんしょう》、旧華族《きゅうかぞく》・明治《めいじ》の功労者授爵《こうろうしゃじゅしゃく》)。7・15 防長新聞社《ぼうちょうしんぶんしゃ》『防長《ぼうちょう》新聞《しんぶん》』創刊《そうかん》。7・- 大日本音楽会設立《だいにほんおんがくかいせつりつ》。8・1 佐賀新聞社《さがしんぶんしゃ》『佐賀新聞《さがしんぶん》』創刊《そうかん》。8・- 元田永孚《もとだながざね》、「国教論《こっきょうろん》」を草《そう》し、伊藤博文《いとうひろぶみ》に示《しめ》す。9・3以降《いこう》 『府県統計書《ふけんとうけいしょ》』刊《かん》。9・- 藤田茂吉《ふじたもきち》『文明東漸《ぶんめいとうぜん》史《し》』刊《かん》。10・- 植村正久《うえむらまさひさ》『真理一斑《しんりいっぱん》』成《な》る。11・16 坪井正五郎《つぼいしょうごろう》・白井光太郎《しらいみつたろう》ら、人類学会《じんるいがっかい》を設《せつ》立《りつ》。**この年** 松方緊縮財政《まつかたきんしゅくざいせい》による不況《ふきょう》で農民《のうみん》の生活苦《せいかつく》が深刻化《しんこくか》、全国各地《ぜんこくかくち》で負債返済《ふさいへんさい》をめぐる農民騒擾《のうみんそうじょう》一六七件発生《けんはっせい》(明治期最多《めいじきさいた》)。外務省《がいむしょう》『外交志稿《がいこうしこう》』刊《かん》。黎庶昌編《れいしょしょうへん》『古逸叢書《こいつそうしょ》』刊《かん》(東京《とうきょう》)。福住正兄記録《ふくずみまさえきろく》『二宮翁夜話《にのみやおうやわ》』刊《かん》(~明治《めいじ》二〇年《ねん》)。

【死没】

1・1 鈴木舎定《すずきしゃてい》(29、自由民権運動指導者《じゆうみんけんうんどうしどうしゃ》)。1・14 志摩利右衛門《しまりえもん》(76、阿波藍商《あわあいしょう》)。広川晴軒《ひろかわせいけん》(82、洋学《ようがく》)。1・16 前田斉泰《まえだなりやす》(74、加賀金沢藩主《かがかなざわはんしゅ》)。2・10 守脱《しゅだつ》(81、天台宗僧侶《てんだいしゅうそうりょ》)。2・16 ウイリアムズ(71、宣教師《せんきょうし》・中国学者《ちゅうごくがくしゃ》)。2・22 万里小路博房《までのこうじひろふさ》(61、公家《くげ》)。3・6 徳川茂徳《とくがわもちなが》(54、一橋家当主《ひとつばしけとうしゅ》)。4・12 関口開《せきぐちひらき》(43、教育者《きょういくしゃ》)。4・17 大浦慶《おおうらけい》(57、女性茶貿易商《じょせいちゃぼうえきしょう》)。5・13 宍野半《ししのなかば》(41、扶桑教創立者《ふそうきょうそうりつしゃ》)。6・8 田中平八《たなかへいはち》(51、生糸《きいと》・両替商《りょうがえしょう》)。6・30 荻江露友《おぎえろゆう》(四代《だい》)(49、荻江節太夫《おぎえぶしたゆう》)。9・2 押小路甫子《おしこうじなみこ》(77、女官《にょかん》)。9・15 安達清風《あだちせいふう》(50、因幡鳥取藩士《いなばとっとりはんし》)。10・7 プティジャン(55、宣教師《せんきょうし》)。10・23 佐竹義尭《さたけよしたか》(60、出羽秋田藩主《でわあきたはんしゅ》)。10・31 古賀謹一郎《こがきんいちろう》(69、儒学《じゅがく》)。11・23 村上忠順《むらかみただまさ》(73、国学《こくがく》、歌人《かじん》)。11・28 間部詮勝《まなべあきかつ》(81、老中《ろうじゅう》)。11・30 成島柳北《なるしまりゅうほく》(48、文筆家《ぶんぴつか》)。12・21 百武兼行《ひゃくたけかねゆき》(43、洋画家《ようがか》)。

〘世界〙

1・4 イギリス、ウェッブ夫妻《ふさい》(社会学者《しゃかいがくしゃ》)ら、フェビアン協会結成《きょうかいけっせい》。3・27 ドイツ・ロシ

朝鮮 高宗 21

清 光緒 10

ア・オーストリアの三帝同盟更新《さんていどうめいこうしん》。**6・6** フランス・ベトナム、第二次《だいじ》フエ条約《じょうやく》(パトノートル条約《じょうやく》)調印《ちょういん》。**6・23** 清《しん》・仏軍《ふつぐん》、ハノイ北方《ほっぽう》の観音橋《かんのんきょう》で衝突《しょうとつ》(清仏戦争《しんふつせんそう》の契機《けいき》)。**6・－** デンマーク社会民主党《しゃかいみんしゅとう》、国政初参加《こくせいはつさんか》。**7・7** 朝鮮《ちょうせん》・ロシア、修好通商条約調印《しゅうこうつうしょうじょうやくちょういん》。**8・26** 清《しん》、フランスに宣戦布告《せんせんふこく》。**10・1** フランス軍《ぐん》、台湾基隆砲台《たいわんキールンほうだい》を占領《せんりょう》。**10・5** 香港《ホンコン》で中国《ちゅうごく》人労働者《じんろうどうしゃ》、フランス船《せん》での就役拒否《しゅうえききょひ》のストライキを起《お》こす。**11・15** アフリカのコンゴ分割《ぶんかつ》に関《かん》するベルリン会議開催《かいぎかいさい》(～一八八五年《ねん》二月《がつ》二六日《にち》)。**11・17** 清《しん》、新疆省設置《しんきょうしょうせっち》。**12・4** 朝《ちょう》鮮《せん》の漢城《かんじょう》(現《げん》ソウル)で日本《にほん》の支援《しえん》により金玉均《きんぎょくきん》・朴泳孝《ぼくえいこう》らの開化派《かいかは》クーデタ(七日《か》、清軍《しんぐん》出動《しゅつどう》しクーデタ失敗《しっぱい》)。**12・6** イギリスで第三次選挙法改正案《だいじせんきょほうかいせいあん》、議会《ぎかい》を通過《つうか》(選挙権《せんきょけん》、大幅《おおはば》に拡大《かくだい》)。**この年《とし》** ドイツ、アフリカの植民地獲得《しょくみんちかくとく》に動《うご》く。呉長慶《ごちょうけい》没《ぼつ》(51、清《しん》の軍人《ぐんじん》)。洪《こう》英植《えいしょく》没《ぼつ》(80、朝鮮《ちょうせん》の政治家《せいじか》)。

西暦：◀ 一八八五

年号・干支：一八 乙酉《きのととり》

太政大臣：

記事：

【政治・経済】

1・9 特派全権大使《とくはぜんけんたいし》井上馨《いのうえかおる》、金宏集《きんこうしゅう》全権《ぜんけん》と甲申事変事後処理《こうしんじへんじごしょり》の条約《じょうやく》(漢城条約《かんじょうじょうやく》)に調《ちょう》印《いん》。**1・20** 秋田《あきた》の院内銀山《いんないぎんざん》を古河市兵衛《ふるかわいちべえ》に払下《はらいさ》げ。**1・27** ハワイへ向《む》け第《だい》一回官約移民《かいかんやくいみん》九〇〇余人《よにん》、横浜《よこはま》を出発《しゅっぱつ》(二月《がつ》八日着《かちゃく》)。**2・2** 静岡県東部《しずおかけんとうぶ》の借金党《しゃっきんとう》一五〇〇人《にん》、三島町《みしままち》の伊豆銀行《いずぎんこう》などを襲撃《しゅうげき》。**3・18** ドイツ陸軍少佐《りくぐんしょうさ》メッケルを陸軍大学校教官《りくぐんだいがっこうきょうかん》に任《にん》じる(軍《ぐん》制改革指導《せいかいかくしどう》、明治《めいじ》二一年《ねん》三月《がつ》二四日《か》、帰国《きこく》)。**4・6** 農商務省《のうしょうむしょう》、小作条例案起草《こさくじょうれいあんきそう》のため、小作慣行調査《こさくかんこうちょうさ》を府県《ふけん》に命《めい》じる。**4・18** 全権《ぜんけん》伊藤博文《いとうひろぶみ》、清国全権《しんこくぜんけん》李鴻章《りこうしょう》と天津条約《てんしんじょうやく》に調《ちょう》印《いん》(朝鮮《ちょうせん》から日清両軍撤退《にっしんりょうぐんてったい》・軍事教官派遣停止《ぐんじきょうかんはけんていし》・出兵時《しゅっぺいじ》の相互事前通知《そうごじぜんつうち》・五月《がつ》二一日批准《にちひじゅん》、七月《がつ》二一日《にち》、日清両軍撤兵《にっしんりょうぐんてっぺい》)。専売特許条例《せんばいとっきょじょうれい》を定《さだ》める(七月一日《がっついたち》、施行《しこう》)。**5・5** 屯田兵《とんでんへい》

朝鮮：22

清：11

西暦 一八八五 ◀ ▶ 図4 ↓10年

年号・干支 明治一八 乙酉《きのととり》

太政大臣 (太政大臣三条実美)

記事

条例《じょうれい》を定《さだ》める。**5・7** 電信条例《でんしんじょうれい》を改定《かいてい》。**5・8** 九州改進党《きゅうしゅうかいしんとう》、解党《かいとう》を決議《けつぎ》。**5・18** 鎮台《ちんだい》条例《じょうれい》を改正《かいせい》(全国《ぜんこく》を七軍管《ぐんかん》に分《わ》け、一軍管《ぐんかん》を二師管《しかん》に分《わ》け、各軍管《かくぐんかん》に鎮台《ちんだい》を、各師管《かくしかん》に営《えい》所《しょ》を設置《せっち》)。監軍本部《かんぐんほんぶ》条例《じょうれい》を廃《はい》し、監軍部《かんぐんぶ》条例《じょうれい》を定《さだ》める。**6・-** 町村法取調委員会《ちょうそんほうとりしらべいいんかい》、「町村法草案《ちょうそんほうそうあん》」を内務卿《ないむきょう》山県有朋《やまがたありとも》に提出《ていしゅつ》。**8・28** 東京府《とうきょうふ》、東京瓦斯局《とうきょうガスきょく》を渋沢栄一《しぶさわえいいち》らに払下《はらいさ》げ許可《きょか》(一〇月一日払下《がつついたちはらいさ》げ、東京瓦斯会社開業《とうきょうガスがいしゃかいぎょう》)。**9・24** 違警罪即決例《いけいざいそっけつれい》を定《さだ》める(警《けい》察署長《さつしょちょう》・分署長《ぶんしょちょう》に管轄内違警罪《かんくないいけいざい》の即決権《そっけつけん》を与《あた》える)。**9・29** 日本郵船会社設立《にほんゆうせんがいしゃせつりつ》を許可《きょか》(三菱《みつびし》・共同運輸《きょうどううんゆ》の両社合併《りょうしゃがっぺい》・一〇月一日《がつついたち》、開業《かいぎょう》)。**11・23** 朝鮮《ちょうせん》でのクーデタをめざす計画《けいかく》が発《はっ》覚《かく》し、大井憲太郎《おおいけんたろう》ら大阪《おおさか》で逮捕《たいほ》(大阪事件《おおさかじけん》)。**12・22** 太政官制《だじょうかんせい》を廃《はい》し、内閣制度《ないかくせいど》を創設《そうせつ》・内《ない》閣総理大臣《かくそうりだいじん》以下各省大臣《いかかくしょうだいじん》を設置《せっち》・第《だい》一次《じ》伊藤内閣成立《いとうないかくせいりつ》。**12・23** 内閣管轄下《ないかくかんかつか》に法制局《ほうせいきょく》を設《せっ》置《ち》。**この年** 紙幣整理《しへいせいり》による不況《ふきょう》、極《きょく》に達《たっ》す(松方《まつかた》デフレ)。

【社会・文化】

1・17 矢田部良吉《やたべりょうきち》・外山正一《とやままさかず》ら、羅馬字会《ローマじかい》を設立《せつりつ》。**1・31** 茨城日報社《いばらきにっぽうしゃ》『茨城日報《いばらきにっぽう》』創刊《そうかん》。**2・-** 尾崎紅葉《おざきこうよう》・山田美妙《やまだびみょう》・石橋思案《いしばししあん》ら、硯友社《けんゆうしゃ》を結成《けっせい》。**3・16** 福沢諭吉《ふくざわゆきち》、『時事新報《じじしんぽう》』社説《しゃせつ》に「脱《だつ》亜論《あろん》」を発表《はっぴょう》。**3・21** 万国郵便為替約定《ばんこくゆうびんかわせやくじょう》に加入《かにゅう》・調印《ちょういん》(明治《めいじ》一九年《ねん》四月一日《がつついたち》、実施《じっし》)。**3・-** 近藤清石《こんどうきよし》編著《へんちょ》『大内氏実録《おおうちしじつろく》』刊《かん》(~同年《どうねん》一〇月《がつ》)。**4・15** 開発社《かいはつしゃ》『教育時論《きょういくじろん》』創刊《そうかん》。**5・-** 硯友《けんゆう》社《しゃ》『我楽多文庫《がらくたぶんこ》』刊《かん》。**6・-** 坪内逍遙《つぼうちしょうよう》『当世書生気質《とうせいしょせいかたぎ》』刊《かん》。**8・12** 教育令《きょういくれい》を再改正《さいかいせい》(教育費節《きょういくひせつ》減《げん》を目的《もくてき》とする)。**9・10** 英吉利法律学校《イギリスほうりつがっこう》、東京神田《とうきょうかんだ》に開校《かいこう》(後《のち》の中央大学《ちゅうおうだいがく》)。**9・-** 坪内《つぼうち》逍遙《しょうよう》『小説神髄《しょうせつしんずい》』刊《かん》。**11・6** 鳥取新報社《とっとりしんぽうしゃ》『鳥取新報《とっとりしんぽう》』刊《かん》(『山陰隔日新報《さんいんかくじつしんぽう》』改題《かいだい》)。**11・9** 種痘《しゅとう》規則《きそく》を定《さだ》める(明治《めいじ》一九年《ねん》一月一日《がつついたち》施行《しこう》)。**11・13** 華族女学校開校《かぞくじょがっこうかいこう》(明治《めいじ》三九年《ねん》四月《がつ》、学習《がくしゅう》院女学部《いんじょがくぶ》となる)。**11・-** 大蔵省《おおくらしょう》『開拓使事業報告《かいたくしじぎょうほうこく》』刊《かん》。**12・-** 東京銀行集会所《とうきょうぎんこうしゅうかいじょ》『銀行通信《ぎんこうつうしん》

朝鮮 高宗 22

清 光緒 11

西暦		
年号・干支		
内閣	第1次伊藤博文内閣 12・22	12・22

記事

録《ろく》』創刊《そうかん》。**この年**《とし》 丸山教《まるやまきょう》静岡《しずおか》「み組《ぐみ》」の西《にし》ガ谷《や》騒動《そうどう》起《お》こる。

【死没】

1・18 ロケニュ(46、宣教師《せんきょうし》)。**2・5** 塚本明毅《つかもとあきたけ》(53、海軍軍人《かいぐんぐんじん》)。**2・7** 岩崎弥太郎《いわさきやたろう》(52、三《みつ》菱財閥創設者《びしざいばつそうせつしゃ》)。**2・22** ケプロン(80、開拓使顧問《かいたくしこもん》)。**3・19** 会津小鉄《あいづのこてつ》(41、侠客《きょうかく》)。**3・21** 林《はやし》正明《まさあき》(39、自由民権運動家《じゆうみんけんうんどうか》)。**3・23** 亀井茲監《かめいこれみ》(61、石見津和野藩主《いわみつわのはんしゅ》)。**3・―** 宇都宮正顕《うつのみやまさあき》(71、勤《きん》王家《のうか》)。**5・17** 田代栄助《たしろえいすけ》(52、秩父事件中心人物《ちちぶじけんちゅうしんじんぶつ》)。**5・18** 加藤織平《かとうおりへい》(37、秩父困民党《ちちぶこんみんとう》)。**5・25** 山中献《やまなかけん》(64、志士《しし》)。**5・31** 橘耕斎《たちばなこうさい》(66、ペテルブルグ大学日本語教授《だいがくにほんごきょうじゅ》)。**6・4** 川村迂叟《かわむらうそう》(豪《ごう》商《しょう》)。**6・21** 野沢喜八郎《のざわきはちろう》(六代《だい》)(浄瑠璃三味線方《じょうるりしゃみせんかた》)。**6・23** 阿倍貞行《あべさだゆき》(59、開拓事業推進者《かいたくじぎょうすいしんしゃ》)。**7・27** 赤井景韶《あかいかげあき》(27、民権家《みんけんか》)。**8・25** 小室信介《こむろしんすけ》(34、ジャーナリスト)。堀越安平《ほりこしやすへい》(80、商人《しょうにん》)。**9・15** 嘉納治郎作《かのうじろさく》(73、廻船業者《かいせんぎょうしゃ》)。**9・16** 橋本実梁《はしもとさねやな》(52、公家《くげ》)。**9・18** 実川延若《じつかわえんじゃく》(初代《しょだい》)(55、歌舞伎役者《かぶきやくしゃ》)。**9・25** 五代友厚《ごだいともあつ》(51、実業家《じつぎょうか》)。**12・6** 森立之《もりたつゆき》(79、医者《いしゃ》)。**12・8** 桃井《もものい》春蔵《しゅんぞう》(61、剣道家《けんどうか》)。島津久芳《しまづひさよし》(64、薩摩鹿児島藩士《さつまかごしまはんし》)。**12・13** 黒田一葦《くろだいちい》(68、筑前福岡藩士《ちくぜんふくおかはんし》)。**12・20** 三井高福《みついたかよし》(78、三井家惣領《みついけそうりょう》)。**12・26** 岡本健三郎《おかもとけんざぶろう》(44、土佐高知藩士《とさこうちはんし》・政治家《せいじか》)。

〔世界〕

1・26 スーダンのマフディ軍《ぐん》、ハルツームを占領《せんりょう》・イギリスのゴードン将軍戦死《しょうぐんせんし》。**2・5** イタリア、エチオピアのマッサワを占領《せんりょう》。**3・22** パークス没《ぼつ》(57、イギリスの外交官《がいこうかん》)。**5・2** ベルギー、レオポルド二世《せい》、コンゴ自由国《じゆうこく》を私有地《しゆうち》として建設《けんせつ》。**5・12** アフリカ、ケープーキンバリー間《かん》に鉄道開通《てつどうかいつう》。**6・7** ボードイン没《ぼつ》(64、オランダ人医師《じんいし》)。**6・9** 清《しん》・フランス、天津講和条約調印《てんしんこうわじょうやくちょういん》。**7・13** ヴェトナムの咸宜帝《かんぎてい》、抗仏《こうふつ》の檄《げき》を発《はつ》し文紳運動《ぶんしんうんどう》を始《はじ》める。**7・23** グラント没《ぼつ》(63、アメリカ大統領《だいとうりょう》)。**9・12** フォルカド没《ぼつ》(69、フランス人《じん》カトリック宣《せん》

朝鮮	
清	

西暦	年号・干支	内閣	記事	朝鮮	清
一八八五 ▶	明治一八 乙酉《きのとのとり》	(第1次伊藤博文内閣)	教師《きょうし》)。10・29 クーパー没《ぼつ》(76、イギリスの提督《ていとく》)。11・7 カナダ、太平洋鉄道完成《たいへいようてつどうかんせい》。11・20 漢《かん》城《じょう》—北京間《ペキンかん》、電信線架設《でんしんせんかせつ》。12・28 インド、第《だい》一回国民会議《かいこくみんかいぎ》、国民会議派創立《こくみんかいぎはそうりつ》。この年《とし》 ドイツのベンツ、ガソリン自動車《じどうしゃ》を発明《はつめい》。	高宗 22	光緒 11
◀ 一八八六	一九 丙戌《ひのえいぬ》		【政治・経済】 1・26 函館《はこだて》・札幌《さっぽろ》・根室《ねむろ》三県《けん》、北海道事業管理局《ほっかいどうじぎょうかんりきょく》を廃《はい》し、北海道庁《ほっかいどうちょう》を設置《せっち》。1・28 ハワイと渡航条約調印《とこうじょうやくちょういん》(三月《がつ》六日《か》批准《ひじゅん》)。1・- 政府《せいふ》、紙幣《しへい》の兌換《だかん》・償却《しょうきゃく》開始《かいし》。2・26 公文式《こうぶんしき》を公布《こうふ》(法律《ほうりつ》・勅令《ちょくれい》の公布及《こうふおよ》び布告《ふこく》、省令《しょうれい》・閣令《かくれい》の公布手続《こうふてつづき》などを規定《きてい》)。2・27 各省官制《かくしょうかんせい》を公布《こうふ》(各省大臣以下《かくしょうだいじんいか》の組織《そしき》・職務権限《しょくむけんげん》などを規定《きてい》)。3・1 帝国大学令《ていこくだいがくれい》を公布《こうふ》(東京《とうきょう》大学《だいがく》を改《あらた》め帝国大学《ていこくだいがく》とする)。3・18 参謀本部条例《さんぼうほんぶじょうれい》を改正《かいせい》(陸軍部《りくぐんぶ》・海軍部《かいぐんぶ》を設置《せっち》)。4・17 会計検査院官制《かいけいけんさいんかんせい》を公布《こうふ》。4・26 海軍条例《かいぐんじょうれい》を公布《こうふ》(海軍軍令及《かいぐんぐんれいおよ》び軍政《ぐんせい》の別《べつ》を明《あき》らかにし、全《ぜん》国《こく》を五海軍区《かいぐんく》に分《わ》け各区《かくく》に鎮守府《ちんじゅふ》を設置《せっち》)。4・29 華族世襲財産法《かぞくせしゅうざいさんほう》を公布《こうふ》。5・1 井上馨《いのうえかおる》外相《がいしょう》、各国公使《かっこくこうし》と第《だい》一回条約改正会議《かいじょうやくかいせいかいぎ》を開《ひら》き、正式《せいしき》に改正条約案《かいせいじょうやくあん》を提出《ていしゅつ》。5・5 裁判《さいばん》所官制《しょかんせい》を公布《こうふ》(治安《ちあん》・始審《ししん》・重罪裁判所《じゅうざいさいばんしょ》・控訴院《こうそいん》・大審院《たいしんいん》・高等法院《こうとうほういん》の職務権限等《しょくむけんげんなど》を規定《きてい》)。6・12 箱根離宮落成式《はこねりきゅうらくせいしき》の襲撃計画《しゅうげきけいかく》が発覚《はっかく》し、静岡《しずおか》の在京《ざいきょう》の旧自由党員《きゅうじゆうとういん》を逮捕《たいほ》(以後《いご》、静岡《しずおか》・浜松《はままつ》でも検挙開始《けんきょかいし》・静岡事件《しずおかじけん》)。6・25 内閣《ないかく》、北海道土地払下規則《ほっかいどうとちはらいさげきそく》を公布《こうふ》。7・5 東京《とうきょう》電灯会社開業《でんとうがいしゃかいぎょう》。7・20 地方官官制《ちほうかんかんせい》を公布《こうふ》。7・22 モッセ、町村制《ちょうそんせい》についての意見書《いけんしょ》を山《やま》県有朋《がたありとも》内相《ないしょう》に提出《ていしゅつ》。8・13 長崎《ながさき》に上陸《じょうりく》の清国水兵《しんこくすいへい》、飲酒暴行《いんしゅぼうこう》して逮捕《たいほ》(八月《がつ》一五日《にち》、日《に》本人警官《ほんじんけいかん》と乱闘《らんとう》、死傷者《ししょうしゃ》出《だ》す・長崎清国水兵事件《ながさきしんこくすいへいじけん》)。登記法《とうきほう》・公証人規則《こうしょうにんきそく》を公布《こうふ》。9・- 伊《い》藤博文《とうひろぶみ》宮内大臣《くないだいじん》、国務大臣《こくむだいじん》などの拝謁《はいえつ》につき「機務六箇条《きむろっかじょう》」を起草《きそう》・上奏《じょうそう》。10・23 ロエス	23	12

西暦

年号・干支

内閣

記事

レル、町村制《ちょうそんせい》についての意見書《いけんしょ》を山県有朋内相《やまがたありともないしょう》に提出《ていしゅつ》。**10・24** 星亨《ほしとおる》・中江兆民《なかえちょうみん》らが発《ほっ》起人《きにん》となり、東京《とうきょう》で旧自由党員《きゅうじゆうとういん》を中心《ちゅうしん》に全国有志大懇親会《ぜんこくゆうしだいこんしんかい》を開催《かいさい》(大同団結運動《だいどうだんけつうんどう》の開始《かいし》)。イギリス船《せん》ノルマントン号《ごう》、紀州沖《きしゅうおき》で沈没《ちんぼつ》(ノルマントン号事件《ごうじけん》・日本人乗客《にほんじんじょうきゃく》二三人全《ぜん》員《いん》が溺死《できし》して問題化《もんだいか》・一二月《がつ》八日《か》、横浜領事裁判所《よこはまりょうじさいばんしょ》で船長《せんちょう》に禁錮《きんこ》三ヵ月《げつ》の判決《はんけつ》)。**11・-** 伊《い》藤博文《とうひろぶみ》ら、憲法起草《けんぽうきそう》に着手《ちゃくしゅ》。

【社会・文化】

1・9 修史館《しゅうしかん》を廃《はい》し、内閣《ないかく》に臨時修史局《りんじしゅうしきょく》設置《せっち》。**2・27** 文部省《もんぶしょう》に視学官《しがくかん》を設置《せっち》。**3・22** 宮《みや》川保全《がわやすまさ》ら、共立女子職業学校開設《きょうりつじょししょくぎょうがっこうかいせつ》(のちの共立女子学園《きょうりつじょしがくえん》)。**4・10** 師範学校令《しはんがっこうれい》・中学校《ちゅうがっこう》令《れい》・小学校令及《しょうがっこうれいおよ》び諸学校通則《しょがっこうつうそく》を公布《こうふ》。**4・20** メートル法条約加入《ほうじょうやくかにゅう》を公布《こうふ》。**4・29** 東京《とうきょう》大学予備門《だいがくよびもん》を第一高等中学校《だいいちこうとうちゅうがっこう》、東京師範学校《とうきょうしはんがっこう》を高等師範学校《こうとうしはんがっこう》と改《あらた》める。**4・-** 小崎弘道《こざきひろみち》『政教新論《せいきょうしんろん》』刊《かん》。**5・1** 毎日新聞社《まいにちしんぶんしゃ》『毎日新聞《まいにちしんぶん》』創刊《そうかん》(『東京横浜毎日新聞《とうきょうよこはままいにちしんぶん》』改題《かいだい》)。**5・10** 文《もん》部省《ぶしょう》、教科用図書検定条例《きょうかようとしょけんていじょうれい》を公布《こうふ》。**6・5** 万国赤十字条約《ばんこくせきじゅうじじょうやく》に加入《かにゅう》(一一月《がつ》一六日《にち》、公《こう》布《ふ》)。**6・12** 甲府《こうふ》の雨宮製糸場《あめみやせいしじょう》の女工《じょこう》ストライキ(～一六日《にち》)。**6・23** 宮内省《くないしょう》、公式礼装《こうしきれいそう》に随意洋装《ずいいようそう》を用《もち》いるよう上流婦人《じょうりゅうふじん》らに通達《つうたつ》。**7・13** 本初子午線経度計算方及《ほんしょしごせんけいどけいさんほうおよ》び標準時《ひょうじゅんじ》の件公布《けんこうふ》(明治《めいじ》二二年《ねん》一月一日《がつついたち》より東経《とうけい》一三五度《ど》の子午時《しごじ》を標準時《ひょうじゅんじ》と定《さだ》める)。**8・10** 大阪《おおさか》日報社《につぽうしゃ》『浪華新聞《なにわしんぶん》』創刊《そうかん》。**8・-** 末松謙澄《すえまつけんちょう》を中心《ちゅうしん》に演劇改良会結成《えんげきかいりょうかいけっせい》。**10・7** 『やまと新聞《しんぶん》』創刊《そうかん》。**10・-** 徳富蘇峰《とくとみそほう》、『将来之日本《しょうらいのにほん》』を著《あらわ》す。**11・4** 児島惟謙《こじまいけん》ら、大阪《おおさか》に関西法律学校《かんさいほうりつがっこう》を開校《かいこう》(のちの関西大学《かんさいだいがく》)。**12・6** 矢島楫子《やじまかじこ》ら、婦人矯風会《ふじんきょうふうかい》を創立《そうりつ》。**12・27** 内閣官報局《ないかくかんぽうきょく》『職《しょく》員録《いんろく》』刊《かん》。**この年** コレラ大流行《だいりゅうこう》(患者《かんじゃ》一五万五九二三人《にん》、死者《ししゃ》一〇万八四〇五人《にん》)。農商《のうしょう》務省《むしょう》『農商務統計表《のうしょうむとうけいひょう》』創刊《そうかん》。内閣記録局《ないかくきろくきょく》および内閣書記官室記録課編《ないかくしょきかんしつきろくかへん》『明治職官沿革表《めいじしょつかんえんかくひょう》』

朝鮮

清

西暦	年号・干支	内閣	記事	朝鮮	清
一八八六 ▶	明治一九 丙戌《ひのえいぬ》	(第1次伊藤博文内閣)	刊《かん》(~明治《めいじ》二七年《ねん》)。 【死没】 1・1 ブラウン(78、宣教師《せんきょうし》)。1・11 小野梓《おのあずさ》(35、政治思想家《せいじしそうか》)。1・24 幟仁親王《たかひとしんのう》(75、有栖《ありす》川宮《がわのみや》)。1・29 島崎正樹《しまざきまさき》(56、小説《しょうせつ》『夜明《よあ》け前《まえ》』主人公《しゅじんこう》モデル)。1・30 長谷川敬《はせがわけい》(79、尾張名古《おわりなご》屋藩士《やはんし》)。3・9 クラーク(59、札幌農学校初代教頭《さっぽろのうがっこうしょだいきょうとう》)。3・16 滋野七郎《しげのしちろう》(52、志士《しし》)。3・20 伊《い》木三猿斎《ぎさんえんさい》(69、備前岡山藩主席家老《びぜんおかやまはんしゅせきかろう》)。4・19 大音青山《おおおとせいざん》(70、筑前福岡藩士《ちくぜんふくおかはんし》)。5・23 伊地知正治《いじちまさはる》(59、官僚《かんりょう》)。6・19 沢辺正修《さわべせいしゅう》(31、自由民権運動家《じゆうみんけんうんどうか》)。7・11 山内豊範《やまうちとよのり》(41、土佐高知藩主《とさこうちはんしゅ》)。8・8 玉乃世履《たまのせいり》(62、司法官《しほうかん》)。三宅友信《みやけとものぶ》(81、蘭学《らんがく》)。9・4 近藤真琴《こんどうまこと》(56、洋学《ようがく》)。10・5 富《と》松正安《まつまさやす》(38、加波山事件主謀者《かばさんじけんしゅぼうしゃ》)。10・6 大野規周《おおののりちか》(67、精密機械技術者《せいみつきかいぎじゅつしゃ》)。11・26 吉村甚兵衛《よしむらじんべえ》(51、通信《つうしん》・運輸業者《うんゆぎょうしゃ》)。11・28 尺振八《せきしんぱち》(48、英学《えいがく》)。12・3 箕作秋坪《みつくりしゅうへい》(62、啓蒙思想家《けいもうしそうか》)。12・10 井上省三《いのうえせいぞう》(42、官営洋式毛織物工場長《かんえいようしきけおりものこうじょうちょう》)。高山長五郎《たかやまちょうごろう》(57、蚕業改良家《さんぎょうかいりょうか》)。12・24 中村《なかむら》仲蔵《なかぞう》(江戸系《えどけい》三代《だい》)(78、歌舞伎役者《かぶきやくしゃ》)。 〖世界〗 4・10 朝鮮《ちょうせん》、官立医学校設立《かんりついがくこうせつりつ》。5・4 シカゴの労働者集会《ろうどうしゃしゅうかい》で爆弾破裂《ばくだんはれつ》(ヘイマーケット事《じ》件《けん》)、アナーキストを逮捕《たいほ》。5・31 朝鮮《ちょうせん》、梨花学堂開校《りかがくどうかいこう》。6・8 イギリス下院《かいん》でアイルランド自治法案否決《じちほうあんひけつ》。7・24 イギリス・清《しん》、ビルマ条約調印《じょうやくちょういん》(清《しん》、イギリスのビルマ主権《しゅけん》を承認《しょうにん》)。9・4 アメリカ、アパッチ族指導者《ぞくしどうしゃ》ジェロニモを逮捕《たいほ》。11・1 パジェス没《ぼつ》(72、フランスの東洋学者《とうようがくしゃ》)。12・8 アメリカ労働総同盟《ろうどうそうどうめい》(ＡＦＬ)結成《けっせい》。この年《とし》 南《みなみ》アフリカのトランスバール南部《なんぶ》で金鉱発見《きんこうはっけん》(九月《がつ》、ヨハネスブルクを建設《けんせつ》)。キューバで奴隷制《どれいせい》を廃《はい》する。	高宗 23	光緒 12

西暦	一八八七 ◀
年号・干支	二〇 丁亥《ひのとのい》
内閣	
記事	【政治・経済】1・22 東京電灯会社《とうきょうでんとうがいしゃ》、鹿鳴館《ろくめいかん》で白熱電灯《はくねつでんとう》を点灯《てんとう》(電灯営業《でんとうえいぎょう》の初《はじ》め)。1・24 地方制度編纂《ちほうせいどへんさん》委員会《いいんかい》を設置《せっち》(内務次官芳川顕正《ないむじかんよしかわあきまさ》・外務次官青木周蔵《がいむじかんあおきしゅうぞう》・逓信次官野村靖《ていしんじかんのむらやすし》・モッセを委員《いいん》に、二七日《にち》、山県《やまがた》を委員長《いいんちょう》に任《にん》じる)。3・14 海防費《かいぼうひ》として手許金《てもときん》三〇万円《えん》を下賜《かし》する旨《むね》の詔書《しょうしょ》(二五日《にち》、公布《こうふ》)。3・23 所得税法《しょとくぜいほう》を公布《こうふ》(五月《がつ》五日《か》、施行細則公布《しこうさいそくこうふ》、七月一日《がつついたち》、実施《じっし》)。伊藤博文首相《いとうひろぶみしゅしょう》、府県知事《ふけんちじ》を鹿鳴館《ろくめいかん》に集《あつ》め海防整備《かいぼうせいび》の勅旨《ちょくし》を伝《つた》え、各地富豪《かくちふごう》に海防費《かいぼうひ》を献金《けんきん》させる旨《むね》を訓示《くんじ》。3・28 大阪《おおさか》の天満紡績会社設立《てんまぼうせきがいしゃせつりつ》を許可《きょか》(明治《めいじ》二二年《ねん》一月開業《がつかいぎょう》)。4・9 日本郵船会社《にほんゆうせんかいしゃ》の官有株式《かんゆうかぶしき》二六〇万円《えん》を皇室財産《こうしつざいさん》へ編入《へんにゅう》。4・22 第《だい》二六回条約改正会議《かいじょうやくかいせいかいぎ》、イギリス・ドイツ提出《ていしゅつ》の裁判管轄条約案《さいばんかんかつじょうやくあん》を修正《しゅうせい》・議定《ぎてい》。4・30 ロエスレル、憲法私案《けんぽうしあん》を法制局長官井上毅《ほうせいきょくちょうかんいのうえこわし》に提出《ていしゅつ》。4・－～5・－ 井上毅《いのうえこわし》、憲法草案甲乙両案《けんぽうそうあんこうおつりょうあん》を伊藤首相《いとうしゅしょう》に提出《ていしゅつ》。5・6 叙位条例《じょいじょうれい》を公布《こうふ》。5・9 大隈重信《おおくましげのぶ》・後藤象二郎《ごとうしょうじろう》・板垣退助《いたがきたいすけ》・勝安芳《かつやすよし》に伯爵《はくしゃく》、森有礼《もりありのり》・榎本武揚《えのもとたけあき》ら一三人《にん》に子爵《ししゃく》を授与《じゅよ》。5・15 旧自由党員《きゅうじゆうとういん》を中心《ちゅうしん》に、大阪《おおさか》で全国有志大懇親会《ぜんこくゆうしだいこんしんかい》開催《かいさい》・星亨《ほしとおる》・板垣退助《いたがきたいすけ》ら演説《えんぜつ》。5・18 私設鉄道条例《しせってつどうじょうれい》を公布《こうふ》。6・1 伊藤博文《いとうひろぶみ》・金子堅太郎《かねこけんたろう》・伊東巳代治《いとうみよじ》ら、神奈川県金沢《かながわけんかなざわ》で憲法草案《けんぽうそうあん》の検討《けんとう》を開始《かいし》(のちに井上毅《いのうえこわし》が参加《さんか》、夏島《なつしま》の伊藤《いとう》別荘《べっそう》へ移《うつ》る、八月夏島草案作成《がつなつしまそうあんさくせい》)。司法省法律顧問《しほうしょうほうりつこもん》ボアソナード、条約改正案反対《じょうやくかいせいあんはんたい》の意見書《いけんしょ》を内閣《ないかく》に提出《ていしゅつ》。6・2 軍事参議官条例《ぐんじさんぎかんじょうれい》を公布《こうふ》(陸軍大臣《りくぐんだいじん》・海軍大臣《かいぐんだいじん》・参謀本部長《さんぼうほんぶちょう》・監軍《かんぐん》を天皇直属《てんのうちょくぞく》の軍事参議官《ぐんじさんぎかん》とし、軍事《ぐんじ》について審議《しんぎ》させる)。6・7 大蔵省所管《おおくらしょうしょかん》の長崎造船所《ながさきぞうせんじょ》を三菱社《みつびししゃ》に払下《はらいさ》げ(明治《めいじ》二一年《ねん》一二月一日《がつついたち》、三菱造船所《みつびしぞうせんじょ》と改称《かいしょう》)。7・3 谷干城農商務相《たにたてきのうしょうむしょう》、条約改正案反対《じょうやくかいせいあんはんたい》の意見書《いけんしょ》を内閣《ないかく》に提出《ていしゅつ》(七月《がつ》二六日《にち》、罷免《ひめん》)。7・6 農商務省所管《のうしょうむしょうしょかん》の兵庫造船所《ひょうごぞうせんじょ》を川崎正蔵《かわさきしょうぞう》に払下《はらいさ》げ。7・25 文官試験試補及見習規則《ぶんかんしけんしほおよびみならいきそく》を公布《こうふ》(試験《しけん》を高《こう》
朝鮮	24
清	13

西暦	年号・干支	内閣
一八八七 ◀▶	明治二〇 丁亥《ひのとのい》	（第１次伊藤博文内閣）

記事

等《とう》・普通《ふつう》の二種《しゅ》に分《わ》け、試験《しけん》と実務練習《じつむれんしゅう》などについて規定《きてい》）。**7・29** 井上馨外相《いのうえかおるがいしょう》、各国公《かっこくこう》使《し》に条約改正会議《じょうやくかいせいかいぎ》の無期延期《むきえんき》を通告《つうこく》。**7・30** 官吏服務紀律《かんりふくむきりつ》を改正《かいせい》（官吏《かんり》は天皇《てんのう》と政府《せいふ》に対《たい》し忠順勤勉《ちゅうじゅんきんべん》を主《しゅ》とする旨《むね》を規定《きてい》）。**8・-** 条約改正《じょうやくかいせい》の失敗《しっぱい》をきっかけに政府施策《せいふしさく》に反対《はんたい》する各地《かくち》の有志《ゆうし》上京《じょうきょう》、元老院《げんろういん》・諸大臣《しょだいじん》に要求提出《ようきゅうていしゅつ》。井上馨《いのうえかおる》、「条約改正意見書《じょうやくかいせいいけんしょ》」を閣僚《かくりょう》に配布《はいふ》。**9・17** 井上馨外相辞任《いのうえかおるがいしょうじにん》、伊藤博文首相《いとうひろぶみしゅしょう》を外相兼任《がいしょうけんにん》とする。**10・3** 後藤象二郎《ごとうしょうじろう》、有志《ゆうし》七〇人余《にんよ》を東京芝《とうきょうしば》の三縁亭《さんえんてい》に招《まね》き懇談会《こんだんかい》を開催《かいさい》（丁亥倶楽部《ていがいクラブ》を設置《せっち》、大同団結《だいどうだんけつ》を説《と》く）。**10・-** 高知県代表《こうちけんだいひょう》、「三大事件建白書《さんだいじけんけんぱくしょ》」を元老院《げんろういん》に提出《ていしゅつ》（地租軽減《ちそけいげん》・言論集会《げんろんしゅうかい》の自由《じゆう》・外交失《がいこうしっ》策《さく》の挽回《ばんかい》を要求《ようきゅう》）。**12・15** 二府《ふ》一八県《けん》の代表《だいひょう》、東京《とうきょう》で会合《かいごう》・三大建白《さんだいけんぱく》の処理《しょり》を元老院《げんろういん》に要求《ようきゅう》。**12・25** 保安条例《ほあんじょうれい》を公布《こうふ》・施行《しこう》・翌《よく》二六日《にち》、五七〇人《にん》に、三日《か》以内《いない》に皇居外《こうきょがい》三里《り》への退去《たいきょ》を命《めい》じる。**12・29** 新聞紙条例《しんぶんしじょうれい》を改正《かいせい》・公布《こうふ》（発行届出制《はっこうとどけでせい》とする）。

【社会・文化】

1・- 徳富蘇峰《とくとみそほう》、民友社《みんゆうしゃ》を結成《けっせい》。**2・15** 民友社《みんゆうしゃ》『国民之友《こくみんのとも》』創刊《そうかん》。**3・11** 『群馬日報《ぐんまにっぽう》』創刊《そうかん》（『官《かん》令日報《れいにっぽう》』改題《かいだい》）。**3・15** 国家学会《こっかがっかい》『国家学会雑誌《こっかがっかいざっし》』創刊《そうかん》。**4・1** 見光社《けんこうしゃ》『めさまし新聞《しんぶん》』創刊《そうかん》（『灯《ともしび》新聞《しんぶん》』改題《かいだい》）。**4・18** 文部省《もんぶしょう》、第二高等中学校《だいにこうとうちゅうがっこう》を仙台《せんだい》に、第四高等中学校《だいしこうとうちゅうがっこう》を金沢《かなざわ》に設置《せっち》（五月《がつ》三〇日《にち》、第五高等中学校《だいごこうとうちゅうがっこう》を熊本《くまもと》に設置《せっち》）。**4・20** 首相官邸《しゅしょうかんてい》で大仮装舞踏会《だいかそうぶとうかい》を開催《かいさい》（この頃《ころ》、鹿鳴館《ろくめいかん》でも舞踏会《ぶとうかい》をしばしば開催《かいさい》、欧化主義《おうかしゅぎ》として批難《ひなん》される）。**4・-** 徳富蘇峰《とくとみそほう》『新《しん》日本之青年《にほんのせいねん》』刊《かん》。西村茂樹《にしむらしげき》『日本道徳論《にほんどうとくろん》』刊《かん》。**5・20** 博愛社《はくあいしゃ》、日本赤十字社《にほんせきじゅうじしゃ》と改称《かいしょう》（社長《しゃちょう》佐野常民《さのつねたみ》）。**5・21** 学位令《がくいれい》を公布《こうふ》（学位《がくい》を博士《はくし》・大博士《だいはくし》の二等《とう》に分《わ》ける）。**5・-** 中江兆民《なかえちょうみん》『三《さん》酔人経綸問答《すいじんけいりんもんどう》』刊《かん》。『明治貨政考要《めいじかせいこうよう》』刊《かん》。**6・15** 陸軍士官学校官制《りくぐんしかんがっこうかんせい》・陸軍幼年学校官制《りくぐんようねんがっこうかんせい》を公布《こうふ》。博文館創立。**7・17** 山形新報社《やまがたしんぽうしゃ》『山形新報《やまがたしんぽう》』創刊《そうかん》。**9・10** 大日本婦人衛生会《だいにほんふじんえいせいかい》設立《せつりつ》。**9・11** 日《に》

朝鮮	清
高宗 24	光緒 13

西暦	
年号・干支	
内閣	
記事	本講道会《ほんこうどうかい》、日本弘道会《にほんこうどうかい》と改称《かいしょう》し、国民道徳普及活動《こくみんどうとくふきゅうかつどう》を開始《かいし》。**9・16** 井上円了《いのうええんりょう》、東京《とうきょう》に私立哲学館《しりつてつがくかん》を開《ひら》く(後《のち》の東洋大学《とうようだいがく》)。**9・-** 宮内省《くないしょう》、沖縄県尋常師範学校《おきなわけんじんじょうしはんがっこう》に天皇《てんのう》・皇后《こうごう》の「御真影《ごしんえい》」を下付《かふ》。『秋田新報《あきたしんぽう》』創刊《そうかん》(『秋田日報《あきたにっぽう》』改題《かいだい》)。野口勝一《のぐちかついち》・富岡政信《とみおかまさのぶ》編《へん》『維新史料《いしんしりょう》』刊《かん》(〜明治《めいじ》二九年《ねん》一二月《がつ》)。**10・5** 文部省《もんぶしょう》、図画取調掛《ずがとりしらべがかり》を東京美術学校《とうきょうびじゅつがっこう》、音楽取調掛《おんがくとりしらべがかり》を東京音楽学校《とうきょうおんがくがっこう》と改称《かいしょう》。**10・17** 横浜《よこはま》の上水道配水《じょうすいどうはいすい》を開始《かいし》(鉄管使用《てつかんしよう》、近代的上水道《きんだいてきじょうすいどう》の初《はじ》め)。**10・-** 自由民権派《じゆうみんけんは》、『西哲夢物語《せいてつゆめものがたり》』を秘密出版《ひみつしゅっぱん》。**11・-** 重野安繹《しげのやすつぐ》・久米邦武《くめくにたけ》・星野恒《ほしのひさし》『史徴墨宝《しちょうぼくほう》』第《だい》一編刊《へんかん》(〜明治《めいじ》二二年《ねん》)。**12・4** 竜池会《りゅうちかい》、日本美術協会《にほんびじゅつきょうかい》と改称《かいしょう》。**この年** 勝海舟《かつかいしゅう》編《へん》『吹塵録《すいじんろく》』成《な》る。二葉亭四迷《ふたばていしめい》『浮雲《うきぐも》』第《だい》一編刊《へんかん》(〜明治《めいじ》二四年《ねん》)。 【死没】 **2・18** 中山《なかやま》みき(90、天理《てんり》教《きょう》教祖《きょうそ》)。**2・20** 城多虎雄《きたとらお》(32、新聞人《しんぶんじん》)。**3・5** 行秀《ゆきひで》(75、刀工《とうこう》)。**3・7** 黒田長溥《くろだながひろ》(77、筑前福岡藩主《ちくぜんふくおかはんしゅ》)。**3・27** 沢山保羅《さわやまぽうろ》(36、牧師《ぼくし》)。**4・6** 大谷幸蔵《おおたにこうぞう》(63、蚕種商《さんしゅしょう》)。**4・20** 阿部正外《あべまさと》(60、老中《ろうじゅう》)。**5・19** 矢野玄道《やのはるみち》(65、国学《こくがく》)。**6・8** 権田直助《ごんだなおすけ》(79、国学《こくがく》)。**6・25** 松沢求策《まつざわきゅうさく》(33、政治家《せいじか》)。**7・31** 六郷新三郎《ろくごうしんさぶろう》(五代《だい》)(73、長唄囃子方《ながうたはやしかた》)。**11・19** 頓成《とんじょう》(93、真宗学僧《しんしゅうがくそう》)。**12・6** 島津久光《しまづひさみつ》(71、政治家《せいじか》)。**12・19** 吉原重俊《よしはらしげとし》(43、日本銀行総裁《にほんぎんこうそうさい》)。**この年** 山口吉郎兵衛《やまぐちきちろうべえ》(三代《だい》)(37、実業家《じつぎょうか》)。 〖世界〗 **1・20** アメリカ、ハワイから真珠湾《しんじゅわん》の租借権《そしゃくけん》を獲得《かくとく》。**1・26** モーニケ没《ぼつ》(72、ドイツ人医師《じんいし》)。**2・4** アメリカ、州際通商法制定《しゅうさいつうしょうほうせいてい》(連邦政府《れんぽうせいふ》が鉄道運賃《てつどううんちん》を規制《きせい》)。**2・12** イギリス・イタリア間《かん》に地中海協商成立《ちちゅうかいきょうしょうせいりつ》、地中海《ちちゅうかい》の現状維持《げんじょういじ》を約束《やくそく》。**2・20** ドイツ・オーストリア・イタリア、三国同盟《さんごくどうめい》を更新《こうしん》。**4・4** ロンドンで第《だい》一回植民地会議開催《かいしょくみんちかいぎかいさい》。**6・18** ドイツ・ロシア、
朝鮮	
清	

西暦	年号・干支	内閣	記事	朝鮮	清
一八八七 ▶	明治二〇 丁亥《ひのとのい》	(第1次伊藤博文内閣)	秘密再保障条約《ひみつさいほしょうじょうやく》に調印《ちょういん》。**10・9** 福建《ふっけん》―台湾間《たいわんかん》に海底電線開通《かいていでんせんかいつう》。**10・17** フランス領《りょう》インドシナ連邦成立《れんぽうせいりつ》。**12・-** 漢城《かんじょう》(現在《げんざい》のソウル)の商人《しょうにん》、外国人《がいこくじん》の竜山移住《りゅうざんいじゅう》に反対《はんたい》する示威《じい》運動《うんどう》。**この年《とし》** ノルウェー労働党結成《ろうどうとうけっせい》。フランスで反議会《はんぎかい》・排外主義《はいがいしゅぎ》を唱《とな》えるブーランジズム運動《うんどう》が激化《げきか》(~一八八九年《ねん》)。カッペレッティ没《ぼつ》(イタリアの建築家《けんちくか》)。清《しん》、黄遵憲撰《こうじゅんけんせん》『日《に》本国志《ほんこくし》』成《な》る。	高宗 24	光緒 13
一八八八 ◀	二一 戊子《つちのえね》	黒田清隆内閣《くろだきよたか》 4・30	【政治・経済】 **1・4** 山陽鉄道会社《さんようてつどうがいしゃ》、設立免許《せつりつめんきょ》(社長《しゃちょう》中上川彦次郎《なかみがわひこじろう》、私設鉄道条例公布後最初《しせつてつどうじょうれいこうふごさいしょ》の鉄道会社《てつどうがいしゃ》として創立《そうりつ》)。各種勲章《かくしゅくんしょう》の等級《とうきゅう》・制式《せいしき》を定《さだ》める。**2・1** 大隈重信《おおくましげのぶ》を外務大臣《がいむだいじん》に任《にん》じる。元《げん》老院《ろういん》、町村制修正案《ちょうそんせいしゅうせいあん》を上奏《じょうそう》(二月《がつ》八日《か》、市制修正案上奏《しせいしゅうせいあんじょうそう》)。**3・1** 関西鉄道会社《かんさいてつどうがいしゃ》・大阪《おおさか》鉄道会社《てつどうがいしゃ》、設立免許《せつりつめんきょ》。**4・25** 市制《しせい》・町村制公布《ちょうそんせいこうふ》(明治《めいじ》二二年《ねん》四月一日《がつついたち》より漸次施行《ぜんじしこう》)。**4・30** 枢密院官制公布《すうみついんかんせいこうふ》、議長《ぎちょう》に伊藤博文就任《いとうひろぶみしゅうにん》。黒田清隆内閣成立《くろだきよたかないかくせいりつ》。**5・8** 枢密院開院式挙行《すうみついんかいいんしききょこう》・天皇《てんのう》、皇室典範《こうしつてんぱん》・憲法草案諮詢《けんぽうそうあんしじゅん》および励精審議《れいせいしんぎ》を望《のぞ》む勅語《ちょくご》を下《くだ》す。**5・10** 内藤久寛《ないとうひさひろ》ら、新《に》潟県《いがたけん》に日本石油会社《にほんせきゆがいしゃ》を創業《そうぎょう》。**5・14** 鎮台条例《ちんだいじょうれい》を廃《はい》し、師団司令部条例《しだんしれいぶじょうれい》を公布《こうふ》(鎮台《ちんだい》を師《し》団《だん》に改編《かいへん》)・陸軍参謀本部条例《りくぐんさんぼうほんぶじょうれい》・海軍参謀本部条例《かいぐんさんぼうほんぶじょうれい》・参軍官制《さんぐんかんせい》などを公布《こうふ》。**6・13** 内務大《ないむだい》臣《じん》、町村合併規準《ちょうそんがっぺいきじゅん》を地方長官《ちほうちょうかん》に訓令《くんれい》。**6・18** 枢密院《すうみついん》で憲法草案《けんぽうそうあん》の審議《しんぎ》を開始《かいし》(第《だい》一審会《しんかい》六月《がつ》一八日《にち》~七月《がつ》一三日《にち》、第《だい》二・三審会《しんかい》を経《へ》て、明治《めいじ》二二年《ねん》二月《がつ》五日《か》確定《かくてい》)。**6・27** 九州《きゅうしゅう》鉄道会社《てつどうかいしゃ》、設立免許《せつりつめんきょ》。**7・5** 後藤象二郎《ごとうしょうじろう》、大同団結運動《だいどうだんけつうんどう》の遊説《ゆうぜい》のため信越《しんえつ》・東北地方《とうほくちほう》へ出《しゅっ》発《ぱつ》(八月《がつ》二二日《にち》、帰京《ききょう》)。**9・12** 地方制度編纂委員会《ちほうせいどへんさんいいんかい》、府県制《ふけんせい》・郡制法案《ぐんせいほうあん》を内閣《ないかく》へ提出《ていしゅつ》。**10・5** 野村靖《のむらやすし》・渋沢栄一《しぶさわえいいち》ら、鹿鳴館《ろくめいかん》で自治政研究会《じちせいけんきゅうかい》を開催《かいさい》。**10・14** 栗原亮一《くりはらりょういち》ら、大阪《おおさか》で大同《だいどう》	25	14

西暦	
年号・干支	
内閣	
記事	団結《だんけつ》の三府《ぶ》三三県《けん》三八五人《にん》の有志《ゆうし》懇親会《こんしんかい》を開催《かいさい》。11・26 大隈重信《おおくましげのぶ》外相《がいしょう》、新条約改正案《しんじょうやくかいせいあん》（領《りょう》事裁判権撤廃《じさいばんけんてっぱい》・大審院《たいしんいん》の外国人判事任用《がいこくじんはんじにんよう》など）をドイツ代理公使《だいりこうし》に手交《しゅこう》（一二月一八日《にち》アメリカ、二九日《にち》イギリス・フランス、三〇日《にち》ロシア・オーストリア・イタリア各国公使《かっこくこうし》に手交《しゅこう》）。11・30 メキシコとの修好通商条約《しゅうこうつうしょうじょうやく》に調印《ちょういん》（最初《さいしょ》の対等条約《たいとうじょうやく》）。12・2 山県有朋《やまがたありとも》内相《ないしょう》、地方《ちほう》制度調査《せいどちょうさ》のため欧州《おうしゅう》へ出発《しゅっぱつ》（明治《めいじ》二二年《ねん》一〇月《がつ》二日《か》、帰国《きこく》）。12・4 愛媛県《えひめけん》から旧讃岐《きゅうさぬき》国分《くにぶん》を割《さ》き、香川県《かがわけん》を設置《せっち》（現在《げんざい》の府県名確立《ふけんめいかくりつ》）。12・7 後藤象二郎《ごとうしょうじろう》、東海《とうかい》・北陸地方《ほくりくちほう》への遊説《ゆうぜい》に出発《しゅっぱつ》。12・19 陸軍刑法《りくぐんけいほう》・海軍刑法改正《かいぐんけいほうかいせい》（利敵行為《りてきこうい》・機密漏洩《きみつろうえい》などへの処罰強化《しょばつきょうか》）。12・25 陸海軍将校分限令《りくかいぐんしょうこうぶんげんれい》公布《こうふ》。 【社会・文化】 1・4 時事通信社創立《じじつうしんしゃそうりつ》（社主益田孝《しゃしゅますだたかし》、日本最初《にほんさいしょ》のニュース通信社《つうしんしゃ》）。1・10 高知立志社《こうちりっししゃ》『土《ど》陽新聞《ようしんぶん》』刊《かん》（『海南新聞《かいなんしんぶん》』『土陽雑誌《どようざっし》』合併《がっぺい》）。1・15 東雲新聞社《しののめしんぶんしゃ》『東雲新聞《しののめしんぶん》』創刊《そうかん》。2・3 文部《もんぶ》省《しょう》、唱歌《しょうか》「紀元節《きげんせつ》」（高崎正風作詞《たかさきまさかぜさくし》、伊沢修二作曲《いさわしゅうじさっきょく》）を府県《ふけん》・直轄学校《ちょっかつがっこう》に送付《そうふ》。2・15 宮《みや》崎新報社《ざきしんぽうしゃ》『宮崎新報《みやざきしんぽう》』創刊《そうかん》。3・－ 島田三郎《しまださぶろう》『開国始末《かいこくしまつ》』刊《かん》。4・3 志賀重昂《しがしげたか》・三宅雪嶺《みやけせつれい》・杉浦重《すぎうらじゅう》剛《ごう》ら、政教社《せいきょうしゃ》を創設《そうせつ》し機関誌《きかんし》『日本人《にほんじん》』を創刊《そうかん》。5・1 三代目河竹新七《だいめかわたけしんしち》『籠釣瓶花街酔醒《かごつるべさとのえいざめ》』、東京千歳座《とうきょうちとせざ》で初演《しょえん》。5・7 箕作麟祥《みつくりりんしょう》・加藤弘之《かとうひろゆき》ら二五人《にん》に学位令《がくいれい》に基《もと》づき初《はつ》の博士号《はくしごう》を授与《じゅよ》。6・1 政論社《せいろんしゃ》『政論《せいろん》』創刊《そうかん》。6・4 東京天文台《とうきょうてんもんだい》を東京府麻布区飯倉町《とうきょうふあざぶくいいぐらまち》に設置《せっち》し帝国《ていこく》大学《だいがく》に属《ぞく》させる。6・18 松岡好一《まつおかこういち》、『日本人《にほんじん》』に「高島炭坑《たかしまたんこう》の惨状《さんじょう》」を掲載《けいさい》し高島炭坑《たかしまたんこう》を批判《ひはん》。社会問題《しゃかいもんだい》に発展《はってん》。6・30『農務顛末《のうむてんまつ》』成《な》る。7・1 芸備日日新聞社《げいびにちにちしんぶんしゃ》『芸備日日新聞《げいびにちにちしんぶん》』創刊《そうかん》（『芸《げい》備日報《びにっぽう》』改題《かいだい》）。7・5 新愛知社《しんあいちしゃ》『新愛知《しんあいち》』創刊《そうかん》。7・15 磐梯山大噴火《ばんだいさんだいふんか》、死者《ししゃ》四四四人《にん》。7・16『富山日報《とやまにっぽう》』刊《かん》（『中越新聞《ちゅうえつしんぶん》』改題《かいだい》）。8・28 海軍大学校《かいぐんだいがっこう》を築地《つきじ》の旧海軍兵学校生徒館《きゅうかいぐんへいがっこうせいとかん》を校舎《こうしゃ》
朝鮮	
清	

西暦	年号・干支	内閣
▶一八八八	明治二一 戊子《つちのえね》	(黒田清隆内閣)

記事

にあて創設《そうせつ》。**9・10** 東北日報社《とうほくにっぽうしゃ》『東北日報《とうほくにっぽう》』創刊《そうかん》。**10・9** 九州日日新聞社《きゅうしゅうにちにちしんぶんしゃ》『九州日日新聞《きゅうしゅうにちにちしんぶん》』創刊《そうかん》(『紫溟新報《しめいしんぽう》』改題《かいだい》)。**10・-** 銀行雑誌社《ぎんこうざっししゃ》『銀行雑誌《ぎんこうざっし》』創刊《そうかん》。中根淑《なかねきよし》『都《みやこ》の花《はな》』創刊《そうかん》。**11・20** 大阪毎日新聞社《おおさかまいにちしんぶんしゃ》『大阪毎日新聞《おおさかまいにちしんぶん》』発行《はっこう》(『大阪日報《おおさかにっぽう》』改題《かいだい》)。**この秋《あき》** 川上音二郎《かわかみおとじろう》、時事《じじ》を諷刺《ふうし》した「オッペケペー節《ぶし》」を演《えん》じる(明治《めいじ》二四年頃《ねんころ》、全国《ぜんこく》で大流行《だいりゅうこう》)。**12・6** 東奥日《とうおうにっ》報《ぽう》社《しゃ》『東奥日《とうおうにっ》報《ぽう》』創刊《そうかん》。**12・7** 経世評論社《けいせいひょうろんしゃ》『経世評論《けいせいひょうろん》』創刊《そうかん》。**この年《とし》** 勝海舟《かつかいしゅう》編《へん》『海軍歴史《かいぐんれきし》』成《な》る(翌年印《よくねんいん》刷《さつ》・頒布《はんぷ》)。小中村清矩《こなかむらきよのり》『歌舞音楽略史《かぶおんがくりゃくし》』刊《かん》。**この年以降《としいこう》** 市来四郎《いちきしろう》編《へん》『忠義公史料《ただよしこうしりょう》』成《な》る。

【死没】

1・2 菅野八郎《かんのはちろう》(79、一揆指導者《いっきしどうしゃ》)。**1・19** 箱田六輔《はこたろくすけ》(39、玄洋社社長《げんようしゃしゃちょう》)。**2・10** 松浦武四郎《まつうらたけしろう》(71、蝦夷地探検家《えぞちたんけんか》)。**3・21** 阿部真造《あべしんぞう》(58、キリスト教徒《きょうと》)。**4・11** 上野景範《うえのかげのり》(45、外交官《がいこうかん》)。**4・16** 鶴田皓《つるたあきら》(54、法制官僚《ほうせいかんりょう》)。**4・25** 福田行誡《ふくだぎょうかい》(80、仏教学《ぶっきょうがく》)。**5・5** 中村福助《なかむらふくすけ》(成駒屋系《なりこまやけい》三代《だい》)(43、歌舞伎役者《かぶきやくしゃ》)。**6・12** 中山忠能《なかやまただやす》(80、宮中政治家《きゅうちゅうせいじか》)。**7・19** 山岡鉄舟《やまおかてつしゅう》(53、政治家《せいじか》)。**7・31** 大久保忠寛《おおくぼただひろ》(72、幕臣《ばくしん》)。**8・5** 斎藤弥九郎《さいとうやくろう》(二代《だい》)(61、剣客《けんかく》)。**8・29** 新井日薩《あらいにっさつ》(59、日《にち》蓮宗管長《れんしゅうかんちょう》)。**9・9** 広田憲寛《ひろたけんかん》(71、蘭学《らんがく》)。**10・23** 三島通庸《みしまみちつね》(54、官僚《かんりょう》)。**11・1** 馬場辰猪《ばばたつい》(39、自由民権家《じゆうみんけんか》)。**11・5** 狩野芳崖《かのうほうがい》(61、日本画家《にほんがか》)。**11・27** 佐々木太郎《ささきたろう》(71、富商《ふしょう》)。**11・-** 田島直之《たじまなおゆき》(69、林業家《りんぎょうか》)。

〘世界〙

1・19 ハラタマ没《ぼつ》(56、オランダの化学者《かがくしゃ》)。**1・28** ドイツ・イタリア、対仏軍事協定《たいふつぐんじきょうてい》を締結《ていけつ》。**2・19** イギリス軍《ぐん》、チベットを攻撃《こうげき》。**3・24** ファビウス没《ぼつ》(81、オランダ海軍士官《かいぐんしかん》)。**5・13** ブラジル、奴隷解放法案成立《どれいかいほうほうあんせいりつ》。**5・29** 朝鮮《ちょうせん》、軍制改革《ぐんせいかいかく》を実施《じっし》。**6・15** ドイツ皇帝《こうてい》にヴィルヘルム二世即位《せいそくい》。**8・1** バン＝ボールクンバーク没《ぼつ》(66、アメリカの外交官《がいこうかん》)。**9・4** サモア

朝鮮	清
高宗 **25**	光緒 **14**

西暦	一八八九 ◀ 図5 ↓10年	
年号・干支	二二 己丑《つちのとうし》	
内閣		
記事	【政治・経済】 1・22 改正徴兵令公布《かいせいちょうへいれいこうふ》・戸主《こしゅ》・嗣子《しし》の徴集猶予《ちょうしゅうゆうよ》・免除《めんじょ》の改廃《かいはい》および一年志願兵制度《ねんしがんへいせいど》などにより徴募範囲《ちょうぼはんい》を拡大《かくだい》し、国民皆兵主義《こくみんかいへいしゅぎ》を実現《じつげん》。 2・11 大日本帝国憲法発布《だいにほんていこくけんぽうはっぷ》・皇室典範制定《こうしつてんぱんせいてい》・議院法《ぎいんほう》・衆議院議員選挙法《しゅうぎいんぎいんせんきょほう》・貴族院令《きぞくいんれい》・会計法《かいけいほう》・憲法発布《けんぽうはっぷ》に際《さい》しての大赦令公布《たいしゃれいこうふ》、国事犯多数《こくじはんたすう》出獄《しゅつごく》。森有礼文相《もりありのりぶんしょう》、官邸《かんてい》で西野文太郎《にしのぶんたろう》に刺《さ》され、翌《よく》一二日没《にちぼつ》。 2・12 黒田清隆首相《くろだきよたかしゅしょう》、鹿鳴館《ろくめいかん》に地方長官《ちほうちょうかん》を召集《しょうしゅう》し超然主義《ちょうぜんしゅぎ》の方針《ほうしん》を訓示《くんじ》。 2・20 アメリカとの和親通商航海条約《わしんつうしょうこうかいじょうやく》に調印《ちょういん》(六月《がつ》一一日《にち》ドイツ、八月《がつ》八日《か》ロシアと調印《ちょういん》するもすべて発効《はっこう》せず)。 3・9 海軍《かいぐん》参謀本部《さんぼうほんぶ》条例《じょうれい》・海軍参謀部《かいぐんさんぼうぶ》条例公布《じょうれいこうふ》(参軍制度《さんぐんせいど》を廃《はい》し、陸軍《りくぐん》は天皇直隷《てんのうちょくれい》の参謀本部《さんぼうほんぶ》、海軍《かいぐん》には海軍大臣《かいぐんだいじん》の下《もと》に海軍参謀部《かいぐんさんぼうぶ》を軍令機関《ぐんれいきかん》として設置《せっち》)。 3・22 大同団結運動《だいどうだんけつうんどう》の指導者後藤《しどうしゃごとう》象二郎《しょうじろう》を逓信大臣《ていしんだいじん》に任《にん》じる。 3・23 土地台帳規則公布《とちだいちょうきそくこうふ》(地券《ちけん》の廃止《はいし》・土地台帳《とちだいちょう》による地租《ちそ》徴収《ちょうしゅう》を定《さだ》める)。東京《とうきょう》・京都《きょうと》・大阪《おおさか》の市制特例《しせいとくれい》を公布《こうふ》(市長《しちょう》を置《お》かず府知事《ふちじ》に職務《しょくむ》を移《い》譲《じょう》)。 4・19『ザ＝タイムス』(ロンドン)、大隈重信外相《おおくましげのぶがいしょう》の条約改正案《じょうやくかいせいあん》を論評《ろんぴょう》(五月《がつ》三一日《にち》～六月《がつ》二日《にち》、新聞《しんぶん》『日本《にほん》』に訳載《やくさい》、反対運動激化《はんたいうんどうげきか》)。 4・30 大同団結派《だいどうだんけつは》、河野広中《こうのひろなか》ら政社派《せいしゃは》と大井憲太郎《おおいけんたろう》ら非政社派《ひせいしゃは》に分裂《ぶんれつ》(五月《がつ》一〇日《か》、政社派《せいしゃは》は大同倶楽部《だいどうクラブ》、非政社派《ひせいしゃは》は大同協和会《だいどうきょうわかい》を結成《けっせい》)。 4・– 佐渡《さど》・生野《いくの》両鉱山《りょうこうざん》、大蔵省鉱山局《おおくらしょうこうざんきょく》から皇室財産《こうしつざいさん》に編入《へんにゅう》。 5・10 会計《かいけい》	諸島《しょとう》で対《たい》ドイツ反乱《はんらん》・独米関係悪化《どくべいかんけいあっか》。 10・1 アメリカ、中国人移民《ちゅうごくじんいみん》の排斥《はいせき》を強化《きょうか》、中国《ちゅうごく》人労働者入国禁止法《じんろうどうしゃにゅうこくきんしほう》を制定《せいてい》。 10・29 スエズ運河条約《うんがじょうやく》、英《えい》・仏《ふつ》・独《どく》・伊《い》・墺《おう》・蘭《らん》・露《ろ》・スペイン・トルコの九ヵ国《こく》により調印《ちょういん》・平時《へいじ》・戦時《せんじ》の自由航行《じゆうこうこう》の保障《ほしょう》とイギリスの特権《とっけん》を承認《しょうにん》。 12・17 清国《しんこく》、北洋海軍成立《ほくようかいぐんせいりつ》・丁汝昌《ていじょしょう》、同軍提督《どうぐんていとく》に就任《しゅうにん》。
朝鮮	26	
清	15	

西暦	年号・干支	内閣	記事	朝鮮	清
一八八九 ◀▶	明治二二 己丑《つちのとうし》	(黒田清隆内閣)	検査院法公布《けんさいんほうこうふ》。7・1 東海道線《とうかいどうせん》(新橋《しんばし》―神戸《こうべ》間《かん》)全通《ぜんつう》。呉《くれ》・佐世保《させぼ》両鎮守府開庁《りょうちんじゅふかいちょう》。7・31 土《と》地収用法公布《ちしゅうようほうこうふ》。8・15 大同倶楽部《だいどうクラブ》・大同協和会《だいどうきょうわかい》・保守中正派《ほしゅちゅうせいは》・『日本《にほん》』『日本人《にほんじん》』社友《しゃゆう》・紫溟会《しめいかい》・玄洋社《げんようしゃ》ら、非条約改正委員会開催《ひじょうやくかいせいいいんかいかいさい》。8・25 条約改正反対派《じょうやくかいせいはんたいは》、東京千歳座《とうきょうちとせざ》で全国連合大演《ぜんこくれんごうだいえん》説会《ぜっかい》を開催《かいさい》(～八月《がつ》二七日《にち》)。10・11 伊藤博文枢密院議長《いとうひろぶみすうみついんぎちょう》、大隈重信外相《おおくましげのぶがいしょう》の条約改正案《じょうやくかいせいあん》に反対《はんたい》して辞表提出《じひょうていしゅつ》。10・18 大隈重信外相《おおくましげのぶがいしょう》、玄洋社社員来島恒喜《げんようしゃしゃいんくるしまつねき》に襲《おそ》われ重傷《じゅうしょう》。10・24 黒田清隆首相以下各大臣《くろだきよたかしゅしょういかかくだいじん》(大隈《おおくま》を除《のぞ》く)、辞表提出《じひょうていしゅつ》。10・25 内大臣三条実美《ないだいじんさんじょうさねとみ》を首相兼任《しゅしょうけんにん》とする。11・1 黒田清隆《くろだきよたか》・伊藤博文《いとうひろぶみ》に元勲優遇《げんくんゆうぐう》の詔書《しょうしょ》を下賜《かし》。11・18 北海道炭礦鉄道会社《ほっかいどうたんこうてつどうがいしゃ》、設立免許状出《せつりつめんきょじょうだ》される。12・10 閣議《かくぎ》、条約改正交渉《じょうやくかいせいこうしょう》の延期《えんき》を決定《けってい》。12・19 板垣退助《いたがきたいすけ》、大阪《おおさか》で旧自由党員《きゅうじゆうとういん》との懇親会《こんしんかい》を開催《かいさい》し、愛国公党《あいこくこうとう》の結成《けっせい》を発表《はっぴょう》。12・24 山県有朋《やまがたありとも》を首相《しゅしょう》に、青木周蔵《あおきしゅうぞう》を外相《がいしょう》に任命《にんめい》(第《だい》一次山県内閣成立《じやまがたないかくせいりつ》)。内閣官制公布《ないかくかんせいこうふ》。**この年《とし》** 日本最初《にほんさいしょ》の経済《けいざい》恐慌《きょうこう》(明治《めいじ》二三年恐慌《ねんきょうこう》の端緒《たんしょ》)。 【社会・文化】 **1・3** 村山竜平《むらやまりょうへい》『東京公論《とうきょうこうろん》』創刊《そうかん》。**1・4** 普通社《ふつうしゃ》『徳島日日新聞《とくしまにちにちしんぶん》』刊《かん》(『普通新聞《ふつうしんぶん》』改題《かいだい》)。**1・22** 師範学校卒業者《しはんがっこうそつぎょうしゃ》の六ヵ月間現役制実施《げつかんげんえきせいじっし》。**1・27** 商況社《しょうきょうしゃ》『中外商業新報《ちゅうがいしょうぎょうしんぽう》』創刊《そうかん》(『中《ちゅう》外物価新報《がいぶっかしんぽう》』改題《かいだい》)。**2・1** 都新聞社《みやこしんぶんしゃ》『都新聞《みやこしんぶん》』創刊《そうかん》(『今日新聞《こんにちしんぶん》』『みやこ新聞《しんぶん》』合併改題《がっぺいかいだい》)。**2・11** 日本新聞社《にほんしんぶんしゃ》『日本《にほん》』創刊《そうかん》。**2・15** 秋田新報社《あきたしんぽうしゃ》『秋田魁新報《あきたさきがけしんぽう》』創刊《そうかん》(『秋田新報《あきたしんぽう》』改題《かいだい》)。**2・17** 憲法雑誌社《けんぽうざっししゃ》『憲法雑誌《けんぽうざっし》』創刊《そうかん》。**2・―** 全国各地《ぜんこくかくち》で憲法発布《けんぽうはっぷ》の祝賀会《しゅくがかい》が多数開《たすうひら》かれる。三《さん》省堂《せいどう》『自治新誌《じちしんし》』創刊《そうかん》。**3・20** 讃岐日報社《さぬきにっぽうしゃ》『讃岐日報《さぬきにっぽう》』創刊《そうかん》。**3・22** 『陸奥日報《むつにっぽう》』創刊《そうかん》。**4・5** 北《ほく》陸公論社《りくこうろんしゃ》『北陸公論《ほくりくこうろん》』創刊《そうかん》。**4・10** 『香川新報《かがわしんぽう》』創刊《そうかん》。**4・―** 大蔵省《おおくらしょう》『工部省沿革報告《こうぶしょうえんかくほうこく》』刊《かん》。**5・―** 法学士会《ほうがくしかい》、「法典編纂《ほうてんへんさん》ニ関《かん》スル意見書《いけんしょ》」を発表《はっぴょう》(民法典論争《みんぽうてんろんそう》に発展《はってん》・～明治《めいじ》二五年《ねん》)。**6・1**	高宗 26	光緒 15

西暦

年号・干支

内閣

記事

政友会《せいゆうかい》『安芸津新報《あきつしんぽう》』創刊《そうかん》。『大分新聞《おおいたしんぶん》』創刊《そうかん》。伊藤博文《いとうひろぶみ》『憲法義解《けんぽうぎかい》』刊《かん》。**6・16** 小山正太郎《こやましょうたろう》・浅井忠《あさいちゅう》・松岡寿《まつおかひさし》・本多錦吉郎《ほんだきんきちろう》・山本芳翠《やまもとほうすい》・川本清雄《かわもときよお》ら、明治美術会《めいじびじゅつかい》を結成《けっせい》(最初《さいしょ》の洋画団体《ようがだんたい》)。**6・-** 陸海軍造兵廠《りくかいぐんぞうへいしょう》の機関部《きかんぶ》職工《しょっこう》ら、同盟進工組《どうめいしんこうぐみ》を結成《けっせい》。**7・-** 神戸新聞社《こうべしんぶんしゃ》『神戸新聞《こうべしんぶん》』創《そう》刊《かん》。**8・26** 博文館《はくぶんかん》『江戸会誌《えどかいし》』発行《はっこう》(『江戸会雑誌《えどかいざっし》』改題《かいだい》)。**9・30** 大阪天満紡績会社《おおさかてんまぼうせきがいしゃ》職工《しょっこう》三〇〇人《にん》、同盟罷業《どうめいひぎょう》して賃上《ちんあ》げを要求《ようきゅう》するも、憲兵《けんぺい》の説諭《せつゆ》により解散《かいさん》。**10・9** 文部省《もんぶしょう》、教員《きょういん》・学生《がくせい》・生徒《せいと》に対《たい》し、講義《こうぎ》・演説《えんぜつ》で現在《げんざい》の政務事項《せいむじこう》の可否《かひ》を論《ろん》じる事《こと》を禁止《きんし》。**10・13** 富《と》山県魚津《やまけんうおづ》で米騒動《こめそうどう》(各地《かくち》で凶作《きょうさく》・米価騰貴《べいかとうき》による農民騒擾《のうみんそうじょう》が増加《ぞうか》)。**10・-** 国華社《こっかしゃ》『国華《こっか》』創《そう》刊《かん》。新声社《しんせいしゃ》『しがらみ草紙《そうし》』創刊《そうかん》。**11・1** 史学会第《しがくかいだい》一回会合《かいかいごう》(会長《かいちょう》重野安繹《しげのやすつぐ》、一二月《がつ》、『史《し》学会雑誌《がくかいざっし》』創刊《そうかん》)。**11・21** 歌舞伎座《かぶきざ》、東京京橋区木挽町《とうきょうきょうばしくこびきちょう》に開場《かいじょう》。**11・26** 群馬県会《ぐんまけんかい》(議長《ぎちょう》湯浅治郎《ゆあさじろう》)、廃娼建議案《はいしょうけんぎあん》を可決《かけつ》。**11・-** 岩手日日新聞社《いわてにちにちしんぶんしゃ》『岩手公報《いわてこうほう》』創刊《そうかん》。**12・-** 史学会《しがくかい》『史学《しがく》会雑誌《かいざっし》』創刊《そうかん》(のちに冨山房《ふざんぼう》より『史学雑誌《しがくざっし》』と改称《かいしょう》)。**この年末《としまつ》** 勝海舟《かつかいしゅう》編《へん》『陸軍歴史《りくぐんれきし》』刊《かん》。

【死没】

2・12 森有礼《もりありのり》(43、政治家《せいじか》)。**2・13** 大橋一蔵《おおはしいちぞう》(42、士族反乱指導者《しぞくはんらんしどうしゃ》)。**2・27** 工藤他山《くどうたざん》(72、儒学《じゅがく》)。**3・19** 福田理軒《ふくだりけん》(75、算学《さんがく》)。**3・21** 一竜斎貞山《いちりゅうさいていざん》(三代《だい》)(54、講釈師《こうしゃくし》)。**4・6** 板倉勝静《いたくらかつきよ》(67、老中《ろうじゅう》)。**4・26** 河鍋暁斎《かわなべきょうさい》(59、日本画家《にほんがか》)。**5・17** 関口隆吉《せきぐちたかよし》(54、官吏《かんり》)。**5・20** 上杉斉憲《うえすぎなりのり》(70、出羽米沢藩主《でわよねざわはんしゅ》)。**7・6** 菅沼貞風《すがぬまただかぜ》(25、南洋貿易史学《なんようぼうえきしがく》)。**7・9** 弾直樹《だんなおき》(67、弾左衛門《だんざえもん》第《だい》一三代目《だいめ》)。**7・19** 杉田玄端《すぎたげんたん》(72、洋学《ようがく》)。**7・23** 宮崎夢柳《みやざきむりゅう》(35、新聞記者《しんぶんきしゃ》)。**9・7** 富本豊前太夫《とみもとぶぜんだゆう》(四代《だい》)(60、富本節太夫《とみもとぶしたゆう》)。**10・7** 三浦乾也《みうらけんや》(69、陶工《とうこう》)。**10・8** 中村宗十郎《なかむらそうじゅうろう》(55、歌舞伎役者《かぶきやくしゃ》)。伊豆長八《いずのちょうはち》(75、左官《さかん》)。**10・18** 来島恒喜《くるしまつねき》(31、国家主義者《こっかしゅぎしゃ》)。**11・21** 森春濤《もりしゅんとう》(71、漢詩人《かんしじん》)。**11・24** 古今亭志《ここんていし》ん生《しょう》(二代《だい》)(58、落語家《らくごか》)。**11・25** 伊達宗紀《だてむねただ》(98、伊予宇和島藩主《いようわじまはんしゅ》)。**12・**

朝鮮

清

西暦	年号・干支	内閣	記事	朝鮮	清
▶一八八九	明治二二 己丑《つちのとうし》	12・24 第1次山県有朋《やまがたありとも》内閣	10 新納中三《にいろちゆうぞう》(58、司法官吏《しほうかんり》)。 〔世界〕 1・1 オーストリア社会民主労働党結成《しゃかいみんしゅろうどうとうけっせい》。 2・19 シモンズ没《ぼつ》(アメリカの医師《いし》)。 3・4 清《しん》国《こく》、光緒帝《こうしょてい》の親政開始《しんせいかいし》。 4・19 スウェーデン社会民主労働者党結成《しゃかいみんしゅろうどうしゃとうけっせい》。 5・2 ペルス゠ライケン没《ぼつ》(オランダ海軍士官《かいぐんしかん》)。 5・6 パリ万国博覧会開催《ばんこくはくらんかいかいさい》(フランス革命《かくめい》一〇〇周年記念《しゅうねんきねん》・〜一一月《がつ》六日《か》)。 7・14 パリで国際労働者大会開催《こくさいろうどうしゃたいかいかいさい》(二二ヵ国《こく》・約《やく》四〇〇人参加《にんさんか》)・第《だい》二インターナショナルを結成《けっせい》。 8・15 ロンドンのドック労働者《ろうどうしゃ》、大規模《だいきぼ》ストライキ開始《かいし》(〜九月《がつ》一六日《にち》)。 10・2 第《だい》一回汎米会議《かいはんべいかいぎ》、ワシントンで開催《かいさい》。 10・ 朝鮮《ちょうせん》、咸鏡道《かんきょうどう》で防穀令施行《ぼうこくれいしこう》・日本《にほん》、防穀令《ぼうこくれい》を通商章程違反《つうしょうしょうていいはん》として損害賠償《そんがいばいしょう》を要求《ようきゅう》(防穀令事件《ぼうこくれいじけん》)。 11・12 日朝貿易規則続約《にっちょうぼうえききそくぞくやく》・通漁規則調印《つうぎょきそくちょういん》・済州島漁民《さいしゅうとうぎょみん》の反対抗争起《はんたいこうそうお》こる。 11・15 ブラジル、陸軍《りくぐん》がクーデタ・帝政《ていせい》倒《たお》れ共和政樹立《きょうわせいじゅりつ》。 **この年** 朝鮮全土《ちょうせんぜんど》で民衆反乱相次《みんしゅうはんらんあいつ》ぐ。	高宗 26	光緒 15
◀一八九〇	二三 庚寅《かのえとら》		【政治・経済】 1・21 自由党結成《じゆうとうけっせい》(一月《がつ》二一〜二三日《にち》、総会《そうかい》で大井憲太郎《おおいけんたろう》ら常議員《じょうぎいん》を選出《せんしゅつ》)。 2・10 裁判所構成法公布《さいばんしょこうせいほうこうふ》(一一月一日《がつついたち》、施行《しこう》)。 2・11 金鵄勲章創設《きんしくんしょうそうせつ》の詔書《しょうしょ》・同勲章《どうくんしょう》の等級製式佩用式公布《とうきゅうせいしきはいようしきこうふ》。 2・26 地方長官会議《ちほうちょうかんかいぎ》、「徳育涵養《とくいくかんよう》ノ義《ぎ》ニ付建議《つきけんぎ》」。 3・- 山県有朋首相《やまがたありともしゅしょう》、「外交政略論《がいこうせいりゃくろん》」を執筆《しっぴつ》、閣僚《かくりょう》らに配布《はいふ》。 4・15 九州同志連合会《きゅうしゅうどうしれんごうかい》、九州地方《きゅうしゅうちほう》の民権派《みんけんは》を集《あつ》め鹿児《かご》島《しま》で開催《かいさい》。 4・21 民法中《みんぽうちゅう》、財産編《ざいさんへん》・財産取得編《ざいさんしゅとくへん》・債権担保編《さいけんたんぽへん》・証拠編公布《しょうこへんこうふ》(明治《めいじ》二六年《ねん》一月《がつ》一日《ついたち》、施行予定《しこうよてい》)・民事訴訟法《みんじそしょうほう》(同《どう》二四年《ねん》四月一日《がつついたち》、施行《しこう》)公布《こうふ》。 4・26 商法公布《しょうほうこうふ》(明治《めいじ》二四年《ねん》一月一日《がつついたち》、施行予定《しこうよてい》)。 5・5 愛国公党組織大会開催《あいこくこうとうそしきたいかいかいさい》。 5・14 愛国公党《あいこくこうとう》・自由党《じゆうとう》・大同	27	16

西暦	
年号・干支	
内閣	
記事	倶楽部《クラブ》、合同《ごうどう》を決議《けつぎ》し庚寅倶楽部《こういんクラブ》を結成《けっせい》。**5・17** 府県制《ふけんせい》・郡制各公布《ぐんせいかくこうふ》（郡制《ぐんせい》は町村制施行後《ちょうそんせいしこうご》、府県制《ふけんせい》は郡制《ぐんせい》・市制施行後《しせいしこうご》に順次施行《じゅんじしこう》）。**6・10** 第《だい》一回貴族院多額納税議員選挙実施《かいきぞくいんたがくのうぜいぎいんせんきょじっし》（九月《がつ》二九日《にち》、四五人任命《にんにんめい》）。**6・15** 大日本綿糸紡績同業連合会《だいにほんめんしぼうせきどうぎょうれんごうかい》、第《だい》一次操業短縮開始《じそうぎょうたんしゅくかいし》（七月《がつ》九日《か》まで実施《じっし》）。**6・21** 官吏恩給法《かんりおんきゅうほう》・軍人恩給法公布《ぐんじんおんきゅうほうこうふ》。**6・30** 行政裁判法公布《ぎょうせいさいばんほうこうふ》（一〇月一日《がっついたち》、施行《しこう》）。**7・1** 第《だい》一回衆議院議員総選挙《かいしゅうぎいんぎいんそうせんきょ》。**7・10** 第《だい》一回貴族院伯子男爵議員互選選挙実施《かいきぞくいんはくしだんしゃくぎいんごせんせんきょじっし》（伯爵《はくしゃく》一五人《にん》・子爵《ししゃく》七〇人《にん》・男爵《だんしゃく》二〇人当選《にんとうせん》）。**7・25** 集会《しゅうかい》および政社法公布《せいしゃほうこうふ》（集会《しゅうかい》・結社《けっしゃ》への取締《とりしま》り強化《きょうか》・政党《せいとう》の連繋禁止《れんけいきんし》）。**8・20** 杉浦重剛《すぎうらじゅうごう》・元田肇《もとだはじめ》ら、大成会結成《たいせいかいけっせい》を決《き》め、二三日《にち》、趣意書《しゅいしょ》を採択《さいたく》。**8・25** 立憲自由党《りっけんじゆうとう》、旧自由党《きゅうじゆうとう》・旧大同倶楽部《きゅうだいどうクラブ》・旧愛国公党《きゅうあいこくこうとう》・旧九州《きゅうきゅうしゅう》同志会《どうしかい》の四派合同《ばごうどう》での結党《けっとう》を決定《けってい》。**9・12** 商業会議所条例公布《しょうぎょうかいぎしょじょうれいこうふ》。**9・15** 立憲自由党《りっけんじゆうとう》、結党式《けっとうしき》。**9・20** 賞勲局官制公布《しょうくんきょくかんせいこうふ》、内閣《ないかく》に同局設置《どうきょくせっち》。**10・7** 刑事訴訟法公布《けいじそしょうほうこうふ》（一一月一日《がっついたち》、施行《しこう》）、民法《みんぽう》中《ちゅう》に人事編《じんじへん》など（明治《めいじ》二六年《ねん》一月一日施行予定《がっついたちしこうよてい》ながら延期《えんき》）を公布《こうふ》。小学校令公布《しょうがっこうれいこうふ》（明治《めいじ》二五年《ねん》四月一日《がっついたち》、全面施行《ぜんめんしこう》）。**10・20** 元老院《げんろういん》を廃止《はいし》。**10・24** 初代貴族院議長《しょだいきぞくいんぎちょう》に伊藤博文《いとうひろぶみ》を任命《にんめい》。**10・30** 「教育《きょういく》ニ関《かん》スル勅語《ちょくご》」発布《はっぷ》。**11・25** 第《だい》一回帝国議会召集《かいていこくぎかいしょうしゅう》。**11・29** 第《だい》一回帝国議会開会《かいていこくぎかいかいかい》（明治《めいじ》二四年《ねん》三月《がつ》七日閉会《かへいかい》・立憲自由党《りっけんじゆうとう》一三〇、立憲改進党《りっけんかいしんとう》四一で民党《みんとう》が三〇〇議席《ぎせき》の過半数《かはんすう》を占《し》める）、この日《ひ》をもって大日本帝国憲法施行《だいにほんていこくけんぽうしこう》。**12・6** 山県首相《やまがたしゅしょう》、衆議院《しゅうぎいん》で施政方針演説《しせいほうしんえんぜつ》。**12・27** 商法《しょうほう》および商法施行条例施行期限法公布《しょうほうしこうじょうれいしこうきげんほうこうふ》（商法《しょうほう》の施行《しこう》を明治《めいじ》二六年《ねん》一月一日《がっついたち》に延期《えんき》）。**この年**《とし》 綿糸生産高《めんしせいさんだか》、輸入高《ゆにゅうだか》を超過《ちょうか》。 【社会・文化】 **1・27** 慶応義塾大学部《けいおうぎじゅくだいがくぶ》、始業式挙行《しぎょうしききょこう》（文学《ぶんがく》・法律《ほうりつ》・理財《りざい》の三科設置《かせっち》）。**1・-** 足尾銅山《あしおどうざん》の鉱毒《こうどく》により渡良瀬川《わたらせがわ》の魚類《ぎょるい》の多《おお》くが死滅《しめつ》し社会問題化《しゃかいもんだいか》。**2・1** 江湖新聞社《こうこしんぶんしゃ》『江湖新聞《こうこしんぶん》』創刊《そうかん》。国《こく》
朝鮮	
清	

西暦	年号・干支	内閣
▶一八九〇	明治二三 庚寅《かのえとら》	（第１次山県有朋内閣）

記事

民新聞社《みんしんぶんしゃ》『国民新聞《こくみんしんぶん》』創刊《そうかん》。**2・11** 近江新報社《おうみしんぽうしゃ》『近江新報《おうみしんぽう》』創刊《そうかん》。**3・8** 日本評論社《にほんひょうろんしゃ》『日本評論《にほんひょうろん》』創刊《そうかん》。**3・25** 女子高等師範学校設立《じょしこうとうしはんがっこうせつりつ》(校長中村正直《こうちょうなかむらまさなお》)。**4・1** 長与専斎《ながよせんさい》らの提唱《ていしょう》により、第一回日本医学会開催《だいかいにほんいがくかいかいさい》。第三回内国勧業博覧会《だいかいないこくかんぎょうはくらんかい》、上野公園《うえのこうえん》で開催《かいさい》。**4・9** 琵琶湖疏水開通式挙行《びわこそすいかいつうしききょこう》。**4・–** 北辰社《ほくしんしゃ》『北辰新聞《ほくしんしんぶん》』創刊《そうかん》。**5・5**『愛国新聞《あいこくしんぶん》』創刊《そうかん》。**5・17** 天皇《てんのう》、芳川顕正文相《よしかわあきまさぶんしょう》に徳育教育《とくいくきょういく》に関《かん》する箴言《しんげん》の編纂《へんさん》を命《めい》じる。**5・30** 伊沢修二《いさわしゅうじ》ら、国家主義教育推進《こっかしゅぎきょういくすいしん》を目的《もくてき》とした国家教育社《こっかきょういくしゃ》を創立《そうりつ》。**9・21** 日本法律学校開校式挙行《にほんほうりつがっこうかいこうしききょこう》(後《のち》の日本大学《にほんだいがく》)。**10・20** 立憲自由党《りっけんじゆうとう》の土佐派《とさは》『自由新聞《じゆうしんぶん》』創刊《そうかん》。**10・31** 文部省《もんぶしょう》、「教育《きょういく》ニ関《かん》スル勅語《ちょくご》」謄本《とうほん》を全国《ぜんこく》の学校《がっこう》に配布《はいふ》。**11・1** ミークルジョン『The Japan Advertiser』創刊《そうかん》(横浜《よこはま》)。**11・12** 国家経済会《こっかけいざいかい》『国家経済会報告《こっかけいざいかいほうこく》』創刊《そうかん》。**11・13** 浅草千束町《あさくさせんぞくまち》に遊覧所《ゆうらんじょ》凌雲閣《りょううんかく》開場《かいじょう》(別名《べつめい》「十二階《じゅうにかい》」、初《はじ》めてのエレベーター設備《せつび》)。**11・20** 帝国《ていこく》ホテル開業式挙行《かいぎょうしききょこう》。**11・22** 国学院開院式挙行《こくがくいんかいいんしききょこう》(皇典講究所《こうてんこうきゅうしょ》を母体《ぼたい》)。**11・25**『国会《こっかい》』創刊《そうかん》。**12・4** 北里柴三郎《きたさとしばさぶろう》、ジフテリアおよび破傷風《はしょうふう》の血清療法《けっせいりょうほう》を発見《はっけん》。**12・13** あづま新聞社《しんぶんしゃ》『あづま新聞《しんぶん》』創刊《そうかん》。**12・16** 東京《とうきょう》・横浜両市内《よこはまりょうしない》および両市間《りょうしかん》で電話交換《でんわこうかん》が開始《かいし》。**12・23** 石川倉次《いしかわくらじ》・小西信八《こにしのぶはち》ら、日本訓盲点字《にほんくんもうてんじ》を完成《かんせい》。**12・–** 帝国大学《ていこくだいがく》『国《こく》史眼《しがん》』刊《かん》。埼玉平民雑誌社《さいたまへいみんざっししゃ》『埼玉平民雑誌《さいたまへいみんざっし》』創刊《そうかん》。**この年** 村田氏寿《むらたうじひさ》・佐々木千尋《ささきちひろ》『続再夢紀事《ぞくさいむきじ》』の編纂開始《へんさんかいし》(大正《たいしょう》一〇年《ねん》八月刊《がっかん》)。農商務省農務局編纂《のうしょうむしょうのうむきょくへんさん》『大日本農史《だいにほんのうし》』成《な》る。文部省《もんぶしょう》『日《に》本教育史資料《ほんきょういくししりょう》』刊《かん》(〜明治《めいじ》二五年《ねん》)。萩野由之《はぎのよしゆき》ら編集校訂《へんしゅうこうてい》『日本文学全書《にほんぶんがくぜんしょ》』刊《かん》(〜明治《めいじ》二五年《ねん》)。田口卯吉編纂《たぐちうきちへんさん》『日本社会事彙《にほんしゃかいじい》』刊《かん》(〜明治《めいじ》二四年《ねん》)。

【死没】

1・5 富田高慶《とみたたかよし》(77、報徳運動家《ほうとくうんどうか》)。**1・10** 村上英俊《むらかみえいしゅん》(80、フランス学《がく》)。**1・21** 加藤九郎《かとうくろう》(61、新聞記者《しんぶんきしゃ》)。**1・23** 新島襄《にいじまじょう》(48、宗教家《しゅうきょうか》)。**2・11** 井関盛艮《いせきもりとめ》(58、横浜毎日新聞発行者《よこはまいにちしんぶんはっこうしゃ》)。**3・**

朝鮮	高宗 27
清	光緒 16

西暦

年号・干支

内閣

記事

27 唐人《とうじん》お吉《きち》（50、ハリス侍妾《じしよう》）。**5・17** 沼間守一《ぬまもりかず》（48、民権政治家《みんけんせいじか》）。**5・23** 平山省斎《ひらやませいさい》（76、大《たい》成教《せいきよう》・御岳教管長《おんたけきようかんちよう》）。**6・2** 松平慶永《まつだいらよしなが》（63、越前福井藩主《えちぜんふくいはんしゆ》）。**6・18** 藤本善右衛門《ふじもとぜんえもん》（76、蚕種《さんしゆ》業功労者《ぎようこうろうしや》）。**6・22** 松岡明義《まつおかあきよし》（65、有職故実家《ゆうしよくこじつか》）。**7・11** 柴田花守《しばたはなもり》（82、不二道教主《ふじどうきようしゆ》）。**7・25** 松平茂昭《まつだいらもちあき》（55、越前福井藩主《えちぜんふくいはんしゆ》）。**9・28** 黒川良安《くろかわりようあん》（74、蘭学《らんがく》）。**10・16** 秋良貞温《あきらさだあつ》（80、長門萩藩《ながとはぎはん》士《し》）。**10・18** 伊佐幸琢《いさこうたく》（五代《だい》）（87、石州流茶人《せきしゆうりゆうちやじん》）。**10・19** 木村曙《きむらあけぼの》（19、小説家《しようせつか》）。**10・23** 竹《たけ》本長門太夫《もとながとだゆう》（四代《だい》）（77、浄瑠璃太夫《じようるりたゆう》）。**この年《とし》** 吉田辰五郎《よしだたつごろう》（三代《だい》、人形遣《にんぎようつか》い）。

〖世界〗

3・17 英《えい》・清《しん》、シッキム・チベット条約調印《じようやくちよういん》（シッキムのイギリス保護領化《ほごりようか》および印《いん》・清国《しんこっ》境《きよう》の取決《とりき》め）。**3・20** ビスマルク、皇帝《こうてい》ヴィルヘルム二世《せい》と対立《たいりつ》し宰相《さいしよう》を辞任《じにん》。**5・1** 第《だい》二インターナショナル創立大会《そうりつたいかい》での決議《けつぎ》に基《もと》づき、欧米各地《おうべいかくち》で初《はつ》のメーデー行進《こうしん》が行《おこな》われる。**7・1** 英《えい》・独《どく》、ヘルゴランドとザンジバルの交換《こうかん》についての協定《きようてい》を締結《ていけつ》。**7・2** アメリカ、シャーマン反《はん》トラスト法成立《ほうせいりつ》。**7・17** セシル＝ローズ、ケープ植民地首相《しよくみんちしゆしよう》に就任《しゆうにん》。**9・23** シュタイン没《ぼつ》（74、ドイツの政治経済学者《せいじけいざいがくしや》）。**10・1** ドイツ、社会主義者鎮圧法失効《しやかいしゆぎしやちんあつほうしつこう》。**10・5** サイル没《ぼつ》（74、米国聖公会宣教師《べいこくせいこうかいせんきようし》）。**12・2** 朝鮮《ちようせん》、対日穀物輸出禁止措置《たいにちこくもつゆしゆつきんしそち》を一年間延長《ねんかんえんちよう》。**12・8** ハンガリー社会民主党成立《しやかいみんしゆとうせいりつ》。**この年《とし》** アメリカ政府《せいふ》、フロンティアの消滅《しようめつ》を発表《はつぴよう》。

朝鮮

清

西暦	一八九一 ◀
年号・干支	明治二四 辛卯《かのとのう》
内閣	(第1次山県有朋内閣)
記事	【政治・経済】 1・8 衆議院本会議《しゅうぎいんほんかいぎ》で予算委員長《よさんいいんちょう》大江卓《おおえたく》、七八八万円削減《えんさくげん》の予算査定案《よさんさていあん》を報告《ほうこく》・九日《か》、松方正義蔵相《まつかたまさよしぞうしょう》、同案《どうあん》に不同意《ふどうい》を表明《ひょうめい》。1・12 東京《とうきょう》・大阪商業会議所設立許可《おおさかしょうぎょうかいぎしょせつりつきょか》(一六日《にち》、名古屋商業会議所設立許可《なごやしょうぎょうかいぎしょせつりつきょか》)。1・13 警視総監《けいしそうかん》、壮士《そうし》など五四人《にん》を保安条例《ほあんじょうれい》に基《もと》づき議《ぎ》会開会中皇居三里外《かいかいかいちゅうこうきょりがい》へ退去処分《たいきょしょぶん》。1・20 帝国議会議事堂全焼《ていこくぎかいぎじどうぜんしょう》(原因《げんいん》は漏電《ろうでん》)。2・20 衆《しゅう》議院《ぎいん》、大成会議員提出《たいせいかいぎいんていしゅつ》の憲法《けんぽう》六七条《じょう》に基《もと》づく歳出《さいしゅつ》について政府《せいふ》の同意《どうい》を求《もと》める動議《どうぎ》を、自由党土佐派《じゆうとうとさは》らの賛成《さんせい》で可決《かけつ》。2・24 立憲自由党分裂《りっけんじゆうとうぶんれつ》(植木枝盛《うえきえもり》ら土佐派《とさは》二九人脱党《にんだっとう》・二六日《にち》、板垣退助《いたがきたいすけ》も脱党《だっとう》)。3・2 衆議院《しゅうぎいん》で予算案修正可決《よさんあんしゅうせいかけつ》(原案《げんあん》から六五一万円《えん》を削減《さくげん》して政府《せいふ》と妥協《だきょう》成《な》る、三月《がつ》六日貴族院《かきぞくいん》も可決《かけつ》して、明治《めいじ》二四年度予算案成立《ねんどよさんあんせいりつ》)。3・19 立憲自由党大会開催《りっけんじゆうとうたいかいかいさい》・党名《とうめい》を自由党《じゆうとう》と改称《かいしょう》、総理《そうり》に板垣退助《いたがきたいすけ》を選出《せんしゅつ》。3・24 青木周蔵外相《あおきしゅうぞうがいしょう》、イギリス公使《こうし》に条約改正案《じょうやくかいせいあん》を手渡《てわた》す。4・9 山県有朋首相《やまがたありともしゅしょう》、天皇《てんのう》に辞意《じい》を表明《ひょうめい》(後任《こうにん》に伊藤博文《いとうひろぶみ》を推《お》すも辞退《じたい》)。5・6 松方正義《まつかたまさよし》を首相《しゅしょう》に任命《にんめい》(蔵相兼任《ぞうしょうけんにん》、第《だい》一次松方内閣成立《じまつかたないかくせいりつ》)。5・11 滋賀県大津《しがけんおおつ》で、巡査津田三蔵《じゅんさつださんぞう》、来日中《らいにちちゅう》のロシア皇太子《こうたいし》を襲《おそ》い傷害《しょうがい》(大津事件《おおつじけん》)。5・12 政府首脳《せいふしゅのう》、大津事件犯人津田三蔵《おおつじけんはんにんつださんぞう》への大逆罪適用《たいぎゃくざいてきよう》の方針《ほうしん》。5・27 大審院長児島惟謙《たいしんいんちょうこじまいけん》、検事側《けんじがわ》の大逆罪適用《たいぎゃくざいてきよう》の死刑要求《しけいようきゅう》を退《しりぞ》け、津田三蔵《つださんぞう》を謀殺未遂罪《ぼうさつみすいざい》の無期徒刑《むきとけい》と判決《はんけつ》。5・— 榎本武揚《えのもとたけあき》・副島種臣《そえじまたねおみ》・矢野文雄《やのふみお》ら、東邦協会《とうほうきょうかい》を結成《けっせい》。8・12 閣内一致《かくないいっち》および議会対策《ぎかいたいさく》を目的《もくてき》に内閣議決書《ないかくぎけつしょ》・内閣規約《ないかくきやく》を決定《けってい》し、内閣《ないかく》に政務部《せいむぶ》を設置《せっち》(部長《ぶちょう》陸奥宗光《むつむねみつ》)。9・1 日本鉄道《にほんてつどう》上野《うえの》—青森間全線開通《あおもりかんぜんせんかいつう》。9・14 陸奥宗光《むつむねみつ》、政務部部長《せいむぶぶちょう》を辞任《じにん》。11・8 大隈重信《おおくましげのぶ》、板垣退助《いたがきたいすけ》と会見《かいけん》し、自由《じゆう》・改進両党連合《かいしんりょうとうれんごう》の気運高揚《きうんこうよう》(一二日《にち》、大隈《おおくま》、枢密顧問官《すうみつこもんかん》を免官《めんかん》)。11・21 第《だい》二通常議会召集《つうじょうぎかいしょうしゅう》(二六日開会《にちかいかい》、一二月《がつ》二五日解散《にちかいさん》)。12・7 梶山鼎介朝鮮駐在公使《かじやまていすけちょうせんちゅうざいこうし》、咸《かん》
朝鮮	高宗 28
清	光緒 17

西暦	
年号・干支	
内閣	第1次松方正義《まつかたまさよし》内閣 5・6
記事	鏡道防穀令施行《きょうどうぼうこくれいしこう》における損害賠償《そんがいばいしょう》として、朝鮮政府《ちょうせんせいふ》に対《たい》し一四万七一六八円《えん》を要求《ようきゅう》（朝《ちょう》鮮側《せんがわ》、要求《ようきゅう》が過大《かだい》とし交渉難航《こうしょうなんこう》）。**12・18** 田中正造《たなかしょうぞう》、衆議院《しゅうぎいん》に足尾鉱毒事件《あしおこうどくじけん》に関《かん》する質《しつ》問書《もんしょ》を初《はじ》めて提出《ていしゅつ》。**12・22** 樺山資紀《かばやますけのり》海相《かいしょう》、議会《ぎかい》で「民力休養《みんりょくきゅうよう》・政費節減《せいひせつげん》」を唱《とな》える民党《みんとう》の海軍省経費削減案《かいぐんしょうけいひさくげんあん》に反対《はんたい》し、薩長政府《さっちょうせいふ》の功績《こうせき》を力説《りきせつ》したいわゆる蛮勇演説《ばんゆうえんぜつ》を行《おこな》う。**12・25** 衆議院《しゅうぎいん》、民党主張《みんとうしゅちょう》の予算大幅削減案可決《よさんおおはばさくげんあんかけつ》（軍艦製造費《ぐんかんせいぞうひ》・製鋼所設立費《せいこうじょせつりつひ》など八九二万余円《よえん》削減《さくげん》）、即日解散《そくじつかいさん》（貴族院《きぞくいん》は停会《ていかい》）。**12・28** 大隈重信《おおくましげのぶ》、立憲改進党《りっけんかいしんとう》に再入党《さいにゅうとう》。 【社会・文化】 **1・1** 立憲自由社《りっけんじゆうしゃ》『立憲自由新聞《りっけんじゆうしんぶん》』創刊《そうかん》（『江湖新聞《こうこしんぶん》』改題《かいだい》）。**1・9** 内村鑑三《うちむらかんぞう》、第一高等中学《だいいちこうとうちゅうがっ》校始業式《こうしぎょうしき》で教育勅語《きょういくちょくご》への拝礼《はいれい》を拒否《きょひ》。**1・-** 井上勝《いのうえまさる》、小岩井農場《こいわいのうじょう》を設立《せつりつ》。**2・5** 川上《かわかみ》音二郎一座《おとじろういちざ》、書生芝居《しょせいしばい》を旗揚《はたあ》げ・「経国美談《けいこくびだん》」「板垣君遭難実記《いたがきくんそうなんじつき》」を上演《じょうえん》。**3・1**『自由平等《じゆうびょうどう》経綸《けいりん》』創刊《そうかん》。**3・8** 神田駿河台《かんだするがだい》のニコライ堂開堂式《どうかいどうしき》（シュチュルポフ設計《せっけい》、コンドル修正《しゅうせい》）。**3・20** 植村正久主宰《うえむらまさひさしゅさい》『福音新報《ふくいんしんぽう》』創刊《そうかん》。**3・24** 度量衡法公布《どりょうこうほうこうふ》（基本単位《きほんたんい》は尺《しゃく》・貫《かん》。明治《めいじ》二六年《ねん》一月一日施行《がっついたちしこう》）。**3・-** 三宅雪嶺《みやけせつれい》、『真善美日本人《しんぜんびにほんじん》』を著《あらわ》す。大和新聞社《やまとしんぶんしゃ》『大和新聞《やまとしんぶん》』創刊《そうかん》（『養徳新聞《やまとしんぶん》』改題《かいだい》）。**4・21** 北門新報社《ほくもんしんぽうしゃ》『北門新報《ほくもんしんぽう》』創刊《そうかん》。**4・-** 福地源一郎《ふくちげんいちろう》「幕府衰亡論《ばくふすいぼうろん》」、『国民之友《こくみんのとも》』に連載《れんさい》（〜明治《めいじ》二五年《ねん》一月《がつ》）。**5・-** 経済雑誌社《けいざいざっししゃ》『史海《しかい》』創刊《そうかん》。東邦協会《とうほうきょうかい》『東邦《とうほう》協会報告《きょうかいほうこく》』創刊《そうかん》。**6・17** 小学校祝日大祭日儀式規程公布《しょうがっこうしゅくじつたいさいじつぎしききていこうふ》。**6・-** 陸羯南《くがかつなん》『近時政論考《きんじせいろんこう》』刊《かん》。**7・3** 竹越与三郎《たけこしよさぶろう》『新日本史《しんにほんし》』上巻刊《じょうかんかん》（〜明治《めいじ》二五年《ねん》、未完《みかん》）。**7・5** いはらき新聞社《しんぶんしゃ》『いはらき』創刊《そうかん》。**7・11** 東京音楽学校《とうきょうおんがくがっこう》の卒業式《そつぎょうしき》で「君《きみ》が代《よ》」が歌《うた》われる（儀式《ぎしき》での「君《きみ》が代《よ》」歌唱《かしょう》の先例《せんれい》）。**9・12** 群馬県《ぐんまけん》、明治《めいじ》二六年末限《ねんまつかぎ》りでの公娼廃止《こうしょうはいし》を公布《こうふ》。**10・20** 静岡民友新聞社《しずおかみんゆうしんぶんしゃ》『静岡民友新聞《しずおかみんゆうしんぶん》』創刊《そうかん》。**10・25** 新潟県北蒲原郡《にいがたけんきたかんばらぐん》で、地主《じぬし》の米差押《こめさしおさ》えに反対《はんたい》する小作人《こさくにん》三〇〇
朝鮮	
清	

西暦：一八九一 ▶

年号・干支：明治二四 辛卯《かのとのう》

内閣：(第1次松方正義内閣)

記事：

人《にん》が騒擾《そうじょう》。**10・28** 岐阜《ぎふ》・愛知《あいち》両県《りょうけん》一帯《いったい》に大地震《おおじしん》・全壊焼失《ぜんかいしょうしつ》一四万二〇〇〇戸《こ》、死者《ししゃ》七二〇〇人《にん》(濃尾大地震《のうびおおじしん》)。**10・-** ヤング『The Kobe Chronicle』創刊《そうかん》。坪内逍遙《つぼうちしょうよう》『早稲田文学《わせだぶんがく》』創刊《そうかん》。**11・5** 陸軍省《りくぐんしょう》、維新前後《いしんぜんご》の国事殉難者《こくじじゅんなんしゃ》一二七七人《にん》を靖国神社《やすくにじんじゃ》に合祀《ごうし》。**11・17** 文部省《もんぶしょう》、各《かく》学校下付《がっこうかふ》の御真影《ごしんえい》・教育勅語謄本《きょういくちょくごとうほん》を「最《もっと》モ尊重《そんちょう》ニ奉置《ほうち》」せよと訓令《くんれい》・小学校教則大綱《しょうがっこうきょうそくたいこう》制定《せいてい》。**11・21** 織田純一郎《おだじゅんいちろう》『寸鉄《すんてつ》』創刊《そうかん》。**11・22** 攪眠社《こうみんしゃ》『東海暁鐘新聞《とうかいぎょうしょうしんぶん》』創刊《そうかん》。**11・-** 重野安繹《しげのやすつぐ》監修《かんしゅう》・山田安栄《やまだあんえい》編纂《へんさん》『伏敵編《ふくてきへん》』出版《しゅっぱん》。**この年《とし》** 岸上操《きしがみみさお》編《へん》『温知叢書《おんちそうしょ》』発行《はっこう》。三宅雪嶺《みやけせつれい》『偽悪醜《ぎあくしゅう》日本人《にほんじん》』刊《かん》。井上哲次郎《いのうえてつじろう》『勅語衍義《ちょくごえんぎ》』刊《かん》。清田黙《きよたしずか》『徳川加除封録《とくがわかじょほうろく》』刊《かん》。内閣記録局《ないかくきろくきょく》『法規分類大全《ほうきぶんるいたいぜん》』第《だい》一編刊《べんかん》(~昭和《しょうわ》二五年《ねん》、未完《みかん》)。内藤耻叟《ないとうちそう》校訂《こうてい》『日本文庫《にほんぶんこ》』発行《はっこう》(~明治《めいじ》二五年《ねん》)。

【死没】

1・6 落合直澄《おちあいなおずみ》(52、神官《しんかん》、国学《こくがく》)。**1・11** 永島段右衛門《ながしまだんえもん》(84、名主《なぬし》・戸長《こちょう》)。**1・12** 伊達邦直《だてくになお》(58、北海道拓殖功労者《ほっかいどうたくしょくこうろうしゃ》)。**1・15** 柳楢悦《やなぎならよし》(60、水路事業者《すいろじぎょうしゃ》)。**1・22** 小笠原長行《おがさわらながみち》(70、老中《ろうじゅう》)。元田永孚《もとだながざね》(74、明治天皇側近《めいじてんのうそっきん》)。**1・28** 堤磯右衛門《つつみいそえもん》(59、実業家《じつぎょうか》)。**2・8** ワーグマン(58、英国画家《えいこくがか》)。**2・11** 青山景通《あおやまかげみち》(73、国学《こくがく》)。**2・18** 三条実美《さんじょうさねとみ》(55、政治家《せいじか》)。**3・15** 養鸕徹定《うかいてつじょう》(78、浄土宗僧侶《じょうどしゅうそうりょ》)。**3・24** 松平斉民《まつだいらなりたみ》(78、美作津山藩主《みまさかつやまはんしゅ》)。**4・9** 鈴木久太夫《すずききゅうだゆう》(63、篤農家《とくのうか》)。**4・22** 吉井友実《よしいともざね》(65、政府高官《せいふこうかん》)。**5・30** 小川松民《おがわしょうみん》(45、漆工《しっこう》)。**6・7** 中村正直《なかむらまさなお》(60、教育者《きょういくしゃ》)。**6・9** 山際七司《やまぎわしちし》(43、政治家《せいじか》)。**6・25** 佐々木弘綱《ささきひろつな》(64、歌人《かじん》、国文学《こくぶんがく》)。**7・1** 永井尚志《ながいなおゆき》(76、幕府官僚《ばくふかんりょう》)。**7・13** 柴田是真《しばたぜしん》(85、日本画家《にほんがか》)。**8・3** 吉田清成《よしだきよなり》(47、外交官《がいこうかん》)。**8・27** 中御門経之《なかみかどつねゆき》(72、政治家《せいじか》)。**9・3** 若山儀一《わかやまのりかず》(52、経済学《けいざいがく》)。**9・22** 水谷民彦《みずたにたみひこ》(74、志士《しし》)。**9・30** 津田三蔵《つださんぞう》(38、大津事件犯人《おおつじけんはんにん》)。**10・1** 大沼枕山《おおぬまちんざん》(74、漢詩人《かんしじん》)。**10・25** 朝彦親王《あさひこしんのう》(68、宮廷政治家《きゅうていせいじか》)。**10・26** サマーズ(63、英国人語学者《えいこくじんごがくしゃ》)。**10・27** 野村文夫《のむらふみお》(56、ジャーナリスト)。**10・31** 藤本清《ふじもとせい》

朝鮮：高宗 28

清：光緒 17

西暦	
年号・干支	
内閣	
記事	兵衛《べえ》（初代《しょだい》）（51、米穀仲買商《べいこくなかがいしょう》）。**12・29** 鹿島万平《かしままんぺい》（70、商人《しょうにん》）。**この年** 池上雪枝《いけがみゆきえ》（66、社会事業《しゃかいじぎょう》家《か》）。 〔世界〕 **1・7** チリ、大統領《だいとうりょう》と議会派《ぎかいは》の内戦勃発《ないせんぼっぱつ》（九月《がつ》一九日《にち》、大統領《だいとうりょう》バルマセダ自殺《じさつ》により、議《ぎ》会派《かいは》勝利《しょうり》）。**2・16** マクシモービッチ没《ぼつ》（63、ロシアの植物学者《しょくぶつがくしゃ》）。**2・1** イラン、国王《こくおう》の専《せん》制《せい》とタバコ利権《りけん》を手中《しゅちゅう》にしたイギリス資本《しほん》に反対《はんたい》するタバコ＝ボイコット運動《うんどう》を展開《てんかい》。**3・18** 日本《にほん》、済州島禁漁《さいしゅうとうきんりょう》の代償《だいしょう》に大同江口《だいどうこうこう》の開港《かいこう》を要求《ようきゅう》。**3・29** アレクサンドル三世《せい》、シベリア鉄道建設《てつどうけんせつ》の勅書《ちょくしょ》を発布《はっぷ》（五月《がつ》三一日着工《にちちゃっこう》）。**4・9** ドイツに膨張主義《ぼうちょうしゅぎ》・汎《はん》ゲルマン主議的団体《しゅぎてきだんたい》の汎《はん》ドイツ連盟設立《れんめいせつりつ》。**5・6** 独《どく》・墺《おう》・伊《い》の三国同盟《さんごくどうめい》、第《だい》三次更新《じこうしん》（期限《きげん》一二年間《ねんかん》）。**5・15** 教皇《きょうこう》レオ一三世《せい》、回勅《かいちょく》「レールム＝ノヴァールム」発表《はっぴょう》。**7・16** 清国北洋艦隊《しんこくほくようかんたい》、横《よこ》浜来訪《はまらいほう》。**7・20** ブルガリア社会民主党創立《しゃかいみんしゅとうそうりつ》。**8・27** ロシア・フランス、八月協定《はちがつきょうてい》を締結《ていけつ》。**9・27（ロシア暦《れき》9・15）** ゴンチャローフ没《ぼつ》（79、ロシアの作家《さっか》）。**10・14** ドイツ社会民主党《しゃかいみんしゅとう》、エルフルト大会《たいかい》でカウツキー起草《きそう》のエルフルト綱領《こうりょう》を採択《さいたく》。**11・11** 清国熱河《しんこくねっか》で金丹道教《きんたんどうきょう》の楊《よう》悦春《えつしゅん》・李国珍《りこくちん》ら蜂起《ほうき》（一二月《がつ》一五日鎮圧《にちちんあつ》）。
朝鮮	
清	

西暦	一八九二 ◀
年号・干支	明治二五 壬辰《みずのえたつ》
内閣	(第1次松方正義内閣)
記事	【政治・経済】 1・22 伊藤博文《いとうひろぶみ》、大成会《たいせいかい》を中心《ちゅうしん》とした新政党組織計画《しんせいとうそしきけいかく》を上奏《じょうそう》(天皇同意《てんのうどうい》せず中止《ちゅうし》)。1・28 予戒令公布《よかいれいこうふ》(選挙干渉《せんきょかんしょう》・取締《とりしまり》が目的《もくてき》・即日施行《そくじつしこう》)。2・9 内閣《ないかく》、高知県下《こうちけんか》に保安条例《ほあんじょうれい》の一部《いちぶ》(印刷物《いんさつぶつ》の事前検閲《じぜんけんえつ》など)の二〇日間適用《にちかんてきよう》を公布《こうふ》(即日施行《そくじつしこう》)。2・11 陸軍少佐福島安正《りくぐんしょうさふくしまやすまさ》、ベルリンから単騎《たんき》シベリア横断《おうだん》に出発《しゅっぱつ》(二六年《ねん》六月《がつ》一二日《にち》、ウラジオストック到着《とうちゃく》)。2・15 第《だい》二回臨時総選挙《かいりんじそうせんきょ》(自由党《じゆうとう》九四人《にん》、立憲改進党《りっけんかいしんとう》三八人《にん》)・品川弥二郎内相《しながわやじろうないしょう》の選挙干渉《せんきょかんしょう》により、各地《かくち》で騒擾発生《そうじょうはっせい》(死者《ししゃ》二五人《にん》、負傷者《ふしょうしゃ》三八八人《にん》)。2・23 伊藤博文《いとうひろぶみ》、選挙干渉実行《せんきょかんしょうじっこう》の官憲《かんけん》の処分《しょぶん》を主張《しゅちょう》し、枢密院議長《すうみついんぎちょう》の辞表《じひょう》を提出《ていしゅつ》(却下《きゃっか》)。2・25 大日本蚕糸会設立《だいにほんさんしかいせつりつ》。3・8 農商務省《のうしょうむしょう》、東京《とうきょう》・秋田《あきた》・大阪《おおさか》・広島《ひろしま》・福岡《ふくおか》・札幌《さっぽろ》に鉱山監督署設置《こうざんかんとくしょせっち》。3・11 品川弥二郎《しながわやじろう》、選挙干渉問題《せんきょかんしょうもんだい》で引責辞任《いんせきじにん》(三月《がつ》一四日《か》、品川《しながわ》と対立《たいりつ》していた陸奥宗光農商務相《むつむねみつのうしょうむしょう》も辞任《じにん》)。4・5 閣議《かくぎ》で条約改正案調査委員会設置《じょうやくかいせいあんちょうさいいんかいせっち》を決定《けってい》(一二日《にち》、同委員《どういいん》に伊藤博文《いとうひろぶみ》らを任《にん》じ、一三日《にち》、第《だい》一回会議開催《かいかいぎかいさい》)。4・24 大成会所属議員《たいせいかいしょぞくぎいん》ら、中央交渉部結成《ちゅうおうこうしょうぶけっせい》を決定《けってい》、政府《せいふ》与党《よとう》の立場《たちば》をとる。5・2 第《だい》三特別議会召集《とくべつぎかいしょうしゅう》(五月《がつ》六日開会《かかいかい》、六月《がつ》一四日閉会《かへいかい》)。5・11 貴族院《きぞくいん》、選挙干渉弾劾決議案可決《せんきょかんしょうだんがいけつぎあんかけつ》。5・14 衆議院《しゅうぎいん》、選挙干渉《せんきょかんしょう》に対《たい》しての政府《せいふ》の反省《はんせい》を求《もと》める建議案可決《けんぎあんかけつ》。5・27 貴族院《きぞくいん》、民法《みんぽう》・商法施行延期法案《しょうほうしこうえんきほうあん》について、断行派《だんこうは》と延期派大論争《えんきはだいろんそう》(翌日修正議決《よくじつしゅうせいぎけつ》、六月《がつ》一〇日《か》、衆議院議決《しゅうぎいんぎけつ》)。5・31 衆議院《しゅうぎいん》、予算案《よさんあん》から海軍予算《かいぐんよさん》などを削減《さくげん》し可決《かけつ》(六月《がつ》六日《か》、貴族院《きぞくいん》、復活修正《ふっかつしゅうせい》し衆議院《しゅうぎいん》へ回付《かいふ》)。6・9 衆議院《しゅうぎいん》、貴族院《きぞくいん》の復活修正《ふっかつしゅうせい》は不法《ふほう》と議決《ぎけつ》し、予算修正案《よさんしゅうせいあん》を貴族院《きぞくいん》へ返付《へんぷ》。6・10 貴族院《きぞくいん》、復活修正《ふっかつしゅうせい》を合法《ごうほう》とし衆議院《しゅうぎいん》へ返付《へんぷ》し、翌《よく》一一日《にち》、予算審議権《よさんしんぎけん》に関《かん》する勅裁《ちょくさい》を求《もと》める上奏案可決《じょうそうあんかけつ》。6・13 天皇《てんのう》、貴族院《きぞくいん》の上奏《じょうそう》を枢密院《すうみついん》に諮詢《しじゅん》、貴族院《きぞくいん》の復《ふっ》
朝鮮	高宗 29
清	光緒 18

西暦

年号・干支

内閣

8・8 第2次伊藤博文《いとうひろぶみ》内閣

記事

活修正《かつしゅうせい》を認《みと》め立法協賛権《りっぽうきょうさんけん》に両院《りょういん》の差《さ》はないと勅裁《ちょくさい》。**6・14** 両院協議会《りょういんきょうぎかい》、予算案修正《よさんあんしゅうせい》につき妥協《だきょう》し両院《りょういん》で可決《かけつ》。**6・21** 鉄道敷設法公布《てつどうふせつほうこうふ》。**6・22** 中央交渉部《ちゅうおうこうしょうぶ》・中立議員有志《ちゅうりつぎいんゆうし》ら、国民協会結党《こくみんきょうかいけっとう》(会頭西郷従道《かいとうさいごうつぐみち》、副会頭品川弥二郎《ふくかいとうしながわやじろう》)。**7・20** 河野敏鎌《こうのとがま》内相《ないしょう》、選挙干渉《せんきょかんしょう》事件《じけん》に関《かん》して福岡県知事安場保和《ふくおかけんちじやすばやすかず》・内務次官白根専一《ないむじかんしらねせんいち》らを更迭《こうてつ》(二七日《にち》、高島鞆之助《たかしまとものすけ》陸相《りくしょう》・樺山資紀《かばやますけのり》海相《かいしょう》、これに反対《はんたい》して辞表提出《じひょうていしゅつ》)。**7・30** 松方正義《まつかたまさよし》首相《しゅしょう》、閣内不統一《かくないふとういつ》のため辞《じ》表提出《ひょうていしゅつ》。**8・3** 伊藤博文《いとうひろぶみ》、各元勲《かくげんくん》の入閣《にゅうかく》を条件《じょうけん》とし組閣《そかく》を承諾《しょうだく》(八月《がつ》八日《か》、第二次《だいじ》伊《い》藤内閣成立《とうないかくせいりつ》、元勲内閣《げんくんないかく》)。**9・25** 第《だい》一回全国商業会議所連合会《かいぜんこくしょうぎょうかいぎしょれんごうかい》、京都《きょうと》で開催《かいさい》。**11・6** 大《おお》井憲太郎《いけんたろう》ら、東洋自由党結党《とうようじゆうとうけっとう》。**11・24** 民法《みんぽう》および商法施行延期法公布《しょうほうしこうえんきほうこうふ》。**11・25** 第《だい》四通常《つうじょう》議会召集《ぎかいしょうしゅう》(一一月《がつ》二九日開会《にちかいかい》、明治《めいじ》二六年《ねん》二月《がつ》二八日閉会《にちへいかい》)。**11・30** 軍艦千島《ぐんかんちしま》、愛媛県堀《えひめけんほり》江沖《えおき》でイギリス船《せん》ラヴェンナと衝突《しょうとつ》し沈没《ちんぼつ》、乗組員《のりくみいん》七〇人余死亡《にんよしぼう》(千島艦事件《ちしまかんじけん》、日英双方《にちえいそうほう》の訴訟《そしょう》に至《いた》り、明治《めいじ》二八年《ねん》九月《がつ》一九日和解《にちわかい》)。

【社会・文化】

1・2 新潟県北蒲原郡紫雲寺村《にいがたけんきたかんばらぐんしうんじむら》で、水入証取戻《みずいりしょうとりもど》しで小作人《こさくにん》四八〇人《にん》が騒擾《そうじょう》。**1・6** 大日《だいに》本仏教青年会結成《ほんぶっきょうせいねんかいけっせい》。**1・-** 久米邦武《くめくにたけ》、「神道《しんとう》は祭天《さいてん》の古俗《こぞく》」を『史海《しかい》』に寄稿《きこう》、神道家《しんとうか》などの非難《ひなん》をうけ筆禍事件《ひっかじけん》に発展《はってん》(三月《がつ》四日《か》、帝国大学教授《ていこくだいがくきょうじゅ》を非職《ひしょく》となる)。**2・3** 出口《でぐち》なお、京都府綾部《きょうとふあやべ》で大本教開教《おおもときょうかいきょう》。**2・6** 因伯時報社《いんぱくじほうしゃ》『因伯時報《いんぱくじほう》』創刊《そうかん》。**4・7** 農商務省《のうしょうむしょう》『農商《のうしょう》務省沿革略志《むしょうえんかくりゃくし》』刊《かん》。**5・-** 有恒会《ゆうこうかい》『酒田新聞《さかたしんぶん》』創刊《そうかん》(『酒田商業新報《さかたしょうぎょうしんぽう》』改題《かいだい》)。**6・27** 震災予《しんさいよ》防調査会設立《ぼうちょうさかいせつりつ》。**6・-** 指原安三《さしはらやすぞう》『明治政史《めいじせいし》』刊《かん》(〜明治《めいじ》二六年《ねん》五月《がつ》)。**7・15** 横須賀海軍造船《よこすかかいぐんぞうせん》廠職工《しょうしょっこう》五一五〇人余《にんよ》、就業規則改正《しゅうぎょうきそくかいせい》を求《もと》め同盟罷業《どうめいひぎょう》。**7・30** 中国民報社《ちゅうごくみんぽうしゃ》『中国民報《ちゅうごくみんぽう》』創刊《そうかん》。**8・1** 福島民報社《ふくしまみんぽうしゃ》『福島民報《ふくしまみんぽう》』創刊《そうかん》。三宅小次郎《みやけこじろう》『和歌山新報《わかやましんぽう》』創刊《そうかん》。**9・15** 徳富蘇峰《とくとみそほう》

朝鮮

清

西暦	年号・干支	内閣	記事	朝鮮	清
▶一八九二	明治二五 壬辰《みずのえたつ》	(第2次伊藤博文内閣)	『家庭雑誌《かていざっし》』創刊《そうかん》。**9・-** 史談会《しだんかい》『史談会速記録《しだんかいそっきろく》』第《だい》一輯《しゅう》発行《はっこう》。**11・1** 朝報社《ちょうほうしゃ》『万朝報《よろずちょうほう》』創刊《そうかん》。**11・30** 大日本私立衛生会《だいにほんしりつえいせいかい》、伝染病研究所《でんせんびょうけんきゅうじょ》を設立《せつりつ》(主任《しゅにん》北里柴三郎《きたさとしばさぶろう》)。**11・-** 大井憲太郎《おおいけんたろう》ら、日本労働協会《にほんろうどうきょうかい》を結成《けっせい》。**12・20** 立憲改進党党報局《りっけんかいしんとうとうほうきょく》『立憲改進党党報《りっけんかいしんとうとうほう》』創刊《そうかん》。**この年《とし》** 関東《かんとう》で東京府《とうきょうふ》を中心《ちゅうしん》に天然痘流行《てんねんとうりゅうこう》。中根淑《なかねきよし》校訂《こうてい》『百万塔《ひゃくまんとう》』刊《かん》。内藤耻叟《ないとうちそう》『徳川十五代史《とくがわじゅうごだいし》』刊《かん》(〜明治《めいじ》二六年《ねん》)。 **【死没】** **1・16** 今北洪川《いまきたこうせん》(77、臨済宗僧《りんざいしゅうそう》)。**1・23** 植木枝盛《うえきえもり》(36、自由民権運動家《じゆうみんけんうんどうか》)。**1・-** 遠藤七郎《えんどうしちろう》(54、志士《しし》)。**2・1** 五姓田芳柳《ごせだほうりゅう》(66、洋画家《ようがか》)。**4・3** 松森胤保《まつもりたねやす》(68、博物家《はくぶつか》)。**4・18** 信太意舒《しだもとのぶ》(54、出羽秋田藩士《でわあきたはんし》)。**5・4** 奈良専二《ならせんじ》(71、明治三老農《めいじさんろうのう》)。**5・20** 福住正兄《ふくずみまさえ》(69、報徳運動指導者《ほうとくうんどうしどうしゃ》)。**5・25** 徳田寛豊《とくだひろとよ》(63、天理教《てんりきょう》)。**6・3** 中山元成《なかやまもとなり》(80、茶業家《ちゃぎょうか》)。**7・23** 前田正之《まえだまさゆき》(51、十津川郷士《とつかわごうし》)。**7・27** 原坦山《はらたんざん》(74、仏教学者《ぶっきょうがくしゃ》)。**8・19** 藤田茂吉《ふじたもきち》(41、政治家《せいじか》)。**11・8** ワーグナー(61、ドイツ人化学者《じんかがくしゃ》)。**11・11** 山田顕義《やまだあきよし》(49、政治家《せいじか》)。**12・3** 平野富二《ひらのとみじ》(47、石川島造船所創立者《いしかわじまぞうせんじょそうりつしゃ》)。**12・10** 富士松加賀太夫《ふじまつかがたゆう》(五代《だい》)(38、新内節家元《しんないぶしいえもと》)。**12・20** 伊達宗城《だてむねなり》(75、伊予宇和島藩主《いようわじまはんしゅ》)。**12・24** 古橋暉児《ふるはしてるのり》(80、篤農家《とくのうか》)。**12・28** 山本覚馬《やまもとかくま》(65、都市《とし》プランナー)。 〔世界〕 **2・22** アメリカ、人民党《じんみんとう》がセントルイスで正式結成《せいしきけっせい》。**4・1** タイのラーマ五世《せい》、行政組織《ぎょうせいそしき》改革《かいかく》を実施《じっし》、内閣制度《ないかくせいど》が発足《ほっそく》。**4・10** マルティら、ニューヨークでキューバ革命党《かくめいとう》を組織《そしき》。**4・-** 朝鮮《ちょうせん》、咸鏡道徳源府《かんきょうどうとくげんふ》で民衆反乱《みんしゅうはんらん》。**5・21** 清国光緒帝《しんこくこうしょてい》、排外文書発行《はいがいぶんしょはっこう》を禁止《きんし》。**8・14** ミラノでイタリア労働者党結成《ろうどうしゃとうけっせい》(のちのイタリア社会党《しゃかいとう》)。**8・16** イギリス、第《だい》四次《じ》グラッドストン内閣成立《ないかくせいりつ》。**8・17** ロシア・フランス、三国同盟《さんごくどうめい》に対抗《たいこう》して軍事協定締結《ぐんじきょうていていけつ》。**9・11** ロ	高宗 29	光緒 18

西暦		◀一八九三
年号・干支		二六 癸巳《みずのとのみ》
内閣		
記事	シア、ウィッテ、蔵相《ぞうしょう》に就任《しゅうにん》。**10・13** 朝鮮《ちょうせん》、清国《しんこく》からの借款《しゃっかん》により日本《にほん》の第一銀行《だいいちぎんこう》などへ債務《さいむ》償却《しょうきゃく》。**11・10** フランス、パナマ運河《うんが》会社《がいしゃ》疑獄《ぎごく》事件《じけん》起《お》こる。**この年**《とし》 ディーゼル、「ディーゼル＝エンジン」を発明《はつめい》。ソロモン・ギルバード・エリス各諸島《かくしょとう》、イギリスの保護領化《ほごりょうか》。	**【政治・経済】** **1・12** 衆議院《しゅうぎいん》、軍艦建造費《ぐんかんけんぞうひ》などを削減《さくげん》した明治《めいじ》二六年度《ねんど》予算案《よさんあん》を議決《ぎけつ》(歳出《さいしゅつ》八七一万円減《まんえんげん》・一六日《にち》、政府《せいふ》、不同意《ふどうい》を表明《ひょうめい》)。**1・23** 衆議院《しゅうぎいん》、内閣弾劾上奏案《ないかくだんがいじょうそうあん》を上程《じょうてい》し、一五日間《にちかん》の停会《ていかい》を命《めい》じられる。**2・7** 衆議院《しゅうぎいん》、内閣弾劾上奏案《ないかくだんがいじょうそうあん》可決《かけつ》。**2・10** 「在廷《ざいてい》ノ臣僚《しんりょう》及《および》帝国議会《ていこくぎかい》ノ各員《かくいん》ニ告《つ》グ」の詔書《しょうしょ》(和衷協同《わちゅうきょうどう》の詔書《しょうしょ》)が出《だ》され、製艦費補助《せいかんひほじょ》のため六年間《ねんかん》内廷費《ないていひ》毎年《まいとし》三〇万円《まんえん》下付《かふ》・文武官俸給《ぶんぶかんほうきゅう》一割納付《わりのうふ》を命《めい》じる。**2・22** 衆議院《しゅうぎいん》、予算案《よさんあん》修正《しゅうせい》可決《かけつ》(建艦費《けんかんひ》を認《みと》め、歳出《さいしゅつ》二六二万円削減《まんえんさくげん》・二六日《にち》、貴族院《きぞくいん》も可決《かけつ》)。**2・25** 朝鮮《ちょうせん》駐在《ちゅうざい》公使《こうし》大石正己《おおいしまさみ》、防穀令《ぼうこくれい》の損害賠償《そんがいばいしょう》として、朝鮮政府《ちょうせんせいふ》に対《たい》し一七万余円《まんよえん》を要求《ようきゅう》。**3・4** 取引所法《とりひきじょほう》公布《こうふ》(一〇月一日《がっついたち》施行《しこう》)。弁護士法《べんごしほう》公布《こうふ》(五月一日《がっついたち》施行《しこう》)。**3・25** 法典調査会《ほうてんちょうさかい》規則《きそく》公布《こうふ》(四月《がつ》一三日《にち》、総裁《そうさい》に伊藤博文《いとうひろぶみ》就任《しゅうにん》)。**4・1** 碓氷峠《うすいとうげ》にアプト式線路《しきせんろ》を採用《さいよう》、直江津《なおえつ》線横川《せんよこかわ》—軽井沢間《かるいざわかん》開通《かいつう》・これにより上野《うえの》—直江津間《なおえつかん》全通《ぜんつう》。**4・11** 農商務省《のうしょうむしょう》、東京府《とうきょうふ》西《にし》ヶ原《がはら》に農事試験場《のうじしけんじょう》を設置《せっち》(六月《がつ》五日《か》、大阪《おおさか》・熊本《くまもと》・広島《ひろしま》・徳島《とくしま》、七月《がつ》五日《か》、宮城《みやぎ》・石川《いしかわ》に設置《せっち》)。**4・14** 集会《しゅうかい》および政社法《せいしゃほう》改正《かいせい》公布《こうふ》(取締《とりしま》りを若干緩和《じゃっかんかんわ》)。**4・22** 農商務省《のうしょうむしょう》、臨時製鉄事業《りんじせいてつじぎょう》調査委員会《ちょうさいいんかい》を設置《せっち》。**5・19** 防穀令賠償問題《ぼうこくれいばいしょうもんだい》、朝鮮政府《ちょうせんせいふ》の損害賠償《そんがいばいしょう》一一万円《まんえん》支払《しはら》いで妥結《だけつ》。**5・20** 海軍《かいぐん》省官制改正《しょうかんせいかいせい》・海軍軍令部《かいぐんぐんれいぶ》条例《じょうれい》公布《こうふ》。**5・22** 戦時《せんじ》大本営《だいほんえい》条例《じょうれい》公布《こうふ》(戦時《せんじ》の最高統帥部《さいこうとうすいぶ》を大本《だいほん》
朝鮮		30
清		19

西暦	一八九三 ◀ ▶
年号・干支	明治二六 癸巳《みずのとのみ》
内閣	(第2次伊藤博文内閣)
記事	営《えい》とし、陸海軍大作戦《りくかいぐんだいさくせん》の計画《けいかく》を参謀総長《さんぼうそうちょう》の任《にん》と規定《きてい》)。**6・29** 福島安正陸軍中佐《ふくしまやすまさりくぐんちゅうさ》、シベリア横断《おうだん》を終《お》え東京《とうきょう》に帰着《きちゃく》。**7・8** 臨時閣議《りんじかくぎ》、条約改正案《じょうやくかいせいあん》および交渉方針《こうしょうほうしん》を決定《けってい》(内地雑居承認《ないちざっきょしょうにん》、領事裁判権廃棄《りょうじさいばんけんはいき》、関税率改正《かんぜいりつかいせい》、英《えい》・独《どく》・米《べい》との国別交渉《くにべつこうしょう》)。**9・10** 富岡製糸所《とみおかせいしじょ》を三井高保《みついたかやす》に入札払下《にゅうさつはらいさ》げ。**10・1** 大井憲太郎《おおいけんたろう》ら対外硬派《たいがいこうは》、大日本協会《だいにほんきょうかい》を設立《せつりつ》。**10・16** 貨幣制度調査会規則公布《かへいせいどちょうさかいきそくこうふ》(同《どう》二五日《にち》、谷干城《たにたてき》・渋沢栄一《しぶさわえいいち》ら、調査委員就任《ちょうさいいんしゅうにん》・一一月《がつ》四日《か》、第《だい》一回会議《かいかいぎ》)。**10・31** 文官任用令《ぶんかんにんようれい》・文官試験規則各公布《ぶんかんしけんきそくかくこうふ》。**11・7** 日本郵船会社《にほんゆうせんかいしゃ》、ボンベイ航路《こうろ》を開始《かいし》(初《はつ》の遠洋定期航路《えんようていきこうろ》)。**11・17** 田中製作所《たなかせいさくしょ》、三井銀行《みついぎんこう》に買収《ばいしゅう》され芝浦製作所《しばうらせいさくしょ》と改称《かいしょう》。**11・25** 第《だい》五通常議会召集《つうじょうぎかいしょうしゅう》(一一月《がつ》二八日開会《にちかいかい》、一二月《がつ》三〇日解散《にちかいさん》)。**12・1** 衆議院《しゅうぎいん》、議長星亨《ぎちょうほしとおる》への不信任上奏案動議《ふしんにんじょうそうあんどうぎ》を可決《かけつ》(五日《か》、星《ほし》の一週間出席停止《しゅうかんしゅっせきていし》、一三日《にち》、議員除名《ぎいんじょめい》を決議《けつぎ》)。**12・15** 三菱社《みつびししゃ》、三菱合資会社《みつびしごうしがいしゃ》に改組《かいそ》・改称《かいしょう》(社長岩崎久弥《しゃちょういわさきひさや》)。**12・19** 衆議院《しゅうぎいん》、現行条約励行建議案《げんこうじょうやくれいこうけんぎあん》を上程《じょうてい》、一〇日間《かかん》の停会処分《ていかいしょぶん》となる。**12・29** 衆議院《しゅうぎいん》、陸奥宗光外相《むつむねみつがいしょう》の条約励行建議案反対《じょうやくれいこうけんぎあんはんたい》の演説後《えんぜつご》、再《ふたた》び一四日間《にちかん》の停会《ていかい》を命《めい》じられる。政府《せいふ》、大日本協会《だいにほんきょうかい》に解散命令《かいさんめいれい》。**12・-** 東洋自由党解散《とうようじゆうとうかいさん》。藤田組設立《ふじたぐみせつりつ》(社長藤田伝三郎《しゃちょうふじたでんざぶろう》)。 【社会・文化】 **1・-** 女学雑誌社《じょがくざっししゃ》『文学界《ぶんがくかい》』創刊《そうかん》。**3・11** 殖民協会発会式《しょくみんきょうかいはっかいしき》(会長榎本武揚《かいちょうえのもとたけあき》・副会長前田正名《ふくかいちょうまえだまさな》)。**3・20** 郡司成忠海軍大尉《ぐんじなりただかいぐんたいい》ら六三人《にん》、千島探検《ちしまたんけん》へ出発《しゅっぱつ》。**4・3** 東京婦人矯風会《とうきょうふじんきょうふうかい》、全国組織《ぜんこくそしき》として日本基督教婦人矯風会《にほんキリストきょうふじんきょうふうかい》を結成《けっせい》(会頭矢島楫子《かいとうやじまかじこ》)。**4・-** 殖民協会《しょくみんきょうかい》『殖民協会報告《しょくみんきょうかいほうこく》』刊《かん》。**5・18** 市町村立尋常小学校《しちょうそんりつじんじょうしょうがっこう》の授業料《じゅぎょうりょう》は市町村《しちょうそん》に財政能力《ざいせいのうりょく》があれば徴収《ちょうしゅう》しない事《こと》とする。**5・-** 東京地質学会設立《とうきょうちしつがっかいせつりつ》。パウル＝マイエット著《ちょ》、斎藤鉄太郎《さいとうてつたろう》ら共訳《きょうやく》『日本農民《にほんのうみん》の疲弊及其救治策《ひへいおよびそのきゅうちさく》』刊《かん》。**6・10** ケーベル、帝国大学哲学科教師《ていこくだいがくてつがくかきょうし》に就任《しゅうにん》。**7・30** 黒田《くろだ》
朝鮮	高宗 30
清	光緒 19

西暦

年号・干支

内閣

記事

清輝《せいき》、フランス留学《りゅうがく》より帰国《きこく》、外光派《がいこうは》の画風《がふう》を紹介《しょうかい》。**8・5** 北国新聞社《ほっこくしんぶんしゃ》『北国新聞《ほっこくしんぶん》』創刊《そうかん》。**8・12** 文部省《もんぶしょう》、小学校《しょうがっこう》の祝祭日儀式《しゅくさいじつぎしき》で唱歌用《しょうかよう》に用《もち》いる歌詞《かし》・楽譜《がくふ》を選定《せんてい》(「君《きみ》が代《よ》」など八編《へん》)。**9・15** 琉球新報社《りゅうきゅうしんぽうしゃ》『琉球新報《りゅうきゅうしんぽう》』創刊《そうかん》。**10・26** 秋山定輔《あきやまさだすけ》『二六新報《にろくしんぽう》』創刊《そうかん》。**10・-** 史《し》料通信協会編《りょうつうしんきょうかいへん》『史料通信叢誌《しりょうつうしんそうし》』刊《かん》(〜明治《めいじ》三〇年《ねん》九月《がつ》)。**11・1** 明治座開場式《めいじざかいじょうしき》。**11・15** めさまし新聞社《しんぶんしゃ》『めさまし新聞《しんぶん》』創刊《そうかん》。**この年** 西田敬止編《にしだけいしへん》『益軒十訓《えっけんじっくん》』出版《しゅっぱん》。勝海舟《かつかいしゅう》『開国起《かいこくき》原《げん》』刊《かん》。加藤弘之《かとうひろゆき》『強者《きょうしゃ》の権利《けんり》の競争《きょうそう》』、日独両文《にちどくりょうぶん》にて刊《かん》。博文館《はくぶんかん》『帝国文庫《ていこくぶんこ》』刊《かん》(〜明治《めいじ》三〇年《ねん》)。参謀本部編《さんぼうほんぶへん》『日本戦史《にほんせんし》』刊《かん》(〜大正年間《たいしょうねんかん》)。仙台叢書出版協会《せんだいそうしょしゅっぱんきょうかい》『仙台叢書《せんだいそうしょ》』刊《かん》(〜明治《めいじ》二八年《ねん》)。宮内省集録《くないしょうしゅうろく》『殉難録稿《じゅんなんろくこう》』刊《かん》(〜明治《めいじ》四〇年《ねん》)。

【死没】

1・2 島本仲道《しまもとなかみち》(61、自由民権運動指導者《じゆうみんけんうんどうしどうしゃ》)。**1・10** 杉田仙十郎《すぎたせんじゅうろう》(74、県会議員《けんかいぎいん》)。**1・22** 河竹《かわたけ》黙阿弥《もくあみ》(78、歌舞伎狂言作者《かぶききょうげんさくしゃ》)。**2・23** 山田武甫《やまだたけとし》(63、政治家《せいじか》)。**3・1** エッゲルト(46、御雇《おやとい》外国人教師《がいこくじんきょうし》)。**3・12** 小橋勝之助《こばしかつのすけ》(31、博愛社《はくあいしゃ》)。**3・18** 市村羽左衛門《いちむらうざえもん》(一四代《だい》)(46、歌舞伎役《かぶきやく》者《しゃ》)。**6・4** 下村善太郎《しもむらぜんたろう》(67、前橋市長《まえばししちょう》)。**6・7** 寺島宗則《てらしまむねのり》(62、外交官《がいこうかん》)。**6・10** 羽田正見《はねだまさみ》(68、幕臣《ばくしん》)。**6・12** 清水次郎長《しみずのじろちょう》(74、俠客《きょうかく》)。**6・30** 梅亭金鵞《ばいていきんが》(73、滑稽本作者《こっけいぼんさくしゃ》)。**7・28** 伊東貫《いとうかん》斎《さい》(68、蘭方医《らんぽうい》)。**8・6** 松野勇雄《まつのいさお》(42、国学《こくがく》)。**8・30** 細川護久《ほそかわもりひさ》(55、熊本藩知藩事《くまもとはんちはんじ》)。**10・2** 柳《やなぎ》沢保申《さわやすのぶ》(48、大和郡山藩主《やまとこおりやまはんしゅ》)。浦田長民《うらたながたみ》(54、神宮少宮司《じんぐうしょうぐうじ》)。**10・15** 渡辺台水《わたなべたいすい》(30、新聞記者《しんぶんきしゃ》)。**10・18** 内田政風《うちだまさかぜ》(79、官僚《かんりょう》)。**12・5** 松平容保《まつだいらかたもり》(59、京都守護職《きょうとしゅごしょく》)。

〔世界〕

1・13 イギリスでケア＝ハーディら、独立労働党結成《どくりつろうどうとうけっせい》。**1・17** ハワイ、在住《ざいじゅう》アメリカ人《じん》のクーデタにより、王制廃《おうせいはい》されアメリカの保護領化《ほごりょうか》。**1・18** 朝鮮《ちょうせん》、東学教徒《とうがくきょうと》、教祖《きょうそ》の伸《しん》

朝鮮

清

西暦	年号・干支	内閣	記事	朝鮮	清
▶一八九三	明治二六 癸巳《みずのとのみ》	（第2次伊藤博文内閣）	冤《えん》と教徒《きょうと》弾圧中止《だんあつちゅうし》を請願《せいがん》。**3・31** ルーマニア労働者社会民主党結成《ろうどうしゃしゃかいみんしゅとうけっせい》。**3・-** ポーランド社《しゃ》会党結成《かいとうけっせい》。**4・26** 朝鮮《ちょうせん》、東学教徒《とうがくきょうと》、忠清道報恩《ちゅうせいどうほうおん》に集結《しゅうけつ》し、「斥倭洋倡義《せきわようしょうぎ》」をスローガンとする。**5・5** ニューヨーク証券取引所《しょうけんとりひきじょ》で大暴落《だいぼうらく》、経済恐慌勃発《けいざいきょうこうぼっぱつ》。**5・15** 横浜正金銀行《よこはましょうきんぎんこう》、上海出張所《シャンハイしゅっちょうじょ》を開設《かいせつ》。**8・-** ローザ＝ルクセンブルクら、ポーランド王国社会民主党《おうこくしゃかいみんしゅとう》を創設《そうせつ》。**9・8** イギリス上院《じょういん》、第《だい》二次《じ》アイルランド自治法案《じちほうあん》を否決《ひけつ》。ニュージーランド、世界初《せかいはつ》の女性投票法可決《じょせいとうひょうほうかけつ》（一九日成立《にちせいりつ》）。**9・13** ミュラー没《ぼつ》（71、ドイツの医学者《いがくしゃ》）。**10・3** タイ、フランスと条約調印《じょうやくちょういん》し、メコン川左岸《がわさがん》の領土権放棄《りょうどけんほうき》・賠償金《ばいしょうきん》三〇〇万フラン支払《しはら》い・バンコク開港《かいこう》を約《やく》す。**10・-** 朝鮮各地《ちょうせんかくち》で民衆反乱《みんしゅうはんらん》。**この年** ヘディン、中央《ちゅうおう》アジア探検《たんけん》に出発《しゅっぱつ》。ナンセン、北極探検《ほっきょくたんけん》に出発《しゅっぱつ》。モンブラン没《ぼつ》（フランスの外交官《がいこうかん》）。	高宗 30	光緒 19
◀一八九四	二七 甲午《きのえうま》		**【政治・経済】** **3・1** 第《だい》三回臨時総選挙《かいりんじそうせんきょ》（自由《じゆう》一一九・改進《かいしん》四八・国民協会《こくみんきょうかい》二六）。**4・2** 駐英公使青木周蔵《ちゅうえいこうしあおきしゅうぞう》、ロンドンで条約改正交渉開始《じょうやくかいせいこうしょうかいし》。**4・13** 移民保護規則公布《いみんほごきそくこうふ》。**5・3** 楠本正隆《くすもとまさたか》・長谷場純孝《はせばすみたか》ら、立憲革新党《りっけんかくしんとう》を結成《けっせい》。**5・12** 第《だい》六特別議会召集《とくべつぎかいしょうしゅう》（五月《がつ》一五日開会《にちかいかい》、六月《がつ》二日《か》解散《かいさん》）。**5・26** 綿糸輸出海関税免除法公布《めんしゆしゅつかいかんぜいめんじょほうこうふ》（七月一日施行《がつついたちしこう》）。**5・31** 衆議院《しゅうぎいん》、内閣弾劾上奏案可決《ないかくだんがいじょうそうあんかけつ》（六月《がつ》二日《か》、土方久元宮相《ひじかたひさもときゅうしょう》より不採用《ふさいよう》と伝達《でんたつ》、衆議院《しゅうぎいん》は解散《かいさん》）。**6・2** 閣議《かくぎ》、清国《しんこく》の朝鮮《ちょうせん》への出兵《しゅっぺい》に対《たい》して混成《こんせい》一個旅団派兵《こりょだんはへい》を決定《けってい》（六月《がつ》一二日《にち》、日本軍《にほんぐん》、仁川《じんせん》に到着《とうちゃく》）。**6・5** 大本営《だいほんえい》を参謀本部内《さんぼうほんぶない》に設置《せっち》。**6・7** 駐清代理公使小村寿太郎《ちゅうしんだいりこうしこむらじゅたろう》、公使館保護《こうしかんほご》のための日本軍出兵《にほんぐんしゅっぺい》を清国政府《しんこくせいふ》に通告《つうこく》。**6・16** 陸奥宗光外相《むつむねみつがいしょう》、東学党反乱《とうがくとうはんらん》の共同討伐《きょうどうとうばつ》および朝鮮内政《ちょうせんないせい》の共《きょう》同改革《どうかいかく》を清国公使《しんこくこうし》に提議《ていぎ》（二二日清国拒絶《にちしんこくきょぜつ》、二三日陸奥《にちむつ》、内政改革実現《ないせいかいかくじつげん》までの不撤兵《ふてっぺい》を通告《つうこく》）。	31	20

西暦	
年号・干支	
内閣	
記事	7・10 大鳥圭介《おおとりけいすけ》朝鮮駐在公使《ちょうせんちゅうざいこうし》、日本単独《にほんたんどく》の内政改革案《ないせいかいかくあん》を朝鮮政府《ちょうせんせいふ》に提出《ていしゅつ》。7・16 日英《にちえい》通商航海条約調印《つうしょうこうかいじょうやくちょういん》・領事裁判権《りょうじさいばんけん》の廃止《はいし》・関税率引上《かんぜいりつひきあ》げを実現《じつげん》（八月《がつ》二七日公布《にちこうふ》、明治《めいじ》三二年《ねん》七月《がつ》一七日施行《にちしこう》）。7・20 大鳥圭介公使《おおとりけいすけこうし》、清《しん》・朝鮮《ちょうせん》の宗属関係破棄《そうぞくかんけいはき》などを要求《ようきゅう》した最後《さいご》通牒《つうちょう》を朝鮮政府《ちょうせんせいふ》に通告《つうこく》（回答期限《かいとうきげん》二二日《にち》）。7・23 日本軍《にほんぐん》、漢城《かんじょう》の朝鮮王宮《ちょうせんおうきゅう》を占領《せんりょう》・朝鮮軍《ちょうせんぐん》を武装解除《ぶそうかいじょ》し、大院君《たいいんくん》を執政《しっせい》とする政権樹立《せいけんじゅりつ》。7・25 日本艦隊《にほんかんたい》、豊島沖《ほうとうおき》で清国軍艦《しんこくぐんかん》と交戦《こうせん》し撃退《げきたい》（豊島沖海戦《ほうとうおきかいせん》）、清国兵《しんこくへい》を満載《まんさい》した英国籍輸送船高陞号《えいこくせきゆそうせんこうしょうごう》を撃沈《げきちん》（高陞号事件《こうしょうごうじけん》）。7・29 日本軍《にほんぐん》、朝鮮《ちょうせん》の成歓《せいかん》で清国軍《しんこくぐん》を破《やぶ》る。7・30 日本軍《にほんぐん》、牙山《がざん》を占領《せんりょう》。8・1 清国《しんこく》に宣戦布告《せんせんふこく》（日清戦争《にっしんせんそう》）。8・2 清国《しんこく》との開戦《かいせん》に伴《ともな》い、新聞記事《しんぶんきじ》の事前検閲令公布施行《じぜんけんえつれいこうふしこう》（九月《がつ》一三日廃止《にちはいし》）。8・8 各地《かくち》での義勇軍結成《ぎゆうぐんけっせい》の動向《どうこう》に対《たい》し、これを戒《いまし》め常業《じょうぎょう》での勤励《きんれい》を諭《さと》した詔書発布《しょうしょはっぷ》。8・16 軍事公債条例公布《ぐんじこうさいじょうれいこうふ》（三〇〇〇万円《えん》の募集告示《ぼしゅうこくじ》に対《たい》し、七七〇〇余《よ》万円《えん》の申込《もうしこ》み）。8・18 渡辺国武蔵相《わたなべくにたけぞうしょう》、軍事公債募集《ぐんじこうさいぼしゅう》にあたり、渋沢栄一《しぶさわえいいち》らに協力要《きょうりょくよう》請《せい》。8・20 朝鮮政府《ちょうせんせいふ》と暫定合同条款《ざんていごうどうじょうかん》に調印《ちょういん》（朝鮮政府《ちょうせんせいふ》の内政改革《ないせいかいかく》、京仁《けいじん》・京釜鉄道敷設《けいふてつどうふせつ》権獲得《けんかくとく》）。8・26 大日本大朝鮮両国盟約調印《だいにほんだいちょうせんりょうこくめいやくちょういん》。9・1 第《だい》四回臨時総選挙《かいりんじそうせんきょ》（自由《じゆう》一〇五、改《かい》進《しん》四五、革新《かくしん》四〇）。9・13 陸《りく》・海軍《かいぐん》、軍機関係事項《ぐんきかんけいじこう》の新聞雑誌記載《しんぶんざっしきさい》を禁止《きんし》。大本営《だいほんえい》、広島《ひろしま》に移設《いせつ》（一五日天皇《にちてんのう》、広島到着《ひろしまとうちゃく》）。9・15 第《だい》一軍《ぐん》、平壌総攻撃《へいじょうそうこうげき》を開始《かいし》（翌《よく》一六日占領《にちせんりょう》）・陸《りく》軍《ぐん》一等卒原田重吉《とうそつはらだじゅうきち》、玄武門《げんぶもん》に一番《いちばん》のりして門《もん》を開《あ》ける。9・17 連合艦隊《れんごうかんたい》（司令長官伊東祐《しれいちょうかんいとうゆう》亨《こう》）、清国北洋艦隊《しんこくほくようかんたい》と交戦《こうせん》し五艦《かん》を撃沈《げきちん》・以後《いご》の制海権《せいかいけん》を日本《にほん》が掌握《しょうあく》（黄海海戦《こうかいかいせん》）。10・3 金《きん》鵄勲章年金令公布《しくんしょうねんきんれいこうふ》。10・15 第《だい》七臨時議会《りんじぎかい》、広島《ひろしま》に召集《しょうしゅう》（一〇月《がつ》一八日開会《にちかいかい》、同《どう》二一日閉《にちへい》会《かい》）。井上馨内相《いのうえかおるないしょう》を朝鮮駐在公使《ちょうせんちゅうざいこうし》に任命《にんめい》。10・24 臨時軍事費特別会計法公布《りんじぐんじひとくべつかいけいほうこうふ》。11・7 日《に》本軍《ほんぐん》、大連湾《だいれんわん》を占領《せんりょう》。11・20 井上馨朝鮮駐在公使《いのうえかおるちょうせんちゅうざいこうし》、朝鮮国王《ちょうせんこくおう》に内政改革要領《ないせいかいかくようりょう》二〇カ
朝鮮	
清	

西暦	一八九四 ◀▶
年号・干支	明治二七 甲午《きのえうま》
内閣	(第2次伊藤博文内閣)
記事	条《じょう》の同意要求《どういようきゅう》。11・21 第《だい》二軍《ぐん》、旅順口《りよじゅんこう》を占領《せんりょう》。11・22 日米通商航海条約調印《にちべいつうしょうこうかいじょうやくちょういん》(明治《めいじ》二八年《ねん》三月《がつ》二四日《か》公布《こうふ》、同《どう》三二年《ねん》七月《がつ》一七日施行《にちしこう》)。12・1 大日本農会《だいにほんのうかい》による、第《だい》一回全国《かいぜんこく》農事大会開催《のうじたいかいかいさい》。12・22 第《だい》八通常議会召集《つうじょうぎかいしょうしゅう》(同《どう》二四日開会《かかいかい》、明治《めいじ》二八年《ねん》三月《がつ》二三日閉会《にちへいかい》)。 **この年** 器械製糸生産量《きかいせいしせいさんりょう》、初《はじ》めて座繰製糸生産量《ざぐりせいしせいさんりょう》を超過《ちょうか》。 【社会・文化】 **1・26** 大阪天満紡績《おおさかてんまぼうせき》で職工数《しょっこうすう》百人《にん》、労務管理《ろうむかんり》に対《たい》して騒擾《そうじょう》。**2・10** 消防組規則公布《しょうぼうぐみきそくこうふ》(市《し》町村設置《ちょうそんせっち》の義勇消防組《ぎゆうしょうぼうぐみ》を廃《はい》し知事管掌《ちじかんしょう》とし、全国的基準《ぜんこくてききじゅん》を制定《せいてい》)。**4・–** 福地源一郎《ふくちげんいちろう》『懐《かい》往事談《おうじだん》』刊《かん》。**6・12** 実業教育費国庫補助法公布《じつぎょうきょういくひこっこほじょほうこうふ》。**6・25** 高等学校令公布《こうとうがっこうれいこうふ》(高等中学校《こうとうちゅうがっこう》を高《こう》等学校《とうがっこう》に改称《かいしょう》)。**7・4** 日本基督教会《にほんキリストきょうかい》、牧師田村直臣《ぼくしたむらなおみ》を『Japanese Bride』での筆禍問題《ひっかもんだい》により罷免《ひめん》(日本《にほん》の花嫁事件《はなよめじけん》)。**7・19** 煙害問題《えんがいもんだい》のため農民《のうみん》八五〇人《にん》、別子銅山新居浜精錬《べっしどうざんにいはませいれん》所《じょ》を襲撃《しゅうげき》し警官《けいかん》と衝突《しょうとつ》。**7・29** 東京府庁舎落成式《とうきょうふちょうしゃらくせいしき》(設計妻木頼黄《せっけいつまきよりなか》)。**8・25** 北里柴三郎《きたさとしばさぶろう》、ペスト菌《きん》を発見《はっけん》。博文館《はくぶんかん》『日清戦争実記《にっしんせんそうじっき》』第《だい》一編創刊《べんそうかん》(〜明治《めいじ》二九年《ねん》)。**9・25**『信濃日報《しなのにっぽう》』創《そう》刊《かん》(『信府日報《しんぷにっぽう》』など三紙《し》の合同《ごうどう》)。**11・20** 千葉東海新聞社《ちばとうかいしんぶんしゃ》『東海新聞《とうかいしんぶん》』創刊《そうかん》。**11・–** 皇典講究《こうてんこうきゅう》所《しょ》『国学院雑誌《こくがくいんざっし》』創刊《そうかん》。中外英字新聞研究社《ちゅうがいえいじしんぶんけんきゅうしゃ》『中外英字新聞研究録《ちゅうがいえいじしんぶんけんきゅうろく》』刊《かん》。**12・26** 報知社《ほうちしゃ》『報《ほう》知新聞《ちしんぶん》』創刊《そうかん》(『郵便報知新聞《ゆうびんほうちしんぶん》』改題《かいだい》)。**この年** 福地源一郎《ふくちげんいちろう》『新聞紙実歴《しんぶんしじつれき》』刊《かん》。笹森儀助《ささもりぎすけ》『南島《なんとう》探験《たんけん》』刊《かん》。志賀重昂《しがしげたか》『日本風景論《にほんふうけいろん》』刊《かん》。仙台文庫会《せんだいぶんこかい》『仙台文庫叢書《せんだいぶんこそうしょ》』刊《かん》(〜明治《めいじ》三三年《ねん》)。 【死没】 **1・3** 堀達之助《ほりたつのすけ》(72、英学《えいがく》)。**1・4** 辻維岳《つじいがく》(72、官僚《かんりょう》)。**1・15** 厳如《ごんにょ》(78、真宗僧侶《しんしゅうそうりょ》)。**1・21** 末岡精一《すえおかせいいち》(40、憲法学者《けんぽうがくしゃ》)。**1・28** 桂文楽《かつらぶんらく》(四代《だい》)(57、落語家《らくごか》)。**2・1** 武谷祐之《たけやゆうし》(75、蘭方医《らんぽうい》)。**3・11** 三井高喜《みついたかよし》(72、実業家《じつぎょうか》)。**3・15** 吉雄圭斎《よしおけいさい》(73、西洋医《せいようい》)。**3・16** 浅田宗伯《あさだそうはく》(80、漢方医《かんぽうい》)。
朝鮮	高宗 31
清	光緒 20

西暦	
年号・干支	
内閣	
記事	3・30 伊藤六郎兵衛《いとうろくろべえ》(66、丸山教《まるやまきょう》)。5・16 北村透谷《きたむらとうこく》(27、詩人《しじん》)。6・2 森寛斎《もりかんさい》(81、日本画家《にほんがか》)。6・4 矢野勘三郎《やのかんざぶろう》(74、志士《しし》)。6・10 松尾多勢《まつおたせ》(84、勤王家《きんのうか》)。6・12 斎藤高行《さいとうたかゆき》(76、報《ほう》徳運動家《とくうんどうか》)。山口尚芳《やまぐちなおよし》(56、官僚《かんりょう》)。7・4 御《み》巫《かんなぎ》清直《きよなお》(83、国学《こくがく》)。7・6 高橋由一《たかはしゆいち》(67、洋画家《ようがか》)。7・12 河津祐之《かわづすけゆき》(46、官吏《かんり》)。8・12 能勢直陳《のせなおのぶ》(74、儒者《じゅしゃ》)。8・21 茂木惣兵衛《もぎそうべえ》(初代《しょだい》)(68、横浜生糸売込商《よこはまきいとうりこみしょう》)。9・2 柳原前光《やなぎわらさきみつ》(45、官僚《かんりょう》)。9・11 榊原鍵吉《さかきばらけんきち》(65、剣術家《けんじゅつか》)。10・10 中《なか》井弘《いひろし》(57、官吏《かんり》)。10・28 原忠順《はらただゆき》(61、肥前鹿島藩士《ひぜんかしまはんし》)。高橋正作《たかはししょうさく》(92、農事指導者《のうじしどうしゃ》)。11・8 仮《か》名垣魯文《ながきろぶん》(66、戯作者《げさくしゃ》)。12・1 原田豊吉《はらだとよきち》(35、地質学《ちしつがく》)。12・8 島津源蔵《しまづげんぞう》(初代《しょだい》)(56、島津製作《しまづせいさく》所創立者《しょそうりつしゃ》)。12・11 落合直亮《おちあいなおあき》(68、志士《しし》)。12・29 三瀦謙三《みずまけんぞう》(43、医者《いしゃ》)。この年《とし》 畠山義信《はたけやまよしのぶ》(54、紀州綿《きしゅうめん》ネル創製者《そうせいしゃ》)。 〖世界〗 1・4 露仏同盟《ろふつどうめい》、正式《せいしき》に成立《せいりつ》。2・14 ウィリス没《ぼつ》(58、イギリスの医学者《いがくしゃ》)。2・15 朝鮮南《ちょうせんなん》部《ぶ》で農民反乱《のうみんはんらん》、古阜地方《こふちほう》を占拠《せんりょう》。3・17 清国《しんこく》、アメリカと華工条約調印《かこうじょうやくちょういん》(中国人移民《ちゅうごくじんいみん》のアメリカ移住《いじゅう》を一〇年間禁止《ねんかんきんし》)。3・25 コクシー率《ひき》いる失業者《しつぎょうしゃ》の大群《たいぐん》、オハイオ州《しゅう》からワシントンへデモ行進《こうしん》(~四月《がつ》三〇日《にち》)。3・28 金玉均《きんぎょくきん》、上海《シャンハイ》で同行者《どうこうしゃ》の洪鐘宇《こうしょうう》により暗《あん》殺《さつ》される(44)。3・29 朝鮮《ちょうせん》の全羅道《ぜんらどう》で、全琫準《ぜんほうじゅん》を指導者《しどうしゃ》として東学信徒《とうがくしんと》と農民《のうみん》が蜂起《ほうき》(甲《こう》午農民戦争《ごのうみんせんそう》、いわゆる東学党《とうがくとう》の乱《らん》)。5・11 アメリカで、プルマン鉄道《てつどう》ストライキが起《お》こり中西部一帯《ちゅうせいぶいったい》に波及《はきゅう》。5・31 東学農民軍《とうがくのうみんぐん》、全羅道首府《ぜんらどうしゅふ》の全州《ぜんしゅう》を占領《せんりょう》・朝鮮国王《ちょうせんこくおう》、清国《しんこく》に派兵要請《はへいようせい》。6・9 清国軍《しんこくぐん》、朝鮮牙山《ちょうせんがざん》に到着《とうちゃく》。東学農民軍《とうがくのうみんぐん》、政府《せいふ》と講和《こうわ》(全州和約《ぜんしゅうわやく》)。6・24 仏《ふつ》サディ=カルノー大統領《だいとうりょう》、リヨンで暗殺《あんさつ》される。6・- 孫文《そんぶん》、李鴻章《りこうしょう》に改革《かいかく》を論《ろん》じた上書《じょうしょ》を提出《ていしゅつ》。7・27 朝鮮《ちょうせん》、軍国機務処《ぐんこくきむしょ》を設置《せっち》し内政改革《ないせいかいかく》に着手《ちゃくしゅ》(甲午更張《こうごこうちょう》)。8・1
朝鮮	
清	

西暦	年号・干支	内閣	記事	朝鮮	清
一八九四 ▶	明治二七 甲午《きのえうま》	(第2次伊藤博文内閣)	日清両国《にっしんりょうこく》、宣戦布告《せんせんふこく》(日清戦争《にっしんせんそう》)。**10・15** ユダヤ系《けい》フランス軍参謀将校《ぐんさんぼうしょうこう》ドレフュス大尉《たいい》、ドイツのスパイ容疑《ようぎ》により逮捕《たいほ》(ドレフュス事件《じけん》)。**10・-** 東学農民軍《とうがくのうみんぐん》、全琫準《ぜんほうじゅん》の指示《しじ》で再《さい》蜂起《ほうき》し日本軍《にほんぐん》と交戦《こうせん》。**11・24** 孫文《そんぶん》、ハワイで革命結社興中会《かくめいけっしゃこうちゅうかい》を結成《けっせい》。**12・2** レースレル没《ぼつ》(59、ドイツの公法《こうほう》・経済学者《けいざいがくしゃ》)。	高宗 31	光緒 20
一八九五 ◀	二八 乙未《きのとひつじ》		【政治・経済】 **2・1** 京都電気鉄道開業《きょうとでんきてつどうかいぎょう》(後《のち》の京都市交通局線《きょうとしこうつうきょくせん》、日本初《にほんはつ》の電車営業《でんしゃえいぎょう》)。日清両国講和《にっしんりょうこくこうわ》全権《ぜんけん》、広島県庁《ひろしまけんちょう》で会談《かいだん》(翌《よく》二日《か》、清国《しんこく》の全権委任状《ぜんけんいにんじょう》の不備《ふび》を理由《りゆう》に交渉拒否《こうしょうきょひ》)。**2・2** 第《だい》二軍《ぐん》、威海衛《いかいえい》(清国北洋艦隊根拠地《しんこくほくようかんたいこんきょち》)を占領《せんりょう》(一二日《にち》、北洋艦隊司令官丁汝昌《ほくようかんたいしれいかんていじょしょう》、連合艦隊《れんごうかんたい》に降伏《こうふく》)。**3・20** 全権伊藤博文《ぜんけんいとうひろぶみ》・陸奥宗光《むつむねみつ》、清国講和全権李鴻章《しんこくこうわぜんけんりこうしょう》と下関春帆楼《しものせきしゅんぱんろう》で第《だい》一回講和《かいこうわ》会談《かいだん》。**3・23** 日本軍《にほんぐん》、澎湖列島《ほうこれっとう》に上陸《じょうりく》(二六日占領《にちせんりょう》)。**3・24** 李鴻章《りこうしょう》、下関《しものせき》での第《だい》三回《かい》講和会談《こうわかいだん》の帰途《きと》に狙撃《そげき》され負傷《ふしょう》。**3・30** 日清休戦条約調印《にっしんきゅうせんじょうやくちょういん》。**4・17** 日清講和条約《にっしんこうわじょうやく》(下《しもの》関条約《せきじょうやく》)調印《ちょういん》(朝鮮《ちょうせん》の独立承認《どくりつしょうにん》、遼東半島《りょうとうはんとう》・台湾《たいわん》・澎湖列島《ほうこれっとう》の割譲《かつじょう》、賠償金《ばいしょうきん》二億両《りょう》支《し》払《はら》いなど)。**4・23** ドイツ・フランス・ロシア三ヵ国公使《こくこうし》、清国《しんこく》への遼東半島返還《りょうとうはんとうへんかん》を勧告《かんこく》(三《さん》国干渉《ごくかんしょう》)。**5・4** 閣議《かくぎ》、遼東半島《りょうとうはんとう》の清国《しんこく》への全面返還《ぜんめんへんかん》を決定《けってい》(翌《よく》五日《か》、各国公使《かっこくこうし》に通達《つうたつ》)。**5・10** 遼東半島《りょうとうはんとう》を還付《へんぷ》する旨《むね》の詔書《しょうしょ》。**5・25** 台湾島民《たいわんとうみん》、唐景松《とうけいしょう》を総統《そうとう》として反乱《はんらん》、台湾《たいわん》民主国《みんしゅこく》を樹立《じゅりつ》(六月《がつ》七日《か》鎮圧《ちんあつ》)。**5・29** 日本軍《にほんぐん》、台湾北部《たいわんほくぶ》に上陸《じょうりく》(六月《がつ》七日《か》、台北《たいほく》を占領《せんりょう》)。**6・8** 日露通商航海条約調印《にちろつうしょうこうかいじょうやくちょういん》(九月《がつ》一一日公布《にちこうふ》)。**8・6** 陸軍省《りくぐんしょう》、台湾総督府条例公布《たいわんそうとくふじょうれいこうふ》(軍政実施《ぐんせいじっし》)。**8・27** 松方正義蔵相《まつかたまさよしぞうしょう》、閣内不一致《かくないふいっち》で辞職《じしょく》。**9・7** 三菱合資会社銀行部設立《みつびしごうしがいしゃぎんこうぶせつりつ》	32	21

西暦

年号・干支

内閣

記事

認可《にんか》(資本金《しほんきん》一〇〇万円《えん》、一〇月《がつ》一六日開業《にちかいぎょう》)。9・18 住友銀行設立認可《すみともぎんこうせつりつにんか》(資本金《しほんきん》一〇〇万円《えん》、一一月一日開業《がつついたちかいぎょう》)。10・1 野中至《のなかいたる》夫妻《ふさい》、富士山頂《ふじさんちょう》で気象観測《きしょうかんそく》を開始《かいし》。10・6 広告《こうこく》取次業《とりつぎぎょう》博報堂《はくほうどう》、東京《とうきょう》日本橋《にほんばし》に創業《そうぎょう》。10・8 漢城《かんじょう》で日本公使館守備隊《にほんこうしかんしゅびたい》・日本人壮士《にほんじんそうし》、大院《たいいん》君《くん》を擁《よう》してクーデタ・親露反日政策《しんろはんにちせいさく》をとる閔妃《びんひ》を殺害《さつがい》(閔妃殺害事件《びんひさつがいじけん》)。10・17 閔妃殺害事件《びんひさつがいじけん》処理《しょり》のため、三浦梧楼公使《みうらごろうこうし》ら関係者《かんけいしゃ》を召還《しょうかん》(明治《めいじ》二九年《ねん》一月《がつ》二〇日《か》、三浦《みうら》ら免訴《めんそ》)。10・31 日清講和条約第《にっしんこうわじょうやくだい》四条《じょう》に基《もと》づき、清国《しんこく》より賠償金第《ばいしょうきんだい》一回払込分《かいはらいこみぶん》五〇〇〇万両《りょう》に相当《そうとう》する英貨《えいか》八二二万余《よ》ポンドをロンドンで受領《じゅりょう》。11・8 遼東半島還付条約調印《りょうとうはんとうかんぷじょうやくちょういん》(同《どう》一六日《にち》、清国《しんこく》より還付報償金《かんぷほうしょうきん》として三〇〇〇万両相当《りょうそうとう》の英貨《えいか》四九三万余《よ》ポンドを受領《じゅりょう》・一二月《がつ》四日《か》公布《こうふ》)。11・22 自由党《じゆうとう》、伊藤内閣《いとうないかく》との提携《ていけい》を宣言《せんげん》。12・3 上海紡績設立《シャンハイぼうせきせつりつ》(資本金《しほんきん》一五〇万円《えん》、中上川彦次郎《なかみがわひこじろう》ら発起《ほっき》)。12・22 日本精糖設立《にほんせいとうせつりつ》(資本金《しほんきん》一五〇万円《えん》、社長《しゃちょう》松本重太郎《まつもとじゅうたろう》)。12・25 第《だい》九通常議会召集《つうじょうぎかいしょうしゅう》(一二月《がつ》二八日開会《にちかいかい》、明治《めいじ》二九年《ねん》三月《がつ》二八日閉会《にちへいかい》)。

【社会・文化】

1・4 『静岡新報《しずおかしんぽう》』創刊《そうかん》。1・29 文部省《もんぶしょう》、高等女学校規程《こうとうじょがっこうきてい》を公布《こうふ》。1・- 博文館《はくぶんかん》『太陽《たいよう》』創刊《そうかん》。帝国文学会編集《ていこくぶんがくかいへんしゅう》『帝国文学《ていこくぶんがく》』創刊《そうかん》。博文館《はくぶんかん》『文芸倶楽部《ぶんげいクラブ》』創刊《そうかん》。3・6 臘虎膃肭獣猟法公布《らっこおっとせいりょうほうこうふ》、古物商取締法公布《こぶつしょうとりしまりほうこうふ》。3・13 質屋取締法公布《しちやとりしまりほうこうふ》。4・1 帝国大学文科大学《ていこくだいがくぶんかだいがく》に史料編纂掛《しりょうへんさんがかり》を設置《せっち》(昭和《しょうわ》四年《ねん》七月《がつ》九日《か》史料編纂所《しりょうへんさんじょ》と改称《かいしょう》)。第《だい》四回《かい》内国勧業博覧会《ないこくかんぎょうはくらんかい》、京都岡崎公園《きょうとおかざきこうえん》で開催《かいさい》(~七月《がつ》三一日《にち》)・黒田清輝《くろだせいき》「朝妝《ちょうしょう》」の陳列問題《ちんれつもんだい》、裸体画論争《らたいがろんそう》に発展《はってん》。4・17 京都《きょうと》で、大日本武徳会設立《だいにほんぶとくかいせつりつ》(会長渡辺千秋《かいちょうわたなべちあき》)。4・28 三宅米吉《みやけよねきち》・小杉榲邨《こすぎすぎむら》・下村三四吉《しもむらみよきち》ら、考古学会《こうこがっかい》を設立《せつりつ》。8・- 内外出版協会《ないがいしゅっぱんきょうかい》『文庫《ぶんこ》』創刊《そうかん》。9・11 自由党《じゆうとう》『自由党党報《じゆうとうとうほう》』創刊《そうかん》(『党報《とうほう》』改題《かいだい》)。9・22 イギリスより来日《らいにち》の救世軍士官《きゅうせいぐんしかん》ら、神田美土代町《かんだみとしろちょう》の青年会館《せいねんかいかん》で宣戦式挙行《せんせんしききょこう》(日本救世《にほんきゅうせい》

朝鮮

清

西暦	年号・干支	内閣	記事	朝鮮	清
▶一八九五	明治二八 乙未《きのとひつじ》	(第2次伊藤博文内閣)	軍《ぐん》の創設《そうせつ》)。**11・15** 東洋経済新報社《とうようけいざいしんぽうしゃ》『東洋経済新報《とうようけいざいしんぽう》』創刊《そうかん》。**12・9** 写真師《しゃしんし》鹿島清兵衛《かしませいべえ》、歌舞伎《かぶき》座《ざ》で上演中《じょうえんちゅう》の九世《せい》市川団十郎《いちかわだんじゅうろう》の「暫《しばらく》」を撮影《さつえい》(日本初《にほんはつ》の舞台写真《ぶたいしゃしん》)。**この年《とし》** コレラ大流《だいりゅう》行《こう》(死者《ししゃ》四万〇一五四人《にん》)。和田英松《わだひでまつ》編《へん》『式逸《しきいつ》』成《な》る。笹森儀助《ささもりぎすけ》『拾島状況録《じっとうじょうきょうろく》』成《な》るか。上原《うえはら》六四郎《ろくしろう》『俗楽旋律考《ぞくがくせんりつこう》』発行《はっこう》。 【死没】 **1・15** 熾仁親王《たるひとしんのう》(61、有栖川宮《ありすがわのみや》)。**2・2** 幸野楳嶺《こうのばいれい》(52、日本画家《にほんがか》)。林洞海《はやしどうかい》(83、蘭方医《らんぽうい》)。**2・9** 藤堂高猷《とうどうたかゆき》(83、伊勢津藩主《いせつはんしゅ》)。**2・18** 岡松甕谷《おかまつおうこく》(76、儒学《じゅがく》)。**2・24** 浜村蔵六《はまむらぞうろく》(四代《だい》)(70、篆《てん》刻家《こくか》)。**3・13** 長三洲《ちょうさんしゅう》(63、漢詩人《かんしじん》)。**3・17** 井上毅《いのうえこわし》(53、法政家《ほうせいか》)。**4・15** 片岡仁左衛門《かたおかにざえもん》(一〇代《だい》)(45、歌舞伎役者《かぶきやくしゃ》)。**4・24** 河野敏鎌《こうのとがま》(52、政治家《せいじか》)。**4・30** 鈴木昌司《すずきしょうじ》(55、政治家《せいじか》)。**5・23** 武井柯亭《たけいかてい》(73、陸奥会津藩士《むつあいづはんし》)。**7・20** 中村雀右衛門《なかむらじゃくえもん》(二代《だい》)(55、歌舞伎役者《かぶきやくしゃ》)。**8・4** 鶴《つる》沢友次郎《さわともじろう》(五代《だい》)(81、義太夫三味線《ぎだゆうしゃみせん》)。**8・10** 荻野独園《おぎのどくおん》(77、臨済宗僧侶《りんざいしゅうそうりょ》)。**8・26** 山中成太郎《やまなかなりたろう》(72、豪商《ごうしょう》)。**10・2** 有村連《ありむられん》(87、勤王家《きんのうか》)。**10・11** 小中村清矩《こなかむらきよのり》(75、国学《こくがく》)。**10・16** 石河正竜《いしかわせいりゅう》(71、紡績技術者《ぼうせきぎじゅつしゃ》)。**10・28** 能久親王《よしひさしんのう》(49、軍人《ぐんじん》)。**10・29** 中村勘三郎《なかむらかんざぶろう》(一三代《だい》)(68、歌舞伎役者《かぶきやくしゃ》)。**11・21** 吉川泰二郎《よしかわたいじろう》(45、海運経営者《かいうんけいえいしゃ》)。**12・5** 北風正造《きたかぜしょうぞう》(62、豪商《ごうしょう》)。**12・21** 山村友五郎《やまむらともごろう》(二代《だい》)(80、山村流家元《やまむらりゅういえもと》)。 【世界】 **2・12** 丁汝昌《ていじょしょう》没《ぼつ》(清《しん》の海軍提督《かいぐんていとく》)。**2・24** キューバ、スペインに対《たい》して蜂起《ほうき》(~一八九八年《ねん》、キューバ独立戦争《どくりつせんそう》)。**3・16** 孫文《そんぶん》ら興中会《こうちゅうかい》、広州攻撃《こうしゅうこうげき》を企図《きと》し、青天白日旗《せいてんはくじつき》を革命軍旗《かくめいぐんき》として制定《せいてい》。**3・17** 朝鮮《ちょうせん》、初《はつ》の国家予算編成《こっかよさんへんせい》。**3・25** イタリア軍《ぐん》、エチオピア侵入開始《しんにゅうかいし》。**4・24** 東学農民軍指導者《とうがくのうみんぐんしどうしゃ》全琫準《ぜんほうじゅん》処刑《しょけい》(41)。**5・19** キューバ独立戦争指導者《どくりつせんそうしどうしゃ》ホセ=マルティ、	高宗 32	光緒 21

西暦		◀ 一八九六
年号・干支		二九 丙申《ひのえさる》
内閣		
記事	オリエンテで戦死《せんし》。**6・20** ニカラグア・ホンジュラス・エル＝サルバドルの三国《ごく》、連合条約《れんごうじょうやく》に調印《ちょういん》(一八九八年《ねん》エル＝サルバドルの反対《はんたい》で連合頓挫《れんごうとんざ》)。**6・21** ドイツのキール運河開通《うんがかいつう》。**7・6** 清国《しんこく》、対日賠償金《たいにちばいしょうきん》支払《しはら》いのため、ロシア・フランスより四億フランの共同借款《きょうどうしゃっかん》を導入《どうにゅう》。**7・20** アメリカ、ベネズエラと英領《えいりょう》ギアナの国境紛争《こっきょうふんそう》に際《さい》し、イギリスに対《たい》してモンロー主義《しゅぎ》を主張《しゅちょう》。**7・22** グナイスト没《ぼつ》(78、ドイツの公法学者《こうほうがくしゃ》)。**9・23** フランス労働《ろうどう》総同盟結成《そうどうめいけっせい》。**この秋《あき》** レーニンら、ペテルブルグで労働者階級解放闘争同盟《ろうどうしゃかいきゅうかいほうとうそうどうめい》を結成《けっせい》。**10・8** 閔妃殺害《びんひさつがい》される(45、李氏朝鮮高宗妃《りしちょうせんこうそうひ》)。**12・28** ベトナム中部《ちゅうぶ》での反仏武装抵抗終結《はんふつぶそうていこうしゅうけつ》。**この年《とし》** レントゲン、X線《せん》を発見《はっけん》。マルコーニ、無線電信《むせんでんしん》を発明《はつめい》。	**【政治・経済】** **1・1** 北海道《ほっかいどう》のうち渡島《おしま》・後志《しりべし》・胆振《いぶり》・石狩《いしかり》での徴兵令《ちょうへいれい》を施行《しこう》。**2・11** 朝鮮国王《ちょうせんこくおう》、ロシア公使館《こうしかん》へ移《うつ》り親露政権樹立《しんろせいけんじゅりつ》。**2・26** 富士紡績設立《ふじぼうせきせつりつ》(資本金《しほんきん》一五〇万円《えん》)。**3・1** 立憲改進党《りっけんかいしんとう》・立憲革新党《りっけんかくしんとう》・中国進歩党《ちゅうごくしんぽとう》などが合同《ごうどう》し、進歩党《しんぽとう》を結成《けっせい》(代議士《だいぎし》数《すう》九九名《めい》)。**3・7** 沖縄県《おきなわけん》の郡区編制《ぐんくへんせい》および沖縄県区制《おきなわけんくせい》を公布《こうふ》。**3・15** 日本郵船《にほんゆうせん》、欧州定期航路開始《おうしゅうていきこうろかいし》(八月一日《がつついたち》北米航路《ほくべいこうろ》、一〇月《がつ》三日《か》豪州航路《ごうしゅうこうろ》各開設《かくかいせつ》)。**3・16** 陸軍管区表改正公布《りくぐんかんくひょうかいせいこうふ》(従来《じゅうらい》の近衛《このえ》・第《だい》一～六師団《しだん》を近衛《このえ》・第《だい》一～一二師団《しだん》に改編《かいへん》)。**3・24** 航海奨励法《こうかいしょうれいほう》・造船奨励法《ぞうせんしょうれいほう》各公布《かくこうふ》。**3・28** 登録《とうろく》税法《ぜいほう》・酒造税法《しゅぞうぜいほう》・営業税法《えいぎょうぜいほう》・葉煙草専売法《はタバコせんばいほう》・自家用酒税法《じかようしゅぜいほう》・混成酒税法《こんせいしゅぜいほう》各公布《かくこうふ》(日清戦争後《にっしんせんそうご》の第《だい》一次増税《じぞうぜい》)。**3・30** 製鉄所官制公布《せいてつじょかんせいこうふ》(農商務省所管《のうしょうむしょうしょかん》、明治《めいじ》三〇年《ねん》六月一日《がつついたち》、福岡県八幡村《ふくおかけんやはたむら》に製鉄所開庁《せいてつじょかいちょう》)。輸入綿花《ゆにゅうめんか》・羊毛《ようもう》の海関税免除《かいかんぜいめんじょ》に関《かん》する各法律公布《かくほうりつこうふ》。**3・31** 台湾総督府条例公布《たいわんそうとくふじょうれいこうふ》(総督《そうとく》は陸《りく》・海軍《かいぐん》の大《たい》・中将《ちゅうじょう》)。拓殖務省官制公布《たくしょくむしょうかんせいこうふ》(台湾《たいわん》・北海道《ほっかいどう》に関《かん》する政務《せいむ》を管《かん》
朝鮮		建陽《けんよう》(1.1)
清		22

西暦	年号・干支	内閣
一八九六 ◀▶ 図6 ↓10年	明治二九 丙申《ひのえさる》	(第2次伊藤博文内閣)

記事

掌《しょう》)。**4・8** 河川法公布《かせんほうこうふ》。**4・14** 自由党総理板垣退助《じゆうとうそうりいたがきたいすけ》を内相《ないしょう》に任命《にんめい》。**4・17** 駐朝鮮公使《ちゅうちょうせんこうし》小村寿太郎《こむらじゅたろう》、米人《べいじん》モールスへの京仁鉄道敷設権付与《けいじんてつどうふせつけんふよ》を暫定合同条款違反《ざんていごうどうじょうかんいはん》として朝鮮政府《ちょうせんせいふ》に抗議《こうぎ》。**4・20** 日本勧業銀行法《にほんかんぎょうぎんこうほう》・農工銀行法《のうこうぎんこうほう》・農工銀行補助法《のうこうぎんこうほじょほう》・銀行合併法各公布《ぎんこうがっぺいほうかくこうふ》。**4・27** 民《みん》法第《ぽうだい》一・二・三編公布《へんこうふ》(明治《めいじ》二三年《ねん》四月《がつ》二一日公布《にちこうふ》・未施行《みしこう》の民法《みんぽう》は廃止《はいし》・明治《めいじ》三一年《ねん》七月《がつ》一六日施行《にちしこう》)。**5・14** 小村寿太郎公使《こむらじゅたろうこうし》、駐朝《ちゅうちょう》ロシア公使《こうし》ウェーバーと朝鮮問題《ちょうせんもんだい》に関《かん》する覚書《おぼえがき》に調印《ちょういん》(小村《こむら》・ウェーバー覚書《おぼえがき》)。**6・9** 山県有朋特派大使《やまがたありともとくはたいし》、ロシア外相《がいしょう》ロバノフと朝鮮《ちょうせん》に関《かん》する議定書《ぎていしょ》に調印《ちょういん》(山県《やまがた》・ロバノフ協定《きょうてい》)。**7・21** 日清通商航海条約調印《にっしんつうしょうこうかいじょうやくちょういん》(製造業《せいぞうぎょう》営業権《えいぎょうけん》・領事裁判権《りょうじさいばんけん》・最恵国条項《さいけいこくじょうこう》などを獲得《かくとく》・一〇月《がつ》二〇日《か》批准書交換《ひじゅんしょこうかん》、同《どう》二九日公布《にちこうふ》)。**8・28** 伊藤博文《いとうひろぶみ》、閣内不一致《かくないふいっち》で辞表提出《じひょうていしゅつ》。**8・31** 黒田清隆枢密院議長《くろだきよたかすうみついんぎちょう》、首相《しゅしょう》を臨時兼《りんじけん》任《にん》。**9・18** 第《だい》二次松方正義内閣成立《じまつかたまさよしないかくせいりつ》(大隈重信《おおくましげのぶ》、外相《がいしょう》として入閣《にゅうかく》し、松隈内閣《しょうわいないかく》と呼《よ》ばれる)。**10・1** 川崎造船所設立《かわさきぞうせんじょせつりつ》(資本金《しほんきん》二〇〇万円《えん》、社長松方幸次郎《しゃちょうまつかたこうじろう》)。**10・19** 第《だい》一回農商工《かいのうしょうこう》高等会議開催《こうとうかいぎかいさい》(〜二六日《にち》、実業界代表者《じつぎょうかいだいひょうしゃ》・各省首脳出席《かくしょうしゅのうしゅっせき》)。**12・22** 第《だい》一〇通常議会召集《つうじょうぎかいしょうしゅう》(一二月《がつ》二五日開会《にちかいかい》、明治《めいじ》三〇年《ねん》三月《がつ》二四日《か》閉会《へいかい》)。

【社会・文化】

1・- 盛春堂《せいしゅんどう》『めさまし草《ぐさ》』創刊《そうかん》。**2・29** 辰野金吾設計《たつのきんごせっけい》による日本銀行本店竣工《にほんぎんこうほんてんしゅんこう》。**3・24** 市《し》町村立小学校教員年功加俸国庫補助法公布《ちょうそんりつしょうがっこうきょういんねんこうかほうこっこほじょほうこうふ》。**4・26** 桑田熊蔵《くわたくまぞう》・山崎覚次郎《やまざきかくじろう》・高野岩三郎《たかのいわさぶろう》ら、社会政策《しゃかいせいさく》の研究団体《けんきゅうだんたい》を設立《せつりつ》(明治《めいじ》三〇年《ねん》四月《がつ》二四日《か》、社会政策学会《しゃかいせいさくがっかい》と命名《めいめい》)。**5・23** 第一《だいいち》高等学校野球《こうとうがっこうやきゅう》チーム、横浜《よこはま》の外国人《がいこくじん》チームに大勝《たいしょう》(外国人《がいこくじん》との野球試合《やきゅうしあい》の最初《さいしょ》)。**6・6** 白馬会発会式《はくばかいはっかいしき》(黒田清輝《くろだせいき》・久米桂一郎《くめけいいちろう》・山本芳翠《やまもとほうすい》ら)。**6・15** 三陸地方《さんりくちほう》に大津波《おおつなみ》・死者《ししゃ》二万七一二二人《にん》、被害家屋《ひがいかおく》八八九一戸《こ》(津波《つなみ》による最大《さいだい》の被害《ひがい》)。**7・8** 東京美術学校《とうきょうびじゅつがっこう》に西洋《せいよう》

朝鮮	清
建陽(1.1)	光緒 22

西暦

年号・干支

内閣　9・18 第2次松方正義《まつかたまさよし》内閣

記事

画科《がか》を設置《せっち》。 7・25 開拓社《かいたくしゃ》『世界之日本《せかいのにほん》』創刊《そうかん》。 11・1 『熊野新報《くまのしんぽう》』創刊《そうかん》。 11・14 雑誌《ざっし》『二十《にじゅう》六世紀《ろくせいき》』、「宮内大臣論《くないだいじんろん》」を掲載《けいさい》して発行禁止《はっこうきんし》・論文転載《ろんぶんてんさい》の新聞《しんぶん》『日本《にほん》』なども発売禁止《はつばいきんし》。 12・18 高等教育会議規則公布《こうとうきょういくかいぎきそくこうふ》（最初《さいしょ》の文相諮問機関《ぶんしょうしもんきかん》）。 12・20 大日本教育会《だいにほんきょういくかい》、帝国教育会《ていこくきょういくかい》と改称《かいしょう》し組織《そしき》を改編《かいへん》。 12・- 松浦辰男《まつうらたつお》ら『孝明天皇紀《こうめいてんのうき》』脱稿《だっこう》。 この年 黒板勝美《くろいたかつみ》・下村三四吉《しもむらみよきち》共編《へん》『徴古文書《ちょうこもんじょ》』甲集《こうしゅう》刊《かん》（～明治《めいじ》三一年《ねん》）。 農商務省《のうしょうむしょう》商工局《しょうこうきょく》『輸出重要品要覧《ゆしゅつじゅうようひんようらん》』刊《かん》（～明治《めいじ》三八年《ねん》）。『古事類苑《こじるいえん》』刊《かん》（～大正《たいしょう》三年《ねん》三月《がつ》）。

【死没】

1・7 川田小一郎《かわだこいちろう》（61、実業家《じつぎょうか》）。 1・9 関谷清景《せきやきよかげ》（42、地震《じしん》）。 2・2 川田甕江《かわだおうこう》（67、漢学者《かんがくしゃ》）。 2・5 末広鉄腸《すえひろてっちょう》（48、政治家《せいじか》）。 杵屋勝三郎《きねやかつさぶろう》（二代《だい》）（77、長唄三味線方《ながうたしゃみせんかた》）。 2・10 若松賤子《わかまつしずこ》（33、翻訳家《ほんやくか》）。 2・12 平井希昌《ひらいきしょう》（58、外交官《がいこうかん》）。 2・24 小宮山綏介《こみやまやすすけ》（68、漢学《かんがく》）。 4・5 林広守《はやしひろもり》（66、雅楽奏者《ががくそうしゃ》）。 4・21 槙村正直《まきむらまさなお》（63、政治家《せいじか》）。 4・27 大迫貞清《おおさこさだきよ》（72、官僚《かんりょう》）。 5・1 丸尾文六《まるおぶんろく》（65、茶業家《ちゃぎょうか》、政治家《せいじか》）。 5・6 永楽和全《えいらくわぜん》（74、陶工《とうこう》）。 6・20 島津忠寛《しまづただひろ》（69、日向佐土原藩主《ひゅうがさどわらはんしゅ》）。 6・21 渡辺驥《わたなべき》（61、司法官《しほうかん》）。 7・19 平田安吉《ひらたやすきち》（40、農事指導者《のうじしどうしゃ》）。 7・30 関根矢作《せきねやさく》（94、農事指導者《のうじしどうしゃ》）。 10・3 広田亀次《ひろたかめじ》（57、農事家《のうじか》）。 10・10 若尾幾造《わかおいくぞう》（初代《しょだい》）（68、生糸貿易商《きいとぼうえきしょう》）。 10・30 荒尾精《あらおせい》（39、陸軍軍人《りくぐんぐんじん》）。 10・31 杵屋正次郎《きねやしょうじろう》（三代《だい》）（70、長唄三味線方《ながうたしゃみせんかた》）。 11・23 樋口一葉《ひぐちいちよう》（25、文学《ぶんがく》）。 12・23 毛利元徳《もうりもとのり》（58、山口藩知事《やまぐちはんちじ》）。

〘世界〙

1・3 ドイツ皇帝《こうてい》ヴィルヘルム二世《せい》、トランスヴァール大統領《だいとうりょう》クリューガーに、ジェームソン事件《じけん》についての祝電《しゅくでん》を送《おく》る（英独関係緊張《えいどくかんけいきんちょう》）。 1・6 セシル＝ローズ、ケープ植民地《しょくみんち》首相《しゅしょう》を辞任《じにん》。 1・15 英《えい》・仏《ふつ》、シャムの独立尊重《どくりつそんちょう》・領土保全《りょうどほぜん》に関《かん》する協定《きょうてい》に調印《ちょういん》。 2・10

朝鮮

清

西暦	年号・干支	内閣	記事	朝鮮	清
一八九六 ▶	明治二九 丙申《ひのえさる》	(第2次松方正義内閣)	ロシア朝鮮駐在公使《ちょうせんちゅうざいこうし》、漢城《かんじょう》に水兵《すいへい》を入京《にゅうきょう》させる。**2・11** 金弘集《きんこうしゅう》没《ぼつ》(55、朝鮮《ちょうせん》の政治家《せいじか》)。**2・17** 魚允中《ぎょいんちゅう》没《ぼつ》(49、朝鮮《ちょうせん》の政治家《せいじか》)。**2・-** この頃《ころ》、朝鮮《ちょうせん》で衛正斥邪派《えいせいせきじゃは》の指導《しどう》する義兵《ぎへい》蜂《ほう》起《き》各地《かくち》で相次《あいつ》ぎ、日本軍《にほんぐん》と交戦《こうせん》。**3・1** イタリア軍《ぐん》、アドワの戦《たたかい》でエチオピア軍《ぐん》に敗北《はいぼく》。**3・23** 清国《しんこく》、対日賠償金支払《たいにちばいしょうきんしはら》いのため、イギリス・ドイツより一六〇〇万ポンドの共同借《きょうどうしゃっ》款《かん》を導入《どうにゅう》。**4・6** 第《だい》一回近代《かいきんだい》オリンピック大会《たいかい》、アテネで開催《かいさい》(〜一五日《にち》、一三ヵ国《こく》二八五選手《せんしゅ》の参加《さんか》)。**4・7**『独立新聞《どくりつしんぶん》』発刊《はっかん》(朝鮮初《ちょうせんはつ》の国文新聞《こくぶんしんぶん》)。**5・18** アメリカ最高裁《さいこうさい》、「分離《ぶんり》するが平等《びょうどう》」の原則《げんそく》を合憲判決《ごうけんはんけつ》し、人種差別《じんしゅさべつ》を合法化《ごうほうか》。**5・19** ウェルニッヒ没《ぼつ》(52、ドイツの医学者《いがくしゃ》)。**5・30** ロシア、ニコライ二世戴冠式《せいたいかんしき》。**6・3** 清国《しんこく》・ロシア、対日秘密条約調《たいにちひみつじょうやくちょう》印《いん》(対日共同防衛《たいにちきょうどうぼうえい》・ロシアへの東清鉄道敷設権付与《とうしんてつどうふせつけんふよ》などを取決《とりき》め・李《り》・ロバノフ密約《みつやく》)。**6・28** アルゼンチン労働者社会党第《ろうどうしゃしゃかいとうだい》一回大会開催《かいたいかいかいさい》。**7・2** 朝鮮《ちょうせん》、徐載弼《じょさいひつ》ら、独立協会《どくりつきょうかい》を結成《けっせい》。**8・26** フィリピンでアギナルド率《ひき》いるカティプーナン派《は》の地主勢力《じぬしせいりょく》、独立《どくりつ》を要求《ようきゅう》して武《ぶ》装蜂起《そうほうき》。**8・-** ハンガリーで「農業社会主義《のうぎょうしゃかいしゅぎ》」運動起《うんどうお》こる。**10・26** イタリア、エチオピアとアジス＝アベバ条約調印《じょうやくちょういん》(エチオピアの独立承認《どくりつしょうにん》)。**12・30** リサール没《ぼつ》(35、フィリピンの改革運動家《かいかくうんどうか》)。	建陽(1.1)	光緒 **22**

西暦	◀ 一八九七
年号・干支	三〇 丁酉《ひのととり》
内閣	
記事	【政治・経済】 **2・5** 農商務省《のうしょうむしょう》、福岡県八幡村《ふくおかけんやはたむら》に製鉄所建設《せいてつじょけんせつ》を決定《けってい》。 **2・27** 日本人移民《にほんじんいみん》、手続《てつづ》き不備《ふび》などを理由《りゆう》にハワイで上陸拒否《じょうりくきょひ》、送還《そうかん》される(以後続発《いごぞくはつ》し、同年《どうねん》五月《がつ》一一日《にち》、日本政府《にほんせいふ》が抗《こう》議《ぎ》し、翌明治《よくめいじ》三一年《ねん》七月《がつ》二七日《にち》、ハワイ側《がわ》が賠償《ばいしょう》して解決《かいけつ》)。 **3・1** 第《だい》二回農商工高等会《かいのうしょうこうこうとうかい》議開催《ぎかいさい》(金本位制実施《きんほんいせいじっし》と国内農商工業《こくないのうしょうこうぎょう》および貿易《ぼうえき》について審議《しんぎ》)。 鴻池銀行創立《こうのいけぎんこうそうりつ》(第十《だいじゅう》三国立銀行《さんこくりつぎんこう》の業務継承《ぎょうむけいしょう》)。 **3・11** 貴族院《きぞくいん》、谷干城《たにたてき》提出《ていしゅつ》の軍事費緊縮《ぐんじひきんしゅく》上奏案《じょうそうあん》を否決《ひけつ》。 **3・24** 蚕種検査法公布《さんしゅけんさほうこうふ》(蚕種検査規則《さんしゅけんさきそく》を廃止《はいし》・明治《めいじ》三一年《ねん》四月一日《がつついたち》施行《しこう》)。 **3・29** 関税定率法公布《かんぜいていりつほうこうふ》(条約改正《じょうやくかいせい》により関税自主権《かんぜいじしゅけん》を回復《かいふく》・但《ただ》し片務的協定税率《へんむてききょうていぜいりつ》の多《おお》くが残存《ざんそん》・明治《めいじ》三二年《ねん》一月一日《がつついたち》施行《しこう》)。 貨幣法公布《かへいほうこうふ》(純金《じゅんきん》の量目《りょうめ》二分《ぶ》を一円《えん》とする・同年《どうねん》一〇月一日《がつついたち》施行《しこう》、金本位制確立《きんほんいせいかくりつ》)。 **3・30** 砂防法公布《さぼうほうこうふ》・北海道国有未開地処分法公布《ほっかいどうこくゆうみかいちしょぶんほうこうふ》(明治《めいじ》一九年制定《ねんせいてい》の北海道土地《ほっかいどうとち》払下規則《はらいさげきそく》は廃止《はいし》)。 **4・10** 各省官制通則改正《かくしょうかんせいつうそくかいせい》(各省《かくしょう》に勅任参事官《ちょくにんさんじかん》を設置《せっち》)。 **4・12** 森林《しんりん》法公布《ほうこうふ》(明治《めいじ》三一年《ねん》一月一日《がつついたち》施行《しこう》)。 重要輸出品同業組合法公布《じゅうようゆしゅつひんどうぎょうくみあいほうこうふ》。 **5・8** 渋沢栄一《しぶさわえいいち》ら京《けい》仁鉄道引受組合《じんてつどうひきうけくみあい》、アメリカ人《じん》モールスと鉄道敷設権譲受契約《てつどうふせつけんゆずりうけけいやく》を結《むす》ぶ。 **5・29** 北海道区制《ほっかいどうくせい》・同一級町村制《どういっきゅうちょうそんせい》・同二級町村制各公布《どうにきゅうちょうそんせいかくこうふ》。 **6・7** 日本勧業銀行《にほんかんぎょうぎんこう》、設立免許《せつりつめんきょ》(資本金《しほんきん》一〇〇〇万円《えん》、八月《がつ》二日《か》開業《かいぎょう》)。 **7・-** 中村太八郎《なかむらたはちろう》・木下尚江《きのしたなおえ》ら、松本《まつもと》で普通選挙同盟会《ふつうせんきょどうめいかい》を結成《けっせい》。 **9・1** 台湾事務局官制公布《たいわんじむきょくかんせいこうふ》(九月《がつ》二日《か》施行《しこう》、拓殖務省《たくしょくむしょう》は廃止《はいし》)。 **9・11** 陸軍兵器廠条例公《りくぐんへいきしょうじょうれいこう》布《ふ》。 **9・24** 海軍造船廠条例《かいぐんぞうせんしょうじょうれい》・海軍病院条例《かいぐんびょういんじょうれい》・海軍監獄条例各公布《かいぐんかんごくじょうれいかくこうふ》(各軍港《かくぐんこう》への造船廠《ぞうせんしょう》・病院《びょういん》・監獄《かんごく》の設置《せっち》を取決《とりき》め)。 **10・8** 高橋健三内閣書記官長《たかはしけんぞうないかくしょきかんちょう》、内閣《ないかく》との見解不一致《けんかいふいっち》により辞職《じしょく》(ついで一〇月《がつ》二八日《にち》、神鞭知常法制局長官《こうむちともつねほうせいきょくちょうかん》も辞職《じしょく》)。 **10・21** 台湾総督府官制公布《たいわんそうとくふかんせいこうふ》(総督《そうとく》は陸軍《りくぐん》の大《たい》・中将《ちゅうじょう》が就任《しゅうにん》)。 **10・22** 進歩党《しんぽとう》、内閣改造《ないかくかいぞう》・予算案《よさんあん》の再調査《さいちょうさ》など、内閣《ないかく》
朝鮮	光武《こうぶ》(8.16)
清	23

西暦	年号・干支	内閣
一八九七 ◀ ▶	明治三〇 丁酉《ひのととり》	(第2次松方正義内閣)

記事

への要求《ようきゅう》を決議《けつぎ》。**10・29** 松方正義首相《まつかたまさよししゅしょう》、進歩党《しんぽとう》の要求《ようきゅう》を拒絶《きょぜつ》。**10・31** 進歩党代議士総会《しんぽとうだいぎしそうかい》、松方内閣《まつかたないかく》との提携断絶《ていけいだんぜつ》を決議《けつぎ》。**11・2** 尾崎行雄外務省参事官《おざきゆきおがいむしょうさんじかん》ら進歩党出身官吏《しんぽとうしゅっしんかんり》、内閣《ないかく》との絶縁決議採択《ぜつえんけつぎさいたく》の党総会参加《とうそうかいさんか》を理由《りゆう》に懲戒免官《ちょうかいめんかん》。**11・6** 大隈重信外相兼農商務相《おおくましげのぶがいしょうけんのうしょうむしょう》辞職《じしょく》。**11・-** 逓信省電気試験所技師《ていしんしょうでんきしけんじょぎし》松代松之助《まつしろまつのすけ》ら、無線電信《むせんでんしん》の実地試験《じっちしけん》に成功《せいこう》。**12・21** 第《だい》一一通《つう》常議会召集《じょうぎかいしょうしゅう》(一二月《がつ》二四日開会《かかいかい》、同《どう》二五日解散《にちかいさん》)。**12・25** 衆議院《しゅうぎいん》、内閣不信任決議案《ないかくふしんにんけつぎあん》を上程《じょうてい》、解散《かいさん》を命《めい》じられる。松方正義首相《まつかたまさよししゅしょう》・西郷従道海相《さいごうつぐみちかいしょう》、辞表《じひょう》を提出《ていしゅつ》(他閣僚《たかくりょう》、一二月《がつ》二七日《にち》に提出《ていしゅつ》)。**12・29** 伊藤博文《いとうひろぶみ》に組閣命令《そかくめいれい》。**この年** 綿糸《めんし》の輸出額《ゆしゅつがく》、輸入額《ゆにゅうがく》を超《こ》える。

【社会・文化】

1・16 日本学生基督教青年同盟《にほんがくせいキリストきょうせいねんどうめい》(日本学生《にほんがくせい》YMCA同盟《どうめい》)成立大会《せいりつたいかい》。**1・17** 河北新報社《かほくしんぽうしゃ》『河北新報《かほくしんぽう》』創刊《そうかん》。**1・-** ほととぎす発行所《はっこうじょ》『ホトトギス』創刊《そうかん》。**2・15** 稲畑勝太郎《いなはたかつたろう》、大阪南地演舞場《おおさかなんちえんぶじょう》で自動写真《じどうしゃしん》(シネマトグラフ)を初興行《はつこうぎょう》し大入満員《おおいりまんいん》。**3・1** 片山潜《かたやません》、「キリスト教社会事業《きょうしゃかいじぎょう》の本営《ほんえい》」としてキングスレイ館《かん》を神田三崎町《かんだみさきちょう》に設立《せつりつ》。**3・3** 足尾銅山鉱毒《あしおどうざんこうどく》の被害地《ひがいち》農民《のうみん》二〇〇〇人余《にんよ》、東京《とうきょう》へ向け「押出《おしだ》し」を開始《かいし》・途中阻止《とちゅうそし》され八〇〇人《にん》が上京《じょうきょう》、農商務省《のうしょうむしょう》を囲《かこ》み鉱業停止《こうぎょうていし》を請願《せいがん》。**3・22** ジャパンタイムズ社《しゃ》『The Japan Times』創刊《そうかん》。**3・24** 内閣《ないかく》に足尾鉱毒事件調査委員会設置《あしおこうどくじけんちょうさいいんかいせっち》。**4・1** 伝染病予防法公布《でんせんびょうよぼうほうこうふ》(国内防疫制度《こくないぼうえきせいど》の成立《せいりつ》、同年五月一日施行《どうねんがつついたちしこう》)・台湾銀行法公布《たいわんぎんこうほうこうふ》(明治《めいじ》三二年《ねん》六月《がつ》一二日《にち》、同銀行設立《どうぎんこうせつりつ》)。岩手日報社《いわてにっぽうしゃ》『岩手日報《いわてにっぽう》』創刊《そうかん》。**4・3** 樽井藤吉《たるいとうきち》・中村太八郎《なかむらたはちろう》・西村玄道《にしむらげんどう》ら、社会問題研究会《しゃかいもんだいけんきゅうかい》を結成《けっせい》。**4・17** 社会雑誌社《しゃかいざっししゃ》『社会雑誌《しゃかいざっし》』創刊《そうかん》。**4・27** 高等商業学校《こうとうしょうぎょうがっこう》に付属外国語学校《ふぞくがいこくごがっこう》を設立《せつりつ》(のちの東京外国語大学《とうきょうがいこくごだいがく》)。帝国図書館官制公布《ていこくとしょかんかんせいこうふ》(東京図書館《とうきょうとしょかん》を帝国図書館《ていこくとしょかん》に改称《かいしょう》・拡充《かくじゅう》)。**4・-** 冨山房《ふざんぼう》『旧幕府《きゅうばくふ》』創刊《そうかん》。**5・1** 帝国京都博物館陳列館開設《ていこくきょうとはくぶつかんちんれつかんかいせつ》。高橋秀臣編輯《たかはしひでおみへんしゅう》『進歩党党報《しんぽとうとうほう》』創《そう》

朝鮮	清
光武(8.16)	光緒 23

1897（明治30）

西暦

年号・干支

内閣

記事

刊《かん》。 **5・27** 東京鉱山監督署《とうきょうこうざんかんとくしょ》、足尾銅山鉱業主古河市兵衛《あしおどうざんこうぎょうしゅふるかわいちべえ》に鉱毒排除《こうどくはいじょ》を命令《めいれい》。 **5・31** 長崎《ながさき》県高島炭坑坑夫《けんたかしまたんこうこうふ》七〇〇人《にん》、納屋頭《なやがしら》の食費値上《しょくひねあ》げに反対《はんたい》し騒擾《そうじょう》。 **5・-** 井上哲次郎《いのうえてつじろう》・元良勇《もとらゆう》次郎《じろう》ら、大日本協会《だいにほんきょうかい》を結成《けっせい》し、機関紙《きかんし》『日本主義《にほんしゅぎ》』創刊《そうかん》。 **6・10** 古社寺保存法公布《こしゃじほぞんほうこうふ》(社寺《しゃじ》の宝物《ほうもつ》・建築物《けんちくぶつ》の国宝指定《こくほうしてい》を告示《こくじ》)。 大日本実業学会《だいにほんじつぎょうがっかい》『実業《じつぎょう》の日本《にほん》』創刊《そうかん》。 **6・22** 京都帝国《きょうとていこく》大学設立《だいがくせつりつ》、従来《じゅうらい》の帝国大学《ていこくだいがく》を東京帝国大学《とうきょうていこくだいがく》と改称《かいしょう》(八月《がつ》一三日開学式《にちかいがくしき》)。 **7・1** 日出新《ひのでしん》聞社《ぶんしゃ》『京都日出新聞《きょうとひのでしんぶん》』創刊《そうかん》(『日出新聞《ひのでしんぶん》』改題《かいだい》)。 **7・4** 職工義友会《しょっこうぎゆうかい》を母体《ぼたい》とする労働組合期《ろうどうくみあいき》成会《せいかい》、発起人会開催《ほっきにんかいかいさい》。 **8・-** 石川県宇出津《いしかわけんうしつ》の婦女《ふじょ》五〇〇人、米商人《こめしょうにん》へ示威行動《じいこうどう》・以後北陸《いごほくりく》・東北《とうほく》などで、同様《どうよう》の米騒動頻発《こめそうどうひんぱつ》。 島崎藤村《しまざきとうそん》『若菜集《わかなしゅう》』刊《かん》。 **11・-** 大阪銀行集会所《おおさかぎんこうしゅうかいじょ》『大阪銀行《おおさかぎんこう》通信録《つうしんろく》』創刊《そうかん》。 **12・1** 鉄工組合結成《てっこうくみあいけっせい》、神田青年会館《かんだせいねんかいかん》で発会式挙行《はっかいしききょこう》(組合員《くみあいいん》一二〇〇人《にん》)。 労《ろう》働新聞社《どうしんぶんしゃ》『労働世界《ろうどうせかい》』創刊《そうかん》。 **12・25** 志賀潔《しがきよし》、赤痢《せきり》の病源体《びょうげんたい》(細菌《さいきん》)を発見《はっけん》。 **この年** 帝国大《ていこくだい》学文科大学編《がくぶんかだいがくへん》『文科大学史誌叢書《ぶんかだいがくししそうしょ》』刊《かん》(〜大正《たいしょう》二年《ねん》)。 頴川君平《えがわくんぺい》『訳司統譜《やくしとうふ》』、非売品《ひばいひん》として編纂《へんさん》・発行《はっこう》。 佐村八郎《さむらはちろう》『国書解題《こくしょかいだい》』刊《かん》(〜明治《めいじ》三三年《ねん》)。

【死没】

1・9 関沢明清《せきざわあききよ》(55、水産伝習所所長《すいさんでんしゅうじょしょちょう》)。 **1・11** 英照皇太后《えいしょうこうたいごう》(65、孝明天皇女御《こうめいてんのうにょうご》)。 **1・28** 永《なが》田《た》一二《かずじ》(48、ジャーナリスト)。 **1・30** 長谷川昭道《はせがわあきみち》(83、政治家《せいじか》)。 **1・31** 西周《にしあまね》(69、洋学者《ようがくしゃ》)。 **3・6** 栗本鋤雲《くりもとじょうん》(76、新聞人《しんぶんじん》)。 **4・10** 田中頼庸《たなかよりつね》(62、神道家《しんとうか》)。 **4・19** 瓜生岩《うりゅういわ》(69、慈善事業家《じぜんじぎょうか》)。 **6・14** 薩埵正邦《さったまさくに》(42、法学《ほうがく》)。 **7・27** 岸竹堂《きしちくどう》(72、日本画家《にほんがか》)。 **8・4** 後藤象二郎《ごとうしょうじろう》(60、政治家《せいじか》)。 **8・18** 神津仙三郎《こうづせんざぶろう》(46、音楽教育者《おんがくきょういくしゃ》)。 **8・21** 守田勘弥《もりたかんや》(一二代《だい》)(52、歌舞伎狂言作者《かぶききょうげんさくしゃ》)。 **8・24** 陸奥宗光《むつむねみつ》(54、政治家《せいじか》)。 **9・15** 町田久成《まちだひさなり》(60、文化行政家《ぶんかぎょうせいか》)。 宇都宮黙霖《うつのみやもくりん》(74、勤王僧《きんのうそう》)。 **10・3** 山地元治《やまちもとはる》(57、陸軍軍人《りくぐんぐんじん》)。 **10・12** 河田景与《かわだかげとも》(70、維新功臣《いしんこうしん》)。 **10・22** 菅政友《かんまさとも》(74、歴史家《れきしか》)。 **11・**

朝鮮

清

西暦	年号・干支	内閣	記事	朝鮮	清
▶一八九七	明治三〇 丁酉《ひのとのとり》	(第2次松方正義内閣)	14 森田思軒《もりたしけん》(37、ジャーナリスト)。11・29 箕作麟祥《みつくりりんしょう》(52、法学者《ほうがくしゃ》)。12・12 浜田彦蔵《はまだひこぞう》(61、新聞創始者《しんぶんそうししゃ》)。12・26 島津忠義《しまづただよし》(58、薩摩鹿児島藩主《さつまかごしまはんしゅ》)。12・31 松平直哉《まつだいらなおとし》(50、出雲母里藩主《いずももりはんしゅ》)。 〔世界〕 1・15 ロシア、ウィッテ蔵相《ぞうしょう》の幣制改革《へいせいかいかく》を実施《じっし》、金本位制導入《きんほんいせいどうにゅう》。2・4 清国《しんこく》・イギリス、ビルマ協定調印《きょうていちょういん》。4・5 オーストリア首相《しゅしょう》バデニー、言語令《げんごれい》を公布《こうふ》(ボヘミアおよびモラヴィアでの、ドイツ語《ご》・チェコ語《ご》の平等《びょうどう》)。4・8 キリスト教社会党《きょうしゃかいとう》のカール＝ルエーガー、ウィーン市長《しちょう》に就任《しゅうにん》。4・17 ギリシャ、トルコに宣戦布告《せんせんふこく》(五月《がつ》一九日《にち》、休戦協定成立《きゅうせんきょうていせいりつ》)。6・16 アメリカ、ハワイ併合条約調印《へいごうじょうやくちょういん》。6・18 ティルピッツ、海相《かいしょう》に就任《しゅうにん》しドイツ海軍《かいぐん》の整備拡張《せいびかくちょう》に着手《ちゃくしゅ》。8・― 第《だい》一回《かい》シオニスト会議《かいぎ》、バーゼルで開催《かいさい》。10・12 朝鮮《ちょうせん》の高宗《こうそう》、皇帝《こうてい》に即位《そくい》(王《おう》を皇帝《こうてい》と改称《かいしょう》)。10・16 朝鮮《ちょうせん》、国号《こくごう》を大韓帝国《だいかんていこく》(韓国《かんこく》)に改称《かいしょう》。11・2 オールコック没《ぼつ》(88、イギリスの外交官《がいこうかん》)。11・14 ドイツ軍《ぐん》、ドイツ人宣教師《じんせんきょうし》殺害事件《さつがいじけん》を理由《りゆう》に膠州湾《こうしゅうわん》を占領《せんりょう》。12・24 孫秉熙《そんへいき》、東学第《とうがくだい》三代教主《だいきょうしゅ》に就任《しゅうにん》。この年《とし》 清《しん》、楊守敬《ようしゅけい》『日本訪書志《にほんほうしょし》』刊《かん》。	光武(8.16)	光緒 23
◀一八九八	三一 戊戌《つちのえいぬ》		【政治・経済】 1・1 葉煙草専売法施行《はタバコせんばいほうしこう》。北海道全域《ほっかいどうぜんいき》および沖縄県《おきなわけん》・小笠原諸島《おがさわらしょとう》に徴兵令施行《ちょうへいれいしこう》。1・12 第《だい》三次伊藤博文内閣成立《じいとうひろぶみないかくせいりつ》。1・20 元帥府条例公布《げんすいふじょうれいこうふ》・陸軍大将山県有朋《りくぐんたいしょうやまがたありとも》・彰仁親王《あきひとしんのう》・大山巌《おおやまいわお》・海軍大将西郷従道《かいぐんたいしょうさいごうつぐみち》に元帥号授与《げんすいごうじゅよ》。1・22 教育総監部条例公布《きょういくそうかんぶじょうれいこうふ》・初代総監《しょだいそうかん》に陸軍少将寺内正毅《りくぐんしょうしょうてらうちまさたけ》。3・15 第《だい》五回臨時総選挙《かいりんじそうせんきょ》(自由党《じゆうとう》九八・進歩党《しんぽとう》九一・国民協会《こくみんきょうかい》二六)。4・13 閣議《かくぎ》、自由党《じゆうとう》の板垣入閣要求《いたがきにゅうかくようきゅう》を井上馨蔵相《いのうえかおるぞうしょう》の反対《はんたい》により否決《ひけつ》。4・19 自由党本部《じゆうとうほんぶ》、内閣《ないかく》の板《いた》	2	24

西暦	
年号・干支	
内閣	1・12 第3次伊藤博文《いとうひろぶみ》内閣
記事	垣入閣拒否《がきにゅうかくきょひ》に対《たい》し、政府《せいふ》との提携解消《ていけいかいしょう》を各支部《かくしぶ》に通告《つうこく》。4・22 列強《れっきょう》への福建省不割譲《ふっけんしょうふかつじょう》に関《かん》して日清交換公文《にっしんこうかんこうぶん》を取決《とりき》める。4・25 西徳二郎外相《にしとくじろうがいしょう》、ロシア公使《こうし》ローゼンと韓国《かんこく》に関《かん》する議定書《ぎていしょ》に調印《ちょういん》(西《にし》・ローゼン協定《きょうてい》)。5・14 第《だい》一二特別会召集《とくべつかいしょうしゅう》(五月《がつ》一九日開会《にちかいかい》、六月《がつ》一〇日《か》解散《かいさん》)。5・30 東京商業会議所《とうきょうしょうぎょうかいぎしょ》、鉄道国有建議書《てつどうこくゆうけんぎしょ》を議会《ぎかい》および逓相末松謙澄《ていしょうすえまつけんちょう》へ提出《ていしゅつ》。6・10 自由《じゆう》・進歩両党《しんぽりょうとう》、協力《きょうりょく》して政府《せいふ》の地租増徴案《ちそぞうちょうあん》を否決《ひけつ》し、衆議院解散《しゅうぎいんかいさん》となる。6・21 民法《みんぽう》四・五編公布《へんこうふ》(七月《がつ》一六日施行《にちしこう》)。6・22 自由《じゆう》・進歩両党《しんぽりょうとう》の合同《ごうどう》により憲政《けんせい》党結成《とうけっせい》。6・24 伊藤博文首相《いとうひろぶみしゅしょう》、元老会議《げんろうかいぎ》で政党組織《せいとうそしき》などをめぐり、反対《はんたい》する山県有朋《やまがたありとも》と激《げき》論《ろん》。首相《しゅしょう》、辞表提出《じひょうていしゅつ》し後継首相候補《こうけいしゅしょうこうほ》に大隈重信《おおくましげのぶ》・板垣退助《いたがきたいすけ》を推《お》す。6・30 第《だい》一次《じ》大隈《おおくま》重信内閣成立《しげのぶないかくせいりつ》(大隈《おおくま》、外相《がいしょう》を兼《か》ね、内相《ないしょう》に板垣退助就任《いたがきたいすけしゅうにん》・日本最初《にほんさいしょ》の政党内閣《せいとうないかく》、いわゆる隈板内閣《わいはんないかく》)。7・17 台湾総督府《たいわんそうとくふ》、台湾地籍規則《たいわんちせききそく》・台湾土地調査規則《たいわんとちちょうさきそく》を制定《せいてい》。8・1 豊田《とよだ》佐吉《さきち》、動力織機《どうりょくしょっき》の特許取得《とっきょしゅとく》。8・10 第《だい》六回臨時総選挙《かいりんじそうせんきょ》(憲政党《けんせいとう》二六〇・国民協会《こくみんきょうかい》二〇)。8・21 尾崎行雄文相《おざきゆきおぶんしょう》、帝国教育会《ていこくきょういくかい》での演説《えんぜつ》において、拝金主義《はいきんしゅぎ》を排撃《こうげき》し共和政治《きょうわせいじ》に言及《げんきゅう》(「共和演説事件《きょうわえんぜつじけん》」として非難《ひなん》される)。8・31 台湾総督府《たいわんそうとくふ》、保甲条例公布《ほこうじょうれいこうふ》(台湾人民《たいわんじんみん》の「保《ほ》」「甲《こう》」への組織化《そしきか》と連座制《れんざせい》の適用《てきよう》)。9・8 韓国《かんこく》と京釜鉄道合同条約調印《けいふてつどうごうどうじょうやくちょういん》。10・20 第《だい》三回《かい》農商工高等会議開催《のうしょうこうこうとうかいぎかいさい》(～一一月《がつ》四日《か》・工場法制定《こうじょうほうせいてい》などにつき審議《しんぎ》)。10・24 尾崎行雄文相《おざきゆきおぶんしょう》、共和演説事件《きょうわえんぜつじけん》のため辞職《じしょく》(後任《こうにん》をめぐり閣内紛糾《かくないふんきゅう》し、首相《しゅしょう》の独断《どくだん》により、一〇月《がつ》二七日《にち》犬養毅《いぬかいつよし》が就任《しゅうにん》)。10・29 板垣退助内相《いたがきたいすけないしょう》ら旧自由党系閣僚《きゅうじゆうとうけいかくりょう》、辞表《じひょう》を提出《ていしゅつ》・憲政党分裂《けんせいとうぶんれつ》し、旧自由派《きゅうじゆうは》のみでの新憲政党結成《しんけんせいとうけっせい》を議決《ぎけつ》。10・31 大隈重信首相《おおくましげのぶしゅしょう》ら旧進歩党系閣僚《きゅうしんぽとうけいかくりょう》、辞表《じひょう》を提出《ていしゅつ》し内閣崩壊《ないかくほうかい》。11・2 東亜同文会結成《とうあどうぶんかいけっせい》(会長《かいちょう》近衛篤麿《このえあつまろ》)。11・3 憲政党《けんせいとう》旧進歩《きゅうしんぽ》派《は》、憲政本党《けんせいほんとう》を結成《けっせい》。11・7 第《だい》一三通常議会召集《つうじょうぎかいしょうしゅう》(一二月《がつ》三日《か》開会《かいかい》、明治《めいじ》三二年《ねん》三月《がつ》九
朝鮮	
清	

西暦	年号・干支	内閣	記事	朝鮮	清
一八九八 ◀ ▶	明治三一 戊戌《つちのえいぬ》	(第3次伊藤博文内閣) 6・30 第1次大隈重信《おおくましげのぶ》内閣	日《か》閉会《へいかい》)。**11・8** 第《だい》二次《じ》山県有朋内閣成立《やまがたありともないかくせいりつ》。**12・10** 貴族院議員《きぞくいんぎいん》(谷干城《たにたてき》ら、地租増徴反対同盟会《ちそぞうちょうはんたいどうめいかい》を結成《けっせい》。**12・13** 渋沢栄一《しぶさわえいいち》ら、地租増徴期成同盟会《ちそぞうちょうきせいどうめいかい》を結成《けっせい》。**12・30** 地租条例改正《ちそじょうれいかいせい》(田畑《でんぱた》地租《ちそ》二・五パーセントを三・三パーセントに引上《ひきあ》げ)・田畑地価修正法《でんぱたちかしゅうせいほう》各公布《かくこうふ》。 【社会・文化】 **1・2** 三才社《さんさいしゃ》『天地人《てんちじん》』創刊《そうかん》。**2・10** 三井富岡製糸所《みついとみおかせいしじょ》の女工《じょこう》七四三人《にん》、労働条件改悪《ろうどうじょうけんかいあく》に反対《はんたい》し五日《か》間《かん》同盟罷業《どうめいひぎょう》。**2・11** 神戸新聞社《こうべしんぶんしゃ》『神戸新聞《こうべしんぶん》』創刊《そうかん》。**2・24** 日本鉄道会社機関手《にほんてつどうがいしゃきかんしゅ》四〇〇人《にん》、同盟罷業突入《どうめいひぎょうとつにゅう》(二日《か》間《かん》で罷業《ひぎょう》を解《と》き交渉《こうしょう》に入《はい》り、同年《どうねん》三月《がつ》二八日《にち》要求貫徹《ようきゅうかんてつ》・鉄道《てつどう》ストの初《はじ》め)。**2・-** 佐佐木信綱中心《ささきのぶつなちゅうしん》『心《こころ》の花《はな》』創刊《そうかん》。**3・20** 東京本所《とうきょうほんじょ》・深川《ふかがわ》で、活版工同志懇話会結成《かっぱんこうどうしこんわかいけっせい》(四月《がつ》五日《か》同会発起人《どうかいほっきにん》七人《にん》の解雇《かいこ》に対《たい》し同盟罷業《どうめいひぎょう》)。**3・29** 東京美術学校校長岡倉天心《とうきょうびじゅつがっこうこうちょうおかくらてんしん》、同校紛擾《どうこうふんじょう》により免職《めんしょく》、岡倉《おかくら》に殉《じゅん》じて教授橋本雅邦《きょうじゅはしもとがほう》・助教授横山大観《じょきょうじゅよこやまたいかん》ら一七人《にん》辞職《じしょく》。**4・5** 日本鉄道矯正会結成《にほんてつどうきょうせいかいけっせい》。**4・27** 片山潜《かたやません》・横山源之助《よこやまげんのすけ》ら、貧民研究会《ひんみんけんきゅうかい》を結成《けっせい》。**4・-** ジャパン=タイムズ社《しゃ》『英語青年《えいごせいねん》』創刊《そうかん》。『東亜《とうあ》』創刊《そうかん》(ベルリン)。**5・1** 台湾日日新報社《たいわんにちにちしんぽうしゃ》『台湾日日新報《たいわんにちにちしんぽう》』創刊《そうかん》(台北《たいほく》)。**5・10** 九州日報社《きゅうしゅうにっぽうしゃ》『九州日報《きゅうしゅうにっぽう》』創刊《そうかん》(『福陵新報《ふくりょうしんぽう》』改題《かいだい》)。**5・22** 函館毎日新聞社《はこだてまいにちしんぶんしゃ》『函館毎日新聞《はこだてまいにちしんぶん》』創刊《そうかん》。**6・10** 東京独立雑誌社《とうきょうどくりつざっししゃ》『東京独立雑誌《とうきょうどくりつざっし》』創刊《そうかん》。**6・-** 物価騰貴《ぶっかとうき》により、全国的《ぜんこくてき》に細民《さいみん》の生活困窮深刻化《せいかつこんきゅうしんこくか》。**8・5** 高橋秀臣編輯《たかはしひでおみへんしゅう》『憲政党党報《けんせいとうとうほう》』創刊《そうかん》。**9・1** 義太夫節《ぎだゆうぶし》の豊竹呂昇《とよたけろしょう》、上京初公演《じょうきょうはつこうえん》で人気《にんき》を博《はく》す。**10・15** 岡倉天心《おかくらてんしん》・橋本雅邦《はしもとがほう》・横山大観《よこやまたいかん》ら、日本美術院《にほんびじゅついん》を創立《そうりつ》。**10・18** 村井知至《むらいともよし》・安部磯雄《あべいそお》・片山潜《かたやません》・幸徳秋水《こうとくしゅうすい》・木下尚江《きのしたなおえ》ら、社会主義研究会《しゃかいしゅぎけんきゅうかい》を結成《けっせい》。**10・-** 独逸語学雑誌社《ドイツごがくざっししゃ》『独逸語学雑誌《ドイツごがくざっし》』創刊《そうかん》。**11・-** 下田歌子《しもだうたこ》ら、帝国婦人協会《ていこくふじんきょうかい》を結成《けっせい》。**この秋《あき》** 福島民友社《ふくしまみんゆうしゃ》『福島民友新聞《ふくしまみんゆうしんぶん》』創刊《そうかん》(『東北民声《とうほくみんせい》』改題《かいだい》)。**12・10** 学位令《がくいれい》を改定《かいてい》(大博士《だいはくし》の学位《がくい》を廃《はい》し博士《はくし》に統一《とういつ》・学位審査機関《がくいしんさきかん》として博士会《はくしかい》を設置《せっち》)。	光武 **2**	光緒 **24**

西暦	
年号・干支	
内閣	
記事	12・– 大阪府《おおさかふ》中河内郡《なかかわちぐん》三井新田《みついしんでん》の小作人《こさくにん》ら、小作料《こさくりょう》引下《ひきさ》げ・小作権《こさくけん》売買《ばいばい》の自由《じゆう》を求《もと》め争議《そうぎ》。**この年** 横井時冬《よこいときふゆ》『日本工業史《にほんこうぎょうし》』刊《かん》。大日本綿糸紡績同業連合会《だいにほんめんしぼうせきどうぎょうれんごうかい》『紡績職工事情調査概要報告書《ぼうせきしょっこうじじょうちょうさがいようほうこくしょ》』刊《かん》。黒川真頼《くろかわまより》ら『史料大観《しりょうたいかん》』刊《かん》(〜明治《めいじ》三三年《ねん》)。内田銀蔵《うちだぎんぞう》『経済史《けいざいし》』刊《かん》(〜明治《めいじ》三二年《ねん》)。 【死没】 **1・15** 子安峻《こやすたかし》(63、実業家《じつぎょうか》)。**1・29** 木村九蔵《きむらくぞう》(54、養蚕改良家《ようさんかいりょうか》)。**2・3** 加納夏雄《かのうなつお》(71、彫金家《ちょうきんか》)。**2・26** 岸沢式佐《きしざわしきさ》(六代《だい》)(66、常磐津節三味線弾《ときわづぶししゃみせんひ》き)。**3・10** フルベッキ(68、宣教師《せんきょうし》)。**3・18** 近衛忠煕《このえただひろ》(91、公家《くげ》)。**3・27** 森岡昌純《もりおかまさずみ》(66、内務官僚《ないむかんりょう》)。**4・1** 豊沢団平《とよざわだんぺい》(二代《だい》)(72、浄瑠璃三味線方《じょうるりしゃみせんかた》)。**4・12** 岡本黄石《おかもとこうせき》(88、近江彦根藩家老《おうみひこねはんかろう》)。**4・21** キオソーネ(66、銅版画家《どうばんがか》)。**6・5** 小室信夫《こむろしのぶ》(60、政治家《せいじか》)。**6・14** 白根専一《しらねせんいち》(50、藩閥政治家《はんばつせいじか》)。**6・15** 船津伝次平《ふなつでんじべい》(67、明治三老農《めいじさんろうのう》)。**6・26** 野口幽谷《のぐちゆうこく》(72、南画家《なんがか》)。**7・5** 神田孝平《かんだたかひら》(69、官僚《かんりょう》)。**7・15** 稲葉正邦《いなばまさくに》(65、老中《ろうじゅう》)。**7・22** 高橋健三《たかはしけんぞう》(44、官僚《かんりょう》)。**8・27** 島田篁村《しまだこうそん》(61、漢学《かんがく》)。**9・1** 田崎草雲《たざきそううん》(84、日本画家《にほんがか》)。**9・3** 中西梅花《なかにしばいか》(33、小説家《しょうせつか》)。**9・6** 柏木貨一郎《かしわぎかいちろう》(58、古美術鑑定家《こびじゅつかんていか》)。**10・6** 片平信明《かたひらしんめい》(69、報徳運動家《ほうとくうんどうか》)。**10・29** 小野広胖《おのこうはん》(82、政治家《せいじか》)。**11・6** 佐久間貞一《さくまていいち》(51、実業家《じつぎょうか》)。**11・12** 中浜万次郎《なかはままんじろう》(71、啓蒙家《けいもうか》)。**11・23** 四条隆謌《しじょうたかうた》(71、公家《くげ》)。 〔世界〕 **1・13** 作家《さっか》ゾラ、ドレフュス事件《じけん》に関《かん》し、『オーロラ』紙上《しじょう》に仏大統領《ふつだいとうりょう》あての公開状《こうかいじょう》「予《よ》は弾劾《だんがい》す」を発表《はっぴょう》。**2・9** 韓国《かんこく》の独立協会《どくりつきょうかい》、万民共同会《ばんみんきょうどうかい》を主催《しゅさい》し、ロシアの侵略《しんりゃく》を糾断《きゅうだん》。**2・22** 大院君《たいいんくん》没《ぼつ》(79、朝鮮《ちょうせん》の政治家《せいじか》)。**3・6** ドイツ、清国《しんこく》との間《あいだ》で膠州湾《こうしゅうわん》租借《そしゃく》条約《じょうやく》に調印《ちょういん》(九九年間《ねんかん》の租借権《そしゃくけん》・鉄道敷設権《てつどうふせつけん》などを獲得《かくとく》)。**3・15** ロシア社会民主労働党《しゃかいみんしゅろうどうとう》、ミ
朝鮮	
清	

西暦	年号・干支	内閣
▶一八九八	明治三一 戊戌《つちのえいぬ》	11・8 第2次山県有朋《やまがたありとも》内閣

記事

ンスクで結成《けっせい》。**3・27** ロシア、清国《しんこく》との間《あいだ》で旅順《りょじゅん》・大連《だいれん》租借条約《そしゃくじょうやく》に調印《ちょういん》(二五年間《ねんかん》の両《りょう》港《こう》租借権《そしゃくけん》・鉄道敷設権《てつどうふせつけん》を獲得《かくとく》)。**4・10** 恭親王奕訢《きょうしんのうえききん》没《ぼつ》(67、清《しん》の皇族《こうぞく》)。**4・19** アメリカ議会《ぎかい》、大統領《だいとうりょう》マッキンリーにキューバの対《たい》スペイン反乱《はんらん》への介入《かいにゅう》と武力行使《ぶりょくこうし》を認《みと》める決議《けつぎ》を採《さい》択《たく》。**4・25** アメリカ、スペインに宣戦《せんせん》(米西戦争《べいせいせんそう》)。**5・1** ゴーブル没《ぼつ》(69、アメリカ人《じん》宣教《せんきょう》師《し》)。**6・11** 清国光緒帝《しんこくこうしょてい》、変法自強《へんぽうじきょう》の詔 勅下《しょうちょくくだ》し、康有為《こうゆうい》らによる戊戌《ぼじゅつ》の変法《へんぽう》を開始《かいし》。**6・12** アギナルド、フィリピンの独立《どくりつ》を宣言《せんげん》し、臨時政府大統領《りんじせいふだいとうりょう》に就任《しゅうにん》。**7・1** イギリス、清国《しんこく》の威海衛《いかいえい》を租借《そしゃく》(二五年間《ねんかん》)。**7・7** アメリカ、ハワイ併合《へいごう》(一八九七年《ねん》の併合条約《へいごうじょうやく》の批准《ひじゅん》による)。**7・20** 朝鮮《ちょうせん》の東学《とうがく》二代教主《だいきょうしゅ》崔時亨《さいじこう》処刑《しょけい》(72)。**9・2** キッチナー率《ひき》いるイギリス・エジプト軍《ぐん》、マフディー軍《ぐん》を破《やぶ》りスーダンを占領《せんりょう》。**9・16** 金炳始《きんへいし》没《ぼつ》(67、朝鮮《ちょうせん》の政《せい》治家《じか》)。**9・18** ファショダ事件発生《じけんはっせい》(スーダンで英《えい》・仏両軍《ふつりょうぐん》が接触《せっしょく》)。**9・21** 西太后《せいたいごう》、クーデターを起《お》こし清国《しんこく》の実権《じっけん》を掌握《しょうあく》、光緒帝《こうしょてい》は幽閉《ゆうへい》され、康有為《こうゆうい》・梁啓超《りょうけいちょう》は日本《にほん》へ亡命《ぼうめい》(戊《ぼ》戌《じゅつ》の政変《せいへん》)。**9・29** サモリ帝国《ていこく》、フランスへの抗戦《こうせん》に敗《やぶ》れ崩壊《ほうかい》。**10・10** 金鴻陸処刑《きんこうりくしょけい》(朝鮮《ちょうせん》の通訳官《つうやくかん》)。**12・10** アメリカ・スペイン、パリ講和条約《こうわじょうやく》に調印《ちょういん》、米西戦争《べいせいせんそう》終結《しゅうけつ》(アメリカにプエルト＝リコ・グアム・フィリピンを割譲《かつじょう》・キューバの独立承認《どくりつしょうにん》)。**この年**《とし》 キュリー夫妻《ふさい》、ラジウムを発見《はっけん》。レイ没《ぼつ》(イギリスの事業家《じぎょうか》)。

朝鮮	清
光武 2	光緒 24

西暦　一八九九 ◀

年号・干支　三二　己亥《つちのとい》

内閣

記事

【政治・経済】

1・1 大日本綿糸紡績同業連合会《だいにほんめんしぼうせきどうぎょうれんごうかい》、第二次《だいじ》操業短縮《そうぎょうたんしゅく》を実施《じっし》。 1・9 渋沢栄一《しぶさわえいいち》・大倉喜八郎《おおくらきはちろう》ら実業家《じつぎょうか》、衆議院議員選挙法改正期成同盟会《しゅうぎいんぎいんせんきょほうかいせいきせいどうめいかい》を結成《けっせい》。 2・13 改正所得税法公布《かいせいしょとくぜいほうこうふ》。 2・23 鉄道国有調査会規則公布《てつどうこくゆうちょうさかいきそくこうふ》(総理大臣《そうりだいじん》に直隷《ちょくれい》し、私鉄買収関係調査《してつばいしゅうかんけいちょうさ》を実施《じっし》)。 2・24 不動産登記法公布《ふどうさんとうきほうこうふ》(六月《がつ》一六日施行《にちしこう》)。 3・2 北海道旧土人保護法公布《ほっかいどうきゅうどじんほごほうこうふ》。 特許法《とっきょほう》・意匠法《いしょうほう》・商標法各公布《しょうひょうほうかくこうふ》。 3・9 新商法公布《しんしょうほうこうふ》(同年《どうねん》六月《がつ》一六日施行《にちしこう》)。 3・16 国籍法公布《こくせきほうこうふ》。 改正府県制《かいせいふけんせい》・改正郡制公布《かいせいぐんせいこうふ》(直接選挙制《ちょくせつせんきょせい》を採用《さいよう》)。 3・22 耕地整理法公布《こうちせいりほうこうふ》(明治《めいじ》三三年《ねん》一月《がつ》一五日施行《にちしこう》)。 3・28 文官任用令改正《ぶんかんにんようれいかいせい》(政党《せいとう》の猟官《りょうかん》の防止策《ぼうしさく》として勅任官任用規定《ちょくにんかんにんようきてい》)・文官分限令《ぶんかんぶんげんれい》・文官懲戒令各公布《ぶんかんちょうかいれいかくこうふ》。 4・7 官営八幡製鉄所《かんえいやはたせいてつじょ》、清国漢陽鉄政局《しんこくかんようてつせいきょく》および大冶鉄山鉱石《だいやてつざんこうせき》の優先買入契約《ゆうせんかいいれけいやく》を締結《ていけつ》。 4・20 外債募集《がいさいぼしゅう》に関《かん》する法律公布《ほうりつこうふ》。 5・15 京仁鉄道設立《けいじんてつどうせつりつ》(資本金《しほんきん》七二万五〇〇〇円《えん》、社長渋沢栄一《しゃちょうしぶさわえいいち》、明治《めいじ》三三年《ねん》七月《がつ》八日《か》営業開始《えいぎょうかいし》)。 6・7 鎮守府艦隊条例公布《ちんじゅふかんたいじょうれいこうふ》(各鎮守府《かくちんじゅふ》に艦隊《かんたい》を駐留《ちゅうりゅう》)。 6・9 農会法公布《のうかいほうこうふ》(農商務大臣《のうしょうむだいじん》から農会《のうかい》への補助金規程《ほじょきんきてい》、明治《めいじ》三三年《ねん》四月《がつ》一日施行《ついたちしこう》)。 6・30 改正条約実施《かいせいじょうやくじっし》に関《かん》する詔書公布《しょうしょこうふ》。 7・4 国民協会《こくみんきょうかい》、解散《かいさん》を決議《けつぎ》し、翌日《よくじつ》に帝国党《ていこくとう》を結党《けっとう》、現内閣支持《げんないかくしじ》・軍備拡張《ぐんびかくちょう》・権益伸張《けんえきしんちょう》などの政綱《せいこう》を発表《はっぴょう》。 7・5 台湾銀行設立《たいわんぎんこうせつりつ》(資本金《しほんきん》五〇〇万円《えん》、九月《がつ》二六日開業《にちかいぎょう》)。 7・15 軍機保護法公布《ぐんきほごほうこうふ》。 7・17 日英通商航海条約《にちえいつうしょうこうかいじょうやく》など改正条約実施《かいせいじょうやくじっし》(フランス・オーストリア＝ハンガリーは同年《どうねん》八月《がつ》四日《か》実施《じっし》)。 条約改正《じょうやくかいせい》による外国人内地雑居実施《がいこくじんないちざつきょじっし》の初日《しょにち》、アメリカ船員《せんいん》ミラー、横浜《よこはま》で日本人《にほんじん》・外国人合《がいこくじんあ》わせ三名《めい》を殺害《さつがい》(八月《がつ》一九日《にち》、横浜地裁《よこはまちさい》で死刑判決《しけいはんけつ》・初《はつ》の外国人裁判《がいこくじんさいばん》)。 日本電気設立《にほんでんきせつりつ》(資本金《しほんきん》二〇万円《えん》)。 7・21 汽船布引丸《きせんぬのびきまる》(中村弥六所有《なかむらやろくしょゆう》)、フィリピン独立派《どくりつは》への弾薬輸送中《だんやくゆそうちゅう》、上海沖《シャンハイおき》で沈没《ちんぼつ》(布引丸事件《ぬのびきまるじけん》)。 10・2 黒沢正直《くろさわまさなお》・樽井藤吉《たるいとうきち》・幸徳秋水《こうとくしゅうすい》ら、東京《とうきょう》で普《ふ》

朝鮮　3

清　25

西暦	年号・干支	内閣
一八九九	明治三二 己亥《つちのとのい》	(第2次山県有朋内閣)

記事

通選挙《つうせんきよ》期《き》成同盟会《せいどうめいかい》を結成《けつせい》。**11・20** 第《だい》一四通常《つうじよう》議《ぎ》会召集《かいしようしゆう》(一一月《がつ》二二日開会《にちかいかい》、明治《めいじ》三三年《ねん》二月《がつ》二三日閉会《にちへいかい》)。選挙法改正全国各市連合会結成《せんきよほうかいせいぜんこくかくしれんごうかいけつせい》(五一の市《し》が参加《さんか》、市《し》の独立選挙区化《どくりつせんきよくか》を要求《ようきゆう》)。

【社会・文化】

1・31 社会学研究会《しやかいがくけんきゆうかい》『社会《しやかい》』創刊《そうかん》。**2・7** 中学校令《ちゆうがつこうれい》・実業学校令各公布《じつぎようがつこうれいかくこうふ》。**2・8** 高等女学《こうとうじよがつ》校令公布《こうれいこうふ》。**2・22** 岩手毎日新聞社《いわてまいにちしんぶんしや》『岩手毎日新聞《いわてまいにちしんぶん》』創刊《そうかん》。**3・4** 著作権法公布《ちよさくけんほうこうふ》(死後《しご》の著作権《ちよさくけん》三〇年保存《ねんほぞん》などを規定《きてい》、七月《がつ》一五日施行《にちしこう》)。**4・3** 長野新聞株式会社《ながのしんぶんかぶしきがいしや》『長野新聞《ながのしんぶん》』創刊《そうかん》。安孫子久太郎《あびこきゆうたろう》『日米《にちべい》』創刊《そうかん》(サンフランシスコ)。**4・-** 堀内信編《ほりのうちまことへん》『南紀徳川史《なんきとくがわし》』前集成《ぜんしゆうな》る(後《こう》集《しゆう》、明治《めいじ》三四年《ねん》)。横山源之助《よこやまげんのすけ》『日本之下層社会《にほんのかそうしやかい》』刊《かん》。**5・25** 山陽鉄道《さんようてつどう》で、はじめて食堂《しよくどう》車《しや》が運行《うんこう》される。**6・1** 「米西戦争活動大写真《べいせいせんそうかつどうだいしやしん》」、神田《かんだ》の錦輝館《きんきかん》で上映《じようえい》(ニュース映画《えいが》のはじめ)。**6・20** 最初《さいしよ》の日本製映画《にほんせいえいが》、「日本率先活動大写真《にほんそつせんかつどうだいしやしん》」と称《しよう》し歌舞伎座《かぶきざ》で公開《こうかい》(撮影柴田《さつえいしばた》常吉《つねきち》・浅野四郎《あさのしろう》ら、説明駒田好洋《せつめいこまだこうよう》)。**6・-** 大井憲太郎《おおいけんたろう》ら、大阪《おおさか》で大日本労働協会《だいにほんろうどうきようかい》および小《こ》作条例期成同盟会《さくじようれいきせいどうめいかい》を結成《けつせい》。**8・3** 私立学校令公布《しりつがつこうれいこうふ》(私立学校《しりつがつこう》への監督法令《かんとくほうれい》)。**8・15** 森永《もりなが》太一郎《たいちろう》、赤坂溜池《あかさかためいけ》でキャンデー・ケーキの製造《せいぞう》を開始《かいし》(森永製菓《もりながせいか》の前身《ぜんしん》)。**9・22** 岩手県水沢《いわてけんみずさわ》町《まち》に臨時緯度観測所《りんじいどかんそくじよ》を設置《せつち》(一二月《がつ》、同所に緯度観測所《いどかんそくじよ》が竣工《しゆんこう》)。**10・5** 日本歴史地理学会《にほんれきしちりがつかい》『歴史地理《れきしちり》』創刊《そうかん》。**10・20** 小学校教育費国庫補助法公布《しようがつこうきよういくひこつこほじよほうこうふ》。**10・-** 大日本労働協会《だいにほんろうどうきようかい》『大阪週《おおさかしゆう》報《ほう》』創刊《そうかん》。平出鏗二郎《ひらでこうじろう》『東京風俗志《とうきようふうぞくし》』上巻刊《じようかんかん》(~明治《めいじ》三五年《ねん》)。**11・3** 活版工同志懇話会《かつぱんこうどうしこんわかい》、改組《かいそ》して活版工組合《かつぱんこうくみあい》を結成《けつせい》(会長《かいちよう》島田三郎《しまださぶろう》)。**11・11** 図書館令公布《としよかんれいこうふ》。**この年** 反省社《はんせいしや》『中央《ちゆうおう》公論《こうろん》』創刊《そうかん》(『反省雑誌《はんせいざつし》』改題《かいだい》)。川瀬教文《かわせのりふみ》『波山始末《はざんしまつ》』刊《かん》。

【死没】

朝鮮	清
光武 3	光緒 25

1899（明治32）

西暦	
年号・干支	
内閣	
記事	1・15 古河勇《ふるかわいさむ》(29、仏教運動家《ぶっきょううんどうか》)。1・19 勝海舟《かつかいしゅう》(77、政治家《せいじか》)。1・23 師岡正胤《もろおかまさたね》(71、勤王家《きんのうか》)。1・25 栗田寛《くりたひろし》(65、歴史家《れきしか》)。2・6 原善三郎《はらぜんざぶろう》(73、生糸商《きいとしょう》)。2・8 清水誠《しみずまこと》(55、実業家《じつぎょうか》)。2・9 滝本金蔵《たきもときんぞう》(74、登別温泉開発《のぼりべつおんせんかいはつ》)。2・24 和田篤太郎《わだとくたろう》(43、春陽堂《しゅんようどう》)。2・25 西川鯉三郎《にしかわこいさぶろう》(初代《しょだい》)(76、西川流祖《にしかわりゅうそ》)。3・26 中島信行《なかじまのぶゆき》(54、政治家《せいじか》)。4・3 沢村田之助《さわむらたのすけ》(四代《だい》)(43、歌舞《かぶ》伎役者《きやくしゃ》)。4・13 高木仙右衛門《たかぎせんえもん》(76、潜伏《せんぷく》キリシタン)。4・20 遠藤允信《えんどうさねのぶ》(64、陸奥仙台藩士《むつせんだいはんし》)。5・8 村田氏寿《むらたうじひさ》(79、越前福井藩士《えちぜんふくいはんし》)。5・11 川上操六《かわかみそうろく》(52、陸軍軍人《りくぐんぐんじん》)。6・23 石川総管《いしかわふさかね》(59、常陸《ひたち》下館藩主《しもだてはんしゅ》)。8・8 矢田部良吉《やたべりょうきち》(49、植物学《しょくぶつがく》)。8・19 丸山作楽《まるやまさくら》(60、政治家《せいじか》)。8・26 市川斎宮《いちかわさいぐう》(82、蘭学《らんがく》)。8・27 永見伝三郎《ながみでんざぶろう》(69、銀行家《ぎんこうか》)。9・26 大木喬任《おおきたかとう》(68、政治家《せいじか》)。10・7 西四辻公業《にしよつつじきんなり》(62、公家《くげ》)。11・22 長沢別天《ながさわべってん》(32、評論家《ひょうろんか》)。11・28 ピアソン(67、教育者《きょういくしゃ》)。12・12 池田茂政《いけだもちまさ》(61、備前岡山藩主《びぜんおかやまはんしゅ》)。12・26 原田直次郎《はらだなおじろう》(37、洋画家《ようがか》)。12・30 谷口靄山《たにぐちあいざん》(84、南画家《なんがか》)。 〔世界〕 1・1 アメリカ、キューバを軍政下《ぐんせいか》に置《お》く。1・19 イギリス・エジプト両国《りょうこく》によるスーダン共同統治開始《きょうどうとうちかいし》。2・4 フィリピン独立革命軍《どくりつかくめいぐん》、アメリカ軍《ぐん》と戦闘開始《せんとうかいし》(アメリカ・フィリピン戦争《せんそう》)。2・19 ラオス、フランス領《りょう》インドシナに編入《へんにゅう》。3・– 清国《しんこく》、山東《さんとう》で義和団蜂起《ぎわだんほうき》。5・18 オランダ、ハーグで第《だい》一回《かい》国際平和会議開催《こくさいへいわかいぎかいさい》(二六ヵ国《こく》の参加《さんか》・国際司法裁判所設置《こくさいしほうさいばんしょせっち》・戦争法規《せんそうほうき》などを決議《けつぎ》)。7・20 康有為《こうゆうい》、亡命先《ぼうめいさき》のカナダで保皇会《ほこうかい》を結成《けっせい》。9・1 ル＝ジャンドル没《ぼつ》(69、日本政府《にほんせいふ》の外交顧問《がいこうこもん》)。9・6 アメリカ国務長官《こくむちょうかん》ヘイ、列強諸国《れっきょうしょこく》に対《たい》し中国《ちゅうごく》の門戸開放《もんこかいほう》・機会均等《きかいきんとう》を提案《ていあん》。10・12 ボーア戦争勃発《せんそうぼっぱつ》。11・16 フランス、清国《しんこく》から広州湾《こうしゅうわん》を租借《そしゃく》(広州湾租借条約《こうしゅうわんそしゃくじょうやく》、期限《きげん》九九年間《ねんかん》)。12・23 ドイツのアナトリア鉄道会社《てつどうがいしゃ》、トルコからバグダード鉄道《てつどう》の敷設権《ふせつけん》を獲得《かくとく》。12・28 ブルガリア農民同盟結成《のうみんどうめいけっせい》。この年《とし》 シ
朝鮮	
清	

西暦	一八九九 ▶	一九〇〇 ◀
年号・干支	明治三二 己亥《つちのとい》	三三 庚子《かのえね》
内閣	(第2次山県有朋内閣)	
記事	ベリウス、交響詩《こうきょうし》「フィンランディア」を作曲《さっきょく》。	【政治・経済】 1・13 松本《まつもと》の普通選挙同盟会《ふつうせんきよどうめいかい》、衆議院《しゅうぎいん》に普通選挙請願書《ふつうせんきよせいがんしょ》を提出《ていしゅつ》。1・18 東京《とうきょう》の普通選挙《ふつうせんきよ》期成同盟会《きせいどうめいかい》も、衆議院《しゅうぎいん》に普通選挙請願書《ふつうせんきよせいがんしょ》を提出《ていしゅつ》。2・13 足尾銅山鉱毒被害農民《あしおどうざんこうどくひがいのうみん》、鉱業停《こうぎょうてい》止請願《しせいがん》のため東京《とうきょう》へ向《む》け「押出《おしだ》し」開始《かいし》するも、利根川北岸《とねがわほくがん》の群馬県川俣《ぐんまけんかわまた》で警官《けいかん》・憲兵《けんぺい》に弾《だん》圧《あつ》される(川俣事件《かわまたじけん》)。2・15 田中正造《たなかしょうぞう》、川俣事件《かわまたじけん》での請願弾圧《せいがんだんあつ》について衆議院《しゅうぎいん》で質問演《しつもんえん》説《ぜつ》し、憲政本党《けんせいほんとう》から脱党《だっとう》。2・16 北海道拓殖銀行設立《ほっかいどうたくしょくぎんこうせつりつ》(資本金《しほんきん》三〇〇万円《えん》、本店札幌《ほんてんさっぽろ》)。3・7 産業組合法公布《さんぎょうくみあいほうこうふ》(九月一日施行《がっついたちしこう》)。3・10 治安警察法公布《ちあんけいさつほうこうふ》(新《あら》たに労働運動《ろうどううんどう》・農民運動《のうみんうんどう》の取締《とりしま》りを規定《きてい》)。3・14 電信法公布《でんしんほうこうふ》(一〇月一日施行《がっついたちしこう》)。3・16 私設鉄道法《しせつてつどうほう》・鉄道営業法公布《てつどうえいぎょうほうこうふ》(一〇月一日施行《がっついたちしこう》)。3・29 衆議院議員選挙法改正公布《しゅうぎいんぎいんせんきよほうかいせいこうふ》(選挙権《せんきよけん》の納税資格《のうぜいしかく》を直接国税《ちょくせつこくぜい》一〇円《えん》以上《いじょう》、大選挙区制《だいせんきよくせい》、人口《じんこう》三万人《にん》以上《いじょう》の市《し》を独立選挙区化《どくりつせんきよくか》)。4・9 内閣官制《ないかくかんせい》および文官《ぶんかん》任用《にんよう》・分限《ぶんげん》・懲戒令《ちょうかいれい》などに関《かん》する勅令《ちょくれい》を枢密院諮詢事項《すうみついんしじゅんじこう》に編入《へんにゅう》。5・10 皇太子成婚式挙《こうたいしせいこんしききよ》行《こう》。5・19 陸軍省《りくぐんしょう》・海軍省官制改制公布《かいぐんしょうかんせいかいせいこうふ》(軍部大臣《ぐんぶだいじん》の現役大《げんえきたい》・中将制《ちゅうじょうせい》が確立《かくりつ》・翌日施行《よくじつしこう》)。5・31 星亨《ほしとおる》ら憲政党総務《けんせいとうそうむ》、山県首相《やまがたしゅしょう》に閣僚《かくりょう》の憲政党入党《けんせいとうにゅうとう》あるいは同党員《どうとういん》の入閣《にゅうかく》を要請《ようせい》、拒絶《きょぜつ》される。6・1 憲政党幹部《けんせいとうかんぶ》、伊藤博文《いとうひろぶみ》と会見《かいけん》し同党党首就任《どうとうとうしゅしゅうにん》を要請《ようせい》(七月《がつ》八日《か》、伊藤《いとう》、党首就任《とうしゅしゅうにん》は拒絶《きょぜつ》するも新党結成《しんとうけっせい》を示唆《しさ》)。6・2 行政執行法公布《ぎょうせいしっこうほうこうふ》。6・11 北京《ペキン》の日本公使《にほんこうし》
朝鮮	光武 3	4
清	光緒 25	26

西暦

年号・干支

内閣

記事

館書記生《かんしょきせい》杉山彬《すぎやまあきら》、清国兵《しんこくへい》に殺害《さつがい》される。**6・15** 閣議《かくぎ》、公使館《こうしかん》救援《きゅうえん》および義和団《ぎわだん》制圧《せいあつ》のため、清国《しんこく》への陸軍《りくぐん》派兵《はへい》を決定《けってい》し、各国公使《かっこくこうし》に通告《つうこく》。**6・23** 駐日《ちゅうにち》イギリス代理公使《だいりこうし》、青木周《あおきしゅう》蔵外相《ぞうがいしょう》に北京《ペキン》の列国公使館《れっこくこうしかん》救援《きゅうえん》のため、日本《にほん》の派兵《はへい》を要請《ようせい》。**6・26** 宮内省《くないしょう》、帝室博物館《ていしつはくぶつかん》官制制定《かんせいせいてい》(東京《とうきょう》・京都《きょうと》・奈良《なら》の帝国博物館《ていこくはくぶつかん》を帝室博物館《ていしつはくぶつかん》に改称《かいしょう》)。**7・6** 閣議《かくぎ》、混成《こんせい》一個師《こし》団《だん》を清国《しんこく》へ増派《ぞうは》する事《こと》を決定《けってい》(各国《かっこく》に日本《にほん》の派遣軍《はけんぐん》、総計《そうけい》二万二〇〇〇と通告《つうこく》)。**8・2** 青《あお》木周蔵外相《きしゅうぞうがいしょう》、北米《ほくべい》での移民排撃運動《いみんはいげきうんどう》の高揚《こうよう》のため、各県《かくけん》に対《たい》し当分《とうぶん》の間北米《かんほくべい》への移民《いみん》を禁止《きんし》。**8・14** 日本軍《にほんぐん》を主力《しゅりょく》とした各国連合軍《かっこくれんごうぐん》、北京城内《ペキンじょうない》に入《はい》り、各国公使館員《かっこくこうしかんいん》および居《きょ》留民《りゅうみん》を救出《きゅうしゅつ》。**8・24** 情勢不穏《じょうせいふおん》の厦門《アモイ》へ軍艦和泉《ぐんかんいずみ》の陸戦隊上陸《りくせんたいじょうりく》。**8・25** 伊藤博文《いとうひろぶみ》、立憲《りっけん》政友会創立委員会《せいゆうかいそうりついいんかい》を開催《かいさい》、宣言《せんげん》および綱領《こうりょう》を発表《はっぴょう》。**8・27** 歩兵《ほへい》二個中隊《こちゅうたい》、台湾《たいわん》から厦門《アモー》へ派兵《はへい》(八月《がつ》二九日《にち》派兵中止《はへいちゅうし》)。**9・13** 憲政党《けんせいとう》、政友会参加《せいゆうかいさんか》のため解党《かいとう》を宣言《せんげん》。**9・15** 立《りっ》憲政友会発会式《けんせいゆうかいはっかいしき》(総裁伊藤博文《そうさいいとうひろぶみ》、代議士《だいぎし》一五二人《にん》)。**9・24** 国民同盟会発会式《こくみんどうめいかいはっかいしき》(貴族院議長《きぞくいんぎちょう》近衛篤麿《このえあつまろ》を中心《ちゅうしん》とし、東亜同文会《とうあどうぶんかい》を母体《ぼたい》として結成《けっせい》)。**10・19** 第《だい》四次《じ》伊藤博文内閣成立《いとうひろぶみないかくせいりつ》。**10・29** 加藤高明外相《かとうたかあきがいしょう》、清国《しんこく》の門戸開放《もんこかいほう》・領土保全《りょうどほぜん》に関《かん》する英独協定《えいどくきょうてい》への加入《かにゅう》を通告《つうこく》。**11・15** 星亨逓相《ほしとおるていしょう》(東京市参事会員《とうきょうしさんじかいいん》)ら、東京市会汚職事件《とうきょうしかいおしょくじけん》に関《かん》して告発《こくはつ》される。**12・8** 谷干《たにたて》城《き》・田口卯吉《たぐちうきち》ら、芝公園《しばこうえん》で東京市公民大会《とうきょうしこうみんたいかい》を開催《かいさい》し、政友会《せいゆうかい》の市政腐敗《しせいふはい》を糾弾《きゅうだん》。**12・18** 憲《けん》政本党《せいほんとう》、党則改正《とうそくかいせい》で総理《そうり》を新設《しんせつ》し大隈重信《おおくましげのぶ》を推《お》す。**12・20** 星亨逓相《ほしとおるていしょう》、辞表提出《じひょうていしゅつ》。**12・22** 第《だい》一五通常議会召集《つうじょうぎかいしょうしゅう》(一二月《がつ》二五日開会《にちかいかい》、明治《めいじ》三四年《ねん》三月《がつ》二四日《か》閉会《へいかい》)。**12・25** 熊本第《くまもとだい》九銀行支払停止《くぎんこうしはらいていし》により、九州《きゅうしゅう》の銀行界混乱《ぎんこうかいこんらん》(翌年《よくねん》に東京《とうきょう》まで波及《はきゅう》)。

【社会・文化】

1・28 社会主義研究会《しゃかいしゅぎけんきゅうかい》、社会主義協会《しゃかいしゅぎきょうかい》に改称《かいしょう》。**2・23** 函館《はこだて》の娼妓坂井《しょうぎさかい》フクの廃業訴訟《はいぎょうそしょう》、

朝鮮

清

西暦	年号・干支	内閣
▶一九〇〇	明治三三 庚子《かのえね》	(第2次山県有朋内閣)

記事

大審院《たいしんいん》で勝訴《しょうそ》(以後《いご》、娼妓《しょうぎ》の自由廃業運動《じゆうはいぎょううんどう》活発化《かっぱつか》)。**3・7** 未成年者喫煙禁止法《みせいねんしゃきつえんきんしほう》公布《こうふ》。**3・10** 感化法《かんかほう》公布《こうふ》(各道府県《かくどうふけん》への感化院設置《かんかいんせっち》規定《きてい》)。**3・16** 市町村立小学校《しちょうそんりつしょうがっこう》教育費国庫補助《きょういくひこっこほじょ》法公布《ほうこうふ》。**3・-** 吉田東伍《よしだとうご》『大日本地名辞書《だいにほんちめいじしょ》』刊《かん》(〜明治《めいじ》四〇年《ねん》一〇月《がつ》)。**4・22** 牟婁新報社《むろしんぽうしゃ》『牟《む》婁新報《ろしんぽう》』創刊《そうかん》。**4・29**『二六新報《にろくしんぽう》』、三井財閥攻撃《みついざいばつこうげき》の記事《きじ》を掲載開始《けいさいかいし》(五月《がつ》一八日《にち》、内務省《ないむしょう》、掲載《けいさい》の停止《ていし》を命令《めいれい》)。**4・-** 東京新詩社《とうきょうしんししゃ》『明星《みょうじょう》』創刊《そうかん》。**5・1** 大日本綿糸紡績同業連合会《だいにほんめんしぼうせきどうぎょうれんごうかい》、第三次操業短縮《だいじそうぎょうたんしゅく》を開始《かいし》。南京同文書院《ナンキンどうぶんしょいん》、授業開始《じゅぎょうかいし》(北清事変《ほくしんじへん》の影響《えいきょう》から、明治《めいじ》三四年《ねん》五月《がつ》二六日《にち》に上海《シャンハイ》に移転《いてん》、東亜同文書院《とうあどうぶんしょいん》となる)。**5・10**『鉄道唱歌《てつどうしょうか》』第《だい》一集発刊《しゅうはっかん》(大和田《おおわだ》建樹作詞《たけきさくし》、上真行《うえさねみち》・多梅稚作曲《おおのうめわかさっきょく》)。**9・11** 逓信省《ていしんしょう》、上野《うえの》・新橋両駅構内《しんばしりょうえきこうない》に初《はじ》めて公衆電《こうしゅうでん》話機《わき》を設置《せっち》。**9・14** 津田梅子《つだうめこ》、麴町《こうじまち》に女子英学塾《じょしえいがくじゅく》を設立《せつりつ》し開校式挙行《かいこうしききょこう》(のちの津田塾大《つだじゅくだい》学《がく》)。**9・-** 救世軍《きゅうせいぐん》・二六新報社《にろくしんぽうしゃ》、東京《とうきょう》の吉原《よしわら》・洲崎《すざき》などで廃娼運動《はいしょううんどう》を展開《てんかい》、業者側《ぎょうしゃがわ》の暴《ぼう》力《りょく》により再三流血沙汰《さいさんりゅうけつざた》おこる。法律新聞社《ほうりつしんぶんしゃ》『法律新聞《ほうりつしんぶん》』創刊《そうかん》。**10・2** 内務省《ないむしょう》、娼妓自由《しょうぎじゆう》廃業運動《はいぎょううんどう》の高揚《こうよう》に対応《たいおう》し、娼妓取締規則《しょうぎとりしまりきそく》公布《こうふ》。**10・15** 立憲政友会会報局《りっけんせいゆうかいかいほうきょく》『政友《せいゆう》』創刊《そうかん》。**10・18** 義和団事件《ぎわだんじけん》の記録映画《きろくえいが》、神田《かんだ》の錦輝館《きんきかん》で一週間公開《しゅうかんこうかい》され評判《ひょうばん》となる。**10・-** 大阪新報《おおさかしんぽう》社《しゃ》『大阪新報《おおさかしんぽう》』創刊《そうかん》(『大阪商業新報《おおさかしょうぎょうしんぽう》』改題続刊《かいだいぞっかん》)。**12・5** 吉岡荒太《よしおかあらた》・弥生夫妻《やよいふさい》、東京飯田町《とうきょういいだまち》に私立東京女医学校《しりつとうきょうじょいがっこう》を設立《せつりつ》(のちの東京女子医科大学《とうきょうじょしいかだいがく》)。**この年** 好古社《こうこしゃ》『好古類纂《こうこるいさん》』創刊《そうかん》。新渡戸稲造《にとべいなぞう》『武士道《ぶしどう》』刊《かん》。徳富蘆花《とくとみろか》『不如帰《ほととぎす》』刊《かん》。

【死没】

2・4 税所敦子《さいしょあつこ》(76、歌人《かじん》)。**2・26** 品川弥二郎《しながわやじろう》(58、政治家《せいじか》)。**3・8** 外山正一《とやままさかず》(53、教育行《きょういくぎょう》政家《せいか》)。**3・14** 秋田静臥《あきたせいが》(83、陸奥三春藩家老《むつみはるはんかろう》)。**4・4** 高砂浦五郎《たかさごうらごろう》(初代《しょだい》)(63、力士《りきし》)。**6・29** 臥雲辰致《がうんたっち》(59、発明家《はつめいか》)。**8・11** 三遊亭円朝《さんゆうていえんちょう》(初代《しょだい》)(62、落語家《らくごか》)。**8・15** 岩下方平《いわしたまさひら》(74、官僚《かんりょう》)。

朝鮮	清
光武 4	光緒 26

西暦

年号・干支

内閣 第4次伊藤博文《いとうひろぶみ》内閣 10・19

記事

8・25 黒田清隆《くろだきよたか》(61、政治家《せいじか》)。**8・26** 飯田武郷《いいだたけさと》(74、国学《こくがく》)。**11・2** 大西祝《おおにしはじめ》(37、哲学《てつがく》)。**11・22** 仁礼景範《にれかげのり》(70、海軍軍人《かいぐんぐんじん》)。**12・9** 酒井雄三郎《さかいゆうざぶろう》(41、社会評論家《しゃかいひょうろんか》)。**12・20** 富永有隣《とみながゆうりん》(80、長《なが》門萩藩士《とはぎはんし》)。**12・27** 小松三省《こまつさんせい》(43、自由民権運動指導者《じゆうみんけんうんどうしどうしゃ》)。

〔世界〕

1・15 清国《しんこく》、江蘇南通《こうそなんつう》で民営《みんえい》の紡績工場《ぼうせきこうじょう》、生産《せいさん》を開始《かいし》。フュレ没《ぼつ》(フランスのカトリック宣《せん》教師《きょうし》)。**2・25** ポーランドの社会民主党《しゃかいみんしゅとう》、ポーランド王国《おうこく》＝リトアニア社会民主党《しゃかいみんしゅとう》に改称《かいしょう》。**2・27** 労働代表委員会《ろうどうだいひょういいんかい》、ロンドンで結成《けっせい》(のちの労働党《ろうどうとう》、書記長《しょきちょう》マクドナルド)。**2・―** 韓《かん》国忠清道一円《こくちゅうせいどういちえん》で、活貧党《かっぴんとう》が活躍《かつやく》。**3・14** アメリカ、通貨法《つうかほう》を公布《こうふ》(金本位制確立《きんほんいせいかくりつ》)。**4・12** プエルト＝リコ、アメリカの軍政統治《ぐんせいとうち》から民政《みんせい》に移行《いこう》。**4・22** 中央《ちゅうおう》アフリカのラビーフ帝《てい》国《こく》、フランスの侵略《しんりゃく》(一八九七年《ねん》〜)により滅亡《めつぼう》。**5・27** 安駉寿処刑《あんけいじゅしょけい》(朝鮮《ちょうせん》の政治家《せいじか》)。**6・20** 義和団《ぎわだん》、ドイツ公使《こうし》を殺害《さつがい》し、北京《ペキン》の各国公使館《かっこくこうしかん》を包囲《ほうい》。**6・21** 清国《しんこく》、日《にち》・露《ろ》・英《えい》・米《べい》・独《どく》・仏《ふつ》・墺《おう》・伊《い》の列国《れっこく》に宣戦布告《せんせんふこく》。**8・14** 日本軍《にほんぐん》など八ヵ国連合軍《こくれんごうぐん》、北京占領開始《ペキンせんりょうかいし》。**9・7** 清《しん》国《こく》、義和団鎮圧令発布《ぎわだんちんあつれいはっぷ》。**9・19** アンベール没《ぼつ》(81、スイスの遣日使節《けんにちしせつ》)。**9・23** 第《だい》二インターナショナル第《だい》五回大会《かいたいかい》、パリで開催《かいさい》(〜九月《がつ》二八日《にち》)。**10・8** 孫文《そんぶん》ら興中会《こうちゅうかい》、広東《カントン》の恵州《けいしゅう》で挙兵《きょへい》(恵州事件《けいしゅうじけん》、一〇月《がつ》二二日失敗《にちしっぱい》)。**11・11** ロシア、満洲占領地域《まんしゅうせんりょうちいき》での独占権益《どくせんけんえき》を、李鴻章《りこうしょう》との協定調印《きょうていちょういん》により獲得《かくとく》。**この年《とし》** ウリヤスタイでモンゴル兵士《へいし》の反清暴動発生《はんしんぼうどうはっせい》。イギリス軍《ぐん》、ソマリアへ第《だい》一次《じ》遠征開始《えんせいかいし》。

朝鮮

清

西暦	◀ 一九〇一
年号・干支	明治三四 辛丑《かのとのうし》
内閣	(第4次伊藤博文内閣)
記事	【政治・経済】 1・26 政府《せいふ》、衆議院《しゆうぎいん》に北清事変費補填《ほくしんじへんひほてん》などを目的《もくてき》とした増税諸法案《ぞうぜいしよほうあん》を提出《ていしゆつ》。 2・3 黒竜《こくりゆう》会発会式《かいはつかいしき》(主幹内田良平《しゆかんうちだりようへい》)。 2・4 憲政本党代議士会《けんせいほんとうだいぎしかい》、政府増税案《せいふぞうぜいあん》への賛成《さんせい》を決議《けつぎ》(反対派《はんたいは》は脱党《だつとう》し、同年《どうねん》二月《がつ》一八日《にち》、三四倶楽部《さんしクラブ》を結成《けつせい》)。 2・19 衆議院《しゆうぎいん》、政府増税諸法案《せいふぞうぜいしよほうあん》を可決《かけつ》。 2・25 貴族院特別委員会《きぞくいんとくべついいんかい》、政府増税諸法案《せいふぞうぜいしよほうあん》を否決《ひけつ》。 2・27 貴族院本会議《きぞくいんほんかいぎ》、委員会否決《いいんかいひけつ》の増《ぞう》税諸法案《ぜいしよほうあん》を上程《じようてい》・伊藤首相《いとうしゆしよう》、貴族院否決《きぞくいんひけつ》の形勢《けいせい》から、一〇日《か》間《かん》の停会《ていかい》を命《めい》じ、更《さら》に三月《がつ》九日《か》から五日《か》間再停会《かんさいていかい》を命令《めいれい》。 3・5 天皇《てんのう》、山県有朋《やまがたありとも》・松方正義《まつかたまさよし》・西郷従道《さいごうつぐみち》・井上馨《いのうえかおる》の四元《げん》老《ろう》に、政府《せいふ》と貴族院《きぞくいん》との間《あいだ》の調停《ちようてい》を求《もと》める(三月《がつ》一二日《にち》、調停不成立《ちようていふせいりつ》に終《お》わる)。 3・12 貴族院《きぞくいん》に、政府増税諸法案《せいふぞうぜいしよほうあん》の成立《せいりつ》を望《のぞ》む勅語下《ちよくごくだ》る(三月《がつ》一六日《にち》可決《かけつ》)。 3・20 加藤高明外相《かとうたかあきがいしよう》、駐日清国公使《ちゆうにちしんこくこうし》に対《たい》し満洲《まんしゆう》に関《かん》するロシアの期限付要求《きげんつきようきゆう》を拒否《きよひ》するように勧告《かんこく》。 3・24 東《とう》京地裁《きようちさい》・区裁《くさい》の判検事《はんけんじ》ら、議会《ぎかい》の司法官増俸予算削減《しほうかんぞうほうよさんさくげん》に抗議《こうぎ》し辞表提出《じひようていしゆつ》。 3・28 北海道《ほつかいどう》会法《かいほう》および北海道地方費法《ほつかいどうちほうひほう》各公布《かくこうふ》(四月《がつ》一日《ついたち》施行《しこう》)。 3・30 酒精《しゆせい》および酒精含有飲料税法《しゆせいがんゆういんりようぜいほう》など増税諸法律《ぞうぜいしよほうりつ》各公布《かくこうふ》(一〇月《がつ》一日《ついたち》各施行《かくしこう》)。 4・13 漁業法公布《ぎよぎようほうこうふ》(国内漁業《こくないぎよぎよう》における漁業権《ぎよぎようけん》規定《きてい》、明治《めいじ》三五年《ねん》七月《がつ》一日《ついたち》施行《しこう》)。 4・16 第七十九銀行《だいしちじゆうくぎんこう》・難波銀行《なにわぎんこう》、支払停止《しはらいていし》となり、大《おお》阪《さか》に銀行恐慌勃発《ぎんこうきようこうぼつぱつ》、各地《かくち》へ波及《はきゆう》。 5・2 伊藤博文首相《いとうひろぶみしゆしよう》、内閣不統一《ないかくふとういつ》を理由《りゆう》に辞表提出《じひようていしゆつ》。 5・16 井上馨《いのうえかおる》に組閣命令《そかくめいれい》(組閣《そかく》、不調《ふちよう》に終《お》わり、五月《がつ》二三日《にち》辞退《じたい》、元老会議《げんろうかいぎ》の推薦《すいせん》で五月《がつ》二六日《にち》桂太郎《かつらたろう》に組閣命令《そかくめいれい》)。 5・18 片山潜《かたやません》・幸徳秋水《こうとくしゆうすい》・安部磯雄《あべいそお》ら、社会民主党《しやかいみんしゆとう》を結成《けつせい》(五月《がつ》二〇日《か》禁止《きんし》・六月《がつ》三日《か》社会平民社《しやかいへいみんしや》に改組《かいそ》するも即日禁止《そくじつきんし》)。 6・2 第《だい》一次《じ》桂太郎内閣成《かつらたろうないかくせい》立《りつ》。 6・21 星亨《ほしとおる》、東京市役所《とうきようしやくしよ》で伊庭想太郎《いばそうたろう》に刺殺《しさつ》される。 9・7 駐清公使小村寿太郎《ちゆうしんこうしこむらじゆたろう》、北京《ペキン》で北清事変最終議定書《ほくしんじへんさいしゆうぎていしよ》(北京議定書《ペキンぎていしよ》)に調印《ちよういん》。 9・21 小村寿太郎《こむらじゆたろう》を外相《がいしよう》に任命《にんめい》。 永《えい》
朝鮮	光武 5
清	光緒 27

西暦

年号・干支

内閣

第1次桂太郎《かつらたろう》内閣 6・2

記事

代借地権《たいしゃくちけん》に関《かん》する法律公布《ほうりつこうふ》。10・24 アメリカでの五〇〇〇万円国債募集《えんこくさいぼしゅう》不成立《ふせいりつ》の暴露記《ばくろき》事《じ》により、株式相場暴落《かぶしきそうばぼうらく》。11・6 英《えい》ランズダウン外相《がいしょう》、日英同盟条約試案《にちえいどうめいじょうやくしあん》を林董駐英《はやしただすちゅうえい》公使《こうし》に手交《しゅこう》。12・2 伊藤博文《いとうひろぶみ》、日露協定《にちろきょうてい》についてラムスドルフ外相《がいしょう》およびウィッテ蔵相《ぞうしょう》と交渉開始《こうしょうかいし》(一二月《がつ》二三日《にち》伊藤《いとう》、同外相《どうがいしょう》へ交渉打切《こうしょううちき》りを通告《つうこく》)。12・7 小村外相《こむらがいしょう》、元老《げんろう》会議《かいぎ》に意見書《いけんしょ》を提出《ていしゅつ》、日英同盟《にちえいどうめい》を主張《しゅちょう》・元老会議《げんろうかいぎ》、日英同盟修正案《にちえいどうめいしゅうせいあん》を可決《かけつ》(一二月《がつ》九日《か》、桂首相《かつらしゅしょう》、天皇《てんのう》の裁可《さいか》を得《え》る)。第《だい》一六通常議会召集《つうじょうぎかいしょうしゅう》(一二月《がつ》一〇日《か》開会《かいかい》、明治《めいじ》三五年《ねん》三月《がつ》九日閉会《かへいかい》)。12・25 桂《かつら》・山本権兵衛《やまもとごんべえ》および立憲政友会総務《りっけんせいゆうかいそうむ》松田正久《まつだまさひさ》・尾崎行雄《おざきゆきお》、北清事変《ほくしんじへん》賠償金《ばいしょうきん》の会計編入問題《かいけいへんにゅうもんだい》につき会談《かいだん》し妥協成立《だきょうせいりつ》。

【社会・文化】

1・- 博文館《はくぶんかん》『女学世界《じょがくせかい》』創刊《そうかん》。2・24 奥村五百子《おくむらいおこ》ら、愛国婦人会《あいこくふじんかい》を結成《けっせい》(兵士慰問《へいしいもん》・遺族救《いぞくきゅう》護《ご》を目的《もくてき》とし、日露戦争《にちろせんそう》で組織拡大《そしきかくだい》)。2・- 東京大学史料編纂所《とうきょうだいがくしりょうへんさんじょ》編《へん》『大日本史料《だいにっぽんしりょう》』刊行始《かんこうはじ》まる。4・1 私立女子美術学校《しりつじょしびじゅつがっこう》、東京本郷《とうきょうほんごう》に開校《かいこう》(のちの女子美術大学《じょしびじゅつだいがく》)。4・3 二六《にろく》新聞社《しんぶんしゃ》、東京向島《とうきょうむこうじま》で第《だい》一回《かい》日本労働者大懇親会《にほんろうどうしゃだいこんしんかい》を開催《かいさい》。4・20 成瀬仁蔵《なるせじんぞう》ら、東京小石川《とうきょうこいしかわ》に日本女子大学校《にほんじょしだいがっこう》を設立《せつりつ》(家政《かせい》・国文《こくぶん》・英文《えいぶん》の三学部《がくぶ》および付属高等女学校《ふぞくこうとうじょがっこう》)。4・- 幸徳秋《こうとくしゅう》水《すい》『廿世紀之怪物帝国主義《にじっせいきのかいぶつていこくしゅぎ》』刊《かん》。5・- 片山潜《かたやません》・西川光二郎《にしかわこうじろう》共著《きょうちょ》『日本《にほん》の労働運動《ろうどううんどう》』刊《かん》。7・15 高峰譲吉《たかみねじょうきち》、アドレナリンの特許取得《とっきょしゅとく》。7・20 黒岩涙香《くろいわるいこう》、万朝報社《よろずちょうほうしゃ》を母体《ぼたい》に理想団《りそうだん》を結成《けっせい》。7・- 東京大学史料編纂所《とうきょうだいがくしりょうへんさんじょ》編《へん》『大日本古文書《だいにっぽんこもんじょ》』刊行始《かんこうはじ》まる。8・- 高山樗牛《たかやまちょぎゅう》、『美的生活論《びてきせいかつろん》』(原題《げんだい》「美的生活《びてきせいかつ》を論《ろん》ず」)を『太陽《たいよう》』誌上《しじょう》に発表《はっぴょう》。9・3 北海《ほっかい》タイムス社《しゃ》『北海《ほっかい》タイムス』創刊《そうかん》。10・22 日本女子大学校《にほんじょしだいがっこう》、第《だい》一回運動会開催《かいうんどうかいかいさい》。10・23 田中正造《たなかしょうぞう》、足尾銅山鉱毒事件《あしおどうざんこうどくじけん》での議会《ぎかい》・政党《せいとう》に絶望《ぜつぼう》し、衆議院議員《しゅうぎいんぎいん》を辞職《じしょく》。10・- 宮内省図書寮《くないしょうずしょりょう》編纂《へんさん》『三条実美公年譜《さんじょうさねとみこうねんぷ》』刊《かん》。

朝鮮

清

西暦	年号・干支	内閣
▶一九〇一	明治三四 辛丑《かのとのうし》	(第1次桂太郎内閣)

記事

11・20 木下尚江《きのしたなおえ》ら、足尾鉱毒地《あしおこうどくち》救助演説会《きゅうじょえんぜつかい》を開催《かいさい》。**12・2** 日本赤十字社条例《にほんせきじゅうじしゃじょうれい》公布《こうふ》。**12・10** 田中正造《たなかしょうぞう》、議会開院式《ぎかいかいいんしき》よりの帰途《きと》の明治天皇《めいじてんのう》に足尾銅山鉱毒事件《あしおどうざんこうどくじけん》の直訴《じきそ》をはかる。**12・27** 東京帝大《とうきょうていだい》・一高《いちこう》などの学生生徒《がくせいせいと》七〇〇人《にん》、足尾銅山鉱毒地《あしおどうざんこうどくち》の視察《しさつ》へ出発《しゅっぱつ》。**この年** 「美《うつく》しき天然《てんねん》」「ストライキ節《ぶし》」などが流行《りゅうこう》。シピオネ＝アマティ著《ちょ》・坪井九馬三《つぼいくめぞう》訳《やく》『アマティ日《に》本奥州国伊達政宗記《ほんおうしゅうこくだてまさむねき》 幷《ならびに》 使節紀行《しせつきこう》』刊《かん》。中江兆民《なかえちょうみん》『一年有半《いちねんゆうはん》』刊《かん》。大阪市史編纂員《おおさかししへんさんいん》、『大阪《おおさか》編年史料《へんねんしりょう》』集成《しゅうせい》を始《はじ》める。中島真雄《なかじままさお》『順天時報《じゅんてんじほう》』創刊《そうかん》。井上哲治郎《いのうえてつじろう》・蟹江義丸《かにえよしまる》編《へん》『日本倫理《にほんりんり》彙編《いへん》』刊《かん》(～明治《めいじ》四四年《ねん》)。

【死没】

1・2 尾高惇忠《おだかあつただ》(72、富岡製糸場長《とみおかせいしじょうちょう》)。**1・10** 河竹新七《かわたけしんしち》(三代《だい》)(60、歌舞伎狂言作者《かぶききょうげんさくしゃ》)。**1・20** 伊藤圭介《いとうけいすけ》(99、植物学《しょくぶつがく》)。**2・3** 福沢諭吉《ふくざわゆきち》(68、思想家《しそうか》)。**2・21** 中村富十郎《なかむらとみじゅうろう》(三代《だい》)(43、歌舞《かぶ》伎役者《きやくしゃ》)。**2・28** 早矢仕有的《はやしゆうてき》(65、丸善株式会社創設者《まるぜんかぶしきがいしゃそうせつしゃ》)。**3・29** 大島高任《おおしまたかとう》(76、鉱山技術者《こうざんぎじゅつしゃ》)。**5・24** 渡辺洪基《わたなべこうき》(55、官僚《かんりょう》)。**5・25** 岸田俊子《きしだとしこ》(39、自由民権運動家《じゆうみんけんうんどうか》)。**6・2** 大河内正質《おおこうちまさただ》(58、上総大多喜藩主《かずさおおたきはんしゅ》)。**6・21** 星亨《ほしとおる》(52、政治家《せいじか》)。**8・19** 尚泰《しょうたい》(59、琉球国王《りゅうきゅうこくおう》)。**9・28** 滝和亭《たきかてい》(70、日本画家《にほんがか》)。**10・1** 宍戸璣《ししどたまき》(73、政治家《せいじか》)。**10・7** 中上川彦次郎《なかみがわひこじろう》(48、三井財閥経営者《みついざいばつけいえいしゃ》)。**10・10** 鹿島則文《かしまのりぶみ》(63、神道家《しんとうか》)。**11・3** 大橋佐平《おおはしさへい》(67、出版業者《しゅっぱんぎょうしゃ》)。**11・7** 田中長兵衛《たなかちょうべえ》(初代《しょだい》)(68、実業家《じつぎょうか》)。**12・9** 木村芥舟《きむらかいしゅう》(72、幕府官僚《ばくふかんりょう》)。**12・13** 中江兆民《なかえちょうみん》(55、民権運動家《みんけんうんどうか》)。**12・18** ハウス(65、ジャーナリスト)。

〖世界〗

1・1 オーストラリア連邦成立《れんぽうせいりつ》。**1・22** イギリス、ヴィクトリア女王没《じょおうぼつ》・エドワード七世《せい》即位《そくい》。**1・29** 清朝《しんちょう》、変法施行《へんぽうしこう》を約《やく》する詔勅《しょうちょく》下《くだ》す。**2・12** 韓国《かんこく》、貨幣条例《かへいじょうれい》公布《こうふ》し金本位《きんほんい》

朝鮮	光武 5
清	光緒 27

西暦		◀ 一九〇二
年号・干支		三五 壬寅《みずのえとら》
内閣		
記事	制採用《せいさいよう》。3・2 アメリカ議会《ぎかい》、プラット修正条項《しゅうせいじょうこう》を可決《かけつ》し、キューバを保護国化《ほごこくか》。5・21 カクラン没《ぼつ》(67、カナダメソジスト教会初《きょうかいはつ》の日本伝道宣教師《にほんでんどうせんきょうし》)。6・26 ロッシュ没《ぼつ》(91、駐日《ちゅうにら》フランス公使《こうし》)。9・6 米《べい》マッキンリー大統領《だいとうりょう》、アナーキストに狙撃《そげき》され重傷《じゅうしょう》(九月《がつ》一四日《か》死亡《しぼう》)。9・7 清国《しんこく》、日本《にほん》をはじめ一一ヵ国《こく》と、北京《ペキン》で北清事変最終議定書《ほくしんじへんさいしゅうぎていしょ》(北京議定書《ペキンぎていしょ》あるいは辛丑和約《しんちゅうわやく》)を調印《ちょういん》。9・14 セオドア＝ローズヴェルト米副大統領《べいふくだいとうりょう》、マッキンリー大統領《だいとうりょう》の死去《しきょ》に伴《ともな》い大統領《だいとうりょう》に昇格《しょうかく》。清朝《しんちょう》、学校改革令公布《がっこうかいかくれいこうふ》。11・7 李鴻章没《りこうしょうぼつ》(79)・袁世凱《えんせいがい》、直隷総督兼北洋大臣《ちょくれいそうとくけんほくようだいじん》に就任《しゅうにん》。11・18 アメリカ・イギリス、第《だい》二次《じ》ヘイ＝ポンスフォート条約調印《じょうやくちょういん》(アメリカ、パナマ運河《うんが》の建設《けんせつ》・管理権《かんりけん》を獲得《かくとく》)。12・10 第《だい》一回《かい》ノーベル賞《しょう》授賞式《じゅしょうしき》・レントゲン(物理学《ぶつりがく》)・デュナン(平和賞《へいわしょう》)ら六人《にん》が受賞《じゅしょう》。12・26 イギリスのウガンダ鉄道《てつどう》、モンパサーヴィクトリア湖間《こかん》の路線《ろせん》を開通《かいつう》させる。12・- ロシアで社会革命党《しゃかいかくめいとう》(エスエル)結成《けっせい》。	【政治・経済】 1・30 日英同盟協約《にちえいどうめいきょうやく》、ロンドンで調印《ちょういん》(即日発効《そくじつはっこう》・二月《がつ》一一日《にち》、東京《とうきょう》とロンドンで同時《どうじ》発表《はっぴょう》)。2・12 花井卓蔵《はないたくぞう》・中村弥六《なかむらやろく》・河野広中《こうのひろなか》ら、初《はつ》の普通選挙法案《ふつうせんきょほうあん》を衆議院《しゅうぎいん》に提出《ていしゅつ》(同年《どうねん》二月《がつ》二五日否決《にちひけつ》)。3・17 鉱毒調査委員会官制公布《こうどくちょうさいいんかいかんせいこうふ》。3・25 商業会議所法公布《しょうぎょうかいぎしょほうこうふ》(七月《がっ》一日《ついたち》施行《しこう》)。3・27 日本興業銀行設立《にほんこうぎょうぎんこうせつりつ》(資本金《しほんきん》一〇〇〇万円《えん》、総裁添田寿一《そうさいそえだじゅいち》、四月《がつ》一一日開業《にちかいぎょう》)。4・5 衆議院議員選挙法別表改正公布《しゅうぎいんぎいんせんきょほうべっぴょうかいせいこうふ》(市部選出議員《しぶせんしゅつぎいん》を増加《ぞうか》)。4・27 国民同盟会《こくみんどうめいかい》、日英同盟《にちえいどうめい》およびロシア・清国間《しんこくかん》の満洲還付条約調印《まんしゅうかんぷじょうやくちょういん》を理由《りゆう》として解散《かいさん》。5・20 第一銀行《だいいちぎんこう》、韓国《かんこく》釜山支店《ふざんしてん》で銀行券《ぎんこうけん》を発行《はっこう》(続《つづ》いて仁川《じんせん》・京城《けいじょう》の各支店《かくしてん》でも発行《はっこう》)。6・14 北京列国公使会《ペキンれっこくこうしかい》
朝鮮		6
清		28

西暦	一九〇二 ◀ ▶
年号・干支	明治三五 壬寅《みずのえとら》
内閣	(第１次桂太郎内閣)

記事

議《ぎ》、講和《こうわ》条件《じょうけん》付帯《ふたい》議定書《ぎていしょ》(北清《ほくしん》事変《じへん》賠償金配当《ばいしょうきんはいとう》に関《かん》する議定書《ぎていしょ》)に調印《ちょういん》・日本《にほん》の受領額《じゅりょうがく》、三四七九万三一〇〇海関両《かいかんりょう》。**7・1** 大日本《だいにほん》綿糸《めんし》紡績《ぼうせき》同業《どうぎょう》連合会《れんごうかい》、第《だい》四次《じ》操業《そうぎょう》短縮《たんしゅく》を開《かい》始《し》(〜一二月《がつ》三一日《にち》)。**7・15** 呉《くれ》海軍《かいぐん》工廠《こうしょう》職工《しょっこう》一六〇〇人《にん》、廠長《しょうちょう》排撃《はいげき》・就業《しゅうぎょう》規則《きそく》の改善《かいぜん》などを求《もと》め騒擾《そうじょう》(七月《がつ》一六日《にち》、職工《しょっこう》五〇〇〇人《にん》、同盟《どうめい》罷業《ひぎょう》するも軍隊《ぐんたい》により鎮圧《ちんあつ》)。**8・10** 第《だい》七回《かい》総選挙《そうせんきょ》(政友会《せいゆうかい》一九〇・憲政本党《けんせいほんとう》九五・帝国党《ていこくとう》一七)。**8・14** 東京《とうきょう》砲兵工廠《ほうへいこうしょう》職工《しょっこう》、賃下《ちんさ》げに抗議《こうぎ》して同盟《どうめい》罷業《ひぎょう》(調停《ちょうてい》により要求《ようきゅう》貫徹《かんてつ》されず中止《ちゅうし》・謝罪《しゃざい》拒否《きょひ》の一八人解雇《にんかいこ》される)。**10・2** 閣議《かくぎ》、清韓《しんかん》事業《じぎょう》経営費《けいえいひ》四七九万円《えん》の支出《ししゅつ》決定《けってい》(京釜《けいふ》・京義《けいぎ》鉄道《てつどう》敷設《ふせつ》および日《にっ》清銀行《しんぎんこう》設立《せつりつ》など)。**10・-** 鈴木《すずき》商店《しょうてん》設立《せつりつ》(本店《ほんてん》神戸《こうべ》、資本金《しほんきん》五〇万円《えん》、総支配人《そうしはいにん》金子《かねこ》直吉《なおきち》)。**11・2** 桂《かつら》太郎《たろう》首相《しゅしょう》、立憲政友会《りっけんせいゆうかい》総裁《そうさい》伊藤《いとう》博文《ひろぶみ》と会談《かいだん》、地租《ちそ》増徴《ぞうちょう》継続《けいぞく》による海軍《かいぐん》拡張《かくちょう》計《けい》画《かく》についての協力《きょうりょく》を求《もと》める。**11・14** 全国《ぜんこく》農事会《のうじかい》総会《そうかい》、地租《ちそ》増徴《ぞうちょう》継続《けいぞく》反対《はんたい》を決議《けつぎ》。**11・30** 伊藤《いとう》、桂《かつら》らと会見《かいけん》し、海軍《かいぐん》拡張《かくちょう》は認《みと》めるも、地租《ちそ》増徴《ぞうちょう》継続《けいぞく》は反対《はんたい》、財源《ざいげん》は官営《かんえい》事業《じぎょう》の延期《えんき》および財政《ざいせい》整理《せいり》分《ぶん》を充《あ》てるべしと表明《ひょうめい》。**12・3** 伊藤《いとう》、加藤《かとう》高明《たかあき》らの仲介《ちゅうかい》により憲政《けんせい》本党《ほんとう》総理《そうり》大隈《おおくま》重信《しげのぶ》と会談《かいだん》、議会《ぎかい》での提携《ていけい》を約《やく》す。**12・4** 政友会《せいゆうかい》・憲政本党《けんせいほんとう》、各党《かくとう》大会《たいかい》で地租《ちそ》増徴《ぞうちょう》継続《けいぞく》反対《はんたい》および海軍《かいぐん》拡張《かくちょう》財源《ざいげん》の政費《せいひ》節減《せつげん》分《ぶん》充当案《じゅうとうあん》を決議《けつぎ》。**12・6** 第《だい》一七通常《つうじょう》議会《ぎかい》召集《しょうしゅう》(一二月《がつ》九日《か》開会《かいかい》、一二月《がつ》二八日解散《にちかいさん》)。**12・16** 衆議院《しゅうぎいん》、委員会《いいんかい》で地租《ちそ》条例《じょうれい》改正案《かいせいあん》(地租《ちそ》増徴《ぞうちょう》継続《けいぞく》)を否決《ひけつ》、本会議《ほんかいぎ》に上程《じょうてい》され審議中《しんぎちゅう》五日間《かかん》の停会《ていかい》を命《めい》じられる(一二月《がつ》二〇日《か》、七日間《かかん》の再停会《さいていかい》)。**12・28** 衆議院《しゅうぎいん》、地租《ちそ》条例《じょうれい》改正案《かいせいあん》採決《さいけつ》直前《ちょくぜん》に解散《かいさん》を命《めい》じられる。

【社会・文化】

1・23 青森《あおもり》歩兵《ほへい》第《だい》五連隊《れんたい》第《だい》二大隊《だいたい》、八甲田山麓《はっこうださんろく》での耐寒雪中訓練中《たいかんせっちゅうくんれんちゅう》、猛吹雪《もうふぶき》のため遭難《そうなん》(〜一月《がつ》二五日《にち》)、二一〇人中《にんちゅう》一九九人凍死《にんとうし》(八甲田《はっこうだ》遭難《そうなん》事件《じけん》)。**2・1** 人民《じんみん》新聞社《しんぶんしゃ》『人民《じんみん》』創《そう》

朝鮮	光武 6
清	光緒 28

西暦

年号・干支

内閣

記事

刊《かん》。**2・4** 木村栄《きむらひさし》、緯度変化《いどへんか》に関《かん》するZ項《こう》を発見《はっけん》。**3・28** 文部省《もんぶしょう》、広島高等師範学校《ひろしまこうとうしはんがっこう》など四校《こう》を設立《せつりつ》・臨時教員養成所官制公布《りんじきょういんようせいじょかんせいこうふ》。**4・6** 宮崎民蔵《みやざきたみぞう》ら、土地復権同志会結成《とちふっけんどうしかいけっせい》。**5・12** 南助松《みなみすけまつ》ら、北海道夕張《ほっかいどうゆうばり》で大日本労働至誠会《だいにほんろうどうしせいかい》を結成《けっせい》。**6・18** 逓信省《ていしんしょう》、万国郵便連合加盟《ばんこくゆうびんれんごうかめい》二五周年記念絵《しゅうねんきねんえ》はがきを発行《はっこう》(初《はつ》の官製色刷絵《かんせいいろずりえ》はがき)。**7・9** 文部省《もんぶしょう》、中学校《ちゅうがっこう》・師範学校《しはんがっこう》などでの同盟休校《どうめいきゅうこう》などの紛糾多発《ふんきゅうたはつ》につき、厳重取締《げんじゅうとりしま》りと校紀《こうき》の振作《しんさく》を訓令《くんれい》。**8・15** 大谷光瑞《おおたにこうずい》ら、中央《ちゅうおう》アジア仏蹟探険《ぶっせきたんけん》へロンドンを出発《しゅっぱつ》。**8・1** 宮崎滔天《みやざきとうてん》『三十三年《さんじゅうさんねん》の夢《ゆめ》』刊《かん》。**9・2** 東京専門学校《とうきょうせんもんがっこう》、早稲田大学《わせだだいがく》と改称《かいしょう》。**9・8** 長与専斎没《ながよせんさいぼつ》・生前《せいぜん》『松香私志《しょうこうしし》』を著《あらわ》す。**12・2** 国勢調査《こくせいちょうさ》に関《かん》する法律公布《ほうりつこうふ》(第《だい》一回国勢調査《かいこくせいちょうさ》を明治《めいじ》三八年《ねん》に予定《よてい》・のちに延期《えんき》され、大正《たいしょう》九年《ねん》一〇月一日《がっついたち》に実施《じっし》)。**12・13** 文部省《もんぶしょう》、哲学館講師中島徳蔵《てつがくかんこうしなかじまとくぞう》の倫理学講義《りんりがくこうぎ》を国体《こくたい》を損《そこな》う不穏《ふおん》な学説《がくせつ》として、同館卒業生《どうかんそつぎょうせい》の中等学校教員無試験検定《ちゅうとうがっこうきょういんむしけんけんてい》の特典《とくてん》を撤廃《てっぱい》(哲学館事件《てつがくかんじけん》)。**12・17** 小学校教科書採用《しょうがっこうきょうかしょさいよう》をめぐる、府県担当官《ふけんたんとうかん》と教科書会社《きょうかしょがいしゃ》との贈収賄事件発覚《ぞうしゅうわいじけんはっかく》、一斉検挙《いっせいけんきょ》を開始《かいし》(教科書疑獄事件《きょうかしょぎごくじけん》、~明治《めいじ》三六年《ねん》六月《がつ》二一日《にち》・県知事《けんちじ》をはじめとした地方官《ちほうかん》・教員《きょういん》・教科書会社《きょうかしょがいしゃ》から一五七人検挙《にんけんきょ》)。**この年** 鈴鹿連胤《すずかつらたね》『神社覈録《じんじゃかくろく》』刊《かん》。

【死没】

1・30 敷田年治《しきだとしはる》(86、国学《こくがく》)。**2・7** 楠本正隆《くすもとまさたか》(65、政治家《せいじか》)。**2・26** 森松次郎《もりまつじろう》(68、伝道士《でんどうし》)。**4・25** 大洲鉄然《おおずてつねん》(69、浄土真宗僧侶《じょうどしんしゅうそうりょ》)。**5・10** 芳村伊三郎《よしむらいさぶろう》(六代《だい》)(80、長唄唄方《ながうたうたかた》)。**5・25** 宗重正《そうしげまさ》(56、対馬府中藩主《つしまふちゅうはんしゅ》)。**7・7** 氏家直国《うじいえなおくに》(46、自由民権運動家《じゆうみんけんうんどうか》)。**7・16** 真名井純一《まないじゅんいち》(74、蚕糸改良家《さんしかいりょうか》)。**7・18** 西郷従道《さいごうつぐみち》(60、政治家《せいじか》)。**7・23** 宇都宮三郎《うつのみやさぶろう》(69、化学技術者《かがくぎじゅつしゃ》)。**7・28** 藤木荘太郎《ふじもとそうたろう》(54、機業家《きぎょうか》)。**8・9** 稲垣示《いながきしめす》(54、自由民権家《じゆうみんけんか》)。**8・18** 西村茂樹《にしむらしげき》(75、啓蒙思想家《けいもうしそうか》)。**9・4** 冷泉雅二郎《れいぜいまさじろう》(62、裁判官《さいばんかん》)。**9・8** 長与専斎《ながよせんさい》(65、衛生行政《えいせいぎょうせい》)。**9・19** 正岡子規《まさおかしき》(36、歌《か》

朝鮮

清

西暦	年号・干支	内閣
▶一九〇二	明治三五 壬寅《みずのえとら》	（第１次桂太郎内閣）

記事

人《じん》)。**11・25** 新田邦光《にったくにてる》(74、修成派教祖《しゅうせいはきょうそ》)。**11・27** 川崎千虎《かわさきちとら》(67、日本画家《にほんがか》)。**11・28** 山本東次郎《やまもととうじろう》(初代《しょだい》)(67、狂言師《きょうげんし》)。**12・7** 佐野常民《さのつねたみ》(81、日本赤十字社《にほんせきじゅうじしゃ》)。**12・24** 高山樗牛《たかやまちょぎゅう》(32、評論家《ひょうろんか》)。

〔世界〕

1・30 日英同盟調印《にちえいどうめいちょういん》・イギリス外交《がいこう》、「光栄《こうえい》ある孤立《こりつ》」から政策転換《せいさくてんかん》。**1・-** シベリア鉄道《てつどう》、ウラジオストック―ハバロフスク間開通《かんかいつう》。**2・1** 清朝《しんちょう》、満洲人《まんしゅうじん》・漢人《かんじん》の通婚《つうこん》を許可《きょか》、纏足《てんそく》禁止令公布《きんしれいこうふ》。**2・8** 梁啓超《りょうけいちょう》、横浜《よこはま》で『新民叢報《しんみんそうほう》』を創刊《そうかん》。**4・8** ロシア・清国《しんこく》、満洲撤兵《まんしゅうてっぺい》に関《かん》する協定《きょうてい》に調印《ちょういん》、ロシア、一八ヵ月以内《げついない》の撤兵《てっぺい》を約《やく》す(一〇月《がつ》八日《か》第《だい》一期履行《きりこう》、第《だい》二期以降不履行《きいこうふりこう》)。**4・26** 章炳麟《しょうへいりん》ら、東京《とうきょう》で「支那亡国記念会《しなぼうこくきねんかい》」を開催《かいさい》、警官《けいかん》に阻止《そし》される。**5・20** キューバ共和国《きょうわこく》、アメリカの保護国《ほごこく》として成立《せいりつ》。**5・31** プレトリア条約締結《じょうやくていけつ》、ボーア戦争終《せんそうおわ》る・トランスバール・オレンジの両国《りょうこく》、イギリスの直轄植民地《ちょっかつしょくみんち》となる。**7・4** 米《べい》ローズヴェルト大統領《だいとうりょう》、フィリピン平定完了《へいていかんりょう》を宣言《せんげん》。**10・22** ベックマン没《ぼつ》(70、ドイツ人建築技術者《じんけんちくぎじゅつしゃ》)。**12・-** ナイル川上流《がわじょうりゅう》にアスワンダム開設《かいせつ》。**この年《とし》** アブドゥル＝アジーズ＝ブン＝サウード、リヤードを奪回《だっかい》、のちのサウジアラビア王国《おうこく》の基礎《きそ》となる。

朝鮮	清
光武 6	光緒 28

西暦	◀ 一九〇三
年号・干支	三六 癸卯《みずのとのう》
内閣	
記事	【政治・経済】 3・1 第《だい》八回《かい》衆議院総選挙《しゅうぎいんそうせんきょ》(政友会《せいゆうかい》一七五・憲政本党《けんせいほんとう》八五・帝国党《ていこくとう》一七)。 3・20 監獄官制《かんごくかんせい》を公布《こうふ》。 4・21 桂首相《かつらしゅしょう》・小村寿太郎外相《こむらじゅたろうがいしょう》・伊藤博文《いとうひろぶみ》・山県有朋《やまがたありとも》ら、京都《きょうと》で対《たい》ロシア政策《せいさく》を協《きょ》議《ぎ》(無隣庵会議《むりんあんかいぎ》)。 5・8 第《だい》一八特別議会召集《とくべつぎかいしょうしゅう》(五月《がつ》一二日《にち》開会《かいかい》、六月《がつ》四日《か》閉会《へいかい》)。 5・19 衆《しゅう》議院《ぎいん》、委員会《いいんかい》で地租条例改正案《ちそじょうれいかいせいあん》を否決《ひけつ》(二一日《にち》、三日間《かかん》の停会《ていかい》を命《めい》じる・二四日《か》、政友会《せいゆうかい》議員総会《ぎいんそうかい》、政府《せいふ》との妥協案《だきょうあん》を承認《しょうにん》、以後脱党者続出《いごだっとうしゃぞくしゅつ》)。 6・12 ロシア陸相《りくしょう》クロパトキン、旅順《りょじゅん》への途中《とちゅう》に東京《とうきょう》へ立寄《たちよ》る(桂首相《かつらしゅしょう》らと会談《かいだん》)。 6・23 御前会議《ごぜんかいぎ》開催《かいさい》、満韓問題《まんかんもんだい》に関《かん》してロシアとの交渉開始《こうしょうかいし》を決定《けってい》。 6・24 桂《かつら》、辞意《じい》を表明《ひょうめい》(七月一日《がつついたち》辞表提出《じひょうていしゅつ》・二日《か》却下《きゃっか》)。 7・13 伊藤博文《いとうひろぶみ》を枢密院議長《すうみついんぎちょう》に任《にん》じる(一四日《か》、政友会協議員会《せいゆうかいきょうぎいんかい》、西園寺公望《さいおんじきんもち》を後任総裁《こうにんそうさい》に決定《けってい》)。 8・9 頭山満《とうやまみつる》・佐々友房《さっさともふさ》ら、対露同志会《たいろどうしかい》を結成《けっせい》。 8・12 駐露公使栗野慎一郎《ちゅうろこうしくりのしんいちろう》、日露協商基礎条項《にちろきょうしょうきそじょうこう》をロシアに提出《ていしゅつ》。 10・3 ロシア駐日公使《ちゅうにちこうし》ローゼン、小村外相《こむらがいしょう》にロシア政府《せいふ》の協定対案《きょうていたいあん》を提出《ていしゅつ》(六日《か》、小村《こむら》・ローゼン、第《だい》一回会談《かいかいだん》・一四日《か》、日本《にほん》の修正案提出《しゅうせいあんていしゅつ》)。 12・3 政友会《せいゆうかい》の松田正久《まつだまさひさ》・原敬《はらたかし》、憲政本党《けんせいほんとう》の犬養毅《いぬかいつよし》・大石正己《おおいしまさみ》と会合《かいごう》、両党《りょうとう》の提携《ていけい》を決定《けってい》。 12・5 第《だい》一九通常議会召集《つうじょうぎかいしょうしゅう》(一二月《がつ》一〇日《か》開会《かいかい》、同《どう》一一日解散《にちかいさん》)。 12・10 衆議院開院式《しゅうぎいんかいいんしき》にて河野広中議長《こうのひろなかぎちょう》、勅語奉答文《ちょくごほうとうぶん》で桂内閣《かつらないかく》を弾劾《だんがい》(奉答文事件《ほうとうぶんじけん》)。 12・11 衆議院解散《しゅうぎいんかいさん》される。 12・21 山県有朋《やまがたありとも》、桂首相《かつらしゅしょう》に対露開戦反対《たいろかいせんはんたい》の書簡《しょかん》を送《おく》る。 12・28 戦時大本営条例改正《せんじだいほんえいじょうれいかいせい》(参謀総長《さんぼうそうちょう》と軍令部長《ぐんれいぶちょう》を対等《たいとう》とする)・軍事参議院条例《ぐんじさんぎいんじょうれい》(重要軍務《じゅうようぐんむ》に関《かん》する天皇《てんのう》の諮問機関《しもんきかん》)を各公布《かくこうふ》。京釜鉄道速成《けいふてつどうそくせい》に関《かん》する件《けん》を公布《こうふ》。 12・30 参謀本部《さんぼうほんぶ》・軍令部首脳《ぐんれいぶしゅのう》会議《かいぎ》、開戦時《かいせんじ》の陸海軍共同作戦計画《りくかいぐんきょうどうさくせんけいかく》を決定《けってい》。
朝鮮	7
清	29

西暦　一九〇三 ◀ ▶

年号・干支　明治三六　癸卯《みずのとう》

内閣　(第1次桂太郎内閣)

記事

【社会・文化】

1・1 奥羽新聞社《おううしんぶんしゃ》『奥羽新聞《おううしんぶん》』創刊《そうかん》(『奥羽日日新聞《おううにちにちしんぶん》』改題《かいだい》)。1・- 独立評論社《どくりつひょうろんしゃ》『独立評論《どくりつひょうろん》』創刊《そうかん》。3・1 第《だい》五回内国勧業博覧会《かいないこくかんぎょうはくらんかい》、大阪《おおさか》で開催《かいさい》(~七月《がつ》三一日《にち》・会場《かいじょう》のイルミネーションなど評判《ひょうばん》となる)。3・27 専門学校令《せんもんがっこうれい》を公布《こうふ》。4・6 社会主義協会《しゃかいしゅぎきょうかい》の大会《たいかい》、大阪《おおさか》で開催《かいさい》・各地《かくち》から数《すう》百人参加《にんさんか》。4・13 小学校令《しょうがっこうれい》を一部改正《いちぶかいせい》、国定教科書制度成立《こくていきょうかしょせいどせいりつ》(明治《めいじ》三七年《ねん》四月一日施行《がつついたちしこう》)。4・- 由分社《ゆうぶんしゃ》『家庭雑誌《かていざっし》』創刊《そうかん》。羅府新報社《らふしんぽうしゃ》『羅府新報《らふしんぽう》』創刊《そうかん》(ロサンゼルス)。5・14 三菱長崎造船所鉄工部《みつびしながさきぞうせんじょてっこうぶ》の職工《しょっこう》、賃上《ちんあ》げ・待遇改善《たいぐうかいぜん》を要求《ようきゅう》してスト。5・22 第一高等学校生徒藤村操《だいいちこうとうがっこうせいとふじむらみさお》、「巌頭《がんとう》の感《かん》」の一文《いちぶん》を残《のこ》して日光華厳滝《にっこうけごんのたき》に投身自殺《とうしんじさつ》。5・24 神戸《こうべ》ゴルフ倶楽部《クラブ》開場式《かいじょうしき》(ゴルフクラブのはじめ)。6・1 日比谷公園開園式《ひびやこうえんかいえんしき》(明治《めいじ》三七年《ねん》二月一日《がつついたち》、園内《えんない》に洋風喫茶店松本楼開店《ようふうきっさてんまつもとろうかいてん》)。6・5 根岸短歌会《ねぎしたんかかい》『馬酔木《あしび》』創刊《そうかん》。6・10 東京帝大法科大学教授戸水寛人《とうきょうていだいほうかだいがくきょうじゅとみずひろんど》ら七博士《はくし》、満韓交換《まんかんこうかん》の対《たい》ロシア方針《ほうしん》に反対《はんたい》する建議書《けんぎしょ》を政府《せいふ》に提出《ていしゅつ》(七博士意見書《しちはくしいけんしょ》・二四日《か》、『東京朝日新聞《とうきょうあさひしんぶん》』に公表《こうひょう》)。6・- 内村鑑三《うちむらかんぞう》、『万朝報《よろずちょうほう》』などで非戦論《ひせんろん》を主張《しゅちょう》し始《はじ》める。7・- 日本基督教青年会同盟《にほんキリストきょうせいねんかいどうめい》(YMCA)結成《けっせい》。幸徳秋水《こうとくしゅうすい》『社会主義神髄《しゃかいしゅぎしんずい》』刊《かん》。玉水嘉一《たまみずかいち》・関戸覚蔵《せきとかくぞう》編纂《へんさん》『東陲民権史《とうすいみんけんし》』刊《かん》。8・22 東京電車鉄道《とうきょうでんしゃてつどう》、新橋《しんばし》－品川間開業《しながわかんかいぎょう》(東京《とうきょう》の路面電車《ろめんでんしゃ》のはじめ)。9・1 近事画報社《きんじがほうしゃ》『近事画報《きんじがほう》』創刊《そうかん》(『東洋画報《とうようがほう》』改題《かいだい》)。10・1 浅草《あさくさ》に電気館《でんきかん》が開場《かいじょう》(映画常設館《えいがじょうせつかん》のはじめ)。10・8 堺利彦《さかいとしひこ》ら社会主義者《しゃかいしゅぎしゃ》、非戦演説会《ひせんえんぜつかい》を東京神田《とうきょうかんだ》で開催《かいさい》。10・12 内村鑑三《うちむらかんぞう》・幸徳秋水《こうとくしゅうすい》・堺利彦《さかいとしひこ》、開戦論《かいせんろん》に転《てん》じた朝報社《ちょうほうしゃ》を退社《たいしゃ》。10・- 『東京朝日新聞《とうきょうあさひしんぶん》』『二六新報《にろくしんぽう》』『万朝報《よろずちょうほう》』など対露開戦論《たいろかいせんろん》をキャンペーン、政府系《せいふけい》の『東京日日新聞《とうきょうにちにちしんぶん》』『国民新聞《こくみんしんぶん》』は慎重論《しんちょうろん》を説《と》く。11・15 幸徳秋水《こうとくしゅうすい》・堺利彦《さかいとしひこ》ら、平民社《へいみんしゃ》を結成《けっせい》、非戦論《ひせんろん》と社会主義《しゃかいしゅぎ》を唱《とな》える。平民社《へいみんしゃ》『平民新聞《へいみんしんぶん》』創刊《そうかん》。11・21 第《だい》一回早慶対抗野球試《かいそうけいたいこうやきゅうし》

朝鮮　光武 7

清　光緒 29

西暦

年号・干支

内閣

記事

合《あい》、三田綱町《みたつなまち》の慶応《けいおう》グラウンドで挙行《きょこう》。**11・23** 憲法新聞社《けんぽうしんぶんしゃ》『電報新聞《でんぽうしんぶん》』創刊《そうかん》。**11・27**『二六《にろく》新報《しんぽう》』、社説《しゃせつ》で桂内閣打倒《かつらないかくだとう》と対露主戦派内閣《たいろしゅせんはないかく》の組織《そしき》を訴《うった》える(一二月《がつ》五日、『万朝報《よろずちょうほう》』も倒閣《とうかく》を主張《しゅちょう》)。**この年《とし》** 農商務省《のうしょうむしょう》『職工事情《しょっこうじじょう》』印刷《いんさつ》。岡倉天心《おかくらてんしん》『東洋《とうよう》の理想《りそう》』刊《かん》(ロンドン)。東京大学史料編纂所《とうきょうだいがくしりょうへんさんじょ》『京都御所東山御文庫記録《きょうとごしょひがしやまごぶんこきろく》』を作成《さくせい》(〜大正《たいしょう》一五年《ねん》)。古書保存会編《こしょほぞんかいへん》『続々群書類従《ぞくぞくぐんしょるいじゅう》』刊《かん》(〜明治《めいじ》三七年《ねん》)。坪井九馬三《つぼいくめぞう》『史学研究法《しがくけんきゅうほう》』刊《かん》(『早稲田叢書《わせだそうしょ》』所収《しょしゅう》)。

【死没】

1・18 大谷光尊《おおたにこうそん》(54、浄土真宗《じょうどしんしゅう》)。**1・28** 花柳寿輔《はなやぎじゅすけ》(初代《しょだい》)(83、花柳流祖《はなやぎりゅうそ》)。**1・31** 鈴木重《すずきしげ》義《よし》(66、常陸水戸藩士《ひたちみとはんし》)。**2・4** 成瀬正肥《なるせまさみつ》(69、尾張犬山藩主《おわりいぬやまはんしゅ》)。**2・13** 高橋泥舟《たかはしでいしゅう》(69、幕臣《ばくしん》)。**2・18** 彰仁親王《あきひとしんのう》(58、軍人《ぐんじん》)。尾上菊五郎《おのえきくごろう》(五代《だい》)(60、歌舞伎役者《かぶきやくしゃ》)。**3・7** 池田泰真《いけだたいしん》(79、漆工《しっこう》)。**3・9** 指原安三《さしはらやすぞう》(54、評論家《ひょうろんか》)。**3・19** 松本荘一郎《まつもとそういちろう》(56、鉄道庁長官《てつどうちょうちょうかん》)。**4・5** 古河市兵衛《ふるかわいちべえ》(72、実業家《じつぎょうか》)。**5・22** 石坂周造《いしざかしゅうぞう》(72、石油採掘業《せきゆさいくつぎょう》)。藤村操《ふじむらみさお》(18、一高生《いちこうせい》)。**6・6** 清沢満《きよざわまん》之《し》(41、哲学《てつがく》)。**6・7** 内藤耻叟《ないとうちそう》(77、歴史家《れきしか》)。**6・11** 磯野小右衛門《いそのこえもん》(79、実業家《じつぎょうか》)。**6・29** 滝《たき》廉太郎《れんたろう》(25、作曲家《さっきょくか》)。**7・4** 潮田千勢子《うしおだちせこ》(60、実業家《じつぎょうか》)。**7・8** 伊藤忠兵衛《いとうちゅうべえ》(初代《しょだい》)(62、近《お》江商人《うみしょうにん》)。**9・3** 津田真道《つだまみち》(75、官僚《かんりょう》)。**9・11** 杵屋勝三郎《きねやかつさぶろう》(三代《だい》)(38、長唄三味線方《ながうたしゃみせんかた》)。**9・13** 市川団十郎《いちかわだんじゅうろう》(九代《だい》)(66、歌舞伎役者《かぶきやくしゃ》)。**9・21** 荒尾成章《あらおしげあきら》(78、因幡鳥取藩士《いなばとっとりはんし》)。**9・−** 伊庭《いば》想太郎《そうたろう》(53、星亨暗殺犯《ほしとおるあんさつはん》)。**10・17** 松平頼聡《まつだいらよりとし》(70、讃岐高松藩主《さぬきたかまつはんしゅ》)。**10・30** 尾崎紅葉《おざきこうよう》(37、小説《しょうせつ》家《か》)。**10・31** 片岡健吉《かたおかけんきち》(61、政治家《せいじか》)。**12・16** 落合直文《おちあいなおぶみ》(43、国文学《こくぶんがく》)。

〖世界〗

2・5 韓国《かんこく》、漢城府尹《かんじょうふいん》、第一銀行券《だいいちぎんこうけん》の流通《りゅうつう》を禁《きん》じる。**5・−** ロシア軍《ぐん》、鴨緑江《おうりょっこう》を越《こ》えて韓国竜巌浦《かんこくりゅうがんほ》に至《いた》り、軍事根拠地《ぐんじこんきょち》の建設《けんせつ》を始《はじ》める。**6・13** ロシア、鴨緑江木材会社《おうりょっこうもくざいがいしゃ》を設立《せつりつ》

朝鮮

清

西暦	年号・干支	内閣	記事	朝鮮	清
一九〇三 ▶	明治三六 癸卯《みずのとのう》	（第１次桂太郎内閣）	（責任者《せきにんしゃ》、顧問官《こもんかん》ベゾブラーゾフ）。**7・1** 東清鉄道《とうしんてつどう》が正式《せいしき》に開通《かいつう》。**7・30** 第《だい》二回《かい》ロシア社《しゃ》会民主労働党大会開催《かいみんしゅろうどうとうたいかいかいさい》（〜八月《がつ》二三日《にち》）、ボリシェヴィキ（レーニン）とメンシェヴィキ（プレハーノフら）に分裂《ぶんれつ》。**11・3** パナマ、アメリカの擁護下《ようごか》にコロンビアから独立《どくりつ》、共和国《きょうわこく》を宣言《せんげん》。**11・18** アメリカ・パナマ新政府《しんせいふ》、ヘイ＝ビューノー＝バリラ条約調印《じょうやくちょういん》（アメリカ、運河地帯《うんがちたい》を永久租借《えいきゅうそしゃく》）。**12・17** ライト兄弟《きょうだい》、飛行機《ひこうき》（一六馬力複葉機《ばりきふくようき》）で初飛行《はつひこう》に成功《せいこう》。**12・–** 黄興《こうこう》ら、長沙《ちょうさ》で華興会《かこうかい》を結成《けっせい》。	光武 7	光緒 29
一九〇四 ◀	三七 甲辰《きのえたつ》		【政治・経済】 **1・5** 陸《りく》・海軍省《かいぐんしょう》、軍隊《ぐんたい》・軍機軍略事項《ぐんきぐんりゃくじこう》の新聞《しんぶん》・雑誌掲載《ざっしけいさい》を禁《きん》じる。**1・12** 御前会議《ごぜんかいぎ》において、ロシアに対《たい》する日本側最終案《にほんがわさいしゅうあん》を決定《けってい》（一三日《にち》、小村寿太郎外相《こむらじゅたろうがいしょう》、ローゼン公使《こうし》に案《あん》の趣旨《しゅし》を開陳《かいちん》）。**1・25** 鉄道軍事供用令《てつどうぐんじきょうようれい》を公布《こうふ》（二六日施行《にちしこう》）。**1・28** 桂首相《かつらしゅしょう》、東京《とうきょう》・大阪《おおさか》・京都《きょうと》・名古屋《なごや》・横浜《よこはま》の主要銀行家《しゅようぎんこうか》を首相官邸《しゅしょうかんてい》に招《まね》き、戦時公債募集《せんじこうさいぼしゅう》について協力《きょうりょく》を求《もと》める。**2・4** 御前会議《ごぜんかいぎ》で、ロシアとの交渉《こうしょう》を打切《うちき》り軍事行動《ぐんじこうどう》の開始《かいし》を決定《けってい》。**2・6** 栗野慎一郎公使《くりのしんいちろうこうし》、交渉打切《こうしょううちき》りと国交断絶《こっこうだんぜつ》をロシア政府《せいふ》に通告《つうこく》。**2・8** 日本陸軍部隊《にほんりくぐんぶたい》、韓国仁川《かんこくじんせん》に上陸《じょうりく》・連合艦隊《れんごうかんたい》、旅順港《りょじゅんこう》のロシア艦隊《かんたい》を攻撃《こうげき》（九日《か》、仁川沖《じんせんおき》のロシア軍艦《ぐんかん》二隻《せき》を撃破《げきは》）。**2・10** ロシアに宣戦布告《せんせんふこく》（日露戦争《にちろせんそう》）。**2・11** 大本営《だいほんえい》を宮中《きゅうちゅう》に設置《せっち》（一二日公示《にちこうじ》）。**2・23** 日韓議定書調印《にっかんぎていしょちょういん》（日本《にほん》は韓国皇室《かんこくこうしつ》の安全《あんぜん》と領土保全《りょうどほぜん》のため、軍事上必要《ぐんじじょうひつよう》な地点《ちてん》を臨機収用《りんきしゅうよう》できるなど・二七日公布《にちこうふ》）。**2・24** 第《だい》一次旅順口閉塞作戦《じりょじゅんこうへいそくさくせん》を実施《じっし》（三月《がつ》二七日《にち》、第《だい》二次《じ》、五月《がつ》三日《か》、第《だい》三次《じ》を各実施《かくじっし》）。**2・–** 高橋是清日銀副総裁《たかはしこれきよにちぎんふくそうさい》、外債募集《がいさいぼしゅう》のため渡米《とべい》、ついで渡欧《とおう》・金子堅太郎《かねこけんたろう》、米《べい》セオドア＝ローズヴェルト大統領《だいとうりょう》に日露講和仲介打診《にちろこうわちゅうかいだしん》のため渡米《とべい》。**3・1**	8	30

西暦	
年号・干支	
内閣	
記事	第《だい》九回衆《かいしゅう》議《ぎ》院総選挙《いんそうせんきょ》(政友会《せいゆうかい》一三三・憲政本党《けんせいほんとう》九〇・帝国党《ていこくとう》一九)。大蔵省《おおくらしょう》、日露戦費調《にちろせんぴちょう》達《たつ》のため第《だい》一回国庫債券《かいこっこさいけん》一億円《えん》を発行《はっこう》(総計《そうけい》五回《かい》)。**3・18** 第《だい》二〇臨時議会召集《りんじぎかいしょうしゅう》(三月《がつ》二〇日開会《かかいかい》、同《どう》二九日閉会《にちへいかい》)。**4・1** 非常特別税法《ひじょうとくべつぜいほう》を公布《こうふ》(平和回復《へいわかいふく》の翌年《よくねん》までの時限立法《じげんりっぽう》・地租《ちそ》・営業税《えいぎょうぜい》など一一科目《かもく》の税率増加《ぜいりつぞうか》)。**4・13** ロシア戦艦《せんかん》ペトロパブロフスク、旅順港外《りょじゅんこうがい》で触雷沈没《しょくらいちんぼつ》・マカロフ中将戦死《ちゅうじょうせんし》。**5・1** 第《だい》一軍《ぐん》、鴨緑江《おうりょっこう》を強行渡河《きょうこうとか》、九連城《きゅうれんじょう》を占領《せんりょう》。**5・5** 第《だい》二軍《ぐん》、遼東半島《りょうとうはんとう》の大連北方《だいれんほっぽう》に上陸《じょうりく》。**5・10** 第《だい》一回英貨公債《かいえいかこうさい》一〇〇〇万ポンド(六分利付《ぶりつき》)募集《ぼしゅう》の件《けん》を公布《こうふ》。**5・15** 戦艦初瀬《せんかんはつせ》・八島《やしま》、旅順港外《りょじゅんこうがい》で触雷沈没《しょくらいちんぼつ》。**6・15** ロシアのウラジオストク艦隊《かんたい》、対馬海峡《つしまかいきょう》において陸軍輸送船常陸丸《りくぐんゆそうせんひたちまる》・和泉丸《いずみまる》を撃沈《げきちん》、佐渡丸《さどまる》に砲撃《ほうげき》。**6・20** 満洲軍総司令部《まんしゅうぐんそうしれいぶ》を編成《へんせい》(大山巌《おおやまいわお》を総司令官《そうしれいかん》に、児玉源太郎《こだまげんたろう》を総参謀長《そうさんぼうちょう》に、山県有朋《やまがたありとも》を参謀総長《さんぼうそうちょう》に任《にん》じる)。**6・25** 芝浦製作所設立《しばうらせいさくしょせつりつ》(三井鉱山芝浦製作所《みついこうざんしばうらせいさくしょ》の分離独立《ぶんりどくりつ》・東京芝浦電気《とうきょうしばうらでんき》の前身《ぜんしん》の一つ)。**8・10** 連合艦隊《れんごうかんたい》、黄海《こうかい》でロシア艦隊《かんたい》と海戦《かいせん》(黄海海戦《こうかいかいせん》)。**8・14** 第《だい》二艦隊《かんたい》、韓国蔚山沖《かんこくウルサンおき》でウラジオストク艦隊《かんたい》と海戦《かいせん》、壊滅《かいめつ》させる。**8・19** 第《だい》三軍《ぐん》、第《だい》一回《かい》旅順総攻撃《りょじゅんそうこうげき》(〜二四日《か》・失敗《しっぱい》に終《おわ》る、日本軍死傷《にほんぐんししょう》一万五八六〇)。**8・22** 第《だい》一次日韓協約《じにっかんきょうやく》調印《ちょういん》(韓国《かんこく》は日本政府《にほんせいふ》の推薦《すいせん》する財政《ざいせい》・外交顧問《がいこうこもん》を任用《にんよう》・外国《がいこく》との条約締結《じょうやくていけつ》など日本政府《にほんせいふ》と事前協議《じぜんきょうぎ》・九月《がつ》五日公布《かこうふ》)。**8・26** 第《だい》一・第《だい》二・第《だい》四軍《ぐん》、遼陽《りょうよう》に進撃開始《しんげきかいし》(九月《がつ》四日遼陽《かりょうよう》占領《せんりょう》・遼陽《りょうよう》の会戦《かいせん》、日本軍死傷《にほんぐんししょう》二万三五三三)。**9・28** 徴兵令《ちょうへいれい》を改正《かいせい》・公布《こうふ》(後備兵役《こうびへいえき》を五年《ねん》から一〇年《ねん》に延長《えんちょう》することなど)。**10・10〜20** 第《だい》一・第《だい》二・第《だい》四軍《ぐん》、沙河付近《さかふきん》でロシア軍主力《ぐんしゅりょく》を攻撃《こうげき》(沙河《さか》の会戦《かいせん》、日本軍死傷《にほんぐんししょう》二万四九七)。**10・26** 第《だい》三軍《ぐん》、第《だい》二回旅順総攻撃《かいりょじゅんそうこうげき》(〜三一日《にち》・失敗《しっぱい》に終《おわ》る)。**11・10** 第《だい》二回英貨公債《かいえいかこうさい》一二〇〇万ポンド(六分利付《ぶりつき》)募集《ぼしゅう》の件《けん》を公布《こうふ》。**11・26** 第《だい》三軍《ぐん》、第《だい》三回旅順総攻撃《かいりょじゅんそうこうげき》(一二月《がつ》五日《か》、二〇三高地《にひゃくさんこうち》を占領《せんりょう》)。**11・28** 第《だい》二一
朝鮮	
清	

西暦	一九〇四 ▶ 図7 ↓10年
年号・干支	明治三七 甲辰《きのえたつ》
内閣	(第1次桂太郎内閣)
記事	通常議会召集《つうじょうぎかいしょうしゅう》(一一月《がつ》三〇日開会《にちへいかい》、明治《めいじ》三八年《ねん》二月《がつ》二七日閉会《にちへいかい》)。**12・6** 三越呉服店設立《みつこしごふくてんせつりつ》(三井呉服店《みついごふくてん》の営業《えいぎょう》を継承《けいしょう》・二一日開業《にちかいぎょう》)。 【社会・文化】 **1・23** 第《だい》一回社会主義婦人講演会《かいしゃかいしゅぎふじんこうえんかい》、東京神田教会《とうきょうかんだきょうかい》で開催《かいさい》(堺利彦《さかいとしひこ》ら社会主義協会主催《しゃかいしゅぎきょうかいしゅさい》)。**2・4** 内務省《ないむしょう》、肺結核予防令《はいけつかくよぼうれい》を公布《こうふ》。**2・10** 博文館《はくぶんかん》『日露戦争実記《にちろせんそうじっき》』刊《かん》(『(自治機関《じちきかん》)公民之友《こうみんのとも》』改題《かいだい》)。**2・25** 大阪府立図書館開館式《おおさかふりつとしょかんかいかんしき》(住友吉左衛門寄付《すみともきちざえもんきふ》による)。**2・ー** 新公論社《しんこうろんしゃ》『新公論《しんこうろん》』創刊《そうかん》。**4・4** 下士兵卒家族救助令《かしへいそつかぞくきゅうじょれい》を公布《こうふ》。**4・ー** 全国《ぜんこく》の小学校《しょうがっこう》で国定教科書《こくていきょうかしょ》の使用開始《しようかいし》(まず修身《しゅうしん》・読本《とくほん》・日本歴史《にほんれきし》・地理《ちり》の四教材《きょうざい》から)。この頃《ころ》、永岡鶴蔵《ながおかつるぞう》、足尾銅山《あしおどうざん》で大日本労働同志会《だいにほんろうどうどうしかい》を結成《けっせい》。北原雅長《きたはらまさなが》『七年史《しちねんし》』刊《かん》。**5・8** 東京《とうきょう》で市民大祝捷会開催《しみんだいしゅくしょうかいかいさい》、一〇万人余参加《にんよさんか》し馬場先門前《ばばさきもんまえ》で提灯行列《ちょうちんぎょうれつ》が大混乱《だいこんらん》となる。**5・ー** 新潮社《しんちょうしゃ》『新潮《しんちょう》』創刊《そうかん》。**8・13** 桂《かつら》田富士郎《だふじろう》、猫《ねこ》の体内《たいない》から風土病《ふうどびょう》の病源虫《びょうげんちゅう》を発見《はっけん》(日本住血吸虫《にほんじゅうけつきゅうちゅう》と命名《めいめい》)。**8・14** 片山《かたやま》潜《せん》、アムステルダムで開催《かいさい》の、第《だい》二インター第《だい》六回大会《かいたいかい》に参加《さんか》。**9・1** 高知新聞社《こうちしんぶんしゃ》『高知新《こうちしん》聞《ぶん》』創刊《そうかん》。**9・ー** 与謝野晶子《よさのあきこ》、『明星《みょうじょう》』に「君死《きみし》に給《たま》ふこと勿《なか》れ」を発表《はっぴょう》。**11・3** 植村正久《うえむらまさひさ》ら、東京神学社設立《とうきょうしんがくしゃせつりつ》。**11・16** 社会主義協会《しゃかいしゅぎきょうかい》に結社禁止《けっしゃきんし》を命《めい》じる。**11・ー** 坪内逍遙《つぼうちしょうよう》『新楽劇論《しんがくげきろん》』刊《かん》。**この年《とし》** 大川茂雄《おおかわしげお》・南茂樹《みなみしげき》共編《きょうへん》『国学者伝記集成《こくがくしゃでんきしゅうせい》』刊《かん》(昭和《しょうわ》九・一〇年《ねん》、新《あら》たに正篇《せいへん》二冊《さつ》、続編《ぞくへん》一冊刊《さつかん》)。富士川游《ふじかわゆう》『日本医学史《にほんいがくし》』刊《かん》。福田英子《ふくだひでこ》『妾《わらわ》の半生涯《はんせいがい》』刊《かん》。阪谷芳郎《さかたによしろう》ら『明《めい》治財政史《じざいせいし》』刊《かん》(~明治《めいじ》三八年《ねん》)。 【死没】 **1・1** 近衛篤麿《このえあつまろ》(42、政治家《せいじか》)。**1・17** 天田愚庵《あまだぐあん》(51、歌人《かじん》)。**1・27** 三遊亭円生《さんゆうていえんしょう》(四代《だい》)(59、落語家《らくごか》)。**2・3** 田口和美《たぐちかずよし》(66、医学《いがく》)。**2・13** 島村光津《しまむらみつ》(74、蓮門教《れんもんきょう》)。**3・10** 清野勉《きよのつとむ》(52、
朝鮮	光武 8
清	光緒 30

西暦

年号・干支

内閣

記事

哲学《てつがく》）。**3・12** 高野房太郎《たかのふさたろう》（36、労働運動家《ろうどううんどうか》）。**3・16** 清元延寿太夫《きよもとえんじゅだゆう》（四代《だい》）（73、清元節家元《きよもとぶしいえもと》）。**3・27** 広瀬武夫《ひろせたけお》（37、海軍軍人《かいぐんぐんじん》）。**3・28** 西毅一《にしきいち》（62、政治家《せいじか》）。**4・13** 斎藤緑雨《さいとうりょくう》（38、小説家《しょうせつか》）。**4・21** 沖禎介《おきていすけ》（31、特殊軍務《とくしゅぐんむ》）。横川省三《よこかわしょうぞう》（40、新聞記者《しんぶんきしゃ》）。**5・5** 阿部彦太郎《あべひこたろう》（65、近江商人《おうみしょうにん》）。**5・22** 上野彦馬《うえのひこま》（67、写真家《しゃしんか》）。**6・18** 鴻雪爪《おおとりせっそう》（91、御岳教《おんたけきょう》）。**7・5** 松井康直《まついやすなお》（75、老中《ろうじゅう》）。**7・23** 松岡荒村《まつおかこうそん》（26、社会運動家《しゃかいうんどうか》）。**8・7** 山口素臣《やまぐちもとおみ》（59、陸軍軍人《りくぐんぐんじん》）。市川左団次《いちかわさだんじ》（初代《しょだい》）（63、歌舞伎役者《かぶきやくしゃ》）。**8・12** 川村純義《かわむらすみよし》（69、海軍首脳《かいぐんしゅのう》）。**9・26** 小泉八雲《こいずみやくも》（55、文学《ぶんがく》）。**10・17** 秋月種《あきづきたね》樹《たつ》（72、日向高鍋藩世子《ひゅうがたかなべはんせいし》）。**11・29** 伊達邦成《だてくにしげ》（64、北海道拓殖《ほっかいどうたくしょく》）。**12・17** 春木義彰《はるきよしあき》（59、司法官《しほうかん》）。**この年** 阿部市郎兵衛《あべいちろべえ》（七代《だい》）（近江商人《おうみしょうにん》）。松岡調《まつおかみつぎ》（75、神官《しんかん》）。

〘世界〙

1・23 韓国《かんこく》、日露戦争《にちろせんそう》に対《たい》して中立《ちゅうりつ》を声明《せいめい》。**2・12** 清《しん》、日露戦争《にちろせんそう》に対《たい》して中立《ちゅうりつ》を宣言《せんげん》。**3・24** アーノルド没《ぼつ》（71、イギリスの詩人《しじん》・ジャーナリスト）。**4・8** 英仏協商調印《えいふつきょうしょうちょういん》（エジプトにおけるイギリスの、モロッコにおけるフランスの権益《けんえき》を相互《そうご》に承認《しょうにん》）。**5・13** 清《しん》・イギリス、移民協定《いみんきょうてい》に調印《ちょういん》。**8・3** ヤングハズバンド大佐《たいさ》のイギリス遠征軍《えんせいぐん》、チベットのラサに侵入《しんにゅう》（九月《がつ》七日《か》、イギリス・チベット、ラサ条約調印《じょうやくちょういん》）。**10・3** フランス・スペイン、モロッコにおける勢力圏設定《せいりょくけんせってい》に関《かん》する条約《じょうやく》に調印《ちょういん》。**10・‐** ベトナムのファン＝ボイ＝チャウら知識人《ちしきじん》、維新会《いしんかい》を結成《けっせい》。**この冬《ふゆ》** 蔡元培《さいげんばい》ら、上海《シャンハイ》で光復会結成《こうふくかいけっせい》。

朝鮮

清

西暦 一九〇五 ◀

年号・干支 明治三八 乙巳《きのとのみ》

内閣 (第1次桂太郎内閣)

記事

【政治・経済】

1・1 旅順《りょじゅん》のロシア軍《ぐん》、降伏《こうふく》を申《もう》し出《で》る(旅順《りょじゅん》の戦《たたかい》での日本軍《にほんぐん》死傷約《ししょうやく》五万九〇〇〇)。非常特別税法改正《ひじょうとくべつぜいほうかいせい》、相続税法《そうぞくぜいほう》・塩専売法《しおせんばいほう》、臨時事件費支弁《りんじじけんひしべん》に関《かん》する法律《ほうりつ》を各公布《かくこうふ》。京釜鉄《けいふてつ》道《どう》の草梁《そうりょう》—永登浦間開業《えいとうほかんかいぎょう》(釜山《ふざん》—漢城間《かんじょうかん》の連絡《れんらく》できる)。**1・2** 旅順開城規約調印《りょじゅんかいじょうきやくちょういん》(一三日《にち》、日本軍入城《にほんぐんにゅうじょう》)。**2・16** 郵便貯金法《ゆうびんちょきんほう》を公布《こうふ》(七月一日施行《がっついたちしこう》)。**3・1** 満洲軍《まんしゅうぐん》、奉天《ほうてん》に向《む》かい総攻撃《そうこうげき》を開始《かいし》(一〇日《か》奉天《ほうてん》を、一六日《にち》鉄嶺《てつれい》を占領《せんりょう》・奉天会戦《ほうてんかいせん》・日本軍兵力《にほんぐんへいりょく》二五万、死傷約《ししょうやく》七万・ロシア軍兵力《ぐんへいりょく》三二万、損害約《そんがいやく》九万)。平田東助《ひらたとうすけ》主唱《しゅしょう》で大日本産業組合中《だいにほんさんぎょうくみあいちゅう》央会設立《おうかいせつりつ》。**3・8** 鉱業法《こうぎょうほう》を公布《こうふ》(七月一日施行《がっついたちしこう》)。**3・13** 鉄道抵当法《てつどうていとうほう》・工場抵当法《こうじょうていとうほう》・鉱業抵《こうぎょうてい》当法《とうほう》を各公布《かくこうふ》(七月一日施行《がっついたちしこう》)。**3・23** 山県有朋参謀総長《やまがたありともさんぼうそうちょう》、「政戦両略概論《せいせんりょうりゃくがいろん》」を首相《しゅしょう》らに提出《ていしゅつ》、戦争継続困難《せんそうけいぞくこんなん》を説《と》く。**3・26** 第《だい》一回《かい》三〇〇〇万ポンド英貨公債《えいかこうさい》(四分半利付《ぶはんりつき》)募集《ぼしゅう》の件《けん》を公布《こうふ》(七月《がつ》八日《か》、第《だい》二回同額《かいどうがく》を募集《ぼしゅう》)。**4・8** 閣議《かくぎ》、韓国《かんこく》の保護権確立《ほごけんかくりつ》を決定《けってい》。**4・21** 閣議《かくぎ》、日露講和条件《にちろこうわじょうけん》を決定《けってい》(絶対的必要条件《ぜったいてきひつようじょうけん》三項目《こうもく》、その他《た》四項目《こうもく》を定《さだ》める)。**5・17** イギリス外相《がいしょう》、日英同盟《にちえいどうめい》を攻守同盟《こうしゅどうめい》とし適用地拡張《てきようちかくちょう》(インド)を提議《ていぎ》(二四日、閣議《かくぎ》、日英《にちえい》同盟拡張強化《どうめいかくちょうきょうか》の方針《ほうしん》を定《さだ》める)。**5・27** 連合艦隊《れんごうかんたい》、日本海《にほんかい》でロシアのバルチック艦隊《かんたい》を撃《げき》滅《めつ》(〜二八日《にち》・日本海海戦《にほんかいかいせん》、戦艦《せんかん》スワロフなど二四隻《せき》を撃沈《げきちん》・捕獲《ほかく》、ロシア側戦死《がわせんし》・捕虜約《ほりょやく》一万一〇〇〇)。**6・1** 高平小五郎駐米公使《たかひらこごろうちゅうべいこうし》、アメリカ大統領《だいとうりょう》に日露講和《にちろこうわ》の友誼的斡旋《ゆうぎてきあっせん》を希《き》望《ぼう》。**6・9** アメリカ大統領《だいとうりょう》ローズヴェルト、正式《せいしき》に日露両国《にちろりょうこく》に講和《こうわ》を勧告《かんこく》(一〇日《か》、日本《にほん》、一二日《にち》、ロシア受諾《じゅだく》)。**7・1** 第一銀行京城支店《だいいちぎんこうけいじょうしてん》、韓国《かんこく》における中央銀行《ちゅうおうぎんこう》として開業《かいぎょう》。**7・7** 第《だい》一三師団《しだん》、南樺太《みなみからふと》に上陸《じょうりく》(二四日《か》、北樺太《きたからふと》に上陸《じょうりく》・三一日《にち》、ロシア軍降伏《ぐんこうふく》)。**7・19** 対露同志会《たいろどうしかい》など、講和問題同志連合会《こうわもんだいどうしれんごうかい》を結成《けっせい》(各地《かくち》で講和条件要求《こうわじょうけんようきゅう》の集会《しゅうかい》が開催《かいさい》)。**7・**

朝鮮 光武 9

清 光緒 31

西暦

年号・干支

内閣

記事

29 桂首相《かつらしゅしょう》、来日中《らいにちちゅう》のアメリカ陸軍長官《りくぐんちょうかん》タフトと会談《かいだん》・韓国《かんこく》・フィリピン問題《もんだい》に関《かん》して、桂《かつら》・タフト覚書成立《おぼえがきせいりつ》。 8・10 日露講和第《にちろこうわだい》一回会議《かいかいぎ》、ポーツマスで開催《かいさい》、日本側《にほんがわ》より講和条《こうわじょう》件《けん》一二ヵ条《じょう》を提出《ていしゅつ》。 8・12 第《だい》二回日英同盟協約調印《かいにちえいどうめいきょうやくちょういん》(即日実施《そくじつじっし》・九月《がつ》二七日公布《にちこうふ》)。 8・17 講和問題同志連合会大会《こうわもんだいどうしれんごうかいたいかい》、講和条件《こうわじょうけん》の譲歩反対《じょうほはんたい》を決議《けつぎ》。 8・25 山路愛山《やまじあいざん》ら、国家社会《こっかしゃかい》党《とう》を結成《けっせい》。 文部省《もんぶしょう》、対露強硬論者《たいろきょうこうろんじゃ》の東京帝大教授戸水寛人《とうきょうていだいきょうじゅとみずひろんど》を休職処分《きゅうしょくしょぶん》・東京《とうきょう》・京都《きょうと》帝大教授《ていだいきょうじゅ》ら、抗議運動《こうぎうんどう》を開始《かいし》(戸水事件《とみずじけん》)。 8・28 御前会議《ごぜんかいぎ》で、償金《しょうきん》および割地《かっち》の要求《ようきゅう》を放棄《ほうき》しても講和《こうわ》を成立《せいりつ》させる方針《ほうしん》を決定《けってい》。 9・5 日露講和条約《にちろこうわじょうやく》・同追加約款調印《どうついかやっかんちょういん》(ポーツマス条約《じょうやく》・一〇月《がつ》一六日公布《にちこうふ》、一一月《がつ》二五日批准《にちひじゅん》)。日比谷公園《ひびやこうえん》で講和反対国民大会開《こうわはんたいこくみんたいかいかい》催《さい》、政府高官邸《せいふこうかんてい》・政府系新聞社《せいふけいしんぶんしゃ》・交番《こうばん》・キリスト教会《きょうかい》など焼打《やきう》ち(日比谷焼打《ひびややきう》ち事件《じけん》・以後《いご》、各地《かくち》で講和反対《こうわはんたい》の大会開催《たいかいかいさい》)。 9・6 東京市《とうきょうし》および府下《ふか》五郡《ぐん》に戒厳令適用《かいげんれいてきよう》の旨《むね》を公布《こうふ》(即日《そくじつ》施行《しこう》・一一月《がつ》二九日解除《にちかいじょ》)。 10・12 桂首相《かつらしゅしょう》、アメリカの鉄道資本家《てつどうしほんか》ハリマンと満鉄《まんてつ》に関《かん》する日米《にちべい》シンジケート組織《そしき》につき予備協定覚書《よびきょうていおぼえがき》を交換《こうかん》(一三日《にち》、小村寿太郎外相《こむらじゅたろうがいしょう》らの強《つよ》い反対《はんたい》により覚書中止《おぼえがきちゅうし》を通告《つうこく》)。 11・17 第《だい》二次日韓協約調印《じにっかんきょうやくちょういん》(韓国《かんこく》の外交《がいこう》は日本《にほん》の外務省《がいむしょう》が処理《しょり》・日本政府代表《にほんせいふだいひょう》として京城《けいじょう》に統監《とうかん》を置《お》く)・韓国各地《かんこくかくち》に暴動《ぼうどう》おこる。 12・21 統監《とうかん》府《ふ》・理事庁官制《りじちょうかんせい》を公布《こうふ》(伊藤博文《いとうひろぶみ》を初代統監《しょだいとうかん》に任《にん》じる)。 12・22 満洲《まんしゅう》に関《かん》する日清条約《にっしんじょうやく》・付《ふ》属協定《ぞくきょうてい》(ロシアの利権引継《りけんひきつぎ》・東三省《とうさんしょう》における開市《かいし》・開港場《かいこうじょう》の増加《ぞうか》など)・付属取極《ふぞくとりきめ》に各調印《かくちょういん》。 12・23 大同倶楽部《だいどうクラブ》結成《けっせい》(帝国党《ていこくとう》・甲辰倶楽部《こうしんクラブ》の所属議員《しょぞくぎいん》が合同《ごうどう》)。 12・25 第《だい》二二通常議会召《つうじょうぎかいしょう》集《しゅう》(一二月《がつ》二八日開会《にちかいかい》、明治《めいじ》三九年《ねん》三月《がつ》二七日閉会《にちへいかい》)。

【社会・文化】

2・11 森下南陽堂《もりしたなんようどう》、仁丹《じんたん》を発売《はつばい》。 3・15 大阪時事新報社《おおさかじじしんぽうしゃ》『大阪時事新報《おおさかじじしんぽう》』創刊《そうかん》。 4・1 西田《にしだ》

朝鮮

清

西暦	年号・干支	内閣
一九〇五 ▶	明治三八 乙巳《きのとのみ》	（第1次桂太郎内閣）

記事

天香《てんこう》、滋賀県長浜《しがけんながはま》に一灯園《いっとうえん》を開設《かいせつ》。**5・1** 平民社《へいみんしゃ》で、五月一日茶話会開催《がつついたちちゃわかいかいさい》（メーデーのはじめ）。**5・5** 末光鉄之助《すえみつてつのすけ》『下関実業日報《しものせきじつぎようにっぽう》』創刊《そうかん》（『馬関物価日報《ばかんぶっかにっぽう》』改題《かいだい》）。会津日報社《あいづにっぽうしゃ》『会津日報《あいづにっぽう》』創刊《そうかん》。**6・-** 東北評論社《とうほくひょうろんしゃ》『東北評論《とうほくひょうろん》』創刊《そうかん》。**8・1** 日比谷公園内音楽堂開堂式《ひびやこうえんないおんがくどうかいどうしき》、陸軍軍楽隊演奏《りくぐんぐんがくたいえんそう》。**9・-** 『東京朝日新聞《とうきょうあさひしんぶん》』など、講和反対《こうわはんたい》・戦争継続《せんそうけいぞく》を主張《しゅちょう》。火鞭会《かべんかい》『火鞭《かべん》』創刊《そうかん》。**10・9** 平民社《へいみんしゃ》、内部対立《ないぶたいりつ》が表面化《ひょうめんか》し解散《かいさん》。**10・17** 日本基督教女子青年会《にほんキリストきょうじょしせいねんかい》（YWCA）発会式《はっかいしき》（会長《かいちょう》津田梅子《つだうめこ》）。**10・-** 上田敏《うえだびん》『海潮音《かいちょうおん》』刊《かん》。**11・10** 新紀元社《しんきげんしゃ》『新紀元《しんきげん》』創刊《そうかん》。**11・20** 光雑誌社《ひかりざっししゃ》『光《ひかり》』創刊《そうかん》。**11・-** 中国同盟会《ちゅうごくどうめいかい》『民報《みんぽう》』創刊《そうかん》（東京《とうきょう》）。堀内文次郎《ほりうちぶんじろう》・平山正《ひらやまただし》編《へん》『陸軍省沿革史《りくぐんしょうえんかくし》』刊《かん》。**12・4** 中国人留学生《ちゅうごくじんりゅうがくせい》、日本政府《にほんせいふ》の中国人留学生取締強化《ちゅうごくじんりゅうがくせいとりしまりきょうか》に抗議《こうぎ》（八日《か》、『民報《みんぽう》』編集長《へんしゅうちょう》の陳天華《ちんてんか》、抗議《こうぎ》の自殺《じさつ》）。**この年** 東北地方大凶作《とうほくちほうだいきょうさく》。夏目漱石《なつめそうせき》、「吾輩《わがはい》は猫《ねこ》である」を『ホトトギス』誌上《しじょう》に発表《はっぴょう》（〜明治《めいじ》三九年《ねん》八月《がつ》、同《どう》四〇年《ねん》五月刊《がつかん》）。今泉定介《いまいずみさだすけ》・畠山健《はたけやまたけし》共校《きょうこう》『百家説林《ひゃっかせつりん》』刊《かん》（〜明治《めいじ》四一年《ねん》）。

【死没】

1・3 スクリーバ（56、医学者《いがくしゃ》）。マクドナルド（宣教師《せんきょうし》）。**1・6** 常磐津文字兵衛《ときわづもじべえ》（初代《しょだい》）（67、常磐津節三味線方《ときわづぶししゃみせんかた》）。**1・12** 吉田玉造《よしだたまぞう》（初代《しょだい》）（77、文楽《ぶんらく》）。**1・20** 内海忠勝《うつみただかつ》（63、内務官僚《ないむかんりょう》）。**1・31** 副島種臣《そえじまたねおみ》（78、政治家《せいじか》）。**2・8** 松林伯円《しょうりんはくえん》（二代《だい》）（72、講釈師《こうしゃくし》）。**2・18** イーストレイク（47、英語学者《えいごがくしゃ》）。**2・22** 田中久重《たなかひさしげ》（二代《だい》）（60、技術者《ぎじゅつしゃ》）。**3・7** 竹崎順子《たけざきじゅんこ》（81、教育家《きょういくか》）。**4・5** 高橋健三《たかはしけんぞう》（78、治水家《ちすいか》）。**4・13** 田口卯吉《たぐちうきち》（51、政治家《せいじか》）。鳥尾小弥太《とりおこやた》（59、陸軍軍人《りくぐんぐんじん》）。**4・16** 小幡篤次郎《おばたとくじろう》（64、教育者《きょういくしゃ》）。**5・28** 亀井至一《かめいしいち》（63、洋画家《ようがか》）。**6・2** 津田出《つだいずる》（74、官僚《かんりょう》）。**6・7** 岸田吟香《きしだぎんこう》（73、ジャーナリスト）。**6・21** 神鞭知常《こうむちともつね》（58、政治家《せいじか》）。**7・11** 巌谷一六《いわやいちろく》（72、書家《しょか》）。**7・26** 城常太郎《じょうつねたろう》（43、労働運動家《ろうどううんどうか》）。**10・9** 佐双左仲《さそうさちゅう》（54、軍艦設計《ぐんかんせっけい》）。**10・16** 尾崎忠治《おざきただはる》（75、

朝鮮	清
光武 9	光緒 31

西暦	
年号・干支	
内閣	
記事	司法官《しほうかん》)。**10・17** 神谷与平治《かみやよへいじ》(75、報徳運動家《ほうとくうんどうか》)。**12・8** 陳天華《ちんてんか》(31、清朝末期《しんちょうまっき》の革命家《かくめいか》)。**この年《とし》** 西川甚五郎《にしかわじんごろう》(一一代《だい》)(58、近江商人《おうみしょうにん》)。 〔世界〕 **1・16** ペテルブルグのプチロフ工場《こうじょう》でストライキ始《はじ》まる。**1・22** ペテルブルグで聖職者《せいしょくしゃ》ガポン、数《すう》万の民衆《みんしゅう》を率《ひき》いて請願行進《せいがんこうしん》、近衛兵《このえへい》の発砲《はっぽう》で多数死傷《たすうししょう》(血《ち》の日曜日事件《にちようびじけん》)。**2・23** ベトナムのファン＝ボイ＝チャウ、独立運動《どくりつうんどう》への援助《えんじょ》を求《もと》め日本《にほん》へ出発《しゅっぱつ》(四月《がつ》、横浜到《よこはまとり》着《ちゃく》)。黄遵憲《こうじゅんけん》没《ぼつ》(58、清末《しんまつ》の外交家《がいこうか》・詩人《しじん》)。**3・6** マレー没《ぼつ》(74、アメリカの教育学者《きょういくがくしゃ》)。**3・31** ヴィルヘルム二世《せい》、モロッコのタンジール港上陸《こうじょうりく》、マドリード国際協約《こくさいきょうやく》に基《もと》づき、モロッコの独立《どくりつ》・領土保全《りょうどほぜん》の尊重《そんちょう》を声明《せいめい》。**4・―** エドキンズ没《ぼつ》(81、ロンドン伝道会宣教師《でんどうかいせんきょうし》・中国学者《ちゅうごくがくしゃ》)。**5・26** イヴァノウォ＝ヴォズネセンスクでスト、最初《さいしょ》の労働者代表《ろうどうしゃだいひょう》ソヴィエト成立《せいりつ》。**6・27** ロシア戦艦《せんかん》ポチョムキン号《ごう》で水兵《すいへい》の反乱《はんらん》(七月《がつ》八日《か》鎮圧《ちんあつ》)。シカゴで世界産業《せかいさんぎょう》労働者同盟《ろうどうしゃどうめい》(ＩＷＷ)結成《けっせい》。**7・20** インド総督《そうとく》カーゾン、ベンガル州分割令《しゅうぶんかつれい》を公示《こうじ》(一〇月《がつ》一六日《にち》施行《しこう》)・分割反対運動《ぶんかつはんたいうんどう》おこる。**7・―** ドイツ領東《りょうひがし》アフリカでマジマジ族《ぞく》の反乱《はんらん》おこる(～一九〇七年《ねん》)。**8・20** 孫文《そんぶん》ら、東京《とうきょう》で中国革命同盟会《ちゅうごくかくめいどうめいかい》を結成《けっせい》。**9・2** 清《しん》、科挙《かきょ》を廃止《はいし》。**9・27** ノルウェー、スウェーデンより分離独立《ぶんりどくりつ》。**10・30** ロシアでニコライ二世《せい》、国会召集《こっかいしょうしゅう》を宣言《せんげん》。**11・28** ダブリンでシン＝フェイン党結成《とうけっせい》、アイルランドの独立《どくりつ》を主張《しゅちょう》。**この年《とし》** アインシュタイン、相対性理論《そうたいせいりろん》を発表《はっぴょう》。
朝鮮	
清	

西暦　一九〇六 ◀

年号・干支　明治三九　丙午《ひのえうま》

内閣　1・7　第1次西園寺公望《さいおんじきんもち》内閣

記事

【政治・経済】

1・7 第《だい》一次《じ》西園寺公望内閣成立《さいおんじきんもちないかくせいりつ》。 1・14 樋口伝《ひぐちつたう》・西川光二郎《にしかわこうじろう》ら、日本平民党《にほんへいみんとう》を結成《けっせい》。 1・28 堺利彦《さかいとしひこ》・深尾韶《ふかおあきら》ら、日本社会党《にほんしゃかいとう》を結成《けっせい》。 2・1 韓国統監府《かんこくとうかんふ》および理事庁《りじちょう》、事務《じむ》を開始《かいし》(三月《がつ》二日《か》、伊藤博文《いとうひろぶみ》を統監《とうかん》に任《にん》じる)。 2・9 韓国《かんこく》に駐箚《ちゅうさつ》の憲兵《けんぺい》は、軍事警察《ぐんじけいさつ》の他《ほか》に統監《とうかん》の指揮下《しきか》で行政《ぎょうせい》・司法警察《しほうけいさつ》も掌《つかさど》る旨《むね》を公布《こうふ》。 2・11 普選同盟会《ふせんどうめいかい》、東京《とうきょう》両国《りょうごく》で普通選挙《ふつうせんきょ》全国同志会《ぜんこくどうしかい》を開催《かいさい》。 2・19 大阪《おおさか》・金巾《カナキン》・三重《みえ》・天満《てんま》・岡山《おかやま》の五紡績会社《ぼうせきがいしゃ》、日本綿布輸出組合《にほんめんぷゆしゅつくみあい》を結成《けっせい》、綿布《めんぷ》の満洲輸出《まんしゅうゆしゅつ》を促進《そくしん》。 2・24 日本平民党《にほんへいみんとう》・日本社会党《にほんしゃかいとう》が合同《ごうどう》し、日本社会党第《にほんしゃかいとうだい》一回大会開催《かいたいかいかいさい》。 3・1 大阪《おおさか》・金巾《カナキン》・三重《みえ》の三紡績会社《ぼうせきがいしゃ》、綿布輸出組合三栄組《めんぷゆしゅつくみあいさんえいぐみ》を結成《けっせい》、綿布《めんぷ》の韓国輸出促進《かんこくゆしゅつそくしん》を協定《きょうてい》。 3・2 非常特別税法改正《ひじょうとくべつぜいほうかいせい》・公布《こうふ》(平和克復後《へいわこくふくご》に廃止予定《はいしよてい》の増税《ぞうぜい》を継続《けいぞく》)。 3・3 加藤高明外相《かとうたかあきがいしょう》、鉄道国有法案《てつどうこくゆうほうあん》に反対《はんたい》し辞任《じにん》。 3・19 駐日《ちゅうにち》イギリス大使《たいし》、満洲《まんしゅう》での日本官憲《にほんかんけん》の通商妨害《つうしょうぼうがい》に抗議《こうぎ》、門戸開放《もんこかいほう》・機会均等《きかいきんとう》の実行《じっこう》を申《もう》し入《い》れる(二六日《にち》、アメリカ大使《たいし》も抗議《こうぎ》)。 3・24 官営八幡製鉄所第《かんえいやはたせいてつじょだい》一期《き》拡張費《かくちょうひ》、衆議院《しゅうぎいん》で可決《かけつ》(二七日《にち》、貴族院《きぞくいん》で可決《かけつ》)。 3・31 鉄道国有法公布《てつどうこくゆうほうこうふ》(主要《しゅよう》一七社《しゃ》の私設鉄道会社《しせつてつどうがいしゃ》を買収《ばいしゅう》)。 4・7 癈兵院法《はいへいいんほう》を公布《こうふ》(傷病兵救護施設《しょうびょうへいきゅうごしせつ》として癈兵院《はいへいいん》を設置《せっち》、八月《がつ》六日《か》、癈兵院条例《はいへいいんじょうれい》を公布《こうふ》)。 5・22 首相官邸《しゅしょうかんてい》に伊藤《いとう》・山県《やまがた》・西園寺《さいおんじ》ら元老《げんろう》・閣僚参集《かくりょうさんしゅう》、満洲問題《まんしゅうもんだい》に関《かん》する協議会開催《きょうぎかいかいさい》(伊藤《いとう》、児玉源太郎《こだまげんたろう》の軍政案《ぐんせいあん》に強《つよ》く反対《はんたい》)。 6・1 池貝鉄工所設立《いけがいてっこうじょせつりつ》(大正《たいしょう》二年《ねん》、株式会社《かぶしきがいしゃ》となる)。 6・8 南満洲鉄道株式会社《みなみまんしゅうてつどうかぶしきがいしゃ》に関《かん》する勅令《ちょくれい》を公布《こうふ》(会社《かいしゃ》の構成《こうせい》・権限《けんげん》などを規定《きてい》)。 6・28 幸徳秋水《こうとくしゅうすい》、神田錦輝館《かんだきんきかん》での日本社会党演説会《にほんしゃかいとうえんぜつかい》で、議会主義《ぎかいしゅぎ》か直接行動《ちょくせつこうどう》かの問題《もんだい》を提起《ていき》。 8・1 関東《かんとう》都督府官制《ととくふかんせい》を公布《こうふ》(都督《ととく》には陸軍大将《りくぐんたいしょう》・中将《ちゅうじょう》を任用《にんよう》、関東州《かんとうしゅう》を管轄《かんかつ》、南満洲鉄道路線《みなみまんしゅうてつどうろせん》の保護《ほご》にあたることなどを規定《きてい》)。 韓国駐箚軍司令部条例《かんこくちゅうさつぐんしれいぶじょうれい》を公布《こうふ》。 9・1 大連《だいれん》を自由港《じゆうこう》

朝鮮　光武 10

清　光緒 32

西暦

年号・干支

内閣

記事

として開放《かいほう》。**9・25** 旅順鎮守府条例《りょじゅんちんじゅふじょうれい》を公布《こうふ》。**10・11** サンフランシスコ市学務局《しがくむきょく》、日本人《にほんじん》、学童《がくどう》の隔離《かくり》を決定《けってい》。**10・-** 山県有朋《やまがたありとも》、「帝国国防方針案《ていこくこくぼうほうしんあん》」を上奏《じょうそう》。**11・1** 東京《とうきょう》の共立女子《きょうりつじょし》職業学校《しょくぎょうがっこう》、初《はじ》めてタイプライチング講習科《こうしゅうか》を設置《せっち》。**11・26** 南満洲鉄道株式会社《みなみまんしゅうてつどうかぶしきがいしゃ》(満鉄《まんてつ》)設立《せつりつ》(資本金《しほんきん》二億円《えん》、半額政府出資《はんがくせいふしゅっし》・初代総裁後藤新平《しょだいそうさいごとうしんぺい》)。**12・25** 第《だい》二三通常議会召集《つうじょうぎかいしょうしゅう》(一二月《がつ》二八日開会《にちかいかい》、明治《めいじ》四〇年《ねん》三月《がつ》二七日閉会《にちへいかい》)。**この年《とし》** アメリカでカリフォルニア州《しゅう》を中心《ちゅうしん》に日本人移民排斥運動高《にほんじんいみんはいせきうんどうたか》まる。

【社会・文化】

1・1 田健治郎《でんけんじろう》、『田健治郎日記《でんけんじろうにっき》』を記《しる》す(〜昭和《しょうわ》五年《ねん》一〇月《がつ》二一日《たち》)。**2・17** 坪内逍遥《つぼうちしょうよう》・島村抱月《しまむらほうげつ》ら、東京芝紅葉館《とうきょうしばこうようかん》で文芸協会発会式《ぶんげいきょうかいはっかいしき》、「妹山背山《いもやませやま》」など上演《じょうえん》。**2・-** 水戸藩主徳川家《みとはんしゅとくがわけ》『大日本史《だいにほんし》』成《な》る(明暦《めいれき》三年《ねん》より)。**3・2** 関西美術院開院式《かんさいびじゅついんかいいんしき》(京都聖護院洋画研究所《きょうとしょうごいんようがけんきゅうじょ》を発展《はってん》、顧問中沢岩太《こもんなかざわいわた》・院長浅井忠《いんちょうあさいちゅう》)。**3・11** 東京市電値上《とうきょうしでんねあ》げ反対市民大会開催《はんたいしみんたいかいかいさい》(三月《がつ》一五日《にち》、市庁《しちょう》に反対《はんたい》デモ、電車《でんしゃ》を襲《おそ》う、軍隊《ぐんたい》により鎮圧《ちんあつ》)。**3・20** 東京上野《とうきょううえの》の帝国図書館開館式《ていこくとしょかんかいかんしき》。**3・-** 堺利彦《さかいとしひこ》『社会主義研究《しゃかいしゅぎけんきゅう》』創刊《そうかん》。島崎藤村《しまざきとうそん》『破戒《はかい》』刊《かん》。博文館《はくぶんかん》『文章世界《ぶんしょうせかい》』創刊《そうかん》。**4・27** 『Volya』創刊《そうかん》。**4・-** 報徳会《ほうとくかい》『斯民《しみん》』創刊《そうかん》。**5・2** 医師法《いしほう》・歯科医師法《しかいしほう》を公布《こうふ》(一〇月《がつ》一日《ついたち》施行《しこう》)。**5・-** 北一輝《きたいっき》『国体論及《こくたいろんおよ》び純正社会主義《じゅんせいしゃかいしゅぎ》』刊《かん》。**6・12** 日本《にほん》エスペラント協会設立《きょうかいせつりつ》(東京高等商業学校生徒加藤節《とうきょうこうとうしょうぎょうがっこうせいとかとうみさお》の働《はたら》きかけ)。**6・13** 帝国学士院規程《ていこくがくしいんきてい》を公布《こうふ》(東京学士会院《とうきょうがくしかいいん》を改組《かいそ》)。**7・-** 山路愛山《やまじあいざん》『現代日本教会史論《げんだいにほんきょうかいしろん》』刊《かん》。**8・18** 呉海軍工廠《くれかいぐんこうしょう》の造兵部職工約《ぞうへいぶしょっこうやく》三〇〇人《にん》、戦時手当廃止《せんじてあてはいし》に反対《はんたい》して騒擾《そうじょう》(二四日《か》解決《かいけつ》)。**9・1** 京城日報社《けいじょうにっぽうしゃ》『京城日報《けいじょうにっぽう》』創刊《そうかん》(漢城《かんじょう》)。**9・5** 宮崎滔天編集《みやざきとうてんへんしゅう》『革命評論《かくめいひょうろん》』創刊《そうかん》。**9・-** 多田好問編《ただこうもんへん》『岩倉公実記《いわくらこうじつき》』刊《かん》。池田成章編《いけだなりあきへん》『鷹山公世紀《ようざんこうせいき》』刊《かん》。**10・-** 中島真雄《なかじままさお》『盛京時報《せいきょうじほう》』創刊《そうかん》(奉天《ほうてん》)。**11・3** 小山松寿《こやましょうじゅ》『名古《なご》

朝鮮

清

西暦	一九〇六 ▶
年号・干支	明治三九 丙午《ひのえうま》
内閣	(第1次西園寺公望内閣)
記事	屋《や》新聞《しんぶん》』創刊《そうかん》(『中京新報《ちゅうきょうしんぽう》』改題《かいだい》)。**12・3**『横浜貿易新報《よこはまぼうえきしんぽう》』創刊《そうかん》(『横浜貿易新聞《よこはまぼうえきしんぶん》』『横浜新報《よこはましんぽう》』『貿易新報《ぼうえきしんぽう》』を経《へ》て改題《かいだい》)。**12・5** 南助松《みなみすけまつ》・永岡鶴蔵《ながおかつるぞう》ら、大日本労働至誠会足尾支部《だいにほんろうどうしせいかいあしおしぶ》結成《けっせい》。**12・14** 大阪砲兵工廠《おおさかほうへいこうしょう》職工《しょっこう》のストライキに対《たい》して、憲兵《けんぺい》・警官《けいかん》七五〇人《にん》出動《しゅつどう》、首謀者《しゅぼうしゃ》一五人《にん》を拘引《こういん》。**この年**《とし》『日布時事《にっぷじじ》』創刊《そうかん》(ハワイ、『やまと新聞《しんぶん》』改題《かいだい》)。原勝郎《はらかつろう》『日本中世史《にほんちゅうせいし》』刊《かん》。農商務省鉱山局《のうしょうむしょうこうざんきょく》『本邦鉱業《ほんぽうこうぎょう》の趨勢《すうせい》』創刊《そうかん》。水谷不倒《みずたにふとう》・幸田露伴《こうだろはん》校訂《こうてい》『新群書類従《しんぐんしょるいじゅう》』刊《かん》(~明治《めいじ》四一年《ねん》)。 【死没】 **1・4** 岩村高俊《いわむらたかとし》(62、政治家《せいじか》)。福地源一郎《ふくちげんいちろう》(66、ジャーナリスト)。**1・30** 林遠里《はやしおんり》(76、農事改《のうじかい》良家《りょうか》)。**2・21** 九条道孝《くじょうみちたか》(60、華族《かぞく》)。**3・6** 壬生基修《みぶもとなが》(72、華族《かぞく》)。**3・16** 三崎亀之助《みさきかめのすけ》(49、政治家《せいじか》)。**3・24** 三吉正一《みよししょういち》(54、実業家《じつぎょうか》)。**4・16** 渥美契縁《あつみかいえん》(67、浄土真宗僧侶《じょうどしんしゅうそうりょ》)。**4・18** 横《よこ》井時冬《いときふゆ》(48、歴史家《れきしか》)。**5・6** 常磐津林中《ときわづりんちゅう》(65、常磐津節太夫《ときわづぶしたゆう》)。**5・19** 久保田米僊《くぼたべいせん》(55、日本画《にほんが》家《か》)。**5・21** 杉村濬《すぎむらふかし》(59、外交官《がいこうかん》)。**5・29** 沖牙太郎《おききばたろう》(59、沖商会《おきしょうかい》)。**6・10** 相良知安《さがらともやす》(71、医《い》学《がく》)。**6・17** 矢野二郎《やのじろう》(62、商業教育《しょうぎょうきょういく》)。**6・27** オズーフ(77、宣教師《せんきょうし》)。**7・23** 児玉源太郎《こだまげんたろう》(55、陸軍軍人《りくぐんぐんじん》)。**8・20** 徳川茂承《とくがわもちつぐ》(63、紀伊和歌山藩主《きいわかやまはんしゅ》)。**8・29** 黒川真頼《くろかわまより》(78、国学《こくがく》)。**9・24** 陽其二《ようそのじ》(69、活版印刷業《かっぱんいんさつぎょう》)。**9・28** 佐々友房《さっさともふさ》(53、政治家《せいじか》)。**10・14** 藤浪与兵衛《ふじなみよへえ》(初代《しょだい》)(78、歌《か》舞伎小道具業《ぶきこどうぐぎょう》)。**10・16** 新井章吾《あらいしょうご》(51、政治家《せいじか》)。佐野経彦《さのつねひこ》(73、神理教教祖《しんりきょうきょうそ》)。**10・24** 平岡《ひらおか》浩太郎《こうたろう》(56、政治家《せいじか》)。**10・27** 海江田信義《かえだのぶよし》(75、官僚《かんりょう》)。**11・12** 諸戸清六《もろとせいろく》(61、実業家《じつぎょうか》)。**11・15** 山本芳翠《やまもとほうすい》(57、洋画家《ようがか》)。 〔世界〕 **1・16** アルヘシラス国際会議《こくさいかいぎ》、モロッコの独立《どくりつ》と領土保全《りょうどほぜん》を再確認《さいかくにん》・ドイツの国際的孤立《こくさいてきこりつ》
朝鮮	光武 **10**
清	光緒 **32**

西暦	一九〇七 ◀	
年号・干支	四〇 丁未《ひのとひつじ》	
内閣		
記事	【政治・経済】 1・20 憲政本党大会《けんせいほんとうたいかい》、党則改正《とうそくかいせい》・大隈重信《おおくましげのぶ》、総理《そうり》を辞任《じにん》。 1・21 東京株式相場暴落《とうきょうかぶしきそうばぼうらく》(日露《にちろ》戦争後《せんそうご》の恐慌《きょうこう》の始《はじ》まり)。 2・1 公式令《こうしきれい》を公布《はっぷ》(法令《ほうれい》・詔書《しょうしょ》・勅書《ちょくしょ》などの公布手続《こうふてつづき》・書式《しょしき》などを規定《きてい》・公文式《こうぶんしき》は廃止《はいし》)。 2・9 豊田式織機株式会社設立《とよだしきしょっきかぶしきがいしゃせつりつ》(本社大阪《ほんしゃおおさか》、社長谷口房蔵《しゃちょうたにぐちふさぞう》)。 2・12 福田英子《ふくだひでこ》・堺為子《さかいためこ》・管野《かんの》スガら、治安警察法第《ちあんけいさつほうだい》五条改正《じょうかいせい》の請願《せいがん》を衆議院《しゅうぎいん》に提出《ていしゅつ》(三月《がつ》一六日衆議院可決《にちしゅうぎいんかけつ》、二七日貴族院否決《にちきぞくいんひけつ》)。 2・17 日本社会党第《にほんしゃかいとうだい》二回大会開催《かいたいかいかいさい》、議会政策《ぎかいせいさく》派《は》と直接行動派《ちょくせつこうどうは》が対立《たいりつ》、党則第《とうそくだい》一条《じょう》を改正《かいせい》(二二日《にち》、結社禁止《けっしゃきんし》)。 2・19 郡制廃止法案《ぐんせいはいしほうあん》を	を招《まね》く(～四月《がつ》七日《か》)。 2・10 イギリスでドレッドノート級《きゅう》戦艦《せんかん》第《だい》一号《ごう》進水《しんすい》。 2・12 イギリスの労働代表委員会《ろうどうだいひょういいんかい》、イギリス労働党《ろうどうとう》と改称《かいしょう》。 3・- 韓国《かんこく》で抗日《こうにち》の義兵《ぎへい》、各地《かくち》で蜂起《ほうき》。 4・1 清《しん》、京漢線《けいかんせん》、全線開通《ぜんせんかいつう》。 4・27 イギリス・清《しん》、チベットに関《かん》する条約《じょうやく》に調印《ちょういん》(イギリス、チベット不併合《ふへいごう》と内政不干渉《ないせいふかんしょう》を保障《ほしょう》)。 5・6 ロシア、憲法発布《けんぽうはっぷ》(第《だい》一回国会《かいこっかい》、五月《がつ》一〇日《か》～七月《がつ》二一日解散《にちかいさん》)。 6・1 メキシコ北部《ほくぶ》のアメリカ系鉱山《けいこうざん》で大《だい》ストライキ。 7・4 イギリス・フランス・イタリア、エチオピアでの勢力圏《せいりょくけん》に関《かん》する協定《きょうてい》に調印《ちょういん》。 7・5 メッケル没《ぼつ》(64、ドイツの軍人《ぐんじん》)。 8・5 ペルシア、憲法《けんぽう》を発布《はっぷ》。 9・1 清朝《しんちょう》、立憲制実施《りっけんせいじっし》を宣言《せんげん》。 9・26 アメリカ、キューバに軍事干渉《ぐんじかんしょう》。 11・22 ロシア首相《しゅしょう》ストルイピン、農業改革法《のうぎょうかいかくほう》を公布《こうふ》。 12・4 清《しん》、江西省萍郷《こうせいしょうひょうきょう》・湖南省醴陵《こなんしょうれいりょう》で革命党《かくめいとう》の蜂起《ほうき》。 12・14 ブルック没《ぼつ》(79、アメリカの海軍大尉《かいぐんたいい》)。 12・26 インド国民会議派《こくみんかいぎは》カルカッタ大会《たいかい》、スワラージ(独立《どくりつ》)・スワデーシー(国産品愛用《こくさんひんあいよう》)・外国品排斥《がいこくひんはいせき》・民族教育《みんぞくきょういく》の四決議《けつぎ》を採択《さいたく》。 12・30 インド、ダッカで全《ぜん》インド＝ムスリム連盟創立大会《れんめいそうりつたいかい》。
朝鮮	純宗《じゅんそう》 隆熙《りゅうき》(8.3)	
清	33	

西暦	年号・干支	内閣
一九〇七 ◀ ▶	明治四〇 丁未《ひのとひつじ》	(第1次西園寺公望内閣)

記事

衆議院《しゅうぎいん》に提出《ていしゅつ》(三月《がつ》二日《か》衆議院可決《しゅうぎいんかけつ》、二一日《にち》貴族院否決《きぞくいんひけつ》)。**3・15** 樺太庁官制《からふとちょうかんせい》を公布《こうふ》(内《ない》務大臣《むだいじん》の指揮監督下《しきかんとくか》とし、守備隊司令官《しゅびたいしれいかん》を長官《ちょうかん》に任命《にんめい》することなどを規定《きてい》、軍政《ぐんせい》を廃止《はいし》・四月《がつ》一日施行《ついたちしこう》)。**3・25** 日清汽船会社設立《にっしんきせんがいしゃせつりつ》(政府《せいふ》の長江航路確保策《ちょうこうこうろかくほさく》のもとで大東汽船《だいとうきせん》・大阪《おおさか》商船《しょうせん》・湖南汽船《こなんきせん》・日本郵船《にほんゆうせん》が共同出資《きょうどうしゅっし》)。**4・9** 東京神田区在郷軍人団創立会《とうきょうかんだくざいごうぐんじんだんそうりつかい》(在郷軍人《ざいごうぐんじん》団《だん》の初《はじ》め)。**4・19** 元帥府《げんすいふ》、「帝国国防方針《ていこくこくぼうほうしん》」「国防《こくぼう》に要《よう》する兵力《へいりょく》」「帝国軍《ていこくぐん》の用兵綱領《ようへいこうりょう》」を決《けつ》議《ぎ》。**4・23** 満鉄調査部《まんてつちょうさぶ》を設置《せっち》。**4・24** 改正刑法《かいせいけいほう》を公布《こうふ》(明治《めいじ》四一年《ねん》一〇月《がつ》一日施行《ついたちしこう》)。**5・8** 改正華族令公布《かいせいかぞくれいこうふ》。**6・10** 日仏協約《にちふつきょうやく》・仏領《ふつりょう》インドシナに関《かん》する宣言書《せんげんしょ》にパリで調印《ちょういん》(六月《がつ》一七日公示《にちこうじ》)。**7・3** 伊藤博文韓国統監《いとうひろぶみかんこくとうかん》、ハーグ平和会議《へいわかいぎ》への密使派遣《みっしはけん》について、韓国皇《かんこくこう》帝《てい》・首相《しゅしょう》に会《あ》い、責任《せきにん》を追及《ついきゅう》。**7・19** 韓国皇帝《かんこくこうてい》、譲位《じょうい》の詔勅《しょうちょく》を発《はっ》す(各地《かくち》で反日暴動《はんにちぼうどう》おこる)。**7・23** 第《だい》一回満鉄社債《かいまんてつしゃさい》四〇〇万ポンド、興銀引受《こうぎんひきうけ》によりロンドンで発行《はっこう》。**7・24** 第《だい》三次日韓協約及《じにっかんきょうやくおよ》び秘密覚書調印《ひみつおぼえがきちょういん》(韓国内政《かんこくないせい》を統監《とうかん》の指導下《しどうか》におき、日本人《にほんじん》を官吏《かんり》に任命《にんめい》すること、韓国軍隊《かんこくぐんたい》の解散《かいさん》などを規定《きてい》)。**7・30** 第《だい》一回日露協約調印《かいにちろきょうやくちょういん》(相互《そうご》の領土保全《りょうどほぜん》の尊重《そんちょう》、清《しん》の領土保全《りょうどほぜん》・機会均等《きかいきんとう》を承認《しょうにん》)。**8・1** 漢城《かんじょう》で韓国軍解散式《かんこくぐんかいさんしき》、日韓両軍《にっかんりょうぐん》の衝《しょう》突事件《とつじけん》おこる(以後《いご》、反乱《はんらん》が全土《ぜんど》に拡大《かくだい》・義兵運動《ぎへいうんどう》)。**9・12** 軍令第《ぐんれいだい》一号《ごう》を公示《こうじ》(陸海軍《りくかいぐん》の統《とう》帥《すい》に関《かん》し勅定《ちょくじょう》を経《へ》た規程《きてい》を軍令《ぐんれい》とし、その公示形式《こうじけいしき》などについて規定《きてい》)。**9・18** 陸軍管《りくぐんかん》区表《くひょう》の改正《かいせい》を公示《こうじ》(日露戦争時《にちろせんそうじ》に一三個師団《こしだん》から六個師団《こしだん》を増師《ぞうし》した結果改正《けっかかいせい》)。**10・28** 陸《りく》軍歩兵科《ぐんほへいか》の兵役《へいえき》を三年制《ねんせい》から二年制《ねんせい》に改正《かいせい》・公布《こうふ》。**11・1** 日本製鋼所設立《にほんせいこうしょせつりつ》(本社北海道室蘭《ほんしゃほっかいどうむろらん》、北海道炭礦汽船《ほっかいどうたんこうきせん》とイギリスのアームストロング社《しゃ》・ヴィッカーズ社《しゃ》の共同出資《きょうどうしゅっし》)。**11・16** アメリカ国務長官《こくむちょうかん》、日本大使《にほんたいし》に対《たい》し、さらに厳重《げんじゅう》な労働者渡航制限《ろうどうしゃとこうせいげん》の励行《れいこう》を要請《ようせい》(日米紳士《にちべいしんし》協約第《きょうやくだい》一号《ごう》)。**12・15** 閣議《かくぎ》、財政計画《ざいせいけいかく》を変更《へんこう》し増税《ぞうぜい》・事業繰延《じぎょうくりのべ》を決定《けってい》。**12・25** 第《だい》二四通常《つうじょう》

朝鮮	清
隆煕(8.3) 純宗	光緒 33

1907（明治40）

西暦	
年号・干支	
内閣	
記事	議会召集《ぎかいしょうしゅう》（一二月《がつ》二八日開会《にちかいかい》、明治《めいじ》四一年《ねん》三月《がつ》二六日閉会《にちへいかい》）。 【社会・文化】 **1・1** 福田英子《ふくだひでこ》主幹《しゅかん》『世界婦人《せかいふじん》』創刊《そうかん》。正教社《せいきょうしゃ》『日本及日本人《にほんおよびにほんじん》』創刊《そうかん》。**1・15** 平民社《へいみんしゃ》（再建《さいけん》）『平民新聞《へいみんしんぶん》』創刊《そうかん》。**2・4** 足尾銅山《あしおどうざん》で坑夫《こうふ》、職員《しょくいん》と衝突《しょうとつ》・六日《か》、坑内電線《こうないでんせん》の切断《せつだん》・見張所《みはりじょ》の破壊《はかい》など大暴動《だいぼうどう》となる・高崎連隊出動《たかさきれんたいしゅつどう》し、八日《か》鎮圧《ちんあつ》。**2・17** 清《しん》の要求《ようきゅう》により、早稲田大学《わせだだいがく》など革命党《かくめいとう》に関係《かんけい》する留学生《りゅうがくせい》三九人《にん》退学処分《たいがくしょぶん》。**3・2** 夕張炭坑《ゆうばりたんこう》で運搬夫《うんぱんふ》スト（七月《がつ》には坑夫《こうふ》がスト）。**3・21** 小学校令《しょうがっこうれい》を改正《かいせい》（修業年限《しゅうぎょうねんげん》を尋常小学校《じんじょうしょうがっこう》六年《ねん》、高等小学校《こうとうしょうがっこう》二年《ねん》もしくは三年《ねん》とする・明治《めいじ》四一年《ねん》四月一日《がつついたち》より逐年実施《ちくねんじっし》）。**4・1** 北越新報社《ほくえつしんぽうしゃ》『北越新報《ほくえつしんぽう》』創刊《そうかん》（『越佐新聞《えつさしんぶん》』『長岡日報《ながおかにっぽう》』合併《がっぺい》）。**4・17** 文部省《もんぶしょう》、師範学校付属小学校《しはんがっこうふぞくしょうがっこう》に障害《しょうがい》をもつ児童《じどう》のため特別学級《とくべつがっきゅう》を設置《せっち》するよう勧奨《かんしょう》。**4・28** 幌内炭坑《ほろないたんこう》で坑夫暴動《こうふぼうどう》。**6・1** 大阪平民社《おおさかへいみんしゃ》『大阪平民新聞《おおさかへいみんしんぶん》』創刊《そうかん》。**6・2** 社会新聞社《しゃかいしんぶんしゃ》『社会新聞《しゃかいしんぶん》』創刊《そうかん》。**6・4** 愛媛県別子銅山《えひめけんべっしどうざん》で坑夫暴動《こうふぼうどう》（六日《か》鎮圧《ちんあつ》）。**6・20** 熊本評論社《くまもとひょうろんしゃ》『熊本評論《くまもとひょうろん》』創刊《そうかん》。**6・22** 東北帝国大学《とうほくていこくだいがく》を仙台《せんだい》に設置《せっち》。**8・31** 片山潜《かたやません》ら、社会主義同志会結成《しゃかいしゅぎどうしかいけっせい》。**9・1** 『樺太日日新聞《からふとにちにちしんぶん》』創刊《そうかん》（『樺太日報《からふとにっぽう》』改題《かいだい》）。**9・6** 幸徳秋水《こうとくしゅうすい》ら、社会主義金曜講演会《しゃかいしゅぎきんようこうえんかい》を開催《かいさい》、以後毎週《いごまいしゅう》開《ひら》く。**9・-** 田山花袋《たやまかたい》「蒲団《ふとん》」、『新小説《しんしょうせつ》』に発表《はっぴょう》。**10・25** 文部省《もんぶしょう》、第《だい》一回《かい》美術展覧会《びじゅつてんらんかい》（文展《ぶんてん》）を開催《かいさい》。**10・-** 潮文閣《ちょうぶんかく》『新思潮《しんしちょう》』創刊《そうかん》（第《だい》一次《じ》）。**11・3** 満洲日日新聞社《まんしゅうにちにちしんぶんしゃ》『満洲日日新聞《まんしゅうにちにちしんぶん》』創刊《そうかん》（大連《だいれん》）。**12・23** 片山潜《かたやません》ら、平民協会《へいみんきょうかい》を結成《けっせい》（二五日《にち》、結社禁止《けっしゃきんし》）。**この年《とし》** 大森鍾一《おおもりしょういち》・一木喜徳郎《いちききとくろう》共編《きょうへん》『市町村制史稿《しちょうそんせいしこう》』刊《かん》。和田英《わだえい》、『富岡日記《とみおかにっき》』を記《しる》す（～大正《たいしょう》二年《ねん》）。丸橋金次郎《まるはしきんじろう》編《へん》『保古飛呂比《ほごひろい》』成《な》る。『新百家説林《しんひゃっかせつりん》』刊《かん》（～明治《めいじ》四一年《ねん》）。大田報助《おおたほうすけ》編《へん》『毛利十一代史《もうりじゅういちだいし》』刊《かん》（～明治《めいじ》四三年《ねん》）。大隈重信《おおくましげのぶ》編《へん》『開国五十年史《かいこくごじゅうねんし》』刊《かん》（～明治《めいじ》四一年《ねん》）。
朝鮮	
清	

西暦	年号・干支	内閣
▶一九〇七	明治四〇 丁未《ひのとひつじ》	(第１次西園寺公望内閣)

記事

【死没】

1・1 崔益鉉《さいえきげん》(74、朝鮮王朝末期《ちょうせんおうちょうまっき》の儒者《じゅしゃ》・抗日義兵指導者《こうにちぎへいしどうしゃ》)。1・13 石坂昌孝《いしざかまさたか》(67、自由民権運《じゆうみんけんうん》動家《どうか》)。川崎八右衛門《かわさきはちえもん》(74、実業家《じつぎょうか》)。1・20 角藤定憲《すどうさだのり》(41、新派俳優《しんぱはいゆう》)。1・21 田能村直入《たのむらちょくにゅう》(94、南画家《なんがか》)。1・31 西村勝三《にしむらかつぞう》(72、桜組製靴業《さくらぐみせいかぎょう》)。2・1 清元梅吉《きよもとうめきち》(初代《しょだい》)(67、清元節三味線《きよもとぶししゃみせん》方《かた》)。2・7 奥村五百子《おくむらいおこ》(63、愛国婦人会創立者《あいこくふじんかいそうりつしゃ》)。2・13 波多野伝三郎《はたのでんざぶろう》(52、政治家《せいじか》)。3・12 松本順《まつもとじゅん》(76、蘭方医《らんぽうい》)。3・15 池田伴親《いけだともちか》(30、園芸学《えんげいがく》)。5・13 金井之恭《かないゆきやす》(75、志士《しし》)。6・9 飯《い》降伊蔵《ぶりいぞう》(75、天理教《てんりきょう》)。6・24 鶴賀新内《つるがしんない》(六代《だい》)(60、新内節《しんないぶし》)。8・12 石塚重平《いしづかじゅうへい》(53、政治家《せいじか》)。8・14 福羽美静《ふくばびせい》(77、国学《こくがく》)。8・17 水野忠敬《みずのただのり》(57、上総菊間藩主《かずさきくまはんしゅ》)。9・2 陸羯南《くがかつなん》(51、新聞記《しんぶんき》者《しゃ》)。9・6 名村泰蔵《なむらたいぞう》(68、司法官《しほうかん》)。9・7 北尾次郎《きたおじろう》(55、科学《かがく》)。9・14 綱島梁川《つなしまりょうせん》(35、評《ひょう》論家《ろんか》)。10・4 佐田白茅《さだはくぼう》(76、官僚《かんりょう》)。10・5 中山慶子《なかやまよしこ》(73、明治天皇生母《めいじてんのうせいぼ》)。11・8 林友幸《はやしともゆき》(85、官僚《かんりょう》)。12・19 浅井忠《あさいちゅう》(52、洋画家《ようがか》)。12・26 古河太四郎《ふるかわたしろう》(63、盲聾教育創始者《もうろうきょういくそうししゃ》)。

〘世界〙

1・26 オーストリア、普通《ふつう》・平等《びょうどう》・直接選挙法《ちょくせつせんきょほう》を公布《こうふ》。2・6 在日中国人留学生数《ざいにちちゅうごくじんりゅうがくせいすう》、一万七八六〇余人《よにん》に達《たつ》す。2・8 ルーマニアのモルダビアで農民《のうみん》による暴動《ぼうどう》(三月《がつ》、軍隊《ぐんたい》により鎮圧《ちんあつ》)。3・14 アメリカで大統領令《だいとうりょうれい》により日本人労働者《にほんじんろうどうしゃ》の入国《にゅうこく》を禁止《きんし》。6・5 クラーク没《ぼつ》(59、アメリカの教師《きょうし》)。6・15 第《だい》二回《かい》ハーグ平和会議開催《へいわかいぎかいさい》(~一〇月《がつ》一八日《にち》)・この月《つき》、韓国皇帝《かんこくこうてい》、密使《みっし》を派遣《はけん》し日本《にほん》の侵略《しんりゃく》を訴《うった》える(ハーグ密使事件《みっしじけん》)。8・10 エンデ没《ぼつ》(78、プロイセンの建築家《けんちくか》)。8・18 第《だい》二インターナショナルのシュトゥットガルト大会開催《たいかいかいさい》(戦争《せんそう》の危機《きき》・植民地問題《しょくみんちもんだい》などを議論《ぎろん》・~八月《がつ》二四日《か》)。8・31 イギリス・フランス・ロシア、三国協《さんごくきょう》商《しょう》成立《せいりつ》。在日《ざいにち》の中国人留学生《ちゅうごくじんりゅうがくせい》、東京《とうきょう》で社会主義講習会《しゃかいしゅぎこうしゅうかい》を結成《けっせい》。9・1 中国同盟会《ちゅうごくどうめいかい》、

朝鮮	隆熙(8.3)　純宗
清	光緒 33

西暦		一九〇八 ◀
年号・干支		四一 戊申《つちのえさる》
内閣		
記事	広東省《カントンしょう》の欽州《きんしゅう》・廉州《れんしゅう》で蜂起《ほうき》（一七日《にち》、清軍《しんぐん》に敗退《はいたい》）。**9・9** 清《しん》、第《だい》二次《じ》憲政調査団《けんせいちょうさだん》をイギリス・日本《にほん》・ドイツに派遣《はけん》。**9・13** ブッセ没《ぼっ》（44、ドイツの哲学者《てつがくしゃ》）。**11・30** 中国同盟会《ちゅうごくどうめいかい》、広西省《こうせいしょう》の鎮南関《ちんなんかん》で蜂起《ほうき》（一二月《がつ》八日《か》、失敗《しっぱい》）。**この年《とし》から翌年《よくねん》にかけて** 朝鮮《ちょうせん》の義兵運動《ぎへいうんどう》が激化《げきか》。	**【政治・経済】** **1・14** 阪谷芳郎《さかたによしろう》大蔵大臣《おおくらだいじん》・山県伊三郎《やまがたいさぶろう》逓信大臣《ていしんだいじん》を鉄道予算問題《てつどうよさんもんだい》で免官《めんかん》。**1・21** 政府《せいふ》、増税諸法案《ぞうぜいしょほうあん》（酒造税《しゅぞうぜい》・砂糖消費税《さとうしょうひぜい》の増徴《ぞうちょう》、石油消費税《せきゆしょうひぜい》の新設《しんせつ》）を提出《ていしゅつ》。**1・23** 衆議院《しゅうぎいん》、増税案《ぞうぜいあん》に対《たい》する内閣不信任決議案《ないかくふしんにんけつぎあん》を一六八対《たい》一七七で否決《ひけつ》。**2・5** 武器搭載《ぶきとうさい》の第二辰丸《だいにたつまる》、澳門沖《マカオおき》で清《しん》の軍艦《ぐんかん》に抑留《よくりゅう》される（辰丸事件《たつまるじけん》・三月《がつ》一五日《にち》、清《しん》、日本《にほん》の要求《ようきゅう》を受諾《じゅだく》し解決《かいけつ》）。**2・14** 全国商業会議所連合会《ぜんこくしょうぎょうかいぎしょれんごうかい》、財政意見書《ざいせいいけんしょ》・対総選挙宣言《たいそうせんきょせんげん》を可決《かけつ》し、増税賛成議員《ぞうぜいさんせいぎいん》を非難《ひなん》。**2・18** 林董《はやしただす》外相《がいしょう》、アメリカ提案《ていあん》の移民制限《いみんせいげん》の実行方法《じっこうほうほう》について回答《かいとう》（紳士協約《しんしきょうやく》第《だい》七号《ごう》）、移民《いみん》に関《かん》する日米紳士協約《にちべいしんしきょうやく》成立《せいりつ》。**3・28** 監獄法《かんごくほう》・刑法施行法《けいほうしこうほう》を公布《こうふ》（一〇月《がつ》一日《ついたち》施行《しこう》）。**4・20** 台湾縦貫鉄道《たいわんじゅうかんてつどう》の三叉河《さんさか》—葫蘆墩《ころとん》間開業《かんかいぎょう》により基隆《キールン》—打狗《タカオ》間《かん》が全通《ぜんつう》。**4・28** 第《だい》一回《かい》ブラジル移民《いみん》が出発《しゅっぱつ》。**5・1** 大日本紡績連合会《だいにほんぼうせきれんごうかい》、一月《がつ》一二日開始《にちかいし》の第《だい》五次《じ》操業短縮《そうぎょうたんしゅく》を強化《きょうか》。**5・5** アメリカと仲裁裁判条約調印《ちゅうさいさいばんじょうやくちょういん》（八月《がつ》二四日《か》批准《ひじゅん》）。**5・15** 第《だい》一〇回衆議院総選挙《かいしゅうぎいんそうせんきょ》（政友会《せいゆうかい》一八七・憲政本党《けんせいほんとう》七〇・大同倶楽部《だいどうクラブ》二九・猶興会《ゆうこうかい》二九）。**6・22** 荒畑寒村《あらはたかんそん》ら、山口孤剣《やまぐちこけん》出獄歓迎会《しゅつごくかんげいかい》で赤旗《あかはた》を掲《かか》げて、警官《けいかん》と衝突《しょうとつ》、逮捕《たいほ》（赤旗事件《あかはたじけん》）。**6・25** 原敬《はらたかし》内務大臣《ないむだいじん》、社会主義者取締《しゃかいしゅぎしゃとりしま》りの現状《げんじょう》を上奏《じょうそう》（それ以前《いぜん》に山県有朋《やまがたありとも》が西園寺内閣《さいおんじないかく》による取締《とりしま》り不徹底《ふてってい》を上奏《じょうそう》）。**7・4** 第《だい》一次《じ》西園寺内閣総辞職《さいおんじないかくそうじしょく》。**7・14** 第《だい》二次《じ》桂太郎内閣成立《かつらたろうないかくせいりつ》。**7・25** 中野武営《なかのぶえい》・岩下清《いわしたせい》
朝鮮		2
清		宣統皇帝《せんとうこうてい》 34

西暦 一九〇八 ◀▶

年号・干支 明治四一 戊申《つちのえさる》

内閣 (第1次西園寺公望内閣) 7・14 第2次桂《かつら》太郎《たろう》内閣

記事

周《しゅう》・片岡直温《かたおかなおはる》ら実業派代議士《じつぎょうはだいぎし》を中心《ちゅうしん》に戊申倶楽部《ぼしんクラブ》を結成《けっせい》。**8・27** 東洋拓殖株式会社法《とうようたくしょくかぶしきがいしゃほう》を公布《こうふ》(韓国《かんこく》における拓殖事業《たくしょくじぎょう》を目的《もくてき》とする・一二月《がつ》二八日《にち》、漢城《かんじょう》(現《げん》ソウル)に本社設立《ほんしゃせつりつ》)。**8・28** 政府《せいふ》、閣議《かくぎ》で財政整理方針《ざいせいせいりほうしん》(財政緊縮《ざいせいきんしゅく》など)を定《さだ》める。**9・25** 閣議《かくぎ》、対外方針《たいがいほうしん》(日英《にちえい》同盟《どうめい》を外交《がいこう》の中心《ちゅうしん》とする)・満洲《まんしゅう》に関《かん》する諸問題解決方針《しょもんだいかいけつほうしん》を定《さだ》める。**10・9** 条約改正準備委員会官制《じょうやくかいせいじゅんびいいんかいかんせい》を公布《こうふ》(一三日《にち》、委員《いいん》を任命《にんめい》)。**10・13** 戊申詔書発布《ぼしんしょうしょはっぷ》。**11・12** 清《しん》と、吉長《きっちょう》(吉《きつ》林《りん》―長春間《ちょうしゅんかん》)・奉新《ほうしん》(奉天《ほうてん》―新民屯間《しんみんとんかん》)両鉄道《りょうてつどう》に関《かん》する続約調印《ぞくやくちょういん》(満鉄《まんてつ》からの借款供与額《しゃっかんきょうよがく》・条件《じょうけん》などについて協定《きょうてい》)。**11・30** 太平洋方面《たいへいようほうめん》に関《かん》する日米交換公文《にちべいこうかんこうぶん》(太平洋方面《たいへいようほうめん》における現状維持《げんじょういじ》・清《しん》における商工業《しょうこうぎょう》の機会均等主義《きかいきんとうしゅぎ》を確認《かくにん》(高平《たかひら》・ルート協定《きょうてい》)。**12・1** 改正軍隊内務書《かいせいぐんたいないむしょ》を公示《こうじ》(兵営内《へいえいない》での教育《きょういく》などの規準《きじゅん》を示《しめ》す)。**12・5** 鉄道院官制《てつどういんかんせい》を公布《こうふ》(内閣《ないかく》に直属《ちょくぞく》・後藤新平《ごとうしんぺい》を総裁《そうさい》に任《にん》じる)。**12・21** 河野広中《こうのひろなか》・尾崎行雄《おざきゆきお》ら、又新会《ゆうしんかい》の創立総会《そうりつそうかい》を開催《かいさい》。**12・22** 第《だい》二五通常議会召集《つうじょうぎかいしょうしゅう》(一二月《がつ》二五日開会《にちかいかい》、明治《めいじ》四二年《ねん》三月《がつ》二四日閉会《かへいかい》)。

【社会・文化】

3・22 池田亀太郎《いけだかめたろう》、東京大久保《とうきょうおくぼ》で婦女《ふじょ》を暴行殺害《ぼうこうさつがい》(出歯亀事件《でばかめじけん》)。**3・24** 森田草平《もりたそうへい》・平塚明子《ひらつかはるこ》(らいてう)、心中未遂《しんじゅうみすい》、栃木県塩原尾花峠《とちぎけんしおばらおばなとうげ》で発見《はっけん》。**4・1** 第八高等学校《だいはちこうとうがっこう》・鹿児島高等農林学校《かごしまこうとうのうりんがっこう》・奈良女子高等師範学校《ならじょしこうとうしはんがっこう》を新設《しんせつ》。**4・2** 北里柴三郎《きたさとしばさぶろう》・青山胤通《あおやまたねみち》・長与又郎《ながよまたお》らの発企《ほっき》により、癌研究会発会式《がんけんきゅうかいはっかいしき》。**4・13** 水利組合法《すいりくみあいほう》を公布《こうふ》(一〇月一日施行《がつついたちしこう》)。**4・-** 『横浜毎朝新報《よこはままいちょうしんぽう》』創刊《そうかん》(『内外商事週報《ないがいしょうじしゅうほう》』『毎朝新報《まいちょうしんぽう》』を経《へ》て改題《かいだい》)。**6・21** 中国新聞社《ちゅうごくしんぶんしゃ》『中国新聞《ちゅうごくしんぶん》』創刊《そうかん》(『中国《ちゅうごく》』改題《かいだい》)。**8・27** 愛媛県別子銅山四阪島精錬所《えひめけんべっしどうざんしさかじませいれんじょ》の煙害問題《えんがいもんだい》が激化《げきか》、周桑郡《しゅうそうぐん》の農民《のうみん》一五〇〇人余《にんよ》が住友鉱業所《すみともこうぎょうしょ》に押《お》しかける(明治《めいじ》四三年《ねん》一一月《がつ》九日《か》解決《かいけつ》)。**9・10** 文部省《もんぶしょう》、文部省視学官及文部省視学委員職務規程《もんぶしょうしがくかんおよびもんぶしょうしがくいいんしょくむきてい》を定《さだ》める(大学教授《だいがくきょうじゅ》などに視学委員《しがくいいん》を委嘱《いしょく》し、学校《がっこう》を

朝鮮 隆熙 2

清 光緒 34 宣統皇帝

西暦

年号・干支

内閣

記事

視察《しさつ》させる)。 **9・15** 川上貞奴《かわかみさだやっこ》、東京《とうきょう》桜《さくら》田《だ》本郷町《ほんごうちょう》に帝国女優養成所《ていこくじょゆうようせいじょ》を開設《かいせつ》(明治《めいじ》四二年《ねん》七月《がつ》、帝国劇場《ていこくげきじょう》付属《ふぞく》技芸学校《ぎげいがっこう》と改称《かいしょう》)。 **9・29** 文部省《もんぶしょう》、学生《がくせい》・生徒《せいと》の風紀取締《ふうきとりしまり》強化《きょうか》について通牒《つうちょう》(雑誌編集《ざっしへんしゅう》・読書傾向《どくしょけいこう》の統制《とうせい》など)。 **10・23** 文部省《もんぶしょう》、教育《きょういく》を通《つう》じて「戊申詔書《ぼしんしょうしょ》」の国民道徳作興《こくみんどうとくさっこう》の聖旨《せいし》を奉体《ほうたい》するよう学校長《がっこうちょう》・地方長官《ちほうちょうかん》らに訓令《くんれい》。 **10・-** 埴岡短歌会《はにおかたんかかい》『アララギ』創刊《そうかん》。 **11・13** 政府《せいふ》、著作物保護《ちょさくぶつほご》のためのベルヌ条約《じょうやく》に調印《ちょういん》(明治《めいじ》四三年《ねん》九月《がつ》八日《か》、批准《ひじゅん》・公布《こうふ》)。 **11・16** 東京市立日比谷図書館開館式《とうきょうしりつひびやとしょかんかいかんしき》。 **11・28** 内務省《ないむしょう》、天理教《てんりきょう》の独立《どくりつ》を許可《きょか》。 **12・12** 木下杢太郎《きのしたもくたろう》・北原白秋《きたはらはくしゅう》ら、パンの会《かい》を結成《けっせい》。 **この年** 波多野精一《はたのせいいち》『基督教《キリストきょう》の起源《きげん》』刊《かん》。 農商務省鉱山局《のうしょうむしょうこうざんきょく》『鉱夫待遇事例《こうふたいぐうじれい》』刊《かん》。 八代国治《やしろくにじ》・早川純三郎《はやかわじゅんざぶろう》・井野辺茂雄《いのべしげお》共編《きょうへん》『国史《こくし》大辞典《だいじてん》』初版刊《しょはんかん》。 黒板勝美《くろいたかつみ》『国史《こくし》の研究《けんきゅう》』初版刊《しょはんかん》。 『仙台市史《せんだいしし》』刊《かん》。 大村西崖編《おおむらせいがいへん》『東洋《とうよう》美術《びじゅつ》大《たい》観《かん》』刊《かん》(〜大正《たいしょう》七年《ねん》)。 黒竜会《こくりゅうかい》『西南記伝《せいなんきでん》』刊《かん》(〜明治《めいじ》四四年《ねん》)。

【死没】

1・10 三木竹二《みきたけじ》(42、演劇評論家《えんげきひょうろんか》)。 吉井源太《よしいげんた》(83、和紙改良《わしかいりょう》)。 ウエスト(61、造船技術者《ぞうせんぎじゅつしゃ》)。 **1・13** 橋本《はしもと》雅邦《がほう》(74、日本画家《にほんがか》)。 **1・17** 荒木古童《あらきこどう》(初代《しょだい》)(86、尺八奏者《しゃくはちそうしゃ》)。 **2・6** 柳川秀勝《やながわひでかつ》(76、殖産家《しょくさんか》)。 **3・2** 那珂通世《なかみちよ》(58、東洋史学《とうようしがく》)。 **3・11** 佐藤誠実《さとうのぶざね》(70、国学《こくがく》)。 **3・19** 田添鉄《たぞえてつ》二《じ》(34、思想家《しそうか》)。 **3・25** 岩崎弥之助《いわさきやのすけ》(58、三菱財閥《みつびしざいばつ》)。 **4・7** 水野年方《みずのとしかた》(43、日本画家《にほんがか》)。 **4・13** 松浦詮《まつらあきら》(69、肥前平戸藩主《ひぜんひらどはんしゅ》)。 **4・15** 小出粲《こいでつばら》(76、歌人《かじん》)。 **4・24** 津田仙《つだせん》(72、農学《のうがく》、教育者《きょういくしゃ》)。 **5・14** 松野礀《まつのはざま》(62、林学《りんがく》・林務官《りんむかん》)。 **6・13** 小室重弘《こむろしげひろ》(51、政治家《せいじか》)。 **6・15** 川上眉山《かわかみびざん》(40、小《しょう》説家《せっか》)。 大道長安《だいどうちょうあん》(66、救世《ぐぜ》教《きょう》教祖《きょうそ》)。 **6・23** 国木田独歩《くにきだどっぽ》(38、小説家《しょうせつか》)。 **7・1** 児島惟謙《こじまいけん》(72、司法官《しほうかん》)。 **7・21** 松平定敬《まつだいらさだあき》(63、京都所司代《きょうとしょしだい》)。 **8・15** 服部誠一《はっとりせいいち》(68、文学《ぶんがく》)。 **8・18** 三《み》好退蔵《よしたいぞう》(64、司法官《しほうかん》)。 **9・11** 遠藤芳樹《えんどうよしき》(67、商業史《しょうぎょうし》)。 **9・21** フェノロサ(55、美術研究家《びじゅつけんきゅうか》)。

朝鮮

清

西暦	▶一九〇八
年号・干支	明治四一 戊申《つちのえさる》
内閣	(第2次桂太郎内閣)
記事	10・18 野津道貫《のづみちつら》(68、陸軍軍人《りくぐんぐんじん》)。10・21 円城寺清《えんじょうじきよし》(39、ジャーナリスト)。10・26 榎本武揚《えのもとたけあき》(73、政治家《せいじか》)。10・29 謝花昇《じゃはなのぼる》(44、社会運動家《しゃかいうんどうか》)。11・25 稲垣満次郎《いながきまんじろう》(48、外交官《がいこうかん》)。11・27 星《ほし》野長太郎《のちょうたろう》(64、製糸業《せいしぎょう》)。11・30 西《にし》ノ海嘉治郎《うみかじろう》(初代《しょだい》)(54、横綱《よこづな》)。12・12 岡沢精《おかざわくわし》(65、陸軍《りくぐん》軍人《ぐんじん》)。12・21 鳥谷部春汀《とやべしゅんてい》(44、ジャーナリスト)。 〘世界〙 3・6 清《しん》・イギリス間《かん》で、滬杭甬鉄道借款《ここうようてつどうしゃっかん》が成立《せいりつ》。4・14 清《しん》、漢冶萍煤鉄公司《かんやひょうばいてつコンス》を設立《せつりつ》。4・29 中国革命同盟会《ちゅうごくかくめいどうめいかい》、雲南省河口《うんなんしょうかこう》で蜂起《ほうき》(五月《がつ》二六日《にち》、清軍《しんぐん》に敗《やぶ》れ後退《こうたい》)。5・2 ベルニ没《ぼつ》(70、フランス海軍造船技師《かいぐんぞうせんぎし》)。5・20 オランダ領東《りょうひがし》インドのジャワで、民族運動《みんぞくうんどう》の団体《だんたい》ブディ=ウトモ結成《けっせい》。6・30 清《しん》、預備立憲公会《よびりっけんこうかい》の鄭孝胥《ていこうしょ》ら、国会開設《こっかいかいせつ》を要求《ようきゅう》。7・12 汎《はん》スラヴ会議《かいぎ》、プラハで開催《かいさい》。7・22 インドの政治家《せいじか》ティラクに流刑判決《りゅうけいはんけつ》・二三日《にち》、ボンベイの労働者《ろうどうしゃ》、判決《はんけつ》に対《たい》する抗議《こうぎ》スト。7・24 トルコのアブドゥル=ハミト二世《せい》、一八七六年憲法《ねんけんぽう》の復活《ふっかつ》を承認《しょうにん》。8・11 シーボルト没《ぼつ》(56、ドイツ人駐日《じんちゅうにち》オーストリア=ハンガリー帝《てい》国通訳官《こくつうやくかん》)。8・27 清《しん》、憲政施行《けんせいしこう》の順序《じゅんじょ》を定《さだ》める(九年後《ねんご》の憲法発布《けんぽうはっぷ》・議会開設《ぎかいかいせつ》)。9・15 アメリカでゼネラルモーターズ社設立《しゃせつりつ》。10・3 ポンペ=ファン=メールデルフォールト没《ぼつ》(79、オランダ人医師《じんいし》)。10・5 ブルガリア、独立宣言《どくりつせんげん》・フェルディナント公《こう》、ツァーリと称《しょう》す。10・6 オーストリア、ボスニア・ヘルツェゴビナ併合《へいごう》を宣言《せんげん》。10・18 ベルギーのレオポルド二世《せい》、コンゴ自由国《じゆうこく》を併合《へいごう》し、ベルギー領《りょう》コンゴとする。11・8 エアトン没《ぼつ》(61、イギリスの物理学者《ぶつりがくしゃ》・電気工学者《でんきこうがくしゃ》)。11・15 西太后没《せいたいごうぼつ》(74、清朝咸豊帝《しんちょうかんぽうてい》の貴妃《きひ》)。12・2 清《しん》、宣統帝《せんとうてい》が即位《そくい》、醇親王載灃《じゅんしんのうさいほう》、摂政《せっしょう》となる。12・4 ロンドンで海軍会議開催《かいぐんかいぎかいさい》、海戦法規《かいせんほうき》に関《かん》しての協定《きょうてい》(批准《ひじゅん》はされず)。
朝鮮	隆熙 2
清	光緒 34　宣統皇帝

西暦：一九〇九 ◀

年号・干支：四二 己酉《つちのとのとり》

内閣：

記事：

【政治・経済】

1・29 桂太郎首相《かつらたろうしゅしょう》、西園寺公望政友会総裁《さいおんじきんもちせいゆうかいそうさい》と会見《かいけん》、政府《せいふ》・政友会《せいゆうかい》の妥協《だきょう》が成立《せいりつ》。2・2 小《こ》村寿太郎外相《むらじゅたろうがいしょう》の衆議院《しゅうぎいん》での外交方針演説《がいこうほうしんえんぜつ》、満韓移民集中論《まんかんいみんしゅうちゅうろん》として問題化《もんだいか》。2・11 登極《とうきょく》令《れい》・摂政令《せっしょうれい》・立儲令《りっちょれい》・皇室成年式令《こうしつせいねんしきれい》を公布《こうふ》。2・24 憲政本党常議員会《けんせいほんとうじょうぎいんかい》、非政友各派大合同《ひせいゆうかくはだいごうどう》をめぐり対立《たいりつ》。2・27 憲政本党常議員会《けんせいほんとうじょうぎいんかい》、院内総理犬養毅《いんないそうりいぬかいつよし》を除名《じょめい》(三月《がつ》二日《か》、代議士会《だいぎしかい》、犬《いぬ》養《かい》の信任《しんにん》を決議《けつぎ》・一〇月《がつ》二八日《にち》、党大会《とうたいかい》で妥協成立《だきょうせいりつ》)。3・4 全国《ぜんこく》の織物業者《おりものぎょうしゃ》、東京神《とうきょうかん》田錦輝館《だきんきかん》で織物消費税全廃大会《おりものしょうひぜいぜんぱいたいかい》を開催《かいさい》。3・22 改正帝国鉄道会計法《かいせいていこくてつどうかいけいほう》を公布《こうふ》(建設《けんせつ》・改良費《かいりょうひ》への、益金《えききん》の全面流用《ぜんめんりゅうよう》を認《みと》める・鉄道特別会計《てつどうとくべつかいけい》の確立《かくりつ》・明治《めいじ》四二年度《ねんど》より施行《しこう》)。3・25 遠《えん》洋航路補助法《ようこうろほじょほう》を公布《こうふ》(欧州《おうしゅう》・北米《ほくべい》・南米《なんべい》・豪州航路《ごうしゅうこうろ》を定期航海《ていきこうかい》する三〇〇〇トン以上《いじょう》の鋼製《こうせい》汽船《きせん》に対《たい》し、補助金《ほじょきん》を下付《かふ》)。4・11 日糖疑獄事件《にっとうぎごくじけん》の検挙開始《けんきょかいし》(輸入原料砂糖戻税法改正《ゆにゅうげんりょうさとうもどしぜいほうかいせい》をめぐる贈賄事件《ぞうわいじけん》・日糖幹部《にっとうかんぶ》・代議士《だいぎし》など多数検挙《たすうけんきょ》・七月《がつ》三日《か》判決《はんけつ》)。4・13 貴族院令《きぞくいんれい》を改《かい》正公布《せいこうふ》(男爵議員《だんしゃくぎいん》の定数《ていすう》を拡大《かくだい》)。6・14 伊藤博文韓国統監《いとうひろぶみかんこくとうかん》を枢密院議長《すうみついんぎちょう》に、また曾禰荒《そねあら》助副統監《すけふくとうかん》を統監《とうかん》に任《にん》じる。7・6 閣議《かくぎ》、韓国併合《かんこくへいごう》に関《かん》する方針《ほうしん》を決定《けってい》、同日裁可《どうじつさいか》。7・12 内《ない》務省《むしょう》、第《だい》一回地方改良事業講習会《かいちほうかいりょうじぎょうこうしゅうかい》を東京《とうきょう》で開催《かいさい》。9・4 清《しん》と間島《かんとう》に関《かん》する協約《きょうやく》・満洲《まんしゅう》五案件《あんけん》に関《かん》する協約調印《きょうやくちょういん》(八日《か》公示《こうじ》)。9・27 小学校国定教科書《しょうがっこうこくていきょうかしょ》を発行《はっこう》する東京書籍《とうきょうしょせき》・大阪書籍《おおさかしょせき》・日本書籍設立《にほんしょせきせつりつ》。10・11 三井合名会社設立《みついごうめいがいしゃせつりつ》・三井物産《みついぶっさん》・三井銀行《みついぎんこう》、株式会社《かぶしきがいしゃ》に改組《かいそ》。10・26 ロシア蔵相《ぞうしょう》と会談《かいだん》のためハルピン駅《えき》に到着《とうちゃく》の伊藤博文枢密院議長《いとうひろぶみすうみついんぎちょう》、韓国人安重《かんこくじんあんじゅう》根《こん》に射殺《しゃさつ》される(一一月《がつ》四日《か》国葬《こくそう》)。10・29 韓国銀行設立《かんこくぎんこうせつりつ》(初代総裁市原盛宏《しょだいそうさいいちはらせいこう》・第一銀行韓国《だいいちぎんこうかんこく》支店《してん》を継承《けいしょう》・改組《かいそ》した韓国《かんこく》の中央銀行《ちゅうおうぎんこう》・一一月《がつ》二四日《か》開業《かいぎょう》)。11・1 呉海軍工廠《くれかいぐんこうしょう》、装甲《そうこう》巡洋艦伊吹《じゅんようかんいぶき》(一万四六三六トン)を完成《かんせい》。11・17 山県有朋《やまがたありとも》を枢密院議長《すうみついんぎちょう》に任《にん》じる。11・21 鹿《か》

朝鮮：3

清：宣統《せんとう》(1.1)

西暦	年号・干支	内閣
一九〇九 ◀ ▶	明治四二 己酉《つちのととり》	(第2次桂太郎内閣)

記事

児島本線人吉《ごしまほんせんひとよし》―吉松間《よしまつかん》が開通《かいつう》し、門司《もじ》―鹿児島間《かごしまかん》が全通《ぜんつう》。**12・4** 韓国一進会《かんこくいっしんかい》、韓国皇帝《かんこくこうてい》・統《とう》監《かん》に日韓合邦《にっかんがっぽう》を提唱《ていしょう》する上奏《じょうそう》及《およ》び請願書《せいがんしょ》を提出《ていしゅつ》、却下《きゃっか》。**12・13** 産業組合中央会設立《さんぎょうくみあいちゅうおうかいせつりつ》。**12・16** 山手線《やまのてせん》の烏森《からすもり》(新橋《しんばし》)―品川《しながわ》―上野間《うえのかん》、池袋《いけぶくろ》―赤羽間《あかばねかん》で電車運転開始《でんしゃうんてんかいし》。**12・18** アメリカ大使《たいし》、清《しん》とイギリス・アメリカ間《かん》に錦愛鉄道敷設借款予備協定《きんあいてつどうふせつしゃっかんよびきょうてい》の成立《せいりつ》を通告《つうこく》、満洲《まんしゅう》鉄道《てつどう》の中立《ちゅうりつ》に関《かん》し小村外相《こむらがいしょう》に提議《ていぎ》。**12・22** 第《だい》二六通常議会召集《つうじょうぎかいしょうしゅう》(一二月《がつ》二四日《か》開会《かいかい》、明治《めいじ》四三年《ねん》三月《がつ》二三日閉会《にちへいかい》)。**この年**《とし》 生糸《きいと》の輸出量《ゆしゅつりょう》、中国《ちゅうごく》を上回《うわまわ》り世界第《せかいだい》一位《い》となる・綿布《めんぷ》の輸出額《ゆしゅつがく》、輸入額《ゆにゅうがく》を上回《うわまわ》る。

【社会・文化】

1・- 昴発行所《すばるはっこうじょ》『スバル』創刊《そうかん》。**2・-** 小山内薫《おさないかおる》・二代目市川左団次《だいめいちかわさだんじ》、東京《とうきょう》に自由劇場《じゆうげきじょう》を創《そう》立《りつ》、規約《きやく》を発表《はっぴょう》。三田学会《みたがっかい》『三田学会雑誌《みたがっかいざっし》』創刊《そうかん》。**4・1** 京都市立絵画専門学校創立《きょうとしりつかいがせんもんがっこうそうりつ》(後《のち》の京都市立芸術大学《きょうとしりつげいじゅつだいがく》)。**4・7** 文部省《もんぶしょう》、東京盲唖学校《とうきょうもうあがっこう》とは別《べつ》に東京盲学校《とうきょうもうがっこう》を新設《しんせつ》(明治《めいじ》四三年四月《ねんがつ》一日《ついたち》、東京盲唖学校《とうきょうもうあがっこう》を東京聾唖学校《とうきょうろうあがっこう》と改称《かいしょう》)。**4・14** 種痘法《しゅとうほう》を公布《こうふ》(新生児《しんせいじ》の種痘義務化《しゅとうぎむか》・明治《めいじ》四三年一月《ねんがつ》一日施行《ついたちしこう》)。**4・24** 高峰譲吉《たかみねじょうきち》、タカジアスターゼの特許《とっきょ》を取《しゅ》得《とく》。**4・-** イギリス人陶芸家《じんとうげいか》バーナード＝リーチ来日《らいにち》。**5・6** 新聞紙法公布《しんぶんしほうこうふ》(内務大臣《ないむだいじん》への届出《とどけで》・発行人《はっこうにん》の資格《しかく》・発行手続《はっこうてつづき》など規定《きてい》・内務大臣《ないむだいじん》による発売頒布禁止《はつばいはんぷきんし》の行政処分《ぎょうせいしょぶん》を復活《ふっかつ》)。文部省《もんぶしょう》、東京帝大《とうきょうていだい》に商業学科新設《しょうぎょうがっかしんせつ》により東京高等商業学校専攻部《とうきょうこうとうしょうぎょうがっこうせんこうぶ》を廃止《はいし》(一一日《にち》、反対《はんたい》の生徒同盟退学決議《せいとどうめいたいがくけつぎ》・六月《がつ》二五日《にち》、存続《そんぞく》を認《みと》める)。**5・25** 平民社《へいみんしゃ》『自由思想《じゆうしそう》』創刊《そうかん》。**6・2** 両国《りょうごく》の国技館開館《こくぎかんかいかん》。**7・11** 日糖前社長酒匂常明《にっとうぜんしゃちょうさこうつねあき》、日糖事件《にっとうじけん》の予審判決《よしんはんけつ》に抗議《こうぎ》し短銃《たんじゅう》自殺《じさつ》。**8・14** 滋賀《しが》・岐阜県《ぎふけん》で大地震《おおじしん》(七一人死亡《にんしぼう》、家屋全壊《かおくぜんかい》一六五三)。**9・-** 富山県編《とやまけんへん》『越中《えっちゅう》史料《しりょう》』発行《はっこう》。**この年**《とし》 富田鉄之助《とみたてつのすけ》ら『昌平叢書《しょうへいそうしょ》』刊《かん》。中原邦平《なかはらくにへい》ほか『防長史談会雑誌《ぼうちょうしだんかいざっし》』刊《かん》(〜

朝鮮	清
隆熙 3	宣統(1.1)

西暦	
年号・干支	
内閣	
記事	大正《たいしょう》三年《ねん》)。北野神社社務所編《きたのじんじゃしゃむしょへん》『北野誌《きたのし》』刊《かん》(〜明治《めいじ》四三年《ねん》)。武藤厳男《むとういつお》・宇野東風《うのはるかぜ》・古城貞吉《こじょうていきち》編《へん》『肥後文献叢書《ひごぶんけんそうしょ》』刊《かん》(〜明治《めいじ》四三年《ねん》)。**この年以降《としいこう》** 農商務省《のうしょうむしょう》(のちに商工省《しょうこうしょう》、通商産業省《つうしょうさんぎょうしょう》)『工場統計表《こうじょうとうけいひょう》』刊《かん》。 【死没】 **1・19** 梅若実《うめわかみのる》(初代《しょだい》)(82、能楽師《のうがくし》)。**1・24** 野村靖《のむらやすし》(68、政治家《せいじか》)。**1・27** 依田学海《よだがっかい》(77、漢学《かんがく》)。**2・1** 田中不二麻呂《たなかふじまろ》(65、政治家《せいじか》)。**2・17** 柳川一蝶斎《やながわいっちょうさい》(三代《だい》)(63、手品師《てじなし》)。**4・13** 雲照《うんしょう》(83、真言宗僧侶《しんごんしゅうそうりょ》)。**4・28** 由利公正《ゆりきみまさ》(81、政治家《せいじか》)。**5・10** 二葉亭四迷《ふたばていしめい》(46、小説家《しょうせつか》)。**5・21** 松平太郎《まつだいらたろう》(71、幕臣《ばくしん》)。**6・22** 西川藤吉《にしかわとうきち》(36、真珠養殖業《しんじゅようしょくぎょう》)。**6・23** 水野寅次郎《みずのとらじろう》(56、政治家《せいじか》)。**7・16** 国友重章《くにともしげあき》(49、ジャーナリスト)。**7・19** 荒井郁之助《あらいいくのすけ》(75、中央気象台長《ちゅうおうきしょうだいちょう》)。**7・21** 緒方惟準《おがたこれよし》(67、蘭方医《らんぽうい》)。**9・16** 箕作佳吉《みつくりかきち》(53、動物学《どうぶつがく》)。**9・18** 中村時蔵《なかむらときぞう》(二代《だい》)(34、歌舞伎役者《かぶきやくしゃ》)。**9・30** 中井敬所《なかいけいしょ》(79、篆刻家《てんこくか》)。**10・20** 正親町三条実愛《おおぎまちさんじょうさねなる》(90、政治家《せいじか》)。**10・26** 伊藤博文《いとうひろぶみ》(69、政治家《せいじか》)。**11・7** 高橋竹之介《たかはしたけのすけ》(68、勤王家《きんのうか》)。**11・11** 田中伝左衛門《たなかでんざえもん》(九代《だい》)(歌舞伎囃子方《かぶきはやしかた》)。**11・13** 古橋源六郎《ふるはしげんろくろう》(60、民政家《みんせいか》)。**11・25** 浜村蔵六《はまむらぞうろく》(五代《だい》)(24、篆刻家《てんこくか》)。**12・10** 本野盛亨《もとのもりみち》(74、官僚《かんりょう》)。 〘世界〙 **2・8** イラン革命派《かくめいは》、レシトで蜂起《ほうき》。**2・9** ドイツ・フランス、協定調印《きょうていちょういん》(モロッコにおけるドイツの経済的《けいざいてき》、フランスの政治的特殊権益《せいじてきとくしゅけんえき》を相互《そうご》に確認《かくにん》)。**3・8** ベトナム維新会《いしんかい》のファン=ボイ=チャウ、日本政府《にほんせいふ》の圧力《あつりょく》で日本《にほん》を離《はな》れる。**3・19** 広東《カントン》で粤漢鉄道官営反対《えつかんてつどうかんえいはんたい》運動《うんどう》。**3・27** ジェーンズ没《ぼつ》(71、御雇《おやとい》アメリカ人教師《じんきょうし》)。**5・25** イギリス議会《ぎかい》、インド参事会法《さんじかいほう》を制定《せいてい》、宗教別分離選挙《しゅうきょうべつぶんりせんきょ》を導入《どうにゅう》(モーリー=ミントー改革《かいかく》)。**6・1** アメリカで全国《ぜんこく》
朝鮮	
清	

西暦	年号・干支	内閣	記事	朝鮮	清
▶一九〇九	明治四二 己酉《つちのととり》	(第2次桂太郎内閣)	黒人向上協会設立《こくじんこうじょうきょうかいせつりつ》。**7・26** バルセロナで、モロッコへの軍隊動員令反対《ぐんたいどういんれいはんたい》のゼネスト(～三一日《にち》)。**9・9** ハリマン没《ぼつ》(61、アメリカの鉄道企業家《てつどうきぎょうか》)。**10・14** 清《しん》、各省《かくしょう》に諮議局《しぎきょく》を開《ひら》く。**10・‐** 張之洞《ちょうしどう》没《ぼつ》(73、清朝末期《しんちょうまっき》の政治家《せいじか》)。**12・19** ベネズエラで、ゴメス大統領《だいとうりょう》の独裁始《どくさいはじ》まる(～一九三五年《ねん》)。**この年《とし》** アングロ＝ペルシアン石油会社設立《せきゆがいしゃせつりつ》。アレクセーエフ没《ぼつ》(67、ロシアの極東総督《きょくとうそうとく》)。朝鮮古書刊行会《ちょうせんこしょかんこうかい》『朝鮮群書大系《ちょうせんぐんしょたいけい》』刊《かん》(漢城《かんじょう》、～大正《たいしょう》五年《ねん》)。	隆熙 3	宣統(1.1)
◀一九一〇	四三 庚戌《かのえいぬ》		【政治・経済】 **1・21** 日本《にほん》・ロシア、前年《ぜんねん》一二月《がつ》一八日《にち》のアメリカによる満洲鉄道中立提議《まんしゅうてつどうちゅうりつていぎ》に対《たい》し、不同《ふどう》意《い》とする回答《かいとう》。**2・1** 内国債借換《ないこくさいかりか》えのため、東京《とうきょう》・大阪《おおさか》の有力銀行《ゆうりょくぎんこう》一五行《こう》(横浜正金《よこはましょうきん》・第《だい》一《いち》・興銀《こうぎん》・三井《みつい》・住友《すみとも》など)、国債引受《こくさいひきうけ》シンジケートを結成《けっせい》。**2・8** 政府《せいふ》と政友会《せいゆうかい》が妥協《だきょう》(政《せい》府《ふ》は地租《ちそ》八厘減《りんげん》を認《みと》め、また政友会《せいゆうかい》は官吏俸給《かんりほうきゅう》四割増《わりまし》を認《みと》める)。**3・1** 大同倶楽部《だいどうクラブ》・戊申《ぼしん》倶楽部《クラブ》が合同《ごうどう》して、中央倶楽部《ちゅうおうクラブ》を結成《けっせい》。**3・13** 憲政本党《けんせいほんとう》・又新会《ゆうしんかい》・無名会《むめいかい》などが合同《ごうどう》して、立憲国民党《りっけんこくみんとう》を結成《けっせい》。**4・15** 改正関税定率法《かいせいかんぜいていりつほう》を公布《こうふ》(ほぼ完全《かんぜん》な関税自主権《かんぜいじしゅけん》、全体《ぜんたい》としては輸《ゆ》入税率《にゅうぜいりつ》が引《ひ》き上《あげ》げられる)。**4・21** 軽便鉄道法《けいべんてつどうほう》を公布《こうふ》(免許手続《めんきょてつづき》・経営規定《けいえいきてい》を簡易化《かんいか》、八月《がつ》三日《か》施行《しこう》)。**5・14** ロンドンで日英博覧会開催《にちえいはくらんかいかいさい》、美術品《びじゅつひん》など好評《こうひょう》(～一〇月《がつ》二九日《にち》)。**5・22** 大倉組《おおくらぐみ》と清《しん》との合弁《ごうべん》で本渓湖煤礦有限公司《ほんけいこばいこうゆうげんコンス》を設立《せつりつ》(石炭採掘《せきたんさいくつ》を中心《ちゅうしん》とする企業《きぎょう》)。**5・25** 大逆事件《たいぎゃくじけん》(明治天皇暗殺計画《めいじてんのうあんさつけいかく》)の検挙始《けんきょはじ》まり、宮下太吉《みやしたたきち》を爆発物製造《ばくはつぶつせいぞう》の嫌疑《けんぎ》で逮捕《たいほ》(六月《がつ》一日《ついたち》、湯河原《ゆがわら》で幸徳秋水《こうとくしゅうすい》逮捕《たいほ》、以後各地《いごかくち》で関係容疑者《かんけいようぎしゃ》を逮捕《たいほ》)。**5・30** 寺内正毅《てらうちまさたけ》を韓国統監《かんこくとうかん》に任《にん》じる(陸軍大臣兼任《りくぐんだいじんけんにん》)。**6・3** 併合後《へいごうご》の韓国《かんこく》に対《たい》する施政方針《しせいほうしん》を閣議決定《かくぎけってい》(当分《とうぶん》の間《あいだ》	4	2

西暦	
年号・干支	
内閣	
記事	憲法《けんぽう》を施行《しこう》しないこと、総督《そうとく》を置《お》き政務《せいむ》を統轄《とうかつ》させることなど）。**6・22** 拓殖局官制《たくしよくきよくかんせい》を公《こう》布《ふ》（台湾《たいわん》・樺太《からふと》・韓国《かんこく》および外交《がいこう》を除《のぞ》く関東州《かんとうしゆう》に関《かん》する事項《じこう》を、内閣総理大臣直属《ないかくそうりだいじんちよくぞく》のもとで統理《とうり》）。**7・4** 第二回日露協約調印《だいにかいにちろきようやくちよういん》（満洲《まんしゆう》の現状維持《げんじよういじ》・鉄道《てつどう》の相互協力《そうごきようりよく》、秘密協約《ひみつきようやく》では第《だい》一回協約《かいきようやく》での利益分界線《りえきぶんかいせん》で特殊利益地域《とくしゆりえきちいき》を分《わ》けるなど）。**7・17** 政府《せいふ》、イギリス・イタリアなど一〇ヵ国《こく》に現行通商条約《げんこうつうしようじようやく》を明治《めいじ》四四年《ねん》七月《がつ》をもって廃《はい》する旨通告《むねつうこく》（八月《がつ》四日《か》、フランスなど二ヵ国《こく》に通告《つうこく》）。**8・22** 韓国併合《かんこくへいごう》に関《かん》する日韓条約《につかんじようやく》に調印《ちよういん》（二九日公布《にちこうふ》・施行《しこう》・同日併合《どうじつへいごう》に関《かん》する詔書《しようしよ》）。**8・29** 韓国《かんこく》の国号《こくごう》を朝鮮《ちようせん》と改《あらた》める件《けん》、朝鮮総督府《ちようせんそうとくふ》設置《せっち》に関《かん》する件《けん》を各公布《かくこうふ》（明治《めいじ》四四年《ねん》三月《がつ》二五日法制化《にちほうせいか》）。朝鮮貴族令《ちようせんきぞくれい》を公布《こうふ》。朝鮮《ちようせん》に施行《しこう》すべき法《ほう》令《れい》に関《かん》する件《けん》を公布《こうふ》（明治《めいじ》四四年《ねん》三月《がつ》二五日法制化《にちほうせいか》）。**9・12** 韓国統監府《かんこくとうかんふ》、朝鮮《ちようせん》における政《せい》治結社《じけつしや》を全《すべ》て禁《きん》じる・また一進会《いっしんかい》にも解散《かいさん》を命《めい》じる・朝鮮駐箚憲兵条例《ちようせんちゆうさつけんぺいじようれい》を公布《こうふ》。**9・30** 朝鮮総督府官制《ちようせんそうとくふかんせい》（総督《そうとく》は陸海軍大将《りくかいぐんたいしよう》とし、また補佐《ほさ》に政務総監《せいむそうかん》を置《お》く）、中枢院《ちゆうすういん》・取調局《とりしらべきよく》など諸官制《しよかんせい》を各公布《かくこうふ》（一〇月一日施行《がつついたちしこう》）。朝鮮総督府臨時土地調査局官制《ちようせんそうとくふりんじとちちようさきよくかんせい》を公布《こうふ》（朝鮮《ちようせん》における土地調査事業《とちちようさじぎよう》の本格的《ほんかくてき》な始《はじ》まり・大正《たいしよう》七年《ねん》に調査完了《ちようさかんりよう》）。**10・1** 大日本紡績《だいにほんぼうせき》連合会《れんごうかい》、第《だい》六次操業短縮《じそうぎようたんしゆく》を開始《かいし》。寺内正毅韓国統監《てらうちまさたけかんこくとうかん》を初代朝鮮総督《しよだいちようせんそうとく》に任《にん》じる（陸軍大臣《りくぐんだいじん》兼任《けんにん》）。**10・13** 内務《ないむ》・農商務両次官《のうしようむりようじかん》、部落有林野《ぶらくゆうりんや》を市町村《しちようそん》へ統一帰属《とういつきぞく》させるように通牒《つうちよう》（部落有林野整理統一事業《ぶらくゆうりんやせいりとういつじぎよう》の開始《かいし》）。**11・3** 帝国在郷軍人会《ていこくざいごうぐんじんかい》、東京九段《とうきようくだん》で発会式《はつかいしき》。**11・15** 農《のう》商務省《しようむしよう》、帝国農会設立《ていこくのうかいせつりつ》を許可《きよか》。**12・10** 大審院《たいしんいん》、幸徳秋水《こうとくしゆうすい》ら二六人《にん》に対《たい》する、大逆事件《たいぎやくじけん》の第《だい》一回公判《かいこうはん》を開《ひら》く（傍聴禁止《ぼうちようきんし》）。**12・20** 第《だい》二七通常議会召集《つうじようぎかいしようしゆう》（一二月《がつ》二三日開会《にちかいかい》、明治《めいじ》四四年《ねん》三月《がつ》二二日閉会《にいへいかい》）。**12・24** 皇室財産令《こうしつざいさんれい》を公布《こうふ》（明治《めいじ》四五年《ねん》一月一日施行《がつついたちしこう》）。**12・29** 朝《ちよう》鮮総督府《せんそうとくふ》、会社令《かいしやれい》を定《さだ》め、会社設立《かいしやせつりつ》を許可制《きよかせい》とする（明治《めいじ》四四年《ねん》一月一日施行《がつついたちしこう》）。
朝鮮	
清	

西暦	年号・干支	内閣
◀ ▶ 一九一〇	明治四三 庚戌《かのえいぬ》	(第2次桂太郎内閣)

記事

【社会・文化】1・23 逗子《ずし》開成中学生徒《かいせいちゅうがくせいと》ら一三人《にん》、七里《しちり》ヶ浜《がはま》で遭難《そうなん》、溺死《できし》(哀悼歌《あいとうか》「七里《しちり》ヶ浜《がはま》」、大正《たいしょう》六年《ねん》頃流行《ごろりゅうこう》)。3・12 暴風雪《ぼうふうせつ》により、常総沖《じょうそうおき》で漁船大量遭難《ぎょせんたいりょうそうなん》、溺死者多数《できししゃたすう》。3・22 末松謙澄《すえまつけんちょう》・林有造《はやしゆうぞう》・松田正久《まつだまさひさ》・片岡健吉《かたおかけんきち》ら『自由党史《じゆうとうし》』刊《かん》。4・1 京都文学会《きょうとぶんがくかい》『芸文《げいぶん》』創刊《そうかん》。4・15 広島《ひろしま》湾《わん》で潜水艇《せんすいてい》が浮上《ふじょう》せず、佐久間勉艇長《さくまつとむていちょう》ら乗組員《のりくみいん》一五人全員死亡《にんぜんいんしぼう》。4・19 秦佐八郎《はたさはちろう》、エールリッヒのもとで六〇六号《ごう》(サルバルサン)を創製《そうせい》(第《だい》二七回内科学会《かいないかがっかい》で発表《はっぴょう》)。4・- 『白《しら》樺《かば》』創刊《そうかん》。5・19 ハレー彗星《すいせい》が地球《ちきゅう》に最接近《さいせっきん》、さまざまな流言噂《りゅうげんうわさ》が広《ひろ》がる。5・- 三田《みた》文学会《ぶんがくかい》『三田文学《みたぶんがく》』創刊《そうかん》。黒川真道《くろかわまみち》ら『日本教育文庫《にほんきょういくぶんこ》』刊《かん》(～明治《めいじ》四四年《ねん》九月《がつ》)。8・1 『九《きゅう》州新聞《しゅうしんぶん》』創刊《そうかん》(『九州実業新聞《きゅうしゅうじつぎょうしんぶん》』改題《かいだい》)。8・8 東海《とうかい》・関東《かんとう》・東北地方《とうほくちほう》に豪雨《ごうう》、各地《かくち》に大洪水《だいこうずい》(東京《とうきょう》で明治最大《めいじさいだい》の洪水《こうずい》となる)。9・- 日本考古学会《にほんこうこがっかい》『考古学雑誌《こうこがくざっし》』創刊《そうかん》(『考古界《こうこかい》』改題《かいだい》)。10・12 帝国学士院《ていこくがくしいん》、学術奨励《がくじゅつしょうれい》のための授賞制度《じゅしょうせいど》を設《もう》ける(天皇《てんのう》の賞典資下賜《しょうてんしかし》により恩賜賞《おんししょう》を創設《そうせつ》)。11・29 白瀬矗中尉《しらせのぶちゅうい》ら南極探検隊《なんきょくたんけんたい》、開南丸《かいなんまる》で東京芝浦《とうきょうしばうら》を出港《しゅっこう》(明治《めいじ》四五年《ねん》五月《がつ》一二日帰国《にちきこく》)。12・14 日野熊蔵大尉《ひのくまぞうたいい》、代々木練兵場《よよぎれんぺいじょう》で飛行《ひこう》に初成功《はっせいこう》(高度《こうど》一〇メートル・距《きょ》離《り》六〇メートル・一九日《にち》、徳川好敏大尉《とくがわよしとしたいい》も成功《せいこう》)。12・22 九州帝国大学《きゅうしゅうていこくだいがく》を福岡《ふくおか》に設置《せっち》・東《とう》北帝国大学《ほくていこくだいがく》に理科大学《りかだいがく》を設置《せっち》。12・24 堺利彦《さかいとしひこ》、東京四谷《とうきょうよつや》に売文社《ばいぶんしゃ》を開《ひら》く(一二月《がつ》三一日《にち》とも)。**この年** 上野《うえの》池《いけ》ノ端《はた》に木造《もくぞう》五階建《かいだて》の上野倶楽部《うえのクラブ》できる(アパートの初《はじ》め)。宗淵《しゅうえん》『北野《きたの》文叢《ぶんそう》・北野藁草《きたのこうそう》』刊《かん》。朝鮮総督府《ちょうせんそうとくふ》『朝鮮総督府施政年報《ちょうせんそうとくふしせいねんぽう》』刊《かん》(～昭和《しょうわ》一七年《ねん》)。

【死没】

1・6 大給恒《おぎゅうゆずる》(72、政治家《せいじか》)。1・20 清水卯三郎《しみずうさぶろう》(82、出版《しゅっぱん》・輸入業《ゆにゅうぎょう》)。2・3 藤岡作太郎《ふじおかさくたろう》(41、国文学《こくぶんがく》)。2・9 濤川惣助《なみかわそうすけ》(64、七宝作家《しっぽうさっか》)。2・22 高嶺秀夫《たかみねひでお》(57、教育者《きょういくしゃ》)。3・2 佐佐《ささ》

朝鮮	清
隆熙 4	宣統 2

西暦	
年号・干支	
内閣	
記事	木《き》高行《たかゆき》(81、政府高官《せいふこうかん》)。3・17 佐藤清臣《さとうきよおみ》(78、国学《こくがく》)。3・29 小杉榲邨《こすぎすぎむら》(77、国史学《こくしがく》)。4・1 岩《いわ》倉具定《くらともさだ》(60、宮内官《くないかん》)。4・10 小野湖山《おのこざん》(97、漢詩人《かんしじん》)。4・15 佐久間勉《さくまつとむ》(32、海軍軍人《かいぐんぐんじん》)。4・22 荻原守衛《おぎわらもりえ》(32、彫刻家《ちょうこくか》)。5・5 川島甚兵衛《かわしまじんべえ》(58、織物工芸家《おりものこうげいか》)。5・7 衛門内侍《えもんのないし》(74、孝《こう》明天皇後宮《めいてんのうこうきゅう》)。5・31 松原佐久《まつばらすけひさ》(76、司法官《しほうかん》)。6・20 明石博高《あかしひろあきら》(72、医者《いしゃ》)。6・21 税所篤《さいしょあつし》(84、官僚《かんりょう》)。6・25 角田喜右作《つのだきうさく》(58、蚕業家《さんぎょうか》)。キダー(77、宣教師《せんきょうし》)。7・3 徳川昭武《とくがわあきたけ》(58、常陸水戸藩主《ひたちみとはんしゅ》)。7・25 田中市兵衛《たなかいちべえ》(73、実業家《じつぎょうか》)。8・2 柴田承桂《しばたしょうけい》(62、化学《かがく》)。井上勝《いのうえまさる》(68、官僚《かんりょう》)。8・10 川尻宝岑《かわじりほうきん》(69、脚本作者《きゃくほんさくしゃ》)。8・15 桐竹紋十郎《きりたけもんじゅうろう》(初代《しょだい》)(文楽人形遣い《ぶんらくにんぎょうつかい》)。8・26 梅謙次郎《うめけんじろう》(51、民法学《みんぽうがく》・商法学《しょうほうがく》)。9・5 川之辺一朝《かわのべいっちょう》(81、蒔絵師《まきえし》)。9・13 曾禰荒助《そねあらすけ》(62、政治家《せいじか》)。10・1 大和田建樹《おおわだたけき》(54、詩人《しじん》)。10・24 山田美妙《やまだびみょう》(43、小説家《しょうせつか》)。11・4 デービス(72、宣教師《せんきょうし》)。12・2 奥野昌綱《おくのまさつな》(88、牧師《ぼくし》)。12・6 重野安繹《しげのやすつぐ》(84、漢学《かんがく》)。12・11 信夫恕軒《しのぶじょけん》(76、漢学《かんがく》)。12・20 宝山左衛門《たからさんざえもん》(二代《だい》)(76、歌舞伎囃子方《かぶきはやしかた》)。12・27 今村長賀《いまむらちょうが》(74、刀剣鑑定《とうけんかんてい》家《か》)。 〘世界〙 2・9 黄興《こうこう》らの指導《しどう》で、広州新軍《こうしゅうしんぐん》が蜂起《ほうき》(一二日《にち》、失敗《しっぱい》に終《お》わる)。3・26 安重根処刑《あんじゅうこんしょけい》(32、韓国《かんこく》の独立運動家《どくりつうんどうか》)。5・23 イギリス・フランス・ドイツ三国《ごく》による清《しん》の借款団《しゃっかんだん》、アメリカ参《さん》加《か》を承認《しょうにん》。5・24 清《しん》、円単位《えんたんい》・銀本位制《ぎんほんいせい》を施行《しこう》(幣制則例《へいせいそくれい》)。5・31 南《みなみ》アフリカ連邦《れんぽう》、イギリス自治領《じちりょう》として成立《せいりつ》。6・27 ボアソナード没《ぼつ》(85、フランスの法学者《ほうがくしゃ》)。7・13 エンソー没《ぼつ》(英国教会伝道協会《えいこくきょうかいでんどうきょうかい》の宣教師《せんきょうし》)。10・3 清《しん》、資政院開院式《しせいいんかいいんしき》(二二日《にち》、国会《こっかい》の即時開設《そくじかいせつ》を決《けつ》議《ぎ》)。10・5 ポルトガルでブラガの臨時政府樹立《りんじせいふじゅりつ》、共和制《きょうわせい》を宣言《せんげん》。11・4 ドイツ皇帝《こうてい》ヴィルヘルム二世《せい》・ロシア皇帝《こうてい》ニコライ二世《せい》、ポツダムで会談《かいだん》・中近東権益《ちゅうきんとうけんえき》について合意《ごうい》。清《しん》、
朝鮮	
清	

西暦	一九一〇 ▶
年号・干支	明治四三 庚戌《かのえいぬ》
内閣	（第2次桂太郎内閣）
記事	一九一三年《ねん》に国会開設《こっかいかいせつ》すると宣布《せんぷ》。**11・20** マデロ、ディアス政権打倒《せいけんだとう》のため武装蜂起《ぶそうほうき》を呼《よ》びかけ、メキシコ革命《かくめい》おこる。**12・2** ウィリアムズ没《ぼつ》（81、米国聖公会《べいこくせいこうかい》の宣教師《せんきょうし》）。
朝鮮	隆熙 4
清	宣統 2

図4（↓一八八五年）
当世書生気質

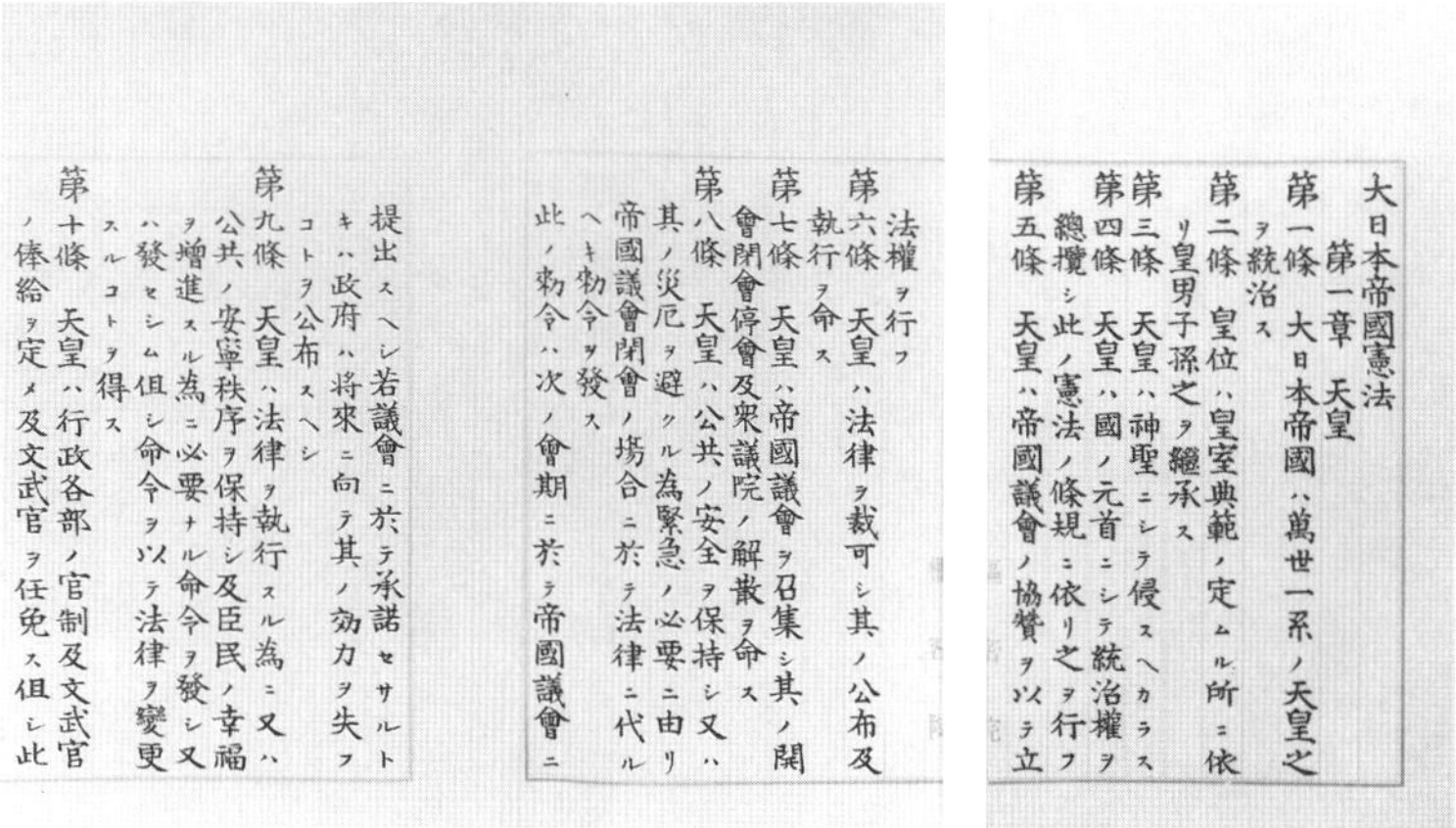

大日本帝國憲法
第一章 天皇
第一條 大日本帝國ハ萬世一系ノ天皇之ヲ統治ス
第二條 皇位ハ皇室典範ノ定ムル所ニ依リ皇男子孫之ヲ繼承ス
第三條 天皇ハ神聖ニシテ侵スヘカラス
第四條 天皇ハ國ノ元首ニシテ統治權ヲ總攬シ此ノ憲法ノ條規ニ依リ之ヲ行フ
第五條 天皇ハ帝國議會ノ協賛ヲ以テ立法權ヲ行フ
第六條 天皇ハ法律ヲ裁可シ其ノ公布及執行ヲ命ス
第七條 天皇ハ帝國議會ヲ召集シ其ノ開會閉會停會及衆議院ノ解散ヲ命ス
第八條 天皇ハ公共ノ安全ヲ保持シ又ハ其ノ災厄ヲ避クル為緊急ノ必要ニ由リ帝國議會閉會ノ場合ニ於テ法律ニ代ルヘキ勅令ヲ發ス
此ノ勅令ハ次ノ會期ニ於テ帝國議會ニ提出スヘシ若議會ニ於テ承諾セサルトキハ政府ハ將來ニ向テ其ノ効力ヲ失フコトヲ公布スヘシ
第九條 天皇ハ法律ヲ執行スル為ニ又ハ公共ノ安寧秩序ヲ保持シ及臣民ノ幸福ヲ增進スル為ニ必要ナル命令ヲ發シ又ハ發セシム但シ命令ヲ以テ法律ヲ變更スルコトヲ得ス
第十條 天皇ハ行政各部ノ官制及文武官ノ俸給ヲ定メ及文武官ヲ任免ス但シ此

図5（→1889年）
大日本帝国憲法（原本）

西暦	
年号・干支	
内閣	

記事

図6（↓一八九六年）日本銀行本店

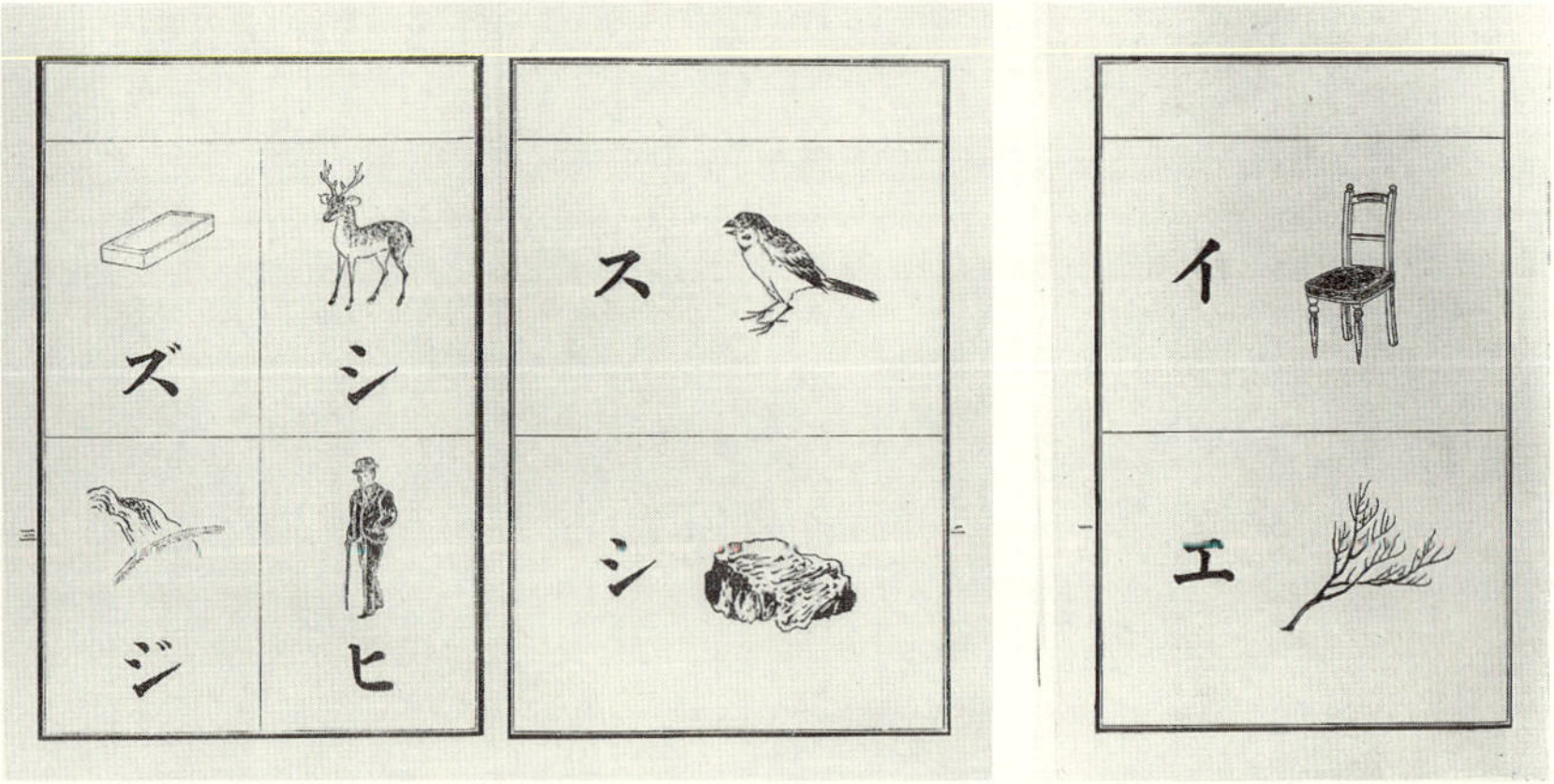

図7（→1904年）
尋常小学国語読本巻1

朝鮮	
清	

西暦 一九一一 ◀

年号・干支 明治四四 辛亥《かのとい》

内閣 (第２次桂太郎内閣)

記事

【政治・経済】

1・18 大審院《たいしんいん》、大逆事件《たいぎゃくじけん》の被告《ひこく》二四人《にん》に死刑判決《しけいはんけつ》(一九日《にち》、一二人《にん》を無期《むき》に減刑《げんけい》、二四日《か》幸徳《こうとく》ら一一人《にん》・二五日《にち》管野《かんの》スガの死刑執行《しけいしっこう》)。 1・26 桂太郎首相《かつらたろうしゅしょう》、政友会総裁西園寺公望《せいゆうかいそうさいさいおんじきんもち》と会談《かいだん》し政府《せいふ》と政友会《せいゆうかい》の提携成立《ていけいせいりつ》。 1・- 大逆事件《たいぎゃくじけん》の死刑実施《しけいじっし》に関《かん》して、各国社会主義者《かっこくしゃかいしゅぎしゃ》より在外日本《ざいがいにほん》公使館《こうしかん》に抗議《こうぎ》が集中《しゅうちゅう》。 2・21 日米新通商航海条約及《にちべいしんつうしょうこうかいじょうやくおよ》び付属議定書《ふぞくぎていしょ》調印《ちょういん》(関税自主権《かんぜいじしゅけん》が初《はじ》めて確立《かくりつ》・四月《がつ》四日《か》公布《こうふ》、七月《がつ》一七日《にち》実施《じっし》)。 3・11 衆議院《しゅうぎいん》で松本君平《まつもとくんぺい》ら提出《ていしゅつ》の普通選挙法案《ふつうせんきょほうあん》を可決《かけつ》(一五日《にち》、貴族院《きぞくいん》で否決《ひけつ》)。 3・29 工場法《こうじょうほう》を公布《こうふ》(日本最初《にほんさいしょ》の労働立法《ろうどうりっぽう》・大正《たいしょう》五年《ねん》九月一日《がつついたち》施行《しこう》)。蚕糸業法《さんしぎょうほう》を公布《こうふ》(蚕種製造《さんしゅせいぞう》の免許制《めんきょせい》、蚕糸業同業組合連合会《さんしぎょうどうぎょうくみあいれんごうかい》・中央会《ちゅうおうかい》の設立《せつりつ》を認《みと》めることなどを規定《きてい》・明治《めいじ》四五年《ねん》一月一日施行《がつついたちしこう》)。朝鮮銀行法《ちょうせんぎんこうほう》を公布《こうふ》(韓国銀行《かんこくぎんこう》を朝鮮銀行《ちょうせんぎんこう》と改《あらた》める・八月《がつ》一五日施行《にちしこう》)。 3・30 電気事業法《でんきじぎょうほう》を公布《こうふ》(電気事業《でんきじぎょう》の保護助成《ほごじょせい》・料金規制《りょうきんきせい》を定《さだ》める・一〇月一日施行《がつついたちしこう》)。 4・7 改正市制《かいせいしせい》・改正町村制《かいせいちょうそんせい》を各公布《かくこうふ》(市町村《しちょうそん》の法人性《ほうじんせい》・権限《けんげん》を明確《めいかく》にし、市《し》の執行機関《しっこうきかん》を参事会《さんじかい》から市長《しちょう》に移《うつ》す・一〇月一日施行《がつついたちしこう》)。 4・17 朝鮮総督府《ちょうせんそうとくふ》、土地収用令《とちしゅうようれい》を定《さだ》める。 5・30 普通選挙同盟会《ふつうせんきょどうめいかい》、政府《せいふ》の圧力《あつりょく》によって解散《かいさん》。 7・13 第《だい》三回日英同盟協約調《かいにちえいどうめいきょうやくちょう》印《いん》(アメリカを協約《きょうやく》の対象《たいしょう》より除《のぞ》く・即日実施《そくじつじっし》・七月《がつ》一五日公示《にちこうじ》)。 8・21 警視庁《けいしちょう》、特別高等《とくべつこうとう》課《か》を設置《せっち》(特高警察《とっこうけいさつ》の先駆《せんく》)。 8・24 朝鮮教育令《ちょうせんきょういくれい》を公布《こうふ》(一〇月《がつ》二四日《か》、天皇《てんのう》、教育勅語《きょういくちょくご》を朝《ちょう》鮮総督《せんそうとく》に下付《かふ》)。 8・30 第《だい》二次西園寺内閣成立《じさいおんじないかくせいりつ》。 10・10 内外綿株式会社《ないがいわたかぶしきがいしゃ》、上海支店《シャンハイしてん》を開設《かいせつ》(一一月《がつ》、同支店《どうしてん》の紡績工場操業開始《ぼうせきこうじょうそうぎょうかいし》)。 10・16 内田康哉外相《うちだこうさいがいしょう》、駐清公使伊集院彦吉《ちゅうしんこうしいじゅういんひこきち》に革命軍討《かくめいぐんとう》伐《ばつ》のための武器弾薬《ぶきだんやく》を日本《にほん》より供給《きょうきゅう》する旨《むね》を清政府《しんせいふ》へ通告《つうこく》するよう訓令《くんれい》。 10・23 泰平組合《たいへいくみあい》、対清兵器第《たいしんへいきだい》一次売込契約成立《じうりこみけいやくせいりつ》。 10・24 閣議《かくぎ》、対清政策《たいしんせいさく》を決定《けってい》(満洲《まんしゅう》の現状維持《げんじょういじ》、中国中央部《ちゅうごくちゅうおうぶ》に勢力《せいりょく》を扶植《ふしょく》することなど)。 10・25 片山潜《かたやません》・藤田四郎《ふじたしろう》ら、社会党《しゃかいとう》を結成《けっせい》(二七日《にち》、結社《けっしゃ》を禁《きん》じ

清 宣統 3

西暦

年号・干支

内閣

記事

る)。 **11・1** 鴨緑江橋梁《おうりょっこうきょうりょう》完成《かんせい》、新義州《しんぎしゅう》―安東間開通《あんとうかんかいつう》により、朝鮮総督府鉄道《ちょうせんそうとくふてつどう》と南満洲鉄《みなみまんしゅうてつ》道《どう》との直通運転開始《ちょくつううんてんかいし》。 **12・9** 臨時制度整理局官制《りんじせいどせいりきょくかんせい》を公布《こうふ》(内閣総理大臣《ないかくそうりだいじん》を総裁《そうさい》とし、諸般《しょはん》の制《せい》度《ど》・財政《ざいせい》の整理《せいり》に関《かん》する調査《ちょうさ》を目的《もくてき》)。 **12・16** 三井鉱山株式会社設立《みついこうざんかぶしきがいしゃせつりつ》(三井合名鉱山部《みついごうめいこうざんぶ》の事業《じぎょう》を継承《けいしょう》・本社東京《ほんしゃとうきょう》)。 **12・17** 日本《にほん》・イギリス両国《りょうこく》、中国南北和平《ちゅうごくなんぼくわへい》を官《かん》・革両派《かくりょうは》に申《もう》し入《い》れ(～一八日《にち》)。 **12・23** 第《だい》二八通常議会召集《つうじょうぎかいしょうしゅう》(一二月《がつ》二七日開会《にちかいかい》、明治《めいじ》四五年《ねん》三月《がつ》二五日閉会《にちへいかい》)。

【社会・文化】

1・12 オーストリアのレルヒ少佐《しょうさ》、新潟県高田《にいがたけんたかだ》で陸軍青年将校《りくぐんせいねんしょうこう》(歩兵《ほへい》第《だい》五八連隊《れんたい》)に初《はじ》めてスキーを指導《しどう》。 **2・1** 徳富蘆花《とくとみろか》、第一高等学校《だいいちこうとうがっこう》で「謀叛論《むほんろん》」と題《だい》して講演《こうえん》、幸徳秋水《こうとくしゅうすい》らの処刑《しょけい》を批《ひ》判《はん》(新渡戸稲造校長《にとべいなぞうこうちょう》らの譴責問題《けんせきもんだい》おこる)。 **2・4** 国定歴史教科書《こくていれきしきょうかしょ》の南北朝併立説《なんぼくちょうへいりつせつ》を批難《ひなん》する質問書《しつもんしょ》が衆議院《しゅうぎいん》に提出《ていしゅつ》(南北朝正閏問題《なんぼくちょうせいじゅんもんだい》おこり、二七日《にち》、文部省《もんぶしょう》、編修官喜田貞吉《へんしゅうかんきたさだきち》を休《きゅう》職処分《しょくしょぶん》)。 **2・11** 窮民済生《きゅうみんさいせい》に関《かん》する勅語《ちょくご》を発布《はっぷ》(五月《がつ》三〇日《にち》、恩賜財団済生会設立《おんしざいだんさいせいかいせつりつ》)。 **3・1** 帝《てい》国劇場開場式《こくげきじょうかいじょうしき》(横河民輔《よこがわたみすけ》の設計《せっけい》)。 **3・-** 田尻稲里《たじりとうり》編《へん》『贈位諸賢事略《ぞういしょけんじりゃく》』刊《かん》。 **4・9** 東京吉原《とうきょうよしわら》で大《たい》火《か》、約《やく》六五〇〇戸焼失《こしょうしつ》。 **4・-** 冨山房《ふざんぼう》『新日本《しんにっぽん》』創刊《そうかん》。 **6・1** 平塚《ひらつか》らいてう(雷鳥《らいちょう》)ら、青鞜社発《せいとうしゃほっ》起人会《きにんかい》を開催《かいさい》。 **7・7** 東京市内電車《とうきょうしないでんしゃ》の市営反対市民大会開催《しえいはんたいしみんたいかいかいさい》(八月一日《がつついたち》、市営《しえい》となる)。 **7・8** 公娼廃止《こうしょうはいし》の運動団体廓清会《うんどうだんたいかくせいかい》、発会式《はっかいしき》を挙行《きょこう》。 **7・21** 文部省《もんぶしょう》で教科用図書調査委員会総会開《きょうかようとしょちょうさいいんかいそうかいかい》催《さい》、南朝正統論《なんちょうせいとうろん》に立《た》つ国定小学日本歴史教科書《こくていしょうがくにほんれきしきょうかしょ》の改訂《かいてい》を決定《けってい》(南北朝正閏問題《なんぼくちょうせいじゅんもんだい》、決着《けっちゃく》)。 **8・-** 林鶴一《はやしつるいち》『東北数学雑誌《とうほくすうがくざっし》』創刊《そうかん》。 **9・-** 青鞜社《せいとうしゃ》『青鞜《せいとう》』創刊《そうかん》。 **10・-** 大阪《おおさか》の立川文明堂《たつかわぶんめいどう》、玉田玉秀斎《たまだぎょくしゅうさい》口演《こうえん》の講談本《こうだんぼん》を袖珍本《しゅうちんぼん》で発売《はつばい》し好評《こうひょう》を得《え》る(立《たつ(ち)》川文庫《かわぶんこ》)。 **11・15** 東京市《とうきょうし》、芝《しば》・浅草《あさくさ》に初《はじ》めて職業紹介所《しょくぎょうしょうかいじょ》を設置《せっち》。 **12・31** 東京市電《とうきょうしでん》の従業員《じゅうぎょういん》一〇〇〇人余《にんよ》、市営移管《しえいいかん》の旧東京鉄道会《きゅうとうきょうてつどうがい》社《しゃ》の解散慰労金《かいさんいろうきん》の分配《ぶんぱい》を不満《ふまん》とし、翌日夕刻《よくじつゆうこく》までスト(片山潜《かたやません》らの指導《しどう》)。 **12・-** 『東京市史稿《とうきょうししこう》』

清

西暦	年号・干支	内閣	記事	清
▶一九一一	明治四四 辛亥《かのとのい》	8・30 第2次西園寺《さいおんじ》公望《きんもち》内閣	刊《かん》(続刊《ぞくかん》)。**この年《とし》** 山川浩《やまかわひろし》『京都守護職始末《きょうとしゅごしょくしまつ》』刊《かん》。西田幾多郎《にしだきたろう》、『善《ぜん》の研究《けんきゅう》』を著《あらわ》す。大阪市史編纂係《おおさかししへんさんがかり》『大阪市史《おおさかしし》』刊《かん》(～大正《たいしょう》四年《ねん》)。 【死没】 **1・8** 名倉太郎馬《なくらたろま》(72、農事指導者《のうじしどうしゃ》)。**1・20** 雨宮敬次郎《あまみやけいじろう》(66、実業家《じつぎょうか》)。**1・24** 幸徳秋水《こうとくしゅうすい》(41、社会思想運動家《しゃかいしそううんどうか》)。森近運平《もりちかうんぺい》(32、社会思想家《しゃかいしそうか》)。宮下太吉《みやしたたきち》(37、大逆事件首謀者《たいぎゃくじけんしゅぼうしゃ》)。内山愚童《うちやまぐどう》(38、社会思想家《しゃかいしそうか》)。大石誠之助《おおいしせいのすけ》(45、評論家《ひょうろんか》)。奥宮健之《おくのみやけんし》(55、自由民権運動家《じゆうみんけんうんどうか》)。**1・25** 管野《かんの》スガ(31、社会主義者《しゃかいしゅぎしゃ》)。平尾在脩《ひらおざいしゅう》(71、農村指導者《のうそんしどうしゃ》)。**1・27** ワイコフ(60、宣教師《せんきょうし》)。**2・1** 松井直吉《まついなおきち》(55、化学《かがく》)。**2・3** 島地黙雷《しまじもくらい》(74、浄土真宗僧侶《じょうどしんしゅうそうりょ》)。**2・17** 桂文治《かつらぶんじ》(六代《だい》)(66、落語家《らくごか》)。**2・22** 野沢吉兵衛《のざわきちべえ》(五代《だい》)(71、浄瑠璃三味線方《じょうるりしゃみせんかた》)。**3・7** 森槐南《もりかいなん》(49、漢詩人《かんしじん》)。**3・13** 栗原亮一《くりはらりょういち》(57、政治家《せいじか》)。**3・24** 青木繁《あおきしげる》(30、洋画家《ようがか》)。**4・28** 河島醇《かわしまじゅん》(65、政治家《せいじか》)。**5・8** デフォレスト(66、宣教師《せんきょうし》)。**5・10** 平子鐸嶺《ひらこたくれい》(35、美術史《びじゅつし》)。**5・13** 谷干城《たにたてき》(75、政治家《せいじか》)。**5・14** 清元梅吉《きよもとうめきち》(二代《だい》)(58、清元節三味線方《きよもとぶししゃみせんかた》)。**5・21** 鶴賀新内《つるがしんない》(七代《だい》)(33、新内節《しんないぶし》)。**5・23** 西山志澄《にしやましちょう》(70、政治家《せいじか》)。**5・27** 哥沢芝金《うたざわしばきん》(三代《だい》)(72、哥沢家元《うたざわいえもと》)。**6・15** 大鳥圭介《おおとりけいすけ》(79、官僚《かんりょう》)。**6・23** 武田範之《たけだはんし》(49、大陸浪人《たいりくろうにん》)。**6・29** 内藤魯一《ないとうろいち》(66、政治家《せいじか》)。**7・20** 宇野円三郎《うのえんざぶろう》(78、治山治水家《ちさんちすいか》)。**8・22** 平松時厚《ひらまつときあつ》(67、華族《かぞく》)。**9・6** 下瀬雅允《しもせまさちか》(53、下瀬火薬発明者《しもせかやくはつめいしゃ》)。坂本直寛《さかもとなおひろ》(59、民権運動家《みんけんうんどうか》)。**9・11** 市川団蔵《いちかわだんぞう》(七代《だい》)(76、歌舞伎役者《かぶきやくしゃ》)。**9・14** 田辺有栄《たなべありひで》(67、実業家《じつぎょうか》)。**9・16** 菱田春草《ひしだしゅんそう》(38、日本画家《にほんがか》)。**9・18** クザン(69、長崎司教《ながさきしきょう》)。**10・3** 鳩山和夫《はとやまかずお》(56、政治家《せいじか》)。**10・10** 大下藤次郎《おおしたとうじろう》(42、画家《がか》)。**10・26** 長瀬富郎《ながせとみろう》(49、長瀬商店《ながせしょうてん》)。**11・11** 川上音二郎《かわかみおとじろう》(48、興行師《こうぎょうし》)。**11・16** 谷森善臣《たにもりよしおみ》(95、国学《こくがく》)。**11・26** 小村寿太郎《こむらじゅたろう》(57、外交官《がいこうかん》)。**12・16** グラバー(73、貿易商人《ぼうえきしょうにん》)。**12・24** 古沢滋《ふるさわうろう》(65、官僚《かんりょう》)。 〖世界〗	宣統 **3**

西暦	
年号・干支	
内閣	
記事	**1・1** 朝鮮《ちょうせん》で民族主義者《みんぞくしゅぎしゃ》を大検挙《だいけんきょ》。**1・23** シーボルト没《ぼつ》(64、ドイツ人《じん》の日本外交官《にほんがいこうかん》)。**4・27** 中《ちゅう》国革命同盟会《ごくかくめいどうめいかい》の黄興《こうこう》ら、両広総督《りょうこうそうとく》を襲撃《しゅうげき》し、清軍《しんぐん》が鎮圧《ちんあつ》する(黄花岡事件《こうかこうじけん》)。**5・25** メキシコのディアス大統領《だいとうりょう》の独裁《どくさい》、自由主義者《じゆうしゅぎしゃ》の運動《うんどう》により倒《たお》される。**7・1** 第《だい》二次《じ》モロッコ事件《じけん》おこる。**8・12** ブリュネ没《ぼつ》(73、幕末仏国遣日軍事教官団員《ばくまつふっこくけんにちぐんじきょうかんだんいん》)。**9・7** 清《しん》、四川《しせん》の鉄道国有化反対運動《てつどうこくゆうかはんたいうんどう》責任者《せきにんしゃ》を逮捕《たいほ》、釈放要求《しゃくほうようきゅう》の群集《ぐんしゅう》を軍隊《ぐんたい》で鎮圧《ちんあつ》。**9・21** ヘボン没《ぼつ》(96、アメリカ長老派教会《ちょうろうはきょうかい》の宣教医師《せんきょういし》)。**9・29** イタリア・トルコの間《あいだ》でトリポリ戦争始《せんそうはじ》まる(~一九一二年《ねん》一〇月《がつ》一八日《にち》)。**10・10** 清《しん》で武昌《ぶしょう》の新軍《しんぐん》・同盟会《どうめいかい》が蜂起《ほうき》、辛亥革命始《しんがいかくめいはじ》まる。**10・11** 清《しん》、革命軍《かくめいぐん》、武昌《ぶしょう》・漢陽《かんよう》を占領《せんりょう》・新軍《しんぐん》の黎元洪《れいげんこう》を中華民国軍政府鄂軍都督《ちゅうかみんこくぐんせいふがくぐんととく》とする。**11・6** マデロ、メキシコ大統領《だいとうりょう》となる。**11・9** オランダ領東《りょうひがし》インドのジャワで、サレカット＝イスラム(イスラム同盟《どうめい》)成立《せいりつ》。**11・20** 清《しん》、各省代表連合会《かくしょうだいひょうれんごうかい》、武昌《ぶしょう》に中央軍政府《ちゅうおうぐんせいふ》を置《お》き、鄂軍都督《がくぐんととく》に政務《せいむ》を行《おこな》わせることを決定《けってい》。**11・22** アストン没《ぼつ》(70、イギリスの外交官《がいこうかん》・日本学者《にほんがくしゃ》)。**11・28** メキシコで、サパタ、土地革命《とちかくめい》を主張《しゅちょう》(「アラヤ計画《けいかく》」)。**12・1** 外蒙古王公会議《がいもうこおうこうかいぎ》、清《しん》からの独立《どくりつ》を決定《けってい》、大蒙古国《だいもうここく》と称《しょう》す。**12・12** イギリス、ベンガルの分割《ぶんかつ》を取消《とりけ》し、インドの首都《しゅと》をカルカッタよりデリーへ移《うつ》す。**12・14** アムンゼン(ノルウェー)、南極《なんきょく》に初《はじ》めて到達《とうたつ》。**12・24** ペルシア議会《ぎかい》、解散《かいさん》・閉鎖《へいさ》される。**12・25** 孫文《そんぶん》、イギリスより帰国《きこく》。**12・29** 南京《ナンキン》の各省代表会議《かくしょうだいひょうかいぎ》で、孫文《そんぶん》を中華民国臨時大総統《ちゅうかみんこくりんじだいそうとう》に選出《せんしゅつ》。
清	

西暦　一九一二 ◀

年号・干支　明治四五 壬子《みずのえね》 大正《たいしょう》元（7・30）

内閣　(第2次西園寺公望内閣)

記事

【政治・経済】1・1 保善社《ほぜんしゃ》、合名会社《ごうめいがいしゃ》として設立《せつりつ》(本社東京《ほんしゃとうきょう》・安田財閥《やすだざいばつ》の中心《ちゅうしん》となる)。1・29 川島浪速《かわしまなにわ》、モンゴルの喀喇沁王《ハラチンおう》とモンゴル独立《どくりつ》に関《かん》して契約《けいやく》。株式会社大倉組《かぶしきがいしゃおおくらぐみ》、中国革命政府《ちゅうごくかくめいせいふ》へ借款《しゃっかん》三〇〇万円供与《えんきょうよ》の契約締結《けいやくていけつ》。2・10 横浜正金銀行《よこはましょうきんぎんこう》、中国漢冶萍煤鉄廠有限公司《ちゅうごくかんやひょうばいてつしょうゆうげんコンス》へ借款《しゃっかん》三〇〇万円供与《えんきょうよ》の契約締結《けいやくていけつ》。2・21 政府《せいふ》、イギリス・ロシアに中国新政府承認《ちゅうごくしんせいふしょうにん》に関《かん》し二原則《げんそく》を提議《ていぎ》(列国《れっこく》の権利《けんり》及《およ》び外債《がいさい》の保証《ほしょう》・列国協調《れっこくきょうちょう》)・のちアメリカ等《など》にも提議《ていぎ》。2・23 住友銀行《すみともぎんこう》、個人《こじん》経営《けいえい》から株式会社《かぶしきがいしゃ》に改《あらた》める。2・24 政府《せいふ》、衆議院議員選挙法改正案《しゅうぎいんぎいんせんきょほうかいせいあん》(小選挙区制《しょうせんきょくせい》など)を衆《しゅう》議院《ぎいん》に提出《ていしゅつ》(三月《がつ》五日《か》衆議院可決《しゅうぎいんかけつ》・二三日貴族院否決《にちきぞくいんひけつ》)。3・1 山陰本線《さんいんほんせん》の京都《きょうと》—出雲今市《いずもいまいち》間《かん》が全通《ぜんつう》。3・18 南満洲《みなみまんしゅう》における日本《にほん》の権利《けんり》を留保《りゅうほ》して四国借款団《こくしゃっかんだん》英《えい》・米《べい》・独《どく》・仏《ふつ》に参加《さんか》する旨《むね》を四国政府《こくせいふ》に申入《もうしい》れ。3・30 沖縄県《おきなわけん》に衆議院議員選挙法施行《しゅうぎいんぎいんせんきょほうしこう》の件《けん》を公布《こうふ》。5・15 第《だい》一一回衆《かいしゅう》議院総選挙《ぎいんそうせんきょ》(政友会《せいゆうかい》二一一・国民党《こくみんとう》九五・中央倶楽部《ちゅうおうクラブ》三一)。6・8 日本鋼管株式会社設立《にほんこうかんかぶしきがいしゃせつりつ》(本社《ほんしゃ》横浜《よこはま》・社長白石元治郎《しゃちょうしらいしもとじろう》)。6・15 新橋《しんばし》—下関《しものせき》間《かん》、展望車連結《てんぼうしゃれんけつ》の特別急行列車《とくべつきゅうこうれっしゃ》の運転開始《うんてんかいし》。6・18 イギリス・アメリカ・フランス・ドイツ・日本《にほん》・ロシア六ヵ国《こく》の銀行家相互間《ぎんこうかそうごかん》に中国《ちゅうごく》の外債全部《がいさいぜんぶ》引受《ひきうけ》の規約《けいやく》が成立《せいりつ》(六国借款団《こくしゃっかんだん》)。7・8 第《だい》三次日露協約調印《じにちろきょうやくちょういん》(秘密協定《ひみつきょうてい》を改定《かいてい》し、東西内《とうざいうち》モンゴルにおける特殊利益《とくしゅりえき》を相互《そうご》に承認《しょうにん》)。7・20 宮内省《くないしょう》、天皇重態《てんのうじゅうたい》を発表《はっぴょう》・株価大暴落《かぶかだいぼうらく》。7・29 天皇没《てんのうぼつ》(七月《がつ》三〇日午前《にちごぜん》〇時《じ》四三分《ぷん》と公表《こうひょう》)。7・30 皇太子嘉仁親王践祚《こうたいしよしひとしんのうせんそ》・大正《たいしょう》と改元《かいげん》(八月《がつ》二七日追号《にちついごう》を明治天皇《めいじてんのう》と勅定《ちょくじょう》)。8・13 桂太郎《かつらたろう》を内大臣兼侍従長《ないだいじんけんじじゅうちょう》に任《にん》じる。8・21 第《だい》二九臨時議会召集《りんじぎかいしょうしゅう》(八月《がつ》二三日開会《にちかいかい》、同《どう》二五日閉会《にちへいかい》)。9・10 日本活動写真会社《にほんかつどうしゃしんがいしゃ》(日活《にっかつ》)設立《せつりつ》。9・13 明治天皇大喪《めいじてんのうたいそう》。乃木希典《のぎまれすけ》夫妻殉死《ふさいじゅんし》。9・26 恩赦令《おんしゃれい》・大赦令《たいしゃれい》を各公布《かくこうふ》・即日施行《そくじつしこう》。11・22 上《うえ》原勇作陸相《はらゆうさくりくしょう》、二個師団増設案《こしだんぞうせつあん》を閣議《かくぎ》に提出《ていしゅつ》(一一月《がつ》三〇日閣議《にちかくぎ》、財政上実行不可能《ざいせいじょうじっこうふかのう》として否《ひ》

中華民国　中華民国元(1.1)

西暦

年号・干支

内閣

記事

決《けつ》)。 **11・26** 東京商業会議所《とうきょうしょうぎょうかいぎしょ》、議員評議会《ぎいんひょうぎかい》で行政整理《ぎょうせいせいり》の実行《じっこう》と増師反対《ぞうしはんたい》を表明《ひょうめい》。 **12・2** 上《うえ》原陸相《はらりくしょう》、増師問題《ぞうしもんだい》で帷幄上奏《いあくじょうそう》、単独辞表提出《たんどくじひょうていしゅつ》。 **12・5** 陸相《りくしょう》の後任埋《こうにんう》まらず、西園寺内閣総《さいおんじないかくそう》辞職《じしょく》。 **12・7** 元老会議《げんろうかいぎ》、松方正義《まつかたまさよし》を後継首相《こうけいしゅしょう》に推薦《すいせん》(九日《か》松方辞退《まつかたじたい》・一二日《にち》山本権兵衛《やまもとごんべえ》・平田《ひらた》東助《とうすけ》を推薦《すいせん》・一四日《か》辞退《じたい》)。 **12・13** 東京《とうきょう》の新聞《しんぶん》・雑誌記者《ざっしきしゃ》や弁護士《べんごし》ら、憲政作振会《けんせいさくしんかい》を組織《そしき》し、二個師団増設《こしだんぞうせつ》に反対《はんたい》。 **12・15** 政友会《せいゆうかい》の大懇親会《だいこんしんかい》で官僚政治根絶《かんりょうせいじこんぜつ》・憲政擁護《けんせいようご》を決議《けつぎ》。 **12・17** 桂太《かつらた》郎《ろう》に組閣《そかく》を命《めい》じる。 **12・19** 憲政擁護連合大会《けんせいようごれんごうたいかい》、東京歌舞伎座《とうきょうかぶきざ》で開催《かいさい》(護憲運動始《ごけんうんどうはじ》まり、以後各《いごかく》地《ち》で護憲大会《ごけんたいかい》が開《ひら》かれる)。 **12・21** 第《だい》三次《じ》桂内閣成立《かつらないかくせいりつ》。 **12・24** 第《だい》三〇通常議会召集《つうじょうぎかいしょうしゅう》(一二月《がつ》二七日開会《にちかいかい》、大正《たいしょう》二年《ねん》三月《がつ》二六日閉会《にちへいかい》)。

【社会・文化】

1・21 新潟県高田《にいがたけんたかだ》で日本最初《にほんさいしょ》のスキー競技会開催《きょうぎかいかいさい》。 **2・25** 原敬内相《はらたかしないしょう》、神道《しんとう》・仏教《ぶっきょう》・キリスト教《きょう》の各代表《かくだいひょう》と懇談会《こんだんかい》を開催《かいさい》(宗教《しゅうきょう》の国家《こっか》への協力《きょうりょく》を要請《ようせい》)。 **3・2** 小山内薫《おさないかおる》ら、第《だい》一回文《かいぶん》芸活動写真会《げいかつどうしゃしんかい》を開催《かいさい》(東京有楽座《とうきょうゆうらくざ》で輸入文芸映画上映《ゆにゅうぶんげいえいがじょうえい》)。 **3・29** 呉海軍工廠《くれかいぐんこうしょう》で、共済会問題《きょうさいかいもんだい》をめぐりストライキ(四月一日《がつついたち》、三万人《にん》が参加《さんか》・二日《か》、検挙開始《けんきょかいし》)。 **4・13** 樺太《からふと》に中学校《ちゅうがっこう》を設置《せっち》。 **5・5** 坪井正五郎《つぼいしょうごろう》・石橋臥波《いしばしがは》ら、日本民俗学会《にほんみんぞくがっかい》を設立《せつりつ》。 **5・-** 高橋義雄《たかはしよしお》、『万象録《ばんしょうろく》』を記《しる》す(〜大《たい》正《しょう》一〇年《ねん》六月《がつ》)。 **6・26** 富山県下新川郡生地《とやまけんしもにいかわぐんいくじ》で窮民《きゅうみん》三〇〇人騒擾《にんそうじょう》、以後《いご》、米騒動《こめそうどう》が県下《けんか》に拡《かく》大《だい》。 **7・6** 第《だい》五回《かい》オリンピック、スウェーデンのストックホルムで開催《かいさい》、日本選手《にほんせんしゅ》(三島弥彦《みしまやひこ》・金栗四三《かなぐりしそう》)初参加《はつさんか》。 **7・31** 松本剛吉《まつもとごうきち》、『松本剛吉政治日誌《まつもとごうきちせいじにっし》』を記《しる》す(〜昭和《しょうわ》三年《ねん》一二月《がつ》三一日《にち》)。 **8・1** 鈴木文治《すずきぶんじ》ら、友愛会《ゆうあいかい》を結成《けっせい》(後《のち》の日本労働総同盟《にほんろうどうそうどうめい》)。 **8・20** 松井庄五郎《まついしょうごろう》ら、大和同志会《やまとどうしかい》を結《けつ》成《せい》・奈良市《ならし》で第《だい》一回大会《かいたいかい》を開催《かいさい》。 **10・15** 高村光太郎《たかむらこうたろう》・岸田劉生《きしだりゅうせい》・万鉄五郎《よろずてつごろう》ら、ヒュウザン会第《かいだい》一回展《かいてん》(〜一一月《がつ》三日《か》)。 **10・20** フランス映画《えいが》「ジゴマ」が社会問題化《しゃかいもんだいか》、警視庁《けいしちょう》、上映《じょうえい》を禁《きん》じる。

中華民国

西暦	年号・干支	内閣
一九一二 ▶	明治四五 壬子《みずのえね》 大正　元 7・30	(第2次西園寺公望内閣)

記事

10・26 伊庭孝《いばたかし》・上山草人《かみやまそうじん》、近代劇協会結成《きんだいげききょうかいけっせい》・第《だい》一回公演《かいこうえん》。**10・-** 近代思想社《きんだいしそうしゃ》『近代思想《きんだいしそう》』創刊《そうかん》。**11・3** 友愛会《ゆうあいかい》『友愛新報《ゆうあいしんぽう》』創刊《そうかん》。**12・7** 牧野金三郎《まきのきんざぶろう》『布哇報知《ハワイほうち》』創刊《そうかん》(ホノルル)。**この年**《とし》 米価騰貴《べいかとうき》により生活困窮者《せいかつこんきゅうしゃ》・一家離散《いっかりさん》が増加《ぞうか》。坂崎紫瀾《さかざきしらん》『維新《いしん》土佐《とさ》勤王史《きんのうし》』刊《かん》。上村観光《かみむらかんこう》『五山詩僧伝《ござんしそうでん》』刊《かん》。長塚節《ながつかたかし》『土《つち》』刊《かん》。大槻茂雄《おおつきしげお》編《へん》『磐水存響《ばんすいぞんきょう》』刊《かん》。日本人類学会《にほんじんるいがっかい》(東京人類学会《とうきょうじんるいがっかい》の改称《かいしょう》)『人類学雑誌《じんるいがくざっし》』刊《かん》(『東京人類学雑誌《とうきょうじんるいがくざっし》』改題《かいだい》)。仏書刊行会《ぶっしょかんこうかい》編《へん》『大日本仏教全書《だいにほんぶっきょうぜんしょ》』刊《かん》(〜大正《たいしょう》一一年《ねん》)。上田万《うえだかず》年《とし》・関根正直《せきねまさなお》・藤井乙男《ふじいおとお》監修《かんしゅう》『有朋堂文庫《ゆうほうどうぶんこ》』刊《かん》(〜大正《たいしょう》四年《ねん》九月《がつ》)。国書刊行会《こくしょかんこうかい》『近世風俗見聞集《きんせいふうぞくけんぶんしゅう》』刊《かん》(〜大正《たいしょう》二年《ねん》)。

【死没】

1・4 東久世通禧《ひがしくぜみちとみ》(80、政治家《せいじか》)。**1・5** 岩佐純《いわさじゅん》(77、医学者《いがくしゃ》)。**1・31** 椋木潜《むくのきひそむ》(85、教育家《きょういくか》)。**2・12** 下山順一郎《しもやまじゅんいちろう》(60、薬学者《やくがくしゃ》)。**2・16** ニコライ(75、司祭《しさい》)。**2・28** 池辺三山《いけべさんざん》(49、ジャーナリスト)。西寛二郎《にしかんじろう》(67、陸軍軍人《りくぐんぐんじん》)。高崎正風《たかさきまさかぜ》(77、官僚《かんりょう》)。**3・4** 鷲尾隆聚《わしのおたかつむ》(71、華族《かぞく》)。**3・11** 長《は》谷川泰《せがわたい》(71、政治家《せいじか》)。**3・25** 書上順四郎《かきあげじゅんしろう》(66、実業家《じつぎょうか》)。**3・26** 本多庸一《ほんだよういつ》(65、教育者《きょういくしゃ》)。**3・30** 藤田伝三郎《ふじたでんざぶろう》(72、実業家《じつぎょうか》)。**4・2** 石本新六《いしもとしんろく》(59、陸軍軍人《りくぐんぐんじん》)。**4・4** 岸本辰雄《きしもとたつお》(61、法律家《ほうりつか》)。**4・5** 小野太三郎《おのたさぶろう》(73、慈善事業家《じぜんじぎょうか》)。**4・8** 堀基《ほりもとい》(69、官僚《かんりょう》)。**4・13** 石川啄木《いしかわたくぼく》(27、詩人《しじん》)。**4・18** 浅《あさ》田正文《だまさふみ》(59、実業家《じつぎょうか》)。**5・14** 岡本柳之助《おかもとりゅうのすけ》(61、陸軍軍人《りくぐんぐんじん》)。**6・14** 松旭斎天一《しょうきょくさいてんいち》(60、奇術師《きじゅつし》)。**7・29** 明治天皇《めいじてんのう》(61)。**8・12** 長谷川芳之助《はせがわよしのすけ》(58、事業家《じぎょうか》)。**8・30** 渋沢喜作《しぶさわきさく》(75、実業家《じつぎょうか》)。**8・31** 西《さい》郷孤月《ごうこげつ》(40、日本画家《にほんがか》)。杵屋六左衛門《きねやろくざえもん》(一二代《だい》)(74、長唄三味線方《ながうたしゃみせんかた》)。**9・7** 田岡嶺雲《たおかれいうん》(43、評論家《ひょうろんか》)。**9・13** 乃木希典《のぎまれすけ》(64、陸軍軍人《りくぐんぐんじん》)。**9・14** 植松考昭《うえまつこうしょう》(37、評論家《ひょうろんか》)。**10・5** 穂積八束《ほづみやつか》(53、憲法学《けんぽうがく》)。**10・28** ブリンクリ(70、ジャーナリスト)。**10・29** 茂木惣兵衛《もぎそうべえ》(二代《だい》)(41、貿易商《ぼうえきしょう》)。**11・14** 田村又《たむらまた》吉《きち》(71、農事功労者《のうじこうろうしゃ》)。**12・2** 川崎正蔵《かわさきしょうぞう》(76、川崎造船所《かわさきぞうせんじょ》)。**12・13** 元良勇次郎《もとらゆうじろう》(55、心理学《しんりがく》)。**12・19**

中華民国: 中華民国元(1.1)

1912（明治45・大正元）

西暦	
年号・干支	
内閣	第3次桂太郎《かつらたろう》内閣　12・21
記事	小川義綏《おがわよしやす》(82、牧師《ぼくし》)。 〖世界〗 **1・1** 中華民国臨時政府成立《ちゅうかみんこくりんじせいふせいりつ》・孫文《そんぶん》、臨時大総統《りんじだいそうとう》に就任《しゅうにん》(この年《とし》より太陽暦《たいようれき》を採用《さいよう》)。 **1・7** リギンズ没《ぼつ》(82、アメリカ聖公会宣教師《せいこうかいせんきょうし》)。 **1・8** オレンジ自由国内《じゆうこくない》でアフリカ人民族会議《じんみんぞくかいぎ》(ANC)結成《けっせい》。 **2・12** 清《しん》の宣統帝退位《せんとうていたいい》、清朝滅亡《しんちょうめつぼう》。アルゼンチン、選挙法《せんきょほう》を改正《かいせい》、男子普通選挙導入《だんしふつうせんきょどうにゅう》。 **2・16** スタウト没《ぼつ》(74、アメリカのオランダ改革派宣教師《かいかくはせんきょうし》)。 **3・10** 袁世凱《えんせいがい》、臨時大総統《りんじだいそうとう》に就任《しゅうにん》。 **3・12** デーニツ没《ぼつ》(73、ドイツ人医師《じんいし》)。 **3・30** フランス・モロッコ、フェズ条約調印《じょうやくちょういん》(モロッコ、フランス保護領《ほごりょう》となる)。 **4・8** ダイバース没《ぼつ》(74、イギリスの化学者《かがくしゃ》)。 **4・15** イギリス豪華客船《ごうかきゃくせん》タイタニック号《ごう》、北大西洋《きたたいせいよう》で氷山《ひょうざん》と衝突沈没《しょうとつちんぼつ》、死者《ししゃ》一五〇〇余人《よにん》。 **4・25** ノックス没《ぼつ》(58、アメリカ長老派教会宣教師《ちょうろうはきょうかいせんきょうし》)。 **5・20** キューバで黒人独立党《こくじんどくりつとう》の反乱《はんらん》(アメリカ、軍事干渉《ぐんじかんしょう》)。 **5・22** 李容九《りようきゅう》没《ぼつ》(45、韓国《かんこく》の政治家《せいじか》)。 **6・6** チリで労働者社会党創立《ろうどうしゃしゃかいとうそうりつ》。 **6・19** ベトナムで維新会《いしんかい》、中国革命《ちゅうごくかくめい》に呼応《こおう》して、ベトナム光復会《こうふくかい》に再編《さいへん》。 **8・20** ブース没《ぼつ》(83、救世軍《きゅうせいぐん》の創始者《そうししゃ》)。 **8・25** 宋教仁《そうきょうじん》ら、中国革命同盟会《ちゅうごくかくめいどうめいかい》を改組《かいそ》し、国民党《こくみんとう》を結成《けっせい》。 **10・8** ブルガリア・セルビアとトルコ間《かん》で第《だい》一次《じ》バルカン戦争勃発《せんそうぼっぱつ》(一九日《にち》、ギリシア、対《たい》トルコ宣戦《せんせん》)。 **10・17** マンスフェルト没《ぼつ》(80、オランダ医《い》)。 **10・18** イタリア・トルコ、ローザンヌ講和条約調印《こうわじょうやくちょういん》(トリポリ戦争終結《せんそうしゅうけつ》・イタリア、トリポリを併合《へいごう》)。 **11・28** アルバニア、トルコからの独立《どくりつ》を宣言《せんげん》。 **この年《とし》** ライト没《ぼつ》(聖公会司祭《せいこうかいしさい》)。
中華民国	

西暦	年号・干支	内閣
◀一九一三	大正 二 癸丑《みずのとうし》	(第3次桂太郎内閣) 2・20 第1次山本権兵衛《やまもとごんべえ》内閣

記事

【政治・経済】

1・17 全国記者大会《ぜんこくきしゃたいかい》、東京築地精養軒《とうきょうつきじせいようけん》で開催《かいさい》(憲政擁護《けんせいようご》・閥族打破《ばつぞくだは》を宣言《せんげん》、全国記者同志会《ぜんこくきしゃどうしかい》を組《そ》織《しき》)。 **1・20** 桂太郎首相《かつらたろうしゅしょう》、新聞《しんぶん》・通信社《つうしんしゃ》の代表《だいひょう》に新政党《しんせいとう》の組織計画《そしきけいかく》を発表《はっぴょう》。 **1・21** 議会《ぎかい》に一五日間《にちかん》の停会《ていかい》を命《めい》じる・同日《どうじつ》、桂首相《かつらしゅしょう》支持《しじ》の大石正己《おおいしまさみ》・島田三郎《しまださぶろう》・河野広中《こうのひろなか》ら、国民党《こくみんとう》を脱《だつ》党《とう》(以後《いご》、脱党者続出《だっとうしゃぞくしゅつ》し国民党分裂《こくみんとうぶんれつ》)。 **1・24** 憲政擁護第《けんせいようごだい》二回大会《かいたいかい》を東京新富座《とうきょうしんとみざ》で開催《かいさい》。 **1・31** 河野広中《こうのひろなか》・島田三郎《しまださぶろう》・箕浦勝人《みのうらかつんど》・大石正己《おおいしまさみ》・武富時敏《たけとみときとし》の五代議士《だいぎし》、桂新党《かつらしんとう》への参加《さんか》を声明《せいめい》。 **2・5** 議会再開《ぎかいさいかい》し、政友会《せいゆうかい》・国民党《こくみんとう》など、内閣不信任決議案《ないかくふしんにんけつぎあん》を提出《ていしゅつ》・尾崎行雄《おざきゆきお》、桂首相《かつらしゅしょう》を弾劾《だんがい》・五日間《かかん》の停会《ていかい》。 **2・7** 桂首相《かつらしゅしょう》、新政党《しんせいとう》を立憲同志会《りっけんどうしかい》と命名《めいめい》し、宣言書《せんげんしょ》を発表《はっぴょう》。 **2・10** 西園寺《さいおんじ》公望《きんもち》、政友会総裁《せいゆうかいそうさい》の辞任《じにん》を上奏《じょうそう》・政友会議員総会《せいゆうかいぎいんそうかい》、内閣不信任案《ないかくふしんにんあん》を撤回《てっかい》せずと決定《けってい》。護憲派《ごけんは》の民衆《みんしゅう》が再開《さいかい》した議会《ぎかい》を取巻《とりま》き、桂《かつら》、内閣総辞職《ないかくそうじしょく》を決意《けつい》・議会《ぎかい》に三日間《かかん》の停会《ていかい》を命《めい》じる・政《せい》府系新聞社《ふけいしんぶんしゃ》・交番《こうばん》など襲撃《しゅうげき》される。 **2・11** 桂内閣総辞職《かつらないかくそうじしょく》。 **2・20** 山本権兵衛内閣成立《やまもとごんべえないかくせいりつ》、原敬《はらたかし》内相《ないしょう》ら閣僚《かくりょう》の過半数《かはんすう》は政友会員《せいゆうかいいん》。 **2・23** 政友会《せいゆうかい》の尾崎行雄《おざきゆきお》ら、山本内閣《やまもとないかく》との提携《ていけい》に反対《はんたい》し脱《だつ》党《とう》・二四日《か》、政友倶楽部《せいゆうクラブ》を結成《けっせい》。 **4・1** 北陸本線米原《ほくりくほんせんまいばら》―直江津間全通《なおえつかんぜんつう》(大正《たいしょう》四年《ねん》三月《がつ》二五日《にち》、上野《うえの》―直江津《なおえつ》―神戸間《こうべかん》の直通運転開始《ちょくつううんてんかいし》)。 **4・8** 所得税法改正《しょとくぜいほうかいせい》・非常特別税法廃止《ひじょうとくべつぜいほうはいし》を各公布《かくこうふ》(日《にち》露戦争後《ろせんそうご》の税制整理終了《ぜいせいせいりしゅうりょう》)。 **4・9** 朝鮮産《ちょうせんさん》の米《こめ》・籾《もみ》の移入税《いにゅうぜい》を廃止《はいし》する旨《むね》を公布《こうふ》(七月一日《がつついたち》施《し》行《こう》)。 **4・27** 中国《ちゅうごく》に対《たい》する五ヵ国借款団《こくしゃっかんだん》(英《えい》・露《ろ》・仏《ふつ》・独《どく》・日《にち》)、二五〇〇万ポンドの借款協定《しゃっかんきょうてい》に調印《ちょういん》。 **5・9** 珍田捨己《ちんだすてみ》駐米大使《ちゅうべいたいし》、カリフォルニア州《しゅう》の外国人土地所有禁止法制定《がいこくじんとちしょゆうきんしほうせいてい》に対《たい》して抗《こう》議《ぎ》。 **6・13** 陸《りく》・海軍省官制《かいぐんしょうかんせい》を各改正《かくかいせい》・公布《こうふ》(軍部大臣《ぐんぶだいじん》・次官《じかん》の任用資格《にんようしかく》から現役《げんえき》の制限《せいげん》を除《のぞ》く)。 **8・1** 文官任用令《ぶんかんにんようれい》を改正《かいせい》・公布《こうふ》(任用範囲《にんようはんい》を拡大《かくだい》、勅任文官任用《ちょくにんぶんかんにんよう》の途《みち》を開《ひら》く)。 **8・5** 山東省兗州《さんとうしょうえんしゅう》で袁世凱軍《えんせいがいぐん》の日本将校監禁事件《にほんしょうこうかんきんじけん》(一一日《にち》、漢口《かんこう》で日本将校拘禁《にほんしょうこうこうきん》

中華民国
中華民国 2

西暦

年号・干支

内閣

記事

事件《じけん》）。**8・11** 中国興業会社設立《ちゅうごくこうぎょうがいしゃせつりつ》（本社東京《ほんしゃとうきょう》・日中半額出資《にっちゅうはんがくしゅっし》・総裁孫文《そうさいそんぶん》、副総裁倉知鉄吉《ふくそうさいくらちてつきち》・大正《たいしょう》三年《ねん》四月《がつ》、中日実業株式会社《ちゅうにちじつぎょうかぶしきがいしゃ》と改称《かいしょう》）。**9・1** 袁軍《えんぐん》、南京《ナンキン》を占領《せんりょう》（日本人殺害事件《にほんじんさつがいじけん》おこる）。**9・5** 外務省政務局長《がいむしょうせいむきょくちょう》阿部守太郎《あべもりたろう》、軟弱外交《なんじゃくがいこう》を批難《ひなん》する青年《せいねん》に刺《さ》され、六日《か》に死亡《しぼう》。**9・7** 対支問題国民大会《たいしもんだいこくみんたいかい》、東京日比谷公園《とうきょうひびやこうえん》で開催《かいさい》、中国出兵要望《ちゅうごくしゅっぺいようぼう》などを決議《けつぎ》。**9・10** 山座《やまざ》円次郎《えんじろう》駐華公使《ちゅうかこうし》、兗州《えんしゅう》・漢口《かんこう》・南京事件《ナンキンじけん》に抗議《こうぎ》、一一日《にち》、要求条件《ようきゅうじょうけん》を提出《ていしゅつ》（一三日《にち》、中国《ちゅうごく》、日本《にほん》の要求《ようきゅう》を承認《しょうにん》）。**10・5** 政府《せいふ》、中国《ちゅうごく》より満蒙《まんもう》の三鉄道《てつどう》の借款権《しゃっかんけん》・二鉄道《てつどう》の借款優先権《しゃっかんゆうせんけん》を獲得《かくとく》。**10・6** 政府《せいふ》、中華民国《ちゅうかみんこく》を承認《しょうにん》、支那共和国《しなきょうわこく》と呼《よ》ぶことを決定《けってい》（日本《にほん》のほかイギリス・ドイツなど諸外国《しょがいこく》も承認《しょうにん》）。**12・19** 政友倶楽部《せいゆうクラブ》、亦楽会《えきらくかい》と合同《ごうどう》（二四日《か》、中正会《ちゅうせいかい》と命名《めいめい》）。**12・23** 立憲同志会結党式《りっけんどうしかいけっとうしき》・加藤高明《かとうたかあき》、総裁《そうさい》に就任《しゅうにん》。**12・24** 第《だい》三一通常議会召集《つうじょうぎかいしょうしゅう》（一二月《がつ》二六日開会《にちかいかい》、三年《ねん》三月《がつ》二五日閉会《にちへいかい》）。

【社会・文化】

1・31 第《だい》一回東洋《かいとうよう》オリンピック（極東選手権競技大会《きょくとうせんしゅけんきょうぎたいかい》）、フィリピンのマニラで開催《かいさい》。**2・11** 日《に》本結核予防協会《ほんけっかくよぼうきょうかい》㈶設立《せつりつ》（昭和《しょうわ》一四年《ねん》五月《がつ》二二日《にち》、結核予防会《けっかくよぼうかい》㈶設立《せつりつ》）。**2・20** 東京神田書店街《とうきょうかんだしょてんがい》で大火《たいか》。**4・-** 銀行統一社《ぎんこうとういつしゃ》『銀行雑誌《ぎんこうざっし》』創刊《そうかん》。**5・4** 函館市《はこだてし》で大火《たいか》。**5・31** 上智大学《じょうちだいがく》の設立《せつりつ》を認可《にんか》（最初《さいしょ》のカトリック大学《だいがく》）。**6・10** 森永製菓《もりながせいか》、ミルクキャラメル発売《はつばい》。**6・28** 日本蓄音機商会《にほんちくおんきしょうかい》の争議《そうぎ》で、友愛会《ゆうあいかい》が従業員《じゅうぎょういん》から全権《ぜんけん》を委任《いにん》され交渉《こうしょう》、解決《かいけつ》（友愛会《ゆうあいかい》が関係《かんけい》した最初《さいしょ》の争議《そうぎ》）。**6・-** 信濃史料編纂会《しなのしりょうへんさんかい》『信濃史料叢書《しなのしりょうそうしょ》』刊《かん》（～大正《たいしょう》三年《ねん》一一月《がつ》）。**7・8** 文芸協会解散《ぶんげいきょうかいかいさん》・芸術座《げいじゅつざ》・無名会《むめいかい》・舞台協会結成《ぶたいきょうかいけっせい》。**7・12** 沢柳政太郎《さわやなぎまさたろう》京都帝大総長《きょうとていだいそうちょう》、教授《きょうじゅ》七人《にん》を罷免《ひめん》、一三日《にち》、教授会《きょうじゅかい》を無視《むし》した人事《じんじ》に対《たい》し教授《きょうじゅ》ら、総長《そうちょう》に抗議《こうぎ》（京大沢柳事件《きょうだいさわやなぎじけん》）。**7・15** 宝塚唱歌隊設立《たからづかしょうかたいせつりつ》（一二月《がつ》、宝塚少女歌劇養成会《たからづかしょうじょかげきようせいかい》と改称《かいしょう》・八年《ねん》一月《がつ》、宝塚音楽歌劇学校《たからづかおんがくかげきがっこう》となる）。**7・-** 葵館《あおいかん》、

中華民国

西暦	年号・干支	内閣
▶一九一三	大正二 癸丑《みずのとうし》	(第1次山本権兵衛内閣)

記事

活動写真常設館《かつどうしゃしんじょうせっかん》として東京赤坂溜池《とうきょうあかさかためいけ》に開館《かいかん》。大杉栄《おおすぎさかえ》・荒畑寒村《あらはたかんそん》ら、サンジカリズム研究会《けんきゅうかい》結成《けっせい》(大正《たいしょう》四年《ねん》二月《がつ》一五日《にち》平民講演会《へいみんこうえんかい》と改称《かいしょう》)。**8・5** 岩波茂雄《いわなみしげお》、東京《とうきょう》で岩波書店《いわなみしょてん》を開業《かいぎょう》。**9・19** 芸術座《げいじゅつざ》第《だい》一回公演《かいこうえん》(有楽座《ゆうらくざ》、~二八日《にち》)。**10・25** 石原修《いしはらおさむ》、「女工《じょこう》と結核《けっかく》」と題《だい》して国家医学会《こっかいがっかい》で講演《こうえん》。**この年**《とし》 東北《とうほく》・北海道《ほっかいどう》凶作《きょうさく》(要救済《ようきゅうさい》九三七万人《にん》)。高原淳次郎《たかはらじゅんじろう》・武藤厳男《むとういつお》・小橋元雄《こばしもとお》『肥後藩国事史料《ひごはんこくじしりょう》』刊《かん》。『文明源流叢書《ぶんめいげんりゅうそうしょ》』刊《かん》(~大正《たいしょう》三年《ねん》)。赤堀又次郎《あかぼりまたじろう》編《へん》『徳川時代商業叢書《とくがわじだいしょうぎょうそうしょ》』刊《かん》(~大正《たいしょう》三年《ねん》)。

【死没】

1・5 小島竜太郎《こじまりゅうたろう》(65、フランス学《がく》)。**1・18** 速水堅曹《はやみけんぞう》(75、製糸業《せいしぎょう》)。**2・6** 兼松房治郎《かねまつふさじろう》(69、日《にち》濠貿易《ごうぼうえき》)。**2・14** 川端玉章《かわばたぎょくしょう》(72、日本画家《にほんがか》)。**2・15** 本居豊穎《もとおりとよかい》(80、国学《こくがく》)。**2・17** 坂崎紫瀾《さかざきしらん》(61、文筆家《ぶんぴつか》)。**2・23** 瓜生寅《うりゅうはじむ》(72、官僚《かんりょう》)。**3・5** 小柳津勝五郎《おやいづかつごろう》(67、農事研究者《のうじけんきゅうしゃ》)。**4・1** 上原六四《うえはらろくし》郎《ろう》(66、物理学《ぶつりがく》)。**4・6** 平沼専蔵《ひらぬませんぞう》(78、実業家《じつぎょうか》)。**4・11** 木村正辞《きむらまさこと》(87、国学《こくがく》)。**5・21** 中井太一郎《なかいたいちろう》(84、農事家《のうじか》)。**5・23** 山本幸彦《やまもとゆきひこ》(70、政治家《せいじか》)。**5・26** 坪井正五郎《つぼいしょうごろう》(51、人類学《じんるいがく》)。**6・20** 松本重《まつもとじゅう》太郎《たろう》(70、実業家《じつぎょうか》)。**6・23** 荻野吟子《おぎのぎんこ》(63、医師《いし》)。**6・25** 沢辺琢磨《さわべたくま》(80、司祭《しさい》)。**7・10** 威仁親王《たけひとしんのう》(52、軍人《ぐんじん》)。林董《はやしただす》(64、外交官《がいこうかん》)。**7・28** 奥原晴湖《おくはらせいこ》(77、画家《がか》)。**7・30** 伊藤左千夫《いとうさちお》(50、小説家《しょうせつか》)。石川光明《いしかわこうめい》(62、彫刻家《ちょうこくか》)。**7・31** 竹本大隅太夫《たけもとおおすみだゆう》(三代《だい》)(60、義太夫節太夫《ぎだゆうぶしたゆう》)。**8・4** 中林梧竹《なかばやしごちく》(87、書家《しょか》)。**8・31** ベルツ(64、医師《いし》)。**9・2** 岡倉天心《おかくらてんしん》(52、思想家《しそうか》)。**9・4** 鈴木藤三郎《すずきとうざぶろう》(59、精糖事業《せいとうじぎょう》)。田中正造《たなかしょうぞう》(73、社会運動家《しゃかいうんどうか》)。**9・6** 阿部守太郎《あべもりたろう》(42、外交官《がいこうかん》)。**9・7** 若尾逸平《わかおいっぺい》(94、甲州財閥《こうしゅうざいばつ》)。**9・15** グリーン(70、宣教師《せんきょうし》)。**9・23** 松村文次郎《まつむらぶんじろう》(75、政治家《せいじか》)。**10・10** 桂太郎《かつらたろう》(67、政治家《せいじか》)。**10・25** 堀真五郎《ほりしんごろう》(76、長門萩藩志士《ながとはぎはんしし》)。**11・2** 岡橋治助《おかばしじすけ》(90、実業家《じつぎょうか》)。**11・10** 渡辺昇《わたなべのぼる》(76、官僚《かんりょう》)。**11・20** 田村顕允《たむらあきまさ》(82、北海道拓殖者《ほっかいどうたくしょくしゃ》)。**11・22** 徳川慶喜《とくがわよしのぶ》(77、江戸幕府《えどばくふ》一五代将軍《だいしょうぐん》)。**11・23** キダー(73、

中華民国
中華民国 2

西暦		一九一四 ◀
年号・干支		三 甲寅《きのえとら》
内閣		
記事	宣教師《せんきょうし》）。 **12・31** 末永純一郎《すえながじゅんいちろう》（47、ジャーナリスト）。 《世界》 **1・10** チベット・モンゴル同盟条約《どうめいじょうやく》に調印《ちょういん》・相互《そうご》の独立《どくりつ》を承認《しょうにん》。 **1・23** トルコでエンヴェル＝ベイ指導《しどう》による青年《せいねん》トルコ党急進派《とうきゅうしんぱ》のクーデタ・マフムート＝シェウケット、大宰相《だいさいしょう》となる。 **3・4** ウィルソン、アメリカ大統領《だいとうりょう》に就任《しゅうにん》。 **3・13** ダグラス没《ぼつ》（71、イギリス海軍軍人《かいぐんぐんじん》）。 **3・18** アメリカ、対華《たいか》六国借款団《こくしゃっかんだん》を脱退《だったい》。 **3・22** 宋教仁没《そうきょうじんぼつ》（32、中国《ちゅうごく》の革命家《かくめいか》）。 **5・2** アメリカ、中華民国《ちゅうかみんこく》を承認《しょうにん》。 アメリカ、カリフォルニア州議会《しゅうぎかい》、外国人土地所有禁止法《がいこくじんとちしょゆうきんしほう》（いわゆる排日《はいにち》土地法《とちほう》）を可決《かけつ》。 **5・30** ロンドン会議《かいぎ》で第一次《だいいちじ》バルカン戦争《せんそう》の講和条約調印《こうわじょうやくちょういん》（トルコ、バルカン四国《こく》に領土《りょうど》を割譲《かつじょう》）。 **6・29** ブルガリア、セルビア・ギリシアを攻撃《こうげき》（第二次《だいじ》バルカン戦争勃発《せんそうぼっぱつ》）。 **7・31** ミルン没《ぼつ》（62、イギリスの鉱山技師《こうざんぎし》・地震学者《じしんがくしゃ》）。 **8・10** ブカレスト講和条約調印《こうわじょうやくちょういん》、第二次《だいじ》バルカン戦争終結《せんそうしゅうけつ》。 **9・1** 京城《けいじょう》（現《げん》ソウル）で独立義軍府《どくりつぎぐんふ》が組織《そしき》。 **11・5** ロシア・中国間《ちゅうごくかん》に、モンゴル自治《じち》に関《かん》する協定成立《きょうていせいりつ》。 **12・5** デニング没《ぼつ》（67、英国教会伝道会社《えいこくきょうかいでんどうがいしゃ》の宣教師《せんきょうし》）。 **12・23** アメリカ、連邦準備銀行法成立《れんぽうじゅんびぎんこうほうせいりつ》。 **この年《とし》** デットリング没《ぼつ》（71、ドイツ人《じん》で清国《しんこく》の御雇外国人《おやといがいこくじん》）。	**【政治・経済】** **1・5** 憲政擁護会《けんせいようごかい》、営業税《えいぎょうぜい》・通行税《つうこうぜい》・織物消費税《おりものしょうひぜい》の三税廃止《ぜいはいし》を決議《けつぎ》。 **1・14** 全国《ぜんこく》三税廃止大会《ぜいはいしたいかい》開催《かいさい》（廃減税運動《はいげんぜいうんどう》、全国《ぜんこく》に拡大《かくだい》）。 **1・23** シーメンス社員《しゃいん》リヒテルの裁判《さいばん》で日本海軍高官《にほんかいぐんこうかん》への贈《ぞう》賄《わい》が発覚《はっかく》と新聞報道《しんぶんほうどう》（シーメンス事件《じけん》）、島田三郎《しまださぶろう》、衆議院予算委《しゅうぎいんよさんい》で事件《じけん》に関《かん》し質問《しつもん》。 **2・5** 憲《けん》政擁護会《せいようごかい》、時局有志大会《じきょくゆうしたいかい》を東京築地《とうきょうつきじ》で開《ひら》き薩閥根絶《さつばつこんぜつ》・海軍廓清《かいぐんかくせい》を決議《けつぎ》（六日《か》、各派連合全国有《かくはれんごうぜんこくゆう》志大会《したいかい》、東京《とうきょう》の国技館《こくぎかん》で開催《かいさい》）。 **2・9** シーメンス事件《じけん》に関《かん》し、海軍大佐沢崎寛猛《かいぐんたいささわざきひろたけ》を拘禁《こうきん》（一八
中華民国		3

西暦	一九一四 ◀▶
年号・干支	大正 三 甲寅《きのえとら》
内閣	（第1次山本権兵衛内閣） 4・16 第2次大隈重信《おおくましげのぶ》内閣

記事

日《にち》、呉鎮守府司令長官松本和《くれちんじゅふしれいちょうかんまつもとかず》の家宅捜索《かたくそうさく》、三月《がつ》三一日《にち》、逮捕《たいほ》）。**2・10** 国民党《こくみんとう》・同志会《どうしかい》・中正会《ちゅうせいかい》三派《ぱ》共同《きょうどう》の山本内閣弾劾決議案《やまもとないかくだんがいけつぎあん》、衆議院《しゅうぎいん》で否決《ひけつ》・日比谷《ひびや》で内閣弾劾国民大会開催《ないかくだんがいこくみんたいかいかいさい》。**3・13** 貴族院《きぞくいん》、二月《がつ》一二日《にち》衆議院修正《しゅうぎいんしゅうせい》の予算案《よさんあん》（海軍拡張費《かいぐんかくちょうひ》三〇〇〇万円削減《えんさくげん》）から、さらに海軍拡張費《かいぐんかくちょうひ》四〇〇〇万円《えん》を削減《さくげん》。**3・23** 貴族院《きぞくいん》、両院協議会案《りょういんきょうぎかいあん》を否決《ひけつ》、予算案成立《よさんあんせいりつ》せず。**3・24** 山本《やまもと》内閣総辞職《ないかくそうじしょく》。**3・31** 枢密顧問官清浦奎吾《すうみつこもんかんきようらけいご》に組閣《そかく》を命《めい》じる（四月《がつ》七日辞退《かじたい》）。**4・16** 第《だい》二次大隈重信内閣成立《じおおくましげのぶないかくせいりつ》（加藤高明外相《かとうたかあきがいしょう》ら同志会《どうしかい》を与党《よとう》とする）。**5・4** 第《だい》三二臨時議会召集《りんじぎかいしょうしゅう》（五月《がつ》五日開会《かかいかい》、同《どう》七日閉会《かへいかい》）。**5・29** 海軍軍法会議《かいぐんぐんぽうかいぎ》、シーメンス事件《じけん》に有罪判決《ゆうざいはんけつ》。**6・18** 政友会臨時党大会《せいゆうかいりんじとうたいかい》、原敬《はらたかし》を総裁《そうさい》とする。**6・20** 第《だい》三三臨時議会召集《りんじぎかいしょうしゅう》（六月《がつ》二二日開会《にちかいかい》、同《どう》二八日閉会《にちへいかい》）。**6・23** 防務会議規則《ぼうむかいぎきそく》を公布《こうふ》（防務会議《ぼうむかいぎ》を設置《せっち》し、陸海軍備《りくかいぐんび》・増師問題《ぞうしもんだい》を審議《しんぎ》）。**6・26** 東洋紡績株式会社設立《とうようぼうせきかぶしきがいしゃせつりつ》（大阪紡績《おおさかぼうせき》㈱と三重紡績《みえぼうせき》㈱の合併《がっぺい》・社長山辺丈夫《しゃちょうやまのべたけお》）。**8・1** 大日本紡績連合会《だいにほんぼうせきれんごうかい》、第《だい》七次操業短縮《じそうぎょうたんしゅく》を開始《かいし》（〜大正《たいしょう》五年《ねん》一月《がつ》三一日《にち》）。**8・7** イギリス大使《たいし》グリーン、ドイツ武装商船撃破《ぶそうしょうせんげきは》のため、日本《にほん》に対《たい》ドイツ戦参加《せんさんか》を要請《ようせい》。**8・8** 元老大臣会議《げんろうだいじんかいぎ》、対《たい》ドイツ参戦《さんせん》を決定《けってい》（八月《がつ》一五日《にち》、日本政府《にほんせいふ》、対《たい》ドイツ最後通牒《さいごつうちょう》）。**8・23** ドイツに宣戦布告《せんせんふこく》。**9・2** 日本軍《にほんぐん》、山東省《さんとうしょう》に上陸開始《じょうりくかいし》。全国蚕糸同業者協議会《ぜんこくさんしどうぎょうしゃきょうぎかい》、横浜《よこはま》で開催《かいさい》・操業短縮《そうぎょうたんしゅく》を決議《けつぎ》。**9・3** 第《だい》三四臨時議会召集《りんじぎかいしょうしゅう》（九月《がつ》四日開会《かかいかい》、同《どう》九日閉会《かへいかい》）。**9・14** 生糸相場暴落《きいとそうばぼうらく》。**9・15** 政府《せいふ》、財界救済計画《ざいかいきゅうさいけいかく》を発表《はっぴょう》（大蔵省《おおくらしょう》・日本銀行《にほんぎんこう》などによる救済融資《きゅうさいゆうし》）。**10・6** 各省官制通則《かくしょうかんせいつうそく》を改正《かいせい》・公布《こうふ》（参政官《さんせいかん》・副参政官《ふくさんせいかん》を各省《かくしょう》に設置《せっち》）。**10・14** 日本軍《にほんぐん》、赤道以北《せきどういほく》のドイツ領南洋諸島《りょうなんようしょとう》を占領《せんりょう》（一一月《がつ》七日《か》、青島《チンタオ》及《およ》び膠済鉄道全線《こうさいてつどうぜんせん》を占領《せんりょう》）。**12・5** 第《だい》三五通常議会召集《つうじょうぎかいしょうしゅう》（一二月《がつ》七日開会《かかいかい》、同《どう》二五日解散《にちかいさん》）。**12・25** 衆議院《しゅうぎいん》、二個師団増設費《こしだんぞうせつひ》を否決《ひけつ》、解散《かいさん》。**12・29** 伊藤忠合名会社設立《いとうちゅうごうめいがいしゃせつりつ》（本社大阪《ほんしゃおおさか》・大正《たいしょう》七年株式会社改組《ねんかぶしきがいしゃかいそ》）。

中華民国	中華民国 3

西暦

年号・干支

内閣

記事

【社会・文化】

1・12 桜島大噴火《さくらじまだいふんか》、溶岩流出《ようがんりゅうしゅつ》により大隅半島《おおすみはんとう》と地続《じつづ》きになる(死者《ししゃ》三五人《にん》)。 **1・14** 京大沢《きょうだいさわ》柳事件《やなぎじけん》で法科大学教授全員辞表提出《ほうかだいがくきょうじゅぜんいんじひょうていしゅつ》(二四日《か》、奥田義人文相《おくだよしとぶんしょう》、教授会《きょうじゅかい》の人事権《じんじけん》を承認《しょうにん》・四月《がつ》二八日《にち》、沢柳総長辞任《さわやなぎそうちょうじにん》で結着《けっちゃく》)。 **2・26** 六代目《だいめ》尾上菊五郎《おのえきくごろう》・長谷川時雨《はせがわしぐれ》らの狂言座第《きょうげんざだい》一回公演《かいこうえん》(帝劇《ていげき》、〜二八日《にち》)。 **2・–** 『鹿児島朝日新聞《かごしまあさひしんぶん》』創刊《そうかん》(『鹿児島実業新聞《かごしまじつぎょうしんぶん》』改題《かいだい》)。 **3・20** 東京《とうきょう》大正博覧会《たいしょうはくらんかい》、上野公園《うえのこうえん》で開催《かいさい》(〜七月《がつ》三一日《にち》)。 **3・26** 芸術座《げいじゅつざ》、トルストイ作《さく》・島村抱月《しまむらほうげつ》脚色《きゃくしょく》の「復活《ふっかつ》」を帝劇《ていげき》で初演《しょえん》(〜三一日《にち》)。 **3・31** 肺結核療養所設置《はいけっかくりょうようじょせっち》及《およ》び国庫補助《こっこほじょ》に関《かん》する法律《ほうりつ》を公布《こうふ》。 **3・–** 東京中央停車場完成《とうきょうちゅうおうていしゃじょうかんせい》(辰野金吾《たつのきんご》ら設計《せっけい》・一二月《がつ》一八日開業式《にちかいぎょうしき》、東京駅《とうきょうえき》と命名《めいめい》)。 **4・1** 宝塚少女歌劇養成会第《たからづかしょうじょかげきようせいかいだい》一回公演《かいこうえん》(宝塚新温泉内《たからづかしんおんせんない》パラダイス劇場《げきじょう》・〜五月《がつ》三〇日《にち》)。 **4・–** 上《じょう》毛郷土史研究会《もうきょうどしけんきゅうかい》『上毛及上毛人《じょうもうおよびじょうもうじん》』創刊《そうかん》。筑紫史談会《ちくししだんかい》『筑紫史談《ちくししだん》』刊《かん》。 **6・7** 融和事業《ゆうわじぎょう》を目的《もくてき》として帝国公道会結成《ていこくこうどうかいけっせい》(会長板垣退助《かいちょういたがきたいすけ》・幹事大江天也《かんじおおえてんや》)。 **6・20** 東京《とうきょう》モスリンの職工《しょっこう》、賃下《ちんさ》げ反対《はんたい》でストライキ。 **6・–** 滝本誠一編《たきもとせいいちへん》『日本経済叢書《にほんけいざいそうしょ》』刊《かん》(〜同年《どうねん》一二月《がつ》)。 **9・6** 名古屋電気鉄道《なごやでんきてつどう》運賃値下《うんちんねさ》げの市民大会《しみんたいかい》、鶴舞公園《つるまこうえん》で開催《かいさい》、三日間《かかん》にわたり暴動化《ぼうどうか》し軍隊《ぐんたい》により鎮圧《ちんあつ》。 **9・9** 片《かた》山潜《やません》、社会主義運動参加《しゃかいしゅぎうんどうさんか》のためアメリカへ亡命《ぼうめい》。 **9・–** 史蹟名勝天然紀念物保存協会《しせきめいしょうてんねんきねんぶつほぞんきょうかい》『史蹟名《しせきめい》勝天然紀念物《しょうてんねんきねんぶつ》』創刊《そうかん》(〜大正《たいしょう》一二年《ねん》五月《がつ》)。 **10・1** 三越呉服店《みつこしごふくてん》、新築開店《しんちくかいてん》(日本最初《にほんさいしょ》の常設《じょうせつ》エスカレーター、青銅《せいどう》ライオン像評判《ぞうひょうばん》となる)。二科会第《にかかいだい》一回展《かいてん》(東京上野竹之台《とうきょううえのたけのだい》、〜三一日《にち》・文《ぶん》展第《てんだい》二部《ぶ》二科制設置《かせいせっち》の動《うご》きから、石井柏亭《いしいはくてい》・梅原竜三郎《うめはらりゅうざぶろう》ら結成《けっせい》)。 **10・15** 日本美術院再興記念《にほんびじゅついんさいこうきねん》展覧会《てんらんかい》(三越《みつこし》、〜一一月《がつ》一五日《にち》)。 **10・29** 早稲田《わせだ》・慶応《けいおう》・明治《めいじ》の三大学野球《だいがくやきゅう》リーグ成立《せいりつ》。 **11・23** 立《りつ》憲政友会《けんせいゆうかい》『讃岐日報《さぬきにっぽう》』創刊《そうかん》(『讃岐実業新聞《さぬきじつぎょうしんぶん》』改題《かいだい》)。 **12・6** 山田耕筰《やまだこうさく》、最初《さいしょ》の管弦楽作品《かんげんがくさくひん》を発表《はっぴょう》。 **12・–** 斎藤美澄《さいとうよしずみ》『大和志料《やまとしりょう》』上巻刊《じょうかんかん》(下巻《げかん》、大正《たいしょう》四年《ねん》二月刊《がつかん》)。 **この年《とし》** 大正琴流行《たいしょうごとりゅうこう》。徳島県《とくしまけん》

中華民国

西暦	年号・干支	内閣
▶一九一四	大正 三 甲寅《きのえとら》	(第2次大隈重信内閣)

記事

編《へん》『阿波藩民政資料《あわはんみんせいしりょう》』刊《かん》。阿部次郎《あべじろう》『三太郎《さんたろう》の日記《にっき》』刊《かん》。日本歴史地理学会《にほんれきしちりがっかい》『大日本地誌大系《だいにほんちしたいけい》』刊《かん》。三田村鳶魚《みたむらえんぎょ》編《へん》『列侯深秘録《れっこうしんぴろく》』刊《かん》。湯浅吉郎《ゆあさよしろう》ら発企《ほっき》編修《へんしゅう》『京都叢書《きょうとそうしょ》』刊《かん》(〜大正《たいしょう》六年《ねん》)。

【死没】

1・16 伊東祐亨《いとうすけゆき》(72、海軍首脳《かいぐんしゅのう》)。 **1・18** 吉富簡一《よしとみかんいち》(77、豪農《ごうのう》)。 **1・19** 石川藤八《いしかわとうはち》(72、織物業《おりものぎょう》)。 **1・31** 石井十次《いしいじゅうじ》(50、岡山孤児院《おかやまこじいん》)。広瀬宰平《ひろせさいへい》(87、実業家《じつぎょうか》)。 **2・10** 永岡鶴蔵《ながおかつるぞう》(52、労働運動《ろうどううんどう》)。 **2・11** 宝山左衛門《たからさんざえもん》(三代《だい》)(56、歌舞伎囃子方《かぶきはやしかた》)。 **2・16** 青木周蔵《あおきしゅうぞう》(71、外交官《がいこうかん》)。 **2・28** 岡鹿門《おかろくもん》(82、儒学《じゅがく》)。 **3・3** 下岡蓮杖《しもおかれんじょう》(92、写真家《しゃしんか》)。 **3・4** 松田正久《まつだまさひさ》(70、政治家《せいじか》)。 **3・15** 長谷場純孝《はせばすみたか》(61、政治家《せいじか》)。 **3・17** 平出修《ひらいでしゅう》(37、歌人《かじん》)。 **3・30** 羽田恭輔《はだきょうすけ》(74、政論家《せいろんか》)。 **4・11** 昭憲皇太后《しょうけんこうたいごう》(65、明治天皇皇后《めいじてんのうこう》)。 **5・28** 山座円次郎《やまざえんじろう》(49、外交官《がいこうかん》)。 **7・3** デニソン(68、御雇外国人《おやといがいこくじん》)。 **7・4** 井上頼圀《いのうえよりくに》(76、国学《こくがく》)。高砂浦五郎《たかさごうらごろう》(二代《だい》)(64、関脇《せきわけ》)。 **8・20** 武藤幸逸《むとうこういつ》(77、農事家《のうじか》)。 **9・2** 斎藤万吉《さいとうまんきち》(53、農学《のうがく》)。 **9・16** 島田翰《しまだかん》(36、書誌学《しょしがく》)。 **10・19** 大島貞益《おおしまさだます》(70、経済学《けいざいがく》)。 **10・23** 高山甚太郎《たかやまじんたろう》(60、応用化学《おうようがく》)。 **10・30** 佐藤北江《さとうほっこう》(47、ジャーナリスト)。 **11・14** 高島嘉右衛門《たかしまかえもん》(83、実業家《じつぎょうか》)。 **11・16** 押川春浪《おしかわしゅんろう》(39、小説家《しょうせつか》)。 **11・21** 垪和為昌《はがためまさ》(59、化学《かがく》)。 **12・2** 鶴原定吉《つるはらさだきち》(59、政治家《せいじか》)。

〔世界〕

4・21 アメリカ海兵隊《かいへいたい》、メキシコのベラクルス占領《せんりょう》(八月《がつ》一五日《にち》、カランサ政権成立《せいけんせいりつ》)。 **5・1** 袁世凱《えんせいがい》、中華民国約法《ちゅうかみんこくやくほう》を公布《こうふ》、大総統《だいとうりょう》の権限強化《けんげんきょうか》。 **6・28** オーストリア＝ハンガリー帝国帝《ていこくてい》位継承者《いけいしょうしゃ》(皇太子《こうたいし》)夫妻《ふさい》、セルビア人《じん》の急進民族主義者《きゅうしんみんぞくしゅぎしゃ》に暗殺《あんさつ》される(サラエボ事件《じけん》)。 **7・8** 孫《そん》文《ぶん》、東京《とうきょう》で中華革命党《ちゅうかかくめいとう》を結成《けっせい》。 **7・28** オーストリア、セルビアに宣戦布告《せんせんふこく》(第《だい》一次世界大戦始《じせかいたいせんはじ》まる)。 **7・31** フランス社会党《しゃかいとう》の指導者《しどうしゃ》ジョレス、暗殺《あんさつ》。 **8・1** ドイツ、ロシアに宣戦布告《せんせんふこく》。 **8・3** ドイツ、フランスに宣戦布告《せんせんふこく》。 **8・4** イギリス、ドイツに宣戦布告《せんせんふこく》。 **8・5** アメリカ・ニカ

中華民国
中華民国 3

西暦		◀ 一九一五
年号・干支		四 乙卯《きのとのう》
内閣		
記事	ラグア、条約調印《じようやくちよういん》(アメリカ、運河開削権《うんがかいさくけん》と海軍基地租借権《かいぐんきちそしやくけん》を獲得《かくとく》)。8・6 オーストリア、ロシアに宣戦布告《せんせんふこく》。中華民国《ちゆうかみんこく》、中立《ちゆうりつ》を声明《せいめい》。8・12 フランス、オーストリアに宣戦布告《せんせんふこく》。8・15 パナマ運河開通《うんがかいつう》。8・26 タンネンベルクの戦《たたかい》(～三〇日《にち》、ドイツ軍《ぐん》、ロシア軍《ぐん》を東《ひがし》プロイセンで撃退《げきたい》)。9・5 マルヌの戦《たたかい》(～一二日《にち》、フランス軍《ぐん》、ドイツ軍右翼《ぐんうよく》に反撃《はんげき》)。9・26 中国政府《ちゆうごくせいふ》、日本軍《にほんぐん》の山東進駐《さんとうしんちゆう》に抗議《こうぎ》。11・4 ロシア、トルコに宣戦布告《せんせんふこく》。11・5 イギリス・フランス、トルコに宣戦《せんせん》。12・18 北欧《ほくおう》三国《ごく》が中立《ちゆうりつ》を宣言《せんげん》。イギリス、エジプト保護国化《ほごこくか》を宣言《せんげん》。	【政治・経済】 1・7 中国政府《ちゆうごくせいふ》、日置益駐華公使《ひおきえきちゆうかこうし》に戦争区域廃止《せんそうくいきはいし》を通告《つうこく》し、日本軍《にほんぐん》の山東省《さんとうしよう》からの撤退《てつたい》を要求《ようきゆう》。1・18 日置公使《ひおきこうし》、中国大総統袁世凱《ちゆうごくだいそうとうえんせいがい》に五号《ごう》二一箇条《かじよう》の要求《ようきゆう》を提出《ていしゆつ》(旅順《りよじゆん》・大連租借期限延長《だいれんそしやくきげんえんちよう》、山東省《さんとうしよう》の旧《きゆう》ドイツ権益譲渡《けんえきじようと》など)。1・25 米価調節令《べいかちようせつれい》を公布《こうふ》(米価低落防止《べいかていらくぼうし》を目的《もくてき》、大正《たいしよう》七年《ねん》四月《がつ》二五日廃止《にちはいし》を公布《こうふ》)。2・11 東京《とうきよう》の中国人留学生《ちゆうごくじんりゆうがくせい》、二一箇条要求《かじようようきゆう》に抗議《こうぎ》の大会《たいかい》を開催《かいさい》。3・16 大審院《たいしんいん》、官有地《かんゆうち》の入会権否定《いりあいけんひてい》の判決《はんけつ》。アメリカ国務長官《こくむちようかん》ブライアン、日本《にほん》の対華要求《たいかようきゆう》に一部不同意《いちぶふどうい》とする書翰《しよかん》を、珍田捨己駐米大使《ちんだすてみちゆうべいたいし》に手交《しゆこう》。3・20 帝国蚕糸株式会社《ていこくさんしかぶしきがいしや》設立《せつりつ》(政府助成金《せいふじよせいきん》五〇〇万円《えん》、社長原富太郎《しやちようはらとみたろう》・六月《がつ》一五日解散《にちかいさん》、大正《たいしよう》九年再《ねんふたた》び設立《せつりつ》)。3・25 第《だい》一二回総選挙《かいそうせんきよ》、与党大勝《よとうたいしよう》(同志会《どうしかい》一五三・政友会《せいゆうかい》一〇八・中正会《ちゆうせいかい》三三・国民党《こくみんとう》二七・大隈伯後援会《おおくまはくこうえんかい》一二・無所属《むしよぞく》四八)。3・1 猪苗代水力電気会社《いなわしろすいりよくでんきがいしや》、東京《とうきよう》—猪苗代間《いなわしろかん》に二二五キロ・一一万五〇〇〇ボルトの長距離高圧送電線《ちようきよりこうあつそうでんせん》を完成《かんせい》。4・12 大礼使官制《たいれいしかんせい》を公布《こうふ》。4・15 武蔵野鉄道《むさしのてつどう》の池袋《いけぶくろ》—飯能間《はんのうかん》が開通《かいつう》(のちの西武鉄道《せいぶてつどう》)。4・23 帝国蚕糸《ていこくさんし》(株)、第《だい》一回生糸買入《かいきいとかいい》れを開始《かいし》。5・4 閣議《かくぎ》、対華最後通牒案《たいかさいごつうちようあん》を決定《けつてい》(第五号《だいごう》を保留《ほりゆう》・同月《どうげつ》六日《か》、御前会議《ごぜんかいぎ》で決定《けつてい》)。5・7 日置公使《ひおきこうし》、最後通《さいごつう》
中華民国		4

西暦	年号・干支	内閣
一九一五 ◀ ▶	大正 四 乙卯《きのとのう》	(第2次大隈重信内閣)

記事

諜《ちょう》を中国外交総長《ちゅうごくがいこうそうちょう》に交付《こうふ》(同月《どうげつ》九日《か》、中国政府《ちゅうごくせいふ》、承認《しょうにん》を回答《かいとう》)。**5・17** 第《だい》三六特別議会召《とくべつぎかいしょう》集《しゅう》(五月《がつ》二〇日《か》開会《かいかい》、六月《がつ》九日《か》閉会《へいかい》)。**5・25** 二一箇《か》条要求《じょうようきゅう》に基《もと》づく諸条約《しょじょうやく》ならびに交換公《こうかんこう》文《ぶん》に中国《ちゅうごく》と調印《ちょういん》(六月《がつ》八日《か》批准書交換《ひじゅんしょこうかん》)。**6・8** 衆議院《しゅうぎいん》、選挙干渉《せんきょかんしょう》に関《かん》する内閣不信任決議《ないかくふしんにんけつぎ》案《あん》、議場混乱《ぎじょうこんらん》のなか否決《ひけつ》。**6・15** 京都帝大《きょうとていだい》、学内公選《がくないこうせん》で総長《そうちょう》に荒木寅三郎《あらきとらさぶろう》を選出《せんしゅつ》(沢柳事《さわやなぎじ》件《けん》により、教授会《きょうじゅかい》の人事権《じんじけん》・総長公選《そうちょうこうせん》などの内規《ないき》を定《さだ》める)。**6・19** 排日運動緩和《はいにちうんどうかんわ》のため、友《ゆう》愛会会長《あいかいかいちょう》鈴木文治《すずきぶんじ》、アメリカへ出発《しゅっぱつ》。**6・21** 大正《たいしょう》四年度追加予算《ねんどついかよさん》を公布《こうふ》(二個師団増設費《こしだんぞうせつひ》・軍《ぐん》艦新造費《かんしんぞうひ》など)。染料医薬品製造奨励法《せんりょういやくひんせいぞうしょうれいほう》を公布《こうふ》(染料製造会社《せんりょうせいぞうがいしゃ》に対《たい》する損失補償《そんしつほしょう》・利益配当《りえきはいとう》保証《ほしょう》について規定《きてい》・一〇月《がつ》一五日施行《にちしこう》)。**6・27** 衆議院議員板倉中《しゅうぎいんぎいんいたくらなかば》・白川友一《しらかわゆういち》らを拘引《こういん》(増師《ぞうし》案通過《あんつうか》のため大浦兼武内相《おおうらかねたけないしょう》と謀《はか》り、議員《ぎいん》を買収《ばいしゅう》した容疑《ようぎ》)。**7・2** 各省《かくしょう》の参政官《さんせいかん》・副参政官《ふくさんせいかん》に、与党《よとう》の議員《ぎいん》を任《にん》じる。**7・29** 大浦兼武内相《おおうらかねたけないしょう》、辞表《じひょう》を提出《ていしゅつ》(八月一日《がつついたち》すべての公職《こうしょく》を辞職《じしょく》)。**7・30** 大隈首相《おおくましゅしょう》ら閣僚全員辞表《かくりょうぜんいんじひょう》を提出《ていしゅつ》。**8・10** 大隈内閣《おおくまないかく》、改造《かいぞう》して再組閣《さいそかく》(加藤高明外相《かとうたかあきがいしょう》・若槻礼次郎蔵相《わかつきれいじろうぞうしょう》ら辞任《じにん》)。**9・23** 東京期米相場暴落《とうきょうきまいそうばぼうらく》(前年《ぜんねん》三月以来米価低落《がついらいべいかていらく》、この後上昇《のちじょうしょう》に転《てん》ず)。**10・7** 米価調節調査会官制《べいかちょうせつちょうさかいかんせい》を公布《こうふ》(二一日《にち》、第《だい》一回委員会《かいいいんかい》)。**10・19** 政府《せいふ》、英仏露《えいふつろ》ロンドン宣言《せんげん》に加入《かにゅう》(三〇日公示《にちこうじ》)。**10・28** 日《にち》・英《えい》・露《ろ》三国共同《ごくきょうどう》して、袁世凱《えんせいがい》に帝制実施《ていせいじっし》の延期《えんき》を勧《かん》告《こく》(一一月《がつ》一一日《にち》、袁世凱《えんせいがい》、帝制実施《ていせいじっし》の延期《えんき》を公式通告《こうしきつうこく》)。**11・3** 山下汽船《やましたきせん》㈱の靖国丸《やすくにまる》、地中海《ちちゅうかい》でドイツ軍艦《ぐんかん》により撃沈《げきちん》(一二月《がつ》二一日《にち》には日本郵船《にほんゆうせん》㈱の八阪丸《やさかまる》が撃沈《げきちん》)。**11・10** 天皇《てんのう》、京都御《きょうとご》所紫宸殿《しょししんでん》で即位《そくい》の礼《れい》を挙行《きょこう》。大礼《たいれい》に際《さい》して叙位《じょい》・叙勲《じょくん》・授章《じゅしょう》、特赦《とくしゃ》。**11・29** 第《だい》三七通常議会召《つうじょうぎかいしょう》集《しゅう》(一二月一日開会《がつついたちかいかい》、大正《たいしょう》五年《ねん》二月《がつ》二八日閉会《にちへいかい》)。**11・30** 日《にち》・仏《ふつ》・英《えい》・伊《い》・露《ろ》五ヵ国《こく》、単独不講和《たんどくふこうわ》宣言《せんげん》に調印《ちょういん》。**12・4** 東京株式市場暴騰《とうきょうかぶしきしじょうぼうとう》(いわゆる大戦景気《たいせんけいき》の始《はじ》まり)。**12・18** 衆議院《しゅうぎいん》、政友《せいゆう》・国民両党提出《こくみんりょうとうていしゅつ》の内閣弾劾決議案《ないかくだんがいけつぎあん》を否決《ひけつ》。**12・-** 参謀本部《さんぼうほんぶ》、反袁運動支援《はんえんうんどうしえん》のため、青木宣純中《あおきのりずみちゅう》

中華民国	中華民国 4

西暦	
年号・干支	
内閣	
記事	将《じょう》を上海《シャンハイ》に派遣《はけん》。**この年《とし》** 年間貿易収支《ねんかんぼうえきしゅうし》、輸出超過《ゆしゅっちょうか》に転《てん》じる。 【社会・文化】 **2・2** 日本《にほん》・ハワイ間《かん》の無線通信《むせんつうしん》に成功《せいこう》。**3・-** 武者小路実篤《むしゃのこうじさねあつ》『その妹《いもうと》』成《な》る（『白樺《しらかば》』に初出《しょしゅつ》）。名古屋市史編纂室《なごやししへんさんしつ》『名古屋市史《なごやしし》』刊《かん》（～昭和《しょうわ》九年《ねん》五月《がつ》）。**4・26** 芸術座《げいじゅつざ》、ツルゲーネフ作《さく》・楠山正雄《くすやままさお》脚色《きゃくしょく》「その前夜《ぜんや》」上演《じょうえん》（帝劇《ていげき》、～三〇日《にち》）。**5・1** 明治神宮造営局官制《めいじじんぐうぞうえいきょくかんせい》を公布《こうふ》。**5・23** 山田耕筰《やまだこうさく》の指揮《しき》で、東京《とうきょう》フィルハーモニー会《かい》、毎月《まいつき》一回《かい》の演奏会《えんそうかい》を開始《かいし》（大正《たいしょう》五年《ねん》二月《がつ》解散《かいさん》）。**5・-** 伊予史談会《いよしだんかい》『伊予史談《いよしだん》』刊《かん》。**6・12** 杉本京太《すぎもときょうた》ら、邦文《ほうぶん》タイプライターの特許《とっきょ》を取得《しゅとく》。**6・30** 内務省《ないむしょう》、看護婦規則《かんごふきそく》を公布《こうふ》（看護婦《かんごふ》の資格《しかく》を規定《きてい》・一〇月《がつ》一日《ついたち》施行《しこう》）。**8・18** 第《だい》一回《かい》全国中等学校《ぜんこくちゅうとうがっこう》優勝野球大会開催《ゆうしょうやきゅうたいかいかいさい》（大阪朝日新聞社主催《おおさかあさひしんぶんしゃしゅさい》）、参加《さんか》一〇校《こう》、京都二中《きょうとにちゅう》が優勝《ゆうしょう》。**9・15** 内務《ないむ》・文部《もんぶ》両省《りょうしょう》、青年団体《せいねんだんたい》の指導《しどう》教育《きょういく》などに関《かん》し共同訓令《きょうどうくんれい》。**9・-** 売文社《ばいぶんしゃ》『新社会《しんしゃかい》』創刊《そうかん》。**10・10** 大阪毎日《おおさかまいにち》・大阪朝日《おおさかあさひ》両新聞社《りょうしんぶんしゃ》、夕刊《ゆうかん》（一一日付《にちづけ》）を発行《はっこう》。**10・17** 草土社《そうどしゃ》第《だい》一回展《かいてん》（読売新聞社《よみうりしんぶんしゃ》、～三一日《にち》）。**10・-** 上田万年《うえだかずとし》・松井簡治《まついかんじ》『大日本国語辞典《だいにほんこくごじてん》』刊《かん》。**11・-** 『水戸藩史料《みとはんしりょう》』刊《かん》（徳川家蔵版《とくがわけぞうはん》）。**12・11** 北里研究所《きたさとけんきゅうじょ》㈶、開所式《かいしょしき》。**12・-** 宮内省《くないしょう》諸陵寮《しょりょうりょう》『陵墓要覧《りょうぼようらん》』初版刊《しょはんかん》（～平成《へいせい》五年《ねん》）。**この年《とし》** 日本史籍協会《にほんしせききょうかい》『日本史籍協会叢書《にほんしせききょうかいそうしょ》』刊《かん》（～昭和《しょうわ》一〇年《ねん》）。国書刊行会《こくしょかんこうかい》『系図綜覧《けいずそうらん》』刊《かん》。安藤博《あんどうひろし》編《へん》『徳川幕府県治要略《とくがわばくふけんちようりゃく》』刊《かん》。東京帝国大学文科大学《とうきょうていこくだいがくぶんかだいがく》『満鮮地理歴史研究報告《まんせんちりれきしけんきゅうほうこく》』刊《かん》（～昭和《しょうわ》一六年《ねん》）。列聖全集刊行会編《れっせいぜんしゅうかんこうかいへん》『列聖全集《れっせいぜんしゅう》』刊《かん》（～大正《たいしょう》六年《ねん》）。『珍書同好会刊行書《ちんしょどうこうかいかんこうしょ》』刊《かん》（～大正《たいしょう》八年《ねん》）。堀田璋左右《ほったしょうぞう》・川上多助《かわかみたすけ》編《へん》『日本偉人言行資料《にほんいじんげんこうしりょう》』刊《かん》（～大正《たいしょう》六年《ねん》）。 【死没】 **1・1** 岡田良一郎《おかだりょういちろう》（77、実業家《じつぎょうか》）。**1・10** 後藤伊左衛門《ごとういざえもん》（88、事業家《じつぎょうか》）。**1・11** 有坂成章《ありさかなりあきら》（64、陸軍軍人《りくぐんぐんじん》）。**1・19** 岸本五兵衛《きしもとごへえ》（二代《だい》）（52、海運業者《かいうんぎょうしゃ》）。**1・21** 芳村正秉《よしむらまさもち》（77、神習教《しんしゅうきょう》）。**2・8** 長《なが》
中華民国	

西暦	年号・干支	内閣
▶ 一九一五	大正 四 乙卯《きのとのう》	(第2次大隈重信内閣)

記事

塚節《つかたかし》(37、小説家《しょうせつか》)。2・27 森山芳平《もりやまよしへい》(62、機業家《きぎょうか》)。3・2 土肥春曙《どいしゅんしょ》(47、新劇俳優《しんげきはいゆう》)。3・13 岩村通俊《いわむらみちとし》(81、官僚《かんりょう》)。3・18 香川敬三《かがわけいぞう》(77、皇后宮大夫《こうごうぐうだいぶ》)。4・20 松平正直《まつだいらまさなお》(72、官僚《かんりょう》)。遠藤利貞《えんどうとしさだ》(73、和算史家《わさんしか》)。5・11 古荘嘉門《ふるしょうかもん》(76、官僚《かんりょう》)。6・2 荒木寛畝《あらきかんぽ》(85、日本画家《にほんがか》)。6・3 横山源之助《よこやまげんのすけ》(45、社会運動家《しゃかいうんどうか》)。6・11 川勝鉄弥《かわかつてつや》(66、牧師《ぼくし》)。6・14 鍋島直彬《なべしまなおよし》(73、肥前佐賀藩支藩鹿島藩主《ひぜんさがはんしはんかしまはんしゅ》)。6・25 鈴木三蔵《すずきさんぞう》(84、農業指導者《のうぎょうしどうしゃ》)。8・5 佐久間左馬太《さくまさまた》(72、陸軍軍人《りくぐんぐんじん》)。8・10 西川春洞《にしかわしゅんどう》(69、書家《しょか》)。9・1 井上馨《いのうえかおる》(81、政治家《せいじか》)。9・4 五姓田義松《ごせだよしまつ》(61、洋画家《ようがか》)。9・8 石川理紀之助《いしかわりきのすけ》(71、農事指導者《のうじしどうしゃ》)。9・16 田辺太一《たなべやすかず》(85、外交官僚《がいこうかんりょう》)。9・19 岡内重俊《おかうちしげとし》(74、司法官《しほうかん》)。10・6 海野勝珉《うんのしょうみん》(72、彫金家《ちょうきんか》)。10・19 渡辺重石丸《わたなべいかりまろ》(79、国学《こくがく》)。10・29 トムソン(80、牧師《ぼくし》)。11・12 津田米次郎《つだよねじろう》(54、織機発明《しょっきはつめい》)。11・21 マクネア(57、宣教師《せんきょうし》)。11・28 小林清親《こばやしきよちか》(69、浮世絵師《うきよえし》)。11・30 辻新次《つじしんじ》(74、教育家《きょういくか》)。12・25 長田秋濤《おさだしゅうとう》(45、翻訳家《ほんやくか》)。**この年** 吉田奈良丸《よしだならまる》(初代《しょだい》)(浪曲師《ろうきょくし》)。

【世界】

1・9 楊守敬没《ようしゅけいぼつ》(77、書家《しょか》)。1・13 イタリアのローマ付近《ふきん》で大地震《おおじしん》、死者約《ししゃやく》三万人《にん》。1・23 アフリカのニヤサランドでチレンブエ指導《しどう》による蜂起《ほうき》。1・29 シャノアーヌ没《ぼつ》(79、フランスの陸軍軍人《りくぐんぐんじん》)。2・4 ドイツ、潜水艦《せんすいかん》による対《たい》イギリス封鎖《ふうさ》を宣言《せんげん》。3・13 ウィッテ没《ぼつ》(65、ロシアの政治家《せいじか》)。3・18 上海《シャンハイ》で二一箇条要求《かじょうようきゅう》抗議大会《こうぎたいかい》(各地《かくち》で日貨排斥運動《にっかはいせきうんどう》おこる)。4・26 英《えい》・仏《ふつ》・露《ろ》・伊《い》、ロンドン秘密条約《ひみつじょうやく》に調印《ちょういん》。5・4 イタリア、三国同盟破棄《さんごくどうめいはき》を宣言《せんげん》(五月《がつ》二三日《にち》オーストリアに宣戦布告《せんせんふこく》)。5・7 イギリス客船《きゃくせん》ルシタニア号《ごう》、アイルランド沖《おき》でドイツ潜水艦《せんすいかん》により撃沈《げきちん》、死者約《ししゃやく》一二〇〇人《にん》(米人《べいじん》一二八人《にん》を含《ふく》む)。5・9 中国政府《ちゅうごくせいふ》、日本《にほん》の二一箇条要求《かじょうようきゅう》を受諾《じゅだく》、五月《がつ》九日《か》は国恥記念日《こくちきねんび》となる。6・7 ロシア・中国《ちゅうごく》・モンゴル、外《そと》モンゴルに関《かん》する三国《さんごく》協定成立《きょうていせいりつ》。6・- この月《つき》、蔡元培《さいげんばい》ら、勤工倹学会《きんこうけんがっかい》を結成《けっせい》。7・14 アラブの民族主義勢力《みんぞくしゅぎせいりょく》、イギ

中華民国
中華民国 4

西暦		一九一六 ◀
年号・干支		五 丙辰《ひのえたつ》
内閣		
記事	リスと交渉《こうしょう》。 8・― 朝鮮各地《ちょうせんかくち》で独立運動《どくりつうんどう》おこる。 9・10 マクドナルド没《ぼつ》(63、イギリスの外交官《がいこうかん》)。 9・16 アメリカ、ハイチと条約調印《じょうやくちょういん》、ハイチを保護国《ほごこく》とする。 10・14 ブルガリア、セルビアに宣戦布告《せんせんふこく》。 12・11 中国参政院《ちゅうごくさんせいいん》、袁世凱《えんせいがい》を皇帝《こうてい》に推《お》す(一二日受諾《にちじゅだく》)。 12・23 中国雲南都督《ちゅうごくうんなんととく》継尭《けいぎょう》・蔡鍔《さいがく》ら、昆明《こんめい》で帝政反対《ていせいはんたい》・雲南独立《うんなんどくりつ》を宣言《せんげん》し、護国軍《ごこくぐん》を組織《そしき》(第《だい》三革命《かくめい》)。	【政治・経済】 1・12 大陸浪人《たいりくろうにん》福田和五郎《ふくだわごろう》ら、排袁運動《はいえんうんどう》を要求《ようきゅう》して大隈重信首相《おおくましげのぶしゅしょう》に爆弾《ばくだん》をなげつけるが不発《ふはつ》。ロシア皇帝名代《こうていみょうだい》ゲオルギー大公入京《たいこうにゅうきょう》(一三日《にち》、山県有朋《やまがたありとも》を訪《たず》ね、ロシアへの兵器供給《へいききょうきゅう》を依頼《いらい》・二七日帰国《にちきこく》)。 1・31 大隈首相《おおくましゅしょう》、減債基金問題《げんさいききんもんだい》で貴族院《きぞくいん》との調停《ちょうてい》を山県有朋《やまがたありとも》に依頼《いらい》。 2・3 衆議院《しゅうぎいん》、大浦事件《おおうらじけん》・内閣居座《ないかくいすわ》りに関《かん》する内閣弾劾上奏案《ないかくだんがいじょうそうあん》を否決《ひけつ》。 2・7 横浜正金銀行《よこはましょうきんぎんこう》ほか一八行《こう》、ロシア大蔵省証券《おおくらしょうしょうけん》五〇〇〇万円《えん》を引受《ひきう》ける契約《けいやく》に調印《ちょういん》(九月四日《がつか》、七〇〇〇万円《えん》をさらに引受《ひきうけ》)。 2・20 久原房之助《くはらふさのすけ》と孫文《そんぶん》の間《あいだ》に七〇万円《えん》の借款《しゃっかん》が成立《せいりつ》。 3・7 閣議《かくぎ》、中国《ちゅうごく》の南軍《なんぐん》を交戦団体《こうせんだんたい》と承認《しょうにん》し、民間有志《みんかんゆうし》の排袁運動援助《はいえんうんどうえんじょ》を黙認《もくにん》する方針《ほうしん》を定《さだ》める。 3・18 海軍航《かいぐんこう》空隊令《くうたいれい》を公示《こうじ》(四月一日施行《がつついたちしこう》、横須賀海軍航空隊《よこすかかいぐんこうくうたい》を設置《せっち》)。 3・30 農商務省《のうしょうむしょう》、米麦品種改良奨《べいばくひんしゅかいりょうしょう》励規則《れいきそく》を公布《こうふ》(道府県《どうふけん》の試験場《しけんじょう》に、改良事業《かいりょうじぎょう》のための補助金《ほじょきん》を交付《こうふ》)。 3・― 大倉喜八郎《おおくらきはちろう》、粛《しゅく》親王《しんのう》に宗社党軍資《そうしゃとうぐんし》として一〇〇万円《えん》を融資《ゆうし》。 4・6 畜産試験場官制《ちくさんしけんじょうかんせい》を公布《こうふ》(大正《たいしょう》六年《ねん》六月一日《がつついたち》、国立畜産試験場《こくりつちくさんしけんじょう》を千葉県千葉郡都村《ちばけんちばぐんみやこむら》に設置《せっち》)。 4・10 大蔵省《おおくらしょう》に銀行局《ぎんこうきょく》を設置《せっち》する旨《むね》を公布《こうふ》。内閣《ないかく》に軌制調査会《きせいちょうさかい》を設置《せっち》し、会長大隈首相《かいちょうおおくましゅしょう》以下《いか》を任命《にんめい》。 4・25 経済調査会官制《けいざいちょうさかいかんせい》を公布《こうふ》(会長《かいちょう》大隈首相《おおくましゅしょう》)。 5・6 製鉄業調査会官制《せいてつぎょうちょうさかいかんせい》を公布《こうふ》(会長河野広中農商務相《かいちょうこうのひろなかのうしょうむしょう》)。 5・24 原敬《はらたかし》・加藤《かとう》高明《たかあき》・犬養毅《いぬかいつよし》の三党首《とうしゅ》、三浦梧楼《みうらごろう》の斡旋《あっせん》により会談《かいだん》(六月六日《がつか》、外交《がいこう》・国防方針《こくぼうほうしん》につき協同《きょうどう》・一〇
中華民国		5

西暦	年号・干支	内閣
一九一六 ◀▶	大正五 丙辰《ひのえたつ》	(第2次大隈重信内閣)

記事

日《か》、覚書《おぼえがき》を発表《はっぴょう》)。**7・3** 第《だい》四次《じ》日《にち》露《ろ》協約《きょうやく》調印《ちょういん》(秘密協約《ひみつきょうやく》で中国《ちゅうごく》が第《だい》三国《ごく》に支配《しはい》されるのを防《ふせ》ぐための協力《きょうりょく》を規定《きてい》)。**7・6** 大隈首相《おおくましゅしょう》、同志会総裁加藤高明《どうしかいそうさいかとうたかあき》との連立内閣《れんりつないかく》を朝鮮総督《ちょうせんそうとく》寺内正毅《てらうちまさたけ》に提議《ていぎ》(八月《がつ》六日《か》、寺内《てらうち》の拒絶《きょぜつ》により交渉打切《こうしょううちき》り)。**7・10** 簡易生命保険法《かんいせいめいほけんほう》を公布《こうふ》(一〇月一日《がつついたち》施行《しこう》)。**8・13** 満洲《まんしゅう》の鄭家屯駐在《ていかとんちゅうざい》の日本軍《にほんぐん》、奉天軍《ほうてんぐん》と衝突《しょうとつ》、日本軍《にほんぐん》の戦死者《せんししゃ》一一人《にん》(鄭《てい》家屯事件《かとんじけん》)。**8・14** モンゴルのバボージャブ軍《ぐん》、宗社党支援《そうしゃとうしえん》のための満鉄沿線《まんてつえんせん》の郭家店《かくかてん》に進軍《しんぐん》(日本軍《にほんぐん》は武器《ぶき》を供給《きょうきゅう》、モンゴルへの帰還《きかん》を勧告《かんこく》)。**9・1** 工場法《こうじょうほう》を施行《しこう》。**9・2** バボージャブ軍《ぐん》、撤退中《てったいちゅう》に朝陽坡《ちょうようは》で張作霖軍《ちょうさくりんぐん》と衝突《しょうとつ》・日本軍《にほんぐん》、出動《しゅつどう》して護衛《ごえい》。**10・4** 大隈首相《おおくましゅしょう》、辞《じ》表《ひょう》を提出《ていしゅつ》、一〇月《がつ》五日《か》、大隈内閣総辞職《おおくまないかくそうじしょく》(諸元老《しょげんろう》、元老会議《げんろうかいぎ》で寺内正毅《てらうちまさたけ》を推《お》し、組閣《そかく》を命《めい》じる)。**10・9** 寺内正毅内閣成立《てらうちまさたけないかくせいりつ》。**10・10** 憲政会結成《けんせいかいけっせい》(立憲同志会《りっけんどうしかい》・中正会《ちゅうせいかい》・公友倶楽部《こうゆうクラブ》の合同《ごうどう》・衆《しゅう》議院《ぎいん》の過半数《かはんすう》を占《し》める・総裁加藤高明《そうさいかとうたかあき》)。**11・3** 裕仁親王《ひろひとしんのう》、立太子《りったいし》の礼《れい》。**12・13** 株式相場大暴落《かぶしきそうばだいぼうらく》、東京《とうきょう》・大阪両株式取引所立会停止《おおさかりょうかぶしきとりひきじょたちあいていし》。**12・25** 第《だい》三八通常議会召集《つうじょうぎかいしょうしゅう》(一二月《がつ》二七日開会《にちかいかい》、大正《たいしょう》六年《ねん》一月《がつ》二五日解散《にちかいさん》)。

【社会・文化】

1・22 工場法《こうじょうほう》(明治《めいじ》四四年《ねん》三月《がつ》二九日公布《にちこうふ》)を六月一日《がっついたち》より施行《しこう》する旨《むね》を公布《こうふ》(五月《がつ》三一日《にち》、枢《すう》密院《みついん》の反対《はんたい》で施行日《しこうび》を九月一日《がっついたち》に改《あらた》める旨《むね》を公布《こうふ》)。工場法《こうじょうほう》の施行《しこう》に備《そな》え、警視庁《けいしちょう》および大《おお》阪《さか》など八道府県《どうふけん》の警察部《けいさつぶ》に工場監督官《こうじょうかんとくかん》を設置《せっち》する旨《むね》を各公布《かくこうふ》。**1・-** 史学研究会《しがくけんきゅうかい》『史林《しりん》』創刊《そうかん》。中央公論社《ちゅうおうこうろんしゃ》『婦人公論《ふじんこうろん》』創刊《そうかん》。**2・23** 野坂参三《のさかさんぞう》・平沢計七《ひらさわけいしち》ら友愛会《ゆうあいかい》の若手幹部《わかてかんぶ》、労働者問題研究《ろうどうしゃもんだいけんきゅう》会《かい》を結成《けっせい》。**2・27** 京都哲学会発会式公開講演会《きょうとてつがくかいはっかいしきこうかいこうえんかい》(高田保馬《たかだやすま》ら講演《こうえん》)。**3・18** 山極勝三郎《やまぎわかつさぶろう》・市川厚《いちかわこう》一《いち》、タールを使用《しよう》し癌《がん》の人工発生《じんこうはっせい》に成功《せいこう》。**4・1** 朝鮮《ちょうせん》に専門学校《せんもんがっこう》を設置《せっち》(京城専修学校《けいじょうせんしゅうがっこう》・京城《けいじょう》医学専門学校《いがくせんもんがっこう》)。**4・2** 友愛会磐城連合会結成《ゆうあいかいいわきれんごうかいけっせい》(最初《さいしょ》の地方連合会《ちほうれんごうかい》・以後《いご》、横浜《よこはま》・東京《とうきょう》・神戸《こうべ》・大《おお》

中華民国
中華民国 5

西暦	
年号・干支	
内閣	

記事

阪《さか》でも結成《けっせい》)。 **4・-** 大日本国民中学会編《だいにほんこくみんちゅうがくかいへん》『贈位功臣言行録《ぞういこうしんげんこうろく》』刊《かん》。 **5・29** タゴール来日《らいにち》(六月《がつ》一一日《にち》、東京帝大《とうきょうていだい》で講演《こうえん》)。 **6・-** 友愛会《ゆうあいかい》、婦人部《ふじんぶ》を設置《せっち》。 **8・15** 横浜船渠《よこはまドック》の職工《しょっこう》一二〇〇人《にん》、解《かい》雇取消《ことりけ》し・賃上《ちんあ》げを要求《ようきゅう》してストライキ(一六日《にち》、友愛会長鈴木文治《ゆうあいかいちょうすずきぶんじ》の調停《ちょうてい》で解決《かいけつ》)。 **8・26** 堂《どう》前孫三郎《まえまごさぶろう》・西尾末広《にしおすえひろ》・阪本孝三郎《さかもとこうざぶろう》ら、大阪《おおさか》で職工組合期成同志会《しょっこうくみあいきせいどうしかい》を結成《けっせい》。 **10・12** 全国記者大会《ぜんこくきしゃたいかい》、東京築地精養軒《とうきょうつきじせいようけん》で開催《かいさい》(閥族《ばつぞく》・官僚政治《かんりょうせいじ》の排斥《はいせき》を決議《けつぎ》)。 **10・21** 大阪婦人矯風会《おおさかふじんきょうふうかい》、飛田遊郭地《とびたゆうかくち》の指定《してい》に反対《はんたい》し府庁《ふちょう》にデモ。 **11・9** 大杉栄《おおすぎさかえ》、伊藤野枝《いとうのえ》と葉山日蔭茶屋《はやまひかげちゃや》で同宿中《どうしゅくちゅう》、神近市子《かみちかいちこ》に刺《さ》される。 **11・16** 逓信省船橋無線局《ていしんしょうふなばしむせんきょく》とハワイのカフク無線局間《むせんきょくかん》で、日米間《にちべいかん》の通信開始《つうしんかいし》。 **この年《とし》** チャップリンの喜劇映画《きげきえいが》が続々上映《ぞくぞくじょうえい》され、人気《にんき》を集《あつ》める。 日本史籍協会《にほんしせききょうかい》『九条尚忠文《くじょうひさただもん》書《じょ》』刊《かん》。 物集高見編《もずめたかみへん》『広文庫《こうぶんこ》』成《な》る。 三田村鳶魚編《みたむらえんぎょへん》『鼠璞十種《そはくじっしゅ》』刊《かん》。 伊達宗城《だてむねなり》『伊達宗城在京日記《だてむねなりざいきょうにっき》』刊《かん》。 中山忠能《なかやまただやす》『中山忠能日記《なかやまただやすにっき》』刊《かん》(日本史籍協会叢書本《にほんしせききょうかいそうしょぼん》)。 津田左右吉《つだそうきち》『文学《ぶんがく》に現《あら》はれたる我《わ》が国《こく》民思想《みんしそう》の研究《けんきゅう》』刊《かん》(〜大正《たいしょう》一〇年《ねん》)。 江戸叢書刊行会《えどそうしょかんこうかい》『江戸叢書《えどそうしょ》』刊《かん》(〜大正《たいしょう》六年《ねん》)。 日本経済叢《にほんけいざいそう》書刊行会編《しょかんこうかいへん》『通俗経済文庫《つうぞくけいざいぶんこ》』刊《かん》(〜大正《たいしょう》六年《ねん》)。 秋田時事社《あきたじじしゃ》『秋田時事新聞《あきたじじしんぶん》』創刊《そうかん》(『秋田時事《あきたじじ》』改題《かいだい》)。

【死没】

1・7 小山正太郎《こやましょうたろう》(60、洋画家《ようがか》)。 **1・11** 高島鞆之助《たかしまとものすけ》(73、陸軍軍人《りくぐんぐんじん》)。 **1・13** 外山脩造《とやましゅうぞう》(75、阪神《はんしん》電鉄《でんてつ》)。 **1・16** 北垣国道《きたがきくにみち》(81、官僚《かんりょう》)。 **1・24** 大林芳五郎《おおばやしよしごろう》(53、大林組《おおばやしぐみ》)。 **1・31** 中村仲蔵《なかむらなかぞう》(江戸系《えどけい》四代《だい》)(62、歌舞伎役者《かぶきやくしゃ》)。 **2・2** 今村紫紅《いまむらしこう》(37、日本画家《にほんがか》)。 **2・9** 加藤弘之《かとうひろゆき》(81、思想家《しそうか》)。 **2・27** 富《とみ》田鉄之助《たてつのすけ》(82、官僚《かんりょう》)。 **3・29** 海上胤平《うながみたねひら》(88、歌人《かじん》)。 **3・30** 中牟田倉之助《なかむたくらのすけ》(80、海軍軍人《かいぐんぐんじん》)。 **4・8** 松尾臣善《まつおしげよし》(74、官僚《かんりょう》)。 **4・11** 横山隆興《よこやまたかおき》(69、鉱業家《こうぎょうか》)。 **5・6** 村上俊吉《むらかみしゅんきち》(70、牧師《ぼくし》)。 **6・4** 八田《はった》達也《たつや》(63、蚕糸改良家《さんしかいりょうか》)。 **6・22** 田中芳男《たなかよしお》(79、官僚《かんりょう》)。 **7・9** 上田敏《うえだびん》(43、英文学《えいぶんがく》)。 **7・20** 岡市《おかいち》之助《のすけ》(57、陸軍軍人《りくぐんぐんじん》)。 **8・6** 山葉寅楠《やまはとらくす》(66、日本楽器《にほんがっき》)。 **8・8** 上村彦之丞《かみむらひこのじょう》(68、海軍軍人《かいぐんぐんじん》)。 **9・23**

中華民国

西暦	年号・干支	内閣
▶一九一六	大正五 丙辰《ひのえたつ》	10・9 寺内正毅《てらうちまさたけ》内閣

記事

竹内久一《たけうちきゅういち》(60、木彫家《もくちょうか》)。**9・24** 高田実《たかたみのる》(46、新派俳優《しんぱはいゆう》)。**10・12** 高松凌雲《たかまつりょううん》(81、社会福祉事業《しゃかいふくしじぎょう》)。**10・15** 松永和風《まつながわふう》(三代《だい》)(78、長唄唄方《ながうたうたかた》)。**10・16** 宮本小一《みやもとおかず》(81、外交官《がいこうかん》)。**11・1** 貝島太助《かいじまたすけ》(72、貝島《かいじま》炭礦《たんこう》)。**11・6** 山科言縄《やましなときなお》(82、有職故実家《ゆうしょくこじつか》)。**11・7** 桃中軒雲右衛門《とうちゅうけんくもえもん》(44、浪曲師《ろうきょくし》)。**11・9** 安部《あべ》井磐根《いいわね》(85、政治家《せいじか》)。**12・9** 夏目漱石《なつめそうせき》(50、作家《さっか》)。**12・10** 大山巌《おおやまいわお》(75、陸軍軍人《りくぐんぐんじん》)。**12・17** 二宮熊《にのみやくま》次郎《じろう》(52、雑誌記者《ざっしきしゃ》)。**12・18** 渋谷天外《しぶやてんがい》(初代《しょだい》)(39、喜劇俳優《きげきはいゆう》)。**12・23** 楠本碩水《くすもとせきすい》(85、儒学《じゅがく》)。**12・26** 石橋政方《いしばしまさかた》(77、官僚《かんりょう》)。

【世界】

1・6 イギリス議会《ぎかい》、義務《ぎむ》徴兵法案《ちょうへいほうあん》を可決《かけつ》。**2・21** ヴェルダン攻防戦《こうぼうせん》(ドイツ軍《ぐん》の砲撃《ほうげき》に対《たい》し、フランス軍《ぐん》が要塞《ようさい》を死守《ししゅ》)。**3・22** 袁世凱《えんせいがい》、帝制《ていせい》の取消《とりけし》を宣言《せんげん》。**4・24** ダブリンで反《はん》イギリス武《ぶ》装蜂起《そうほうき》、アイルランド共和国《きょうわこく》を宣言《せんげん》。スイスのキーンタールで第《だい》二回社会主義者国際反戦会《かいしゃかいしゅぎしゃこくさいはんせんかい》議《ぎ》(〜三〇日《にち》)。**4・27** 盛宣懐没《せいせんかいぼつ》(73、清末《しんまつ》の官僚《かんりょう》)。**5・9** イギリス・フランス、サイクス＝ピコ秘密条約《ひみつじょうやく》に調印《ちょういん》。孫文《そんぶん》、上海《シャンハイ》で討袁《とうえん》を宣言《せんげん》。**6・5** ヒジャーズ地方《ちほう》でアラブ人《じん》の反《はん》トルコ蜂起《ほうき》(シャリーフ＝フサインの指導《しどう》)。**6・6** 袁世凱没《えんせいがいぼつ》(58、中華民国《ちゅうかみんこく》の初代大総統《しょだいだいそうとう》)。**6・7** 黎《れい》元洪《げんこう》、大総統代理《だいそうとうだいり》に就任《しゅうにん》。**6・29** 黎元洪《れいげんこう》、臨時約法復活《りんじやくほうふっかつ》と国会再開《こっかいさいかい》を宣布《せんぷ》。段祺瑞《だんきずい》、国務総《こくむそう》理《り》に就任《しゅうにん》。**7・1** ソンムの戦《たたかい》(イギリス・フランス軍《ぐん》、ドイツ軍《ぐん》を総攻撃《そうこうげき》)。**7・6** エッケルト没《ぼつ》(65、ドイツ・プロシアの音楽家《おんがくか》)。**8・17** ミットフォード没《ぼつ》(79、イギリスの外交官《がいこうかん》・文筆家《ぶんぴつか》)。**8・27** ルーマニア、オーストリアに宣戦布告《せんせんふこく》。**8・28** イタリア、ドイツに宣戦布告《せんせんふこく》。**この夏《なつ》** フランス・ロシアなどが労働力補充《ろうどうりょくほじゅう》のため中国《ちゅうごく》で苦力募集《クーリーぼしゅう》。**10・8** バボージャブ没《ぼつ》(42、モンゴル人《じん》、満蒙独立運動《まんもうどくりつうんどう》に関与《かんよ》)。**10・31** 黄興没《こうこうぼつ》(43、中国辛亥革命《ちゅうごくしんがいかくめい》の指導者《しどうしゃ》・政治家《せいじか》)。**11・29** アメリカ、ドミニカ共和国《きょうわこく》の軍事占領《ぐんじせんりょう》を宣言《せんげん》。**12・6** イギリスでロイド＝ジョージ内閣成立《ないかくせいりつ》。**12・12** ド

中華民国
中華民国 5

イツ、和平交渉《わへいこうしょう》の意志《いし》をアメリカに伝達《でんたつ》。**12・17** マーティン没《ぼつ》(89、アメリカのプロテスタント中国宣教師《ちゅうごくせんきょうし》)。**12・26** 蔡元培《さいげんばい》、北京大学校長《ペキンだいがくこうちょう》に就任《しゅうにん》(新文化運動《しんぶんかうんどう》の拠点《きょてん》)。インド国民会議派《こくみんかいぎは》とインド＝ムスリム連盟《れんめい》、ラクナウで同時《どうじ》に年次大会《ねんじたいかい》を開催《かいさい》(二九日《にち》、ラクナウ協定成立《きょうていせいりつ》)。**この年《とし》** アインシュタイン、一般相対性理論《いっぱんそうたいせいりろん》を定式化《ていしきか》。慶親王奕劻没《けいしんのうえききょうぼつ》(81、清朝皇族《しんちょうこうぞく》)。

西暦：◀ 一九一七

年号・干支：六　丁巳《ひのとのみ》

内閣：

記事：

【政治・経済】

1・11 イギリス、日本艦艇《にほんかんてい》の地中海派遣《ちちゅうかいはけん》を要請《ようせい》(二月上旬《がつじょうじゅん》、地中海《ちちゅうかい》へ出発《しゅっぱつ》)。**1・14** 横須賀軍港《よこすかぐんこう》に停泊中《ていはくちゅう》の巡洋艦筑波《じゅんようかんつくば》、火薬庫爆発《かやくこばくはつ》で沈没《ちんぼつ》。**1・20** 日本興業銀行《にほんこうぎょうぎんこう》・朝鮮銀行《ちょうせんぎんこう》・台湾銀行《たいわんぎんこう》、中国交通銀行《ちゅうごくこうつうぎんこう》に借款《しゃっかん》五〇〇万円供与《えんきょうよ》の契約《けいやく》を締結《ていけつ》(西原借款《にしはらしゃっかん》の始《はじ》め)。**1・21** 憲政会《けんせいかい》・国民党《こくみんとう》、それぞれ寺内内閣反対《てらうちないかくはんたい》を決議《けつぎ》・政友会《せいゆうかい》は厳正中立《げんせいちゅうりつ》を決議《けつぎ》。**1・25** 憲政会《けんせいかい》・国民党《こくみんとう》、内閣不信任案《ないかくふしんにんあん》を提出《ていしゅつ》、衆議院解散《しゅうぎいんかいさん》。**2・12** 外務省臨時調査部官制《がいむしょうりんじちょうさぶかんせい》を公布《こうふ》。**2・13** イギリス外相《がいしょう》、珍田捨己駐英大使《ちんだすてみちゅうえいたいし》に、講和会議《こうわかいぎ》で山東省《さんとうしょう》などドイツ領《りょう》に関《かん》する日本《にほん》の要求《ようきゅう》を支持《しじ》すると回答《かいとう》。**3・10** 日本工業倶楽部設立《にほんこうぎょうクラブせつりつ》(会長豊川良平《かいちょうとよかわりょうへい》、理事長団琢磨《りじちょうだんたくま》)。**3・27** 閣議《かくぎ》、ロシア臨時政府承認《りんじせいふしょうにん》を決定《けってい》(四月《がつ》四日《か》、内田康哉駐露大使《うちだこうさいちゅうろたいし》、公文《こうぶん》を提出《ていしゅつ》)。**4・5** 請願令《せいがんれい》を公布《こうふ》。**4・10** 大日本紡績連合会《だいにほんぼうせきれんごうかい》、中国《ちゅうごく》の関税引上《かんぜいひきあ》げ反対《はんたい》を決議《けつぎ》。**4・20** 第《だい》一三回《かい》衆議院総選挙《しゅうぎいんそうせんきょ》(政友会《せいゆうかい》一六五・憲政会《けんせいかい》一二一・国民党《こくみんとう》三五・無所属《むしょぞく》六〇)。**5・2** 松方正義《まつかたまさよし》を内大臣《ないだいじん》に任《にん》じる。**6・2** 寺内首相《てらうちしゅしょう》、臨時外交調査会委員《りんじがいこうちょうさかいいいん》として原敬《はらたかし》・加藤高明《かとうたかあき》・犬養毅《いぬかいつよし》三党首《とうしゅ》に就任《しゅうにん》を懇請《こんせい》(原《はら》・犬養《いぬかい》受《じゅ》諾《だく》、五日《か》加藤拒絶《かとうきょぜつ》)。**6・6** 臨時外交調査委員会官制《りんじがいこうちょうさいいんかいかんせい》を公布《こうふ》(総裁《そうさい》は総理大臣《そうりだいじん》・九日《か》委員《いいん》を任《にん》じる)。**6・20** 犬養毅《いぬかいつよし》、国民党総理《こくみんとうそうり》に就任《しゅうにん》。**6・21** 第《だい》三九特別議会召集《とくべつぎかいしょうしゅう》(六月《がつ》二三日開会《にちかいかい》、七月《がつ》一四日閉会《かへいかい》)。**7・20** 閣議《かくぎ》、対華外交政策《たいかがいこうせいさく》を決定《けってい》(段祺瑞内閣《だんきずいないかく》を財政援助《ざいせいえんじょ》)。軍事救護法《ぐんじきゅうごほう》を公《こう》

中華民国：6

西暦	年号・干支	内閣
一九一七	大正 六 丁巳《ひのとのみ》	(寺内正毅内閣)

記事

布《ふ》(傷病兵《しょうびょうへい》とその家族《かぞく》の救護《きゅうご》など・大正《たいしょう》七年《ねん》一月《がっ》一日《ついたち》施行《しこう》)。警視庁《けいしちょう》、不正桝使用《ふせいますしよう》の米穀商《べいこくしょう》を一斉捜査《いっせいそうさ》、検挙者多数《けんきょしゃたすう》。**7・25** 製鉄業奨励法《せいてつぎょうしょうれいほう》を公布《こうふ》(免税《めんぜい》と土地強制収用《とちきょうせいしゅうよう》を認《みと》める・九月《がっ》一日《ついたち》施行《しこう》)。**7・31** 関東都督府官制改正《かんとうととくふかんせいかいせい》・朝鮮鉄道《ちょうせんてつどう》の経営《けいえい》を満鉄《まんてつ》に委託《いたく》する旨《むね》などの勅令《ちょくれい》を各《かく》公布《こうふ》・拓殖局官制《たくしょくきょくかんせい》を公布《こうふ》(長官白仁武《ちょうかんしらにたけし》)。**9・1** 農商務省《のうしょうむしょう》、暴利取締令《ぼうりとりしまりれい》を公布《こうふ》(米穀《べいこく》・鉄《てつ》・石炭《せきたん》・綿糸布《めんしふ》・紙《かみ》・染料《せんりょう》などの買占《かいし》め・売惜《うりお》しみを防止《ぼうし》)。**9・12** 大蔵省《おおくらしょう》、金貨幣《きんかへい》・金地金輸出取《きんじがねゆしゅつとり》締令《しまりれい》を公布《こうふ》(金本位制《きんほんいせい》を事実上停止《じじつじょうていし》)。**9・29** 戦時船舶管理令《せんじせんぱくかんりれい》を公布《こうふ》。**10・30** 好況《こうきょう》による補助《ほじょ》貨幣《かへい》の欠乏《けつぼう》に対《たい》し、小額紙幣《しょうがくしへい》(五〇銭《せん》・二〇銭《せん》・一〇銭《せん》)の発行《はっこう》を公布《こうふ》。**11・2** 日本《にほん》・アメリカ両《りょう》国《こく》、中国《ちゅうごく》に関《かん》する公文《こうぶん》を交換《こうかん》(石井《いしい》・ランシング協定《きょうてい》)。**12・25** 第《だい》四〇通常議会召集《つうじょうぎかいしょうしゅう》(一二月《がつ》二七日開会《にちかいかい》、大正《たいしょう》七年《ねん》三月《がつ》二六日閉会《にちへいかい》)。

【社会・文化】

3・14 北海道室蘭《ほっかいどうむろらん》の日本製鋼所職工《にほんせいこうじょしょっこう》、賃上《ちんあ》げを要求《ようきゅう》してストライキ(一五日《にち》、指導者検挙《しどうしゃけんきょ》され組合敗北《くみあいはいぼく》)。**3・20** ㈶理化学研究所《りかがくけんきゅうじょ》の設立《せつりつ》を認可《にんか》(創立委員長《そうりついいんちょう》渋沢栄一《しぶさわえいいち》、所長菊池大麓《しょちょうきくちだいろく》)。**3・―** 河上肇《かわかみはじめ》『貧乏物語《びんぼうものがたり》』成《な》る。**4・6** 友愛会創立《ゆうあいかいそうりつ》五周年大会開催《しゅうねんたいかいかいさい》(婦人《ふじん》を正会員《せいかいいん》とするなどの新会《しんかい》則《そく》を決定《けってい》)。**4・15** 欧文植字工団体《おうぶんしょくじこうだんたい》の信友会結成《しんゆうかいけっせい》。**4・18** 沢田正二郎《さわだしょうじろう》・倉橋仙太郎《くらはしせんたろう》ら、新国劇《しんこくげき》を結成《けっせい》し第《だい》一回公演《かいこうえん》(新富座《しんとみざ》、~二一日《にち》・興行不振《こうぎょうふしん》)。**5・1** 堺利彦《さかいとしひこ》・山川均《やまかわひとし》の主唱《しゅしょう》で、在京《ざいきょう》社会主義者《しゃかいしゅぎしゃ》三四人《にん》、山崎今朝弥《やまざきけさや》宅《たく》でメーデー記念《きねん》の集会《しゅうかい》を開催《かいさい》、ロシア革命支持《かくめいしじ》を決議《けつぎ》。**5・8** 第《だい》三回極東選手権競技大会《かいきょくとうせんしゅけんきょうぎたいかい》、東京芝浦《とうきょうしばうら》で開催《かいさい》(日本《にほん》で初《はつ》の国際競技大会《こくさいきょうぎたいかい》)。**5・30** 秀島《ひでしま》成忠《なりただ》編《へん》『佐賀藩海軍史《さがはんかいぐんし》』刊《かん》。**6・18** 三菱長崎造船所《みつびしながさきぞうせんじょ》の職工《しょっこう》、賃上《ちんあ》げ要求《ようきゅう》のストライキ(二八日解《にちかい》決《けつ》)。**7・14** 警視庁《けいしちょう》、活動写真興行取締規則《かつどうしゃしんこうぎょうとりしまりきそく》を公布《こうふ》(男女客席《だんじょきゃくせき》の分離《ぶんり》・フィルム検閲《けんえつ》など)。**7・21** 大阪鉄工所因島工場《おおさかてつこうじょいんのしまこうじょう》の職工《しょっこう》、賃上《ちんあ》げ要求《ようきゅう》のストライキ(指導者検束《しどうしゃけんそく》により敗北《はいぼく》)。**8・15**

中華民国　中華民国 6

西暦	
年号・干支	
内閣	
記事	大倉集古館《おおくらしゅうこかん》開館《かいかん》(東京《とうきょう》赤坂《あかさか》、大倉喜八郎《おおくらきはちろう》が東洋美術品《とうようびじゅつひん》などを展示《てんじ》・日本最初《にほんさいしょ》の私立美術館《しりつびじゅつかん》)。**8・31** 早稲田大学《わせだだいがく》で、学長《がくちょう》天野為之《あまのためゆき》派《は》と前学長《ぜんがくちょう》高田早苗《たかたさなえ》派《は》との紛争激化《ふんそうげきか》(早稲田騒動《わせだそうどう》・二月《がつ》一五日《にち》落着《らくちゃく》)。伯剌西爾時報社《ブラジルじほうしゃ》『伯剌西爾時報《ブラジルじほう》』刊《かん》(サンパウロ)。**9・21** 内閣直属《ないかくちょくぞく》の諮問機関《しもんきかん》として臨時教育会議《りんじきょういくかいぎ》を設置《せっち》(総裁《そうさい》平田東助《ひらたとうすけ》)。**9・23** 土佐史談会《とさしだんかい》『土佐史壇《とさしだん》』創刊《そうかん》(第《だい》一八号以降《ごういこう》『土佐史談《とさしだん》』)。**9・30** 東京《とうきょう》を中心《ちゅうしん》に、東日本《ひがしにほん》で大暴風雨《だいぼうふうう》・被害甚大《ひがいじんだい》、米《こめ》・食料品大暴騰《しょくりょうひんだいぼうとう》。**10・15** 秀英舎《しゅうえいしゃ》・日清印刷《にっしんいんさつ》の印刷工《いんさつこう》、友愛会東京印刷工組合《ゆうあいかいとうきょういんさつこうくみあい》を結成《けっせい》(友愛会《ゆうあいかい》で最初《さいしょ》の職業別組合《しょくぎょうべつくみあい》)。**10・20** 帝国教育会《ていこくきょういくかい》、第《だい》一回全国小学校女教員大会開催《かいぜんこくしょうがっこうじょきょういんたいかいかいさい》(女性教員《じょせいきょういん》、全小学校教員《ぜんしょうがっこうきょういん》の三分《ぶん》の一)。**10・-** 中外情勢研究会《ちゅうがいじょうせいけんきゅうかい》『中外《ちゅうがい》』創刊《そうかん》。**11・14** 神奈川県鶴見《かながわけんつるみ》の浅野造船所《あさのぞうせんじょ》の職工《しょっこう》、新造船《しんぞうせん》の礼金分配《れいきんぶんぱい》への不満《ふまん》から暴動《ぼうどう》。**11・-** 史学地理学同攷会《しがくちりがくどうこうかい》『歴史《れきし》と地理《ちり》』創刊《そうかん》。**この年** 尾上松之助《おのえまつのすけ》(目玉《めだま》の松《まつ》ちゃん)主演《しゅえん》の映画《えいが》が人気《にんき》を集《あつ》める。石川巌《いしかわいわお》・清水清三《しみずせいぞう》校訂《こうてい》『百家随筆《ひゃっかずいひつ》』発行《はっこう》(~大正《たいしょう》七年《ねん》)。大田南畝《おおたなんぽ》編《へん》『三十輻《みそのや》』刊《かん》。三田村鳶魚《みたむらえんぎょ》編《へん》『柳営婦女伝叢《りゅうえいふじょでんそう》』刊《かん》。東亜同文会《とうあどうぶんかい》『支那省別全誌《しなしょうべつぜんし》』刊《かん》(~大正《たいしょう》九年《ねん》)。坪内逍遥《つぼうちしょうよう》『役《えん》の行者《ぎょうじゃ》』単行《たんこう》(大正《たいしょう》五年《ねん》九月《がつ》、『女魔神《にょまじん》』の題《だい》で『新演芸《しんえんげい》』に発表《はっぴょう》の補筆改題《ほひつかいだい》)。 【死没】 **1・4** 村岡良弼《むらおかりょうすけ》(73、官僚《かんりょう》)。**2・3** 藤沢浅二郎《ふじさわあさじろう》(52、俳優《はいゆう》)。**2・13** 片倉兼太郎《かたくらかねたろう》(初代《しょだい》)(69、製糸家《せいしか》)。**3・9** 宝生九郎《ほうしょうくろう》(81、宝生宗家《ほうしょうそうけ》)。**3・15** 山路愛山《やまじあいざん》(54、ジャーナリスト)。**3・23** 黒田清綱《くろだきよつな》(88、政治家《せいじか》)。**3・31** 竹添進一郎《たけぞえしんいちろう》(76、外交官《がいこうかん》)。**4・23** 梶田半古《かじたはんこ》(48、日本画家《にほんがか》)。**5・3** 伊沢修二《いさわしゅうじ》(67、教育者《きょういくしゃ》)。**5・11** ビッケル(50、宣教師《せんきょうし》)。**5・13** 杉贋阿弥《すぎがんあみ》(48、劇評家《げきひょうか》)。**6・21** 関矢孫左衛門《せきやまござえもん》(74、実業家《じつぎょうか》)。**6・24** 川合清丸《かわいきよまる》(70、神道家《しんとうか》)。桜間伴馬《さくらまばんば》(83、能楽師《のうがくし》)。**7・5** 塚原渋柿園《つかはらじゅうしえん》(70、小説家《しょうせつか》)。**7・9** 花房義質《はなぶさよしもと》(76、外交官《がいこうかん》)。**7・19** 土倉庄三郎《どくらしょうざぶろう》(78、林業家《りんぎょうか》)。**7・22** 若柳《わかやなぎ》
中華民国	

西暦	年号・干支	内閣	記事	中華民国
▶一九一七	大正 六 丁巳《ひのとのみ》	(寺内正毅内閣)	寿童《じゅどう》(73、日本舞踊家《にほんぶようか》)。7・28 稀音家浄観《きねやじょうかん》(初代《しょだい》)(79、長唄三味線弾《ながうたしゃみせんひ》き)。8・17 岩村透《いわむらとおる》(48、美《び》術史家《じゅつしか》)。8・19 菊池大麓《きくちだいろく》(63、教育行政家《きょういくぎょうせいか》)。8・21 奥田義人《おくだよしと》(58、政治家《せいじか》)。9・9 土居通夫《どいみちお》(81、実業家《じつぎょうか》)。9・10 星野恒《ほしのひさし》(79、歴史家《れきしか》)。10・9 竹本摂津大掾《たけもとせっつのだいじょう》(82、義太夫《ぎだゆう》)。10・24 片山東《かたやまとう》熊《くま》(64、建築家《けんちくか》)。12・4 杉亨二《すぎこうじ》(90、統計学《とうけいがく》)。12・13 樋口勘次郎《ひぐちかんじろう》(47、教育者《きょういくしゃ》)。12・21 山尾庸三《やまおようぞう》(81、政治家《せいじか》)。12・23 青山胤通《あおやまたねみち》(59、内科学《ないかがく》)。12・30 重宗芳水《しげむねほうすい》(45、実業家《じつぎょうか》)。 【世界】 1・9 ドイツ、無制限潜水艦作戦決定《むせいげんせんすいかんさくせんけってい》(一月《がつ》三一日《にち》、アメリカに通告《つうこく》・二月《がつ》三日《か》、アメリカ、ドイツと国交断絶《こっこうだんぜつ》)。2・5 メキシコ、新憲法《しんけんぽう》を公布《こうふ》。3・12 ペトログラードで労兵《ろうへい》ソヴィエト組《そ》織《しき》が成立《せいりつ》・一五日《にち》、ソヴォフ公首班《こうしゅはん》の臨時政府成立《りんじせいふせいりつ》・ロマノフ王朝滅亡《おうちょうめつぼう》(ロシア二月革命《にがつかくめい》)。4・6 アメリカ、ドイツに宣戦布告《せんせんふこく》。ドイツで独立社会民主党創立大会《どくりつしゃかいみんしゅとうそうりつたいかい》(~八日《か》)。4・16 レーニン、亡命先《ぼうめいさき》のスイスよりペトログラードに帰還《きかん》。5・1 カランサ、メキシコ大統領《だいとうりょう》に就任《しゅうにん》。7・19 ドイツ帝国議会《ていこくぎかい》、平和決議《へいわけつぎ》を可決《かけつ》。7・22 タイ、連合国側《れんごうこくがわ》に立《た》ち参戦《さんせん》。8・14 中国《ちゅうごく》、ドイツ・オーストリアに宣戦布告《せんせんふこく》。8・20 エドウィン゠モンタギュー、インドに自治《じち》を与《あた》える政策《せいさく》を声明《せいめい》。9・7 コルニーロフ将軍《しょうぐん》、反革命軍《はんかくめいぐん》を指揮《しき》して進軍《しんぐん》、ボリシェビキ(のちのソ連共産党《れんきょうさんとう》)指揮《しき》の部隊《ぶたい》に敗北《はいぼく》。9・10 中国《ちゅうごく》で孫文《そんぶん》による広東軍政府樹立《カントンぐんせいふじゅりつ》。10・6 中国湖南《ちゅうごくこなん》で南北軍《なんぼくぐん》の交《こう》戦開始《せんかいし》。10・17 アメリカ軍占領下《ぐんせんりょうか》のハイチで、武装農民《ぶそうのうみん》が蜂起《ほうき》。10・31 フェスカ没《ぼつ》(71、ドイツの農学者《のうがくしゃ》・御雇外国人《おやといがいこくじん》)。11・2 イギリス、パレスチナでのユダヤ人《じん》の国家建設《こっかけんせつ》を支持《しじ》(バルフォア宣言《せんげん》)。11・7 ペトログラードでボリシェビキの武装蜂起《ぶそうほうき》、ケレンスキー政府転覆《せいふてんぷく》・ソヴィエト政権樹立《せいけんじゅりつ》を宣言《せんげん》(ロシア十月革命《じゅうがつかくめい》)。第《だい》二回全《かいぜん》ロシア労兵代表《ろうへいだいひょう》ソヴィエト大会《たいかい》(~八日《か》)、レーニンの「土地《とち》についての布告《ふこく》」・「平和《へいわ》についての布告《ふこく》」を採択《さいたく》。11・15 フォスター没《ぼつ》(81、ア	中華民国 6

西暦		◀一九一八
年号・干支		七 戊午《つちのえうま》
内閣		
記事	メリカの外交官《がいこうかん》、李鴻章《りこうしょう》の顧問《こもん》)。**12・6** フィンランド、独立《どくりつ》を宣言《せんげん》。	【政治・経済】 **1・1** 大日本紡績連合会《だいにほんぼうせきれんごうかい》、第《だい》八次《じ》操業短縮《そうぎょうたんしゅく》を実施《じっし》(一二月《がつ》三一日《にち》まで継続《けいぞく》)。**1・12** 政府《せいふ》、居《きょ》留民保護《りゅうみんほご》を理由《りゆう》として、ウラジオストクに軍艦《ぐんかん》二隻《せき》を派遣《はけん》。**1・18** 官吏任用《かんりにんよう》に関《かん》し高等試験令《こうとうしけんれい》・普通試験令《ふつうしけんれい》を各公布《かくこうふ》。**1・19** 中華滙業銀行《ちゅうかかいぎょうぎんこう》を設立《せつりつ》(日中合弁《にっちゅうごうべん》・本店《ほんてん》北京《ペキン》・総理隆宗輿《そうりりゅうそうよ》前駐《ぜんちゅう》日公使《にちこうし》・対中国借款《たいちゅうごくしゃっかん》の仲介《ちゅうかい》)。**2・9** 衆議院予算委員会《しゅうぎいんよさんいいんかい》で、官営八幡製鉄所《かんえいやはたせいてつじょ》の鋼片払下《こうへんはらいさ》げが問題化《もんだいか》(一八日《にち》、同所長官押川則吉《どうしょちょうかんおしかわのりきち》が自殺《じさつ》)。**2・11** 憲法発布《けんぽうはっぷ》三〇周年祝賀国民大会《しゅうねんしゅくがこくみんたいかい》、東京《とうきょう》上野公園《うえのこうえん》で開催《かいさい》。**3・12** 大正《たいしょう》七年度予算成立《ねんどよさんせいりつ》(八六艦隊編成《はちろくかんたいへんせい》のために六年間《ねんかん》に二億五〇〇〇万円《えん》を追加《ついか》)。**3・20** 衆議院《しゅうぎいん》、憲政会《けんせいかい》・国民党《こくみんとう》・政友会各党《せいゆうかいかくとう》ならびに政府提出《せいふていしゅつ》の衆議院議員選挙《しゅうぎいんぎいんせんきょ》法改正諸案《ほうかいせいしょあん》を撤回《てっかい》または否決《ひけつ》。**3・23** 酒造税法《しゅぞうぜいほう》・所得税法《しょとくぜいほう》を各改正《かくかいせい》・公布《こうふ》(増税《ぞうぜい》)・戦時利得税法《せんじりとくぜいほう》を公布《こうふ》。**3・25** 軍用自動車補助法《ぐんようじどうしゃほじょほう》を公布《こうふ》。第《だい》一次日米船鉄交換契約《じにちべいせんてつこうかんけいやく》に仮調印《かりちょういん》(四月《がつ》二二日《にち》、本《ほん》調印《ちょういん》)。貴族院令《きぞくいんれい》を改正《かいせい》・公布《こうふ》(伯爵《はくしゃく》二〇人以内《にんいない》、子爵《ししゃく》・男爵《だんしゃく》各七三人以内《にんいない》に増員《ぞういん》)。**4・5** 日《にち》英陸戦隊《えいりくせんたい》、ウラジオストクに上陸《じょうりく》。**4・17** 軍需工業動員法《ぐんじゅこうぎょうどういんほう》を公布《こうふ》(政府《せいふ》は軍需工業《ぐんじゅこうぎょう》に対《たい》して保護《ほご》・奨励《しょうれい》・監督《かんとく》を行《おこな》うことができる)。**4・25** 外国米管理令《がいこくまいかんりれい》・農商務省臨時外米管理部設置《のうしょうむしょうりんじがいまいかんりぶせっち》を各公布《かくこうふ》。**4・1** 森健二《もりけんじ》ら、大正赤心団《たいしょうせきしんだん》を結成《けっせい》(対支問題《たいしもんだい》・普選反対運動《ふせんはんたいうんどう》などの活動《かつどう》・政友会《せいゆうかい》の院外団《いんがいだん》の一《ひと》つ)。**5・1** 三菱商事《みつびししょうじ》㈱開業《かいぎょう》(本社東京《ほんしゃとうきょう》・三菱《みつびし》㈾営業部《えいぎょうぶ》の業務《ぎょうむ》を継承《けいしょう》)。**5・15** 満鉄《まんてつ》、鞍山製鉄所《あんざんせいてつじょ》を設置《せっち》(大正《たいしょう》八年《ねん》四月《がつ》二九日《にち》、第《だい》一高炉火入式《こうろひいれしき》)。**5・16** 日華陸軍共同防敵《にっかりくぐんきょうどうぼうてき》軍事協定《ぐんじきょうてい》に調印《ちょういん》(シベリア方面《ほうめん》の共同防敵《きょうどうぼうてき》のため日本軍派兵《にほんぐんはへい》・中国《ちゅうごく》の協力義務《きょうりょくぎむ》など・一九日《にち》、同海軍協定《どうかいぐんきょうてい》に調印《ちょういん》)。**7・8** アメリカ、チェコ=スロヴァキア軍救援《ぐんきゅうえん》のためウラジオス
中華民国		7

西暦	年号・干支	内閣
一九一八 ◀▶	大正七 戊午《つちのえうま》	(寺内正毅内閣)

記事

トクに共同出兵《きょうどうしゅっぺい》を提議《ていぎ》(一五日《にち》、シベリア出兵《しゅっぺい》に関《かん》し元老会議《げんろうかいぎ》・一七日《にち》、ウラジオストク出《しゅっ》兵同意《ぺいどうい》)。**8・2** 寺内内閣《てらうちないかく》、シベリア出兵《しゅっぺい》を宣言《せんげん》(四日《か》、シベリアでの日米共同行動《にちべいきょうどうこうどう》を宣言《せんげん》)。**8・13** 閣議《かくぎ》、米穀強制買収《べいこくきょうせいばいしゅう》に一〇〇〇万円《えん》を限度《げんど》として支出決定《ししゅつけってい》(一六日《にち》、穀類収用令《こくるいしゅうようれい》を公布《こうふ》・大正《たいしょう》八年《ねん》四月《がつ》五日《か》、同法廃止《どうほうはいし》を公布《こうふ》)。**8・17** 憲政会《けんせいかい》、米騒動《こめそうどう》に関《かん》して政府《せいふ》の処裁《しょさい》を要求《ようきゅう》。近畿関西新聞記者大会《きんきかんさいしんぶんきしゃたいかい》で内閣弾劾《ないかくだんがい》を決議《けつぎ》。**9・12** 寺内内閣弾劾全国記者大会《てらうちないかくだんがいぜんこくきしゃたいかい》、東京《とうきょう》で開催《かいさい》。**9・21** 寺内首相《てらうちしゅしょう》、辞表《じひょう》を提出《ていしゅつ》(西園寺公望《さいおんじきんもち》に組閣《そかく》を命令《めいれい》・二五日《にち》辞退《じたい》)。**9・24** 山東省《さんとうしょう》における諸問題処理《しょもんだいしょり》に関《かん》する日華公文《にっかこうぶん》、満蒙《まんもう》四鉄道《てつどう》に関《かん》する日華公文《にっかこうぶん》を各交換《かくこうかん》。**9・28** 日本興業銀行《にほんこうぎょうぎんこう》など三行《こう》、中国政府《ちゅうごくせいふ》と満蒙《まんもう》四鉄道借款前貸金《てつどうしゃっかんまえがしきん》・山東《さんとう》二鉄道借款前貸金《てつどうしゃっかんまえがしきん》・参戦借款《さんせんしゃっかん》の三種《しゅ》を契約《けいやく》(いわゆる西原借款《にしはらしゃっかん》)。**9・29** 原敬内閣成立《はらたかしないかくせいりつ》(陸海外《りくかいがい》三相《しょう》を除《のぞ》く閣僚《かくりょう》に政友会員《せいゆうかいいん》を任《にん》じる、日本《にほん》ではじめて衆議院議員《しゅうぎいんぎいん》の首相《しゅしょう》が誕生《たんじょう》)。**10・15** 閣議《かくぎ》、シベリア派遣軍《はけんぐん》をバイカル湖以西《こいせい》に進出《しんしゅつ》させない方針《ほうしん》を決定《けってい》。**10・29** 閣議《かくぎ》、中国南北《ちゅうごくなんぼく》の争乱《そうらん》を助長《じょちょう》する借款《しゃっかん》および資金《しきん》の交付《こうふ》を差控《さしひか》える方針《ほうしん》を決定《けってい》。**10・30** 米穀輸入税減免令《べいこくゆにゅうぜいげんめんれい》を公布《こうふ》。**11・16** アメリカ国務長官《こくむちょうかん》、日本政府《にほんせいふ》にシベリア出兵数《しゅっぺいすう》・シベリア鉄道《てつどう》の独占《どくせん》などに関《かん》し抗議《こうぎ》。**11・20** アメリカの抗議《こうぎ》に覚書《おぼえがき》を提示《ていじ》、兵数《へいすう》五万八六〇〇と回答《かいとう》。**12・2** 日《にち》・英《えい》・米《べい》・仏《ふつ》・伊《い》五国《こく》、中国南北両政府《ちゅうごくなんぼくりょうせいふ》に和平統一《わへいとういつ》を勧告《かんこく》。**12・10** 牧野伸顕元外相《まきののぶあきもとがいしょう》ら、パリ講和会議《こうわかいぎ》に出席《しゅっせき》するため日本《にほん》を出発《しゅっぱつ》(西園寺公望全権《さいおんじきんもちぜんけん》は大正《たいしょう》八年《ねん》一月《がつ》一四日出発《にちしゅっぱつ》)。**12・25** 第《だい》四一通常議会召集《つうじょうぎかいしょうしゅう》(一二月《がつ》二七日開会《にちかいかい》、大正《たいしょう》八年《ねん》三月《がつ》二六日閉会《にちへいかい》)。

【社会・文化】

3・27 市町村義務教育費国庫負担法《しちょうそんぎむきょういくひこっこふたんほう》を公布《こうふ》(小学校教員俸給《しょうがっこうきょういんほうきゅう》の一部《いちぶ》を国庫負担《こっこふたん》・四月一日《がつついたち》施行《しこう》)。**4・1** 北海道帝国大学《ほっかいどうていこくだいがく》を設置《せっち》。東京帝国大学工科大学《とうきょうていこくだいがくこうかだいがく》に付属航空研究所《ふぞくこうくうけんきゅうじょ》を設置《せっち》(七月《がつ》

中華民国
中華民国 7

西暦

年号・干支

内閣

記事

三日《か》、東京帝大《とうきょうていだい》の付置《ふち》とする）。丹那《たんな》トンネル起工《きこう》（昭和《しょうわ》八年完成《ねんかんせい》）。**4・13** 文部《もんぶ》・内務《ないむ》両省《りょうしょう》、各地方《かくちほう》の乙女会《おとめかい》・処女会《しょじょかい》などの連絡機関《れんらくきかん》として、処女会中央部《しょじょかいちゅうおうぶ》を設立《せっち》（のちの大日本連合女子青《だいにほんれんごうじょしせい》年団《ねんだん》）。**4・30** 東京女子大学開校《とうきょうじょしだいがくかいこう》（私立専門学校《しりつせんもんがっこう》・学長新渡戸稲造《がくちょうにとべいなぞう》）。**4・-** 『尋常小学国語読《じんじょうしょうがくこくごとく》本《ほん》』（白表紙《しらびょうし》、ハナ・ハト）・『尋常小学修身書《じんじょうしょうがくしゅうしんしょ》』など使用開始《しようかいし》。**5・5** 第《だい》一回全国青年連合大会《かいぜんこくせいねんれんごうたいかい》、東京帝大講堂《とうきょうていだいこうどう》で開催《かいさい》。**5・26** 宝塚少女歌劇《たからづかしょうじょかげき》、東京初公演《とうきょうはつこうえん》（帝劇《ていげき》・～三〇日《にち》）。**7・7** 武蔵野《むさしの》会《かい》『武蔵野《むさしの》』創刊《そうかん》。**7・23** 富山県下新川郡魚津町《とやまけんしもにいかわぐんうおづまち》の漁民妻女《ぎょみんさいじょ》ら数十人《すうにん》、米《こめ》の船積《ふなづ》み中止《ちゅうし》を要求《ようきゅう》するため海岸《かいがん》に集合《しゅうごう》（米騒動《こめそうどう》の始《はじ》まり）。**7・29** 米価暴騰《べいかぼうとう》し、小売価格《こうりかかく》一円《えん》で二升《しょう》四合《ごう》を記録《きろく》。**7・31** 米価大暴騰《べいかだいぼうとう》のため、各地取引所立会停止《かくちとりひきじょたちあいていし》。**7・-** 鈴木三重吉《すずきみえきち》『赤《あか》い鳥《とり》』創刊《そうかん》。**8・3** 富山《とやま》県中新川郡西水橋町《けんなかにいかわぐんにしみずはしまち》で米騒動《こめそうどう》。以後《いご》、全国《ぜんこく》に波及《はきゅう》。**8・14** 水野錬太郎内相《みずのれんたろうないしょう》、米騒動《こめそうどう》に関《かん》する新聞記事《しんぶんきじ》の差止《さしと》めを命《めい》じる。**8・17** 山口県宇部炭坑《やまぐちけんうべたんこう》などで、米騒動《こめそうどう》に伴《ともな》う暴動《ぼうどう》、軍隊出動《ぐんたいしゅつどう》。**8・25** 『大阪朝日新聞《おおさかあさひしんぶん》』二六日付夕刊《にちづけゆうかん》、内閣弾劾関西新聞記者大会《ないかくだんがいかんさいしんぶんきしゃたいかい》の記事《きじ》「白虹日《はっこうひ》を貫《つらぬ》けり」で発売《はつばい》禁止《きんし》（九月《がつ》九日執筆者《にちしつぴつしゃ》らを起訴《きそ》）。**9・4** 三井三池万田坑《みついみいけまんだこう》の坑夫《こうふ》ら、検炭《けんたん》を不満《ふまん》として暴動《ぼうどう》、軍《ぐん》隊出動《たいしゅつどう》。**9・20** 東京海上《とうきょうかいじょう》ビルディング完成《かんせい》（東京丸《とうきょうまる》の内《うち》・「ビルディング」の名称《めいしょう》の初《はじ》め）。**9・28** 「白虹事件《はっこうじけん》」で村山竜平大阪朝日新聞社長《むらやまりょうへいおおさかあさひしんぶんしゃちょう》、中之島《なかのしま》で壮士《そうし》に襲《おそ》われる。**9・-** 高山義三《たかやまぎぞう》・水谷長三郎《みずたにちょうざぶろう》ら、労学会《ろうがくかい》を京都《きょうと》で結成《けっせい》。**10・9** 大川周明《おおかわしゅうめい》・満川亀太郎《みつかわかめたろう》ら、国家改造問題《こっかかいぞうもんだい》を研究《けんきゅう》する老壮会《ろうそうかい》を結成《けっせい》。**10・14** 村山大阪朝日新聞社長辞任《むらやまおおさかあさひしんぶんしゃちょうじにん》（一五日《にち》、鳥居素川編集局長退社《とりいそせんへんしゅうきょくちょうたいしゃ》・大《おお》山郁夫《やまいくお》・長谷川如是閑《はせがわにょぜかん》らも行動《こうどう》を共《とも》にする）。**11・4** 田中義成没《たなかよしなりぼつ》・没後《ぼつご》、大正《たいしょう》一一年《ねん》、竜粛《りょうすすむ》らにより『南北朝時代史《なんぼくちょうじだいし》』出版《しゅっぱん》される。**11・14** 武者小路実篤《むしゃのこうじさねあつ》ら、「新《あたら》しき村《むら》」を宮崎県児湯郡木《みやざきけんこゆぐんき》城村《じょうむら》に建設《けんせつ》。**11・23** 吉野作造《よしのさくぞう》、浪人会《ろうにんかい》（内田良平《うちだりょうへい》ら）とデモクラシー思想《しそう》をめぐって立会演説《たちあいえんぜつ》会《かい》を開催《かいさい》。**12・6** 大学令《だいがくれい》を公布《こうふ》（公私立大学《こうしりつだいがく》・単科大学《たんかだいがく》の設立《せつりつ》を許可《きょか》、分科大学制《ぶんかだいがくせい》を廃《はい》し学部制《がくぶせい》

中華民国

西暦	年号・干支	内閣	
一九一八 ◀ ▶	大正 七 戊午《つちのえうま》	(寺内正毅内閣)	9・29 原敬《はらたかし》内閣

記事

とするなど)。**12・23** 吉野作造《よしのさくぞう》・福田徳三《ふくだとくぞう》・今井嘉幸《いまいよしゆき》ら、黎明会《れいめいかい》を結成《けっせい》。**12・-** 東京帝大法科学生《とうきょうていだいほうかがくせい》赤松克麿《あかまつかつまろ》・宮崎竜介《みやざきりゅうすけ》らが中心《ちゅうしん》となり、新人会《しんじんかい》を結成《けっせい》。徳富蘇峰《とくとみそほう》『近世日本国民史《きんせいにほんこくみんし》』刊《かん》(〜昭和《しょうわ》三七年《ねん》)。**この年《とし》** 日本史籍協会《にほんしせききょうかい》『会津藩庁記録《あいづはんちょうきろく》』刊《かん》(〜大正《たいしょう》一五年《ねん》)。渋沢栄一《しぶさわえいいち》『徳川慶喜公伝《とくがわよしのぶこうでん》』刊《かん》。日本名所図会刊行会編輯《にほんめいしょずえかんこうかいへんしゅう》『大日本名所図会《だいにほんめいしょずえ》』刊《かん》(〜大正《たいしょう》一一年《ねん》)。

【死没】

1・3 千家尊福《せんげたかとみ》(74、宗教家《しゅうきょうか》)。**1・9** 柳川春葉《やながわしゅんよう》(42、小説家《しょうせつか》)。**1・15** 宮原二郎《みやはらじろう》(61、海軍軍人《かいぐんぐんじん》)。**1・22** 吉田東伍《よしだとうご》(55、歴史学《れきしがく》)。**1・23** 手島精一《てじませいいち》(70、工業教育《こうぎょうきょういく》)。**1・31** 朝吹英二《あさぶきえいじ》(70、実業家《じつぎょうか》)。**2・4** 秋山真之《あきやまさねゆき》(51、海軍軍人《かいぐんぐんじん》)。**2・10** 蜂須賀茂韶《はちすかもちあき》(73、官僚《かんりょう》)。**2・16** 大内青巒《おおうちせいらん》(74、仏教者《ぶっきょうしゃ》)。**2・23** 波多野鶴吉《はたのつるきち》(61、製糸家《せいしか》)。**3・5** 藤岡市助《ふじおかいちすけ》(62、電気工学《でんきこうがく》)。松平信庸《まつだいらのぶつね》(75、老中《ろうじゅう》)。**3・29** 外山亀太郎《とやまかめたろう》(52、遺伝学《いでんがく》)。**4・30** 池田謙斎《いけだけんさい》(78、医学教育《いがくきょういく》)。**5・10** 古今亭志ん生《ここんていしんしょう》(三代《だい》)(56、落語家《らくごか》)。**6・23** 井上伝蔵《いのうえでんぞう》(66、秩父困民党《ちちぶこんみんとう》)。**8・13** 奈良原繁《ならはらしげる》(85、政治家《せいじか》)。**9・4** 中野二郎三郎《なかのじろさぶろう》(66、自由民権家《じゆうみんけんか》)。**9・17** 本野一郎《もとのいちろう》(57、外交官《がいこうかん》)。**9・30** 大浦兼武《おおうらかねたけ》(69、政治家《せいじか》)。**10・8** 中野武営《なかのぶえい》(71、政治家《せいじか》)。**10・9** 佐々木東洋《ささきとうよう》(80、杏雲堂医院《きょううんどういいん》)。**10・13** 尾崎三良《おざきさぶろう》(77、政治家《せいじか》)。**10・30** 鈴木浦八《すずきうらはち》(67、農事指導者《のうじしどうしゃ》)。**11・4** 土方久元《ひじかたひさもと》(86、政治家《せいじか》)。**11・5** 島村抱月《しまむらほうげつ》(48、新劇《しんげき》)。**11・6** 出口《でぐち》なお(83、大本教《おおもときょう》)。**11・11** 山内量平《やまのうちりょうへい》(71、牧師《ぼくし》)。**11・15** 湯本義憲《ゆもとよしのり》(70、治水家《ちすいか》)。**12・11** 土居《どい》光華《こうか》(72、自由民権運動家《じゆうみんけんうんどうか》)。**12・15** 角田忠行《つのだただゆき》(85、神道家《しんとうか》)。**12・21** 中島力造《なかじまりきぞう》(61、倫理学《りんりがく》)。

【世界】

1・8 アメリカ大統領《だいとうりょう》ウィルソン、平和構想《へいわこうそう》一四ヵ条《じょう》を発表《はっぴょう》。**1・18** ロシア憲法制定議会開会《けんぽうせいていぎかいかいかい》(一月《がつ》一九日《にち》、ソヴィエト政府《せいふ》、武力《ぶりょく》で議会《ぎかい》を解散《かいさん》)。**1・23** 第《だい》三回全《かいぜん》ロシア労兵代表《ろうへいだいひょう》ソヴィエト大会《たいかい》(〜三一日《にち》・「勤労《きんろう》・被搾取人民《ひさくしゅじんみん》の権利《けんり》の宣言《せんげん》」採択《さいたく》)。**1・28** フィンランドの労働者蜂《ろうどうしゃほう》

中華民国	中華民国 7

1918（大正7）

西暦

年号・干支

内閣

記事

起《き》し、社会民主党《しゃかいみんしゅとう》指導《しどう》の赤衛団《せきえいだん》がヘルシンキを掌握《しょうあく》。ドイツで「一月《いちがつ》ストライキ」起《お》こる（～二月《がつ》三日《か》・大戦中最大《たいせんちゅうさいだい》の反戦《はんせん》ストライキ）。**3・3** ソヴィエト政府《せいふ》、ドイツ・オーストリアとブレスト＝リトフスク講和条約《こうわじょうやく》に調印《ちょういん》、連合国側《れんごうこくがわ》より脱落《だつらく》。**3・14** アルゼンチンのコルドバ大学《だいがく》で大学改革《だいがくかいかく》が始《はじ》まる。**4・6** チェコのマサリク、下関《しものせき》に到着《とうちゃく》。**6・25** ババロフスクで李東輝《りとうき》ら、韓人社会党《かんじんしゃかいとう》を結成《けっせい》。**7・17** 元《もと》ロシア皇帝《こうてい》ニコライ二世《せい》、幽閉地《ゆうへいち》エカテリンブルグ郊外《こうがい》で家《か》族《ぞく》・従者《じゅうしゃ》とともに革命派《かくめいは》により殺害《さつがい》される。**8・1** ソヴィエト＝ロシア外務人民委員《がいむじんみんいいん》チチェーリン、孫文《そんぶん》に共同闘争《きょうどうとうそう》の電報《でんぽう》。**8・2** 連合軍《れんごうぐん》、アルハンゲリスクに上陸《じょうりく》。**8・31** シュピンナー没《ぼつ》（63、ドイツ人《じん》、普及福音新教伝道会《ふきゅうふくいんしんきょうでんどうかい》の宣教師《せんきょうし》）。**9・25** ダイアー没《ぼつ》（70、イギリスの工学者《こうがくしゃ》）。**9・30** ブルガリア、連合国《れんごうぐん》との休戦協定《きゅうせんきょうてい》に調印《ちょういん》。**10・28** チェコ国民評議会《こくみんひょうぎかい》、独立《どくりつ》を宣言《せんげん》。**10・29** ドイツ大洋艦隊《たいようかんたい》で水兵《すいへい》の出撃拒否運動《しゅつげききょひうんどう》起《お》こる（一一月《がつ》三日《か》、キール軍港《ぐんこう》の水兵《すいへい》が反乱《はんらん》）。**10・30** トルコ、連合国《れんごうこく》との休戦協定《きゅうせんきょうてい》に調印《ちょういん》。ハンガリー議会《ぎかい》、独立《どくりつ》を宣言《せんげん》（三一日《にち》、ミハーユ＝カーロイ臨時政府樹立《りんじせいふじゅりつ》）。スロヴァキア国民議会《こくみんぎかい》、チェコ人《じん》との合同《ごうどう》を宣言《せんげん》。**11・3** オーストリア、連合国《れんごうこく》との休戦協定《きゅうせんきょうてい》に調印《ちょういん》。**11・9** ベルリンでスパルタクス団《だん》の指導《しどう》による労働者《ろうどうしゃ》の武装蜂起《ぶそうほうき》・マックス公《こう》、皇帝《こうてい》ヴィルヘルム二世退位《せいたいい》を宣言《せんげん》（ドイツ革命《かくめい》）。**11・11** ドイツ、連合《れんごう》国《こく》との休戦協定《きゅうせんきょうてい》に調印《ちょういん》・第《だい》一次《じ》世界大戦《せかいたいせん》終《おわ》る。**11・13** ハンガリー、休戦協定《きゅうせんきょうてい》に署名《しょめい》。**11・30** アイスランド、デンマークより独立《どくりつ》（同君連合関係《どうくんれんごうかんけい》）。**12・1** セルブ人《じん》・クロアート人《じん》・スロヴェーン人王国成立《じんおうこくせいりつ》（一九二九年《ねん》ユーゴスラビア王国《おうこく》と改称《かいしょう》）・国王《こくおう》にセルビア王《おう》ペータル即位《そくい》。ストレイト没《ぼつ》（38、アメリカの外交官《がいこうかん》）。**12・15** 朝鮮《ちょうせん》の天道教主《てんどうきょうしゅ》、有志《ゆうし》と独立運動《どくりつうんどう》を計画《けいかく》。**12・30** ドイツ共産党《きょうさんとう》（スパルタクス団《だん》）創立大会《そうりつたいかい》（一九一九年《ねん》一月一日《がつついたち》）。**この年《とし》** ロシア国内各地《こくないかくち》でボリシェヴィキ派《は》と反《はん》ボリシェヴィキ派《は》の内戦続《ないせんつづ》く。イギリスで男子普通選挙《だんしふつうせんきょ》・財産《ざいさん》ある女子《じょし》

中華民国

西暦	年号・干支	内閣	記事	中華民国
▶一九一八	大正七 戊午	(原敬内閣)	の参政権実現。	中華民国 7
◀一九一九	八 己未		【政治・経済】 1・13 西園寺公望・牧野伸顕らをパリ講和会議全権委員に任じる(一月一八日、パリ講和会議開会)。 1・27 講和会議で牧野全権、膠州湾および赤道以北のドイツ領諸島の無条件譲渡を要求。 2・5 東京で人種差別撤廃期成同盟会第一回大会。 2・7 国際連盟規約委員会において牧野全権、人種的差別待遇の撤廃を提案(米・英など反対、二月一三日否決)。 2・8 東京の朝鮮人留学生、朝鮮民族大会召集請願書と朝鮮独立宣言書を発表。 2・9 東京で普通選挙期成大会、名古屋で普通選挙市民大会開催。 2・11 東京府下一七校の学生、日比谷で普選実施を決議、請願デモ。 2・15 京都で普通選挙期成学生・労働者大会開催。 2・25 シベリアのユタフで歩兵第七二連隊田中支隊が全滅、三五〇人戦死。 3・1 京城(現ソウル)などで朝鮮独立宣言発表・独立運動、朝鮮全土に拡大(三・一独立運動・万歳事件)。中央本線の東京—万世橋間開業(起点を東京駅とする)。 3・2 救済事業調査会、治安警察法第一七条の削除を答申。 3・- 第一次大戦中に輸入が途絶して騰貴した商品の価格が休戦により暴落。 4・10 地方鉄道法を公布(八月一五日施行)。 4・11 パリ講和会議の国際連盟委員会で、日本代表、人種差別撤廃につき新提案、一六ヵ国中一一ヵ国賛成するも米・英などの反対で不採択。 4・12 関東庁官制・関東軍司令部条例を各公布(林権助を初代関東長官に、立花小一郎を関東軍司令	8

西暦	
年号・干支	
内閣	
記事	官に任じる)。**4・15** 朝鮮総督府、政治犯処罰令を公布。**4・30** 講和会議で山東省の旧ドイツ利権に関する日本の要求承認。**5・7** 講和会議で赤道以北旧ドイツ領南洋諸島の委任統治国を日本に決定。中国人留学生二〇〇〇人、東京で国恥記念のデモ。**5・18** 皇太子成年式、特赦。**5・23** 衆議院議員選挙法を改正・公布(小選挙区制・納税資格三円以上に引下げ、有権者ほぼ倍増して約三〇〇万人となる)。**5・26** 対中国新借款団結成(横浜正金銀行・日本興業銀行を中心に一八行で構成)。**6・10** 皇太子裕仁親王、久邇宮良子女王との婚約成立。**6・18** 四国借款団に関し日本銀行団代表、満蒙除外要求の覚書をアメリカ代表ラモントに提出(二三日、ラモント、反対を表示)。**6・28** 日本全権、ヴェルサイユ条約に調印。**7・19** 中国東北の寛城子で日中両軍衝突、日本軍死傷者多数。**7・-** アメリカの金輸出解禁により、正貨の流入高が増大。**8・15** 三菱銀行株式会社設立(一〇月一日開業)。**8・20** 朝鮮総督府官制・台湾総督府官制を各改正・公布(文官を総督に任用することを認め、総督の陸海軍統率権を削除)。**9・2** 斎藤実朝鮮総督、京城南大門駅で爆弾テロに遭うも無事。**9・9** 閣議、中国北京政府に財政援助の方針を決定。**9・-** 株式市場・商品市場の投機ブームが激化。**10・27** 枢密院、ヴェルサイユ講和条約を承認(一一月七日批准)。**10・29** 田健治郎を台湾総督に任じる(文官総督のはじめ)。**11・27** 一年志願兵条例・一年現役兵条例を各公布。**12・15** 賀川豊彦らの提唱で友愛会を中心に普通選挙期成関西労働連盟を結成。**12・24** 第四二通常議会召集(一二月二六日開会、大正九年二月二六日解散)。**この年** 年間貿易収支、五年ぶり輸入超過となる。 【社会・文化】 **1・5** 松井須磨子、「カルメン」公演中に芸術倶楽部で縊死(この月、芸術座解散)。**1・-** 川
中華民国	

西暦	年号・干支	内閣	記事	中華民国
一九一九 ◀▶	大正八 己未	(原敬内閣)	上肇『社会問題研究』創刊。**2・7** 中学校令を改正・公布(国民道徳の養成、尋常五年からの進学を許可)。**2・9** 大原社会問題研究所創立総会(大正九年三月一四日、高野岩三郎、所長となる)。**2・21** 早稲田大学で北沢新次郎・大山郁夫両教授の指導により民人同盟会結成(一〇月一八日、浅沼稲次郎ら同会から分離し、建設者同盟結成)。**2・23** 帝国公道会、築地本願寺で同情融和大会開催。**2・-** 長谷川如是閑ら『我等』創刊。**3・10** 友愛会、治安警察法第一七条撤廃臨時集会開催(一五日、衆議院に請願)。**3・31**『大礼記録』刊。**3・-** 下野史談会『下野史談』創刊。**4・5** 都市計画法を公布。市街地建築物法を公布。**4・-** 山本実彦『改造』創刊。山崎今朝弥『社会主義研究』創刊。**6・-** 大鐙閣『解放』創刊。**8・1** 大川周明・北一輝ら、猶存社(国家主義団体)を結成。**8・4** 下中弥三郎ら、埼玉県の教員を中心に啓明会を結成。**8・30** 友愛会、七周年記念大会で大日本労働総同盟友愛会と改称。**9・5** 帝国美術院規程を定める(院長森鷗外)。**9・18** 神戸川崎造船所の職工、賃上げ・待遇改善を要求してサボタージュ(二九日、要求を貫徹し就業)。**9・20** 労働代表官選反対全国労働者大会開催。**10・4** 鎌田栄吉を国際労働会議政府代表に、武藤山治を使用者代表に、桝本卯平を労働者代表に任じる。**10・10** 関西の侠客西村伊三郎、関東の侠客に呼びかけ大日本国粋会を結成。**10・14** 帝国美術院第一回美術展覧会(帝展)。**12・6** 小林喜一郎ら、国際活映株式会社(国活)を創立。**12・22** 渋沢栄一ら、(財)協調会設立。**12・-** 内務省、労働委員会法案を非公式に発表。**この年** 内田銀蔵『近世の日本』刊。日本史籍協会『久世家文書』刊。津田左右吉『古事記及び日本書紀の新研究』刊。日本史籍協会『近衛家書類』刊。日本史籍協会『尊攘堂書類雑記』刊。広重会『浪花名所図会』刊。三浦周行『法制史の研究』出版。国家学会編『明治憲政経済史論』刊。**前年からこの春にかけて** 世界的なインフルエンザ(いわゆるスペイン風邪)大流行、日本国内の死者約一五万	中華民国 8

西暦

年号・干支

内閣

記事

人《にん》。

【死没】

1・4 金田徳光《かなだとくみつ》（57、宗教家《しゅうきょうか》）。 **1・5** 松井須磨子《まついすまこ》（34、俳優《はいゆう》）。 **1・17** 有地品之允《ありちしなのじょう》（77、海軍軍人《かいぐんぐんじん》）。 **1・27** 黒沢鷹次郎《くろさわようじろう》（71、銀行家《ぎんこうか》）。 **2・3** 織田純一郎《おだじゅんいちろう》（69、ジャーナリスト）。 **2・6** 森山茂《もりやましげる》（78、外交官《がいこうかん》）。 **2・17** 白石直治《しらいしなおじ》（63、土木技術者《どぼくぎじゅつしゃ》）。 **2・19** 福島安正《ふくしまやすまさ》（68、陸軍軍人《りくぐんぐんじん》）。 **2・21** 寺崎広業《てらさきこうぎょう》（54、日本画家《にほんがか》）。 **2・22** 川北朝鄰《かわきたちょうりん》（80、和算家《わさんか》）。 **3・2** 加納久宜《かのうひさよし》（72、農会育成者《のうかいいくせいしゃ》）。 **3・4** 成瀬仁蔵《なるせじんぞう》（62、教育家《きょういくか》）。 **3・7** 三島弥太郎《みしまやたろう》（53、日本銀行総裁《にほんぎんこうそうさい》）。 福岡孝弟《ふくおかたかちか》（85、政治家《せいじか》）。 **3・20** 角田真平《つのだしんぺい》（63、政治家《せいじか》）。 **3・25** 辰野金吾《たつのきんご》（66、建築家《けんちくか》）。 **4・27** 前島密《まえじまひそか》（85、郵便事業《ゆうびんじぎょう》）。 中村翫右衛門《なかむらかんえもん》（二代《だい》）（69、歌舞伎役者《かぶきやくしゃ》）。 **5・11** 渡辺国武《わたなべくにたけ》（74、政治家《せいじか》）。 **5・12** 三島中洲《みしまちゅうしゅう》（90、法律家《ほうりつか》）。 **5・17** 中村時蔵《なかむらときぞう》（初代《しょだい》）（歌舞伎役者《かぶきやくしゃ》）。 **6・4** 徳大寺実則《とくだいじさねのり》（81、華族《かぞく》）。 **6・6** 井上円了《いのうええんりょう》（62、哲学《てつがく》）。 **6・12** 井上友一《いのうえともかず》（49、官僚《かんりょう》）。 **6・16** 関根正二《せきねしょうじ》（21、洋画家《ようがか》）。 **7・16** 板垣退助《いたがきたいすけ》（83、政治家《せいじか》）。 **7・18** 和田垣謙三《わだがきけんぞう》（60、経済学《けいざいがく》）。 **7・20** 赤松連城《あかまつれんじょう》（79、浄土真宗僧侶《じょうどしんしゅうそうりょ》）。 内田銀蔵《うちだぎんぞう》（48、歴史家《れきしか》）。 米井源治郎《よねいげんじろう》（59、実業家《じつぎょうか》）。 **7・30** 緒方正規《おがたまさのり》（67、細菌学《さいきんがく》）。 **8・9** 箕作元八《みつくりげんぱち》（58、歴史家《れきしか》）。 **9・11** 森村市左衛門《もりむらいちざえもん》（81、実業家《じつぎょうか》）。 **9・23** 菅野序遊《すがのじょゆう》（四代《だい》）（79、一中節《いっちゅうぶし》）。 **9・30** 三井八郎次郎《みついはちろうじろう》（71、実業家《じつぎょうか》）。 **10・26** 明石元二郎《あかしもとじろう》（56、陸軍軍人《りくぐんぐんじん》）。 **11・1** 釈宗演《しゃくそうえん》（61、臨済宗僧侶《りんざいしゅうそうりょ》）。 **11・3** 寺内正毅《てらうちまさたけ》（68、政治家《せいじか》）。 **11・4** 田中義成《たなかよしなり》（60、歴史家《れきしか》）。 **11・21** 久原躬弦《くはらみつる》（65、化学《かがく》）。 **12・8** 原亮三郎《はらりょうざぶろう》（72、出版業《しゅっぱんぎょう》）。 **12・25** 白河鯉洋《しらかわりよう》（46、政治家《せいじか》）。 **12・26** 小松原英太郎《こまつばらえいたろう》（68、政治家《せいじか》）。 **12・31** 上野理一《うえのりいち》（72、新聞経営者《しんぶんけいえいしゃ》）。 笠井順八《かさいじゅんぱち》（85、実業家《じつぎょうか》）。

〖世界〗

1・4 ベルリンで一月闘争《いちがつとうそう》始《はじ》まる。 **1・5** ドイツ労働者党結成《ろうどうしゃとうけっせい》（のちのナチス）。 **1・6** セオド

中華民国

西暦	年号・干支	内閣
▶一九一九	大正八 己未《つちのとひつじ》	(原敬内閣)

記事

ア＝ローズヴェルト没《ぼつ》(60、アメリカ第《だい》二六代大統領《だいだいとうりょう》)。**1・15** ルクセンブルク・リープクネヒト殺害《さつがい》される。**1・18** パリ講和会議開会《こうわかいぎかいかい》(〜六月《がつ》二八日《にち》)。**1・21** アイルランドのシン＝フェイン党《とう》、デイル(議会《ぎかい》)を設置《せっち》し独立《どくりつ》を宣言《せんげん》(一一月《がつ》二六日《にち》、シン＝フェイン党《とう》とイギリス軍衝突《ぐんしょうとつ》・〜一九二一年《ねん》)。高宗没《こうそうぼつ》(68、朝鮮第《ちょうせんだい》二六代国王《だいこくおう》)。**2・3** ベルンで社会主義者国際大会開催《しゃかいしゅぎしゃこくさいたいかいかいさい》(〜一〇日《か》)。**2・19** 第《だい》一回《かい》パン＝アフリカ会議《かいぎ》、パリで開催《かいさい》(〜二一日《にち》)。**3・2** モスクワでコミンテルン創立大会開催《そうりつたいかいかいさい》(〜六日《か》)。**3・9** エジプト全土《ぜんど》に反《はん》イギリスデモ起《お》こる(のちにワフド運動《うんどう》に発展《はってん》・〜一九二一年《ねん》)。**3・15** 吉林間島《きつりんかんとう》で朝鮮人《ちょうせんじん》の独立要求《どくりつようきゅう》のデモ起《お》こる。**3・18** インド政庁立法参事会《せいちょうりっぽうさんじかい》、ローラット法《ほう》を可決《かけつ》(反《はん》イギリス活動家《かつどうか》の拘禁《こうきん》・秘密裁判《ひみつさいばん》を合法化《ごうほうか》)。**3・21** ハンガリー＝ソヴィエト共和国成立《きょうわこくせいりつ》(八月一日《がつついたち》、国内政策《こくないせいさく》の失敗《しっぱい》などから崩壊《ほうかい》)。**3・23** ムッソリーニ、ミラノで戦闘者《せんとうしゃ》ファッショを結成《けっせい》。**4・6** ガンディー指導《しどう》により第《だい》一次《じ》サティヤーグラハ運動《うんどう》(非暴力抵抗《ひぼうりょくていこう》)始《はじ》まる。**4・10** 朝鮮《ちょうせん》の民族主義者《みんぞくしゅぎしゃ》を中心《ちゅうしん》に、上海《シャンハイ》で大韓民国臨時政《だいかんみんこくりんじせい》府樹立《ふじゅりつ》。**4・13** インドで民衆《みんしゅう》の反英集会《はんえいしゅうかい》にイギリス軍《ぐん》が発砲《はっぽう》・死傷者《ししょうしゃ》千数《すう》百名《めい》(アムリットサル虐殺事件《ぎゃくさつじけん》)。**5・4** 北京《ペキン》の学生《がくせい》、山東問題《さんとうもんだい》に抗議《こうぎ》してデモ(五《ご》・四運動《しうんどう》・七日《か》、北京《ペキン》・上海《シャンハイ》で国民大会開催《こくみんたいかいかいさい》、以後《いご》、中国各地《ちゅうごくかくち》にひろがる)。**5・7** 連合国最高会議《れんごうこくさいこうかいぎ》、ドイツ領西南《りょうせいなん》アフリカを南《みなみ》アフリカ連邦《れんぽう》の委任統治領《いにんとうちりょう》に決定《けってい》。**6・28** 連合国《れんごうこく》とドイツとの間《あいだ》で、ヴェルサイユ講《こう》和条約調印《わじょうやくちょういん》。**7・25** ソヴィエト政府《せいふ》、中国《ちゅうごく》に対《たい》する旧《きゅう》ロシアの不平等条約放棄《ふびょうどうじょうやくほうき》を宣言《せんげん》(カラハン宣言《せんげん》)。**7・31** ドイツ国民議会《こくみんぎかい》、ヴァイマル共和国憲法《きょうわこくけんぽう》を採択《さいたく》(八月《がつ》一一日公布《にちこうふ》、男女平《だんじょびょう》等《どう》の参政権実現《さんせいけんじつげん》)。**8・8** アフガニスタン・イギリス、ラーワルピンディー平和条約調印《へいわじょうやくちょういん》(イギリス、アフガニスタンの独立《どくりつ》を正式《せいしき》に承認《しょうにん》)。**9・5** 全露韓人共産党結成《ぜんろかんじんきょうさんとうけっせい》。**9・10** オーストリア、サン＝ジェルマン講和条約調印《こうわじょうやくちょういん》(ハプスブルグ帝国解体《ていこくかいたい》)。**9・12** イタリアのダヌンツィ

中華民国：中華民国 8

記事（続き）

オ、フィウーメを占領《せんりょう》し共和国樹立《きょうわこくじゅりつ》(イタリア政府《せいふ》、承認《しょうにん》せず)。**9・15** メキシコで最初《さいしょ》の共《きょう》産党結成《さんとうけっせい》。**10・10** 孫文《そんぶん》、中華革命党《ちゅうかかくめいとう》を中国国民党《ちゅうごくこくみんとう》に改組《かいそ》。**10・28** アメリカ議会《ぎかい》、禁酒法《きんしゅほう》を可《か》決《けつ》。**11・19** アメリカ上院《じょういん》、ヴェルサイユ条約批准《じょうやくひじゅん》を否決《ひけつ》、国際連盟《こくさいれんめい》に非加盟《ひかめい》。**11・27** ブルガリア、ヌイイ講和条約調印《こうわじょうやくちょういん》(マケドニア・エーゲ海沿岸《かいえんがん》など失《うしな》う)。**12・23** インド統治法《とうちほう》(モンタギュー＝チェルムスフォード法《ほう》)成立《せいりつ》。**この年**《とし》 馮国璋《ふうこくしょう》没《ぼつ》(61、中国直隷派軍閥領袖《ちゅうごくちょくれいはぐんばつりょうしゅう》)。

西暦：一九二〇 ◀

年号・干支：九 庚申《かのえさる》

内閣：

記事：

【政治・経済】

1・31 労働《ろうどう》・思想《しそう》など四三団体《だんたい》、全国普選連合会《ぜんこくふせんれんごうかい》を結成《けっせい》。**2・11** 東京《とうきょう》で一一団体《だんたい》、数万人《すうまんにん》による普選大示威行進《ふせんだいじいこうしん》。**2・21** 内閣《ないかく》に臨時産業調査会《りんじさんぎょうちょうさかい》を設置《せっち》。**2・26** 原内閣《はらないかく》、普選法案討議中《ふせんほうあんとうぎちゅう》の衆議院《しゅうぎいん》を解散《かいさん》。**3・2** 閣議《かくぎ》、シベリア出兵《しゅっぺい》の目的《もくてき》をチェコ軍救援《ぐんきゅうえん》から、朝鮮《ちょうせん》・満洲《まんしゅう》に対《たい》する過激派《かげきは》の脅威阻止《きょういそし》のためと変更《へんこう》して駐留《ちゅうりゅう》することを決定《けってい》。**3・12** ニコラエフスクの日本《にほん》軍敗北《ぐんはいぼく》・一八日《にち》、戦闘停止《せんとうていし》・五月《がつ》二四日《か》、収容中《しゅうようちゅう》の日本軍人《にほんぐんじん》・居留民《きょりゅうみん》ら一二二人革命派《にんかくめいは》により殺害《さつがい》(尼港事件《にこうじけん》)、革命反対派《かくめいはんたいは》ロシア人《じん》も数《すう》千人殺害《にんさつがい》される。**3・15** 株式市場《かぶしきしじょう》、株価暴落《かぶかぼうらく》・一六～一七日《にち》、東京株式取引所《とうきょうかぶしきとりひきじょ》休業《きゅうぎょう》(戦後恐慌始《せんごきょうこうはじ》まる)。**4・12** 日銀《にちぎん》、株式市場救済《かぶしきしじょうきゅうさい》のため非常貸出《ひじょうかしだし》を表明《ひょうめい》。**5・10** 第《だい》一四回衆議院総選挙《かいしゅうぎいんそうせんきょ》、政友会大勝《せいゆうかいたいしょう》(政友会《せいゆうかい》二七八・憲政会《けんせいかい》一一〇・国民党《こくみんとう》二九・無所属《むしょぞく》四七)。**5・11** 日本《にほん》・イギリス・アメリカ・フランス、対中国新《たいちゅうごくしん》四国借款団成《こくしゃっかんだんせい》立合意《りつごうい》(一〇月《がつ》一五日《にち》、同規約成立《どうきやくせいりつ》)。**5・15** 鉄道省官制《てつどうしょうかんせい》を公布《こうふ》(鉄道院《てつどういん》を省《しょう》に昇格《しょうかく》・元田肇《もとだはじめ》を初代鉄相《しょだいてつしょう》に任《にん》じる)。国勢院官制《こくせいいんかんせい》を公布《こうふ》。**5・24** 七十四銀行休業《しちじゅうしぎんこうきゅうぎょう》、神奈川県下《かながわけんか》の銀行《ぎんこう》に取付《とりつけ》け続出《ぞくしゅつ》、名古屋《なごや》・大阪《おおさか》などに波及《はきゅう》(六月下旬《がつげじゅん》に沈静《ちんせい》)。**6・10** 初《はつ》の「時《とき》の記念日《きねんび》」。**6・29** 第《だい》四三特別議会召集《とくべつぎかいしょうしゅう》(七月一日開会《がっついたちかいかい》、同《どう》二八日閉会《にちへいかい》)。**7・1** 憲政会《けんせいかい》、普選法案《ふせんほうあん》を衆議院《しゅうぎいん》に提出《ていしゅつ》

中華民国：9

西暦 一九二〇 ◀ ▶

年号・干支 大正 九 庚申《かのえさる》

内閣 （原敬内閣）

記事

（一二日《にち》否決《ひけつ》）。**7・15** シベリア派遣軍《はけんぐん》、極東共和国《きょくとうきょうわこく》と停戦議定書《ていせんぎていしょ》に調印《ちょういん》。**8・1** 大正《たいしょう》九年《ねん》度《ど》追加予算《ついかよさん》を公布《こうふ》（海軍八八艦隊建造予算《かいぐんはちはちかんたいけんぞうよさん》）。**8・24** 内務省官制改正《ないむしょうかんせいかいせい》・農商務省官制改正《のうしょうむしょうかんせいかいせい》を各《かく》公布《こうふ》（内務省《ないむしょう》に社会局《しゃかいきょく》、農商務省工務局《のうしょうむしょうこうむきょく》に労働課《ろうどうか》を設置《せっち》）。**8・28** 軍需工業動員法施行《ぐんじゅこうぎょうどういんほうしこう》の統轄《とうかつ》に関《かん》する件《けん》を公布《こうふ》。**8・29** 東京地下鉄道《とうきょうちかてつどう》㈱設立《せつりつ》（大正《たいしょう》一三年《ねん》九月《がつ》二七日《にち》、新橋《しんばし》ー浅草間《あさくさかん》起《き》工《こう》）。**9・18** 日本船主協会設立《にほんせんしゅきょうかいせつりつ》（日本船主同盟会《にほんせんしゅどうめいかい》を改組《かいそ》）。**9・25** 帝国蚕糸《ていこくさんし》㈱（第二次《だいじ》）設立《せつりつ》（糸価《しか》維持《いじ》を目的《もくてき》とする・大正《たいしょう》一一年《ねん》一二月解散《がつかいさん》）。**9・-** 東京帝国大学文学部《とうきょうていこくだいがくぶんがくぶ》、女子《じょし》の聴講生《ちょうこうせい》の受《う》け入《い》れを決定《けってい》。**10・2** 琿春《こんしゅん》の日本領事館《にほんりょうじかん》、馬賊《ばぞく》の襲撃《しゅうげき》により焼失《しょうしつ》・日本軍《にほんぐん》、朝鮮独立軍攻《ちょうせんどくりつぐんこう》撃《げき》のため出兵《しゅっぺい》、朝鮮住民《ちょうせんじゅうみん》を虐殺《ぎゃくさつ》。警視庁特別高等課《けいしちょうとくべつこうとうか》に労働係《ろうどうがかり》を設置《せっち》。**11・4** 尾崎行雄《おざきゆきお》・犬《いぬ》養毅《かいつよし》ら、政界革新普選同盟会《せいかいかくしんふせんどうめいかい》を結成《けっせい》。**11・22** 東京市道路工事疑獄事件《とうきょうしどうろこうじぎごくじけん》で、政友会代議士高橋《せいゆうかいだいぎしたかはし》義信《よしのぶ》に逮捕令状《たいほれいじょう》（二六日《にち》、市長田尻稲次郎《しちょうたじりいなじろう》、辞表提出《じひょうていしゅつ》）。**11・25** 呉海軍工廠《くれかいぐんこうしょう》、戦艦長門《せんかんながと》を竣《しゅん》工《こう》（一六インチ砲搭載《ほうとうさい》、三万三八〇〇トン）。**12・12** 日本軍《にほんぐん》、ハバロフスクより撤退完了《てったいかんりょう》。**12・17** 国際連盟《こくさいれんめい》、南洋諸島《なんようしょとう》に対《たい》する日本《にほん》の委任統治条項《いにんとうちじょうこう》を作成《さくせい》。**12・25** 第《だい》四四通常議会召集《つうじょうぎかいしょうしゅう》（一二月《がつ》二七日開会《にちかいかい》、大正《たいしょう》一〇年《ねん》三月《がつ》二六日閉会《にちへいかい》）。**12・-** 皇太子《こうたいし》の婚約《こんやく》に関《かん》する、いわゆる宮《きゅう》中某重大事件起《ちゅうぼうじゅうだいじけんお》こる。**この年** 朝鮮総督府《ちょうせんそうとくふ》、第《だい》一期朝鮮産米増殖計画《きちょうせんさんまいぞうしょくけいかく》を開始《かいし》。

【社会・文化】

1・10 森戸辰男《もりとたつお》東京帝大経済学部助教授《とうきょうていだいけいざいがくぶじょきょうじゅ》、『経済学研究《けいざいがくけんきゅう》』創刊号《そうかんごう》に「クロポトキンの社会思想《しゃかいしそう》の研究《けんきゅう》」を掲載《けいさい》したため休職《きゅうしょく》。**1・-** 大日本労働総同盟友愛会《だいにほんろうどうそうどうめいゆうあいかい》『労働《ろうどう》』創刊《そうかん》（『労働及産業《ろうどうおよびさんぎょう》』改題《かいだい》）。**2・5** 八幡製鉄所《やはたせいてつじょ》の職工《しょっこう》、待遇改善《たいぐうかいぜん》を要求《ようきゅう》して大規模《だいきぼ》スト。大学令《だいがくれい》により、早稲田大《わせだだい》・慶応義塾大《けいおうぎじゅくだい》を私立大学《しりつだいがく》として認可《にんか》（四月《がつ》一五日明治《にちめいじ》・法政《ほうせい》・中央《ちゅうおう》・日本《にほん》・国学院《こくがくいん》・同志社《どうししゃ》の各私立《かくしりつ》大学認可《だいがくにんか》）。友愛会《ゆうあいかい》など、普選期成《ふせんきせい》・治警法撤廃関東労働連盟《ちけいほうてっぱいかんとうろうどうれんめい》を結成《けっせい》。**2・6** 関東関西普選期成《かんとうかんさいふせんきせい》

中華民国 中華民国 9

西暦	
年号・干支	
内閣	
記事	労働大連盟結成《ろうどうだいれんめいけっせい》。**3・5**『朝鮮日報《ちょうせんにっぽう》』創刊《そうかん》（ソウル）。**3・28** 平塚《ひらつか》らいてう・市川房枝《いちかわふさえ》ら、新婦人《しんふじん》協会発会式《きょうかいはっかいしき》を上野精養軒《うえのせいようけん》で挙行《きょこう》。**3・31** 山田耕筰《やまだこうさく》・近衛秀磨《このえひでまろ》ら、日本作曲家協会《にほんさっきょくかきょうかい》を設立《せつりつ》。**4・1** 東京高等商業学校《とうきょうこうとうしょうぎょうがっこう》を東京商科大学《とうきょうしょうかだいがく》に昇格《しょうかく》。『東亜日報《とうあにっぽう》』創刊《そうかん》（ソウル）。**4・25** 東京市《とうきょうし》電《でん》の従業員《じゅうぎょういん》、日給制《にっきゅうせい》・八時間労働制《じかんろうどうせい》などを要求《ようきゅう》してスト（解雇者多数《かいこしゃたすう》、組合側敗北《くみあいがわはいぼく》）。**5・2** 日本最初《にほんさいしょ》のメーデー、上野公園《うえのこうえん》で開催《かいさい》・参加者《さんかしゃ》一万人余《にんよ》。**5・10** 神戸川崎造船所《こうべかわさきぞうせんじょ》の工員《こういん》ら、日《に》本労働劇団《ほんろうどうげきだん》を結成《けっせい》・ストライキ中《ちゅう》に第《だい》一回公演《かいこうえん》（プロレタリア演劇《えんげき》のはじめ）。**5・16** 友愛会《ゆうあいかい》・信友会《しんゆうかい》・啓明会《けいめいかい》など、労働組合同盟会《ろうどうくみあいどうめいかい》を結成《けっせい》。**5・-** 高津正道《たかつせいどう》ら、暁民会《ぎょうみんかい》を結成《けっせい》。雄山閣内国《ゆうざんかくないこく》史講習会《しこうしゅうかい》『中央史壇《ちゅうおうしだん》』創刊《そうかん》。**6・14** 北海道夕張炭鉱《ほっかいどうゆうばりたんこう》でガス大爆発《だいばくはつ》、死者《ししゃ》二〇七人《にん》。**6・16** 東京《とうきょう》府《ふ》、中央職業紹介所《ちゅうおうしょくぎょうしょうかいじょ》を神田《かんだ》に設置《せっち》（この年《とし》、全国《ぜんこく》に四四職業紹介所新設《しょくぎょうしょうかいじょしんせつ》）。**7・7** 東京《とうきょう》帝大《ていだい》、大正《たいしょう》一〇年度《ねんど》より学年開始《がくねんかいし》を四月《がつ》に変更《へんこう》（各大学《かくだいがく》・高校《こうこう》も実施《じっし》）。**7・14** 富士瓦斯紡績押《ふじガスぼうせきおし》上工場《あげこうじょう》の友愛会工員《ゆうあいかいこういん》、団結権承認《だんけつけんしょうにん》を要求《ようきゅう》してストライキ（二六日《にち》、組合側敗北《くみあいがわはいぼく》・富士瓦斯紡《ふじガスぼう》績争議《せきそうぎ》）。**8・5** 内務省《ないむしょう》、大本教取締《おおもときょうとりしま》りを全国《ぜんこく》に指令《しれい》。**8・14** 第《だい》七回《かい》オリンピック、アントワープで開催《かいさい》、日本人選手《にほんじんせんしゅ》一六人参加《にんさんか》。**8・-** 久米邦武著《くめくにたけちょ》、中野礼四郎増補《なかのれいしろうぞうほ》校訂《こうてい》『鍋島直正公伝《なべしまなおまさこうでん》』出《しゅっ》版《ぱん》。末松謙澄《すえまつけんちょう》ら『防長回天史《ぼうちょうかいてんし》』刊《かん》。**9・-** 日本社会主義同盟《にほんしゃかいしゅぎどうめい》『社会主義《しゃかいしゅぎ》』創刊《そうかん》。**10・1** 第《だい》一回国《かいこく》勢調査《せいちょうさ》を実施《じっし》（内地人口《ないちじんこう》五五九六万三〇五三人《にん》、外地人口《がいちじんこう》二一〇二万五三二六人《にん》）。**10・-** 大杉《おおすぎ》栄《さかえ》、上海《シャンハイ》の極東社会主義者会議《きょくとうしゃかいしゅぎしゃかいぎ》に出席《しゅっせき》。会津資料保存会《あいづしりょうほぞんかい》『会津資料叢書《あいづしりょうそうしょ》』成《な》る。賀川豊彦《かがわとよひこ》『死線《しせん》を越《こ》えて』刊《かん》。**11・1** 明治神宮竣工鎮座祭《めいじじんぐうしゅんこうちんざさい》（大正《たいしょう》四年《ねん》一〇月《がつ》七日着工《かちゃっこう》）。**11・5** 友愛会《ゆうあいかい》、東京労働講習所《とうきょうろうどうこうしゅうじょ》を設立《せつりつ》（学校形式《がっこうけいしき》の労働者教育《ろうどうしゃきょういく》のはじめ）。**12・9** 大杉栄《おおすぎさかえ》・堺利彦《さかいとしひこ》・山崎今朝《やまざきけさ》弥《や》ら、日本社会主義同盟《にほんしゃかいしゅぎどうめい》を結成《けっせい》（大正《たいしょう》一〇年《ねん》五月《がつ》二八日解散命令《にちかいさんめいれい》）。**この年《とし》** 竹越与三郎《たけこしよさぶろう》『日本経《にほんけい》済史《ざいし》』刊《かん》。大原社会問題研究所編《おおはらしゃかいもんだいけんきゅうじょへん》『日本労働年鑑《にほんろうどうねんかん》』創刊《そうかん》。
中華民国	

西暦 ▶一九二〇

年号・干支 大正 九 庚申《かのえさる》

内閣 (原敬内閣)

記事

【死没】

1・10 本多精一《ほんだせいいち》(50、ジャーナリスト)。芳川顕正《よしかわあきまさ》(80、官僚《かんりょう》)。1・13 牟田口元学《むたぐちげんがく》(77、鉄道経営者《てつどうけいえいしゃ》)。1・20 大須賀乙字《おおすがおつじ》(40、俳人《はいじん》)。1・21 権藤震二《ごんどうしんじ》(50、ジャーナリスト)。1・27 岩永《いわなが》マキ(72、社会《しゃかい》事業家《じぎょうか》)。1・31 藤沢南岳《ふじさわなんがく》(79、儒学《じゅがく》)。2・25 繁田満義《はんだみつよし》(76、殖産家《しょくさんか》)。3・10 岩谷松平《いわやまつへい》(72、たばこ業者《ぎょうしゃ》)。4・9 小林樟雄《こばやしくすお》(65、政治家《せいじか》)。4・13 高木兼寛《たかきかねひろ》(72、教育者《きょういくしゃ》)。5・3 杉孫七郎《すぎまごしちろう》(86、政治家《せいじか》)。5・9 岩野泡鳴《いわのほうめい》(48、詩人《しじん》)。5・14 山辺丈夫《やまのべたけお》(70、紡績技術者《ぼうせきぎじゅつしゃ》)。6・3 服部兼三郎《はっとりかねさぶろう》(51、事業家《じぎょうか》)。6・12 豊川良平《とよかわりょうへい》(69、実業家《じつぎょうか》)。6・17 林包明《はやしかねあき》(69、自由民権家《じゆうみんけんか》)。6・21 コンドル(67、建築家《けんちくか》)。6・25 柏井園《かしわいえん》(51、伝道者《でんどうしゃ》)。8・9 中沢臨川《なかざわりんせん》(43、評論家《ひょうろんか》)。8・20 芳村伊三郎《よしむらいさぶろう》(七代《だい》)(66、長唄唄方《ながうたうたかた》)。8・27 ルーミス(81、宣教師《せんきょうし》)。9・2 山口孤剣《やまぐちこけん》(38、社会主義者《しゃかいしゅぎしゃ》)。9・23 赤松則良《あかまつのりよし》(80、海軍軍人《かいぐんぐんじん》)。10・5 末松謙澄《すえまつけんちょう》(66、政治家《せいじか》)。10・6 黒岩涙香《くろいわるいこう》(59、新聞記者《しんぶんきしゃ》)。10・18 楠瀬喜多《くすのせきた》(88、民権運動《みんけんうんどう》)。11・1 鶴賀鶴吉《つるがつるきち》(三代《だい》)(36、新内節《しんないぶし》)。安岡雄吉《やすおかおきち》(67、政治家《せいじか》)。11・8 田村成義《たむらなりよし》(70、興行師《こうぎょうし》)。11・15 バラー(78、アメリカ長老教会《ちょうろうきょうかい》)。11・27 一戸直蔵《いちのへなおぞう》(44、天文学《てんもんがく》)。12・2 肥塚竜《こいづかりゅう》(73、ジャーナリスト)。12・4 山崎弁栄《やまざきべんねい》(62、浄土宗僧侶《じょうどしゅうそうりょ》)。12・9 岡谷繁実《おかのやしげざね》(86、歴史家《れきしか》)。12・18 遠藤清子《えんどうきよこ》(41、評論家《ひょうろんか》)。12・20 和田維四郎《わだつなしろう》(65、鉱物学《こうぶつがく》)。この年《とし》 清水六兵衛《きよみずろくべえ》(四代《だい》)(73、陶工《とうこう》)。

〔世界〕

1・2 アメリカで共産主義者《きょうさんしゅぎしゃ》二七〇〇名逮捕《めいたいほ》。1・9 マイエット没《ぼつ》(73、ドイツ人御雇外国人《じんおやといがいこくじん》)。

1・10 国際連盟発足《こくさいれんめいほっそく》、日本《にほん》は英《えい》・仏《ふつ》・伊《い》とともに常任理事国《じょうにんりじこく》となる(一一月《がつ》一五日《にち》、第《だい》一回総会《かいそうかい》)。

1・19 インドでキラーファット運動《うんどう》(ムスリムによる反帝国主義運動《はんていこくしゅぎうんどう》)始《はじ》まる。1・22 金允植没《きんいんしょくぼつ》(89、朝鮮末期《ちょうせんまっき》の政治家《せいじか》)。1・29 バラー没《ぼつ》(87、アメリカ改革派教会《かいかくはきょうかい》)。2・24 ドイツ労働者党《ろうどうしゃとう》、

中華民国 中華民国 9

西暦	
年号・干支	
内閣	
記事	二五ヵ条《じょう》の綱領《こうりょう》を発表《はっぴょう》。**3・1** ハンガリーでミクローシュ＝ホルティ、摂政《せっしょう》に就任《しゅうにん》・王制《おうせい》回復《かいふく》。**3・10** スウェーデンで、最初《さいしょ》の社会民主党政権成立《しゃかいみんしゅとうせいけんせいりつ》(首相《しゅしょう》にブランティング)。**3・13** ベルリンでカップ＝リュトビッツの反共和国《はんきょうわこく》クーデタ(一七日《にち》、労働組合《ろうどうくみあい》のゼネストにより失敗《しっぱい》)。**4・6** シベリアのチタで極東共和国《きょくとうきょうわこく》、樹立《じゅりつ》を宣言《せんげん》(一九二二年《ねん》一一月《がつ》一五日《にち》、ソヴィエト＝ロシアに併合《へいごう》)。**4・19** サン＝レモ連合国最高会議《れんごうこくさいこうかいぎ》開催《かいさい》(〜二六日《にち》・イギリスにメソポタミア・パレスチナ、フランスにシリアの委任統治《いにんとうち》を指定《してい》)。**4・23** ケマル＝パシャ、アンカラで大国民議会《だいこくみんぎかい》を召集《しょうしゅう》し、臨時政府《りんじせいふ》を樹立《じゅりつ》。**4・25** ソヴィエト・ポーランド戦争始《せんそうはじ》まる(〜一〇月《がつ》一二日《にち》)。**6・4** ハンガリー・連合国《れんごうこく》、トリアノン講和条約調印《こうわじょうやくちょういん》。イング没《ぼつ》(アメリカのメソジスト監督教会《かんとくきょうかい》宣教師《せんきょうし》)。**7・14** 中国《ちゅうごく》で安徽派《あんきは》(段祺瑞《だんきずい》・日本後援《にほんこうえん》)と直隷派《ちょくれいは》(曹錕《そうこん》・呉佩孚《ごはいふ》・英米後援《えいべいこうえん》)との戦闘《せんとう》始《はじ》まる(安直戦争《あんちょくせんそう》・一九日《にち》、安徽派《あんきは》敗《やぶ》れ段祺瑞辞職《だんきずいじしょく》)。**7・19** 第二回《だいかい》コミンテルン世界大会《せかいたいかい》開催《かいさい》(〜八月《がつ》七日《か》・二一ヵ条《じょう》の加盟条件《かめいじょうけん》を決定《けってい》)。**8・10** トルコ・連合国《れんごうこく》、セーヴル講和条約《こうわじょうやく》調印《ちょういん》。**8・30** ライマン没《ぼつ》(84、アメリカの地質学者《ちしつがくしゃ》)。**8・-** 陳独秀《ちんどくしゅう》ら、上海《シャンハイ》で中国社会主義《ちゅうごくしゃかいしゅぎ》青年団《せいねんだん》を結成《けっせい》(一〇月《がつ》、毛沢東《もうたくとう》も湖南《こなん》で社会主義青年団《しゃかいしゅぎせいねんだん》を結成《けっせい》)。**9・1** バクーで東方諸民族大会《とうほうしょみんぞくたいかい》開催《かいさい》(〜七日《か》)。**9・-** ミラノの金属工場労働者《きんぞくこうじょうろうどうしゃ》による工場占拠《こうじょうせんきょ》が、全国的運動《ぜんこくてきうんどう》に発展《はってん》。**10・31** ボンベイで全《ぜん》インド労働組合会議創立大会開催《ろうどうくみあいかいぎそうりつたいかいかいさい》。**11・2** カリフォルニア州議会《しゅうぎかい》、住民立法《じゅうみんりっぽう》の外国人土地法《がいこくじんとちほう》(第二次排日土地法《だいじはいにちとちほう》)案《あん》を可決《かけつ》。**12・25** フランス社会党《しゃかいとう》、トゥール大会《たいかい》(〜三〇日《にち》・分裂《ぶんれつ》、多数派《たすうは》がコミンテルン加盟《かめい》を決定《けってい》)。**この年《とし》** アメリカ、女子参政権実現《じょしさんせいけんじつげん》。ブラント没《ぼつ》(駐日《ちゅうにち》ドイツ公使《こうし》)。
中華民国	

西暦	年号・干支	内閣	中華民国
一九二一 ◀	大正一〇 辛酉《かのとのとり》	(原敬内閣)	中華民国 10

記事

【政治・経済】

1・3 幣原喜重郎《しではらきじゅうろう》駐米大使《ちゅうべいたいし》、排日土地法《はいにちとちほう》に抗議《こうぎ》。 1・8 ウラジオストクで日本軍哨兵《にほんぐんしょうへい》、アメリカ軍大尉《ぐんたいい》ラングストンを誤射《ごしゃ》(ラングストン、翌日死亡《よくじつしぼう》・二月《がつ》二一日解決《にちかいけつ》)。 1・24 加藤高明《かとうたかあき》憲政会総裁《けんせいかいそうさい》、貴族院《きぞくいん》でシベリア撤兵《てっぺい》を主張《しゅちょう》。 1・28 日華軍事協定廃棄《にっかぐんじきょうていはいき》に関《かん》する公文《こうぶん》を交換《こうかん》。 1・31 衆議院予算委員会《しゅうぎいんよさんいいんかい》で、南満洲鉄道《みなみまんしゅうてつどう》㈱による塔連炭坑《とうれんたんこう》・内田汽船《うちだきせん》などの不当買収《ふとうばいしゅう》が問題化《もんだいか》。 2・3 衆議院《しゅうぎいん》、憲政会《けんせいかい》・国民党各提出《こくみんとうかくていしゅつ》の普通選挙法案《ふつうせんきょほうあん》を否決《ひけつ》。 2・10 宮内省《くないしょう》、皇太子妃内定《こうたいしひないてい》について変更《へんこう》なしと発表《はっぴょう》。 衆議院《しゅうぎいん》、尾崎行雄提出《おざきゆきおていしゅつ》の軍備制限決議案《ぐんびせいげんけつぎあん》を否決《ひけつ》。 2・26 住友総《すみともそう》本店《ほんてん》、住友合資会社《すみともごうしがいしゃ》に改組《かいそ》(資本金《しほんきん》一億五〇〇〇万円《えん》、本店大阪《ほんてんおおさか》)。 3・3 皇太子裕仁親王《こうたいしひろひとしんのう》、欧州訪問《おうしゅうほうもん》に出発《しゅっぱつ》(~九月《がつ》三日《か》)。 3・11 大日本実業連合会《だいにほんじつぎょうれんごうかい》の軍備制限大演説会《ぐんびせいげんだいえんぜつかい》、武藤山治《むとうさんじ》ら軍縮《ぐんしゅく》を訴《うった》える。 3・15 広岡宇一郎政友会幹事長《ひろおかういちろうせいゆうかいかんじちょう》、加藤高明憲政会総裁《かとうたかあきけんせいかいそうさい》の内田信也《うちだのぶや》からの政治献金《せいじけんきん》五万円受領《えんじゅりょう》を、普通選挙阻止《ふつうせんきょそし》を条件《じょうけん》とした政治資金供与《せいじしきんきょうよ》とし非難《ひなん》(珍品五個問題《ちんぴんごこもんだい》)。 4・4 米穀法公布《べいこくほうこうふ》(政府介入《せいふかいにゅう》による米穀需給調節《べいこくじゅきゅうちょうせつ》)。 4・7 朝鮮軍司令官《ちょうせんぐんしれいかん》、間島方面《かんとうほうめん》の日本軍撤退《にほんぐんてったい》を声明《せいめい》。 4・11 市制《しせい》・町村制改正公布《ちょうそんせいかいせいこうふ》(町村《ちょうそん》の等級選挙《とうきゅうせんきょ》を廃《はい》し、市《し》の二級選挙制採用《にきゅうせんきょせいさいよう》など)。 4・12 郡制廃止法公布《ぐんせいはいしほうこうふ》(郡長《ぐんちょう》・郡役所《ぐんやくしょ》、国《くに》の行政官庁化《ぎょうせいかんちょうか》・大正《たいしょう》一二年《ねん》四月一日施行《がつついたちしこう》)。 度量衡法《どりょうこうほう》改正公布《かいせいこうふ》(メートル法《ほう》を基本《きほん》として採用《さいよう》・大正《たいしょう》一三年《ねん》七月一日施行《がつついたちしこう》)。 4・13 政府《せいふ》、興銀《こうぎん》・勧銀《かんぎん》の帝国蚕糸《ていこくさんし》㈱への貸付《かしつけ》に対《たい》する三〇〇〇万円《えん》を上限《じょうげん》とした損失補償《そんしつほしょう》を契約《けいやく》。 4・22 日本勧業《にほんかんぎょう》銀行《ぎんこう》と農工銀行《のうこうぎんこう》の合併《がっぺい》に関《かん》する件公布《けんこうふ》(五月《がつ》一二日施行《にちしこう》)。 4・26 陸軍軍法会議法《りくぐんぐんぽうかいぎほう》・海軍軍法会議《かいぐんぐんぽうかいぎ》法各公布《ほうかくこうふ》(大正《たいしょう》一二年《ねん》四月一日施行《がつついたちしこう》)。 5・16 原敬首相《はらたかししゅしょう》、東方会議開催《とうほうかいぎかいさい》(朝鮮総督《ちょうせんそうとく》・関東庁長《かんとうちょうちょう》官《かん》・関東軍司令官《かんとうぐんしれいかん》・駐華公使《ちゅうかこうし》ら参集《さんしゅう》)。 6・- 株価《かぶか》、上昇基調《じょうしょうきちょう》に転化《てんか》(「中間景気《ちゅうかんけいき》」の出現《しゅつげん》・九月《がつ》、下落基調《げらくきちょう》へ転化《てんか》)。 8・13 外務省《がいむしょう》に情報部設置《じょうほうぶせっち》を公布《こうふ》。 8・26 大連《だいれん》で極東共和国《きょくとうきょうわこく》と

西暦

年号・干支

内閣

記事

の通商交渉《つうしょうこうしょう》開催《かいさい》(大連会議《だいれんかいぎ》、大正《たいしょう》一一年《ねん》四月《がつ》一六日《にち》打切《うちき》り)。**8・1** 近藤栄蔵《こんどうえいぞう》・高津正道《たかつせいどう》ら、暁《ぎょう》民共産党結成《みんきょうさんとうけっせい》。**9・17** 尾崎行雄《おざきゆきお》・吉野作造《よしのさくぞう》・島田三郎《しまださぶろう》ら、軍備縮小同志会《ぐんびしゅくしょうどうしかい》を結成《けっせい》。**9・28** 安《やす》田善次郎《だぜんじろう》(安田財閥創始者《やすだざいばつそうししゃ》)、国粋主義者朝日平吾《こくすいしゅぎしゃあさひへいご》に刺殺《しさつ》される。**10・11** 府県税戸数割規則公布《ふけんぜいこすうわりきそくこうふ》(大正《たいしょう》一一年《ねん》四月一日施行《がつついたちしこう》)。**10・12** 原首相《はらしゅしょう》、海軍大臣臨時事務管理就任《かいぐんだいじんりんじじむかんりしゅうにん》(文官初《ぶんかんはつ》の軍部大臣《ぐんぶだいじん》事務管理《じむかんり》)。**11・4** 原首相《はらしゅしょう》、東京駅頭《とうきょうえきとう》で中岡艮一《なかおかこんいち》に刺殺《しさつ》される(内田康哉外相《うちだこうさいがいしょう》、臨時首相《りんじしゅしょう》を兼《か》ね翌日内閣総辞職《よくじつないかくそうじしょく》)。**11・12** 尾崎行雄《おざきゆきお》ら、全国普選断行同盟《ぜんこくふせんだんこうどうめい》を結成《けっせい》。ワシントン会議開催《かいぎかいさい》(～大正《たいしょう》一一年《ねん》二月《がつ》六日《か》、日本全権加藤友三郎《にほんぜんけんかとうともさぶろう》・徳川家達《とくがわいえさと》・幣原喜重郎《しではらきじゅうろう》)。**11・13** 高橋是清《たかはしこれきよ》に組《そ》閣命令《かくめいれい》、全閣僚留任《ぜんかくりょうりゅうにん》のまま高橋政友会内閣成立《たかはしせいゆうかいないかくせいりつ》。**11・14** 高橋是清《たかはしこれきよ》、政友会総裁《せいゆうかいそうさい》に就任《しゅうにん》。**11・17** 日銀総裁井上準之助《にちぎんそうさいいのうえじゅんのすけ》、関西銀行大会《かんさいぎんこうたいかい》で消費節約《しょうひせつやく》を提唱《ていしょう》・内務省《ないむしょう》・商業会議所《しょうぎょうかいぎしょ》など、消《しょう》費節約運動《ひせつやくうんどう》を展開《てんかい》。**11・25** 皇太子裕仁親王《こうたいしひろひとしんのう》、摂政《せっしょう》に就任《しゅうにん》。**12・13** ワシントン会議《かいぎ》で、太平洋《たいへいよう》方面《ほうめん》における島嶼《とうしょ》たる領地《りょうち》の相互尊重《そうごそんちょう》および日英同盟《にちえいどうめい》の廃棄《はいき》などを約《やく》する日英米仏《にちえいべいふつ》四ヵ国条《こくじょう》約《やく》調印《ちょういん》。**12・24** 第《だい》四五通常議会召集《つうじょうぎかいしょうしゅう》(一二月《がつ》二六日開会《にちかいかい》、大正《たいしょう》一一年《ねん》三月《がつ》二五日閉会《にちへいかい》)。**12・25** 憲政会政務調査総会《けんせいかいせいむちょうさそうかい》、普通選挙案《ふつうせんきょあん》から「独立《どくりつ》の生計《せいけい》」条件《じょうけん》を削除《さくじょ》。

【社会・文化】

1・1 棚橋小虎《たなはしことら》、「労働組合《ろうどうくみあい》へ帰《かえ》れ」を発表《はっぴょう》しサンジカリズムを批判《ひはん》・ここから友愛会幹部《ゆうかいかいかんぶ》と直《ちょく》接行動派《せっこうどうは》との対立激化《たいりつげきか》。国本社《こくほんしゃ》『国本《こくほん》』創刊《そうかん》。**2・12** 大本教《おおもときょう》、不敬罪《ふけいざい》および新聞紙法違反《しんぶんしほういはん》により、教主出口王仁三郎《きょうしゅでぐちおにさぶろう》ら幹部《かんぶ》、一斉検挙《いっせいけんきょ》される(第《だい》一次大本教事件《じおおもときょうじけん》)。**2・21** 北海道蜂須賀農《ほっかいどうはちすかのう》場小作人《じょうこさくにん》、小作料据置《こさくりょうすえお》きを要求《ようきゅう》して争議《そうぎ》。**2・1** 『種蒔《たねま》く人《ひと》』創刊《そうかん》(一次《じ》、～四月《がつ》・大正《たいしょう》一〇年《ねん》一〇月《がつ》、二次創刊《じそうかん》、～同《どう》一二年《ねん》八月《がつ》)。**3・14** 足尾銅山《あしおどうざん》で、人員整理反対《じんいんせいりはんたい》の同盟罷業《どうめいひぎょう》(～四月《がつ》一八日《にち》・組合《くみあい》・古河《ふるかわ》・栃木県《とちぎけん》の代表《だいひょう》が会談《かいだん》し妥結《だけつ》)。**4・1** 建設中《けんせつちゅう》の丹那《たんな》トンネルで崩壊事故《ほうかいじこ》、

中華民国

西暦	年号・干支	内閣
一九二一 ◀ ▶	大正一〇 辛酉《かのとのとり》	(原敬内閣)

記事

死者《しや》一六人《にん》。**4・8** 借地法《しやくちほう》・借家法《しやくやほう》各公布《かくこうふ》(五月《がつ》一五日《にち》、東京《とうきよう》など五市《し》で施行《しこう》)。**4・9** 職業《しよくぎよう》紹介所法公布《しようかいじよほうこうふ》。**4・15** 羽仁《はに》もと子《こ》、東京《とうきよう》雑司《ぞうし》ヶ谷《がや》に自由学園《じゆうがくえん》を創立《そうりつ》。**4・24** 堺《さかい》真柄《まがら》・伊藤野枝《いとうのえ》・山川菊栄《やまかわきくえ》ら、赤瀾会《せきらんかい》を結成《けつせい》(最初《さいしよ》の社会主義婦人団体《しやかいしゆぎふじんだんたい》・大正《たいしよう》一一年《ねん》三月《がつ》八日《か》、八日会《ようかかい》と改称《かいしよう》)。**4・28** 大阪電灯会社従業員《おおさかでんとうがいしやじゆうぎよういん》の組織《そしき》する大阪電業員組合《おおさかでんぎよういんくみあい》、団体交渉権《だんたいこうしようけん》などをめぐって争議《そうぎ》(大《おお》阪電灯会社争議《さかでんとうがいしやそうぎ》・以後《いご》大阪周辺《おおさかしゆうへん》で団体交渉権争議続発《だんたいこうしようけんそうぎぞくはつ》)。**4・-** 憲政公論社《けんせいこうろんしや》『憲政公論《けんせいこうろん》』創刊《そうかん》。**5・2** 岡本一平《おかもといつぺい》、初《はつ》の物語漫画《ものがたりまんが》「人《ひと》の一生《いつしよう》」を『東京朝日新聞《とうきようあさひしんぶん》』に連載開始《れんさいかいし》。**5・7** 日本海員組合《にほんかいいんくみあい》結成《けつせい》。**6・22** コミンテルン第《だい》三回大会《かいたいかい》に田口運蔵《たぐちうんぞう》らが出席《しゆつせき》。**6・28** 大審院《たいしんいん》、村八分《むらはちぶ》による精神《せいしん》的損害《てきそんがい》に対《たい》する賠償請求《ばいしようせいきゆう》を認《みと》める判決《はんけつ》。帝国連合教育会《ていこくれんごうきよういくかい》など、市町村義務教育費国庫負担《しちようそんぎむきよういくひこつこふたん》増額期成同盟会《ぞうがくきせいどうめいかい》を結成《けつせい》。**7・7** 神戸《こうべ》の川崎《かわさき》・三菱両造船所職工《みつびしりようぞうせんじよしよつこう》ら、労働組合加入《ろうどうくみあいかにゆう》の自由《じゆう》・団体《だんたい》交渉権《こうしようけん》の確認《かくにん》・八時間労働制《じかんろうどうせい》を要求《ようきゆう》して争議《そうぎ》(約《やく》三万人参加《にんさんか》、戦前最大規模《せんぜんさいだいきぼ》の争議《そうぎ》・八月《がつ》一二日《にち》、争議団《そうぎだん》「惨敗宣言《ざんぱいせんげん》」)。**8・20** 山崎今朝弥《やまざきけさや》ら、自由法曹団結成《じゆうほうそうだんけつせい》。**8・31** 鉄道省《てつどうしよう》『日本鉄道史《にほんてつどうし》』刊《かん》。**8・-** 岡山県藤田農場《おかやまけんふじたのうじよう》で小作争議《こさくそうぎ》(一二月《がつ》一七日妥結《にちだけつ》)。**9・2** ㈶日本青年館設立《にほんせいねんかんせつりつ》(理事長《りじちよう》近衛文麿《このえふみまろ》)。**9・16** 鈴木文治《すずきぶんじ》ら、東京芝《とうきようしば》に日本労働学校《にほんろうどうがつこう》を開設《かいせつ》。**10・1** 日本労働総同盟友愛会《にほんろうどうそうどうめいゆうあいかい》、創立《そうりつ》一〇周年記念大会挙行《しゆうねんきねんたいかいきよこう》、日本労働総同盟《にほんろうどうそうどうめい》に改称《かいしよう》。岩波書店《いわなみしよてん》『思想《しそう》』創刊《そうかん》。**10・15** 岐阜県《ぎふけん》、小作争議取締《こさくそうぎとりしま》りのため、警察犯処罰令《けいさつはんしよばつれい》に追加条項制定《ついかじようこうせいてい》(いわゆる農業警察令《のうぎようけいさつれい》・ほか一〇数県《すうけん》で順次制定《じゆんじせいてい》)。**10・-** 柳原白蓮《やなぎはらびやくれん》(燁子《あきこ》)、夫《おつと》の炭鉱王伊藤伝右衛門《たんこうおういとうでんえもん》のもとを出奔《しゆつぽん》、愛人宮崎竜《あいじんみやざきりゆう》介《すけ》のもとへ走《はし》る。**11・1** 信濃自由大学《しなのじゆうだいがく》、長野県上田《ながのけんうえだ》に設立《せつりつ》(以後近隣県《いごきんりんけん》を中心《ちゆうしん》に自由大学運動《じゆうだいがくうんどう》ひろがる)。**11・-** 三田史学会《みたしがくかい》『史学《しがく》』創刊《そうかん》。**この年** 日本史籍協会《にほんしせききようかい》『九条家国事記録《くじようけこくじきろく》』刊《かん》(~大正《たいしよう》一一年《ねん》)。吉備群書集成刊行会《きびぐんしよしゆうせいかんこうかい》『吉備群書集成《きびぐんしよしゆうせい》』刊《かん》(~昭和《しようわ》七年《ねん》)。木崎愛吉編《きざきあいきちへん》『大日本金石史《だいにほんきんせきし》』刊《かん》(~大正《たいしよう》一一年《ねん》)。

中華民国
中華民国 10

1921（大正10）

西暦	
年号・干支	
内閣	高橋是清内閣《たかはしこれきよないかく》 11・13
記事	【死没】1・9 鈴木文太郎《すずきぶんたろう》(58、解剖学《かいぼうがく》)。日比谷平左衛門《ひびやへいざえもん》(74、実業家《じつぎょうか》)。1・13 伊集院五郎《いじゅういんごろう》(70、海軍軍《かいぐんぐん》人《じん》)。1・27 高木壬太郎《たかぎみずたろう》(58、教育者《きょういくしゃ》)。1・31 奥田正香《おくだまさか》(75、実業家《じつぎょうか》)。2・2 三宅恒方《みやけつねかた》(42、昆《こん》虫学《ちゅうがく》)。2・9 近藤廉平《こんどうれんぺい》(74、実業家《じつぎょうか》)。村田経芳《むらたつねよし》(84、陸軍軍人《りくぐんぐんじん》)。2・15 藤浪与兵衛《ふじなみよへえ》(二代《だい》)(56、歌舞伎小道具業《かぶきこどうぐぎょう》)。2・22 松村雄之進《まつむらゆうのしん》(70、政治活動家《せいじかつどうか》)。2・24 橋口五葉《はしぐちごよう》(41、洋画家《ようがか》)。2・25 小《こ》池張造《いけちょうぞう》(49、外交官《がいこうかん》)。3・14 飯島魁《いいじまいさお》(61、動物学《どうぶつがく》)。3・26 沖野忠雄《おきのただお》(68、土木技術者《どぼくぎじゅつしゃ》)。4・10 伊《い》藤雋吉《とうとしよし》(82、海軍軍人《かいぐんぐんじん》)。4・16 岡崎雪声《おかざきせっせい》(68、鋳金家《ちゅうきんか》)。4・27 神田伯山《かんだはくざん》(二代《だい》)(79、講釈師《こうしゃくし》)。5・2 北畠治房《きたばたけはるふさ》(89、司法官《しほうかん》)。5・5 豊沢団平《とよざわだんぺい》(三代《だい》)(63、浄瑠璃三味線方《じょうるりしゃみせんかた》)。5・19 福羽逸人《ふくばはやと》(66、農学《のうがく》)。6・7 鍋島直大《なべしまなおひろ》(76、華族《かぞく》)。6・8 中村梅玉《なかむらばいぎょく》(二代《だい》)(81、歌舞伎役者《かぶきやくしゃ》)。6・17 有賀長雄《あるがながお》(62、公法学《こうほうがく》)。6・29 松岡好一《まつおかこういち》(57、民間活動家《みんかんかつどうか》)。7・25 佐藤進《さとうすすむ》(77、医家《いか》)。8・11 前田正名《まえだまさな》(72、官僚《かんりょう》)。8・27 渡辺千秋《わたなべちあき》(79、官僚《かんりょう》)。9・2 福本日南《ふくもとにちなん》(65、ジャーナリスト)。9・12 大江《おおえ》卓《たく》(75、政治家《せいじか》)。9・28 朝日平吾《あさひへいご》(32、テロリスト)。安田善次郎《やすだぜんじろう》(84、実業家《じつぎょうか》)。10・5 大島道太《おおしまみちた》郎《ろう》(62、冶金技術者《やきんぎじゅつしゃ》)。11・4 原敬《はらたかし》(66、政治家《せいじか》)。12・22 坂三郎《さかさぶろう》(78、茶業指導者《ちゃぎょうしどうしゃ》)。12・29 林有《はやしゆう》造《ぞう》(80、政治家《せいじか》)。 〖世界〗 2・4 ウンゲルン軍《ぐん》、モンゴルのウルガ占領《せんりょう》。2・21 ペルシアで、レザー＝カーンのクーデタ。2・26 ソ連《れん》・ペルシア、友好条約《ゆうこうじょうやく》を締結《ていけつ》(ソ連《れん》、旧《きゅう》ロシア資産《しさん》・治外法権《ちがいほうけん》などを放棄《ほうき》)。2・28 ソ連《れん》、クロンシュタット軍港《ぐんこう》の水兵《すいへい》、戦時共産主義《せんじきょうさんしゅぎ》に反対《はんたい》し暴動《ぼうどう》。3・8 ロシア共産党第《きょうさんとうだい》一〇回大会《かいたいかい》、レーニンの新経済政策《しんけいざいせいさく》(ネップ)への移行《いこう》を採択《さいたく》。3・16 英《えい》ソ通商協定成立《つうしょうきょうていせいりつ》(イギリス、事実上《じじつじょう》のソ連《れん》承認《しょうにん》)。3・20 上《かみ》シュレージェンで、帰属問題《きぞくもんだい》につき住民投票実施《じゅうみんとうひょうじっし》(ドイツへ
中華民国	

西暦 ▶ 一九二一

年号・干支 大正一〇 辛酉《かのととり》

内閣 (高橋是清内閣)

記事

の帰属票《きぞくひょう》約《やく》六割《わり》)。 3・21 中部《ちゅうぶ》ドイツで、共産党《きょうさんとう》指導《しどう》による武装蜂起《ぶそうほうき》展開《てんかい》(三月《がつ》闘争《とうそう》)。 3・– ザイールでキンバング運動展開《うんどうてんかい》。ケニアでハリー=トゥク指揮《しき》の反《はん》イギリス闘争高揚《とうそうこうよう》。 4・21 モスクワに東方勤労者共産主義大学《とうほうきんろうしゃきょうさんしゅぎだいがく》創立《そうりつ》。 5・5 連合国《れんごうこく》、ドイツに対《たい》し賠償金《ばいしょうきん》一三二〇億金《きん》マルク支払計画《しはらいけいかく》の受諾《じゅだく》を要求《ようきゅう》(ロンドン最後通牒《さいごつうちょう》、一一日《にち》ドイツ受諾《じゅだく》)。孫文《そんぶん》、広東新政府《カントンしんせいふ》非常大総統《ひじょうだいそうとう》に就任《しゅうにん》(第《だい》二次《じ》広東政府成立《カントンせいふせいりつ》)。 7・1 上海《シャンハイ》で中国共産党結成《ちゅうごくきょうさんとうけっせい》。 7・11 活仏政《かつぶつせい》権《けん》と人民革命党政権《じんみんかくめいとうせいけん》との連合《れんごう》により、モンゴル人民政府成立《じんみんせいふせいりつ》。 7・14 アメリカで、無政府主義《むせいふしゅぎ》者《しゃ》サッコとヴァンゼッティ、証拠不十分《しょうこふじゅうぶん》のまま死刑判決《しけいはんけつ》(サッコ・ヴァンゼッティ事件《じけん》・一九七七年冤罪《ねんえんざい》が判明《はんめい》)。 7・18 モンゴル人民軍《じんみんぐん》・ソヴィエト軍《ぐん》、ウルガに進駐《しんちゅう》。郭沫若《かくまつじゃく》・郁達夫《いくたつぷ》ら、東京《とうきょう》で創造社《そうぞうしゃ》を設立《せつりつ》。 8・– 中国共産党《ちゅうごくきょうさんとう》、上海《シャンハイ》に中国労働組合書記部《ちゅうごくろうどうくみあいしょきぶ》設立《せつりつ》。 9・26 ランバス没《ぼつ》(66、アメリカのメソジスト監督教会所属宣教師《かんとくきょうかいしょぞくせんきょうし》)。 10・30 マードック没《ぼつ》(65、イギリスの日本《にほん》研究家《けんきゅうか》)。 11・2 アメリカ産児制限連盟結成《さんじせいげんれんめいけっせい》。 11・7 イタリアで国家《こっか》ファシスト党成立《とうせいりつ》。 11・12 ワシントン会議《かいぎ》、日《にち》・米《べい》・英《えい》・仏《ふつ》・伊《い》・蘭《らん》・中《ちゅう》・ベルギー・ポルトガルの九ヵ国参加《こくさんか》により開催《かいさい》(〜一九二二年《ねん》二月《がつ》六日《か》)。 12・6 アイルランド、自治法《じちほう》に調印《ちょういん》し北部《ほくぶ》を除《のぞ》き自治領《じちりょう》となる。

中華民国 中華民国 10

西暦 ◀ 一九二二

年号・干支 一一 壬戌《みずのえいぬ》

記事

【政治・経済】

1・21 片山潜《かたやません》・徳田球一《とくだきゅういち》・高瀬清《たかせきよし》ら、モスクワで開催《かいさい》の極東民族会議《きょくとうみんぞくかいぎ》に出席《しゅっせき》。 1・22 普選断《ふせんだん》行《こう》・綱紀粛正民衆大会《こうきしゅくせいみんしゅうたいかい》、東京《とうきょう》で開催《かいさい》。 2・2 日本全権幣原喜重郎《にほんぜんけんしではらきじゅうろう》、ワシントン会議《かいぎ》で対華《たいか》二一箇条《かじょう》のうち第《だい》五号要求《ごうようきゅう》を撤回《てっかい》、満蒙投資優先権放棄《まんもうとうしゆうせんけんほうき》を言明《げんめい》。 2・4 日中両国《にっちゅうりょうこく》、ワシントンで山東懸案解決《さんとうけんあんかいけつ》に関《かん》する条約調印《じょうやくちょういん》(日本《にほん》の膠州湾租借地還付《こうしゅうわんそしゃくちかんぷ》・日本軍《にほんぐん》の撤退《てったい》などを約定《やくじょう》・六月《がつ》二日《か》公布《こうふ》)。 2・5 海軍《かいぐん》、ワシントン会議《かいぎ》での取《と》り決《き》めに基《もと》づき、戦艦土佐《せんかんとさ》(三菱長崎造船所《みつびしながさきぞうせんじょ》

中華民国 11

西暦	
年号・干支	
内閣	
記事	発注《はっちゅう》)をはじめ九隻《せき》に建造中止命令《けんぞうちゅうしめいれい》。**2・6** ワシントン会議《かいぎ》で、海軍軍備制限条約《かいぐんぐんびせいげんじょうやく》(大正《たいしょう》一二年《ねん》八月《がつ》一七日公布《にちこうふ》)および中国《ちゅうごく》に関《かん》する九ヵ国条約《こくじょうやく》・中国《ちゅうごく》の関税《かんぜい》に関《かん》する条約《じょうやく》(同《どう》一四年《ねん》八月《がつ》六日《か》公布《こうふ》)各調印《かくちょういん》され、全日程終了《ぜんにっていしゅうりょう》。**2・24** 東京市政調査会設立《とうきょうしせいちょうさかいせつりつ》(安田善次郎《やすだぜんじろう》の寄付金《きふきん》を基《き》金《きん》とし、後藤新平《ごとうしんぺい》ら設立《せつりつ》)。**2・27** 衆議院《しゅうぎいん》、憲政会《けんせいかい》・国民党《こくみんとう》など共同提出《きょうどうていしゅつ》の統一普通選挙法案《とういつふつうせんきょほうあん》を政友会《せいゆうかい》の反対《はんたい》で否決《ひけつ》。**3・2** 高橋内閣《たかはしないかく》、中橋徳五郎文相《なかはしとくごろうぶんしょう》の東京高等工業学校《とうきょうこうとうこうぎょうがっこう》など五校《こう》の大《だい》学昇格案不成立《がくしょうかくあんふせいりつ》を契機《けいき》とした内閣改造問題《ないかくかいぞうもんだい》により紛糾《ふんきゅう》。**3・24** 貴族院《きぞくいん》、過激社会運動取締法《かげきしゃかいうんどうとりしまりほう》案《あん》を修正可決《しゅうせいかけつ》(衆議院《しゅうぎいん》では審議未了《しんぎみりょう》)。**3・25** 衆議院《しゅうぎいん》、陸軍軍備縮小建議案可決《りくぐんぐんびしゅくしょうけんぎあんかけつ》(歩兵在営《ほへいざいえい》期間《きかん》を一年《ねん》四ヵ月《げつ》に短縮《たんしゅく》するなど)、国民党提出《こくみんとうていしゅつ》の軍部大臣武官制廃止建議案修正可決《ぐんぶだいじんぶかんせいはいしけんぎあんしゅうせいかけつ》。**3・31** 南洋庁官制公布《なんようちょうかんせいこうふ》(翌日施行《よくじつしこう》)。**4・20** 治安警察法改正公布《ちあんけいさつほうかいせいこうふ》(婦人《ふじん》の政談集会《せいだんしゅうかい》への参加《さんか》と発起《ほっき》を許可《きょか》)。**5・5** 改正刑事訴訟法公布《かいせいけいじそしょうほうこうふ》(大正《たいしょう》一三年《ねん》一月《がつ》一日《ついたち》施行《しこう》)。**6・6** 高橋内閣《たかはしないかく》、内閣改造《ないかくかいぞう》をめぐり内閣不統一《ないかくふとういつ》となり総辞職《そうじしょく》・非改造派《ひかいぞうは》の中橋文相《なかはしぶんしょう》ら六人《にん》を政友会《せいゆうかい》から除名処分《じょめいしょぶん》(一二月《がつ》八日《か》復党《ふくとう》)。**6・12** 加藤友三郎内閣成立《かとうともさぶろうないかくせいりつ》(貴族院《きぞくいん》を基礎《きそ》とし政友会《せいゆうかい》が閣外協力《かくがいきょうりょく》)。**6・20** 摂政《せっしょう》裕仁親王《ひろひとしんのう》と久邇宮良子女王《くにのみやながこじょおう》との結婚《けっこん》を勅許《ちょっきょ》。**6・22** 対露非干渉同志会結成《たいろひかんしょうどうしかいけっせい》、即日解散《そくじつかいさん》を命《めい》じられる。**6・24** 政府《せいふ》、一〇月末《がつまつ》を期《き》して全《ぜん》シベリア派遣軍撤兵《はけんぐんてっぺい》を完了《かんりょう》する旨《むね》を声明《せいめい》(一〇月《がつ》二五日《にち》、北樺太《きたからふと》を除《のぞ》き、撤兵完了《てっぺいかんりょう》)。**7・1** 泰平組合《たいへいくみあい》、対華兵器売込《たいかへいきうりこ》みの第《だい》二次契約《じけいやく》を締結《ていけつ》。**7・3** 海軍《かいぐん》、軍備制限計画《ぐんびせいげんけいかく》を発表《はっぴょう》(翌日《よくじつ》、陸軍《りくぐん》も発表《はっぴょう》)。**7・15** 日本共産党《にほんきょうさんとう》、水曜会《すいようかい》・暁民会《ぎょうみんかい》などの社会主義者《しゃかいしゅぎしゃ》らにより、非合法《ひごうほう》に結成《けっせい》(委員長堺利彦《いいんちょうさかいとしひこ》・一一月《がつ》、コミンテルン第《だい》四回大会《かいたいかい》で日本《にほん》支部《しぶ》として承認《しょうにん》され、プロレタリア独裁《どくさい》の確立《かくりつ》をめざす)。**8・1** 井上準之助《いのうえじゅんのすけ》・団琢磨《だんたくま》らの提《てい》唱《しょう》により、日本経済連盟会設立《にほんけいざいれんめいかいせつりつ》。**8・11** 陸軍整理実施《りくぐんせいりじっし》を公示《こうじ》(山梨軍縮《やまなしぐんしゅく》)。**8・15** 西武鉄道《せいぶてつどう》㈱設立《せつりつ》(以後私鉄《いごしてつ》の設立相《せつりつあい》つぐ)。**9・1** 立憲国民党解党《りっけんこくみんとうかいとう》。**9・2** 目黒蒲田電鉄《めぐろかまたでんてつ》㈱設立《せつりつ》。**9・4** 日《にっ》
中華民国	

西暦	一九二二 ◀▶
年号・干支	大正一一 壬戌《みずのえいぬ》
内閣	(高橋是清内閣) 6・12 加藤友三郎《かとうともさぶろう》内閣

記事

ソ長春会議《ちょうしゅんかいぎ》開会《かいかい》(九月《がつ》二五日決裂《にちけつれつ》)。 **9・18** 臨時外交調査委員会廃止《りんじがいこうちょうさいいんかいはいし》。 **10・14** 監獄《かんごく》を刑務所《けいむしょ》と改称《かいしょう》。 **10・20** 政府《せいふ》、普通選挙調査会《ふつうせんきょちょうさかい》を設置《せっち》。 **10・23** 帝国農会《ていこくのうかい》、地租軽減《ちそけいげん》を決議《けつぎ》。 **11・1** 内務省社会局官制《ないむしょうしゃかいきょくかんせい》・内閣統計局官制《ないかくとうけいきょくかんせい》・拓殖事務局官制《たくしょくじむきょくかんせい》・国勢院官制廃止各公布《こくせいいんかんせいはいしかくこうふ》。 **11・8** 犬養毅《いぬかいつよし》・尾崎行雄《おざきゆきお》・島田三郎《しまださぶろう》ら、革新倶楽部《かくしんクラブ》を結成《けっせい》。 **12・17** 青島守備《チンタオしゅび》の日本軍《にほんぐん》、撤退完了《てったいかんりょう》。 **12・18** 朝鮮総督府《ちょうせんそうとくふ》、朝鮮戸籍令制定《ちょうせんこせきれいせいてい》。 **12・25** 第《だい》四六通常議会召集《つうじょうぎかいしょうしゅう》(一二月《がつ》二七日開会《にちかいかい》、大正《たいしょう》一二年《ねん》三月《がつ》二六日閉会《にちへいかい》)。 **12・27** 世界最初《せかいさいしょ》の新造航空母艦鳳翔《しんぞうこうくうぼかんほうしょう》、横須賀海軍工廠《よこすかかいぐんこうしょう》で竣工《しゅんこう》。

【社会・文化】

1・- 山川均《やまかわひとし》『前衛《ぜんえい》』創刊《そうかん》。 **3・3** 全国水平社創立大会《ぜんこくすいへいしゃそうりつたいかい》、京都《きょうと》で開催《かいさい》(七月《がつ》『水平《すいへい》』創刊《そうかん》)。 **3・10** 平和記念東京博覧会《へいわきねんとうきょうはくらんかい》、東京府上野公園《とうきょうふうえのこうえん》で開催《かいさい》(~七月《がつ》三一日《にち》・入場者数《にゅうじょうしゃすう》一一〇三万二五七四人《にん》)。 **3・-** サンガー夫人《ふじん》(アメリカ産児制限連盟《さんじせいげんれんめい》)来日《らいにち》・内務省《ないむしょう》、産児制限《さんじせいげん》の公開講演《こうかいこうえん》を行《おこな》わない事《こと》を条件《じょうけん》に上陸許可《じょうりくきょか》。 **3・21** 官業労働者《かんぎょうろうどうしゃ》、大阪《おおさか》・名古屋《なごや》・八幡《やはた》などで、軍縮《ぐんしゅく》に伴《ともな》う失業救済《しつぎょうきゅうさい》を政府《せいふ》に要求《ようきゅう》する示威運動《じいうんどう》を展開《てんかい》。 **4・9** 日本農民組合《にほんのうみんくみあい》、神戸《こうべ》で結成《けっせい》(組合長杉山元治郎《くみあいちょうすぎやまもとじろう》)。 **4・12** 改正農会法《かいせいのうかいほう》(大正《たいしょう》一二年《ねん》一月一日施行《がつついたちしこう》)・借地借家調停法《しゃくちしゃくやちょうていほう》(同《どう》一一年《ねん》一〇月一日施行《がつついたちしこう》)、各公布《かくこうふ》。 **4・22** 健康保険法公布《けんこうほけんほうこうふ》。 **4・-** 市川正一《いちかわしょういち》ら『無産階級《むさんかいきゅう》』創刊《そうかん》。 **5・15** 新婦人協会《しんふじんきょうかい》、東京府神田《とうきょうふかんだ》で治安警察法《ちあんけいさつほう》五条《じょう》二項撤廃祝賀会《こうてっぱいしゅくがかい》を開催《かいさい》(初《はつ》の婦人政談演説会《ふじんせいだんえんぜつかい》)。 **5・-** 三浦周行《みうらひろゆき》『日本史《にほんし》の研究《けんきゅう》』刊《かん》。 **8・-** 有島武郎《ありしまたけお》、北海道狩太農場《ほっかいどうかりぶとのうじょう》を小作人《こさくにん》に無償《むしょう》で解放《かいほう》。 **9・24** 長野県《ながのけん》の下伊那自由青年連盟《しもいなじゆうせいねんれんめい》、発会式《はっかいしき》を挙行《きょこう》。 **9・30** 日本労働組合総連合創立大会《にほんろうどうくみあいそうれんごうそうりつたいかい》、大阪《おおさか》で挙行《きょこう》・総同盟《そうどうめい》と組合同盟会《くみあいどうめいかい》が対立《たいりつ》し流会《りゅうかい》。 **10・1** 全国《ぜんこく》の実業組合連合会《じつぎょうくみあいれんごうかい》、営業税全廃《えいぎょうぜいぜんぱい》のための統一行動《とういつこうどう》を展開《てんかい》(~一〇月《がつ》一〇日《か》)。 **10・-** 渡辺政之輔《わたなべまさのすけ》ら、南葛労働協会《なんかつろうどうきょうかい》を結成《けっせい》。 **11・7** 大学《だいがく》・高校《こうこう》の社会思想研究団体《しゃかいしそうけんきゅうだんたい》など、学生連合会《がくせいれんごうかい》(ＦＳ)結成《けっせい》。 **11・18** アインシュタイン、改造社《かいぞうしゃ》の招《まね》きにより来日《らいにち》、

中華民国	中華民国 11

西暦	
年号・干支	
内閣	
記事	相対性理論《そうたいせいりろん》ブーム起《お》こる。 **11・1** 東京《とうきよう》朝鮮労働同盟会結成《ちようせんろうどうどうめいかいけっせい》。 **12・8** 日華郵便約定《にっかゆうびんやくじよう》調印《ちよういん》(一二月《がつ》二九日《にち》、枢密院《すうみついん》、調印後諮詢《ちよういんごしじゆん》を不当《ふとう》として、政府弾劾《せいふだんがい》の上奏《じようそう》・大正《たいしよう》一二年《ねん》一月《がつ》一日《ついたち》実施《じっし》)。 大蔵省編《おおくらしようへん》『日本財政経済史料《にほんざいせいけいざいしりよう》』刊《かん》(〜大正《たいしよう》一四年《ねん》)。 **この年《とし》** 仙台叢書刊行会《せんだいそうしよかんこうかい》(鈴木省三《すずきしようぞう》編集主任《へんしゆうしゆにん》)『仙台叢書《せんだいそうしよ》』刊《かん》(〜昭和《しようわ》四年《ねん》)。 【死没】 **1・3** 野沢喜八郎《のざわきはちろう》(七代《だい》)(76、浄瑠璃三味線方《じようるりしやみせんかた》)。 **1・4** 三井高保《みついたかやす》(73、実業家《じつぎようか》)。 **1・9** 竹内綱《たけうちつな》(84、実業家《じつぎようか》)。 **1・10** 大隈重信《おおくましげのぶ》(85、政治家《せいじか》)。 **1・27** 日下部鳴鶴《くさかべめいかく》(85、書家《しよか》)。 **2・1** 山県有朋《やまがたありとも》(85、政治家《せいじか》)。 **2・6** 市川猿之助《いちかわえんのすけ》(初代《しよだい》)(68、歌舞伎役者《かぶきやくしや》)。 **2・8** 樺山資紀《かばやますけのり》(86、政治家《せいじか》)。 **2・15** 宇都宮太郎《うつのみやたろう》(62、陸軍軍人《りくぐんぐんじん》)。 **2・20** 神野金之助《かみのきんのすけ》(74、実業家《じつぎようか》)。 **3・5** 牛場卓蔵《うしばたくぞう》(73、実業家《じつぎようか》)。 **3・12** 矢板武《やいたたけし》(74、実業家《じつぎようか》)。 **3・23** 岡村司《おかむらつかさ》(57、民法学《みんぽうがく》)。 **4・3** 田中源太郎《たなかげんたろう》(70、実業家《じつぎようか》)。 **4・30** 荘田平五郎《しようだへいごろう》(76、実業家《じつぎようか》)。 **5・3** 岸光景《きしこうけい》(84、図案家《ずあんか》)。 **5・6** 市川小団次《いちかわこだんじ》(五代《だい》)(73、歌舞伎役者《かぶきやくしや》)。 **5・16** 和井内貞行《わいないさだゆき》(65、養魚家《ようぎよか》)。 **5・20** 江原素六《えばらそろく》(81、政治家《せいじか》、教育者《きよういくしや》)。 **6・19** 常陸山谷右衛門《ひたちやまたにえもん》(49、横綱《よこづな》)。 **6・20** 饗庭篁村《あえばこうそん》(68、小説家《しようせつか》)。 **6・27** 依仁親王《よりひとしんのう》(56、伏見宮《ふしみのみや》)。 **7・9** 森鷗外《もりおうがい》(61、小説家《しようせつか》)。 **7・17** 近藤虎五郎《こんどうとらごろう》(58、土木技術者《どぼくぎじゆつしや》)。 **7・22** 高峰譲吉《たかみねじようきち》(69、化学者《かがくしや》)。 **8・9** 宮崎湖処子《みやざきこしよし》(59、詩人《しじん》)。 **9・25** 柴四朗《しばしろう》(71、政治家《せいじか》)。 **10・13** 早川千吉郎《はやかわせんきちろう》(60、官僚《かんりよう》)。 **10・15** 大井憲太郎《おおいけんたろう》(80、社会運動家《しやかいうんどうか》)。 **10・25** 樽井藤吉《たるいとうきち》(73、政治家《せいじか》)。 **11・2** 坪井玄道《つぼいげんどう》(71、体育家《たいいくか》)。 **11・21** 丸山名政《まるやまなまさ》(66、政治家《せいじか》)。 **12・6** 宮崎滔天《みやざきとうてん》(53、中国革命運動家《ちゆうごくかくめいうんどうか》)。 小野鵞堂《おのがどう》(61、書家《しよか》)。 **12・25** 鈴木馬左也《すずきまさや》(62、実業家《じつぎようか》)。 【世界】 **1・2** ローゼン没《ぼっ》(74、帝政《ていせい》ロシアの外交官《がいこうかん》・男爵《だんしやく》)。 **1・6** カンヌ国際会議《こくさいかいぎ》開催《かいさい》・連合国《れんごうこく》、ドイ
中華民国	

西暦	年号・干支	内閣
一九二二 ▶	大正一一 壬戌《みずのえいぬ》	(加藤友三郎内閣)

記事

ツ賠償金支払《ばいしょうきんしはら》いの延期《えんき》を承認《しょうにん》(~一月《がつ》一三日《にち》)。**1・10** 南《みなみ》アフリカ連邦《れんぽう》、ランドの鉱山労働者《こうざんろうどうしゃ》のストライキ起《お》こる。**1・12** 香港《ホンコン》の海員労働者《かいいんろうどうしゃ》ら、ストライキ突入《とつにゅう》(三月《がつ》八日《か》、イギリス船主《せんしゅ》側《がわ》、賃上《ちんあ》げを承認《しょうにん》)。**1・15** フランス、ポワンカレ内閣成立《ないかくせいりつ》(~一九二四年《ねん》六月一日《がつついたち》)。**1・21** コミンテルン、第《だい》一回極東諸民族大会《かいきょくとうしょみんぞくたいかい》を開催《かいさい》(~二月《がつ》二日《か》)。**2・5** インドのチャウリ=チャウラで、農民《のうみん》らによる警官殺害事件起《けいかんさつがいじけんお》こる(二月《がつ》一一日《にち》、ガンディー、非暴力《ひぼうりょく》・不服従抵抗運動《ふふくじゅうていこううんどう》の停止《ていし》を決定《けってい》)。**2・15** ハーグ常設国際司法裁判所発足《じょうせつこくさいしほうさいばんしょほっそく》。**2・17** 粛親王善耆没《しゅくしんのうぜんきぼつ》(57、清朝皇族《しんちょうこうぞく》)。**2・27** 孫文《そんぶん》、北伐《ほくばつ》を宣言《せんげん》。**2・28** イギリス、エジプトの保護統治《ほごとうち》を放棄《ほうき》、エジプトの名目的独立《めいもくてきどくりつ》を承認《しょうにん》(防衛権《ぼうせいけん》などについてはイギリスの権益《けんえき》を留保《りゅうほ》)。**2・1** 魯迅《ろじん》『阿《あ》Q正伝《せいでん》』完結《かんけつ》。**3・10** ガンディー、逮捕《たいほ》される(三月《がつ》一八日《にち》、裁判《さいばん》で六年《ねん》の禁錮刑《きんこけい》を宣告《せんこく》)。**4・3** スターリン、ロシア共産党中央委員会書記長《きょうさんとうちゅうおういいんかいしょきちょう》に選任《せんにん》される。**4・10** ジェノヴァ国際会議開催《こくさいかいぎかいさい》(五月《がつ》一九日《にち》・旧《きゅう》ロシアの債務《さいむ》および国際経済問題《こくさいけいざいもんだい》につき討議《とうぎ》)。**4・16** ドイツ・ソヴィエト、ラパロ友好条約調印《ゆうこうじょうやくちょういん》(相互賠償請求放棄《そうごばいしょうせいきゅうほうき》および国交回復《こっこうかいふく》を決議《けつぎ》)。**4・26** 張作霖《ちょうさくりん》の奉天軍《ほうてんぐん》、呉佩孚《ごはいふ》の直隷軍《ちょくれいぐん》と開戦《かいせん》(~六月《がつ》一七日《にち》・第《だい》一次奉直戦争《じほうちょくせんそう》)。**5・1** 広州《こうしゅう》で第《だい》一回全国労働大会開催《かいぜんこくろうどうたいかいかいさい》(~五月《がつ》五日《か》)。**6・10** ガウランド没《ぼつ》(イギリスの化学者《かがくしゃ》)。**7・5** ブラジルでコパカバナ要塞《ようさい》の反乱起《はんらんお》こる。**7・16** 上海《シャンハイ》で中国共産党第《ちゅうごくきょうさんとうだい》二回全国大会開催《かいぜんこくたいかいかいさい》、国共合作《こっきょうがっさく》を決議《けつぎ》。**9・4** 上海《シャンハイ》で国民党改革会議開催《こくみんとうかいかくかいぎかいさい》。**10・18** 朝鮮労働連盟結成《ちょうせんろうどうれんめいけっせい》。**10・19** イギリス、ロイド=ジョージ連立内閣《れんりつないかく》、保守党《ほしゅとう》の連立離脱《れんりつりだつ》により瓦解《がかい》。**10・27** ファシストのローマ進軍《しんぐん》(一〇月《がつ》三一日《にち》、ムッソリーニ組閣《そかく》、ファシスト政権成立《せいけんせいりつ》)。**11・1** ケマル=パシャ、スルタン制廃止《せいはいし》を宣言《せんげん》(オスマン帝国滅亡《ていこくめつぼう》)。**11・5** ペトログラードおよびモスクワで、第《だい》四回《かい》コミンテルン世界大会開催《せかいたいかいかいさい》(~一二月《がつ》五日《か》)。**12・30** ソヴィエト社会主義共和国連邦成立《しゃかいしゅぎきょうわこくれんぽうせいりつ》。**この年** スコット没《ぼつ》(アメリカの教育家《きょういくか》)。ドイツ共和国政《きょうわこくせい》

中華民国：中華民国 11

府《ふ》、『Die Grosse Politik der Europäischen Kabinette』刊《かん》(～一九二七年《ねん》)。

西暦：一九二三 ◀

年号・干支：一二 癸亥《みずのとのい》

内閣：

記事：

【政治・経済】

2・1 ソ連《れん》のヨッフェ、後藤新平《ごとうしんぺい》の招《まね》きにより来日《らいにち》、日《にっ》ソ国交回復《こっこうかいふく》につき会談《かいだん》。2・2 婦人《ふじん》参政同盟結成《さんせいどうめいけっせい》。2・11 東京《とうきょう》・大阪《おおさか》・京都《きょうと》などで、過激社会運動取締法《かげきしゃかいうんどうとりしまりほう》・労働組合法《ろうどうくみあいほう》・小作争議調停法案《こさくそうぎちょうていほうあん》の制定反対《せいていはんたい》デモ展開《てんかい》。2・12 衆議院《しゅうぎいん》、陸軍軍縮決議案《りくぐんぐんしゅくけつぎあん》を否決《ひけつ》。2・23 普選即行国民大会《ふせんそっこうこくみんたいかい》、東京府芝公園《とうきょうふしばこうえん》で開催《かいさい》、大示威行進《だいじいこうしん》を実施《じっし》(参加者《さんかしゃ》二万人余《にんよ》・二五日《にち》、指導部《しどうぶ》、院外活動《いんがいかつどう》を打《う》ち切《き》る)。2・28「帝国国防方針《ていこくこくぼうほうしん》」および「帝国国防《ていこくこくぼう》に要《よう》する兵力及帝国軍用兵綱領《へいりょくおよびていこくぐんようへいこうりょう》」、改訂裁可《かいていさいか》(仮想敵国《かそうてきこく》をソ・米《べい》・中《ちゅう》から米《べい》・ソ・中《ちゅう》の順《じゅん》に変更《へんこう》)。3・1 衆議院《しゅうぎいん》、普通選挙法案《ふつうせんきょほうあん》を否決《ひけつ》。3・8 初《はつ》の国際婦人《こくさいふじん》デー集会《しゅうかい》、水曜会《すいようかい》により東京府神田《とうきょうふかんだ》で開催《かいさい》。3・10 北京政府《ペキンせいふ》、日本政府《にほんせいふ》に対《たい》し、いわゆる二一箇条条約《かじょうじょうやく》の廃棄《はいき》および旅順《りょじゅん》・大連《だいれん》の租借権満期《そしゃくけんまんき》にともなう返還《へんかん》を要求《ようきゅう》(一四日《か》、日本側拒否《にほんがわきょひ》)。3・20 衆議院《しゅうぎいん》、中野正剛《なかのせいごう》ら提出《ていしゅつ》のソ連承認決議案《れんしょうにんけつぎあん》を否決《ひけつ》。3・30 工場法改正公布《こうじょうほうかいせいこうふ》(一五歳未満適用《さいみまんてきよう》を一六歳未満《さいみまん》に引上《ひきあ》げ、雇用者責任《こようしゃせきにん》を加重化《かじゅうか》)・工業労働者最低年齢法公布《こうじょうろうどうしゃさいていねんれいほうこうふ》(一四歳未満《さいみまん》の就業禁止《しゅうぎょうきんし》)。4・6 産業組合中央金庫法公布《さんぎょうくみあいちゅうおうきんこほうこうふ》(四月《がつ》二六日施行《にちしこう》・一二月《がつ》二〇日同金庫成立《かどうきんこせいりつ》)。4・10 瓦斯事業法公布《ガスじぎょうほうこうふ》(大正《たいしょう》一四年《ねん》一〇月一日《がつついたち》施行《しこう》)。4・14 石井《いしい》・ランシング協定廃棄《きょうていはいき》に関《かん》する日米公文交換《にちべいこうぶんこうかん》(四月《がつ》一六日発表《にちはっぴょう》)。4・18 陪審法公布《ばいしんほうこうふ》(昭和《しょうわ》三年《ねん》一〇月一日《がつついたち》施行《しこう》)。4・23 武藤山治《むとうさんじ》ら、大阪《おおさか》で実業同志会《じつぎょうどうしかい》を結成《けっせい》。5・8 小作制度調査会官制公布《こさくせいどちょうさかいかんせいこうふ》。6・5 堺利彦《さかいとしひこ》ら共産党員《きょうさんとういん》、検挙《けんきょ》される(第一次共産党事件《だいじきょうさんとうじけん》)。6・26 社会主義者高尾平兵衛《しゃかいしゅぎしゃたかおへいべえ》、赤化防止団団長邸《せっかぼうしだんだんちょうてい》を報復襲撃《ほうふくしゅうげき》し射殺《しゃさつ》される。6・28 川上俊彦《かわかみとしつね》・ヨッフェ、非公式《ひこうしき》に日《にっ》ソ予備交渉開始《よびこうしょうかいし》(～七月《がつ》三一日《にち》)。7・10 日本航空《にほんこうくう》㈱設立《せつりつ》、この月《つき》、大阪《おおさか》―別府間定期航路開設《べっぷかんていきこうろかいせつ》。

中華民国：12

西暦 一九二三 ◀ ▶

年号・干支 大正一二 癸亥《みずのとのい》

内閣 (加藤友三郎内閣)

記事

8・20 紡績業者《ぼうせきぎょうしゃ》らの間《あいだ》に、綿糸輸入税廃止反対運動起《めんしゆにゆうぜいはいしはんたいうんどうお》こる。**8・24** 加藤友三郎首相病没《かとうともさぶろうしゅしょうびょうぼつ》、八月《がつ》二六日《にち》、内閣総辞職《ないかくそうじしょく》。**8・28** 山本権兵衛《やまもとごんべえ》に組閣《そかく》の命令《めいれい》。**9・2** 戒厳令《かいげんれい》、東京市周辺《とうきょうししゅうへん》に発令《はつれい》(九月《がつ》三日《か》に東京府《とうきょうふ》・神奈川県《かながわけん》、四日《か》に埼玉《さいたま》・千葉《ちば》両県《りょうけん》に適用拡大《てきようかくだい》)。朝鮮人暴動《ちょうせんじんぼうどう》の流言広《りゅうげんひろ》まり、自警団《じけいだん》・警察《けいさつ》などによる朝鮮人《ちょうせんじん》の迫害《はくがい》・虐殺始《ぎゃくさつはじ》まる。第《だい》二次《じ》山本権兵衛内閣成立《やまもとごんべえないかくせいりつ》(後藤《ごとう》新平内相《しんぺいないしょう》・犬養毅逓相《いぬかいつよしていしょう》)。**9・4** 南葛労働会《なんかつろうどうかい》の川合義虎《かわいよしとら》・純労働者組合《じゅんろうどうしゃくみあい》の平沢計七《ひらさわけいしち》ら一〇人《にん》、東京府亀戸署《とうきょうふかめいどしょ》で軍隊《ぐんたい》により殺害《さつがい》される(亀戸事件《かめいどじけん》)。**9・7** 治安維持《ちあんいじ》の為《ため》にする罰則《ばっそく》に関《かん》する件《けん》・支払猶予令《しはらいゆうよれい》(九月一日《がつついたち》から三〇日間《にちかん》のモラトリアム実施《じっし》)・暴利取締令《ぼうりとりしまりれい》を緊急勅令《きんきゅうちょくれい》により各公布《かくこうふ》。**9・12** 帝都復興《ていとふっこう》に関《かん》する詔書発布《しょうしょはっぷ》。**9・13** ソ連救援船《れんきゅうえんせん》レーニン号《ごう》、横浜《よこはま》に入港《にゅうこう》するも退去命令《たいきょめいれい》(翌日退去《よくじつたいきょ》)。**9・16** 甘粕正彦憲兵大尉《あまかすまさひこけんぺいたいい》、大杉栄《おおすぎさかえ》・伊藤野枝夫妻《いとうのえふさい》らを殺害《さつがい》(甘粕事件《あまかすじけん》)。**9・21** 帝都復興審議会開会《ていとふっこうしんぎかいかいかい》。**9・27** 帝都復興院官制公布《ていとふっこういんかんせいこうふ》。日銀震災手形割引損失補償令公布《にちぎんしんさいてがたわりびきそんしつほしょうれいこうふ》(補償限度《ほしょうげんど》一億円《えん》)。**10・15** 五大臣会議《ごだいじんかいぎ》により、普通選挙《ふつうせんきょ》の採用《さいよう》および要綱《ようこう》を決定《けってい》(一二日閣議《にちかくぎ》承認《しょうにん》)。**10・27** 臨時法制審議会《りんじほうせいしんぎかい》、内閣《ないかく》の普選案《ふせんあん》を審議開始《しんぎかいし》、婦人参政権《ふじんさんせいけん》を否決《ひけつ》(一一月《がつ》二日《か》、納税資格条項《のうぜいしかくじょうこう》の無条件撤廃《むじょうけんてっぱい》を決定《けってい》・一二月《がつ》五日《か》、最終答申《さいしゅうとうしん》)。**11・1** 安田系銀行《やすだけいぎんこう》一一行《こう》、合併《がっぺい》して安田銀行設立《やすだぎんこうせつりつ》(資本金《しほんきん》一億五〇〇〇万円《えん》)。**11・10** 国民精神作興《こくみんせいしんさっこう》に関《かん》する詔書《しょうしょ》。**11・15** 戒厳令適用《かいげんれいてきよう》の勅令廃止《ちょくれいはいし》を公布《こうふ》(翌日施行《よくじつしこう》)。**12・10** 第《だい》四七臨時議会召集《りんじぎかいしょうしゅう》(一二月《がつ》一一日開会《にちかいかい》、同《どう》一三日閉会《にちへいかい》)。**12・23** 帝都復興計画予算案《ていとふっこうけいかくよさんあん》、大幅削減《おおはばさくげん》のうえ議会《ぎかい》で成立《せいりつ》。**12・25** 第《だい》四八通常議会召集《つうじょうぎかいしょうしゅう》(一二月《がつ》二七日開会《にちかいかい》、大正《たいしょう》一三年《ねん》一月《がつ》三一日解散《にちかいさん》)。**12・27** 難波大助《なんばだいすけ》、帝国議会開院式《ていこくぎかいかいいんしき》へ向《む》かう摂政裕仁親王《せっしょうひろひとしんのう》を狙撃《そげき》(虎《とら》の門事件《もんじけん》・大正《たいしょう》一三年《ねん》一一月《がつ》一三日大審院《にちたいしんいん》、死刑判決《しけいはんけつ》)。山本内閣《やまもとないかく》、虎《とら》の門事件《もんじけん》のため総辞職《そうじしょく》。

【社会・文化】

中華民国 中華民国 12

西暦	
年号・干支	
内閣	
記事	1・― 上杉慎吉《うえすぎしんきち》・高畠素之《たかばたけもとゆき》ら、経綸学盟《けいりんがくめい》を創立《そうりつ》。菊池寛《きくちかん》主宰《しゅさい》『文芸春秋《ぶんげいしゅんじゅう》』創刊《そうかん》。大森金五郎《おおもりきんごろう》『武《ぶ》家時代之研究《けじだいのけんきゅう》』刊《かん》(～昭和《しょうわ》一二年《ねん》三月《がつ》)。2・11 大東文化協会《だいとうぶんかきょうかい》創立《そうりつ》(会頭《かいとう》大木遠吉《おおきえんきち》)。2・20 三《みつ》菱地所部設計《びしじしょぶせっけい》による丸《まる》ノ内《うち》ビルディング(丸《まる》ビル)完成《かんせい》。3・18 奈良県川西村《ならけんかわにしむら》で、水平社員《すいへいしゃいん》と国《こく》粋会員《すいかいいん》・住民《じゅうみん》の双方各《そうほうかく》一〇〇名以上《めいいじょう》が衝突《しょうとつ》(二〇日《か》和解成立《わかいせいりつ》、二三日《にち》から騒擾罪《そうじょうざい》による一《いっ》斉検挙開始《せいけんきょかいし》)。3・26 衆議院《しゅうぎいん》、被差別部落民《ひさべつぶらくみん》に関《かん》する因襲打破《いんしゅうだは》の決議案《けつぎあん》を可決《かけつ》。3・― 渡辺政《わたなべまさ》之輔《のすけ》・杉浦啓一《すぎうらけいいち》ら、労働組合内《ろうどうくみあいない》の左翼分子《さよくぶんし》を結集《けっしゅう》し、「レフト」を結成《けっせい》。4・5 川合義虎《かわいよしとら》ら、日《に》本共産青年同盟結成《ほんきょうさんせいねんどうめいけっせい》。4・19 全国購買組合連合会創立《ぜんこくこうばいくみあいれんごうかいそうりつ》。4・― 田中義成《たなかよしなり》『足利時代史《あしかがじだいし》』刊《かん》。5・5 師範教育改造同盟《しはんきょういくかいぞうどうめい》、東京《とうきょう》の師範学校同窓会《しはんがっこうどうそうかい》などを中心《ちゅうしん》として結成《けっせい》。5・9 文部省臨時国語《もんぶしょうりんじこくご》調査会総会《ちょうさかいそうかい》、常用漢字《じょうようかんじ》一九六二字《じ》を発表《はっぴょう》(五月《がつ》一二日《にち》、略字《りゃくじ》一五四字《じ》を発表《はっぴょう》)。5・10 早《わ》稲田大学《せだだいがく》に陸軍《りくぐん》の援助《えんじょ》による軍事研究団結成《ぐんじけんきゅうだんけっせい》(一二日《にち》、これに反対《はんたい》の文化同盟学生《ぶんかどうめいがくせい》、右翼学生《うよくがくせい》と衝突《しょうとつ》、一五日《にち》、軍事研究団解散《ぐんじけんきゅうだんかいさん》)。5・― 北一輝《きたいっき》『日本改造法案大綱《にほんかいぞうほうあんたいこう》』刊《かん》。6・9 有島武郎《ありしまたけお》、軽井沢《かるいざわ》で雑誌記者《ざっしきしゃ》波多野秋子《はたのあきこ》と心中自殺《しんじゅうじさつ》(七月《がつ》七日《か》発見《はっけん》)。6・25 奈良県五条町《ならけんごじょうまち》の浄土真宗《じょうどしんしゅう》本願寺派僧侶有志《ほんがんじはそうりょゆうし》、教団改革《きょうだんかいかく》を目的《もくてき》とした黒衣同盟《こくえどうめい》を結成《けっせい》(堂班《どうはん》・色衣《しきえ》による差別撤廃《さべつてっぱい》などを要《よう》求《きゅう》)。6・― 布施辰治《ふせたつじ》ら、防援会《ぼうえんかい》を結成《けっせい》。8・3 下中弥三郎《しもなかやさぶろう》・野口援太郎《のぐちえんたろう》ら、教育《きょういく》の世紀社《せいきしゃ》を結《けっ》成《せい》、新《あたら》しい教育運動《きょういくうんどう》の企画《きかく》を公表《こうひょう》。9・1 関東地方南部《かんとうちほうなんぶ》に大地震《おおじしん》(マグニチュード七・九)、東京《とうきょう》・横浜《よこはま》では大火災《だいかさい》・家屋倒壊《かおくとうかい》の被害甚大《ひがいじんだい》(関東大震災《かんとうだいしんさい》、死者《ししゃ》九万九三三一人《にん》、行方不明《ゆくえふめい》四万三四七六人《にん》、負傷者《ふしょうしゃ》一〇万三七三三人《にん》、全壊家屋《ぜんかいかおく》一二万八二六六戸《こ》、焼失家屋《しょうしつかおく》四四万七一二八戸《こ》、罹災者数約《りさいしゃすうやく》三四〇万人《にん》)。9・― 内村鑑三講演《うちむらかんぞうこうえん》、畔上賢造編纂《あぜがみけんぞうへんさん》『羅馬書《ロマしょ》の研究《けんきゅう》』刊《かん》。10・6 アメリカ人《じん》ビアード、後藤新平《ごとうしんぺい》の招《まね》きにより、東京市復興建設顧問《とうきょうしふっこうけんせつこもん》として来日《らいにち》。10・15 三宅雪《みやけせっ》嶺《れい》『我観《がかん》』創刊《そうかん》。10・― 京都帝国大学学生《きょうとていこくだいがくがくせい》、伍民会《ごみんかい》を結成《けっせい》(大正《たいしょう》一三年《ねん》五月《がつ》二日《か》、社会科学研究《しゃかいかがくけんきゅう》
中華民国	

西暦	年号・干支	内閣
一九二三 ◀ ▶	大正一二 癸亥《みずのとのい》	(加藤友三郎内閣) 9・2 第2次山本権兵衛《やまもとごんべえ》内閣

記事

会《かい》と改称《かいしょう》)。**11・1** 全水青年同盟結成《ぜんすいせいねんどうめいけっせい》。**11・13** 日本基督教連盟創立大会《にほんキリストきょうれんめいそうりつたいかい》(国内《こくない》のプロテスタント派《は》諸教会《しょきょうかい》および諸団体《しょだんたい》の統一機関《とういつきかん》)。**11・14** 総同盟《そうどうめい》、議会利用方針《ぎかいりようほうしん》を決定《けってい》。**11・29** 東京帝国《とうきょうていこく》大学学生《だいがくがくせい》、社会科学研究会《しゃかいかがくけんきゅうかい》を結成《けっせい》(以後各地《いごかくち》の大学《だいがく》・高専《こうせん》・高校《こうこう》に順次設立《じゅんじせつりつ》)。**12・1** 東京市築《とうきょうしつき》地魚市場開場式挙行《じうおいちばかいじょうしききょこう》。**12・14** 震災《しんさい》の救護活動《きゅうごかつどう》を通《つう》じて、東京帝大《とうきょうていだい》セツルメント結成《けっせい》され、創《そう》立総会《りつそうかい》を挙行《きょこう》(会長末弘厳太郎《かいちょうすえひろいずたろう》)。**12・16** 右翼団体大化会会員《うよくだんたいたいかかいかいいん》、葬儀《そうぎ》直前《ちょくぜん》の大杉栄《おおすぎさかえ》ら三人《にん》の遺《い》骨《こつ》を奪取《だつしゅ》。**12・18** 嶋中雄三《しまなかゆうぞう》・青野季吉《あおのすえきち》ら、政治問題研究会《せいじもんだいけんきゅうかい》を結成《けっせい》。**この年** 美濃部達吉《みのべたつきち》『憲法撮《けんぽうさつ》要《よう》』初版刊《しょはんかん》。古典保存会《こてんほぞんかい》『古典保存会覆製書《こてんほぞんかいふくせいしょ》』第《だい》一期刊《きかん》。日本史籍協会《にほんしせききょうかい》『西郷隆盛文書《さいごうたかもりもんじょ》』刊《かん》。東京《とうきょう》帝国大学文学部史料編纂掛《ていこくだいがくぶんがくぶしりょうへんさんがかり》『史料綜覧《しりょうそうらん》』刊行開始《かんこうかいし》。三上参次《みかみさんじ》・新村出《しんむらいずる》顧問《こもん》、永山時英《ながやまときひで》編集参《へんしゅうさん》与《よ》『長崎市史《ながさきしし》』刊《かん》(~昭和《しょうわ》一三年《ねん》)。

【死没】

1・8 寺野精一《てらのせいいち》(56、造船学《ぞうせんがく》)。島村速雄《しまむらはやお》(66、海軍軍人《かいぐんぐんじん》)。**1・14** 金原明善《きんぱらめいぜん》(92、治山《ちさん》・治水事業《ちすいじぎょう》)。**2・3** 黒木為楨《くろきためもと》(80、陸軍軍人《りくぐんぐんじん》)。**2・4** 貞愛親王《さだなるしんのう》(66、陸軍軍人《りくぐんぐんじん》)。**2・8** 大谷光瑩《おおたにこうえい》(72、真宗僧侶《しんしゅうそうりょ》)。**2・14** 和田巌《わだいわお》(26、社会運動家《しゃかいうんどうか》)。**2・22** 横田国臣《よこたくにおみ》(74、司法官《しほうかん》)。**3・2** 何礼之《がのりゆき》(84、官僚《かんりょう》)。**3・6** 池辺義象《いけべよしかた》(63、国文学《こくぶんがく》)。**3・11** 小野金六《おのきんろく》(72、実業家《じつぎょうか》)。**3・25** 井口在屋《いのくちありや》(68、発明者《はつめいしゃ》)。**3・26** 加藤恒忠《かとうつねただ》(65、官僚《かんりょう》)。**6・5** 鳥潟右一《とりがたういち》(41、電波研究《でんぱけんきゅう》)。**6・9** 有島武郎《ありしまたけお》(46、小説家《しょうせつか》)。**6・14** ケーベル(75、哲学者《てつがくしゃ》)。**6・22** 松本楓湖《まつもとふうこ》(84、日本画家《にほんがか》)。**6・25** 正親町実正《おおぎまちさねまさ》(69、侍従長《じじゅうちょう》)。**6・26** 高尾平兵衛《たかおへいべえ》(29、社会運動家《しゃかいうんどうか》)。**7・6** 都筑馨六《つづきけいろく》(63、官僚《かんりょう》)。**7・20** 細川潤次郎《ほそかわじゅんじろう》(90、法制学《ほうせいがく》)。**8・6** 寺尾寿《てらおひさし》(69、天文学《てんもんがく》)。**8・10** 旭玉山《あさひぎょくざん》(80、牙彫作家《げちょうさっか》)。**8・13** 田中萃一郎《たなかすいいちろう》(51、史学《しがく》)。**8・15** 田尻稲次郎《たじりいなじろう》(74、官僚《かんりょう》)。**8・24** 加藤友三郎《かとうともさぶろう》(63、海軍軍人《かいぐんぐんじん》)。**9・1** 圓中文助《まるなかぶんすけ》(71、製糸技術者《せいしぎじゅつしゃ》)。**9・2** 厨川白村《くりやがわはくそん》園田孝吉《そのだこうきち》(76、実業家《じつぎょうか》)。松岡康毅《まつおかやすたけ》(78、政治家《せいじか》)。メーソン(70、御雇外国人《おやといがいこくじん》)。

中華民国
中華民国 12

西暦

年号・干支

内閣

記事

（44、評論家《ひょうろんか》）。**9・4** 川合義虎《かわいよしとら》（22、社会主義者《しゃかいしゅぎしゃ》）。平沢計七《ひらさわけいしち》（35、プロレタリア作家《さっか》）。**9・5** 宮《みの》部襄《べのぼる》（77、政治家《せいじか》）。**9・8** 野呂景義《のろかげよし》（70、鉄鋼技術者《てっこうぎじゅつしゃ》）。**9・16** 伊藤野枝《いとうのえ》（29、思想家《しそうか》）。大杉栄《おおすぎさかえ》（39、社会運動家《しゃかいうんどうか》）。**10・22** 坂本金弥《さかもときんや》（59、政治家《せいじか》）。**11・8** 大森房吉《おおもりふさきち》（56、地震学《じしんがく》）。**11・14** 島田三《しまださぶ》郎《ろう》（72、政治家《せいじか》）。**11・26** 大谷喜久蔵《おおたにきくぞう》（69、陸軍軍人《りくぐんぐんじん》）。**11・29** 池田謙三《いけだけんぞう》（70、銀行家《ぎんこうか》）。**12・12** 青木《あおき》宣純《のりずみ》（65、陸軍軍人《りくぐんぐんじん》）。**12・19** 小山健三《こやまけんぞう》（66、実業家《じつぎょうか》）。**12・24** 加藤正義《かとうまさよし》（70、実業家《じつぎょうか》）。**12・29** 河《こう》野広中《のひろなか》（75、政治家《せいじか》）。**12・30** 神田乃武《かんだないぶ》（67、教育家《きょういくか》）。

〖世界〗

1・11 フランス・ベルギー両軍《りょうぐん》、ドイツの賠償金《ばいしょうきん》支払《しはら》い不履行《ふりこう》を理由《りゆう》に共同出兵《きょうどうしゅっぺい》、ルール地《ち》方《ほう》を占領《せんりょう》（〜一九二四年《ねん》九月一日《がつついたち》）。**1・26** 上海《シャンハイ》で孫文《そんぶん》・ヨッフェ共同宣言《きょうどうせんげん》・ソ連《れん》、中国革命《ちゅうごくかくめい》の支援《しえん》を約束《やくそく》。**2・7** 直隷軍呉佩孚《ちょくれいぐんごはいふ》、京漢鉄道労働者《けいかんてつどうろうどうしゃ》のストライキに対《たい》し武力弾圧《ぶりょくだんあつ》（二・七事《じ》件《けん》）。**2・21** 孫文《そんぶん》、広東《カントン》で大元帥《だいげんすい》に就任《しゅうにん》（第《だい》三次《じ》広東政府《カントンせいふ》）。**3・10** 北京政府《ペキンせいふ》、日本《にほん》にたいし二一箇条《かじょう》条約《じょうやく》の廃棄《はいき》および旅順《りょじゅん》・大連《だいれん》の返還《へんかん》を要求《ようきゅう》（日本側《にほんがわ》の拒否《きょひ》により、中国《ちゅうごく》での反日運動高《はんにちうんどうこう》揚《よう》）。**3・-** ショイベ没《ぼつ》（69、ドイツ人、京都療病院《きょうとりょうびょういん》・京都府医学校《きょうとふいがっこう》の御雇外国人教師《おやといがいこくじんきょうし》）。**6・1** 長沙《ちょうさ》で学生《がくせい》の排日運動《はいにちうんどう》おこり、日本海軍陸戦隊上陸《にほんかいぐんりくせんたいじょうりく》（長沙事件《ちょうさじけん》）。**6・9** ブルガリアで、国王《こくおう》と結託《けったく》した将校《しょうこう》らによるクーデタおこり、スタンボリスキ政権崩壊《せいけんほうかい》（翌日《よくじつ》、ツァンコフ内閣成《ないかくせい》立《りつ》）。**6・10** 広州《こうしゅう》で中国共産党《ちゅうごくきょうさんとう》第《だい》三回《かい》全国大会開催《ぜんこくたいかいかいさい》、国共合作《こっきょうがっさく》などを決議《けつぎ》。**7・6** ソ連《れん》、憲法《けんぽう》を採択《さいたく》、労働国防会議創設《ろうどうこくぼうかいぎそうせつ》。**7・16** 蔣介石《しょうかいせき》ら孫逸仙《そんいっせん》（孫文《そんぶん》）博士代表団《はくしだいひょうだん》、ソ連《れん》を訪問《ほうもん》（〜一二月《がつ》一五日《か》）。**7・24** 連合国《れんごうこく》・トルコ、ローザンヌ講和条約《こうわじょうやく》に調印《ちょういん》（セーヴル条約《じょうやく》を改定《かいてい》・軍備《ぐんび》制限《せいげん》・治外法権《ちがいほうけん》など主権制限条項《しゅけんせいげんじょうこう》の廃止《はいし》、ダーダネルズ海峡非武装化《かいきょうひぶそうか》）。**8・10** パンペリー没《ぼつ》（85、アメリカの地質学者《ちしつがくしゃ》）。**8・13** ドイツ、シュトレーゼマン大連合内閣成立《だいれんごうないかくせいりつ》。**8・-** ドイツ、

中華民国

西暦	年号・干支	内閣	記事	中華民国
一九二三 ▶	大正一二 癸亥《みずのとのい》	(第2次山本権兵衛内閣)	インフレーション進行《しんこう》し、マルク紙幣大暴落《しへいだいぼうらく》。**9・12** 張勲没《ちょうくんぼつ》(70、中華民国《ちゅうかみんこく》の軍閥《ぐんばつ》)。**9・13** スペイン、カタルニャ総督《そうとく》プリモ＝デ＝リベーラがクーデタによりバルセロナを制圧《せいあつ》、軍事独裁《ぐんじどくさい》政権《せいけん》を樹立《じゅりつ》。**9・18** ギューリック没《ぼつ》(92、アメリカン＝ボード所属《しょぞく》の宣教師《せんきょうし》)。**9・22** ブルガリア、共産党《きょうさんとう》によるクーデタ失敗《しっぱい》(九月《がつ》蜂起《ほうき》)。**9・26** ドイツ、バイエルン州政府《しゅうせいふ》、シュトレーゼマン内閣《ないかく》からのルール地方《ちほう》の「消極的抵抗《しょうきょくてきていこう》」中止指令《ちゅうししれい》に反《はん》し、全州《ぜんしゅう》に非常事態《ひじょうじたい》を宣言《せんげん》。**10・10** ドイツ、ザクセン州《しゅう》に、社会民主党《しゃかいみんしゅとう》と共産党《きょうさんとう》の連合政権成立《れんごうせいけんせいりつ》(二九日《にち》、政府《せいふ》からの退陣要求《たいじんようきゅう》などにより崩壊《ほうかい》)。**10・29** トルコ、アンカラで共和国宣言《きょうわこくせんげん》(初代大統領《しょだいだいとうりょう》ケマル＝パシャ)。**11・8** ヒトラーら、ミュンヘン一揆《いっき》を起《お》こすも失敗《しっぱい》。**11・15** ドイツでインフレーション深刻化《しんこくか》し、マルク下落《げらく》に伴《ともな》い(一ドル＝四兆二〇〇〇億マルク)、通貨安定《つうかあんてい》のためレンテンマルク紙幣発行《しへいはっこう》(一レンテンマルク＝一兆マルク)。**11・19** 国民党臨時中央執行委員会《こくみんとうりんじちゅうおうしっこういいんかい》、新三民主義《しんさんみんしゅぎ》・三大政策《さんだいせいさく》(連《れん》ソ・容共《ようきょう》・扶助工農《ふじょこうのう》)を決定《けってい》。**この年《とし》** 金嘉鎮没《きんかちんぼつ》(78、朝鮮末期《ちょうせんまっき》の政治家《せいじか》)。ラインシュ没《ぼつ》(アメリカの政治学者《せいじがくしゃ》・外交官《がいこうかん》)。	中華民国 **12**
一九二四 ◀	一三 甲子《きのえね》	1・7 清浦奎吾《きようらけいご》内閣	【政治・経済】 **1・7** 清浦奎吾内閣成立《きようらけいごないかくせいりつ》(研究会《けんきゅうかい》など貴族院勢力《きぞくいんせいりょく》を基礎《きそ》とする)。**1・10** 政友会《せいゆうかい》・憲政会《けんせいかい》・革新《かくしん》倶楽部《クラブ》の三派有志《さんぱゆうし》、清浦内閣打倒運動《きようらないかくだとううんどう》を開始《かいし》(第二次護憲運動《だいにじごけんうんどう》)。**1・16** 政友会分裂《せいゆうかいぶんれつ》・床次竹二郎《とこなみたけじろう》ら清浦内閣支持派《きようらないかくしじは》、脱党《だっとう》。**1・18** 高橋是清《たかはしこれきよ》・加藤高明《かとうたかあき》・犬養毅《いぬかいつよし》三党首《とうしゅ》、三浦梧楼《みうらごろう》の斡旋《あっせん》により会談《かいだん》、政党内閣《せいとうないかく》の確立《かくりつ》につき合意《ごうい》。**1・26** 摂政裕仁親王《せっしょうひろひとしんのう》、久邇宮良子女王《くにのみやながこじょおう》と結婚式挙行《けっこんしききょこう》。皇太子《こうたいし》御成婚記念《ごせいこんきねん》として、上野公園《うえのこうえん》・動物園《どうぶつえん》が宮内省《くないしょう》から東京市《とうきょうし》に下賜《かし》され、恩赦《おんしゃ》として減刑令《げんけいれい》公布《こうふ》。**1・29** 政友会脱党派《せいゆうかいだっとうは》、政友本党《せいゆうほんとう》を結成《けっせい》(総裁床次竹二郎《そうさいとこなみたけじろう》)。**1・31** 衆議院《しゅうぎいん》、前日《ぜんじつ》の三党首《とうしゅ》	**13**

西暦

年号・干支

内閣

記事

の搭乗列車転覆未遂事件《とうじょうれっしゃてんぷくみすいじけん》により混乱《こんらん》し解散《かいさん》。**2・1** 憲政擁護国民大会《けんせいようごこくみんたいかい》、東京府芝公園《とうきょうふしばこうえん》にて開催《かいさい》。**2・5** 護憲全国記者大会《ごけんぜんこくきしゃたいかい》、東京上野精養軒《とうきょううえのせいようけん》で開催《かいさい》。**2・15** 閣議《かくぎ》、国際労働会議労働代表《こくさいろうどうかいぎろうどうだいひょう》の選定《せんてい》を、一〇〇〇人以上《にんいじょう》の労働団体《ろうどうだんたい》の互選《ごせん》によることに改定《かいてい》。**2・17** 東京《とうきょう》の上野公園《うえのこうえん》で護憲《ごけん》デモ。**3・―** 第《だい》一次日本共産党《じにほんきょうさんとう》、解党《かいとう》を決議《けつぎ》（党再建《とうさいけん》のためビューローを組織《そしき》）。**4・5** 小作制度調査会《こさくせいどちょうさかい》、自作農地創定施設要綱答申案《じさくのうちそうていしせつようこうとうしんあん》を決定《けってい》（一八日《にち》、同調査会廃止《どうちょうさかいはいし》）。**4・21** 在京《ざいきょう》の一五新聞社《しんぶんしゃ》、アメリカの排日移民法《はいにちいみんほう》に抗議《こうぎ》する共同宣言《きょうどうせんげん》を発表《はっぴょう》。**5・10** 第《だい》一五回衆議院総選挙《かいしゅうぎいんそうせんきょ》、護憲《ごけん》三派《ぱ》大勝利《だいしょうり》（憲政会《けんせいかい》一五一・政友会《せいゆうかい》一〇五・革新倶楽部《かくしんクラブ》三〇、政友本党《せいゆうほんとう》は大《おお》きく後退《こうたい》の一〇九・無所属《むしょぞく》六九）。**5・15** 北京《ペキン》で駐華公使芳沢謙吉《ちゅうかこうしよしざわけんきち》・ソ連駐華代表《れんちゅうかだいひょう》カラハン、日《にっ》ソ国交回復交渉《こっこうかいふくこうしょう》を開始《かいし》。**5・―** 海軍省内《かいぐんしょうない》に、軍事普及委員会《ぐんじふきゅういいんかい》を設置《せっち》（昭和《しょうわ》七年《ねん》一〇月《がつ》、軍事普及部《ぐんじふきゅうぶ》に改組《かいそ》）。**6・7** 清浦内閣総辞職《きようらないかくそうじしょく》。**6・11** 加藤高明護憲《かとうたかあきごけん》三派内閣成立《ぱないかくせいりつ》（幣原喜重郎外相《しではらきじゅうろうがいしょう》・若槻礼次郎内相《わかつきれいじろうないしょう》・浜口雄幸蔵相《はまぐちおさちぞうしょう》・高橋是清農相《たかはしこれきよのうしょう》ら）、以後《いご》八年間政党内閣続《ねんかんせいとうないかくつづ》く。**6・25** 第《だい》四九特別議会召集《とくべつぎかいしょうしゅう》（六月《がつ》二八日開会《にちかいかい》、七月《がつ》一八日閉会《にちへいかい》）。**7・18** 衆議院《しゅうぎいん》、貴族院制度改正《きぞくいんせいどかいせい》に関《かん》する建議案《けんぎあん》を可決《かけつ》。**8・1** 大同電力《だいどうでんりょく》㈱、アメリカで外債《がいさい》一五〇〇万ドル発行《はっこう》。**8・12** 各省官制通則改正《かくしょうかんせいつうそくかいせい》公布《こうふ》（各省《かくしょう》に政務次官《せいむじかん》・参与官《さんよかん》を新設《しんせつ》）。**8・20** 復興局疑獄事件発覚《ふっこうきょくぎごくじけんはっかく》し、鉄道省《てつどうしょう》にも波及《はきゅう》。**8・21** 大蔵《おおくら》・内務両大臣《ないむりょうだいじん》、地方長官《ちほうちょうかん》にたいし地方財政《ちほうざいせい》の整理緊縮《せいりきんしゅく》を訓令《くんれい》。**9・1** 和田久太郎《わだきゅうたろう》、元関東戒厳司令官福田雅太郎陸軍大将《もとかんとうかいげんしれいかんふくだまさたろうりくぐんたいしょう》を狙撃《そげき》し失敗《しっぱい》・ついでギロチン社《しゃ》による爆弾事件発覚《ばくだんじけんはっかく》（ギロチン社事件《しゃじけん》）。**9・4** 政府《せいふ》および与党《よとう》三派《ぱ》による普選連合協議会《ふせんれんごうきょうぎかい》、普選法案大綱《ふせんほうあんたいこう》を決定《けってい》。**9・14** 内務《ないむ》・大蔵連合協議会《おおくられんごうきょうぎかい》、行財政整理案《ぎょうざいせいせいりあん》を決定《けってい》。**10・10** 内閣《ないかく》に貴族院調査委員会《きぞくいんちょうさいいんかい》を設置《せっち》。**10・13** 政府《せいふ》、中国《ちゅうごく》に内政不干渉《ないせいふかんしょう》・満蒙利権擁護《まんもうりけんようご》に関《かん》する覚書《おぼえがき》を交付《こうふ》。**11・12** 全国学生軍事教練反対同盟《ぜんこくがくせいぐんじきょうれんはんたいどうめい》、学連《がくれん》を中心《ちゅうしん》に結成《けっせい》。**11・24** 孫文《そんぶん》、広東《カントン》より日本経由《にほんけいゆ》で北京《ペキン》へ向《む》かう途次《とじ》、神戸《こうべ》で

中華民国

西暦	一九二四 ◀ ▶
年号・干支	大正一三 甲子《きのえね》
内閣	(清浦奎吾内閣)

大《だい》アジア主義《しゅぎ》演説《えんぜつ》を行《おこ》ない、日本《にほん》の対華政策《たいかせいさく》に警告《けいこく》。**12・13** 婦人参政権獲得期成同盟会《ふじんさんせいけんかくとくきせいどうめいかい》、東京《とうきょう》婦人会《ふじんかい》などを中心《ちゅうしん》に結成《けっせい》(理事《りじ》久布白落実《くぶしろおちみ》・市川房枝《いちかわふさえ》・大正《たいしょう》一四年《ねん》六月《がつ》、婦選獲得同盟《ふせんかくとくどうめい》に改称《かいしょう》)。**12・24** 鉄道省《てつどうしょう》、東海道本線《とうかいどうほんせん》で色灯式自動信号機《しきとうしきじどうしんごうき》の使用《しよう》を開始《かいし》。第《だい》五〇通常《つうじょう》議会《ぎかい》召集《しょうしゅう》(一二月《がつ》二六日開会《にちかいかい》、大正《たいしょう》一四年《ねん》三月《がつ》三〇日閉会《にちへいかい》)。

【社会・文化】

1・15 中央教化団体連合会結成《ちゅうおうきょうかだんたいれんごうかいけっせい》(会長《かいちょう》一木喜徳郎《いちききとくろう》)。**2・10** 総同盟大会《そうどうめいたいかい》、東京《とうきょう》で開催《かいさい》、現実主義《げんじつしゅぎ》への方向転換《ほうこうてんかん》を宣言《せんげん》。**3・1** 産業労働調査所設立《さんぎょうろうどうちょうさじょせつりつ》(主任《しゅにん》野坂参三《のさかさんぞう》)。**3・15** 横須賀《よこすか》・呉《くれ》・佐世保《させぼ》・舞鶴《まいづる》など海軍工廠《かいぐんこうしょう》の組合《くみあい》により、海軍労働組合連盟《かいぐんろうどうくみあいれんめい》を結成《けっせい》。**3・-** 枢密顧問官《すうみつこもんかん》平沼騏一郎《ひらぬまきいちろう》ら、国本社《こくほんしゃ》を創立《そうりつ》(五月《がつ》、雑誌《ざっし》『国本《こくほん》』創刊《そうかん》)。**4・12** 鈴木文治《すずきぶんじ》、第《だい》六回国際労働会議労働代表《かいこくさいろうどうかいぎろうどうだいひょう》に決定《けってい》(初《はつ》の労働組合《ろうどうくみあい》からの選出《せんしゅつ》)。**4・20** 総同盟関東鉄工組合大会《そうどうめいかんとうてっこうくみあいたいかい》、主事選出《しゅじせんしゅつ》に関《かん》し紛糾《ふんきゅう》(総《そう》同盟第《どうめいだい》一次分裂《じぶんれつ》の契機《けいき》)。**4・27** 安部磯雄《あべいそお》ら、日本《にほん》フェビアン協会《きょうかい》を創立《そうりつ》。**4・-** 大川周明《おおかわしゅうめい》・安岡正篤《やすおかまさひろ》・満川亀太郎《みつかわかめたろう》ら、行地会《ぎょうちかい》を結成《けっせい》(維新日本建設《いしんにほんけんせつ》などを綱領《こうりょう》・大正《たいしょう》一四年《ねん》二月《がつ》一一日《にち》、行地社《ぎょうちしゃ》と改称《かいしょう》)。**5・2** 京城帝国大学官制公布《けいじょうていこくだいがくかんせいこうふ》。**5・23** 内務省《ないむしょう》、震災後《しんさいご》の住宅難救済《じゅうたくなんきゅうさい》のため、(財)同潤会《どうじゅんかい》を設立《せつりつ》(木造普通住宅《もくぞうふつうじゅうたく》およびアパートメントハウスの大量建築《たいりょうけんちく》に着手《ちゃくしゅ》)。**5・30** 全国小学校女教員会結成《ぜんこくしょうがっこうじょきょういんかいけっせい》。**5・-** 東京大学国語国文学会《とうきょうだいがくこくごこくぶんがっかい》『国語《こくご》と国文学《こくぶんがく》』創刊《そうかん》。日本《にほん》フェビアン協会《きょうかい》『社会主義研究《しゃかいしゅぎけんきゅう》』創刊《そうかん》(〜大正《たいしょう》一四年《ねん》)。**6・1** 荻野久作《おぎのきゅうさく》、荻野式避妊法《おぎのしきひにんほう》を『日本婦人科学会雑誌《にほんふじんかがっかいざっし》』に発表《はっぴょう》。**6・10** 東京帝大《とうきょうていだい》セツルメント、東京府本所柳島《とうきょうふほんじょやなぎしま》に開設《かいせつ》。**6・13** 築地小劇場《つきじしょうげきじょう》、小山内薫《おさないかおる》・土方与志《ひじかたよし》らにより開業《かいぎょう》・第《だい》一回公演《かいこうえん》、ゲーリング作《さく》・伊藤武雄《いとうたけお》訳《やく》「海戦《かいせん》」ほか上演《じょうえん》。**6・26** 嶋中雄三《しまなかゆうぞう》・青野季吉《あおのすえきち》ら、無産政党創立準備《むさんせいとうそうりつじゅんび》のため、政治研究会《せいじけんきゅうかい》を結成《けっせい》。**6・-** 『文芸戦線《ぶんげいせんせん》』創刊《そうかん》。**この頃《ころ》** 南海《なんかい》・阪神《はんしん》・大阪市電《おおさかしでん》など、関西交通機関《かんさいこうつうきかん》の争議続発《そうぎぞくはつ》。**7・22** 小作調停法《こさくちょうていほう》

中華民国	中華民国 13

西暦

年号・干支

内閣

6・11 加藤高明《かとうたかあき》内閣

記事

公布《こうふ》(宮城《みやぎ》・福島《ふくしま》・長崎《ながさき》など九県《けん》を除《のぞ》き、一二月一日《がつついたち》施行《しこう》・のち順次《じゅんじ》拡大《かくだい》)。**8・1** 阪神甲子園球《はんしんこうしえんきゅう》場竣工《じょうしゅんこう》(一三日同球場《にちどうきゅうじょう》で第《だい》一〇回全国中等学校野球大会《かいぜんこくちゅうとうがっこうやきゅうたいかい》を開催《かいさい》)。**9・5** 松本女子師範付《まつもとじょししはんふ》属小学校《ぞくしょうがっこう》での公開授業《こうかいじゅぎょう》視察中《しさつちゅう》の視学委員《しがくいいん》ら、森鷗外《もりおうがい》『護持院《ごじいん》ヶ原《がはら》の敵討《かたきうち》』を補助教材《ほじょきょうざい》とした修身授業《しゅうしんじゅぎょう》を非難《ひなん》(二七日《にち》、担当訓導休職《たんとうくんどうきゅうしょく》・川井訓導事件《かわいくんどうじけん》)。**9・14** 学生連合会《がくせいれんごうかい》、学生社会科《がくせいしゃかいか》学連合会《がくれんごうかい》(学連《がくれん》)に改称《かいしょう》(大正《たいしょう》一四年《ねん》七月《がつ》一六日《にち》、全日本学生社会科学連合会《ぜんにほんがくせいしゃかいかがくれんごうかい》に再改称《さいかいしょう》)。**10・4** 農商務省農務局《のうしょうむしょうのうむきょく》に新設《しんせつ》された小作官《こさくかん》を任命《にんめい》(小作争議《こさくそうぎ》の調停《ちょうてい》などを務《つと》める)。**11・10** 高《こう》等学校長会議《とうがっこうちょうかいぎ》、各校《かくこう》の社研《しゃけん》の解散措置《かいさんそち》を決定《けってい》(〜一四日《にち》)。**11・29** ベートーベン「第《だい》九交響曲《こうきょうきょく》」、東京音楽学校《とうきょうおんがくがっこう》第《だい》四八回公演《かいこうえん》にて初演《しょえん》(指揮《しき》クローン、演奏東京音楽学校管弦楽団《えんそうとうきょうおんがくがっこうかんげんがくだん》)。**11・30** 香《か》川県香川郡太田村伏石《がわけんかがわぐんおおたむらふせいし》の農民《のうみん》、地主《じぬし》の立毛《たちげ》競売落札《きょうばいらくさつ》にたいし、競落稲《きょうらくいね》の無断刈取《むだんかりと》りおよび脱《だつ》穀《こく》を強行《きょうこう》(伏石事件《ふせいしじけん》)。**11・1** 吉野作造《よしのさくぞう》・尾佐竹猛《おさたけたけき》ら、明治文化研究会《めいじぶんかけんきゅうかい》を結成《けっせい》。**12・4** 日大《にちだい》・早《そう》大《だい》などの女子聴講生《じょしちょうこうせい》、女子学生連盟《じょしがくせいれんめい》を結成《けっせい》。**12・10** 総同盟関東労働同盟会《そうどうめいかんとうろうどうどうめいかい》、内紛激化《ないふんげきか》により左《さ》派《は》四組合《くみあい》を除名《じょめい》(二〇日《か》、除名組合《じょめいくみあい》をはじめ左派《さは》六組合《くみあい》、総同盟関東地方評議会《そうどうめいかんとうちほうひょうぎかい》を結成《けっせい》)。**12・29** 内務省《ないむしょう》、労働者募集取締令公布《ろうどうしゃぼしゅうとりしまりれいこうふ》。**この年**《とし》 東京帝国大学史料編纂掛《とうきょうていこくだいがくしりょうへんさんがかり》『古簡集影《こかんしゅうえい》』創刊《そうかん》。東京大正一切経刊行会《とうきょうたいしょういっさいきょうかんこうかい》『大正新修大蔵経《たいしょうしんしゅうだいぞうきょう》』刊《かん》(〜昭和《しょうわ》九年《ねん》)。

【死没】

1・14 原勝郎《はらかつろう》(54、歴史家《れきしか》)。**1・17** 仲小路廉《なかしょうじれん》(59、政治家《せいじか》)。**1・18** 神保小虎《じんぼことら》(58、鉱物学《こうぶつがく》)。**1・27** 長谷川好道《はせがわよしみち》(75、陸軍軍人《りくぐんぐんじん》)。**1・31** 萩野由之《はぎのよしゆき》(65、国史学《こくしがく》)。**2・13** 杉浦重剛《すぎうらじゅうごう》(70、教育家《きょういくか》)。**2・21** 中村春二《なかむらはるじ》(48、教育家《きょういくか》)。**3・4** 和田豊治《わだとよじ》(64、実業家《じつぎょうか》)。**3・9** 田中長兵衛《たなかちょうべえ》(二代《だい》)(67、実業《じつぎょう》家《か》)。**3・30** 福原有信《ふくはらありのぶ》(77、実業家《じつぎょうか》)。**4・1** 八代国治《やしろくにじ》(52、歴史家《れきしか》)。**4・26** 伊集院彦吉《いじゅういんひこきち》(61、外《がい》交官《こうかん》)。**6・4** 野沢吉兵衛《のざわきちべえ》(六代《だい》)(57、文楽三味線《ぶんらくしゃみせん》)。**7・1** 小山益太《こやまますた》(64、果樹園芸家《かじゅえんげいか》)。**7・2** 松

中華民国

西暦	年号・干支	内閣
▶一九二四	大正一三 甲子《きのえね》	(加藤高明内閣)

記事

方正義《まつかたまさよし》(90、元老《げんろう》)。**7・4** 下橋敬長《しもはしゆきおさ》(80、和歌《わか》)。**7・8** 吉川治郎左衛門《よしかわじろうざえもん》(69、農村指導者《のうそんしどうしゃ》)。**7・15** 黒田清輝《くろだせいき》(59、洋画家《ようがか》)。**7・23** 安成貞雄《やすなりさだお》(40、評論家《ひょうろんか》)。**7・29** 西村天囚《にしむらてんしゅう》(60、ジャーナリスト)。**8・15** 郡司成忠《ぐんじなりただ》(65、海軍軍人《かいぐんぐんじん》)。**8・18** 三笑亭可楽《さんしょうていからく》(六代《だい》)(79、落語家《らくごか》)。**8・27** 今西林三郎《いまにしりんざぶろう》(73、実業家《じつぎょうか》)。**9・8** 奥繁三郎《おくしげさぶろう》(64、政治家《せいじか》)。**9・29** 人見一太郎《ひとみいちたろう》(60、ジャーナリスト)。**10・6** 鈴木《すずき》泉三郎《せんざぶろう》(32、劇作家《げきさっか》)。**10・22** 阿部泰蔵《あべたいぞう》(76、実業家《じつぎょうか》)。**10・27** 安藤太郎《あんどうたろう》(79、外交官《がいこうかん》)。**10・28** 岸本《きしもと》吉右衛門《きちえもん》(67、岸本商店《きしもとしょうてん》)。**10・29** 常磐津文字兵衛《ときわづもじべえ》(二代《だい》)(68、常磐津節三味線方《ときわづぶししゃみせんかた》)。**11・2** 三遊亭《さんゆうてい》円朝《えんちょう》(二代《だい》)(65、落語家《らくごか》)。**11・14** 阿部宇之八《あべうのはち》(64、ジャーナリスト)。**11・15** 難波大助《なんばだいすけ》(26、虎の門《とらのもん》事件犯人《じけんはんにん》)。**11・17** 高瀬真卿《たかせしんけい》(70、ジャーナリスト)。**12・8** 山村暮鳥《やまむらぼちょう》(41、詩人《しじん》)。**12・24** 中村彝《なかむらつね》(38、洋画家《ようがか》)。**12・31** 富岡鉄斎《とみおかてっさい》(89、文人画家《ぶんじんがか》)。**この年《とし》** 西川伝右衛門《にしかわでんえもん》(一〇代《だい》)(67、近江商人《おうみしょうにん》)。

【世界】**1・20** 中国国民党第《ちゅうごくこくみんとうだい》一回全国代表大会《かいぜんこくだいひょうたいかい》、連《れん》ソ・容共《ようきょう》・工農扶助《こうのうふじょ》の三大政策《だいせいさく》を採択《さいたく》、第《だい》一次国共《じこっきょう》合作成立《がっさくせいりつ》。**1・21** レーニン没《ぼつ》。**1・22** イギリス、第《だい》一次《じ》マクドナルド労働党内閣成立《ろうどうとうないかくせいりつ》(はじめての労働党政権《ろうどうとうせいけん》)。**2・1** イギリス、ソ連《れん》を承認《しょうにん》(七日《か》、イタリアも承認《しょうにん》)。**3・3** トルコ、カリフ制《せい》を廃止《はいし》。**3・22** メンデンホール没《ぼつ》(82、アメリカ人《じん》の御雇外国人《おやといがいこくじん》・物理学者《ぶつりがくしゃ》)。**4・6** イタリアのファシスト党《とう》、新選挙法《しんせんきょほう》に基《もと》づく総選挙《そうせんきょ》で絶対多数議席《ぜったいたすうぎせき》を獲得《かくとく》。**4・9** 対《たい》ドイツ賠償委員《ばいしょういいん》会《かい》(委員長《いいんちょう》ドーズ)、ドイツの賠償支払案《ばいしょうしはらいあん》(ドーズ案《あん》)を作成《さくせい》(支払《しはら》い額軽減《がくけいげん》および外資導入《がいしどうにゅう》を提起《ていき》・四月《がつ》一六日《にち》ドイツ政府受諾《せいふじゅだく》)。**4・11** デンマークで初《はつ》の左派政権《さはせいけん》、スタウニング社会民主《しゃかいみんしゅ》党内閣成立《とうないかくせいりつ》。**4・18** 全朝鮮労農総同盟結成《ぜんちょうせんろうのうそうどうめいけっせい》。**5・7** ペルー人アヤ＝デ＝ラ＝トーレ、亡命先《ぼうめいさき》のメキシコでアプラ(アメリカ革命人民同盟《かくめいじんみんどうめい》)を結成《けっせい》。**5・11** フランス下院総選挙《かいんそうせんきょ》、左翼連合《さよくれんごう》が過《か》半数《はんすう》を獲得《かくとく》(六月《がつ》一四日《か》、エリオ急進社会党内閣成立《きゅうしんしゃかいとうないかくせいりつ》)。**5・15** アメリカ議会《ぎかい》、新移民法《しんいみんほう》(いわ

中華民国
中華民国 13

ゆる排日移民法《はいにちいみんほう》を可決《かけつ》(五月《がつ》二六日《にち》クーリッジ大統領裁可《だいとうりょうさいか》、七月一日施行《がつついたちしこう》)。**5・31** 中《ちゅう》ソ協《きょう》定調印《ていちょういん》され、外交関係《がいこうかんけい》を樹立《じゅりつ》(ソ連《れん》、旧《きゅう》ロシアの対中各種権益《たいちゅうかくしゅけんえき》を放棄《ほうき》)。**6・10** イタリア社会《しゃかい》党議員《とうぎいん》マテオッティ、ファシストに暗殺《あんさつ》される。**6・16** 黄埔軍官学校《こうほぐんかんがっこう》、ソ連《れん》の援助《えんじょ》により開校《かいこう》(校長蔣介石《こうちょうしょうかいせき》、国民党代表廖仲愷《こくみんとうだいひょうりょうちゅうがい》、政治部長周恩来《せいじぶちょうしゅうおんらい》、ソ連顧問《れんこもん》ブリュッヘル将軍《しょうぐん》)。**6・27** イタリア、反《はん》ファシズム派議員《はぎいん》、議会《ぎかい》を離《はな》れアヴェンティーノ連合《れんごう》を形成《けいせい》。**9・15** 第二次《だいじ》奉直戦争勃発《ほうちょくせんそうぼっぱつ》(～一一月《がつ》三日《か》・直隷軍敗《ちょくれいぐんやぶ》れ、呉佩孚逃亡《ごはいふとうぼう》)。**9・18** 孫文《そんぶん》、第二次北伐宣言《だいじほくばつせんげん》。**9・20** 張作霖《ちょうさくりん》、ソ連《れん》と協定《きょうてい》を締結《ていけつ》(奉《ほう》ソ協定《きょうてい》)。**10・13** イヴン＝サウード、メッカを占領《せんりょう》。**10・23** 呉佩孚《ごはいふ》の部下《ぶか》馮玉祥《ふうぎょくしょう》、クーデタを起《おこ》し北京《ペキン》を占領《せんりょう》、曹錕《そうこん》を幽閉《ゆうへい》し国民軍《こくみんぐん》を組織《そしき》(北京政変《ペキンせいへん》・一一月《がつ》二四日《か》、段祺瑞《だんきずい》、馮《ふう》・張作霖《ちょうさくりん》に推《お》され臨時執政《りんじしっせい》・国民軍大元帥《こくみんぐんだいげんすい》に就任《しゅうにん》)。**10・25** イギリス、ジノヴィエフ事件起《じけんお》こる。**10・27** ソ連中央執行委員会《れんちゅうおうしっこういいんかい》、中央《ちゅうおう》アジア境界区分《きょうかいくぶん》の再編成《さいへんせい》を承認《しょうにん》、ウズベク・トゥルクメン両共和国《りょうきょうわこく》のソ連加入《れんかにゅう》を決定《けってい》。**10・29** イギリス労働党《ろうどうとう》、総選挙《そうせんきょ》で保守党《ほしゅとう》に大敗《たいはい》(一一月《がつ》七日《か》、第二次《だいじ》ボールドウィン保守党内閣成立《ほしゅとうないかくせいりつ》)。**11・5** 馮玉祥《ふうぎょくしょう》、溥儀《ふぎ》を紫禁城《しきんじょう》から追放《ついほう》。**11・26** モンゴル人民共和国成立《じんみんきょうわこくせいりつ》。**この年**《とし》 シュミーデル没《ぼつ》(67、ドイツ人、普及福音新教伝道会宣教師《ふきゅうふくいんしんきょうでんどうかいせんきょうし》)。

西暦	一九二五 ◀
年号・干支	一四 乙丑《きのとのうし》
内閣	
記事	【政治・経済】 **1・20** 日《にっ》ソ基本条約《きほんじょうやく》、北京《ペキン》で調印《ちょういん》され、日《にっ》ソ国交樹立《こっこうじゅりつ》(二月《がつ》二五日《にち》批准《ひじゅん》、二月《がつ》二七日公布《にちこうふ》)。**1・26** 米穀輸入税免除令公布《べいこくゆにゅうぜいめんじょれいこうふ》。**1・－** 佐野学《さのまなぶ》ら、上海《シャンハイ》で一月《がつ》テーゼを作成《さくせい》、日本共産党再結成《にほんきょうさんとうさいけっせい》を決定《けってい》。**2・13** 枢密院《すうみついん》、普通選挙法案《ふつうせんきょほうあん》に関《かん》し政府《せいふ》と妥協《だきょう》。**2・20** ㊮高田商会《たかだしょうかい》、内閣《ないかく》に救済《きゅうさい》融資《ゆうし》を拒否《きょひ》され破綻《はたん》、翌日《よくじつ》から休業《きゅうぎょう》、中井銀行《なかいぎんこう》の倒産《とうさん》などに波及《はきゅう》。**2・22** 普通選挙《ふつうせんきょ》および貴《き》
中華民国	14

西暦	年号・干支	内閣
◀▶ 一九二五	大正一四 乙丑《きのとのうし》	(加藤高明内閣)

記事

族院改革断行国民大会《ぞくいんかいかくだんこうこくみんたいかい》、東京《とうきょう》の国技館《こくぎかん》で開催《かいさい》。**3・2** 衆議院《しゅうぎいん》、普通選挙法案《ふつうせんきょほうあん》(衆議院議員選《しゅうぎいんぎいんせん》挙法改正案《きょほうかいせいあん》)を修正可決《しゅうせいかけつ》(二六日《にち》、貴族院《きぞくいん》、修正可決《しゅうせいかけつ》)。**3・7** 衆議院《しゅうぎいん》、治安維持法案《ちあんいじほうあん》を修正《しゅうせい》可決《かけつ》(三月《がつ》一九日《にち》、貴族院《きぞくいん》、修正可決《しゅうせいかけつ》し同法案成立《どうほうあんせいりつ》・四月《がつ》二二日公布《にちこうふ》・五月《がつ》一二日施行《にちしこう》)。**3・29** 普通選挙法《ふつうせんきょほう》、両院協議会案《りょういんきょうぎかいあん》により成立《せいりつ》(五月《がつ》五日《か》公布《こうふ》・納税要件撤廃《のうぜいようけんてっぱい》され、男子普通選挙《だんしふつうせんきょ》実現《じつげん》)。近衛文麿《このえふみまろ》・田沢義鋪《たざわよしはる》ら、新日本同盟《しんにほんどうめい》を結成《けっせい》。**3・30** 牧野伸顕《まきののぶあき》、内大臣《ないだいじん》に就任《しゅうにん》。輸出組《ゆしゅつくみ》合法《あいほう》(輸出振興《ゆしゅつしんこう》・中小輸出業者《ちゅうしょうゆしゅつぎょうしゃ》の保護《ほご》などを目的《もくてき》)、重要輸出品工業組合法《じゅうようゆしゅつひんこうぎょうくみあいほう》(中小工業《ちゅうしょうこうぎょう》事業者《じぎょうしゃ》にたいするカルテル組合法《くみあいほう》)、各公布《かくこうふ》(九月《がつ》一日各施行《ついたちかくしこう》)。**3・31** 農商務省廃《のうしょうむしょうはい》され、農《のう》林省官制《りんしょうかんせい》・商工省官制各公布《しょうこうしょうかんせいかくこうふ》(四月《がつ》一日各設置《ついたちかくせっち》、高橋是清《たかはしこれきよ》、農相兼商相《のうしょうけんしょうしょう》に就任《しゅうにん》)。**4・1** 大《おお》蔵省《くらしょう》に預金部《よきんぶ》を設置《せっち》。**4・4** 政友会総裁高橋是清《せいゆうかいそうさいたかはしこれきよ》、総裁引退《そうさいいんたい》を声明《せいめい》(一三日《にち》、後継総裁《こうけいそうさい》に田中《たなか》義一《ぎいち》就任《しゅうにん》・一六日《にち》、高橋《たかはし》、農相《のうしょう》・商相《しょうしょう》を辞《じ》し引退《いんたい》)。**4・6** 浅原健三《あさはらけんぞう》ら、福岡県八幡《ふくおかけんやはた》で九州《きゅうしゅう》民憲党《みんけんとう》を結成《けっせい》(以後無産政党《いごむさんせいとう》、各地《かくち》で結成《けっせい》)。**4・13** 陸軍現役将校学校配属令公布《りくぐんげんえきしょうこうがっこうはいぞくれいこうふ》(陸軍現役将《りくぐんげんえきしょう》校《こう》による教練授業《きょうれんじゅぎょう》を実施《じっし》)。**4・17** 朝鮮共産党《ちょうせんきょうさんとう》、京城《けいじょう》(現《げん》ソウル)で結成《けっせい》。**4・20** 逓信省《ていしんしょう》、東京《とうきょう》—大阪《おおさか》—福岡間《ふくおかかん》に定期航空郵便《ていきこうくうゆうびん》を開設《かいせつ》。**5・1** 陸軍《りくぐん》四個師団《こしだん》(高田《たかだ》・豊橋《とよはし》・岡山《おかやま》・久留米《くるめ》)の廃止《はいし》を公示《こうじ》(宇垣軍縮《うがきぐんしゅく》)。**5・5** 貴族院令改正公布《きぞくいんれいかいせいこうふ》(有爵議員《ゆうしゃくぎいん》の減員《げんいん》および帝国学士院互選《ていこくがくしいんごせん》による勅選議員設置《ちょくせんぎいんせっち》など)。**5・8** 普通選挙法公布《ふつうせんきょほうこうふ》に伴《ともな》う特赦《とくしゃ》。**5・14** 革新倶楽部《かくしんクラブ》・中正倶楽部《ちゅうせいクラブ》、政友会《せいゆうかい》に合同《ごうどう》。**5・15** 北樺太派遣軍《きたからふとはけんぐん》、撤退完了《てったいかんりょう》。**5・28** 犬養毅逓相《いぬかいつよしていしょう》、政界《せいかい》からの引退《いんたい》を表《ひょう》明《めい》(三〇日《にち》、逓相《ていしょう》を辞《じ》し政界《せいかい》を引退《いんたい》)。日本軍《にほんぐん》、青島《チンタオ》の在華紡績《ざいかぼうせき》ストライキ鎮圧《ちんあつ》のため、旅順《りょじゅん》より駆逐艦《くちくかん》二隻《せき》を派遣《はけん》。**5・30** 尾崎行雄《おざきゆきお》ら革新倶楽部残留派《かくしんクラブざんりゅうは》および中正倶楽部残留派《ちゅうせいクラブざんりゅうは》、合同《ごうどう》して新正倶楽部《しんせいクラブ》を結成《けっせい》。**6・11** 朝鮮総督府《ちょうせんそうとくふ》、奉天省《ほうてんしょう》と「不逞鮮人《ふていせんじん》」取締《とりしま》りに関《かん》する協定《きょうてい》に調《ちょう》印《いん》(三矢協定《みつやきょうてい》)。**6・18** 在華日本紡績同業会設立《ざいかにほんぼうせきどうぎょうかいせつりつ》。**7・30** 閣議《かくぎ》、税制整理案《ぜいせいせいりあん》をめぐり紛糾《ふんきゅう》・政《せい》

中華民国
中華民国 14

西暦

年号・干支

内閣

記事

友会の小川平吉法相・岡崎邦輔農相、反対のため退席。**7・31** 加藤内閣、閣内不統一のためいったん総辞職（八月一日、再組閣拝命）。**8・2** 加藤高明憲政会内閣成立（護憲三派を解消、憲政会単独内閣）。**8・5** 治安維持法改正法案（一七条・三〇条削除など）・労働争議調停法案・労働組合法案、行政委員会に付議。**8・10** 第一回無産政党組織準備協議会、日本農民連合の呼びかけにより大阪で開催。**8・-** 共産主義グループ結成（九月二〇日、合法機関紙『無産者新聞』創刊）。**10・15** 小樽高商、朝鮮人暴動を想定した軍事教練を実施・全国で朝鮮人・労働者・学生を中心に軍事教育反対運動展開（小樽高商事件）。**10・20** 朴烈・金子文子夫妻、大逆罪容疑で起訴される。**11・1** 山手線電車、神田―上野間の高架線開通にともない、環状運転を開始。**11・19** 北京関税会議、中国の関税自主権につき、原則的承認を決議。**12・1** 農民労働党結成（書記長浅沼稲次郎）・即日結社禁止。**12・8** 白川義則関東軍司令官、張作霖・郭松齢両軍に対し、満鉄付属地付近での戦闘禁止を警告。**12・14** 日・ソ両国、石炭および石油に関する北樺太利権協約に調印。**12・23** 鉄鋼協議会設立（生産分野調整などの官民連絡組織）。**12・25** 第五一通常議会召集（一二月二六日開会、大正一五年三月二五日閉会）。

【社会・文化】

1・17 日本労働総同盟内左派組織関東地方評議会『労働新聞』創刊。**1・18** 群馬県世良田村で村民二〇〇〇人、被差別部落二三戸を襲撃。**1・-** 講談社『キング』創刊。備後郷土史会『備後史談』創刊。**2・11** 治安維持法・労働争議調停法・労働組合法の三悪法反対示威運動、東京など各地で展開。東大学生ら、七生社結成（指導者上杉慎吉、新人会打倒を目標）。**3・1** 東京府芝浦の東京放送局（ＪＯＡＫ）、試験放送を開始（三月二二日、仮放送、七月一二日、本放送を開始・聴取料月一円、聴取者五四五五人）。**3・-** 山田耕筰・近衛秀麿ら、日本交響楽協会を

中華民国

西暦	年号・干支	内閣	記事	中華民国
一九二五 ◀ ▶	大正一四 乙丑	(加藤高明内閣)	結成(大正一五年九月分裂)。**4・1** 新橋演舞場開場、こけら落しに新橋芸妓による第一回「東おどり」公演。**4・15** 大日本連合青年団、名古屋で発団式挙行(理事長一木喜徳郎)。**4・16** 総同盟、関東地方評議会加盟組合を除名(五月二四日、元総同盟左派の被除名組合ら、日本労働組合評議会を結成・総同盟第一次分裂)。**5・1** 産業組合中央会『家の光』創刊。**5・23** 兵庫県但馬地方に大地震(死者・行方不明四二八人・但馬大地震)。**6・17** 警視庁、大阪の秘密結社「黒社」(ブラック社)の幹部二人を検挙(初の治安維持法違反)。**6・20** 日本労働組合評議会『労働新聞』創刊。**6・-** 日本工学会『明治工業史』刊(〜昭和六年一二月)。**7・25** 朝日新聞社の訪欧飛行機初風・東風、東京の代々木練兵場を出発(モスクワ・ベルリン・パリ・ロンドンなどを経て、一〇月二七日ローマ到着・全航程一万六〇〇〇キロ、実飛行時間一一六時間二一分)。**7・-** 細井和喜蔵『女工哀史』刊。**8・18** 内務省社会局、労働組合法案を公表(いわゆる社会局案・組合保護規定充実も、各省の反対により修正、衆議院審議未了により廃案)。**9・18** 帝国議会議事堂全焼。**9・20** 東京六大学野球リーグ開始。無産者新聞社『無産者新聞』創刊。**9・21** ソ連労働組合代表レプセら来日。**9・22** 中央融和事業協会(中融)創立(会長平沼騏一郎)。**10・1** 第二回国勢調査実施(内地人口五九一七万九二〇〇人)。**10・4** 大日本地主協会、大阪に設立。**10・15** 京城(現ソウル)に朝鮮神宮創建(天照大神・明治天皇を祭神)。**10・19** 早慶野球戦、二〇年ぶりに復活。**10・21** 醜業を行わしむる為の婦女売買取締りに関する国際条約および議定書に加入。**10・-** 教部省編『特選神名牒』刊。**11・5** 蓑田胸喜・三井甲之ら、原理日本社を結成し、『原理日本』創刊。**11・14** 東京帝国大学に地震研究所を設置。**12・1** 京都警察部、社研学生検挙のため、京都帝大寄宿舎に無断立入・家宅捜査し問題化。**12・6** 日本プロレタリア文芸連盟(プロ連)・同演劇部(トランク劇場)結成。**12・28** (財)大日本相撲協会創	中華民国 14

西暦

年号・干支

内閣

記事

立《りつ》(昭和《しょうわ》三年《ねん》二月一日《がつついたち》、日本相撲協会《にほんすもうきょうかい》に改称《かいしょう》)。**この年**《とし》 矢吹正己《やぶきまさみ》編《へん》『作州百姓一揆叢《さくしゅうひゃくしょういっきそう》書《しょ》』成《な》る。江川喜太郎《えがわきたろう》編《へん》『政戦録《せいせんろく》』出版《しゅっぱん》。モンタヌス著《ちょ》・和田万吉《わだまんきち》訳《やく》『モンタヌス日本誌《にほんし》』刊《かん》。井《い》尻常吉《じりつねきち》編《へん》『歴代顕官録《れきだいけんかんろく》』刊《かん》。与謝野寛《よさのひろし》・与謝野晶子《よさのあきこ》・正宗敦夫《まさむねあつお》編輯校訂《へんしゅうこうてい》『日本古典全集《にほんこてんぜんしゅう》』刊《かん》(〜昭《しょう》和《わ》一九年《ねん》)。東京帝国大学史料編纂掛《とうきょうていこくだいがくしりょうへんさんがかり》『古文書時代鑑《こもんじょじだいかがみ》』刊《かん》(〜昭和《しょうわ》二年《ねん》)。石川佐久太郎《いしかわさくたろう》・長《ちょう》連恒《つらつね》・植松安《うえまつやすし》・山崎麓《やまざきふもと》ほか編輯校訂《へんしゅうこうてい》『日本文学大系《にほんぶんがくたいけい》』刊《かん》(〜昭和《しょうわ》三年《ねん》)。

【死没】

1・2 日下部三之介《くさかべさんのすけ》(70、教育評論家《きょういくひょうろんか》)。**1・4** 平瀬作五郎《ひらせさくごろう》(70、植物学《しょくぶつがく》)。**1・8** 植村正久《うえむらまさひさ》(69、牧師《ぼくし》)。**1・23** 藤間勘右衛門《ふじまかんえもん》(二代《だい》)(86、振付師《ふりつけし》)。**2・4** 横田千之助《よこたせんのすけ》(56、政治家《せいじか》)。東儀鉄笛《とうぎてってき》(57、音楽家《おんがくか》)。**2・14** 渡辺廉吉《わたなべれんきち》(72、裁判官《さいばんかん》)。**2・15** 木下利玄《きのしたりげん》(40、歌人《かじん》)。**3・1** 小池国三《こいけくにぞう》(60、証券《しょうけん》業者《ぎょうしゃ》)。**4・2** 小河滋次郎《おがわしげじろう》(63、監獄学《かんごくがく》)。**4・14** 平田東助《ひらたとうすけ》(77、政治家《せいじか》)。**4・23** 野村宗十郎《のむらそうじゅうろう》(69、印刷人《いんさつにん》)。**5・6** 岡村柿紅《おかむらしこう》(45、劇作家《げきさっか》)。**6・10** 大町桂月《おおまちけいげつ》(57、詩人《しじん》)。**6・16** 矢嶋楫子《やじまかじこ》(93、社会運《しゃかいうん》動家《どうか》)。**8・7** 久津見蕨村《くつみけつそん》(66、ジャーナリスト)。**8・18** 細井和喜蔵《ほそいわきぞう》(29、小説家《しょうせつか》)。**9・15** 寺尾《てらお》亨《とおる》(68、国際法学《こくさいほうがく》)。**9・25** 浜尾新《はまおあらた》(77、行政官《ぎょうせいかん》)。**9・27** 湯本武比古《ゆもとたけひこ》(71、教育家《きょういくか》)。**10・15** 古《ふる》田大次郎《ただいじろう》(26、社会運動家《しゃかいうんどうか》)。**10・27** 滝田樗陰《たきたちょいん》(44、雑誌編集者《ざっしへんしゅうしゃ》)。上野岩太郎《うえのいわたろう》(59、新聞記者《しんぶんきしゃ》)。**11・12** 石川半山《いしかわはんざん》(54、ジャーナリスト)。**11・22** 下岡忠治《しもおかちゅうじ》(56、政治家《せいじか》)。**12・22** 岡野敬次郎《おかのけいじろう》(61、商法《しょうほう》学《がく》)。**12・27** 岡部長職《おかべながもと》(72、外交官《がいこうかん》)。

〚世界〛

1・23 クロパトキン没《ぼつ》(76、ロシアの将軍《しょうぐん》)。**1・30** 宋秉畯没《そうへいしゅんぼつ》(68、朝鮮末期《ちょうせんまっき》の親日政治家《しんにちせいじか》)。**1・1** 中国共産党第四回全国大会《ちゅうごくきょうさんとうだいかいぜんこくたいかい》、上海《シャンハイ》で開催《かいさい》。**3・10** ソ連軍《れんぐん》、モンゴルから撤兵《てっぺい》。**3・12** 孫文《そんぶん》、北京《ペキン》で病没《びょうぼつ》(60)。ピゴット没《ぼつ》(72、イギリスの法律家《ほうりつか》)。**4・17** 朝鮮共産党結成《ちょうせんきょうさんとうけっせい》。**4・26** ヒン

中華民国

西暦	年号・干支	内閣	記事	中華民国
▶一九二五	大正一四 乙丑《きのとのうし》	(加藤高明内閣)	デンブルク元帥《げんすい》、ドイツ大統領選挙《だいとうりょうせんきょ》に当選《とうせん》。4・28 イギリス、金本位制《きんほんいせい》に復帰《ふっき》。4・29 蔣介石《しょうかいせき》、国民党軍司令官《こくみんとうぐんしれいかん》に就任《しゅうにん》。5・1 劉少奇《りゅうしょうき》ら、上海《シャンハイ》で中華全国総工会《ちゅうかぜんこくそうこうかい》を結成《けっせい》。5・15 上《シャン》海《ハイ》の内外綿紡績工場《ないがいわたぼうせきこうじょう》、争議《そうぎ》不穏《ふおん》の状況《じょうきょう》から閉鎖《へいさ》・同工場工員《どうこうじょうこういん》および住民《じゅうみん》、同工場《どうこうじょう》を襲《おそ》い機械《きかい》を破壊《はかい》、警備《けいび》の社員《しゃいん》と衝突《しょうとつ》し死傷者《ししょうしゃ》を出《だ》す。5・30 上海《シャンハイ》の共同租界《きょうどうそかい》で、労働者《ろうどうしゃ》・学生《がくせい》二〇〇〇人余《にんよ》、内外綿紡績工場《ないがいわたぼうせきこうじょう》に対《たい》する抗議《こうぎ》デモ・イギリス警官隊《けいかんたい》、同《どう》デモに発砲《はっぽう》し、死者《ししゃ》一一人《にん》(五・三〇事件《じけん》)。モッセ没《ぼつ》(78、ドイツの法律家《ほうりつか》)。6・1 上海《シャンハイ》の労働者《ろうどうしゃ》・学生《がくせい》・商人《しょうにん》ら、五・三〇事件《じけん》に対《たい》する抗議《こうぎ》ゼネスト(反帝運動《はんていうんどう》、中国各地《ちゅうごくかくち》に波及《はきゅう》)。6・23 イギリス・フランス両軍陸《りょうぐんりく》戦隊《せんたい》、広州《こうしゅう》で中国人《ちゅうごくじん》デモ隊《たい》を弾圧《だんあつ》、中国人死者《ちゅうごくじんししゃ》五〇人余《にんよ》(沙基事件《さきじけん》)。6・- グエン＝アイ＝クオック、広州《こうしゅう》でヴェトナム青年革命同志会《せいねんかくめいどうしかい》を結成《けっせい》。7・1 中華民国国民政府《ちゅうかみんこくこくみんせいふ》、広州《こうしゅう》に樹立《じゅりつ》(主席汪兆銘《しゅせきおうちょうめい》・外交部長《がいこうぶちょう》胡漢民《こかんみん》・蔣介石《しょうかいせき》ら政治委員《せいじいいん》一六名《めい》による合議体制《ごうぎたいせい》)。7・18 シリアで、フランス委任統治《いにんとうち》に対《たい》するドルーズ派《は》の反乱勃発《はんらんぼっぱつ》(～一九二七年《ねん》一〇月《がつ》)。7・21 米《べい》テネシー州《しゅう》で進化論《しんかろん》を教《おし》えた高校生物教師《こうこうせいぶつきょうし》に「聖書《せいしょ》の教義《きょうぎ》を否定《ひてい》した」として罰金《ばっきん》一〇〇ドルの判決《はんけつ》(いわゆる「サル裁判《さいばん》」で論争活発化《ろんそうかっぱつか》)。8・2 キューバ全国労働者同盟《ぜんこくろうどうしゃどうめい》、第《だい》三回全国労働者会議《かいぜんこくろうどうしゃかいぎ》において結成《けっせい》。8・16 キューバ共産党結成《きょうさんとうけっせい》。10・5 ロカルノ会議開催《かいぎかいさい》(～一六日《にち》)。10・16 英《えい》・仏《ふつ》・伊《い》・ベルギー・ポーランド・チェコ・独《どく》の七ヵ国《こく》、ロカルノ条約《じょうやく》に仮調印《かりちょういん》(ドイツ西部国境《せいぶこっきょう》の現状《げんじょう》維持《いじ》および不可侵《ふかしん》、ライン左岸非武装化《さがんひぶそうか》、ドイツの国際連盟加入《こくさいれんめいかにゅう》など規定《きてい》・一二月一日正式調《がっついたちせいしきちょう》印《いん》)。11・22 奉天派《ほうてんは》郭松齢《かくしょうれい》、馮玉祥《ふうぎょくしょう》と結《むす》び張作霖《ちょうさくりん》に反旗《はんき》。11・23 戴季陶《たいきとう》ら中国国民党右派《ちゅうごくこくみんとううは》、北京西山《ペキンせいざん》で会議《かいぎ》、反共《はんきょう》・反《はん》ソの決議《けつぎ》(西山会議派《せいざんかいぎは》を形成《けっせい》)。12・12 レザー＝ハーン、ペルシア議《ぎ》会《かい》から国王《こくおう》に推戴《すいたい》される(一九二六年《ねん》四月《がつ》二五日《にち》、国王《こくおう》に即位《そくい》、パーレヴィー朝成立《ちょうせいりつ》)。12・18 ソ連共産党第《れんきょうさんとうだい》一四回大会開会《かいたいかいかいかい》(～三一日《にち》・スターリンの「一国社会主義理論《いっこくしゃかいしゅぎりろん》」を採択《さいたく》)。12・20 モ	中華民国 14

ース没《ぼつ》(87、アメリカの生物学者《せいぶつがくしゃ》)。12・21 イービ没《ぼつ》(81、カナダ＝メソジスト教会宣教師《きょうかいせんきょうし》・神学博士《しんがくはくし》)。12・28 インド共産党創立《きょうさんとうそうりつ》。12・30 徐樹錚没《じょじゅそうぼつ》(46、中国《ちゅうごく》、北洋軍閥安徽派《ほくようぐんばつあんきは》の軍人《ぐんじん》)。この年《とし》 ヒトラー『わが闘争《とうそう》』刊行《かんこう》。シュルツェ没《ぼつ》(86、ドイツの外科学者《げかがくしゃ》)。クーラン没《ぼつ》(61、フランスの東洋学者《とうようがくしゃ》)。

西暦 ◀一九二六

年号・干支 大正一五 丙寅《ひのえとら》 昭和《しょうわ》元 12・25

内閣 1・30 第1次若槻礼次郎《わかつきれいじろう》内閣

記事

【政治・経済】

1・12 東洋《とうよう》レーヨン㈱設立《せつりつ》(資本金《しほんきん》一〇〇〇万円《えん》、本社東京《ほんしゃとうきょう》)。1・15 政友本党脱党《せいゆうほんとうだっとう》の鳩山一郎《はとやまいちろう》ら、同交会《どうこうかい》を結成《けっせい》(二月《がつ》一二日《にち》、政友会《せいゆうかい》と合同《ごうどう》)。1・28 加藤高明首相《かとうたかあきしゅしょう》病没《びょうぼつ》し、内閣総辞職《ないかくそうじしょく》。1・29 若槻礼次郎《わかつきれいじろう》、憲政会総裁《けんせいかいそうさい》に就任《しゅうにん》。1・30 第《だい》一次《じ》若槻礼次郎憲政党内閣成立《わかつきれいじろうけんせいとうないかくせいりつ》。2・28 大《おお》阪松島遊廓移転《さかまつしまゆうかくいてん》に関《かん》する疑獄事件発覚《ぎごくじけんはっかく》(四月《がつ》三〇日《にち》、箕浦勝人元逓相《みのうらかつんどもとていしょう》、起訴《きそ》される)。3・4 憲《けん》政会中野正剛《せいかいなかのせいごう》、衆議院《しゅうぎいん》で田中義一政友会総裁《たなかぎいちせいゆうかいそうさい》を陸相時代《りくしょうじだい》のシベリア出兵関係機密費横領《しゅっぺいかんけいきみつひおうりょう》について追及《ついきゅう》(昭和元年《しょうわがんねん》一二月《がつ》二七日《にち》、証拠不十分《しょうこふじゅうぶん》により不起訴《ふきそ》)。3・5 労働農民党《ろうどうのうみんとう》、大阪《おおさか》で結成《けっせい》(委員長杉山元次郎《いいんちょうすぎやまもとじろう》)。3・25 大審院《たいしんいん》、朴烈《ぼくれつ》・金子文子《かねこふみこ》に死刑宣告《しけいせんこく》(四月《がつ》五日《か》、無期懲役《むきちょうえき》に減刑《げんけい》。七月《がつ》二三日《にち》、金子自殺《かねこじさつ》。七月《がつ》二九日《にち》、怪写真事件起《かいしゃしんじけんおこ》る。朴烈事件《ぼくれつじけん》)。3・27 所得税法改《しょとくぜいほうかい》正《せい》・地租条例改正《ちそじょうれいかいせい》・営業収益税法《えいぎょうしゅうえきぜいほう》・資本利子税法《しほんりしぜいほう》など公布《こうふ》、営業税法《えいぎょうぜいほう》・通行税法《つうこうぜいほう》・売薬税法《ばいやくぜいほう》など廃止《はいし》され、税法整理施行《ぜいほうせいりしこう》される。3・30 郵便年金法公布《ゆうびんねんきんほうこうふ》(一〇月一日施行《がつついたちしこう》)。3・31 製鉄業奨《せいてつぎょうしょう》励法改正公布《れいほうかいせいこうふ》(インド銑鉄輸入防遏《せんてつゆにゅうぼうあつ》などのため、国内事業者《こくないじぎょうしゃ》への助成強化《じょせいきょうか》・四月《がつ》一〇日施行《かしこう》)。5・3 東京市政刷新同盟結成《とうきょうしせいさっしんどうめいけっせい》。5・21 農林省《のうりんしょう》、自作農創設維持補助規則《じさくのうそうせついじほじょきそく》を公布《こうふ》。5・25 小作《こさく》調査会官制公布《ちょうさかいかんせいこうふ》。6・4 地方官官制改正公布《ちほうかんかんせいかいせいこうふ》(郡役所《ぐんやくしょ》を廃止《はいし》・各道府県《かくどうふけん》に知事官房《ちじかんぼう》・内務部《ないむぶ》・学《がく》務部《むぶ》・警察部《けいさつぶ》を設置《せっち》、土木部《どぼくぶ》・産業部《さんぎょうぶ》・衛生部《えいせいぶ》を設置可能《せっちかのう》と規定《きてい》。七月一日施行《がつついたちしこう》)。6・24 府県《ふけん》制《せい》・市制《しせい》・町村制各改正《ちょうそんせいかくかいせい》(普通選挙実施《ふつうせんきょじっし》および自治権拡大《じちけんかくだい》のため)・六大都市行政監督特例公布《ろくだいとしぎょうせいかんとくとくれいこうふ》・

中華民国 15

西暦：一九二六 ◀ ▶

年号・干支：大正一五　丙寅《ひのえとら》　昭和元 12・25

内閣：(第1次若槻礼次郎内閣)

記事：

七月一日各施行《がっついたちかくしこう》。倉敷絹織《くらしききぬおり》(株)設立《せつりつ》(資本金《しほんきん》一〇〇〇万円《えん》・本社倉敷《ほんしゃくらしき》・社長大原孫三郎《しゃちょうおおはらまごさぶろう》)。**7・21** 一年志願兵《いちねんしがんへい》及《および》一年現役兵服務特例公布《いちねんげんえきへいふくむとくれいこうふ》。**9・1** 住友伸銅鋼管《すみともしんどうこうかん》(株)設立《せつりつ》(資本金《しほんきん》一五〇〇万円《えん》・のちの住友金属工業《すみともきんぞくこうぎょう》)。**9・3** 浜松市会議員選挙《はままつしかいぎいんせんきょ》(普通選挙法《ふつうせんきょほう》による最初《さいしょ》の地方選挙《ちほうせんきょ》)。**10・1** 陸《りく》軍省官制中改正《ぐんしょうかんせいちゅうかいせい》、整備局《せいびきょく》を設置《せっち》(軍備《ぐんび》の近代化推進《きんだいかすいしん》・軍需工業《ぐんじゅこうぎょう》の育成《いくせい》を目的《もくてき》)。**10・15** 政府《せいふ》、正貨現送再開《せいかげんそうさいかい》を表明《ひょうめい》(翌日再開《よくじつさいかい》され、金解禁準備《きんかいきんじゅんび》との見方《みかた》から対米為替上昇《たいべいかわせじょうしょう》)。**10・17** 日本《にほん》農民党結成《のうみんとうけっせい》(幹事長平野力三《かんじちょうひらのりきぞう》)。**10・19** 議会解散請願運動全国協議会《ぎかいかいさんせいがんうんどうぜんこくきょうぎかい》、大阪《おおさか》で開催《かいさい》・労働農民《ろうどうのうみん》党左派《とうさは》、同党《どうとう》に門戸開放《もんこかいほう》を要求《ようきゅう》(二四日《か》、総同盟《そうどうめい》など右派《うは》、同党《どうとう》を脱退《だったい》)。**11・7** 若槻首相《わかつきしゅしょう》、大阪松島遊廓移転《おおさかまつしまゆうかくいてん》に関《かん》する疑獄事件《ぎごくじけん》につき、証人《しょうにん》として取調《とりしら》べをうける。**12・4** 共産党《きょうさんとう》、第《だい》三回大会《かいたいかい》を山形県五色温泉《やまがたけんごしきおんせん》で開催《かいさい》し再結成《さいけっせい》。**12・5** 社会民衆党結成《しゃかいみんしゅうとうけっせい》(委員長安部磯雄《いいんちょうあべいそお》・総同盟《そうどうめい》など労働農民党脱退《ろうどうのうみんとうだったい》の右派中心《うはちゅうしん》)。**12・9** 日本労農党結成《にほんろうのうとうけっせい》(書記長三輪寿壮《しょきちょうみわじゅそう》)。**12・12** 労働農《ろうどうのう》民党《みんとう》、大会《たいかい》で左翼無産政党《さよくむさんせいとう》としての再出発《さいしゅっぱつ》を決定《けってい》(委員長大山郁夫《いいんちょうおおやまいくお》)。**12・14** 後藤新平《ごとうしんぺい》の斡旋《あっせん》により、政友会《せいゆうかい》および政友本党《せいゆうほんとう》の提携成立《ていけいせいりつ》。**12・24** 第《だい》五二通常議会召集《つうじょうぎかいしょうしゅう》(一二月《がつ》二六日開会《にちかいかい》・昭和《しょうわ》二年《ねん》三月《がつ》二五日閉会《にちへいかい》)。**12・25** 天皇没《てんのうぼつ》(昭和《しょうわ》二年《ねん》一月《がつ》一九日《にち》、大正天皇《たいしょうてんのう》と追号《ついごう》)・摂政《せっしょうの》宮裕仁親王践祚《みやひろひとしんのうせんそ》し、昭和《しょうわ》と改元《かいげん》。

【社会・文化】

1・15 京都帝大《きょうとていだい》など全国《ぜんこく》の社研学生検挙《しゃけんがくせいけんきょ》・初《はつ》の治安維持法適用事件《ちあんいじほうてきようじけん》(京都学連事件《きょうとがくれんじけん》)。**1・20** 共《きょう》同印刷《どういんさつ》(株)従業員《じゅうぎょういん》二三〇〇人《にん》、会社規則作成《かいしゃきそくさくせい》および労働条件《ろうどうじょうけん》をめぐり、争議《そうぎ》に突入《とつにゅう》(日本労働《にほんろうどう》組合評議会指導《くみあいひょうぎかいしどう》・三月《がつ》一八日調停成立《にちちょうていせいりつ》)。安部磯雄《あべいそお》ら、独立労働協会結成《どくりつろうどうきょうかいけっせい》。**2・11** 建国会赤《けんこくかいあか》尾敏《おびん》ら、在郷軍人会《ざいごうぐんじんかい》などと第《だい》一回建国祭《かいけんこくさい》を挙行《きょこう》(東京府《とうきょうふ》の芝公園《しばこうえん》など三ヵ所《しょ》から宮城前《きゅうじょうまえ》まで約《やく》三万人《にん》がデモ行進《こうしん》)。**2・16** 政府《せいふ》、労働組合法案《ろうどうくみあいほうあん》を衆議院《しゅうぎいん》に提出《ていしゅつ》(審議未了《しんぎみりょう》で不成立《ふせいりつ》)。総《そう》

中華民国：中華民国 15

西暦	
年号・干支	
内閣	
記事	同盟製鋼労働組合《どうめいせいこうろうどうくみあい》、日本製鋼《にほんせいこう》と団体協約《だんたいきょうやく》を締結《ていやく》。 **2・―** 福本和夫《ふくもとかずお》、『マルクス主義《しゅぎ》』誌上《しじょう》「山川《やまかわ》氏《し》の方向転換論《ほうこうてんかんろん》の転換《てんかん》より始《はじ》めざるべからず」などで、山川均《やまかわひとし》を批判《ひはん》(この頃《ころ》より福本《ふくもと》イズム風《ふう》靡《び》)。 **4・9** 労働争議《ろうどうそうぎ》調停法《ちょうていほう》(公共企業《こうきょうきぎょう》などの労働争議《ろうどうそうぎ》の強制調停《きょうせいちょうてい》)・治安警察法改正《ちあんけいさつほうかいせい》(ストライキへの勧誘行為《かんゆうこうい》に対《たい》する処罰規定《しょばつきてい》である第《だい》一七条《じょう》・三〇条《じょう》の削除《さくじょ》)各公布《かくこうふ》(七月一日施行《がつついたちしこう》)。 **4・10** 暴力行為等処罰法公布《ぼうりょくこういとうしょばつほうこうふ》。 **4・20** 青年訓練所令公布《せいねんくんれんじょれいこうふ》(七月一日施行《がつついたちしこう》)。 **4・22** 小学校令改正公布《しょうがっこうれいかいせいこうふ》(日本歴史《にほんれきし》を国史《こくし》と改称《かいしょう》)。 **4・26** 浜松《はままつ》の日本楽器《にほんがっき》従業員《じゅうぎょういん》一二〇〇人余《にんよ》、「衛生設備《えいせいせつび》の完成《かんせい》」などの待遇改善要求《たいぐうかいぜんようきゅう》をめぐり争議《そうぎ》(評議会《ひょうぎかい》の支援《しえん》を受《う》けるも、八月《がつ》八日《か》、労働者側大敗北《ろうどうしゃがわだいはいぼく》で終結《しゅうけつ》)。 **5・1** 東京府美術館《とうきょうふびじゅつかん》(岡田信一郎設計《おかだしんいちろうせっけい》)開館《かいかん》。 **5・5** 新潟県木崎村《にいがたけんきざきむら》での四年来《ねんらい》の小作争議激化《こさくそうぎげきか》・立入禁止処分《たちいりきんししょぶん》に反対《はんたい》する農民《のうみん》、警官隊《けいかんたい》と衝突《しょうとつ》、二九人《にん》が検挙《けんきょ》(五月《がつ》一八日《にち》、争議参加者《そうぎさんかしゃ》の児童《じどう》、同盟休校《どうめいきゅうこう》・六月《がつ》一五日《にち》、無産農民学校設立《むさんのうみんがっこうせつりつ》)。 **5・13** 宗教制度調査会官制《しゅうきょうせいどちょうさかいかんせい》公布《こうふ》(神道《しんとう》・仏教各派《ぶっきょうかくは》から宗教法案反対運動《しゅうきょうほうあんはんたいうんどう》おこる)。 **5・23～** 北海道《ほっかいどう》の十勝岳噴火《とかちだけふんか》・土石流《どせきりゅう》発生《はっせい》、死者《ししゃ》一四四人《にん》。 **5・29** 岡田良平文相《おかだりょうへいぶんしょう》、高校《こうこう》・高専《こうせん》に対《たい》し、学生《がくせい》・生徒《せいと》の社会科学研究《しゃかいかがくけんきゅう》を禁止《きんし》する旨通達《むねつうたつ》。 **6・5** 東京帝大《とうきょうていだい》・早稲田大学《わせだだいがく》などで、岡田文相《おかだぶんしょう》に抗《こう》して学生自由擁護連盟《がくせいじゆうようごれんめい》結成《けっせい》される(六月《がつ》二八日《にち》、全日本学生自由擁護同盟結成《ぜんにほんがくせいじゆうようごどうめいけっせい》)。 **6・―** 渡辺世祐《わたなべよすけ》『関東中心足利時代之研究《かんとうちゅうしんあしかがじだいのけんきゅう》』刊《かん》。滝本誠一《たきもとせいいち》・向井鹿松《むかいしかまつ》編《へん》『日本産業資料大系《にほんさんぎょうしりょうたいけい》』刊《かん》(～昭和《しょうわ》二年《ねん》三月《がつ》)。 **7・18** 長野市《ながのし》で、県下警察署《けんかけいさつしょ》の統廃合《とうはいごう》に反対《はんたい》する県民《けんみん》、暴徒化《ぼうとか》して一万人《にん》の群衆《ぐんしゅう》が県庁《けんちょう》・県会議事堂《けんかいぎじどう》などを襲撃《しゅうげき》、八六二人検挙《にんけんきょ》される。 **8・1** 全日本無産青年同盟結成《ぜんにほんむさんせいねんどうめいけっせい》(第《だい》一回全国大会開催《かいぜんこくたいかいかいさい》)。 **8・6** 日本放送協会《にほんほうそうきょうかい》、東京《とうきょう》・大阪《おおさか》・名古屋《なごや》の三放送局合同《ほうそうきょくごうどう》により設立《せつりつ》(後《のち》のNHK)。同潤会《どうじゅんかい》、東京府向島《とうきょうふむこうじま》に初《はつ》の公営鉄筋《こうえいてっきん》アパート、中《なか》ノ郷《ごう》アパートを完成《かんせい》。 **8・20** 岩淵熊治郎《いわぶちくまじろう》、千葉県久賀村《ちばけんくがむら》で四人《にん》を殺傷《さっしょう》し山林《さんりん》へ逃亡《とうぼう》(九月《がつ》一一日《にち》、山狩《やまがり》の警官《けいかん》を殺害《さつがい》・九月《がつ》三〇日《にち》、自殺《じさつ》・鬼熊事件《おにくまじけん》)。 **8・29**
中華民国	

西暦	年号・干支	内閣
一九二六 ◀ ▶	大正一五 丙寅《ひのえとら》 昭和元 12・25	(第1次若槻礼次郎内閣)

記事

人見絹枝《ひとみきぬえ》、スウェーデン開催《かいさい》の第《だい》二回国際女子《かいこくさいじょし》陸上競技《りくじょうきょうぎ》大会《たいかい》で個人総合優勝《こじんそうごうゆうしょう》（走幅跳《はしりはばとび》五メートル五〇など世界新記録《せかいしんきろく》）。**10・9** 石川島造船《いしかわじまぞうせん》に、石川自彊組合《いしかわじきょうくみあい》結成《けっせい》される（日本主義労働運動《にほんしゅぎろうどううんどう》を展開《てんかい》）。**11・12** 松本治一郎《まつもとじいちろう》ら水平社幹部《すいへいしゃかんぶ》、福岡第《ふくおかだい》二四連隊差別反対闘争《れんたいさべつはんたいとうそう》に関《かか》わり、連隊爆破陰謀容疑《れんたいばくはいんぼうようぎ》で検挙《けんきょ》される。軍艦三笠《ぐんかんみかさ》、横須賀《よこすか》での保存工事完了《ほぞんこうじかんりょう》、記念式典《きねんしきてん》を挙行《きょこう》。**11・14** 日本《にほん》プロレタリア文芸連盟《ぶんげいれんめい》、日本《にほん》プロレタリア芸術連盟《げいじゅつれんめい》(プロ芸《げい》)に改称《かいしょう》。**11・―** 平泉澄《ひらいずみきよし》『中世《ちゅうせい》に於《お》ける社寺《しゃじ》と社会《しゃかい》との関係《かんけい》』刊《かん》。**12・4** 棚橋小虎《たなはしことら》ら総同盟中間派《そうどうめいちゅうかんは》、日本労働組合同盟《にほんろうどうくみあいどうめい》を結成《けっせい》(総同《そうどう》盟第《めいだい》二次分裂《じぶんれつ》)。**12・―** 改造社《かいぞうしゃ》、『現代日本文学全集《げんだいにほんぶんがくぜんしゅう》』を頒価《はんか》一円《えん》で発刊《はっかん》、円本時代《えんぽんじだい》の幕開《まくあ》け。農《のう》商務省《しょうむしょう》商務局《しょうむきょく》『本邦小作慣行《ほんぽうこさくかんこう》』発行《はっこう》。労働者社《ろうどうしゃしゃ》『労働者《ろうどうしゃ》』創刊《そうかん》。大日本帝国議会誌刊行会《だいにほんていこくぎかいしかんこうかい》『大《だい》日本帝国議会誌《にほんていこくぎかいし》』刊《かん》(～昭和《しょうわ》五年《ねん》一二月《がつ》)。**この年《とし》** 江崎政忠《えさきまさただ》・船越政一郎《ふなこしせいいちろう》『浪速叢書《なにわそうしょ》』刊《かん》(～昭和《しょうわ》五年《ねん》)。高野辰之《たかのたつゆき》『日本歌謡史《にほんかようし》』刊《かん》。育徳財団《いくとくざいだん》『尊経閣叢刊《そんけいかくそうかん》』刊《かん》(昭和《しょうわ》二七年《ねん》四月《がつ》を最後《さいご》に中絶《ちゅうぜつ》)。中田薫《なかだかおる》『法制史論集《ほうせいしろんしゅう》』刊《かん》(～昭和《しょうわ》三九年《ねん》)。本庄栄治郎《ほんじょうえいじろう》・土屋喬雄《つちやたかお》・中村直勝《なかむらなおかつ》・黒正巌《こくしょういわお》共編《きょうへん》『近《きん》世社会経済叢書《せいしゃかいけいざいそうしょ》』刊《かん》(～昭和《しょうわ》二年《ねん》)。

【死没】

1・1 菊池九郎《きくちくろう》(80、政治家《せいじか》)。**1・2** 村井吉兵衛《むらいきちべえ》(63、実業家《じつぎょうか》)。**1・10** 跡見花蹊《あとみかけい》(八七、跡見女学《あとみじょがっ》校《こう》)。**1・15** 小栗風葉《おぐりふうよう》(52、小説家《しょうせつか》)。**1・28** 加藤高明《かとうたかあき》(67、政治家《せいじか》)。三浦梧楼《みうらごろう》(81、政治家《せいじか》)。**1・29** 古今亭志《ここんていし》ん生《しょう》(四代《だい》)(50、落語家《らくごか》)。小沢武雄《おざわたけお》(83、陸軍軍人《りくぐんぐんじん》)。**2・1** 石橋忍月《いしばしにんげつ》(62、評論家《ひょうろんか》)。**2・5** 松本白華《まつもとはっか》(89、真宗僧侶《しんしゅうそうりょ》)。**2・10** 箭内亘《やないわたり》(52、東洋史学《とうようしがく》)。**2・14** 大木遠吉《おおきえんきち》(56、政治家《せいじか》)。**2・20** 内藤鳴雪《ないとうめいせつ》(80、俳人《はいじん》)。**3・6** 佐々木月樵《ささきげつしょう》(52、仏教学《ぶつきょうがく》)。**3・27** 島木赤彦《しまきあかひこ》(51、歌人《かじん》)。**4・7** 尾崎放哉《おざきほうさい》(42、俳人《はいじん》)。渡辺霞亭《わたなべかてい》(63、小説家《しょうせつか》)。穂積陳重《ほづみのぶしげ》(71、法学《ほうがく》)。**4・10** 大島義昌《おおしまよしまさ》(77、陸《りく》軍軍人《ぐんぐんじん》)。**4・15** 中浜哲《なかはまてつ》(30、詩人《しじん》)。**4・28** 川村景明《かわむらかげあき》(77、陸軍軍人《りくぐんぐんじん》)。**5・10** 斎藤宇一郎《さいとうういちろう》(61、代議《だいぎ》

中華民国
中華民国 15

西暦

年号・干支

内閣

記事

士《し》)。5・22 楯山登《たてやまのぼる》(51、箏曲家《そうきょくか》)。5・26 望月太左衛門《もちづきたざえもん》(八代《だい》)(36、歌舞伎囃子方《かぶきはやしかた》)。6・4 落合《おちあい》謙太郎《けんたろう》(57、外交官《がいこうかん》)。6・7 森川源三郎《もりかわげんざぶろう》(82、篤農家《とくのうか》)。7・17 宇田成一《うだせいいち》(77、自由民権家《じゆうみんけんか》)。8・30 名和靖《なわやすし》(70、昆虫研究家《こんちゅうけんきゅうか》)。9・9 吉田玉造《よしだたまぞう》(三代《だい》)(67、人形遣《にんぎょうつか》い)。9・10 目賀田種太郎《めがたたねたろう》(74、官僚《かんりょう》)。9・11 尾上松之助《おのうえまつのすけ》(52、映画俳優《えいがはいゆう》)。9・13 早速整爾《はやみせいじ》(59、政治家《せいじか》)。10・22 日置益《ひおきえき》(66、外《がい》交官《こうかん》)。10・23 伊庭貞剛《いばさだたけ》(80、実業家《じつぎょうか》)。11・4 森久保作蔵《もりくぼさくぞう》(72、政治家《せいじか》)。11・28 高平小五郎《たかひらこごろう》(73、外交官《がいこうかん》)。12・10 鈴木天眼《すずきてんがん》(60、新聞人《しんぶんじん》)。12・25 大正天皇《たいしょうてんのう》(48)。荘清次郎《しょうせいじろう》(65、実業家《じつぎょうか》)。

〖世界〗

1・4 中国国民党第《ちゅうごくこくみんとうだい》二期《き》全国代表大会《ぜんこくだいひょうたいかい》、広州《こうしゅう》で開催《かいさい》(～一月《がつ》一九日《にち》)・汪兆銘《おうちょうめい》・蔣介石《しょうかいせき》、実《じっ》権《けん》を掌握《しょうあく》し西山会議派《せいざんかいぎは》を除名《じょめい》。2・11 李完用没《りかんようぼつ》(69、朝鮮末期《ちょうせんまっき》の親日的政治家《しんにちてきせいじか》)。3・12 日本海《にほんかい》軍《ぐん》、大沽《タークー》を砲撃《ほうげき》、国民党軍《こくみんとうぐん》と交戦中《こうせんちゅう》の奉天軍《ほうてんぐん》を支援《しえん》。3・20 蔣介石《しょうかいせき》、広州《こうしゅう》を戒厳下《かいげんか》に置《お》き封《ふう》鎖《さ》、周恩来《しゅうおんらい》ら軍内部《ぐんないぶ》の共産党員《きょうさんとういん》の逮捕《たいほ》、中山艦《ちゅうざんかん》の占拠《せんきょ》などを断行《だんこう》(中山艦事件《ちゅうざんかんじけん》)。4・24 独《どく》ソ中立条約《ちゅうりつじょうやく》(ベルリン条約《じょうやく》)調印《ちょういん》。5・1 イギリスで、炭鉱《たんこう》ストライキ始《はじ》まる(五月《がつ》三日《か》、二〇〇万人以上《にんいじょう》の労組員《ろうそいん》によるゼネストに発展《はってん》・～五月《がつ》一二日《にち》)。5・12 ポーランドで、ピウスツキ元帥《げんすい》のクーデタ起《おこ》る(一四日《か》、ワルシャワ占領《せんりょう》)。6・10 京城《けいじょう》(現《げん》ソウル)で、独立万歳《どくりつばんざい》運動起《うんどうおこ》る。7・9 蔣介石《しょうかいせき》、国民革命軍総司令《こくみんかくめいぐんそうしれい》に就任《しゅうにん》、北伐《ほくばつ》を開始《かいし》。7・15 フランス、ブリアン内閣総辞職《ないかくそうじしょく》・「左翼連合《さよくれんごう》」内閣時代終焉《ないかくじだいしゅうえん》。7・28 フランス、ポワンカレ「国民連合《こくみんれんごう》」内閣成立《ないかくせいりつ》。9・5 イギリス軍艦《ぐんかん》、四川省万県砲撃《しせんしょうばんけんほうげき》(万県事件《ばんけんじけん》)。9・8 ドイツ、国際連盟《こくさいれんめい》に加入《かにゅう》、常任理《じょうにんり》事国《じこく》となる。10・19 イギリス帝国会議開催《ていこくかいぎかいさい》(～一一月《がつ》一八日《にち》)、本国《ほんごく》と自治領《じちりょう》との平等《びょうどう》および王《おう》への共通《きょうつう》の忠誠《ちゅうせい》を宣言《せんげん》。10・23 上海《シャンハイ》の労働者《ろうどうしゃ》、武装蜂起決行《ぶそうほうきけっこう》するも翌日失敗《よくじつしっぱい》。ソ連共産《れんきょうさん》党中央委員会《とうちゅうおういいんかい》、トロツキーらの政治局《せいじきょく》からの追放《ついほう》およびジノヴィエフのコミンテルン議長《ぎちょう》か

中華民国

西暦	年号・干支	内閣	記事	中華民国
一九二六 ▶	大正一五 丙寅《ひのえとら》 昭和 元 12・25	(第1次若槻礼次郎内閣)	らの解任《かいにん》を決定《けってい》(スターリンの独裁体制強《どくさいたいせいつよ》まる)。 **11・12** インドネシア共産党《きょうさんとう》、バタヴィアなどで武装蜂起《ぶそうほうき》(〜一九二七年《ねん》七月《がつ》)。 **11・27** イタリア・アルバニア、第《だい》一次《じ》チラナ条約調印《じょうやくちょういん》(現状《げんじょう》維持《いじ》および相互不干渉《そうごふかんしょう》を協定《きょうてい》)。 **12・1** 一六軍閥連合《ぐんばつれんごう》して天津《てんしん》で「安国軍《あんこくぐん》」結成《けっせい》。 **この年《とし》** グーチ・テンパリー編《へん》『British Documents on the Origins of the War』刊《かん》(〜一九三八年《ねん》)。	中華民国 15
一九二七 ◀	昭和 二 丁卯《ひのとのう》		**【政治・経済】** **1・20** 若槻礼次郎首相《わかつきれいじろうしゅしょう》、内閣不信任案《ないかくふしんにんあん》の提出《ていしゅつ》をうけ、政友会総裁田中義一《せいゆうかいそうさいたなかぎいち》・政友本党総裁床次《せいゆうほんとうそうさいとこなみ》竹二郎《たけじろう》と会談《かいだん》(三党首会談《とうしゅかいだん》)、「深甚《しんじん》なる考慮《こうりょ》」を約《やく》し政争中止《せいそうちゅうし》。 **1・21** 幣原喜重郎外相《しではらきじゅうろうがいしょう》、イギリス提案《ていあん》の上海防衛《シャンハイぼうえい》のための共同出兵案《きょうどうしゅっぺいあん》を拒否《きょひ》。 **2・7** 大正天皇大喪《たいしょうてんのうたいそう》・東京新宿御苑《とうきょうしんじゅくぎょえん》で挙行《きょこう》(大赦《たいしゃ》一三万人余《にんよ》、減刑《げんけい》四万人余《にんよ》)。 **2・25** 憲政会《けんせいかい》・政友本党《せいゆうほんとう》、憲本連盟《けんぽんれんめい》の覚書《おぼえがき》を交換《こうかん》(両《りょう》党《とう》の合同《ごうどう》を約《やく》す)。 **3・3** 衆《しゅう》・貴両院《きりょういん》の建議《けんぎ》にもとづき明治節制定《めいじせつせいてい》の詔書発布《しょうしょはっぷ》。 **3・14** 片岡《かたおか》直温蔵相《なおはるぞうしょう》、衆議院予算総会《しゅうぎいんよさんそうかい》で東京《とうきょう》の渡辺銀行破綻《わたなべぎんこうはたん》と発言《はつげん》(実際《じっさい》は決済終了《けっさいしゅうりょう》)・翌《よく》一五日《にち》、同《どう》銀行《ぎんこう》など休業《きゅうぎょう》(金融恐慌《きんゆうきょうこう》の勃発《ぼっぱつ》)。 **3・21** 日本銀行《にほんぎんこう》、市中銀行《しちゅうぎんこう》に非常貸出《ひじょうかしだし》を実施《じっし》(二三日《にち》までに六億円超《えんこ》える)。 **3・24** 南京《ナンキン》の日本領事館《にほんりょうじかん》、南京《ナンキン》に入城《にゅうじょう》した国民革命軍《こくみんかくめいぐん》に襲撃《しゅうげき》され、館《かん》員《いん》ら暴行《ぼうこう》をうける(南京事件《ナンキンじけん》)。 **3・30** 震災手形損失補償公債法《しんさいてがたそんしつほしょうこうさいほう》・震災手形善後処理法《しんさいてがたぜんごしょりほう》・銀行法《ぎんこうほう》各《かく》公布《こうふ》。 **4・1** 兵役法公布《へいえきほうこうふ》(徴兵令《ちょうへいれい》を廃《はい》し、軍縮《ぐんしゅく》に対応《たいおう》した制度改正《せいどかいせい》・一二月一日施行《がつついたちしこう》)。 **4・3** 湖北省漢口《こほくしょうかんこう》で、日本軍水兵《にほんぐんすいへい》と中国人群衆《ちゅうごくじんぐんしゅう》とが衝突《しょうとつ》、暴動化《ぼうどうか》し、群衆《ぐんしゅう》、日本租界《にほんそかい》を襲撃《しゅうげき》・日本陸戦隊《にほんりくせんたい》、租界防備《そかいぼうび》のため上陸《じょうりく》し、租界《そかい》を確保《かくほ》(漢口事件《かんこうじけん》)。 **4・4** ㈱鈴木商店《すずきしょうてん》、新規取引《しんきとりひき》の中止《ちゅうし》を発表《はっぴょう》(七月《がつ》三一日閉店《にちへいてん》)。 **4・17** 枢密院《すうみついん》、台湾銀行救済緊急勅令案《たいわんぎんこうきゅうさいきんきゅうちょくれいあん》を否決《ひけつ》・若槻内閣総辞職《わかつきないかくそうじしょく》。 **4・18** 台湾銀行《たいわんぎんこう》、在台湾支店《ざいたいわんしてん》を除《のぞ》き全支店休業《ぜんしてんきゅうぎょう》を発表《はっぴょう》、取付《とりつけ》、全国《ぜんこく》に波及《はきゅう》。 **4・**	16

西暦	
年号・干支	
内閣	田中義一《たなかぎいち》内閣 4・20
記事	20 田中義一政友会内閣成立《たなかぎいちせいゆうかいないかくせいりつ》(蔵相《ぞうしょう》に高橋是清《たかはしこれきよ》)。4・22 金銭債務《きんせんさいむ》の支払《しはらい》延期《えんき》及《および》手形等《てがたとう》の権利《けんり》保存行為《ほぞんこうい》の期間延長《きかんえんちょう》に関《かん》する件《けん》、緊急勅令《きんきゅうちょくれい》により公布《こうふ》し即日施行《そくじつしこう》(期間《きかん》三週間《しゅうかん》のモラトリアム)。4・25 全国《ぜんこく》の各銀行《かくぎんこう》、営業《えいぎょう》を再開《さいかい》。4・28 労働農民党《ろうどうのうみんとう》・労農党《ろうのうとう》など、対支非干渉同盟《たいしひかんしょうどうめい》準備会《じゅんびかい》を結成《けっせい》。5・1 八幡製鉄所《やはたせいてつじょ》および民間製鉄《みんかんせいてつ》一〇社《しゃ》、分野協定《ぶんやきょうてい》を実施《じっし》。5・3 金融恐慌対策《きんゆうきょうこうたいさく》のため、第《だい》五三臨時議会《りんじぎかい》召集《しょうしゅう》(五月《がつ》四日《か》開会《かいかい》、同《どう》八日《か》閉会《へいかい》)。5・7 衆議院《しゅうぎいん》、枢密院弾劾決議案《すうみついんだんがいけつぎあん》を可決《かけつ》。5・9 日本銀行特別融通《にほんぎんこうとくべつゆうずう》および損失補償法《そんしつほしょうほう》、台湾《たいわん》の金融機関《きんゆうきかん》に対《たい》する資金融通《しきんゆうずう》に関《かん》する件各公布《けんかくこうふ》。5・27 資源局官制公布《しげんきょくかんせいこうふ》(人的《じんてき》・物的資源《ぶってきしげん》の統制《とうせい》・運用計画《うんようけいかく》を管掌《かんしょう》)。5・28 田中義一内閣《たなかぎいちないかく》、北伐《ほくばつ》に対《たい》する居留民保護《きょりゅうみんほご》を名目《めいもく》として、山東出兵《さんとうしゅっぺい》を声明《せいめい》、関東軍《かんとうぐん》を派兵《はへい》(第一次《だいじ》山東出兵《さんとうしゅっぺい》)。5・31 対支非干渉運動全国同盟《たいしひかんしょううんどうぜんこくどうめい》第一回大会開催《かいたいかいかいさい》。6・1 憲政会《けんせいかい》・政友本党《せいゆうほんとう》、合同《ごうどう》して立憲民政党《りっけんみんせいとう》を結成《けっせい》(総裁浜口雄幸《そうさいはまぐちおさち》)。6・20 ジュネーブで、日米英《にちべいえい》三国《ごく》の海軍軍縮会議開催《かいぐんぐんしゅくかいぎかいさい》(仏伊《ふつい》は参加辞退《さんかじたい》・八月《がつ》四日《か》妥結《だけつ》に至《いた》らず)。6・27 外務省《がいむしょう》・陸軍省《りくぐんしょう》および関東軍《かんとうぐん》の首脳《しゅのう》ら、対華政策決定《たいかせいさくけってい》のため、東方会議《とうほうかいぎ》を開催《かいさい》(～七月《がつ》七日《か》)。7・7 東方会議《とうほうかいぎ》終了《しゅうりょう》し、田中義一兼任外相《たなかぎいちけんにんがいしょう》、対支政策綱領《たいしせいさくこうりょう》を発表《はっぴょう》(権益自衛方針《けんえきじえいほうしん》を声明《せいめい》)。7・15 コミンテルン日本問題特別委員会《にほんもんだいとくべついいんかい》(在《ざい》モスクワ)、「日本問題《にほんもんだい》に関《かん》する決議《けつぎ》」(二七年《ねん》テーゼ)を決定《けってい》。8・6 大蔵省《おおくらしょう》、銀行合同促進《ぎんこうごうどうそくしん》を各地方長官《かくちほうちょうかん》に通牒《つうちょう》(以後《いご》、銀行合同進行《ぎんこうごうどうしんこう》)。8・14 森恪外務政務次官《もりつとむがいむせいむじかん》、大連《だいれん》・旅順《りょじゅん》で関東軍《かんとうぐん》司令官《しれいかん》・奉天総領事《ほうてんそうりょうじ》・駐華公使《ちゅうかこうし》らと、満洲問題《まんしゅうもんだい》について協議《きょうぎ》(大連会議《だいれんかいぎ》)。8・30 政府《せいふ》、山東《さんとう》派遣軍《はけんぐん》の撤兵《てっぺい》を声明《せいめい》(九月《がつ》八日《か》撤兵完了《てっぺいかんりょう》)。10・3 米《べい》モルガン財団代表《ざいだんだいひょう》ラモント、来日《らいにち》し満鉄《まんてつ》外債《がいさい》について協議《きょうぎ》(一二月《がつ》三日《か》、ラモント、見送《みおく》り通告《つうこく》)。10・29 ㈱昭和銀行設立《しょうわぎんこうせつりつ》(休業《きゅうぎょう》した諸銀行《しょぎんこう》の業務継承《ぎょうむけいしょう》)。11・5 来日中《らいにちちゅう》の蔣介石《しょうかいせき》、田中首相《たなかしゅしょう》と会談《かいだん》し、国民政府《こくみんせいふ》の中国統一《ちゅうごくとういつ》に協力要請《きょうりょくようせい》。11・12 山本条太郎満鉄社長《やまもとじょうたろうまんてつしゃちょう》、張作霖《ちょうさくりん》から満蒙《まんもう》五鉄道建設《てつどうけんせつ》についての了解《りょうかい》を得《え》
中華民国	

西暦	年号・干支	内閣
一九二七 ◀▶	昭和 二 丁卯《ひのとのう》	(田中義一内閣)

記事

る。11・19 全国水平社員《ぜんこくすいへいしゃいん》北原泰作《きたはらたいさく》二等兵《にとうへい》、名古屋《なごや》での濃尾地方陸軍大演習観兵式《のうびちほうりくぐんだいえんしゅうかんぺいしき》で、軍隊内部《ぐんたいないぶ》での差別《さべつ》を天皇《てんのう》に直訴《じきそ》。12・1 共産党拡大中央委員会《きょうさんとうかくだいちゅうおういいんかい》、日光山中《にっこうさんちゅう》にて二七年《ねん》テーゼによる党《とう》建設《けんせつ》に関《かん》して討議《とうぎ》。12・24 第《だい》五四通常議会召集《つうじょうぎかいしょうしゅう》(一二月《がつ》二六日開会《にちかいかい》、昭和《しょうわ》三年《ねん》一月《がつ》二一日解散《にちかいさん》)。12・30 東京地下鉄道《とうきょうちかてつどう》(のちの帝都高速度交通営団《ていとこうそくどこうつうえいだん》)浅草《あさくさ》—上野間開業《うえのかんかいぎょう》(日本初《にほんはつ》の地下鉄《ちかてつ》・現在《げんざい》の銀座線《ぎんざせん》の一部《いちぶ》)。

【社会・文化】

1・1 安岡正篤《やすおかまさひろ》、金鶏学院《きんけいがくいん》を創立《そうりつ》(院長酒井忠正《いんちょうさかいただまさ》、学監安岡《がっかんやすおか》)。1・-〜2・- 健康保険料《けんこうほけんりょう》の経営《けいえい》側《がわ》の全額負担要求《ぜんがくふたんようきゅう》を掲《かか》げる争議続発《そうぎぞくはつ》。3・7 北丹後地方《きたたんごちほう》に大地震《おおじしん》(死者《ししゃ》三五八九人《にん》、全壊《ぜんかい》・全焼《ぜんしょう》家屋《かおく》六一五五戸《こ》・丹後地震《たんごじしん》)。3・27 女子学生社会科学連合会結成《じょしがくせいしゃかいかがくれんごうかいけっせい》。4・29 大日本連合女子青年《だいにほんれんごうじょしせいねん》団創立《だんそうりつ》(全国《ぜんこく》一五〇万人余《にんよ》の処女会《しょじょかい》を統一《とういつ》)。5・30 京都地方裁判所《きょうとちほうさいばんしょ》、学連事件《がくれんじけん》に有罪判決《ゆうざいはんけつ》(初《はつ》の治安維持法《ちあんいじほう》の適用《てきよう》)。6・18 日農第《にちのうだい》一回立入禁止反対《かいたちいりきんしはんたい》デー実施《じっし》。6・19 青野季吉《あおのすえきち》・蔵原惟人《くらはらこれひと》ら、労農芸術家同盟《ろうのうげいじゅつかどうめい》(労芸《ろうげい》)を結成《けっせい》。6・- 立憲民政党《りっけんみんせいとう》『民政《みんせい》』創刊《そうかん》。7・10 岩波文庫《いわなみぶんこ》、刊行開始《かんこうかいし》(夏目《なつめ》漱石《そうせき》『こゝろ』ほか二二点《てん》)。7・13 文芸家協会《ぶんげいかきょうかい》など三八団体《だんたい》、検閲制度改正期成同盟《けんえつせいどかいせいきせいどうめい》を結成《けっせい》。7・- 田尻佐編《たじりたすくへん》『贈位諸賢伝《ぞういしょけんでん》』刊《かん》。8・3 第《だい》一回全国都市対抗野球大会《かいぜんこくとしたいこうやきゅうたいかい》、神宮球場《じんぐうきゅうじょう》で開催《かいさい》。8・13 日本放送協会《にほんほうそうきょうかい》、甲子園《こうしえん》から第《だい》一三回全国中等野球大会《かいぜんこくちゅうとうやきゅうたいかい》をラジオ放送《ほうそう》(初《はつ》のスポーツ実況中継《じっきょうちゅうけい》)。9・1 内務省《ないむしょう》、出版物《しゅっぱんぶつ》の発禁該当部分《はっきんがいとうぶぶん》を削除《さくじょ》し出版社《しゅっぱんしゃ》に差戻《さしもど》す分割還付《ぶんかつかんぷ》を実施《じっし》。9・16 千葉県《ちばけん》の野田醤油会社従業員《のだしょうゆかいしゃじゅうぎょういん》、労働条件改善《ろうどうじょうけんかいぜん》を要求《ようきゅう》して争議《そうぎ》(野田醤油争議《のだしょうゆそうぎ》・〜昭和《しょうわ》三年《ねん》四月《がつ》二〇日《か》・戦前最長《せんぜんさいちょう》の争議《そうぎ》)。10・2 全国婦人同盟結成《ぜんこくふじんどうめいけっせい》。10・- 富山県《とやまけん》で電灯料値下《でんとうりょうねさ》げ運動《うんどう》起《おこ》る(昭和《しょうわ》五年《ねん》にかけて全国《ぜんこく》に波及《はきゅう》)。11・- 新村出監修《しんむらいずるかんしゅう》『海表叢書《かいひょうそうしょ》』刊《かん》(〜昭和《しょうわ》三年《ねん》一一月《がつ》)。12・- 肥前史談会《ひぜんしだんかい》『肥前史談《ひぜんしだん》』創刊《そうかん》(『肥前史談会講演集《ひぜんしだんかいこうえんしゅう》』改題《かいだい》)。山川均《やまかわひとし》ら『労農《ろうのう》』創刊《そうかん》。**この年《とし》**

中華民国
中華民国 16

西暦

年号・干支

内閣

記事

村上直次郎《むらかみなおじろう》ら『異国叢書《いこくそうしょ》』刊《かん》(～昭和《しょうわ》六年《ねん》)。石井研堂編《いしいけんどうへん》『異国漂流奇譚集《いこくひょうりゅうきたんしゅう》』成《な》る。日本史籍協《にほんしせききょう》会叢書本《かいそうしょぼん》『大久保利通日記《おおくぼとしみちにっき》』刊《かん》。大槻如電《おおつきじょでん》『新撰洋学年表《しんせんようがくねんぴょう》』刊《かん》。永浜宇平《ながはまうへい》・橋本伸治郎《はしもとしんじろう》・小室万吉《こむろまんきち》ら編《へん》『丹後史料叢書《たんごしりょうそうしょ》』刊《かん》。小野清《おのきよし》『徳川制度史料《とくがわせいどしりょう》』刊《かん》。関儀一郎編《せきぎいちろうへん》『日本儒林叢書《にほんじゅりんそうしょ》』刊《かん》(～昭和《しょうわ》一二年《ねん》)。大津淳一郎《おおつじゅんいちろう》『大日本憲政史《だいにほんけんせいし》』刊《かん》(～昭和《しょうわ》三年《ねん》)。日本史籍協会叢書本《にほんしせききょうかいそうしょぼん》『大久保利通文《おおくぼとしみちもん》書《じょ》』刊《かん》(～昭和《しょうわ》四年《ねん》)。池田四郎次郎《いけだしろうじろう》・浜野知三郎《はまのともさぶろう》・三村清三郎編《みむらせいざぶろうへん》『日本芸林叢書《にほんげいりんそうしょ》』刊《かん》(～昭和《しょうわ》四年《ねん》)。三田村鳶魚編校《みたむらえんぎょへんこう》『未刊随筆百種《みかんずいひつひゃくしゅ》』刊《かん》(～昭和《しょうわ》四年《ねん》)。幸田露伴《こうだろはん》・和田万吉監修《わだまんきちかんしゅう》『日本随筆全集《にほんずいひつぜんしゅう》』刊《かん》(～昭和《しょうわ》五年《ねん》)。明治文化研究会《めいじぶんかけんきゅうかい》『明治文化全集《めいじぶんかぜんしゅう》』初版刊《しょはんかん》(～昭和《しょうわ》五年《ねん》)。南部叢書刊行会編《なんぶそうしょかんこうかいへん》(太田孝太郎中心《おおたこうたろうちゅうしん》)『南部叢書《なんぶそうしょ》』刊《かん》(～昭和《しょうわ》六年《ねん》)。関根正直《せきねまさなお》・和田英松《わだひでまつ》・田辺勝哉監修《たなべかつやかんしゅう》『日本随筆《にほんずいひつ》大成《たいせい》』刊《かん》(～昭和《しょうわ》六年《ねん》)。物集高見編《もずめたかみへん》『皇学叢書《こうがくそうしょ》』刊《かん》(～昭和《しょうわ》六年《ねん》)。坂崎坦編集校訂《さかざきしずかへんしゅうこうてい》『日本画論《にほんがろん》大観《たいかん》』刊《かん》(～昭和《しょうわ》四年《ねん》)。

【死没】

1・6 六郷新三郎《ろくごうしんざぶろう》(六代《だい》)(69、歌舞伎囃子方《かぶきはやしかた》)。**1・10** 大沢謙二《おおさわけんじ》(76、生理学《せいりがく》)。**2・6** 芳賀矢一《はがやいち》(61、国文学《こくぶんがく》)。神尾光臣《かみおみつおみ》(73、陸軍軍人《りくぐんぐんじん》)。**2・18** 根津一《ねづはじめ》(68、陸軍軍人《りくぐんぐんじん》)。**2・23** 野田卯太郎《のだうたろう》(75、政治家《せいじか》)。**2・28** 木村熊二《きむらくまじ》(83、牧師《ぼくし》)。**3・1** 中村是公《なかむらこれきみ》(61、満鉄総裁《まんてつそうさい》)。**3・3** 富田甚平《とみたじんぺい》(80、農事改良《のうじかいりょう》家《か》)。**3・7** 大村西崖《おおむらせいがい》(60、東洋美術史《とうようびじゅつし》)。**3・12** 新海竹太郎《しんかいたけたろう》(60、彫刻家《ちょうこくか》)。**3・26** 三ヶ島葭子《みがしまよしこ》(42、歌人《かじん》)。**4・6** 志賀重昂《しがしげたか》(65、政治家《せいじか》)。**4・13** 片岡直輝《かたおかなおてる》(72、実業家《じつぎょうか》)。**4・27** 浅田信興《あさだのぶおき》(77、陸軍軍人《りくぐんぐんじん》)。**5・1** 万鉄五郎《よろずてつごろう》(43、洋画家《ようがか》)。**5・2** 福田英子《ふくだひでこ》(63、社会運動家《しゃかいうんどうか》)。**5・3** 三輪田真《みわたま》佐子《さこ》(85、教育者《きょういくしゃ》)。**5・19** 望月小太郎《もちづきこたろう》(63、政治家《せいじか》)。**5・28** 並河靖之《なみかわやすゆき》(83、七宝作家《しっぽうさっか》)。**7・5** 高《たか》田慎吾《だしんご》(48、児童福祉研究《じどうふくしけんきゅう》)。**7・24** 芥川竜之介《あくたがわりゅうのすけ》(36、作家《さっか》)。**7・30** 村井弦斎《むらいげんさい》(65、新聞記者《しんぶんきしゃ》)。野常右衛門《のつねえもん》(69、政治家《せいじか》)。**8・11** 古泉千樫《こいずみちかし》(42、歌人《かじん》)。左右田喜一郎《そうだきいちろう》(47、経済学《けいざいがく》)。**9・2** 梅ヶ《うめが》

中華民国

西暦　▶一九二七

年号・干支　昭和　二　丁卯《ひのとのう》

内閣　(田中義一内閣)

記事

谷藤太郎《たにとうたろう》(二代《だい》)(50、横綱《よこづな》)。**9・10** 伊藤大八《いとうだいはち》(70、政治家《せいじか》)。**9・13** 横井時雄《よこいときお》(71、牧師《ぼくし》)。**9・18** 徳《とく》冨蘆花《とみろか》(60、小説家《しょうせつか》)。**9・24** 山県伊三郎《やまがたいさぶろう》(71、政治家《せいじか》)。**10・13** 楠瀬幸彦《くすのせさちひこ》(70、陸軍軍人《りくぐんぐんじん》)。**10・24** 有《あり》松英義《まつひでよし》(65、官僚《かんりょう》)。**10・26** 八木重吉《やぎじゅうきち》(30、詩人《しじん》)。**11・1** 横井時敬《よこいときよし》(68、農学《のうがく》)。**11・9** 南条文雄《なんじょうぶんゆう》(79、仏教学《ぶっきょうがく》)。**11・15** 中村雀右衛門《なかむらじゃくえもん》(三代《だい》)(53、歌舞伎役者《かぶきやくしゃ》)。村上格一《むらかみかくいち》(66、海軍軍人《かいぐんぐんじん》)。**11・17** ヨッフェ(44、外交官《がいこうかん》)。**12・1** 林田亀太郎《はやしだかめたろう》(65、政治家《せいじか》)。**12・9** 戸張孤雁《とばりこがん》(46、版画家《はんがか》)。堀江帰一《ほりえきいち》(52、金融論《きんゆうろん》)。**12・23** 野村素介《のむらもとすけ》(86、官僚《かんりょう》)。**12・24** 沢柳政太郎《さわやなぎまさたろう》(63、教育学《きょういくがく》)。**この年** 岸本《きしもと》五兵衛《ごへえ》(初代《しょだい》)(91、海運業者《かいうんぎょうしゃ》)。

【世界】

1・1 国民政府《こくみんせいふ》、武漢《ぶかん》に移転《いてん》。**2・15** 京城《けいじょう》(現《げん》ソウル)で、民族運動組織《みんぞくうんどうそしき》の新幹会結成《しんかんかいけっせい》。**3・12** 毛沢東《もうたくとう》、「湖南農民運動調査報告《こなんのうみんうんどうちょうさほうこく》」を公表《こうひょう》。**3・13** ラグーザ没《ぼつ》(86、イタリアの彫刻家《ちょうこくか》)。**3・21** 康有為《こうゆうい》没《ぼつ》(70、清末《しんまつ》の変法運動《へんぽううんどう》の指導者《しどうしゃ》)。**3・24** 国民革命軍《こくみんかくめいぐん》、南京入城《ナンキンにゅうじょう》に際《さい》し外国人《がいこくじん》および領事館《りょうじかん》を襲撃《しゅうげき》し暴行《ぼうこう》・略奪《りゃくだつ》、死傷者《ししょうしゃ》を出《だ》す・イギリス・アメリカ両軍艦《りょうぐんかん》、これに報復《ほうふく》して南京《ナンキン》城内《じょうない》を砲撃《ほうげき》(南京事件《ナンキンじけん》)。**4・12** 蔣介石《しょうかいせき》、上海《シャンハイ》で反共《はんきょう》クーデタ(上海総工会《シャンハイそうこうかい》の多数《たすう》を殺害《さつがい》・逮捕《たいほ》)。**4・15** 武漢国民政府《ぶかんこくみんせいふ》、蔣介石《しょうかいせき》を国民革命軍総司令《こくみんかくめいぐんそうしれい》から罷免《ひめん》、党《とう》から除籍《じょせき》し逮捕令《たいほれい》発令《はつれい》。**4・18** 蔣介石《しょうかいせき》、南京国民政府《ナンキンこくみんせいふ》を樹立《じゅりつ》。**4・27** 中国共産党《ちゅうごくきょうさんとう》、武漢《ぶかん》で第《だい》五回《かい》全国大会《ぜんこくたいかい》を開催《かいさい》(〜五月《がつ》六日《か》)。**6・2** 王国維《おうこくい》没《ぼつ》(51、清末《しんまつ》・中華民国《ちゅうかみんこく》の歴史学者《れきしがくしゃ》)。**7・4** スカルノら、インドネシア国民《こくみん》同盟《どうめい》を結成《けっせい》。**7・15** 武漢政府《ぶかんせいふ》および中国共産党《ちゅうごくきょうさんとう》、分離《ぶんり》を決定《けってい》し第《だい》一次《じ》国共合作崩壊《こっきょうがっさくほうかい》。**8・1** 中国共産党軍《ちゅうごくきょうさんとうぐん》、南昌《なんしょう》で蜂起《ほうき》し革命委員会《かくめいいいんかい》を組織《そしき》。**8・7** 中国共産党中央委員会《ちゅうごくきょうさんとうちゅうおういいんかい》、緊急会議《きんきゅうかいぎ》を開催《かいさい》し、陳独秀《ちんどくしゅう》の罷免《ひめん》・秋《あき》の収穫期《しゅうかくき》の農民武装蜂起《のうみんぶそうほうき》(土地革命《とちかくめい》)などを決議《けつぎ》。**10・10** ビゴー没《ぼつ》(67、フランスの画家《がか》)。**10・30** 広東省海豊県《カントンしょうかいほうけん》・陸豊県《りくほうけん》の農民《のうみん》、中国共産党《ちゅうごくきょうさんとう》の指導《しどう》で武装蜂《ぶそうほう》

中華民国　中華民国 **16**

西暦 ◀一九二八

年号・干支 三 戊辰《つちのえたつ》

内閣

記事

起《き》。**10・1** 毛沢東《もうたくとう》、江西《こうせい》・湖南省境《こなんしょうきょう》の井岡山《せいこうざん》に革命根拠地《かくめいこんきょち》を設立《せつりつ》。メキシコ、反革命教会勢《はんかくめいきょうかいせい》力《りょく》の反乱勃発《はんらんぼっぱつ》(クリステーロの反乱《はんらん》)。**11・6** 呉昌碩没《ごしょうせきぼつ》(84、清末《しんまつ》の文人《ぶんじん》)。**11・8** イギリス、サイモン委員会《いいんかい》を組織《そしき》(インド統治法改定《とうちほうかいてい》のため)。**11・12** ソ連共産党中央委員会《れんきょうさんとうちゅうおういいんかい》、トロツキーおよびジノヴィエフの除名《じょめい》を決定《けってい》。**11・30** 国際連盟軍縮準備委員会開催《こくさいれんめいぐんしゅくじゅんびいいんかいかいさい》(~一二月三日《がつか》)・ソ連代表《れんだいひょう》リトヴィノフ外相《がいしょう》、即時完全軍縮《そくじかんぜんぐんしゅく》を提案《ていあん》、反対《はんたい》される。**12・2** 第《だい》一五回全《かいぜん》ソ連邦共《れんぽうきょう》産党大会開催《さんとうたいかいかいさい》(~一九日《にち》)・第《だい》一次《じ》五ヵ年計画《ねんけいかく》などに関《かん》し承認《しょうにん》。**12・11** 中国共産党《ちゅうごくきょうさんとう》、広州《こうしゅう》で武装蜂起《ぶそうほうき》、広州《こうしゅう》コミューンを樹立《じゅりつ》(~一三日《にち》)・南京国民政府《ナンキンこくみんせいふ》の攻撃《こうげき》により潰滅《かいめつ》。**12・15** 国民《こくみん》政府《せいふ》、ソ連《れん》と国交《こっこう》を断絶《だんぜつ》。**この年**《とし》 ハイゼンベルク、不確定性原理《ふかくていせいげんり》を提唱《ていしょう》(量子力学成立《りょうしりきがくせいりつ》する)。マルティン=ハイデッガー『存在《そんざい》と時間《じかん》』刊行《かんこう》。ニカラグアのサンディーノ将軍《しょうぐん》、アメリカ軍《ぐん》の干渉《かんしょう》に対《たい》する武力闘争《ぶりょくとうそう》を展開《てんかい》。ナウマン没《ぼつ》(73、ドイツ人地質学者《じんちしつがくしゃ》)。

【政治・経済】

1・21 衆議院《しゅうぎいん》、民政党《みんせいとう》の内閣不信任案上程《ないかくふしんにんあんじょうてい》に先立《さきだ》ち解散《かいさん》。**1・23** 日《にっ》ソ漁業条約《ぎょぎょうじょうやく》、モスクワで調印《ちょういん》。**1・27** 民政党系貴族院議員《みんせいとうけいきぞくいんぎいん》ら、選挙革正会《せんきょかくせいかい》を結成《けっせい》(政府《せいふ》による選挙干渉《せんきょかんしょう》を監視《かんし》)。**2・7** 労働農民《ろうどうのうみん》・日本労農《にほんろうのう》・社会民衆《しゃかいみんしゅう》の三党《とう》、政府《せいふ》の選挙干渉《せんきょかんしょう》に対《たい》し共同抗議《きょうどうこうぎ》。**2・14** 香川県《かがわけん》で、労働農民党候補《ろうどうのうみんとうこうほ》大山郁夫《おおやまいくお》の選挙運動《せんきょうんどう》に対《たい》し大弾圧展開《だいだんあつてんかい》。**2・19** 鈴木喜三郎内相《すずききさぶろうないしょう》、議会中心主《ぎかいちゅうしんしゅ》義《ぎ》の否認《ひにん》を声明《せいめい》。**2・20** 第《だい》一六回総選挙《かいそうせんきょ》(初《はつ》の普通選挙《ふつうせんきょ》)・政友会《せいゆうかい》かろうじて第《だい》一党《とう》(政友《せいゆう》二一七、民政《みんせい》二一六、無産政党諸派《むさんせいとうしょは》八、実業同志会《じつぎょうどうしかい》四、革新《かくしん》三中立《ちゅうりつ》その他《た》一八)。**2・1** 共産党《きょうさんとう》、山川《やまかわ》均《ひとし》・荒畑寒村《あらはたかんそん》ら労農派《ろうのうは》を除籍処分《じょせきしょぶん》。**3・15** 共産党員《きょうさんとういん》とその同調者《どうちょうしゃ》の全国的大検挙《ぜんこくてきだいけんきょ》・治安維持《ちあんいじ》法違反容疑《ほういはんようぎ》により、検挙《けんきょ》一五六八人《にん》・起訴《きそ》四八三人《にん》(三・一五事件《じけん》・四月《がつ》一〇日《か》、事件記事解禁《じけんきじかいきん》)。

中華民国 17

西暦	年号・干支	内閣
一九二八 ◀▶	昭和三 戊辰《つちのえたつ》	(田中義一内閣)

記事

4・10 日本商工会議所設立《にほんしょうこうかいぎしょせつりつ》。労働農民党《ろうどうのうみんとう》・日本労働組合評議会《にほんろうどうくみあいひょうぎかい》・全日本無産青年同盟《ぜんにほんむさんせいねんどうめい》に解散命令《かいさんめいれい》。4・19 田中内閣《たなかないかく》の閣議《かくぎ》、第《だい》二次山東出兵《じさんとうしゅっぺい》を決議《けつぎ》し、第《だい》六師団《しだん》を派兵《はへい》。4・20 第《だい》五五特別議会召集《とくべつぎかいしょうしゅう》(四月《がつ》二三日開会《にちかいかい》、五月《がつ》六日閉会《かへいかい》)。日本《にほん》、第《だい》二次山東出兵《じさんとうしゅっぺい》を声明《せいめい》。4・28 衆議院《しゅうぎいん》、鈴木喜三郎内相弾劾決議案《すずききさぶろうないしょうだんがいけつぎあん》を上程《じょうてい》するも、三日間《かかん》の停会命令《ていかいめいれい》(五月《がつ》三日内相辞任《かないしょうじにん》)。5・3 日本軍《にほんぐん》、山東省済南《さんとうしょうさいなん》で国民政府軍《こくみんせいふぐん》と軍事衝突《ぐんじしょうとつ》(済南事件《さいなんじけん》)。5・8 政府《せいふ》、山東派遣軍《さんとうはけんぐん》に第《だい》三師団《しだん》を増派《ぞうは》(第《だい》二次山東出兵《じさんとうしゅっぺい》)。5・11 日本軍《にほんぐん》、済南《さいなん》を占領《せんりょう》。5・18 政府《せいふ》、南京《ナンキン》・北京《ペキン》両政府《りょうせいふ》に対《たい》し、満洲《まんしゅう》へ戦乱波及《せんらんはきゅう》の場合《ばあい》の日本《にほん》の治安維持介入《ちあんいじかいにゅう》につき通告《つうこく》・駐華公使芳沢謙吉《ちゅうかこうしよしざわけんきち》、張作霖《ちょうさくりん》に対《たい》し満洲《まんしゅう》への帰還《きかん》を勧告《かんこく》。6・4 張作霖《ちょうさくりん》、奉天《ほうてん》へ引揚《ひきあ》げの途上《とじょう》、関東軍参謀河本大作《かんとうぐんさんぼうこうもとだいさく》らの謀略《ぼうりゃく》により、搭乗《とうじょう》の列車《れっしゃ》を爆破《ばくは》され死亡《しぼう》(張作霖爆殺事件《ちょうさくりんばくさつじけん》)。6・29 第《だい》五五議会《ぎかい》で審議未了《しんぎみりょう》の治安維持法改正案《ちあんいじほうかいせいあん》、緊急勅令《きんきゅうちょくれい》により公布《こうふ》・即日施行《そくじつしこう》(最高刑《さいこうけい》に死刑《しけい》・無期刑《むきけい》を追加《ついか》)。6・30 大阪《おおさか》で、軍官民合同《ぐんかんみんごうどう》による初《はつ》の防空演習実施《ぼうくうえんしゅうじっし》。7・1 内務省保安課《ないむしょうほあんか》を拡充強化《かくじゅうきょうか》。7・3 特別高等警察課《とくべつこうとうけいさつか》、未設置《みせっち》の全県《ぜんけん》への設置《せっち》を公布《こうふ》。7・19 国民政府《こくみんせいふ》、日華通商条約破棄《にっかつうしょうじょうやくはき》を通告《つうこく》。林久治郎奉天総領事《はやしきゅうじろうほうてんそうりょうじ》、張学良《ちょうがくりょう》に対《たい》し東《とう》三省《しょう》においての青天白日旗掲揚《せいてんはくじつきけいよう》に反対《はんたい》の旨《むね》を通告《つうこく》。7・22 無産大衆党結成《むさんたいしゅうとうけっせい》(書記長鈴木茂三郎《しょきちょうすずきもさぶろう》・九月《がつ》八日《か》、地方《ちほう》の同系統政党《どうけいとうせいとう》と合同《ごうどう》)。8・1 民政党顧問床次竹二郎《みんせいとうこもんとこなみたけじろう》ら、脱党《だっとう》し新党樹立《しんとうじゅりつ》を声明《せいめい》(八月《がつ》九日《か》、新党倶楽部《しんとうクラブ》を結成《けっせい》)。8・11 東京市会《とうきょうしかい》、魚河岸移転《うおがしいてん》による板舟権賠償問題《いたぶねけんばいしょうもんだい》に関《かん》する疑獄事件発覚《ぎごくじけんはっかく》(以後《いご》、京成電車乗《けいせいでんしゃの》り入《い》れに関《かん》する疑獄《ぎごく》など続発《ぞくはつ》)。8・27 パリ不戦条約調印《ふせんじょうやくちょういん》(一五ヵ国参加《こくさんか》・国策手段《こくさくしゅだん》としての戦争放棄《せんそうほうき》を決議《けつぎ》・国内《こくない》で「人民《じんみん》の名《な》に於《お》いて」の語句《ごく》、政治問題化《せいじもんだいか》)。10・1 陪審法施行《ばいしんほうしこう》(翌年《よくねん》から司法記念日《しほうきねんび》となる)。10・6 共産党書記長渡辺政之輔《きょうさんとうしょきちょうわたなべまさのすけ》、台湾基隆《たいわんキールン》で警官《けいかん》に怪《あや》しまれ、警官《けいかん》を射殺《しゃさつ》した後自殺《のちじさつ》。10・12 東京松竹楽劇部創立《とうきょうしょうちくがくげきぶそうりつ》(水《みず》の江滝子《えたきこ》ら入部《にゅうぶ》)。10・23 大分地裁《おおいたちさい》で、初《はつ》の陪審裁判開廷《ばいしんさいばんかいてい》。10・

中華民国 中華民国 17

西暦	
年号・干支	
内閣	
記事	25 日本商工会議所《にほんしょうこうかいぎしょ》、金解禁断行《きんかいきんだんこう》についての建議《けんぎ》を決議《けつぎ》。11・10 天皇《てんのう》、京都御所紫宸殿《きょうとごしょししんでん》で即位《そくい》の礼《れい》を挙行《きょこう》。即位《そくい》に際《さい》し特赦《とくしゃ》の詔書《しょうしょ》出《だ》される。11・28 高柳健次郎《たかやなぎけんじろう》、電機学校《でんきがっこう》でブラウン管受《かんじゅ》像方式《ぞうほうしき》によるテレビジョンの公開実験《こうかいじっけん》。12・20 日本大衆党《にほんたいしゅうとう》、日本労農党《にほんろうのうとう》など中間派《ちゅうかんは》五党《とう》の合《ごう》同《どう》により結成《けっせい》（書記長平野力三《しょきちょうひらのりきぞう》、委員長高野岩三郎《いいんちょうたかのいわさぶろう》）。12・21 内務省《ないむしょう》、疑獄事件《ぎごくじけん》による東京《とうきょう》市会議員多数拘留《しかいぎいんたすうこうりゅう》のため、東京市会《とうきょうしかい》に対《たい》し解散命令《かいさんめいれい》。12・22 新労働農民党結成大会挙行《しんろうどうのうみんとうけっせいたいかいきょこう》（二四日《か》、解散命令《かいさんめいれい》、二八日《にち》、合法政党《ごうほうせいとう》を放棄《ほうき》し、政治的自由獲得労農同盟準備会創立宣言《せいじてきじゆうかくとくろうのうどうめいじゅんびかいそうりつせんげん》）。12・24 第《だい》五六通常議会召集《つうじょうぎかいしょうしゅう》（一二月《がつ》二六日開会《にちかいかい》、昭和《しょうわ》四年《ねん》三月《がつ》二五日閉会《にちへいかい》）。12・29 台湾《たいわん》・明治《めいじ》・大《だい》日本《にほん》など製糖事業者《せいとうじぎょうしゃ》六社《しゃ》、砂糖供給組合《さとうきょうきゅうくみあい》を結成《けっせい》（国内販売《こくないはんばい》カルテル）。 【社会・文化】 1・12 大相撲《おおずもう》のラジオ実況放送開始《じっきょうほうそうかいし》。1・― 前衛芸術家同盟《ぜんえいげいじゅつかどうめい》『前衛《ぜんえい》』創刊《そうかん》。2・1 日本共産党《にほんきょうさんとう》『赤旗《あかはた》』創刊《そうかん》。3・25 全日本無産者芸術連盟《ぜんにほんむさんしゃげいじゅつれんめい》（ナップ）結成《けっせい》（一二月《がつ》二五日《にち》、全日本無産者芸術団《ぜんにほんむさんしゃげいじゅつだん》体協議会《たいきょうぎかい》（ナップ）に改組《かいそ》）。4・3 天理研究会《てんりけんきゅうかい》ほんみち教祖大西愛治郎《きょうそおおにしあいじろう》ら三八五人《にん》、不敬事《ふけいじ》件《けん》により検挙《けんきょ》。4・7 解放運動犠牲者救援会創立《かいほううんどうぎせいしゃきゅうえんかいそうりつ》。4・17 東京帝大《とうきょうていだい》、新人会《しんじんかい》に解散命令《かいさんめいれい》（翌日《よくじつ》の京都《きょうと》をはじめ、各帝大《かくていだい》の社研《しゃけん》に解散命令《かいさんめいれい》）。文部省《もんぶしょう》、学生《がくせい》・生徒《せいと》の思想傾向《しそうけいこう》の匡正《きょうせい》および国民精神作興《こくみんせいしんさっこう》を訓令《くんれい》。4・18 河上肇《かわかみはじめ》京都帝大《きょうとていだい》教授《きょうじゅ》、左翼学生運動《さよくがくせいうんどう》との関《かか》わりから辞職勧告《じしょくかんこく》をうけ、依願免官《いがんめんかん》（四月《がつ》二三日東京帝大大森義太郎《にちとうきょうていだいおおもりよしたろう》、四月《がつ》二四日九州帝大向坂逸郎《かきゅうしゅうていだいさきさかいつろう》ら、相《あい》つぎ大学《だいがく》を追《お》われる）。4・21 ナップ所属《しょぞく》の東京左翼劇場《とうきょうさよくげきじょう》、第《だい》一回公演《かいこうえん》（「進水式《しんすいしき》」村山知義作《むらやまともよしさく》）を築地小劇場《つきじしょうげきじょう》で上演《じょうえん》（～二四日《か》）。5・4 関東学生自由擁護同盟《かんとうがくせいじゆうようごどうめい》、第《だい》一回学生自治協議会《かいがくせいじちきょうぎかい》を開《かい》催《さい》（この頃《ころ》から昭和《しょうわ》六年頃《ねんごろ》にかけて、大学《だいがく》・高専《こうせん》などで学生運動激化《がくせいうんどうげきか》）。5・27 全国農民組合《ぜんこくのうみんくみあい》（全《ぜん》農《のう》）、日本農民組合《にほんのうみんくみあい》・全日本農民組合《ぜんにほんのうみんくみあい》の合同《ごうどう》により創立《そうりつ》。5・― 全日本無産者芸術連盟《せんにほんむさんしゃげいじゅつれんめい》『戦旗《せんき》』創《そう》
中華民国	

西暦	年号・干支	内閣
一九二八 ◀ ▶	昭和 三 戊辰《つちのえたつ》	(田中義一内閣)

記事

刊《かん》。長崎史談会編《ながさきしだんかいへん》『長崎談叢《ながさきだんそう》』創刊《そうかん》。**6・8** 日本海員組合《にほんかいいんくみあい》、初《はじ》めて産業別最低賃金制《さんぎょうべつさいていちんぎんせい》を獲得《かくとく》。**7・24** 司法省《しほうしょう》、思想係検事《しそうがかりけんじ》を設置《せっち》。**7・28** 第《だい》九回《かい》オリンピック・アムステルダム大会開催《たいかいかいさい》・日本《にほん》選手《せんしゅ》四三人出場《にんしゅつじょう》し、織田幹雄《おだみきお》・鶴田義行《つるたよしゆき》が日本選手初《にほんせんしゅはつ》の金《きん》メダル、人見絹枝《ひとみきぬえ》が女子《じょし》で最初《さいしょ》の銀《ぎん》メダルを獲得《かくとく》。**8・1** 文部省《もんぶしょう》、第《だい》一回思想問題講習会《かいしそうもんだいこうしゅうかい》を高等学校職員《こうとうがっこうしょくいん》らを対象《たいしょう》に開催《かいさい》。**9・15** 全国借家人組合総連盟《ぜんこくしゃくやにんくみあいそうれんめい》、創立大会挙行《そうりつたいかいきょこう》するも、警察《けいさつ》の中止命令《ちゅうしめいれい》により解散《かいさん》。**10・1** 新興《しんこう》科学社《かがくしゃ》『新興科学《しんこうかがく》の旗《はた》のもとに』創刊《そうかん》。北昤吉主宰《きたれいきちしゅさい》『祖国《そこく》』創刊《そうかん》。**10・30** 文部省《もんぶしょう》、思想問題《しそうもんだい》への対応《たいおう》として学生課《がくせいか》を設置《せっち》、官立大学《かんりつだいがく》・高専《こうせん》に学生《がくせい》(生徒《せいと》)主事《しゅじ》を設置《せっち》(昭和《しょうわ》五年《ねん》一〇月《がつ》一一日《にち》、公《こう》立校《りつこう》にも設置《せっち》)。**10・-** 秋田雨雀《あきたうじゃく》ら、国際文化研究所《こくさいぶんかけんきゅうじょ》を設立《せつりつ》。立教大学史学会《りつきょうだいがくしがくかい》『史苑《しえん》』創刊《そうかん》。**11・1** ラジオ体操《たいそう》、放送開始《ほうそうかいし》。**11・10** 警視庁《けいしちょう》、ダンスホール取締令《とりしまりれい》を実施《じっし》(一八歳未満男女《さいみまんだんじょ》の入《にゅう》場禁止《じょうきんし》)。**12・5** 労働立法促進委員会《ろうどうりっぽうそくしんいいんかい》、国際労働機構《こくさいろうどうきこう》(ＩＬＯ)事務局《じむきょく》長アルベール＝トーマの来日《らいにち》を機《き》に、総同盟《そうどうめい》・海員組合《かいいんくみあい》などの右派《うは》五組合《くみあい》により結成《けっせい》。日本労働組合全国協議会《にほんろうどうくみあいぜんこくきょうぎかい》『労《ろう》働新聞《どうしんぶん》』創刊《そうかん》。**12・25** 日本労働組合全国協議会《にほんろうどうくみあいぜんこくきょうぎかい》、第《だい》一回全国会議《かいぜんこくかいぎ》を開催《かいさい》。**12・-** 東郷吉太郎編《とうごうよしたろうへん》『薩藩海軍史《さつぱんかいぐんし》』刊《かん》(〜昭和《しょうわ》四年《ねん》五月《がつ》)。**この年《とし》** 秋田叢書刊行会《あきたそうしょかんこうかい》『秋田叢書《あきたそうしょ》』刊《かん》(〜昭和《しょうわ》一〇年《ねん》)。高《たか》野辰之編《のたつゆきへん》『日本歌謡集成《にほんかようしゅうせい》』刊《かん》(〜昭和《しょうわ》四年《ねん》)。滝本誠一編《たきもとせいいちへん》『日本経済大典《にほんけいざいたいてん》』刊《かん》(〜昭和《しょうわ》五年《ねん》)。吉《よし》川半七編《かわはんしちへん》、桜井庄吉編《さくらいしょうきちへん》『日本図会全集《にほんずえぜんしゅう》』刊《かん》(〜昭和《しょうわ》四年《ねん》)。日本史籍協会《にほんしせききょうかい》『藩制一覧《はんせいいちらん》』刊《かん》(〜昭《しょう》和四年《わねん》)。

【死没】

1・2 阿部亀治《あべかめじ》(61、精農家《せいのうか》)。**1・10** 押川方義《おしかわまさよし》(78、実業家《じつぎょうか》)。**1・26** 大岡育造《おおおかいくぞう》(73、政治家《せいじか》)。**1・28** 坂口昂《さかぐちたかし》(57、歴史家《れきしか》)。**2・6** 都太夫一中《みやこだゆういっちゅう》(一〇代《だい》)(61、浄瑠璃家元《じょうるりいえもと》)。**2・7** 九条武子《くじょうたけこ》(42、歌人《かじん》)。**2・10** 和田久太郎《わだきゅうたろう》(36、社会運動家《しゃかいうんどうか》)。**2・17** 大槻文彦《おおつきふみひこ》(82、国語学《こくごがく》)。**3・5** 片上伸《かたがみのぶる》(45、

中華民国	
中華民国 17	

西暦

年号・干支

内閣

記事

評論家《ひょうろんか》)。**3・10** 鳥居素川《とりいそせん》(62、新聞人《しんぶんじん》)。**3・16** 大矢透《おおやとおる》(79、国語学《こくごがく》)。**3・19** 岩下清周《いわしたせいしゅう》(72、実業家《じつぎょうか》)。**4・2** 河瀬秀治《かわせひでじ》(90、実業家《じつぎょうか》)。**4・16** 元田作之進《もとださくのしん》(67、教育者《きょういくしゃ》)。**4・18** 宮崎道三郎《みやざきみちさぶろう》(74、法制史学《ほうせいしがく》)。**4・22** 武藤金吉《むとうきんきち》(64、政治家《せいじか》)。大倉喜八郎《おおくらきはちろう》(92、大倉財閥《おおくらざいばつ》)。**4・28** 伊藤欽亮《いとうきんりょう》(72、ジャーナリスト)。**4・29** 若尾幾造《わかおいくぞう》(二代《だい》)(72、貿易商《ぼうえきしょう》)。**5・3** 石橋和訓《いしばしわくん》(53、洋画家《ようがか》)。**5・4** 松村任三《まつむらじんぞう》(73、植物学《しょくぶつがく》)。**5・21** 野口英世《のぐちひでよ》(53、細菌学《さいきんがく》)。**5・26** 上遠野富之助《かみどのとみのすけ》(70、実業家《じつぎょうか》)。**6・3** 黎元洪《れいげんこう》(65、中華民国政治家《ちゅうかみんこくせいじか》)。**6・8** 伊沢蘭奢《いざわらんじゃ》(40、俳優《はいゆう》)。**6・15** 梅ケ谷藤太郎《うめがたにとうたろう》(初代《しょだい》)(84、横綱《よこづな》)。**6・23** 物集高見《もずめたかみ》(82、国文学《こくぶんがく》)。**7・23** 葛西善蔵《かさいぜんぞう》(42、小説家《しょうせつか》)。**8・15** 宮崎民蔵《みやざきたみぞう》(64、社会運動家《しゃかいうんどうか》)。**8・16** 佐伯祐三《さえきゆうぞう》(31、洋画家《ようがか》)。**9・5** 尾上松助《おのえまつすけ》(四代《だい》)(86、歌舞伎役者《かぶきやくしゃ》)。**9・17** 若山牧水《わかやまぼくすい》(44、歌人《かじん》)。**9・18** 桂文治《かつらぶんじ》(七代《だい》)(81、落語家《らくごか》)。**9・22** 村松亀一郎《むらまつかめいちろう》(76、政治家《せいじか》)。**9・27** 大島久直《おおしまひさなお》(81、陸軍軍人《りくぐんぐんじん》)。**10・6** 渡辺政之輔《わたなべまさのすけ》(30、日本共産党《にほんきょうさんとう》)。**10・15** 広津柳浪《ひろつりゅうろう》(68、小説家《しょうせつか》)。**10・20** 中村雄次郎《なかむらゆうじろう》(77、陸軍軍人《りくぐんぐんじん》)。**11・12** 深田康算《ふかだやすかず》(51、美学《びがく》)。**12・19** 桜井《さくらい》ちか(74、教育者《きょういくしゃ》)。**12・23** 高畠素之《たかばたけもとゆき》(43、社会思想家《しゃかいしそうか》)。**12・25** 小山内薫《おさないかおる》(48、近代演劇開拓者《きんだいえんげきかいたくしゃ》)。**12・27** 東流斎馬琴《とうりゅうさいばきん》(四代《だい》)(77、講釈師《こうしゃくし》)。

〘世界〙

1・16 第《だい》六回《かい》パン＝アメリカン会議《かいぎ》、ハバナで開催《かいさい》・アメリカ、相互不干渉決議《そうごふかんしょうけつぎ》に反対《はんたい》(〜二月《がつ》二〇日《か》)。**1・28** ノルウェー、ホルンスルド社会民主党内閣成立《しゃかいみんしゅとうないかくせいりつ》。**2・2** 国民党《こくみんとう》、第《だい》二次四中《じしちゅう》全会《ぜんかい》において、北伐《ほくばつ》の再開《さいかい》を決定《けってい》(四月《がつ》七日《か》北伐再開《ほくばつさいかい》)。**2・3** サイモン委員会《いいんかい》、インドのボンベイに到着《とうちゃく》、インド全土《ぜんど》で反英《はんえい》ストライキ展開《てんかい》。**2・5** グリフィス没《ぼつ》(84、アメリカの著述家《ちょじゅつか》・教育者《きょういくしゃ》・牧師《ぼくし》)。**4・28** トルコ、イスラム教《きょう》を国教《こっきょう》と規定《きてい》する憲法《けんぽう》の条項《じょうこう》を廃止《はいし》。朱徳《しゅとく》・林彪《りんぴょう》ら南昌蜂起軍《なんしょうほうきぐん》、井岡山《せいこうざん》の毛沢東《もうたくとう》らと合流《ごうりゅう》、五月《がつ》、工農紅軍第《こうのうこうぐんだい》四軍《ぐん》に改編《かいへん》。**5・3** 国民政府《こくみんせいふ》の

中華民国

西暦	年号・干支	内閣
▶一九二八	昭和 三 戊辰《つちのえたつ》	(田中義一内閣)

北伐軍《ほくばつぐん》、済南《さいなん》で日本《にほん》の山東派遣軍《さんとうはけんぐん》と衝突《しょうとつ》(済南事件《さいなんじけん》)。**6・4** 張作霖《ちょうさくりん》、北京《ペキン》を退《しりぞ》き奉天《ほうてん》への帰途《きと》、専用列車《せんようれっしゃ》を爆破《ばくは》され死亡《しぼう》(54)。**6・8** 国民政府軍《こくみんせいふぐん》、北京《ペキン》に無血入城《むけつにゅうじょう》し北伐終結《ほくばつしゅうけつ》、北京《ペキン》を北平《ペーピン》に改称《かいしょう》。**7・9** モスクワで、中国共産党第《ちゅうごくきょうさんとうだい》六回全国大会《かいぜんこくたいかい》を開催《かいさい》、新綱領《しんこうりょう》を採択《さいたく》。**7・17** 第《だい》六回《かい》コミンテルン大会《たいかい》、モスクワで開催《かいさい》(~九月一日《がっついたち》)、コミンテルン綱領《こうりょう》を決定《けってい》。**7・23** 彭《ほう》徳懐軍《とくかいぐん》、湖南省平江《こなんしょうへいこう》で反乱《はんらん》(平江暴動《へいこうぼうどう》)、中国工農紅軍第《ちゅうごくこうのうこうぐんだい》五軍《ぐん》に編入《へんにゅう》。**7・25** アメリカ、中《ちゅう》国《ごく》の関税自主権《かんぜいじしゅけん》を承認《しょうにん》、関税条約《かんぜいじょうやく》に調印《ちょういん》(国民政府《こくみんせいふ》を事実上承認《じじつじょうしょうにん》・一一月《がつ》三日《か》正式承認《せいしきしょうにん》・一二月《がつ》二〇日《か》イギリス、一二月《がつ》二二日《にち》フランス相《あい》つぎ承認《しょうにん》)。**8・27** パリで、一五ヵ国《こく》の署名《しょめい》による不戦条約調印《ふせんじょうやくちょういん》(ケロッグ・ブリアン条約《じょうやく》)。**10・1** ソ連《れん》、第《だい》一次《じ》五ヵ年計画《ねんけいかく》を開始《かいし》。**10・8** 蔣介石《しょうかいせき》、国民政府主席《こくみんせいふしゅせき》に就任《しゅうにん》。**11・1** 国立中央銀行《こくりつちゅうおうぎんこう》、上海《シャンハイ》に成立《せいりつ》。**11・3** トルコ、アラビア文字《もじ》を廃《はい》し、ローマ字《じ》を国字《こくじ》に採用《さいよう》。**12・27** リース没《ぼつ》(67、ドイツの歴史学者《れきしがくしゃ》)。**12・29** 張学良《ちょうがくりょう》、国民政府《こくみんせいふ》に合流《ごうりゅう》、東《とう》三省《しょう》にいっせいに青天白日旗《せいてんはくじつき》を掲《かか》げる(易幟事件《えきしじけん》)。インド国民《こくみん》会議派《かいぎは》、憲法草案《けんぽうそうあん》(ネルー草案《そうあん》)を採択《さいたく》。**この年** デビソン没《ぼつ》(85、アメリカ、メソジスト監督教会《かんとくきょうかい》宣教師《せんきょうし》)。

中華民国 17

西暦	年号・干支
◀一九二九	四 己巳《つちのとみ》

【政治・経済】

1・17 政治的自由獲得労農同盟分裂《せいじてきじゆうかくとくろうのうどうめいぶんれつ》・水谷長三郎《みずたにちょうざぶろう》ら、京都《きょうと》で労農大衆党《ろうのうたいしゅうとう》を結成《けっせい》。**3・5** 衆議院《しゅうぎいん》、治安維持法改正緊急勅令《ちあんいじほうかいせいきんきゅうちょくれい》を事後承認《じごしょうにん》(一九日《にち》、貴族院承認《きぞくいんしょうにん》)。旧労働農民党《きゅうろうどうのうみんとう》の代議士《だいぎし》山本宣治《やまもとせんじ》、七生社社員《しちせいしゃしゃいん》黒田保久二《くろだほくじ》に刺殺《しさつ》される。**3・15** 東京《とうきょう》・京都《きょうと》など各地《かくち》で渡辺政之輔《わたなべまさのすけ》・山本宣治《やまもとせんじ》の労農葬《ろうのうそう》を開催《かいさい》。**3・28** 済南事件解決《さいなんじけんかいけつ》に関《かん》する日華共同声明書《にっかきょうどうせいめいしょ》および議定書《ぎていしょ》に調印《ちょういん》(五月《がつ》二〇日《か》、派遣軍《はけんぐん》、内地《ないち》に撤兵《てっぺい》)。**5・13** 法制審議会官制公布《ほうせいしんぎかいかんせいこうふ》(同会総裁平沼騏一郎《どうかいそうさいひらぬまきいちろう》)。**5・19** 陸《りく》

18

西暦	
年号・干支	
内閣	
記事	軍中堅将校《ぐんちゅうけんしょうこう》、一夕会《いっせきかい》を結成《けっせい》。5・22 米穀調査会官制公布《べいこくちょうさかいかんせいこうふ》。6・3 政府《せいふ》、中国国民政府《ちゅうごくこくみんせいふ》を正式承認《せいしきしょうにん》。6・10 拓務省官制公布《たくむしょうかんせいこうふ》(拓相《たくしょう》、首相兼任《しゅしょうけんにん》)。6・24 朝鮮疑獄事件起《ちょうせんぎごくじけんおこ》る(七月《がつ》二九日《にち》、朝鮮総督山梨半造腹心肥田理吉《ちょうせんそうとくやまなしはんぞうふくしんひだりきち》を逮捕《たいほ》・八月《がつ》一七日《にち》、山梨《やまなし》、朝鮮総督《ちょうせんそうとく》を辞任《じにん》・一二月《がつ》二八日《にち》、山梨起訴《やまなしきそ》)。6・26 枢密院《すうみついん》、留保宣言付《りゅうほせんげんつき》で不戦条約承認《ふせんじょうやくしょうにん》を可決《かけつ》。7・1 政府《せいふ》、張作霖爆殺事件《ちょうさくりんばくさつじけん》における責任者処分《せきにんしゃしょぶん》を発表《はっぴょう》(陸軍《りくぐん》などの圧力《あつりょく》により真相《しんそう》を隠匿《いんとく》、河本大作大佐《こうもとだいさくたいさ》を停職処分《ていしょくしょぶん》にとどめる・天皇《てんのう》、これに激怒《げきど》し首相《しゅしょう》を叱責《しっせき》)。7・2 田中内閣総辞職《たなかないかくそうじしょく》・浜口雄幸民政党内閣《はまぐちおさちみんせいとうないかく》成立《せいりつ》(第《だい》二次《じ》「幣原外交《しではらがいこう》」および「井上財政《いのうえざいせい》」展開《てんかい》)。7・4 昭和製鋼所《しょうわせいこうしょ》㈱、満鉄《まんてつ》の出資《しゅっし》により設立《せつりつ》(本社京城《ほんしゃけいじょう》(現《げん》ソウル)、資本金《しほんきん》一億円《えん》・政府不認可《せいふふにんか》で事業計画《じぎょうけいかく》一時中断《いちじちゅうだん》・昭和《しょうわ》八年《ねん》、満鉄《まんてつ》鞍山製鉄所《あんざんせいてつじょ》を合併《がっぺい》し開業《かいぎょう》)。7・5 新党倶楽部《しんとうクラブ》、政友会《せいゆうかい》に合同《ごうどう》。7・9 浜口内閣《はまぐちないかく》、対華外交刷新《たいかがいこうさっしん》・軍縮促進《ぐんしゅくそくしん》・財政整理《ざいせいせいり》・金解禁断行《きんかいきんだんこう》などの一〇大政綱《だいせいこう》を発表《はっぴょう》。7・29 浜口内閣《はまぐちないかく》、当初予算《とうしょよさん》より九一〇〇万円減《えんげん》(五パーセント節減《せつげん》)の緊縮実行予算《きんしゅくじっこうよさん》を発表《はっぴょう》。8・9 政府《せいふ》、公私経済緊縮委員会《こうしけいざいきんしゅくいいんかい》を設置《せっち》。8・下旬《げじゅん》 北海道鉄道《ほっかいどうてつどう》・東大阪電軌両会社《ひがしおおさかでんきりょうかいしゃ》の疑獄事件《ぎごくじけん》および売勲疑獄事件発覚《ばいくんぎごくじけんはっかく》。10・1 小西本店《こにしほんてん》、初《はつ》の国産写真《こくさんしゃしん》フィルム(「さくらフィルム」)を発売《はつばい》。10・12 犬養毅《いぬかいつよし》、第《だい》六代《だい》の政友会総裁《せいゆうかいそうさい》に就任《しゅうにん》。10・15 政府《せいふ》、全国官吏《ぜんこくかんり》の一割減俸実施《わりげんぽうじっし》を公表《こうひょう》(判検事《はんけんじ》・鉄道省官吏《てつどうしょうかんり》らの反対《はんたい》運動《うんどう》により、二二日《にち》、政府《せいふ》、減俸実施《げんぽうじっし》を撤回《てっかい》)。10・- アメリカ株式市場暴落《かぶしきしじょうぼうらく》の余波《よは》で、生糸価格暴落《きいとかかくぼうらく》。11・1 労農党結成《ろうのうとうけっせい》(中央執行委員長大山郁夫《ちゅうおうしっこういいんちょうおおやまいくお》)。11・7 学生社会科学連合会《がくせいしゃかいかがくれんごうかい》、自主的《じしゅてき》に解散《かいさん》(二二日《にち》、新人会《しんじんかい》も解散《かいさん》)、非合法活動《ひごうほうかつどう》を展開《てんかい》。反帝国主義民族独立支持同盟日本支部結成《はんていこくしゅぎみんぞくどくりつしじどうめいにほんしぶけっせい》。11・21 大蔵省《おおくらしょう》、金解禁《きんかいきん》に関《かん》する省令《しょうれい》を公布《こうふ》(昭和《しょうわ》五年《ねん》一月《がつ》一一日施行《にちしこう》)。内閣《ないかく》に産業合理化審議会《さんぎょうごうりかしんぎかい》を設置《せっち》。11・29 小橋一太文相《こばしいちたぶんしょう》、越後鉄道疑獄《えちごてつどうぎごく》に連坐《れんざ》し辞任《じにん》。12・10 社会民衆党分裂《しゃかいみんしゅうとうぶんれつ》(昭和《しょうわ》五年《ねん》一月《がつ》一五日《にち》、脱退派《だったいは》、全国民衆党《ぜんこくみんしゅうとう》を結成《けっせい》)。12・23 第《だい》五七通常議会召集《つうじょうぎかいしょうしゅう》、一二
中華民国	

西暦　一九二九 ◀▶

年号・干支　昭和　四　己巳《つちのとみ》

内閣　(田中義一内閣)　7・2 浜口雄幸《はまぐちおさち》内閣

記事

月《がつ》二六日開会《にちかいかい》、昭和《しょうわ》五年《ねん》一月《がつ》二一日解散《にちかいさん》)。**12・25** 堺利彦《さかいとしひこ》ほか日本大衆党除名処分者《にほんたいしゅうとうじょめいしょぶんしゃ》ら、東《とう》京《きょう》無産党《むさんとう》を結成《けっせい》。**この年** 産業合理化政策《さんぎょうごうりかせいさく》、本格的《ほんかくてき》に開始《かいし》。教員《きょういん》の俸給停止《ほうきゅうていし》および解雇《かいこ》、全国的《ぜんこくてき》に広《ひろ》がる。

【社会・文化】

1・22 日本《にほん》プロレタリア美術家同盟《びじゅつかどうめい》(AR)、ナップ成立《せいりつ》に呼応《こおう》して結成《けっせい》(二月《がつ》二日同映画同盟《かどうえいがどうめい》(プロキノ)、二月《がつ》四日同劇場同盟《かどうげきじょうどうめい》(プロット)、二月《がつ》一〇日同作家同盟《かどうさっかどうめい》(ナルプ)、四月《がつ》四日同音楽同盟《かどうおんがくどうめい》(PM)、それぞれ結成《けっせい》)。**2・23** 説教強盗妻木松吉《せっきょうごうとうつまきまつきち》逮捕《たいほ》(講談強盗《こうだんごうとう》など模倣犯続出《もほうはんぞくしゅつ》)。**3・25** 築地小劇場分裂《つきじしょうげきじょうぶんれつ》(分裂組《ぶんれつぐみ》、新築地劇団《しんつきじげきだん》を結成《けっせい》・残留組《ざんりゅうぐみ》、劇団築地小劇場《げきだんつきじしょうげきじょう》と改称《かいしょう》)。**3・28** 工場法改正公布《こうじょうほうかいせいこうふ》(婦人《ふじん》および年少者《ねんしょうしゃ》の深夜業《しんやぎょう》を禁止《きんし》・七月一日施行《がつついたちしこう》)。国宝保存法公布《こくほうほぞんほうこうふ》(七月一日施行《がつついたちしこう》)。**4・1** 寿屋《ことぶきや》、初《はつ》の国産《こくさん》ウィスキー(サントリーウヰスキー)を発売《はつばい》。**4・2** 救護法公布《きゅうごほうこうふ》(昭和《しょうわ》七年《ねん》一月一日施行《がつついたちしこう》)。**4・15** 初《はつ》の本格的《ほんかくてき》ターミナル=デパート阪急百貨店《はんきゅうひゃっかてん》、大阪梅田《おおさかうめだ》に開店《かいてん》。**4・16** 共産党員《きょうさんとういん》、全国的《ぜんこくてき》に検挙《けんきょ》され、ついで市川正一《いちかわしょういち》・鍋山貞親《なべやまさだちか》らも検挙《けんきょ》・起訴《きそ》三三九人《にん》に及《およ》び、党組織《とうそしき》、大打撃《だいだげき》を蒙《こうむ》る(四・一六事件《じけん》)。**4・-** 島崎藤村《しまざきとうそん》「夜明《よあ》け前《まえ》」、『中央公論《ちゅうおうこうろん》』に連載《れんさい》(〜昭和《しょうわ》一〇年《ねん》一〇月《がつ》、同年《どうねん》一一月刊《がつかん》)。**5・-** 小林多喜二《こばやしたきじ》「蟹工船《かにこうせん》」、『戦旗《せんき》』に発表《はっぴょう》(〜六月《がつ》・出版後《しゅっぱんご》、不敬罪《ふけいざい》にあたる部分《ぶぶん》があるとして発禁《はっきん》)。**6・25** 東京交通労働組合《とうきょうこうつうろうどうくみあい》(東交《とうこう》)、東京市電自治会《とうきょうしでんじちかい》および現実同盟《げんじつどうめい》の合同《ごうどう》により結成《けっせい》。**6・-** 成田忠久《なりたただひさ》ら、秋田県《あきたけん》で北方教育社《ほっぽうきょういくしゃ》を結成《けっせい》、東北《とうほく》の生活綴方運動《せいかつつづりかたうんどう》を展開《てんかい》。徳永直《とくながすなお》「太陽《たいよう》のない街《まち》」、『戦旗《せんき》』に発表《はっぴょう》(〜一一月《がつ》)。**7・1** 文部省《もんぶしょう》、思想対策強化《しそうたいさくきょうか》のため、社会教育局《しゃかいきょういくきょく》の新設《しんせつ》および学生課《がくせいか》の部《ぶ》への昇格《しょうかく》を実施《じっし》。小作調停法《こさくちょうていほう》、未施行《みしこう》の宮城《みやぎ》・岩手《いわて》・青森《あおもり》に施行《しこう》。**7・9** 東京帝大史料編纂掛《とうきょうていだいしりょうへんさんがかり》、史料編纂所《しりょうへんさんじょ》に昇格《しょうかく》(所長《しょちょう》辻善之助《つじぜんのすけ》)。**7・10** 榎本健一《えのもとけんいち》ら、浅草水族館《あさくさすいぞくかん》でカジノフォーリーを発足《ほっそく》。**7・19** 社《しゃ》

中華民国　中華民国 18

西暦

年号・干支

内閣

記事

会政策審議会《かいせいさくしんぎかい》・関税審議会《かんぜいしんぎかい》各官制公布《かいかくかんせいこうふ》。7・- 折口信夫《おりくちしのぶ》・金田一京助《きんだいちきょうすけ》ら、民俗学会《みんぞくがっかい》を創立《そうりつ》、『民俗学《みんぞくがく》』を創刊《そうかん》。8・12 内務省《ないむしょう》、全国失業状況調査《ぜんこくしつぎょうじょうきょうちょうさ》を初《はじ》めて実施《じっし》(一一月《がつ》、二六万八五九〇人《にん》と発表《はっぴょう》)。8・19 世界一周中《せかいいっしゅうちゅう》のドイツ飛行船《ひこうせん》ツェペリン伯号《はくごう》、霞ヶ浦飛行場《かすみがうらひこうじょう》に着陸《ちゃくりく》。8・- 岩《いわ》生成一訳註《おせいいちやくちゅう》『慶元《けいげん》イギリス書翰《しょかん》』刊《かん》。9・9 総同盟《そうどうめい》、左派《さは》の大阪連合会《おおさかれんごうかい》などを除名《じょめい》(九月《がつ》一六日《にち》、被除名派《ひじょめいは》、労働組合全国同盟《ろうどうくみあいぜんこくどうめい》を結成《けっせい》・第《だい》三次《じ》分裂《ぶんれつ》)。9・10 文部省《もんぶしょう》、国体観念明徴《こくたいかんねんめいちょう》のための教化《きょうか》動員《どういん》を実施《じっし》、中央教化団体連合会《ちゅうおうきょうかだんたいれんごうかい》を設立《せつりつ》。9・- 小林多喜二《こばやしたきじ》『蟹工船《かにこうせん》』刊《かん》。埼玉郷土会《さいたまきょうどかい》『埼玉史談《さいたましだん》』創刊《そうかん》。10・13 プロレタリア科学研究所《かがくけんきゅうじょ》設立《せつりつ》。10・20 日比谷公会堂《ひびやこうかいどう》開場《かいじょう》。10・- 広島史学研究会《ひろしましがくけんきゅうかい》『史学研究《しがくけんきゅう》』創刊《そうかん》。11・3 朝鮮全羅南道光州《ちょうせんぜんらなんどうこうしゅう》の学生《がくせい》ら、日本人学生《にほんじんがくせい》の非行《ひこう》およびそれを支持《しじ》する警察《けいさつ》・新聞《しんぶん》に対《たい》してデモ、学生運動《がくせいうんどう》、朝鮮全土《ちょうせんぜんど》に波及《はきゅう》(光州学生事件《こうしゅうがくせいじけん》)。11・22 レマルク作《さく》・村山知義脚色《むらやまともよしきゃくしょく》「西部戦線異状《せいぶせんせんいじょう》なし」、劇団築地小劇場《げきだんつきじしょうげきじょう》により上演《じょうえん》。11・24 家賃《やちん》地代値下全国同盟結成《じだいねさげぜんこくどうめいけっせい》。11・25 社会政策審議会《しゃかいせいさくしんぎかい》、小作法整備《こさくほうせいび》に関《かん》する答申案《とうしんあん》を決議《けつぎ》。11・- 九大史学会《きゅうだいしがくかい》『史淵《しえん》』創刊《そうかん》。国史学会《こくしがっかい》『国史学《こくしがく》』創刊《そうかん》。経済史研究会《けいざいしけんきゅうかい》『経済史研究《けいざいしけんきゅう》』創刊《そうかん》。12・7 社会政策審議会《しゃかいせいさくしんぎかい》、労働組合法制定答申案《ろうどうくみあいほうせいていとうしんあん》を決定《けってい》。12・26 憲兵司令部《けんぺいしれいぶ》、思想研究班《しそうけんきゅうはん》を設置《せっち》。この年《とし》 滝本誠一編《たきもとせいいちへん》『海保青陵経済談《かいほせいりょうけいざいだん》』刊《かん》。柴田常恵《しばたじょうえ》・稲村坦元編《いなむらたんげんへん》『埼玉叢書《さいたまそうしょ》』刊《かん》。住田正一編《すみたしょういちへん》『海事史料叢書《かいじしりょうそうしょ》』刊《かん》(～昭和《しょうわ》六年《ねん》)。

【死没】

1・16 珍田捨己《ちんだすてみ》(74、外交官《がいこうかん》)。2・4 山下千代雄《やましたちよお》(73、政治家《せいじか》)。2・5 立花寛治《たちばなともはる》(73、農事指導者《のうじしどうしゃ》)。2・20 長井長義《ながいながよし》(85、薬学《やくがく》)。2・23 川面凡児《かわつらぼんじ》(68、神道家《しんとうか》)。3・4 沢田正二郎《さわだしょうじろう》(38、俳優《はいゆう》)。愛沢寧堅《あいざわやすかた》(81、政治家《せいじか》)。3・5 山本宣治《やまもとせんじ》(41、社会運動家《しゃかいうんどうか》)。松本剛吉《まつもとごうきち》(68、政治家《せいじか》)。3・8 渡瀬庄三郎《わたせしょうざぶろう》(68、動物学《どうぶつがく》)。3・22 井上良馨《いのうえよしか》(85、海軍軍人《かいぐんぐんじん》)。3・23 杉田定一《すぎたていいち》(79、政治家《せいじか》)。3・25 吉川《きっかわ》

中華民国

西暦	年号・干支	内閣
▶一九二九	昭和 四 己巳《つちのとのみ》	（浜口雄幸内閣）

記事

霊華《れいか》（55、日本画家《にほんがか》）。**4・7** 上杉慎吉《うえすぎしんきち》（52、憲法学《けんぽうがく》）。井上十吉《いのうえじゅうきち》（68、英学《えいがく》）。**4・13** 後藤新平《ごとうしんぺい》（73、政治家《せいじか》）。**4・30** 水野直《みずのなおし》（51、政治家《せいじか》）。**5・19** 川原茂輔《かわはらもすけ》（71、政治家《せいじか》）。**6・29** 内田魯庵《うちだろあん》（62、批評《ひひょう》家《か》）。**6・30** モラエス（75、外交官《がいこうかん》）。**7・4** 添田寿一《そえだじゅいち》（66、銀行家《ぎんこうか》）。**7・7** 中村弥六《なかむらやろく》（76、政治家《せいじか》）。**7・11** 須貝快天《すがいかいてん》（69、農民運動家《のうみんうんどうか》）。**7・15** 藤田豊八《ふじたとよはち》（61、東洋史学《とうようしがく》）。**7・25** 牧野省三《まきのしょうぞう》（52、映画監《えいがかん》督《とく》）。笠井信一《かさいしんいち》（66、官僚《かんりょう》）。**7・26** 山崎直方《やまさきなおまさ》（60、地理学《ちりがく》）。シュタイシェン（73、司祭《しさい》）。**8・16** 津《つ》田梅子《だうめこ》（66、津田塾大学《つだじゅくだいがく》）。**8・30** 箕浦勝人《みのうらかつんど》（76、政治家《せいじか》）。**9・6** 小川一真《おがわかずまさ》（70、写真業《しゃしんぎょう》）。**9・25** 平山成信《ひらやまなりのぶ》（76、政治家《せいじか》）。**9・26** 和田英《わだえい》（74、伝習工女《でんしゅうこうじょ》）。**9・29** 田中義一《たなかぎいち》（66、政治家《せいじか》）。西河通徹《にしかわつうてつ》（74、ジャーナリスト）。**10・1** 長谷川勘兵衛《はせがわかんべえ》（一四代《だい》）（83、歌舞伎大道具方《かぶきおおどうぐかた》）。**10・19** 高橋健自《たかはしけんじ》（59、考古学《こうこがく》）。**10・31** 村上専精《むらかみせんじょう》（79、仏教史学《ぶっきょうしがく》）。**11・3** ラゲ（75、宣教師《せんきょうし》）。**11・5** 一力健次郎《いちりきけんじろう》（67、新聞経営者《しんぶんけいえいしゃ》）。**11・9** 斎藤秀三郎《さいとうひでさぶろう》（64、英語教育者《えいごきょういくしゃ》）。**11・11** 三宅米吉《みやけよねきち》（70、日本考古学《にほんこうこがく》）。**11・22** 岸《きしの》上鎌吉《うえかまきち》（63、動物学《どうぶつがく》）。**11・29** 佐分利貞男《さぶりさだお》（51、外交官《がいこうかん》）。**12・20** 岸田劉生《きしだりゅうせい》（39、洋画家《ようがか》）。**この年《とし》** 後《ご》藤恕作《とうじょさく》（72、毛織物業《けおりものぎょう》）。

〔世界〕

1・6 セルブ＝クロアート＝スロヴェーヌ国王《こくおう》アレクサンデル、憲法《けんぽう》の停止《ていし》および議会《ぎかい》の解散《かいさん》を宣言《せんげん》し、独裁制《どくさいせい》を敷《し》く。**1・14** 朝鮮《ちょうせん》、元山石油工場《げんさんせきゆこうじょう》労働者《ろうどうしゃ》ら、ゼネスト突入《とつにゅう》（〜四月《がつ》一六日《にち》）。**1・19** 梁啓超《りょうけいちょう》没《ぼつ》（57、清末《しんまつ》・中華民国初期《ちゅうかみんこくしょき》の政治家《せいじか》・学者《がくしゃ》）。**2・11** ムッソリーニ、ローマ法王《ほうおう》とラテラン条約《じょうやく》に調印《ちょういん》（イタリアと教皇庁《きょうこうちょう》の和解《わかい》・ヴァチカン市国《しこく》の承認《しょうにん》などに関《かん》して取決《とりき》め）。**3・1** メキシコ、国民革命党結成《こくみんかくめいとうけっせい》。**3・20** インド政府《せいふ》、インド全土《ぜんど》で労働運動指導者《ろうどううんどうしどうしゃ》を大量逮捕《たいりょうたいほ》（メーラト共同謀議事件《きょうどうぼうぎじけん》）。**4・23** ソ連第《れんだい》一六回党協議会《かいとうきょうぎかい》、第《だい》一次《じ》五ヵ年計画案《ねんけいかくあん》を承認《しょうにん》。**6・1** 第《だい》一回《かい》ラテンアメリカ共産党会議《きょうさんとうかいぎ》、ブエノスアイレスで開催《かいさい》（〜一二日《にち》）。**6・5**

中華民国
中華民国 18

西暦	一九三〇 ◀	
年号・干支	庚午《かのえうま》 五	
内閣		
記事	【政治・経済】 1・11 金輸出解禁実施《きんゆしゅつかいきんじっし》、金本位制《きんほんいせい》に復帰《ふっき》。 1・21 ロンドン(海軍軍縮《かいぐんぐんしゅく》)会議開催《かいぎかいさい》、日本全権若槻礼次郎元首相《にほんぜんけんわかつきれいじろうもとしゅしょう》・財部彪海相《たからべたけしかいしょう》ら出席《しゅっせき》(日英米仏伊《にちえいべいふつい》五ヵ国参加《こくさんか》・補助艦保有制限《ほじょかんほゆうせいげん》につき協議《きょうぎ》)。 2・11 津久井竜雄《つくいたつお》・天野辰夫《あまのたつお》ら、愛国勤労党《あいこくきんろうとう》を結成《けっせい》。 2・15 大日本紡績連合会《だいにほんぼうせきれんごうかい》、第《だい》一一次操業《じそうぎょう》短縮《たんしゅく》を実施《じっし》(操短率《そうたんりつ》一七・二パーセント)。 2・20 第《だい》一七回総選挙《かいそうせんきょ》(民政党《みんせいとう》二七三・政友会《せいゆうかい》一七四・国民同志会《こくみんどうしかい》六・無産政党諸派《むさんせいとうしょは》五・革新党《かくしんとう》三・中立《ちゅうりつ》その他《た》五)。 4・1 浜口雄幸首相《はまぐちおさちしゅしょう》、加藤寛治海《かとうひろはるかい》	イギリス第《だい》二次《じ》マクドナルド労働党内閣成立《ろうどうとうないかくせいりつ》。 6・7 対独賠償請求《たいどくばいしょうせいきゅう》に関《かん》するヤング案発表《あんはっぴょう》(支払額《しはらいがく》・支払期間《しはらいきかん》を確定《かくてい》)。 7・11 張学良政権《ちょうがくりょうせいけん》、中東鉄道《ちゅうとうてつどう》の権益《けんえき》をソ連《れん》から実力《じつりょく》で回収《かいしゅう》(七月《がつ》一七日《にち》、ソ連《れん》、対中国交断絶《たいちゅうこっこうだんぜつ》)。 8・11 中東鉄道《ちゅうとうてつどう》をめぐり、中《ちゅう》ソ東北国境《とうほくこっきょう》で軍事衝突《ぐんじしょうとつ》。 8・26 サトウ没《ぼつ》(86、イギリスの外交官《がいこうかん》)。 8・- エルサレムで、アラブ人《じん》による大規模《だいきぼ》なユダヤ人襲撃多発《じんしゅうげきたはつ》(嘆《なげ》きの壁事件《かべじけん》)。 9・5 フランス外相《がいしょう》ブリアン、国際連盟総会《こくさいれんめいそうかい》で欧州連邦案《おうしゅうれんぽうあん》を提唱《ていしょう》。 10・1 イギリス労働党内閣《ろうどうとうないかく》、対《たい》ソ国交《こっこう》を回復《かいふく》。 10・3 セルブ＝クロアート＝スロヴェーヌ王国《おうこく》、ユーゴスラヴィア王国《おうこく》と改称《かいしょう》。 10・24 ニューヨーク株式市場大暴落《かぶしきしじょうだいぼうらく》(暗黒《あんこく》の木曜日《もくようび》)、世界恐慌始《せかいきょうこうはじ》まる。 10・-～ ソ連軍《れんぐん》、満洲《まんしゅう》(東三省《とうさんしょう》)に侵攻《しんこう》(一二月《がつ》二二日《にち》、ソ連《れん》、張学良政権《ちょうがくりょうせいけん》とハバロフスク和議協定調印《わぎきょうていちょういん》、中東鉄道《ちゅうとうてつどう》の権益《けんえき》を現状回復《げんじょうかいふく》)。 11・10 ソ連共産党中央委員《れんきょうさんとうちゅうおういいん》会総会開催《かいそうかいかいさい》(～一七日《にち》)、ブハーリンおよびルイコフを政治局《せいじきょく》から追放《ついほう》。 11・- フィンランド、極右勢力《きょくうせいりょく》を中心《ちゅうしん》にラプア運動拡大《うんどうかくだい》。 12・10 アトキンソン没《ぼつ》(80、イギリスの化学者《かがくしゃ》)。 12・30 ベルリオーズ没《ぼつ》(77、フランス人《じん》カトリック宣教師《せんきょうし》)。 12・- 中国共産党《ちゅうごくきょうさんとう》、福建省西部《ふっけんしょうせいぶ》・広西省西《こうせいしょうせい》部《ぶ》に革命根拠地設立《かくめいこんきょちせつりつ》。 **この年**《とし》 フレミング、ペニシリンを発見《はっけん》。
中華民国	19	

西暦	年号・干支	内閣
一九三〇 ◀ ▶	昭和 五 庚午《かのえうま》	（浜口雄幸内閣）

記事

軍令部長《ぐんれいぶちょう》に内示《ないじ》ののち、海軍軍縮条約調印《かいぐんぐんしゅくじょうやくちょういん》の訓令《くんれい》を閣議決定《かくぎけってい》。**4・4** 田中隆三《たなかりゅうぞう》文相《ぶんしょう》、官邸《かんてい》で各帝大総長《かくていだいそうちょう》と思想問題《しそうもんだい》に関《かん》して協議《きょうぎ》。**4・21** 第《だい》五八特別議会召集《とくべつぎかいしょうしゅう》（四月《がつ》二三日開会《にちかいかい》、五月《がつ》一三日閉会《にちへいかい》）。**4・22** 日英米《にちえいべい》三国《こく》、ロンドン海軍軍縮条約調印《かいぐんぐんしゅくじょうやくちょういん》（補助艦保有量対英《ほじょかんほゆうりょうたいえい》・米《べい》七割《わり》、大型巡洋艦《おおがたじゅんようかん》六割《わり》、軍令部内《ぐんれいぶない》に強《つよ》い反対《はんたい》）。**4・25** 政友会犬養毅《せいゆうかいいぬかいつよし》・鳩山一郎《はとやまいちろう》、衆議院《しゅうぎいん》で政府《せいふ》のロンドン海軍軍縮条約締結《かいぐんぐんしゅくじょうやくていけつ》に関《かん》して、国防上《こくぼうじょう》の欠陥《けっかん》の招来《しょうらい》および統帥権《とうすいけん》の干犯《かんぱん》であると攻撃《こうげき》（統帥権干犯問題《とうすいけんかんぱんもんだい》）。**5・6** 日華関税協定調印《にっかかんぜいきょうていちょういん》（中国《ちゅうごく》の関税自主権《かんぜいじしゅけん》を条件《じょうけん》つき承認《しょうにん》）。**5・10** 市制《しせい》・町村制等改正法案《ちょうそんせいとうかいせいほうあん》（市町村議選挙《しちょうそんぎせんきょ》での女子《じょし》の公民権《こうみんけん》を認《みと》める）、衆議院《しゅうぎいん》で可決《かけつ》（貴族《きぞく》院《いん》で審議未了《しんぎみりょう》）。**5・30** 中国《ちゅうごく》の間島《かんとう》の朝鮮人《ちょうせんじん》、武装蜂起《ぶそうほうき》（間島事件《かんとうじけん》）。**6・2** 臨時産業合理局《りんじさんぎょうごうりきょく》官制公布《かんせいこうふ》（商工省外局《しょうこうしょうがいきょく》）。**6・3** 閣議《かくぎ》、昭和《しょうわ》五年度予算《ねんどよさん》の物件費《ぶっけんひ》の一割削減《わりさくげん》を決定《けってい》・国産品《こくさんひん》愛用運動実施《あいよううんどうじっし》を通牒《つうちょう》。**6・10** 海軍軍令部長加藤寛治《かいぐんぐんれいぶちょうかとうひろはる》、ロンドン海軍軍縮条約締結《かいぐんぐんしゅくじょうやくていけつ》に抗議《こうぎ》、天皇《てんのう》に帷幄上奏《いあくじょうそう》して辞表提出《じひょうていしゅつ》。**6・－** 株式《かぶしき》・生糸《きいと》・綿糸《めんし》・砂糖《さとう》などの相場暴落《そうばぼうらく》。**7・20** 日本大《にほんたい》衆党《しゅうとう》・全国民衆党《ぜんこくみんしゅうとう》・無産政党統一全国協議会《むさんせいとうとういつぜんこくきょうぎかい》の中間派《ちゅうかんは》三党《とう》、合同《ごうどう》して全国大衆党《ぜんこくたいしゅうとう》を結成《けっせい》（議《ぎ》長麻生久《ちょうあそうひさし》）。**8・29** 労農党大阪連合会《ろうのうとうおおさかれんごうかい》、党《とう》の解消運動《かいしょううんどう》を発起《ほっき》（一〇月《がつ》二一日《にち》、河上肇《かわかみはじめ》・上村進《かみむらすすむ》ら、「戦闘的解消論《せんとうてきかいしょうろん》」を表明《ひょうめい》）・労農党《ろうのうとう》、実質上《じっしつじょう》の分裂状態《ぶんれつじょうたい》となる。**9・16** 政友会臨時大会《せいゆうかいりんじたいかい》、ロンドン条約問題《じょうやくもんだい》に関《かん》し政府《せいふ》を攻撃《こうげき》。**9・26** 横浜正金銀行《よこはましょうきんぎんこう》、ドル為替《かわせ》の思惑買《おもわくがい》への対応《たいおう》として、正貨現送《せいかげんそう》を開始《かいし》（この頃《ころ》、ドル買《が》い問題化《もんだいか》）。**9・－** 陸軍中佐橋本欣五郎《りくぐんちゅうさはしもときんごろう》ら省部《しょうぶ》の少壮将《しょうそうしょう》校《こう》、国家改造《こっかかいぞう》を目論《もくろ》む桜会《さくらかい》を結成《けっせい》。**10・1** 枢密院本会議《すうみついんほんかいぎ》、ロンドン海軍軍縮条約諮詢案《かいぐんぐんしゅくじょうやくしじゅんあん》を可決《かけつ》（二日《か》、同条約《どうじょうやく》を批准《ひじゅん》）。特急《とっきゅう》「燕《つばめ》」号《ごう》、国鉄時刻改正《こくてつじこくかいせい》にともない登場《とうじょう》（東京《とうきょう》―神戸間《こうべかん》を八時間《じかん》五五分《ふん》・同改正《どうかいせい》により、各線区《かくせんく》の列車速度《れっしゃそくど》も向上《こうじょう》）。**10・3** 財部彪海相辞任《たからべたけしかいしょうじにん》・後任《こうにん》に安保清種《あぼきよかず》。**10・27** 台湾能高郡霧社《たいわんのうこうぐんむしゃ》の先住民《せんじゅうみん》、抗日蜂起《こうにちほうき》して一三六人《にん》を殺害《さつがい》（霧社事件《むしゃじけん》・一二月《がつ》

中華民国
中華民国 19

西暦

年号・干支

内閣

記事

二六日《にち》、軍隊動員《ぐんたいどういん》五〇日余《にちよ》を経《へ》て鎮圧《ちんあつ》)。**10・29** 閣議《かくぎ》、中国《ちゅうごく》に対《たい》する正式呼称《せいしきこしょう》を、「支那《しな》」から「中華民国《ちゅうかみんこく》」と変更《へんこう》する旨《むね》を決定《けってい》。**10・–** 生糸価格暴落《きいとかかくぼうらく》、明治《めいじ》二九年以来《ねんいらい》の安値《やすね》(一〇〇斤《きん》五〇〇円台《えんだい》)に下落《げらく》。**11・9** 蔵相《ぞうしょう》・海相《かいしょう》、減税割当額《げんぜいわりあてがく》および海軍補充計画割当額《かいぐんほじゅうけいかくわりあてがく》につき諒解《りょうかい》。**11・11** 閣議《かくぎ》、昭和《しょうわ》六年度総予算概算《ねんどそうよさんがいさん》一四億四八〇〇万円《えん》、うち海軍補充計画《かいぐんほじゅうけいかく》三億九四〇〇万円《えん》を決定《けってい》。**11・14** 浜口雄幸首相《はまぐちおさちしゅしょう》、東京駅《とうきょうえき》で愛国社社員佐郷屋留雄《あいこくしゃしゃいんさごやとめお》に狙撃《そげき》され重傷《じゅうしょう》を負《お》う(一五日《にち》、幣原喜重郎外相《しではらきじゅうろうがいしょう》、首相臨時代理《しゅしょうりんじだいり》となる)。**12・24** 第《だい》五九通常議会召集《つうじょうぎかいしょうしゅう》(一二月《がつ》二六日開会《にちかいかい》、昭和《しょうわ》六年《ねん》三月《がつ》二七日閉会《にちへいかい》)。**この年** 世界恐慌《せかいきょうこう》、日本《にほん》に波及《はきゅう》して不況状態《ふきょうじょうたい》が昭和《しょうわ》七年頃《ねんごろ》まで続《つづ》く(昭和恐慌《しょうわきょうこう》)。産業界《さんぎょうかい》、操業短縮盛行《そうぎょうたんしゅくせいこう》(操短率《そうたんりつ》、セメント・鉄鋼《てっこう》五〇パーセント台《だい》、肥《ひ》料《りょう》・晒粉《さらしこ》四〇パーセント台《だい》、綿紡《めんぼう》・絹紡《けんぼう》・洋紙《ようし》三〇パーセント台《だい》となる)。

【社会・文化】

1・– 賀川豊彦《かがわとよひこ》ら、神《かみ》の国運動《くにうんどう》を展開《てんかい》。**2・26** 共産党全国的検挙《きょうさんとうぜんこくてきけんきょ》(〜七月《がつ》)、検挙《けんきょ》一五〇〇人余《にんよ》、起訴《きそ》四六一人《にん》。**3・1** 谷口雅春《たにぐちまさはる》、神戸《こうべ》で『生長《せいちょう》の家《いえ》』を創刊《そうかん》、多《おお》くの信者《しんじゃ》を集《あつ》める(昭和《しょうわ》一〇年《ねん》、教化団体生長《きょうかだんたいせいちょう》の家設立《いえせつりつ》)。**3・24** 帝都復興祭挙行《ていとふっこうさいきょこう》。**3・–** 神宮司庁編纂《じんぐうしちょうへんさん》『神宮遷宮記《じんぐうせんぐうき》』刊《かん》(〜昭《しょう》和《わ》一七年《ねん》一二月《がつ》)。**4・5** 鐘淵紡績《かねがふちぼうせき》、不況《ふきょう》により四割減給《わりげんきゅう》を発表《はっぴょう》し大争議《だいそうぎ》(六月《がつ》五日《か》妥決《だけつ》)。**4・–** 新興仏教青年同盟結成《しんこうぶっきょうせいねんどうめいけっせい》。山中峯太郎《やまなかみねたろう》「敵中横断三百里《てきちゅうおうだんさんびゃくり》」、『少年倶楽部《しょうねんクラブ》』に連載開始《れんさいかいし》。**5・1** 第《だい》一一回《かい》メーデー、川崎《かわさき》で竹槍武装《たけやりぶそう》デモ。**5・20** 東京帝大経済学部助教授山田盛太郎《とうきょうていだいけいざいがくぶじょきょうじゅやまだもりたろう》・同《どう》法学部助教授平野義太郎《ほうがくぶじょきょうじゅひらのよしたろう》・法政大学教授三木清《ほうせいだいがくきょうじゅみききよし》ら、共産党《きょうさんとう》シンパ事件《じけん》により検挙《けんきょ》(七月《がつ》一一日《にち》、山田《やまだ》・平野《ひらの》は辞職《じしょく》)。**5・28** キリスト教《きょう》五五団体《だんたい》、政府《せいふ》の神社問題調査委員会《じんじゃもんだいちょうさいいんかい》に対《たい》し、神《じん》社参拝《じゃさんぱい》の強制《きょうせい》につき考慮《こうりょ》を要請《ようせい》。**6・1** 全国労働組合同盟《ぜんこくろうどうくみあいどうめい》(全労《ぜんろう》)、日本労働組合同盟《にほんろうどうくみあいどうめい》および労《ろう》働組合全国同盟《どうくみあいぜんこくどうめい》の合同《ごうどう》により成立《せいりつ》。**6・3** 田川大吉郎《たがわだいきちろう》・新渡戸稲造《にとべいなぞう》ら、国際連盟協会宗教部《こくさいれんめいきょうかいしゅうきょうぶ》

中華民国

西暦　一九三〇 ◀▶

年号・干支　昭和五　庚午《かのえうま》

内閣　(浜口雄幸内閣)

記事

の斡旋《あつせん》により、世界宗教平和会議日本委員会《せかいしゆうきようへいわかいぎにほんいいんかい》を設立《せつりつ》。**6・9** 関西資本家団体《かんさいしほんかだんたい》、労働組合法案《ろうどうくみあいほうあん》反対《はんたい》を決議《けつぎ》。**6・10** 日本労働組合全国協議会《にほんろうどうくみあいぜんこくきようぎかい》(全協《ぜんきよう》)、指導部《しどうぶ》を批判《ひはん》する刷新同盟《さつしんどうめい》が結成《けつせい》され、対立抗争激化《たいりつこうそうげきか》。**6・-** 「美人座《びじんざ》」など大阪《おおさか》のカフェー、東京銀座《とうきようぎんざ》に進出《しんしゆつ》・この頃《ころ》、「エロ・グロ・ナンセンス」の語流行《ごりゆうこう》。政戦記録史刊行会《せいせんきろくしかんこうかい》『大日本政戦記録史《だいにほんせいせんきろくし》』刊《かん》。**7・2** 労農党《ろうのうとう》を除《のぞ》く無産《むさん》四派《ぱ》、労働組合法獲得《ろうどうくみあいほうかくとく》のため、共同闘争委員会《きようどうとうそういいんかい》を組織《そしき》。**8・19** 新興教育研究所結成《しんこうきよういくけんきゆうじよけつせい》(所長山下《しよちようやました》徳治《とくじ》)。**9・20** 東洋《とうよう》モスリン亀戸工場《かめいどこうじよう》、この年《とし》二度《ど》目《め》の大型人員整理《おおがたじんいんせいり》(五月《がつ》二〇〇〇人《にん》、今回《こんかい》五〇〇人《にん》)を発表《はつぴよう》(九月《がつ》二六日《にち》ストライキ突入《とつにゆう》・一一月《がつ》二一日敗北《にちはいぼく》)。**10・1** 第《だい》三回国勢調査実施《かいこくせいちようさじつし》(内《ない》地人口《ちじんこう》六四四五万〇〇〇五人《にん》、外地人口《がいちじんこう》二五九四万六〇三八人《にん》)。**10・-** 奥《おく》むめお、本所菊川町《ほんじよきくかわちよう》に婦人《ふじん》セツルメントを設立《せつりつ》。**11・1** 富士紡川崎工場従業員《ふじぼうかわさきこうじようじゆうぎよういん》、賃下《ちんさ》げ反対《はんたい》スト(一六日争議《にちそうぎ》示威《い》の煙突男出現《えんとつおとこしゆつげん》・二〇日《か》終結《しゆうけつ》)。**11・5** 大原美術館《おおはらびじゆつかん》、岡山県倉敷《おかやまけんくらしき》に開館《かいかん》(大原孫三郎創立《おおはらまごさぶろうそうりつ》)。**11・18** 牧口常三郎《まきぐちつねさぶろう》・戸田城聖《とだじようせい》、創価教育学会《そうかきよういくがつかい》を設立《せつりつ》。**11・20** 最初《さいしよ》の国立癩療養所長島愛生園《こくりつらいりようようじよながしまあいせいえん》開設《かいせつ》(園長光田健輔《えんちようみつだけんすけ》)。**11・26** 静岡県北伊豆地方《しずおかけんきたいずちほう》に大地震《おおじしん》(死者《ししや》二七二人《にん》、全壊家屋《ぜんかいかおく》二一六五戸《こ》)。**11・-** 日本教育労働者組合結成《にほんきよういくろうどうしやくみあいけつせい》。九鬼周造《くきしゆうぞう》『「いき」の構造《こうぞう》』刊《かん》。**12・15** 東京《とうきよう》一五の新聞社《しんぶんしや》、政《せい》府《ふ》の疑獄事件関係《ぎごくじけんかんけい》の言論圧迫《げんろんあつぱく》に抗議《こうぎ》し共同宣言《きようどうせんげん》を発表《はつぴよう》(一八日《にち》、安達謙蔵内相《あだちけんぞうないしよう》、共同宣言《きようどうせんげん》に対《たい》し陳謝《ちんしや》を表明《ひようめい》)。**この年** 上松寅三編《うえまつとらぞうへん》『石山本願寺日記《いしやまほんがんじにつき》』刊《かん》。小野武夫編《おのたけおへん》『維新農民蜂起譚《いしんのうみんほうきたん》』刊《かん》。米沢市立米沢図書館編《よねざわしりつよねざわとしよかんへん》『鶴城叢書《かくじようそうしよ》』、市内《しない》の書家《しよか》九名《めい》により筆写編集《ひつしやへんしゆう》(~昭和《しようわ》一六年《ねん》)。シュタイシェン著《ちよ》・吉田小五郎訳《よしだこごろうやく》『切支丹大名記《キリシタンだいみようき》』刊《かん》。葛生能久《くずおよしひさ》『日韓合邦秘史《につかんがつぽうひし》』刊《かん》。野呂栄太郎《のろえいたろう》『日《に》本資本主義発達史《ほんしほんしゆぎはつたつし》』刊《かん》(~昭和《しようわ》一〇年《ねん》)。東京帝国大学史料編纂所編《とうきようていこくだいがくしりようへんさんじよへん》『復古記《ふつこき》』刊《かん》。防長史談《ぼうちようしだん》会《かい》『防長史学《ぼうちようしがく》』刊《かん》。鈴鹿三七《すずかさんしち》・藤堂祐範《とうどうすけのり》『貴重図書影本刊行会叢書《きちようとしよえいほんかんこうかいそうしよ》』刊《かん》(~昭和《しようわ》一六年《ねん》)。鷲尾順《わしおじゆん》敬編《けいへん》『日本思想闘諍史料《にほんしそうとうじようしりよう》』刊《かん》(~昭和《しようわ》六年《ねん》)。農林省山林局《のうりんしようさんりんきよく》『日本林制史資料《にほんりんせいしりよう》』刊《かん》(~昭和《しようわ》九

中華民国　中華民国 19

1930（昭和5）

西暦

年号・干支

内閣

記事

年《ねん》)。

【死没】

1・3 中村精男《なかむらきよお》(76、気象学《きしょうがく》)。 1・6 宇田川文海《うだがわぶんかい》(83、小説家《しょうせつか》)。 1・25 早川純三郎《はやかわじゅんざぶろう》(59、出版《しゅっぱん》事業家《じぎょうか》)。 1・26 田辺安太郎《たなべやすたろう》(87、活字母型師《かつじぼけいし》)。 1・30 児玉一造《こだまいちぞう》(50、実業家《じつぎょうか》)。 2・15 常磐津文《ときわづも》字太夫《じたゆう》(六代《だい》)(80、常磐津節家元《ときわづぶしいえもと》)。 3・2 山極勝三郎《やまぎわかつさぶろう》(68、病理学《びょうりがく》)。 3・8 近藤基樹《こんどうもとき》(67、軍艦設《ぐんかんせつ》計者《けいしゃ》)。 3・28 内村鑑三《うちむらかんぞう》(70、キリスト教徒《きょうと》)。 4・19 伊藤長七《いとうちょうしち》(54、教育実践家《きょういくじっせんか》)。 4・29 前田《まえだ》慧雲《えうん》(74、浄土真宗学匠《じょうどしんしゅうがくしょう》)。 5・4 粕谷義三《かすやぎぞう》(65、政治家《せいじか》)。 5・5 原田二郎《はらだじろう》(82、鴻池財閥《こうのいけざいばつ》)。 5・8 福田徳三《ふくだとくぞう》(57、経済学《けいざいがく》)。 5・10 下村観山《しもむらかんざん》(58、日本画家《にほんがか》)。 5・13 田山花袋《たやまかたい》(60、小説家《しょうせつか》)。 5・16 木村泰賢《きむらたいけん》(50、仏教学《ぶっきょうがく》)。 5・19 生田春月《いくたしゅんげつ》(39、翻訳家《ほんやくか》)。 5・30 加藤時次郎《かとうときじろう》(72、社会運動家《しゃかいうんどうか》)。 5・31 畑英太郎《はたえいたろう》(59、陸軍軍人《りくぐんぐんじん》)。 6・7 豊竹呂昇《とよたけろしょう》(57、女義太夫《おんなぎだゆう》)。 6・22 ダールマン(68、司祭《しさい》)。 6・30 八代六郎《やしろろくろう》(71、海軍軍人《かいぐんぐんじん》)。 7・14 藤井武《ふじいたけし》(43、伝道者《でんどうしゃ》)。 7・19 奥保鞏《おくやすかた》(85、陸軍軍人《りくぐんぐんじん》)。 9・11 御法川直三郎《みのりかわなおさぶろう》(75、製糸機械《せいしきかい》)。 10・4 富士松加賀太夫《ふじまつかがたゆう》(七代《だい》)(75、新内節《しんないぶし》)。 10・16 岩崎俊弥《いわさきとしや》(50、実業家《じつぎょうか》)。 10・30 豊田佐吉《とよださきち》(64、自動織機《じどうしょっき》)。 11・4 秋山好古《あきやまよしふる》(72、陸軍軍人《りくぐんぐんじん》)。 11・5 重野《しげの》謙次郎《けんじろう》(77、政治家《せいじか》)。 11・9 浅野総一郎《あさのそういちろう》(83、浅野財閥《あさのざいばつ》)。 11・12 宇田友猪《うだともい》(63、ジャーナリスト)。 11・16 田健治郎《でんけんじろう》(76、政治家《せいじか》)。 12・1 長原孝太郎《ながはらこうたろう》(67、洋画家《ようがか》)。 12・2 安達憲忠《あだちけんちゅう》(74、社会事業《しゃかいじぎょう》家《か》)。 **この年** 中西牛郎《としなかにしうしお》(72、国粋主義者《こくすいしゅぎしゃ》)。

【世界】

1・21 ロンドン海軍軍縮会議開催《かいぐんぐんしゅくかいぎかいさい》(〜四月《がつ》二二日《にち》)。 1・26 インド国民会議派《こくみんかいぎは》、「独立《どくりつ》の誓約《せいやく》」を採択《さいたく》、第《だい》二次《じ》サティヤーグラハ運動《うんどう》(非暴力抵抗《ひぼうりょくていこう》)開始《かいし》。 1・28 スペイン、プリモ゠デ゠リベーラ首相辞任《しゅしょうじにん》。 2・3 ヴェトナム共産党《きょうさんとう》(のちのヴェトナム労働党《ろうどうとう》)、香港《ホンコン》で創立《そうりつ》(二月《がつ》一〇日《か》、

中華民国

西暦 年号・干支 内閣 記事 中華民国

▶一九三〇

昭和 五
庚午《かのえうま》

（浜口雄幸内閣）

インドシナ共産党《きょうさんとう》に改称《かいしょう》）。**3・30** ドイツ、ブリューニング内閣成立《ないかくせいりつ》。**3・-** ルーマニアで、ファッショ団体《だんたい》「鉄衛団《てつえいだん》」結成《けっせい》。**4・12** シャンド没《ぼつ》（87、イギリスの銀行家《ぎんこうか》）。**4・25** トルケスタン－シベリア鉄道開通《てつどうかいつう》。**6・17** アメリカ、ホーレー＝スムート関税法成立《かんぜいほうせいりつ》（輸入原料《ゆにゅうげんりょう》に対《たい》しての高関税《こうかんぜい》）。**6・30** フランス軍《ぐん》、ラインラントからの撤兵完了《てっぺいかんりょう》。**7・31** シュトライト没《ぼつ》（54、ドイツのカトリック司祭《しさい》・布教史学者《ふきょうしがくしゃ》）。**8・16** トルヒーヨ、ドミニカ共和国大統領《きょうわこくだいとうりょう》に就任《しゅうにん》（～一九六一年《ねん》）。**9・14** ドイツ総選挙《そうせんきょ》、ナチスが第《だい》二党《とう》、共産党《きょうさんとう》が第《だい》三党《とう》に躍進《やくしん》（社民《しゃみん》一四三、ナチス一〇七、共産《きょうさん》七七）。**9・-** ヴェトナムのゲアン・ハティンで農民運動《のうみんうんどう》（～一九三一年《ねん》六月《がつ》）。**10・3** ブラジル、ヴァルガスのクーデタ起《お》こる（一一月《がつ》三日《か》、ヴァルガス、大統領《だいとうりょう》に就任《しゅうにん》）。**10・5** 第《だい》一回《かい》バルカン会議《かいぎ》、アテネで開催《かいさい》（～一〇月《がつ》一三日《にち》）、ギリシア・ユーゴ・トルコ・ルーマニア・ブルガリアの五ヵ国参加《こくさんか》。**10・7** フィッセル没《ぼつ》（54、オランダの日本学者《にほんがくしゃ》）。**11・7** フィリピン共産党結成《きょうさんとうけっせい》。**11・9** 韓圭卨没《かんけいせつぼつ》（75、朝鮮政治家《ちょうせんせいじか》）。**11・12** イギリス、第《だい》一回英印円卓会議開催《かいえいいんえんたくかいぎかいさい》（～一九三二年《ねん》一月《がつ》一九日《にち》）、インド藩王《はんおう》および自由派《じゆうは》が出席《しゅっせき》。**12・24** 中国《ちゅうごく》、国民政府軍《こくみんせいふぐん》、紅軍《こうぐん》に対《たい》し第《だい》一次包囲攻撃戦《じほういこうげきせん》を開始《かいし》。**この年** ウィンクラー没《ぼつ》（83、ドイツの比較言語学者《ひかくげんごがくしゃ》）。

中華民国 19

◀一九三一

六
辛未《かのとひつじ》

【政治・経済】

1・10 風間丈吉《かざまじょうきち》・岩田義道《いわたよしみち》ら、日本共産党中央部《にほんきょうさんとうちゅうおうぶ》を再建《さいけん》、プロレタリア革命《かくめい》に方向転換《ほうこうてんかん》。**2・3** 幣原喜重郎《しではらきじゅうろう》首相代理《しゅしょうだいり》、衆議院予算総会《しゅうぎいんよさんそうかい》で失言《しつげん》、乱闘事件《らんとうじけん》に発展《はってん》（予算審議《よさんしんぎ》一〇日間中断《かかんちゅうだん》）。**2・11** 三菱石油《みつびしせきゆ》㈱設立《せつりつ》（資本金《しほんきん》五〇〇万円《えん》）。**3・9** 全日本愛国者協同闘争協議会《ぜんにほんあいこくしゃきょうどうとうそうきょうぎかい》、右翼団体《うよくだんたい》の合同《ごうどう》により結成《けっせい》。**3・17** 衆議院《しゅうぎいん》、労働組合法案《ろうどうくみあいほうあん》・労働争議調停法改正案《ろうどうそうぎちょうていほうかいせいあん》を可決《かけつ》（貴族院《きぞくいん》で審議未了《しんぎみりょう》）。**3・30** 蚕糸業組合法《さんしぎょうくみあいほう》公布《こうふ》（蚕糸業各分野《さんしぎょうかくぶんや》におけるカルテル立法《りっぽう》・七月《がつ》一五日《にち》施行《しこう》）。

20

西暦	
年号・干支	
内閣	
記事	3・- 橋本欣五郎《はしもときんごろう》ら桜会《さくらかい》急進派《きゅうしんは》将校《しょうこう》、大川周明《おおかわしゅうめい》・無産政党関係者《むさんせいとうかんけいしゃ》らと、軍部《ぐんぶ》クーデタによる軍事政権樹立《ぐんじせいけんじゅりつ》を企図《きと》、未遂《みすい》に終《お》わる(三月《がつ》事件《じけん》)。新潟県農事試験場《にいがたけんのうじしけんじょう》、水稲《すいとう》「農林一号《のうりんいちごう》」を育成《いくせい》。 4・1 重要産業統制法公布《じゅうようさんぎょうとうせいほうこうふ》(重要産業部門《じゅうようさんぎょうぶもん》に対《たい》する強制《きょうせい》カルテル立法《りっぽう》・八月《がつ》一一日施行《にちしこう》)。中央本線《ちゅうおうほんせん》、八王子《はちおうじ》―甲府間電化《こうふかんでんか》され、東京《とうきょう》―甲府間電化完成《こうふかんでんかかんせい》。 4・2 工業組合法公布《こうぎょうくみあいほうこうふ》(重要《じゅうよう》輸出品工業組合法《ゆしゅつひんこうぎょうくみあいほう》を改正《かいせい》・七月一日施行《がつついたちしこう》)。 4・13 浜口内閣《はまぐちないかく》、首相病状悪化《しゅしょうびょうじょうあっか》のため総辞職《そうじしょく》・若槻礼次郎《わかつきれいじろう》、民政党総裁《みんせいとうそうさい》に就任《しゅうにん》。 4・14 第《だい》二次《じ》若槻礼次郎内閣成立《わかつきれいじろうないかくせいりつ》。 4・21 全国産業団体連合会《ぜんこくさんぎょうだんたいれんごうかい》(全産連《ぜんさんれん》)結成《けっせい》。 4・22 日本共産党《にほんきょうさんとう》、「政治《せいじ》テーゼ草案《そうあん》」を『赤旗《あかはた》』紙上《しじょう》に掲載《けいさい》(～六月《がつ》一五日《にち》)。 5・16 閣議《かくぎ》、官吏減俸《かんりげんぽう》を決定《けってい》・東京地裁《とうきょうちさい》などの判事《はんじ》らおよび鉄道省職員《てつどうしょうしょくいん》、減俸反対運動《げんぽうはんたいうんどう》を展開《てんかい》(二七日《にち》、俸給令改正公布《ほうきゅうれいかいせいこうふ》・約《やく》一割《わり》の減俸《げんぽう》となり、各省《かくしょう》に反対運動波及《はんたいうんどうはきゅう》)。 4・- 参謀本部《さんぼうほんぶ》、満蒙問題解決策《まんもうもんだいかいけつさく》に関《かん》する三段階《さんだんかい》の一九三一年度《ねんど》「情勢判断《じょうせいはんだん》」を策定《さくてい》。 6・25 三・一五および四・一六両事件《りょうじけん》における、共産党被告《きょうさんとうひこく》らに対《たい》する統一公判開始《とういつこうはんかいし》(昭和《しょうわ》七年《ねん》一〇月《がつ》二九日判決《にちはんけつ》)。 6・27 軍事実地調査中《ぐんじじっちちょうさちゅう》の参謀本部《さんぼうほんぶ》の中村震太郎大尉《なかむらしんたろうたいい》ら、満洲《まんしゅう》の興安嶺《こうあんれい》で張学良軍《ちょうがくりょうぐん》により殺害《さつがい》される(中村大尉事件《なかむらたいいじけん》)。 6・28 大日本生産党《だいにほんせいさんとう》、黒竜会《こくりゅうかい》を中心《ちゅうしん》とした右翼団体《うよくだんたい》の合同《ごうどう》により結成《けっせい》(総裁内田良平《そうさいうちだりょうへい》)。 6・- 陸軍省《りくぐんしょう》および参謀本部《さんぼうほんぶ》の五課長《かちょう》、満蒙問題解決《まんもうもんだいかいけつ》の方策《ほうさく》を決定《けってい》(一年《ねん》の準備《じゅんび》およびその後《のち》の軍事行動方針《ぐんじこうどうほうしん》を策定《さくてい》)。 7・2 長春北方万宝山《ちょうしゅんほっぽうまんぽうさん》で、朝鮮人入植者《ちょうせんじんにゅうしょくしゃ》と中国人農民《ちゅうごくじんのうみん》・官憲《かんけん》、水利問題《すいりもんだい》を巡《めぐ》り衝突《しょうとつ》(万宝山事件《まんぽうさんじけん》・四日《か》、朝鮮各地《ちょうせんかくち》で中国人《ちゅうごくじん》への報復《ほうふく》・暴動起《ぼうどうおこ》る)。 7・5 全国労農大衆党《ぜんこくろうのうたいしゅうとう》、全国大衆《ぜんこくたいしゅう》・労農両党《ろうのうりょうとう》および社会民衆党《しゃかいみんしゅうとう》三党《とう》合同実現同盟《ごうどうじつげんどうめい》の三党派合同《とうはごうどう》により結成《けっせい》。 9・1 清水《しみず》トンネル開通《かいつう》(九七〇二メートル、当時日本最長《とうじにほんさいちょう》)、上越線新前橋《じょうえつせんしんまえばし》―宮内間全通《みやうちかんぜんつう》。 9・18 関東軍参謀《かんとうぐんさんぼう》ら、奉天郊外柳条湖《ほうてんこうがいりゅうじょうこ》で満鉄線路《まんてつせんろ》を爆破《ばくは》、これを中国軍《ちゅうごくぐん》の行為《こうい》として、関東軍《かんとうぐん》、軍事行動《ぐんじこうどう》を開始《かいし》し奉天《ほうてん》を占領《せんりょう》(満洲事変《まんしゅうじへん》はじまる)。 9・21 関
中華民国	

西暦	年号・干支	内閣
一九三一 ◀▶	昭和六 辛未《かのとひつじ》	4・14 第2次若槻礼次郎《わかつきれいじろう》内閣

記事

東軍《かんとうぐん》、吉林《きつりん》に出動《しゅつどう》・朝鮮軍司令官林銑十郎《ちょうせんぐんしれいかんはやしせんじゅうろう》、独断《どくだん》で満洲《まんしゅう》への越境出動《えっきょうしゅつどう》を開始《かいし》。9・22 関東軍《かんとうぐん》、「満蒙問題解決策案《まんもうもんだいかいけつさくあん》」を決定《けってい》(旧宣統帝溥儀《きゅうせんとうていふぎ》を頭首《とうしゅ》とする新政権樹立方針《しんせいけんじゅりつほうしん》)。9・24 政《せい》府《ふ》、満洲事変《まんしゅうじへん》における不拡大方針《ふかくだいほうしん》の第《だい》一次《じ》声明《せいめい》を発表《はっぴょう》。9・- イギリスの金本位制停止《きんほんいせいていし》のため、ドル買《が》い加速《かそく》。10・2 関東軍《かんとうぐん》、「満蒙問題解決案《まんもうもんだいかいけつあん》」を決定《けってい》(満洲《まんしゅう》に独立国《どくりつこく》を建設《けんせつ》し日本軍《にほんぐん》が実権《じつけん》を握《にぎ》る方針《ほうしん》)。10・8 関東軍《かんとうぐん》、張学良仮政府所在地《ちょうがくりょうかりせいふしょざいち》の錦州《きんしゅう》を爆撃《ばくげき》(錦州爆撃事件《きんしゅうばくげきじけん》・対日国際《たいにちこくさい》世論悪化《よろんあっか》へ)。10・17 桜会《さくらかい》を中心《ちゅうしん》とする軍部内閣樹立《ぐんぶないかくじゅりつ》のクーデタ計画《けいかく》、再《ふたた》び未然《みぜん》に発覚《はっかく》し、橋本欣五郎《はしもときんごろう》ら首謀者拘禁《しゅぼうしゃこうきん》される(十月事件《じゅうがつじけん》)。10・24 国際連盟理事会《こくさいれんめいりじかい》、日本《にほん》に対《たい》し期限付《きげんつき》(一一月《がつ》一六日《にち》まで)の満洲撤兵勧告案《まんしゅうてっぺいかんこくあん》を採決《さいけつ》(日本代表《にほんだいひょう》のみ反対《はんたい》)。10・- 東京正米価格《とうきょうしょうまいかかく》、底値《そこね》を更新《こうしん》(一石《こく》あたり一六円《えん》九〇銭《せん》)。11・1 幣原外相《しではらがいしょう》、満洲独立国建設《まんしゅうどくりつこくけんせつ》に強《つよ》く反対《はんたい》し、溥儀《ふぎ》連《つ》れ出《だ》し工作阻止《こうさくそし》を天津総領事《てんしんそうりょうじ》らに指示《しじ》。11・12 関東軍《かんとうぐん》・天津特務機関《てんしんとくむきかん》の手引《てび》きで溥儀《ふぎ》、天津《てんしん》を脱《だつ》出《しゅつ》・満洲《まんしゅう》に入《はい》る。11・16 閣議《かくぎ》、南次郎陸相《みなみじろうりくしょう》の関東軍《かんとうぐん》チチハル占領案《せんりょうあん》を否決《ひけつ》・陸軍中央《りくぐんちゅうおう》、関東軍《かんとうぐん》に対《たい》しチチハル占領後《せんりょうご》の撤退《てったい》を命令《めいれい》。11・18 閣議《かくぎ》、事態《じたい》の進捗《しんちょく》に伴《ともな》い、満洲《まんしゅう》への軍《ぐん》隊増派《たいぞうは》を決定《けってい》(不拡大方針挫折《ふかくだいほうしんざせつ》へ)。11・19 関東軍《かんとうぐん》、チチハルを占領《せんりょう》。11・21 安達謙蔵内相《あだちけんぞうないしょう》、政友《せいゆう》・民政両党《みんせいりょうとう》による協力内閣樹立《きょうりょくないかくじゅりつ》の主張《しゅちょう》を声明《せいめい》(幣原外相《しではらがいしょう》・井上蔵相《いのうえぞうしょう》は協力内閣《きょうりょくないかく》に強《つよ》く反対《はんたい》)。11・22 社会民衆党中央委員会《しゃかいみんしゅうとうちゅうおういいんかい》、満洲事変支持《まんしゅうじへんしじ》を決議《けつぎ》。12・11 若槻内閣《わかつきないかく》、安達謙蔵内《あだちけんぞうない》相《しょう》の辞職勧告拒否《じしょくかんこくきょひ》により、閣内不統一《かくないふとういつ》で総辞職《そうじしょく》。12・13 犬養毅政友会内閣成立《いぬかいつよしせいゆうかいないかくせいりつ》(蔵相高橋《ぞうしょうたかはし》是清《これきよ》、陸相荒木貞夫《りくしょうあらきさだお》)・犬養内閣《いぬかいないかく》、初閣議《はつかくぎ》で金輸出再禁止《きんゆしゅつさいきんし》を決定《けってい》(金本位制停止《きんほんいせいていし》、管理通貨制《かんりつうかせい》へ移行《いこう》)。安達謙蔵前内相《あだちけんぞうぜんないしょう》ら、民政党《みんせいとう》を脱党《だっとう》。12・17 銀行券金兌換停止令《ぎんこうけんきんだかんていしれい》、緊急勅令《きんきゅうちょくれい》により施行公布《しこうこうふ》。12・23 第《だい》六〇通常議会召集《つうじょうぎかいしょうしゅう》(一二月《がつ》二六日開会《にちかいかい》・昭和《しょうわ》七年《ねん》一月《がつ》二一日解散《にちかいさん》)。12・31 ソ連外務人民委員《れんがいむじんみんいいん》リトヴィノフ、帰国途上《きこくとじょう》の芳沢謙吉駐仏大使《よしざわけんきちちゅうふつたいし》に、不侵略条約締結《ふしんりゃくじょうやくていけつ》につ

中華民国	
中華民国 20	

西暦

年号・干支

内閣

記事

き打診《だしん》。**この年《とし》** 九月下旬《がつげじゅん》以降《いこう》、新聞社主催《しんぶんしゃしゅさい》の満洲事変《まんしゅうじへん》ニュース映画全国各地《えいがぜんこくかくち》で上映《じょうえい》、日本《にほん》軍支援《ぐんしえん》の国内世論高《こくないよろんたか》まる。輸出額前年比約《ゆしゅつがくぜんねんひやく》二〇パーセント減《げん》、正貨保有額約《せいかほゆうがくやく》四億円減《えんげん》。

【社会・文化】

1・1 二代目《だいめ》市川猿之助《いちかわえんのすけ》ら、松竹《しょうちく》を脱退《だったい》し春秋座《しゅんじゅうざ》を再建《さいけん》（五月解散《がつかいさん》）。**1・10** 文部省《もんぶしょう》、中学校令施行規則改正《ちゅうがっこうれいしこうきそくかいせい》（法制《ほうせい》・経済《けいざい》を公民科《こうみんか》に改編《かいへん》、柔剣道《じゅうけんどう》の必修化《ひっしゅうか》など）。**1・26** 日本農民組合《にほんのうみんくみあい》（日農《にちのう》）、日本農民組合総同盟《にほんのうみんくみあいそうどうめい》および全日本農民組合《ぜんにほんのうみんくみあい》の合同《ごうどう》により結成《けっせい》。**1・-** 上方郷土研究会《かみがたきょうどけんきゅうかい》編《へん》『上方《かみがた》』創刊《そうかん》。仙台郷土研究会《せんだいきょうどけんきゅうかい》『仙台郷土研究《せんだいきょうどけんきゅう》』創刊《そうかん》。**3・6** 大日本連合婦人会発会式挙行《だいにほんれんごうふじんかいはっかいしききょこう》（理事長島津治子《りじちょうしまづはるこ》・六月一日《がつついたち》、機関紙《きかんし》『家庭《かてい》』創刊《そうかん》）。**3・7** 全農第四回大会《ぜんのうだいかいたいかい》、左右対立激化《さゆうたいりつげきか》し混乱《こんらん》、右派指導権《うはしどうけん》を握《にぎ》る（八月《がつ》一五日《にち》、左派《さは》、別組織《べつそしき》を作《つく》り全農分裂《ぜんのうぶんれつ》）。**3・-** 堺市史編纂部《さかいしへんさんぶ》『堺市史《さかいしし》』刊《かん》。**4・1** 国立公園法公布《こくりつこうえんほうこうふ》。**4・15** 橘孝三郎《たちばなこうざぶろう》、水戸市郊外《みとしこうがい》に自営的勤労学校愛郷塾《じえいてききんろうがっこうあいきょうじゅく》を設立《せつりつ》。**4・30** 大阪帝国大学《おおさかていこくだいがく》を設置《せっち》。**5・18** 日本宗教平和会議開催《にほんしゅうきょうへいわかいぎかいさい》（～二〇日《か》）、「平和宣言《へいわせんげん》」を発表《はっぴょう》。**5・22** 春秋座解散《しゅんじゅうざかいさん》し、河原崎長十郎《かわらさきちょうじゅうろう》・中村翫右衛門《なかむらかんえもん》ら、前進座《ぜんしんざ》を結成《けっせい》。**5・-** 社会経済史学会《しゃかいけいざいしがっかい》『社会経済史学《しゃかいけいざいしがく》』発刊《はっかん》。**6・25** 日本労働倶楽部結成《にほんろうどうクラブけっせい》。**7・1** 文部省《もんぶしょう》、学生思想問題調査委員会《がくせいしそうもんだいちょうさいいんかい》を設置《せっち》（委員穂積重遠《いいんほづみしげとお》・河合栄治郎《かわいえいじろう》ら）。**8・1** 日本初《にほんはつ》の本格《ほんかく》トーキー「マダムと女房《にょうぼう》」封切《ふうきり》（監督五所平之助《かんとくごしょへいのすけ》、主演田中絹代《しゅえんたなかきぬよ》）。**8・15** 大塚令三《おおつかれいぞう》ら『満洲評論《まんしゅうひょうろん》』創刊《そうかん》（満洲《まんしゅう》）。**9・-** 滝《たき》川政次郎《かわまさじろう》『律令《りつりょう》の研究《けんきゅう》』刊《かん》。『満鉄調査月報《まんてつちょうさげっぽう》』刊《かん》（大連《だいれん》）。**10・1** 京都帝国大学国文学会《きょうとていこくだいがくこくぶんがっかい》『国語国文《こくごこくぶん》』創刊《そうかん》（『国語国文《こくごこくぶん》の研究《けんきゅう》』解消発展《かいしょうはってん》）。**10・27** 内務省《ないむしょう》、教員給与《きょういんきゅうよ》の未払《みはら》い、六八七町村《ちょうそん》、八七八二人《にん》、総額《そうがく》六四万八〇〇〇円《えん》に及《およ》ぶ旨発表《むねはっぴょう》（以後更《いごさら》に増加《ぞうか》）。**10・29** ルー＝ゲーリッグらアメリカ大《だい》リーグ選抜《せんばつ》チーム来日《らいにち》。**11・12** ナップ解散《かいさん》（二七日《にち》、日本《にほん》プロレタリア文化連盟《ぶんかれんめい》（コップ）結成《けっせい》）。**11・-** 早稲田大学史学会《わせだだいがくしがくかい》『史観《しかん》』創刊《そうかん》。**12・31** ムーラン＝ルージュ新宿座開場《しんじゅくざかいじょう》。**こ**

中華民国

西暦	年号・干支	内閣
一九三一 ◀ ▶	昭和 六 辛未《かのとのひつじ》	(第2次若槻礼次郎内閣)

記事

の年《とし》 労働組合数《ろうどうくみあいすう》八一八、加入者数《かにゅうしゃすう》三六万八九七五人《にん》、組織率《そしきりつ》七・九パーセント(戦前最高《せんぜんさいこう》)、同《どう》盟罷業件数《めいひぎょうけんすう》八六四件《けん》(戦前最高《せんぜんさいこう》)。古賀政男《こがまさお》作曲《さっきょく》「酒《さけ》は涙《なみだ》か溜息《ためいき》か」「丘《おか》を越《こ》えて」など流行《りゅうこう》。中央義士会《ちゅうおうぎしかい》『赤穂義士史料《あこうぎししりょう》』刊《かん》。ベルツ著《ちょ》、トク=ベルツ編集《へんしゅう》『ベルツの日記《にっき》』ドイツ版刊《ばんかん》(シュツットガルト)、昭和《しょうわ》一八年《ねん》、菅沼竜太郎《すがぬまりゅうたろう》訳成《やくな》る(〜昭和《しょうわ》五四年《ねん》)。土屋喬雄《つちやたかお》・小野道雄《おのみちお》編《へん》『明治初年農民騒擾録《めいじしょねんのうみんそうじょうろく》』刊《かん》。益田家《ますだけ》『八幡滝本坊蔵帳《やわたたきのもとぼうくらちょう》』刊《かん》。大蔵省《おおくらしょう》編《へん》『明治前期財政経済史料《めいじぜんきざいせいけいざいしりょう》集成《しゅうせい》』刊《かん》(〜昭和《しょうわ》一一年《ねん》)。石川県《いしかわけん》図書館協会《としょかんきょうかい》『加賀能登《かがのと》郷土図書叢刊《きょうどとしょそうかん》』刊《かん》(〜昭和《しょうわ》一七年《ねん》)。小野武夫《おのたけお》編《へん》『近世地方経済史料《きんせいじかたけいざいしりょう》』刊《かん》(〜昭和《しょうわ》七年《ねん》)。

【死没】

1・1 賀古鶴所《かこつるど》(77、医師《いし》)。**1・4** 清藤幸七郎《きよふじこうしちろう》(60、黒竜会《こくりゅうかい》)。**1・10** 美田村顕教《みたむらあきのり》(83、武道家《ぶどうか》)。**1・12** 大槻如電《おおつきじょでん》(87、儒学《じゅがく》)。**1・27** 西ノ海嘉治郎《にしのうみかじろう》(二代《だい》)(52、横綱《よこづな》)。**1・28** 今泉雄作《いまいずみゆうさく》(82、美術《びじゅつ》史家《しか》)。**2・8** ウィン(79、宣教師《せんきょうし》)。**2・13** 小出楢重《こいでならしげ》(45、洋画家《ようがか》)。**2・16** 松室致《まつむろいたす》(80、政治家《せいじか》)。**2・17** 岡本則録《おかもとのりぶみ》(85、洋算家《ようさんか》)。**2・18** 山下源太郎《やましたげんたろう》(69、海軍軍人《かいぐんぐんじん》)。**2・22** 日比翁助《ひびおうすけ》(72、実業家《じつぎょうか》)。**2・24** 久米邦武《くめくにたけ》(93、日本史学《にほんしがく》)。**3・2** 大塚保治《おおつかやすじ》(64、美学《びがく》)。**3・12** 鈴木鼓村《すずきこそん》(57、箏曲《そうきょく》)。沢田《さわだ》吾一《ごいち》(71、数学《すうがく》、歴史学《れきしがく》)。**3・16** 本多日生《ほんだにっしょう》(65、法華宗僧《ほっけしゅうそう》)。**3・20** 本郷房太郎《ほんごうふさたろう》(72、陸軍軍人《りくぐんぐんじん》)。**3・26** 井口阿《いぐちあ》くり(62、女子体育《じょしたいいく》)。**3・29** 鈴木三郎助《すずきさぶろうすけ》(65、鈴木商店《すずきしょうてん》)。**3・31** 田村駒治郎《たむらこまじろう》(66、野球《やきゅう》)。**4・10** 桝本卯平《ますもとうへい》(59、労働運動《ろうどううんどう》)。**5・24** 桑原隲蔵《くわばらじつぞう》(62、東洋史学《とうようしがく》)。**6・9** 伊藤博邦《いとうひろくに》(62、華族《かぞく》)。**6・13** 北里柴三郎《きたさとしばさぶろう》(80、医学者《いがくしゃ》)。**6・15** 平林初之輔《ひらばやしはつのすけ》(40、文芸評論家《ぶんげいひょうろんか》)。**6・18** 矢野文雄《やのふみお》(82、政治家《せいじか》)。**6・26** 山川健次郎《やまかわけんじろう》(78、学術行政家《がくじゅつぎょうせいか》)。**7・18** 木村鷹太郎《きむらたかたろう》(62、思想家《しそうか》)。**7・26** 北《きた》村兼子《むらかねこ》(29、ジャーナリスト)。**8・12** 坂野兼通《ばんのかねみち》(69、銀行家《ぎんこうか》)。**8・18** 九鬼隆一《くきりゅういち》(80、美術行政家《びじゅつぎょうせいか》)。**8・23** 湯川寛吉《ゆかわかんきち》(64、実業家《じつぎょうか》)。**8・26** 浜口雄幸《はまぐちおさち》(62、政治家《せいじか》)。**9・2** 一戸兵衛《いちのへひょうえ》(77、陸軍軍人《りくぐんぐんじん》)。

中華民国
中華民国 20

1931（昭和６）

項目	内容
西暦	
年号・干支	
内閣	犬養毅内閣《いぬかいつよしないかく》 12・13
記事	9・6 三浦周行《みうらひろゆき》(61、日本史学《にほんしがく》)。 10・1 小堀鞆音《こぼりともと》(68、日本画家《にほんがか》)。 10・4 鄭永昌《ていえいしょう》(77、外交官《がいこうかん》)。 10・26 山本滝之助《やまもとたきのすけ》(59、青年団運動《せいねんだんうんどう》)。 10・30 仙石貢《せんごくみつぐ》(75、実業家《じつぎょうか》)。 11・3 片山国嘉《かたやまくにか》(77、法医学《ほういがく》)。 11・11 渋沢栄一《しぶさわえいいち》(92、実業家《じつぎょうか》)。 12・3 花井卓蔵《はないたくぞう》(64、弁護士《べんごし》)。 12・22 後川文蔵《しつかわぶんぞう》(64、広告業《こうこくぎょう》)。 12・28 塩野義三郎《しおのぎさぶろう》(初代《しょだい》)(78、塩野義商店《しおのぎしょうてん》)。 12・29 西川喜洲《にしかわきしゅう》(初代《しょだい》)(58、日本舞踊《にほんぶよう》)。 12・31 石川《いしかわ》舜台《しゅんたい》(90、真宗僧侶《しんしゅうそうりょ》)。 〖世界〗 1・8 中国共産党第《ちゅうごくきょうさんとうだい》六期《き》四《し》中全会開催《ちゅうぜんかいかいさい》、王明《おうめい》らの極左方針《きょくさほうしん》による指導開始《しどうかいし》。 3・16 エリオット没《ぼつ》(68、イギリスの外交官《がいこうかん》・東洋学者《とうようがくしゃ》)。 4・1 中国《ちゅうごく》、国民政府軍《こくみんせいふぐん》、第《だい》二次《じ》紅軍討伐戦《こうぐんとうばつせん》を開始《かいし》(～五月《がつ》二九日《にち》)。 4・14 スペイン国王《こくおう》アルフォンソ一三世《せい》、マドリードを脱出《だっしゅつ》し亡命《ぼうめい》・アルカラ・サモーラ首班《しゅはん》の臨時内閣成立《りんじないかくせいりつ》(スペイン第《だい》二共和国成立《きょうわこくせいりつ》)。 5・11 オーストリアのクレジット＝アンシュタルト銀行破産《ぎんこうはさん》、ヨーロッパの金融恐慌深刻化《きんゆうきょうこうしんこくか》。 6・20 アメリカ大統領《だいとうりょう》フーヴァー、戦債《せんさい》および賠償支払《ばいしょうしはらい》に関《かん》して、一年間《ねんかん》のモラトリアム実施《じっし》を提案《ていあん》。 7・1 国民政府軍《こくみんせいふぐん》、第《だい》三次《じ》紅軍討伐戦《こうぐんとうばつせん》(～九月《がつ》一五日《にち》)。 8・24 イギリス、マクドナルド挙国一致内閣成立《きょこくいっちないかくせいりつ》。 9・21 イギリス、金本位制停止《きんほんいせいていし》。 中国政府《ちゅうごくせいふ》、満洲事変《まんしゅうじへん》を日本《にほん》の侵略《しんりゃく》として国際連盟《こくさいれんめい》に提訴《ていそ》(日本《にほん》との直接交渉《ちょくせつこうしょう》を避《さ》け国際舞台《こくさいぶたい》での解決《かいけつ》をはかる)。 9・23 国際連盟《こくさいれんめい》、満洲事変勃発《まんしゅうじへんぼっぱつ》に際《さい》し、緊急《きんきゅう》理事会《りじかい》を召集《しょうしゅう》。 9・26 上海《シャンハイ》で一〇万人余参集《にんよさんしゅう》の抗日集会開催《こうにちしゅうかいかいさい》。 9・30 国際連盟理事会《こくさいれんめいりじかい》、満《まん》洲事変《しゅうじへん》に関《かん》し日中両国《にっちゅうりょうこく》に解決《かいけつ》の努力《どりょく》を要請《ようせい》。 10・– 米国務長官《べいこくむちょうかん》スチムソンの対日経済制裁《たいにちけいざいせいさい》構想《こうそう》をフーヴァー大統領否認《だいとうりょうひにん》。 11・7 江西省瑞金《こうせいしょうずいきん》で、第《だい》一回中華《かいちゅうか》ソヴィエト全国代表大会《ぜんこくだいひょうたいかい》開催《かいさい》(～二〇日《か》)。 11・11 国民党四全大会《こくみんとうしぜんたいかい》、南京《ナンキン》で開催《かいさい》、国際連盟《こくさいれんめい》に対《たい》し対日制裁《たいにちせいさい》を要請《ようせい》する旨《むね》決議《けつぎ》。 11・27 中華《ちゅうか》ソヴィエト共和国臨時政府樹立《きょうわこくりんじせいふじゅりつ》(瑞金政府《ずいきんせいふ》・主席毛沢東《しゅせきもうたくとう》)。 12・10 国際連盟《こくさいれんめい》
中華民国	

西暦	年号・干支	内閣	記事	中華民国
一九三一 ▶	昭和 六 辛未《かのとのひつじ》	(犬養毅内閣)	理事会《りじかい》、満洲事変《まんしゅうじへん》に対《たい》する調査委員会《ちょうさいいんかい》の設置《せっち》を決議《けつぎ》(日本代表《にほんだいひょう》も賛成《さんせい》、一九三二年《ねん》一月《がつ》一四日《か》、リットン委員会組織《いいんかいそしき》)。**12・11** イギリス議会《ぎかい》、ウェストミンスター憲章《けんしょう》を可決《かけつ》(一九二六年《ねん》のイギリス帝国会議《ていこくかいぎ》での宣言《せんげん》を法制化《ほうせいか》)。**この年《とし》** 東《ひがし》アフリカ向《む》け織物輸出高《おりものゆしゅつだか》、過半数《かはんすう》を日本《にほん》が占《し》める。尹始炳没《いんしへいぼつ》(73、朝鮮末期《ちょうせんまっき》の政治家《せいじか》)。	中華民国 **20**
一九三二 ◀	七 壬申《みずのえさる》		**【政治・経済】** **1・3** 関東軍《かんとうぐん》、錦州《きんしゅう》を占領《せんりょう》。**1・6** 陸軍《りくぐん》・海軍《かいぐん》・外務各省関係課長《がいむかくしょうかんけいかちょう》、満洲国《まんしゅうこく》の独立方針《どくりつほうしん》につき協議《きょうぎ》。**1・7** アメリカ、スティムソン＝ドクトリンを発表《はっぴょう》(日本《にほん》の満洲事変《まんしゅうじへん》に関《かん》する九ヵ国条約《こくじょうやく》・不戦条約違反《ふせんじょうやくいはん》を不承認《ふしょうにん》と声明《せいめい》)。**1・8** 朝鮮人李奉昌《ちょうせんじんりほうしょう》、桜田門外《さくらだもんがい》で天皇《てんのう》の車《くるま》に向《む》け爆弾《ばくだん》を投擲《とうてき》(桜田門事件《さくらだもんじけん》)。**1・18** 日本人僧侶《にほんじんそうりょ》、上海《シャンハイ》で中国人《ちゅうごくじん》に襲《おそ》われ一人死亡《ひとりしぼう》(日本側特務機関《にほんがわとくむきかん》の教唆《きょうさ》による)。**1・19** 社会民衆党《しゃかいみんしゅうとう》、三反主義《さんはんしゅぎ》(反資本主義《はんしほんしゅぎ》・反共産主義《はんきょうさんしゅぎ》・反《はん》ファシズム)を戦線統一原理《せんせんとういつげんり》に決定《けってい》。**1・28** 海軍陸戦隊《かいぐんりくせんたい》、上海《シャンハイ》で中国第《ちゅうごくだい》一九路軍《ろぐん》と交戦開始《こうせんかいし》(第《だい》一次《じ》上海《シャンハイ》事変《じへん》)。**2・5** 関東軍《かんとうぐん》、ハルピンを占領《せんりょう》。**2・9** 井上準之助前蔵相《いのうえじゅんのすけぜんぞうしょう》、血盟団員小沼正《けつめいだんいんおぬましょう》に暗殺《あんさつ》される(三月《がつ》五日《か》、団琢磨《だんたくま》三井合名理事長《みついごうめいりじちょう》、血盟団員菱沼五郎《けつめいだんいんひしぬまごろう》に暗殺《あんさつ》される・三月《がつ》一一日《にち》、盟主井上日召《めいしゅいのうえにっしょう》自首《じしゅ》・血盟団事件《けつめいだんじけん》)。**2・20** 上海派遣《シャンハイはけん》の陸軍《りくぐん》、総攻撃《そうこうげき》を開始《かいし》。第《だい》一八回総選挙《かいそうせんきょ》(政友会《せいゆうかい》三〇一、民政党《みんせいとう》一四六、無産各派《むさんかくは》五、その他《た》一二)。**2・29** 国際連盟《こくさいれんめい》のリットン調査団来《ちょうさだんらい》日《にち》(一〇月一日《がつついたち》、日中両国政府《にっちゅうりょうこくせいふ》に報告書《ほうこくしょ》を提出《ていしゅつ》)。**3・1** 満洲国《まんしゅうこく》、建国宣言《けんこくせんげん》(首都新京《しゅとしんきょう》(長春《ちょうしゅん》)・九日《か》、溥儀《ふぎ》、執政《しっせい》に就任《しゅうにん》)。**3・3** 上海派遣軍司令官白川義則《シャンハイはけんぐんしれいかんしらかわよしのり》、戦闘中止《せんとうちゅうし》を声明《せいめい》。**3・12** 閣議《かくぎ》、「満蒙処理方針要綱《まんもうしょりほうしんようこう》」決定《けってい》(満蒙独立政権《まんもうどくりつせいけん》の誘導方針《ゆうどうほうしん》)。**3・18** 第《だい》六一臨時議会召集《りんじぎかいしょうしゅう》(三月《がつ》二〇日《か》開会《かいかい》・同《どう》二四日《か》閉会《へいかい》)。**4・19** 電力連盟成立《でんりょくれんめいせいりつ》(五大電力会社《ごだいでんりょくがいしゃ》からなる電力《でんりょく》カルテ	**21**

西暦	
年号・干支	
内閣	
記事	ル)。 4・29 朝鮮人尹奉吉《ちょうせんじんいんほうきつ》、上海《シャンハイ》の天長節祝賀会場《てんちょうせつしゅくがかいじょう》で爆弾《ばくだん》を投擲《とうてき》・白川義則《しらかわよしのり》上海派遣軍司令官《シャンハイはけんぐんしれいかん》・重光葵《しげみつまもる》駐華公使《ちゅうかこうし》ら、重傷《じゅうしょう》を負《お》う(五月《がつ》二六日《にち》、白川《しらかわ》死亡《しぼう》)。 5・5 上海停戦協定調印《シャンハイていせんきょうていちょういん》。 5・15 海軍青年将校《かいぐんせいねんしょうこう》・陸軍士官学校生徒《りくぐんしかんがっこうせいと》ら、首相官邸《しゅしょうかんてい》・日本銀行《にほんぎんこう》・牧野伸顕内大臣邸《まきののぶあきないだいじんてい》・警視庁《けいしちょう》・政友会本部《せいゆうかいほんぶ》などを襲撃《しゅうげき》、犬養首相《いぬかいしゅしょう》を射殺《しゃさつ》(五《ご》・一五事件《いちごじけん》)。 5・16 犬養内閣総辞職《いぬかいないかくそうじしょく》(陸軍《りくぐん》、政党内閣《せいとうないかく》の継続《けいぞく》に強《つよ》く反対《はんたい》し、戦前《せんぜん》における政党内閣終焉《せいとうないかくしゅうえん》)。 5・20 鈴木喜三郎《すずききさぶろう》、政友会総裁《せいゆうかいそうさい》に就任《しゅうにん》。 5・23 第《だい》六二臨時議会召集《りんじぎかいしょうしゅう》(六月一日開会《がつついたちかいかい》、同《どう》一四日閉会《かへいかい》)。 5・26 斎藤実挙国一致内閣成立《さいとうまこときょこくいっちないかくせいりつ》(政友会《せいゆうかい》四人《にん》・民政党《みんせいとう》三人入閣《にんにゅうかく》、荒木陸相留任《あらきりくしょうりゅうにん》)。 5・29 社会民衆党脱党者赤松克麿派《しゃかいみんしゅうとうだっとうしゃあかまつかつまろは》、日本国家社会党《にほんこっかしゃかいとう》を結成《けっせい》・同下中弥三郎派《どうしもなかやさぶろうは》、新日本国民同盟《しんにほんこくみんどうめい》を結成《けっせい》。 6・13 衆議院《しゅうぎいん》、時局匡救決議案《じきょくきょうきゅうけつぎあん》を可決《かけつ》。 6・14 衆議院《しゅうぎいん》、満洲国承認《まんしゅうこくしょうにん》の決議《けつぎ》を満場一致《まんじょういっち》で可決《かけつ》。 6・29 警視庁《けいしちょう》、特別高等警察部設置《とくべつこうとうけいさつぶせっち》を公布《こうふ》。 7・1 資本逃避防止法公布《しほんとうひぼうしほうこうふ》(外国為替取引制限《がいこくかわせとりひきせいげん》)。 7・10 『赤旗《あかはた》』特別号《とくべつごう》、コミンテルン作成《さくせい》の「日本《にほん》における情勢《じょうせい》と日本共産党《にほんきょうさんとう》の任務《にんむ》に関《かん》するテーゼ」(「三二年《ねん》テーゼ」)を掲載《けいさい》。 7・24 社会大衆党《しゃかいたいしゅうとう》、全国労農大衆党《ぜんこくろうのうたいしゅうとう》・社会民衆党《しゃかいみんしゅうとう》の合同《ごうどう》により結成《けっせい》(委員長《いいんちょう》安部磯雄《あべいそお》、書記長麻生久《しょきちょうあそうひさし》)。 7・25 満洲国協和会結成《まんしゅうこくきょうわかいけっせい》。 7・27 文部省《もんぶしょう》、農漁村《のうぎょそん》の欠食児童《けっしょくじどう》二〇万人《にん》と発表《はっぴょう》(九月《がつ》七日《か》、文部省《もんぶしょう》、臨時学校給食実施《りんじがっこうきゅうしょくじっし》を訓令《くんれい》)。 8・8 武藤信義陸軍大将《むとうのぶよしりくぐんたいしょう》、関東軍司令官《かんとうぐんしれいかん》および特命全権大使《とくめいぜんけんたいし》・関東庁長官《かんとうちょうちょうかん》に就任《しゅうにん》。 8・22 第《だい》六三臨時議会召集《りんじぎかいしょうしゅう》(八月《がつ》二三日開会《にちかいかい》、九月《がつ》四日閉会《かへいかい》)。 8・25 内田康哉外相《うちだこうさいがいしょう》、衆議院《しゅうぎいん》で「焦土外交《しょうどがいこう》」方針《ほうしん》を答弁《とうべん》。 9・15 日本政府《にほんせいふ》、日満議定書《にちまんぎていしょ》に調印《ちょういん》、満洲国《まんしゅうこく》を承認《しょうにん》。 9・16 反満抗日《はんまんこうにち》ゲリラ、撫順炭鉱《ぶじゅんたんこう》を襲撃《しゅうげき》・関東軍撫順守備隊《かんとうぐんぶじゅんしゅびたい》、ゲリラの拠点平頂山《きょてんへいちょうさん》を攻撃《こうげき》、多数《たすう》の住民《じゅうみん》を殺害《さつがい》(平頂山事件《へいちょうさんじけん》)。 9・24 文官分限令改正法《ぶんかんぶんげんれいかいせいほう》・文官分限委員会官制各公布《ぶんかんぶんげんいいんかいかんせいかくこうふ》。 9・27 農林省《のうりんしょう》、臨時経済更生部《りんじけいざいこうせいぶ》を設置《せっち》(農山漁村《のうさんぎょそん》経済更生運動《けいざいこうせいうんどう》の開始《かいし》)。 10・1 東京市《とうきょうし》、隣接《りんせつ》の五郡《ぐん》八二町村《ちょうそん》を合併《がっぺい》(人口《じんこう》四九七万人《にん》、管内《かんない》二〇
中華民国	

西暦	年号・干支	内閣
一九三二 ◀▶	昭和七 壬申《みずのえさる》	5・26 斎藤実《さいとうまこと》内閣

記事

区《く》から三五区《く》に増加《ぞうか》・いわゆる大東京《だいとうきょう》の発足《ほっそく》)。**10・2** 外務省《がいむしょう》、リットン調査団《ちょうさだん》の報告書《ほうこくしょ》を公布《こうふ》。**10・30** 熱海《あたみ》での共産党全国代表者会議《きょうさんとうぜんこくだいひょうしゃかいぎ》を摘発《てきはつ》、一斉検挙《いっせいけんきょ》を実施《じっし》(熱海事件《あたみじけん》)。**11・12** 東《とう》京《きょう》地裁判事《ちさいはんじ》尾崎陞《おざきすすむ》ら、共産党《きょうさんとう》のシンパとして検挙《けんきょ》(司法官赤化問題《しほうかんせっかもんだい》)。**11・25** 赤字国債《あかじこくさい》の日銀《にちぎん》引受発行開始《ひきうけはっこうかいし》。**12・19** 東京朝日新聞《とうきょうあさひしんぶん》など全国《ぜんこく》一三二の新聞社《しんぶんしゃ》・通信社《つうしんしゃ》、満洲国独立《まんしゅうこくどくりつ》を認《みと》めない解決案断乎拒否《かいけつあんだんこきょひ》の共同宣言《きょうどうせんげん》を発表《はっぴょう》。**12・22** 安達謙蔵《あだちけんぞう》・中野正剛《なかのせいごう》ら、国民同盟《こくみんどうめい》を結成《けっせい》(総裁安達《そうさいあだち》)。**12・24** 第《だい》六四通常議会召集《つうじょうぎかいしょうしゅう》(一二月《がつ》二六日《にち》開会《かいかい》、昭和《しょうわ》八年《ねん》三月《がつ》二五日《にち》閉会《へいかい》)。日銀《にちぎん》、所有国《しょゆうこく》債《さい》での売《う》りオペレーションを初実施《はつじっし》。**12・-** 朝鮮窒素肥料《ちょうせんちっそひりょう》㈱の赴戦江水力発電所《ふせんこうすいりょくはつでんしょ》、完成《かんせい》し送《そう》電開始《でんかいし》。

【社会・文化】

1・9 栃木県阿久津村《とちぎけんあくつむら》で、全農組合員《ぜんのうくみあいいん》・全国労働大衆党員《ぜんこくろうどうたいしゅうとういん》ら、小作争議《こさくそうぎ》を妨害《ぼうがい》した大日本生産《だいにほんせいさん》党員《とういん》一七名《めい》を殺傷《さっしょう》。角界改革要求《かくかいかいかくようきゅう》の天竜《てんりゅう》ら、相撲協会《すもうきょうかい》を脱退《だったい》。**1・17** 安岡正篤《やすおかまさひろ》・酒井忠正《さかいただまさ》ら、国維会《こくいかい》を結成《けっせい》。**1・-** 信濃郷土研究会《しなのきょうどけんきゅうかい》『信濃《しなの》』創刊《そうかん》(一次《じ》、〜昭和《しょうわ》一三年《ねん》七月《がつ》・二次《じ》、〜同《どう》二二年《ねん》三月《がつ》・三次《じ》、続刊中《ぞっかんちゅう》)。美術研究所《びじゅつけんきゅうじょ》『美術研究《びじゅつけんきゅう》』創刊《そうかん》。**2・16** ラジオ聴取契約《ちょうしゅけいやく》、一〇〇万を突破《とっぱ》。**2・22**「爆弾《ばくだん》三勇士《ゆうし》」戦死《せんし》、美談《びだん》として顕称《けんしょう》され大《おお》きな反響《はんきょう》。**3・13** 横浜市《よこはまし》電《でん》、待遇問題《たいぐうもんだい》につきストライキを決行《けっこう》するも、弾圧《だんあつ》により敗北《はいぼく》。**3・20** 東京地下鉄《とうきょうちかてつ》、全協《ぜんきょう》の指導《しどう》をうけ、待遇改善《たいぐうかいぜん》を要求《ようきゅう》、電車《でんしゃ》を占拠《せんきょ》しストライキ突入《とつにゅう》(二三日《にち》要求貫徹《ようきゅうかんてつ》)。**4・18** 浅《あさ》草松竹系映画館《くさしょうちくけいえいがかん》で、活弁《かつべん》・楽士《がくし》ら、トーキー化《か》による生活不安《せいかつふあん》からストライキ(二八日《にち》、日活系《にっかつけい》映画館《えいがかん》でも争議激化《そうぎげきか》)。**4・-** 長野朗《ながのあきら》・橘孝三郎《たちばなこうざぶろう》ら、自治農民協議会《じちのうみんきょうぎかい》を結成《けっせい》。**5・14** 俳優《はいゆう》チャップリン来日《らいにち》(〜六月《がつ》二日《か》)。**5・-** 野呂栄太郎《のろえいたろう》ら編集《へんしゅう》『日本資本主義発達史講座《にほんしほんしゅぎはったつしこうざ》』刊《かん》(〜昭和《しょうわ》八年《ねん》八月《がつ》)。**6・2** 自治農民協議会《じちのうみんきょうぎかい》、農民救済請願書《のうみんきゅうさいせいがんしょ》(三万二〇〇〇人《にん》の署名《しょめい》)を衆議院《しゅうぎいん》に提《てい》

中華民国
中華民国 21

西暦

年号・干支

内閣

記事

出《しゅつ》。7・30 第《だい》一〇回《かい》オリンピック・ロサンゼルス大会開催《たいかいかいさい》・日本選手《にほんせんしゅ》一三一人参加《にんさんか》し、七個《こ》の金《きん》メダルを獲得《かくとく》。7・- 中央気象台《ちゅうおうきしょうだい》、富士山頂観測所《ふじさんちょうかんそくじょ》を開設《かいせつ》、恒常観測《こうじょうかんそく》を開始《かいし》。8・23 国《こく》民精神文化研究所《みんせいしんぶんかけんきゅうじょ》、文部省《もんぶしょう》に設置《せっち》。9・5 内務省《ないむしょう》、国民自力更生運動《こくみんじりきこうせいうんどう》の開始《かいし》を訓令《くんれい》。9・25 日本労働組合会議結成《にほんろうどうくみあいかいぎけっせい》(「大右翼《だいうよく》」の戦線統一化《せんせんとういつか》)。9・- 上智大学学生《じょうちだいがくがくせい》の一部《いちぶ》、靖国神社参拝《やすくにじんじゃさんぱい》の際《さい》に礼拝拒否《れいはいきょひ》し問題化《もんだいか》。10・6 日本共産党員《にほんきょうさんとういん》三人《にん》、川崎第百銀行大森支店《かわさきだいひゃくぎんこうおおもりしてん》に押入《おしい》りピストル強盗《ごうとう》を働《はたら》き現金《げんきん》を強奪《ごうだつ》(赤色《せきしょく》ギャング事件《じけん》)。10・23 戸坂潤《とさかじゅん》・岡邦雄《おかくにお》・三枝博音《さいぐさひろと》ら、唯物論研究《ゆいぶつろんけんきゅう》会《かい》を創立《そうりつ》。10・24 大日本国防婦人会結成《だいにほんこくぼうふじんかいけっせい》。11・3 総同盟大会《そうどうめいたいかい》、罷業最小化方針《ひぎょうさいしょうかほうしん》などの綱領改《こうりょうかい》正《せい》を決議《けつぎ》。12・16 日本橋《にほんばし》の白木屋東京本店《しろきやとうきょうほんてん》、初《はつ》の高層建築《こうそうけんちく》での火災発生《かさいはっせい》(死者《ししゃ》一四人《にん》)。12・28 日本学術振興会創立《にほんがくじゅつしんこうかいそうりつ》。12・- 歴史学研究会創立《れきしがくけんきゅうかいそうりつ》(昭和《しょうわ》八年《ねん》一一月《がつ》、会誌《かいし》『歴史学研究《れきしがくけんきゅう》』創刊《そうかん》)。

この年 杉村濬《すぎむらふかし》『在韓苦心録《ざいかんくしんろく》』刊《かん》。井上信元《いのうえのぶもと》著《ちょ》・大塚武松《おおつかたけまつ》編《へん》『長崎警衛記録《ながさきけいえいきろく》』刊《かん》。鉱山懇話会《こうざんこんわかい》『日本《にほん》鉱業発達史《こうぎょうはったつし》』刊《かん》。西田直二郎《にしだなおじろう》『日本文化史序説《にほんぶんかしじょせつ》』刊《かん》。白揚社《はくようしゃ》『歴史科学《れきしかがく》』創刊《そうかん》。渡辺幾次郎《わたなべいくじろう》編《へん》『大《おお》隈重信関係文書《くましげのぶかんけいもんじょ》』刊《かん》(〜昭和《しょうわ》一〇年《ねん》)。朝鮮総督府《ちょうせんそうとくふ》朝鮮史編修会《ちょうせんしへんしゅうかい》編《へん》『朝鮮史《ちょうせんし》』刊《かん》(〜昭和《しょうわ》一三年《ねん》)。静岡県史編纂委員会《しずおかけんしへんさんいいんかい》『静岡県史料《しずおかけんしりょう》』刊《かん》(〜昭和《しょうわ》一六年《ねん》)。伊東尾四郎《いとうおしろう》編《へん》『福岡県史資料《ふくおかけんしりょう》』刊《かん》(〜昭和《しょうわ》一八年《ねん》)。朝鮮総督府《ちょうせんそうとくふ》朝鮮史編修会《ちょうせんしへんしゅうかい》編《へん》『朝鮮史料叢刊《ちょうせんしりょうそうかん》』刊《かん》(〜昭和《しょうわ》一九年《ねん》)。神宮《じんぐう》司庁《しちょう》編《へん》『大神宮叢書《だいじんぐうそうしょ》』刊《かん》(〜昭和《しょうわ》三二年《ねん》)。日本史籍協会《にほんしせききょうかい》『中山忠能履歴資料《なかやまただやすりれきしりょう》』刊《かん》(〜昭和《しょうわ》九年《ねん》)。住田正一《すみたしょういち》編纂《へんさん》『日本海防史料叢書《にほんかいぼうしりょうそうしょ》』刊《かん》(〜昭和《しょうわ》八年《ねん》)。大槻文彦《おおつきふみひこ》『大言海《だいげんかい》』初版本篇刊《しょはんほんぺんかん》(昭和《しょうわ》一二年《ねん》、索引刊《さくいんかん》)。

【死没】

1・5 草間時福《くさまときよし》(80、教育家《きょういくか》)。1・29 大津淳一郎《おおつじゅんいちろう》(77、政治家《せいじか》)。1・30 神田伯山《かんだはくざん》(三代《だい》)(61、講《こう》釈師《しゃくし》)。1・31 喜多又蔵《きたまたぞう》(56、実業家《じつぎょうか》)。2・3 リデル(76、宣教師《せんきょうし》)。2・5 藤井斉《ふじいひとし》(29、海軍軍《かいぐんぐん》

中華民国

西暦　▶一九三二

年号・干支　昭和七　壬申《みずのえさる》

内閣　(斎藤実内閣)

記事

人《じん》)。**2・9** 井上準之助《いのうえじゅんのすけ》(64、財政家《ざいせいか》)。**3・5** 団琢磨《だんたくま》(75、経営者《けいえいしゃ》)。**3・24** 梶井基次郎《かじいもとじろう》(32、小《しょう》説家《せっか》)。**3・26** 呉秀三《くれしゅうぞう》(68、精神病学《せいしんびょうがく》)。木越安綱《きごしやすつな》(79、陸軍軍人《りくぐんぐんじん》)。**4・4** 岡田信一郎《おかだしんいちろう》(50、建築家《けんちくか》)。**4・9** 高橋光威《たかはしみつたけ》(66、ジャーナリスト)。**5・7** 田中王堂《たなかおうどう》(66、哲学《てつがく》)。**5・15** 犬養毅《いぬかいつよし》(78、政治家《せいじか》)。**5・20** 今西竜《いまにしりゅう》(58、朝鮮史学《ちょうせんしがく》)。**5・26** 白川義則《しらかわよしのり》(65、陸軍軍人《りくぐんぐんじん》)。関根正直《せきねまさなお》(73、国文学《こくぶんがく》)。**5・30** 白井光太郎《しらいみつたろう》(70、植物学《しょくぶつがく》)。**6・1** 福田雅太郎《ふくだまさたろう》(67、陸軍軍人《りくぐんぐんじん》)。**6・5** 田中太郎《たなかたろう》(63、社会事業家《しゃかいじぎょうか》)。**6・7** 湯浅治郎《ゆあさじろう》(83、実業家《じつぎょうか》)。**6・16** 守田勘弥《もりたかんや》(一三代《だい》)(48、森田座《もりたざ》)。**7・12** 栃内曾次郎《とちないそうじろう》(67、海軍軍人《かいぐんぐんじん》)。**7・15** 中島勝義《なかじまかつよし》(75、ジャーナリスト)。**7・29** 鹿島房次郎《かしまふさじろう》(65、実業家《じつぎょうか》)。**8・15** 伊《い》井蓉峰《ようほう》(62、新派俳優《しんぱはいゆう》)。**8・20** 滝本誠一《たきもとせいいち》(76、経済史学《けいざいしがく》)。**8・23** 江木千之《えぎかずゆき》(80、政治家《せいじか》)。**9・18** 江《え》木翼《ぎたすく》(60、政治家《せいじか》)。**9・22** 田丸卓郎《たまるたくろう》(61、物理学《ぶつりがく》)。**11・3** 岩田義道《いわたよしみち》(35、社会運動家《しゃかいうんどうか》)。**11・30** 森《もり》田茂《たしげる》(61、政治家《せいじか》)。野沢喜八郎《のざわきはちろう》(八代《だい》)(78、浄瑠璃三味線方《じょうるりしゃみせんかた》)。**12・10** 桑田熊蔵《くわたくまぞう》(65、社会思想家《しゃかいしそうか》)。**12・11** 森恪《もりつとむ》(51、政治家《せいじか》)。**12・21** 山之内一次《やまのうちかずじ》(67、政治家《せいじか》)。**12・30** 本山彦一《もとやまひこいち》(80、新聞経営者《しんぶんけいえいしゃ》)。

〘世界〙

1・4 インド国民会議派《こくみんかいぎは》・農民組合《のうみんくみあい》、非合法化《ひごうほうか》されガンディー逮捕《たいほ》される。**1・22** エルサルバドル、人民大蜂起《じんみんだいほうき》発生《はっせい》。アメリカ、復興金融公社《ふっこうきんゆうこうしゃ》(RFC)を設立《せつりつ》。**2・2** ジュネーヴ軍縮会議《ぐんしゅくかいぎ》、国際連盟《こくさいれんめい》の主催《しゅさい》により開催《かいさい》(ソ連《れん》を含《ふく》む六〇ヵ国余《こくよ》の参加《さんか》・〜七月《がつ》)。**3・21** 朝鮮総督府《ちょうせんそうとくふ》、平壌《へいじょう》のキリスト教関係《きょうかんけい》の学校《がっこう》に対《たい》し神社参拝《じんじゃさんぱい》を強要《きょうよう》。**4・26** 中華《ちゅうか》ソビエト共和国政府《きょうわこくせいふ》(瑞金《ずいきん》)、対日宣戦《たいにちせんせん》を布告《ふこく》。**5・20** オーストリア、ドルフース内閣成立《ないかくせいりつ》。**6・4** チリ、軍事《ぐんじ》クーデタにより保守内閣倒《ほしゅないかくたお》れ、社会主義共和国成立《しゃかいしゅぎきょうわこくせいりつ》。**6・15** ボリビア・パラグアイ、チャコ地方領有《ちほうりょうゆう》を巡《めぐ》りチャコ戦争開始《せんそうかいし》。**6・16** 蔣介石《しょうかいせき》、第《だい》四次《じ》掃共戦《そうきょうせん》を開始《かいし》。ローザンヌ賠償会議開催《ばいしょうかいぎかいさい》(〜七月《がつ》九日《か》・ドイツの賠償金減額《ばいしょうきんげんがく》)。**6・24** シャム人民党《じんみんとう》による立憲《りっけん》クーデタ起《おこ》り、絶対王政倒《ぜったいおうせいたお》れる。**7・**

中華民国　中華民国 21

西暦		一九三三 ◀
年号・干支		八 癸酉《みずのとのとり》
内閣		
記事	5 サラザール、ポルトガル首相《しゅしょう》に就任《しゅうにん》(蔵相兼任《ぞうしょうけんにん》、のち外相《がいしょう》・陸相《りくしょう》をも兼任《けんにん》、独裁体制成《どくさいたいせいせい》立《りつ》)。 **7・21** イギリス帝国経済会議《ていこくけいざいかいぎ》、オタワで開催《かいさい》、イギリス連邦内《れんぽうない》での特恵関税制度《とっけいかんぜいせいど》の採用《さいよう》を決定《けってい》(ブロック経済《けいざい》の形成《けいせい》・〜八月《がつ》二〇日《か》)。 **7・23** ケーリ没《ぼつ》(81、アメリカン=ボード派遣《はけん》のキリスト教宣教師《きょうせんきょうし》・神学博士《しんがくはくし》)。 **7・25** ソ連《れん》・ラトヴィア・エストニア・ポーランド・フィンランド、不《ふ》可侵条約《かしんじょうやく》を締結《ていけつ》。 **7・31** ナチス、総選挙《そうせんきょ》で二三〇議席《ぎせき》(全議席《ぜんぎせき》の約《やく》四割《わり》)を獲得《かくとく》し第《だい》一党《とう》となる(第《だい》二党社会民主党《とうしゃかいみんしゅとう》、第《だい》三党共産党《とうきょうさんとう》)。 **8・27** バルビュス・ロマン=ロランら、アムステルダムで国際反戦大会《こくさいはんせんたいかい》を開催《かいさい》(〜二九日《にち》)。 **9・22** イブン=サウード、国名《こくめい》をサウディアラビア王国《おうこく》に改称《かいしょう》。 **9・25** スペイン、カタルーニャ自治憲章《じちけんしょう》を制定《せいてい》。 **10・3** イラク、イギリスの委任統治《いにんとうち》から独立《どくりつ》、国際連盟《こくさいれんめい》に加入《かにゅう》。 **10・4** ハンガリー、極右反《きょくうはん》ユダヤ主義者《しゅぎしゃ》のゲンベシュ内閣成立《ないかくせいりつ》。 **10・10** 李奉昌没《りほうしょうぼつ》(33、韓人愛国団員《かんじんあいこくだんいん》)。 **11・6** ナチス、総選挙《そうせんきょ》で議席《ぎせき》を減《げん》ずるも、再《ふたた》び第《だい》一党《とう》を確保《かくほ》。 **11・8** 民主党《みんしゅとう》F・D・ローズヴェルト、共和党《きょうわとう》の現職《げんしょく》フーヴァーを破《やぶ》り、アメリカ大統《だいとう》領《りょう》に当選《とうせん》。 **11・29** 仏《ふつ》ソ不可侵条約調印《ふかしんじょうやくちょういん》。 **12・11** アレン没《ぼつ》(74、アメリカの長老教会宣教師《ちょうろうきょうかいせんきょうし》・外交官《がいこうかん》)。 **12・12** ソ連《れん》・中国国民党政府《ちゅうごくこくみんとうせいふ》、国交《こっこう》を回復《かいふく》。 **12・24** アレッサンドリ、チリ大統領《だいとうりょう》に就任《しゅうにん》。 **この年** 中国《ちゅうごく》、北平故宮博物院《ペーピンこきゅうはくぶついん》『清光緒朝中日交渉史料《しんこうしょちょうちゅうにちこうしょうしりょう》』刊《かん》(〜民国《みんこく》二二年《ねん》)。	**【政治・経済】** **1・1** 日本軍《にほんぐん》、山海関《さんかいかん》で中国軍《ちゅうごくぐん》と衝突《しょうとつ》(山海関事件《さんかいかんじけん》・二日《か》、関東軍出動《かんとうぐんしゅつどう》、三日《か》、山海関占領《さんかいかんせんりょう》)。 **2・17** 閣議《かくぎ》、熱河省《ねっかしょう》への進攻《しんこう》を決定《けってい》。 **2・20** 閣議《かくぎ》、対日勧告案《たいにちかんこくあん》(満洲国不承認《まんしゅうこくふしょうにん》・日本軍撤退《にほんぐんしったい》)を国際連盟《こくさいれんめい》が可決《かけつ》した場合《ばあい》、連盟《れんめい》を脱退《だったい》する旨《むね》を決定《けってい》。 **2・23** 日本軍《にほんぐん》・満洲国軍《まんしゅうこくぐん》、熱河省《ねっかしょう》に進《しん》攻《こう》。 **2・24** 日本代表松岡洋右《にほんだいひょうまつおかようすけ》、国際連盟総会《こくさいれんめいそうかい》での対日勧告案採択《たいにちかんこくあんさいたく》(賛成《さんせい》四二、反対《はんたい》一、棄権《きけん》一
中華民国		22

西暦 一九三三 ◀ ▶

年号・干支 昭和 八 癸酉《みずのととり》

内閣 (斎藤実内閣)

記事

で可決《かけつ》)に抗議《こうぎ》して退場《たいじょう》。**2・27** バーナード＝ショウ来日《らいにち》(〜三月《がつ》九日《か》)。**3・27** 内田康哉《うちだこうさい》外相《がいしょう》、国際連盟事務総長《こくさいれんめいじむそうちょう》に対《たい》する脱退通告《だったいつうこく》および政府声明《せいふせいめい》を発表《はっぴょう》・国際連盟脱退《こくさいれんめいだったい》に関《かん》する詔書発布《しょうしょはっぷ》。**3・29** 外国為替管理法公布《がいこくかわせかんりほうこうふ》(為替相場《かわせそうば》、低位《ていい》に安定化《あんていか》・五月一日施行《がつついたちしこう》)。農村負債整理組合法公布《のうそんふさいせいりくみあいほうこうふ》(市町村《しちょうそん》による農村《のうそん》への融資《ゆうし》に対《たい》する道府県《どうふけん》の補償《ほしょう》を規定《きてい》・八月一日施行《がつついたちしこう》)。米穀統制法公布《べいこくとうせいほうこうふ》(米価安定化《べいかあんていか》のための間接統制立法《かんせつとうせいりっぽう》・政府《せいふ》による最高《さいこう》・最低価格《さいていかかく》の決定《けってい》および最低価格《さいていかかく》での無制限購入《むせいげんこうにゅう》・最高価格《さいこうかかく》での無制限売却《むせいげんばいきゃく》を実施《じっし》・一一月一日施行《がつついたちしこう》)。**4・1** 満洲国《まんしゅうこく》、非承認国《ひしょうにんこく》に対《たい》し門戸《もんこ》を閉鎖《へいさ》。**4・6** 日本製鉄株式会社法公布《にほんせいてつかぶしきがいしゃほうこうふ》(九月《がつ》二五日施行《にちしこう》・昭和《しょうわ》九年《ねん》一月《がつ》二九日《にち》、官営八幡製鉄所《かんえいやはたせいてつじょ》を中心《ちゅうしん》とした合同《ごうどう》により設立《せつりつ》)。**4・10** イギリス、日印通商条約《にちいんつうしょうじょうやく》廃棄《はき》を通告《つうこく》。日本軍《にほんぐん》、長城線《ちょうじょうせん》を越《こ》え華北《かほく》へ進攻《しんこう》(二三日撤退《にちてったい》)。**5・3** 大阪地下鉄《おおさかちかてつ》、梅田《うめだ》—心斎橋間開業《しんさいばしかんかいぎょう》。**5・7** 日本軍《にほんぐん》、再《ふたた》び長城線《ちょうじょうせん》を越《こ》え関内作戦《かんないさくせん》を開始《かいし》。**5・18** 王子製紙《おうじせいし》㈱、富士製紙《ふじせいし》㈱・樺太工業《からふとこうぎょう》㈱を吸収合併《きゅうしゅうがっぺい》(資本金《しほんきん》一億四九九八万円《えん》、大製紙《だいせいし》トラスト形成《けいせい》)。**5・31** 関東軍《かんとうぐん》・中国軍《ちゅうごくぐん》の間《あいだ》で、塘沽停戦協定成立《タンクーていせんきょうていせいりつ》(両軍《りょうぐん》の長城《ちょうじょう》以南地域《いなんちいき》からの撤兵《てっぺい》、同地域《どうちいき》での非武装地域設定《ひぶそうちいきせってい》を取決《とりき》め、満洲事変終結《まんしゅうじへんしゅうけつ》)。**6・7** 共産党委員長《きょうさんとういいんちょう》佐野学《さのまなぶ》・同幹部《どうかんぶ》鍋山貞親《なべやまさだちか》、コミンテルンの指導《しどう》を批判《ひはん》し獄中《ごくちゅう》から転向《てんこう》を声明《せいめい》(以後《いご》共産党関係者《きょうさんとうかんけいしゃ》の転向続出《てんこうぞくしゅつ》)。**6・17** 大阪市天神橋筋《おおさかしてんじんばしすじ》の交差点《こうさてん》で、信号無視《しんごうむし》の兵士《へいし》と咎《とが》めた巡査《じゅんさ》が衝突《しょうとつ》、軍《ぐん》・警察《けいさつ》の対立《たいりつ》に発展《はってん》(ゴーストップ事件《じけん》)。**7・11** 大日本生産党員《だいにほんせいさんとういん》および天野辰夫《あまのたつお》らによるクーデタ計画発覚《けいかくはっかく》(神兵隊事件《しんぺいたいじけん》)。**8・7** 日本軍《にほんぐん》、長城線《ちょうじょうせん》への撤収《てっしゅう》概《おおむ》ね完了《かんりょう》。**8・9** 第《だい》一回関東地方防空大演習《かいかんとうちほうぼうくうだいえんしゅう》実施《じっし》(一一日《にち》、桐生悠々《きりゅうゆうゆう》、社説《しゃせつ》「関東防空演習《かんとうぼうくうえんしゅう》を嗤《わら》ふ」(『信濃毎日新聞《しなのまいにちしんぶん》』)で批判《ひはん》し問題化《もんだいか》)。**9・22** 池田成彬《いけだしげあき》、三井合名常務理事《みついごうめいじょうむりじ》に就任《しゅうにん》(三井財閥《みついざいばつ》の方向転換《ほうこうてんかん》)。**9・23** インドと新通商条約調印《しんつうしょうじょうやくちょういん》のため、インドのシムラで交渉開始《こうしょうかいし》(昭和《しょうわ》九年《ねん》七月《がつ》一二日調印《にちちょういん》)。**9・27** 軍令部令公示《ぐんれいぶれいこうじ》(海軍軍令部《かいぐんぐんれいぶ》を軍令部《ぐんれいぶ》と改称《かいしょう》・

中華民国 中華民国 22

西暦

年号・干支

内閣

記事

軍令部長《ぐんれいぶちょう》を軍令部総長《ぐんれいぶそうちょう》に改称《かいしょう》)。**10・3** 五相会議《ごしょうかいぎ》(首《しゅ》・蔵《ぞう》・外《がい》・陸《りく》・海《かい》の各相《かくしょう》)、国防《こくぼう》・外交《がいこう》・財政《ざいせい》などの国策調整《こくさくちょうせい》のため開催《かいさい》(二一日《にち》、満洲国《まんしゅうこく》の育成《いくせい》・日満支《にちまんし》三国提携《さんごくていけい》などの国策大綱《こくさくたいこう》を決定《けってい》)。**10・27** 日本商工会議所《にほんしょうこうかいぎしょ》などの九団体《だんたい》、全日本商権擁護連盟《ぜんにほんしょうけんようごれんめい》を結成《けっせい》(産業組合反対運動《さんぎょうくみあいはんたいうんどう》(反産運動《はんさんうんどう》)活発化《かっぱっか》)。**11・8** 丸善石油《まるぜんせきゆ》㈱設立《せつりつ》(資本金《しほんきん》二〇〇万円《えん》・本社神戸《ほんしゃこうべ》)。**11・18** 日満実業協会設立《にちまんじつぎょうきょうかいせつりつ》(会長郷誠之助《かいちょうごうせいのすけ》)。**12・9** 陸軍《りくぐん》・海軍両省《かいぐんりょうしょう》、軍部批判《ぐんぶひはん》について軍民離間《ぐんみんりかん》を図《はか》るものとして非難《ひなん》。三和銀行《さんわぎんこう》㈱、三十四《さんじゅうし》・山口《やまぐち》・鴻池《こうのいけ》各銀行《かくぎんこう》の合同《ごうどう》により設立《せつりつ》(資本金《しほんきん》一億〇七二〇万円《えん》・本店大阪《ほんてんおおさか》)。**12・23** 皇太子明仁誕生《こうたいしあきひとたんじょう》(昭和《しょうわ》九年《ねん》二月《がつ》一一日《にち》、恩赦《おんしゃ》による減刑令公布《げんけいれいこうふ》)。第《だい》六五通常議会召集《つうじょうぎかいしょうしょう》(一二月《がつ》二六日開会《にちかいかい》、昭和《しょうわ》九年《ねん》三月《がつ》二五日閉会《にちへいかい》)。共産党中央委員宮本顕治《きょうさんとうちゅうおういいんみやもとけんじ》ら、スパイ容疑者《ようぎしゃ》を査問《さもん》して死亡《しぼう》させる(共産党《きょうさんとう》リンチ殺人事件《さつじんじけん》)。**この年**《とし》日本《にほん》の綿布輸出量《めんぷゆしゅつりょう》、二〇億三一二三万平方《へいほう》ヤードに達《たつ》し、イギリスを抜《ぬ》き世界第《せかいだい》一位《い》。低賃金《ていちんぎん》を武器《ぶき》とするソシアル=ダンピング、国際的非難《こくさいてきひなん》を惹起《じゃっき》。

【社会・文化】

1・9 実践女学校専門部生徒《じっせんじょがっこうせんもんぶせいと》、伊豆大島三原山《いずおおしまみはらやま》に投身自殺《とうしんじさつ》(以後《いご》、同所《どうしょ》での自殺頻発《じさつひんぱつ》)。**1・10** 東京商大教授大塚金之助検挙《とうきょうしょうだいきょうじゅおおつかきんのすけけんきょ》(一二日《にち》、河上肇検挙《かわかみはじめけんきょ》)。**2・4** 長野県《ながのけん》で、教員《きょういん》などに対《たい》する一斉検挙《いっせいけんきょ》を実施《じっし》(長野県教員赤化事件《ながのけんきょういんせっかじけん》・四月《がつ》までに六五校《こう》一三八人《にん》を検挙《けんきょ》)。**2・20** 小林多喜二《こばやしたきじ》、検挙《けんきょ》され築地署《つきじしょ》の取調《とりしら》べで死亡《しぼう》。**3・3** 三陸地方《さんりくちほう》で大地震《おおじしん》・大津波発生《おおつなみはっせい》(死者《ししゃ》三〇〇八人《にん》、倒壊《とうかい》・流失家屋《りゅうしつかおく》七二六三戸《こ》)。**4・1** 古川緑波《ふるかわろっぱ》・徳川夢声《とくがわむせい》・大辻司郎《おおつじしろう》ら、笑《わらい》の王国《おうこく》を浅草常盤座《あさくさときわざ》で旗揚《はたあ》げ。児童虐待防止法公布《じどうぎゃくたいぼうしほうこうふ》(一〇月一日施行《がつついたちしこう》)。**4・22** 鳩山一郎文相《はとやまいちろうぶんしょう》、京都帝大教授滝川幸辰《きょうとていだいきょうじゅたきがわゆきとき》の辞職《じしょく》を同大総長《どうだいそうちょう》に対《たい》し要求《ようきゅう》(五月《がつ》二六日《にち》、政府《せいふ》、滝川《たきがわ》の休職《きゅうしょく》を決定《けってい》・法学部教授会《ほうがくぶきょうじゅかい》、これに抗議《こうぎ》し多《おお》くの教員《きょういん》が辞表提出《じひょうていしゅつ》・七月《がつ》一〇日《か》滝川《たきがわ》ら六教授《きょうじゅ》、七月《がつ》二五日《にち》さらに二教授免《きょうじゅめん》

中華民国

西暦	一九三三 ◀ ▶
年号・干支	昭和 八 癸酉《みずのととり》
内閣	（斎藤実内閣）

記事

官処分《かんしょぶん》・滝川事件《たきがわじけん》）。**4・-**『小学国語読本《しょうがくこくごとくほん》』（サクラ読本《とくほん》）使用開始《しようかいし》。**5・3** ドイツ人建築家《じんけんちくか》タウト来日《らいにち》（〜昭和《しょうわ》一一年《ねん》一〇月《がつ》一二日《にち》）。**6・15** 松竹少女歌劇団《しょうちくしょうじょかげきだん》のレビューガールら、待遇問題《たいぐうもんだい》によりストライキ突入《とつにゅう》、湯河原《ゆがわら》に籠城《ろうじょう》（七月《がつ》一五日解決《にちかいけつ》）。**6・19** 丹那《たんな》トンネル貫通《かんつう》（大正《たいしょう》七年《ねん》の起工《きこう》より、予算《よさん》二四六七万円《えん》、のべ労働者数《ろうどうしゃすう》二五〇万人《にん》、殉職者《じゅんしょくしゃ》六七人《にん》）。**7・1** 京都《きょうと》帝大《ていだい》・東京帝大《とうきょうていだい》などの学生《がくせい》ら、大学自由擁護連盟《だいがくじゆうようごれんめい》を結成《けっせい》・滝川教授復職《たきがわきょうじゅふくしょく》・鳩山文相辞職要求《はとやまぶんしょうじしょくようきゅう》などを決議《けつぎ》。**7・3** 全国水平社《ぜんこくすいへいしゃ》、高松地裁《たかまつちさい》の身分差別裁判《みぶんさべつさいばん》に反対《はんたい》し、全国的糾弾闘争《ぜんこくてききゅうだんとうそう》を開始《かいし》（九月《がつ》二五日《にち》、司法次官《しほうじかん》、差別裁判撤廃《さべつさいばんてっぱい》につき通達《つうたつ》）。**7・8** 文部省《もんぶしょう》、『非常時《ひじょうじ》と国民《こくみん》の覚悟《かくご》』を外務《がいむ》・陸軍《りくぐん》・海軍各省《かいぐんかくしょう》と共同編纂《きょうどうへんさん》、学校《がっこう》などに配布《はいふ》。**7・10** 長谷川如是閑《はせがわにょぜかん》・三木清《みききよし》ら、学芸《がくげい》自由同盟《じゆうどうめい》を結成《けっせい》。**8・25** 秋田雨雀《あきたうじゃく》・加藤勘十《かとうかんじゅう》ら、極東平和友《きょくとうへいわとも》の会《かい》を結成《けっせい》。**この夏**「東京音頭《とうきょうおんど》」、東京《とうきょう》で熱狂的流行《ねっきょうてきりゅうこう》し、全国《ぜんこく》へと波及《はきゅう》。**10・1** 後藤隆之助《ごとうりゅうのすけ》ら、近衛文麿《このえふみまろ》と図《はか》り後藤隆之助《ごとうりゅうのすけ》事務所《じむしょ》を開設《かいせつ》、政策諸部門《せいさくしょぶもん》の研究会《けんきゅうかい》を開催《かいさい》（のちの昭和研究会《しょうわけんきゅうかい》）。**10・-**『文学界《ぶんがくかい》』創刊《そうかん》。**11・28** 野呂栄太郎検挙《のろえいたろうけんきょ》（昭和《しょうわ》九年《ねん》二月《がつ》一九日獄中死《にちごくちゅうし》）。**12・24** 日本劇場《にほんげきじょう》、東京有楽町《とうきょうゆうらくちょう》に開場《かいじょう》。**この年《とし》** 治安維持法《ちあんいじほう》による検挙者数《けんきょしゃすう》、戦前最多《せんぜんさいた》。玩具《がんぐ》のヨーヨー大流行《だいりゅうこう》し、月産約《げっさんやく》五〇〇万個《こ》。青森郷土会《あおもりきょうどかい》『うとう』創刊《そうかん》。牧野信之助編《まきのしんのすけへん》『越前若狭古文書選《えちぜんわかさこもんじょせん》』出版《しゅっぱん》。清水正健編纂《しみずまさたけへんさん》『荘園志料《しょうえんしりょう》』刊《かん》。黒竜会《こくりゅうかい》『東亜先覚志士記伝《とうあせんかくししきでん》』刊《かん》（〜昭和《しょうわ》一一年《ねん》）。仁井田陞《にいだのぼる》『唐令拾遺《とうれいしゅうい》』刊《かん》。東京帝国大《とうきょうていこくだい》学史料編纂所編《がくしりょうへんさんじょへん》『読史備要《とくしびよう》』出版《しゅっぱん》。平塚篤《ひらつかあつし》・金子堅太郎《かねこけんたろう》・尾佐竹猛《おさたけたけき》ら編《へん》『秘書類纂《ひしょるいさん》』刊《かん》（〜昭和《しょうわ》一一年《ねん》）。南満洲鉄道会社《みなみまんしゅうてつどうがいしゃ》『満洲経済年報《まんしゅうけいざいねんぽう》』刊《かん》（〜昭和《しょうわ》一六年《ねん》）。

【死没】

1・3 内田嘉吉《うちだかきち》（68、政治家《せいじか》）。**1・5** 根本正《ねもとただし》（83、禁酒運動家《きんしゅうんどうか》）。**1・23** 堺利彦《さかいとしひこ》（64、社会主義者《しゃかいしゅぎしゃ》）。

1・26 渡辺海旭《わたなべかいきょく》（62、浄土宗僧侶《じょうどしゅうそうりょ》）。**1・27** 田中宏《たなかひろし》（75、獣医学《じゅういがく》）。**1・31** 堀内為左衛門《ほりうちためざえもん》（90、

中華民国	中華民国 22

西暦	
年号・干支	
内閣	
記事	篤農家《とくのうか》)。 **2・3** 大谷嘉兵衛《おおたにかひょうえ》(90、実業家《じつぎょうか》)。 **2・20** 小林多喜二《こばやしたきじ》(31、プロレタリア文学作家《ぶんがくさっか》)。 田《た》中有美《なかゆうび》(95、宮廷画家《きゅうていがか》)。 **3・6** 奥好義《おくよしいさ》(76、雅学家《ががくか》)。 **3・18** 吉野作造《よしのさくぞう》(56、評論家《ひょうろんか》)。 **3・28** 池《いけ》貝喜四郎《がいきしろう》(57、技術者《ぎじゅつしゃ》)。 **4・8** 森田恒友《もりたつねとも》(53、洋画家《ようがか》)。 **4・20** 馬越恭平《まごしきょうへい》(90、実業家《じつぎょうか》)。 **4・21** 長岡外史《ながおかがいし》(76、陸軍軍人《りくぐんぐんじん》)。 **4・26** 田附政次郎《たつけまさじろう》(71、綿糸布商《めんしふしょう》)。 **5・2** 岩川友太郎《いわかわともたろう》(80、動物学《どうぶつがく》)。 **6・6** 金谷範三《かなやはんぞう》(61、陸軍軍人《りくぐんぐんじん》)。 **7・14** 松居松翁《まついしょうおう》(64、劇作家《げきさっか》)。 **7・26** 平岩愃保《ひらいわよしやす》(78、メソジスト教《きょう》会《かい》)。 **7・28** 西ノ海嘉治郎《にしうみかじろう》(三代《だい》)(44、横綱《よこづな》)。 武藤信義《むとうのぶよし》(66、陸軍軍人《りくぐんぐんじん》)。 **8・3** 富本豊前太夫《とみもとぶぜんだゆう》(八代《だい》)(77、富本節《とみもとぶし》)。 **8・11** 中村福助《なかむらふくすけ》(成駒屋系五代《なりこまやけいだい》)(34、歌舞伎役者《かぶきやくしゃ》)。 **8・13** 金井延《かないのぶる》(69、経済学《けいざいがく》)。 **9・5** 巌谷小波《いわやさざなみ》(64、小説家《しょうせつか》)。 **9・10** 古賀春江《こがはるえ》(39、洋画家《ようがか》)。 **9・21** 宮沢賢治《みやざわけんじ》(38、童話作家《どうわさっか》)。 **10・15** 新渡戸稲造《にとべいなぞう》(72、教育者《きょういくしゃ》)。 **10・29** 岸清一《きしせいいち》(67、日本体育協会《にほんたいいくきょうかい》)。 **10・30** 平福百穂《ひらふくひゃくすい》(57、日本画《にほんが》家《か》)。 **11・5** 片山潜《かたやません》(75、社会主義者《しゃかいしゅぎしゃ》)。 **11・8** 上原勇作《うえはらゆうさく》(78、陸軍軍人《りくぐんぐんじん》)。 **11・11** 境野黄洋《さかいのこうよう》(63、真《しん》宗大谷派僧侶《しゅうおおたにはそうりょ》)。 **11・14** 原六郎《はらろくろう》(92、実業家《じつぎょうか》)。 **11・24** 村山竜平《むらやまりょうへい》(84、新聞経営者《しんぶんけいえいしゃ》)。 **11・30** 嘉村《かむら》礒多《いそた》(37、小説家《しょうせつか》)。 **12・8** 麻生太吉《あそうたきち》(77、実業家《じつぎょうか》)。 山本権兵衛《やまもとごんべえ》(82、海軍軍人《かいぐんぐんじん》)。 **12・23** 藤沢利《ふじさわり》喜太郎《きたろう》(73、数学《すうがく》)。 **12・26** 田口運蔵《たぐちうんぞう》(42、社会主義者《しゃかいしゅぎしゃ》)。 〖世界〗 **1・30** ヒトラー、ドイツ首相《しゅしょう》に就任《しゅうにん》(ナチス、保守派《ほしゅは》との連立《れんりつ》により政権獲得《せいけんかくとく》)。 **1・-** デンマーク社会民主党内閣《しゃかいみんしゅとうないかく》、社会制度改革《しゃかいせいどかいかく》を実現《じつげん》。 **2・24** 国際連盟総会《こくさいれんめいそうかい》、リットン報告書《ほうこくしょ》を採択《さいたく》し、満洲国《まんしゅうこく》の不承認《ふしょうにん》を決議《けつぎ》。 **2・27** ベルリンで、国会議事堂放火事件起《こっかいぎじどうほうかじけんおこ》る(共産党員《きょうさんとういん》の多数《たすう》が逮《たい》捕《ほ》される)。 **3・4** F・D・ローズヴェルト、第《だい》三二代大統領《だいだいとうりょう》に就任《しゅうにん》、ニューディール政策《せいさく》を開《かい》始《し》。 **3・5** ドイツ総選挙《そうせんきょ》、ナチス二八八議席《ぎせき》を制《せい》す(三月《がつ》九日《か》、共産党非合法化《きょうさんとうひごうほうか》、六月《がつ》二二日《にち》、社会民主党活動禁止《しゃかいみんしゅとうかつどうきんし》、七月《がつ》一四日《か》、新政党結成禁止《しんせいとうけっせいきんし》、ナチス一党独裁《いっとうどくさい》へ)。 **3・9** アメリカ特別《とくべつ》
中華民国	

西暦 一九三三 ▶

年号・干支 昭和八 癸酉《みずのとのとり》

内閣 (斎藤実内閣)

記事

議会開会《ぎかいかいかい》、ニューディール諸立法《しょりつぽう》を可決《かけつ》(五月《がつ》一二日《にち》農業調整法《のうぎょうちょうせいほう》(AAA)、五月《がつ》一八日《にち》テネシー渓谷開発公社法《けいこくかいはつこうしゃほう》(TVA)、六月《がつ》一六日《にち》全国産業復興法《ぜんこくさんぎょうふっこうほう》(NIRA)を可決《かけつ》し閉会《へいかい》)。**3・23** ドイツ国会《こっかい》、全権委任法《ぜんけんいにんほう》を可決《かけつ》(事実上《じじつじょう》、ヒトラーの独裁権確立《どくさいけんかくりつ》)。**4・19** アメリカ、金本位制《きんほんいせい》を停止《ていし》。**6・12** ロンドン国際経済会議開催《こくさいけいざいかいぎかいさい》(〜七月《がつ》二七日《にち》・恐慌対策《きょうこうたいさく》を討議《とうぎ》するも不成功《ふせいこう》)。**6・-** コペンハーゲン世界反戦大会開催《せかいはんせんたいかいかいさい》。**7・3** ソ連《れん》、バルト・バルカン諸国《しょこく》などと、侵略《しんりゃく》の定義《ていぎ》に関《かん》する条約《じょうやく》に調印《ちょういん》。**9・4** キューバのバティスタ、クーデタにより実権掌握《じっけんしょうあく》。**9・30** 極東《きょくとう》反戦反《はんせんはん》ファシズム大会《たいかい》、上海《シャンハイ》で開催《かいさい》。**10・2** 蔣介石《しょうかいせき》、第《だい》五次掃共戦《じそうきょうせん》を開始《かいし》(〜二六日《にち》)。**10・14** ドイツ、国際連盟《こくさいれんめい》およびジュネーヴ軍縮会議《ぐんしゅくかいぎ》からの脱退《だったい》を声明《せいめい》。**10・29** スペイン、ファランヘ党結成《とうけっせい》される。**10・-** スウェーデン社会民主党内閣《しゃかいみんしゅとうないかく》、福祉政策《ふくしせいさく》を展開《てんかい》。**11・16** アメリカ、ソ連《れん》を承認《しょうにん》(米《べい》ソ国交樹立《こっこうじゅりつ》)。**12・3** 第《だい》七回《かい》パン=アメリカ会議《かいぎ》、モンテビデオで開催《かいさい》、不戦条約《ふせんじょうやく》に調印《ちょういん》(アメリカ国務長官《こくむちょうかん》ハル、ラテン=アメリカに対《たい》する内政干渉権《ないせいかんしょうけん》を否認《ひにん》)。**この年《とし》** アインシュタイン・トーマス=マンら、ドイツから亡命《ぼうめい》(ナチスの政権掌握《せいけんしょうあく》により、ユダヤ・反《はん》ナチスの科学者《かがくしゃ》・作家《さっか》などの亡命相《ぼうめいあい》つぐ)。ナホッド没《ぼつ》(75、ドイツの日本学者《にほんがくしゃ》)。

中華民国 中華民国 22

西暦 一九三四 ◀

年号・干支 九 甲戌《きのえいぬ》

記事

【政治・経済】

1・23 荒木貞夫陸相《あらきさだおりくしょう》、病気《びょうき》により辞任《じにん》(後任《こうにん》に林銑十郎《はやしせんじゅうろう》)。**1・29** 日本製鉄《にほんせいてつ》㈱設立《せつりつ》(製鉄大合同《せいてつだいごうどう》・資本金《しほんきん》三億四五九四万円《えん》、社長中井励作《しゃちょうなかいれいさく》)。**2・7** 中島久万吉商相《なかじまくまきちしょうしょう》、貴族院《きぞくいん》で旧稿《きゅうこう》の「足利尊氏論《あしかがたかうじろん》」が問題化《もんだいか》、追及《ついきゅう》される(九日辞任《かじにん》)。**2・15** 政友会岡本一巳《せいゆうかいおかもとかずみ》、衆議院《しゅうぎいん》で鳩山一郎《はとやまいちろう》文相《ぶんしょう》の収賄問題《しゅうわいもんだい》につき追及《ついきゅう》(政友会《せいゆうかい》、内紛激化《ないふんげきか》)。**3・1** 満洲国執政溥儀《まんしゅうこくしっせいふぎ》、皇帝《こうてい》となり帝政《ていせい》を開始《かいし》(元号《げんごう》「康徳《こうとく》」)。**3・3** 鳩山一郎文相《はとやまいちろうぶんしょう》、綱紀問題《こうきもんだい》により辞任《じにん》。**3・5** 永田鉄山《ながたてつざん》、陸軍省《りくぐんしょう》

中華民国 23

西暦

年号・干支

内閣

記事

軍務局《ぐんむきょく》長《ちょう》に就任《しゅうにん》。3・9 時事新報社経営者《じじしんぽうしゃけいえいしゃ》武藤山治《むとうさんじ》、鎌倉《かまくら》の自邸《じてい》付近《ふきん》で福島新吉《ふくしましんきち》に狙撃《そげき》され、翌日《よくじつ》死亡《しぼう》。3・12 海軍水雷艇友鶴《かいぐんすいらいていともづる》、荒天下《こうてんか》での演習訓練中《えんしゅうくんれんちゅう》に転覆《てんぷく》、一〇〇名《めい》が殉職《じゅんしょく》（過大兵装《かだいへいそう》による復原力不足《ふくげんりょくぶそく》が原因《げんいん》）。3・16 衆議院《しゅうぎいん》、取締強化目的《とりしまりきょうかもくてき》の治安維持法改正案《ちあんいじほうかいせいあん》を修正可決《しゅうせいかけつ》（二五日《にち》、両院協議会《りょういんきょうぎかい》で審議未了《しんぎみりょう》）。3・20 共産党《きょうさんとう》「多数派《たすうは》」、セクト主義批判《しゅぎひはん》の声明発表《せいめいはっぴょう》。3・28 石油業法公布《せきゆぎょうほうこうふ》（精製《せいせい》・輸入業《ゆにゅうぎょう》の免許化《めんきょか》、貯油《ちょゆ》の義務化《ぎむか》などを制定《せいてい》）。4・7 貿易調整《ぼうえきちょうせい》および通商擁護法公布《つうしょうようごほうこうふ》（外国《がいこく》の輸入制限《ゆにゅうせいげん》に対抗《たいこう》、関税引上《かんぜいひきあ》げなどの報復処置《ほうふくしょち》を制定《せいてい》・五月《がつ》一日《ついたち》施行《しこう》）。4・11 三菱造船《みつびしぞうせん》㈱、三菱重工業《みつびしじゅうこうぎょう》㈱に改称《かいしょう》（六月《がつ》一三日《にち》、三菱航空機《みつびしこうくうき》㈱と合併《がっぺい》）。4・17 外務省情報局長天羽英二《がいむしょうじょうほうきょくちょうあもうえいじ》、列国《れっこく》の対中国援助《たいちゅうごくえんじょ》への反対《はんたい》を声明《せいめい》（天羽声明《あもうせいめい》）。4・18 帝国人絹会社株式買受《ていこくじんけんがいしゃかぶしきかいう》けをめぐり、疑獄事件発生《ぎごくじけんはっせい》（帝人事件《ていじんじけん》・五月《がつ》一九日《にち》、大蔵次官黒田英雄《おおくらじかんくろだひでお》を召喚《しょうかん》）。5・2 出版法改正公布《しゅっぱんほうかいせいこうふ》（皇室《こうしつ》の尊厳冒瀆《そんげんぼうとく》・安寧秩序妨害《あんねいちつじょぼうがい》などに対《たい》する取締強化《とりしまりきょうか》・八月《がつ》一日《ついたち》施行《しこう》）。6・28 満洲国駐日公使《まんしゅうこくちゅうにちこうし》、民間企業《みんかんきぎょう》の進出《しんしゅつ》を歓迎《かんげい》する旨声明《むねせいめい》。7・3 斎藤実内閣《さいとうまことないかく》、帝人事件《ていじんじけん》により総辞職《そうじしょく》。7・7 海軍兵器製作《かいぐんへいきせいさく》の大阪機械製作所《おおさかきかいせいさくじょ》、解雇反対《かいこはんたい》の争議起《そうぎおこ》る（七月《がつ》九日《か》、争議団《そうぎだん》、高野山《こうやさん》に籠城《ろうじょう》・九月《がつ》七日《か》敗北《はいぼく》）。鈴木喜三郎政友会総裁《すずききさぶろうせいゆうかいそうさい》、次期内閣《じきないかく》への入閣援助《にゅうかくえんじょ》を拒絶《きょぜつ》。7・8 岡田啓介内閣成立《おかだけいすけないかくせいりつ》・政友会《せいゆうかい》、床次竹二郎《とこなみたけじろう》ら入閣者《にゅうかくしゃ》を除名処分《じょめいしょぶん》。7・26 近畿防空大演習《きんきぼうくうだいえんしゅう》実施《じっし》（～二八日《にち》）。8・6 陸軍省《りくぐんしょう》、関東軍《かんとうぐん》による対満政策一元化《たいまんせいさくいちげんか》を目的《もくてき》とした在満機構改組原案《ざいまんきこうかいそげんあん》を発表《はっぴょう》（二〇日《か》、拓務省原案《たくむしょうげんあん》を発表《はっぴょう》）。10・1 陸軍省《りくぐんしょう》、『国防《こくぼう》の本義《ほんぎ》と其強化《そのきょうか》の提唱《ていしょう》』（陸軍《りくぐん》パンフレット）を頒布《はんぷ》、広義国防《こうぎこくぼう》を提唱《ていしょう》（民政党《みんせいとう》・政友会《せいゆうかい》、陸軍《りくぐん》パンフレットについて軍部《ぐんぶ》の政治関与《せいじかんよ》を非難《ひなん》、社会大衆党《しゃかいたいしゅうとう》はパンフレット支持《しじ》）。10・7 拓務省《たくむしょう》の全員《ぜんいん》、在満機構改革案反対《ざいまんきこうかいかくあんはんたい》の具申書《ぐしんしょ》を首相《しゅしょう》（拓相兼任《たくしょうけんにん》）に提出《ていしゅつ》。10・17 政府《せいふ》、在満機構改革《ざいまんきこうかいかく》につき原案断行決定《げんあんだんこうけってい》を声明《せいめい》（一〇月《がつ》一八日《にち》、関東庁全職員《かんとうちょうぜんしょくいん》、在満機構問題《ざいまんきこうもんだい》に関《かん》し総辞職《そうじしょく》を決議《けつぎ》・翌日満洲全警官《よくじつまんしゅうぜんけいかん》も総辞《そうじ》

中華民国

西暦	年号・干支	内閣
一九三四 ◀▶	昭和 九 甲戌《きのえいぬ》	（斎藤実内閣）

記事

職《しょく》・三一日辞表撤回《にちじひょうてっかい》）。**11・1** 若槻礼次郎《わかつきれいじろう》、民政党総裁《みんせいとうそうさい》を辞任《じにん》。満鉄《まんてつ》、大連《だいれん》—新京間《しんきょうかん》に特急《とっきゅう》あじあ号《ごう》を運転開始《うんてんかいし》。**11・13** 満洲国《まんしゅうこく》、石油専売法《せきゆせんばいほう》を公布《こうふ》（アメリカ・イギリス・オランダから抗《こう》議《ぎ》）。**11・20** 村中孝次《むらなかこうじ》・磯部浅一《いそべあさいち》ら皇道派青年将校《こうどうはせいねんしょうこう》、クーデタ計画容疑《けいかくようぎ》により検挙《けんきょ》（士官学校事《しかんがっこうじ》件《けん》・皇道派《こうどうは》・統制派《とうせいは》の対立激化《たいりつげきか》の端緒《たんしょ》）。**11・27** 第《だい》六六臨時議会召集《りんじぎかいしょうしゅう》（一一月《がつ》二八日開会《にちかいかい》、一二月《がつ》九日閉会《かへいかい》）。**12・1** 東海道本線丹那《とうかいどうほんせんたんな》トンネル開通《かいつう》、営業運転開始《えいぎょううんてんかいし》（同時《どうじ》に全国《ぜんこく》で列車時刻《れっしゃじこく》を改《かい》定《てい》）。**12・3** 閣議《かくぎ》、ワシントン海軍軍縮条約《かいぐんぐんしゅくじょうやく》の単独廃棄《たんどくはいき》を決定《けってい》（二九日《にち》、アメリカに通告《つうこく》）。**12・5** 西園寺公望暗殺《さいおんじきんもちあんさつ》を狙《ねら》った少年血盟団員《しょうねんけつめいだんいん》、興津《おきつ》の坐漁荘《ざぎょそう》で西園寺《さいおんじ》との面会強要中《めんかいきょうようちゅう》に逮捕《たいほ》される。**12・24** 第《だい》六七通常議会召集《つうじょうぎかいしょうしゅう》（一二月《がつ》二六日開会《にちかいかい》、昭和《しょうわ》一〇年《ねん》三月《がつ》二五日閉会《にちへいかい》）。**12・26** 対満事務局官制公布《たいまんじむきょくかんせいこうふ》・施行《しこう》。林銑十郎陸相《はやしせんじゅうろうりくしょう》、同局総裁《どうきょくそうさい》を兼任《けんにん》（関東軍主導《かんとうぐんしゅどう》の対満経営機関《たいまんけいえいきかん》成《せい》立《りつ》し、在満機構改革問題《ざいまんきこうかいかくもんだい》終結《しゅうけつ》）。**この年** 軍需景気《ぐんじゅけいき》拡大《かくだい》し、軍事産業《ぐんじさんぎょう》を中心《ちゅうしん》とした好況《こうきょう》となる。国内《こくない》の大財閥《だいざいばつ》、住友《すみとも》を嚆矢《こうし》として満洲進出《まんしゅうしんしゅつ》を開始《かいし》。

【社会・文化】

1・29 内務省警保局長《ないむしょうけいほきょくちょう》松本学《まつもとまなぶ》、直木三十五《なおきさんじゅうご》らと文芸懇話会結成《ぶんげいこんわかいけっせい》のため初会合《はつかいごう》。**1・-** 東北《とうほく》大学文学会《だいがくぶんがくかい》『文化《ぶんか》』創刊《そうかん》。**3・16** 内務省《ないむしょう》、瀬戸内海《せとないかい》・雲仙《うんぜん》・霧島《きりしま》を最初《さいしょ》の国立公園《こくりつこうえん》に指定《してい》。**3・21** 函館《はこだて》に大火《たいか》、焼失《しょうしつ》二万二六〇〇戸《こ》、焼死者《しょうししゃ》六五〇人《にん》ほか凍死者《とうししゃ》など多数《たすう》（関東大震災《かんとうだいしんさい》につぐ大《たい》火《か》）。**3・27** ㈶三井報恩会設立認可《みついほうおんかいせつりつにんか》（基金《ききん》三〇〇万円《えん》、文化活動《ぶんかかつどう》への資金援助《しきんえんじょ》を展開《てんかい》）。**4・3** 全《ぜん》国小学校教員精神作興大会《こくしょうがっこうきょういんせいしんさっこうたいかい》、全国代表《ぜんこくだいひょう》三万五〇〇〇余人《よにん》により宮城前《きゅうじょうまえ》で開催《かいさい》・天皇臨幸《てんのうりんこう》して勅語《ちょくご》を下賜《かし》。**5・20** ㈶癌研究会癌研究所開所《がんけんきゅうかいがんけんきゅうじょかいしょ》。**6・1** 文部省《もんぶしょう》、学生部《がくせいぶ》を拡充《かくじゅう》し思想局《しそうきょく》を設置《せっち》。**6・6** 蓑田胸喜《みのだむねき》、東京帝大法学部教授末弘厳太郎《とうきょうていだいほうがくぶきょうじゅすえひろいずたろう》を治安維持法違反《ちあんいじほういはん》・不敬罪《ふけいざい》などを理《り》由《ゆう》に告発《こくはつ》。**9・2** 東京市電《とうきょうしでん》、一万人解雇《にんかいこ》・四割減給《わりげんきゅう》での再雇用《さいこよう》などの市電更生案《しでんこうせいあん》を発表《はっぴょう》（五日《か》、

中華民国
中華民国 23

西暦

年号・干支

内閣　岡田啓介《おかだけいすけ》内閣　7・8

記事

東京交通労働組合《とうきょうこうつうろうどうくみあい》、同案《どうあん》に反対《はんたい》しストライキ突入《とつにゅう》・九月《がつ》一八日《にち》ストライキ休止《きゅうし》・一〇月《がつ》七日《か》再《ふたた》びストライキ突入《とつにゅう》・一〇月《がつ》一三日《にち》二割減給《わりげんきゅう》で妥結《だけつ》)。**9・12** 新協劇団《しんきょうげきだん》、村山知義《むらやまともよし》の新劇団《しんげきだん》大同団結《だいどうだんけつ》の提唱《ていしょう》により結成《けっせい》。**9・21** 室戸台風《むろとたいふう》、関西《かんさい》・四国地方《しこくちほう》を襲《おそ》う(死者《ししゃ》・行方不明《ゆくえふめい》三〇三六人《にん》、被害総額《ひがいそうがく》一〇億円《えん》・室戸岬《むろとみさき》で九一一・九ヘクトパスカルの日本《にほん》の陸上《りくじょう》での最低気圧《さいていきあつ》を記録《きろく》)。**10・1** 日本民族学会設立《にほんみんぞくがっかいせつりつ》(会長白鳥庫吉《かいちょうしらとりくらきち》)。大和国史会《やまとこくしかい》『大和志《やまとし》』創刊《そうかん》。明治文化研究会《めいじぶんかけんきゅうかい》(尾佐竹《おさたけ》猛代表《たけきだいひょう》)『幕末明治新聞全集《ばくまつめいじしんぶんぜんしゅう》』刊《かん》(〜昭和《しょうわ》一〇年《ねん》二月《がつ》)。**11・2** アメリカ大《だい》リーグ選抜野球《せんばつやきゅう》チーム来日《らいにち》(ベーブ＝ルース・ルー＝ゲーリッグら一八人《にん》)。**11・3** 東北各県《とうほくかくけん》の生活綴方教師《せいかつつづりかたきょうし》、北《きた》日本国語教育連盟《にほんこくごきょういくれんめい》を結成《けっせい》。**11・18** 日本労働組合全国評議会《にほんろうどうくみあいぜんこくひょうぎかい》、総評《そうひょう》・全労統一全国会議《ぜんろうとういつぜんこくかいぎ》などの合同《ごうどう》により結成《けっせい》(委員長《いいんちょう》加藤勘十《かとうかんじゅう》)。**この年** 東北地方《とうほくちほう》の冷害《れいがい》、西日本《にしにほん》の旱害《かんがい》、関西《かんさい》の風水害《ふうすいがい》により大凶作《だいきょうさく》(水陸稲実収高《すいりくとうじつしゅうだか》五一八四万石《ごく》、大正《たいしょう》二年以降《ねんいこう》で最低《さいてい》)・東北地方《とうほくちほう》、冷害《れいがい》・大凶作《だいきょうさく》により自殺《じさつ》・娘《むすめ》の身売《みうり》・欠食児童《けっしょくじどう》などの惨状《さんじょう》が広《ひろ》がる。宇佐郡史談会《うさぐんしだんかい》『宇佐史談《うさしだん》』刊《かん》(大正《たいしょう》一一年《ねん》創刊《そうかん》『史談《しだん》』に始《はじ》まる)。平野義太郎《ひらのよしたろう》『日本資本主義社会《にほんしほんしゅぎしゃかい》の機構《きこう》』刊《かん》。山田盛太郎《やまだもりたろう》『日本資本主義分析《にほんしほんしゅぎぶんせき》』刊《かん》。司法省編《しほうしょうへん》『徳川時代民事慣例集《とくがわじだいみんじかんれいしゅう》』刊《かん》(〜昭和《しょうわ》一一年《ねん》)。笹川種郎《ささがわたねお》編《へん》『史料大成《しりょうたいせい》』刊《かん》(〜昭和《しょうわ》一二年《ねん》)。黒羽兵治郎《くろはひょうじろう》編《へん》『大阪商業史料集成《おおさかしょうぎょうしりょうしゅうせい》』刊《かん》(〜昭和《しょうわ》一五年《ねん》)。中山泰昌《なかやまやすまさ》『新聞集成明治編年史《しんぶんしゅうせいめいじへんねんし》』刊《かん》(〜昭和《しょうわ》一一年《ねん》一二月《がつ》)。

【死没】

1・1 佐々木安五郎《ささきやすごろう》(63、政治家《せいじか》)。**1・7** 田村直臣《たむらなおみ》(77、牧師《ぼくし》)。**1・8** 片倉兼太郎《かたくらかねたろう》(二代《だい》)(73、片《かた》倉製糸《くらせいし》)。**1・24** 山本竟山《やまもときょうざん》(72、書家《しょか》)。**1・28** 古市公威《ふるいちこうい》(81、土木工学《どぼくこうがく》)。**2・4** 有馬四郎助《ありましろすけ》(71、監獄改良《かんごくかいりょう》)。**2・5** 留岡幸助《とめおかこうすけ》(71、社会事業家《しゃかいじぎょうか》)。志賀泰山《しがたいざん》(81、林学《りんがく》)。**2・6** 鎌田栄吉《かまたえいきち》(78、政治《せいじ》家《か》)。**2・14** 横瀬夜雨《よこせやう》(57、詩人《しじん》)。**2・19** 野呂栄太郎《のろえいたろう》(35、マルクス主義《しゅぎ》)。伊東巳代治《いとうみよじ》(78、政治家《せいじか》)。

中華民国

西暦	一九三四 ▶
年号・干支	昭和九 甲戌《きのえいぬ》
内閣	(岡田啓介内閣)
記事	2・24 直木三十五《なおきさんじゅうご》(44、小説家《しょうせつか》)。3・1 服部金太郎《はっとりきんたろう》(75、服部時計店《はっとりとけいてん》)。3・9 大工原銀太郎《だいくはらぎんたろう》(67、土壌学《どじょうがく》)。3・10 武藤山治《むとうさんじ》(68、政治家《せいじか》)。3・20 大熊氏広《おおくまうじひろ》(79、彫刻家《ちょうこくか》)。3・25 中橋徳五郎《なかはしとくごろう》(74、実業家《じつぎょうか》)。4・3 高倉徳太郎《たかくらとくたろう》(50、牧師《ぼくし》)。4・16 佐藤繁彦《さとうしげひこ》(49、神学《しんがく》)。4・18 大手拓次《おおてたくじ》(48、詩人《しじん》)。4・19 富士松加賀太夫《ふじまつかがたゆう》(八代《だい》)(76、新内節《しんないぶし》)。4・21 関直彦《せきなおひこ》(78、政治家《せいじか》)。4・25 土田杏村《つちだきょうそん》(44、思想家《しそうか》)。5・5 中村憲吉《なかむらけんきち》(46、歌人《かじん》)。5・16 川村清雄《かわむらきよお》(83、洋画家《ようがか》)。5・21 片岡直温《かたおかなおはる》(76、政治家《せいじか》)。5・23 岡田良平《おかだりょうへい》(71、政治家《せいじか》)。5・30 東郷平八郎《とうごうへいはちろう》(88、海軍軍人《かいぐんぐんじん》)。6・1 久保天随《くぼてんずい》(60、漢文学《かんぶんがく》)。6・18 古在由直《こざいよしなお》(71、農芸化学《のうげいかがく》)。6・26 内藤虎次郎《ないとうとらじろう》(69、東洋史学《とうようしがく》)。7・10 水町袈裟六《みずまちけさろく》(71、銀行《ぎんこう》家《か》)。7・28 池貝庄太郎《いけがいしょうたろう》(66、実業家《じつぎょうか》)。7・29 久米桂一郎《くめけいいちろう》(69、洋画家《ようがか》)。9・1 竹久夢二《たけひさゆめじ》(51、画家《がか》)。9・11 井上剣花坊《いのうえけんかぼう》(65、川柳《せんりゅう》)。9・12 小田切万寿之助《おだぎりますのすけ》(67、外交官《がいこうかん》)。9・24 木村清四郎《きむらせいしろう》(74、日銀副総裁《にちぎんふくそうさい》)。10・8 石田貫之助《いしだかんのすけ》(86、政治家《せいじか》)。10・10 大沢善助《おおさわぜんすけ》(81、実業家《じつぎょうか》)。高村光雲《たかむらこううん》(83、彫刻家《ちょうこくか》)。10・16 片岡仁左衛門《かたおかにざえもん》(一一代《だい》)(78、歌舞伎役者《かぶきやくしゃ》)。10・22 コーツ(69、宣教師《せんきょうし》)。10・28 鵜崎鷺城《うざきろじょう》(62、ジャーナリスト)。11・3 江見水蔭《えみすいいん》(66、小説家《しょうせつか》)。11・4 乾新兵衛《いぬいしんべえ》(73、実業家《じつぎょうか》)。11・5 櫛田民蔵《くしだたみぞう》(50、経済学《けいざいがく》)。11・8 尾上梅幸《おのえばいこう》(六代《だい》)(65、歌舞伎役者《かぶきやくしゃ》)。11・18 藤浪鑑《ふじなみあきら》(65、病《びょう》理学《りがく》)。11・19 田所輝明《たどころてるあき》(35、社会運動家《しゃかいうんどうか》)。11・30 安川敬一郎《やすかわけいいちろう》(86、実業家《じつぎょうか》)。12・8 神田鐳蔵《かんだらいぞう》(63、紅葉屋銀行《もみじやぎんこう》)。12・20 埴原正直《はにはらまさなお》(59、外交官《がいこうかん》)。12・31 高木正年《たかぎせいねん》(79、全盲代議士《ぜんもうだいぎし》)。 【世界】 1・22 第《だい》二回《かい》中華《ちゅうか》ソヴィエト代表者大会《だいひょうしゃたいかい》、江西省瑞金《こうせいしょうずいきん》で開催《かいさい》(〜二月《がつ》七日《か》)。1・30 アメリカ、金準備法制定《きんじゅんびほうせいてい》(翌日《よくじつ》ドル平価切下《へいかきりさ》げを実施《じっし》)。2・6 フランス、極右団体《きょくうだんたい》・ファシストらによる反議会制《はんぎかいせい》の大騒擾《だいそうじょう》起《おこ》る(二月《がつ》六日《か》事件《じけん》)。2・9 ギリシア・トルコ・ユーゴスラヴィア・ルーマニア、バルカン協商結成条約《きょうしょうけっせいじょうやく》に調印《ちょういん》。2・12 ウィーンで、労働者《ろうどうしゃ》ら反《はん》ファシスト蜂起《ほうき》し、
中華民国	中華民国 23

1934（昭和9）

西暦	
年号・干支	
内閣	
記事	政府軍《せいふぐん》・ハイムヴェア（郷土防衛団《きょうどぼうえいだん》）と市街戦《しがいせん》を展開《てんかい》。**3・1** 韓国独立党《かんこくどくりつとう》など、南京《ナンキン》で対日戦線《たいにちせんせん》統一同盟大会《とういつどうめいたいかい》を開催《かいさい》。**3・24** アメリカ議会《ぎかい》、タイディングス＝マグダフィ法《ほう》を可決《かけつ》・一〇年後《ねんご》のフィリピン独立《どくりつ》を決定《けってい》（五月一日《がつついたち》、フィリピン議会承認《ぎかいしょうにん》）。**5・19** ブルガリアで、ゲオルギエフ将軍《しょうぐん》ら「軍事連盟《ぐんじれんめい》」がクーデタ、独裁制《どくさいせい》を樹立《じゅりつ》。**5・29** アメリカ・キューバ、新条約《しんじょうやく》に調印《ちょういん》し、プラット修正条項《しゅうせいじょうこう》を廃止《はいし》（アメリカ、キューバ干渉権《かんしょうけん》を放棄《ほうき》）。**6・8** 第《だい》一回日《かいにち》・蘭印会《らんいんかい》商《しょう》、バタビヤで開催《かいさい》（～一二月《がつ》二一日《にち》）。**6・12** アメリカ議会《ぎかい》、互恵通商協定法《ごけいつうしょうきょうていほう》を可決《かけつ》（大統《だいとう》領《りょう》に関税率《かんぜいりつ》五〇パーセントの引下《ひきさ》げ権《けん》を付与《ふよ》）。**6・30** ヒトラー、レームら突撃隊《とつげきたい》（ＳＡ）幹部《かんぶ》など政敵《せいてき》を殺害《さつがい》・粛清《しゅくせい》（レーム事件《じけん》）。**7・16** サンフランシスコで、ゼネスト起《おこ》る。**7・25** ナチス、ウィーンで蜂起《ほうき》しドルフース首相《しゅしょう》を殺害《さつがい》。**7・27** フランス社会党《しゃかいとう》および共産党《きょうさんとう》、反《はん》ファッショの統一行動協定《とういつこうどうきょうてい》を締結《ていけつ》。**8・2** ドイツ、ヒンデンブルク大統領《だいとうりょう》病死《びょうし》（ヒトラー首相《しゅしょう》、大統領《だいとうりょう》を兼任《けんにん》し、八月《がつ》一九日《にち》、国民投票《こくみんとうひょう》により承認《しょうにん》、総統《そうとう》となる）。**9・18** ソ連《れん》、国際連盟《こくさいれんめい》に加入《かにゅう》。**10・6** スペイン、レルース右翼内閣成立《うよくないかくせいりつ》に反対《はんたい》し、カタロニアが独立宣言《どくりつせんげん》、アストゥリアスで共産主義者《きょうさんしゅぎしゃ》らの武装蜂起発生《ぶそうほうきはっせい》（二一日鎮圧《にちちんあつ》）。**10・9** ユーゴ国王《こくおう》アレクサンダル一世《せい》・フランス外相《がいしょう》バルトゥー、マルセイユで暗殺《あんさつ》される。**10・15** 中国《ちゅうごく》、紅軍《こうぐん》、瑞金《ずいきん》を放棄《ほうき》して長《ちょう》征《せい》を開始《かいし》。**12・1** ソヴィエト政治局員《せいじきょくいん》キーロフ、暗殺《あんさつ》される（これより暗殺急増《あんさつきゅうぞう》、スターリンの大粛清《だいしゅくせい》はじまる）。メキシコ、カルデナスが大統領《だいとうりょう》に就任《しゅうにん》。**12・14** トルコ、女性《じょせい》の参政権《さんせいけん》承認《しょうにん》（一九三五年《ねん》三月《がつ》、一七人《にん》の女性議員誕生《じょせいぎいんたんじょう》）。**この年《とし》** ジョリオ＝キュリー夫妻《ふさい》、人工放射《じんこうほうしゃ》能《のう》の発生《はっせい》に成功《せいこう》。
中華民国	

西暦	年号・干支	内閣
◀一九三五	昭和一〇 乙亥《きのとのい》	(岡田啓介内閣)

記事

【政治・経済】

1・20 町田忠治《まちだちゅうじ》、民政党総裁《みんせいとうそうさい》に就任《しゅうにん》。1・21 北満鉄道譲渡《ほくまんてつどうじょうと》に関《かん》する満洲《まんしゅう》・ソ連間《れんかん》の協定成《きょうていせい》立《りつ》(三月《がつ》二三日《にち》、日本《にほん》を加《くわ》えた三国間《ごくかん》で調印《ちょういん》・三月《がつ》二五日公布《にちこうふ》)。2・18 菊池武夫貴族院議員《きくちたけおきぞくいんぎいん》、貴族院《きぞくいん》で美濃部達吉議員《みのべたつきちぎいん》の天皇機関説《てんのうきかんせつ》を攻撃《こうげき》(二五日《にち》、美濃部《みのべ》、弁明演説《べんめいえんぜつ》、その後《ご》、軍部《ぐんぶ》・国家《こっか》主義団体《しゅぎだんたい》などによる天皇機関説排撃運動高《てんのうきかんせつはいげきうんどうたか》まり政治問題《せいじもんだい》に発展《はってん》)。3・4 岡田啓介首相《おかだけいすけしゅしょう》、議会《ぎかい》で天皇機関説《てんのうきかんせつ》に対《たい》して反対表明《はんたいひょうめい》。逃亡中《とうぼうちゅう》の袴田里見《はかまださとみ》検挙《けんきょ》され、日本共産党中央委員会壊滅《にほんきょうさんとうちゅうおういいんかいかいめつ》。3・23 衆議院《しゅうぎいん》、国体明徴決議案《こくたいめいちょうけつぎあん》を満場一致《まんじょういっち》で可決《かけつ》。3・30 臨時利得税法公布《りんじりとくぜいほうこうふ》(四月一日施行《がつついたちしこう》)。4・6 真崎甚三郎教育総監《まさきじんざぶろうきょういくそうかん》、国体明徴《こくたいめいちょう》を陸軍《りくぐん》に訓示《くんじ》。満洲国皇帝溥儀来日《まんしゅうこくこうていふぎらいにち》(〜二三日《にち》)。倉《そう》庫業法公布《こぎょうほうこうふ》(一〇月一日施行《がつついたちしこう》)。4・9 美濃部達吉《みのべたつきち》、天皇機関説問題《てんのうきかんせつもんだい》により不敬罪《ふけいざい》で起訴《きそ》される。内務省《ないむしょう》、美濃部《みのべ》の『憲法撮要《けんぽうさつよう》』など三著書《ちょしょ》を発禁処分《はっきんしょぶん》。4・10 文部省《もんぶしょう》、国体明徴《こくたいめいちょう》を訓令《くんれい》。4・18 政友会《せいゆうかい》、内閣審議会《ないかくしんぎかい》への不参加《ふさんか》を決議《けつぎ》。4・23 帝国在郷軍人会《ていこくざいごうぐんじんかい》、天皇機関説排撃《てんのうきかんせつはいげき》パンフレットを頒布《はんぷ》。5・11 内閣審議会《ないかくしんぎかい》・内閣調査局官制各公布《ないかくちょうさきょくかんせいかくこうふ》・政友会《せいゆうかい》、審議会《しんぎかい》に参加《さんか》の望月圭介《もちづきけいすけ》・水《みず》野錬太郎《のれんたろう》を除名処分《じょめいしょぶん》。5・17 日中両国《にっちゅうりょうこく》、公使《こうし》(館《かん》)を大使《たいし》(館《かん》)に昇格《しょうかく》。5・22 民政党《みんせいとう》、政友会《せいゆうかい》に提携解消《ていけいかいしょう》を通告《つうこく》。5・29 支那駐屯軍《しなちゅうとんぐん》、河北省《かほくしょう》からの国民党機関《こくみんとうきかん》の撤退《てったい》などを要求《ようきゅう》。6・5 関東軍特務機関員《かんとうぐんとくむきかんいん》ら、チャハル省《しょう》で宋哲元軍《そうてつげんぐん》に逮捕《たいほ》される(チャハル事件《じけん》)。6・10 国民政府《こくみんせいふ》、河北省《かほくしょう》における日本軍《にほんぐん》の要求《ようきゅう》(国民党施設《こくみんとうしせつ》・機関《きかん》の撤退《てったい》など)を全面的《ぜんめんてき》に承認《しょうにん》(梅津《うめづ》・何応欽協《かおうきんきょう》定《てい》)。6・18 選挙粛正中央連盟設立《せんきょしゅくせいちゅうおうれんめいせつりつ》(会長斎藤実《かいちょうさいとうまこと》)。6・27 国民政府《こくみんせいふ》、チャハル事件《じけん》における日本軍《にほんぐん》の要求《ようきゅう》(チャハル省北中部《しょうほくちゅうぶ》からの宋哲元軍撤退《そうてつげんぐんてったい》など)を承諾《しょうだく》(土肥原《どひはら》・秦徳純協定《しんとくじゅんきょうてい》)。7・11 一一月事件《がつじけん》により収監中《しゅうかんちゅう》の村中孝次《むらなかこうじ》・磯部浅一《いそべあさいち》、「粛軍《しゅくぐん》に関《かん》する意見書《いけんしょ》」を軍内外《ぐんないがい》に頒《はん》布《ぶ》(八月《がつ》二日《か》、両人《りょうにん》とも免官処分《めんかんしょぶん》)。7・16 真崎甚三郎教育総監罷免《まさきじんざぶろうきょういくそうかんひめん》され、後任《こうにん》に渡辺錠太郎《わたなべじょうたろう》

中華民国	中華民国 24

1935（昭和10）

西暦	
年号・干支	
内閣	
記事	就任《しゅうにん》（統制《とうせい》・皇道両派《こうどうりょうは》の対立《たいりつ》、更《さら》に激化《げきか》）。**7・31** 政友会《せいゆうかい》議員総会《ぎいんそうかい》、天皇機関説《てんのうきかんせつ》の排撃《はいげき》を声明《せいめい》。**8・3** 政府《せいふ》、第《だい》一次《じ》国体明徴声明《こくたいめいちょうせいめい》（天皇機関説《てんのうきかんせつ》を「国体《こくたい》の本義《ほんぎ》を愆《あやま》るもの」と声明《せいめい》）。**8・12** 永《なが》田鉄山《やまてつざん》陸軍省《りくぐんしょう》軍務局長《ぐんむきょくちょう》、省内《しょうない》で皇道派《こうどうは》の相沢三郎《あいざわさぶろう》により斬殺《ざんさつ》される。**8・23** 綿業中央協《めんぎょうちゅうおうきょう》議会《ぎかい》、大日本紡績連合会《だいにほんぼうせきれんごうかい》・日本綿織物組合連合会《にほんめんおりものくみあいれんごうかい》・輸出綿糸布同業組合《ゆしゅつめんしふどうぎょうくみあい》の三団体合同《だんたいごうどう》により設《せつ》立《りつ》。**9・6** イギリスの対中国経済使節《たいちゅうごくけいざいしせつ》リース＝ロス来日《らいにち》し、広田弘毅《ひろたこうき》外相《がいしょう》・高橋是清《たかはしこれきよ》蔵相《ぞうしょう》らと会談《かいだん》。**9・17** 住友金属工業《すみともきんぞくこうぎょう》㈱、住友伸銅鋼管《すみともしんどうこうかん》㈱・住友製鋼所《すみともせいこうしょ》㈱の合併《がっぺい》により設立《せつりつ》（資本金《しほんきん》四〇〇〇万円《えん》、本社大阪《ほんしゃおおさか》）。**9・18** 美濃部達吉《みのべたつきち》、貴族院議員《きぞくいんぎいん》を辞任《じにん》・検察側《けんさつがわ》、美濃部《みのべ》の起訴猶予《きそゆうよ》を決定《けってい》。**10・7** 広田弘毅《ひろたこうき》外相《がいしょう》、蔣作賓《しょうさくひん》中国駐日大使《ちゅうごくちゅうにちたいし》との会談《かいだん》で、日中提携《にっちゅうていけい》の三原則《げんそく》（排日運動《はいにちうんどう》の停《てい》止《し》・満洲国《まんしゅうこく》の承認《しょうにん》・赤化防止《せっかぼうし》）を提議《ていぎ》（二一日蔣大使《にちしょうたいし》、概《おおむ》ね承諾《しょうだく》）。**10・15** 政府《せいふ》、第《だい》二次《じ》国体《こくたい》明徴声明《めいちょうせいめい》（天皇機関説《てんのうきかんせつ》は国体《こくたい》にもとるものとし、その「芟除《さんじょ》」を声明《せいめい》）。**11・9** 外務省《がいむしょう》、中国幣《ちゅうごくへい》制改革《せいかいかく》およびリース＝ロスの対華共同借款《たいかきょうどうしゃっかん》などについて反対《はんたい》の旨《むね》、非公式《ひこうしき》に声明《せいめい》。**11・25** 日《に》本軍指導《ほんぐんしどう》による冀東防共自治委員会《きとうぼうきょうじちいいんかい》、長城以南《ちょうじょういなん》の非武装地帯《ひぶそうちたい》に政権樹立《せいけんじゅりつ》し、国民政府《こくみんせいふ》からの離脱《りだつ》を宣言《せんげん》（委員長殷汝耕《いいんちょういんじょこう》）。**11・26** 高橋是清蔵相《たかはしこれきよぞうしょう》、閣議《かくぎ》で公債漸減《こうさいぜんげん》の必要性《ひつようせい》を提言《ていげん》。**12・9** 第《だい》二次《じ》ロンドン海軍軍縮会議《かいぐんぐんしゅくかいぎ》開催《かいさい》（日本全権永野修身《にほんぜんけんながのおさみ》）。**12・18** 冀察政務委員会《きさつせいむいいんかい》、国民政府《こくみんせいふ》により北平《ペーピン》に設置《せっち》（委員長宋哲元《いいんちょうそうてつげん》・河北《かほく》・チャハル両省《りょうしょう》および北平《ペーピン》・天津両市《てんしんりょうし》を管轄《かんかつ》）。**12・20** ㈱興《こう》中公司《ちゅうコンス》、満鉄《まんてつ》の全額出資《ぜんがくしゅっし》により設立《せつりつ》（資本金《しほんきん》一〇〇〇万円《えん》、本社大連《ほんしゃだいれん》、社長十河信二《しゃちょうそごうしんじ》）。**12・23** 望月圭介逓相《もちづきけいすけていしょう》ら、政友会除名者《せいゆうかいじょめいしゃ》・脱党者《だっとうしゃ》により昭和会《しょうわかい》を結成《けっせい》。**12・24** 第《だい》六八通常議会《つうじょうぎかい》召《しょう》集《しゅう》（一二月《がつ》二六日開会《にちかいかい》、昭和《しょうわ》一一年《ねん》一月《がつ》二一日解散《にちかいさん》）。**この年** 綿布輸出量《めんぷゆしゅつりょう》、史上最高《しじょうさいこう》を記《き》録《ろく》（二七億平方《へいほう》ヤード）。貿易収支《ぼうえきしゅうし》、一七年《ねん》ぶりに黒字《くろじ》となる。
中華民国	

西暦 一九三五 ◀▶

年号・干支 昭和一〇 乙亥《きのとのい》

内閣 (岡田啓介内閣)

記事

【社会・文化】

1・17 小林《こばやし》 存《ながろう》『高志路《こしじ》』創刊《そうかん》。 1・- 飛騨考古土俗学会《ひだこうこどぞくがっかい》『ひだびと』創刊《そうかん》。 2・1 世界文化社《せかいぶんかしゃ》『世《せ》界文化《かいぶんか》』創刊《そうかん》。 2・- 湯川秀樹《ゆかわひでき》、中間子論《ちゅうかんしろん》を発表《はっぴょう》。 3・8 忠犬《ちゅうけん》ハチ公死《こうし》ぬ(渋谷駅前《しぶやえきまえ》の銅像《どうぞう》は前年《ぜんねん》の四月《がつ》二一日《にち》に建立《こんりゅう》)。 3・13 東京《とうきょう》―ロンドンおよびベルリン間《かん》の無線電話開通《むせんでんわかいつう》。 3・21 無期懲役囚吉田石松《むきちょうえきしゅうよしだいしまつ》、二三年《ねん》ぶりに仮出所《かりしゅっしょ》し、無実《むじつ》を訴《うった》え再審請求《さいしんせいきゅう》を開始《かいし》(昭和《しょうわ》の巌窟王《がんくつおう》と呼《よ》ばれる・昭和《しょうわ》三七年《ねん》一〇月《がつ》三〇日再審決定《にちさいしんけってい》、三八年《ねん》二月《がつ》二八日無罪確定《にちむざいかくてい》)。 3・- 国民精神文化研究所《こくみんせいしんぶんかけんきゅうじょ》『元寇史料集《げんこうしりょうしゅう》』刊《かん》。誠文堂《せいぶんどう》『近世社会経済学説大系《きんせいしゃかいけいざいがくせつたいけい》』刊《かん》(~昭和《しょうわ》一二年《ねん》九月《がつ》)。 4・1 青年学校令《せいねんがっこうれい》・青年学校教員養成所令各公布《せいねんがっこうきょういんようせいじょれいかくこうふ》(実業補習学校《じつぎょうほしゅうがっこう》および青年訓練所《せいねんくんれんじょ》を統合《とうごう》し青年《せいねん》学校《がっこう》に改組《かいそ》)。 4・10 大阪港南地方《おおさかこうなんちほう》で、全労《ぜんろう》・総同盟合同促進協議会結成《そうどうめいごうどうそくしんきょうぎかいけっせい》。 5・1 第《だい》一六回《かい》メーデー開催《かいさい》(戦前最後《せんぜんさいご》のメーデー)。 5・20 新日本海員組合《しんにほんかいいんくみあい》、日本海員組合離脱《にほんかいいんくみあいりだつ》の革正同盟派《かくせいどうめいは》により結成《けっせい》(組合員《くみあいいん》六〇〇〇人《にん》)。 5・28 文部省《もんぶしょう》、美術界《びじゅつかい》の統制策《とうせいさく》として、帝国美術院《ていこくびじゅついん》の改組《かいそ》を発《はっ》表《ぴょう》(三一日《にち》、帝国美術院官制公布《ていこくびじゅついんかんせいこうふ》)。 5・- 『中央公論《ちゅうおうこうろん》』、「転落自由主義《てんらくじゆうしゅぎ》」を特集《とくしゅう》・長谷川如是《はせがわにょぜ》閑《かん》・清沢洌《きよさわきよし》・中野正剛《なかのせいごう》ら寄稿《きこう》。 8・25 愛知県豊川鉄道争議《あいちけんとよかわてつどうそうぎ》起《おこ》る(日本主義労働組合《にほんしゅぎろうどうくみあい》によるストライキ・九月《がつ》三日解決《にちかいけつ》)。 9・29 日本労働組合総連合《にほんろうどうくみあいそうれんごう》、メーデー廃止《はいし》・日本産業労働祭挙行《にほんさんぎょうろうどうさいきょこう》などの提案《ていあん》を否決《ひけつ》され、日本労働組合会議《にほんろうどうくみあいかいぎ》を脱退《だったい》。 9・- 第《だい》一回《かい》芥川賞《あくたがわしょう》、石川達三《いしかわたつぞう》『蒼氓《そうぼう》』に、第《だい》一回《かい》直木賞《なおきしょう》、川口松太郎《かわぐちまつたろう》『鶴八鶴次郎《つるはちつるじろう》』にそれぞれ決定《けってい》。 10・1 第《だい》四回国勢調査実施《かいこくせいちょうさじっし》(内地人口《ないちじんこう》六九二五万四一四八人《にん》、外地人口《がいちじんこう》二八四四万三四〇七人《にん》)。 10・- 日本評論社《にほんひょうろんしゃ》『日本評論《にほんひょうろん》』創刊《そうかん》(『経済往来《けいざいおうらい》』改題《かいだい》)。 11・7 ㈳同盟通信社《どうめいつうしんしゃ》、設立認可《せつりつにんか》(政府《せいふ》・軍部《ぐんぶ》の方針《ほうしん》に基《もと》づき、日本電報通信《にほんでんぽうつうしん》社《しゃ》・新聞連合社《しんぶんれんごうしゃ》の二大《だい》ニュース通信社《つうしんしゃ》の統合《とうごう》により、昭和《しょうわ》一一年《ねん》一月一日発足《がっついたちほっそく》)。 11・8 大日《だいに》本映画協会設立《ほんえいがきょうかいせつりつ》(映画《えいが》に対《たい》する国家統制強化《こっかとうせいきょうか》)。 11・26 日本《にほん》ペンクラブ創立《そうりつ》(初代会長島崎藤《しょだいかいちょうしまざきとう》

中華民国 中華民国 24

西暦	
年号・干支	
内閣	
記事	村《そん》)。**12・8** 大本教《おおもときょう》の出口王仁三郎《でぐちおにさぶろう》ら幹部《かんぶ》三〇余人《よにん》、不敬罪《ふけいざい》および治安維持法違反容疑《ちあんいじほういはんようぎ》により逮捕《たいほ》される(第《だい》二次《じ》大本教《おおもときょう》事件《じけん》・昭和《しょうわ》一一年《ねん》三月《がつ》一三日結社禁止《にちけっしゃきんし》)。**この年**《とし》 東京商工会議所《とうきょうしょうこうかいぎしょ》調査課編《ちょうさかへん》『支那経済年報《しなけいざいねんぽう》』創刊《そうかん》。『朝鮮王朝実録《ちょうせんおうちょうじつろく》』成《な》る。 【死没】 **1・4** 松山高吉《まつやまたかよし》(89、牧師《ぼくし》)。**1・7** 一竜斎貞山《いちりゅうさいていざん》(五代《だい》)(73、講釈師《こうしゃくし》)。**1・17** 石川千代松《いしかわちよまつ》(76、動物学《どうぶつがく》)。**1・20** 戸水寛人《とみずひろんど》(75、政治家《せいじか》)。**1・26** 関一《せきはじめ》(63、社会政策学《しゃかいせいさくがく》)。**1・31** 藤井真信《ふじいさだのぶ》(51、官僚《かんりょう》)。**2・1** 中村鴈治郎《なかむらがんじろう》(初代《しょだい》)(76、歌舞伎役者《かぶきやくしゃ》)。**2・9** 小笠原長幹《おがさわらながよし》(51、政治家《せいじか》)。**2・11** 大庭二郎《おおばじろう》(72、陸軍軍人《りくぐんぐんじん》)。**2・28** 坪内逍遙《つぼうちしょうよう》(77、評論家《ひょうろんか》)。**3・4** 坂本孝三郎《さかもとこうざぶろう》(42、労働運動家《ろうどううんどうか》)。**3・8** 小藤文次郎《ことうぶんじろう》(80、地質学《ちしつがく》)。**3・10** 藤間勘十郎《ふじまかんじゅうろう》(六代《だい》)(日本舞踊《にほんぶよう》)。**3・20** 速水御舟《はやみぎょしゅう》(42、日本画家《にほんがか》)。**3・26** 与謝野鉄幹《よさのてっかん》(63、歌人《かじん》)。**4・16** 茂木惣兵衛《もぎそうべえ》(三代《だい》)(43、実業家《じつぎょうか》)。**5・2** 荒木古童《あらきこどう》(三代《だい》)(57、尺八奏者《しゃくはちそうしゃ》)。**6・15** 藤川勇造《ふじかわゆうぞう》(53、彫刻家《ちょうこくか》)。**7・12** 大石正己《おおいしまさみ》(81、政治家《せいじか》)。**7・19** 杉山茂丸《すぎやましげまる》(72、政治家《せいじか》)。**7・20** 五島清太郎《ごとうせいたろう》(69、動物学《どうぶつがく》)。**7・29** 関野貞《せきのただし》(69、建築史《けんちくし》)。**8・11** 駒田好洋《こまだこうよう》(59、活動写真弁士《かつどうしゃしんべんし》)。**8・12** 永田鉄山《ながたてつざん》(52、陸軍軍人《りくぐんぐんじん》)。**8・21** 岡村金太郎《おかむらきんたろう》(69、海藻学《かいそうがく》)。**9・1** 山本東次郎《やまもととうじろう》(二代《だい》)(72、狂言師《きょうげんし》)。**9・7** 高橋五郎《たかはしごろう》(80、聖書翻訳家《せいしょほんやくか》)。**9・8** 床次竹二郎《とこなみたけじろう》(70、政治家《せいじか》)。**9・12** 川上俊彦《かわかみとしつね》(75、実業家《じつぎょうか》)。**9・14** 富井政章《とみいまさあきら》(78、民法学《みんぽうがく》)。**10・4** 千葉亀雄《ちばかめお》(58、文芸評論家《ぶんげいひょうろんか》)。林鶴一《はやしつるいち》(63、数学《すうがく》)。**10・17** 中村太八郎《なかむらたはちろう》(68、社会運動家《しゃかいうんどうか》)。**11・19** 山脇房子《やまわきふさこ》(69、山脇学園《やまわきがくえん》)。**11・23** 木村久寿弥太《きむらくすやた》(71、実業家《じつぎょうか》)。**11・29** 松本長《まつもとながし》(59、能楽師《のうがくし》)。**11・30** 曾我祐準《そがすけのり》(93、陸軍軍人《りくぐんぐんじん》)。**12・16** 月成勲《つきなりいさお》(76、玄洋社《げんようしゃ》)。**12・21** 岩井勝次郎《いわいかつじろう》(73、岩井商店《いわいしょうてん》)。**12・31** 寺田寅彦《てらだとらひこ》(58、物理学《ぶつりがく》)。 〘世界〙 **1・7** フランス・イタリア、ローマ協定《きょうてい》に調印《ちょういん》(オーストリアの独立維持《どくりついじ》およびイタリアのエ
中華民国	

西暦	年号・干支	内閣	記事	中華民国
▶一九三五	昭和一〇 乙亥《きのとのい》	(岡田啓介内閣)	チオピア進出《しんしゅつ》を確認《かくにん》)。ユーイング没《ぼつ》(79、英国《えいこく》スコットランド、お雇《やと》い外国人《がいこくじん》・物理学者《ぶつりがくしゃ》)。**1・13** ザール地域《ちいき》、人民投票《じんみんとうひょう》によりドイツへの帰属決定《きぞくけってい》(九一パーセントの復帰支持《ふっきしじ》・三月《がつ》七日《か》正式《せいしき》復帰《ふっき》)。紅軍《こうぐん》(朱徳《しゅとく》・毛沢東指揮《もうたくとうしき》)、貴州省遵義《きしゅうしょうじゅんぎ》を占領《せんりょう》(一月《がつ》七日《か》)、中国共産党中央政治局《ちゅうごくきょうさんとうちゅうおうせいじきょく》拡大会議《かくだいかいぎ》を開催《かいさい》(毛沢東《もうたくとう》の党指導体制《とうしどうたいせい》が確立《かくりつ》)。**2・15** チェンバレン没《ぼつ》(84、日本語学《にほんごがく》)。**3・16** ドイツ、ヴェルサイユ条約軍備制限条項《じょうやくぐんびせいげんじょうこう》を破棄《はき》し、再軍備《さいぐんび》を宣言《せんげん》。**3・20** ノルウェー、第二次《だいじ》労働党内閣成立《ろうどうとうないかくせいりつ》。**3・1** ブラジル、統一戦線組織《とういつせんせんそしき》の民族解放同盟《みんぞくかいほうどうめい》(ANL)結成《けっせい》。**4・11** 英《えい》・仏《ふつ》・伊《い》、ストレーザ会議《かいぎ》を開催《かいさい》(~四月《がつ》一四日《にち》)、ドイツの再軍備宣言《さいぐんびせんげん》を非難《ひなん》。**5・2** 仏《ふつ》ソ相互援助《そうごえんじょ》条約《じょうやく》に調印《ちょういん》(期間《きかん》五年《ねん》)。**5・16** ソ連《れん》・チェコ相互援助条約《そうごえんじょじょうやく》に調印《ちょういん》。**5・19** ブルガリア国王《こくおう》ボリス、個人独裁体制《こじんどくさいたいせい》を敷《し》く旨宣言《むねせんげん》。**6・18** 英独海軍協定調印《えいどくかいぐんきょうていちょういん》・イギリス、ドイツに対《たい》しイギリス海軍《かいぐん》の三五パーセントの海軍保有《かいぐんほゆう》を承認《しょうにん》。**7・5** アメリカ、議会《ぎかい》でワグナー法可決《ほうかけつ》(労働《ろうどう》者《しゃ》の団結権《だんけつけん》・団体交渉権《だんたいこうしょうけん》を保証《ほしょう》した、労働者《ろうどうしゃ》の権利拡張立法《けんりかくちょうりっぽう》)。**7・14** フランス、人民戦線派《じんみんせんせんは》による反《はん》ファシズム集会開催《しゅうかいかいさい》、パリで四〇万人参加《にんさんか》の大《だい》デモ。**7・25** 第《だい》七回《かい》コミンテルン大会《たいかい》、モスクワで開催《かいさい》され、人民戦線《じんみんせんせん》テーゼを採択《さいたく》(~八月《がつ》二〇日《か》)。**8・1** 中国共産党《ちゅうごくきょうさんとう》、八・一宣言《せんげん》(「抗日救国《こうにちきゅうこく》のために全同胞《ぜんどうほう》に告《つ》げる書《しょ》」)を発表《はっぴょう》、抗日民族統一戦線《こうにちみんぞくとういつせんせん》の結成《けっせい》を提唱《ていしょう》。**8・2** イギリス、インド統治法《とうちほう》(一九三五年法《ねんほう》)を公布《こうふ》(制限的州自治制《せいげんてきしゅうじちせい》の導入《どうにゅう》およびインド・ビルマの分離《ぶんり》・一九三七年《ねん》四月一日施行《がつついたちしこう》)。**8・30** ソ連《れん》、スタハーノフ運動《うんどう》(ノルマ超過達成奨励《ちょうかたっせいしょうれい》)開始《かいし》。**8・31** アメリカ議会《ぎかい》、中立法《ちゅうりつほう》を可決《かけつ》(交戦国《こうせんこく》への武器禁輸規定《ぶききんゆきてい》)。**10・3** イタリア、エチオピアに侵攻《しんこう》(エチオピア戦争《せんそう》)。**11・3** 中国国民政府《ちゅうごくこくみんせいふ》、幣制改革《へいせいかいかく》を実施《じっし》。**11・9** アメリカ、産業別《さんぎょうべつ》労働組織委員会《ろうどうそしきいいんかい》(CIO)発足《ほっそく》。**11・23** ブラジル、ナタール市《し》駐屯《ちゅうとん》の歩兵大隊《ほへいだいたい》が共産党弾圧《きょうさんとうだんあつ》に抗議《こうぎ》し反乱《はんらん》。**12・9** 第二次《だいじ》ロンドン海軍軍縮会議《かいぐんぐんしゅくかいぎ》開催《かいさい》。北平《ペーピン》の学生《がくせい》、抗日救国《こうにちきゅうこく》・華北自治《かほくじち》反《はん》	中華民国 24

対《たい》のデモの集会《しゅうかい》を開催《かいさい》(一二・九運動《うんどう》)。

西暦	◀一九三六
年号・干支	一一 丙子《ひのえね》
内閣	3・9 広田弘毅内閣《ひろたこうき》

記事

【政治・経済】

1・10 天皇機関説論者《てんのうきかんせつろんじゃ》の法制局長官《ほうせいきょくちょうかん》金森徳次郎《かなもりとくじろう》辞任《じにん》。 1・13 政府《せいふ》、「北支処理要綱《ほくししょりようこう》」(第《だい》一次《じ》)を定《さだ》める(華北《かほく》五省《しょう》の自治化策《じちかさく》)。 1・15 ロンドン軍縮会議《ぐんしゅくかいぎ》の日本全権《にほんぜんけん》永野修身《ながのおさみ》、脱退《だったい》を通告《つうこく》(一六日《にち》公表《こうひょう》)。 1・21 政友会《せいゆうかい》、内閣不信任案《ないかくふしんにんあん》を提出《ていしゅつ》し議会解散《ぎかいかいさん》。 2・20 第《だい》一九回《かい》衆議院《しゅうぎいん》総選挙《そうせんきょ》(民政党《みんせいとう》二〇五・政友会《せいゆうかい》一七一・昭和会《しょうわかい》二二・社会大衆党《しゃかいたいしゅうとう》一八・国民同盟《こくみんどうめい》一五・中立《ちゅうりつ》その他《た》三五)。 2・26 皇道派青年将校《こうどうはせいねんしょうこう》、兵士《へいし》一四〇〇余人《よにん》を率《ひき》いて反乱《はんらん》、首相官邸《しゅしょうかんてい》などを襲撃《しゅうげき》・占拠《せんきょ》、斎藤《さいとう》実内大臣《まことないだいじん》・高橋是清蔵相《たかはしこれきよぞうしょう》らを殺害《さつがい》し、国家改造《こっかかいぞう》を要求《ようきゅう》(二・二六事件《じけん》)。 2・27 東京市《とうきょうし》に戒厳《かいげん》令《れい》を布告《ふこく》(七月《がつ》一八日解除《にちかいじょ》、岡田首相《おかだしゅしょう》無事救出《ぶじきゅうしゅつ》)。 2・28 岡田内閣総辞職《おかだないかくそうじしょく》。 2・29 戒厳部隊《かいげんぶたい》、討伐行動《とうばつこうどう》を開始《かいし》・反乱軍帰順《はんらんぐんきじゅん》。 3・4 近衛文麿《このえふみまろ》に組閣《そかく》を命《めい》じる(近衛辞退《このえじたい》・五日《か》、広田弘毅《ひろたこうき》に組閣《そかく》を命《めい》じる)。 3・6 陸相候補《りくしょうこうほ》寺内寿一《てらうちひさいち》、組閣人事《そかくじんじ》に干渉《かんしょう》、自由主義《じゆうしゅぎ》・親英米的《しんえいべいてき》な入閣予定《にゅうかくよてい》者《しゃ》の排除《はいじょ》を要求《ようきゅう》。 3・9 広田弘毅内閣成立《ひろたこうきないかくせいりつ》。馬場鍈一《ばばえいいち》蔵相《ぞうしょう》、増税《ぞうぜい》・低金利政策《ていきんりせいさく》などの断行《だんこう》を声明《せいめい》(馬場財政《ばばざいせい》)。 3・13 天皇機関説論者《てんのうきかんせつろんじゃ》の枢密院議長《すうみついんぎちょう》一木喜徳郎《いちききとくろう》辞任《じにん》・後任《こうにん》に平沼騏一郎《ひらぬまきいちろう》。 5・1 第《だい》六九特別議会召集《とくべつぎかいしょうしゅう》(五月《がつ》四日《か》開会《かいかい》、同《どう》二六日閉会《にちへいかい》)。 5・4 労農無産協議会結成《ろうのうむさんきょうぎかいけっせい》(委員長《いいんちょう》加藤勘十《かとうかんじゅう》)。 5・18 陸海軍大臣《りくかいぐんだいじん》・次官《じかん》を現役《げんえき》の大将《たいしょう》・中将《ちゅうじょう》とする旨《むね》を公布《こうふ》(軍部大臣現役武官《ぐんぶだいじんげんえきぶかん》制復活《せいふっかつ》)。 5・25 中野正剛《なかのせいごう》ら、東方会《とうほうかい》を結成《けっせい》。 5・28 重要輸出品取締法《じゅうようゆしゅつひんとりしまりほう》を公布《こうふ》(一〇月《がつ》一五日《にち》施行《しこう》)。重要産業統制法《じゅうようさんぎょうとうせいほう》を改正《かいせい》・公布《こうふ》(施行期間《しこうきかん》を五ヵ年延長《ねんえんちょう》・統制《とうせい》を強化《きょうか》・七月《がつ》五日施行《かしこう》)。 5・29 米穀自治管理法《べいこくじちかんりほう》を公布《こうふ》(過剰米《かじょうまい》を米穀統制組合《べいこくとうせいくみあい》に自治的《じちてき》に貯蔵《ちょぞう》させる・九月《がつ》二〇日施行《かしこう》)。 自動車製造事業法《じどうしゃせいぞうじぎょうほう》を公布《こうふ》(自動車製造事業《じどうしゃせいぞうじぎょう》を許可制《きょかせい》とし、保護助成《ほごじょせい》を行《おこな》う・七月《がつ》一一日施《にちし》

中華民国	25

西暦	年号・干支	内閣
一九三六 ◀ ▶	昭和一一 丙子《ひのえね》	(広田弘毅内閣)

記事

行《こう》)。**6・8** 帝国国防方針《ていこくこくぼうほうしん》・用兵綱領《ようへいこうりょう》の第《だい》三次改訂《じかいてい》を裁可《さいか》。**7・1** 情報委員会官制《じょうほういいんかいかんせい》を公布《こうふ》(のちの内閣情報局《ないかくじょうほうきょく》)。**7・5** 東京陸軍軍法会議《とうきょうりくぐんぐんぽうかいぎ》、二・二六事件被告《じけんひこく》に判決《はんけつ》、一七人《にん》に死刑宣告《しけいせんこく》(一二日《にち》、二人《り》を除《のぞ》き執行《しっこう》)。**8・7** 首《しゅ》・外《がい》・陸《りく》・海《かい》四相《しょう》で「帝国外交方針《ていこくがいこうほうしん》」を、蔵相《ぞうしょう》を加《くわ》えた五相会議《しょうかいぎ》で「国策《こくさく》の基準《きじゅん》」を決定《けってい》(大陸《たいりく》・南方進出《なんぽうしんしゅつ》と軍備充実《ぐんびじゅうじつ》を定《さだ》める)。**8・11** 政府《せいふ》、第《だい》二次北支処理《じほくししょり》要綱《ようこう》を決定《けってい》(華北《かほく》五省《しょう》に防共親日満地帯《ぼうきょうしんにちまんちたい》を建設《けんせつ》)。**8・24** 中国四川省成都《ちゅうごくしせんしょうせいと》で、日本人新聞記者《にほんじんしんぶんきしゃ》二人《り》が殺害《さつがい》される(成都事件《せいとじけん》)。**9・25** 帝国在郷軍人会令《ていこくざいごうぐんじんかいれい》を公布《こうふ》(軍《ぐん》の公的機関《こうてききかん》となる)。全国《ぜんこく》地方銀行協会設立《ちほうぎんこうきょうかいせつりつ》。**11・7** 帝国議会議事堂落成式《ていこくぎかいぎじどうらくせいしき》。**11・14** 内蒙軍《ないもうぐん》、関東軍《かんとうぐん》の援助《えんじょ》で綏遠東部《すいえんとうぶ》に進出《しんしゅつ》、一八日《にち》、中国傅作義軍《ちゅうごくふさくぎぐん》に大敗《たいはい》し、二三日《にち》、百霊廟陥落《ひゃくれいびょうかんらく》(綏遠事件《すいえんじけん》)。**11・25** 日独防共協定《にちどくぼうきょうきょうてい》(秘密協定《ひみつきょうてい》・秘密書簡《ひみつしょかん》も含《ふく》む)ベルリンで調印《ちょういん》。**11・27** 閣議《かくぎ》、昭和《しょうわ》一二年度予算案決定《ねんどよさんあんけってい》(歳出額《さいしゅつがく》、前年《ぜんねん》より七億三〇〇〇万円増大《えんぞうだい》・軍事費《ぐんじひ》は約《やく》一四億円《えん》となる)。**12・7** ㈱満洲興業銀行設立《まんしゅうこうぎょうぎんこうせつりつ》(総裁富田勇太郎《そうさいとみたゆうたろう》)。**12・12** ㈱神戸銀行設立《こうべぎんこうせつりつ》(兵庫県下《ひょうごけんか》の七銀行《ぎんこう》が合同《ごうどう》・会長岡崎忠雄《かいちょうおかざきただお》)。D五一型蒸気機関車《がたじょうききかんしゃ》の生産開始《せいさんかいし》。**12・24** 第《だい》七〇通常議会召集《つうじょうぎかいしょうしゅう》(一二月《がつ》二六日開会《にちかいかい》・昭和《しょうわ》一二年《ねん》三月《がつ》三一日解散《にちかいさん》)。**12・31** ワシントン海軍軍縮条約失効《かいぐんぐんしゅくじょうやくしっこう》。

【社会・文化】

1・15 全日本労働総同盟《ぜんにほんろうどうそうどうめい》(全総《ぜんそう》)結成大会《けっせいたいかい》(会長松岡駒吉《かいちょうまつおかこまきち》)。松竹大船撮影所開所式《しょうちくおおふなさつえいじょかいしょしき》。**1・17** 労働組合法《ろうどうくみあいほう》・小作法獲得全国労農大会《こさくほうかくとくぜんこくろうのうたいかい》、東京《とうきょう》で開催《かいさい》。**2・5** 日本職業野球連盟結成《にほんしょくぎょうやきゅうれんめいけっせい》(七チーム・九日《か》、巨人軍《きょじんぐん》・金鯱軍《きんこぐん》、初《はつ》のプロ野球試合《やきゅうしあい》)。**2・10** 野坂参三《のさかさんぞう》・山本懸蔵《やまもとけんぞう》、「日本《にほん》の共産主義者《きょうさんしゅぎしゃ》へのてがみ」をモスクワで発表《はっぴょう》し、反《はん》ファシズム統一戦線《とういつせんせん》を提唱《ていしょう》。**3・13** 内務省《ないむしょう》、大本教《おおもときょう》に解散《かいさん》を命《めい》じる。**3・24** 内務省《ないむしょう》、メーデー禁止《きんし》を全国府県知事《ぜんこくふけんちじ》へ通達《つうたつ》。**4・21** 聖徳記念絵画館壁画完成式《せいとくきねんかいがかんへきがかんせいしき》。**4・-** 東亜同文会《とうあどうぶんかい》『対支回顧録《たいしかいころく》』刊《かん》。**5・18** 阿部定事件《あべさだじけん》(二〇日《か》逮捕《たいほ》)。**5・29** 思想犯《しそうはん》

中華民国: 中華民国 25

西暦

年号・干支

内閣

記事

保護観察法《ほごかんさつほう》を公布《こうふ》（一一月《がつ》二〇日《か》施行《しこう》）。**5・-** 大蔵省編《おおくらしょうへん》『明治大正財政史《めいじたいしょうざいせいし》』刊《かん》（〜昭和《しょうわ》一五年《ねん》五月《がつ》）。**6・1**「国民歌謡《こくみんかよう》」放送開始《ほうそうかいし》。**6・3** 退職積立金及《たいしょくつみたてきんおよ》び退職手当法《たいしょくてあてほう》を公布《こうふ》（昭和《しょうわ》一二年《ねん》一月《がつ》一日施行《ついたちしこう》）。**6・15** 不穏文書臨時取締法《ふおんぶんしょりんじとりしまりほう》を公布《こうふ》。**6・-** 外務省編纂《がいむしょうへんさん》『大日本外交文書《だいにほんがいこうぶんしょ》』刊行開始《かんこうかいし》（第二次世界大戦後《だいにじせかいたいせんご》『日本外交文書《にほんがいこうぶんしょ》』と改題《かいだい》、続刊中《ぞっかんちゅう》）。**7・10** 平野義太郎《ひらのよしたろう》・山田盛太郎《やまだもりたろう》・小林良正《こばやしりょうせい》ら講座派学者《こうざはがくしゃ》を一斉検挙《いっせいけんきょ》（コム＝アカデミー事件《じけん》）。**7・31** IOC、第《だい》一二回《かい》オリンピック開催地《かいさいち》を東京《とうきょう》に決定《けってい》（昭和《しょうわ》一三年《ねん》七月《がつ》一五日返上《にちへんじょう》）。**8・1** 第《だい》一一回《かい》オリンピック、ベルリンで開会《かいさい》（日本人選手《にほんじんせんしゅ》一七九人参加《にんさんか》・前畑秀子《まえはたひでこ》、女子《じょし》二〇〇メートル平泳《ひらおよぎ》で初《はつ》の金《きん》メダル）。**8・29** 全評《ぜんぴょう》・東交《とうこう》など、社会大衆党《しゃかいたいしゅうとう》に門戸解放《もんこかいほう》・反《はん》ファッショ人民戦線《じんみんせんせん》を申《もう》し入《い》れる（九月《がつ》一日趣旨了《ついたちしゅしりょう》承《しょう》を回答《かいとう》）。**9・8** 文部省《もんぶしょう》、日本諸学振興委員会《にほんしょがくしんこういいんかい》を設置《せっち》。**9・10** 陸軍省《りくぐんしょう》、陸軍工廠労働者《りくぐんこうしょうろうどうしゃ》の組合加入《くみあいかにゅう》・団体行動《だんたいこうどう》を禁止《きんし》。**9・28** 大阪府特高警察《おおさかふとっこうけいさつ》、ひとのみち教団教祖御木徳一《きょうだんきょうそみきとくはる》を刑事事件《けいじじけん》で検挙《けんきょ》。**10・24** 日本民芸館開館《にほんみんげいかんかいかん》（館長《かんちょう》柳宗悦《やなぎむねよし》・東京駒場《とうきょうこまば》）。**11・14** 方面委員令《ほうめんいいんれい》を公布《こうふ》（地域《ちいき》の生活保護制度《せいかつほごせいど》）。**12・2** 大日本傷痍軍人会発会式《だいにほんしょういぐんじんかいはっかいしき》。**この年《とし》** 太田亮《おおたあきら》『姓氏家系大辞典《せいしかけいだいじてん》』出版《しゅっぱん》。司法省編《しほうしょうへん》『徳川時代裁判事例《とくがわじだいさいばんじれい》』刑事《けいじ》ノ部《ぶ》刊《かん》（続刑事《ぞくけいじ》ノ部《ぶ》、昭和《しょうわ》一七年刊《ねんかん》）。仙台叢書刊行会編《せんだいそうしょかんこうかいへん》（代表今泉寅四郎《だいひょういまいずみとらしろう》）『仙台叢書《せんだいそうしょ》』刊《かん》（〜昭和《しょうわ》一三年《ねん》）。顧問正木直彦《こもんまさきなおひこ》・高橋箒庵《たかはしそうあん》、監修千宗室《かんしゅうせんそうしつ》・千宗守《せんそうしゅ》ほか『茶道全集《さどうぜんしゅう》』刊《かん》（〜昭和《しょうわ》一二年《ねん》）。

【死没】

1・4 藤山常一《ふじやまつねいち》（65、企業家《きぎょうか》）。**1・8** 城泉太郎《じょうせんたろう》（81、英学《えいがく》）。**1・11** 生田長江《いくたちょうこう》（55、評論家《ひょうろんか》）。**1・21** 坪井九馬三《つぼいくめぞう》（79、歴史家《れきしか》）。**1・22** 森本六爾《もりもとろくじ》（34、考古学《こうこがく》）。**2・1** 松田源治《まつだげんじ》（62、政治家《せいじか》）。**2・2** 宮川経輝《みやがわつねてる》（80、牧師《ぼくし》）。**2・26** 渡辺錠太郎《わたなべじょうたろう》（63、陸軍軍人《りくぐんぐんじん》）。斎藤実《さいとうまこと》（79、政治家《せいじか》）。高橋是清《たかはしこれきよ》（83、政治家《せいじか》）。**2・29** 野中四郎《のなかしろう》（34、陸軍軍人《りくぐんぐんじん》）。**3・12** 内田康哉《うちだこうさい》（72、外交官《がいこうかん》）。**3・24** 牧野信一《まきのしんいち》

中華民国

西暦	年号・干支	内閣
▶一九三六	昭和一一 丙子《ひのえね》	(広田弘毅内閣)

記事

(41、小説家《しょうせつか》)。**3・25** 山本条太郎《やまもとじょうたろう》(70、実業家《じつぎょうか》)。**3・27** 川崎卓吉《かわさきたくきち》(66、政治家《せいじか》)。**5・3** 池田菊《いけだきく》苗《なえ》(73、物理化学《ぶつりかがく》)。**5・12** 満川亀太郎《みつかわかめたろう》(49、国家主義者《こっかしゅぎしゃ》)。**5・25** 柳沢保恵《やなぎさわやすとし》(67、統計学《とうけいがく》)。**6・10** 土《つち》田麦僊《だばくせん》(50、日本画家《にほんがか》)。**6・13** 真清水蔵六《ましみずぞうろく》(二代《だい》)(76、陶工《とうこう》)。**6・26** 鈴木三重吉《すずきみえきち》(55、小説家《しょうせつか》)。**7・3** 相沢三郎《あいざわさぶろう》(46、陸軍軍人《りくぐんぐんじん》)。**7・6** 冨田溪仙《とみたけいせん》(58、日本画家《にほんがか》)。**7・12** 安藤輝三《あんどうてるぞう》(32、陸軍軍人《りくぐんぐんじん》)。満谷国四郎《みつたにくにしろう》(63、洋画家《ようがか》)。市川中車《いちかわちゅうしゃ》(七代《だい》)(77、歌舞伎役者《かぶきやくしゃ》)。**7・19** 志田順《しだとし》(61、地震学《じしんがく》)。**7・22** 岡崎邦輔《おかざきくにすけ》(84、政治家《せいじか》)。**8・16** ウェルクマイスター(53、音楽家《おんがくか》)。**10・7** 手塚岸衛《てづかきしえ》(57、教育者《きょういくしゃ》)。**10・8** 下田歌子《しもだうたこ》(83、実践女学校《じっせんじょがっこう》)。**10・31** 岡倉由三郎《おかくらよしさぶろう》(69、英学《えいがく》)。**12・4** 野本恭八郎《のもときょうはちろう》(85、篤志《とくし》家《か》)。**12・6** 浜岡光哲《はまおかこうてつ》(84、京都商業会議所会頭《きょうとしょうぎょうかいぎしょかいとう》)。**12・30** 大川平三郎《おおかわへいざぶろう》(77、企業家《きぎょうか》)。

【世界】**2・9** ベリ没《ぼつ》(89、宣教師《せんきょうし》)。**2・16** スペイン国会選挙《こっかいせんきょ》(人民戦線派《じんみんせんせんは》勝利《しょうり》・一九日《にち》、連立内閣成立《れんりつないかくせいりつ》)。**3・7** ドイツ、ロカルノ条約《じょうやく》を破棄《はき》し、ラインラントに進駐《しんちゅう》。**3・12** ソヴィエト・モンゴル、相互援助議定書《そうごえんじょぎていしょ》に調印《ちょういん》。**3・25** イギリス・アメリカ・フランス、ロンドン海軍軍縮条約《かいぐんぐんしゅくじょうやく》に調印《ちょういん》。**4・4** マキム没《ぼつ》(83、宣教師《せんきょうし》)。**4・11** インドのラクナウーで全《ぜん》インド農民組合結成《のうみんくみあいけっせい》。**4・25** エルサレムでアラブの五政党代表《せいとうだいひょう》、アラブ高等委員会《こうとういいんかい》を開《ひら》く(各地《かくち》でアラブ人《じん》の反英暴動激化《はんえいぼうどうげきか》・〜一九三九年《ねん》)。**5・5** 朝鮮《ちょうせん》の祖国光復会《そこくこうふくかい》、満洲《まんしゅう》で結成《けっせい》。**5・9** イタリア、エチオピア併合《へいごう》を宣言《せんげん》・ヴィットーリオ＝エマヌエーレ三世《せい》を皇帝《こうてい》とするイタリア領東《りょうひがし》アフリカ成立《せいりつ》。**6・4** フランスに第一次《だいじ》ブルム内閣成立《ないかくせいりつ》(人民戦線内閣《じんみんせんせんないかく》)。**7・17** スペイン軍部《ぐんぶ》、スペイン領《りょう》モロッコで反乱《はんらん》(一八日《にち》、反乱《はんらん》、本土《ほんど》に拡大《かくだい》・スペイン内乱始《ないらんはじ》まる)。**8・4** ギリシアのメタクサス将軍《しょうぐん》、独裁体制《どくさいたいせい》を樹立《じゅりつ》。**8・9** 朝鮮《ちょうせん》、『東亜日報《とうあにっぽう》』、ベルリンオリンピックでマラソン優勝《ゆうしょう》の孫基禎選手《そんきていせんしゅ》の写真《しゃしん》から日《ひ》の丸《まる》を消《け》して掲載《けいさい》、無期停刊《むきていかん》。**8・19** モスクワでトロツキー・ジノヴ

中華民国
中華民国 **25**

西暦	1936（続き）	◀一九三七
年号・干支		一二 丁丑《ひのとのうし》
内閣		林銑十郎内閣《はやしせんじゅうろうないかく》 2・2
記事	ィエフ派《は》の合同本部事件公判開始《ごうどうほんぶじけんこうはんかいし》(二五日《にち》、ジノヴィエフ・カーメネフらに死刑宣告《しけいせんこく》、処刑《しょけい》)。8・26 イギリス・エジプト、同盟条約調印《どうめいじょうやくちょういん》(イギリスのスエズ駐留権獲得《ちゅうりゅうけんかくとく》など)。9・9 ロンドンでスペイン内乱不干渉委員会成立《ないらんふかんしょういいんかいせいりつ》(二七ヵ国参加《こくさんか》)。10・19 魯迅没《ろじんぼつ》(56、中国《ちゅうごく》の思想家《しそうか》・小説《しょうせつ》家《か》)。10・25 イタリア・ドイツ両国外相《りょうこくがいしょう》、ベルリンで会談《かいだん》、ローマ＝ベルリン枢軸成立《すうじくせいりつ》。11・7 スペインで反乱軍《はんらんぐん》、マドリードを攻撃《こうげき》、国際義勇軍《こくさいぎゆうぐん》、マドリード防衛戦《ぼうえいせん》に参加《さんか》。11・9 上海《シャンハイ》・青島《チンタオ》の日系紡績工場《にっけいぼうせきこうじょう》でストライキ。11・1 段祺瑞没《だんきずいぼつ》(72、中国《ちゅうごく》の安徽派軍閥《あんきはぐんばつ》)。12・5 第《だい》八回臨《かいりん》時《じ》ソ連邦《れんぽう》ソヴィエト大会《たいかい》(一一月《がつ》二五日《にち》～)、新憲法《しんけんぽう》(スターリン憲法《けんぽう》)を採択《さいたく》。12・12 張学良《ちょうがくりょう》・楊虎城《ようこじょう》ら、西安《せいあん》で蔣介石《しょうかいせき》を監禁《かんきん》し内戦停止《ないせんていし》・一致抗日《いっちこうにち》を迫《せま》る(西安事件《せいあんじけん》・一六日《にち》、中国共産《ちゅうごくきょうさん》党《とう》の周恩来《しゅうおんらい》ら、西安《せいあん》に至《いた》り、張《ちょう》・蔣《しょう》と会談《かいだん》)。	【政治・経済】 1・8 大蔵省《おおくらしょう》、輸入為替許可制実施《ゆにゅうかわせきょかせいじっし》の旨《むね》を公布《こうふ》。1・21 政友会浜田国松《せいゆうかいはまだくにまつ》、衆議院《しゅうぎいん》での質問演《しつもんえん》説《ぜつ》で軍《ぐん》の政治介入《せいじかいにゅう》を批判《ひはん》し、寺内寿一陸相《てらうちひさいちりくしょう》と「腹切《はらき》り問答《もんどう》」(軍部《ぐんぶ》と政党《せいとう》の対立激化《たいりつげきか》)。1・23 陸《りく》相《しょう》と政党出身閣僚《せいとうしゅっしんかくりょう》の対立《たいりつ》から、広田内閣総辞職《ひろたないかくそうじしょく》。1・25 宇垣一成《うがきかずしげ》に組閣《そかく》を命《めい》じる(陸軍《りくぐん》が陸《りく》相候補《しょうこうほ》の推薦《すいせん》を拒否《きょひ》し、二九日辞退《にちじたい》)。2・2 林銑十郎内閣成立《はやしせんじゅうろうないかくせいりつ》。2・4 矢次一夫《やつぎかずお》ら、国策《こくさく》研究会《けんきゅうかい》を設立《せつりつ》。2・21 労農無産協議会《ろうのうむさんきょうぎかい》、第《だい》一回全国大会《かいぜんこくたいかい》を東京《とうきょう》で開催《かいさい》、政党《せいとう》への転換《てんかん》を決定《けってい》(三月《がつ》一一日《にち》、日本無産党《にほんむさんとう》と改称《かいしょう》)。3・30 糸価安定施設法《しかあんていしせつほう》を公布《こうふ》(標準売渡《ひょうじゅんうりわたし》・買入価格《かいいれかかく》を定《さだ》める)。3・31 衆議院解散《しゅうぎいんかいさん》。4・5 防空法《ぼうくうほう》を公布《こうふ》。4・16 外《がい》・蔵《ぞう》・陸《りく》・海《かい》の四相会議《しょうかいぎ》、「対支実行《たいしじっこう》策《さく》」・「北支指導方策《ほくししどうほうさく》」を決定《けってい》。4・30 第《だい》二〇回衆議院総選挙《かいしゅうぎいんそうせんきょ》(民政党《みんせいとう》一七九・政友会《せいゆうかい》一七五・社会《しゃかい》大衆党《たいしゅうとう》三七・昭和会《しょうわかい》一九・国民同盟《こくみんどうめい》一一・東方会《とうほうかい》一一・日本無産党《にほんむさんとう》一・その他《た》三三)。5・1 商《しょう》
中華民国		26

西暦	年号・干支	内閣
一九三七 ◀▶	昭和一二 丁丑《ひのとのうし》	(林銑十郎内閣)

記事

工省《こうしょう》に統制局《とうせいきょく》を設置《せっち》。**5・14** 企画庁官制《きかくちょうかんせい》を公布《こうふ》(内閣調査局廃止《ないかくちょうさきょくはいし》)。**5・28** 政友《せいゆう》・民政両党《みんせいりょうとう》、林内閣《はやしないかく》の即時退陣《そくじたいじん》を要求《ようきゅう》。**5・29** 陸軍省《りくぐんしょう》、重要産業《じゅうようさんぎょう》五ヵ年計画要綱《ねんけいかくようこう》を決定《けってい》。**5・31** 林内閣総辞職《はやしないかくそうじしょく》。**6・4** 第《だい》一次近衛文麿内閣成立《じこのえふみまろないかくせいりつ》(陸海両相留任《りくかいりょうしょうりゅうにん》)。賀屋興宣蔵相《かやおきのりぞうしょう》・吉野信次商相《よしのしんじしょうしょう》、財政経済三原則《ざいせいけいざいさんげんそく》を発表《はっぴょう》。**7・7** 北京郊外盧溝橋付近《ペキンこうがいろこうきょうふきん》で深夜《しんや》から翌早朝《よくそうちょう》にかけて、日中両軍《にっちゅうりょうぐん》衝突《しょうとつ》(盧溝橋事件《ろこうきょうじけん》・日中戦争《にっちゅうせんそう》の発端《ほったん》)。**7・11** 盧溝橋事件現地停戦協定成立《ろこうきょうじけんげんちていせんきょうていせいりつ》。近衛内閣《このえないかく》、強硬《きょうこう》な姿勢《しせい》で華北治安維持《かほくちあんいじ》のため出兵《しゅっぺい》を声明《せいめい》。**7・23** 第《だい》七一特別議会召集《とくべつぎかいしょうしゅう》(七月《がつ》二五日開会《にちかいかい》、八月《がつ》七日閉会《かへいかい》)。**7・28** 華北駐屯《かほくちゅうとん》の日本軍《にほんぐん》、総攻撃開始《そうこうげきかいし》。**7・29** 北京郊外通州《ペキンこうがいつうしゅう》の冀東政権保安隊《きとうせいけんほあんたい》、日本軍《にほんぐん》による誤爆《ごばく》が原因《げんいん》で反乱《はんらん》、日本人居留民《にほんじんきょりゅうみん》ら二六〇余人《よにん》を殺害《さつがい》(通州事件《つうしゅうじけん》)。**8・9** 大山勇夫中尉《おおやまいさおちゅうい》・斎藤与蔵《さいとうよぞう》一等水兵《とうすいへい》、上海飛行場付近《シャンハイひこうじょうふきん》で中国保安隊《ちゅうごくほあんたい》に射殺《しゃさつ》される。**8・13** 閣議《かくぎ》、陸軍《りくぐん》の上海派遣《シャンハイはけん》を決定《けってい》・上海《シャンハイ》にて、海軍陸戦隊《かいぐんりくせんたい》と中国軍《ちゅうごくぐん》、交戦開始《こうせんかいし》。**8・14** 陸軍軍法会議《りくぐんぐんぽうかいぎ》、二《に》・二六事件民間人被告《にろくじけんみんかんじんひこく》に判決《はんけつ》、北一輝《きたいっき》・西田税《にしだみつぎ》に死刑宣告《しけいせんこく》(一九日《にち》、村中孝次《むらなかこうじ》・磯部浅一《いそべあさいち》ともに執行《しっこう》)。中国軍機《ちゅうごくぐんき》、上海《シャンハイ》の日本軍艦《にほんぐんかん》を爆撃《ばくげき》、共同租界《きょうどうそかい》に投弾《とうだん》、死者多数《ししゃたすう》。**8・15** 政府《せいふ》、中国国民政府《ちゅうごくこくみんせいふ》を断固膺懲《だんこようちょう》と声明《せいめい》・日中全面戦争開始《にっちゅうぜんめんせんそうかいし》・海軍航空隊《かいぐんこうくうたい》、南京《ナンキン》・南昌《なんしょう》に渡洋爆撃《とようばくげき》。**8・24** 閣議《かくぎ》、国民精神総動員実施要綱《こくみんせいしんそうどういんじっしようこう》を決定《けってい》。**9・3** 第《だい》七二臨時議会召集《りんじぎかいしょうしゅう》(九月《がつ》四日開会《かかいかい》、同《どう》八日閉会《かへいかい》)。**9・10** 臨時資金調整法《りんじしきんちょうせいほう》を公布《こうふ》(戦時金融統制《せんじきんゆうとうせい》の基本法《きほんほう》・二七日施行《にちしこう》)。臨時軍事費特別会計第《りんじぐんじひとくべつかいけいだい》一回予算《かいよさん》を公布《こうふ》(昭和《しょうわ》二一年《ねん》二月《がつ》まで)。**9・25** 内閣情報部官制《ないかくじょうほうぶかんせい》を公布《こうふ》(情報委員会《じょうほういいんかい》を廃《はい》す)。**10・1** 首《しゅ》・陸《りく》・海《かい》・外《がい》四相間《しょうかん》で、「支那事変対処要綱《しなじへんたいしょようこう》」を決定《けってい》。政府《せいふ》、小冊子《しょうさっし》「我々《われわれ》は何《なに》をなすべきか」一三〇〇万部《ぶ》を各戸《かくこ》に配布《はいふ》。朝鮮《ちょうせん》で「皇国臣民《こうこくしんみん》の誓詞《せいし》」を配布《はいふ》。**10・6** 国際連盟総会《こくさいれんめいそうかい》、日華紛争《にっかふんそう》に関《かん》して日本《にほん》の行動《こうどう》は九ヵ国条約《こくじょうやく》・不戦条約違反《ふせんじょうやくいはん》との決議《けつぎ》を採択《さいたく》。**10・12** 国民精神総動員中央連盟結成《こくみんせいしんそうどういんちゅうおうれんめいけっせい》(会長《かいちょう》に海軍大将有馬良橘《かいぐんたいしょうありまりょうきつ》)。**10・25** 企画院官制《きかくいんかんせい》を公布《こうふ》(企画庁《きかくちょう》

中華民国 26

西暦	
年号・干支	
内閣	6・4 第1次近衛文麿《このえふみまろ》内閣
記事	と資源局《しげんきょく》を統合《とうごう》し企画院設置《きかくいんせっち》)。11・2 広田弘毅《ひろたこうき》外相《がいしょう》、ドイツ駐日大使《ちゅうにちたいし》に対華和平条件《たいかわへいじょうけん》を提《てい》示《じ》。11・5 第《だい》一〇軍《ぐん》、杭州湾北岸《こうしゅうわんほくがん》に上陸《じょうりく》し、上海戦線《シャンハイせんせん》の背後《はいご》をつく。トラウトマン駐華大《ちゅうかたい》使《し》、日本《にほん》の和平条件《わへいじょうけん》を蔣介石《しょうかいせき》に通告《つうこく》(トラウトマン和平工作《わへいこうさく》はじまる)。11・18 大本営令《だいほんえいれい》を公《こう》示《じ》(事変時《じへんじ》にも設置可能《せっちかのう》となる)。11・20 宮中《きゅうちゅう》に大本営《だいほんえい》を設置《せっち》。12・5 春日庄次郎《かすがしょうじろう》ら、大阪《おおさか》で日本共産主義者団《にほんきょうさんしゅぎしゃだん》を結成《けっせい》。12・12 日本海軍機《にほんかいぐんき》、揚子江《ようすこう》南京《ナンキン》付近《ふきん》でアメリカ砲艦《ほうかん》パネー号《ごう》を撃沈《げきちん》・陸軍《りくぐん》、イギリス艦《かん》レディバード号《ごう》などに砲撃《ほうげき》(一四日《か》両国《りょうこく》に陳謝《ちんしゃ》)。12・13 日本軍《にほんぐん》、南京占領《ナンキンせんりょう》、この前後《ぜんご》「敗残兵掃蕩《はいざんへいそうとう》」などにより、捕虜《ほりょ》・非戦闘員《ひせんとういん》を含《ふく》む多数《たすう》を殺害《さつがい》(南京虐殺事件《ナンキンぎゃくさつじけん》)。12・22 日《に》本無産党《ほんむさんとう》・日本労働組合全国評議会《にほんろうどうくみあいぜんこくひょうぎかい》の結社《けっしゃ》を禁《きん》じる。12・24 第《だい》七三通常議会召集《つうじょうぎかいしょうしゅう》(一二月《がつ》二六日開会《にちかいかい》、昭和《しょうわ》一三年《ねん》三月《がつ》二六日閉会《にちへいかい》)。12・27 商工省《しょうこうしょう》、綿製品《めんせいひん》・スフ等混用規則《とうこんようきそく》を公布《こうふ》(昭和《しょうわ》一三年《ねん》二月一日《がつついたち》施行《しこう》)。日本産業《にほんさんぎょう》㈱、満洲国法人満洲重工業開発《まんしゅうこくほうじんまんしゅうじゅうこうぎょうかいはつ》㈱に改組《かいそ》(日産《にっさん》コンツェルンの中枢《ちゅうすう》が満洲《まんしゅう》に移転《いてん》・総裁鮎川義介《そうさいあゆかわよしすけ》)。 【社会・文化】 1・- 『維新史料綱要《いしんしりょうこうよう》』刊《かん》(〜昭和《しょうわ》一八年《ねん》三月《がつ》)。2・11 文化勲章令《ぶんかくんしょうれい》を公布《こうふ》・施行《しこう》(四月《がつ》二八日《にち》、長岡半太郎《ながおかはんたろう》・本多光太郎《ほんだこうたろう》・木村栄《きむらひさし》・横山大観《よこやまたいかん》・幸田露伴《こうだろはん》ら、第《だい》一回受章《かいじゅしょう》)。3・16 同志社大学《どうししゃだいがく》で一《いち》部《ぶ》の教員《きょういん》、国体明徴問題《こくたいめいちょうもんだい》で総長《そうちょう》に上申書《じょうしんしょ》を提出《ていしゅつ》(八月《がつ》一二日《にち》、具島兼三郎《ぐしまかねさぶろう》・田畑忍《たばたしのぶ》らを休《きゅう》・解職《かいしょく》・同志社事件《どうししゃじけん》)。3・- 国民精神文化研究所《こくみんせいしんぶんかけんきゅうじょ》『日本教育史資料書《にほんきょういくししりょうしょ》』刊《かん》。4・6 朝日新聞社《あさひしんぶんしゃ》の訪欧機《ほうおうき》「神風号《かみかぜごう》」、立川《たちかわ》を出発《しゅっぱつ》(九日《か》ロンドン着《ちゃく》・九四時間《じかん》一七分《ふん》の世界新記録《せかいしんきろく》)。4・15 ヘレン＝ケラー、横浜着《よこはまちゃく》(以後各地《いごかくち》で講演《こうえん》)。4・25 愛知時計《あいちとけい》(軍需工場《ぐんじゅこうじょう》)で争議《そうぎ》。5・26 内閣《ないかく》に文教審議会《ぶんきょうしんぎかい》を設置《せっち》(一二月《がつ》一〇日《か》廃《はい》して、教育審議会《きょういくしんぎかい》を設置《せっち》)。5・- 豊田紡《とよたぼう》・三菱航空機《みつびしこうくうき》など愛知県下《あいちけんか》で賃上《ちんあ》げ争議《そうぎ》が続発《ぞくはつ》。文部省《もんぶしょう》『国体《こくたい》の本義《ほんぎ》』刊《かん》。6・23 前進座演劇映画研究所《ぜんしんざえんげきえいがけんきゅうじょ》、東京《とうきょう》
中華民国	

西暦	年号・干支	内閣
一九三七 ◀ ▶	昭和一二 丁丑《ひのとのうし》	(第1次近衛文麿内閣)

記事

吉祥寺《きちじょうじ》に開設《かいせつ》、座員《ざいん》が共同生活開始《きょうどうせいかつかいし》。**6・24** 帝国芸術院官制《ていこくげいじゅついんかんせい》を公布《こうふ》(七二名《めい》を会員《かいいん》に任《にん》じる)。**7・3** 国際劇場開場《こくさいげきじょうかいじょう》(東京浅草《とうきょうあさくさ》・定員《ていいん》四〇五九人《にん》)。**7・21** 文部省思想局《もんぶしょうしそうきょく》を拡充《かくじゅう》、教学局《きょうがくきょく》を設置《せっち》。**7・22** 日本基督教連盟《にほんキリストきょうれんめい》、「時局《じきょく》に関《かん》する宣言《せんげん》」を発表《はっぴょう》、国策協力《こくさくきょうりょく》を表明《ひょうめい》。**8・8** 日《に》本文化中央連盟発起人会《ほんぶんかちゅうおうれんめいほっきにんかい》。**9・6** 久保田万太郎《くぼたまんたろう》・岸田国士《きしだくにお》・岩田豊雄《いわたとよお》、文学座《ぶんがくざ》を結成《けっせい》(昭和《しょうわ》一三年《ねん》三月《がつ》、第《だい》一回公演《かいこうえん》)。**9・25** 内閣情報部《ないかくじょうほうぶ》、国民歌《こくみんか》「愛国行進曲《あいこくこうしんきょく》」歌詞募集《かしぼしゅう》(一二月《がつ》二六日演奏《にちえんそう》発表会開催《はっぴょうかいかいさい》)。**9・28** 婦人矯風会《ふじんきょうふうかい》・日本女医会《にほんじょいかい》など、日本婦人団体連盟《にほんふじんだんたいれんめい》を結成《けっせい》。**10・16** 第《だい》一回《かい》(新《しん》)文展開催《ぶんてんかいさい》(~一一月《がつ》二〇日《にち》)。**10・17** 全日本労働総同盟全国大会《ぜんにほんろうどうそうどうめいぜんこくたいかい》、同盟罷業中止《どうめいひぎょうちゅうし》など銃後《じゅうご》三大運動《だいうんどう》を決議《けつぎ》。**11・8** 中井正一《なかいまさかず》・新村猛《しんむらたけし》・真下信一《ましたしんいち》らの『世界文化《せかいぶんか》』グループを検挙《けんきょ》。**11・24** 土《ひじ》方成美《かたせいび》東京帝大経済学部長《とうきょうていだいけいざいがくぶちょう》、教授会《きょうじゅかい》にて矢内原忠雄《やないはらただお》の言論活動《げんろんかつどう》を非難《ひなん》(一二月《がつ》一日《ついたち》矢内原《やないはら》、辞表提出《じひょうていしゅつ》・四日《か》退官《たいかん》)。**12・11** 大阪《おおさか》で南京陥落祝賀《ナンキンかんらくしゅくが》の大提灯行列《だいちょうちんぎょうれつ》。**12・15** 山川均《やまかわひとし》・加藤勘《かとうかん》十《じゅう》ら労農派《ろうのうは》など四〇〇人余《にんよ》を検挙《けんきょ》(第《だい》一次人民戦線事件《じじんみんせんせんじけん》)。**この年** 渋沢敬三《しぶさわけいぞう》『豆州内浦漁民史《ずしゅううちうらぎょみんし》料《りょう》』刊《かん》。渋沢栄一《しぶさわえいいち》『楽翁公伝《らくおうこうでん》』刊《かん》。久保栄《くぼさかえ》『火山灰地《かざんばいち》』成《な》る(『新潮《しんちょう》』一二月号《がつごう》、昭和《しょうわ》一三年《ねん》七月《がつ》号《ごう》に分載《ぶんさい》)。

【死没】

1・13 大森金五郎《おおもりきんごろう》(71、国史学《こくしがく》)。**1・24** 森永太一郎《もりながたいちろう》(73、森永西洋菓子製造所《もりながせいようかしせいぞうしょ》)。**2・1** 河東碧梧桐《かわひがしへきごどう》(65、俳人《はいじん》)。浅野長勲《あさのながこと》(96、安芸広島藩主《あきひろしまはんしゅ》)。**2・5** 斎藤恒三《さいとうつねぞう》(80、実業家《じつぎょうか》)。**2・25** 伊庭孝《いばたかし》(51、音楽劇制作者《おんがくげきせいさくしゃ》)。**2・28** 上真行《うえさねみち》(87、雅楽家《ががくか》)。**3・30** 伊谷以知二郎《いたにいちじろう》(74、漁業振興《ぎょぎょうしんこう》)。**4・2** 十一谷義三郎《じゅういちやぎさぶろう》(41、小説家《しょうせつか》)。**5・12** 松井等《まついひとし》(61、東洋史学《とうようしがく》)。**5・22** 中村啓次郎《なかむらけいじろう》(71、政治家《せいじか》)。海老名弾正《えびなだんじょう》(82、牧師《ぼくし》)。**6・13** 石井亮一《いしいりょういち》(71、社会事業家《しゃかいじぎょうか》)。**6・25** 有吉明《ありよしあきら》(62、外交官《がいこうかん》)。**7・9** 権藤成卿《ごんどうせいきょう》(70、思想家《しそうか》)。**7・26** 内田良平《うちだりょうへい》(64、国家主義運動家《こっかしゅぎうんどうか》)。**7・28** 小泉策太郎《こいずみさくたろう》(66、政治家《せいじか》)。

中華民国
中華民国 26

西暦	
年号・干支	
内閣	
記事	8・9 尾上松助《おのえまつすけ》(五代《だい》)(51、歌舞伎役者《かぶきやくしゃ》)。8・19 磯部浅一《いそべあさいち》(33、陸軍軍人《りくぐんぐんじん》)。村中孝次《むらなかこうじ》(35、陸軍軍人《りくぐんぐんじん》)。西田税《にしだみつぎ》(37、国家主義運動家《こっかしゅぎうんどうか》)。北一輝《きたいっき》(55、国家主義者《こっかしゅぎしゃ》)。8・20 和田英松《わだひでまつ》(73、歴史学《れきしがく》)。9・27 高松豊吉《たかまつとよきち》(86、工業化学《こうぎょうかがく》)。10・6 友田恭助《ともだきょうすけ》(39、俳優《はいゆう》)。10・14 並河成資《なみかわなりすけ》(41、育種家《いくしゅか》)。10・22 中原中也《なかはらちゅうや》(31、詩人《しじん》)。10・26 上田万年《うえだかずとし》(71、国語学《こくごがく》)。11・5 木下尚江《きのしたなおえ》(69、小説家《しょうせつか》)。11・11 瓜生外吉《うりゅうそときち》(81、海軍軍人《かいぐんぐんじん》)。11・15 栗野慎一郎《くりのしんいちろう》(87、外交官《がいこうかん》)。12・7 多田鼎《ただかなえ》(63、真宗学僧《しんしゅうがくそう》)。12・12 高橋箒庵《たかはしそうあん》(77、数寄者《すきしゃ》)。12・14 山本悌二郎《やまもとていじろう》(68、政党政治家《せいとうせいじか》)。12・21 馬場鍈一《ばばえいいち》(59、政治家《せいじか》)。 〖世界〗 1・15 ブスケ没《ぼつ》(90、フランスの法律家《ほうりつか》)。2・5 ソーパー没《ぼつ》(91、アメリカ＝メソジスト監督教会《かんとくきょうかい》宣教師《せんきょうし》)。2・10 中国共産党《ちゅうごくきょうさんとう》、国民党《こくみんとう》に国共合作《こっきょうがっさく》を提議《ていぎ》(武装蜂起《ぶそうほうき》・土地革命《とちかくめい》の停止《ていし》、紅軍《こうぐん》の国民革命軍《こくみんかくめいぐん》への改称《かいしょう》など)。4・26 ドイツ空軍《くうぐん》、スペインの都市《とし》ゲルニカを爆撃《ばくげき》。5・1 アメリカ議会《ぎかい》、第《だい》三次《じ》中立法《ちゅうりつほう》を可決《かけつ》(現金支払《げんきんしはらい》・自国船輸送《じこくせんゆそう》を採択《さいたく》)。5・28 イギリスでチェンバレン挙国連立内閣成立《きょこくれんりつないかくせいりつ》。5・- ホルバート没《ぼつ》(ロシアの鉄道技術者《てつどうぎじゅつしゃ》)。6・4 金日成《きんにっせい》指揮《しき》の人民革命《じんみんかくめい》軍《ぐん》、朝鮮《ちょうせん》の普天堡《ふてんほう》で日本軍《にほんぐん》と交戦《こうせん》。6・12 ソ連《れん》参謀総長《さんぼうそうちょう》トハチェフスキーら赤軍首脳《せきぐんしゅのう》、軍法《ぐんぽう》会議《かいぎ》で有罪《ゆうざい》、処刑《しょけい》。6・14 アイルランド議会《ぎかい》、新憲法《しんけんぽう》を採択《さいたく》(イギリス総督制廃止《そうとくせいはいし》、独立主権国《どくりつしゅけんこっ》家《か》となる・国名《こくめい》をエールとする)。7・8 中国共産党《ちゅうごくきょうさんとう》、対日全面抗戦《たいにちぜんめんこうせん》を宣言《せんげん》。7・9 トルコ・イラン・イラク・アフガニスタン、サーダバード相互不可侵条約調印《そうごふかしんじょうやくちょういん》。7・17 蔣介石《しょうかいせき》・周恩来《しゅうおんらい》、盧山《ろざん》で会談《かいだん》(陝甘寧辺区政府《せんかんねいへんくせいふ》を承認《しょうにん》・蔣《しょう》、対日抗戦準備《たいにちこうせんじゅんび》の談話発表《だんわはっぴょう》)。8・21 中国《ちゅうごく》・ソ連《れん》、南京《ナンキン》で不可侵条約調印《ふかしんじょうやくちょういん》。9・22 中国国民政府《ちゅうごくこくみんせいふ》、中国共産党《ちゅうごくきょうさんとう》の国共合作宣言《こっきょうがっさくせんげん》を受諾《じゅだく》(第《だい》二次《じ》国共合作成立《こっきょうがっさくせいりつ》)。10・10 ハンガリーのファシスト諸団体《しょだんたい》、矢十字党《やじゅうじとう》を結成《けっせい》。10・29 モンゴル連《れん》盟自治政府成立《めいじちせいふせいりつ》(主席雲王《しゅせきうんおう》)。11・6 イタリア、日独防共協定《にちどくぼうきょうきょうてい》に参加《さんか》。11・10 ブラジル大統領《だいとうりょう》
中華民国	

西暦	年号・干支	内閣	記事	中華民国
一九三七 ▶	昭和一二 丁丑《ひのとのうし》	(第1次近衛文麿内閣)	バルガス、新憲法《しんけんぽう》を公布《こうふ》、独裁権《どくさいけん》を掌握《しょうあく》。**11・20** 蔣介石《しょうかいせき》、重慶等《じゅうけいなど》へ遷都《せんと》宣言《せんげん》。**11・24** ネフスキー没《ぼつ》(45、ソヴィエトの東洋学者《とうようがくしゃ》)。**12・11** イタリア、国際連盟《こくさいれんめい》を脱退《だったい》。**12・16** カラハン没《ぼつ》(48、ソヴィエトの外交官《がいこうかん》)。	中華民国 **26**
一九三八 ◀	一三 戊寅《つちのえとら》		【政治・経済】 **1・11** 厚生省官制《こうせいしょうかんせい》を公布《こうふ》。御前会議《ごぜんかいぎ》、支那事変処理根本方針《しなじへんしょりこんぽんほうしん》を決定《けってい》(国民政府《こくみんせいふ》が和《わ》を求《もと》めない場合《ばあい》、新政権成立《しんせいけんせいりつ》を助長《じょちょう》するなど)。**1・16** 政府《せいふ》、中国国民政府《ちゅうごくこくみんせいふ》に和平交渉打切《わへいこうしょううちき》りを通告《つうこく》・「爾後国民政府《じごこくみんせいふ》を対手《あいて》とせず」との対華声明《たいかせいめい》を発表《はっぴょう》(第《だい》一次近衛声明《じこのえせいめい》)。閣議《かくぎ》、昭和《しょうわ》一三年度物《ねんどぶつ》資動員計画《しどういんけいかく》を決定《けってい》。**2・11** 憲法発布《けんぽうはっぷ》五〇年記念祝賀式《ねんきねんしゅくがしき》。**2・17** 三多摩《さんたま》の防共護国団員《ぼうきょうごこくだんいん》、政友《せいゆう》会《かい》・民政党両党本部《みんせいとうりょうとうほんぶ》占拠《せんきょ》。**2・19** 近衛内閣《このえないかく》、国家総動員法案《こっかそうどういんほうあん》を衆議院《しゅうぎいん》に提出《ていしゅつ》(政友《せいゆう》・民政両党《みんせいりょうとう》、憲法違反《けんぽういはん》として反対論強《はんたいろんつよ》く審議難航《しんぎなんこう》、社会大衆党《しゃかいたいしゅうとう》は法案支持《ほうあんしじ》)。**3・1** 商工省《しょうこうしょう》、綿糸配給統《めんしはいきゅうとう》制規則《せいきそく》を公布《こうふ》(最初《さいしょ》の切符制《きっぷせい》)。**3・3** 陸軍省軍務課員佐藤賢了中佐《りくぐんしょうぐんむかいんさとうけんりょうちゅうさ》、衆議院委員会《しゅうぎいんいいんかい》で国家《こっか》総動員法案審議《そうどういんほうあんしんぎ》の説明員《せつめいいん》として答弁中《とうべんちゅう》、「だまれ」とどなり問題化《もんだいか》(四日《か》、杉山元陸相《すぎやまはじめりくしょう》、遺憾《いかん》を表明《ひょうめい》)。安部磯雄社会大衆党委員長《あべいそおしゃかいたいしゅうとういいんちょう》、東京自宅《とうきょうじたく》で右翼《うよく》に襲《おそ》われ負傷《ふしょう》。**3・16** 社会大衆党《しゃかいたいしゅうとう》代議士西尾末広《だいぎしにしおすえひろ》、衆議院《しゅうぎいん》で「スターリンの如《ごと》くに」と政府激励演説《せいふげきれいえんぜつ》、問題化《もんだいか》(二三日《にち》、議員除名《ぎいんじょめい》)。国家総動員法案《こっかそうどういんほうあん》、濫用《らんよう》を戒《いまし》める付帯決議《ふたいけつぎ》とともに衆議院《しゅうぎいん》で可決《かけつ》(三月《がつ》二四日《にち》、貴族院可決《きぞくいんかけつ》)。**3・28** 中華民国維新政府《ちゅうかみんこくいしんせいふ》、日本軍《にほんぐん》の指導《しどう》で南京《ナンキン》に成立《せいりつ》(行政院長《ぎょうせいいんちょう》 梁鴻志《りょうこうし》)。**3・30** 航空機製造事《こうくうきせいぞうじ》業法《ぎょうほう》(八月《がつ》三〇日施行《にちしこう》)・工作機械製造事業法《こうさくきかいせいぞうじぎょうほう》(七月《がつ》一一日施行《にちしこう》)を各公布《かくこうふ》。**4・1** 国家総動員法《こっかそうどういんほう》を公布《こうふ》(五月《がつ》五日施行《かしこう》)。**4・2** 農地調整法《のうちちょうせいほう》を公布《こうふ》(八月一日施行《がつついたちしこう》)。**4・5** 鉄鋼連盟創立《てっこうれんめいそうりつ》(鉄鋼《てっこう》	**27**

西暦	
年号・干支	
内閣	
記事	協議会《きょうぎかい》が改組《かいそ》)。商法改正《しょうほうかいせい》・有限会社法《ゆうげんがいしゃほう》を各公布《かくこうふ》。4・6 電力管理法《でんりょくかんりほう》を公布《こうふ》(五月《がつ》二五日《にち》・八月《がつ》一〇日《か》に一部施行《いちぶしこう》、昭和《しょうわ》一四年《ねん》三月《がつ》一八日《にち》、全《すべ》て施行《しこう》・電力国家管理実現《でんりょくこっかかんりじつげん》)。日本発送電《にほんはっそうでん》株式会社法《かぶしきがいしゃほう》を公布《こうふ》(八月《がつ》一〇日《か》施行《しこう》)。4・19 閣議《かくぎ》、国民貯蓄奨励《こくみんちょちくしょうれい》を申合《もうしあわ》せ(国民貯蓄運動《こくみんちょちくうんどう》を展《てん》開《かい》)。4・30 北支那開発株式会社法《きたしなかいはつかぶしきがいしゃほう》・中支那振興株式会社法《なかしなしんこうかぶしきがいしゃほう》を各公布《かくこうふ》(一一月《がつ》七日《か》、両社設立《りょうしゃせつりつ》)。5・4 工場事業場管理令《こうじょうじぎょうじょうかんりれい》を公布《こうふ》(五日《か》施行《しこう》・国家総動員法発動《こっかそうどういんほうはつどう》の最初《さいしょ》)。5・19 日本軍《にほんぐん》、徐州《じょしゅう》を占領《せんりょう》。5・26 近衛内閣改造《このえないかくかいぞう》(外相宇垣一成《がいしょううがきかずしげ》・蔵相兼商工相池田成彬《ぞうしょうけんしょうこうしょういけだしげあき》・文相荒木貞夫《ぶんしょうあらきさだお》)。6・10 閣議《かくぎ》、五相会議《ごしょうかいぎ》(首《しゅ》・陸《りく》・海《かい》・外《がい》・蔵《ぞう》)の設置《せっち》を決定《けってい》。6・15 大本営《だいほんえい》、御前会議《ごぜんかいぎ》で武漢作戦《ぶかんさくせん》・広東《カントン》作戦《さくせん》の実施《じっし》を決定《けってい》。6・- 宇垣一成外相《うがきかずしげがいしょう》、孔祥熙《こうしょうき》と和平交渉開始《わへいこうしょうかいし》(宇垣《うがき》の辞任《じにん》で中絶《ちゅうぜつ》)。7・1 商工省《しょうこうしょう》、綿製品輸出《めんせいひんゆしゅつ》と原綿輸入《げんめんゆにゅう》とのリンク制《せい》を実施《じっし》。7・5 関西地方《かんさいちほう》に豪雨《ごうう》、六甲山系《ろっこうさんけい》の各河川《かくかせん》が決壊《けっかい》、阪神間《はんしんかん》に大被害《だいひがい》(死者《ししゃ》九三三人《にん》)。7・11 張鼓峰《ちょうこほう》で国境紛争《こっきょうふんそう》・二九日、沙草《さそう》峰《ほう》で日《にち》ソ両軍衝突《りょうぐんしょうとつ》・三一日《にち》、日本軍《にほんぐん》、沙草峰《さそうほう》・張鼓峰《ちょうこほう》を占領《せんりょう》・八月《がつ》六日《か》、ソ連軍《れんぐん》、大規模反《だいきぼはん》撃《げき》。7・19 五相会議《ごしょうかいぎ》、防共協定強化問題《ぼうきょうきょうていきょうかもんだい》に関《かん》し、ドイツと対《たい》ソ軍事同盟締結《ぐんじどうめいていけつ》の方針《ほうしん》を決定《けってい》。7・26 宇垣外相《うがきがいしょう》、イギリス大使《たいし》クレーギーと会談開始《かいだんかいし》(大使《たいし》、在華《ざいか》イギリス権益《けんえき》に関《かん》する懸案《けんあん》を一括提出《いっかつていしゅつ》)。8・10 日《にっ》ソ停戦協定成立《ていせんきょうていせいりつ》。9・1 農林省《のうりんしょう》、全国農家一斉調査実施《ぜんこくのうかいっせいちょうさじっし》(最初《さいしょ》の農《のう》業統計調査《ぎょうとうけいちょうさ》)。9・22 商工省《しょうこうしょう》に転業対策部《てんぎょうたいさくぶ》を設置《せっち》する旨《むね》を公布《こうふ》(中小商工業者《ちゅうしょうしょうこうぎょうしゃ》の転業《てんぎょう》対策《たいさく》)。9・30 宇垣外相《うがきがいしょう》、陸軍提案《りくぐんていあん》の対華中央機関設置《たいかちゅうおうきかんせっち》に反対《はんたい》し辞任《じにん》。10・12 日本軍《にほんぐん》、バイアス湾《わん》に上陸《じょうりく》(二二日《にち》、広東《カントン》を占領《せんりょう》)。10・27 日本軍《にほんぐん》、武漢三鎮《ぶかんさんちん》(漢口《かんこう》・武昌《ぶしょう》・漢陽《かんよう》)を占領《せんりょう》。11・3 近衛首相《このえしゅしょう》、東亜新秩序建設《とうあしんちつじょけんせつ》を声明《せいめい》(第《だい》二次近衛声明《じこのえせいめい》)。11・8 池田成彬蔵相兼商工相《いけたしげあきぞうしょうけんしょうこうしょう》、国《こっ》家総動員法第《かそうどういんほうだい》一一条《じょう》(金融統制《きんゆうとうせい》・配当制限《はいとうせいげん》)発動《はつどう》は生産力《せいさんりょく》を阻害《そがい》すると、反対《はんたい》を表明《ひょうめい》(一一月《がつ》九日《か》、陸軍《りくぐん》は発動賛成《はつどうさんせい》の情報部長談《じょうほうぶちょうだん》・同《どう》一八日《にち》妥協《だきょう》)。11・- 日本政府《にほんせいふ》(近衛内閣《このえないかく》)、ユダヤ人《じん》に
中華民国	

西暦	年号・干支	内閣
一九三八 ◀▶	昭和一三 戊寅《つちのえとら》	(第1次近衛文麿内閣)

記事

対《たい》し従来通《じゅうらいどお》り公平《こうへい》に取扱《とりあつか》い、他《た》の外国人《がいこくじん》と差別《さべつ》しない方針《ほうしん》を確認《かくにん》。**12・6** 陸軍中央部《りくぐんちゅうおうぶ》、中《ちゅう》国進攻作戦中止《ごくしんこうさくせんちゅうし》・戦略持久《せんりゃくじきゅう》への転移方針《てんいほうしん》を決定《けってい》。**12・16** 興亜院官制《こうあいんかんせい》を公布《こうふ》(総務長官柳川平《そうむちょうかんやながわへい》助陸軍中将《すけりくぐんちゅうじょう》)。**12・20** 中国国民党《ちゅうごくこくみんとう》の指導者汪兆銘《しどうしゃおうちょうめい》、妻《つま》の陳璧君《ちんへきくん》らと重慶《じゅうけい》を脱出《だっしゅつ》してハノイ着《ちゃく》(三〇日《にち》、対日和平《たいにちわへい》を声明《せいめい》)。**12・22** 近衛首相《このえしゅしょう》、中国《ちゅうごく》との国交調整《こっこうちょうせい》の根本方針《こんぽんほうしん》として善隣《ぜんりん》友好《ゆうこう》・共同防共《きょうどうぼうきょう》・経済提携《けいざいていけい》の近衛《このえ》三原則《げんそく》を声明《せいめい》(第《だい》三次近衛声明《じこのえせいめい》)。**12・24** 第《だい》七四通常議会召集《つうじょうぎかいしょうしゅう》(一二月《がつ》二六日開会《にちかいかい》、昭和《しょうわ》一四年《ねん》三月《がつ》二五日閉会《にちへいかい》)。

【社会・文化】

1・1 岩手日報従業員組合《いわてにっぽうじゅうぎょういんくみあい》『新岩手日報《しんいわてにっぽう》』創刊《そうかん》。**1・3** 新劇俳優岡田嘉子《しんげきはいゆうおかだよしこ》・演出家杉本良吉《えんしゅつかすぎもとりょうきち》、樺太国境《からふとこっきょう》からソ連《れん》に亡命《ぼうめい》。**2・1** 大内兵衛《おおうちひょうえ》・有沢広巳《ありさわひろみ》・脇村義太郎《わきむらよしたろう》・美濃部亮吉《みのべりょうきち》ら教授《きょうじゅ》グループなど労農派《ろうのうは》を検挙《けんきょ》(第《だい》二次人民戦線事件《じじんみんせんせんじけん》)。**2・3** 東京帝大《とうきょうていだい》セツルメント解散《かいさん》。**2・6** 大日本農民組合結成《だいにほんのうみんくみあいけっせい》。**2・13** 唯物論研究会《ゆいぶつろんけんきゅうかい》、解散《かいさん》を声明《せいめい》。**2・18** 石川達三《いしかわたつぞう》「生《い》きてゐる兵隊《へいたい》」掲載《けいさい》の『中央公論《ちゅうおうこうろん》』三月号《がつごう》を発禁処分《はっきんしょぶん》。**3・5** 庭野日敬《にわのにっきょう》ら、霊友会《れいゆうかい》から分《わ》かれ、大日本立正交成会《だいにほんりっしょうこうせいかい》を開教《かいきょう》。**3・28** 学習院初等科《がくしゅういんしょとうか》の外国語教育全廃《がいこくごきょういくぜんぱい》を公布《こうふ》(四月一日施行《がつついたちしこう》)。**3・-** 帝国学士院編纂《ていこくがくしいんへんさん》『帝室制度史《ていしつせいどし》』刊《かん》(〜昭和《しょうわ》二〇年《ねん》三月《がつ》)。**4・1** 国民健康保険法《こくみんけんこうほけんほう》・社会事業法《しゃかいじぎょうほう》を各公布《かくこうふ》(七月一日《がつついたち》各施行《かくしこう》)。回教圏攷究所設立《かいきょうけんこうきゅうじょせつりつ》。**4・4** 灯火管制規則《とうかかんせいきそく》を公布《こうふ》(一〇日施行《かしこう》)。**5・13** 東京帝国大学航空研究所《とうきょうていこくだいがくこうくうけんきゅうじょ》の長距離機《ちょうきょりき》、周回航続距離《しゅうかいこうぞくきょり》の世界記録樹立《せかいきろくじゅりつ》(〜一五日《にち》・一万一六五一キロ)。**5・-** 坂本太郎《さかもとたろう》『大化改新《たいかのかいしん》の研究《けんきゅう》』刊《かん》。文部省内教育史編纂会《もんぶしょうないきょういくしへんさんかい》『明治以降教育制度発達史《めいじいこうきょういくせいどはったつし》』初版刊《しょはんかん》(〜昭和《しょうわ》一四年《ねん》九月《がつ》)。**7・30** 産業報国連盟結成《さんぎょうほうこくれんめいけっせい》(産業報国運動《さんぎょうほうこくうんどう》の中央指導機関《ちゅうおうしどうきかん》)。**8・12** 商《しょう》工省《こうしょう》、新聞用紙制限《しんぶんようしせいげん》を命《めい》じる(九月一日実施《がつついたちじっし》)。**9・11** 従軍作家陸軍部隊《じゅうぐんさっかりくぐんぶたい》(久米正雄《くめまさお》・丹羽文雄《にわふみお》・岸田国士《きしだくにお》ら)、漢口《かんこう》へ出発《しゅっぱつ》(一四日《か》、海軍部隊出発《かいぐんぶたいしゅっぱつ》)。**10・5** 河合栄治郎《かわいえいじろう》東京帝大教授《とうきょうていだいきょうじゅ》の『フ

中華民国	中華民国 27

西暦	
年号・干支	
内閣	
記事	アシズム批判《ひはん》』・『社会政策原理《しゃかいせいさくげんり》』などを発禁処分《はっきんしょぶん》。**11・5** 恩賜財団軍人援護会設立《おんしざいだんぐんじんえんごかいせつりつ》。**11・7** 農民《のうみん》文学懇話会結成《ぶんがくこんわかいけっせい》(有馬頼寧《ありまよりやす》農相《のうしょう》の援助《えんじょ》)。**11・1** 林栄《はやしさかえ》『伊那《いな》』創刊《そうかん》(『はたの友《とも》』改題《かいだい》)。**12・20** 海《かい》軍造船中将《ぐんぞうせんちゅうじょう》平賀譲《ひらがゆずる》を東京帝大総長《とうきょうていだいそうちょう》に任《にん》じる。**この年** 高柳光寿《たかやなぎみつとし》・瀬之口伝九郎《せのくちでんくろう》ほか『日向古《ひゅうがこ》文書集成《もんじょしゅうせい》』刊《かん》。上智大学《じょうちだいがく》『Monumenta Nipponica』(日本語名《にほんごめい》『日本文化誌《にほんぶんかし》』)創刊《そうかん》。石井良助《いしいりょうすけ》編《へん》『近世法制史料叢書《きんせいほうせいしりょうそうしょ》』刊《かん》(~昭和《しょうわ》一六年《ねん》)。国際交通文化協会《こくさいこうつうぶんかきょうかい》『日本交通史料集成《にほんこうつうしりょうしゅうせい》』刊《かん》(~昭和《しょうわ》一四年《ねん》)。文部省維新史料編纂会《もんぶしょういしんしりょうへんさんかい》『大日本維新史料《だいにほんいしんしりょう》』刊行開始《かんこうかいし》。 【死没】 **1・8** 柏木義円《かしわぎぎえん》(79、牧師《ぼくし》)。**1・29** 荒井賢太郎《あらいけんたろう》(76、政治家《せいじか》)。**2・5** 坂元雪鳥《さかもとせっちょう》(60、能楽評論《のうがくひょうろん》家《か》)。**2・15** 福沢桃介《ふくざわももすけ》(71、実業家《じつぎょうか》)。**2・26** 小崎弘道《こざきひろみち》(83、牧師《ぼくし》)。**3・2** 松岡映丘《まつおかえいきゅう》(58、日本画《にほんが》家《か》)。**3・23** 富田幸次郎《とみたこうじろう》(67、ジャーナリスト)。**3・26** 天野為之《あまのためゆき》(79、経済学《けいざいがく》)。**5・4** 嘉納治五郎《かのうじごろう》(79、講道館柔道《こうどうかんじゅうどう》)。**5・19** 望月太左衛門《もちづきたざえもん》(七代《だい》)(77、歌舞伎囃子方《かぶきはやしかた》)。**6・12** 後藤宙外《ごとうちゅうがい》(73、小説《しょうせつ》家《か》)。**7・12** 鳩山春子《はとやまはるこ》(78、共立女子職業学校《きょうりつじょししょくぎょうがっこう》)。**7・25** 浜田耕作《はまだこうさく》(58、考古学《こうこがく》)。**7・30** 上山満《かみやまみつ》之進《のしん》(70、内務官僚《ないむかんりょう》)。**8・1** 新城新蔵《しんじょうしんぞう》(66、天文学《てんもんがく》)。**8・14** 平沼淑郎《ひらぬまよしろう》(75、経済史学《けいざいしがく》)。**8・23** 坂《さか》本嘉治馬《もとかじま》(73、冨山房《ふざんぼう》)。**9・7** 井上八千代《いのうえやちよ》(三代《だい》)(101、京舞家元《きょうまいいえもと》)。**9・16** 西村五雲《にしむらごうん》(62、日本画家《にほんがか》)。**9・17** 山中貞雄《やまなかさだお》(30、映画監督《えいがかんとく》)。村上鬼城《むらかみきじょう》(74、俳人《はいじん》)。**9・23** 井上角五郎《いのうえかくごろう》(79、政治家《せいじか》)。**9・25** 伊藤痴遊《いとうちゆう》(72、講談師《こうだんし》)。**10・1** 元田肇《もとだはじめ》(81、政治家《せいじか》)。**10・16** 野間清治《のませいじ》(61、講談社《こうだんしゃ》)。**11・5** 入沢《いりざわ》達吉《たつきち》(74、内科医《ないかい》)。**11・16** 横田秀雄《よこたひでお》(77、裁判官《さいばんかん》)。**11・18** 門野幾之進《かどのいくのしん》(83、実業家《じつぎょうか》)。**11・19** 萩原《はぎわら》恭次郎《きょうじろう》(40、詩人《しじん》)。**11・22** 秦佐八郎《はたさはちろう》(66、細菌学《さいきんがく》)。**11・29** 倉田白羊《くらたはくよう》(58、洋画家《ようがか》)。**12・3** 高田早《たかたさ》苗《なえ》(79、政治学《せいじがく》)。**12・4** 玉錦三右衛門《たまにしきさんえもん》(36、横綱《よこづな》)。**12・10** 飯塚啓《いいづかあきら》(71、動物学《どうぶつがく》)。**12・17** 小川芋《おがわう》銭《せん》(71、文人画家《ぶんじんがか》)。**12・19** 藤山雷太《ふじやまらいた》(76、実業家《じつぎょうか》)。**12・22** 武富時敏《たけとみときとし》(84、政治家《せいじか》)。**12・28** 坂東彦《ばんどうひこ》
中華民国	

西暦	年号・干支	内閣
▶一九三八	昭和一三 戊寅	(第1次近衛文麿内閣)

記事

三郎(六代)(53、歌舞伎役者)。益田孝(91、三井財閥)。

【世界】

1・18 国民政府、近衛声明に対して抗日自衛を表明(二〇日、許世英駐日大使が帰国)。**2・10** ルーマニア国王カロル、憲法を停止し独裁制を宣言。**2・23** 朝鮮人男子対象の陸軍特別志願兵令を公布。**3・13** ドイツ、オーストリアを併合。**3・15** ソ連で反スターリン派のブハーリンら処刑。**3・18** メキシコ政府、米英系石油会社の資産を接収、国有化。**3・28** 鄭孝胥没(80、満洲国の政治家)。**3・29** 中国、国民党、臨時全国大会を漢口で開催(蔣介石、党総裁に就任・四月一日、「抗戦建国綱領」を発表)。**5・11** ブラジルのファシスト組織インテグラリスタの暴動鎮圧。**5・17** アメリカで海軍拡張法成立。**5・26** 毛沢東、延安の抗日戦争研究会で「持久戦論」を講演。アメリカ下院、非米活動調査委員会を設置。**7・1** アメリカ、航空機物資の対日道義的禁輸を実施。**9・29** ミュンヘン会談、チェコ＝スロヴァキアのズデーテン地方のドイツへの割譲を決定(三〇日、ミュンヘン協定調印)。**9・30** 唐紹儀没(79、清末民国初期の外交官)。**10・27** フランス首相ダラディエ、人民戦線離脱を宣言(人民戦線崩壊)。**11・9** ドイツ全土で組織的なユダヤ人・ユダヤ教会襲撃(「水晶の夜」事件・以後ユダヤ人迫害本格化)。**11・26** ソ連・ポーランド、不可侵条約を更新。**12・24** タウト没(58、ドイツ人建築家)。パン＝アメリカ会議、「リマ宣言」採択(アメリカ州諸国への外国の干渉反対)。**12・26** タイ、ピブン＝ソンクラームが首相就任。蔣介石、第二次近衛声明への反対宣言を発表。

中華民国
中華民国 27

西暦	◀ 一九三九
年号・干支	一四 己卯《つちのとのう》
内閣	1・5 平沼騏一郎《ひらぬまきいちろう》内閣
記事	【政治・経済】 1・4 近衛《このえ》内閣《ないかく》総辞職《そうじしょく》。 1・5 平沼騏一郎《ひらぬまきいちろう》内閣《ないかく》成立《せいりつ》。 2・9 政府《せいふ》、国民精神総動員《こくみんせいしんそうどういん》強化《きょうか》方策《ほうさく》を決定《けってい》。社会大衆党《しゃかいたいしゅうとう》・東方会《とうほうかい》両首脳《りょうしゅのう》、合同《ごうどう》・新党結成《しんとうけっせい》を声明《せいめい》(二二日《にち》、中止《ちゅうし》を声明《せいめい》)。 2・10 日本軍《にほんぐん》、海南島《かいなんとう》に上陸《じょうりく》。 2・16 商工省《しょうこうしょう》、鉄製《てっせい》不急品《ふきゅうひん》の回収《かいしゅう》を開始《かいし》。 3・24 鉱業法《こうぎょうほう》を改正《かいせい》・公布《こうふ》(鉱業権者《こうぎょうけんしゃ》の無過失損害賠償責任《むかしつそんがいばいしょうせきにん》など規定《きてい》)。 3・25 軍用資源秘密保護法《ぐんようしげんひみつほごほう》を公布《こうふ》(六月《がつ》二六日《にち》施行《しこう》)。 4・1 日本発送電《にほんはっそうでん》㈱設立《せつりつ》(本社東京《ほんしゃとうきょう》・総裁増田次郎《そうさいますだじろう》)。 4・12 米穀配給統制法《べいこくはいきゅうとうせいほう》を公布《こうふ》(米穀商《べいこくしょう》の許可制《きょかせい》など)。 4・17 華北交通《かほくこうつう》㈱設立《せつりつ》(総裁宇佐美寛爾《そうさいうさみかんじ》)。 4・26 文部省《もんぶしょう》、青年学校《せいねんがっこう》を義務化《ぎむか》(満《まん》一二歳以上《さいいじょう》一九歳以下《さいいか》の男子《だんし》)。 4・30 政友会革新派《せいゆうかいかくしんは》党大会《とうたいかい》で中島知久平《なかじまちくへい》、総裁《そうさい》となる(五月《がつ》二〇日《か》、正統派《せいとうは》臨時党大会《りんじとうたいかい》で久原房之助《くはらふさのすけ》が総裁《そうさい》となり、政友会《せいゆうかい》二派《は》に分裂《ぶんれつ》)。華中《かちゅう》鉄道《てつどう》㈱設立《せつりつ》(華北交通《かほくこうつう》㈱とともに、中国《ちゅうごく》の鉄道経営《てつどうけいえい》を支配《しはい》)。 5・11 満蒙国境《まんもうこっきょう》のノモンハンで、満《まん》・外蒙両国軍隊《がいもうりょうこくぐんたい》が衝突《しょうとつ》(ノモンハン事件《じけん》の発端《ほったん》)。 6・1 昭和電工《しょうわでんこう》㈱設立《せつりつ》(日本電気工業《にほんでんきこうぎょう》㈱と昭和肥料《しょうわひりょう》㈱の合併《がっぺい》・本社東京《ほんしゃとうきょう》・社長森矗昶《しゃちょうもりのぶてる》)。 6・7 満蒙開拓青少年義勇軍《まんもうかいたくせいしょうねんぎゆうぐん》二五〇〇人《にん》の壮行会《そうこうかい》、神宮競技場《じんぐうきょうぎじょう》で挙行《きょこう》。 6・14 日本軍《にほんぐん》、天津《てんしん》のイギリス・フランス租界《そかい》を封鎖《ふうさ》。 7・1 日本軍《にほんぐん》、ノモンハンで攻撃開始《こうげきかいし》(八月《がつ》二〇日《か》、ソ連《れん》・外蒙軍《がいもうぐん》、総攻撃開始《そうこうげきかいし》・日本軍第《にほんぐんだい》二三師団《しだん》壊滅《かいめつ》)。東京芝浦電気《とうきょうしばうらでんき》㈱設立《せつりつ》(東京電気《とうきょうでんき》㈱と芝浦製作所《しばうらせいさくしょ》㈱の合併《がっぺい》・社長山口喜三郎《しゃちょうやまぐちきさぶろう》)。 7・5 米内光政《よないみつまさ》海相暗殺計画《かいしょうあんさつけいかく》が発覚《はっかく》。 7・6 海軍《かいぐん》、零式艦上戦闘機《れいしきかんじょうせんとうき》の試験飛行《しけんひこう》を初《はじ》めて実施《じっし》。 7・8 国民徴用令《こくみんちょうようれい》を公布《こうふ》(一六歳以上《さいいじょう》四五歳未満《さいみまん》の男子《だんし》、一六歳以上《さいいじょう》二五歳未満《さいみまん》の女子《じょし》を軍需工場《ぐんじゅこうじょう》などに徴用《ちょうよう》・一五日施行《にちしこう》)。 7・15 軍事保護院官制《ぐんじほごいんかんせい》を公布《こうふ》。有田八郎外相《ありたはちろうがいしょう》、イギリス駐日大使《ちゅうにちたいし》クレーギーと、天津租界封鎖問題《てんしんそかいふうさもんだい》などに関《かん》し日英会談《にちえいかいだん》を開始《かいし》(八月《がつ》二一日《にち》、決裂《けつれつ》を声明《せいめい》)。 7・26 アメリカ国務長官《こくむちょうかん》、日米通商航海条約《にちべいつうしょうこうかいじょうやく》及《およ》び付属議定書《ふぞくぎていしょ》の廃棄《はいき》を通告《つうこく》(昭和《しょうわ》一五年《ねん》一月《がつ》二六日《にち》
中華民国	28

西暦	一九三九 ◀▶
年号・干支	昭和一四 己卯《つちのとのう》
内閣	(平沼騏一郎内閣)

記事

失効《しっこう》)。**8・25** 閣議《かくぎ》、三国同盟交渉打切《さんごくどうめいこうしょううちき》りを決定《けってい》。**8・28** 平沼内閣《ひらぬまないかく》、欧州情勢複雑怪奇《おうしゅうじょうせいふくざつかいき》と声《せい》明《めい》して総辞職《そうじしょく》。**8・30** 阿部信行内閣成立《あべのぶゆきないかくせいりつ》。**9・4** 政府《せいふ》、欧州戦争《おうしゅうせんそう》に不介入《ふかいにゅう》を声明《せいめい》。**9・15** モスクワでノモンハン事件停戦協定成立《じけんていせんきょうていせいりつ》。**9・18** 大島浩駐独大使《おおしまひろしちゅうどくたいし》、独《どく》ソ不可侵条約《ふかしんじょうやく》に関《かん》してドイツに抗議《こうぎ》。**9・23** 大本営《だいほんえい》、支那派遣軍総司令部設置《しなはけんぐんそうしれいぶせっち》を命《めい》じる(一〇月《がつ》一日《にち》、指揮発動《しきはつどう》)。**10・18** 電力調整令《でんりょくちょうせいれい》を公布《こうふ》(二〇日《か》施行《しこう》)。**11・4** 野村吉三郎外相《のむらきちさぶろうがいしょう》、アメリカ駐日大使《ちゅうにちたいし》グルーと日《にち》米国交調整《べいこくこうちょうせい》につき会談《かいだん》を開始《かいし》。**11・6** 農林省《のうりんしょう》、米穀強制買上制《べいこくきょうせいかいあげせい》を実施《じっし》。**11・11** 兵役法施行令《へいえきほうしこうれい》を改正《かいせい》・公布《こうふ》(「第《だい》三乙種《おつしゅ》」合格《ごうかく》を設定《せってい》)。**11・30** 野村外相《のむらがいしょう》、フランス大使《たいし》アンリに仏印経由援蔣《ふついんけいゆえんしょう》行為《こうい》の停止《ていし》などを申《もう》し入《い》れる。**12・6** 小作料統制令《こさくりょうとうせいれい》を公布《こうふ》(一一日施行《にちしこう》)。**12・20** 陸軍《りくぐん》、軍備充《ぐんびじゅう》実《じつ》四ヵ年計画《ねんけいかく》を策定《さくてい》・上奏《じょうそう》(地上《ちじょう》六五個師団《こしだん》・航空《こうくう》一六〇個中隊《こちゅうたい》を整備《せいび》)。**12・22** グルー米大使《べいたいし》、日米新通商航海条約《にちべいしんつうしょうこうかいじょうやく》あるいは暫定取極《ざんていとりき》めの締結《ていけつ》を拒否《きょひ》。**12・23** 第《だい》七五通常議会召集《つうじょうぎかいしょうしゅう》(一二月《がつ》二六日開会《にちかいかい》、昭和《しょうわ》一五年《ねん》三月《がつ》二六日閉会《にちへいかい》)。**12・25** 鹿地亘《かじわたる》ら、中国桂林《ちゅうごくけいりん》で日本人民反戦同《にほんじんみんはんせんどう》盟《めい》結成大会《けっせいたいかい》。**12・26** 朝鮮総督府《ちょうせんそうとくふ》、朝鮮人《ちょうせんじん》の氏名《しめい》に関《かん》する件《けん》を公布《こうふ》(日本式《にほんしき》に創氏改名《そうしかいめい》)。

【社会・文化】

1・15 五場所連続全勝《ばしょれんぞくぜんしょう》の横綱双葉山《よこづなふたばやま》、安芸《あき》ノ海《うみ》に敗《やぶ》れる(六九連勝《れんしょう》)。**1・25** 警防団令《けいぼうだんれい》を公布《こうふ》(四月《がつ》一日《ついたち》施行《しこう》)。**1・28** 平賀譲東京帝大総長《ひらがゆずるとうきょうていだいそうちょう》、河合栄治郎《かわいえいじろう》・土方成美《ひじかたせいび》両教授《りょうきょうじゅ》の休職処分《きゅうしょくしょぶん》を文相《ぶんしょう》に上申《じょうしん》(三一日《にち》、河合教授《かわいきょうじゅ》を、二月《がつ》一三日《にち》、土方教授《ひじかたきょうじゅ》を休職処分《きゅうしょくしょぶん》)。**1・-** この頃《ころ》、東亜共同体論《とうあきょうどうたいろん》が盛《さか》ん。**3・27** 日本放送協会《にほんほうそうきょうかい》、有線《ゆうせん》テレビジョンの実験放送《じっけんほうそう》を公開《こうかい》(五月《がつ》一三日《にち》、無線《むせん》での実験放送《じっけんほうそう》を公開《こうかい》)。**3・31** 名古屋帝国大学《なごやていこくだいがく》を設置《せっち》。**3・-** 『明治前期勧農事蹟輯録《めいじぜんきかんのうじせきしゅうろく》』刊《かん》。文部省維新史料編纂事務局編《もんぶしょういしんしりょうへんさんじむきょくへん》『維新史《いしんし》』第《だい》一巻刊《かんかん》(~昭和《しょうわ》一六年《ねん》一二月《がつ》)。**4・5** 映画法《えいがほう》を公《こう》布《ふ》(脚本事前検閲《きゃくほんじぜんけんえつ》、外国映画上映制限《がいこくえいがじょうえいせいげん》など・一〇月《がつ》一日《ついたち》施行《しこう》)。**5・22** 全国《ぜんこく》の学生生徒代表《がくせいせいとだいひょう》三

中華民国	中華民国 28

西暦

年号・干支

内閣　阿部信行内閣《あべのぶゆきないかく》 8・30

記事

万二五〇〇人《にん》、執銃《しつじゅう》・帯剣《たいけん》・巻《まき》ゲートルで二重橋前《にじゅうばしまえ》に参集《さんしゅう》、天皇親閲式後《てんのうしんえつしきご》に東京市内《とうきょうしない》を行進《こうしん》。**6・8** (財)結核予防会設立《けっかくよぼうかいせつりつ》。**5・29** 文部省《もんぶしょう》、小学校《しょうがっこう》五・六年《ねん》と高等科《こうとうか》の男児《だんじ》に柔《じゅう》・剣道《けんどう》を課《か》す。**7・24** 全《ぜん》日本労働総同盟分裂《にほんろうどうそうどうめいぶんれつ》（全《ぜん》労派《ろうは》、産報会積極支持《さんぽうかいせっきょくしじ》を主張《しゅちょう》して脱退《だったい》・一一月《がつ》三日《か》脱退派《だったいは》、産業報国倶楽部《さんぎょうほうこくクラブ》を結成《けっせい》）。**8・15** 文部省《もんぶしょう》、法隆寺壁画保存委員会《ほうりゅうじへきがほぞんいいんかい》を設置《せっち》、壁画模写《へきがもしゃ》はじまる。**8・15** 東京市《とうきょうし》、隣組回覧板《となりぐみかいらんばん》一〇万枚配布《まいはいふ》。**8・25** 厚生省《こうせいしょう》に人口問題研究所《じんこうもんだいけんきゅうじょ》を設置《せっち》。**8・26** ニッポン号《ごう》（大阪毎日《おおさかまいにち》・東京日日機《とうきょうにちにちき》）、羽田出発《はねだしゅっぱつ》（世界《せかい》一周旅行《しゅうりょこう》・一〇月《がつ》二〇日《か》帰着《きちゃく》）。**9・1** 初《はつ》の「興亜奉公日《こうあほうこうび》」（毎月一日実施《まいつきついたちじっし》）。**9・28** 文部省《もんぶしょう》、中等学校入試《ちゅうとうがっこうにゅうし》の筆記試験廃止《ひっきしけんはいし》を通牒《つうちょう》。**10・1** 厚生省《こうせいしょう》、体力章検定《たいりょくしょうけんてい》を実施《じっし》（一五〜二五歳男子《さいだんし》に義務化《ぎむか》）。山陰同盟日本海新聞社《さんいんどうめいにほんかいしんぶんしゃ》『山陰同盟《さんいんどうめい》日本海新聞《にほんかいしんぶん》』創刊《そうかん》。**10・18** 価格等統制令《かかくとうせいれい》・地代家賃統制令《ちだいやちんとうせいれい》・賃金臨時措置令《ちんぎんりんじそちれい》・会社職員給与臨時《かいしゃしょくいんきゅうよりんじ》措置令《そちれい》を各公布《かくこうふ》（「九・一八ストップ令《れい》」・二〇日《か》施行《しこう》）。**10・1** 香川県編《かがわけんへん》『香川叢書《かがわそうしょ》』刊《かん》（〜昭和《しょうわ》一八年《ねん》三月《がつ》）。**11・29** 大日本農民組合《だいにほんのうみんくみあい》・日本農民連盟《にほんのうみんれんめい》など農民運動団体《のうみんうんどうだんたい》、農地制度改革同盟《のうちせいどかいかくどうめい》を結成《けっせい》。**この年** 西田直二郎《にしだなおじろう》・本庄栄治郎《ほんじょうえいじろう》・中村直勝《なかむらなおかつ》・猪熊信男《いのくまのぶお》『京都市史《きょうとしし》』編纂開始《へんさんかいし》（昭和《しょうわ》二三年《ねん》三月《がつ》、事《じ》業打切《ぎょううちき》り）、同《どう》四三年《ねん》より奈良本辰也《ならもとたつや》・林屋辰三郎他《はやしやたつさぶろうほか》『京都《きょうと》の歴史《れきし》』として新規刊行開始《しんきかんこうかいし》、五一年《ねん》に全巻刊行《ぜんかんかんこう》。

【死没】

1・1 及川平治《おいかわへいじ》（65、教育者《きょういくしゃ》）。**1・4** 比田井天来《ひだいてんらい》（68、書家《しょか》）。**1・6** 梶原仲治《かじわらちゅうじ》（69、銀行家《ぎんこうか》）。**1・10** 町田経宇《まちだけいう》（75、陸軍軍人《りくぐんぐんじん》）。**1・22** 瀬木博尚《せきひろひさ》（88、博報堂《はくほうどう》）。**1・28** 桜井錠二《さくらいじょうじ》（82、科学行政《かがくぎょうせい》）。**2・9** 加藤寛治《かとうひろはる》（70、海軍軍人《かいぐんぐんじん》）。**2・18** 岡本《おかもと》かの子《こ》（51、小説家《しょうせつか》）。**2・26** 斎藤博《さいとうひろし》（54、外交官《がいこうかん》）。**3・1** 岡本綺堂《おかもときどう》（68、劇作家《げきさっか》）。**3・10** 山本懸蔵《やまもとけんぞう》（45、労働運動《ろうどううんどう》）。**3・14** 鈴木券太郎《すずきけんたろう》（78、新聞人《しんぶんじん》）。**3・21** 観世清久《かんぜきよひさ》（45、能楽師《のうがくし》）。**3・24** 杉村陽太郎《すぎむらようたろう》（56、外交官《がいこうかん》）。**3・28** 田中光顕《たなかみつあき》（97、陸軍軍人《りくぐんぐんじん》）。

中華民国

西暦	年号・干支	内閣
▶一九三九	昭和一四 己卯《つちのとのう》	(阿部信行内閣)

記事

3・29 立原道造《たちはらみちぞう》(26、詩人《しじん》)。 **4・6** ラグーザ玉《たま》(79、画家《がか》)。 **4・11** 村松愛蔵《むらまつあいぞう》(83、政治家《せいじか》)。 **4・14** 久世通章《くぜみちふみ》(81、有職故実家《ゆうしょくこじつか》)。 **5・22** 朝比奈知泉《あさひなちせん》(78、新聞記者《しんぶんきしゃ》)。 **5・27** 各務鎌吉《かがみけんきち》(72、実業家《じつぎょうか》)。 **6・5** 阿部重孝《あべしげたか》(50、教育学《きょういくがく》)。 佐藤昌介《さとうしょうすけ》(84、農業経済学《のうぎょうけいざいがく》)。 **6・7** 三上参次《みかみさんじ》(75、日本史学《にほんしがく》)。 **6・10** 矢吹慶輝《やぶきけいき》(61、宗教学《しゅうきょうがく》)。 **6・27** 林権助《はやしごんすけ》(80、外交官《がいこうかん》)。 **7・3** 喜田貞吉《きたさだきち》(69、日本史学《にほんしがく》)。 **7・10** 浅野研真《あさのけんしん》(42、宗教社会学《しゅうきょうしゃかいがく》)。 **7・11** 服部宇之吉《はっとりうのきち》(73、中国哲学《ちゅうごくてつがく》)。 **7・23** 本庄陸男《ほんじょうむつお》(35、小《しょう》説家《せっか》)。 **8・14** 吉川守圀《よしかわもりくに》(57、社会主義者《しゃかいしゅぎしゃ》)。 **8・17** 戸塚文卿《とつかぶんけい》(48、司祭《しさい》)。 **9・2** 岩永裕吉《いわながゆうきち》(57、通信《つうしん》事業家《じぎょうか》)。 **9・5** 串田万蔵《くしだまんぞう》(73、銀行家《ぎんこうか》)。 **9・6** 浜田国松《はまだくにまつ》(72、政治家《せいじか》)。 **9・7** 泉鏡花《いずみきょうか》(67、小《しょう》説家《せっか》)。 **9・21** 棚橋絢子《たなはしあやこ》(101、女子教育家《じょしきょういくか》)。 **9・23** 岡田三郎助《おかださぶろうすけ》(71、洋画家《ようがか》)。 **9・24** 中田重治《なかたしげはる》(70、伝道者《でんどうしゃ》)。 **9・25** 牧野信之助《まきのしんのすけ》(56、歴史家《れきしか》)。 **10・2** 小橋一太《こばしいちた》(70、内務官僚《ないむかんりょう》)。 **10・14** 斯波貞吉《しばていきち》(71、新聞人《しんぶんじん》)。 **10・17** 結城礼一郎《ゆうきれいいちろう》(62、ジャーナリスト)。 **10・25** 富士松薩摩掾《ふじまつさつまのじょう》(二代《だい》)(74、新内節《しんないぶし》)。 **11・11** 村上華岳《むらかみかがく》(52、日本画家《にほんがか》)。 **11・17** 田中智学《たなかちがく》(79、日蓮宗運動者《にちれんしゅううんどうしゃ》)。 **11・20** 岡実《おかみのる》(67、農商務官僚《のうしょうむかんりょう》)。 **11・26** 出雲路通次郎《いずもじみちじろう》(62、有職故実家《ゆしょくこじつか》)。 **11・29** 松村介石《まつむらかいせき》(81、伝導者《でんどうしゃ》)。 **12・14** 小久保喜七《こくぼきしち》(75、政治家《せいじか》)。 **この年**《とし》 中村義上《なかむらぎじょう》(95、篤農家《とくのうか》)。

【世界】 **1・1** 国民党《こくみんとう》、汪兆銘《おうちょうめい》を永久除名《えいきゅうじょめい》。 **1・12** ハンガリー、日独伊防共協定加入《にちどくいぼうきょうきょうていかにゅう》を宣言《せんげん》。 **2・7** ロンドンでパレスチナ円卓会議《えんたくかいぎ》開催《かいさい》(アラブ諸国代表《しょこくだいひょう》・ユダヤ人代表《じんだいひょう》、それぞれ別個《べっこ》にイギリス政府《せいふ》と協議《きょうぎ》・~三月《がつ》一七日《にち》)。 **2・9** フローレンツ没《ぼつ》(74、ドイツの日本学者《にほんがくしゃ》)。 **2・27** イギリス・フランス、スペインのフランコ政権《せいけん》を承認《しょうにん》(四月一日《がっついたち》、アメリカ承認《しょうにん》)。 **3・15** ドイツ、ボヘミア・モラビアを保護領《ほごりょう》とする。 **3・28** フランコ軍《ぐん》、マドリッドに入《はい》る(四月一日《がっついたち》、内戦終結《ないせんしゅうけつ》を宣言《せんげん》)。 **4・7** イタリア、アルバニアを占領《せんりょう》(国王《こくおう》ゾグ亡命《ぼうめい》・一二日《にち》、アルバニア、イタリ

中華民国
中華民国 28

西暦	
年号・干支	
内閣	
記事	アと同君連合《どうくんれんごう》)。5・3 ソ連《れん》外務《がいむ》人民《じんみん》委員《いいん》リトヴィノフ解任《かいにん》、モロトフと交替《こうたい》。5・17 イギリス政府《せいふ》、パレスチナ白書《はくしょ》を発表《はっぴょう》(一〇年以内《ねんいない》にパレスチナ国家樹立《こっかじゅりつ》を予定《よてい》し、ユダヤ移民《いみん》とその土地取得《とちしゅとく》を制限《せいげん》)。5・22 ドイツ・イタリア、軍事同盟《ぐんじどうめい》(鋼鉄協約《こうてつきょうやく》)に調印《ちょういん》(ベルリン＝ローマ枢軸完成《すうじくかんせい》)。6・6 徐世昌没《じょせいしょうぼつ》(85、北洋軍閥《ほくようぐんばつ》の文人政客《ぶんじんせいかく》・中華民国《ちゅうかみんこく》第《だい》四代大総統《だいだいそうとう》)。8・23 モスクワで独《どく》ソ不可侵条約《ふかしんじょうやく》調印《ちょういん》(秘密付属協定《ひみつふぞくきょうてい》で独《どく》ソによるポーランド分割《ぶんかつ》・東欧《とうおう》の勢力圏画定《せいりょくけんかくてい》を取《と》り決《き》める)。8・24 イギリス・フランス・対《たい》ポーランド援助条約《えんじょじょうやく》を締結《ていけつ》。8・28 汪兆銘《おうちょうめい》、上海《シャンハイ》で国民党第《こくみんとうだい》六期《き》全国大会《ぜんこくたいかい》を開催《かいさい》。9・1 ドイツ軍《ぐん》、ポーランド侵攻開始《しんこうかいし》(第《だい》二次《じ》世界大戦始《せかいたいせんはじ》まる)。張家口《ちょうかこう》にもモンゴル連合自治政府成立《れんごうじちせいふせいりつ》(主席徳王《しゅせきとくおう》)。9・3 イギリス・フランス、ドイツに宣戦《せんせん》布告《ふこく》。9・5 アメリカ、欧州戦争《おうしゅうせんそう》に中立《ちゅうりつ》を宣言《せんげん》。9・17 ソ連《れん》、東方《とうほう》からポーランド侵攻開始《しんこうかいし》。9・20 朴泳孝没《ぼくえいこうぼつ》(79、朝鮮末期《ちょうせんまっき》の開化派政治家《かいかはせいじか》)。9・27 ドイツ軍《ぐん》、ワルシャワ占領《せんりょう》。9・28 モスクワで独《どく》ソ友好条約調印《ゆうこうじょうやくちょういん》(独《どく》ソによるポーランド分割占領《ぶんかつせんりょう》を協定《きょうてい》)。9・29 ソ連《れん》、エストニアと相互援助条約調印《そうごえんじょじょうやくちょういん》(一〇月《がつ》五日《にち》ラトヴィアと、一一日《にち》リトアニアと調印《ちょういん》)。10・2 第《だい》一〇回《かい》パン＝アメリカ会議《かいぎ》、パナマで開催《かいさい》(西半球《にしはんきゅう》に安全地域《あんぜんちいき》を設定《せってい》)。11・4 アメリカ、中立法《ちゅうりつほう》修正案成立《しゅうせいあんせいりつ》、交戦国《こうせんこく》への武器輸出禁止条項《ぶきゆしゅつきんしじょうこう》を修正《しゅうせい》。11・30 ソ連軍《れんぐん》、フィンランド侵攻開始《しんこうかいし》(冬季戦争始《とうきせんそうはじ》まる)。12・4 呉佩孚没《ごはいふぼつ》(68、北洋軍閥《ほくようぐんばつ》の巨頭《きょとう》)。12・14 ソ連《れん》、フィンランド侵略《しんりゃく》を理由《りゆう》に国際連盟《こくさいれんめい》を除名《じょめい》される。
中華民国	

西暦	年号・干支	内閣
一九四〇 ◀	昭和一五 庚辰《かのえたつ》	1・16 米内光政《よないみつまさ》内閣

記事

【政治・経済】

1・14 阿部内閣総辞職《あべないかくそうじしょく》。 **1・16** 米内光政内閣成立《よないみつまさないかくせいりつ》。 **1・21** イギリス軍艦《ぐんかん》、千葉県沖《ちばけんおき》で浅間丸《あさままる》を臨検《りんけん》、ドイツ人船客《じんせんきゃく》二一人《にん》を連行《れんこう》（浅間丸事件《あさままるじけん》・右翼《うよく》の反英運動高《はんえいうんどうたか》まる）。 **1・26** 日米通商条約失効《にちべいつうしょうじょうやくしっこう》。 **2・2** 民政党斎藤隆夫《みんせいとうさいとうたかお》、衆議院《しゅうぎいん》で戦争政策《せんそうせいさく》を批判《ひはん》する演説《えんぜつ》、政治問題化《せいじもんだいか》（三月《がつ》七日《か》、衆議院《しゅうぎいん》、斎藤《さいとう》の議員除名《ぎいんじょめい》を可決《かけつ》）。 **3・9** 社会大衆党《しゃかいたいしゅうとう》、斎藤隆夫《さいとうたかお》の除名《じょめい》に反対《はんたい》した片山哲《かたやまてつ》らを除名《じょめい》。 **3・25** 衆議院議員有志《しゅうぎいんぎいんゆうし》一〇〇人余《にんよ》、聖戦貫徹議員連盟《せいせんかんてつぎいんれんめい》を結成《けっせい》。 **3・26** 東京《とうきょう》—下関間新幹線《しものせきかんしんかんせん》の建設計画予算成立《けんせつけいかくよさんせいりつ》（昭和《しょうわ》一九年《ねん》、工事中止《こうじちゅうし》）。 **5・3** 東京市《とうきょうし》、外米《がいまい》六割混入米配給《わりこんにゅうまいはいきゅう》を開始《かいし》。 **5・7** 社会大衆党被除名派《しゃかいたいしゅうとうひじょめいは》による勤労国民党《きんろうこくみんとう》の結社《けっしゃ》を禁《きん》じる。 **6・1** 木戸幸一《きどこういち》を内大臣《ないだいじん》に任《にん》じる。 **6・11** 聖戦貫徹議員連盟《せいせんかんてつぎいんれんめい》、各党《かくとう》の党首《とうしゅ》に解党《かいとう》を進言《しんげん》。 商工省《しょうこうしょう》・農林省《のうりんしょう》、暴利行為《ぼうりこうい》等取締規則《とうとりしまりきそく》を改正《かいせい》・公布《こうふ》（価格表示義務《かかくひょうじぎむ》を明確化《めいかくか》・七月《がつ》八日《にち》、(公)・(停)・(協)などの表示始《ひょうじはじ》まる）。 **6・24** 近衛文麿《このえふみまろ》、枢密院議長《すうみついんぎちょう》を辞任《じにん》、新体制運動推進《しんたいせいうんどうすいしん》への決意《けつい》を表明《ひょうめい》。 **7・6** 社会大衆党解党《しゃかいたいしゅうとうかいとう》（新体制運動推進《しんたいせいうんどうすいしん》へ）。 **7・16** 米内内閣総辞職《よないないかくそうじしょく》（陸軍《りくぐん》の倒閣策動《とうかくさくどう》で畑俊六陸相《はたしゅんろくりくしょう》の単独辞職《たんどくじしょく》による）。 政友会久原派解党《せいゆうかいくはらはかいとう》（三〇日《にち》、中島派解党《なかじまはかいとう》）。 **7・19** 近衛文麿《このえふみまろ》・松岡洋右《まつおかようすけ》・東条英機《とうじょうひでき》・吉田善吾《よしだぜんご》（首《しゅ》・外《がい》・陸《りく》・海《かい》四相《しょう》候補《こうほ》）、国策《こくさく》を協議《きょうぎ》（荻窪会談《おぎくぼかいだん》）。 **7・22** 第二次近衛文麿内閣成立《だいにじこのえふみまろないかくせいりつ》。 **7・26** 閣議《かくぎ》、基本国策要綱《きほんこくさくようこう》を決定《けってい》（南進《なんしん》・大東亜新秩序《だいとうあしんちつじょ》の形成《けいせい》・対独提携強化《たいどくていけいきょうか》・国防国家《こくぼうこっか》の建設方針《けんせつほうしん》）。 アメリカ、石油《せきゆ》・屑鉄《くずてつ》の輸出《ゆしゅつ》を許可制《きょかせい》とする（三一日《にち》、航空用《こうくうよう》ガソリンの西半球以外《にしはんきゅういがい》への輸出禁止《ゆしゅつきんし》・八月《がつ》二日《か》、堀内謙介駐米大使抗議《ほりうちけんすけちゅうべいたいしこうぎ》）。 **7・27** 大本営政府連絡会議《だいほんえいせいふれんらくかいぎ》、「世界情勢《せかいじょうせい》の推移《すいい》に伴《ともな》ふ時局処理要綱《じきょくしょりようこう》」決定《けってい》（武力行使《ぶりょくこうし》を含《ふく》む南進政策《なんしんせいさく》の決定《けってい》）。 **8・15** 民政党解党《みんせいとうかいとう》。 **8・20** 農林省《のうりんしょう》、臨時米穀配給統制規則《りんじべいこくはいきゅうとうせいきそく》を公布《こうふ》（九月《がつ》一〇日施行《かしこう》）。 **8・28** 新体制準備委員会《しんたいせいじゅんびいいんかい》、初総会開催《はつそうかいかいさい》。 **8・29** 重要産業統制団体懇談会設立《じゅうようさんぎょうとうせいだんたいこんだんかいせつりつ》。 **8・30** 松岡洋右外相《まつおかようすけがいしょう》、北部仏印進駐《ほくぶふついんしんちゅう》に関《かん》して仏大使《ふつたいし》

中華民国 中華民国 **29**

西暦

年号・干支

内閣

記事

アンリと公文交換《こうぶんこうかん》。**9・1** 三井財閥《みついざいばつ》、機構改革《きこうかいかく》（三井合名《みついごうめい》を三井物産《みついぶっさん》㈱に合併《がっぺい》）。**9・11** 内務省《ないむしょう》、部落会《ぶらくかい》・町内会《ちょうないかい》・隣保班《りんぽはん》・市町村常会整備要綱《しちょうそんじょうかいせいびようこう》を通達《つうたつ》。**9・13** 日《にち》・蘭印会商開始《らんいんかいしょうかいし》（商工相小林《しょうこうしょうこばやし》一三代表《いちぞうだいひょう》の特派使節《とくはしせつ》、バタヴィア到着《とうちゃく》）。**9・22** 日《にち》・仏印軍事細目協定成立《ふついんぐんじさいもくきょうていせいりつ》（二三日《にち》、日本軍《にほんぐん》、北部仏印進駐《ほくぶふついんしんちゅう》）。**9・27** ベルリンで日独伊三国同盟調印《にちどくいさんごくどうめいちょういん》（松岡外相《まつおかがいしょう》、ドイツ大使《たいし》オットと秘密《ひみつ》交換公文《こうかんこうぶん》）。**10・1** 総力戦研究所官制《そうりょくせんけんきゅうじょかんせい》を公布《こうふ》（内閣総理大臣直属《ないかくそうりだいじんちょくぞく》の機関《きかん》として設置《せっち》）。**10・12** 大《たい》政翼賛会発会式《せいよくさんかいはっかいしき》（総裁近衛文麿《そうさいこのえふみまろ》）。**10・16** 日《にち》・蘭印交渉《らんいんこうしょう》に関《かん》して共同声明発表《きょうどうせいめいはっぴょう》（二〇日《か》、小林《こばやし》代表召還《だいひょうしょうかん》を通告《つうこく》）。**10・22** 東方会解散《とうほうかいかいさん》・既存《きそん》の政治団体《せいじだんたい》すべて解散《かいさん》。**10・30** 建川美次《たてかわよしつぐ》駐《ちゅう》ソ大《たい》使《し》、ソ連《れん》に不侵略条約締結《ふしんりゃくじょうやくていけつ》を提議《ていぎ》（一一月《がつ》一八日《にち》、モロトフ外相《がいしょう》、北樺太利権解消《きたからふとりけんかいしょう》を条件《じょうけん》に中立条約《ちゅうりつじょうやく》を提議《ていぎ》）。**11・1** 商工省《しょうこうしょう》、砂糖《さとう》・マッチ切符制《きっぷせい》を全国実施《ぜんこくじっし》。**11・13** 御前会議《ごぜんかいぎ》、支《し》那事変処理要綱《なじへんしょりようこう》を決定《けってい》。**11・30** 日華基本条約《にっかきほんじょうやく》・日満華共同宣言調印《にちまんかきょうどうせんげんちょういん》。**12・6** 情報局官制《じょうほうきょくかんせい》を公布《こうふ》（内閣情報部《ないかくじょうほうぶ》を廃止《はいし》）。**12・7** 閣議《かくぎ》、経済新体制確立要綱案《けいざいしんたいせいかくりつようこうあん》を決定《けってい》・発表《はっぴょう》。**12・20** 衆議院《しゅうぎいん》議員倶楽部結成《ぎいんクラブけっせい》（尾崎行雄《おざきゆきお》ら七人《にん》を除《のぞ》き参加《さんか》）。**12・24** 第《だい》七六通常議会召集《つうじょうぎかいしょうしゅう》（一二月《がつ》二六日開《にちかい》会《かい》、昭和《しょうわ》一六年《ねん》三月《がつ》二五日閉会《にちへいかい》）。

【社会・文化】

1・11 津田左右吉《つだそうきち》、右翼《うよく》の攻撃《こうげき》を受《う》け早大教授《そうだいきょうじゅ》を辞任《じにん》。**2・6** 山形県《やまがたけん》で村山俊太郎《むらやましゅんたろう》らを検挙《けんきょ》（この後全国《のちぜんこく》で生活綴方運動家《せいかつつづりかたうんどうか》・「生活学校《せいかつがっこう》」関係教員《かんけいきょういん》を検挙《けんきょ》）。**2・10** 津田左右吉《つだそうきち》『古事記及日《こじきおよびに》本書紀《ほんしょき》の研究《けんきゅう》』発禁《はっきん》（一二日《にち》、『神代史《じんだいし》の研究《けんきゅう》』など発禁《はっきん》）。**2・11** 三上参次《みかみさんじ》・辻善之助《つじぜんのすけ》監修《かんしゅう》『国《こく》史辞典《しじてん》』第《だい》一巻刊《かんかん》（五巻以降未刊《かんいこうみかん》）。**3・1** 和歌山新聞社《わかやましんぶんしゃ》『和歌山新聞《わかやましんぶん》』創刊《そうかん》。**3・28** 内務省《ないむしょう》、ディック＝ミネ・藤原釜足《ふじわらかまたり》ら一六人《にん》に改名《かいめい》を指示《しじ》（芸名統制《げいめいとうせい》）。**4・8** 国民体力法《こくみんたいりょくほう》を公布《こうふ》（一七～一九歳男子《さいだんし》の身体検査《しんたいけんさ》を義務化《ぎむか》・九月《がつ》二六日施行《にちしこう》）。**4・11** 美術文化協会第《びじゅつぶんかきょうかいだい》一回展《かいてん》（東京府美《とうきょうふび》

中華民国

西暦	年号・干支	内閣
一九四〇 ◀ ▶	昭和一五 庚辰《かのえたつ》	7・22 第2次近衛文麿《このえふみまろ》内閣

記事

術館《じゅつかん》・～一九日《にち》）。**4・-**『小学国史《しょうがくこくし》』尋常《じんじょう》科用《かよう》上巻《じょうかん》使用開始《しようかいし》（巻頭《かんとう》に「神勅《しんちょく》」掲載《けいさい》）。**7・6** 商《しょう》工省《こうしょう》・農林省《のうりんしょう》、奢侈品等製造販売制限規則《しゃしひんとうせいぞうはんばいせいげんきそく》を公布《こうふ》（七日《か》施行《しこう》・七・七禁令《きんれい》）。**7・7** 東京交通労《とうきょうこうつうろう》働組合解散《どうくみあいかいさん》（九日《か》、大阪市電従業員組合解散《おおさかしでんじゅうぎょういんくみあいかいさん》）。**7・8** 日本労働総同盟中央委員会《にほんろうどうそうどうめいちゅうおういいんかい》、自発的解《じはつてきかい》散《さん》を決議《けつぎ》。**8・1** 東京府《とうきょうふ》、食堂《しょくどう》・料理屋《りょうりや》などで米食使用禁止《べいしょくしようきんし》・販売時間制《はんばいじかんせい》を実施《じっし》。国民精神《こくみんせいしん》総動員本部《そうどういんほんぶ》、「贅沢品《ぜいたくひん》は敵《てき》だ！」の立看板《たてかんばん》一五〇〇本《ほん》を東京市内《とうきょうしない》に配置《はいち》。『神奈川日日新聞《かながわにちにちしんぶん》』創《そう》刊《かん》（『横須賀日日新聞《よこすかにちにちしんぶん》』改題《かいだい》）。**8・8** 全日本科学技術団体連合会設立《ぜんにほんかがくぎじゅつだんたいれんごうかいせつりつ》（理事長《りじちょう》長岡半太郎《ながおかはんたろう》）。**8・15** 大日本農民組合解散《だいにほんのうみんくみあいかいさん》。**8・19** 新協《しんきょう》・新築地《しんつきじ》両劇団《りょうげきだん》の村山知義《むらやまともよし》・久保栄《くぼさかえ》ら一〇〇余人《よにん》を検挙《けんきょ》（二三日《にち》、両劇団解散《りょうげきだんかいさん》）。**8・25** 渋谷憲兵隊《しぶやけんぺいたい》、反戦的平和論《はんせんてきへいわろん》を述《の》べた賀川豊彦《かがわとよひこ》を拘引《こういん》。**10・1** 紀《き》元《げん》二六〇〇年奉祝展開催《ねんほうしゅくてんかいさい》（東京府美術館《とうきょうふびじゅつかん》・～一〇月《がつ》二日《か》前期《ぜんき》、一一月《がつ》三日《か》～二四日《か》後期《こうき》・主《しゅ》要美術団体参加《ようびじゅつだんたいさんか》の連立展《れんりつてん》）。第《だい》五回国勢調査実施《かいこくせいちょうさじっし》（総人口《そうじんこう》一億五二二万人《にん》・都市部《としぶ》の人口増加《じんこうぞうか》が顕著《けんちょ》）。**10・31** 東京《とうきょう》のダンスホール、この日限《ひかぎ》りで閉鎖《へいさ》。**11・1** 築地小劇場《つきじしょうげきじょう》、戦時統制《せんじとうせい》により国民新劇場《こくみんしんげきじょう》と改称《かいしょう》。**11・2** 全国水平社解散《ぜんこくすいへいしゃかいさん》。国民服令《こくみんふくれい》を公布《こうふ》。**11・5** 正倉院御物特別《しょうそういんぎょぶつとくべつ》展《てん》（初《はつ》の一般公開《いっぱんこうかい》・東京帝室博物館《とうきょうていしつはくぶつかん》・～二四日《か》）。**11・10** 紀元《きげん》二六〇〇年式典挙行《ねんしきてんきょこう》（宮城外苑《きゅうじょうがいえん》・一四日《か》まで各地《かくち》で祝賀行事続《しゅくがぎょうじつづ》く）。**11・23** 大日本産業報国会設立《だいにほんさんぎょうほうこくかいせつりつ》。**12・19** 日本出版文化協《にほんしゅっぱんぶんかきょう》会設立《かいせつりつ》。**この年** 田保橋潔《たぼはしきよし》『近代日鮮関係《きんだいにっせんかんけい》の研究《けんきゅう》』刊《かん》。和田英松《わだひでまつ》『国書逸文《こくしょいつぶん》』刊《かん》。日本経済史研《にほんけいざいしけん》究所編《きゅうじょへん》『日本経済史辞典《にほんけいざいしじてん》』刊《かん》。伊波普猷《いはふゆう》ら『琉球史料叢書《りゅうきゅうしりょうそうしょ》』刊《かん》（～昭和《しょうわ》一七年《ねん》）。『房総叢書《ぼうそうそうしょ》』刊《かん》（～昭和《しょうわ》一九年《ねん》）。上智大学《じょうちだいがく》・独逸《ドイツ》ヘルデル書肆《しょし》共編《きょうへん》『カトリック大辞典《だいじてん》』第《だい》一巻刊《かんかん》（～昭和《しょうわ》三五年《ねん》）。

【死没】

1・4 根津嘉一郎《ねづかいちろう》（81、経営者《けいえいしゃ》）。**1・23** 三遊亭円生《さんゆうていえんしょう》（五代《だい》）（57、落語家《らくごか》）。**2・4** 石本巳四雄《いしもとみしお》（48、

中華民国
中華民国 29

西暦

年号・干支

内閣

記事

地震学《じしんがく》）。2・12 杵屋《きねや》正次郎《しょうじろう》（四代《だい》）（71、長唄三味線方《ながうたしゃみせんかた》）。2・19 頼母木桂吉《たのもぎけいきち》（74、政治家《せいじか》）。2・20 鈴木荘六《すずきそうろく》（76、陸軍軍人《りくぐんぐんじん》）。2・21 原田助《はらだたすく》（78、牧師《ぼくし》）。2・23 市川左団次《いちかわさだんじ》（二代《だい》）（61、歌舞伎役者《かぶきやくしゃ》）。2・24 湯浅倉平《ゆあさくらへい》（67、内務官僚《ないむかんりょう》）。3・2 正木直彦《まさきなおひこ》（79、美術行政官《びじゅつぎょうせいかん》）。3・13 山室軍平《やまむろぐんぺい》（69、救《きゅう》世軍《せいぐん》）。3・18 明珍恒男《みょうちんつねお》（59、木彫家《もくちょうか》）。3・23 水上滝太郎《みなかみたきたろう》（54、小説家《しょうせつか》）。杵屋六左衛門《きねやろくざえもん》（一三代《だい》）（71、長唄三味線方《ながうたしゃみせんかた》）。3・26 吉江喬松《よしえたかまつ》（61、詩人《しじん》）。4・3 藤沢幾之輔《ふじさわいくのすけ》（82、政治家《せいじか》）。4・15 鈴木《すずき》梅四郎《うめしろう》（79、実業家《じつぎょうか》）。4・18 渡辺千冬《わたなべちふゆ》（65、政治家《せいじか》）。4・21 平山周《ひらやましゅう》（71、中国革命支援者《ちゅうごくかくめいしえんしゃ》）。4・24 辻本満丸《つじもとみつまる》（64、油脂化学《ゆしかがく》）。5・8 上田貞次郎《うえだていじろう》（62、経済学《けいざいがく》）。6・5 徳川家達《とくがわいえさと》（78、政治家《せいじか》）。6・24 鈴木喜三郎《すずききさぶろう》（74、司法官僚《しほうかんりょう》）。井深梶之助《いぶかかじのすけ》（87、牧師《ぼくし》、教育者《きょういくしゃ》）。7・28 大森義太郎《おおもりよしたろう》（43、マルクス経済学《けいざいがく》）。8・30 長谷川天渓《はせがわてんけい》（65、文芸評論家《ぶんげいひょうろんか》）。9・6 麻生久《あそうひさし》（50、社会運動家《しゃかいうんどうか》）。9・10 山屋《やまや》他人《たにん》（75、海軍軍人《かいぐんぐんじん》）。9・12 中村歌右衛門《なかむらうたえもん》（五代《だい》）（76、歌舞伎役者《かぶきやくしゃ》）。9・16 島中雄三《しまなかゆうぞう》（61、社会運《しゃかいうん》動家《どうか》）。10・12 長谷川利行《はせがわとしゆき》（50、洋画家《ようがか》）。10・22 西川光二郎《にしかわこうじろう》（65、社会主義者《しゃかいしゅぎしゃ》）。10・27 三並良《みなみはじめ》（76、思想家《しそうか》）。11・6 富士川游《ふじかわゆう》（76、医史学《いしがく》）。11・20 小熊秀雄《おぐまひでお》（40、詩人《しじん》）。11・24 西園寺公望《さいおんじきんもち》（92、政《せい》治家《じか》）。12・3 岩下壮一《いわしたそういち》（52、カトリック神学《しんがく》）。12・31 大島宇吉《おおしまうきち》（89、政治家《せいじか》）。

〔世界〕

3・12 ソ連《れん》・フィンランド講和条約調印《こうわじょうやくちょういん》（フィンランド、ソ連《れん》にカレリア地方《ちほう》を割譲《かつじょう》）。3・22 ムスリム連盟第《れんめいだい》二七回大会《かいたいかい》、インドのラホールで開催《かいさい》（二四日《か》、イスラム教徒《きょうと》の独立連邦樹立《どくりつれんぽうじゅりつ》をめざすラホール決議《けつぎ》を採択《さいたく》）。3・27 ウェストン没《ぼつ》（78、英国宣教師《えいこくせんきょうし》・登山家《とざんか》）。3・30 中国国《ちゅうごくこく》民政府《みんせいふ》（汪兆銘政権《おうちょうめいせいけん》）、南京遷都《ナンキンせんと》を宣言《せんげん》、新中央政府《しんちゅうおうせいふ》を樹立《じゅりつ》（主席汪兆銘《しゅせきおうちょうめい》）。4・4 宋哲元《そうてつげん》没《ぼつ》（56、中華民国《ちゅうかみんこく》の軍人《ぐんじん》）。4・9 ドイツ軍《ぐん》、デンマーク・ノルウェー領内《りょうない》に侵入《しんにゅう》（四月《がつ》九日《か》デンマーク降伏《こうふく》、六月《がつ》一〇日《か》ノルウェー降伏《こうふく》）。4・12 スウェーデン、中立《ちゅうりつ》を宣言《せんげん》。5・10 ドイツ

中華民国

西暦	年号・干支	内閣	記事	中華民国
一九四〇 ▶	昭和一五 庚辰《かのえたつ》	(第2次近衛文麿内閣)	軍《ぐん》、北《きた》フランス・オランダ・ベルギー・ルクセンブルク攻撃開始《こうげきかいし》(五月《がつ》一五日《にち》オランダ降伏《こうふく》、五月《がつ》二八日《にち》ベルギー降伏《こうふく》)。イギリスにチャーチル連合内閣成立《れんごうないかくせいりつ》。**5・27** イギリス軍《ぐん》、ダンケルクから英本土《えいほんど》へ撤退《てったい》(〜六月《がつ》四日《か》)。**6・10** イタリア、イギリス・フランスに宣戦布告《せんせんふこく》。**6・14** ドイツ軍《ぐん》、パリに無血入城《むけつにゅうじょう》。**6・17** ソ連軍《れんぐん》、エストニア・ラトヴィアを占領《せんりょう》。**6・18** ド＝ゴール、ロンドンに逃《のが》れ自由《じゆう》フランス委員会《いいんかい》を設立《せつりつ》し対独抗戦《たいどくこうせん》を呼《よ》びかける。**6・19** 羅振玉没《らしんぎょくぼつ》(75、清末《しんまつ》・民国初期《みんこくしょき》の考証学者《こうしょうがくしゃ》)。**6・22** フランス政府《せいふ》(ペタン主席《しゅせき》)、ドイツに降伏《こうふく》、コンピエーヌで独仏間《どくふつかん》に休戦協定調印《きゅうせんきょうていちょういん》。**6・26** ソ連《れん》、ルーマニアにベッサラビアと北《きた》ブコヴィナ割譲《かつじょう》を求《もと》める最後通牒《さいごつうちょう》(六月《がつ》二八日《にち》〜七月一日《がつついたち》、ソ連軍《れんぐん》、同地方《どうちほう》に進駐《しんちゅう》)。**7・2** フランス政府《せいふ》、ビシーに移転《いてん》(一一日《にち》、ペタン元帥《げんすい》、国家主席就任《こっかしゅせきしゅうにん》)。**7・22** ソ連《れん》、バルト三国《ごく》を併合《へいごう》。**7・29** ハバナでパン＝アメリカ外相会議《がいしょうかいぎ》、アメリカ大陸《たいりく》の共同防衛決議《きょうどうぼうえいけつぎ》を採択《さいたく》(ハバナ宣言《せんげん》)。**9・7** ドイツ軍《ぐん》、ロンドンを爆撃《ばくげき》。**10・29** ファン＝ボイチャウ没《ぼつ》(74、ベトナムの民族運動指導者《みんぞくうんどうしどうしゃ》)。**11・20** ハンガリー、日独伊三国同盟加入《にちどくいさんごくどうめいかにゅう》。**11・28** タイ・仏印間《ふついんかん》で国境紛争《こっきょうふんそう》。	中華民国 29
一九四一 ◀	一六 辛巳《かのとみ》		【政治・経済】 **1・8** 東条英機陸相《とうじょうひできりくしょう》、「戦陣訓《せんじんくん》」を示達《じたつ》。**1・20** 松岡洋右外相《まつおかようすけがいしょう》、タイ・仏印国境紛争《ふついんこっきょうふんそう》に関《かん》して調停《ちょうてい》を申《もう》し入《い》れ、両国受諾《りょうこくじゅだく》(三月《がつ》一一日《にち》、公文書署名《こうぶんしょしょめい》)。**3・3** 国家総動員法《こっかそうどういんほう》を改正《かいせい》・公布《こうふ》(政《せい》府権限《ふけんげん》を大幅《おおはば》に拡張《かくちょう》・二〇日《か》施行《しこう》)。**3・7** 国防保安法《こくぼうほあんほう》を公布《こうふ》(国家機密《こっかきみつ》の保護《ほご》を目的《もくてき》・五月《がつ》一〇日《か》施行《しこう》)。**3・10** 改正治安維持法《かいせいちあんいじほう》を公布《こうふ》(予防拘禁制《よぼうこうきんせい》を追加《ついか》・五月《がつ》一五日施行《にちしこう》)。**3・12** 松岡外《まつおかがい》相《しょう》、ヨーロッパに向《む》け出発《しゅっぱつ》、ソ連《れん》・ドイツ・イタリアを訪問《ほうもん》、三国首脳《ごくしゅのう》と会談《かいだん》(〜四月《がつ》二二日《にち》)。**4・2** 大政翼賛会改組《たいせいよくさんかいかいそ》(有馬頼寧事務局長《ありまよりやすじむきょくちょう》ら辞職《じしょく》)。**4・8** 和田博雄農林省調査課長《わだひろおのうりんしょうちょうさかちょう》らを	30

西暦

年号・干支

内閣

記事

治安《ちあん》維持《いじ》法《ほう》違反《いはん》の容疑《ようぎ》で検挙《けんきょ》（以後《いご》も企画院《きかくいん》官僚《かんりょう》ら関係者《かんけいしゃ》検挙《けんきょ》・企画院《きかくいん》事件《じけん》）。**4・13** セスクワで日《にっ》ソ中立《ちゅうりつ》条約《じょうやく》締結《ていけつ》（松岡《まつおか》・モロトフ両《りょう》外相《がいしょう》ら調印《ちょういん》）。**4・16** アメリカ国務《こくむ》長官《ちょうかん》ハル、野《の》村吉三郎《むらきちさぶろう》駐米《ちゅうべい》大使《たいし》に日米《にちべい》諒解案《りょうかいあん》を提議《ていぎ》（日米《にちべい》交渉《こうしょう》始《はじ》まる・二二日《にち》、松岡外相《まつおかがいしょう》、帰国《きこく》して難色《なんしょく》）。**4・26** 鉄鋼《てっこう》統制会《とうせいかい》設立《せつりつ》。**6・6** 大本営《だいほんえい》、対南方《たいなんぽう》施策《しさく》要綱《ようこう》を決定《けってい》。**6・17** 芳沢謙吉《よしざわけんきち》蘭印《らんいん》特派《とくは》大使《たいし》、蘭印《らんいん》総督《そうとく》に交渉《こうしょう》打切《うちき》りを伝達《でんたつ》（日《にち》・蘭印《らんいん》会商《かいしょう》決裂《けつれつ》・石油《せきゆ》交渉《こうしょう》は継続《けいぞく》）。**6・25** 大本営《だいほんえい》政府《せいふ》連絡《れんらく》会議《かいぎ》、「南方《なんぽう》施策《しさく》促進《そくしん》に関《かん》する件《けん》」（南部《なんぶ》仏印《ふついん》進駐《しんちゅう》）を決定《けってい》。**7・2** 御前会議《ごぜんかいぎ》、「情勢《じょうせい》の推移《すいい》に伴《ともな》ふ帝国《ていこく》国策《こくさく》要綱《ようこう》」を決定《けってい》（即時《そくじ》対《たい》ソ参戦《さんせん》せず、南方《なんぽう》仏印《ふついん》施策《しさく》に関《かん》し対英米戦《たいえいべいせん》を辞《じ》さず）。大本営《だいほんえい》、関東軍《かんとうぐん》特種《とくしゅ》演習《えんしゅう》（「関特演《かんとくえん》」）を決定《けってい》、発動《はつどう》（満洲《まんしゅう》に七〇万の兵力《へいりょく》を動員《どういん》）。**7・16** 第《だい》二次《じ》近衛《このえ》内閣《ないかく》総辞職《そうじしょく》（松岡外相《まつおかがいしょう》を排除《はいじょ》・一八日《にち》、第《だい》三次《じ》近衛《このえ》内閣《ないかく》成立《せいりつ》・外相《がいしょう》豊田貞次郎《とよだていじろう》）。**7・23** 日仏《にちふつ》間《かん》に日本軍《にほんぐん》の南部仏印進駐《なんぶふついんしんちゅう》の交渉《こうしょう》妥結《だけつ》。**7・25** アメリカ、在米《ざいべい》日本《にほん》資産《しさん》を凍結《とうけつ》（二六日《にち》、イギリス、二七日《にち》、蘭印《らんいん》も）。**7・28** 日本軍《にほんぐん》、南部仏印進駐開始《なんぶふついんしんちゅうかいし》。**8・1** アメリカ、日本《にほん》への発動《はつどう》機燃料《きねんりょう》・航空機《こうくうき》用潤滑油《ようじゅんかつゆ》の輸出禁止《ゆしゅつきんし》（対日《たいにち》石油《せきゆ》輸出《ゆしゅつ》の全面的禁止《ぜんめんてききんし》）。**8・7** 豊田貞次郎外相《とよだていじろうがいしょう》、近衛《このえ》・ローズヴェルト会談《かいだん》提議《ていぎ》を野村駐米大使《のむらちゅうべいたいし》に訓令《くんれい》（二八日《にち》、野村大使《のむらたいし》、近衛《このえ》メッセージを大《だい》統領《とうりょう》に手交《しゅこう》）。**8・30** 重要産業団体令《じゅうようさんぎょうだんたいれい》・金属類回収令《きんぞくるいかいしゅうれい》を各公布《かくこうふ》。**9・2** 翼賛議員同盟結成《よくさんぎいんどうめいけっせい》（衆《しゅう》議院議員倶楽部《ぎいんぎいんクラブ》解消《かいしょう》）。**9・6** 御前会議《ごぜんかいぎ》、「帝国国策遂行要領《ていこくこくさくすいこうようりょう》」決定《けってい》（一〇月下旬《がつげじゅん》を目途《めど》として対米《たいべい》・英《えい》・蘭戦争準備《らんせんそうじゅんび》を完成《かんせい》）。**9・28** 鴨緑江水力発電所《おうりょくこうすいりょくはつでんしょ》㈱の水豊発電所《すいほうはつでんしょ》、営業送電開始《えいぎょうそうでんかいし》。**10・2** アメリカ政府《せいふ》、四原則《げんそく》（一切《いっさい》の国家《こっか》の領土保全《りょうどほぜん》及《およ》び主権《しゅけん》の尊重《そんちょう》など）の確認《かくにん》と仏印《ふついん》・中国《ちゅうごく》から撤兵要求《てっぺいようきゅう》の覚書《おぼえがき》を手交《しゅこう》。**10・15** ソ連《れん》のスパイ容疑《ようぎ》で近衛首相《このえしゅしょう》のブレーンの尾崎秀実《おざきほつみ》を、一八日《にち》、新聞記者《しんぶんきしゃ》ゾルゲらを検挙《けんきょ》（ゾルゲ事件《じけん》・昭和《しょうわ》一九年《ねん》一一月《がつ》七日《か》、死刑執行《しけいしっこう》、のちにゾルゲはソ連《れん》赤軍《せきぐん》のスパイと判明《はんめい》）。**10・16** 第《だい》三次《じ》近衛内閣《このえないかく》、陸軍《りくぐん》の中国撤兵反対《ちゅうごくてっぺいはんたい》の強硬姿勢《きょうこうしせい》で和戦《わせん》

中華民国

西暦	年号・干支	内閣
一九四一 ◀ ▶	昭和一六 辛巳《かのとのみ》	(第2次近衛文麿内閣)

記事

の最終的決断下《さいしゅうてきけつだんくだ》せず総辞職《そうじしょく》。**10・18** 東条英機《とうじょうひでき》内閣成立《ないかくせいりつ》(東条首相《とうじょうしゅしょう》現役《げんえき》のまま陸相《りくしょう》を兼任《けんにん》・天皇《てんのう》、首相《しゅしょう》に九月《がつ》六日《か》の決定《けってい》の再検討《さいけんとう》を求《もと》める)。**11・1** 大本営政府連絡会議《だいほんえいせいふれんらくかいぎ》で「帝国国策遂行《ていこくこくさくすいこう》要領《ようりょう》」を審議《しんぎ》・激論《げきろん》の末《すえ》、一一月《がつ》二日《か》午前《ごぜん》、戦争決意《せんそうけつい》のもとに甲《こう》・乙《おつ》両案《りょうあん》により対米交渉継続《たいべいこうしょうけいぞく》と決定《けってい》(一二月一日《がつついたち》までに交渉不成立《こうしょうふせいりつ》の場合《ばあい》、一二月初頭武力発動《がつしょとうぶりょくはつどう》)。**11・5** 御前会議《ごぜんかいぎ》で「帝国《ていこく》国策遂行要領《こくさくすいこうようりょう》」を最終的《さいしゅうてき》に決定《けってい》。大本営《だいほんえい》、連合艦隊《れんごうかんたい》に作戦準備下令《さくせんじゅんびかれい》(対米《たいべい》・英《えい》・蘭《らん》)を命《めい》じる。**11・15** 連絡会議《れんらくかいぎ》、「対米英蘭戦争終末促進《たいべいえいらんせんそうしゅうまつそくしん》に関《かん》する腹案《ふくあん》」決定《けってい》。第《だい》七七臨時議会召集《りんじぎかいしょうしゅう》(一一月《がつ》一六日開会《にちかいかい》、同《どう》二〇日《か》閉会《へいかい》)。兵役法施行令《へいえきほうしこうれい》を改正《かいせい》・公布《こうふ》(丙種合格《へいしゅごうかく》も召集対象《しょうしゅうたいしょう》とする)。**11・26** アメリカ国務長官《こくむちょうかん》ハル、「乙案《おつあん》」を拒否《きょひ》、日本軍《にほんぐん》の全面撤退《ぜんめんてったい》・三国同盟《さんごくどうめい》の空文化《くうぶんか》など強硬《きょうこう》な新提案《しんていあん》(ハル＝ノート)を提議《ていぎ》。**11・27** 連絡会議《れんらくかいぎ》、ハル＝ノートを日本《にほん》に対《たい》する最後通牒《さいごつうちょう》と結論《けつろん》。**12・1** 御前会議《ごぜんかいぎ》、対米《たいべい》・英《えい》・蘭開戦《らんかいせん》を決定《けってい》。**12・8** 日本時間午前《にほんじかんごぜん》二時《じ》、日本軍《にほんぐん》、マレー半島上陸《はんとうじょうりく》・三時《じ》一九分《ふん》、ハワイ真珠湾攻撃《しんじゅわんこうげき》・四時過《じすぎ》、野村《のむら》・来栖《くるす》両大使《りょうたいし》、ハル国務長官《こくむちょうかん》に最後通牒《さいごつうちょう》を手交《しゅこう》。米《べい》・英両国《えいりょうこく》に宣戦《せんせん》の詔書《しょうしょ》。**12・10** マレー沖海戦《おきかいせん》・日本《にほん》の航空部隊《こうくうぶたい》、英戦艦《えいせんかん》二隻《せき》を撃沈《げきちん》。日本軍《にほんぐん》、グアム島占領《とうせんりょう》、フィリピン北部《ほくぶ》に上陸《じょうりく》。**12・12** 閣議《かくぎ》、戦争《せんそう》の名称《めいしょう》を、支那事変《しなじへん》を含《ふく》め大東亜戦争《だいとうあせんそう》と決定《けってい》。**12・15** 第《だい》七八臨時議会召集《りんじぎかいしょうしゅう》(一二月《がつ》一六日開会《にちかいかい》、同《どう》一七日閉会《にちへいかい》)。**12・16** 呉《くれ》海軍工廠《かいぐんこうしょう》で戦艦大和《せんかんやまと》竣工《しゅんこう》。**12・21** 日本《にほん》・タイ国間同盟条約調印《こっかんどうめいじょうやくちょういん》(即日実施《そくじつじっし》)。**12・24** 第《だい》七九通常議会召集《つうじょうぎかいしょうしゅう》(一二月《がつ》二六日開会《にちかいかい》、昭和《しょうわ》一七年《ねん》三月《がつ》二五日閉会《にちへいかい》)。**12・25** 日本軍《にほんぐん》、香港《ホンコン》全島《ぜんとう》を占領《せんりょう》。

【社会・文化】
1・1 映画館《えいがかん》でニュース映画《えいが》の強制上映《きょうせいじょうえい》を実施《じっし》。小松兼松社長《こまつかねまつしゃちょう》『奈良日日新聞《ならにちにちしんぶん》』創刊《そうかん》(『奈良《なら》新聞《しんぶん》』『大和日報《やまとにっぽう》』『中和新聞《ちゅうわしんぶん》』合併《がっぺい》)。**1・16** 大日本青少年団結成《だいにほんせいしょうねんだんけっせい》。**1・21** 『日本海新聞《にほんかいしんぶん》』創刊《そうかん》(『山《さん》

中華民国
中華民国 30

1941（昭和16）

西暦

年号・干支

内閣

第3次近衛文麿《このえふみまろ》内閣　7・18

記事

陰同盟日本海新聞《いんどうめいにほんかいしんぶん》』改題《かいだい》)。**2・11**『香川日日新聞《かがわにちにちしんぶん》』創刊《そうかん》(『香川新報《かがわしんぽう》』『四国民報《しこくみんぽう》』合併《がっぺい》)。**2・26** 情《じょう》報局《ほうきょく》、各総合雑誌《かくそうごうざっし》に執筆禁止者名簿《しっぴつきんししゃめいぼ》を内示《ないじ》(矢内原忠雄《やないはらただお》・馬場恒吾《ばばつねご》・清沢洌《きよさわきよし》ら)。**3・1** 国民学《こくみんがっ》校令《こうれい》を公布《こうふ》(四月一日《がっついたち》、小学校《しょうがっこう》を国民学校《こくみんがっこう》と改称《かいしょう》・教科《きょうか》を国民科《こくみんか》・理教科《りきょうか》・体錬科《たいれんか》・芸能科《げいのうか》に統合《とうごう》)。**3・24** ㈶大日本仏教会《だいにほんぶっきょうかい》結成《けっせい》。**3・31** 朝鮮総督府《ちょうせんそうとくふ》、国民学校規程《こくみんがっこうきてい》を公布《こうふ》(朝鮮語学習《ちょうせんごがくしゅう》を廃《はい》する)。文部省教学局《もんぶしょうきょうがくきょく》『臣民《しんみん》の道《みち》』刊《かん》。**4・1** 生活必需物資統制令《せいかつひつじゅぶっしとうせいれい》を公布《こうふ》。**4・6** 六大都《だいと》市《し》で、米穀配給通帳制《べいこくはいきゅうつうちょうせい》・外食券制実施《がいしょくけんせいじっし》。**5・5** 日本出版配給《にほんしゅっぱんはいきゅう》㈱設立《せつりつ》。**5・8** 肉《にく》なし日《び》を初《はじ》めて実施《じっし》(毎月《まいつき》二回《かい》、肉不売《にくふばい》)。**5・28** ㈳日本新聞連盟設立《にほんしんぶんれんめいせつりつ》。**6・9** 日本移動演劇連盟結成《にほんいどうえんげきれんめいけっせい》。**6・24** 日本基督教団創立総会《にほんキリストきょうだんそうりつそうかい》(一一月《がつ》二四日《か》、設立認可《せつりつにんか》)。**7・1** 全国《ぜんこく》の隣組《となりぐみ》、一斉《いっせい》に常会開催《じょうかいかいさい》。**7・27** 満洲文芸家協会設立《まんしゅうぶんげいかきょうかいせつりつ》(委員長《いいんちょう》山田清三郎《やまだせいざぶろう》)。**8・1** 新潟日日新聞社《にいがたにちにちしんぶんしゃ》『新潟日日新聞《にいがたにちにちしんぶん》』創刊《そうかん》(『新潟毎日新聞《にいがたまいにちしんぶん》』『新潟新聞《にいがたしんぶん》』合同《ごうどう》)。**8・8** 文部省《もんぶしょう》、各学校《かくがっこう》に全校組織《ぜんこうそしき》の報国隊編成《ほうこくたいへんせい》を訓令《くんれい》。**8・12** 物価対策審議会《ぶっかたいさくしんぎかい》、米価二重価格制採用《べいかにじゅうかかくせいさいよう》を決定《けってい》(買入価格《かいいれかかく》と売渡価格《うりわたしかかく》・消費者配給価格《しょうひしゃはいきゅうかかく》を別《べっ》途《と》に定《さだ》める)。**9・18** 音楽挺身隊結成《おんがくていしんたいけっせい》(隊長《たいちょう》山田耕筰《やまだこうさく》)。**10・16** 大学《だいがく》・専門学校《せんもんがっこう》・実業学校《じつぎょうがっこう》などの修業年限《しゅうぎょうねんげん》を臨時短縮《りんじたんしゅく》(昭和《しょうわ》一六年度《ねんど》三ヵ月短縮《げつたんしゅく》)。宇垣纏《うがきまとめ》、『戦藻録《せんそうろく》』を記《しる》す(～昭和《しょうわ》二〇年《ねん》)。**11・22** 国民勤労報国協力令《こくみんきんろうほうこくきょうりょくれい》を公布《こうふ》(男子《だんし》一四～四〇歳《さい》、未婚女子《みこんじょし》一四～二五歳《さい》に勤労奉《きんろうほう》仕《し》を義務化《ぎむか》・一二月一日《がっついたち》施行《しこう》)。**11・-** 軍報道班員《ぐんほうどうはんいん》として多数《たすう》の文学者《ぶんがくしゃ》を徴用《ちょうよう》(井伏鱒二《いぶせますじ》・高見順《たかみじゅん》ら)。**12・1** 愛媛合同新聞社《えひめごうどうしんぶんしゃ》『愛媛合同新聞《えひめごうどうしんぶん》』初刊《しょかん》(『海南新聞《かいなんしんぶん》』『伊予新報《いよしんぽう》』『南予時事新聞《なんよじじしんぶん》』戦時統《せんじとう》合《ごう》)。**12・8** 新聞《しんぶん》・ラジオの天気予報《てんきよほう》・気象報道中止《きしょうほうどうちゅうし》。**12・19** 言論出版集会結社等臨時取締《げんろんしゅっぱんしゅうかいけっしゃとうりんじとりしまり》法《ほう》を公布《こうふ》。**12・24** 神社参拝《じんじゃさんぱい》に反対《はんたい》した朝鮮人《ちょうせんじん》キリスト教徒《きょうと》二〇〇〇余人《よにん》を逮捕《たいほ》。文学者愛国《ぶんがくしゃあいこく》大会開催《たいかいかいさい》(三五〇余人《よにん》が参加《さんか》)。**12・29** 日本科学史学会《にほんかがくしがっかい》『科学史研究《かがくしけんきゅう》』創刊《そうかん》。**この年** 神祇院《じんぎいん》『官国《かんこく》幣社特殊神事調《へいしゃとくしゅじんじしらべ》』刊《かん》。自治振興中央会《じちしんこうちゅうおうかい》『府県制度資料《ふけんせいどしりょう》』刊《かん》。小野武夫編《おのたけおへん》『日本農民史料聚粋《にほんのうみんしりょうしゅうすい》』

中華民国

西暦 一九四一 ▶

年号・干支 昭和一六 辛巳

内閣 (第3次近衛文麿内閣) 10・18 東条英機内閣

記事

刊(〜昭和一九年)。日本学術振興会編、外務省監修『条約改正関係大日本外交文書』刊(〜昭和二八年)。

【死没】

1・1 望月圭介(75、政治家)。 1・11 野口援太郎(74、教育家)。 1・16 植村澄三郎(80、実業家)。 1・24 河野広躰(77、自由民権運動家)。 2・5 大角岑生(66、海軍軍人)。 2・14 諸井恒平(80、実業家)。 2・29 田中国重(73、陸軍軍人)。 3・1 森矗昶(58、実業家)。 3・19 樺山資英(74、政治家)。 3・21 伊藤篤太郎(77、植物学)。 4・3 太刀山峰右衛門(65、横綱)。 鹿子木孟郎(68、洋画家)。 4・8 広岡宇一郎(75、政党政治家)。 4・15 西義一(64、陸軍軍人)。 4・26 石黒忠悳(97、医学)。 5・6 九鬼周造(54、哲学)。 6・29 今泉嘉一郎(75、製鉄業)。 7・17 川端茅舎(45、俳人)。 7・26 伊原青々園(72、劇評家)。 8・2 加藤政之助(88、政治家)。 8・5 加能作次郎(57、小説家)。 8・15 井上通泰(76、歌人)。 8・16 長与又郎(64、病理学)。 8・18 石渡繁胤(74、養蚕学)。 8・21 勝田孫弥(75、明治維新史家)。 8・22 長谷川時雨(63、劇作家)。 9・9 物部長穂(54、土木工学)。 9・10 桐生悠々(69、新聞記者)。 10・11 河合操(78、陸軍軍人)。 10・30 谷口尚真(72、海軍軍人)。 11・14 阪谷芳郎(79、財政家)。 11・15 小川琢治(72、地質学)。 12・3 近角常観(72、真宗大谷派僧侶)。 12・24 中村吉蔵(65、劇作家・演劇学)。 12・29 足立康(44、建築史)。 南方熊楠(75、日本民俗学)。

【世界】

1・6 米ローズヴェルト大統領、年頭一般教書で「四つの自由」を演説。 3・1 ブルガリア、日独伊三国同盟に加入。 3・11 米国で武器貸与法成立(連合国への武器供与)。 4・1 イラクでラシード＝アリーが枢軸支持のクーデタを指導、ガイラニー政権樹立(五月三〇日、イギリス

中華民国 中華民国 30

西暦	一九四二 ◀	
年号・干支	一七 壬午	
内閣		
記事	【政治・経済】 1・2 日本軍、マニラを占拠。1・8 大蔵省、大東亜戦争国庫債券を発行。1・23 日本軍、ビスマルク諸島のラバウルを占領。2・15 日本軍、シンガポールを占領。2・18 統制会への行政権限委譲に関する法律を公布(昭和一八年二月一日施行)。2・21 食糧管理法を公布(七月一日一部施行)。2・23 翼賛政治体制協議会結成(会長阿部信行)。2・24 戦時民事特別法を公	軍、クーデタ鎮圧)。4・6 ドイツ軍、ギリシア・ユーゴスラヴィア両国に侵入開始(一七日、ユーゴ軍、二三日、ギリシア軍がドイツに降伏)。4・9 ウスタシャ運動の指導者パヴェリチ、クロアティア民族国家樹立を宣言。5・6 ソ連共産党書記長スターリン、ソ連首相に就任(外相はモロトフ)。5・9 タイ・仏印平和条約、東京で調印。5・19 ホー=チ=ミンの指導でヴェトナム独立同盟(ヴェトミン)結成。6・19 ノーマン没(77、宣教師)。6・22 ドイツ軍、ソ連攻撃を開始(独ソ戦始まる)。7・12 イギリス・ソ連、相互援助協定調印(対ドイツ戦における共同行動など)。8・12 ローズヴェルト大統領・チャーチル首相、大西洋上で会談。一四日、大西洋憲章を発表(九月二四日、ソ連など一五ヵ国、憲章に参加表明)。8・25 イギリス・ソ連両軍、イランに進駐開始。9・16 イランの国王レザー=シャー=パーレヴィー退位し、その子ムハンマド即位。9・27 ギリシアで、共産党を中心とする民族解放戦線(EAM)結成。10・1 アメリカ・イギリス・ソ連の三国代表、モスクワで議定書調印(米・英、ソ連に武器貸与を約束)。12・6 ソ連軍、ドイツ軍に反攻開始(八日、ドイツ軍、モスクワ攻略を放棄)。12・8 アメリカ・イギリス、日本に宣戦布告。12・9 中国国民政府、日本・ドイツ・イタリアに宣戦布告。12・11 ドイツ・イタリア、アメリカに宣戦布告。この年 陸宗輿没(66、清末・民国の政治家)。
中華民国	31	

西暦	年号・干支	内閣	記事	中華民国
一九四二 ◀ ▶	昭和一七 壬午	(東条英機内閣)	布(裁判手続の簡易化など)。日本銀行法を公布(管理通貨制度の法的確立・三月二〇日一部施行)。重要物資管理営団法を公布(四月設立)。**3・1** 日本軍、ジャワ島上陸。**3・7** 大本営政府連絡会議、「今後採るべき戦争指導の大綱」を決定。**3・8** 日本軍ニューギニア上陸。日本軍、ラングーンを占領。**3・9** ジャワの蘭印軍降伏。**3・17** 内務省、農地制度改革同盟・立憲養正会の結社を不許可。フィリピンを脱出した米軍司令官マッカーサー、豪州に到着、ここを対日反攻の拠点とする。**4・18** アメリカ陸軍機一六機、空母より発進し東京・名古屋・神戸などを初空襲。**4・24** 尾崎行雄を不敬罪容疑で起訴。**4・30** 第二一回衆議院総選挙(翼賛選挙・翼賛政治体制協議会推薦者、当選三八一人、非推薦者、当選八五人)。**5・1** 日本軍、ビルマのマンダレーを占領(南方進攻が一段落)。**5・7** 珊瑚海海戦(〜八日・日・米機動部隊、初の航空戦、日本軍ポートモレスビー攻略に失敗)。マニラ湾のコレヒドール島のアメリカ軍が降伏。**5・13** 企業整備令を公布(戦時統制強化のため中小商工業を整理再編・一五日施行)。**5・20** 翼賛政治会結成(会長阿部信行、ほぼ全議員が参加・翼賛議員同盟解散)。**5・25** 第八〇臨時議会召集(五月二七日開会、同二八日閉会)。**5・31** 日本海軍の特殊潜航艇、豪シドニー港を攻撃。**6・5** ミッドウェー海戦(〜七日・日本海軍、四空母を失いミッドウェー島攻略に失敗、敗勢への転機、海軍当局敗北を厳重に秘匿)。**6・7** 日本軍キスカ島占領(六月八日、アッツ島占領)。**6・11** 山陽本線関門トンネル竣工(七月一日、貨物の、一一月一五日、旅客の運輸営業を開始)。**7・11** 大本営、南太平洋進攻作戦中止を決定。**8・7** アメリカ軍、ガダルカナル島に上陸。**8・8** ガダルカナル島周辺海域にて第一次ソロモン海戦(二四日、第二次ソロモン海戦)。**8・20** 日米交換船で野村吉三郎駐米大使ら約一四〇〇人の日本人居留民帰国。**8・21** ガダルカナル島で一木清直支隊、ほとんど全滅。**9・1** 閣議、大東亜省設置を決	中華民国 31

西暦

年号・干支

内閣

記事

定《てい》(東郷茂徳《とうごうしげのり》外相《がいしょう》、反対《はんたい》して辞職《じしょく》)。中央食糧営団設立《ちゅうおうしょくりょうえいだんせつりつ》。**10・14** 東亜繊維工業会設立《とうあせんいこうぎょうかいせつりつ》(大日《だいに》本紡績連合会《ほんぼうせきれんごうかい》は解散《かいさん》)。**10・26** ガダルカナル島《とう》の攻防《こうぼう》をめぐって、南太平洋海戦《みなみたいへいようかいせん》。**11・1** 大東《だいとう》亜省官制《あしょうかんせい》を公布《こうふ》(拓務省《たくむしょう》・興亜院《こうあいん》など廃止《はいし》)。**11・14** 第《だい》三次《じ》ソロモン海戦《かいせん》。**12・5** 船舶徴用問《せんぱくちょうようもん》題《だい》に関《かん》し、陸軍省《りくぐんしょう》と参謀本部《さんぼうほんぶ》が衝突《しょうとつ》。**12・24** 第《だい》八一通常議会召集《つうじょうぎかいしょうしゅう》(一二月《がつ》二六日開会《にちかいかい》、昭《しょう》和《わ》一八年《ねん》三月《がつ》二五日閉会《にちへいかい》)。**12・26** 三井船舶《みついせんぱく》㈱設立《せつりつ》(三井物産《みついぶっさん》㈱船舶部《せんぱくぶ》の独立《どくりつ》)。**12・31** 大本営《だいほんえい》、ガダルカナル島撤退《とうてったい》を決定《けってい》。**この年** 銑鉄生産高《せんてつせいさんだか》四二五万六〇〇〇トン(戦前最高《せんぜんさいこう》)に達《たつ》するも、以後急減《いごきゅうげん》。「欲《ほ》しがりません勝《か》つまでは」の標語流行《ひょうごりゅうこう》(大政翼賛会《たいせいよくさんかい》・朝日新聞社《あさひしんぶんしゃ》などが募集《ぼしゅう》した標語《ひょうご》の入選作《にゅうせんさく》)。

【社会・文化】

1・1 食塩《しょくえん》の通帳配給制《つうちょうはいきゅうせい》を実施《じっし》。島根新聞社《しまねしんぶんしゃ》『島根新聞《しまねしんぶん》』創刊《そうかん》(『山陰新聞《さんいんしんぶん》』『松陽新報《しょうようしんぽう》』合併《がっぺい》)。

1・5 『岐阜合同新聞《ぎふごうどうしんぶん》』創刊《そうかん》。**1・8** 大詔奉戴日《たいしょうほうたいび》を実施《じっし》(毎月《まいつき》八日《か》・興亜奉公日《こうあほうこうび》は廃止《はいし》)。**1・10** 大日本映画製作《だいにほんえいがせいさく》㈱設立《せつりつ》(大映《だいえい》)。**1・16** 大日本翼賛壮年団結成《だいにほんよくさんそうねんだんけっせい》。**2・1** 衣料《いりょう》の点数切符制《てんすうきっぷせい》・味噌《みそ》醤油切符制《しょうゆきっぷせい》を実施《じっし》。『茨城新聞《いばらきしんぶん》』創刊《そうかん》(『いはらき』『常総新聞《じょうそうしんぶん》』合併《がっぺい》)。**2・2** 大日本婦人会発会《だいにほんふじんかいはっかい》式《しき》(愛国婦人会《あいこくふじんかい》・国防婦人会《こくぼうふじんかい》などを統合《とうごう》)。**2・18** 三木清《みききよし》・清水幾太郎《しみずいくたろう》・中島健蔵《なかじまけんぞう》ら、陸軍宣伝班《りくぐんせんでんはん》員《いん》として徴用《ちょうよう》、南方《なんぽう》へ赴《おもむ》く(～一二月《がつ》)。大東亜戦争戦捷第一次祝賀国民大会開催《だいとうあせんそうせんしょうだいいちじしゅくがこくみんたいかいかいさい》。**3・1** 長谷川一夫《はせがわかずお》・山田五十鈴《やまだいすず》、新演伎座《しんえんぎざ》を旗挙《はたあ》げ。**3・21** 日本出版文化協会《にほんしゅっぱんぶんかきょうかい》、全出版物《ぜんしゅっぱんぶつ》の発行承《はっこうしょう》認制実施《にんせいじっし》を決定《けってい》(四月《がつ》より)。**3・25** 東京帝大《とうきょうていだい》に第《だい》二工学部《こうがくぶ》を設置《せっち》(一一月《がつ》五日《か》、開校式《かいこうしき》)。**3・** 狩野亨吉《かのうこうきち》ら監修《かんしゅう》・三枝博音《さいぐさひろと》編纂《へんさん》『日本科学古典全書《にほんかがくこてんぜんしょ》』刊《かん》(～昭和《しょうわ》二四年《ねん》五月《がつ》で中止《ちゅうし》)。**4・1** 『京都新聞《きょうとしんぶん》』創刊《そうかん》(『京都日日新聞《きょうとにちにちしんぶん》』『京都日出新聞《きょうとひのでしんぶん》』合併《がっぺい》)。『熊本日日新聞《くまもとにちにちしんぶん》』創刊《そうかん》(『九州日日新聞《きゅうしゅうにちにちしんぶん》』『九州新聞《きゅうしゅうしんぶん》』合併《がっぺい》)。**5・26** 日本文学報国会結成《にほんぶんがくほうこくかいけっせい》(会長徳富蘇峰《かいちょうとくとみそほう》)。**6・26** 旧《きゅう》ホーリネス教会《きょうかい》

中華民国

西暦　1942 ◀▶ 一九四二

年号・干支　昭和一七　壬午《みずのえうま》

内閣　(東条英機内閣)

記事

系《けい》(きよめ教会《きょうかい》・聖教会《せいきょうかい》)の教職者《きょうしょくしゃ》を検挙《けんきょ》。**7・8** 文部省《もんぶしょう》、高等女学校《こうとうじょがっこう》の英語《えいご》を随意課目《ずいいかもく》とする旨《むね》を通牒《つうちょう》。**7・12** 朝日新聞社《あさひしんぶんしゃ》、全国中等学校野球大会中止《ぜんこくちゅうとうがっこうやきゅうたいかいちゅうし》を発表《はっぴょう》。**7・24** 情報局《じょうほうきょく》、一県《けん》一紙《し》原則《げんそく》による主要新聞統合案大綱《しゅようしんぶんとうごうあんたいこう》を決定《けってい》。**8・10**『西日本新聞《にしにっぽんしんぶん》』創刊《そうかん》(『福岡日日新聞《ふくおかにちにちしんぶん》』『九《きゅう》州日報《しゅうにっぽう》』合併《がっぺい》)。**9・14** 情報局《じょうほうきょく》、細川嘉六《ほそかわかろく》「世界史《せかいし》の動向《どうこう》と日本《にほん》」(『改造《かいぞう》』)を共産主義宣伝《きょうさんしゅぎせんでん》と指摘《してき》、『改造《かいぞう》』九月号《がつごう》を発禁《はっきん》、細川《ほそかわ》を検挙《けんきょ》。**10・1** 都新聞社《みやこしんぶんしゃ》『東京新聞《とうきょうしんぶん》』創刊《そうかん》。**11・1**『産業経《さんぎょうけい》済新聞《ざいしんぶん》』創刊《そうかん》。**11・3** 大東亜文学者大会開会式《だいとうあぶんがくしゃたいかいかいかいしき》(帝劇《ていげき》・~五日《か》)。**11・20** 文学報国会《ぶんがくほうこくかい》・情報局《じょうほうきょく》、愛国百人一首《あいこくひゃくにんいっしゅ》を選定《せんてい》・発表《はっぴょう》。**12・3** 第《だい》一回大東亜戦争美術展《かいだいとうあせんそうびじゅってん》(東京府美術館《とうきょうふびじゅつかん》・~二七日《にち》・藤《ふじ》田嗣治《たつぐはる》ら出品《しゅっぴん》)。**12・23** 大日本言論報国会設立総会《だいにほんげんろんほうこくかいせつりつそうかい》(会長徳富蘇峰《かいちょうとくとみそほう》・事務局長鹿子木員信《じむきょくちょうかのこぎかずのぶ》)。**この年《とし》** 国民精神文化研究所《こくみんせいしんぶんかけんきゅうじょ》『後奈良天皇宸記《ごならてんのうしんき》』複製本刊《ふくせいぼんかん》。ルイス=フロイス著・岡本良知訳註《おかもとよしともやくちゅう》『九州三侯遣欧使節行記《きゅうしゅうさんこうけんおうしせつこうき》』刊《かん》(~昭和《しょうわ》二四年《ねん》)。井上哲次郎監修《いのうえてつじろうかんしゅう》『武士道全書《ぶしどうぜんしょ》』刊《かん》(~昭和《しょうわ》一九年《ねん》)。維新史学会編《いしんしがっかいへん》『幕末維新外交史料集成《ばくまついしんがいこうしりょうしゅうせい》』刊《かん》(~昭和《しょうわ》一九年《ねん》で中絶《ちゅうぜつ》)。京都帝国大学法学部《きょうとていこくだいがくほうがくぶ》日本法制史研究室編《にほんほうせいしけんきゅうしつへん》『近世藩法資料集成《きんせいはんぽうしりょうしゅうせい》』刊《かん》(~昭和《しょうわ》一九年《ねん》)。

【死没】

1・19 猪俣津南雄《いのまたつなお》(54、社会主義理論家《しゃかいしゅぎりろんか》)。郷誠之助《ごうせいのすけ》(78、実業家《じつぎょうか》)。**1・20** 横山又次郎《よこやままたじろう》(83、地質学《ちしつがく》)。**1・28** 荒木寅三郎《あらきとらさぶろう》(77、生化学《せいかがく》)。**1・31** 竹本綾之助《たけもとあやのすけ》(68、女義太夫《おんなぎだゆう》)。**2・2** 小川平吉《おがわへいきち》(74、政治家《せいじか》)。**2・23** 原胤昭《はらたねあき》(90、社会事業家《しゃかいじぎょうか》)。**2・28** 山本信次郎《やまもとしんじろう》(66、海軍軍人《かいぐんぐんじん》)。**3・4** 佐藤鉄太郎《さとうてつたろう》(77、海軍軍人《かいぐんぐんじん》)。**3・21** 河合武雄《かわいたけお》(66、新派俳優《しんぱはいゆう》)。**3・24** 小野晃嗣《おのこうじ》(39、歴史家《れきしか》)。**3・30** 白鳥庫吉《しらとりくらきち》(78、東洋史学《とうようしがく》)。**4・15** 石光真清《いしみつまきよ》(75、陸軍軍人《りくぐんぐんじん》)。**5・11** 萩原朔太郎《はぎわらさくたろう》(57、詩人《しじん》)。**5・15** 佐藤惣之助《さとうそうのすけ》(53、詩人《しじん》)。**5・16** 金子堅太郎《かねこけんたろう》(90、官僚政治家《かんりょうせいじか》)。**5・21** 河田嗣郎《かわたしろう》(60、経済学《けいざいがく》)。**5・23** 野沢吉兵衛《のざわきちべえ》(七代《だい》)(64、浄瑠璃節三味線方《じょうるりぶししゃみせんかた》)。**5・29** 与謝野晶子《よさのあきこ》(65、歌人《かじん》)。**6・2** 内田定槌《うちださだつち》(78、外交官《がいこうかん》)。

中華民国　中華民国 31

西暦

年号・干支

内閣

記事

6・17 八木奘三郎《やぎそうざぶろう》(77、考古学《こうこがく》)。**6・25** 宮城長五郎《みやぎちょうごろう》(65、司法官僚《しほうかんりょう》)。**7・18** 長沼守敬《ながぬまもりよし》(86、彫《ちょう》刻家《こくか》)。**7・28** 石塚英蔵《いしづかえいぞう》(77、官僚《かんりょう》)。**8・3** 中江丑吉《なかえうしきち》(54、思想研究《しそうけんきゅう》)。**8・10** 脇水鉄五郎《わきみずてつごろう》(76、地質学《ちしつがく》)。**8・16** 松山忠二郎《まつやまちゅうじろう》(74、新聞経営者《しんぶんけいえいしゃ》)。**8・23** 遅塚麗水《ちづかれいすい》(77、小説家《しょうせつか》)。竹内栖鳳《たけうちせいほう》(79、日《に》本画家《ほんがか》)。**8・25** 土方久徴《ひじかたひさあきら》(73、日銀総裁《にちぎんそうさい》)。**10・5** 巌本善治《いわもとぜんじ》(80、教育家《きょういくか》)。**11・2** 北原白秋《きたはらはくしゅう》(58、詩人《しじん》)。**11・5** 清浦奎吾《きようらけいご》(93、政治家《せいじか》)。**12・4** 中島敦《なかじまあつし》(34、小説家《しょうせつか》)。**12・18** 塚田攻《つかだおさむ》(57、陸軍軍《りくぐんぐん》人《じん》)。**12・22** 狩野亨吉《かのうこうきち》(78、哲学者《てつがくしゃ》・教育者《きょういくしゃ》)。**12・28** 菊池恭三《きくちきょうぞう》(84、綿糸紡績業《めんしぼうせきぎょう》)。**この年** 天中《てんちゅう》軒雲月《けんうんげつ》(初代《しょだい》)(37、浪曲師《ろうきょくし》)。富士松薩摩掾《ふじまつさつまのじょう》(三代《だい》)(73、新内節《しんないぶし》)。

〔世界〕

1・1 連合国《れんごうこく》(二六ヵ国《こく》)、ワシントンで連合国共同宣言《れんごうこくきょうどうせんげん》に調印《ちょういん》(日本《にほん》・ドイツとの単独不講和《たんどくふこうわ》・大西洋憲章《たいせいようけんしょう》の原則確認《げんそくかくにん》)。**1・15** リオデジャネイロで米州諸国外相会議《べいしゅうしょこくがいしょうかいぎ》開催《かいさい》(〜二八日《にち》。枢軸《すうじく》国《こく》との国交断絶《こっこうだんぜつ》・日本非難案《にほんひなんあん》を決議《けつぎ》)。**1・25** タイ、イギリス・アメリカに宣戦布告《せんせんふこく》。**2・1** 中《ちゅう》国共産党中央《ごくきょうさんとうちゅうおう》、毛沢東《もうたくとう》の三風《さんぷう》(党風《とうふう》・学風《がくふう》・文風《ぶんぷう》)整頓運動《せいとんうんどう》を発表《はっぴょう》(整風運動開始《せいふううんどうかいし》)。**2・4** イギリス軍《ぐん》、エジプトの親枢軸派内閣《しんすうじくはないかく》(宮廷派《きゅうていは》)の罷免要求《ひめんようきゅう》(六日《か》、ワフド党内閣成立《とうないかくせいりつ》)。**2・6** イギリス・アメリカ、合同参謀本部《ごうどうさんぼうほんぶ》を結成《けっせい》、参謀長《さんぼうちょう》を任命《にんめい》。**2・19** 米《べい》ローズヴェルト大統領《だいとうりょう》、行《ぎょう》政命令《せいめいれい》九〇六六号《ごう》に署名《しょめい》(八月《がつ》までに日系人約《にっけいじんやく》一二万人《にん》を西海岸地域《にしかいがんちいき》より強制立退《きょうせいたちの》き、収容所《しゅうようじょ》に収容《しゅうよう》)。**2・22** インド独立運動家《どくりつうんどうか》チャンドラ＝ボース、ベルリンで日印提携《にちいんていけい》による独立《どくりつ》を声《せい》明《めい》。**3・29** フィリピンでフクバラハップ(抗日人民軍《こうにちじんみんぐん》)結成《けっせい》。**4・12** 英印独立会談決裂《えいいんどくりつかいだんけつれつ》、八月《がつ》九日《か》、即時独立《そくじどくりつ》を唱《とな》えるガンディー・ネルーら英当局《えいとうきょく》により逮捕《たいほ》。**5・11** ニューヨークのシオニスト会議《かいぎ》、「ビルトモア綱領《こうりょう》」を採択《さいたく》(ユダヤ国家《こっか》の建設要求《けんせつようきゅう》)。**6・2** 中国《ちゅうごく》・アメリカ、抵抗《ていこう》侵略互助協定《しんりゃくごじょきょうてい》に調印《ちょういん》。**8・12** モスクワで英《えい》・米《べい》・ソ三国会談《ごくかいだん》(チャーチル・ハリマン・スターリ

中華民国

西暦	一九四二	一九四三
年号・干支	昭和一七 壬午《みずのえうま》	一八 癸未《みずのとひつじ》
内閣	（東条英機内閣）	
記事	ン）。**8・13** アメリカ、原爆製造《げんばくせいぞう》のためマンハッタン計画《けいかく》を開始《かいし》。**8・22** ドイツ軍《ぐん》、スターリングラード本格的攻撃《ほんかくてきこうげき》を開始《かいし》。**10・1** 朝鮮《ちょうせん》、朝鮮語学会《ちょうせんごがっかい》の会員《かいいん》を、治安維持法違反容疑《ちあんいじほういはんようぎ》で検挙《けんきょ》（朝鮮語学会事件《ちょうせんごがっかいじけん》）。**11・8** イギリス・アメリカ連合軍《れんごうぐん》、北《きた》アフリカ上陸作戦《じょうりくさくせん》を開始《かいし》（司令官《しれいかん》アイゼンハワー）。**11・11** ドイツ軍《ぐん》、フランス非占領地区《ひせんりょうちく》へ進駐《しんちゅう》。**11・26** ユーゴスラヴィアで人民解放反《じんみんかいほうはん》ファシズム評議会開催《ひょうぎかいかいさい》。**この年《とし》** 陳独秀没《ちんどくしゅうぼつ》（64、中国《ちゅうごく》の思想家《しそうか》・共産党《きょうさんとう》の創立者《そうりつしゃ》）。	【政治・経済】 **1・2** ニューギニア島《とう》ブナの日本軍全滅《にほんぐんぜんめつ》。**1・9** 汪兆銘政権《おうちょうめいせいけん》と、戦争完遂《せんそうかんすい》についての日華共同宣言《にっかきょうどうせんげん》・租界還付及《そかいかんぷおよ》び治外法権撤廃《ちがいほうけんてっぱい》などに関《かん》する日華協定《にっかきょうてい》に調印《ちょういん》。**1・20** 閣議《かくぎ》、生産増強勤労緊急対策要綱《せいさんぞうきょうきんろうきんきゅうたいさくようこう》・木造船建造緊急方策要綱《もくぞうせんけんぞうきんきゅうほうさくようこう》を決定《けってい》。**2・1** 日本軍《にほんぐん》、ガダルカナル島撤退開始《とうてったいかいし》（七日《か》、一万一〇〇〇人余《にんよ》の撤退完了《てったいかんりょう》）。**2・18** 出版事業令《しゅっぱんじぎょうれい》を公布《こうふ》（三月《がつ》一日《にち》、日本出版会《にほんしゅっぱんかい》創立総会《そうりつそうかい》）。**2・-** 英語《えいご》の雑誌名《ざっしめい》を禁《きん》じる（『サンデー毎日《まいにち》』は『週刊毎日《しゅうかんまいにち》』、『エコノミスト』は『経済毎日《けいざいまいにち》』など改題続出《かいだいぞくしゅつ》）。**3・2** 兵役法《へいえきほう》を改正《かいせい》・公布《こうふ》（朝鮮《ちょうせん》に徴兵制施行《ちょうへいせいしこう》・八月一日施行《がつついたちしこう》）。**3・12** 石油専売法《せきゆせんばいほう》を公布《こうふ》（七月一日施行《がつついたちしこう》）。**3・18** 戦時行政特例法《せんじぎょうせいとくれいほう》・戦時行政職権特例《せんじぎょうせいしょっけんとくれい》を各公布《かくこうふ》（首相《しゅしょう》の各省《かくしょう》に対《たい》する指示権強化《しじけんきょうか》）。内閣顧問臨時設置制《ないかくこもんりんじせっちせい》を公布《こうふ》（藤原銀次郎《ふじわらぎんじろう》ら七人《にん》を顧問《こもん》に任《にん》じる）。**3・20** 改正府県制《かいせいふけんせい》・改正市制《かいせいしせい》・改正町村制《かいせいちょうそんせい》を各公布《かくこうふ》（六月一日施行《がつついたちしこう》）。**3・27** ㈱帝国銀行設立《ていこくぎんこうせつりつ》（三井銀行《みついぎんこう》・第一銀行《だいいちぎんこう》が合併《がっぺい》）。**4・12** 文化学院校主《ぶんかがくいんこうしゅ》の西村伊作《にしむらいさく》を検挙《けんきょ》（八月《がつ》三一日《にち》、文化学院閉鎖《ぶんかがくいんへいさ》）。**4・16** 閣議《かくぎ》、緊急物価対策要綱《きんきゅうぶっかたいさくようこう》を決定《けってい》。**4・18** 連合艦隊司令長官山本五十六《れんごうかんたいしれいちょうかんやまもといそろく》、前線視察途中《ぜんせんしさつとちゅう》ソロモン群島上空《ぐんとうじょうくう》で戦死《せんし》（五月《がつ》二一日公表《にちこうひょう》、六月《がつ》五日国葬《かこくそう》）。**4・20** 東条内閣改造《とうじょうないかくかいぞう》（外相《がいしょう》に重光葵《しげみつまもる》を、内相《ないしょう》に安藤紀三郎《あんどうきさぶろう》を任《にん》じる）。**5・12** アメリカ軍《ぐん》、アッツ島《とう》に上陸《じょうりく》（二
中華民国	中華民国 31	32

西暦	
年号・干支	
内閣	
記事	九日《にち》、日本軍守備隊全滅《にほんぐんしゅびたいぜんめつ》)。**5・31** 御前会議《ごぜんかいぎ》、「大東亜戦略指導要綱《だいとうあせんりゃくしどうようこう》」(二九日《にち》、大本営政府連絡《だいほんえいせいふれんらく》会議決定《かいぎけってい》)を採択《さいたく》(マレー・蘭領東《らんりょうひがし》インドの日本編入《にほんへんにゅう》、ビルマ・フィリピン独立《どくりつ》を決定《けってい》)。**6・1** 東京都制《とうきょうとせい》を公布《こうふ》(七月一日施行《がつついたちしこう》)。閣議《かくぎ》、戦力増強企業整備要綱《せんりょくぞうきょうきぎょうせいびようこう》を決定《けってい》。**6・14** チャンドラ＝ボース、東京《とうきょう》で東条首相《とうじょうしゅしょう》と会談《かいだん》。**6・15** 第《だい》八二臨時議会召集《りんじぎかいしょうしゅう》(六月《がつ》一六日開会《にちかいかい》、同《どう》一八日《にち》閉会《へいかい》)。**7・1** 地方行政協議会令《ちほうぎょうせいきょうぎかいれい》を公布《こうふ》(全国《ぜんこく》九地方《ちほう》に設置《せっち》)。**7・21** 国民徴用令《こくみんちょうようれい》を改正《かいせい》・公布《こうふ》(男子《だんし》一二歳以上《さいいじょう》六〇歳未満《さいみまん》、女子《じょし》一二歳以上《さいいじょう》四〇歳未満《さいみまん》に拡大《かくだい》)。**8・1** ビルマ(バー＝モー政権《せいけん》)、独立《どくりつ》を宣言《せんげん》し、アメリカ・イギリスに宣戦布告《せんせんふこく》・日本《にほん》・ビルマ同盟条約調印《どうめいじょうやくちょういん》。**9・15** イタリアの三国同盟《さんごくどうめい》からの脱落《だつらく》に対《たい》し日独共同声明《にちどくきょうどうせいめい》、同盟《どうめい》を再確認《さいかくにん》。**9・23** 閣議《かくぎ》、昭和《しょうわ》二〇年《ねん》度《ど》より台湾《たいわん》に徴兵制実施《ちょうへいせいじっし》を決定《けってい》。**9・30** 御前会議《ごぜんかいぎ》、「今後《こんご》採《と》るべき戦争指導大綱《せんそうしどうたいこう》」及《およ》び「右《みぎ》に基《もとづ》く当面《とうめん》の緊急措置《きんきゅうそち》に関《かん》する件《けん》」を決定《けってい》(絶対防衛線《ぜったいぼうえいせん》の後退《こうたい》)。**10・2** 在学徴集延期臨時特例《ざいがくちょうしゅうえんきりんじとくれい》を公布《こうふ》(学生《がくせい》・生徒《せいと》の徴兵猶予停止《ちょうへいゆうよていし》・一二月一日《がつついたち》、第《だい》一回学徒兵入隊《かいがくとへいにゅうたい》)。**10・14** フィリピン共和《きょうわ》国独立宣言《こくどくりつせんげん》(ラウレル大統領《だいとうりょう》)、日比同盟条約調印《にっぴどうめいじょうやくちょういん》(二〇日《か》実施《じっし》)。**10・18** 統制会社令《とうせいがいしゃれい》を公布《こうふ》。**10・21** 中野正剛《なかのせいごう》を、倒閣運動《とうかくうんどう》の容疑《ようぎ》で逮捕《たいほ》(中野《なかの》、釈放後《しゃくほうご》に東京《とうきょう》の自宅《じたく》で自殺《じさつ》)。**10・23** 日本《にほん》政府《せいふ》、自由《じゆう》インド仮政府《かりせいふ》承認《しょうにん》を声明《せいめい》。**10・25** 第《だい》八三臨時議会召集《りんじぎかいしょうしゅう》(一〇月《がつ》二六日開会《にちかいかい》、同《どう》二八日閉会《にちへいかい》)。**10・31** 軍需会社法《ぐんじゅがいしゃほう》を公布《こうふ》(一二月《がつ》一七日施行《にちしこう》)。**11・1** 兵役法《へいえきほう》を改正《かいせい》・公布《こうふ》(国民兵役《こくみんへいえき》を四五歳《さい》まで延長《えんちょう》)。軍需省《ぐんじゅしょう》・運輸通信省《うんゆつうしんしょう》・農商省各官制《のうしょうしょうかくかんせい》を公布《こうふ》。**11・5** 大東亜会議開催《だいとうあかいぎかいさい》(日本《にほん》・満洲《まんしゅう》・タイ・フィリピン・ビルマ・中国南京政府《ちゅうごくナンキンせいふ》の各代表《かくだいひょう》が参加《さんか》・六日《か》、大東亜共同宣言《だいとうあきょうどうせんげん》を発《はっ》表《ぴょう》)。**11・21** アメリカ軍《ぐん》、ギルバード諸島《しょとう》のマキン・タラワ両島《りょうとう》に上陸《じょうりく》(二五日《にち》、両島《りょうとう》の日本《にほん》守備隊全滅《しゅびたいぜんめつ》)。**12・24** 徴兵適齢臨時特例《ちょうへいてきれいりんじとくれい》を公布《こうふ》(適齢《てきれい》を一年下《ねんさ》げ一九歳《さい》とする)。第《だい》八四通常《つうじょう》議会召集《ぎかいしょうしゅう》(一二月《がつ》二六日開会《にちかいかい》、昭和《しょうわ》一九年《ねん》三月《がつ》二四日閉会《かへいかい》)。
中華民国	

西暦	年号・干支	内閣
一九四三 ◀▶	昭和一八 癸未《みずのとひつじ》	(東条英機内閣)

【社会・文化】

1・1 中野正剛《なかのせいごう》「戦時宰相論《せんじさいしょうろん》」掲載《けいさい》により、『朝日新聞《あさひしんぶん》』発売禁止《はつばいきんし》。『毎日新聞《まいにちしんぶん》』創刊《そうかん》(『大阪毎日《おおさかまいにち》新聞《しんぶん》』『東京日日新聞《とうきょうにちにちしんぶん》』統一《とういつ》)。**1・13** 内務省《ないむしょう》・情報局《じょうほうきょく》、ジャズなどの米英楽曲《べいえいがっきょく》約《やく》一〇〇〇種《しゅ》の演奏《えんそう》を禁《きん》じる。**1・21** 中等学校令《ちゅうとうがっこうれい》を改正《かいせい》・公布《こうふ》(中学校《ちゅうがっこう》・高等女学校《こうとうじょがっこう》などの修業年限《しゅうぎょうねんげん》を一年《ねん》短縮《たんしゅく》して四年制《ねんせい》とする)。大学予科《だいがくよか》・高等学校高等科《こうとうがっこうこうとうか》の修業年限《しゅうぎょうねんげん》を短縮《たんしゅく》して二年《ねん》とする。**3・15** 大阪商科大学《おおさかしょうかだいがく》の上林貞治郎《かんばやしていじろう》助教授《じょきょうじゅ》らを、左翼運動《さよくうんどう》容疑《ようぎ》で検挙《けんきょ》。谷崎潤一郎《たにざきじゅんいちろう》「細雪《ささめゆき》」の『中《ちゅう》央公論《おうこうろん》』掲載《けいさい》を禁《きん》じる。**5・18** 日本美術報国会《にほんびじゅつほうこくかい》設立《せつりつ》(会長《かいちょう》横山大観《よこやまたいかん》)。**5・26** 中央公論社《ちゅうおうこうろんしゃ》社員《しゃいん》木村亨《きむらとおる》らを、細川嘉六《ほそかわかろく》と共産党再建謀議《きょうさんとうさいけんぼうぎ》の容疑《ようぎ》で逮捕《たいほ》(泊事件《とまりじけん》)。**6・2** 大日本労務報国会《だいにほんろうむほうこくかい》結《けつ》成《せい》。**6・4** 閣議《かくぎ》、戦時衣生活簡素化実施要綱《せんじいせいかつかんそかじっしようこう》を決定《けってい》(長袖《ながそで》の和服《わふく》・ダブルの背広《せびろ》など非必需品《ひひつじゅひん》の製作《せいさく》・生産《せいさん》を禁《きん》じる)。**6・16** 工場就業時間制限令《こうじょうしゅうぎょうじかんせいげんれい》を廃《はい》する(婦女子《ふじょし》・年少者《ねんしょうしゃ》の坑内作業許可《こうないさぎょうきょか》)。**6・20** 創価教育学会《そうかきょういくがっかい》の牧口常三郎《まきぐちつねさぶろう》・戸田城聖《とだじょうせい》ら幹部《かんぶ》を検挙《けんきょ》。**6・25** 閣議《かくぎ》、学徒戦時動員体制確《がくとせんじどういんたいせいかく》立要綱《りつようこう》を決定《けってい》(軍事訓練《ぐんじくんれん》・勤労動員《きんろうどういん》を徹底《てってい》)。**7・-** 登呂遺跡《とろいせき》を発見《はっけん》。三上参次《みかみさんじ》『江戸時代史《えどじだいし》』上《じょう》巻刊《かんかん》(下巻《げかん》、翌年《よくねん》一〇月刊《がっかん》)。**8・20** 閣議《かくぎ》、「科学研究《かがくけんきゅう》の緊急整備方策要綱《きんきゅうせいびほうさくようこう》」を決定《けってい》(科学研究《かがくけんきゅう》は戦争遂行《せんそうすいこう》を唯一絶対《ゆいいつぜったい》の目標《もくひょう》とすべきこととする)。**8・-** 藤田徳太郎《ふじたとくたろう》・志田延義《しだのぶよし》編《へん》『国学大系《こくがくたいけい》』刊《かん》。**9・1** 厚生省《こうせいしょう》、女子体力章検定制《じょしたいりょくしょうけんていせい》を実施《じっし》。**9・4** 上野動物園《うえのどうぶつえん》、空襲《くうしゅう》に備《そな》えライオンなどの猛獣《もうじゅう》を薬殺《やくさつ》。**9・23** 閣議《かくぎ》、国内必勝勤労対策《こくないひっしょうきんろうたいさく》を決定《けってい》(男子《だんし》の就業禁止職種《しゅうぎょうきんししょくしゅ》を定《さだ》め、二五歳未満《さいみまん》の女子《じょし》を勤労挺身隊《きんろうていしんたい》として動員《どういん》)。**10・12** 閣議《かくぎ》、「教育《きょういく》に関《かん》する戦時非常措置方策《せんじひじょうそちほうさく》」を決《けつ》定《てい》(理工系《りこうけい》・教員養成諸学校学生《きょういんようせいしょがっこうがくせい》の他《ほか》は徴兵猶予停止《ちょうへいゆうよていし》など)。**10・21** 文部省《もんぶしょう》・学校報国団本部《がっこうほうこくだんほんぶ》、出陣学徒壮行大会挙行《しゅつじんがくとそうこうたいかいきょこう》(神宮外苑競技場《じんぐうがいえんきょうぎじょう》)。**12・10** 文部省《もんぶしょう》、学童《がくどう》の縁故疎開促進《えんこそかいそくしん》を発表《はっぴょう》。**12・21** 閣議《かくぎ》、都市疎開実施要綱《としそかいじっしようこう》を決定《けってい》。**この年《とし》** 関儀一郎《せきぎいちろう》・関義直《せきよしなお》共編《きょうへん》『近世漢学者伝記著作大事典《きんせいかんがくしゃでんきちょさくだいじてん》』

中華民国	中華民国 32

西暦

年号・干支

内閣

記事

刊《かん》。竹内理三《たけうちりぞう》編《へん》『寧楽遺文《ならいぶん》』刊《かん》（〜昭和《しょうわ》一九年《ねん》）。大友喜作《おおともきさく》編《へん》『北門叢書《ほくもんそうしょ》』刊《かん》（〜昭和《しょうわ》一九年《ねん》）。

【死没】

1・18 大原孫三郎《おおはらまごさぶろう》（64、経営者《けいえいしゃ》）。2・4 林銑十郎《はやしせんじゅうろう》（68、陸軍軍人《りくぐんぐんじん》）。湯浅半月《ゆあさはんげつ》（86、詩人《しじん》、聖書学《せいしょがく》）。2・6 大谷光演《おおたにこうえん》（69、真宗大谷派《しんしゅうおおたには》）。2・12 倉田百三《くらたひゃくぞう》（53、劇作家《げきさっか》）。2・17 平賀譲《ひらがゆずる》（66、艦艇設計《かんていせっけい》者《しゃ》）。3・7 歌沢寅右衛門《うたざわとらえもん》（四代《だい》）（72、歌沢節《うたざわぶし》）。3・19 国領五一郎《こくりょうごいちろう》（42、労働運動家《ろうどううんどうか》）。藤島武二《ふじしまたけじ》（77、洋画家《ようがか》）。3・20 森下博《もりしたひろし》（75、経営者《けいえいしゃ》）。3・22 新美南吉《にいみなんきち》（31、児童文学作家《じどうぶんがくさっか》）。4・8 平山清次《ひらやまきよつぐ》（70、天文学《てんもんがく》）。4・18 山本五十六《やまもといそろく》（60、海軍軍人《かいぐんぐんじん》）。5・12 川崎紫山《かわさきしざん》（80、ジャーナリスト）。5・13 立作太郎《たちさくたろう》（70、国際法学《こくさいほうがく》）。5・22 清元延寿太夫《きよもとえんじゅだゆう》（五代《だい》）（82、清元節太夫《きよもとぶしたゆう》）。5・27 西村真次《にしむらしんじ》（65、日本古代史《にほんこだいし》）。6・6 中村不折《なかむらふせつ》（78、洋画家《ようがか》、書家《しょか》）。7・1 荒木古童《あらきこどう》（四代《だい》）（42、尺八演奏家《しゃくはちえんそうか》）。7・6 岩田富美夫《いわたふみお》（53、右翼運動家《うよくうんどうか》）。牧田環《まきたたまき》（73、三井財閥《みついざいばつ》）。7・25 石川幹明《いしかわみきあき》（85、ジャーナリスト）。8・16 鈴木久五郎《すずききゅうごろう》（67、相場師《そうばし》）。8・22 島崎藤村《しまざきとうそん》（72、小説家《しょうせつか》）。9・18 野村竜太郎《のむらりゅうたろう》（85、鉄道《てつどう》家《か》）。9・20 児玉花外《こだまかがい》（70、詩人《しじん》）。鈴木梅太郎《すずきうめたろう》（70、農芸化学《のうげいかがく》）。9・26 木村栄《きむらひさし》（74、天文学《てんもんがく》）。10・4 池野成一郎《いけのせいいちろう》（78、植物学《しょくぶつがく》）。10・16 柳原愛子《やなぎわらなるこ》（85、大正天皇生母《たいしょうてんのうせいぼ》）。10・17 黒島伝治《くろしまでんじ》（46、小説《しょうせつ》家《か》）。10・27 中野正剛《なかのせいごう》（58、政治家《せいじか》）。10・29 岡鬼太郎《おかおにたろう》（72、作家《さっか》）。11・13 西晋一郎《にししんいちろう》（71、倫理学《りんりがく》）。11・18 徳田秋声《とくだしゅうせい》（73、小説家《しょうせつか》）。11・21 山本秀煌《やまもとひでてる》（87、キリスト教史家《きょうしか》）。12・1 桂三木助《かつらみきすけ》（二代《だい》）（60、落語家《らくごか》）。

〘世界〙

1・14 ローズヴェルト・チャーチル、第《だい》三次《じ》米英戦争指導会議《べいえいせんそうしどうかいぎ》（カサブランカ会議《かいぎ》）開催《かいさい》（〜二五日《にち》・枢軸国《すうじくこく》の無《む》条件降伏《じょうけんこうふく》の原則《げんそく》など決定《けってい》）。2・1 アメリカ、日系人《にっけいじん》を中心《ちゅうしん》とする第《だい》四四二部《ぶ》隊《たい》を編成《へんせい》（ヨーロッパ戦線《せんせん》に出動《しゅつどう》して活躍《かつやく》）。2・2 スターリングラードのドイツ軍降伏《ぐんこうふく》。3・

中華民国

西暦	年号・干支	内閣	記事	中華民国
▶ 一九四三	昭和一八 癸未《みずのとひつじ》	(東条英機内閣)	19 ラーネッド没《ぼつ》(94、宣教師《せんきょうし》)。 4・19 ワルシャワ＝ゲットーでユダヤ人《じん》の反《はん》ファッショ武装蜂《ぶそうほう》起《き》(〜五月《がつ》一九日《にち》)。 4・20 ウィグモア没《ぼつ》(80、アメリカの法律学者《ほうりつがくしゃ》)。 4・- ソ連《れん》スモレンスク付《ふ》近《きん》でポーランド将校《しょうこう》四〇〇〇人以上《にんいじょう》の遺体発見《いたいはっけん》(後《のち》にソ連軍《れんぐん》によるポーランド軍捕虜《ぐんほりょ》の殺害《さつがい》と判明《はんめい》・カチンの森事件《もりじけん》)。 5・12 ドイツ軍《ぐん》、北《きた》アフリカ戦線《せんせん》で降伏《こうふく》(一三日《にち》、イタリア軍降伏《ぐんこうふく》・アフリカの戦闘終結《せんとうしゅうけつ》)。 5・15 コミンテルン執行委員会幹部会《しっこういいんかいかんぶかい》、コミンテルン全組織解散《ぜんそしきかいさん》を決《けっ》定《てい》。 5・27 フランスで全国抵抗評議会結成《ぜんこくていこうひょうぎかいけっせい》(国内《こくない》レジスタンスの統一《とういつ》)。 6・20 デトロイトで黒《こく》人暴動《じんぼうどう》(〜二二日《にち》)。 7・5 ドイツ軍《ぐん》、東部戦線《とうぶせんせん》クルスクで攻撃開始《こうげきかいし》(一二日《にち》、ソ連軍反撃《れんぐんはんげき》)。チャンドラ＝ボース、日本占領下《にほんせんりょうか》のシンガポールでインド国民軍《こくみんぐん》を編成《へんせい》。 7・10 連合軍《れんごうぐん》、イタリアのシチリア島《とう》に上陸《じょうりく》。 7・25 ムッソリーニ首相失脚《しゅしょうしっきゃく》(直《ただ》ちに逮捕《たいほ》)、バドリオ政権成立《せいけんせいりつ》。 8・14 チャーチル・ローズヴェルト、カナダのケベックで会談《かいだん》。 9・3 イタリア、シチリア島《とう》で連《れん》合軍《ごうぐん》と休戦協定調印《きゅうせんきょうていちょういん》(八日《か》、発表《はっぴょう》)。 9・12 ドイツ軍《ぐん》、ムッソリーニを救出《きゅうしゅつ》(二三日《にち》、ムッソリーニ、ドイツの支援《しえん》でファシスト共和政府樹立《きょうわせいふじゅりつ》)。 10・13 イタリアのバドリオ政権《せいけん》、ドイツに宣戦布告《せんせんふこく》。 10・19 モスクワで米《べい》・英《えい》・ソ三国外相会議開催《ごくがいしょうかいぎかいさい》。 10・21 チャンドラ＝ボース、シンガポールで自由《じゆう》インド仮政府樹立《かりせいふじゅりつ》。 11・22 ローズヴェルト・チャーチル・蔣介石《しょうかいせき》、第《だい》一回《かい》カイロ会談《かいだん》(一二月一日《がつついたち》、「カイロ宣言《せんげん》」発表《はっぴょう》)。 11・28 ローズヴェルト・チャーチル・スターリン、テヘラン会談《かいだん》(〜一二月一日《がつついたち》)。 11・29 ユーゴスラヴィアで第《だい》二回人民解放反《かいじんみんかいほうはん》ファシズム評議会開《ひょうぎかいかい》催《さい》、臨時政府樹立《りんじせいふじゅりつ》。	中華民国 32

西暦　一九四四 ◀

年号・干支　一九　甲申《きのえさる》

内閣

記事

【政治・経済】1・7 大本営《だいほんえい》、インパール作戦《さくせん》(アッサム州進攻《しゅうしんこう》)を認可《にんか》(三月《がつ》八日《か》、インド国民軍《こくみんぐん》とともに作《さく》戦開始《せんかいし》)。1・18 軍需会社法《ぐんじゅがいしゃほう》により、三菱重工業《みつびしじゅうこうぎょう》㈱など一五〇社《しゃ》を軍需会社《ぐんじゅがいしゃ》に指定《してい》(第《だい》一回《かい》)。1・24 大本営《だいほんえい》、大陸打通作戦《たいりくだつうさくせん》を命《めい》じる。2・1 アメリカ軍《ぐん》、マーシャル群島《ぐんとう》のクェゼリン・ルオット両島《りょうとう》に上陸《じょうりく》(六日《か》、両島《りょうとう》の日本軍守備隊全滅《にほんぐんしゅびたいぜんめつ》)。2・21 東条英機首相兼陸相《とうじょうひできしゅしょうけんりくしょう》、参謀総《さんぼうそう》長《ちょう》を兼任《けんにん》(嶋田繁太郎海相《しまだしげたろうかいしょう》が軍令部総長兼任《ぐんれいぶそうちょうけんにん》)、一部《いちぶ》に憲法違反《けんぽういはん》の非難《ひなん》おこる。2・23『毎日《まいにち》新聞《しんぶん》』を「竹槍《たけやり》では間《ま》に合《あ》わぬ」の記事《きじ》で差押処分《さしおさえしょぶん》(執筆記者懲罰召集《しっぴつきしゃちょうばつしょうしゅう》)。2・25 閣議《かくぎ》、決戦非《けっせんひ》常措置要綱《じょうそちようこう》を決定《けってい》。3・30 ソ連《れん》と、北樺太《きたからふと》における日本《にほん》の石油《せきゆ》・石炭利権《せきたんりけん》の移譲《いじょう》に関《かん》する議定《ぎてい》書《しょ》・日《にっ》ソ漁業条約《ぎょぎょうじょうやく》五ヵ年延長《ねんえんちょう》に関《かん》する議定書《ぎていしょ》に各調印《かくちょういん》。4・8 ソ連《れん》に独《どく》ソ和平《わへい》の斡旋申入《あっせんもうしい》れ(重光《しげみつ》メッセージ・一二日《にち》、モロトフ外相《がいしょう》、拒否《きょひ》と回答《かいとう》)。4・17 中国派遣軍《ちゅうごくはけんぐん》、京漢作戦《けいかんさくせん》を開始《かいし》(大陸打通作戦《たいりくだつうさくせん》・五月《がつ》二七日《にち》、粤漢作戦開始《えっかんさくせんかいし》)。5・16 文部省《もんぶしょう》、学校工場化実施要綱発表《がっこうこうじょうかじっしようこうはっぴょう》。6・15 アメリカ軍《ぐん》、マリアナ諸島《しょとう》のサイパン島上陸《とうじょうりく》(七月《がつ》七日《か》、日本軍守備隊《にほんぐんしゅびたい》約三万人《にん》全滅《ぜんめつ》、一般住民《いっぱんじゅうみん》も約《やく》一万人《にん》死亡《しぼう》)。6・16 中国基地《ちゅうごくきち》のアメリカ軍《ぐん》B二九爆撃機《ばくげきき》、北九州《きたきゅうしゅう》を初《はじ》めて空《くう》襲《しゅう》。岡田啓介大将《おかだけいすけたいしょう》、嶋田繁太郎海相《しまだしげたろうかいしょう》に辞職《じしょく》を勧告《かんこく》(元老《げんろう》・海軍《かいぐん》などの反東条運動高《はんとうじょううんどうたか》まる)。6・19 マリアナ沖海戦《おきかいせん》(日本海軍《にほんかいぐん》、空母《くうぼ》・航空機《こうくうき》の大半《たいはん》が壊滅《かいめつ》、南太平洋《みなみたいへいよう》の制海権《せいかいけん》を失《うしな》う)。6・23 北海道噴火湾東岸《ほっかいどうふんかわんとうがん》で大噴火《だいふんか》、新山《しんざん》が出現《しゅつげん》(昭和新山《しょうわしんざん》)。7・4 大本営《だいほんえい》、インパール作戦中止《さくせんちゅうし》を命令《めいれい》、日本軍撤退《にほんぐんてったい》へ。7・13 木戸幸一内大臣《きどこういちないだいじん》、東条英機首相《とうじょうひできしゅしょう》に陸《りく》・海大臣《かいだいじん》と参謀総長《さんぼうそうちょう》・軍令部《ぐんれいぶ》総長《そうちょう》の分離《ぶんり》、嶋田海相《しまだかいしょう》の更迭《こうてつ》、重臣入閣《じゅうしんにゅうかく》を意見《いけん》。7・14 東条参謀総長辞任《とうじょうさんぼうそうちょうじにん》(一八日《にち》、梅津《うめづ》美治郎《よしじろう》を後任《こうにん》とする)。7・17 嶋田海相辞任《しまだかいしょうじにん》・米内光政《よないみつまさ》・阿部信行《あべのぶゆき》ら重臣《じゅうしん》、会合《かいごう》にて東条内閣《とうじょうないかく》への入閣《にゅうかく》を拒否《きょひ》。7・18 東条内閣総辞職《とうじょうないかくそうじしょく》。7・21 アメリカ軍《ぐん》、グアム島《とう》に上陸《じょうりく》(八月《がつ》一〇日《か》、

中華民国　33

西暦	年号・干支	内閣
一九四四 ◀ ▶	昭和一九 甲申《きのえさる》	（東条英機内閣）

記事

日本軍守備隊全滅《にほんぐんしゅびたいぜんめつ》）。**7・22** 小磯国昭内閣成立《こいそくにあきないかくせいりつ》。**7・24** アメリカ軍《ぐん》、テニヤン島《とう》に上陸《じょうりく》（八月《がつ》三日《か》、日本軍守備隊全滅《にほんぐんしゅびたいぜんめつ》）。**8・4** 閣議《かくぎ》、国民総武装決定《こくみんそうぶそうけってい》（竹槍訓練《たけやりくんれん》などが始《はじ》まる）。**8・5** 大本営政府連絡会議《だいほんえいせいふれんらくかいぎ》、最高戦争指導会議《さいこうせんそうしどうかいぎ》と改称《かいしょう》。オーストラリアのカウラの捕虜収容所《ほりょしゅうようじょ》で日本人捕虜暴動《にほんじんほりょぼうどう》（豪州兵《ごうしゅうへい》四人死亡《にんしぼう》、日本人捕虜約《にほんじんほりょやく》二四〇人死亡《にんしぼう》）。**8・19** 最高戦争指導会議《さいこうせんそうしどうかいぎ》、「世界情勢判断《せかいじょうせいはんだん》」・「今後採《こんごと》るべき戦争指導大綱《せんそうしどうたいこう》」を決定《けってい》。**9・5** 最高戦争指導会議《さいこうせんそうしどうかいぎ》、対重慶政治工作実施《たいじゅうけいせいじこうさくじっし》に関《かん》する件及《けんおよ》び対《たい》タイ施策《しさく》に関《かん》する件《けん》を決定《けってい》。**9・6** 第《だい》八五臨時議会召集《りんじぎかいしょうしゅう》（九月《がつ》七日《か》開会《かいかい》、同《どう》一一日閉会《にちへいかい》）。**9・16** 佐藤尚武駐《さとうなおたけちゅう》ソ大使《たいし》、特派使節《とくはしせつ》のモスクワ派遣《はけん》をモロトフ外相《がいしょう》に提議《ていぎ》、拒否《きょひ》される。**10・10** アメリカ機動部隊《きどうぶたい》、沖縄《おきなわ》を空襲《くうしゅう》。**10・12** 台湾沖航空戦《たいわんおきこうくうせん》（大本営《だいほんえい》、大戦果《だいせんか》と発表《はっぴょう》するが事実《じじつ》は損害甚大《そんがいじんだい》）。**10・18** 陸軍省《りくぐんしょう》、兵役法施行規則《へいえきほうしこうきそく》を改正《かいせい》・公布《こうふ》（一七歳以上《さいいじょう》を兵役《へいえき》に編入《へんにゅう》・一一月一日施行《がつついたちしこう》）。**10・20** アメリカ軍《ぐん》、フィリピン中部《ちゅうぶ》のレイテ島《とう》に上陸《じょうりく》。**10・24** レイテ沖海戦《おきかいせん》（連合艦隊《れんごうかんたい》、主力《しゅりょく》を失《うしな》う）。**10・25** 海軍神風特別攻撃隊《かいぐんかみかぜとくべつこうげきたい》、レイテ沖《おき》で初《はじ》めてアメリカ軍艦《ぐんかん》を攻撃《こうげき》。中国基地《ちゅうごくきち》のB二九、北九州《きたきゅうしゅう》を再度空襲《さいどくうしゅう》。**11・1** 総合計画局官制《そうごうけいかくきょくかんせい》を公布《こうふ》（内閣《ないかく》に直属《ちょくぞく》、重要国策《じゅうようこくさく》の企画《きかく》）。**11・10** 汪兆銘《おうちょうめい》、名古屋《なごや》で死去《しきょ》（主席代理《しゅせきだいり》に陳公博《ちんこうはく》）。**12・19** 大本営《だいほんえい》、レイテ地上作戦《ちじょうさくせん》を中止《ちゅうし》。**12・24** 第《だい》八六通常議会召集《つうじょうぎかいしょうしゅう》（一二月《がつ》二六日開会《にちかいかい》、昭和《しょうわ》二〇年《ねん》三月《がつ》二五日閉会《にちへいかい》）。

【社会・文化】

1・18 閣議《かくぎ》、緊急学徒勤労動員方策要綱《きんきゅうがくときんろうどういんほうさくようこう》を決定《けってい》（学徒勤労員《がくときんろういん》は年間《ねんかん》四ヵ月継続《げつけいぞく》とする・三月《がつ》七日《か》、通年実施《つうねんじっし》と決定《けってい》）。**1・26** 内務省《ないむしょう》、東京《とうきょう》・名古屋《なごや》に初《はつ》の疎開《そかい》を命《めい》じる（建物強制取壊《たてものきょうせいとりこわ》し・以後各都市《いごかくとし》で強制疎開実施《きょうせいそかいじっし》）。**1・29** 『中央公論《ちゅうおうこうろん》』・『改造《かいぞう》』の編集者《へんしゅうしゃ》を検挙《けんきょ》（以後《いご》、多数《たすう》の言論《げんろん》知識人検挙《ちしきじんけんきょ》・横浜事件《よこはまじけん》）。**2・4** 文部省《もんぶしょう》、大学《だいがく》・高等専門学校《こうとうせんもんがっこう》の軍事教育強化方針《ぐんじきょういくきょうかほうしん》を発表《はっぴょう》。**2・**

中華民国	中華民国 33

西暦

年号・干支

内閣

記事

10 俳優座《はいゆうざ》結成《けっせい》(千田是也《せんだこれや》・青山杉作《あおやますぎさく》・東野英治郎《とうのえいじろう》ら・八月《がつ》五～六日《か》、第《だい》一回試演《かいしえん》)。2・19 国民《こくみん》職業能力申告令《しょくぎょうのうりょくしんこくれい》を改正《かいせい》・公布《こうふ》(二二日《にち》、臨時人口調査《りんじじんこうちょうさ》・国民登録《こくみんとうろく》を実施《じっし》)。2・29 決戦非常措置要綱第《けっせんひじょうそちようこうだい》七項《こう》「高級享楽《こうきゅうきょうらく》の停止《ていし》」に基《もと》づき、東京歌舞伎座《とうきょうかぶきざ》・大阪歌舞伎座《おおさかかぶきざ》など一九劇場《げきじょう》に休場《きゅうじょう》を命《めい》じる。2・1 東京都《とうきょうと》、雑炊食堂《ぞうすいしょくどう》を開設《かいせつ》(一一月《がつ》二五日《にち》、都民食堂《とみんしょくどう》と改称《かいしょう》)。3・3 閣議《かくぎ》、国民学校学童給食《こくみんがっこうがくどうきゅうしょく》・空地利用《あきちりよう》・疎開促進《そかいそくしん》の三要綱決定《ようこうけってい》。3・6 全国《ぜんこく》の新聞《しんぶん》、夕刊《ゆうかん》を廃止《はいし》。4・1 六大都市《だいとし》の国民学校学童《こくみんがっこうがくどう》に給食《きゅうしょく》を開始《かいし》。国鉄《こくてつ》、一等車《とうしゃ》・寝台車《しんだいしゃ》・食堂車《しょくどうしゃ》を全廃《ぜんぱい》、急行列車削減《きゅうこうれっしゃさくげん》・特急列車廃止《とっきゅうれっしゃはいし》。6・6 政府《せいふ》、女子挺身隊《じょしていしんたい》に関《かん》する勅令案要綱《ちょくれいあんようこう》を決定《けってい》(一二～四〇歳《さい》の未婚《みこん》の女子《じょし》を強制的《きょうせいてき》に総動員業務《そうどういんぎょうむ》に従事《じゅうじ》)。7・10 情報局《じょうほうきょく》、中央公論社《ちゅうおうこうろんしゃ》・改造社《かいぞうしゃ》に自発的《じはってき》廃業《はいぎょう》を指示《しじ》(両社《りょうしゃ》、月末《げつまつ》に解散《かいさん》)。8・22 沖縄《おきなわ》からの疎開船対馬丸《そかいせんつしままる》、アメリカ軍艦《ぐんかん》の攻撃《こうげき》により沈没《ちんぼつ》(学童《がくどう》七〇〇人《にん》を含《ふく》む一五〇〇人死亡《にんしぼう》)。8・23 学徒勤労令《がくときんろうれい》を公布《こうふ》(大学《だいがく》・高等専門学校《こうとうせんもんがっこう》二年以上《ねんいじょう》の理科系学生《りかけいがくせい》一〇〇〇人《にん》に限《かぎ》り勤労動員《きんろうどういん》より除外《じょがい》)。女子挺身勤労令《じょしていしんきんろうれい》を公布《こうふ》。8・1 東京《とうきょう》からの学童疎開《がくどうそかい》はじまる。9・30 大日本戦時《だいにほんせんじ》宗教報国会結成《しゅうきょうほうこくかいけっせい》。11・1 新聞《しんぶん》の朝刊《ちょうかん》、二ページに削減《さくげん》。12・7 生《なま》フィルム欠乏《けつぼう》により、七三一の映画館《えいがかん》に配給休止《はいきゅうきゅうし》。東海地方《とうかいちほう》に大地震《おおじしん》、死者約《ししゃやく》一〇〇〇人《にん》、全壊《ぜんかい》二万六〇〇〇戸余《こよ》。12・1 紀元《きげん》二千六百年奉祝会《ねんほうしゅくかい》『宸翰英華《しんかんえいか》』刊《かん》。この年 辻善之助《つじぜんのすけ》『日本仏教史《にほんぶっきょうし》』刊《かん》(～昭和《しょうわ》三〇年《ねん》)。

【死没】

1・12 森広蔵《もりこうぞう》(72、財界人《ざいかいじん》)。1・15 野口遵《のぐちしたがう》(72、日窒《にっちつ》)。1・18 橋本増治郎《はしもとますじろう》(70、自動車工業《じどうしゃこうぎょう》)。2・1 村上浪六《むらかみなみろく》(80、小説家《しょうせつか》)。2・3 飯野吉三郎《いいのきちさぶろう》(78、神道系行者《しんとうけいぎょうじゃ》)。2・7 三上於菟吉《みかみおときち》(54、小説家《しょうせつか》)。2・8 小倉進平《おぐらしんぺい》(63、言語学《げんごがく》)。添田唖蝉坊《そえだあぜんぼう》(73、演歌師《えんかし》)。2・13 安川雄之助《やすかわゆうのすけ》(75、実業家《じつぎょうか》)。2・15 河合栄治郎《かわいえいじろう》(54、社会思想家《しゃかいしそうか》)。2・16 村井知至《むらいともよし》(84、社会主義者《しゃかいしゅぎしゃ》)。2・17 三谷隆正《みたにたかまさ》(56、思《し》

中華民国

西暦	▶一九四四
年号・干支	昭和一九 甲申《きのえさる》
内閣	7・22 小磯国昭《こいそくにあき》内閣
記事	想家《そうか》）。**2・26** 高安月郊《たかやすげっこう》（76、劇作家《げきさっか》）。**2・27** 金子直吉《かねこなおきち》（79、実業家《じつぎょうか》）。**3・5** 国分青厓《こくぶせいがい》（88、漢詩人《かんしじん》）。**3・1** 古賀峯一《こがみねいち》（60、海軍軍人《かいぐんぐんじん》）。**4・12** 三笑亭可楽《さんしょうていからく》（七代《だい》）（59、落語家《らくごか》）。**4・21** 市島謙吉《いちしまけんきち》（85、文化事業家《ぶんかじぎょうか》）。**4・23** 近松秋江《ちかまつしゅうこう》（69、小説家《しょうせつか》）。**4・28** 中里介山《なかざとかいざん》（59、小説家《しょうせつか》）。松岡寿《まつおかひさし》（83、洋画家《ようがか》）。**5・1** 有馬良橘《ありまりょうきつ》（84、海軍軍人《かいぐんぐんじん》）。**5・2** 丘浅次郎《おかあさじろう》（77、進化論啓蒙家《しんかろんけいもうか》）。**5・5** 大橋新太郎《おおはししんたろう》（82、出版人《しゅっぱんじん》）。**5・21** 川上善兵衛《かわかみぜんべえ》（77、園芸家《えんげいか》）。**5・25** 秦逸三《はたいつぞう》（65、技術者《ぎじゅつしゃ》）。**5・29** 大瀬《おおせ》甚太郎《じんたろう》（80、教育学《きょういくがく》）。**6・10** 宝生新《ほうしょうしん》（75、能楽師《のうがくし》）。**6・17** 俵孫一《たわらまごいち》（76、政治家《せいじか》）。**7・2** 山梨半《やまなしはん》造《ぞう》（81、陸軍軍人《りくぐんぐんじん》）。**7・8** 南雲忠一《なぐもちゅういち》（58、海軍軍人《かいぐんぐんじん》）。**8・5** 田丸節郎《たまるせつろう》（66、化学《かがく》）。**8・7** 原嘉道《はらよしみち》（78、弁護士《べんごし》）。**8・18** 常磐津兼太夫《ときわづかねたゆう》（七代《だい》）（58、常磐津節《ときわづぶし》）。**8・22** 田中穂積《たなかほづみ》（69、財政学《ざいせいがく》）。**9・5** 田辺朔郎《たなべさくろう》（84、琵琶湖疏水《びわこそすい》）。**9・11** 荒木十畝《あらきじっぽ》（73、日本画家《にほんがか》）。**9・18** 岸沢式佐《きしざわしきさ》（七・八代《だい》）（86、常《と》磐津節《きわづぶし》）。**9・22** 大竹貫一《おおたけかんいち》（85、政治家《せいじか》）。**10・2** 前田利定《まえだとしさだ》（71、政治家《せいじか》）。**10・5** 頭山満《とうやまみつる》（90、右翼《うよく》浪人《ろうにん》）。**10・7** 中川小十郎《なかがわこじゅうろう》（79、政治家《せいじか》）。**10・15** 有馬正文《ありままさふみ》（50、海軍軍人《かいぐんぐんじん》）。**10・16** 小金井良精《こがねいよしきよ》（87、人類学《じんるいがく》）。**10・29** 山崎楽堂《やまざきがくどう》（60、能楽研究家《のうがくけんきゅうか》）。**11・7** 尾崎秀実《おざきほつみ》（44、政治家《せいじか》）。ゾルゲ（49、ゾルゲ事件《じけん》）。**11・9** 井上哲次郎《いのうえてつじろう》（90、哲学《てつがく》）。**11・11** 松旭斎天勝《しょうきょくさいてんかつ》（59、奇術師《きじゅつし》）。**11・18** 牧口常三郎《まきぐちつねさぶろう》（74、宗教家《しゅうきょうか》）。**11・24** 田沢義鋪《たざわよしはる》（60、官僚《かんりょう》）。辻潤《つじじゅん》（61、評論家《ひょうろんか》）。**11・26** 小野塚喜平次《おのづかきへいじ》（75、政治学《せいじがく》）。**11・30** 庄司乙吉《しょうじおときち》（72、綿糸紡績業《めんしぼうせきぎょう》）。**12・1** 田中阿歌麿《たなかあかまろ》（76、科学《かがく》）。**12・2** 沢村栄治《さわむらえいじ》（28、プロ野球《やきゅう》）。**12・3** 秋田清《あきたきよし》（64、政治家《せいじか》）。**12・4** 永井柳太郎《ながいりゅうたろう》（64、政治家《せいじか》）。**12・11** 宮島幹之助《みやじまみきのすけ》（73、動物学《どうぶつがく》）。**12・13** 山下亀三郎《やましたかめさぶろう》（78、山下汽船《やましたきせん》）。**12・17** 一木喜徳郎《いちききとくろう》（78、政治家《せいじか》）。**12・18** 山本信哉《やまもとのぶき》（72、日本史学《にほんしがく》）。米田庄太郎《よねだしょうたろう》（73、社会学《しゃかいがく》）。**12・22** 倉知鉄吉《くらちてつきち》（75、外交官《がいこうかん》）。**12・25** 片岡鉄兵《かたおかてっぺい》（51、小説家《しょうせつか》）。**12・29** 末次信正《すえつぐのぶまさ》（65、海軍軍人《かいぐんぐんじん》）。 〖世界〗
中華民国	中華民国 **33**

西暦	
年号・干支	
内閣	
記事	**1・20** ソ連軍《れんぐん》、レニングラード包囲《ほうい》のドイツ軍《ぐん》を撃退《げきたい》。 **4・2** バチェラー没《ぼつ》(90、宣教師《せんきょうし》)。 **6・4** 米《べい》・英両軍《えいりょうぐん》、ローマに入城《にゅうじょう》。 **6・6** 連合軍《れんごうぐん》、ノルマンディに上陸《じょうりく》。 **6・16** アイスランド、デンマークと分離《ぶんり》し、独立《どくりつ》を宣言《せんげん》。 **7・1** ブレトンウッズで連合国経済会議開催《れんごうこくけいざいかいぎかいさい》(~二二日《にち》・国《こく》際通貨基金《さいつうかききん》・国際復興開発銀行《こくさいふっこうかいはつぎんこう》の創設《そうせつ》につき討議《とうぎ》)。 **7・20** ドイツ国防軍将校《こくぼうぐんしょうこう》らによるヒトラー暗殺計画失敗《あんさつけいかくしっぱい》(ドイツ国防軍幹部《こくぼうぐんかんぶ》これに連坐《れんざ》し多数処刑《たすうしょけい》)。 **7・21** ポーランド国民解放委員会結《こくみんかいほういいんかいけつ》成《せい》(二五日《にち》、ルブリンに移《うつ》る・二六日《にち》、ソ連《れん》と友好同盟条約調印《ゆうこうどうめいじょうやくちょういん》)。 **8・1** ワルシャワで民衆《みんしゅう》武装蜂起《ぶそうほうき》(一〇月《がつ》二日《か》、ドイツ軍鎮圧《ぐんちんあつ》)。 **8・21** 米《べい》・英《えい》・ソ・中《ちゅう》によるダンバートン＝オークス会《かい》議開催《ぎかいさい》(一〇月《がつ》九日《か》、国際連合案《こくさいれんごうあん》を発表《はっぴょう》)。 **8・23** ルーマニア国王《こくおう》ミハーイ、アントネスク首相《しゅしょう》を罷免《ひめん》(二四日《か》、連合軍《れんごうぐん》との停戦《ていせん》を声明《せいめい》・二五日《にち》、ドイツに宣戦布告《せんせんふこく》)。 **8・25** 連合国軍《れんごうこくぐん》、パリに入城《にゅうじょう》。 **8・29** スロヴァキア民衆蜂起《みんしゅうほうき》(~一〇月《がつ》二八日《にち》)。 **9・9** フランスでド＝ゴール将《しょう》軍首班《ぐんしゅはん》の臨時政府樹立《りんじせいふじゅりつ》(一〇月《がつ》二三日《にち》、米《べい》・英《えい》・ソ承認《しょうにん》)。 ブルガリアで「祖国戦線《そこくせんせん》」のクーデタ。 **9・11** ローズヴェルト・チャーチル、第《だい》二回《かい》ケベック会談《かいだん》(~一六日《にち》・「モーゲンソー＝プラン」を承認《しょうにん》)。 **9・19** フィンランド、ソ連《れん》と休戦協定《きゅうせんきょうてい》に調印《ちょういん》。 **10・20** ソ連軍《れんぐん》・ユーゴスラヴィア人民解放軍《じんみんかいほうぐん》、ベオグラードに入城《にゅうじょう》。 **11・8** 米大統領選挙《べいだいとうりょうせんきょ》で現職《げんしょく》のローズヴェルト、四たび当選《とうせん》。 **11・10** 汪兆銘没《おうちょうめいぼつ》(60、中国《ちゅうごく》の政治家《せいじか》)。 **11・18** ドイツ軍《ぐん》、ティラナ撤退《てったい》(二九日《にち》、アルバニア全土解放《ぜんどかいほう》)。 **12・3** ギリシア国民解放戦線《こくみんかいほうせんせん》(ELAS)蜂起《ほうき》(六日《か》、イギリス軍《ぐん》と衝突《しょうとつ》・ギリシア内乱《ないらん》・~一九四五年《ねん》一月《がつ》一一日《にち》)。 **12・21** ハンガリー独立戦線《どくりつせんせん》の臨時政府成立《りんじせいふせいりつ》。
中華民国	

西暦	年号・干支	内閣
一九四五 ◀	昭和二〇 乙酉《きのとのとり》	(小磯国昭内閣)

記事

【政治・経済】

1・18 最高戦争指導会議《さいこうせんそうしどうかいぎ》、「今後《こんご》採《と》るべき戦争指導大綱《せんそうしどうたいこう》」を決定《けってい》(本土決戦即応態勢確立《ほんどけっせんそくおうたいせいかくりつ》など)。1・25 最高戦争指導会議《さいこうせんそうしどうかいぎ》、決戦非常措置要綱《けっせんひじょうそちようこう》を決定《けってい》。1・27 軍需充足会社令《ぐんじゅじゅうそくがいしゃれい》を公布《こうふ》(非軍需産業《ひぐんじゅさんぎょう》でも軍需《ぐんじゅ》の充足上必要《じゅうそくじょうひつよう》な事業《じぎょう》について軍管理《ぐんかんり》を行《おこな》う)。2・14 近衛文麿《このえふみまろ》、敗戦《はいせん》の必至《ひっし》・共産《きょうさん》革命《かくめい》の脅威《きょうい》・早期終戦《そうきしゅうせん》などを上奏《じょうそう》(近衛上奏文《このえじょうそうぶん》)。2・16 軍需金融等特別措置法《ぐんじゅきんゆうとうとくべつそちほう》を公布《こうふ》(三月《がつ》二三日施行《にちしこう》)。2・19 アメリカ軍《ぐん》、硫黄島《いおうとう》に上陸《じょうりく》(三月《がつ》一七日《にち》、日本軍守備隊全滅《にほんぐんしゅびたいぜんめつ》)。3・9 日《に》本軍《ほんぐん》、仏印《ふついん》で武力行使《ぶりょくこうし》、軍政実施《ぐんせいじっし》。B二九、東京大空襲《とうきょうだいくうしゅう》(〜三月《がつ》一〇日《か》、東京《とうきょう》の下町《したまち》ほぼ壊滅《かいめつ》、全焼《ぜんしょう》二三万戸《こ》、死者《ししゃ》・行方不明《ゆくえふめい》約《やく》一〇万人《にん》・一三〜一四日《か》大阪《おおさか》、五月《がつ》一四日《か》名古屋《なごや》を空《くう》襲《しゅう》)。3・30 大日本政治会結成《だいにほんせいじかいけっせい》(総裁南次郎《そうさいみなみじろう》・翼賛政治会解散《よくさんせいじかいかいさん》)。3・31 アメリカ軍《ぐん》、沖縄《おきなわ》に上《じょう》陸《りく》(四月一日《がつついたち》、沖縄本島上陸《おきなわほんとうじょうりく》、六月《がつ》二三日《にち》、日本軍守備隊全滅《にほんぐんしゅびたいぜんめつ》、日本側《にほんがわ》の死者《ししゃ》、一般住民約《いっぱんじゅうみんやく》一〇万を含《ふく》め約《やく》二〇万人《にん》)。4・1 軍需工廠官制《ぐんじゅこうしょうかんせい》を公布《こうふ》。米人抑留者《べいじんよくりゅうしゃ》に救恤品《きゅうじゅっぴん》を輸送《ゆそう》していた安導券保持《あんどうけんほじ》の阿波丸《あわまる》、台湾沖《たいわんおき》で米潜水艦《べいせんすいかん》により撃沈《げきちん》される・死者約《ししゃやく》二〇〇〇人《にん》。4・5 小磯内《こいそない》閣《かく》、繆斌《みょうひん》を通《つう》じた対中和平工作《たいちゅうわへいこうさく》に失敗《しっぱい》し総辞職《そうじしょく》。ソ連外相《れんがいしょう》モロトフ、佐藤尚武駐《さとうなおたけちゅう》ソ大使《たいし》に日《にっ》ソ中立条約不延長《ちゅうりつじょうやくふえんちょう》を通告《つうこく》(中立条約《ちゅうりつじょうやく》の有効期限《ゆうこうきげん》は昭和《しょうわ》二一年《ねん》四月《がつ》二五日《にち》まで)。4・7 鈴《すず》木貫太郎内閣成立《きかんたろうないかくせいりつ》。5・14 最高戦争指導会議構成員会議《さいこうせんそうしどうかいぎこうせいいんかいぎ》、ソ連《れん》を仲介《ちゅうかい》とした和平交渉方針《わへいこうしょうほうしん》を決定《けってい》。5・25〜26 東京大空襲《とうきょうだいくうしゅう》、皇居表宮殿《こうきょおもてきゅうでん》など焼失《しょうしつ》、山《やま》の手地区《てちく》に大被害《だいひがい》。6・3 広田《ひろた》弘毅元首相《こうきもとしゅしょう》、マリク駐日《ちゅうにち》ソ連大使《れんたいし》に日《にっ》ソ関係改善《かんけいかいぜん》を申《もうし》入《い》れる。6・6 ブラジル、対日宣戦布《たいにちせんせんふ》告《こく》。6・8 御前会議《ごぜんかいぎ》、「今後《こんご》採《と》るべき戦争指導《せんそうしどう》の基本大綱《きほんたいこう》」を採択《さいたく》(六月《がつ》六日《か》の最高戦争指導会議《さいこうせんそうしどうかいぎ》決定《けってい》の本土決戦方針《ほんどけっせんほうしん》)。第《だい》八七臨時議会召集《りんじぎかいしょうしゅう》(六月《がつ》九日《か》開会《かいかい》、同《どう》一二日閉会《にちへいかい》)。6・22 戦時緊《せんじきん》急措置法《きゅうそちほう》を公布《こうふ》(内閣《ないかく》に強力《きょうりょく》な権限《けんげん》を委任《いにん》)。6・23 義勇兵役法《ぎゆうへいえきほう》を公布《こうふ》(一五歳以上《さいいじょう》六〇歳以《さいい》

中華民国
中華民国 34

西暦	
年号・干支	
内閣	
記事	下《か》の男子《だんし》・一七歳以上《さいいじょう》四〇歳以下《さいいか》の女子《じょし》を国民義勇戦闘隊《こくみんぎゆうせんとうたい》に編成《へんせい》)。**6・30** 秋田県花岡鉱山《あきたけんはなおかこうざん》で強《きょう》制労働中《せいろうどうちゅう》の連行中国人《れんこうちゅうごくじん》が蜂起《ほうき》、憲兵《けんぺい》らと数日間衝突《すうじつかんしょうとつ》、死者《ししゃ》四〇〇人余《にんよ》(花岡鉱山事件《はなおかこうざんじけん》)。**7・4** 重要産業団体令《じゅうようさんぎょうだんたいれい》を改正《かいせい》・公布《こうふ》。**7・7** 戦時農業団令《せんじのうぎょうだんれい》を公布《こうふ》(中央農業会《ちゅうおうのうぎょうかい》・全国農業経済《ぜんこくのうぎょうけいざい》会《かい》を統合《とうごう》、農業統制組織《のうぎょうとうせいそしき》を一元化《いちげんか》)。**7・10** 最高戦争指導会議《さいこうせんそうしどうかいぎ》、ソ連《れん》に和平仲介《わへいちゅうかい》を求《もと》める使節《しせつ》派遣《はけん》を決定《けってい》(一三日《にち》、ソ連《れん》に近衛文麿《このえふみまろ》派遣《はけん》を申《もうし》入《い》れ・一八日《にち》、ソ連拒否《れんきょひ》)。アメリカ機動部隊《きどうぶたい》、関東地区《かんとうちく》を空襲《くうしゅう》。**7・25** 佐藤尚武《さとうなおたけ》駐《ちゅう》ソ大使《たいし》、ソ連《れん》に和平斡旋《わへいあっせん》を申《もうし》入《い》れる。**7・28** 鈴木貫太郎《すずきかんたろう》首相《しゅしょう》、記者団《きしゃだん》に対《たい》しポツダム宣言黙殺《せんげんもくさつ》・戦争邁進《せんそうまいしん》を声明《せいめい》。**8・6** アメリカ軍《ぐん》、広島《ひろしま》に原子爆弾《げんしばくだん》投下《とうか》、広島市街《ひろしましがい》一瞬《いっしゅん》で壊滅《かいめつ》。**8・8** ソ連《れん》、中立条約《ちゅうりつじょうやく》を侵犯《しんぱん》して日本《にほん》に宣戦布告《せんせんふこく》(モロトフ外《がい》相《しょう》、九日《か》より戦争状態《せんそうじょうたい》にあるべき旨《むね》を佐藤大使《さとうたいし》に宣言《せんげん》、八月《がつ》九日《か》、ソ連軍《れんぐん》、満洲《まんしゅう》・朝鮮《ちょうせん》・樺《から》太《ふと》などに侵攻開始《しんこうかいし》)。**8・9** アメリカ軍《ぐん》、長崎《ながさき》に原子爆弾投下《げんしばくだんとうか》(厚生省発表《こうせいしょうはっぴょう》では広島《ひろしま》・長崎《ながさき》での被爆者《ひばくしゃ》の死者約《ししゃやく》三〇万人《にん》)。ポツダム宣言受諾《せんげんじゅだく》に関《かん》し御前会議開催《ごぜんかいぎかいさい》(一〇日《か》、天皇《てんのう》の統治権《とうちけん》不変《ふへん》更《こう》との了解《りょうかい》のもとに受諾決定《じゅだくけってい》・スイス・スウェーデンを通《つう》じて連合国《れんごうこく》に申《もうし》入《い》れ)。**8・12** 連合《れんごう》国側回答公電到着《こくがわかいとうこうでんとうちゃく》(バーンズ回答文《かいとうぶん》)、受諾《じゅだく》に関《かん》して閣議《かくぎ》で意見対立《いけんたいりつ》。**8・14** 御前会議《ごぜんかいぎ》、天皇《てんのう》の裁断《さいだん》で再度《さいど》ポツダム宣言受諾《せんげんじゅだく》を決定《けってい》(中立国《ちゅうりつこく》を通《つう》じて連合国《れんごうこく》に申《もうし》入《い》れ)。**8・15** 陸軍《りくぐん》の一部将《いちぶしょう》校《こう》、終戦阻止《しゅうせんそし》の反乱《はんらん》、玉音放送録音盤奪取《ぎょくおんほうそうろくおんばんだっしゅ》をはかるも鎮圧《ちんあつ》される。正午《しょうご》、戦争終結《せんそうしゅうけつ》の詔書《しょうしょ》を放送《ほうそう》(玉音放送《ぎょくおんほうそう》)。鈴木内閣総辞職《すずきないかくそうじしょく》。**8・17** 東久邇宮稔彦内閣成立《ひがしくにのみやなるひこないかくせいりつ》(初《はつ》の皇族首相《こうぞくしゅしょう》)。満洲《まんしゅう》国皇帝溥儀退位《こくこうていふぎたいい》・満洲国解体《まんしゅうこくかいたい》。**8・26** 終戦連絡中央事務局官制《しゅうせんれんらくちゅうおうじむきょくかんせい》を公布《こうふ》(外務省《がいむしょう》の外局《がいきょく》として設置《せっち》)。**8・28** 連合国軍先遣部隊《れんごうこくぐんせんけんぶたい》、神奈川県《かながわけん》の厚木飛行場《あつぎひこうじょう》に到着《とうちゃく》。東久邇宮首相《ひがしくにのみやしゅしょう》、記者《きしゃ》会見《かいけん》で国体護持《こくたいごじ》・全国民総懺悔《ぜんこくみんそうざんげ》を呼《よ》びかける。**8・30** 連合国軍最高司令官《れんごうこくぐんさいこうしれいかん》マッカーサー、厚木《あつぎ》到《とう》着《ちゃく》。**9・1** 第《だい》八八臨時議会召集《りんじぎかいしょうしゅう》(九月《がつ》四日《か》開会《かいかい》、同《どう》五日《か》閉会《へいかい》)。**9・2** 東京湾《とうきょうわん》のアメリカ戦《せん》
中華民国	

西暦	年号・干支	内閣
一九四五 ◀▶	昭和二〇 乙酉《きのととり》	(小磯国昭内閣)

記事

艦《かん》ミズーリ号上《ごうじょう》で降伏文書《こうふくぶんしょ》に調印《ちょういん》(全権重光葵《ぜんけんしげみつまもる》・梅津美治郎《うめづよしじろう》)。連合国軍総司令部《れんごうこくぐんそうしれいぶ》(GHQ)指《し》令第《れいだい》一号発表《ごうはっぴょう》(陸海軍解体《りくかいぐんかいたい》・軍需生産停止《ぐんじゅせいさんていし》)。**9・3** イギリス人記者《じんきしゃ》バーチェット、「広島《ひろしま》における大惨状《だいさんじょう》」を打電《だでん》し、初《はじ》めて被爆地《ひばくち》の状況《じょうきょう》を報道《ほうどう》。**9・9** マッカーサー、日本管理方式《にほんかんりほうしき》(間接《かんせつ》統治《とうち》・自由主義助長《じゆうしゅぎじょちょう》など)につき声明発表《せいめいはっぴょう》。**9・11** GHQ、東条元首相《とうじょうもとしゅしょう》ら戦争犯罪人《せんそうはんざいにん》三九人《にん》の逮捕《たいほ》を命《めい》じる。**9・13** 大本営《だいほんえい》を廃止《はいし》。**9・20** ポツダム宣言《せんげん》の受諾《じゅだく》に伴《ともな》い発《はっ》する命令《めいれい》に関《かん》する件《けん》を公布《こうふ》(ポツダム命令《めいれい》)。**9・22** GHQ、「降伏後《こうふくご》における米国《べいこく》の初期《しょき》の対日方針《たいにちほうしん》」を発表《はっぴょう》。**9・25** 復員第《ふくいんだい》一船高砂丸《せんたかさごまる》、メレヨン島《とう》から大分県別府《おおいたけんべっぷ》に帰港《きこう》。**9・27** 天皇《てんのう》、マッカーサーを訪問《ほうもん》。**9・29** 新聞各紙《しんぶんかくし》、天皇《てんのう》のマッカーサー訪問写真《ほうもんしゃしん》を掲載《けいさい》。**10・1** GHQ、個人《こじん》の信書《しんしょ》など郵便検閲《ゆうびんけんえつ》を指令《しれい》。**10・4** GHQ、政治的《せいじてき》・民事的《みんじてき》・宗教的自由《しゅうきょうてきじゆう》に対《たい》する制限撤廃《せいげんてっぱい》の覚書《おぼえがき》(天皇《てんのう》に関《かん》する自由討議《じゆうとうぎ》・思想警察全廃《しそうけいさつぜんぱい》・政治犯釈放《せいじはんしゃくほう》など)を通達《つうたつ》。近衛文麿国務相《このえふみまろこくむしょう》、マッカーサー・政治顧問《せいじこもん》ジョージ=アチソンと会見《かいけん》、憲法改正《けんぽうかいせい》につき示唆《しさ》をうける。**10・5** 東久邇宮内閣総辞職《ひがしくにのみやないかくそうじしょく》(GHQの覚書《おぼえがき》は実行不可能《じっこうふかのう》として)。全日本海員組合結成《ぜんにほんかいいんくみあいけっせい》。**10・9** 幣原喜重郎内閣成立《しではらきじゅうろうないかくせいりつ》(外相吉田《がいしょうよしだ》茂《しげる》)。**10・10** 政治犯約《せいじはんやく》五〇〇人《にん》を釈放《しゃくほう》(徳田球一《とくだきゅういち》・志賀義雄《しがよしお》、「人民《じんみん》に訴《うった》う」を声明《せいめい》)。**10・11** マッカーサー、幣原首相《しではらしゅしょう》に憲法《けんぽう》の自由主義化《じゆうしゅぎか》と人権確保《じんけんかくほ》の五大改革《だいかいかく》(婦人解放《ふじんかいほう》・労働組合結成《ろうどうくみあいけっせい》・教育民主化《きょういくみんしゅか》など)を口頭《こうとう》で指令《しれい》。近衛文麿《このえふみまろ》を内大臣府御用掛《ないだいじんふごようがかり》に任《にん》じる(一三日《にち》、佐々木惣一《ささきそういち》を同《どう》御用掛《ごようがかり》に任《にん》じる。憲法改正《けんぽうかいせい》の検討《けんとう》に着手《ちゃくしゅ》)。**10・15** 治安維持法《ちあんいじほう》・思想犯保護観察法《しそうはんほごかんさつほう》など廃止《はいし》の件《けん》を公布《こうふ》。(名)安田保善社理事会《やすだほぜんしゃりじかい》、GHQの要請《ようせい》により保善社解散《ほぜんしゃかいさん》を決定《けってい》。在日朝鮮人連盟全国大会開催《ざいにちちょうせんじんれんめいぜんこくたいかいかいさい》。**10・25** 政府《せいふ》、憲法問題調査委員会設置《けんぽうもんだいちょうさいいんかいせっち》(委員長《いいんちょう》に松本烝治国務相《まつもとじょうじこくむしょう》)。**10・30** GHQ、教育関係《きょういくかんけい》の軍国主義者《ぐんこくしゅぎしゃ》・超国家主義者《ちょうこっかしゅぎしゃ》の追放《ついほう》などを指令《しれい》。**10・31** 沖縄《おきなわ》の住民《じゅうみん》、収容《しゅうよう》キャンプから居住地《きょじゅうち》へ移動開始《いどうかいし》。**11・2** 日本社会党結成《にほんしゃかいとうけっせい》(書記長片山哲《しょきちょうかたやまてつ》)。**11・4** 政府《せいふ》、持株会《もちかぶがい》

中華民国 中華民国 34

西暦	
年号・干支	
内閣	鈴木貫太郎《すずきかんたろう》内閣 4・7
記事	社《しゃ》(四大財閥《だいざいばつ》)の自発的解体計画《じはってきかいたいけいかく》をGHQに提出《ていしゅつ》。11・6 GHQ、持株会社《もちかぶがいしゃ》の解体《かいたい》に関《かん》する覚《おぼえ》書《がき》(政府提出案《せいふていしゅつあん》の承認《しょうにん》・持株会社整理委員会《もちかぶがいしゃせいりいいんかい》の設立《せつりつ》など、財閥解体《ざいばつかいたい》)。11・9 日本自由党結成《にほんじゆうとうけっせい》(総裁鳩山一郎《そうさいはとやまいちろう》)。11・16 日本進歩党結成《にほんしんぽとうけっせい》(幹事長鶴見祐輔《かんじちょうつるみゆうすけ》・一二月《がつ》一八日《にち》、総裁《そうさい》に町田忠治《まちだちゅうじ》)。11・22 近衛文麿《このえふみまろ》、帝国憲法改正要綱《ていこくけんぽうかいせいようこう》を天皇《てんのう》に提出《ていしゅつ》。11・26 第《だい》八九臨時議会召集《りんじぎかいしょうしゅう》(一一月《がつ》二七日開会《にちかいかい》、一二月《がつ》一八日解散《にちかいさん》)。12・1 日本共産党第《にほんきょうさんとうだい》四回大会《かいたいかい》(～三日《か》・書記長《しょきちょう》に徳田球一《とくだきゅういち》)。12・6 GHQ、近衛文麿《このえふみまろ》・木戸幸一《きどこういち》ら九人《にん》の逮捕《たいほ》を命《めい》じる(一六日《にち》、近衛《このえ》、服毒自殺《ふくどくじさつ》)。12・7 連合《れんごう》国《こく》のポーレー使節団《しせつだん》、対日賠償中間報告《たいにちばいしょうちゅうかんほうこく》(ポーレー報告《ほうこく》)発表《はっぴょう》。元《もと》フィリピン方面軍司令官《ほうめんぐんしれいかん》山下奉文《やましたともゆき》、マニラの軍事裁判《ぐんじさいばん》で死刑宣告《しけいせんこく》(昭和《しょうわ》二一年《ねん》二月《がつ》二三日《にち》、絞首刑執行《こうしゅけいしっこう》)。12・8 共産《きょうさん》党《とう》など六団体《だんたい》、戦争犯罪人追及人民大会《せんそうはんざいにんついきゅうじんみんたいかい》を開催《かいさい》(戦犯名簿発表《せんぱんめいぼはっぴょう》)。松本烝治国務相《まつもとじょうじこくむしょう》、衆議院《しゅうぎいん》予算委員会《よさんいいんかい》で天皇《てんのう》の統治権総攬《とうちけんそうらん》は不変《ふへん》、議会権限《ぎかいけんげん》の拡充《かくじゅう》など憲法改正《けんぽうかいせい》の四原則《げんそく》を表明《はっぴょう》。12・9 GHQ、農地改革《のうちかいかく》に関《かん》する覚書《おぼえがき》(昭和《しょうわ》二一年《ねん》三月《がつ》までに自作農創設《じさくのうそうせつ》の農地改革計画《のうちかいかくけいかく》を作成《さくせい》・提《てい》出《しゅつ》するよう指令《しれい》)。12・17 衆議院議員選挙法《しゅうぎいんぎいんせんきょほう》を改正《かいせい》・公布《こうふ》(婦人参政権実現《ふじんさんせいけんじつげん》など)。12・27 鈴木《すずき》安蔵《やすぞう》らの憲法研究会《けんぽうけんきゅうかい》、憲法草案要綱《けんぽうそうあんようこう》を発表《はっぴょう》。12・28 高野岩三郎《たかのいわさぶろう》、改正憲法私案要綱《かいせいけんぽうしあんようこう》を発表《はっぴょう》。12・29 農地調整法《のうちちょうせいほう》を改正《かいせい》・公布《こうふ》(第《だい》一次農地改革《じのうちかいかく》)。 【社会・文化】 1・13 東海地方《とうかいちほう》に大地震《おおじしん》、死者約《ししゃやく》二〇〇〇人《にん》、全半壊《ぜんはんかい》一万七〇〇〇戸《こ》。2・1 戦争敗北《せんそうはいぼく》に関《かん》する流言増加《りゅうげんぞうか》(一月以来《がついらい》、東京《とうきょう》で検事局送致《けんじきょくそうち》四〇件余《けんよ》)。3・6 国民勤労動員令《こくみんきんろうどういんれい》を公布《こうふ》(国民徴用《こくみんちょうよう》令《れい》・国民勤労報国協力令《こくみんきんろうほうこくきょうりょくれい》・女子挺身勤労令《じょしていしんきんろうれい》・労務調整令《ろうむちょうせいれい》・学校卒業者使用制限令《がっこうそつぎょうしゃしようせいげんれい》の廃止《はいし》・統合《とうごう》)。3・15 閣議《かくぎ》、大都市《だいとし》における疎開強化要綱《そかいきょうかようこう》を決定《けってい》。3・18 閣議《かくぎ》、決戦教育措置要綱《けっせんきょういくそちようこう》を決定《けってい》(国《こく》民学校初等科《みんがっこうしょとうか》を除《のぞ》き四月《がつ》から授業停止《じゅぎょうていし》)。3・1 連行朝鮮人労働者《れんこうちょうせんじんろうどうしゃ》、全国《ぜんこく》の炭坑労働者数《たんこうろうどうしゃすう》の約
中華民国	

西暦	年号・干支	内閣
一九四五 ◀▶	昭和二〇 乙酉《きのととり》	(鈴木貫太郎内閣)

記事

三割《わり》を占《し》める。**5・22** 戦時教育令《せんじきょういくれい》を公布《こうふ》(学校《がっこう》ごとに学徒隊《がくとたい》を、地域《ちいき》・職場《しょくば》ごとに連合隊《れんごうたい》を結《けっ》成《せい》)。**6・-** 沖縄《おきなわ》の師範学校《しはんがっこう》・高等女学校《こうとうじょがっこう》などの男女生徒《だんじょせいと》多数《たすう》、沖縄戦《おきなわせん》に従軍《じゅうぐん》(「ひめゆり隊《たい》」など多《おお》くの死者《ししゃ》を出《だ》す)。**7・11** 主食《しゅしょく》の配給量《はいきゅうりょう》、一割減《わりげん》の二合《ごう》一勺《しゃく》とする。**8・12** 北村《きたむら》サヨ、山《やま》口県《ぐちけん》田布施町《たぶせちょう》で天照皇大神宮教《てんしょうこうたいじんぐうきょう》開教《かいきょう》。**8・18** 内務省《ないむしょう》、占領軍《せんりょうぐん》向《む》け性的慰安施設《せいてきいあんしせつ》の設置《せっち》を地方長官《ちほうちょうかん》に指令《しれい》。**8・20** 灯火管制《とうかかんせい》を解除《かいじょ》。**8・27** 大日本言論報国会《だいにほんげんろんほうこくかい》、解散宣言《かいさんせんげん》。**8・30** 日本《にほん》文学報国会解散《ぶんがくほうこくかいかいさん》。**9・1** 東京劇場《とうきょうげきじょう》、戦後《せんご》初興行《はつこうぎょう》(市川猿之助《いちかわえんのすけ》一座《いちざ》、大阪歌舞伎座《おおさかかぶきざ》なども開場《かいじょう》)。**9・10** GHQ、言論及《げんろんおよ》び新聞《しんぶん》の自由《じゆう》に関《かん》する覚書発表《おぼえがきはっぴょう》、検閲開始《けんえつかいし》(占領軍《せんりょうぐん》・連合国《れんごうこく》に関《かん》する報《ほう》道《どう》を厳《きび》しく規制《きせい》)。**9・17** 西日本《にしにほん》に枕崎台風《まくらざきたいふう》、被害甚大《ひがいじんだい》。**9・19** GHQ、プレス＝コードに関《かん》する覚書《おぼえがき》(二二日《にち》、ラジオ＝コードに関《かん》する覚書《おぼえがき》)。**9・20** 文部省《もんぶしょう》、中等学校《ちゅうとうがっこう》以下《いか》の教科書《きょうかしょ》から戦時教材《せんじきょうざい》を省略《しょうりゃく》・削除《さくじょ》するよう通牒《つうちょう》(墨《すみ》ぬり教科書《きょうかしょ》)。**9・26** 哲学者《てつがくしゃ》の三木清《みききよし》、豊多摩《とよたま》拘置所《こうちしょ》で獄死《ごくし》。**9・30** 大日本産業報国会解散《だいにほんさんぎょうほうこくかいかいさん》。**10・8** 北海道夕張炭坑《ほっかいどうゆうばりたんこう》の朝鮮人労働者《ちょうせんじんろうどうしゃ》、労働《ろうどう》条件改善《じょうけんかいぜん》を要求《ようきゅう》してスト。**10・9** GHQ、東京《とうきょう》五大紙《だいし》の新聞記事《しんぶんきじ》の事前検閲《じぜんけんえつ》を開始《かいし》。**10・10** 自由戦士《じゆうせんし》出獄歓迎人民大会開催《しゅつごくかんげいじんみんたいかいかいさい》。松岡駒吉《まつおかこまきち》の招請《しょうせい》で全国労働組合結成懇談会開催《ぜんこくろうどうくみあいけっせいこんだんかいかいさい》。**10・22** GHQ、「日本教育制度《にほんきょういくせいど》に対《たい》する管理政策《かんりせいさく》」を指令《しれい》(軍国主義的《ぐんこくしゅぎてき》・超国家主義的教育《ちょうこっかしゅぎてききょういく》の禁止《きんし》)。**10・23** 読売新聞社従業員《よみうりしんぶんしゃじゅうぎょういん》、社員大会《しゃいんたいかい》で社内民主化《しゃないみんしゅか》を決議《けつぎ》(二五日《にち》、従業員組合結成《じゅうぎょういんくみあいけっせい》、編集業《へんしゅうぎょう》務管理《むかんり》・一二月《がつ》一一日《にち》、正力松太郎社長退陣《しょうりきまつたろうしゃちょうたいじん》・第《だい》一次読売争議《じよみうりそうぎ》)。**10・29** 日本勧業銀行《にほんかんぎょうぎんこう》、第《だい》一回宝《かいたから》くじ発売《はつばい》。**11・1** 全国人口調査実施《ぜんこくじんこうちょうさじっし》(総人口《そうじんこう》七一九九万八一〇四人《にん》)。**11・3** 新日本婦《しんにほんふ》人同盟結成《じんどうめいけっせい》(会長市川房枝《かいちょういちかわふさえ》)。**11・4** 東京帝大経済学部教授会《とうきょうていだいけいざいがくぶきょうじゅかい》、大内兵衛《おおうちひょうえ》・矢内原忠雄《やないはらただお》・山田《やまだ》盛太郎《もりたろう》ら七人《にん》の復職《ふくしょく》を決定《けってい》。**11・10** 歴史学研究会《れきしがくけんきゅうかい》、国史教育再検討座談会《こくしきょういくさいけんとうざだんかい》を開催《かいさい》、活動再開《かつどうさいかい》。**11・19** 鳥養利三郎《とりかいりさぶろう》京都帝大総長《きょうとていだいそうちょう》、京大再建方針《きょうだいさいけんほうしん》を発表《はっぴょう》(滝川事件《たきがわじけん》以前《いぜん》の状態《じょうたい》の回復《かいふく》・昭和《しょうわ》

中華民国
中華民国 34

西暦

年号・干支

内閣 東《ひがし》久邇宮稔彦《くにのみやなるひこ》内閣 8・17

記事

二一年《ねん》二月《がつ》一六日《にち》、滝川幸辰《たきがわゆきとき》、教授復職《きょうじゅふくしょく》）。**11・24** ＧＨＱ、理化学研究所《りかがくけんきゅうじょ》・京都帝大《きょうとていだい》などのサイクロトロンを破壊《はかい》。**12・1** 全日本教員組合結成《ぜんにほんきょういんくみあいけっせい》。**12・4** 閣議《かくぎ》、女子教育刷新要綱《じょしきょういくさっしんようこう》を了解《りょうかい》（女子大創設《じょしだいそうせつ》・大学《だいがく》の男女共学制《だんじょきょうがくせい》など）。**12・11** 京成電鉄争議《けいせいでんてつそうぎ》（業務《ぎょうむ》・運賃管理《うんちんかんり》・二九日解決《にちかいけつ》）。**12・15** ＧＨＱ、国家神道《こっかしんとう》と神社神道《じんじゃしんとう》の分離《ぶんり》など指令《しれい》。**12・22** 労働組合法《ろうどうくみあいほう》を公布《こうふ》（団結権保障《だんけつけんほしょう》など・昭和《しょうわ》二一年《ねん》三月一日施行《がっついたちしこう》）。**12・28** 宗教法人令《しゅうきょうほうじんれい》を公布《こうふ》（信教《しんきょう》の自由《じゆう》を保障《ほしょう》）。**12・30** 新日本《しんにほん》文学会結成《ぶんがくかいけっせい》（江口渙《えぐちかん》・中野重治《なかのしげはる》ら）。**12・31** ＧＨＱ、修身《しゅうしん》・日本歴史《にほんれきし》及《およ》び地理《ちり》の授業停止《じゅぎょうていし》と教科《きょうか》書回収《しょかいしゅう》の覚書《おぼえがき》。**この年**《とし》 戦後《せんご》の労働組合《ろうどうくみあい》五〇九（三八万六七七人《にん》）、組織率《そしきりつ》四・一パーセント。稲作大凶作《いなさくだいきょうさく》、食糧不足深刻化《しょくりょうぶそくしんこくか》、栄養失調《えいようしっちょう》による死者続出《ししゃぞくしゅつ》。

【死没】

1・15 野村徳七《のむらとくしち》（68、実業家《じつぎょうか》）。**1・22** 柳川平助《やながわへいすけ》（67、陸軍軍人《りくぐんぐんじん》）。**1・27** 野口雨情《のぐちうじょう》（64、詩人《しじん》）。**1・30** 橋本進吉《はしもとしんきち》（64、国語学《こくごがく》）。**2・18** 建部遯吾《たけべとんご》（75、社会学《しゃかいがく》）。**2・20** 光永星郎《みつながほしろう》（80、通信《つうしん》・広告経営者《こうこくけいえいしゃ》）。**2・24** 河口慧海《かわぐちえかい》（80、仏教探検家《ぶっきょうたんけんか》）。**2・26** 田保橋潔《たぼはしきよし》（49、朝鮮史学《ちょうせんしがく》）。橋本関雪《はしもとかんせつ》（63、日本画家《にほんがか》）。**3・2** 金森通倫《かなもりつうりん》（89、伝道者《でんどうしゃ》）。**3・10** 山岸荷葉《やまぎしかよう》（70、劇作家《げきさっか》）。一竜斎貞山《いちりゅうさいていざん》（六代《だい》）（69、講釈師《こうしゃくし》）。河井荃廬《かわいせんろ》（75、書道史家《しょどうしか》）。**3・15** 鈴江言一《すずえげんいち》（52、中国革命史《ちゅうごくかくめいし》）。市川正一《いちかわしょういち》（54、日本共産党《にほんきょうさんとう》）。**3・30** 小室翠雲《こむろすいうん》（72、日本画家《にほんがか》）。**4・1** 小川郷太郎《おがわごうたろう》（70、財政学《ざいせいがく》）。足立文太郎《あだちぶんたろう》（81、解剖学《かいぼうがく》）。**4・3** 阪井久良伎《さかいくらき》（77、川柳作家《せんりゅうさっか》）。**4・7** 伊藤整一《いとうせいいち》（56、海軍軍人《かいぐんぐんじん》）。**4・16** 田村俊子《たむらとしこ》（62、小説家《しょうせつか》）。**5・1** 猪熊浅麻呂《いのくまあさまろ》（76、有職故実学《ゆうしょくこじつがく》）。**5・6** 市村羽左衛門《いちむらうざえもん》（一五代《だい》）（71、歌舞伎役者《かぶきやくしゃ》）。**5・12** 入沢《いりさわ》宗寿《そうじゅ》（61、教育学《きょういくがく》）。**5・17** 滝精一《たきせいいち》（73、美術史家《びじゅつしか》）。**5・20** 載仁親王《ことひとしんのう》（81、閑院宮《かんいんのみや》）。**5・21** 清沢《きよさわ》洌《きよし》（56、外交評論家《がいこうひょうろんか》）。**5・25** 柳瀬正夢《やなせまさむ》（46、画家《がか》）。織田万《おだよろず》（78、法学《ほうがく》）。関保之助《せきやすのすけ》（78、有職故《ゆうしょくこ》実学《じつがく》）。**6・2** 平山信《ひらやましん》（79、天文学《てんもんがく》）。**6・7** 西田幾多郎《にしだきたろう》（76、哲学《てつがく》）。**6・22** 相田二郎《あいだにろう》（49、日本史学《にほんしがく》）。

中華民国

西暦	一九四五 ◀ ▶
年号・干支	昭和二〇 乙酉《きのとのとり》
内閣	（東久邇宮稔彦内閣） 10・9 幣原《しではら》喜《き》重郎《じゆうろう》内閣

記事

6・23 牛島満《うしじまみつる》（59、陸軍軍人《りくぐんぐんじん》）。**6・25** 秋月左都夫《あきづきさつお》（88、外交官《がいこうかん》）。**6・28** 山崎覚次郎《やまざきかくじろう》（78、漆芸家《しつげいか》）。高楠順次郎《たかくすじゅんじろう》（80、仏教学《ぶつきょうがく》）。**7・4** 利光鶴松《としみつつるまつ》（83、実業家《じつぎょうか》）。**7・7** 塩沢昌貞《しおざわまささだ》（76、経済学《けいざいがく》）。**8・9** 戸坂潤《とさかじゅん》（46、思想家《しそうか》）。**8・15** 阿南惟幾《あなみこれちか》（59、陸軍軍人《りくぐんぐんじん》）。**8・16** 丸山定夫《まるやまさだお》（45、俳優《はいゆう》）。大西滝《おおにしたき》治郎《じろう》（55、海軍軍人《かいぐんぐんじん》）。**8・17** 島木健作《しまきけんさく》（43、小説家《しょうせつか》）。**8・24** 田中静壱《たなかしずいち》（59、陸軍軍人《りくぐんぐんじん》）。**8・25** 影《かげ》山庄平《やましょうへい》（60、神道家《しんとうか》）。**9・8** 川島義之《かわしまよしゆき》（68、陸軍軍人《りくぐんぐんじん》）。**9・9** 建川美次《たてかわよしつぐ》（66、陸軍軍人《りくぐんぐんじん》）。**9・12** 杉《すぎ》山元《やまはじめ》（66、陸軍軍人《りくぐんぐんじん》）。**9・14** 橋田邦彦《はしだくにひこ》（64、生理学《せいりがく》）。**9・18** 島津保次郎《しまづやすじろう》（49、映画監督《えいがかんとく》）。**9・26** 三《み》木《き》清《きよし》（49、哲学《てつがく》）。**9・－** 戸谷敏之《とやとしゆき》（34、歴史学《れきしがく》）。**10・3** 杉村楚人冠《すぎむらそじんかん》（74、新聞記者《しんぶんきしゃ》）。**10・9** 薄田《すすきだ》泣菫《きゅうきん》（69、詩人《しじん》）。**10・14** 本居長世《もとおりながよ》（61、作曲家《さっきょくか》）。**10・15** 木下杢太郎《きのしたもくたろう》（61、詩人《しじん》、医学《いがく》）。**10・16** 田《た》中正平《なかしょうへい》（84、物理学《ぶつりがく》）。**10・18** 葉山嘉樹《はやまよしき》（52、小説家《しょうせつか》）。水野広徳《みずのひろのり》（71、海軍軍人《かいぐんぐんじん》）。**10・21** 深井英《ふかいえい》五《ご》（75、銀行家《ぎんこうか》）。**10・23** 吉満義彦《よしみつよしひこ》（42、哲学者《てつがくしゃ》）。**10・25** 橘樸《たちばなしらき》（65、ジャーナリスト）。**11・18** 工《く》藤吉郎兵衛《どうきちろべえ》（86、育種家《いくしゅか》）。**11・20** 本庄繁《ほんじょうしげる》（70、陸軍軍人《りくぐんぐんじん》）。**11・26** 三宅雪嶺《みやけせつれい》（86、ジャーナリスト）。**11・27** 平生釟三郎《ひらおはちさぶろう》（80、実業家《じつぎょうか》）。**11・28** 中沢弁次郎《なかざわべんじろう》（55、農民運動家《のうみんうんどうか》）。**12・2** 岩崎小弥太《いわさきこやた》（67、三菱財閥《みつびしざいばつ》）。安井《やすい》てつ（76、教育者《きょういくしゃ》）。**12・9** 吉田栄三《よしだえいざ》（初代《しょだい》）（74、文楽人形遣《ぶんらくにんぎょうつか》い）。**12・13** 柴五郎《しばごろう》（87、陸軍軍人《りくぐんぐんじん》）。**12・16** 近衛文麿《このえふみまろ》（55、政治家《せいじか》）。**12・24** 白石元治郎《しらいしもとじろう》（79、日本鋼管《にほんこうかん》）。**12・29** 村田《むらた》峰次郎《みねじろう》（89、日本史学《にほんしがく》）。**この年** 石井菊次郎《いしいきくじろう》（80、外交官《がいこうかん》）。

『世界』

1・17 ソ連軍《れんぐん》、ワルシャワを占領《せんりよう》。**1・20** ハンガリーのミクローシュ臨時政府《りんじせいふ》、連合国軍《れんごうこくぐん》と休《きゆう》戦協定《せんきようてい》に調印《ちよういん》。**2・4** 米《べい》・英《えい》・ソ、ヤルタ会談《かいだん》（ローズヴェルト・チャーチル・スターリン・対《たい》ドイツ戦後処理《せんごしより》・ソ連《れん》の対日参戦《たいにちさんせん》など協議《きようぎ》・〜一一日《にち》）。**2・13** ソ連軍《れんぐん》、ブダペストを占領《せんりよう》（四月《がつ》四日《か》、ハンガリー全土《ぜんど》からドイツ軍《ぐん》を撃退《げきたい》）。**3・3** パン＝アメリカ会議《かいぎ》（メキシコ市《し》で開催《かいさい》）で、

中華民国	中華民国 34

1945（昭和20）

西暦	
年号・干支	
内閣	
記事	チャプルテペック協定《きょうてい》を採択《さいたく》。**3・22** アラブ連盟憲章《れんめいけんしょう》調印《ちょういん》(エジプト・シリア・レバノン・イラク・トランスヨルダン・サウジアラビア・イエメンの七ヵ国参加《こくさんか》)。**4・12** 米《べい》ローズヴェルト大統《だいとう》領《りょう》死去《しきょ》、トルーマン副大統領《ふくだいとうりょう》が大統領就任《だいとうりょうしゅうにん》。**4・13** ソ連軍《れんぐん》、ウィーン占領《せんりょう》。**4・22** ソ連《れん》軍《ぐん》、ベルリン市街《しがい》に突入《とつにゅう》(五月《がつ》二日《か》、ベルリン占領《せんりょう》)。**4・23** 中国共産党第《ちゅうごくきょうさんとうだい》七期《き》全国大会《ぜんこくたいかい》、延安《えんあん》で開催《かいさい》(~六月《がつ》一一日《にち》・毛沢東《もうたくとう》、「連合政府論《れんごうせいふろん》」を報告《ほうこく》)。**4・25** サンフランシスコ連合国全《れんごうこくぜん》体会議《たいかいぎ》開催《かいさい》(~六月《がつ》二六日《にち》・五〇ヵ国参加《こくさんか》・国連憲章調印《こくれんけんしょうちょういん》)。**4・27** ムッソリーニ、逮捕《たいほ》される(四月《がつ》二八日銃殺《にちじゅうさつ》)。**4・30** ヒトラー、ベルリンの総統官邸《そうとうかんてい》で自殺《じさつ》。**5・5** 中国国民党第《ちゅうごくこくみんとうだい》六期《き》全国大会《ぜんこくたいかい》、重慶《じゅうけい》で開催《かいさい》(~二一日《にち》)。**5・7** ドイツ、ランス・ベルリン(八日《か》)で、連合国《れんごうこく》への無条件降伏文書《むじょうけんこうふくぶんしょ》に署名《しょめい》。**7・16** アメリカ、ニューメキシコで原子核爆発実験《げんしかくばくはつじっけん》に成功《せいこう》。**7・17** 米《べい》・英《えい》・ソ、ポツダム会議《かいぎ》(二六日《にち》、米《べい》・英《えい》・中《ちゅう》三国《ごく》で対日《たいにち》ポツダム宣言発表《せんげんはっぴょう》、のちソ連《れん》も参加《さんか》・八月《がつ》二日《か》、ドイツに関《かん》するポツダム議定書発表《ぎていしょはっぴょう》)。**7・26** イギリス総選挙《そうせんきょ》で労働党大勝《ろうどうとうたいしょう》、チャーチル内閣総辞職《ないかくそうじしょく》(二七日《にち》、アトリー労働党内閣成立《ろうどうとうないかくせいりつ》)。**7・31** リカルテ没《ぼつ》(78、フィリピン革命《かくめい》の指導者《しどうしゃ》)。**8・10** セルギー没《ぼつ》(74、日本《にほん》ハリストス正教会府主教《せいきょうかいふしゅきょう》)。**8・14** 中《ちゅう》ソ友好同盟条約調《ゆうこうどうめいじょうやくちょう》印《いん》。**8・15** ソウルで朝鮮建国準備委員会結成《ちょうせんけんこくじゅんびいいんかいけっせい》(委員長呂運亨《いいんちょうりょうんこう》・一〇月《がつ》七日《か》解散《かいさん》)。**8・17** インドネシア共和国独立宣言《きょうわこくどくりつせんげん》(大統領《だいとうりょう》スカルノ)。**8・18** アメリカ軍《ぐん》、上海《シャンハイ》・広州《こうしゅう》・天津《てんしん》・青島《チンタオ》に上陸《じょうりく》。**8・19** チャンドラ゠ボース、台湾《たいわん》で飛行機事故《ひこうきじこ》により死去《しきょ》(四八)。ヴェトナムのハノイで蜂起《ほうき》(八月革命《がつかくめい》)。**8・20** ソウルで朝鮮共産党再建委員会結成《ちょうせんきょうさんとうさいけんいいんかいけっせい》(委員長朴憲永《いいんちょうぼくけんえい》)。**8・20** 蔣《しょう》介石《かいせき》・毛沢東《もうたくとう》、重慶《じゅうけい》で会談《かいだん》(一〇月《がつ》一〇日《か》、双十協定調印《そうじゅうきょうていちょういん》・内戦回避《ないせんかいひ》などに合意《ごうい》)。**9・2** ヴェトナム民主共和国成立宣言《みんしゅきょうわこくせいりつせんげん》(臨時政府主席《りんじせいふしゅせき》ホー゠チミン・二三日《にち》、フランス軍《ぐん》、サイゴンを占領《せんりょう》)。朝鮮《ちょうせん》、北緯《ほくい》三八度線《どせん》を境《さかい》に北《きた》はソ連《れん》、南《みなみ》はアメリカの管理下《かんりか》に置《お》かれる。**9・10** 米《べい》・
中華民国	

西暦	▶一九四五
年号・干支	昭和二〇 乙酉《きのととり》
内閣	（幣原喜重郎内閣）
記事	英《えい》・仏《ふつ》・ソ・中《ちゅう》、ロンドン外相会議《がいしょうかいぎ》（講和問題《こうわもんだい》を討議《とうぎ》・二九日《にち》、極東諮問委員会設置《きょくとうしもんいいんかいせっち》を決定《けってい》・〜一〇月《がつ》二日《か》）。**9・17** 郁達夫没《いくたつぶぼつ》（49、中国《ちゅうごく》の作家《さっか》）。**10・12** ラオス臨時政府成立《りんじせいふせいりつ》（反仏組織《はんふつそしき》ラーオ＝イッサラ、暫定憲法《ざんていけんぽう》を採択《さいたく》）。**10・17** 中国国民政府軍《ちゅうごくこくみんせいふぐん》、台湾《たいわん》に上陸《じょうりく》。**10・24** 国連憲章発効《こくれんけんしょうはっこう》、国際連合《こくさいれんごう》が正式《せいしき》に成立《せいりつ》。**10・29** ブラジルでバルガス大統領《だいとうりょう》辞任《じにん》。**11・20** ニュルンベルク国際軍《こくさいぐん》事裁判開廷《じさいばんかいてい》。**11・27** 米《べい》トルーマン大統領《だいとうりょう》、マーシャル元帥《げんすい》を国共内戦調停《こっきょうないせんちょうてい》の大統領特使《だいとうりょうとくし》に任命《にんめい》（一二月《がつ》二二日《にち》、マーシャル特使《とくし》、重慶《じゅうけい》に到着《とうちゃく》）。**11・29** ユーゴスラヴィア制憲議会《せいけんぎかい》、王《おう》制《せい》を廃《はい》し、連邦人民共和国《れんぽうじんみんきょうわこく》を宣言《せんげん》。**12・12** イランでソ連軍《れんぐん》の援助《えんじょ》により、アゼルバイジャン共《きょう》和国樹立《わこくじゅりつ》。**12・16** 米《べい》・英《えい》・ソ、モスクワ外相会議開催《がいしょうかいぎかいさい》（占領《せんりょう》・講和問題《こうわもんだい》・極東問題《きょくとうもんだい》を討議《とうぎ》・〜一二六日《にち》）。**12・25** 王克敏没《おうこくびんぼつ》（73、中国《ちゅうごく》の政治家《せいじか》）。**12・27**「モスクワ宣言《せんげん》」発表《はっぴょう》（朝鮮信託統治《ちょうせんしんたくとうち》、極東《きょくとう》委員会《いいんかい》・対日理事会設置《たいにちりじかいせっち》に合意《ごうい》）。
中華民国	中華民国 **34**

表Ⅰ　平年・閏年／1月1日の曜日

和　暦	西暦	閏年	曜日
明治 6	1873		水
明治 7	1874		木
明治 8	1875		金
明治 9	1876	○	土
明治10	1877		月
明治11	1878		火
明治12	1879		水
明治13	1880	○	木
明治14	1881		土
明治15	1882		日
明治16	1883		月
明治17	1884	○	火
明治18	1885		木
明治19	1886		金
明治20	1887		土
明治21	1888	○	日
明治22	1889		火
明治23	1890		水
明治24	1891		木
明治25	1892	○	金
明治26	1893		日
明治27	1894		月
明治28	1895		火
明治29	1896	○	水
明治30	1897		金
明治31	1898		土
明治32	1899		日
明治33	1900	平年	月
明治34	1901		火
明治35	1902		水
明治36	1903		木
明治37	1904	○	金
明治38	1905		日
明治39	1906		月
明治40	1907		火
明治41	1908	○	水
明治42	1909		金
明治43	1910		土
明治44	1911		日
大正元	1912	○	月
大正 2	1913		水
大正 3	1914		木
大正 4	1915		金
大正 5	1916	○	土
大正 6	1917		月
大正 7	1918		火
大正 8	1919		水
大正 9	1920	○	木
大正10	1921		土
大正11	1922		日
大正12	1923		月
大正13	1924	○	火
大正14	1925		木
昭和元	1926		金
昭和 2	1927		土
昭和 3	1928	○	日
昭和 4	1929		火
昭和 5	1930		水
昭和 6	1931		木
昭和 7	1932	○	金
昭和 8	1933		日
昭和 9	1934		月
昭和10	1935		火
昭和11	1936	○	水
昭和12	1937		金
昭和13	1938		土
昭和14	1939		日
昭和15	1940	○	月
昭和16	1941		水
昭和17	1942		木
昭和18	1943		金
昭和19	1944	○	土
昭和20	1945		月

＊　○＝閏年．明治33年は平年．「曜日」欄は1月1日の曜日．

《七曜表（明治６年—昭和20年）の使い方》

⑴ この表により，国内で太陽暦（グレゴリオ暦）が採用された明治６年から昭和20年までの任意の年の暦を知ることができる．

⑵ 表Ⅰにより，①その年が平年か閏年か，②その年の１月１日が何曜日かを見る．

⑶ 平年の場合は表Ⅱ（閏年の場合は表Ⅲ）により，表の上部にある七曜表の第１～７段の中から左端の曜日が１月１日の曜日に一致する段を選ぶ．

⑷ 表Ⅱ（または表Ⅲ）の１月～12月の日付と⑶で選んだ段との組み合わせが当該年の暦となる．

表II 平 年

1	日	月	火	水	木	金	土
2	月	火	水	木	金	土	日
3	火	水	木	金	土	日	月
4	水	木	金	土	日	月	火
5	木	金	土	日	月	火	水
6	金	土	日	月	火	水	木
7	土	日	月	火	水	木	金
1月	1	2	3	4	5	6	7
	8	9	10	11	12	13	14
	15	16	17	18	19	20	21
	22	23	24	25	26	27	28
	29	30	31				
2月				1	2	3	4
	5	6	7	8	9	10	11
	12	13	14	15	16	17	18
	19	20	21	22	23	24	25
	26	27	28				
3月				1	2	3	4
	5	6	7	8	9	10	11
	12	13	14	15	16	17	18
	19	20	21	22	23	24	25
	26	27	28	29	30	31	
4月							1
	2	3	4	5	6	7	8
	9	10	11	12	13	14	15
	16	17	18	19	20	21	22
	23	24	25	26	27	28	29
	30						
5月		1	2	3	4	5	6
	7	8	9	10	11	12	13
	14	15	16	17	18	19	20
	21	22	23	24	25	26	27
	28	29	30	31			
6月					1	2	3
	4	5	6	7	8	9	10
	11	12	13	14	15	16	17
	18	19	20	21	22	23	24
	25	26	27	28	29	30	

1	日	月	火	水	木	金	土
2	月	火	水	木	金	土	日
3	火	水	木	金	土	日	月
4	水	木	金	土	日	月	火
5	木	金	土	日	月	火	水
6	金	土	日	月	火	水	木
7	土	日	月	火	水	木	金
7月							1
	2	3	4	5	6	7	8
	9	10	11	12	13	14	15
	16	17	18	19	20	21	22
	23	24	25	26	27	28	29
	30	31					
8月			1	2	3	4	5
	6	7	8	9	10	11	12
	13	14	15	16	17	18	19
	20	21	22	23	24	25	26
	27	28	29	30	31		
9月						1	2
	3	4	5	6	7	8	9
	10	11	12	13	14	15	16
	17	18	19	20	21	22	23
	24	25	26	27	28	29	30
10月	1	2	3	4	5	6	7
	8	9	10	11	12	13	14
	15	16	17	18	19	20	21
	22	23	24	25	26	27	28
	29	30	31				
11月				1	2	3	4
	5	6	7	8	9	10	11
	12	13	14	15	16	17	18
	19	20	21	22	23	24	25
	26	27	28	29	30		
12月						1	2
	3	4	5	6	7	8	9
	10	11	12	13	14	15	16
	17	18	19	20	21	22	23
	24	25	26	27	28	29	30
	31						

表III　閏　年

1	日	月	火	水	木	金	土
2	月	火	水	木	金	土	日
3	火	水	木	金	土	日	月
4	水	木	金	土	日	月	火
5	木	金	土	日	月	火	水
6	金	土	日	月	火	水	木
7	土	日	月	火	水	木	金
1月	1	2	3	4	5	6	7
	8	9	10	11	12	13	14
	15	16	17	18	19	20	21
	22	23	24	25	26	27	28
	29	30	31				
2月				1	2	3	4
	5	6	7	8	9	10	11
	12	13	14	15	16	17	18
	19	20	21	22	23	24	25
	26	27	28	29			
3月					1	2	3
	4	5	6	7	8	9	10
	11	12	13	14	15	16	17
	18	19	20	21	22	23	24
	25	26	27	28	29	30	31
4月	1	2	3	4	5	6	7
	8	9	10	11	12	13	14
	15	16	17	18	19	20	21
	22	23	24	25	26	27	28
	29	30					
5月			1	2	3	4	5
	6	7	8	9	10	11	12
	13	14	15	16	17	18	19
	20	21	22	23	24	25	26
	27	28	29	30	31		
6月						1	2
	3	4	5	6	7	8	9
	10	11	12	13	14	15	16
	17	18	19	20	21	22	23
	24	25	26	27	28	29	30

1	日	月	火	水	木	金	土
2	月	火	水	木	金	土	日
3	火	水	木	金	土	日	月
4	水	木	金	土	日	月	火
5	木	金	土	日	月	火	水
6	金	土	日	月	火	水	木
7	土	日	月	火	水	木	金
7月	1	2	3	4	5	6	7
	8	9	10	11	12	13	14
	15	16	17	18	19	20	21
	22	23	24	25	26	27	28
	29	30	31				
8月				1	2	3	4
	5	6	7	8	9	10	11
	12	13	14	15	16	17	18
	19	20	21	22	23	24	25
	26	27	28	29	30	31	
9月							1
	2	3	4	5	6	7	8
	9	10	11	12	13	14	15
	16	17	18	19	20	21	22
	23	24	25	26	27	28	29
	30						
10月		1	2	3	4	5	6
	7	8	9	10	11	12	13
	14	15	16	17	18	19	20
	21	22	23	24	25	26	27
	28	29	30	31			
11月					1	2	3
	4	5	6	7	8	9	10
	11	12	13	14	15	16	17
	18	19	20	21	22	23	24
	25	26	27	28	29	30	
12月							1
	2	3	4	5	6	7	8
	9	10	11	12	13	14	15
	16	17	18	19	20	21	22
	23	24	25	26	27	28	29
	30	31					